Zu diesem Buch

Die Wiener Theaterwissenschaftlerin Dr. Karin Kathrein stellt hier über tausend dramatische Werke aus dem klassischen und modernen Theaterrepertoire vor. Dem knappen Lebensabriß der Autoren folgen jeweils wertende Einordnung, Ausführungen zur Werkchronologie und die Einzeldarstellung der wichtigsten Dramen mit Inhaltsangabe und Interpretation, jeweils unter starker Berücksichtigung der Theaterpraxis der achtziger Jahre.

Karin Kathrein

rororo Schauspielführer

von Aischylos bis Botho Strauß

rororo

Rowohlt

Das Kapitel «Das österreichische Theater des 20. Jahrhunderts» verfaßte Dr. Stefan Pflicht – ausgenommen die Artikel über Arthur Schnitzler, Hugo von Hofmannsthal und Ödön von Horváth.

Redaktion Dr. Elisabeth Wagner
Umschlagentwurf Ingeburg Bernerth (Szenenfoto von Peter Peitsch aus «Die Verschwörung des Fiesco zu Genua» von Friedrich Schiller in der Inszenierung von Niels-Peter Rudolph, Deutsches Schauspielhaus Hamburg)

Veröffentlicht im Rowohlt Taschenbuch Verlag GmbH,
Reinbek bei Hamburg, Januar 1984

Satz Times (Linotron 404)
Geamtherstellung Clausen & Bosse, Leck
Printed in Germany
1980-ISBN 3 499 16296 2

Inhalt

VORBEMERKUNGEN: Ein umfassend informatives, dabei aber handliches Nachschlagewerk über die dramatische Literatur aus mehr als zwei Jahrtausenden herauszugeben, bedingt Auswahl, Konzentration und damit auch Verkürzung.

In 22 nach großen regionalen Schwerpunkten gegliederten Kapiteln stellt Karin Kathrein die Entwicklungsgeschichte der abendländischen Dramatik dar und präsentiert zugleich ihre bedeutendsten Vertreter: Dem knappen Lebensabriß folgen wertende Einordnung, Ausführungen zur Werkchronologie und die Einzeldarstellung der wichtigsten Dramen mit Inhaltsangabe und Interpretation.

Das Grundschema der Darstellung erfährt eine Abwandlung, wenn sich die Verfasserin der Dramatik des 19. und 20. Jahrhunderts zuwendet: Die Verfolgung wichtiger und vielfältiger Zeitströmungen bedingt einen offeneren Bewertungsspielraum und damit auch ein erweitertes Darstellungsschema. Das Theater der Gegenwart schließlich muß die immense Anzahl von Bühnenwerken zur Diskussion stellen, die unsere Zeitproblematik unmittelbar artikulieren. Der vorgegebene Rahmen macht es unmöglich, sie alle in Einzeldarstellungen zu berücksichtigen. Viele können nur in einem übergeordneten Zusammenhang behandelt werden, der sich aus ihrer Zeit- und Umfeldbezogenheit ergibt und nicht mehr als ein knappes Anreißen ihrer Thematik zuläßt. Literarische Qualität und Theatereffizienz sind die Auswahlkriterien für eine ausführlichere Behandlung. Reine Unterhaltungsdramatik wurde nicht berücksichtigt – zugunsten von denjenigen Werken, die – wenn auch derzeit weniger gespielt – bedeutende Entwicklungen literarischer wie auch theatergeschichtlicher Art eingeleitet haben.

Die den Stücktiteln folgende eingeklammerte Jahreszahl bezieht sich auf die Uraufführung (= UA) der betreffenden Werke. Ein * hinter Titel oder Autorenname weist auf ausführlichere Behandlung an einer anderen Stelle hin.

Das griechische Theater der Antike

Im Griechenland des 6. und 5. vorchristlichen Jahrhunderts liegen die Wurzeln des europäischen Theaters. Es entsteht zweifellos aus dem Kult. Unter der Regierung des Tyrannen Peisistratos war Athen zum Zentrum des Geisteslebens von ganz Hellas geworden. Politischer Machtausdruck und Erneuerung des religiösen Lebens sollten nach seinem Willen ineinandergreifen. So erhob er auch den Dionysos-Kult zum offiziellen Staatskult. Bei den zu Ehren des Gottes mit Chorgesängen und Reigen gefeierten «Dionysien» ereignete sich dann der für das Theater entscheidende Augenblick: Dem Chor trat erstmals ein einzelner, ein «Antwortender» gegenüber. Mit dieser dialogischen Situation beginnt der künstlerische Prozeß des Selbsterkennens im anderen.

Dionysos galt den Griechen als Gott der Triebkraft der Natur, als Lebensbringer. Ein Frühlingsgott, der alles in seinen Bann zwingt. Man hat ihn auch als das Urbild des unzerstörbaren Lebens und als Urphänomen der Doppelpoligkeit alles Irdischen definiert, als einen Maskengott, der nicht so sehr die Verwandlung als die Ambivalenz alles Lebendigen versinnbildlicht. Er ist der Verschwindende und Wiederkehrende, Leben und Tod, Himmel und Hölle, die beiden Seiten derselben Erscheinungen. Die ihm Hingegebenen geraten in Ekstase, treten für die Zeit dieses enthusiastischen Götterdienstes aus ihrem Ich heraus, um in Bocksgestalt, mit Masken ihre Verwandlung kennzeichnend, singend und musizierend durch die Welt zu ziehen. Doch nichts anderes wird in der Ekstase sichtbar als das in dem Menschen Angelegte.

Es war der Dionysos-Priester Thespis aus Ikara bei Marathon, der den «Antwortenden» einführte. Als ihm Peisistratos 535 v. Chr. die künstlerische Gestaltung der sechstägigen Dionysien übertrug, erprobte er erstmals die von ihm neugeschaffene Kunstform: Dem Bockssängerchor trat ein einzelner, der erste Schauspieler, entgegen und führte mit ihm ein bewegtes Wechselgespräch. Damit war die Grundform der griechischen Tragödie geschaffen. AISCHYLOS stellte ein Vierteljahrhundert später dem Chor einen zweiten Schauspieler gegenüber, SOPHOKLES sodann einen dritten, von denen schließlich jeder mehrere Rollen übernahm. Schon bald wird in dem Gegenüber von «Antwortendem» und Chor der Mensch in seinem Verhalten gegenüber dem Überirdischen, dem Göttlichen zur Debatte gestellt. Die innere Entscheidung des Menschen in einem Kraftfeld von einander widerstreitenden Mächten, denen er ausgeliefert ist, wird zum wesentlichen Impuls der Tragödie.

Aus dem 5. Jahrhundert v. Chr., dem «klassischen», sind eine Reihe von

Namen und auch Bruchstücke der Werke anderer Tragiker bekannt, doch nur von AISCHYLOS *, SOPHOKLES * und EURIPIDES * blieben mehrere Dramen erhalten. Die drei großen Tragiker wurden schon von den Zeitgenossen geehrt, und der im 4. Jahrhundert v. Chr. geborene Aristoteles hebt sie in seiner Poetik, dem grundlegenden theoretischen Werk des griechischen Theaters, als die wahren Meister hervor.

Seit dem Jahr der Tyrannenbefreiung, 510 v. Chr., also dem ersten Jahr, in dem die junge Demokratie die Durchführung der Dionysien übernahm, sind Wettkämpfe der Dramatiker belegt. Sie wurden im 5. Jahrhundert v. Chr. zur Regel: An aufeinanderfolgenden Tagen wurden jeweils vier Stücke der zum Wettkampf zugelassenen Dramatiker aufgeführt, die zuvor vom Archon ausgewählt worden waren. Dabei handelte es sich um drei Tragödien und ein Satyrspiel, das den ausgelassenen Ausklang eines Tages bildete. Die Tragödie war fünfgliedrig aufgebaut, dem szenischen Prolog folgten drei sogenannte Episoden und ein Exodos, die durch vier Chorlieder verbunden waren. Die strenge dramaturgische Komposition, die Musik und Tanz einbezog, ergab zusammen mit dem Vers die Form, die jeweils individuell auszufüllen war. Die Stilisierung bildete also den Ausgangspunkt, nicht das Ergebnis der Umsetzung auf dem Theater. So trugen die Schauspieler und der bei Aischylos zunächst 12, später 15 Choreuten umfassende Chor zwar Masken, doch keineswegs jene starren Fratzen, die uns aus der Spätzeit überliefert sind, sondern weiche, anschmiegsame, natürlich bemalte und mit natürlichem Haar ausstaffierte Stoffmasken, und auch die Schuhe waren nicht, wie später, überhöht, sondern hatten dünne Ledersohlen. Die Spannung zwischen Stilisierung und Wahrheit machte das Wesen der Schauspielkunst der Tragödie aus: Die Form bedeutete das Konzentrat dargestellter Wahrheit.

Aischylos um 525–456 v. Chr.

Ein Dichter, der zugleich Theatermann, Theologe, Rechtsphilosoph und Staatsdenker war, gilt uns als der eigentliche Schöpfer der griechischen Tragödie. Aischylos wurde um 525 v. Chr. in Eleusis bei Athen geboren, gehörte als Sohn des Chorführers Euphorion zum reichen Adel und kämpfte bei Marathon und Salamis gegen die Perser. Es ist belegt, daß er sich bereits um 500 v. Chr. an einem dramatischen Wettstreit beteiligte, jedoch erst 484 v. Chr. seinen ersten Sieg errang. Von seinen etwa 90 Werken sind uns nur sieben Tragödien und einige Fragmente erhalten. Seine Tragödie *Die Perser*, ein Zeitstück, das acht Jahre nach der Schlacht von Salamis jüngstes Geschehen verarbeitete, machte ihn weithin berühmt und trug ihm eine Einladung des Tyrannen Hieron nach Sizilien ein. Nach Sizilien ging er auch ins Exil, als ihm nach der Uraufführung der *Orestie* 458 v. Chr. die Entweihung der Eleusinischen Feste vorgeworfen wurde. Im Jahr 456 v. Chr. starb er fern der Heimat in Gela.

Den außergewöhnlichen Menschen, der zur Tat aufgerufen ist, stellt Aischylos in den Mittelpunkt seiner Tragödien. Unfrei und frei zugleich ist er den Göttern ausgeliefert und doch selbstverantwortlich. Der Held steht unter der tragischen Maxime: Wer handelt, muß leiden. Doch vermag er, durch Leiden zu lernen. Die Götter können den Menschen niederwerfen, sie können ihn aber nicht hindern, das Verhängte zu tragen.

Diese Welt der griechischen Tragiker für unser Theater auf gegenwärtige Erfahrungen zu übertragen, stieß lange Zeit auf große Probleme. Man empfand die antiken Stoffe als etwas sehr Fernes, aus einer dunklen Geschichte über unsichere Überlieferungen Hergeholtes. Der Theaterhistoriker Siegfried Melchinger hat dagegen in seinen beiden Bänden «Die Welt als Tragödie» die Werke der drei klassischen Tragiker in ihrer unmittelbaren Bühnenwirklichkeit zu vergegenwärtigen versucht und über die Betroffenheit des damaligen Publikums den Weg zu unserer Betroffenheit gefunden. Er zeigte, wie die Grundprobleme des menschlichen, des politischen Handelns von einst auch im Heute noch ihre Gültigkeit haben. So sah Melchinger Aischylos als Warner und Mahner in einer Zeit, deren Konstellationen der unseren keineswegs fremd oder fern sind. In *Die Perser**, der ältesten uns erhaltenen Tragödie, rief Aischylos gegen eine rücksichtslos auf Expansion und Machtausübung gerichtete Politik eine Grundmaxime staatsmännischer Einsicht in Erinnerung: Mit Möglichkeiten zu rechnen, die nicht vorherzusehen sind, statt hybrid ins Blaue zu planen. Ein Thema, das er in der *Orestie** auf den Rechtsstaat abwandelt, in dem die Gewalt durch einen Kompromiß ersetzt wird, der helfen soll, politische Überheblichkeit, Mißachtung und Korrumpierung des Rechts zu vermeiden.

Die Rechtlosigkeit der Frau in der attischen Männergesellschaft bildet den Hintergrund der Tragödie *Die Schutzflehenden (Hiketiden)*, dem vermutlich ersten Stück einer Danaiden-Trilogie, die nach neueren Forschungen 463 v. Chr. uraufgeführt wurde. Grundlage ist der Sagenstoff um die 50 Töchter des Königs Danaos, die zur Ehe mit den Söhnen des Königs Aigyptos gezwungen werden sollten, nach Argos fliehen, aber mit Waffengewalt verfolgt werden und in der gewaltsamen Brautnacht ihre Männer ermorden. Das Stück zeigt die Ankunft der Danaidentöchter in Argos und ihre Bitte um Schutz bei König Pelasgos. Der König gerät dadurch in einen Zwiespalt: Das Gebot des Gastrechts zwingt ihn, die Schutzflehenden aufzunehmen, doch kann das Krieg mit den Verfolgern bedeuten. Melchinger interpretierte das Werk als einen Protest gegen die Rechtlosigkeit der Frau in der attischen Demokratie. Der Mord der gewaltsam zur Ehe gezwungenen Frauen an ihren Männern, die einen befremdlichen Rechtsanspruch auf sie anwenden, könnte – als Demonstration einer heroischen Auflehnung der Rechtlosen gegen Gewalt – die Zuschauer aufgerufen haben, die eigene barbarische Rechtsauffassung den Frauen gegenüber in Frage zu stellen.

Bruderkrieg ist das Thema der *Sieben gegen Theben*, dem dritten Stück einer thebanischen Trilogie, von der die vorangehenden Stücke *Laios* und *Ödipus* verlorengegangen sind. Die 467 v. Chr. uraufgeführte und mit dem ersten Preis bedachte Trilogie behandelt den Labdakiden-Fluch, der von Thebens Herrschern über Generationen weitergegeben wird. Die Söhne des Ödipus, Eteokles und Polyneikes, waren über die Herrschaft in Streit geraten. Der vertriebene Polyneikes bedroht mit sechs anderen Heerführern die Stadt. Im Zweikampf der Brüder finden beide den Tod. Das Werk bringt die Tragik des Geschlechterfluchs mit der Bedrohung der Polis in Zusammenhang. Der Kampf um die Herrschaft wird von den Machthabern derart auf die Spitze getrieben, daß die ganze Stadt darunter leidet. Ein Spiel der Mächtigen also, in das die Bevölkerung schuldlos verstrickt wird. Die Trilogie wurde aber auch als erster Versuch einer Theodizee gedeutet, als die Bemühung, dem unverschuldeten Leid einen Platz in der Weltordnung zu sichern.

Um die Polis geht es auch in dem größten Werk des griechischen Theaters, das wir besitzen, der *Orestie**. In ihrer Formschönheit, ihrer dramatischen Kraft und Gedankentiefe stellt sie das erste geniale Dramenwerk der Weltliteratur dar. Diese einzige uns erhaltene Trilogie (das abschließende Satyrspiel ist verlorengegangen) wurde 458 v. Chr. in Athen uraufgeführt.

Von der wahrscheinlich als Trilogie entworfenen *Promethie* ist uns nur *Der gefesselte Prometheus* überliefert sowie der Titel eines zweiten Stückes. *Der befreite Prometheus*. Das erhaltene Werk zeigt das Urbild des Rebellen. Sein Thema ist Gewalt und Macht. Der Titan Prometheus wird auf Geheiß des Zeus an den Felsen geschmiedet, weil er den Menschen die Hoffnung gab und für sie das Feuer raubte. Doch er, der Vorausdenker, leidet bewußt für die Menschen und ist nicht bereit, sich der Gewalt zu beugen.

Die Perser
UA: 472 v. Chr. in Athen

Der Hohe Rat der persischen Greise in Susa ist tief besorgt über das Schicksal des Heeres, das König Xerxes gegen Griechenland geführt hat, um die Niederlage von Marathon zu tilgen. Man wartet auf Nachricht. Angst und Sorge werden von einer unheilverkündenden Traumerzählung der Königinmutter Atossa noch verstärkt. Da trifft ein Bote in Susa ein und berichtet den Wartenden von der Vernichtung des persischen Heeres und dem Verlust der Flotte. Atossa fragt nach Überlebenden – Xerxes lebe, erklärt der Bote. Unter den Klagen des Chores der Alten schickt sich Atossa an, die Gnade der Götter zu erflehen und den Toten zu opfern. Sie fordert die Greise auf, mit ihr gemeinsam den Geist des Dareios, des ruhmreichen Vaters von Xerxes, zu beschwören, um ihn um Rat zu bitten. Der Geist des Königs erscheint. Er verurteilt die Hybris des Sohnes, mahnt zur Selbstbescheidung und warnt vor weiteren Kriegen. Den Greisen aber rät er, Xerxes besser mit wohlbegründeten Warnungen zur Einsicht zu bringen, statt ihn, wie bisher, in seiner gottesfrevlerischen Kühnheit und Unbesonnenheit noch aufzustacheln. Atossa aber beauftragt er, Xerxes heiter mit dem Königsschmuck entgegenzutreten, um ihm seine Würde zurückzugeben. Das Dasein müsse bewältigt werden, wie es ist. Schließlich kehrt Xerxes zurück, im zerfetzten Königsornat, mit leerem Köcher, einen Jammerruf auf den Lippen. Die Alten empfangen ihn mit Vorwürfen. Doch Xerxes steigert den Kronrat mit maßlosen Selbstanklagen in den Rausch einer Klageorgie. Er erlangt damit die Wiederherstellung seiner politischen Legitimität: Die Greise geleiten ihn in einer Klageprozession in den Palast – dort wird Atossa mit dem Königsornat auf ihn warten.

Diese älteste uns erhaltene Tragödie ist ein Zeitstück, freilich weder ein Antikriegsstück noch ein patriotisches Festspiel. So sehr Aischylos auch den Glanz des griechischen Sieges bei Salamis durchschimmern läßt, so sehr er den Jammer in der Hauptstadt der Geschlagenen deutlich macht: er läßt doch erkennen, daß es nicht allein der Mut und die List der Griechen waren, die die Perser besiegten, sondern daß die Götter den Übermut des Xerxes hart bestraften. Man sieht daher in der Tragödie auch eine Warnung des Aischylos an sein Athener Publikum. Zur Zeit der Aufführung war die Politik Athens eine imperialistische, sie zielte auf Expansion, setzte rücksichtslos ihre Macht ein. Handelten die Athener zu dieser Zeit nicht ähnlich hybrid wie Xerxes? Es ist konkrete Geschichte, die da gedeutet wird, aber vom Schicksal des Feindes auf die eigene Überheblichkeit verweist. Das Stück bezieht seine großartige Wirkung nicht zuletzt aus der Konfrontation des Jammers der Schuldigen mit der Klage der Mütter, für die Atossa stellvertretend und mit ergreifender Eindringlichkeit die Stimme der Vernunft erhebt.

Aischylos, Die Orestie, 1. Teil: Agamemnon
Burgtheater Wien, 1976
Inszenierung: Luca Ronconi
Agamemnon: Norbert Kappen
Klytaimestra: Judith Holzmeister

Die Orestie
UA: 458 v. Chr. in Athen.
Trilogie, das abschließende Satyrspiel ist nicht erhalten.

Agamemnon: Auf dem Dach des Königspalastes der Atriden in Argos hält ein Wächter Ausschau nach den Feuerzeichen, die den Sieg über Troja signalisieren sollen. Er versieht diesen Dienst schon lange Zeit und fürchtet, den Auftrag zu verschlafen, er fürchtet aber auch um das Geschick des Hauses: Denn Angst lauert im Schloß, in dem der Neffe des Herrschers, Aigisthos, an der Seite von Agamemnons Gattin Klytaimestra tyrannisch herrscht. Da jubelt der Wächter auf: Lichtzeichen künden den Fall von Troja. Das bedeutet Sieg und Frieden, die Männer werden nach zehn Jah-

ren der Belagerung heimkehren. Der Rat der Alten versammelt sich erregt vor dem Palast. Noch einmal werden von ihnen die Geschehnisse in Erinnerung gerufen: der Aufbruch von Agamemnon und Menelaos mit Heer und Flotte, um für die Entführung der Helena Vergeltung an Troja zu üben, die Opferung der Iphigenie durch ihren Vater Agamemnon auf Aulis, eine für die Mutter unvergeßbare Greueltat. Schließlich erklärt Klytaimestra den Greisen, daß Troja gefallen sei, und gedenkt der Leiden der Besiegten. Ein Bote, der Agamemnons Ankunft meldet, wird zum Verkünder des gewaltigen Triumphs über Troja. Agamemnon fährt im Siegeswagen vor, im Gefolge die trojanische Königstochter und Priesterin Kassandra, die er zu seiner Geliebten gemacht hat. Als das Königspaar sich in den Palast begeben hat, bricht Kassandra ihr Schweigen mit Klagerufen. Sie verfügt über die Gabe, Kommendes zu sehen und vorauszusagen. Sie hatte bei Helenas Ankunft Trojas Schicksal geweissagt, sie sagt nun Agamemnons Ende voraus, sieht ihre eigene Ermordung durch Klytaimestra und die Rache des Orestes, der den Tod des Vaters mit Muttermord vergelten wird. Bald darauf gellen Agamemnons Todesschreie aus dem Haus. Klytaimestra tritt vor die Alten und bekennt sich in ekstatischer Raserei zu ihrer Tat, die nicht im Affekt geschehen, sondern, lange geplant, als Rache für die Ermordung ihres Kindes in Aulis vollbracht wurde. Die Alten verfluchen die Mörderin, doch sie beruft sich auf Aigisthos, ihren Mordhelfer und Geliebten, als Schützer. Aigisthos präsentiert sich prahlend an der Spitze seiner Leibwache als der neue Herr von Argos.

Choephoren: An das Grab Agamemnons kommen zwei junge Männer. Es sind Orestes und sein Freund Pylades. Unter Klagen nähert sich eine Gruppe von Sklavinnen dem Grab, um hier Spenden der Mörderin zu opfern, die ein Alptraum geplagt hat. Orestes glaubt unter ihnen seine Schwester Elektra im Kleid der Magd zu sehen. Er gibt sich zu erkennen; die Geschwister stehen einander am Grab des Vaters gegenüber. Orestes berichtet von seiner Mission, die ihm das Orakel verkündet hat: Apollons Auftrag ist das Gebot der Blutrache. In einem kunstvollen Wechselgesang zwischen Orestes, Elektra und dem Chor wird Orestes in einen ekstatischen Zustand gesteigert, doch in hellsichtiger Erkenntnis weiß er, was er auf sich zieht, wenn er die Rache vollstreckt: Er wird eine Tat begehen, die ihn selbst ins Verderben stürzt – aber er stellt sich seiner Verantwortlichkeit. Als Wanderer aus Phokis getarnt, lassen sich Orestes und Pylades im Palast melden, bitten um Gastfreundschaft und überbringen Klytaimestra die Botschaft, daß Orestes in der Fremde gestorben sei. Sie verhehlt ihre Gefühle und gibt sich – argwöhnisch geworden – nicht zu erkennen, sondern schickt nach Aigisthos. Als dieser den Palast betritt, wird er von Orestes erschlagen. Die herbeieilende Klytaimestra erkennt in dem Mörder ihren Sohn. Verzweifelt kämpft sie um ihr Leben, versucht, ihn vom Muttermord abzuhalten. Orestes aber stößt sie ins Haus und tötet sie. Blutbefleckt kehrt er wieder. Er will nach Delphi gehen, um sich dem Urteil des Gottes zu stellen. Schon erscheinen ihm die Erinnyen, die Rachegeister, die ihn von nun an jagen werden.

Die Eumeniden: Mit Schreckensschreien stürzt die Pythia, die Künderin des Orakels aus dem Tempel des Apollon in Delphi. Orestes hat sich dorthin geflüchtet, wird aber selbst im Tempel von den grauenhaften Erinnerungen umlagert. Apollon erscheint und versichert, daß er Orestes nicht im Stich lassen werde. Er entsühnt ihn von der Blutschuld und zwingt die Erinnyen in den Schlaf, kann aber nicht verhindern, daß sie ihr Opfer weiter verfolgen werden. Erst in Athen, so erklärt er Orestes, würden Richter und Mittel gefunden, ihn nach langer Irrfahrt von seinen Nöten zu befreien. Orestes flieht weiter. Der Geist der Klytaimestra weckt die schlafenden Erinnyen. Sie stürmen unter schauerlichem Geheul aus dem Tempel und klagen Apollon an, er helfe wider Götterrecht den Menschen. Apollon dagegen beschuldigt sie uralter barbarischer Bräuche und verjagt sie. Am Ende seiner Kräfte, gelangt Orestes schließlich nach Athen und ruft Athena als Rechtsbeistand an. Athena setzt, nachdem sie sich die Anklage der Erinnyen und die Rechtfertigung des Orestes angehört hat, ein Geschworenengericht ein. Die Ratsversammlung der Stadt wird zusammengerufen. Apollon tritt als Zeuge und Anwalt auf, er war es ja, der den Muttermord befohlen hatte. Die Urnen für die Stimmsteine werden aufgestellt, Athena erklärt, bei Stimmengleichheit sei Orestes frei – und tatsächlich spricht ihm Stimmengleichheit den Freispruch zu. Er wird in seine Legitimität als Herrscher wiedereingesetzt und bekräftigt das ewige Bündnis zwischen Argos und Athen. Die Erinnyen rasen vor Zorn, doch Athena gelingt es, sie zur Versöhnung zu überreden. Ihre Macht wird anerkannt, Verehrung wird ihnen zugesichert. So verwandeln sie sich in Eumeniden, Wohlgesinnte, und stimmen gemeinsam mit Athena einen Hymnus auf die Polis an.

Aischylos ruft in der *Orestie* einen entscheidenden Augenblick der Menschheitsgeschichte in Erinnerung: Die Begründung des Rechtsstaates, der das Zeitalter der Gewalt und des Blutes beendet, den Übergang vom Blutrecht zum Staatsrecht. Vor politischem und religiösem Hintergrund macht er den «Fall Orestes» zum Fall des Menschen schlechthin. Es geht dabei freilich um den Menschen, der sich seiner Verantwortung stellt, der sich Entscheidungen nicht entzieht, sondern handelt. Der Fall dieses Menschen aber wird zum Fall der staatlichen Gemeinschaft, der Polis. Der Staat zieht den einzelnen Bürger zur Verantwortung und beschützt ihn gleichzeitig. Aischylos zeigt dies in einem Götterstreit um altes und neues Recht. Als Politiker und Theologe begründet er das neue Recht durch neue Gottesvorstellungen und bindet diese an Athen: Der entscheidende neue Ansatz ist der Verzicht auf Gewalt zugunsten der Verträglichkeit, ein Herstellen von Harmonie im ursprünglichen griechischen Wortsinn, nämlich im Zusammenfügen von Gegensätzen. So wird das bewirkt, was heute als Mittel der vernünftigen Politik gilt: der Kompromiß. Der Mensch wird als Opfer des Widerstreites gleichberechtigter Mächte gezeigt: Das Böse ist in der Welt, der Mensch ist zur Tat berufen und kann dem Bösen nicht entrinnen. Er ist jedoch imstande, das Böse als Böses zu erkennen. Es geht nicht nur um den Erbfluch – Agamemnon und Klytaimestra nehmen das Böse in freiem Entschluß an. Auch Orestes nimmt die Tat auf sich, doch er fordert darüber hinaus Rechenschaft von denen, die ihn in diese Lage gebracht haben. Auch für Aischylos sind die widerstreitenden Mächte nicht zu befriedigen, doch es gilt, eine Lösung zu finden, die der Gemeinschaft dienlich ist: den Kompromiß. Aus seiner Überzeugung vom gleichzeitigen Fortwirken verschiedener Mächte hat der Dichter die dramatische Konsequenz eines Prozesses gezogen. Indem dem Menschen der Prozeß gemacht wird, stellt er Apollon den Erinnyen gegenüber. Die schreckliche Macht des delphischen Apollon, des Gottes der kultischen Gebote, wird nicht angezweifelt, doch bedeutet sie eine Stufe des Denkens, die der aischyleischen Zeit nicht mehr genügt – die Erinnyen wiederum repräsentieren als Erdgottheiten eine Kraft, die jenseits der Rationalität im Bereich des Dämonischen liegt. Athena, die die Idee der Polis aller Politik voranstellt, ist als Mittlerin berufen – sie setzt das Menschengericht ein. Rechtsprechung wird von nun an im Abwägen der Motive erfolgen. Es gibt keinen Sieg, die Stimmengleichheit bedeutet, daß der Mensch den Konflikt zwischen oberen und unteren Göttern auszuhalten hat. Die Versöhnung geschieht in dem Verzicht auf Gewalt.

Sophokles 496–406 v. Chr.

Sophokles wurde 496 v. Chr. als Sohn des wohlhabenden Waffenschmieds Sophillos in Kolonos bei Athen geboren und erhielt eine sorgfältige Erziehung. Bei der Siegesfeier nach der Schlacht von Salamis soll er den Knabenchor angeführt haben. Früh trat er als Sänger, Tänzer und Schauspieler hervor. Mit 28 Jahren gewann er erstmals im dramatischen Wettstreit und besiegte dabei keinen Geringeren als Aischylos. Insgesamt erhielt er achtzehnmal den Siegerpreis. Von seinen angeblich 123 Dramen sind uns jedoch nur sieben Tragödien erhalten. Sophokles galt als Freund des Herodot und des Perikles, dem er allerdings nicht unkritisch gegenüberstand. Dreimal wurden ihm hohe politische Ämter anvertraut: Er war Bundesschatzmeister, Stratege und Mitglied des Rates der zehn Probulen. So erlebte er unmittelbar Athens Größe und Niedergang mit. Als er, verehrt und geliebt, 406 v. Chr. in Athen starb, war die Stadt belagert. Auf die Nachricht von seinem Tod gaben die Belagerer die Straße nach Kolonos frei, wo er begraben wurde.

Sophokles stellt das Individuum ins Zentrum des Geschehens: die Würde des Menschen, seinen Glauben an das Rechte, zugleich aber auch die Ausweglosigkeit seiner Existenz. Schuldlos wird er ins Leid gestürzt, doch setzt er mit der Annahme der Herausforderungen des Lebens ein Zeichen des Protestes. Es ist der heroische Mensch, dem das Interesse des Dichters gilt. Der Mensch, der sich nicht unterwirft, sondern gegen das Unrecht aufbegehrt und kämpft. Der Heros stellt sich in Widerspruch zu seiner Welt, die Unterwerfung, Anpassung, das Hinnehmen des Unabänderlichen verlangt. Er verweigert die Selbstbescheidung und besteht auf seiner Würde. Die Unterwerfung, die von Aias, Antigone oder Philoktet gefordert wird, wäre aber mehr als Verzicht auf Menschenwürde: Sie wäre die Anerkennung des Unrechts, das die Welt regiert. Man mißversteht das Werk des Sophokles, wenn man es als Appell zum Maßhalten deutet. Der Dichter bewahrt Objektivität, er ergreift nicht Partei, sondern zeigt in der seelischen Motivation seiner Figuren auch ihre Fehler. Doch der Heros des Sophokles verkörpert eine ungewöhnliche Möglichkeit des Menschseins: Er stellt sich gegen die Welt und die Götter, ein einsamer, gottverlassener oder gottgeschlagener Streiter, der im Bewußtsein seiner Schuldlosigkeit den hohen Anspruch des Menschen wahrt. Diese heroischen Menschen scheitern zwar, weil sie sich nicht beugen, nicht arrangieren, weil sie nicht maßhalten, sondern aufbegehren gegen das Unrecht. Sie scheitern und sind damit tragisch, aber sie behaupten sich im Scheitern und geben ihrem Leben einen Sinn, indem sie für die Größe des Menschen zeugen und für eine Hoffnung, an der es festzuhalten gilt.

Aias (vor 450 v. Chr.) wird als das früheste der erhaltenen Werke eingestuft. Die Tragödie spielt im Lager der Griechen vor Troja. Aias, der Sohn des Königs von Salamis, fühlte sich von den Atriden-Königen betrogen: Sie haben Odysseus und nicht ihm die Waffen des toten Achill zugesprochen. In seinem Zorn wollte er Agamemnon, Menelaos und Odysseus mit dem Schwert zur Rechenschaft ziehen, wurde aber von der Göttin Athena mit Sinnesverwirrung geschlagen und richtete unter dem Beutevieh, das er für die Feinde hielt, ein Blutbad an. Als er aus dem Blutrausch erwacht, sieht er sich dem Gelächter preisgegeben, seine Würde befleckt, seinen Ruhm und seine Ehre vernichtet. Was die Götter gefügt haben, kann Aias nicht ändern, aber auch nicht hinnehmen. Er tötet sich, der Selbstmord bedeutet ihm jedoch Demonstration und Protest vor Göttern und Menschen. Sein Entschluß zum Sterben wird zum Erkenntnisakt, aus dem die Selbstbestätigung hervorgeht: Die Atriden haben seinen Anspruch, seinen Status mit Absicht, aus Rache und Bosheit, verletzt, das Unrecht der Menschen vergrößerte die Göttin mit ihrem Eingreifen zum unverdienten Schicksalsschlag. Bliebe er am Leben, hieße das, die Welt zu akzeptieren, wie sie ist. Aias aber weigert sich, in einer Welt zu leben, die ihm unerträglich erscheint, weil sie vom Unrecht regiert wird, und er ist nicht bereit, das Unerträgliche um den Preis des bloßen Lebens hinzunehmen. Sein Tod wird zum Sinnbild des Leidens eines Menschen, der, als er nicht mehr würdig leben kann, seine Würde im Sterben wiederherstellt. Odysseus, der den Standpunkt der aufgeklärten Vernunft aus politischen Motiven vertritt, verhindert die Schändung von Aas' Leiche durch die Atriden-Könige und sichert ihm damit die Ehre über den Tod hinaus.

Als Uraufführungsdatum der *Antigone** hat sich die Forschung auf das Jahr 442 v. Chr. geeinigt, das Werk, das nach dem inhaltlichen Ablauf auf *König Ödipus** und *Ödipus auf Kolonos** folgt, ist also vor diesen beiden Tragödien entstanden.

Die Trachinierinnen sind vor oder nach 442 v. Chr. entstanden: Zwei Menschen werden einander gegenübergestellt, durch das Schicksal eng verknüpft, doch ohne einander auf der Szene zu begegnen: die liebende Frau und der rasende Held. Deianeira wartet in Trachis, von Sorgen erfüllt, auf ihren Mann Herakles. Doch bald nachdem man ihr gemeldet hat, daß er siegreich und wohlbehalten auf der Heimreise ist, muß sie unter den vorausgeschickten gefangenen Frauen in der jungen Königstochter Iole seine Geliebte erkennen, mit der er sein künftiges Leben genießen will. In ihrer Verzweiflung erinnert sich Deianeira an das Zaubermittel, das ihr der von Herakles bezwungene Kentaur Nessos sterbend empfohlen hat: Sein getrocknetes Blut könne bewirken, daß Herakles nie eine andere Frau mehr liebe als sie. So sendet sie Herakles ein mit Nessosblut bestrichenes Gewand entgegen. Wenig später berichtet ihr Sohn Hyllos, daß Herakles von dem Gewand bei lebendigem Leib zerfressen werde. Deianeira tötet sich. Der vor Schmerzen tobende Herakles wird nach Trachis gebracht und erkennt den Zusammenhang zweier Weissagungen: Er werde nur durch einen Toten sterben und nach der letzten Arbeit keine Mühsal mehr zu ertragen haben. Er befiehlt Hyllos, ihn lebend auf einem Scheiterhaufen zu verbrennen und Iole zu heiraten. – Sophokles zeichnet in der Gestalt der Deianeira das bewegende Schicksal einer Frau, die ohne den Mann nichts ist und die diesem Mann zum Zeitpunkt des Geschehens auch nichts mehr bedeutet. Obwohl Herakles in den Gesprächen und Berichten stets präsent ist, bildet Deianeiras Tragödie den Schwerpunkt des Dramas. In ihrer Demütigung und Verzweiflung greift die verblühende Frau zu unwürdigem Zauber und wird damit zur Mörderin. Ihre Liebessehnsucht bringt dem Gatten den Tod. Sie ist subjektiv unschuldig, macht aber sich allein für die Folgen ihrer Tat verantwortlich. Herakles dagegen fragt nicht danach, ob er selbst an dem Verhängnis mitschuldig ist. Er würde seine Frau erbarmungslos töten, wenn er sie noch anträfe. Auch im Tod bleibt er seinem Wesen treu: Mit dem letzten Auftrag an seinen Sohn zeigt er noch einmal seine Natur in ihrer Größe und Brutalität. Größe im willentlich bestimmten Tod, Brutalität im Befehl, die Frau, deretwegen die Mutter starb, zu heiraten. Melchinger sieht in dem Werk einen Entwurf gegen die Götter und eine Welt, in der die Verherrlichung eines Menschen möglich ist, der zwar auch Reiniger und Heros, zugleich aber brutaler Gewaltmensch ist. Herakles ist zur Liebe nicht fähig. Seine Apotheose wird im Stück vermieden, dem Sterbenden wird die Erkenntnis versagt. Doch am Ende der Handlung erhebt einer Widerspruch: Es ist der Sohn im Namen der unschuldigen Mutter, im Namen aller Menschen, die unter der Gewalt und dem Mutwillen des Herakles gelitten haben. In einer gewaltigen Anklage wendet sich Hyllos gegen die Götter.

Elektra (UA: um 413 v. Chr. in Athen). – Der gottgewollte Sühnemord des Orestes an seiner Mutter und Aigisthos ist das einzige Thema, zu dem Dramen von den drei großen griechischen Tragikern erhalten sind. Die unterschiedliche Verarbeitung des Stoffes läßt erkennen, daß es den Dichtern weniger auf die Handlung ankam als auf die Interpretation des aus dem Mythos bekannten Modells. Hatte Aischylos die Tat des Orestes in der *Orestie* in einen großen Zusammenhang gestellt, so kann die *Elektra* des Sophokles als in sich geschlossenes Werk bestehen und beweist schon durch die Wahl der Titelfigur, daß es nicht so sehr um den Mord, vielmehr um die Beziehung eines anderen Menschen zu dieser Tat geht. In einer grandiosen Ringkomposition, die das Spiel zwischen Sein und Schein, zwischen Hoffnung, Verzögerung, tiefster Verzweiflung bis zur äußersten Grenze des Erträglichen spannt, wird die immer größere tragische Vereinsamung der Heldin, ihre Götter- und Menschenferne deutlich: Unerkannt kommt Orestes mit seinem Erzieher und Pylades nach Mykenae, um den Tod seines Vaters an der Mutter und deren Geliebten zu rächen. Der göttliche Auftrag lautet, die Tat mit List zu vollbringen, daher wird Elektra, die am Königshof wie eine Sklavin behandelt wird, in Unkenntnis gehalten. Seit Jahren lebt sie nur in Erwartung ihres Bruders und seiner Rache. Sophokles zeigt ihre Klagen, ihre Auseinandersetzung mit der anpassungswilligen Schwester Chrysothemis, ihr großes Streitgespräch mit der Mutter, den Jammer um den totgeglaubten Orestes, den Entschluß, den Mord selbst zu vollbringen, das grenzenlose Elend Elektras, ihre Todessehnsucht beim Anblick der vermeintlichen Urne des Bruders und schließlich den ebenso grenzenlosen Jubel, als sich Orestes zu erkennen gibt. Doch unmittelbar nach dem Jubel des Einanderfindens sagt sich der Bruder von der Schwester los. Ihre rachedurstige Raserei entfernt Elektra immer mehr von Orestes, er distanziert sich von ihr, der eben noch sein Mitleid und sein Schuldbewußtsein gegolten hat, ja, ihn beginnt sogar Widerwille gegen die Ekstase der Schwester zu erfüllen, die sein Vorhaben zum Scheitern bringen kann. Elektra wird auf ihren Platz verwiesen. Sie, die jahrelang als einzige das ungesühnte Unrecht nicht vergessen ließ, öffentlich für das Recht eintrat, die sich in ihren Gedanken selbst bis zur Tat gesteigert hat, wird nun beiseite geschoben. Die Tat ist Männersache. Als sie vollbracht ist, beachtet Orestes die Schwester nicht mehr. Das Ende hüllt sie in unendliche Einsamkeit.

Gegen Ende seines Lebens hat Sophokles die Unbarmherzigkeit seines Weltbildes gemildert. Seine Helden sind Dulder geworden, die durch ihr Leiden Erlösung finden können, nicht nur durch Grausamkeit waltet das Göttliche, sondern auch durch Mitleid.

Philokte (UA: 409 v. Chr. in Athen) läßt eine Abwandlung des Sophokleischen Grundthemas erkennen: Philokte, dem Herakles vor seinem Tod seinen Bogen geschenkt hat, war mit den Atriden gegen Troja gezogen. Diese hatten den Kampfgefährten jedoch, als er nach einem Schlangenbiß mit einer stinkenden Wunde geschlagen und von schreckenerregenden Schmerzanfällen gepeinigt wurde, auf einer einsamen Insel ausgesetzt. Nach fast zehn Jahren eines erfolglosen Kriegs versucht ihn nun Odysseus zurückzuholen, da ein Orakel verkündet hat, Troja werde nur mit Hilfe Philoktes und seines Bogens erobert werden. Odysseus bedient sich dabei des Neoptolemos, den er arglistig überredet, den Kranken zu täuschen. Tatsächlich gewinnt Neoptolemos das Vertrauen Philoktes und nimmt ihm seinen Bogen ab, ohne den dieser verloren ist. Als er einen Schmerzanfall des Kranken miterlebt, gesteht er ihm jedoch seine Lüge, ja gibt schließlich gegen den heftigen Widerstand des Odysseus voll Mitleid den Bogen zurück. Da erscheint Herakles und veranlaßt Philoktet, nach Troja zu ziehen, wo er von seiner Krankheit geheilt und nach all seinen Leiden zu einem ruhmreichen Leben gelangen würde. – Es ist der duldende Held, den Sophokles nun in den Mittelpunkt rückt, einen Dulder allerdings, der voll Empörung und Verzweiflung den Göttern trotzt: Die Krankheit ist zwar imstande, ihn leiden zu lassen, nicht aber, ihn zu vernichten. Wie in den früheren Stücken steht auch in *Philoktet* der Held im Widerspruch gegen eine Welt, in der Unrecht regiert. Sie wird hier allerdings verkörpert durch einen Odysseus, der nicht im persönlichen Interesse, sondern für die Gemeinschaft der Griechen vor Troja handelt; übel und rücksichtslos handelt, ganz nach dem Motto: Der Zweck heiligt die Mittel. Aber zwischen dem Helden und der Welt kommt mit Neoptolemos eine neue Kraft ins Spiel: der unheroische Junge, der sich aus Mitleid dem Rechten zuwendet. Neoptolemos ist kein Heros, das arbeitet Sophokles sehr deutlich heraus. Sein Handeln ist die spontane, naive Geste von Mensch zu Mensch, die das «Richtige» über die Vernunft stellt. Ein leidender Mensch hat ihn berührt, und er entscheidet sich aus Mitleid für den Unglücklichen und aus Rechtschaffenheit gegen den Betrug. Mit der Rückgabe des Bogens demonstriert Neoptolemos, daß Philoktets Urteil über die Menschen und die Welt nicht das letzte Wort sein kann. Die Möglichkeit, daß sich einer für das Rechte entscheidet, ist in dieser Welt. Und damit die Hoffnung.

Knapp vor seinem Tod machte Sophokles nochmals Ödipus zur Hauptfigur eines Dramas: Sein Wahrheitssucher sollte in *Ödipus auf Kolonos** am Ende eines langen Leidensweges Erlösung und Heiligung finden.

Antigone

Tragödie. UA: um 442 v. Chr. in Athen

Antigone, die Tochter des Ödipus, versucht ihre Schwester Ismene zur Beerdigung ihres Bruders Polyneikes zu überreden. Dieser war als Angreifer gegen Theben im Bruderkampf mit Eteokles gefallen, und Kreon, der neue König Thebens, hat die Bestattung des Feindes der Stadt unter Todesstrafe verboten. Verängstigt bemüht sich Ismene, ihre Schwester von der Tat abzuhalten, doch Antigone sieht eine Verpflichtung der Liebe und Ehrfurcht darin, das Gebot der Götter zu erfüllen und dem Bruder Totenruhe zu verschaffen. Kreon gibt als erste Regierungshandlung dem Rat der Alten das Edikt des Bestattungsverbotes für Polyneikes bekannt und verlangt Gehorsam und Solidarität. Da bringt ein Wächter die Nachricht, daß jemand die Leiche symbolisch bestattet hat. Wenig später führt er Antigone vor Kreon, die bei der Wiederholung des Beerdigungsrituals ertappt wurde. Antigone bekennt sich offen zu ihrer Tat. Kreon sieht darin Rebellion und läßt, außer sich vor Wut, beide Schwestern gefangennehmen. Mit einem Appell an seine politische Vernunft versucht Kreons Sohn Haimon, der mit Antigone verlobt ist, den Vater zur Begnadigung zu überreden. Doch Kreon bleibt hart, und Haimon stürzt verzweifelt fort. Der Chor, der Rat der Greise, kann Kreon zur Schonung der unschuldigen Ismene bewegen, Antigone aber wird zum Tod durch Einmauern in ein Felsengrab verurteilt. Klagend, voll Todesangst und im Bewußtsein der Verlassenheit, nimmt sie Abschied von der Welt. Der blinde Seher Teiresias mahnt Kreon zur Besonnenheit, doch erst als der Seher furchtbares Unheil prophezeit, beginnt Kreon zu schwanken und eilt, von den Alten bestärkt, zunächst die Leiche zu bestatten und dann zu Antigones Gefängnis. Doch ein Bote berichtet Kreons Gattin Eurydike, daß der König zu spät kam: Antigone hatte sich erhängt, Haimon zog in seiner Verzweiflung das Schwert gegen den Vater und tötet sich dann selbst. Den toten Sohn im Arm, kehrt Kreon unter lauten Selbstanklagen zurück. Da wird aus dem Palast gemeldet, daß sich Eurydike aus Schmerz um den Sohn ebenfalls umgebracht hat. Wehklagend bricht Kreon zusammen unter der Erkenntnis: «Nicht mehr bin ich als nichts!»

Antigone empört sich gegen ein Verbrechen an der Liebe, an der Pietät, das im Namen der Politik begangen wird. Sie begeht ihre Tat und stirbt, indem sie ein Zeichen für die Würde des Menschen setzt. Liebe steht gegen Haß, der einzelne gegen die Macht, ein Mädchen gegen eine Welt, die die Menschlichkeit, Ehrfurcht und Würde mit Füßen tritt. «Nicht mitzuhassen, mitzulieben bin ich da», sagt sie. Allerdings ist dieses berühmte Wort im Lauf der Zeit sehr unterschiedlich ausgelegt worden: Von der als allzu christlich vermuteten Nächstenliebe hat man es umgedeutet auf Bruderliebe, das heißt Familienbewußtsein. Hegel führte das zu seiner These vom Widerstreit zwischen Staatswohl und Familienwohl: «Das Familieninteresse hat das Weib, Antigone, die Wohlfahrt des Gemeinwesens Kreon, der Mann, zum Pathos.» Siegfried Melchinger hat jedoch sehr klar herausgearbeitet, daß Kreon nicht die Verkörperung der Staatsidee sein kann. Kreon ist ein Popanz der Macht. Er erläßt das Edikt als Machtprobe, ohne zuvor die Zustimmung der Volksversammlung einzuholen, er verurteilt Antigone ohne Gerichtsverhandlung. Dennoch ist Kreon als Politiker eine durchaus realistische Figur, ein Mann, der seine Schwäche kompensiert, ein Tyrann aus Angst. Er scheitert nicht als Politiker mit einer Idee (er will ja noch rasch alles rückgängig machen), sondern menschlich. Heroisch ist er nicht. Antigone dagegen wird von ihrer schwesterlichen Liebe zu Herois aufgerufen, doch die Tat, die sie damit auf sich nimmt, geschieht im Grunde für die Gemeinschaft und den Staat. Denn sie hat erkannt, daß Kreon mit seiner Mißachtung des Gebots der Totengötter einen Willkürakt setzt: daß er mit eigenem Recht das höhere Gesetz unterwerfen will. Doch die Alten des Chores bezeichnen aus ihrer konformistischen Sicht Antigones Handeln als unvernünftiges Aufbegehren. Ihnen, die sich der Macht unterwerfen, setzt Antigone ein Zeichen für das wahre Recht: Es gibt kein Recht ohne Gnade, Kreon verstößt gegen die Menschlichkeit. So kämpft Antigone nicht für alte oder neue Ordnungen, sondern für ein Recht, das jenseits aller veränderbaren Ordnungen Ehrfurcht vor dem Menschen, vor dem Tod, vor dem

Unfaßbaren fordert. Der Sinn ihres Lebens ist die Liebe, das zeigt Sophokles in den Selbstmorden, die Antigones Tod folgen und die Kreon vernichten. Sie stehen mit Liebe in unmittelbarem Zusammenhang, mit Gattenliebe bei Haimon, mit Mutterliebe bei Eurydike. Im Verlust dieser liebenden Menschen wird Kreon «nicht mehr ... als nichts». Liebe bedeutet mehr als Macht, sie gehört zur wahren Menschennatur.

König Ödipus

Tragödie. UA: 425 v. Chr. in Athen

In Theben wütet die Pest. Hilfesuchend wendet sich das Volk an König Ödipus, der die Stadt schon einmal vor dem Unheil gerettet hat, als er das Rätsel der Sphinx löste und damit ihren Terror beendete. Ödipus hat bereits seinen Schwager Kreon nach Delphi gesandt, um beim Orakel Rat zu holen. Kreon kehrt zurück und meldet den Spruch: Er verheißt Rettung vor der Pest, wenn der Mörder des früheren Königs gefunden und bestraft wird. Sofort läßt Ödipus öffentlich nach dem Mörder des Laios fahnden. Kreon rät, auch den Seher Teiresias zu befragen. Doch dieser warnt Ödipus weiterzuforschen. Als ihn daraufhin der König bezichtigt, in die Ermordung verwickelt zu sein, schleudert Teiresias im Zorn dem Ödipus ins Gesicht, er selbst sei der Mörder, ja, er habe in Laios seinen Vater erschlagen und in Iokaste seine Mutter geheiratet. Ödipus glaubt an eine Verschwörung zwischen dem Seher und Kreon. Er gerät mit Kreon in heftigen Streit, verurteilt ihn wegen Hochverrats zum Tode, nimmt jedoch auf Bitten Iokastes und des Volkes das Todesurteil zurück. Im Gespräch mit Iokaste über das Vorgefallene lassen ihn merkwürdige Hinweise stutzig werden. Zug um Zug wird nun die Wahrheit aufgedeckt: Iokaste und ihrem ersten Gatten, Laios, war geweissagt worden, ihr Sohn werde den Vater erschlagen und die Mutter schänden, worauf sie das Neugeborene töten ließen. Ödipus wiederum hatte das Orakel verkündet, er werde seinen Vater töten und seine Mutter heiraten, weshalb er seine Eltern, das Königspaar von Korinth, verlassen hatte. Doch nun erinnert er sich, an eben jener Wegkreuzung, an der Laios ermordet worden sein soll, einige Männer, die ihn rücksichtslos aus dem Weg drängen wollten, im Kampf getötet zu haben. Er befiehlt, nach dem Überlebenden zu suchen, der gemeldet hatte, der König wäre von Räubern ermordet worden. Inzwischen hat ein Bote aus Korinth die Nachricht gebracht, daß König Polybos gestorben sei und Ödipus nun auf Wunsch des Volkes den Thron seines Vaters übernehmen solle. Ahnungslos versucht der Bote, die Bedenken des Ödipus mit dem Geständnis zu zerstreuen, dieser wäre ihm einst als Findelkind mit durchstochenen Füßen von einem Hirten des Laios übergeben worden. Aus den Details erkennt Iokaste, daß es sich um ihr Kind handeln muß. Voll Entsetzen zieht sie sich in den Palast zurück. Ödipus verlangt nach dem Hirten: Als dieser gebracht wird, preßt er aus dem Mann, der aus Mitleid das Kind seinerzeit nicht getötet, sondern dem korinthischen Hirten übergeben hatte, gewaltsam die Wahrheit heraus. Bald darauf berichtet ein Diener fassungslos von grauenhaften Ereignissen im Palast: Iokaste hat sich erhängt und Ödipus sich mit einer Spange ihres Kleides die Augen ausgestochen. Geblendet tritt er nun vor das Volk. Jetzt aber entlarvt sich der Biedermann Kreon als Tyrann. Er demütigt den sich von seinen kleinen Töchtern schmerzvoll verabschiedenden Ödipus, verweigert ihm die Verbannung, um die er bittet, und schiebt eine neuerliche Befragung der Götter vor.

Ödipus, der Wahrheitssucher, der Rebell des Denkens, geht der Frage «Wer bin ich?» unbeirrbar nach. Er nimmt die Freiheit auf sich, erkennen zu wollen, auch wenn die Wahrheit grauenvoll sein sollte, und er beansprucht die Freiheit, die Strafe an sich selbst zu vollziehen. So blendet er sich, um vor aller Welt als Geblendeter erkannt zu werden und damit seinen Protest gegen die schuldlos aufgeladene Schuld sichtbar zu machen. Noch in Ohnmacht und Erniedrigung zeigt er Größe, besteht er als Mensch, groß durch den Verstand und die Leidensbereitschaft. Die Faszination des *König Ödipus* (richtiger *Ödipus Tyrann*) über die Jahrtausende hinweg liegt nicht zuletzt in der grandiosen künstlerischen Komposition: In einer klaren, strengen Struktur entwickelt sich das dramatische Geschehen nicht aus der Aktion, sondern aus dem Wort, das die Spannung in meisterhafter Raffinesse und Dynamik zur Erforschung, Entdeckung und Entlarvung der Wahrheit hochtreibt. Sophokles arbeitet in diesem «antiken Kriminalstück» mit einer Fülle von geheimen Bezügen auf verschiedensten Ebenen, mit Verflechtungen, Umkehrungen, Korrespondenzen, wobei er die Dialektik von Schein und Sein, die Paradoxie jeder Verhaltensweise mit bitterer Ironie und höchster artistischer Ausformung behandelt. Alles, was gesagt und gctan wird, gewinnt unversehens eine andere Bedeutung: Iokaste versucht ihren Mann zu beruhigen, doch ihre Worte führen ihn nur näher ans Unheil heran; der Gefolgsmann des Laios, der das Kind rettete und später den Jüngling beschützte, indem er das Märchen von den Räubern auftischte, muß zuletzt die Katastrophe des Ödipus besiegeln; Ödipus schließlich muß sich als Sucher der Wahrheit des Übels selbst als Ursache des Übels erkennen: Der Mensch, der ahnungslos gerecht sein will und die Schuld in seiner Umwelt sucht, findet die Schuld in sich. Die tragischen Ironien und Paradoxien, die Dialektik von Blindheit und Sehen durchziehen das ganze Werk: Als Sehender war Ödipus blind, unwissend, als Blinder wird er sehend.

Knapp vor seinem Tod, viele Jahre nach dem *Ödipus Tyrann* wird Sophokles mit dem *Ödipus auf Kolonos* eine spiegelverkehrte Neuaufarbeitung des Themas der schuldlosen Schuld gestalten und als geheimnisvolles Vermächtnis der Nachwelt hinterlassen.

Ödipus auf Kolonos
Tragödie. UA: 401 v. Chr. in Athen

Nach jahrelangem Umherirren ist Ödipus, ausgestoßen und blind, geführt von seiner Tochter Antigone, nach Kolonos gekommen, wo nach einem Orakelspruch seine Leiden im Hain der Eumeniden ein Ende finden sollen. Dort findet Ismene den Vater und die Schwester. Sie bringt die Nachricht, daß Theben der Bruderkrieg drohe und Kreon beabsichtige, Ödipus in die Nähe der Stadt zu bringen, da ein Orakel denen, die ihn aufnehmen, Segen verkündet hat. Theseus, der König des nahegelegenen friedliebenden Athen, gewährt Ödipus Asyl und verspricht ihm und seinen Töchtern Schutz vor den anrückenden Thebanern. Bald darauf trifft Kreon ein, versucht zunächst heuchlerisch, Ödipus freiwillig zur Rückkehr zu bewegen, greift dann jedoch zur Gewalt und nimmt die beiden Mädchen als Geiseln. Theseus durchkreuzt aber Kreons Pläne, läßt ihn verhaften und bringt Ödipus seine Töchter zurück. Doch schon meldet sich der nächste Bittsteller: Polyneikes, den sein Bruder Eteokles mit Kreons Hilfe vom thebanischen Königsthron vertrieben hat, bittet den Vater, ihm zu verzeihen und bei seinem Rachefeldzug gegen Theben beizustehen. Ödipus aber verflucht den Sohn, der einst mitleidlos an seiner schändlichen Verjagung aus Theben teilgenommen hat, und prophezeit ihm, daß er Eteokles töten und selbst in diesem Kampf fallen werde. Vergeblich bittet Antigone den Bruder, vom Kampf gegen Theben abzulassen. Nach diesen Erschütterungen fühlt Ödipus seinen Tod nahen. Mit Theseus geht er in den Hain der Eumeniden und gibt dem Freund sterbend ein Geheimnis preis, das jeweils im Tod an den Besten weitergegeben werden und die Stadt Athen schützen soll. Dann nimmt die Unterwelt Ödipus in geheimnisvoller Weise auf.

War König Ödipus auf der Suche nach der Wahrheit, so ist der blinde Bettler Ödipus nun auf der Suche nach der Gnade – und es bleibt offen, ob die Wahrheit zugleich die Gnade darstellt. In kunstvollen Entsprechungen verbindet Sophokles sein letztes Werk mit seinem etwa zwanzig Jahre früher geschriebenen *König Ödipus*: Er läßt seinen Heros, der den Weg aus dem Dunkel seiner Existenz ins Licht gegangen war, zuletzt wieder in das Dunkel des Erdenschoßes zurückkehren, umgibt dieses Ende aber mit dem Licht eines Mysteriums. Noch einmal holt Ödipus auf Kolonos in tragischer Weise die Vergangenheit ein, noch einmal brechen die Wunden auf. Er muß den um Vergebung, um Beistand flehenden Sohn verfluchen, den Untergang des eigenen Geschlechtes erfüllen. Es muß Altes untergehen, wenn Neues entstehen soll, doch diesem Neuen, das in dem idealen Staat des Theseus versinnbildlicht wird, wird das alte Wissen anvertraut. Mit leiser Ironie läßt Sophokles allerdings die Skepsis anklingen, ob diese neue Welt mit ihrer Hoffnung auf Recht und Rechtsgefühl eine bessere sein kann. Was ist das Geheimnis, das der Leidensmann dem selbstgefälligen Herrscher des konfliktfreien Friedensstaates mitgibt? Totenbleich, von einem gewaltigen Schrecken berührt, kehrt Theseus zurück: «Der Tod ist eine Gnade», tröstet er die trauernden Mädchen. Sophokles entschleiert das Geheimnis nicht. In diesem Werk, in dem der Chor das erschreckende Wort «Nicht geboren zu sein, das wäre von allem das Beste» (genauer übersetzt: «übertrifft alles Wissen») spricht, bleibt die Frage, ob womöglich für den Menschen die Gnade darin beruht, nicht unwissend leben zu müssen. Wissend, verstehend, durchschauend mag es wert sein für ein Utopia, für ein Athen, wie es sein sollte, zu leben und zu leiden und, komme, was kommen muß, die Hoffnung nicht aufzugeben. Gewiß nicht zufällig ließ der Dichter seinen Ödipus in den Hain der Eumeniden eingehen. Er vergeistigte das alte Motiv des heilbringenden Heroengrabes: Ödipus wird mystisch entrückt, sein Geist mag segensreich fortwirken. Es ist der Geist eines Denkers und Dulders, eines Suchers nach Wahrheit und Gnade, der aus seinem Wissen und seiner Leiderfahrung der Hoffnung eine Botschaft übergab.

Euripides 484–406 v. Chr.

Euripides wurde als Sohn eines Gutsbesitzers vermutlich 484 v. Chr. in Salamis geboren. Er erhielt eine sorgfältige, umfassende Ausbildung. Bereits in jungen Jahren kehrte er der Öffentlichkeit den Rücken und lebte zurückgezogen als Schriftsteller und Gelehrter. Seine Zurückgezogenheit hinderte ihn jedoch nicht daran, das öffentliche Leben zu verfolgen – alle seine Stücke sind unmittelbar für die Öffentlichkeit geschrieben, auf zeitgenössisches Geschehen bezogen. Mit 29 Jahren beteiligte Euripides sich erstmals an einem dramatischen Wettstreit, doch erst mit 43 Jahren errang er seinen ersten Sieg. Insgesamt wurde ihm bei Lebzeiten nur viermal der 1. Preis zugesprochen, das fünfte Mal posthum. Die Forschung registriert 88 Dramen des Euripides, von denen uns 18 erhalten sind. Ein berühmter, aber umstrittener Dichter, zu dessen Freunden Sokrates und Protagoras gezählt wurden, hatte er auch reiche Gegnerschaft. 408 v. Chr. ging er ins Exil nach Pella in Mazedonien an den Hof des kunstsinnigen Tyrannen Archelaos, wo er 406 v. Chr. starb. Als die Nachricht von seinem Tod nach Athen gelangte, betrat der neunzigjährige Sophokles in Trauerkleidung das Theater, und die Schauspieler gedachten unbekränzt und in schwarzen Mänteln ihres großen Dichters.

Der «Tragischste» unter den griechischen Tragikern wurde Euripides von Aristoteles genannt. Er unterschied sich wohl bewußt von Aischylos und Sophokles, weniger in der Form – er ließ das Modell der Tragödie trotz erfindungsreicher Variationen im Grunde unangetastet – als im Inhalt, in seiner Deutung des Mythos und seiner Gestaltung der Charaktere. Euripides befremdete seine Zuschauer, stieß sie gewiß auch vor den Kopf, denn er sagte ihnen krasser, erbarmungsloser und vernichtender als seine großen Vorgänger die Wahrheit. Schicht um Schicht deckte er das Verhalten der Menschen auf, entlarvte sie in den Möglichkeiten, die in ihnen angelegt sind, stieg in die Unterwelt ihrer Seele. Nicht nur von der unbegreiflichen Willkür der Götter oder des Schicksals werden die Menschen durch das Leben getrieben, sondern auch von ihrer eigenen Verblendung, ihren Selbsttäuschungen, verkappten Gelüsten, von ihrer Gier nach Besitz, nach Macht, nach Ruhm. «Der Entlarver hat hier Abgründe aufgedeckt», schreibt Melchinger. «Nie ist auf dem Theater schonungsloser die Wahrheit gezeigt worden.» In seinem Streben nach unbedingter Wahrheit zeigte Euripides die wahren Triebfedern der Großen, das, was hinter dem schönen Schein von Größe, Heldentum und Ruhm steht. So machte er den homerischen Heldenkrieg als eine einzige Schande für die Griechen deutlich: einerseits, indem er die schrecklichen Leiden der Opfer, die Entwürdigung, Schändung und Versklavung des Menschen vor Augen führte, andererseits, indem er Zynismus, Amoralität und Grausamkeit der Sieger enthüllte und das, was der Krieg aus ihnen zu machen imstande ist – Bestien.

Bei Euripides treten mehr Götter auf als bei Aischylos und Sophokles. Doch er sah in diesen Göttern entweder die unfaßbaren, unbegreifbaren Kräfte, die auf eine Menschenexistenz einwirken, oder er verwendete sie als Theatercoup, der das Geschehen in andere Dimensionen stellte, «durch ein Wunder», wie Goethe es formulierte, «das Unauflösbare gleichsam beiseite gebracht» hat. Ein Spiel – ließ er erkennen. Man konnte an das Theaterwunder glauben oder nicht und hatte dazwischen doch die Realität geschaut. In hohem Stil, in großer Schönheit der Form als ein Konzentrat dargestellter Wahrheit.

Das erste uns erhaltene Drama des Euripides, *Alkestis**, stammt von dem bereits 46jährigen Dichter. Die Tetralogie, deren Abschluß das Schauspiel bildete, wurde mit dem zweiten Preis beim Wettkampf ausgezeichnet, den Sophokles gewann. Für seine *Medea**, die die Nachwelt immer wieder zu Neuschöpfungen inspirierte und die sicherlich zu seinen meistgespielten Tragödien zählt, erhielt der Dichter nur den dritten Preis.

Die Datierung der folgenden erhaltenen Stücke ist umstritten: Die Forschung nimmt an, daß *Die Herakliden* um 430 v. Chr. entstanden sind, ein Drama, das die Verfolgung der Kinder des Herakles durch Erystheus und dessen Vernichtung zum Thema hat, und *Andromache* 429 v. Chr. Diese Tragödie, die Andromache als Kebse des Neoptolemos und Mutter seines Kindes mit der rechtmäßigen, kinderlosen Ehefrau Hermione konfrontiert, zeigt das psychische Verhalten von

Menschen gegenüber Leid, drohendem Unheil und Elend, das über sie hereingebrochen ist. Der homerische Zwist zwischen Atriden und Peliden wird dabei als Inbegriff der Ursachen, die Unheil über die Welt bringen, begriffen.

Hippolytos wurde 428 v. Chr. aufgeführt und mit dem ersten Preis ausgezeichnet. Es handelt sich jedoch um die zweite Fassung einer Tragödie, die in ihrer ursprünglichen Form Mißfallen erregt hatte. Der Streit der Göttinnen Aphrodite und Artemis umschließt das Geschehen und bildet das Thema der Tragödie; die eine Göttin erscheint im Prolog, die andere im Epilog. Hippolytos, der illegitime Sohn des Theseus, hat Aphrodite durch Mißachtung beleidigt, da er in Artemis dem Ideal der Reinheit huldigt. Aphrodite will ihn nun durch Phaidra, die junge, schöne Frau des greisen Theseus, strafen. Phaidra hat sich in den asketischen Jüngling verliebt, und ihre Liebe steigert sich unter seinem kühlen Desinteresse zur Raserei. Sie erkrankt, will sterben, da sie im Tod den einzigen Ausweg sieht – aus ihrer Leidenschaft wie auch der Schande, wenn sie bekannt würde. Als sie sich ihrer Amme anvertraut, offenbart diese Hippolytos die Liebe seiner Stiefmutter zu ihm. Phaidra muß Zeugin einer entrüsteten Ablehnung werden. Ihre verletzte Liebe verwandelt sich in Haß – sie tötet sich, hinterläßt aber Theseus einen Brief, in dem sie vorgibt, Hippolytos habe sich an ihr vergangen. Als Theseus von seiner Reise zurückkehrt, findet er die Botschaft seiner toten Frau, verflucht seinen Sohn und verbannt ihn. Der Meeresgott Poseidon jagt Hippolytos in den Tod. Artemis klärt jedoch Theseus über die Unschuld seines Sohnes auf. Hippolytos, der sterbend zu seinem Vater gebracht wird, verzeiht diesem. – Den Kampf der Liebe gegen die Reinheit zeichnet Euripides mit psychologischer Meisterschaft: Das Drama gegensätzlicher Mächte, die einen Menschen erfassen können, sich seinem Begreifen und seinem Willen aber entziehen, wird nicht in der Brust des einzelnen ausgetragen, sondern von zwei Menschen, die sich im Aufeinanderprall vernichten. In Phaidra wächst eine nicht zu bezähmende erotische Leidenschaft. Hippolytos wiederum ist hybrid im Stolz auf seine Reinheit, in seiner Verachtung der Liebe. Dem Kampf dieser unsichtbaren Mächte fallen beide zum Opfer.

Die Tragödie *Hekabe* (vermutlich 425 v. Chr.) zeigt die unglückliche Königin von Troja als Sklavin im Jammer um ihre Tochter Polyxena, die von den Griechen als Opfer getötet werden soll. Doch Polyxena, eines jener schönen Heldenkinder, die im Glauben an eine bessere Welt in den Tod gehen, opfert sich stolz und mutig. Hekabe verwandelt sich an der Totenbahre ihres Sohnes Polydoros in eine blutige Rächerin: Sie lockt seinen Mörder ins Zelt, erschlägt dessen Kinder und blendet ihn. – Zehn Jahre später hat Euripides Hekabe in den *Troerinnen** nochmals in den Mittelpunkt gestellt: Sie wurde zur berührenden Hauptfigur einer seiner grandiosesten Tragödien.

Die Schutzflehenden (vermutlich 421 v. Chr.) zeigen die Struktur eines der fesselndsten Dramen des Dichters, mit dem Dreiecksverhältnis von Schutzsuchenden, feindlichem Verfolger und hilfreichem Retter. Doch wird in dieser Tragödie nicht Schutz erfleht, sondern Beistand bei der Wahrung der Menschenrechte: Die Mütter der sieben Angreifer Thebens sind als Bittstellerinnen nach Athen gekommen und ersuchen Theseus um Hilfe, da Kreon, der König von Theben, ihnen die Herausgabe und Bestattung der Leichen ihrer gefallenen Söhne verweigert. Es geht um den Bruch ungeschriebener Gesetze, um dasselbe Recht auf Menschenwürde, für das die Antigone des Sophokles in den Tod ging. Theseus, den seine Mutter von der Berechtigung der Bitte überzeugt, zieht, vom

Volk ermächtigt, gegen Theben, verschont aber die besiegte Stadt, birgt die Toten und sorgt für ihre ehrenvolle Bestattung. Das Drama wurde ein Lobgesang auf Athen genannt, denn Athen setzt das Leben seiner Bürger aufs Spiel, um in der Sache der anderen Menschenrecht und Menschenwürde zu verteidigen. Es wird zur Schutzmacht, an die sich die Mütter, die Verfolgten, Hilflosen im Zeichen der Humanität und des Rechts wenden können. Noch einmal wird die Überzeugung von der Freiheit des politischen Menschen, sich für das Bessere zu entscheiden, formuliert.

Mit einer Horrortat stürzt der Dichter in der Tragödie *Herakles* (um 420 v. Chr.) seinen Titelhelden vom höchsten Gipfel des Ruhmes in die schauerlichste Selbstvernichtung. Er läßt Herakles den mythischen Mord an seinen Kindern erst nach der Vollendung seiner zwölf Arbeiten begehen, die im allgemeinen als Sühne für diesen Mord gesehen werden. Nach der Untat an seiner Frau und seinen Kindern, aus der von der Göttin Hera veranlaßten Sinnesverwirrung erwachend, will sich Herakles töten. Doch in einem Gespräch mit Theseus, dem Heros des Geistes und der Humanität, findet der Heros der Kraft und der Gewalt wieder zu sich und nimmt das Leben eines Gezeichneten auf sich.

Zweimal machte Euripides Iphigenie zur Zentralfigur einer Tragödie: in der später entstandenen *Iphigenie in Aulis* als eine jener schönen, opferbereiten Mädchengestalten, die er mehrmals beschwor, in der früheren, *Iphigenie bei den Taurern* (vermutlich 414 v. Chr.), die das Geschehen in Aulis voraussetzt, keineswegs als jene «reine Seele», die Goethe dann in ihr gesehen hat. Iphigenie lebt hier im Konflikt zwischen der Sehnsucht nach ihrer griechischen Heimat, die ihr als Gegenbild des barbarischen Tauris erscheint, und dem Haß auf die Griechen, die imstande waren, sie ihrer Machtpolitik zu opfern. Als die Griechen sie in Aulis auf dem Altar der Artemis schlachteten, hatte die Göttin das Mädchen gerettet und nach Tauris entrückt. Nun werden Iphigenie zwei fremde Jünglinge gebracht, die sie als Priesterin nach Landessitte, wie jeden Fremden, der die Insel betritt, der Göttin zu opfern hat. Es ist ihr Bruder Orestes, der im Auftrag Apollons das Götterbildnis der Taurer rauben soll, mit seinem Freund Pylades. Sie erkennen einander als Griechen. Iphigenie ersinnt eine List, sie belügt den König der Taurer, Thoas, und es gelingt den Griechen, mit dem Götterbild zu fliehen. Doch ihr Schiff wird von einem Sturm auf die Insel zugetrieben. Schon müssen sie sich als Gefangene in der Hand des Betrogenen sehen, als die Göttin Athena einschreitet und alles zum Guten wendet.

Die Tragödie *Elektra* (vermutlich 413 v. Chr.) zeigt die Atridentochter als Bäuerin in einer elenden Hütte. Sie wurde von Aigisthos an einen armen Landmann verheiratet, um keine ebenbürtigen Kinder gebären zu können. In diesem Bauern entwirft Euripides ein Gegenbild zu den Großen der Welt: einen Menschen voll Rechtschaffenheit, Rücksicht und Gesinnungsadel. Die Helden der Tragödie jedoch, Klytaimestra, Elektra und Orestes, sind elende, von der Zeit seit dem Mord an Agamemnon gezeichnete Figuren. Elektra, die in Haß und der Fixierung an den Vater auf ihrer Erniedrigung besteht, bis die Rache vollzogen ist, wird zur eigentlichen Täterin. Kein zärtliches Wort, kein Jubel begleitet die Erkennungsszene mit Orestes, einem übervorsichtigen, fast tückischen jungen Mann, dem der Mordauftrag die Jugend vergiftet hat. Feig metzelt er Aigisthos von hinten, beim Muttermord muß ihm Elektra sozusagen die Hand führen. Die beiden töten in Klytaimestra eine einsame, alte Frau, die viel gelitten hat, die Angst, Reue und Enttäuschung ausgelaugt haben. Da kann es keinen Triumph mehr geben. Klagend werden sich die Geschwister des Entsetzlichen, das sie verübt haben, bewußt.

Dem in der Datierung umstrittenen *Ion** dürfte *Helena* (412 v. Chr.) gefolgt sein – ein Märchen, das Helena, die berühmte Ehebrecherin, als treue Gattin in Ägypten zeigt, der zuletzt die Flucht mit Menelaos gelingt. Hera hatte sie an den Hof des Proteus entrückt und ein Phantom nach Troja geschickt. Der Krieg ist – wie so viele in der Menschheitsgeschichte – um ein Phantom geführt worden.

Das Thema des Bruderkriegs zwischen Eteokles und Polyneikes nimmt Euripides in der Tragödie *Die Phönizierinnen* (410 v. Chr.) zum Anlaß, die Kriegsgründe zu entlarven. Eteokles ist der Repräsentant reiner Machtpolitik, der sich nicht an geschlossene Verträge hält, Polyneikes verbirgt hinter dem sentimentalen Pathos von Vaterlandsliebe, Recht und Ehre nur seine materiellen Interessen. Zwischen den beiden Streitenden versucht Iokaste zu vermitteln, sie, die leidende Mutter, besitzt das klare Bewußtsein des Rechten und die Kraft der Erkenntnis, doch sie scheitert an der Einsichtslosigkeit ihrer Söhne und gibt sich den Tod.

Wie es um Athens Demokratie stand, zeigte Euripides in *Orestes* (408 v. Chr.) an einer Volksversammlung, die er zum Beispiel des Mißbrauchs der Gerichtsbarkeit durch die Politik werden ließ: Das Volk von Argos macht dem Muttermörder Orestes den Prozeß. Obwohl der Dichter diesen Prozeß in eine reichfigurierte Handlung fügte, dürfte die Provokation zu stark gewesen sein. Wenig später ging Euripides – wie Aischylos nach seiner *Orestie* – ins Exil.

Iphigenie in Aulis (UA: 405 v. Chr. in Athen) setzte noch einmal den Entlarvungsprozeß gegen die großen Helden in Gang: Agamemnon hat um seines Ruhmes im Kriegszug gegen Troja willen der Opferung seiner Tochter Iphigenie für günstigen Wind zugestimmt. Zu spät kommt er zur Einsicht. Sein Brief, der Klytaimestra und die Tochter abhalten soll, nach Aulis zu kommen, wird abgefangen, die Frauen treffen im Lager ein, und der Mord wird für ihn zur politischen Notwendigkeit. Ein Mensch als Träger der Verantwortung, verstrickt er sich als eminenter Politiker tragisch in Schuld. Euripides zeigt Iphigenie, seine wohl schönste Mädchengestalt, zunächst als bezaubernd anmutiges Mädchen von rührender Unschuld, sodann in angstvoller Verzweiflung auf den Knien vor dem geliebten Vater, entsetzt über das Unbegreifliche, daß er ihr Mörder sein soll, und schließlich als ein Menschenkind voll Todesmut, das sich verklärt für die «Freiheit», für eine Welt opfert, die es nicht gibt. In Athen nach seinem Tod uraufgeführt, brachte das Werk zusammen mit der grandiosen Tragödie *Die Bakchen** dem Dichter seinen letzten Sieg – für die Nachwelt bedeuten sie die letzten großen Tragödien der Antike.

Alkestis
UA: 438 v. Chr. in Athen

König Admetos sollte einst, jung verheiratet mit Alkestis, von Thanatos ins Totenreich geholt werden. Apollon erwirkte jedoch bei den Moiren, daß der König nicht zur festgesetzten Zeit sterben müsse, wenn jemand anderer für ihn das Todeslos übernehmen würde. Als die Eltern ihrem Sohn das Opfer verweigerten und auch keiner der Freunde dazu zu bewegen war, erklärte sich Alkestis bereit, für Admetos zu sterben. Der Zeitpunkt ihres Todes blieb jedoch ungewiß. Seither sind Jahre vergangen, Alkestis hat zwei Kinder geboren. Doch nun siecht sie dahin und ist dem Tode nahe. Sterbend bittet sie ihren Mann, den Kindern keine neue Mutter zu geben. Unter Beteuerungen, daß in seinem Haus künftig nur die Trauer herrschen werde, verspricht er ihr das. Alkestis stirbt. – Bald darauf kommt Herakles zu Besuch. Admetos verheimlicht ihm den Tod seiner Frau und nimmt ihn gastlich auf. Doch ein Diener verrät den Tod der Herrin. Herakles beschließt, sie aus dem Totenreich zurückzuholen. Der Trauerzug kehrt von der Beisetzung zurück. Admetos beklagt verzweifelt, daß er den Opfertod der Gattin angenommen hat. Da kommt Herakles, eine vermummte Gestalt an der Hand. Er bittet den König, die geheimnisvolle Frau gastfreundlich bei sich aufzunehmen. Admetos ist verwirrt, denn er fühlt sich zu der Verschleierten eigenartig hingezogen und fürchtet, Alkestis zu verraten. Da fordert ihn Herakles auf, den Schleier zu heben – Alkestis steht vor Admetos. Herakles hat sie aus der Unterwelt zurückgeholt.

Ein Spiel mit dem Tod nennt Melchinger das früheste Werk des Euripides, das uns überliefert wurde. Es ist ein tragisches Schauspiel mit grotesken Zügen und glücklichem Ausgang. Es behandelt Ungeheuerliches: Ein Mensch in Todesangst bittet andere, für ihn zu sterben, und nimmt schließlich das Opfer seiner Frau, offenbar bedenkenlos, an. Was ist das für ein Mann, scheint Euripides zu fragen. Er zeigt ihn in seiner Unsicherheit und Erbärmlichkeit, ja auch Lächerlichkeit. «Was tust du?!» schreit er, als sie stirbt, verspricht, sich ihr Standbild ins Bett zu legen, und seine Worte «Du darfst mich nicht verlassen», «Bleib, laß deine Kinder nicht im Stich», «Nimm mich mit dir» – im Grunde natürliche Reaktionen – klingen in diesem Zusammenhang grotesk, geradezu wie Hohn. Virtuos hält der Dichter das Werk in Schwebe zwischen Tragik und Groteske, virtuos in der psychologischen Motivierung gestaltet er seine Figuren. Über einen langen Weg führt er Admetos zu der Einsicht, daß er ein schmähliches Leben gewählt hat, er erkennt seine Schuld und die Verpflichtung, freudlos weiterzuleben. Aber würde er es auch tun? Hat ihn die Einsicht gewandelt? Immer wieder macht Euripides den doppelten Boden sichtbar. Wie es um die Schwüre des Admetos bestellt ist, zeigt die Szene der Prüfung durch Herakles: Wenn er nicht bereits am Todestag seiner Frau um seine Verführbarkeit wüßte, müßte er sich nicht weigern, die fremde Frau in seinem Haus aufzunehmen. Es bedarf eines Herakles, um diesem Spiel mit dem Tod ein versöhnliches Ende zu geben.

Medea

Tragödie. UA: 431 v. Chr. in Athen

Als Flüchtlinge leben die Kolcherin Medea und der Grieche Iason mit ihren zwei kleinen Söhnen in Korinth. Vor ihrem Haus klagt die Amme der Medea, daß Iason seine Frau verlassen hat, um Glauke, die Tochter Kreons, des Königs von Korinth, zu heiraten. In ungeheurem Schmerz sinnt Medea auf Rache. Kreon verbannt Medea mit ihren Kindern aus der Stadt. Als ihn Medea jedoch unterwürfig anfleht, ihr noch einen Tag in der Stadt zu gönnen, gewährt er ihr Aufschub. Sie wird diesen Tag zur Rache nutzen. Wenig später kommt Iason, um Medea materielle Hilfe für die Verbannung anzubieten. Er behauptet, die Verbindung mit Glauke nur um der Kinder willen eingegangen zu sein. Medea weist seine Unterstützung schroff zurück und entlarvt seine Argumente als Schönrederei. Auf der Durchreise aus Delphi trifft König Aigeus von Athen in der Stadt ein. Medea erbittet bei ihm Asyl, das er ihr zusagt. Nun läßt Medea Iason rufen, heuchelt Einsicht, indem sie sich scheinbar in ihr Schicksal fügt und nur darum bittet, daß die Kinder in Korinth bleiben dürfen. Sie will sie mit kostbaren Geschenken aus Kolchis zu Glauke schicken, um diese Gnade bei ihr zu erwirken. Iason

Euripides, Medea
Städtische Bühnen Frankfurt/M., 1976
Inszenierung: Hans Neuenfels
Medea: Elisabeth Trissenaar
Der Mann als Bote: Ulrich Haß

verspricht Unterstützung. Von ihrem Lehrer begleitet, bringen die Kinder die von Medea mit Gift präparierten Geschenke zum Königspalast. Bedrückt ahnen die Frauen von Korinth das nahende Unheil. Die Kinder kehren zurück, Glauke hat die Geschenke angenommen und will die Knaben bei sich behalten. Bald darauf wird die Schreckensnachricht vom Königshof gemeldet: Glauke starb bei der ersten Berührung mit dem vergifteten Schmuck; Kreon, der sich über die Leiche der Tochter warf, folgte ihr in den Tod. Nach einem heftigen inneren Kampf geht Medea in das Haus, um ihre schrecklichste Tat zu vollbringen: Während die Korintherinnen zu den Göttern flehen, das Unheil abzuwenden, tötet Medea ihre beiden Söhne. Iason sieht die Mörderin im Drachenwagen, den ihr Helios sandte, mit den Leichen seiner Kinder davonfahren.

Frauen, sagt Medea, sind unter den Menschen die elendesten Geschöpfe. Rechtlos, von den Männern unwürdig behandelt, verwendet und weggeworfen, niedergedrückt, vom geistigen Leben ausgeschlossen. Eine Barbarin sagt das, die griechischen Frauen raten ihr, sich damit abzufinden: Das ist eben so üblich. Das war auch in dem Athen, für das Euripides schrieb, so üblich. Doch Medea findet sich nicht ab. Alles hat sie für ihren Mann gegeben, die Heimat, die Familie geopfert, ihm das Leben gerettet, für ihn gekämpft, sie hat ihm zwei Kinder geboren und ist mit ihm geflohen. Nun, im

Unglück, verläßt er sie, heiratet eine andere, sieht zu, wie man sie und seine Kinder aus dem Land verjagt. Nicht als rasende Furie plant Medea ihre Rache, sondern als eine klardenkende, zutiefst erniedrigte und entwürdigte Frau. Zuletzt stellt sie sich in großer Wahrhaftigkeit ihrem schrecklichsten inneren Konflikt: Die Mutter rebelliert gegen die Rächerin, ihre Vernunft und ihr Gefühl gegen eine Tat, die ihr selbst unvorstellbaren Schmerz bereiten muß. Aber der Rachetrieb ist stärker. Bewußt entscheidet sie gegen die Vernunft. Die Kränkung, die Unterdrückung, die Verletzung des Rechts können nicht hingenommen werden. So tötet sie ihre Kinder – der gräßlichste Aufschrei, zu dem eine Frau fähig sein kann. Eine Furie! Aber war sie nicht eben noch Mensch und mußte ein unmenschliches Frauenschicksal erleiden?

Die Troerinnen
Tragödie. UA: 415 v. Chr. in Athen

Vor den Ruinen Trojas nimmt Poseidon als Schutzgott der Stadt Abschied und beschließt, die alles verheerenden Sieger zu bestrafen. Er findet bei Athena Unterstützung, deren Tempel von den Griechen geschändet wurde. Gemeinsam werden sie die Flotte der heimkehrenden Griechen über die Meere jagen und vernichten. Die Sieger haben zu früh gejubelt. Das Elend unter den besiegten Troern übersteigt alles Maß. Hekabe, die Königin Trojas, die ihren Mann und alle Söhne verlor und deren Töchter nun verschleppt werden, klagt um Ilion. In ihren Jammer mischen sich die bangen Fragen der gefangenen Frauen um ihr künftiges Schicksal. Der Herold Talthybios, ein jovialer Vollzugsbeamter des Grauens, läßt sie darüber nicht lange im Zweifel: Kassandra, die geschändete Priesterin, soll Agamemnon als Kebse folgen, Andromache, die Witwe Hektors, ist dem Sohn Achills bestimmt, über das Schicksal Polyxenas gibt er zweideutige Auskunft, Hekabe wird Sklavin des Odysseus, das Los verteilt die übrigen Frauen als Beutestücke an die Griechen. Aus dem Zelt der Gefangenen dringt Fackelschein: Kassandra verkündet in prophetischem Jubel die Irrfahrten und das Ende der Griechen. Verzweifelt bricht Hekabe über ihre Erniedrigung zur Sklavin zusammen, die Frauen stimmen in ihre Klagen mit einem Grablied auf Ilion ein. Auf einem Beutewagen wird Andromache hergeschleppt, den kleinen Astyanax im Arm. Sie berichtet, daß Polyxena als Opfer für den Wind geschlachtet wurde. Hekabe rät ihr, sich um des Kindes willen in ihr Schicksal zu fügen, der Knabe könnte Trojas künftiger Retter werden. Doch diese Hoffnung währt kurz: Talthybios reißt der Mutter das Kind aus den Armen: Hektors Sohn soll auf Rat des Odysseus getötet werden. Schmerzzerrissen nimmt Andromache Abschied von ihrem Kind und bricht in rasende Flüche gegen die Griechen aus. Man zerrt sie zu den Schiffen. Helena, für die Troerinnen die Urheberin allen Übels, wird von ihrem Mann Menelaos aus dem Zelt der Gefangenen geholt. Sie soll, wie er behauptet, in Hellas vor ein Gericht gestellt werden. In königlichem Schmuck tritt sie ihm entgegen. Sie verteidigt sich geschickt. Wenn auch Hekabe in ohnmächtigem Zorn alle Argumente Helenas zertrümmert und Menelaos auffordert, die Hure und Unheilstifterin zu töten, so ahnen die Troerinnen doch, als er Helena auf sein Schiff bringen läßt, daß sie Siegerin bleiben wird. Talthybios kommt mit der Leiche des Astyanax und drängt die Frauen zum Aufbruch. Hekabe begräbt das Kind. Als die abziehenden Griechen Trojas Reste in Brand stecken, will sie sich in die Flammen stürzen. Sie wird daran gehindert und abgeschleppt – in die Sklaverei.

Warnung soll diese Tragödie sein, doch

sie ist über die Jahrtausende hinweg Anklage, Schmerzensschrei gegen den Krieg geblieben. Euripides hat, wie die Forscher vermuten, vor dem Aggressionskrieg gegen Sizilien warnen wollen, der wenige Monate später zum Anfang des Endes wurde, zu einer Katatstrophe, von der sich Athen nie mehr ganz erholte. Der Dichter stellt die Schlächterei, die Entmenschlichung der Sieger bereits zu Beginn unter die Rache der Götter – «Denn wer zerstört, der schafft sich selbst den Untergang» – und enthüllt somit die absolute Sinnlosigkeit dieses Krieges und seiner Folgeerscheinungen. Kein Gott, keine Notwendigkeit gebietet diese entwürdigenden Willkürakte, allein der Mensch trägt dafür die Verantwortung. Und Euripides zeigt, was der Krieg aus den Menschen gemacht hat: Schlächter, die ihre Mitmenschen wie Vieh behandeln, schänden, hinmetzeln. Die großen Drahtzieher bleiben im Hin tergrund, sie demaskieren sich nur in einem Herold, der ihre Greuel verkündet und vollstreckt, und in einem lächerlichen Hahnrei, der sich daran beteiligt hat, einen Krieg zu entfesseln, um seine Frau ins Bett zurückzubekommen. Alles Leid, das der Krieg über Menschen bringt, wird von Hekabe durchlitten, der selbst ein würdevoller Tod verwehrt bleibt.

Ion

Tragödie. UA: um 410 v. Chr. in Athen

Hermes ist im Auftrag seines Bruders Apollon nach Delphi gekommen, um eine nicht gerade rühmliche Tat des Gottes ins rechte Lot zu bringen: Apollon hat einst in Athen die Königstochter Kreusa vergewaltigt, die ihm heimlich einen Sohn gebar, den sie aussetzte. Der Knabe wurde in Delphi von der Seherin aufgezogen und lebte nun, ohne von seiner Herkunft zu wissen, als Tempeldiener im Heiligtum seines Vaters. Kreusa heiratete den Bundesgenossen ihres Vaters, Xuthos. Da die Ehe bisher kinderlos blieb, kommt das Ehepaar nach Delphi, um das Orakel um Rat zu befragen. Durch seinen Spruch soll Xuthos, so berichtet Hermes, in Ion seinen Sohn aus einem außerehelichen Abenteuer erkennen und als Erben mit nach Athen nehmen. Damit kann Apollons Sohn zum Stammvater der Ionier werden, das Liebesabenteuer des Gottes aber verborgen bleiben. – Als Idylle beginnt dann das eigentliche Geschehen. Ion, zum reinen, strahlend schönen Jüngling herangewachsen, begegnet Kreusa, die ihrem Gatten vorausgeeilt ist, um dem Gott allein entgegenzutreten. Beide sind eigenartig voneinander berührt. Als Xuthos wenig später aus dem Tempel zurückkehrt, fällt sein Blick auf Ion: Er umarmt ihn und gibt sich ihm, dem Orakel zufolge, als Vater zu erkennen. In die Freude fällt wehmütig Ions Frage nach seiner Mutter. Xuthos wischt sie beiseite, er will den vermeintlichen Sohn nach Athen mitnehmen, wo einst die Herrschaft auf ihn wartet. Empört reagieren die Frauen aus Kreusas Gefolge auf diese Wendung, und obwohl sie unter Todesandrohung zum Schweigen verpflichtet wurden, berichten sie ihrer Herrin von dem Geschehen. Aus Kreusa bricht elementar die Qual des erlittenen Unrechts hervor: In einer fürchterlichen Anklage gegen Apollon schreit sie ihr lange gehütetes Geheimnis in die Welt. Aus Rache trachtet sie Ion nach dem Leben. Als der Anschlag mißlingt, rettet sich Kreusa zum Altar des Apollon, Ion stürzt mit dem Schwert auf sie zu – der Altar schützt sie, doch auch ihre Argumente bringen Ions Empörung zum Schweigen. Da tritt die Pythia aus dem Tempel, das Körbchen, in dem Ion ausgesetzt wurde, in Händen. Kreusa erkennt es als das ihre. Nach letzten tastenden Fragen sinken Mutter und Sohn einander in die Arme.

Kreusa entdeckt ihrem Sohn, daß Apollon sein Vater ist, die letzten Zweifel aber klärt Athena, die nun erscheint und darum bittet, Xuthos, dem Kreusa noch zwei Söhne schenken wird, im Glauben zu lassen, daß er Ions Vater ist. Mit dem Blick auf Kreusa spricht Ion: «Sie ist meine Mutter – früher schon war mir das nicht unglaublich.»

«Gewaltig war jenes Geschick», sagt Kreusa, «gewaltig ist dieses. Es schleudert uns da- und dorthin, in Unglück und wieder in Glück, und wieder wechseln die Winde.» Zwischen den beiden Göttererscheinungen zu Beginn und am Ende geschieht Menschenschicksal, stürzen Menschen in Leid und Verirrung, kann eine Mutter fast zur Mörderin des eigenen Sohnes, der Sohn beinahe zum Mörder der Mutter werden, unwissend und zugleich ahnungsvoll. Dem Willen der Götter und dem Spiel des Zufalls unterworfen, verfehlen, verkennen und mißdeuten einander die Menschen, geschundene Kreaturen, die vom Sturm der Affekte hin- und hergeschleudert werden. Grandios zeichnet Euripides die Charaktere, motiviert ihr Handeln: den reinen Jüngling, dessen Schönheit von geheimer Trauer überschattet ist, den seine Intelligenz zur Wahrheit und sein Mitgefühl zur Götterkritik treibt. – Und Kreusa, deren Verzweiflung aus der Empörung gegen einen Gott zerbricht, der ihr unvorstellbar grausam erscheinen muß. Schauerlich durchbricht in ihrem Bekenntnis und ihrem Gottesfluch die lange aufgestaute Qual alle Grenzen – schuldlos ist sie ins Leid geraten, verheerend mit Unwissenheit geschlagen, würde auch sie in der Katastrophe enden. Ein Menschenlos, das Euripides durch eine göttliche Fügung ins Glück entläßt.

Euripides, Die Bakchen
Schaubühne Berlin, 1974
Inszenierung: Klaus Michael Grüber
Agaue: Edith Clever

Die Bakchen
Tragödie. UA: 405 v. Chr. in Athen

Der Gott Dionysos ist in Menschengestalt nach Theben gekommen, wo er einst von Zeus gezeugt wurde. Seine Mutter, die Kadmostochter Semele, war von ihren Schwestern verdächtigt worden, einen Fehltritt auf Zeus abschieben zu wollen, und ihr Tod durch Blitzschlag bei der Geburt des Kindes schien diese Auslegung zu bestätigen. Inzwischen übergab der alte König Kadmos die Herrschaft an Pentheus, den Sohn seiner Tochter Agaue. Dieser verweigert Dionysos die Opfer, da er ihn nicht als Gott anerkennt. Nun hat Dionysos die Frauen der Stadt, allen voran die Kadmostöchter, in Ekstase versetzt und sie ins Gebirge gelockt, wo sie ihm im Rauschzustand als Mänaden huldigen. Wütend kehrt Pentheus von einer Reise zurück: Er hat von den Orgien der Frauen gehört und droht mit strengen Strafen. Bald darauf wird Dionysos gefesselt angeschleppt. Pentheus beginnt, ihn zu verhören. Er fragt nach dem Nutzen des Kultes und erklärt ihn für staatsgefährdend, da er die Sittlichkeit verletze. Dionysos antwortet souverän, daß nichts geschehe, was nicht in der Natur des Menschen angelegt sei. Wider seinen Willen wird Pentheus von Dionysos in Bann gezogen. Ein Hirte schildert die keusche Idylle, in der die Bakchen ihren Kult feiern. Erst als Hirten versuchten, ihre Anführerin, Agaue, einzufangen, gerieten sie in Raserei. Empört ruft Pentheus zum Feldzug gegen die Bakchen auf. Dionysos überredet ihn, Frauenkleider anzulegen und heimlich die Orgien der Frauen zu beobachten. Das Verhängnis nimmt seinen Lauf. Ein Diener des Pentheus berichtet von dessen schrecklichem Ende: Der Gott half ihm, sich im Wipfel eines Baumes zu verstecken, entdeckte ihn aber den Bakchen, und diese zerrissen ihn im Glauben, einen Löwen zu jagen. Tanzend kommt Agaue und schwingt triumphierend das Haupt ihres Sohnes. Langsam weicht der Rausch; Kadmos öffnet seiner Tochter die Augen. Die Verzückung wandelt sich in Entsetzen und Verzweiflung. Nun erscheint Dionysos und verkündet die Vertreibung des Kadmos und seines Geschlechts aus Theben.

«Die Tragödie der Tragödie», nennt Melchinger das letzte Werk des Dichters, das erst nach seinem Tod in Athen uraufgeführt wurde. Gnadenlos ist der Gott, die Tragödie endet in völliger Hoffnungslosigkeit. Dem Menschen bleibt keine Chance. Mit Wahnsinn geschlagen, geht er, lächerlich, sich selbst pervertierend, in seinen jämmerlichen Untergang. Agaue, der Täterin, ist gräßliche, tragische Einsicht gewährt, Pentheus ist nur noch zertretenes Opfer. Wenn er sich gegen die Anarchie des Gefühls, die dunklen Triebe, das Unbegreifbare im Menschen stemmt, so scheint das Ausmaß dieser Schuld in keinem Verhältnis zu seiner erbärmlichen Vernichtung zu stehen. Ohnmächtig wehrt sich der Mensch gegen die Entfesselung des Irrationalen. Euripides läßt das Dionysische aus jenem Urgrund aufsteigen, aus dem einst die Tragödie kam. Er zeigt, wie jede Massenbewegung die Raserei in sich trägt, aus der Friedlichkeit und Harmonie in Barbarei umschlagen kann. Doch nichts geschieht, sagt der Gott, was nicht im Menschen angelegt ist. Übrig bleibt nichts als das Dionysische, das Unbegreifliche in uns, als Wirklichkeit zu erkennen.

Aristophanes um 445–um 385 v. Chr.

Aristophanes wurde um 445 v. Chr. auf der Insel Aigina bei Athen geboren. Über sein Leben ist wenig bekannt. 39 Jahre lang war er für das Theater tätig, mitunter brachte er sogar drei Komödien im Jahr heraus, von seinen 44 der Forschung bekannten Werken sind uns 11 erhalten. Aristophanes baute bereits auf einer intakten Komödientradition auf, hatte auch eine Reihe von Rivalen in der Publikumsgunst, doch von ihm allein blieb ein herausragendes Lebenswerk erhalten, das noch heute in seiner Vielschichtigkeit und seinem Phantasiereichtum unübertroffen ist. Der Dichter starb um 385 v. Chr. in Athen.

Während die frühen Komödien des Aristophanes mit ätzendem Spott und ironischer Bitterkeit Politisch-Polemisches herausarbeiten und derb und freimütig Kritik am öffentlichen Leben üben, greifen die späteren in umfassendere Daseinsbereiche aus, bringen, nicht weniger urwüchsig und humorvoll, eine faszinierende Mischung von Realem und Unwirklich-Märchenhaftem ins Spiel. Ein wesentlicher Bestandteil der Komödien blieb allerdings über die Jahre hinweg die literarische Parodie, das heißt die Parodierung von Szenen, Personen, Situationen oder Textpassagen der Tragödien, ja mitunter auch der Tragiker selbst.

Aristophanes behandelte große Themen: Krieg und Frieden, Erziehung, Philosophie, Justiz, das Staatswesen und den Mißbrauch der Politik. Er zeigte sie im Zerrspiegel grotesker Situationen, in denen das Lächerliche und das Erhabene, das Obszöne und das Heilige, das Derbe und das Zarte, das wirkliche Leben und die Märchenphantasie gegeneinandergestellt wurden. Ungemein phantasievoll in der Gestaltung der aus 24 Darstellern zusammengesetzten Chöre, ließ Aristophanes seine Choreuten als Vögel, Frösche oder Wespen auftreten, um menschliches Verhalten zu karikieren. Doch so reich an Spott und aktuellen Anspielungen die Chordichtungen sein mochten, im mitunter recht wilden und ausgelassenen Tanz und Gesang des Chores zeigten sich durchaus noch kultische Zusammenhänge. Der deftige, drastische und oft auch obszöne Humor des Aristophanes kam aus einem tiefen Verantwortungsbewußtsein, das ihn zu einem Kämpfer für ethische Werte und einem Verächter der aufklärerischen Gedanken seiner Zeit machte. Er plädierte, ein unerschrocken attackierender Pazifist, für eine Rückkehr zu Lebensform und Moral der großen Zeit eines Aischylos. Doch bedeutete diese Forderung vielleicht auch nichts anderes als die in seinem Werk immer wieder formulierte Sehnsucht nach einer besseren Welt.

Bereits seine erste uns erhaltene Komödie, *Die Acharner* (425 v. Chr.), prangert die athenische Kriegspolitik an und tritt für eine Beendigung des unseligen Kampfes gegen Sparta ein.

Die Komödie *Die Ritter* (424 v. Chr.) greift in der Gestalt des Paphlagoniers in scharfer Form den kriegstreiberischen Demagogen Kleon an, einen reichen Gerbersohn, der nach dem Tod des Perikles zu einem der tonangebenden Staatsmänner wurde. Ein Gerber und ein Wursthändler streiten hier um die Gunst ihres Herrn Demos, des personifizierten Volkes von Athen. Der Gerber macht sich mit Liebedienerei, Intrigen, Erpressung und Betrug bei Demos unentbehrlich, doch wird er mit Hilfe der Ritter entlarvt, und der ehrliche Wursthändler erringt das Vertrauen seines Herrn.

Die Wolken (UA: 423 v. Chr. in Athen) sind Aristophanes' Auseinandersetzung mit der Sophistik, in der kein Geringerer als Sokrates zur Zielscheibe des Spotts wurde. Aristophanes wendet sich hier gegen die modernen Erziehungs-

Aristophanes, Der Frieden
Theatron technis, Athen
Inszenierung: Karolus Koun
Trygaios: George Lazanis

ideale, die, geprägt von der sophistischen Aufklärung und der mit ihr verbundenen Blüte der Rhetorik, in Athen immer größere Resonanz fanden: Strepsiades ist durch seinen verschwendungssüchtigen Sohn Pheidippides an den Rand des finanziellen Ruins geraten. Die einzige Rettung vor seinen Gläubigern scheint ihm, seinen Sohn bei den Sophisten lernen zu lassen, wie bei Gericht die «bessere Sache zur schlechteren» zu machen ist. Doch als der verwöhnte Sprößling keine Ambitionen zu einem Studium zeigt, begibt sich Strepsiades selbst zur Schulung in die Denkerhöhle des Sokrates. Doch Strepsiades erweist sich als ungelehriger Schüler, und so muß sich Pheidippides schließlich doch zum Studium bequemen. Erfolgreich erlernt er die Kunst, die Gläubiger seines Vaters abblitzen zu lassen. Doch als es zum Streit mit dem Vater kommt, verprügelt er diesen und erklärt, dies sei gerechterweise dieselbe Behandlung, die er als Kind vom Vater «aus Lieb' und Fürsorg'» erhalten habe. Wutentbrannt sammelt Strepsiades Gesinnungsgenossen und läßt das Haus des Sokrates und seiner Philosophenschule anzünden.

Die Prozeßfreudigkeit der Athener, die zum Prozeßfieber ausarten konnte, bildet das Angriffsziel der Komödie *Die Wespen* (422 v. Chr.). Auch hier geht es um einen Generationskonflikt zwischen Vater und Sohn, in dem der Sohn seinen prozeßwütigen Vater schließlich zur Vernunft bringt. Als Chor treten die Wespen auf, habsüchtige richterliche Handlanger, die von der gleichen Leidenschaft zum Prozessieren infiziert sind, die die Komödie anprangert.

Der Frieden (UA: 421 v. Chr. in Athen) schlägt pazifistische Töne an: Der Weinbauer Trygaios reitet auf einem Mistkäfer in den Olymp, um als Vertreter des griechischen Volkes bei Zeus zu erkunden, was er mit den kriegsgeplagten Hellenen im Sinn habe. Der Empfang im Olymp ist unfreundlich, die Götter haben sich wegen des irdischen Kriegslärms in höhere Regionen zurückgezogen, nur der Kriegsdämon ist gerade dabei, einige Länder in einem Mörser zu zerstampfen. Dennoch gelingt es Trygaios, die gefangengehaltene Friedensgöttin Eirene zu befreien und gemeinsam mit den Göttinnen des Erntesegens, Opora, und der Festesfeier, Theoria, zur Erde zu holen. – Der zweite Teil malt den erlangten Frieden aus, Trygaios rüstet zur Hochzeit mit Opora, und auch Theoria vermählt sich mit einem Sterblichen. Man preist die Freuden des Landlebens, veranstaltet ein großes Kultfest für Eirene und führt zuletzt die Neuvermählten ins Brautgemach. Anders als Dikaiopolis in den *Acharnern*, der noch seinen Privatfrieden geschlossen hat, ist Trygaios Repräsentant der Masse, den der Bauernchor in ironischer Übertreibung nicht nur als Retter des Vaterlandes, sondern als Wohltäter der ganzen Menschheit feiert.

Sehnsucht nach einem Wolkenkuckucksheim und Sehnsucht nach dem Frieden bestimmen auch die Komödien *Die Vögel** und *Lysistrate**, die zu den auch heute noch erfolgreichsten Werken des Dichters zählen.

Die Frauen am Thesmophorienfest (411 v. Chr.) greifen Euripides als Weiberhasser an: Die Frauen sitzen über ihn zu Gericht, weil er sie in seinen Stücken schlecht mache. Ausgerechnet dem Streiter für die Rechte der Frauen wurde von einem Streiter gegen die Sophisten in Verdrehung der Tatsachen ein Etikett umgehängt, das ihn den Frauen suspekt machen sollte. Doch so respektlos Szenen des Dichters parodiert werden, persönlich wird Euripides nicht verunglimpft.

Die Frösche (405 v. Chr. in Athen) ist eine Literatursatire, die schonungslos auf Euripides zielt. Im Kern der Handlung geht es um das Wohl der Stadt: Dionysos, der Theatergott, steigt in die Unterwelt, um für das nach dem Tod von Euripides und Sophokles verwaiste tragische Theater einen Dichter zu suchen. Die Reise ist beschwerlich und voll der Unannehmlichkeiten; die Frösche am Styx bringen ihn mit ihrem Gequake fast zur Verzweiflung, und nach zahlreichen burlesken Erlebnissen gerät Dionysos im zweiten Teil der Komödie in eine Streitszene zwischen Aischylos und Euripides um die Dichterkrone. Mit köstlich auf den Kopf gestellten Zitaten aus ihren Tragödien versuchen sie die Gestalten, den Sprachstil, die dramatische Technik des anderen wechselweise herunterzusetzen. Dionysos vermag den Kampf nicht zu entscheiden, sein Herz spricht für den Jüngeren, sein Verstand für den Älteren. Erst als die Frage gestellt wird, welcher der beiden Tragiker für das Wohl der Stadt von größerem Nutzen wäre, fällt die Wahl des Dionysos auf Aischylos. Er nimmt ihn mit auf die Erde, damit der Dichter die Athener kraft seiner Autorität zu den alten Tugenden zurückführe.

Die beiden letzten Komödien des Dichters, die uns überliefert sind, *Die Weibervolksversammlung* (392 v. Chr.) und *Plutos* (388 v. Chr.), werden als «soziale Stücke» charakterisiert. Statt der außenpolitischen Probleme bilden nun die wirtschaftlichen und sozialen Sorgen Athens den Hintergrund. In der *Weibervolksversammlung* sollen an Stelle der korrupten und unfähigen Männerherrschaft die Frauen die Führung übernehmen und eine Güter- und Lebensgemeinschaft einrichten. Im zweiten Teil wird jedoch das von der Anführerin Praxagora so kühn entworfene Programm an Einzelbeispielen grotesk ad absurdum geführt. – Auch in der Komödie *Plutos* geht es um die Neuverteilung bislang ungerecht aufgeteilter Besitztümer: Ein armer attischer Bauer nimmt auf Apollons Rat auf dem Heimweg von Delphi einen alten Blinden mit nach Hause. Er erweist sich als Plutos, der Gott des Reichtums. Der Bauer rät ihm zu einer Wunderheilung seiner Blindheit, um damit die Ursache zu beheben, daß der Reichtum so oft den Falschen zuteil wird. Die Heilung gelingt, der Reichtum kehrt bei den rechtschaffenen Armen ein, die schlechten Reichen und die sich sofort einstellenden Schmarotzer werden abgewiesen.

Die Vögel
Komödie. UA: 414 v. Chr. in Athen

Zwei alte Athener, Pisthetairos (Ratefreund) und Euelpides (Hoffegut), denen die Heimat zu unruhig geworden ist, ziehen aus, um im Vogelreich ein «unbekümmertes Stückchen Welt» zu finden. Mit Hilfe des Wiedehopfs wollen sie ein Luftreich zwischen Göttern und Menschen errichten. Begeistert ruft der Wiedehopf in einer Zwitscherarie den Chor der Vögel herbei. Zunächst halten aber die Vögel die Männer für Feinde und den Wiedehopf für einen Verräter. Sie wollen mit Menschen nichts zu tun haben. Doch schließlich sind sie für den Plan zu begeistern: Von ihrem Reich aus sollen die Menschen in Schach gehalten werden, indem ihnen die Vögel die Saat von den Äckern picken und die Verbindung zu den Göttern unterbrechen, indem man keine Opferdüfte passieren läßt. Ratefreund und Hoffegut legen Vogelkleider an, und die Vögel beginnen die Luftstadt Wolkenkuckucksheim zu bauen. Bald stellen sich die ersten Bettler und Schmarotzer von der Erde ein – sie werden rasch vertrieben. Auch eine prominente Götterdelegation muß unverrichteterdinge abziehen. Boten von der Erde berichten, daß sich die Erdenbewohner in einem wahren Taumel nach Wolkenkukkucksheim sehnen. Von Prometheus wird ein friedlicher Kompromiß ausgehandelt: Für den gütlichen Ausgleich soll Ratefreund, der in einen strahlenden Jüngling verwandelt wird, Basilea, die personifizierte Königsherrschaft, von Zeus zur Frau erhalten. In feierlichem kultischem Umzug geleiten ihn die Vögel ins Brautgemach.

Die Vögel gelten heute als die auch kompositorisch gelungenste Komödie des Aristophanes, ein Meisterwerk, das in seinem Thema, der Suche nach einer besseren Welt, auf einen sehnsuchtsvolleren, sanfteren Grundton gestimmt ist als die übrigen Komödien. Die typischen Elemente seiner Stücke – erotisch-phantastische Burlesken, scharfe politische Attacken, Zeitkritik, Mythentravestie und Verspottung der Dichterkollegen – sind hier dramaturgisch dem märchenhaften Grundmotiv untergeordnet, das mit hinreißender Phantasie szenisch entfaltet wird.

Lysistrate
Komödie. UA: 411 v. Chr. in Athen

Lysistrate, eine streitbare Athenerin, wartet nahe der Akropolis auf die Frauen von Athen und Abgesandte verschiedener griechischer Gaue, um ihnen einen Plan zur Beendigung des jahrelangen Bruderkrieges gegen Sparta zu unterbreiten: Alle Frauen sollen so lange in Liebesstreik treten, bis ihre Männer bereit sind, Frieden zu schließen. Einige Frauen sind über die drohende Enthaltsamkeit nicht gerade begeistert, doch Lysistrates Argumente und das Beispiel des

Abgesandten aus Sparta, Lampito, überzeugen sie schließlich. Ein feierlicher Eid wird geschworen. Bald kommt es zu ersten Zusammenstößen mit den aufgebrachten Männern. Der Chor greiser Recken wird mit einer kalten Dusche in die Flucht geschlagen. Freilich dauert es nicht lange, bis die ersten Frauen unter fadenscheinigen Vorwänden aus der selbstgewählten Isolation flüchten und zu ihren Männern schleichen wollen. Lysistrate hat alle Mühe, die Liebestollen zurückzuhalten. Die muntere Myrrhine, deren Mann, Kinesias, voll Liebessehnsucht herbeigeeilt ist, bereitet diesem mit kecken Worten und aufreizenden Verzögerungen ein improvisiertes Liebeslager, auf dem sie ihn schließlich sitzen läßt. Der Erfolg der Aktion scheint gesichert: Aus Sparta kommt ein Unterhändler, der von ähnlich «unhaltbaren» Zuständen in seiner Stadt berichtet. Der Weg zur Verständigung ist frei, Lysistrate kann, unterstützt von der Göttin der Versöhnung, endlich den ersehnten Frieden stiften, der bei Tanz, Gesang und üppigem Festmahl gefeiert wird.

Trotz der unbeschwerten Frivolität und der unverblümten sexuellen Drastik dieses panhellenischen Friedensappells ist *Lysistrate* zu einer der ernstesten Komödien des Dichters geworden. Vor allem die Titelfigur ist nahezu ohne burleske Übersteigerungen gezeichnet. Zwar kontrastiert Aristophanes ihre an die politische Vernunft appellierenden Szenen mit besonders ausgelassenen, erotisch-lasziven Episoden, doch in der geschlossenen, auf ein Thema konzentrierten Handlung wird die Friedenssehnsucht in einem als sinnlos verstandenen Kriegsgeschehen mit großer Eindringlichkeit herausgearbeitet.

Mit der Komödienkunst des ARISTOPHANES klang das griechische Theater der klassischen Zeit aus. Über die theatralischen Eintagsfliegen der sogenannten «mittleren» Komödie entwickelte sich in der Folgezeit die «neue» Komödie, die vor allem von MENANDER (324–291 v. Chr.) zu höchster Blüte geführt wurde. Während Aristophanes der Charakterzeichnung noch geringere Beachtung schenkte, machte Menander erstmals in der Komödie die Entfaltung eines Charakters in der Konfrontation mit anderen Charakteren sichtbar. Seine Charakterkomik erstreckte sich jedoch nicht auf den politisch-polemischen Bereich wie bei Aristophanes, sondern wich in die kleinbürgerliche Alltagssphäre und ihre Liebeshändel aus. Der Chor, der bei Aristophanes noch 24 Choreuten umfaßte, entfiel, das Liebesmotiv und damit das Intime rückte in den Mittelpunkt der Handlung, in der der Mensch inmitten aller seiner Mängel und Schwächen auch immer auf sein besseres Ich verwiesen wird.

Das römische Theater

Obwohl es kaum eigenständige Dramatik hervorbrachte, ist das römische Theater für die europäische Szene von großer Bedeutung. Das römische Drama wurde nach griechischem Vorbild geschaffen – und auf diesem Umweg wirkte Griechenland auf das europäische Theater ein. Zunächst versuchten Schauspieler das attische Drama nach Rom zu bringen. Sie behalfen sich mit mehr oder weniger geschickten, oft sehr vergröbernden Übersetzungen und Bearbeitungen.

TITUS MACCIUS PLAUTUS (254–184 v. Chr.) war es dann, der seine Fassungen griechischer Vorbilder so sehr den römischen Verhältnissen anpaßte, daß er von seinen Zeitgenossen als Schöpfer eines eigenen römischen Komödienstils gepriesen wurde. In Umbrien geboren, kam er als Wanderschauspieler mit einer Truppe nach Rom, begann dort griechische Komödien zu übersetzen und bald auch mit seinem Sinn für derbe Komik abzuwandeln und zu vergröbern. Seine handfesten Komödien – von angeblich 130 sind uns 20 erhalten – zeichnen sich mit ihren Verwechslungen, Verkleidungen, Wortwitzen, Gesangs- und Tanzeinlagen durch starke theatralische Wirkung aus. Die Bedeutung des Plautus liegt aber vor allem darin, daß er als Überlieferer griechischen Komödienguts einige dramatische Grundfiguren und Ursituationen gestaltete, die auf das europäische Theater von Shakespeare und Molière bis Lessing und Kleist nachhaltig eingewirkt haben.

In seinem *Miles Gloriosus* zeichnet er einen prahlerischen Soldaten, der, auch in Liebesdingen scheiternd, im Netz der eigenen Eitelkeit gefangen wird, im *Goldtopf* einen Geizhals, der über dem Verlust seines Geldes fast den Verstand verliert. Ein Doppelgängerstück ist die Komödie *Die Zwillinge*, in der insgesamt acht turbulente Verwechslungssituationen erst durch die Gegenüberstellungen der Zwillingsbrüder geklärt werden können. Eine Parodie auf die griechische Tragödie stellt *Amphitryo* dar. Hier erscheinen Jupiter und Merkur der Alkmene und ihrer Dienerin in der Gestalt ihrer fernen Ehemänner, des Feldherrn Amphitryo und seines Dieners Sosias. Alkmene verbringt mit Jupiter eine Liebesnacht in der Annahme, es sei Amphitryo, mit dem von der Schlacht als Siegesbote vorausgeschickten Sosias treibt Merkur seinen Schabernack. Der sein Abenteuer eingestehende Jupiter tröstet den heimgekehrten Ehemann mit der Mitteilung, daß seine Frau den Halbgott Herkules gebären wird.

Geistreicher in der Gestaltung der Handlung und subtiler in der Charakterzeichnung entwarf PUBLIUS TERENTIUS AFER (um 190–159 v. Chr.) seine Komödien. Er hielt sich so eng an das Vorbild des Griechen Menander, daß man ihn als «halben Menander» rühmte. Terenz wurde im afrikanischen Karthago geboren. Er kam in früher Jugend als Sklave des Senators Terentius Lucanus nach Rom, der ihm eine vornehme Erziehung ermöglichte, seine Freilassung verfügte und von dem er seinen Namen hatte. Seine geistige Begabung ließ ihn zum Dichter der noblen Römer werden, der die Freundschaft mächtiger und gebildeter Männer seiner Zeit gewinnen konnte. Von einer Reise nach Griechenland kehrte er nicht zurück.

Seine sechs Komödien, entstanden zwischen 166 und 160 v. Chr., sind uns erhalten. Die erste, *Das Mädchen von Andros*, ist eine zarte, in turbulente Verwicklungen verpackte Liebesgeschichte, in der die junge Glyceria ihren Pamphilius, dem sein Vater eine andere Frau zugedacht hat, erst nach vielen Schwierigkeiten und mit der Hilfe eines schlauen Sklaven heiraten kann. *Der Selbstquäler*, ein Vater, der seinen verliebten Sohn aus dem Haus gejagt hat, peinigt sich mit Selbstvorwürfen und Entbehrungen, bis er den Sohn wiederfindet. Eine komische Schwiegermutter ist in *Hecyra* die Hauptfigur, *Phormio* zeigt einen schlauen, in zweifelhafte Geschäfte verwickelten Parasiten, der wider Willen ein Liebespaar zusammenführt. Eine heikle Geschichte im Hetärenmilieu erzählt *Der Eunuch*. Ein ungleiches Brüderpaar gerät in *Die Brüder* in Streit über die rechte Erziehung des jungen, leichtsinnigen Aeschimus. Terenz konfrontiert hier sein römisches Publikum mit dem griechischen Bildungsideal, das auf Liberalität, Einsicht in menschliche Schwächen, Vertrauen und Vernunft basiert.

Nach dem Tod des Terenz verflachte das römische Drama mehr und mehr. Zum Hauptvermittler der griechischen Tragödie wurde ein römischer Dramatiker, dessen Stücke nicht aufgeführt, sondern nur öffentlich rezitiert wurden: LUCIUS ANNAEUS SENECA (4–65 nach Chr.). Der im spanischen Córdoba geborene stoische Philosoph und Tugendlehrer scheiterte als Erzieher und Berater des jungen Nero. In eine Verschwörung gegen Nero verwickelt, wurde ihm schließlich der Selbstmord nahegelegt. Ausgehend von seinen Theorien über Tugend und Gelehrsamkeit, versuchte er, das römische Drama zu erneuern. Neun seiner uns erhaltenen Tragödien lehnen sich an die griechischen Tragiker eng an, formen aber deren Stoffe belehrend und mit pathetischer Rhetorik in abschreckende Beispiele zerstörerischer Leidenschaften um. Die groß gezeichneten Helden seiner Stücke – *Agamemnon, Oedipus, Medea, Phaedra, Troades, Thyestes, Die Phönizierinnen, Hercules furens* und *Hercules oetaeus* – beeinflußten das Drama der Renaissance, und auch die französischen Klassizisten beriefen sich ausdrücklich auf Senecas Vorbild.

Das christliche Theater des Mittelalters

Das mittelalterliche Theater hat seinen Ursprung in der christlichen Liturgie. Nahezu gleichzeitig setzten im 10. Jahrhundert in mehreren Ländern Europas Kirchenraumspiele ein, die, in lateinischer Sprache verfaßt, von Klerikern geleitet wurden. Zunächst ganz an den Ritus gebunden, drängte das Spiel allmählich aus dem Kirchenraum hinaus vor das Portal der Kirche, dann auf den Marktplatz, und entwickelte sich schließlich zu einem Volkstheater großen Stils. Es war von der Absicht getragen, das Leben Christi in allen seinen Phasen szenisch zu verlebendigen und zum religiösen Erlebnis werden zu lassen.

Den frühen Weihnachts- und Krippenspielen folgten die Osterspiele, die sich zu grandiosen, mehrtägigen Passionsspielen ausweiteten. Als Urzelle dieser Osterspiele wird das Visitatio-Gespräch der drei Marien angesehen, die das Grab Jesu besuchen und mit den Engeln in einen Dialog treten. Der Wechselgesang dieser Marienszene gilt als wichtigster Ausgangspunkt der mittelalterlichen Theaterkunst. Mit dem Wettlauf der Apostel zum Grab kam das komische Element ins Spiel, immer mehr Einzelfiguren lösten sich aus dem chorischen Gefüge, und schließlich entstanden dramatisch und theatralisch effektvoll ausgeformte Darstellungen der Heilsgeschichte, insbesondere der Passion Christi. Das Lateinische wurde zurückgedrängt, volkstümliche Passagen flossen ein, und seit Beginn des 14. Jahrhunderts verwenden die Spiele nahezu ausschließlich die jeweilige Landessprache. Die großen Passionsspiele, die unter stärkster Anteilnahme und Einbeziehung der Bevölkerung auf den Marktplätzen veranstaltet wurden, erlebten ihre Blüte im 14. und 15. Jahrhundert. Sie wurden meist noch von Geistlichen verfaßt und geleitet, doch die Bürger, die Patrizier und die Zünfte hatten an ihrer Gestaltung lebhaften Anteil. So entstand mit dem bürgerlich-realistischen Passionsspiel, das oft mehrere Tage in Anspruch nahm und mit seinen symbolischen Spielstätten den Marktplatz in eine einzige große Szene verwandelte, ein kraftvolles, farbenfrohes Theater von volkstümlichem Charakter, in dem mitunter die weltlichen Szenen sogar die geistlichen überwucherten. Als Spielform bediente es sich des Simultanprinzips, das heißt einer Bühnenform, die mehrere Spielstätten neben- und übereinanderstellte und so ein Neben- und Ineinander des Handlungsablaufs ermöglichte.

In heutigen Passionsspielen, etwa dem von Oberammergau, ist noch etwas von der alten Tradition zu erkennen, wenn auch ihr Charakter durch spätere Zutaten in manchem verändert wurde. Das *Oberammergauer Passionsspiel* wurde 1634 zum erstenmal aufgeführt und seitdem alle zehn Jahre wieder-

Oberammergauer Passionsspiele 1980

holt, jedoch zeitweilig immer wieder mit Verboten belegt. 1750 faßte Pater Ferdinand Rosner das Osterspiel in Jamben, 1810 verwandelte Pater Otmar Weiß das Versdrama wieder in ein bäuerliches Prosaepos. Diese Version, 1860 vom Dorfpfarrer Alois Daisenberger überarbeitet, bildet die Grundlage des bis heute alle zehn Jahre aufgeführten Spiels, das die Passionsgeschichte vom Einzug Christi in Jerusalem bis zur Auferstehung erzählt. In den letzten Jahren wurde mehrfach für einen Rückgriff auf die Versfassung plädiert.

Zu den Weihnachts- und Osterspielen kamen auch noch die Mysterienspiele, in denen bestimmte Abschnitte der Heilsgeschichte gestaltet wurden, und die Legendenspiele. Eine Sonderstellung nimmt das Tegernseer *Antichrist-Spiel* aus dem 12. Jahrhundert ein, das in der Figur des Antichrist erstmals eine dramatische Gegenposition zur Macht des Christentums formuliert, sich zunächst scheinbar gegen das Christentum wendet, um es jedoch dann um so deutlicher triumphieren zu lassen.

Im Spätmittelalter entwickelten sich schließlich noch die sogenannten Moralitäten, die allegorische Figuren wir Glaube, Reichtum, Geiz oder Neid zur Belehrung einsetzten und von der Bühne eindringlich ein moralisches Fazit verkündeten. In Hugo von Hofmannsthals *Jedermann* ist bei den Salzburger Festspielen alljährlich vor dem Dom ein «Spiel vom Sterben des reichen Mannes» zu sehen, das in seinen Grundzügen der mittelalterlichen Moralität nachgebildet ist.

Neben den geistlichen Spielen des Mittelalters entstand ein weltliches Theater der Farcen und Fastnachtsspiele, das auf vorchristlichen Kult-Mimus, auf Umzüge, Frühlingsreigen und Maskenspiele zurückging. Anfangs improvisiert, erhielten die Spiele bald eine dramatische Form, fixierte Dialoge und bestimmte Themenkreise, glitten aber in ihrer Ausgelassenheit und sexuellen Derbheit oft in die reine Zote ab. Es war Hans Sachs, der das Fastnachtsspiel schließlich szenisch und literarisch aufwertete und ihm moralische oder didaktische Bezüge gab.

HANS SACHS (1494–1576) wurde in Nürnberg als Sohn eines Schneidermeisters geboren, besuchte die Lateinschule, erlernte das Schuhmacherhandwerk und wurde von dem Webermeister Nunnenbeck in die Kunst der Meistersinger eingeführt. In seinem umfangreichen literarischen Werk bilden die Schwänke und Fastnachtsspiele Beiträge handwerklich gediegener, humorvoller Volkskunst. Geschult an Plautus und Terenz (siehe S. 37/38), gelang es Hans Sachs, zu burlesken, geschlossenen Bühnenwirkungen vorzustoßen und aus der Einsicht in menschliche Schwächen zum Gestalter eines biederen, unverwüstlichen Volkshumors zu werden. Den Stoff zu seinen Stücken – er schrieb auch zahlreiche Tragödien und Historien, die für uns allerdings nur mehr theatergeschichtlich interessant sind – entnahm er der Bibel, den Sagen

Hofmannsthal, Jedermann. Salzburger Festspiele 1980. Inszenierung: Ernst Haeusserman. Jedermann: Maximilian Schell. Buhlschaft: Senta Berger.

des klassischen Altertums, deutschen Märchen- und Volksbüchern, aber auch der Novellensammlung des Boccaccio. Zu seinen bekanntesten Fastnachtsstücken zählt *Der fahrende Schüler im Paradies* (1550), in dem ein schlauer Schüler eine Bäuerin übertölpelt, die Paris mit Paradies verwechselt. Er läßt sich von ihr Geld und Kleider für ihren ersten Mann mitgeben, den er vorgibt, im Paradies getroffen zu haben, und als ihm der Bauer nachreitet, um ihm seine Beute abzujagen, schickt er diesen auf eine falsche Fährte und nimmt ihm dabei noch sein Pferd ab. *Das heiße Eisen* (1551) zeigt eine Bäuerin, die die Treue ihres Mannes durch ein sogenanntes Gottesurteil erproben will: Wenn er unschuldig ist, kann er ein heißes Eisen anfassen, ohne sich zu verbrennen. Der Mann schützt sich durch einen Span, den er im Ärmel versteckt, und verlangt daraufhin die Probe von seiner Frau. Erschrocken gesteht sie Seitensprünge mit dem Kaplan und sechs weiteren Männern, die jungen Gesellen nicht eingerechnet. Der wütende Bauer verzeiht ihr jedoch zu guter Letzt, da er sich ja selbst nicht frei von Schuld weiß. Angeregt von Sebastian Brants satirischem Gedicht «Das Narrenschiff», verfaßte Sachs *Das Narrenschneiden*: Ein Arzt kuriert die Leiden eines Kranken, die er als allgemein menschliche Laster diagnostiziert hat, indem er ihm die «Narren» des Geizes, der Völlerei, der Hoffart, des Neides, der Wollust, der Faulheit und des Zorns aus dem Bauch schneidet.

Gespielt wurden diese Schwänke zunächst in Wirtsstuben und Patrizierhäusern, später aber auch auf der einfachen Bühne der Meistersinger in der säkularisierten Marthakirche zu Nürnberg, im Predigerkloster und auf öffentlichen Plätzen. Fast ein Jahrhundert lang, bis etwa 1650, wurden die Stücke von Hans Sachs immer wieder gegeben, dann gerieten sie in Vergessenheit. Erst Gottsched und die deutschen Klassiker verwiesen wieder auf ihn. Goethe würdigte ihn in seinem Gedicht «Hans Sachsens poetische Sendung», seine Reimform, der Knittelvers, wurde aufgegriffen, und schließlich machte Richard Wagner in seiner Oper «Die Meistersinger von Nürnberg» den Menschen Hans Sachs zu einer der großen Gestalten des Musiktheaters.

Das spanische Theater des Barock

Das christliche Theater des Mittelalters – wie im übrigen Europa auch in Spanien in der Kirche entstanden – wirkte im spanischen Barocktheater intensiv weiter. Hatten die Renaissancedichter JUAN ENCINA, TORRES NAHARRO und der Portugiese GIL VICENTE für Hof- und Palastbühnen geschrieben, so blühte nun daneben ein von Wanderbühnen getragenes weltliches Volkstheater auf. Volkshumor kam in Tausenden von Spielen und Komödien zum Ausdruck, in denen in mannigfaltigen Verkleidungen der Gracioso, eine Art spanischer Hanswurst, seine Possen trieb. Das Volkstheater fand in Höfen, den sogenannten Corrales, seine Spielstätte, wo zwischen den Häusern eine Bühne aufgeschlagen wurde.

Auch MIGUEL DE CERVANTES SAAVEDRA (1547–1616), der Dichter des «Don Quixote», schrieb für Wandertruppen, so das Stück *Leben in Algier*, in dem er das Schicksal christlicher Sklaven in Algier schilderte, oder seine heiteren Zwischenspiele wie *Das Wundertheater* und *Die Höhle von Salamanca*. Der Aufstieg des spanischen Theaters zu Weltrang vollzog sich allerdings erst während des Abstiegs der politischen Weltmacht Spaniens. Im 17. Jahrhundert erreichte die Dramatik mit LOPE DE VEGA*, TIRSO DE MOLINA* und CALDERÓN DE LA BARCA* ihre Hochblüte. Die Dichter bedienten sich der verschiedensten Spielformen, die sich inzwischen herausgebildet hatten – neben den «Autos sacramentales» genannten, großen Fronleichnamsspielen «Comedias de Teatro» mit historischen, religiösen und mythologischen Vorwürfen und «Mantel- und Degenstücke», gesellschaftliche Intrigen- und Verwechslungskomödien – und schrieben sowohl für das Volkstheater wie auch für höfische Aufführungen. In ihren großen Dramen wird die Welt als nichtiger Schein, als Sinnestäuschung dargestellt – das Leben als ein Schauspiel. Der wahre Sinn erschließt sich erst jenseits dieser Welt und ist allein bei Gott zu suchen.

Lope de Vega 1562–1635

Lope Félix de Vega Carpio wurde am 25. November 1562 in Madrid geboren. Nach Absolvierung der Jesuitenschule studierte er Theologie. Zeit seines Lebens war er in Abenteuer, Skandale und Liebesaffären verwickelt. 1588 wurde er wegen Schmähschriften für einige Jahre aus Madrid verbannt, heiratete und zog kurze Zeit nach der Eheschließung als Freiwilliger mit der Armada Philipps II. gegen England. 1590 wurde er kurzfristig Sekretär des Herzogs von Alba, 1604 Sekretär des Herzogs von Sessa, dem er vor allem in amourösen Angelegenheiten diente. Lope de Vega war zweimal verheiratet, führte mitunter gleichzeitig zwei Hausstände und hatte zahlreiche legitime und illegitime Kinder. Nach dem Tod seines Lieblingssohnes und seiner zweiten Frau ersuchte er um Aufnahme in den geistlichen Stand und wurde 1614 zum Priester geweiht, ohne allerdings seine Lebensführung grundsätzlich zu ändern. Papst Urban VIII. verlieh ihm 1627 den theologischen Doktorgrad. Lope de Vega starb am 27. August 1635 in seiner Heimatstadt Madrid.

Lope de Vega gilt als Meister und eigentlicher Schöpfer des spanischen Dramas. Er ist der fruchtbarste Dramatiker der Weltliteratur: 470 Stücke sind uns überliefert, er selbst schätzte die Zahl seiner Bühnenwerke auf 1500. Unterschöpflich in seiner Phantasie und Erfindungsgabe, wandelte er bestimmte Situationen und Themen in vielfältigen Variationen ab, wobei freilich die Virtuosität oft den dichterischen Tiefgang ersetzte. Seine Stücke kreisen um Liebe, Eifersucht und Ehre; Maskierung und Verstellung sind ihr Motor, Lebensfreude ihr Element. In nahem Kontakt mit seinem Publikum, das ihn vergötterte, entfachte er in Spanien eine wahre Komödien-Manie. Zugleich gab er dem Schauspiel und der Komödie eine Form, die die spanische Dramatik über ein Jahrhundert hinaus prägte: den Vers und die Einteilung in drei Akte, die zwar die Einheit der Handlung, nicht aber die des Ortes und der Zeit beachteten. Seine Volkstümlichkeit wurde ebenso von seinen historischen Schauspielen wie von seinen Komödien begründet.

In dem Schauspiel *Fuente Ovejuna* schildert er die Willkürherrschaft des königlichen Großkomturs Guzman in dem Dorf Fuente Ovejuna. Dieser versucht, sich die Mädchen des Dorfes gewaltsam gefügig zu machen, bedroht und foltert ihre Beschützer und schreckt auch vor Entführung nicht zurück. Da rotten sich die Dorfleute zusammen und töten ihn. Dem Richter des Königs aber antworten alle auf die Frage nach dem Täter mit dem Namen des Dorfes: Fuente Ovejuna. Über das Motiv der Tat aufgeklärt, begnadigt der König die Bauern. Dieses Volksdrama, in dem sich ein ganzes Dorf gegen den Feudalherrn erhebt, wurde später oft zum Revolutionsdrama umgebogen. Bei Lope kämpften die Bauern allerdings nicht gegen das System, sondern für ihr Recht, das vom Herrscher anerkannt wird.

Zu Lope de Vegas auch im deutschen Sprachraum bekanntesten Komödien zählt *Der Ritter vom Mirakel*, in der der Hochstapler und Abenteurer Luzman virtuos mit seinen drei Geliebten jongliert. Frech und redegewandt meistert er die heikelsten Situationen wie durch ein Mirakel, doch als er mit dem Geld seiner reichsten Geliebten fliehen will, wird er entlarvt. Nun hilft ihm auch kein Mirakel mehr, er wird von seinen Gläubigern verfolgt und bis aufs Hemd ausgezogen. Sein Lebensmut aber bleibt ungebrochen und läßt ihn auf neue Frauenopfer hoffen. Mit diesem Glücksritter «von der frauengewinnenden Gestalt» schuf Lope einen Spitzbuben mit Charme und Esprit, der in der Dramatik viele Nachfolger fand.

Die kluge Närrin zeigt ein bildungsunwilliges Mädchen, das durch die Liebe auf seine Art klug wird und damit die Zuneigung eines zunächst nur auf die Mitgift erpichten Mannes gewinnt. Die Liebe verwandelt die beiden und führt sie zu sich selbst. Doch um den Geliebten auch heiraten zu dürfen, muß das Mädchen zunächst noch die Närrin weiterspielen und gerät dabei hart an den Rand des Wahnsinns.

Schein und Sein, freiwillige und unfreiwillige Täuschung stehen auch in *Tumult im Narrenhaus* im Mittelpunkt. Hier begegnen einander aus verschiedensten Gründen Verrücktheit simulierende

Menschen, verlieben sich, bedauern einander wegen ihrer Narrheit oder stellen sich aus Liebe verrückt. Das Narrenhaus wird zum Zerrspiegel der Welt.

Den ganzen Zauber seiner Intrigen- und Verkleidungskunst entfaltet Lope in der Komödie *Die Sklavin ihres Geliebten*, in der er das Liebes- und Eifersuchtsspiel bis zum äußersten treibt. An einer reizvollen Frauenfigur, die sich ihren schüchtern-unbeholfenen Geliebten erkämpft, demonstriert er virtuos, wie sich Leidenschaft, Aufopferung, List und Eifersucht zielstrebig vereinen.

Lope de Vegas historische Schauspiele haben vor allem GRILLPARZER, der sich für den lange Zeit unterbewerteten Dichter energisch einsetzte, zu eigenen dramatischen Werken angeregt, so *Die Jüdin von Toledo* und *König Ottokar von Böhmen*.

Tirso de Molina 1571–1648

Das genaue Geburtsdatum von Gabriel Téllez, der 1600 in den Orden der Mercedarier eintrat und unter dem Namen Tirso de Molina Komödien zu schreiben begann, ist nicht bekannt. Die Angaben schwanken zwischen 1571 und 1584. Er wurde in Madrid geboren, lebte zwei Jahre als Ordensmissionar in Haiti und starb als Superior seines Ordens am 12. März 1648 im Kloster Soria in Kastilien.

Der Freund Lope de Vegas gilt auch als sein dramatischer Erbe, doch übertrifft er ihn noch an Wortwitz und spielerischer Anmut. Von seinen etwa 300 Stücken sind 86 erhalten. Er übernahm die Form der Mantel- und Degenstücke, die er psychologisch vertiefte und mitunter sogar zu einem zynischen Bild der Gesellschaft steigerte. Calderóns Idealisierungen stand er fern.

In der heute noch vielgespielten Komödie *Don Gil von den grünen Hosen* (1617) läßt er die verlassene Juana in Männerkleidern ihrem ungetreuen Geliebten, Don Martin, nachjagen und, als Don Gil mit grünen Hosen verkleidet, dessen neue Auserwählte Ines betören. Der Erfolg der grünen Hosen veranlaßt die beiden von Ines abgewiesenen Verehrer, sich ebenfalls als Don Gil zu verkleiden, und schließlich stoßen unter dem Balkon der Donna Ines gar vier Don Gils aufeinander. Der Wirbel der nun einsetzenden Beschimpfungen, Verleumdungen und Verhaftungen findet erst ein Ende, als der Diener Juanas feierlich mit der von Kerzen geschmückten grünen Hose vorbeizieht, um so die Schimäre zu entlarven und zu Grabe zu tragen. – In ihrem spielerischen Übermut, dem Feuerwerk von Einfällen und der Multiplizierung der Täuschungen gilt das Stück als die virtuoseste Mantel- und Degenkomödie Spaniens.

Mit der Hauptfigur seines Stückes *Der Verführer von Sevilla oder Der steinerne Gast* wird Tirso de Molina zum Schöpfer eines europäischen Mythos: des Don Juan. Sein Don Juan ist ein triebhafter Abenteurer aus angesehener Familie, der weniger verführt als betrügt. In verschiedenen Verkleidungen, mit Lügen und Versprechungen täuscht er seine Opfer: Ein Frauenverächter, der die Liebe nicht kennt und dessen Lust am unheilstiftenden Abenteurer größer zu sein scheint als die Lust an der Erotik.

Calderón de la Barca 1600–1681

Don Pedro Calderón de la Barca wurde am 17. Januar 1600 in Madrid geboren. Er stammte aus einer alten Adelsfamilie, wurde auf dem Jesuitenkollegium von Madrid erzogen und studierte an der Universität Salamanca. Als Soldat der spanischen Armee nahm er an Kämpfen in Oberitalien und Flandern teil. Dem Fünfunddreißigjährigen übertrug der theaterbegeisterte Philipp IV. die Leitung des Hoftheaters in Buen Retiro, zwei Jahre später machte er ihn zum Santiago-Ritter. Nach schwerer Krankheit wurde Calderón 1651 Priester und 1663 Hofkaplan. Vom weltlichen Leben ganz zurückgezogen, starb er am 25. Mai 1681 in Madrid.

Calderón wird als der größte und tiefsinnigste Dichter der katholischen Welt angesehen. Er schöpft aus einer klaren, überzeugten Religiosität. Zwar verfügt er weder über die naive Natürlichkeit eines Lope de Vegas noch über die hintergründige Grazie des Tirso de Molina, aber er übertrifft beide in der Aussagekraft und Tiefe seiner Dramen und ihrer Figuren. Sein umfangreiches Werk umfaßt die verschiedenartigsten Gattungen: romantische Schauspiele, Historien, Ritterstücke, mythologische Festspiele, Autos sacramentales (Fronleichnamsspiele) ebenso wie Wunderkomödien, Konversationsstücke und Mantel- und Degenkomödien. Von seinen etwa 400 Stücken sind 108 Komödien und 73 Autos sacramentales, also geistliche Spiele, erhalten. Mit großem Prunk entfaltete er alle Künste der Illusion für sein Theater, das die Welt als Schein darstellt. Auch Gott selbst betrachtet die Welt als Theater, auf dem der Mensch mit seinem irdischen Leben um die Ewigkeit spielt.

Calderón macht das in seinem bekanntesten geistlichen Festspiel, *Das große Welttheater* (1675), besonders anschaulich: Der Herr erschafft die Welt als Bühne, verteilt die Rollen und beobachtet das Spiel als Zuschauer und Richter. Der Mensch ist frei, die ihm zugeteilte Rolle nach dem ihm gestellten sittlichen Thema zu gestalten. Der König und der Bauer, der Reiche und der Bettler, die Weisheit und die Schönheit spielen nun auf ihre Weise, bis die Welt ihnen ihre Insignien abnimmt und sie vor das Gericht des Herrn zu treten haben.

Einen historischen Stoff baut Calderón in *Der standhafte Prinz* zum Märtyrerdrama aus: Der portugiesische Prinz Fernando wird im Kampf gegen die Mauren gefangengenommen. Er weigert sich, seine Freiheit mit der Preisgabe einer kurz zuvor für das Christentum eroberten Stadt zu erkaufen, und stirbt elend im Gefängnis.

Calderóns erfolgreichste Mantel- und Degenkomödie, *Dame Kobold* (1629), gehört zum stehenden Repertoire auch des deutschsprachigen Theaters: Mit Hilfe eines drehbaren Wandschrankes gelingt es der jungen Witwe Donna Angela immer wieder, der Aufsicht ihrer sittenstrengen Brüder zu entwischen und den übermütigsten Schabernack zu treiben. So vermag sie auch, den geliebten Mann für sich zu gewinnen, der vorerst allerdings gründlich verwirrt wird, während seinen Diener der unerklärliche Spuk sogar in panischen Schrecken versetzt.

Einen Teufelspakt schildert *Der wundertätige Magier* (1637), der wegen seiner Ähnlichkeit mit der Faust-Fabel auch der «spanische Faust» genannt wird. Allerdings bleibt das Thema ganz auf das Religiöse beschränkt: Der nach einer Gottesvorstellung suchende Philosoph Cyprianus verschreibt dem als Dämon auftretenden Satan seine Seele, wenn ihm dieser durch seine Magie die Liebe des Mädchens Justina verschaffen kann. Doch gegen Justinas christlichen Glauben ist der

Satan machtlos, ja, er liefert Cyprianus damit sogar in Umkehrung seiner Absicht den Beweis für die Wahrheit und Allmacht des Christengottes. – «Bei Calderón ist die Liebe unbedingt der Ehre untertan, und die Ehre empfängt ihre Weihe von der Religion, welche Calderóns Liebe ist», charakterisiert Eichendorff den theatralischen Kosmos des Dichters.

Das Leben ist Traum
Schauspiel in 3 Akten. UA: 1635 in Madrid

In den Wäldern Polens hält König Basilius seinen Sohn Sigismund in einem Turm gefangen. Er hat ihn nach seiner Geburt ausgesetzt, da er aus den Sternen las, sein Sohn werde sich zu einem Tyrannen entwickeln, vor dem er selbst die Knie beugen müsse. Allerdings gab er ihm in Clotald nicht nur einen Aufseher, sondern auch einen Erzieher mit. Als Rosaura, die, als Mann verkleidet, nach ihrem treulosen Geliebten, Herzog Astolf, forscht und zufällig in die Gegend des Turmes gerät, deren Betreten bei Todesstrafe verboten ist, trifft sie auf Sigismund. Sie wird Zeuge seiner Klagen, in denen er die Unbegreiflichkeit seines Schicksals artikuliert. Clotald nimmt Rosaura und ihren Diener gefangen, glaubt aber, in ihr sein illegitimes Kind zu erkennen, und eilt daher zum König, um Begnadigung zu erwirken. Basilius bezweifelt inzwischen, ob seine einstige Entscheidung richtig war. Er möchte, ehe er den Thron seinem Neffen Astolf und seiner Nichte Estrella übergibt, die durch Heirat ihre Erbansprüche vereinen wollen, seinen Sohn prüfen. Sigismund soll, durch einen Schlaftrunk betäubt, an den königlichen Hof gebracht und dort nach seinem Erwachen als der König von Polen begrüßt werden. Im Rausch der neuen Macht und der Empörung über das ihm bisher angetane Unrecht verliert Sigismund jede Beherrschung. Er wirft einen Diener aus dem Fenster, beleidigt die Hofleute, will Rosaura in unbändiger Liebe mit Gewalt nehmen und bedroht Clotald, Astolf, ja sogar seinen Vater. Basilius läßt den gewalttätigen Sohn wieder in Schlaf versetzen und in den Turm zurückbringen. Um Sigismund vor der völligen Verzweiflung zu bewahren, bestärkt Clotald den Erwachenden in dem Glauben, die Episode am Königshof nur geträumt zu haben. Sigismund kommt zu der Erkenntnis, daß nichts in dieser Welt «wirklich» sei, sondern daß das ganze Menschenleben einen Traum darstelle. Doch auch in diesem Traum habe man das Rechte zu tun und sich selbst zu bezwingen. Als rebellische Soldaten Sigismund befreien, um ihn zu ihrem König zu machen, beweist er seine Wandlung: In dem Bewußtsein, daß von dem zerbrechlichen Traumleben nur die Erinnerung an die Taten zurückbleibt, verzeiht er dem von ihm besiegten Vater und liefert sich seinem Urteil aus, verzichtet auf Rosaura zugunsten des Herzogs Astolf und heiratet Estrella.

Die Auseinandersetzung mit dem Existenzproblem des Menschen mündet bei Calderón in die Sicherheit eines gläubigen Daseins. In seiner Welt ist der Dualismus von Diesseits und Jenseits so untrennbar verbunden, daß sich aus der Glaubenssicherheit eine Sicherheit der Existenz ergibt. Der Traum des Lebens endet mit dem Erwachen im Tod. Gott hat dem Menschen die freie Entscheidung gegeben, sich in seinem Lebens-Traum sittlich zu bewähren. Sigismund erhält aus der Einsicht in die Scheinhaftigkeit der Welt die Kraft zur Selbstüberwindung. Die Wirklichkeit ist jenseits der Sinnlichkeit des Welttheaters; der Mensch erwacht zum Sein bei Gott. – Ohne diese Glaubenssicherheit wandelt später Grillparzer Calderóns Thema in *Der Traum ein Leben* (siehe S. 158) ab, und Hofmannsthal macht seine Nachdichtung *Der Turm* (siehe S. 527) zu einer Tragödie der Zivilisation, des Scheiterns des Geistes in einer chaotischen Welt.

Der Richter von Zalamea
Schauspiel in 3 Akten. UA: 1643 in Madrid

Das Dorf Zalamea bekommt Einquartierung von Soldaten. In das Haus des reichen Bauern Crespo wird der adelige Hauptmann Don Alvaro eingewiesen. Er verliebt sich in Crespos Tochter Isabel. Den aufkommenden Streit mit Crespos Sohn Juan schlichtet General Don Lope, der selbst seinen Wohnsitz bei Crespo aufschlägt und Alvaro ausquartiert. Alvaro verfolgt jedoch Isabel weiterhin mit seiner Leidenschaft, wird aber von ihr abgewiesen. Als Don Lope mit seinen Soldaten aus Zalamea abzieht, bleibt Alvaro zurück, überfällt Crespo, entführt Isabel und vergewaltigt sie im Wald. Juan verwundet ihn jedoch im Zweikampf, und Alvaro muß im Dorf zurückbleiben. Crespo, den die entehrte Isabel verzweifelt um den Tod anfleht, erhält die Nachricht, daß ihn der Gemeinderat zum neuen Richter gewählt hat, der nun über den Hauptmann Gericht halten soll. Vor der Verhandlung spricht er allein mit Alvaro, fällt vor ihm auf die Knie und bittet ihn, unter Angebot seines ganzen Reichtums, Isabel zu heiraten. Der stolze Adelige verspottet jedoch den Bauern und erklärt nur ein Kriegsgericht für zuständig. Crespo verurteilt ihn zum Tod durch den Strang. Don Lope, der von dem Bauerngericht über einen seiner Offiziere gehört hat, kommt voll Empörung mit seinen Soldaten nach Zalamea zurück, um Crespo zur Rechenschaft zu ziehen. Die drohende Auseinandersetzung zwischen Bauern und Soldaten beendigt die Ankunft des Königs: Er prüft die Prozeßakten und stellt fest, daß das Urteil zu Recht gesprochen wurde. Da läßt Crespo die Tür des Gemeindehauses öffnen und gibt damit den Blick auf den erdrosselten Alvaro frei: Das Urteil ist bereits vollstreckt. Der König erkennt jedoch Crespos Rechtfertigung an und ernennt ihn auf Lebenszeit zum Richter von Zalamea.

Wenn Calderón, der Adelige und Soldat, im Rechtsstreit zwischen Bauer und General dem Bauern recht gibt, obwohl dieser sich eines juristischen Formfehlers schuldig gemacht hat, so muß das im Spanien von 1643 von bedeutender Wirkung gewesen sein: Calderón entscheidet sich nicht nur gegen den schuldigen Adeligen, sondern tritt auch vehement für die Ehre und das Recht des Bauern ein. Heute allerdings, in einer Zeit mit Rechtsgleichheit und gewandeltem Ehrbegriff, ist die ursprüngliche Brisanz vermindert. Die große Bühnenwirksamkeit des Schauspiels liegt eher in der spannenden Handlungsführung, der plastischen Zeichnung der Charaktere, vor allem auch der Persönlichkeit Crespos, und in der kraftvollen Gegenüberstellung von Adel und Bauerntum in Don Lope und Crespo, die einander ebenbürtige Partner sind. Die Szenen, in denen die beiden gleichermaßen dickköpfigen Alten mit heimlichem Respekt voreinander reden und miteinander rechten, zählen in ihrem feinen Humor zu den großen Dialogen der Weltliteratur.

Das Theater der Shakespeare-Zeit

Bis in die Mitte des 16. Jahrhunderts blieben in England die Mysterien und Moralitäten des Mittelalters sehr beliebt. Dann kamen mit dem Humanismus auch im englischen Theater Dramen in lateinischer Sprache nach antikem Vorbild auf. Die erste Tragödie in englischer Sprache war das auch vor Königin Elisabeth (1558–1603) gespielte Drama *Gorboduc* (1561) von NORTON und SACKVILLE. In diesem blutrünstigen Werk aus der heimischen Sagenwelt wurde erstmals der Blankvers, der fünffüßige Jambus, den später auch Marlowe und Shakespeare übernahmen, verwendet. Auch erste Ansätze zur Volkskomödie zeichneten sich ab. Mit den Dramatikern LYLI, PEELE, GREENE, KYD und MARLOWE* begann die hohe Zeit des elisabethanischen Theaters, das in dem dramatischen Genie Shakespeare seine Vollendung fand.

SHAKESPEARE* wurde zum großen Gestalter des Dramas der Renaissance-Menschen und ihrer leidenschaftlichen Auseinandersetzung mit der wirklichen Welt, mit dem Verhältnis von Sein und Schein, Chaos und Ordnung, mit der verlorenen Illusion und der philosophischen Utopie, mit der Widersprüchlichkeit der menschlichen Natur. Unerreicht in seiner lebenswahren, intuitiven Menschendarstellung in Tragödie wie Komödie stieß Shakespeare das Tor in die Neuzeit auf und zeigte den modernen Menschen in seiner Zwiespältigkeit und tragischen Geworfenheit in eine Welt, die ihrer Illusionen beraubt wird und in der doch immer wieder der Streit um die Existenz einer moralischen Ordnung aufgenommen wird.

Zum Literaturpapst seiner Zeit wurde allerdings BEN JONSON*, der die Typenkomödie nach italienischem Muster einführte und allem Anschein nach Shakespeare den Rang im öffentlichen Ansehen abgelaufen hat.

Auch der Theaterbetrieb entwickelte sich in der elisabethanischen Zeit in seiner modernen Form. Zahlreiche Bühnen konkurrierten miteinander, es wurden stehende Häuser gebaut, es gab Theaterunternehmer, beauftragte Theaterleiter, Schauspieler, die Stücke schrieben, und Stückeschreiber, die Akademiker oder Abenteurer waren. Die einzelnen Truppen wurden von Adeligen protegiert, an den Hof eingeladen und kamen so zu beachtlichem Ansehen. Damit wurde England zur Wiege eines regelmäßig spielenden, stehenden Berufstheaters mit reichhaltigem wechselndem Spielplan.

Christopher Marlowe 1564–1593

John Christopher Marlowe wurde am 6. Februar 1564 als Sohn eines Schuhmachers in Canterbury geboren. Er besuchte die Lateinschule seiner Vaterstadt und studierte dann in Cambridge, wo er zum Magister der freien Künste promovierte. Der gebildete junge Mann, der Ovid und Vergil übersetzte, kämpfte als Soldat in den Niederlanden und wurde, 1585 nach London zurückgekehrt, zum erfolgreichen Schauspieler und Bühnenautor. Er führte ein wildes, verschwenderisches Leben, trieb sich in Kneipen und Bordellen herum und geriet am 30. Mai 1593 in einer Kneipe von Deptford bei London in eine Messerstecherei, bei der er ums Leben kam.

Marlowe, ein Dichter von ungebändigter, aber grandioser szenischer Phantasie, wurde, obwohl gleichaltrig, zum Vorläufer Shakespeares auf der elisabethanischen Bühne. Er hinterließ sechs große Stücke, die alle von seiner Vorliebe zu übersteigerten Kolossalmenschen geprägt sind: Den Auftakt bildete *Tamerlan der Große* (1587). Titanisch im Entwurf, ausufernd in der zehnaktigen Ausführung, behandelt er den dämonischen Machthunger des asiatischen Despoten, den, «viel zu groß für eine schnöde Welt», nur eine Krankheit, mit der ihn die Götter bestrafen, bezwingen kann.

Der reiche Jude von Malta (1589), die Geschichte des rachsüchtigen Juden Barabas, hat sicherlich unmittelbar auf Shakespeares Shylock im *Kaufmann von Venedig* eingewirkt wie auch die *Historie von Eduard II.* (1592), die die totale Erniedrigung eines Königs zeigt, auf Shakespeares *Richard II.* In diesem grausamen Theaterstück wird neben allen Mord- und Schandtaten, neben physischen und psychischen Folterungen, die auf der Bühne zu sehen sind, bereits der Charakter eines ebenso leichtsinnigen wie launenhaften und feigen Königs herausgearbeitet. *Das Blutbad von Paris* (1592) schildert zwei Jahrzehnte nach dem tatsächlichen Geschehen die Ereignisse der Bartholomäusnacht.

Marlowes *Tragische Geschichte vom Doktor Faustus* (1594) nimmt in Ansätzen bereits Gedanken vorweg, die Goethe in seinem «Faust» weitergeführt hat. Doch treibt Marlowes Faustus eher Machthunger und Lebenssucht als Erkenntnisdrang: Faustus, aller Wissenschaften überdrüssig, schließt mit Mephistopheles einen Pakt für 24 Jahre, reist zum Papst nach Rom, an den deutschen Kaiserhof und nach Wittenberg, wo er Helena herbeizaubert. Zuletzt wird er, trotz flehentlicher Bitten zum Himmel um eine letzte Frist, gnadenlos von Teufeln zerrissen.

William Shakespeare 1564–1616

Shakespeares Lebensweg ist nur bruchstückhaft überliefert, die Daten seiner Biographie konnten nur zum Teil gesichert werden. Der Dichter kam vermutlich am 23. April 1564 in Stratford-on-Avon zur Welt und wurde am 26. April 1564 getauft. Sein Vater war ein wohlhabender Bürger der kleinen Landgemeinde, seine Mutter stammte aus dem Landadel. Shakespeare besuchte in Stratford die Lateinschule und heiratete achtzehnjährig, mit besonderem Dispens des Bischofs, die um acht Jahre ältere Ann Hathaway, die Tochter eines mit der Familie befreundeten Gutsbesitzers. Sechs Monate später wurde ihre Tochter Susanne geboren, zwei Jahre danach die Zwillinge Hamnet und Judith. Bald darauf, vermutlich um 1578, verließ Shakespeare Stratford und ging nach London, wo er bald in engem Kontakt mit dem Theater stand. Er trat als Schauspieler im

Theatre des Tragöden James Burbadge auf, einer hervorragenden Bühne, bearbeitete fremde und schrieb eigene Stücke. Noch vor 1590 dürften sein *Titus Andronicus* und *Heinrich VI.* aufgeführt worden sein. Wesentlich war für ihn seine Aufnahme in den Kreis des Earl of Southampton, dem er 1593 und 1594 zwei erotische Versdichtungen widmete, und des Earl of Essex. Schließlich verband er sich der Truppe unter der Protektion des Lord Chamberlain. 1598 wurde er von Zeitgenossen bereits als der hervorragendste Bühnendichter Englands gerühmt. In diesem Jahr ließ die Truppe ihr Theatre abreißen und erbaute an anderer Stelle das Globe Theatre, das 1599 eröffnet wurde und als dessen Mitbesitzer Shakespeare firmierte. Bereits 1597 hatte er, inzwischen ein wohlhabender Mann, New Place, das schönste Haus in Stratford, gekauft und erwarb in der Folge auch Grundbesitz in seiner Heimatstadt. Nach dem Tod der Königin Elisabeth I. im Jahre 1603 ernannte Jacob I. die Truppe des Lord Chamberlain zu «The King's Players». 1611 verkaufte Shakespeare seine Anteile am Globe Theatre und zog sich nach Stratford zurück. Er starb dort am 23. April 1616.

«Was war es, das diese potenzierte Kraft erschuf, diese Kraft, die, wenigstens innerhalb der Kunst, durch Jahrhunderte hin, weder vorher noch nachher, ihresgleichen hatte», fragte Theodor Fontane. Shakespeares Genie hat seit jeher nicht nur fasziniert, sondern auch beunruhigt. Manche konnten einfach nicht glauben, daß der «Landlümmel» und Schauspieler, ein Mann ohne exquisite Erziehung und ohne Universitätsbildung, zu einem derart tiefen, kunstvollen und allumfassenden poetischen Werk fähig gewesen sein sollte. So entstanden absurde Theorien um seine Person, die sich jedoch alle als nicht haltbar erwiesen. Shakespeare, von Flaubert «das Bewußtsein der Welt» genannt, schuf in direktem Kontakt mit der Bühne ein Welttheater, das – so undurchschaubar, so verrätselt, widersprüchlich, grausam und schön wie diese Welt – das Unfaßbare, Irrationale, jenseits der Grenze der Erkenntnis Geahnte geheimnisvoll einbezog. Etwas bleibt immer Geheimnis, an dem sich das Denken wundstößt und das Fühlen erregt. Für die Aufführungspraxis formulierte daher Brecht sehr treffend: «Es gibt nichts Dümmeres, als Shakespeare so aufzuführen, daß er klar ist. Er ist von Natur unklar. Er ist absoluter Stoff.»

Shakespeares Werke wurden erst 1623 – also sieben Jahre nach seinem Tod – von seinen Schauspielerkollegen Heminge und Condell in der sogenannten First-Folio-Ausgabe gesammelt herausgegeben. Zu seinen Lebzeiten erschienen 18 Stükke einzeln gedruckt in sogenannten Quartos, die First Folio umfaßt 36 Werke. Shakespeares Autorenschaft ist bei einigen der in dieser Ausgabe nicht aufgenommenen Dramen sowie bei einigen der darin enthaltenen umstritten, die Datierung der meisten Werke nicht exakt gelungen, doch die Chronologie annähernd gesichert.

Das vermutlich erste Stück Shakespeares ist die Tragödie *Titus Andronicus*, ein blutrünstiges, unter dem Einfluß von Marlowes überdimensionierten Gestalten stehendes Drama, in dem aber bereits die Ansätze der großen Tragödien des Meisters sichtbar werden. Zu den frühen Werken zählt auch die Königsdramentrilogie *Heinrich VI.* (um 1590), die die sogenannten Rosenkriege zwischen den Häusern York und Lancaster behandelt. Im Mittelpunkt stehen zunächst der Feldherr Lord Talbot, der in Frankreich gegen die als Lügnerin und Sünderin gezeichnete Jungfrau von Orleans kämpft, dann der schwache, sich jedoch höheren Wahrheiten verpflichtet fühlende Heinrich mit seiner leidenschaftlichen, herrschsüchtigen Gattin Margareta.

Unter den folgenden Lustspielen dürf-

te *Die Komödie der Irrungen* (um 1592) das erste sein, ein Verwechslungsspiel um zwei Zwillingspaare, das jedoch auch die Unheimlichkeit des Doppelgängertums betont. Daran reihen sich *Verlorene Liebesmüh* (um 1592), eine Komödie um vier hohe Herren, die, der Weiblichkeit abgeneigt, eine platonische Akademie gründen wollen, von diesem Vorhaben aber durch vier Damen abgebracht werden, und *Die beiden Veroneser* (um 1592), eine Komödie um zwei Freunde, die sich in dasselbe Mädchen verlieben und in die fürchterlichsten Verwicklungen geraten, bis die verlassene Geliebte des einen, als Page verkleidet, ihren Freund zurückerobert.

Vermutlich nur durch eine geringe Zeitspanne getrennt, entstanden dann so unterschiedliche Werke wie *Richard III.* *, *Romeo und Julia** und die Komödie *Ein Sommernachtstraum**, die als Hochzeitsspiel möglicherweise für die Neuvermählung der Mutter des Earl of Southampton bestellt wurde.

Shakespeare, Der Widerspenstigen Zähmung
Residenztheater München, 1971
Inszenierung: Otto Schenk
Petrucchio: Klaus Maria Brandauer
Catharina: Christine Ostermayer

Um 1594 folgte die Komödie *Der Widerspenstigen Zähmung*, in der das kratzbürstige Käthchen von Petrucchio auf abenteuerliche Weise – durch Rüpelhaftigkeit, übermütige Szenen und Zornesausbrüche – zum Einlenken und Nachgeben gezwungen wird. Es ist allerdings die Liebe und nicht die spielerisch eingesetzte männliche Gewalt, die Käthchens Wandlung bewirkt. Manche Inszenierungen interpretierten daher die Zähmung als ein Liebesspiel, auf das die Frau, augenzwinkernd der Männlichkeit huldigend, heiter liebevoll eingeht.

Um 1595 kam *Der Kaufmann von Venedig** erstmals heraus, dessen Shylock-Figur, von Shakespeare allerdings psychologisch verfeinert, auf das dämonische Vorbild von Marlowes *Der* *reiche Jude von Malta* zurückgeht. Danach wendet sich der Daramatiker wieder den Historien zu.

Mit *König Johann* (um 1595) schuf er sein historisch am weitesten zurückgreifendes Königsdrama: Der illegitime König muß sich sein angemaßtes Recht an der Krone erkämpfen und tut dies mit Mord, Verrat und Krieg, ehe er selbst vernichtet wird. In diesem Werk zeigt sich, wie in fast allen Königsdramen, die schreckliche Mechanik, in der sich die Feudalgeschichte wiederholt: Das Drama beginnt mit dem Kampf um den Thron in einer langen Kette von Verbrechen. Gegen den verbrecherischen Machthaber sammelt sich Widerstand in der Hoffnung auf Ordnung und Gerechtigkeit, doch den Weg der Rebellen zum Sturz des Herrschers und an die Macht begleiten bereits wieder Verrat und Verbrechen, und der Kampf beginnt von neuem. Der Shakespeare-Forscher Jan Kott hat diesen Teufelskreis als den «großen Mechanismus» bezeichnet, der sich in vielen Dramen des Dichters, nicht nur in den Historien, nachweisen läßt: Shakespeare entlarvt den Mechanismus der Macht unmittelbar, entthront die königliche Majestät und entkleidet sie aller Illusionen.

Den Königsdramen *Richard II.** und *Heinrich IV.** folgte das idealisierte patriotische Heldenstück *König Heinrich V.* (um 1598), das den Sieg des Volkslieblings, der Krieg führt und vom Frieden träumt, über die Franzosen beschreibt.

Um 1598 dürfte auch die Komödie *Ende gut, alles gut* erstmals aufgeführt worden sein, in der sich eine junge Frau über alle Hindernisse hinweg mit List und bedenkenlosem Einsatz den geliebten Mann erkämpft, sowie *Viel Lärm um nichts*, eine Komödie, in der tragische Töne anklingen, wenn Hero, als Dirne verleumdet, vor dem Traualtar von Claudio verstoßen wird und wie tot zusammenbricht, Claudio aber wiederum in verzweifelter Reue am Grab der inzwischen Rehabilitierten steht. Das lyrische Paar, das dennoch zueinander finden kann, da Hero nur für tot ausgegeben war, wird von einem widerborstigen kontrastiert: von Beatrice, die von Männern nichts wissen will, und Benedict, der keinen Wert auf Frauen legt. Als deren verbohrte Eigenliebe sich in Liebe zueinander wandelt, haben sie sich allerdings bereits derart in ihre Liebesverachtung verrannt, daß sie zuletzt nur eine List zusammenführen kann.

Nach den beiden großen poetischen Komödien *Wie es euch gefällt** und *Was ihr wollt** schrieb Shakespeare um 1600 seine Komödie *Die lustigen Weiber von Windsor,* der Legende zufolge auf Wunsch der Königin, die Falstaff als Liebhaber sehen wollte, sicherlich aber auch dem Wunsch seines Publikums entsprechend und um den enormen Erfolg der populären Figur aus *König Heinrich IV.* weiterzuführen. Falstaff geht es im bürgerlichen Milieu nicht besser als bei Hofe: Er wird von zwei pfiffigen Bürgersfrauen, denen er unvorsichtigerweise gleichlautende Liebesbriefe schreibt, nach einem ausgeklügelten Plan an der Nase herumgeführt und ist zuletzt saftig blamiert, wobei ihn freilich sein Charme nie verläßt.

Mit *Julius Cäsar** begann die Reihe der großen Tragödien, die in den folgenden Jahren mit *Hamlet**, *Othello**, *Macbeth**, *Lear**, *Antonius und Cleopatra** und *Coriolanus** fortgesetzt wurde. Um 1601 soll *Troilus und Cressida** entstanden, jedoch als einziges Werk Shakespeares von der Truppe abgelehnt und nicht aufgeführt worden sein, um 1603 kam *Maß für Maß** heraus.

Die dunkle pessimistische Tragödie *Timon von Athen* (um 1608) wird als der Tiefpunkt einer schweren persönlichen Krise des Dichters gedeutet: In dem Verbitterung ausstrahlenden Stück ist die Titelfigur – ein nach Jahren der Großzügigkeit in Not geratener Athener, der nun vergeblich auf die Dankbarkeit seiner Freunde zählt – schließlich nur noch von unversöhnlichem Haß erfüllt. Timon stirbt einsam, sein Grab trägt die Inschrift «Fluch allem, was da lebt!».

Nach einer kurzen Schaffenspause, zum Teil vermutlich auch schon nach Shakespeares Rückkehr nach Stratford, entstanden die letzten Werke, tragische Stoffe, die sich märchenhaft ins Heitere wenden und auch als Romanzen bezeichnet werden. Für *Cymbeline* (um 1610) wird allerdings von manchen Forschern Shakespeare bestenfalls als Mitautor angenommen. In einer vielfach verschlungenen Handlung geht es um die Unschuld der Königstochter Imogen, die von ihrem Mann getrennt wird und, von einem Intriganten bei ihm verleumdet, schließlich ihre Treue beweisen kann.

Den Ausklang von Shakespeares Schaffen bildeten *Das Wintermärchen** und *Der Sturm**. In dem ebenfalls Shakespeare zugeschriebenen Festspiel *König Heinrich VIII.* (um 1613), das in die First Folio aufgenommen wurde, können Experten kaum die Handschrift des Dichters erkennen und vermuten eine Skizze, die von anderen Autoren ausgeführt wurde. Dennoch hatte das Werk für Shakespeare Bedeutung: Ein Böllerschuß im 1. Akt setzte bei einer Aufführung 1613 das Globe Theatre in Brand, wobei alle Rollen- und Soufflierbücher zu Shakespeares Werken vernichtet wurden.

Die romantische Aufführungstradition des 19. Jahrhunderts wurde von den romantisierenden, freilich in ihrer hohen poetischen Qualität nach wie vor unerreichten Übersetzungen von Schlegel/Tieck unterstützt. In der Folge drohte sie im deutschen Spielraum in einem illusionistischen Hoftheaterpomp zu erstarren, aus dem Shakespeares Werk in unserem Jahrhundert nur mühsam gelöst werden konnte. Max Reinhardt gelang das mit seinen realistisch-impressionistischen Inszenierungen, noch radikaler Leopold Jessners dynamisiertes übersteigertes Theater, das sich allerdings auf Grundzüge konzentrierte und damit, wenn auch grandiose, so doch vereinseitigende Shakespeare-Inszenierungen kreierte. In den fünfziger Jahren setzte sich dann mit Gustav Rudolf Sellner, Karlheinz Stroux oder Hans Schalla ein abstrahierender Stil durch, der Shakespeares Figuren und Konflikte aufs Prinzipielle, Überzeitliche festlegte. Fritz Kortner bestand dagegen auf einem «menschlichen Shakespeare», indem er in seiner genauen Arbeitsweise menschliche Charaktere aufriß und in ihrer Widersprüchlichkeit zeigte und so das Werk subtil und in seinem Reichtum realistisch auffächerte. Gegen Stilmache und Pseudowirklichkeit opponierten in den sechziger und siebziger Jahren eine Reihe deutscher Regisseure, allen voran Peter Zadek, der mit seiner Vorliebe für Brechungen, aber auch Trivialisierungen die Gefühls- und Sehgewohnheiten revolutionierte und eine neue phantasiereiche Dynamik auf die Szene brachte, das Publikum allerdings oft auch vor den Kopf stieß. Einen nicht unwesentlichen Einfluß auf die Shakespeare-Deutung übte in den sechziger Jahren und darüber hinaus der polnische Shakespeare-Forscher Jan Kott mit seinen Analysen «Shakespeare heute» aus. Er machte einen brutaleren Shakespeare sichtbar und deckte die direkten Wege auf, die zu Beckett oder Ionesco führen. Peter Palitzsch nützte seine Anregungen für die Inszenierung der Rosenkriege in Stuttgart ebenso wie Giorgio Strehler oder der geniale Shakespeare-Regisseur Peter Brook, der in seinen Arbeiten die ästhetische Schönheit eines vollendeten Kunstprodukts mit der Herausforderung verband, in Shakespeare unmittelbar die eigene Wirklichkeit zu entdecken.

König Richard III.
Drama in 5 Aufzügen
UA: um 1593 in London

Richard, der Herzog von Gloster und Bruder von Eduard IV., beschließt, «ein Bösewicht zu werden». Von Geburt mißgestaltet und häßlich, will er jedes Verbrechen wagen, um auf den Thron zu kommen. So hetzt er den König gegen seinen Bruder Clarence auf und läßt diesen im Tower ermorden. Um Prinzessin Anna, deren Mann und Schwiegervater Richard hatte umbringen lassen, wirbt er am Sarg König Heinrichs VI., ihres Schwiegervaters. Er behauptet, nur ihr zuliebe gemordet zu haben, und sie kann, obwohl sie ihm zunächst voll Haß und Abscheu begegnet, seiner Faszination nicht widerstehen. Als der kranke König Eduard IV. stirbt, läßt Richard dessen Söhne im Tower umbringen. Auch Lord Hastings, der sich gegen Richards Machenschaften sträubt, wird skrupellos beseitigt. Der Weg zum Thron ist frei. Um für Richard Sympathien beim Volk zu gewinnen, wird ein großangelegtes, heuchlerisches Spiel inszeniert, in dem Richard, Frömmigkeit vortäuschend, scheinbar nur gezwungenermaßen die Krone annimmt. Seinen Helfer, Herzog von Buckingham, der in Ungnade gerät und von ihm abfällt, läßt Richard enthaupten. Die Flüche seiner eigenen Mutter, die Anklagen der Witwe seines königlichen Bruders und der alten Königin Margareta, erstickt er ungerührt im Trommelwirbel. Sein nächstes Opfer ist seine Gattin Anna. Nach ihrem Tod kann er um seine Nichte Elisabeth bei deren Mutter werben, die der Dämonie des Mörders ihrer Söhne ebenso erliegt wie einst Anna. Nun aber sammeln sich die Gegner und ziehen mit einem Heer unter der Führung des jungen Grafen Richmond gegen Richard. Am Abend vor der Schlacht erscheinen ihm die Geister der von ihm Gemordeten und verkünden ihm seinen Untergang. Vor dem Kampf wird Richard erstmals von Gewissensbissen gequält. Dennoch zieht er mutig in die Schlacht, in der er getötet wird. Damit ist der Kampf zwischen der weißen und der roten Rose, den Häusern York und Lancaster, beendet: Richmond heiratet Elisabeth und besteigt als Heinrich VII. den Thron.

Die Interpretation des Werkes pendelt zwischen dem Charakterdrama, der erzählenden Historie und dem Bild der Machtgier, der unheilvollen «Karriere». Der hochintelligente, bucklige und hinkende Bösewicht findet die verschiedenartigsten Auslegungen. Er wird zum Ungeheuer dämonisiert oder als Krüppel, der Kompensation sucht, psychologisiert: Ein machiavellistischer Renaissance-Fürst, ein Menschenverächter, der bewußt und mit Vergnügen zum Verbrecher wird, ein Genie des Bösen und bedenkenloser Mörder im Dienst seiner Herrschsucht. Leopold Jessner stellte knapp zu Beginn der zwanziger Jahre der Historie und dem Charakterstück ein Drama zum Thema Karriere gegenüber: Auf seiner Treppenbühne, die Symbol für Richards Aufstieg und Fall war, machte er Stufe um Stufe den Vollzug einer wilden Karriere bis zu ihrem Höhepunkt sichtbar, zeigte einen negativen Helden, der, von Machthunger getrieben, über Leichen bis zur letzten Stufe aufsteigt und in einem fürchterlichen Sturz endet. Hier wurde zugleich aber auch etwas von dem unerbittlichen Mechanismus des Machtstrebens sichtbar als eine sich immer wiederholende Kette von Verbrechen und Verrat. Richard ist die Personifizierung dieses schrecklichen Mechanismus. Sein Mordweg zur Macht wird zur tragischen Abrechnung mit einer Wirklichkeit, in der alle Normen der Moral zersplittert sind.

Romeo und Julia
Tragödie in 5 Aufzügen
UA: um 1595 in London

Zwei angesehene Familien in Verona, die Montagues und die Capulets, sind seit Jahren verfeindet. Da es immer wieder zu Tätlichkeiten zwischen ihnen kommt, verhängt Prinz Escalus strenge Strafen über denjenigen, der den von ihm mühsam gestifteten Frieden bricht. Romeo, der Sohn Montagues, wird mit seinem Freund Mercutio irrtümlich zu einem Maskenfest der Capulets eingeladen. Dort begegnet er Julia, der Tochter der Capulets. Vergessen ist Rosalinde, die Romeo eben noch unglücklich anschwärmte, vergessen ist Graf Paris, mit dem Julia verheiratet werden soll – die beiden verlieben sich leidenschaftlich ineinander. Sie schwören einander ewige Liebe und lassen sich heimlich von dem Franziskanerpater Lorenzo trauen, der sich von dieser Ehe eine Versöhnung der feindlichen Familien erhofft. Bei einem zufälligen Zusammentreffen auf der Straße beleidigt Tybalt, ein Vetter Julias, Romeo, um ihn zum Kampf zu reizen. Mercutio greift an Stelle des Freundes zum Degen und wird durch Romeos Schuld, der zwischen die Kämpfenden tritt, tödlich verwundet. Außer sich vor Schmerz und Wut ersticht Romeo Tybalt. Der Prinz verbannt den vermeintlichen Friedensbrecher aus Verona. Die letzte Nacht vor der Flucht nach Mantua verbringt Romeo bei Julia – es ist ihre Hochzeitsnacht. Als die Capulets Julia zur Ehe mit Paris zwingen wollen, bittet die Verzweifelte Pater Lorenzo um Hilfe, der eine List ersinnt: Julia soll durch einen Trank in einen todesähnlichen Schlaf versenkt werden und dann aus der Gruft mit Romeo nach Mantua fliehen. Doch die Nachricht von dem Plan erreicht Romeo nicht. Er erfährt nur, daß Julia tot sei, und eilt nach Verona. Vor Julias Gruft stößt er auf Paris, den er im Zweikampf tötet. Dann nimmt er Gift und stirbt an Julias Seite. Als Julia erwacht und den leblosen Geliebten sieht, folgt sie ihm in den Tod. Über den Leichen ihrer Kinder reichen sich die Väter, von Pater Lorenzo über das tragische Geschick der Liebenden aufgeklärt, zum Zeichen der Versöhnung die Hände.

Shakespeare hat mit seiner traurig-zufälligen Fabel von Romeo und Julia einen Liebesmythos geschaffen, ein Urbild der Liebe. Zwei junge Menschen finden sich in der Fähigkeit, sich ganz dem großen Gefühl hinzugeben, und in dem Willen, ihre Liebe gegen alle Widerstände durchzusetzen. Die Welt ist grausam für wahre Liebende. Das Scheitern des absoluten Gefühls in einer engstirnigen und haßerfüllten Umgebung erscheint ebenso zufällig wie folgerichtig. Von Anbeginn begleitet diese Liebe die Ahnung des Todes. Eine tragische Ahnung, daß in dem Aufgehen im Absoluten einer solchen Liebe auch ihr Untergang beschlossen ist, daß alle große Liebe zugleich eine Liebe in Todesnähe ist. Romeos und Julias Liebe erfüllt sich in einer einzigen Nacht und wird durch den Tod unsterblich.

Ein Sommernachtstraum
Komödie in 5 Aufzügen
UA: um 1595 in London

Herzog Theseus von Athen bereitet seine Hochzeit mit der besiegten Amazonenkönigin Hippolyta vor. Da kommt Egeus an den Hof, um seine Tochter Hermia anzuklagen: Sie weigert sich, den ihr vom Vater bestimmten Demetrius zu heiraten, weil sie Lysander liebt. Für solchen Ungehorsam dem Vater gegenüber kann sie nach athenischem Recht mit dem Tod bestraft werden. Hermia flieht daher mit Lysander in den nahen Wald, verfolgt von Demetrius, dem wiederum die in ihn verliebte Helena nacheilt. Im Wald herrscht gerade eifersüchtiger Streit zwischen dem Elfenkönig Oberon und seiner Gattin Titania. Ihr Zwist hat selbst die Ordnung der Natur durcheinandergebracht. Um Titania zu bestrafen, läßt sich Oberon von Puck, einem koboldhaften Elf, eine Wunderblume bringen. Ihr Zaubersaft, Schlafenden ins Auge geträufelt, macht den Erwachenden in jede Kreatur, die er zuerst erblickt, wie toll verliebt. Zunächst werden die beiden athenischen Liebespaare durch Puck, der Demetrius im Auftrag Oberons in Helena verliebt machen soll, sich dabei aber irrt, völlig in Verwirrung gebracht. Demetrius und Lysander verfolgen nun Helena mit ihrer Liebe, während die zuvor so heftig umworbene Hermia allein dasteht. Helena fühlt sich verspottet, Hermia verraten, die beiden Mädchen beschimpfen einander, und die Männer beginnen zu kämpfen. Inzwischen proben Handwerker auf einer Waldlichtung ein Schauspiel, das sie zur Hochzeit bei Hof aufführen wollen. Puck zaubert dem Weber Zettel einen Eselskopf, in den sich die erwachende Titania kraft der Wunderblume leidenschaftlich verliebt. Von Puck geneckt, irren die anderen Liebespaare, einander suchend und verfolgend, durch den Wald. Doch mit dem anbrechenden Morgen zerrinnt der nächtliche Traum. Im Schlaf werden die Verwirrten von Oberon und Puck aus der Verzauberung gelöst, außer Demetrius, der zu Helena findet. Oberon versöhnt sich mit Titania, der Herzog verzeiht den Liebespaaren und besiegelt ihren Ehebund. Er lädt sie zu seinem Hochzeitsfest, bei dem die Handwerker ihr tragikomisches Spiel von «Pyramus und Thisbe» zeigen dürfen. Als die Nacht hereinbricht, segnen Oberon und Titania die Paare und ihre künftigen Kinder.

Aus Shakespeares traumspielhafter Komödie holte das 19. Jahrhundert Elfenpoesie und romantischen Naturzauber. Reinhardts legendäre Berliner Inszenierung von 1905 beschwor komödiantisch die Illusion eines Geisterreiches. Doch erst der Expressionismus verwies auf die unheimlichen Kräfte der Natur und der Seele, die hier freigesetzt werden. Das Unbewußte kam ins Bewußtsein. Werden Träume und Ahnungen eine Sommernacht lang Wirklichkeit? Zaubermächtigen Naturdämonen ausgeliefert, offenbaren die Menschen den dämonischen Urgrund ihrer Seele, das wilde Reich ihrer Phantasie. Unerkanntes steigt auf. Zwischen Palast und Wald, der Machtwelt mit ihren sittlichen Gesetzen und der Natur wird anarchischer Eros sichtbar, die Phantasie, die Liebe in ihrer elementaren Sinnlichkeit, ihrem Wahn und ihrer Gesetzlosigkeit. Puck, halb Elf, halb Teufel, der die Menschen von ihrem vorgezeichneten Weg fortlockt, treibt mit ihnen sein Spiel. Auch Titania bleibt nicht verschont und durchquert mit Zettel für eine Nacht die dunkle Zone animalischer Sexualität. Am Morgen erwachen alle in dem Bewußtsein, etwas Seltsames geträumt zu haben. Träume, die nicht zu fassen sind, vage Bilder, die weiter durch die Erinnerung geistern. «Wahnsinnige, Poeten und Verliebte bestehen aus Einbildung», sagt Theseus, ihre Phantasie nimmt wahr, «was nie die kühlere Vernunft begreift». Er zweifelt am Realitätssinn so heftiger Phantasie. Doch für Hippolyta bezeugt das Nachtgeschehen mehr als ein Spiel der Einbildung, es erhält Bestand, «doch seltsam immer noch und wundervoll». Sie ahnt etwas von der geheimen, bestimmenden Kraft der nächtlichen Vorgänge. So hat Peter Brook in seiner exemplarischen Inszenierung mit der Royal Shakespeare Company 1970 Theseus und Hippolyta zugleich auch Oberon und Titania spielen lassen. Er machte den Traum zu einem utopischen Akt, in dem die Widersprüche des Lebens, die Entfremdung von Mensch und Welt aufgehoben waren – durch Spiel.

Der Kaufmann von Venedig
Komödie in 5 Aufzügen
UA: um 1595 in London

Antonio, ein venezianischer Kaufmann, hat sein Vermögen in Handelsschiffen angelegt. Als ihn sein Freund Bassanio, der um die reiche und schöne Porzia werben will, um Geld bittet, nimmt Antonio für ihn ein Darlehen bei dem Juden Shylock auf. Shylock, der die Christen haßt, weil sie ihn menschenunwürdig behandeln, leiht ihm das Geld gegen einen Schuldschein, der ihn berechtigt, ein Pfund Fleisch aus Antonios Körper zu schneiden, falls das Geld nicht rechtzeitig zurückgezahlt werden sollte. Bassanio wirbt nun mit zwei anderen Freiern um Porzia, die auf Wunsch ihres verstorbenen Vaters den Mann heiraten soll, der von drei Kästchen aus Gold, Silber und Blei das richtige wählt. Bassanio entscheidet sich für das bleierne und gewinnt damit Porzia, die ihn längst heimlich liebt. Sein Freund Graziano findet zu Porzias Begleiterin Nerissa. Da trifft auf Porzias Landsitz die Nachricht ein, daß alle Schiffe Antonios gesunken seien und er Shylock nicht rechtzeitig bezahlen könne. Shylock aber, dessen Rachegefühle gegen die Christen dadurch bestärkt wurden, daß ihm der Venezianer Lorenzo seine Tochter Jessica samt Schmuck und Dukaten entführt hat, besteht auf seinem Schein. Bassanio und Graziano brechen sofort nach Venedig auf. Es kommt zur Gerichtsverhandlung vor dem Dogen von Venedig, der versucht, den Juden zur Milde umzustimmen. Bassanio bietet ihm die doppelte Summe, doch Shylock lehnt alle Vermittlungsversuche ab. Da überbringen zwei Abgesandte das Gutachten eines Rechtsgelehrten aus Padua. Der junge Doktor Balthasar ist allerdings niemand anderer als die verkleidete Porzia, die nun die Führung der Verhandlung übernimmt. Sie bittet Shylock noch einmal um Barmherzigkeit. Als dieser hartnäckig auf seinem Recht besteht, erklärt sie, daß er rechtmäßig ein Pfund Fleisch aus Antonios Brust schneiden könne. Doch sobald Shylock das Messer zückt, warnt sie ihn, Blut zu vergießen. Denn auf dem Schein ist nur das Fleisch, nicht aber das Blut Antonios verpfändet. Sollte der Vollzug seines Anspruchs nur einen Tropfen Blut kosten, so verfalle sein Hab und Gut dem Staat Venedig. Darüber hinaus wird Shylock nun angeklagt, Antonio nach dem Leben getrachtet zu haben, worauf der Tod steht. Der Doge allerdings begnadigt Shylock, spricht die Hälfte seines Vermögens Antonio zu und zieht die andere für den Staat ein, eine Strafe, die die Demut Shylocks noch mildern könnte. Antonio will den Vermögensteil bis zu Shylocks Tod für Jessica verwalten, doch fordert er, daß sich Shylock zum Christentum bekehrt. Gebrochen verläßt der Jude den Gerichtssaal. Auf Porzias Landsitz in Belmont aber feiern nun die Paare mit Antonio den glücklichen Ausgang des Prozesses.

Aus der unvergleichlichen Poesie seiner Komödien, durch die Shakespeare die Widersprüchlichkeit der Welt offenbart, hebt sich im *Kaufmann von Venedig* besonders dunkel die Figur des Shylock ab. Das 20. Jahrhundert hat uns nahegebracht, die Grausamkeit dieses Menschen als Folge selbst erlittenen Unrechts zu sehen und seine Tragödie auch im radikalen Gerechtigkeitsverlangen eines zutiefst verletzten Diskriminierten zu erkennen. Verachtung und Haß beantwortet er mit gesteigertem Haß, erfahrenes Unrecht mit dem Beharren auf dem ihm verbrieften Recht. Für Shakespeare dürfte der Jude allerdings eine eher mythische Figur gewesen sein, gehaßt aus religiösen Gründen und verachtet als Wucherer; ein zuletzt geprellter Bösewicht, dem das Genie des Dichters aber Verständnis und Mitgefühl nicht verweigert. So rückte Shylocks tragisches Scheitern ins Zentrum der Komödie und mit ihm die Gerichtsszene, die ebenso als Rechtsverdrehung wie als Triumph der christlichen Gnade über tote Rechtsgrundsätze gedeutet wurde. Wobei jedoch nicht zu übersehen ist, daß die dem Juden so dringlich abgeforderte christliche Gnade auch von den Christen nur sehr mangelhaft eingesetzt wird. Die Fragwürdigkeit dieser nicht sehr christlichen Gesellschaft wurde daher vor allem seit dem Zweiten Weltkrieg speziell herausgearbeitet. So auch von Peter Zadek, der sich allerdings in seiner Bochumer Inszenierung (1972) noch einen Schritt weiter wagte, als er mit Hans Mahnke den Shylock als Verkörperung und Opfer aller antisemitischen Klischees zeigte und damit den dialektischen Zusammenhang von eigenem Bewußtsein und Projektion der anderen deutlich machen wollte. Die lyrische Poesie des letzten Aktes wurde oft als Anhängsel empfunden und bereitete den Interpreten Schwierigkeiten: Die Menschen, die an Shylocks Scheitern mitbeteiligt sind, die seine Tragödie mitverschuldet haben, tändeln und feiern in verliebter Heiterkeit. Sie besingen die sphärische Harmonie der Welt – es ist ein Blick in die Sterne.

König Richard II.
Tragödie in 5 Aufzügen
UA: um 1595 in London

Vor König Richard II. klagen einander der Königsvetter Bolingbroke und der Herzog von Norfolk des Hochverrats an. Ehe es zum Zweikampf zwischen ihnen kommt, verbannt sie der König aus England, Norfolk, auf Lebenszeit, Bolingbroke – auf Bitten seines Vaters, des alten Gaunt – auf sechs Jahre. Bald darauf stirbt der alte Gaunt, der seinen königlichen Neffen eindringlich vor Verschwendungssucht und den ihn umgebenden Schmeichlern warnte, und Richard beschlagnahmt seine Güter. Während er einen Aufstand in Irland niederwirft, kehrt der ehrgeizige Bolingbroke nach England zurück. Der Herzog von Northumberland und andere Adelige, die von der Genußsucht, Eitelkeit und Schwäche des Königs empört sind, schließen sich ihm an. Als Richard II. aus Irland zurückkommt, findet er kaum noch Anhänger. Er rafft sich aber nicht zur Gegenwehr auf, sondern gefällt sich in Selbstbemitleidung, bewilligt die Aufhebung von Bolingbrokes Verbannung und gibt Gaunts Güter wieder heraus. Schließlich entsagt er sogar dem Thron und setzt seiner Gefangennahme keinen Widerstand entgegen. Im Gefängnis läßt ihn Bolingbroke durch Sir Exton ermorden. Innerhalb der Adelskreise erhebt sich Widerstand gegen die unwürdige Absetzung des Königs, doch Bolingbroke kann ihn niederringen. Er besteigt als Heinrich IV. den Königsthron und gelobt eine Fahrt ins Heilige Land, um seine Blutschuld zu sühnen.

Die Tragödie einer Entthronung bietet zugleich auch eine brillante Charakterstudie: Dieser genußsüchtige, weiche, selbstverliebte Herrscher muß in seiner Schwäche, seiner politischen Handlungsunfähigkeit notwendig scheitern, findet aber in seinem Sturz zu menschlicher Größe. Der in der Mystik seines Gottgnadentums befangene Richard II. erkennt die Illusion der monarchischen Idee: Sein Spiegel zeigt ihm nach der Entthronung kein anderes Gesicht. Dagegen wird in einer knappen, wichtigen Szene der Mechanismus der Macht sichtbar: Ohne es auszusprechen, hat Bolingbroke seinen Getreuen die Ermordung Richards nahegelegt, und schon steht einer bereit, der, ohne direkten Auftrag, die Tat für ihn vollziehen wird. Er wird dafür keinen Dank erhalten. «Der liebt das Gift nicht, der es nötig hat», sagt Bolingbroke. Eine kleine Szene, etliche Repliken – und die ganze Schrecklichkeit eines Machtsystems mit seinen übereifrigen Handlangern ist entlarvt.

König Heinrich IV.
Historisches Schauspiel in zwei Teilen
UA: um 1597 in London

Bolingbroke, nunmehr König Heinrich IV., wird von Gewissensqualen wegen der Ermordung Richards II., von der Angst und dem Mißtrauen des Usurpators geplagt. Zwei große Verschwörungen bedrohen seine Herrschaft, die jeweils den Handlungskern der beiden Teile des Schauspiels bilden. Zunächst stellt sich der Sohn Northumberlands, der junge Heinrich Percy, an die Spitze einer Gruppe von Rebellen, die dem König in offenem Krieg entgegentreten. Vor der Schlacht kommt es zu einer Auseinandersetzung zwischen dem König und seinem Sohn, Prinz Heinz. In Percy, dem Heißsporn, einem überstürzt handelnden, wilden, aber ritterlich gesinnten jungen Mann, sieht der König trotz dessen Rebellion ein positives Gegenbild zu seinem Sohn, der sich am liebsten in liederlicher Gesellschaft, vor allem mit dem verkommenen Ritter Sir John Falstaff herumtreibt. Prinz Heinz verspricht, seinen Lebenswandel zu ändern, und schon in der Schlacht bei Shrewsbury erhält er Gelegenheit, sich zu bewähren. Er rettet den verwundeten König und tötet im ritterlichen Zweikampf Percy. Aber die Rebellion gegen den Usurpator läßt sich nicht ersticken: Im zweiten Teil des Dramas hat der Erzbischof von York ein Heer gegen den König aufgestellt. Mit einer List überwältigt jedoch Prinz Johann, der jüngere Sohn des Königs, die Häupter der Rebellion und verhindert damit einen weiteren Krieg. Heinrich IV. aber bedrückt bis zu seiner letzten Stunde das Gewissen wegen der Absetzung und Ermordung Richards II. Auf seinem Sterbebett führt der Vater mit dem Sohn eine großes Gespräch, in dem der König dem Prinzen mit weisen Ratschlägen die Krone anvertraut. Prinz Heinz besteigt als Heinrich V. den Thron von England. – In die Geschichte von Heinrich IV. eingeflochten sind die komödienhaften Ereignisse um den prahlerischen Dickwanst Sir John Falstaff, dem Zechkumpan und Genossen manches Abenteuers von Prinz Heinz. Der Prinz ist von dem Charme, dem Humor und der Redegewandtheit, mit der sich der trinkfeste Ritter aus heiklen Situationen schwindelt, angezogen. Falstaff prahlt mit Heldentaten, Raubüberfällen und Eroberungen, stellt sich aber bei der Schlacht von Shrewsbury zur Sicherheit gleich tot. Am wohlsten fühlt er sich bei seinen verwahrlosten Kumpanen im Wirtshaus «Zum wilden Schweinskopf» und in den Armen von Dortchen Lakenreißer. Er macht Schulden, wo er nur kann, verspricht der Schenkenwirtin die Ehe und benutzt, als er Rekruten ausheben muß, die Gelegenheit, Bestechungsgelder zu kassieren. Seine große Zeit glaubt er gekommen, als Prinz Heinz zum König gekrönt wird, gnädig verteilt er unter seinen Bekannten bereits Ämter. Doch Heinrich V. sagt sich von ihm los.

Die geniale und populärste Komödienfigur Shakespeares, sein prachtvoller, bei all seinen Fehlern liebenswerter Falstaff, ist in ein farbiges Bild Alt-Englands mit seinem derben, unverwüstlichen Volkshumor eingefügt. Zu diesen vitalen, lebensfrohen Szenen steht Heinrich IV., der seines Königtums nicht froh werden kann, in düsterem Kontrast. An ihm zeigt sich die Tragik der Macht, die den Seelenfrieden stört. Falstaff dagegen ist nicht nur die Verkörperung renaissancehafter Lebenslust; dieser ritterliche Dickwanst verfügt auch über plebejische Lebensweisheit, die dem Pathos und dem Wahn der Mächtigen spottet. Sein Einfluß auf Prinz Heinz hat durchaus positive Folgen: Er wächst zu einem weisen König heran, und so stellt sich heraus, daß die Welt des verkommenen Adels und des niederen Volkes, daß Falstaff und seine Gesellen, auch wenn er sich von ihnen später lossagt, eine bessere Schule der Königlichkeit waren als das gefährliche feudale Waffenrasseln.

Wie es euch gefällt
Komödie in 5 Aufzügen
UA: um 1599 in London

Herzog Friedrich hat seinen Bruder, den rechtmäßigen Herrscher, vertrieben und sich das Herzogtum angeeignet. Der Verbannte ist mit einigen befreundeten Edelleuten in den Wald von Arden geflüchtet. Ähnlich geht es dem jungen Edelmann Orlando, dem ebenfalls ein Bruder nach dem Leben trachtet. Er hat sich, bevor auch er in dem Ardenner Wald Schutz suchte, am Hof Herzog Friedrichs mit einem Sieg über den bis dahin unbesiegten Ringer Charles unbeliebt gemacht, mit seiner Tapferkeit aber Rosalindes Herz erobert. Rosalinde, die Tochter des vertriebenen Herzogs, wird von Friedrich ebenfalls verbannt und geht, als Mann verkleidet, auf die Suche nach ihrem Vater. Friedrichs Tochter Celia, die ihrer Freundin Rosalinde die Treue hält, und der Narr Probstein begleiten sie in den Wald. Inzwischen wurde Orlando freundlich bei dem vertriebenen Herzog aufgenommen, der mit seinen Edelleuten, darunter der melancholische, philosophierende Jacques, unter den Bäumen hofhält und sich in der Natur sorgenfreier fühlt als im Leben des höfischen Pomp. Als Rosalinde in den Wald kommt, begegnet sie Orlando und gibt sich ihm gegenüber als Jüngling Ganymed aus, der ihn von seiner Liebe zu Rosalinde heilen will. Ein Spiel, in das sich beide heillos verstricken und mit dem sie ihn nur um so fester an sich bindet. Amor schafft aber im Wald noch mehr Verwirrung: Die Schäferin Phöbe, die von Silvius verehrt wird, verliebt sich in Ganymed, Probstein in das deftige Käthchen und Celia in Oliver, der von seinem Bruder Orlando vor einem Löwen gerettet wird und sich mit ihm versöhnt. Am Waldesrand wird Herzog Friedrich, der mit Heeresmacht gegen

Shakespeare, Wie es euch gefällt
Schaubühne Berlin, 1977
Inszenierung: Peter Stein

seinen Bruder anrückte, von einem Mönch bekehrt, zieht sich ins geistliche Leben zurück und setzt seinen Bruder wieder als rechtmäßigen Herzog ein. Zuletzt können, ehe der Hofstaat ins Herzogtum zurückkehrt, vier Paare den Hochzeitsreigen tanzen: Orlando und Rosalinde, Oliver und Celia, Probstein und Käthchen, Silvius und Phöbe. Jacques, der Philosoph, will im Wald bleiben und sich dem bekehrten Herzog Friedrich anschließen.

Der Wald von Arden, daran läßt Shakespeare keinen Zweifel, ist kein gewöhnlicher Wald. Er bietet Zuflucht, ob nun real oder ideell, der physischen sowie der geistigen Existenz. Wie die meisten Wälder Shakespeares bedeutet auch der Ardenner Wald ein poetisches Bild: Er ist ein Reich der Freiheit und der idealisierten Natur, in das die Menschen vor der starren Machtwelt des Hofes mit ihrer Unterdrückung von Geist und Gefühl, ihrer Bedrohung der Existenz flüchten. Aber die Idylle ist gebrochen, auch hier werden Tiere gejagt, und Rosalinde muß ihre Meierei um einen Batzen Gold kaufen. Man kann sicherlich den Wald von Arden mit Arkadien, der Idylle des Schäferromans, gleichsetzen. Einer Idylle, die aber zugleich verspottet wird. Doch die Menschen brauchen die Illusion, um zu überleben. Der Aufbruch nach Arkadien heißt für Shakespeare Flucht in die Illusion, in den Wahn, in Mythologie und Mummenschanz. Vielleicht bedeutet er auch die Suche nach einem verlorenen Paradies, in dem alle Gegensätze überwunden sind, nach einem Land, in dem der Mensch über alle Irrungen und Täuschungen hinweg die Wahrheit erkennt, zum anderen und zu sich selbst findet.

Was Ihr wollt
Komödie in 5 Aufzügen
UA: 1600 in London

Viola ist bei einem Schiffbruch von ihrem Bruder Sebastian getrennt worden und kommt in Illyrien an Land. Hier beschließt sie, als Page verkleidet, bei Herzog Orsino unter dem Namen Cesario in Dienst zu gehen. Dem Herzog gefällt der junge Edelmann, und er schickt ihn als Boten zu Olivia, die er mit der Melancholie des unglücklich Liebenden verehrt. Viola, die sich in den Herzog verliebt hat, leidet unter diesen Botengängen. Zu ihrer Freude lehnt Olivia aber das Werben Orsinos ab. Doch verliebt sie sich in den vermeintlichen Jüngling Cesario. So kommt es zu turbulenten Verwicklungen, die durch das Auftauchen des bei dem Schiffbruch ebenfalls geretteten Sebastian noch vermehrt werden, da er Viola aufs Haar gleicht. Während Cesario bisher Gräfin Olivia entsetzt abgewiesen hat, willigt Sebastian, ebenso verdutzt wie beglückt, in ihre Liebeswerbung ein und läßt sich mit ihr trauen. Als Sebastian ein Abenteuer mit Olivias Onkel, Junker Tobias von Rülp, und dem dummen Junker Bleichenwang zu bestehen hat, die ihn für Cesario halten, geraten der Herzog, Olivia und Cesario in verzweifelte Verwirrung, denn Olivia beschuldigt Cesario ehewidrigen Verhaltens, während Cesario die Liebe zum Herzog bekennt. Sebastians Auftreten klärt alle Mißverständnisse. Die Geschwister geben sich zu erkennen, und wie Olivia und Sebastian, so finden auch Viola alias Cesario und der Herzog zueinander. Die Liebesirrungen wie auch die Streiche der bunten Gesellschaft um Junker Tobias begleitet der melancholische Narr mit seinen Weisheiten. Er beteiligt sich auch an einem Streich, den Tobias und die Kammerzofe Maria dem hochnäsigen Haushofmeister Malvolio spielen: Sie spiegeln Malvolio vor, Olivia liebe ihn, worauf er sich so lächerlich macht, daß Olivia ihn für toll hält. Er wird sogar gefangengesetzt, schrecklich gefoppt und sinnt zuletzt, als der Streich aufgeklärt wird, tief beleidigt auf Rache.

Auch in dieser großen Komödie Shakespeares steht wie in *Wie es euch gefällt* ein Mädchen-Knabe im Mittelpunkt, auch hier steht Illusion gegen Wirklichkeit. Shakespeare zeigt in dem eigenartigen Reigen der Vergeblichkeit, in dem Orsino, Olivia und Viola hintereinander herjagen, in den Täuschungen, den Gefühlsgefährdungen und dem Liebesirrsinn die Verstrickung von Verlangen und Illusion und löst sie mit komödiantischer Grazie. Der idealisierten Liebe stellt Shakespeare die derben Genre-Szenen der Junker gegenüber. Ihre reale Welt ist grausam, gewalttätig und voll Schabernack. Bitter für den, der sich zwischen diesen Welten verfängt wie Malvolio in seiner Überheblichkeit, der nun verhöhnt und erniedrigt wird und mit dem man seinen Spott treibt. Für seine selbstverschuldete Tragik gibt es keinen Trost. Die illusionslose Melancholie des Narren, einer der tiefgründigsten Narrenfiguren Shakespeares, weiß darum.

Julius Cäsar
Tragödie in 5 Aufzügen
UA: um 1601 in London

Cäsar läßt sich nach seinem Sieg über Pompejus vom Volk feiern. Dreimal lehnt er die Königskrone ab, die ihm von Marcus Antonius öffentlich angeboten wird, doch er ist verärgert, daß das Volk über die Ablehnung jubelt. – Cassius gelingt es, einige angesehene Römer, die den Untergang der Republik befürchten, zu einer Verschwörung gegen Cäsar um sich zu scharen. Darunter auch, nach längerem Zögern, den ehrenwerten Marcus Brutus. Den Vorschlag, mit Cäsar auch Marcus Antonius zu töten, lehnt Brutus ab. – Cäsar wird von einem Wahrsager vor den Iden des März gewarnt, auch seine Gattin Calpurnia bittet ihn, von einem bösen Traum erschreckt, nicht in den Senat zu gehen, doch der Mitverschworene Decius Brutus überredet ihn mit dem Hinweis, der Senat werde ihm die Königskrone anbieten. Auf dem Kapitol wird Cäsar von den Verschwörern niedergemetzelt, Brutus führt den letzten Schwerthieb. Gegen den Willen des Cassius erlaubt Brutus dem Marcus Antonius, die Leichenrede zu halten. Auf dem Forum erklärt zunächst Brutus, vom Volk umjubelt, das kurz zuvor noch Cäsar gehuldigt hatte, warum er Cäsar töten mußte, obwohl er ihn liebte. Dann aber hetzt Marcus Antonius das Volk mit einer demagogischen Rede so geschickt auf, daß ein Aufruhr gegen die Verschwörer ausbricht und sie aus Rom fliehen müssen. Marcus Antonius, Octavius und Lepidus übernehmen als Triumvirn die Herrschaft. – Brutus und Cassius rüsten Heere gegen Rom. Bei Philippi aber werden sie geschlagen und töten sich selbst. An der Leiche des Brutus bekräftigt Marcus Antonius, daß Brutus der einzige war, der Cäsar nicht aus Mißgunst, sondern aus Sorge um die Republik und das Gemeinwohl getötet hat.

Das Werk ist ebenso als politische Tragödie wie als Charakterdrama zu interpretieren. Es ist sowohl ein dramatisch-historischer Bericht über den Mechanismus der Macht mit dem Sturz des Tyrannen und dem Scheitern seiner Mörder wie die Tragödie des idealistischen Republikaners, der aus ethischen Gründen zum Tyrannenmörder wird, aber in Mark Anton den künftigen Tyrannen übersieht. Sehr differenziert zeichnet Shakespeare auch das Volk in seiner Verführbarkeit, seinem Wankelmut, aber auch in seiner tragischen Verwicklung in den Machtkampf der Großen. Ein Meisterstück der Volksverführung demonstriert der Dichter in der Leichenrede des Mark

Anton. Hier werden virtuos die Werte von Worten (wie etwa in dem Refrain «Und Brutus ist ein ehrenwerter Mann») zunächst ausgehöhlt und dann in ihr Gegenteil verkehrt, die Emotionen in kluger Steigerung hochgepeitscht, um zuletzt unter Einsatz aller Mittel – vom Pathos der blutigen Leiche bis zum Testament Cäsars für das Volk – zur Rebellion aufzurufen. Die faszinierende Rhetorik der Massenverführung wird von Shakespeare aber sofort in die entsprechende Perspektive gerückt und in ihrer Fragwürdigkeit entlarvt – mit der Untat des aufgeputschten Pöbels an einem unschuldigen Poeten, der zufällig denselben Namen wie einer der Verschwörer trägt.

Hamlet, Prinz von Dänemark
Tragödie in 5 Aufzügen
UA: um 1602 in London

Prinz Hamlet ist von der Universität Wittenberg an den dänischen Königshof zurückgekehrt: Sein Vater war überraschend gestorben, und dessen Bruder Claudius, der neue König, hat Gertrude, Hamlets Mutter, bald darauf geheiratet. Von diesen Ereignissen getroffen und angeekelt, möchte Hamlet wieder nach Wittenberg zurückkehren, doch Claudius schlägt ihm diese Bitte ab. – Hamlets Freund Horatio glaubt, in der Nacht den Geist des toten Königs gesehen zu haben, und tatsächlich erscheint auch Hamlet der Geist seines Vaters und bestätigt ihm, was er bereits geahnt hat: Sein Vater wurde von Claudius ermordet. Der Geist beauftragt ihn, den Mord, unter Schonung der Mutter, zu rächen. Hamlet nimmt nun ein wunderliches Wesen an. Er spricht, scheinbar zusammenhanglos, doppeldeutige Sätze, in denen sowohl Provokation als auch Ekel vor der Welt anklingen. Claudius beobachtet argwöhnisch Hamlets seltsames Benehmen, doch sein Oberkämmerer Polonius erklärt das eigenartige Verhalten mit Hamlets unerfüllter Liebe zu seiner Tochter Ophelia. Claudius läßt seinen Neffen von dessen Jugendfreunden Rosenkranz und Güldenstern überwachen, und Polonius arrangiert ein Gespräch zwischen Hamlet und Ophelia, das er und der König belauschen. Als Hamlet bemerkt, daß ihn Ophelia nur aushorchen will, steigert er sich wiederum in verwirrende Reden. – Eine reisende Schauspieltruppe gibt Hamlet die Gelegenheit, Claudius eine Falle zu stellen. Der Prinz läßt die Schauspieler ein Stück aufführen, in dem ein König auf gleiche Weise wie Hamlets Vater ermordet wird und der Mörder dessen Frau für sich gewinnt. Noch ehe das Spiel zu Ende ist, bricht Claudius an der entlarvenden Stelle abrupt auf. Nun gibt es für Hamlet keine Zweifel mehr an der Schuld des Onkels. Dennoch zögert er, Claudius zu töten. Mit größter Heftigkeit tritt er jedoch seiner Mutter gegenüber, so daß erneut der Geist erscheint und den Sohn zur Mäßigung mahnt. Als Hamlet merkt, daß auch dieses Gespräch belauscht wird, tötet er mit einem Stich durch die Tapete den Spitzel. Es ist Polonius, nicht, wie der Prinz annahm, der König. Claudius will nun Hamlet rasch und für immer loswerden. Er überträgt ihm eine Mission nach England, Rosenkranz und Güldenstern sollen ihn auf der Reise begleiten. Sie führen einen Brief mit, der den Auftrag enthält, Hamlet in England zu töten. Doch unterwegs entdeckt Hamlet sein Todesurteil und schreibt es auf Rosenkranz und Güldenstern um. Nach Dänemark zurückgekehrt, wird er Zeuge von Ophelias Begräbnis, die im Wahnsinn in den Fluß gegangen ist. Vor dem Grab kommt es zu einem Kampf zwischen Hamlet und Laertes, dem Bruder der Ophelia. Die Kontrahenten werden getrennt, das Duell soll aber vor dem gesamten Hof nachgeholt werden. Der König, der mit Mühe den Aufruhr bändigen konnte, den Laertes wegen der Ermordung des Polonius ausgelöst hatte, will Laertes nun als Werkzeug gebrauchen, um Hamlet endgültig zu beseitigen. Die Degenspitze des Laertes wird auf seinen Rat vergiftet. Außerdem stellt er noch einen Becher mit vergiftetem Wein bereit. Während des Duells trinkt die ahnungslose Königin aus diesem Giftkelch. Beim Kampf wird Hamlet von Laertes leicht getroffen, in der Hitze des Gefechtes wechseln beide die Waffen, und Hamlet verwundet Laertes mit dem vergifteten Degen. Als die Königin tot zu Boden sinkt und der sterbende Laertes die Intrigen des Königs aufdeckt, findet Hamlet – ebenfalls sterbend – endlich die Kraft, Claudius zu töten. Das Erbe Hamlets tritt der junge kriegerische Prinz von Norwegen, Fortinbras, an.

«Wir kennen diesen Hamlet, wie wir unser Gesicht kennen», hat Heinrich Heine mehrdeutig formuliert. Kaum eine Dichtung hat derart die Phantasie der Kommentatoren angeheizt und kaum eine Dichtung dürfte so unterschiedlich ausgelegt worden sein. So mag die Ansicht zutreffen, der gesamte Reichtum von Shakespeares Tragödie könne nie an einem Theaterabend ausgelotet werden, dafür aber ermögliche die Bühne in einer Hinsicht Bereicherung: die Bereicherung nämlich um die jeweilige Zeit, in der das Werk gespielt wird. Jede Epoche sucht im Hamlet nach ihren eigenen Zügen, für jede spiegelt er das eigene Gesicht, die eigenen Möglichkeiten, das eigene Scheitern. Es geht um Politik und Moral, um Gewalt und Freiheit und um die letzten Dinge des Lebens, es geht um Liebe, um das Böse und um die Beziehung zwischen Denken und Handeln. *Hamlet* ist ein Kriminalstück, ein Familiendrama, eine großartige psychologische Studie, eine politische, philosophische, metaphysische Tragödie. Aber was ist die Titelfigur? Ist Hamlet der Intellektuelle, der sich mit seinem Denken eine Barriere vor das Handeln stellt? Oder ist er der geistig aktive, politisch verantwortungsbewußte Mensch, der unter Prüfung seines Gewissens langsam, aber stetig auf die Tat zugeht? Oder ist er, nach Goethe, der Jüngling, dem «eine große Tat auf eine Seele gelegt, die der Tat nicht gewachsen ist»? Von einigen Grundzügen kann jede Interpretation ausgehen: Man sieht in Hamlet einen jungen Mann in seinem ersten tiefen Erschrecken vor der Welt. Der Protest gegen das Böse ist auch in seiner scheinbar passivsten Verzweiflung lebendig; gegen jenes Böse, an dem er selbst seine Mutter, seine Geliebte beteiligt sieht und bei dessen aktiver Bekämpfung sich ihm sein Denken, sein Gefühl, sein Gewissen in den Weg stellen. Hamlet nimmt die Rolle, in die er gezwungen wird, zwar an, aber er ist ein anderer als seine Rolle, er überragt sie. Auf der Bühne werden aus der Fülle der Dichtung immer wieder einzelne Gedanken zum Grundthema genommen. Leopold Jessner baute in seiner Berliner Inszenierung 1926 auf «Es ist etwas faul im Staate Dänemark» und zeigte Hamlet als anarchischen Arbeiter in einem morschen Hofstaat voll Falschheit und hohlem Zeremoniell. Im Ostblock nahmen Aufführungen «Dänemark ist ein Gefängnis» zum Ausgangspunkt der Demonstration eines Machtsystems der Bespitzelung und Unterdrückung. Die Frage «Sein oder Nichtsein» wurde von Peter Zadek 1977 in Bochum weniger metaphysisch gestellt, sondern eher auf die Körperlichkeit mit dem Entsetzen vor dem Sterbenmüssen bezogen. Er zeigte, wie Menschen bei lebendigem Leib das Leben ausgetrieben wird, ließ Entzug von Liebe, Verstrickung in Lüge, Manipulation von Menschen als Abbild der Zerstörung von Lebendigkeit erkennen. Eine wesentliche Frage kann allerdings auch die Frage nach Fortinbras sein. Wer ist dieser kriegerische, bedenkenlose junge Mann, der das Erbe in Dänemark antritt? Das blinde Schicksal, der Sieg der Gerechtigkeit, der neue starke Mann? Wem wurde in diesem Drama der Weg bereitet?

Maß für Maß
Komödie in 5 Aufzügen
UA: um 1603 in London

Herzog Vincentio will der wilden Sittenlosigkeit in Wien entgegenwirken, indem er ein altes Gesetz wieder in Kraft setzt, das jeden Verführer eines unschuldigen Mädchens mit dem Tod bestraft. Zur Überwachung dieser Anordnung setzt er den sittenstrengen Angelo als Statthalter ein, gibt vor, auf eine Reise zu gehen, mischt sich aber in einer Mönchskutte unter das Volk. Der junge Claudio, dessen Geliebte Julia ein Kind erwartet, wird als erstes Opfer des neuen Gesetzes zum Tod verurteilt. Seine Schwester Isabella, die in ein Kloster eintreten will, bittet den Statthalter um Gnade. Angelo erfaßt eine heftige Leidenschaft für die schöne Bittstellerin: Er verspricht ihr, Claudio zu begnadigen, wenn sie sich ihm hingibt. Entrüstet weist ihn Isabella zurück und erklärt ihrem um sein Leben bettelnden Bruder, daß sie sein Leben nicht um diesen Preis erkaufen könne. Da greift der als Mönch verkleidete Herzog ein. Er rät Isabella, zum Schein auf den Antrag Angelos einzugehen, sorgt aber dafür, daß statt ihr im Schutz der Dunkelheit Angelos verlassene Braut Mariane seine Geliebte wird. Obwohl Angelo die Täuschung nicht bemerkte, ordnet er die Hinrichtung Claudios an, da er seine Rache fürchtet. Nun kehrt der Herzog offiziell zurück, Isabella klagt Angelo öffentlich an, und der Herzog verurteilt ihn zu der gleichen Strafe wie Claudio. Da aber Claudio durch das Ein-

Shakespeare, Maß für Maß
Theater am Goetheplatz, Bremen, 1967
Inszenierung: Peter Zadek

greifen des Herzogs noch lebt, wird auch Angelo begnadigt, und beide müssen die von ihnen verführten Frauen heiraten. Der Herzog bittet Isabella, beeindruckt von ihrer strengen Moral, um ihre Hand.

Ein Experiment bildet den Ausgangspunkt dieser Komödie mit tragischen Zügen: Der Herzog, der die Sittenverwilderung in der Stadt seiner lässigen Milde zuschreibt, versucht es nun mit gnadenloser Strenge, die er einen anderen praktizieren läßt. Er wird damit Zeuge, wie die in Angelo verkörperte unbarmherzige Härte schließlich selbst der Gnade bedarf, wie Macht zum Mißbrauch verführt und wie auch das strengste Gesetz nicht zur Steigerung der Sittlichkeit des Volkes beitragen kann. Shakespeare zeigt eine Verabsolutierung der Sittlichkeit, die schon wieder in Unsittlichkeit abkippt. Dem in Unsittlichkeit Unmenschlichen stellt er die in Sittlichkeit Unmenschliche gegenüber: dem Moralfanatiker Angelo, der über Nonnenkeuschheit strauchelt und über das Ausbrechen seiner Sinnlichkeit selbst erschrickt, die einem abstrakten Reinheitsideal das Leben ihres Bruders opfernde Isabella. Die vor Claudio ihre Keuschheit verteidigende Reinheitsfanatikerin bildet zwar einen Gegenpol zu der von Shakespeare besonders kraß und hemmungslos geschilderten Lasterhaftigkeit der Welt der Huren, Kuppler und Spitzbuben. Sie bleibt aber in ihrem Beharren auf dem Vorrang der Keuschheit vor der Menschlichkeit dennoch fragwürdig. – Wie fragwürdig ein Experiment mit Menschen grundsätzlich ist, machte Peter Zadek in den sechziger Jahren mit seinen Inszenierungen in Ulm und Bremen deutlich, in denen er die Zumutungen erkennen ließ, die der Herzog an die Menschen stellt. Diese bis zu Todesangst getriebenen Zumutungen, die unter dem Vorwand, Menschen zu bekehren, begangen werden, kristallisierten sich bei Zadek zu verwerflichen Spielen mit der Todesangst des Menschen.

Othello, der Mohr von Venedig
Tragödie in 5 Aufzügen
UA: um 1604 in London

Der dunkelhäutige Maure Othello, ein Feldherr in venezianischen Diensten, hat heimlich Desdemona, die Tochter des Senators Brabantio, geheiratet. Sein Fähnrich Jago und Rodrigo, der Desdemona liebt, schlagen mit dieser Nachricht vor dem Haus Brabantios Lärm. Der empörte Venezianer eilt in den Senat, um Othello der Entführung anzuklagen. Doch Desdemona bekennt sich offen zu ihrem Gatten. Ehe der Doge den Fall noch entscheiden kann, zwingt die Bedrohung durch die Türken zur Entsendung Othellos nach Zypern. Desdemona erbittet die Genehmigung, ihrem Mann folgen zu dürfen. – In Zypern setzt Jago, der sich von Othello bei einer Beförderung übergangen fühlt, einen Racheplan in Gang: Er macht Leutnant Cassio, der ihm einst vorgezogen wurde, betrunken und hetzt ihn gegen Rodrigo auf. Der Leutnant wird wegen des folgenden Raufhandels von Othello seines Dienstes enthoben, und Jago rät ihm, Desdemona um ein vermittelndes Wort zu bitten. Dann weckt er Othellos Mißtrauen. Als die arglose Desdemona zwischen ihrem Mann und Cassio zu vermitteln versucht, schürt Jago geschickt Othellos Eifersucht. Desdemonas Spitzentuch, ein Liebespfand Othellos, dient ihm dabei als Beweismittel. Desdemona hat es verloren, als sie die Kopfschmerzen ihres Mannes lindern wollte, Jago nimmt das Fundstück seiner Frau Emilia, der Zofe Desdemonas, ab und spielt es Cassio zu. Othello erzählt er, er habe das Tuch bei Cassio gesehen. Dann läßt er Othello ein Gespräch belauschen, in dem er sich mit Cassio über dessen Geliebte, eine Kurtisane, unterhält, wobei Othello annehmen muß, mit den Äußerungen über die Kurtisane sei Desdemona gemeint. Schließlich sieht Othello, wie die Kurtisane Bianca das Spitzentuch Cassio zurückgibt, dessen Muster sie hätte abzeichnen sollen. Damit ist er von Desdemonas Untreue überzeugt. Er gerät vor Eifersucht völlig außer sich. Vor dem venezianischen Gesandten, der ihn nach Venedig zurückberuft und Cassio zu seinem Stellvertreter einsetzt, verliert Othello jede Fassung. Als Desdemona sich über Cassios Berufung freut, schlägt er sie vor den versammelten Gästen ins Gesicht. Weder die verzweifelten Schwüre Desdemonas noch die Beteuerungen Emilias können ihn in seiner Eifersuchtsraserei von der Unschuld seiner Frau überzeugen. Er erwürgt und ersticht sie in ihrem Bett. Emilia, die zu spät die Intrige ihres Mannes durchschaut hat, deckt Jagos Lügen auf und wird von ihm getötet. Othello muß seine Verblendung erkennen, er begeht Selbstmord an Desdemonas Leiche.

Othello ist nicht nur die Tragödie der Eifersucht, nicht nur eine Ballade vom verlorenen Vertrauen, nicht nur das Drama eines Außenseiters oder Diskriminierten; diese große Tragödie zweier Liebender ist all das zusammen und mehr. Sicherlich ist Othellos Hautfarbe nicht unwesentlich: Als Fremder – zwar geachtet und gefeiert, aber doch nicht der Mann, dem man gern die Tochter zur Frau gibt – verfügt er über die extreme Empfindlichkeit und Selbstgerechtigkeit des Diskriminierten. Desdemona bestätigt ihm aber mit dem Durchbrechen der Konvention eine weltordnende Kraft der Liebe. «Liebt' ich dich nicht, dann kehrt das Chaos wieder», sagt er. Als er glaubt, daß Desdemona ihn verrät, stürzt er aus allen Ordnungen, und ihre Ermordung ist der Versuch einer Wiederherstellung seiner Ordnung. Mit der Tötung Desdemonas meint er, Gerechtigkeit für ihm angetanes Unrecht zu üben und begeht mit diesem vermeintlichen Akt der Gerechtigkeit zugleich das größte Unrecht. Jan Kott beleuchtet noch einen anderen Aspekt: Er sieht einen Streit zwischen Jago und Othello um die Natur der Welt: Für Jago ist sie gemein, und er setzt bewußt den Mechanismus der Gemeinheit in Bewegung. Eine Welt, in der Othello Desdemona mißtrauen und sie ermorden kann, ist böse – selbst wenn Othello Desdemona tötet, um die moralische Ordnung zu retten, um Liebe und Treue wieder einzusetzen. Jago behält also recht. So handelt er weniger aus verletzter Eitelkeit, Mißgunst oder Sexualneid, sondern als zynischer Regisseur eines Welttheaters. In seiner Welt hat eine Liebe wie die von Othello und Desdemona keinen Platz.

Macbeth
Tragödie in 5 Aufzügen
UA: um 1606 in London

Vom Schlachtfeld heimkehrend, begegnen Macbeth und Banquo, die siegreichen Feldherrn des schottischen Königs Duncan, auf der Heide drei Hexen. Sie prophezeien, daß Macbeth König würde, Banquo aber der Stammvater eines Königsgeschlechts. Als Macbeth seiner Frau von der Prophezeiung erzählt, entwirft sie ohne Hemmungen einen Mordplan, der gleich in die Tat umgesetzt werden soll, da der König nach der Schlacht auf ihrem Schloß übernachtet. Den noch zögernden Macbeth treibt sie, in Herausforderung seiner Männlichkeit, zum Mord. Macbeth tötet den schlafenden König, und Lady Macbeth beschmiert seine trunken gemachten Kämmerer mit Blut, um sie der Tat verdächtig zu machen. Als die Söhne des Königs fliehen, da sie sich bedroht fühlen, werden sie des Vatermords bezichtigt. Macbeth läßt sich zum König krönen. Als Mitwisser der verhängnisvollen Prophezeiung, der zudem Stammvater eines Königsgeschlechts werden soll, scheint ihm nun Banquo höchst gefährlich. Er dingt

Mörder, die diesen samt seinem Sohn Fleance beiseite schaffen sollen. Banquo wird getötet, doch sein Sohn entkommt. Macbeth, der von Tat zu Tat hofft, Ruhe zu finden, verstrickt sich immer auswegloser in Angst und Verbrechen. Bei einem Bankett erscheint, nur für Macbeth sichtbar, Banquos Geist und versetzt ihn in panischen Schrecken. Der König sucht die Hexen auf – sie warnen ihn vor Macduff, versichern ihm aber, daß ihm kein von einem Weibe geborener Mensch schaden könne und daß er nicht eher besiegt würde, bis daß der Wald von Birnam zu Schloß Dunsinam hinaufsteige. Als Macduff zu Malcolm, dem Sohn des ermordeten Königs, nach England flieht, läßt Macbeth dessen Frau und Kinder niedermetzeln. Inzwischen haben jedoch Gewissensbisse Lady Macbeth zerrüttet. Schlafwandelnd geistert sie nachts durchs Schloß und versucht imaginäre Blutflekken von ihren Händen zu waschen. In England wird ein Heer gegen Macbeth aufgestellt, dem sich viele Schotten anschließen. Es rückt, geführt von Malcolm und Macduff, gegen Dunsinam. Während sich Macbeth auf den Kampf vorbereitet, erhält er die Nachricht vom Tod der Lady, und gleich darauf wird ihm gemeldet, daß der Wald von Birnam anrücke: Das Heer steigt, getarnt mit Zweigen, zum Schloß empor. Macbeth wird im Zweikampf von Macduff getötet, der nicht geboren, sondern seiner Mutter «aus dem Leib geschnitten» wurde. Er überbringt Macbeths Kopf dem neuen Herrscher Malcolm.

Eine Prophezeiung zieht ihm den Boden unter den Füßen weg, macht ihm geheime Sehnsüchte bewußt, Ehrgeiz und das sinnliche Abhängigkeitsverhältnis zu seiner Frau lassen Macbeth zum Mörder werden. Macbeth und die Lady werden von dem Gedanken an den Mord befallen wie von einem Wahn, dem nicht zu entrinnen ist und der in ihrem seelischen Tod endet. Ihre innere Sicherheit verkehrt sich in Zerrüttung, seine Unsicherheit in die Sicherheit absoluter Negation. Macbeth ermordet den König, um sich selbst zu bestätigen, er will alles wagen, was ein Mann wagen kann, mordet mit der Tat auch seine Angst vor dem Mord und mordet aus Angst weiter. Es beginnt der Alptraum eines unvorstellbaren Blutbades, den er mit jeder neuen Untat zu beenden hofft. Macbeth will die Rolle eines Mörders nicht akzeptieren. Er träumt von einer Welt ohne Verbrechen – und versinkt in Blut. Er verliert seine Angst erst, als er seine Rolle akzeptiert. Dann sieht er das Leben als eine billige Komödie, als Märchen, das ein Idiot erzählt und das nichts bedeutet. Er mordet in einem zwanghaften Mechanismus der Vernichtung weiter, solange es Leben gibt, solange er am Leben ist. Ein Massenmörder.

König Lear
Tragödie in 5 Aufzügen
UA: um 1606 in London

König Lear, ein eigensinniger und leicht reizbarer Greis, will sein Reich vorzeitig an seine drei Töchter verteilen und ihr Erbteil je nach der Größe ihrer Liebe ausrichten. Goneril und Regan überbieten einander in schmeichlerischen Liebesbezeugungen, Cordelia, die ihren Vater wirklich liebt, findet nur schlichte Worte. Tief enttäuscht von der kargen Antwort seiner Lieblingstochter, gerät Lear in Zorn, enterbt und verstößt sie und teilt sein Reich unter ihre Schwestern auf, bei denen er abwechselnd leben will. Der Graf von Kent, der Lear von seiner voreiligen Entscheidung zurückhalten wollte, wird verbannt. Cordelia verläßt mit dem König von Frankreich, der sie auch ohne ihr Erbteil zu seiner Frau macht, ihre Heimat. Bald wird der launische und hochfahrende Lear mit seinem großen ritterlichen Gefolge den

Töchtern lästig, seine in den Rittern verkörperte Macht beunruhigt sie. Sie legen ihm nahe, die Ritter zu entlassen, und verschließen ihm solange ihre Tore. Keine der beiden ist bereit, ihn aufzunehmen, und sie verbieten auch dem Grafen von Gloster, ihrem greisen Vater Unterschlupf zu gewähren. Verzweifelt über die Unmenschlichkeit seiner Töchter irrt Lear, von seinem Narren begleitet, im Gewittersturm über die Heide und schreit seinen Zorn und Jammer in die tobende Natur hinaus. Seine Ausbrüche nehmen mehr und mehr den Charakter des Wahnsinns an. Auf der Heide trifft der irre Lear mit dem Sohn des Grafen Gloster, Edgar, zusammen, der sich verrückt stellt: Edgar ist von seinem Halbbruder Edmund, dem illegitimen Sohn Glosters, bei seinem Vater verleumdet worden. Er mußte fliehen, verbirgt sich aber, als Irrer getarnt, in der nahen Heide. Kent, der als Diener verkleidet wieder in die Dienste Lears getreten ist, und der Graf von Gloster nehmen sich des in der Heide umherirrenden Königs an. Gloster beauftragt Kent, den König nach Dover zu bringen, wo Cordelia mit einem französischen Heer gelandet ist. Verraten von seinem Sohn Edmund, wird Gloster wegen seiner Kontakte zu Frankreich von Regans Mann Cornwall mit ihrer Unterstützung geblendet. Edgar führt seinen blinden Vater, ohne sich ihm zu erkennen zu geben, nach Dover, wo sich Gloster von den Felsen stürzen will. Doch Edgar läßt ihn den Sprung an ungefährlicher Stelle tun, und Gloster glaubt sich sonderbar gerettet. Es kommt zu einer ergreifenden Begegnung des blinden Gloster mit dem wahnsinnigen Lear. – Cordelia nimmt sich des Vaters liebevoll an, Lear erlangt sein klares Bewußtsein wieder und erkennt die Wahrheit. Doch Edmund, der die Heere Gonerils und Regans führt, besiegt die Franzosen. Lear und Cordelia werden gefangengenommen. – Um Edmund ist inzwischen Rivalität unter den Schwestern entstanden, beide wollen ihn für sich gewinnen und sich ihrer Männer entledigen. Da Regan Witwe geworden ist und Edmund heiraten will, wird sie von Goneril vergiftet. Edmund aber fällt im Zweikampf gegen Edgar. Goneril ersticht sich. Da kommt Lear wehklagend mit Cordelias Leiche in seinen Armen, sie wurde auf Edmunds Befehl getötet. Der Schmerz ist für Lear zu groß, er stirbt.

Das gewaltige Leid, das unvermittelt über Lear hereinbricht, die elementare Verzweiflung eines Menschen – ausgedrückt in apokalyptischen Bildern, mit trostlos durch Nacht und Sturm irrenden Irren, Blinden, Berufsnarren und Scheinverrückten – verdichtet sich zu einer unerschöpflich geheimnisvollen Vision. Einem Menschen gerät die Welt aus den Fugen, er verliert sich selbst, ruft die entfesselte Natur zur Vernichtung auf. Die Niederlage des Menschen mündet in ein Narrenspiel vom Zerfall des Menschen und dem Zerfall der Welt. Zusammenhang und Maß sind zerstört, es lösen sich die Bindungen von Kindern und Eltern, Mann und Frau, Mensch und Gott. Als Lear Cordelia verstößt und Kent verbannt, jagt er die Wahrheit, die Liebe, das Gute davon. Vielleicht ist es das tragische Verkennen einer neuen Welt, die mit dem Zeremoniell der alten bricht: Lear will sein Reich in seinem Sinne, mit dem Ritual der Liebesprobe, weitergegeben sehen und mißversteht, im uralten Generationskonflikt, die neuen Werte. Vielleicht geht es auch um die Erkenntnisunfähigkeit des Menschen schlechthin. In Lear und Gloster, dem Wahnsinnigen und dem Blinden, begegnen einander zwei Verblendete, die die Wahrheit verstoßen und auf Heuchelei gesetzt haben. Sie empören sich gegen den Undank, die Schlechtigkeit und Ungerechtigkeit der Welt und geraten doch nur in groteske Endspiele von der Verlorenheit, Ausweglosigkeit und Torheit des Alters – des

Menschen. Denn sie sind nicht fähig zu erkennen, daß auf ihrem Irrweg immer auch das Gute mitläuft. Sie erkennen nicht das eigene Kind, das sich toll stellt, sie erkennen nicht den eigenen Freund. Als Lear mit Cordelias Hilfe aus seinem Wahn erwacht, als er die Wahrheit erkennt, wird Cordelia getötet. Es ist zu spät für die Liebe.

Antonius und Cleopatra
Tragödie in 5 Aufzügen
UA: um 1607 in London

Marcus Antonius, einer der Triumvirn, die nach Cäsars Ermordung die Herrschaft des römischen Weltreiches übernommen haben, lebt in Ägypten mit Königin Cleopatra im Liebesrausch. Als er von Unruhen in Rom hört, reißt er sich von Cleopatra los, um in seiner Heimat wieder in die Politik einzugreifen. Er versöhnt sich mit Octavius Cäsar und Lepidus, schließt mit Octavia, der Schwester des Octavius, eine politische Vernunftehe und zieht mit seinen Machtpartnern gegen Pompejus. Ehe es zur Schlacht kommt, geht Pompejus jedoch auf Vermittlungsvorschläge der Triumvirn ein und lädt sie zu einem rauschenden Versöhnungsfest auf sein Schiff, bei dem die Herren der Welt trunken miteinander singen und tanzen. Die Gelegenheit, seine Freunde zu ermorden, läßt Antonius verstreichen. Die Eintracht währt jedoch nicht lange: Es gibt Krieg gegen Pompejus, Antonius kehrt nach Ägypten zu Cleopatra zurück, Octavius beseitigt Lepidus und zieht gegen Antonius in den Kampf. Bei Actium kommt es zur Seeschlacht. Auf dem Höhepunkt der Schlacht flieht Cleopatra mit ihren Schiffen, und Antonius folgt ihr «wie ein brünst'ger Enterich». Der Schande wird er sich erst später bewußt. Cleopatra nimmt Kontakte zu Octavius auf, der Antonius schließlich bei Alexandria besiegt. Antonius gibt Cleopatra die Schuld an seiner Niederlage und verflucht die Geliebte. Cleopatra täuscht einen Selbstmord vor. Auf die Nachricht von ihrem Tod stürzt sich Antonius in sein Schwert. Sterbend erfährt er, daß sie noch lebt, läßt sich zu ihr tragen, und sie finden einander wieder in Liebe. Nach einem Gespräch mit Octavius Cäsar, das ihr Gewißheit über eine schmähliche Zukunft gibt, läßt sich Cleopatra durch einen Schlangenbiß töten. Octavius Cäsar läßt die großen Liebenden gemeinsam bestatten.

«Liebeswahnsinn» ist das dritte Wort dieser Tragödie. Zwei Mächtige haben sich darin verstrickt. Liebesmacht und Machtliebe stehen gegeneinander. Die große Leidenschaft zwischen Antonius und Cleopatra ist im Grunde eine Dreierbeziehung, und der Dritte im Bunde heißt Macht. Antonius kämpft um die Weltherrschaft, Cleopatra für ihr Königreich, Liebesrausch verbindet sie, zwei große Liebende, die aber erst als Verlierer im Spiel um die Macht wahrhaft zueinander finden: im Tod. Die Entscheidung für die Welt ist eine Entscheidung gegen die Liebe, Liebe und Machtkampf lassen sich nicht vereinen. Shakespeare stellt die Leidenschaft zwischen dem Römer und der Ägypterin in das Geschehen von zehn Jahren bewegter Geschichte eines Weltreiches. Im «Liebeswahnsinn» in Ägypten schleudert Antonius diesem Reich seine Verachtung entgegen: «Hier ist die Welt, Throne sind Staub» – und doch verläßt er Cleopatra und geht nach Rom. Als er zu ihr zurückkehrt, ist er bereits Verlierer der Macht, denn die Liebe war stärker. Doch nun ist das Gleichgewicht der Beziehung zerstört, hinter Antonius steht nicht auch die Macht, Cleopatra verhandelt mit Octavius Cäsar, laviert zwischen Liebe und der Macht. An der Leiche des Antonius greift sie seine Herausforderung nochmals auf und kehrt sie um: Nichtig ist alles, wo er nicht lebt. Als sie ihr Spiel verloren sieht, folgt sie Antonius in den Tod. – Genial versteht Shakespeare diesen Konflikt zwischen Welt und Liebe an zwei schillernden Charakteren sichtbar zu machen. Der Sieger heißt Octavius Cäsar. Er kennt nur eine Liebe: die zur Macht. Als Cäsar Augustus wird er die Welt beherrschen.

Coriolan
Tragödie in 5 Aufzügen
UA: um 1608 in London

Der aristokratische römische Feldherr Cajus Marcius ist empört, daß man dem Volk, als eine Hungerrevolte drohte, Volkstribunen zugestanden hat, «um seine Pöbelweisheit zu vertreten». So macht er sich die Volkstribunen zu Feinden. Ehe sich die Spannungen auswirken können, bricht ein Krieg gegen die Volsker aus. Marcius wird bei der Belagerung von Corioli, als ihn das Volk im Stich läßt, eingeschlossen, kämpft sich aber frei und besiegt die Volsker. Er erhält dafür den Ehrennamen Coriolanus, und der römische Senat wählt ihn zum Konsul. Er muß sich jedoch noch in einer Rede auf dem Forum vom Volk bestätigen lassen, wobei er seinen Spott nicht unterdrücken kann. In einem Streit mit den Volkstribunen läßt er sich sogar dazu hinreißen, das Volk als wankelmütige Menge zu beschimpfen. Auch ein zweiter Versuch, zum Volk zu sprechen, zu dem ihn seine Freunde und seine Mutter Volumnia überredet haben, scheitert, weil Coriolan seine Verachtung offen bekennt. Die Tribunen setzen durch, daß er aus Rom verbannt wird. Coriolan geht zu den Volskern über und führt sie, zur Rache entschlossen, gegen Rom. Alle Vermittlungsversuche der Römer weist er unerbittlich zurück. Seiner Mutter jedoch, die mit seiner Frau Virgilia und seinem Sohn um Gnade bittend zu ihm kommt, gelingt es, ihn von der Zerstörung seines Vaterlandes abzuhalten. Wissend, daß er damit seinen eigenen Tod besiegelt, zieht er die Truppen zurück. Volumnia wird in Rom als Retterin gefeiert, Coriolan von den Volskern des Hochverrats angeklagt und getötet.

Die Tragödie des Coriolan wächst aus der Geschichte eines Klassenkampfes. Es ist die Zeit der Entstehung der römischen Republik. Ein stolzer Adeliger, ein mutiger Feldherr fordert von der Welt, daß sie seine Größe anerkennt und ihn nimmt, wie er ist. Er verachtet das Volk, glaubt sich im Recht, es zu beherrschen, ja sogar zu unterdrücken und tritt vehement gegen eine Veränderung ein, «wo Adel, Macht und Weisheit nichts tun kann ohne jenes Ja und Nein des großen Unverstandes». Der Krieg bestätigt ihm die Klassenhierarchie. Man macht ihn zum Konsul. Sein Stolz aber hindert ihn daran, politisch klug zu taktieren. Wäre er ein politisch denkender Mensch, würde er Diplomatie und List einsetzen, so gäbe es vermutlich bald keine Barrieren, die seine Tyrannis aufhalten könnten. Das Volk, niedergehalten und ausgebeutet, handelt also begründet, wenn es ihm seine Stimme für das Konsulat verweigert und schließlich sogar für seine Verbannung stimmt. Doch wird es damit, ohne Coriolans Führung, im Kampf gegen die Volsker wehrlos: indem es sich seine Freiheit zu bewahren sucht, beraubt es sich seiner Stärke. Für Coriolan wiederum bedeutet die Verbannung den Zusammenbruch seiner Welt; er glaubt an die hierarchische Ordnung und wird für sie kämpfen – gegen Rom, sein «gifterfülltes Land». Coriolans Tragödie liegt wohl nicht zuletzt darin, daß er im starren Festhalten an seiner Rolle zu keiner Einsicht, keinem Wandel fähig ist. Nur in dieser Rolle glaubt er, sich selbst treu zu bleiben. Es ist seine Mutter, die ihn drängt, wider seine «Natur» zu handeln und die ihn damit in den Tod schickt. Ein großangelegter Charakter zeigt nun, was

Shakespeare, Coriolan (bearbeitet von Brecht)
Berliner Ensemble, Ostberlin, 1964
Inszenierung: Tenschert/Wekwerth
Titelrolle: Ekkehard Schall

immer schon unmittelbar neben dem Laster seines Hochmuts stand – den Mut zum Scheitern. – Bert Brecht machte in seiner Bearbeitung des *Coriolan* die schwächlichen Tribunen Shakespeares zu bewußten Sachwaltern der Plebejer und verlagerte das Schwergewicht auf das Volk im Klassenkampf unter Reduktion der psychologischen Charakterisierung der Titelfigur und der Widersprüchlichkeit der Welt, aus der Shakespeare die Tragödie entwickelte.

Troilus und Cressida
Drama in 5 Aufzügen
Geschrieben um 1601, gedruckt 1609

Troilus, der Sohn des trojanischen Königs Priamus, liebt Cressida, deren Vater, der Priester Kalchas, zu den Griechen übergelaufen ist. Doch bereits nach ihrer ersten Liebesnacht wird Cressida auf Betreiben ihres Vaters gegen einen gefangenen Trojaner ausgetauscht. Im Lager der Griechen gibt sie sich, die Troilus ewige Liebe geschworen hat, allerdings bald dem brutalen Diomedes hin. – Die Griechen beraten, wie der Krieg gegen Troja zu beenden sei. Bei ihnen herrscht Uneinigkeit und Verlotterung, was Ulysses vor allem Achill zuschreibt, der sich, anstatt sich für den Krieg zu interessieren, lieber mit seinem Geliebten Patroklus amüsiert und die griechischen Helden nachäfft. Man beschließt einen Zweikampf des Griechen Ajax gegen den Trojaner Hektor, der die Entscheidung bringen soll. Doch Hektor bricht den Kampf ab, als er hört, daß Ajax eine trojanische Mutter hat. Vergeblich mahnen die trojanische Königstochter Kassandra und Hektors Frau Andromache zum Frieden und zur Auslieferung der Helena. Troilus sieht in einer Kampfpause, wie Cressida, die er wahrhaft liebt, dem Diomedes in die Arme sinkt. Wie rasend stürzt er sich in die nächste Schlacht. Als Hektor sich waffenlos vom Kampf ausruht, wird er auf Achills Befehl heimtückisch niedergemetzelt. Agamemnon glaubt mit dem Tod des Hektor den Krieg beendet, doch Aeneas und der rachedurstige Troilus wollen den Kampf fortsetzen.

Ätzender Hohn und tiefer Schmerz, Groteske und Tragödie verflechten sich in diesem Drama so eng ineinander, daß es zu den am meisten mißverstandenen Werken Shakespeares zählt und selten gespielt wurde, ehe die Erfahrungen von zwei Weltkriegen seine erschreckende Aktualität erkennen ließen. Heldentum ist eben keineswegs nur Heldentum, sondern kann auch blutige Farce sein, die Ideale von Liebe, Ehre, Ritterlichkeit stellen nur noch eine mühsam aufrechterhaltene Fassade dar. In Wirklichkeit geht der Krieg um einen Hahnrei und eine Hure, er ist ein brutaler Witz und bedeutet zugleich doch den Streit einer moralischen Ordnung gegen eine zynische, sinnentleerte Welt, in der nur Macht und Profit gelten. Doch auch der Vertreter dieser zynischen Welt verteidigt den Krieg mit dem Hinweis auf Recht und Ordnung. Für die Liebe gibt es hier keinen Platz: Wie Romeo und Julia haben Troilus und Cressida eine Nacht, in der sich ihre Liebe erfüllt. Shakespeare zeigt selbst, was geschieht, wenn ein Romeo und eine Julia überleben: Cressida wird, sobald sie, politischen Überlegungen geopfert, mit der Welt der Griechen in Berührung kommt, zur Hure; Troilus entartet zu einem blutwütigen Rächer. In diesem Krieg wird die Zerstörung der alten romantischen Welt von Troja mit ihren Idealen und ihren menschlichen Werten durch eine Welt des Egoismus, der Sexualität und des Profits vorbereitet. Shakespeare entlarvt Zug um Zug Politik und Machtstreben, deckt den Realpolitiker, den Machtmenschen, den gewalttätigen Dummkopf, den Egoisten und den Rächer in seinen Motiven auf. Sie alle gelten als Helden, sind die Männer der Zukunft.

Das Wintermärchen
Schauspiel in 5 Aufzügen
UA: um 1611 in London

Vergeblich drängt König Leontes von Sizilien seinen Jugendfreund, König Polyxenes von Böhmen, seinen Aufenthalt bei ihm noch zu verlängern. Erst als ihn auch Hermione, Leontes Gattin, darum bittet, entschließt er sich zu bleiben. Das versetzt Leontes derart in Eifersucht, daß er seinen Höfling Camillo beauftragt, Polyxenes, den er einer Beziehung mit Hermione verdächtigt, zu ermorden. Camillo gesteht Polyxenes seinen Auftrag, und beide fliehen nach Böhmen. Damit sieht Leontes seinen Argwohn bestätigt. Er wirft Hermione ins Gefängnis, anerkennt das Kind, das sie zur Welt bringt, nicht als das seine und läßt es von Antigonus aussetzen. Erst als ein Orakel Hermiones Unschuld bestätigt, sein Sohn Mamillus aus Kummer über die Ereignisse stirbt und Hermione bei dieser Nachricht wie tot zusammenbricht, beginnt sich Leontes Gewissen zu regen. Zu spät. Paulina, die Frau des Antigonus, berichtet, daß Hermione gestorben sei. Inzwischen hat Antigonus das Kind in Böhmen ausgesetzt, wo es von einem alten Schäfer aufgenommen und nach einem beigelegten Papier Perdita genannt wird. Antigonus wird im Wald von einem Bären zerrissen. – Die Zeit tritt auf und läßt 16 Jahre vergehen. Florizel, der Sohn des Polyxenes, hat sich in Perdita, die in ländlicher Idylle bei dem alten Schäfer lebt, verliebt und will sich beim Schafschurfest mit ihr verloben. Polyxenes will die Verlobung mit der vermeintlichen Schäferin verhindern, doch Camillo verhilft den beiden Liebenden zur Flucht nach Sizilien. Dort wenden sich Florizel und Perdita an König Leontes, der sich in Reue zurückgezogen hat und eine vom Hof vorgeschlagene neue Heirat entschieden ablehnt. Er nimmt das Paar bei sich auf und erkennt in Perdita seine Tochter. Nun führt Paulina alle in ihr Haus, um ihnen eine lebensechte Statue der Hermione zu zeigen: Das Standbild entpuppt sich aber als Hermione selbst, die die Jahre über von Paulina verborgen gehalten worden war. Hermione sinkt dem erschütterten Leontes in die Arme. Florizel kann mit dem Segen seines inzwischen mit Camillo eingetroffenen Vaters Perdita heiraten, und der getreue Camillo nimmt die getreue Paulina zu Frau.

Urplötzlich entsteht ein Riß in der Natur, und ein Mensch gerät außer sich. Die unergründliche Eifersucht, die Leontes wie ein Fieber überfällt, ist eine jener jähen Existenzkrisen, in denen einige von Shakespeares Figuren mit einemmal den Boden unter den Füßen verlieren. «Denkst du, ich sei so wirre, so gestört, mir selbst zu schaffen diese Qual ... Ist wohl ein Mensch so toll?» fragt Leontes. Er hält die Zwangsvorstellungen seines Eifersuchtswahns für Realität, will seinen Freund, seine Frau, sein Kind in den Tod schicken. Obwohl alle um ihn herum die Haltlosigkeit seines Verdachtes erkennen und ihm mit allen Mitteln zu versichern versuchen – es kann ihm niemand aus seinem Wahn helfen. Aber Shakespeare kleidet diesen Tragödienstoff in ein Märchen und führt ihn zu einem guten Ende: Sechzehn Jahre müssen vergehen, bis das, wie das Orakel verkündete, «Verlorene» wiedergefunden wird. Konkret ist es Perdita, wahrscheinlich aber auch eine Metapher für das verlorene Vertrauen, den Glauben an die Men-

Shakespeare, Das Wintermärchen
Schauspielhaus Hamburg, 1978
Inszenierung: Peter Zadek
Polyxenes: Hermann Lause
Camillo: Dietrich Mattausch

schen. In diesem rätselhaften, bittersüßen Märchen, das Shakespeare mit komödienhaften Szenen durchsetzt, kann freilich Leontes seinen Glauben nur wiederfinden, das Paar im Herbst seines Lebens wieder vereint werden, weil Hermione über allem Leid und Schrecken den Glauben an Leontes ungebrochen bewahrte.

Der Sturm
Schauspiel in 5 Aufzügen
UA: um 1613 in London

Vor zwölf Jahren ist Prospero, der rechtmäßige Herzog von Mailand, mit seiner kleinen Tochter Miranda in einem Boot ausgesetzt worden: Sein Bruder Antonio hatte ihn mit Hilfe des Königs von Neapel, Alonso, vertrieben und wollte ihn auf diese Art beseitigen. Doch sein treuer Berater Gonzalo gab Prospero Nahrung und seine geliebten Bücher mit. Der Herzog landete auf einer Insel und wurde dort zum Magier, der die beiden Elementarwesen, den Luftgeist Ariel und das Ungeheuer Caliban, zu seinen Dienern machte und seither die Insel beherrscht. Nun scheint der Tag der Vergeltung gekommen: Prospero erregt mit seinen Zauberkünsten einen gewaltigen Sturm, in dem ein Schiff zerbirst. Als Schiffbrüchige retten sich sein Bruder Antonio, der alte Gonzalo, der König von Neapel, sein Bruder Sebastian und sein Sohn Ferdinand sowie einige Leute des Hofgesindes auf die Insel. Mit Ariels Hilfe will Prospero seine Feinde bestrafen: Er versprengt sie und hetzt sie durch Leid, Gewissensqualen und Mordgedanken in den Wahnsinn. Alonso läßt er im Glauben, sein Sohn sei ertrunken, in trostloser Trauer auf der Insel umherirren, bis er erschöpft in Schlaf versinkt. Antonio überredet Sebastian zu einem Verbrechen: Sie wollen den schlafenden Alonso und Gonzalo umbringen. Auch Caliban, zu dem sich der Spaßmacher Trinculo und der immer betrunkene Kellermeister Stefano gesellt haben, plant mit seinen Kumpanen einen Anschlag auf Prospero, um ihm die Herrschaft über die Insel zu entreißen. Ariel verhindert die Mordpläne und verwirrt die Schiffbrüchigen mehr und mehr, bis sie in Wahnsinn geraten. Inzwischen sind Ferdinand und Miranda einander begegnet und haben sich verliebt. Prospero will sie erst nach harten Prüfungen zueinanderführen, doch Ferdinand besteht alle Proben, und Prospero verlobt seine Tochter mit dem Sohn seines Feindes. Als Ariel sein Mitleid mit den vom Wahnsinn Geschlagenen zeigt, überwindet sich auch Prospero zur Gnade: Er löst die Feinde aus dem Zauberbann, verzichtet auf Rache und verzeiht seinen Übeltätern. König Alonso bereut das an Prospero begangene Unrecht und setzt ihn wieder als Herzog von Mailand ein. Gemeinsam wollen sie am nächsten Morgen ein Schiff besteigen, das sie zur Hochzeitsfeier von Ferdinand und Miranda nach Neapel bringen soll. Prospero schenkt dem getreuen Ariel die Freiheit, zerbricht seinen Zauberstab, schwört aller Zauberei ab und will sich in der Zukunft seinem wiedererrungenen Herzogtum widmen.

Der Sturm ist oft als Shakespeares dichterisches Vermächtnis gedeutet worden, als Entwurf einer Utopie, einer neuen möglichen Welt. Den verrätselten dramatischen Lebensepilog beherrscht eine zerbrechliche Hoffnung, die bittere Erkenntnis der sich immer wiederholenden Gewalttätigkeiten, Machtkämpfe, Morde und eines Dennoch. Wenn die Schiffbrüchigen gemeinsam mit Prospero aufbrechen und in ihre Welt zurückkehren, so hat sie die Erfahrung des Wahnsinns, der «Seelenangst», des inneren Sturmes verändert. Selbst Caliban erkennt seine Narrheit, «will künftig klüger sein und Gnade suchen». Alle beginnen von neuem. Der Ausgang ist ungewiß, aber die Hoffnung besteht: Prospero hat das Böse erlebt und wagt dennoch das Gute. In eine Welt, die aus ihren Fugen geraten war, ist moralische Ordnung eingekehrt. Aber für wie lange, für einen Traum? Shakespeare faßt in diesem Werk nochmals seine großen Themen zu einer leidenschaftlichen Auseinandersetzung mit der Realität der Welt und ihren Möglichkeiten zusammen. Prosperos Insel gleicht der Welt mit ihren Qualen, mit ihrer Gewalttätigkeit und ihrer Hoffnung. Nicht nur die Schiffbrüchigen wiederholen auf Prosperos Insel ihre früheren Untaten, auch Prospero selbst muß das Scheitern seiner Erziehung an Caliban erleben, der gegen ihn rebelliert. Caliban, eine der aufregendsten Schöpfungen Shakespeares, und Ariel sind vielfältig interpretiert worden: Ariel als Symbol der Poesie, der Seele, der Intelligenz, Caliban als der Wilde, das Ungeheuerliche der Natur, das Volk. Alle Deutungen engen Shakespeares poetische Vision ein, entzaubern unergründlich Verrätseltes, wie etwa, daß es dieses halbbewußte ungeheuerliche Wesen Caliban ist, das die schönsten Sehnsuchtsworte über die Musik spricht. Es gibt auch eine wahre Traumwelt auf dieser Insel: Unberührt von den wilden Vorgängen haben zwei junge Menschen, Ferdinand und Miranda, einander erkannt. Sie sehen nur sich, sie sehen die Welt nicht, sie stehen außerhalb. Als Miranda zuletzt erstmals die Schurken sieht, die sie und ihren Vater beinahe in den Tod getrieben hätten, die eben noch untereinander wüteten, ruft sie: «Wie schön der Mensch ist! Wackre neue Welt, die solche Bürger trägt!» Prospero aber legt in die vier Worte seiner Antwort seine ganze bittere Weisheit: «Dir ist sie neu.» Wieweit Prosperos großer Monolog, wenn er den Zauberstab zerbricht, und der Epilog tatsächlich Shakespeares Abschied von der Bühne, von seiner Dichtkunst bedeuten, sei dahingestellt. Doch etwas von der Qual des Zaubernmüssens, von dem Wunsch heimzukehren, von der leisen Todessehnsucht, die Prospero erfüllt, wird wohl auch in Shakespeare gelebt haben, als er dieses letzte große Drama schrieb.

Ben Jonson 1573–1637

Benjamin Jonson wurde am 11. Juni 1573 als Sohn eines schottischen Geistlichen geboren. Er besuchte die Schule von Westminster, wo er unter dem Einfluß des Altertumsforschers William Camden seine tiefe Neigung zum klassischen Altertum entwickelte. Eine Zeitlang mußte er bei seinem Stiefvater, einem Maurermeister, im Baugewerbe arbeiten, lief aber davon und wurde Soldat in den Niederlanden. 1592 kehrte er nach London zurück, wo er bald als Schauspieler und Bühnendichter hervortrat. Wegen eines Theaterskandals und einer Duellaffäre, bei der er einen Schauspielerkollegen tötete, kam er zweimal ins Gefängnis. Dennoch wurde er zum Literaturpapst Londons, der inmitten einer Schar von Anhängern im Apollo Club präsidierte, König Jacob betraute ihn mit der Leitung seines Hoftheaters, und im Todesjahr Shakespeares wurde er zum Poeta Laureatus ernannt. Trotz vieler Ehrungen starb er schließlich – nach literarischen Mißerfolgen – völlig vereinsamt am 6. August 1637 in London.

Im Gegensatz zu Shakespeare verkörperte Ben Jonson den mit Bildungsballast beladenen, ja überfrachteten, gelehrten Dichter. Als ein Mann der Vernunft machte er sich über Shakespeares Stücke und ihre oft auf logische Motivierungen verzichtende, überquellende

Phantasie gelegentlich lustig, dennoch waren beide miteinander befreundet, und Ben Jonson schrieb für Shakespeares Folio-Ausgabe den berühmten Hymnus an den «Schwan von Avon», in dem er ihm Unsterblichkeit verheißt: «He was not for an age, but for all time.» Ben Jonsons Erfolg gründete sich vor allem auf seine satirischen Lustspiele: Er schuf nach italienischem Muster die bügerlich-realistische Typenkomödie und ging damit Molière, Holberg und Goldoni voraus. Hatte Shakespeare die reiche Individualisierung seiner Gestalten angestrebt, so ging es Jonson um die farbige Typisierung von Alltagsmenschen, deren Schwächen und Laster, auf einen bestimmten Charakterzug zugespitzt, der Lächerlichkeit und Verhöhnung preisgegeben werden.

In seiner Komödie *Der Alchimist* (1610) verspottet er Aberglauben und Goldgier, *Das schweigsame Weib* (1609) erzählt die Geschichte des Sir Morosus, der Trubel und Lärm haßt und dessen angeblich so stille Frau sich sofort nach der Hochzeit als Radauteufel entpuppt. Stefan Zweig hat aus dieser Posse das Libretto zur «Schweigsamen Frau» von Richard Strauss gemacht.

Den dauerhaftesten Erfolg erzielte Ben Jonson allerdings mit seiner Komödie *Volpone* (1605), die sich bis heute im europäischen Spielplan gehalten hat. Es geht um einen Betrüger, der seine Mitmenschen als Heuchler und Gauner entlarvt, zuletzt aber selbst hereingelegt wird: Der reiche, geizige Volpone denkt sich mit seinem Diener Mosca einen tollen Streich aus, mit dem er seine Freunde als Erbschleicher überführen will. Er stellt sich todkrank, verspricht für Wohltaten jedem sein Erbe, und nun überbieten sich alle in Schmeicheleien, Geschenken und Anträgen. Übermütig geworden, möchte Volpone die Erbschleicher bei der Testamentseröffnung beobachten, wenn ihre Habgier und heuchlerische Trauer in die Erkenntnis, düpiert worden zu sein, umschlägt. Er setzt Mosca als Erben ein und läßt seinen Tod verkünden. Doch nun wird er selbst überlistet. Mosca will mit dem Vermögen ins Ausland fliehen, und Volpone ist gezwungen, vor dem Oberrichter ein reumütiges Geständnis abzulegen. Sein Vermögen wird eingezogen und Volpone mit Mosca ins Ausland abgeschoben. – Das mit dramaturgischer Meisterschaft entworfene Spiel ist ein zynisches Spiegelbild menschlicher Geldgier und Niedertracht, die Ben Jonson mit absoluter Schonungslosigkeit zeichnet. Stefan Zweig hat *Volpone* in seiner Übertragung treffend als «Eine lieblose Komödie» bezeichnet.

Das klassische französische Theater

In Frankreich wird das 17. Jahrhundert zur großen Zeit, zum «grand siècle» des nationalen Theaters: Zu dem Begründer und dem Vollender der französischen klassizistischen Tragödie, CORNEILLE* und RACINE*, gesellt sich in MOLIÈRE* ein unsterblicher Komödiendichter der Weltliteratur. Einen wesentlichen Antrieb zur Schaffung einer neuen französischen Dramatik gab der mächtige Kardinal RICHELIEU (1585–1642), der selbst Tragödien schrieb und von der kulturellen Bedeutung des Theaters überzeugt war. 1635 hatte er die «Académie Française» gegründet, deren Aufgabe es war, der «Sprache bestimmte Regeln zu geben, sie rein, beredt und fähig zu machen, die Künste und Wissenschaften zu behandeln». Für Richelieu galt es, nun auch dem nationalen Theater seine «Regeln» zu geben. Darum unterstützte der Kardinal die Theorie der drei Einheiten des Dramas: der Einheit des Ortes, der Einheit der Zeit und der Einheit der Handlung. Diese Theorie, die auf einem Mißverständnis des Aristoteles beruht, prägte die gesamte Dramatik des klassizistischen Theaters: Die Handlung mußte einheitlich ohne jede Nebenhandlung verlaufen, sie mußte an einem Ort spielen und durfte zunächst nur eine Zeit von 12 Stunden, später von 24 Stunden umfassen. Ebenso durfte der Schauplatz nicht gewechselt werden. Als bahnbrechender Dramatiker erfüllte Pierre Corneille die Forderung des Kardinals, eine nationale Tragödie zu schaffen, deren Ideal Ehre und Ruhm waren und die sich durch Konzentration der Handlung, geschliffene Klarheit der Sprache und rhetorischen Schwung auszeichnete. So wurde Corneille zum Begründer des klassizistischen französischen Nationaldramas, in dem die antiken Helden im Barockkostüm des 17. Jahrhunderts auftraten. Jean Racine verfeinerte die Tragödie, indem er sie besser motivierte und psychologisch vertiefte. Er ersetzte den starren Heroismus des Corneille durch Seelendramatik hohen Stils.

Bereits dem Rokoko stand PIERRE DE MARIVAUX* nahe, der die Liebe in den Mittelpunkt seiner Komödien stellte, ihr in seinen graziösen Kammerspielen des Innenlebens gleichsam experimentierend nachspürte. Als ein Nachfahre des französischen Klassizismus, der aber schon ganz dem 18. Jahrhundert angehörte, schrieb auch VOLTAIRE (1694–1778) Tragödien. Er verfaßte einen *Ödipus* nach Corneille und im Stil Racines die Tragödien *Zaïre* und *Tancred*. Goethe übersetzte seinen *Mahomet*. Voltaires zahlreiche Bühnenwerke, die ihm als Forum für seine aufklärerischen Ideen dienten, werden allerdings heute auch in Frankreich kaum mehr gespielt. In den Komödien von BEAUMARCHAIS*, die die gesellschaftskritische Stimmung seiner Zeit spiegeln und die Feudalgesellschaft verspotten, kündigte sich dann das Ende einer Epoche und die Französische Revolution an.

Pierre Corneille 1606–1684

Pierre Corneille kam als Sohn eines Königlichen Forstmeisters und Advokaten am 6. Juni 1606 in Rouen zur Welt. Er wurde am Jesuitenkollegium seiner Heimatstadt erzogen und entschloß sich, wie sein Vater, Rechtsanwalt zu werden. Mit 23 Jahren begann er seine literarische Laufbahn, 1634 berief ihn Richelieu in sein Dramatiker-Kollegium nach Paris. Auf dem Höhepunkt seiner dramatischen Erfolge wurde er 1647 in die Académie Française aufgenommen. Nach einigen Mißerfolgen zog er sich 1652 enttäuscht und verärgert vom Theater zurück, wurde allerdings 1660 mit einem Festspiel zur Vermählung des Königs betraut und schrieb in der Folge noch einige Dramen. Er starb, verarmt und fast vergessen, am 1. Oktober 1684 in Paris.

Der Schöpfer der klassizistischen französischen Tragödie stellte Ruhm und Ehre, Staat, Krieg und Heldentum in den Mittelpunkt seiner Dramatik. Der Konflikt zwischen Pflicht und Leidenschaft wurde einem formalen Prinzip untergeordnet, die äußere Handlung zugunsten der inneren zurückgedrängt und die Dynamik des inneren Geschehens in ein strenges Gefüge sprachlicher Strukturen gebracht. Nach seinen Jugendkomödien *Mélite* und *Die komische Täuschung* versuchte Corneille mit seiner *Medea* (1635), in Nachahmung Senecas, den Schritt zur Tragödie hohen Stils.

Der Cid (UA: 1636 in Paris), das erste große klassizistische Drama Frankreichs, bescherte Corneille einen triumphalen Publikumserfolg. «Schön wie der Cid» wurde zum geflügelten Wort. Das Werk, das Corneille selbst als tragische Komödie bezeichnete, schildert in Beachtung der drei Einheiten die Liebe zwischen Rodrigo und Chimène, die durch einen Ehrenhandel ihrer Väter in Gefahr gerät. Rodrigo tötet Chimènes Vater und stellt sich unter ihre Rache. Sie fordert einen Zweikampf, obwohl Rodrigo gerade in einer Schlacht gegen die Mauren das Vaterland gerettet hat und der König damit seine Schuld als gesühnt ansieht. In dem Zweikampf siegt Rodrigo, nachdem ihm Chimène ihre unverbrüchliche Liebe gestanden hat. Er wird aber nun vom König nochmals gegen die Mauren geschickt, ehe er Chimène heiraten darf. – Die Académie Française warf dem Stück trotz seines Erfolges Verstöße gegen die Wahrscheinlichkeit und die Moral vor. Seine Wirkung liegt auch heute noch in dem Glanz und Temperament der Sprache: Die Bühnenaktion wird in die Charaktere und ihre Selbstbefragung sowie in die dramatischen Berichte verlegt. Jean Vilar machte in den fünfziger Jahren den Cid mit Gérard Philippe in der Titelrolle zu einem theatralischen Ereignis, das Geist und Leidenschaft vollendet vereinte.

Noch konsequenter nach den Regeln der Einheiten arbeitete Corneille in seinen folgenden Römertragödien *Cinna* (1640) und *Horace* (1640), in denen er den Staatsgedanken entscheidend betonte. Eine Sonderstellung nahm sein *Polyeucte* (1642) ein, der ein christliches Märtyrerdrama darstellen sollte. Mit seiner Komödie *Der Lügner* (1643) schrieb Corneille – mehr als ein Jahrzehnt vor Molière – die erste französische Charakterkomödie. In der Tragödie *Ödipus* (1659) und dem Barockfestspiel *Das goldene Vlies* (1660), das er zur Vermählung des Königs verfaßte, griff er wieder zu Stoffen aus der griechischen Mythologie. Das geistige Leitbild Corneilles aber blieb der durch sprachliche und menschliche Zucht geadelte, in der Klarheit seines Denkens ruhende heroische Mensch, der sich der Ehre, dem Staat und dem Vaterland bedingungslos verpflichtet fühlt.

Jean Racine 1639–1699

Jean Racine wurde als Sohn eines Beamten am 21. Dezember 1639 in La Ferte-Milon geboren. Er verlor früh seine Eltern, besuchte vier Jahre das Collège von Beauvais und kam mit sechzehn Jahren ins Kloster Port Royal, dem Zentrum der katholischen Jansenisten, die sich als Gegner der Jesuiten auf Augustinus beriefen. Von der theaterfeindlichen Erziehung in Port Royal löste er sich erst im Pariser Collège Harcourt. 1660 machte er mit einer Ode an den König den Hof auf sich aufmerksam. Sein erstes Stück wurde 1664 von Molière aufgeführt, zwischen 1667 und 1677 schrieb er seine großen Tragödien. Verletzt durch den Skandal und eine Hofintrige um seine *Phädra* kehrte er 1677 für zwölf Jahre nach Port Royal zurück. Seine letzten Lebensjahre verbrachte er als Vorleser und königlicher Geschichtsschreiber, der auch an den Feldzügen des Königs als Begleiter teilnahm. An einer zu spät durchgeführten Operation starb er am 21. April 1699 in Paris.

Mit der individuellen Verinnerlichung der Charaktere und der exakteren Motivierung der Handlung verfeinerte und vertiefte Racine die französische Tragödie. Zwar dominierten auch bei ihm Formstrenge und das Pathos des Gefühls, doch setzte er den heroischen Willenskämpfen in den Dramen Corneilles die tragische Erfahrung der Verstrickung in menschliche Leidenschaften entgegen. Er zeigte die Liebe nicht als ein edles Gefühl, sondern als todbringende Gewalt im Konflikt zwischen Pflicht und Neigung. In seinen subtilen Seelendramen löste er die herbe, klare Männerwelt Corneilles mit facettenreichen, psychologisch fein nuancierten Frauengestalten ab. Seine *Andromache* (1667) markierte bereits diesen Wendepunkt. Nach der Römertragödie *Britannicus* (1669), die die Lösung Neros aus seiner Abhängigkeit von Agrippina und die Ermordung seines Halbbruders Britannicus schildert, der lyrischen Tragödie *Bérénice* (1670) und dem orientalischen Drama *Bajazet* (1672) griff er in seiner vielgerühmten *Iphigenie in Aulis* (1674) auf das Vorbild des Euripides zurück.

Phädra (UA: 1677 in Paris) ist Racines schönstes und reifstes Werk. Der Dichter stellt die unheilvolle Liebe der Phädra zu ihrem Stiefsohn in andere Zusammenhänge als Euripides, der die Liebe der Phädra mit der Askese des Hippolyt konfrontierte. Racine idealisiert Phädra und vermenschlicht Hippolyt und macht aus ihrem Zusammenprall ein Kammerspiel der intimsten Verstrickungen. Phädra selbst gesteht Hippolyt ihre Liebe, doch die Verleumdung bei ihrem unvermutet zurückkehrenden Gatten Theseus übernimmt die Amme Oenone. Hippolyt wiederum wendet sich nicht aus Keuschheit von Phädra ab, sondern weil er Aricia liebt. Als Phädra, von Gewissensqualen gepeinigt, Theseus, der seinen Sohn verflucht und davonjagt, die Wahrheit bekennen will, hält sie die Eifersucht auf Aricia von einem Geständnis ab. Erst nach Hippolyts Tod, nach dem sie sich vergiftet, gesteht sie Theseus sterbend ihre Schuld. Racine verbindet in der Figur der Phädra ihr bedingungsloses, leidenschaftliches Fühlen und Handeln mit ihrer klaren Einsicht in die Schuldhaftigkeit ihres Tuns. So wurden auch in der Interpretation Scham, Schuldgefühl und Verzicht für eine christliche Deutung des antiken Themas geltend gemacht. Andere Interpreten betonten die Ausweglosigkeit und Gewalt der Leidenschaft, die zwingend in den Tod führen muß. Die sprachliche Bewältigung der Polarität zwischen Gefühl und Vernunft bildet den absoluten Höhepunkt von Racines Kunst.

Jean-Baptiste Molière 1622–1673

Jean-Baptiste Poquelin, wie Molière mit bürgerlichem Namen hieß, wurde am 15. Januar 1622 als Sohn eines königlichen Hoftapezierers in Paris geboren. Er besuchte die renommierte Jesuitenschule Clermont in Paris, studierte dann an der Universität von Orléans und legte dort ein juristisches Examen ab. 1643 verzichtete er zugunsten seines jüngeren Bruders auf die Charge des «Tapissier du Roi»: Er hatte die junge Schauspielerin Madeleine Béjart kennengelernt, gründete wenige Monate später das Illustre Théâtre und nannte sich von nun an Molière. Nach zwei Jahren mußte das Theater allerdings Bankrott anmelden, und Molière geriet in den Schuldturm. Er verließ Paris und tauchte wenig später bei der Truppe von Dufrèsne auf, der sich auch Madeleine Béjart angeschlossen hatte. Molière wurde bald der künstlerische Leiter der Truppe, mit der er rund dreizehn Jahre durch die französische Provinz zog, und arbeitete zudem als Schauspieler, Regisseur und Stückeschreiber seiner Gesellschaft. 1658 kam er mit seinen Komödianten nach Paris, erwarb sich die Protektion des Herzogs von Orléans, des Bruders des Königs, und erhielt den Titel «Troupe de Monsieur». Die Truppe spielte zunächst im Petit Bourbon, ab 1660 im Palais Royal. 1662 heiratete Molière die um 24 Jahre jüngere Armande Béjart, eine Tochter, möglicherweise aber auch, wie behauptet wurde, Schwester Madeleines. Die Ehe wurde nicht glücklich, und Molière lebte zeitweise getrennt von seiner Frau. 1665 übernahm der König selbst die Schirmherrschaft über die Truppe, Molières Gesellschaft wurde zur «Troupe du Roi». In seinen Pariser Jahren, von 1660 bis 1673, schrieb Molière seine Meisterwerke, in denen er meist auch die zentrale Rolle spielte. Immer wieder in aufreibende Auseinandersetzungen verwickelt, in zahlreichen Attacken und Intrigen bekämpft, überlastet von Arbeit, durch private Kränkungen zermürbt und bis zur höchsten Anspannung seiner Nerven beschäftigt, trieb Molière Raubbau an seinem durch eine langjährige Lungenkrankheit geschwächten Körper: In der vierten Vorstellung seines *Eingebildeten Kranken* erlitt er am 17. Februar 1673 einen Blutsturz. Er spielte die Vorstellung zu Ende, starb jedoch wenige Stunden später. Zunächst wurde Molière ein christliches Begräbnis verweigert, der Legende nach soll jedoch Ludwig XIV. interveniert haben, und schließlich erteilte der Erzbischof von Paris die Genehmigung zu einer Bestattung ohne Feierlichkeiten. Es brauchte noch rund 100 Jahre, bis die Académie Française Molière mit einer Büste ehrte, die die Inschrift trägt: «Nichts fehlt seinem Ruhm – er fehlte dem unseren.»

«Molière hat in der Form der Komödie die schwärzesten Theaterstücke der Literatur aller Zeiten geschrieben», meinte Jean Anouilh. Er sah den Egoismus als das große Thema des Dichters, einen Egoismus, der die menschlichen Schwächen seiner Figuren ins Überdimensionale steigert: «Bei allen konnte sich die geballte Leidenschaft, die sie lächerlich macht, nur deshalb so ungeheuerlich entfalten, weil ihr Herz eine Wüste war, die sie allein bevölkerten.» Die Menschen werden, wie bei Corneille und mehr noch bei Racine, Opfer ihrer Leidenschaft. Doch es ist keine Liebesleidenschaft, kein heroischer Kampf um sittliche Werte, sondern eine oft erbärmliche Verstrickung in lasterhafte Schwächen. Molières Menschen zappeln im eigenen Netz, uneinsichtig, unbelehrbar, allen Überzeugungsversuchen unzugänglich. Doch der Dramatiker zeigt den Verstoß gegen die Vernunft, gegen die moralischen und gesellschaftlichen Normen komisch. Er lacht über die eigene Verzweiflung, er entfesselt alle Komödiantik, um über einen realistischen Spiegel des Lebens Gelächter auszulösen. Doch wenn seine Komödien schließlich nicht tragisch enden, so verdanken sie das nicht selten dramaturgischen Tricks oder einem Märchenschluß: Tartuffe hat der allwissende König durchschaut, Harpagons Geldgier kann durch Anselmes erstaunliche Großzügigkeit befriedigt werden, Dandin retten zwei verliebte Schäfer vor dem Selbstmord. Es bleibt bei dem komischen Zusammenstoß mit der Gesellschaft ein unauflösbarer, tragischer Rest: für den lächerlichen Helden ebenso wie für die Menschen, deren Entfaltung oder Existenz durch seine Schwäche bedroht wird. Molière scheiterte in seinen tragischen dramatischen Versuchen; auf dem komischen Gebiet, das doch immer Melancholie überschattet, beherrschte er drei Gattungen vollendet: die Posse, die große Charakterkomödie und die bei Hof so beliebte Ballettkomödie.

Seinen ersten großen Erfolg in Paris feierte Molière 1659 mit *Die lächerlichen Preziösen*, einer Satire auf das affektiert-geistreiche Gehabe in literarischen Salons: Zwei abgewiesene junge Herren rächen sich hier an zwei möchtegern-preziösen Damen, indem sie diesen von ihren als adelige Modekavaliere verkleideten Dienern den Hof machen lassen, worauf die Damen prompt hereinfallen.

1661 folgte *Die Schule der Männer*, ein «Lehrstück» über die notwendige Selbständigkeit der Frau und die Vorzüge der Anerkennung gesellschaftlicher Spielregeln: Sganarelle hält sein Mündel Isabelle, das er heiraten möchte, wie eine Sklavin und wird dafür von ihr mit dem jungen Valère betrogen, Arist hingegen gelingt es, mit Toleranz und Vertrauen sein Mündel Leonore für sich zu gewinnen.

Die Ballettkomödie *Die Lästigen* (1661) ist Molières erstes Werk dieser Gattung, in der der Theatermann seine Bühnenphantasie ungehindert austoben kann und die seinen unbestrittenen Ruhm bei seinen Zeitgenossen ausmacht: Dem Liebhaber Erast gelingt es bis zum Ende des Stückes nicht, mit seiner Geliebten Orphise in Ruhe zu sprechen, weil er von einer Kavalkade aufdringlicher Schwätzer (die alle Molière selbst spielte) gestört wird.

In der ebenso befehdeten wie erfolgreichen Komödie *Die Schule der Frauen* (1662) will sich der ältere Junggeselle Arnolphe sein Mündel Agnes zur dummen und also treuen Ehefrau erziehen, indem er sie im Kloster in völliger Unwissenheit aufwachsen läßt. Das ahnungslose Mädchen entdeckt jedoch in aller Unschuld mit dem jungen Horace die Liebe und ist für Arnolphe verloren.

Angriffe gegen sein Privatleben und seine Stücke beantwortete Molière auf Anraten des Königs mit seinem *Impromptu von Versailles* (1663), das hinreißend geistreiche realistische Spiel einer Schauspielprobe, das allerdings seinen vollen Reiz erst in der Kenntnis der aktuellen Situation entfaltet.

Das Meisterwerk *Tartuffe**, das erst fünf Jahre nach der Uraufführung der ersten drei Akte vor Ludwig XIV. in einer gemilderten Fassung mit der Protektion des Königs freigegeben wurde, löste eine empörte Kampagne des Klerus gegen Molière aus. Ihm folgte 1665 die Komödie *Don Juan*, eine nicht minder mutige Attacke, in der der Diener Sganarelle gegen seinen Herrn die Sache der Moral vertritt und in der ebenfalls gegen die Heuchelei gewettert wird: Don Juan ist ein gewissenloser Verführer, den nur der Widerstand der Frauen reizt, ein Gotteslästerer und Leugner jeglicher Moral, der Reue bestenfalls heuchelt.

Nach dem *Menschenfeind** kommt in *Der Arzt wider Willen* (1666) wieder Molières Possenfigur Sganarelle zu Wort, diesmal aber als Wunderdoktor. Das Jahr

1668 brachte drei Komödien: Nach dem Vorbild des Plautus verfaßte Molière *Amphitryon*, wobei er in Anspielung auf den König und die Marquise de Montespan das galante Abenteuer des Gottes zum zentralen Thema machte; es folgten *George Dandin*, die Geschichte eines reichen Bauern, der von seiner adeligen Ehefrau nicht nur allem Anschein nach betrogen, sondern auch entwürdigend gedemütigt wird; und schließlich *Der Geizige**.

Den Höhepunkt der Ballett-Komödien, die Molière meist gemeinsam mit dem für die Musik- und Tanzeinlagen zuständigen Jean Baptiste Lully schuf, bildete *Der Bürger als Edelmann* (1670): Der reich gewordene Kaufmann Jourdain versucht die Manieren und Gewohnheiten des Adels nachzuahmen und wird dabei von seinen vier Hauslehrern und dem skrupellosen Grafen Dorante entsprechend hereingelegt. Der von Jourdain als Schwiegersohn abgewiesene Cléante erlangt durch eine tolle Maskerade als türkischer Prinz die Zustimmung zur Heirat mit Lucile und ernennt den geschmeichelten Schwiegervater in einer grotesken Zeremonie zum «Mamamouchi».

In den *Schelmenstreichen des Scapin* (1671) griff Molière wieder auf die italienische Stegreifkomödie zurück und ließ Scapin mit unerschöpflicher Erfindungsgabe Listen ersinnen, um den Söhnen zweier Geizhälse zu ihrem Glück zu verhelfen.

Die gelehrten Frauen (1672) machen nochmals die übertriebene Schöngeisterei zur Zielscheibe des Spotts: Den Damen im Haus des biederen Bürgers Chrysale ist ihre dilettantische Begeisterung für Poesie und Wissenschaft in den Kopf gestiegen, sie fallen daher auf den Hochstapler Trissotin herein, der in der Maske des Schöngeists hinter der Mitgift der jungen Henriette herjagt. Diese, die Herrin des Hauses und die resolute Köchin Martine begünstigen jedoch Clitandre als Ehepartner. Durch einen Trick kann Trissotin entlarvt werden und die Partei des gesunden Menschenverstandes den Sieg davontragen.

Zu Molières letztem Bühnenstück wurde *Der eingebildete Kranke**. Der Legende zufolge soll Molière im Kostüm des Agran gestorben sein – eine tragische Pointe als Schlußpunkt des Lebens eines großen Komödiendichters, die in ihrer mehrfach gebrochenen Ironie und Tiefgründigkeit Molière so entspricht, daß sie wohl niemand entkräften will.

Tartuffe
Komödie in 5 Akten.
UA: 1664 in Versailles

Der wohlhabende Pariser Bürger Orgon und seine Mutter, Madame Pernelle, sind völlig in den Bann Tartuffes geraten, der ihnen als ein Vorbild von Ehrbarkeit, Tugend und Frömmigkeit erscheint. Vergebens kämpfen Orgons Frau Elmire, seine Kinder Damis und Mariane, der Schwager Cléanthe und das Kammermädchen Dorine gegen den Einfluß Tartuffes, den sie als frömmelnden Heuchler durchschaut haben. Tartuffe gewinnt immer mehr Macht im Haus seines Gönners. Orgon will sogar die Verlobung seiner Tochter Mariane mit Valère auflösen und Tartuffe zu seinem Schwiegersohn machen. Elmire versucht, Tartuffe von dem Heiratsplan abzubringen, doch dieser nützt das Gespräch, um die Frau seines Gönners mit leidenschaftlichen Liebesbeteuerungen zu bedrängen. Als Damis, der die Unterredung belauscht hat, seinem Vater davon berichtet, versteht es Tartuffe, die Beschuldigung als eine böswillige Verleumdung hinzustellen. Orgon jagt seinen Sohn aus dem Haus, setzt Tartuffe zu seinem Erben ein und überschreibt ihm sein ganzes Vermögen. Erst als Elmire ihren Mann veranlaßt, unter dem Tisch versteckt, ein Gespräch mit dem ihr schamlos nachstellenden Tartuffe zu belauschen, erkennt Orgon seine Verblendung und weist den Heuchler aus seinem Haus. Doch nun kehrt Tartuffe den Spieß um: Auf Grund der Vermögensverschreibung versucht er, Orgon mit seiner Familie aus dem eigenen Haus zu vertreiben und erwirkt mit einer politischen Denunziation einen Haftbefehl gegen ihn. Der Kommissar des Königs verhaftet allerdings nicht Orgon, sondern Tartuffe: Der König hat den Betrug durchschaut, und Tartuffe wird als längst gesuchter Verbrecher entlarvt. Orgon erhält sein Hab und Gut zurück und kann nun reumütig dem treuen Valère die Zustimmung zur Hochzeit mit Mariane geben.

Obwohl Molière keineswegs Frömmigkeit mit Heuchelei gleichsetzt, Tartuffe sich also nur der frommen Maske für seine Gaunereien bedient, liefen klerikale Kreise gegen die Komödie Sturm. Sie sahen in ihr einen Angriff gegen die Religion, nicht gegen deren Mißbrauch. Unmittelbar nach der Uraufführung vor Ludwig XIV., die den König sehr amüsiert haben soll, wurde das Stück auf Betreiben des Klerus verboten und erst 1669 in einer gemilderten Fassung (die Urfassung ist verschollen) vom König zur Aufführung freigegeben. Im Laufe der Zeit hat die Figur des Tartuffe auf der Bühne die verschiedensten Auslegungen erlebt, vom dämonischen Bösewicht über den komödiantischen Schelm, den virtuosen Heuchler, bis zum Lüstling, der erotische Begier weckt und sich selbst in ihr verstrickt. In unserem Jahrhundert hat sich das Interesse allerdings mehr auf die irrationalere, zwiespältige Gestalt des Orgon konzentriert, auf die menschliche Tragödie eines Mannes, dessen Verblendung Komödienstoff ist. Roger Planchon hat in ihm den Zwiespalt des rational kalkulierenden Geschäftsmannes aufgedeckt, in dem Tartuffe mit religiösen Phrasen plötzlich Gefühle zu wecken imstande ist, von denen Orgon gar nicht weiß oder sich nicht eingestehen will, daß sie mehr sind als freundschaftliche Verehrung des innig bewunderten «Glaubensbruders». Die homoerotische Komponente kann bei Orgons Verblendung eine ebenso große Rolle spielen wie die Verführbarkeit durch ideologische Heuchelei, die auf einen verschütteten moralischen Anspruch trifft. Rudolf Noelte inszenierte im Wiener Burgtheater ein Familiendrama: Bilder zerrütteter Beziehungen, die Tartuffe als ein böser Hans im Glück zu nützen versteht. Es ist die schreckliche Beziehungslosigkeit, in die ein Mensch zu seiner Familie geraten ist, die Tartuffes Täuschungen überhaupt erst möglich machen. In seiner totalen Vereinsamung bedeutet Tartuffe für Orgon so etwas wie eine letzte Lebenshoffnung, an die er sich in Panik klammert und der er sogar seine Familie opfern würde – verblendet und damit lächerlich, zugleich aber auch tragisch.

Der Menschenfeind (Le Misanthrope)
Komödie in 5 Akten. UA: 1666 in Paris

Alceste ist mit seiner Umwelt zerfallen. Die rings um ihn herrschende Heuchelei, Unnatur, Mißgunst und Schmeichelei treiben ihn zu Verachtung und leidenschaftlichem Widerstand gegen alle Verlogenheit. Er fordert Aufrichtigkeit und Redlichkeit. Die Ansichten seines Freundes Philinte, der ihm eine gewisse Kompromißbereitschaft als Lebensnotwendigkeit klarzumachen versucht und ihn warnt, sich in Menschenhaß und Weltverachtung zu verrennen, kann er nicht teilen. So nennt er auch den einflußreichen Oronte offen einen kläglichen Sonettendichter und macht sich damit ihn und seine Anhänger zu Feinden. Ausgerechnet Alceste aber liebt die kokette Célimène, für die das Spiel mit

Molière, Der Menschenfeind
(bearbeitet von
Hans Magnus Enzensberger)
Freie Volksbühne Berlin, 1979
Inszenierung: Peter Zadek
Alceste: Ulrich Wildgruber
Célimène: Rosel Zech

Halbwahrheiten eine Leidenschaft und der Klatsch ein Vergnügen darstellt. Sie jongliert mit Männerherzen, versteht es, ihre Verehrer hinzuhalten, gegeneinander auszuspielen und sich ihnen immer wieder kapriziös zu entziehen. Alceste durchschaut die Angebetete, kann aber nicht von ihr lassen. Vergeblich versucht er, ihr eine Entscheidung abzuringen. Als durch einen Brief Célimènes offenkundig wird, daß sie mit ihren Bewerbern nur spielt und sich über diese noch lustig macht, wenden sich alle von ihr ab. Alceste aber verzeiht ihr und will sie, unter der Bedingung, daß sie ihr Leben ändert und ihm in die Einsamkeit folgt, heiraten. Dazu kann sich Célimène jedoch nicht entschließen. Verbittert zieht sich Alceste von der Welt zurück. Die ehrliche Eliante, die ihm eine liebende Partnerin hätte sein können, hat inzwischen zu seinem Freund Philinte gefunden.

Die Ambivalenz von Molières Komödien, die immer auch tragische Züge aufweisen, hat gerade beim *Menschenfeind* oft zu einer Idealisierung des Alceste und zu seiner Stilisierung zum tragischen Helden geführt: Dargestellt wurde ein Mann, der gegen die Deformation seiner Gesellschaft kämpft, dabei sogar im intimsten Bereich scheitert und dem zuletzt nichts als der Ausstieg aus dieser Gesellschaft bleibt. Molière zeichnet ihn allerdings subtiler: Alcestes Widerstand ist mutig, er leidet an den Beschädigungen, die sich der Mensch als gesellschaftliches Wesen einhandeln muß, doch scheitert er an einem moralischen Anspruch, der in seiner letzten Konsequenz schon wieder unmenschlich ist. Seine Kompromißlosigkeit ist nicht frei von Verbohrtheit, sein Wahrheitsfanatismus nicht frei von Selbstgefälligkeit und Rücksichtslosigkeit, bedenkenlos gegenüber den Verletzungen und dem Unheil, die er damit anrichten kann. Molière gibt seinem Helden nicht recht, auch wenn er ihn, vor allem in seiner unbegreiflichen Liebe zu Célimène, in der sicherlich etwas von Molières verzweifelter Leidenschaft zu seiner Frau lebt, zutiefst menschlich macht. Er stellt einen Menschen in den Konflikt mit den Spielregeln seiner Gesellschaftsschicht, entlarvt diese zwar in ihrer nichtswürdigen Hohlheit, gibt aber die radikale, fanatisch querköpfige Methode dieses Kampfes gegen gesellschaftliche Zustände dem Gelächter preis. Rudolf Noelte hat die Problematik in seinen Inszenierungen Mitte der siebziger Jahre zugespitzt, indem er Alceste zu einem auf Veränderung drängenden, Konvention und Verlogenheit bekämpfenden Intellektuellen machte und als Folge seines Auftretens die Zerstörung von vorhandener oder möglicher menschlicher Harmonie zeigte. Die Möglichkeit dazu deutete Molière in Eliante und Philinte an, die einen lebensfähigen Kompromiß eingehen, indem sie menschliche Schwächen hinzunehmen bereit sind und jene Spielregeln akzeptieren, die ein erträgliches menschliches Zusammenleben gewährleisten. Wenn Alceste und Célimène einander verfehlen, so nicht nur deshalb, weil er sich widerborstig gegen die Gesellschaft stellt und sie mit deren Spielregeln souverän jongliert, sondern weil Alceste trotz seinem Leiden an dieser Liebe ein brutaler Liebender ist. Er kann und will auf die Frau nicht eingehen, überfordert sie mit seinen Maßstäben und will ihr seine Richtlinien aufzwingen. So gesehen kann Célimènes Verhalten durchaus auch der Notwehr einer Frau entspringen, die sich damit der Unterdrückung entzieht.

HANS MAGNUS ENZENSBERGER verpflanzte seine Übertragung des *Menschenfeind* (1979) in eine bundesrepublikanische «Upper Middle-Class» der siebziger Jahre, verstärkte dabei die politischen Motive, trivialisierte das Werk aber durch einen vulgären Party-Jargon. Läßt man ihn für diese Gesellschaft noch gelten, die sich in ihrer Sprache entlarvt, so verliert das Stück grundsätzlich seine Spannung, sobald sich Alceste in derselben Klittersprache aus Anglizismen, Plattitüden und Zoten um nichts weniger oberflächlich, vulgär und banal erweist als seine Umgebung, zu der er sich ja gerade in Konfrontation begibt.

Der Geizige
Komödie in 5 Akten
UA: 1668 in Paris

Der reiche Harpagon tyrannisiert mit seinem Geiz alle Menschen in seinem Haus. Er lebt in der ständigen Angst, bestohlen und betrogen zu werden und hat daher eine Kassette mit Gold in seinem Garten vergraben. Seine Familie hält er äußerst knapp. Selbst mit der Heirat seiner Kinder möchte er noch ein Geschäft machen. Seine Tochter Elise, die Valère liebt, soll den reichen älteren Witwer Anselme heiraten. Sein Sohn Cléanthe wagt es erst gar nicht, dem Vater seine Liebe zu der mittellosen Mariane zu gestehen. Valère schleicht sich als Haushofmeister ein, um Elise nah sein zu können und von Harpagon durch Schmeicheleien vielleicht doch noch den Ehekonsens zu erhalten. Da eröffnet Harpagon seinen Kindern, daß er sich mit der jungen Mariane trotz ihrer Armut verehelichen möchte und veranstaltet ihr zu Ehren ein kärgliches «Festmahl». Im Garten muß er jedoch unvermutet entdecken, daß seine Kassette verschwunden ist. Harpagon gerät darüber völlig außer sich. Sofort holt er einen Polizeikommissar ins Haus und verdächtigt vom Kutscher bis zu Valère alle des Diebstahls. Tatsächlich hat aber Cléanthes Diener La Flèche die Kassette gefunden und für seinen Herrn an sich genommen, damit dieser seine Forderungen bei dem Vater durchsetzen kann. Cléanthe erklärt sich also bereit, die Kassette ausfindig zu machen, wenn Harpagon ihm selbst Mariane überläßt. Harpagon geht sofort darauf ein. Als Anselme zur Hochzeit mit Elise eintrifft, erkennt er in Valère und Mariane seine verlorengeglaubten Kinder und verzichtet zugunsten seines Sohnes auf Elise. Auch Harpagon, glücklich, seine Kassette wiederzuhaben, gibt die Zustimmung zur Hochzeit ihrer beiden Kinder. Zuvor mußte sich allerdings Anselme verpflichten, die beiden Hochzeiten, einen Festrock und den Polizeikommissar zu bezahlen.

Mag Harpagons Geiz zunächst noch lächerlich erscheinen, für seine Kinder wird er bald existenzbedrohend: Wie eine Ware sollen sie an den Meistbietenden verschachert, ihre Liebe seiner schrecklichen Leidenschaft geopfert werden. Diese Leidenschaft setzt sich über alles hinweg, kennt keine Ordnungen, keine Gefühle, die nicht der Geldgier unterzuordnen wären. In kaum einem Werk Molières tritt die zerstörerische Kraft des Lasters so brutal und ungeschminkt hervor. Sein Geiz und seine Geldgier machen Harpagon zum Sklaven, machen ihn unfrei, einsam, gequält und füllen ihn bis zur Besessenheit aus. Molière zeigt einen Menschen in lächerlicher Entwürdigung und Tragik, die komische und erschreckende Erniedrigung eines Mannes, der nicht mehr leben will, weil er ein paar Klumpen Gold vermißt. Doch diese Besessenheit eines Menschen wurzelt tiefer: in der Angst. Harpagons Geiz ist eine Ersatzlösung für seine Lebensangst. Nicht zu Unrecht wurde jedoch in neueren Analysen des Werkes darauf hingewiesen, daß auch der moderne Mensch seine Kassetten hat, die er ängstlich bewacht, und seine Ersatzlösungen sucht, mit denen er, ob sie nun Prestige, Besitz, Vergnügen oder Genußsucht heißen, seine Barrieren gegen die Angst baut.

Der eingebildete Kranke
Komödie in 3 Akten. UA: 1673 in Paris

Argan bildet sich ein, krank zu sein, und verbringt sein Leben zwischen Ärzten und Klistieren, nur mit sich und seinem vermeintlichen Leiden beschäftigt. Um ständig ärztliche Hilfe um sich zu haben, will er seine Tochter Angélique mit Thomas Diafoirus, dem Neffen seines Arztes Purgon, verheiraten, der eben seine medizinische Prüfung bestanden hat. Doch Angélique liebt Cléanthe und will vom Plan des Vaters nichts wissen. Argans junge Frau Béline, die bei aller gespielten Fürsorge nur auf seinen Tod und die Erbschaft wartet, würde ihre Stieftochter am liebsten im Kloster sehen. Béralde, Argans Bruder, und das Dienstmädchen Toinette versuchen, den eingebildeten Kranken von seinem Wahn abzubringen und begünstigen auch Angéliques Verbindung mit Cléanthe, der sich inzwischen als Musiklehrer in das Haus eingeschlichen hat. Zuletzt entschließt sich Toinette zur Radikalkur: Als Arzt verkleidet, verschreibt sie Argan alle seine Lieblingsspeisen und rät ihm, sich totzustellen, um die wahren Gefühle seiner Familie kennenzulernen. So geschieht es. Béline erweist sich als pietätlose Erbschleicherin, Angélique dagegen zeigt wahren Schmerz um den Verlust ihres Vaters. Gerührt stimmt nun Argan ihrer Hochzeit mit Cléanthe zu – unter der Bedingung, daß der Schwiegersohn Medizin studiert. Béralde meint jedoch, es wäre besser, wenn Argan selbst Arzt würde, und in einer rasch improvisierten Zeremonie wird Argan feierlich zum Doktor ernannt.

Obwohl das Stück von Molière als heiter-turbulente Ballettkomödie mit deutlichen Anklängen an die Commedia dell' arte konzipiert wurde, zittert in ihm unverhüllt die Angst. Angst wird ins schlotternd Groteske gesteigert und verlacht, jedoch aus der nicht minder erschütternden wie komischen Verklammerung von Todesangst und Lebensangst entwickelt. Todesfurcht macht Argan zum eingebildeten Kranken, sein Krankheitswahn, dem alles untergeordnet wird, deutet aber auch Lebensangst an, eine Flucht in die Krankheit. Unterschwellig hat Argan die Zusammenhänge vom Wirken irrationaler Kräfte und der Krankheit erfaßt, seine Bedenken, ob es nicht gefährlich sein könnte, sich auch nur im Spaß totzustellen, erscheinen im Zeitalter der Vernunft urkomisch und lassen dennoch die irrationalen, geheimen Ängste des Menschen berührend deutlich werden. Auch in dieser Komödie zeigt Molière die Übersteigerung einer Schwäche bis zum Wahn durch maßlose Ichsucht, die ebenso rücksichtslos die Umwelt bedroht wie sie selbstzerstörerisch wirkt. Die Wahrheit ist dagegen machtlos, denn die Schwäche wird von gewissenlosen Nutznießern noch bestärkt, und nur Verstellung kann zu guter Letzt die Verstellung entlarven.

Pierre Carlet de Marivaux 1688–1763

Pierre Carlet de Chamblain de Marivaux wurde am 4. Februar 1688 in Paris geboren. Er verbrachte seine Kindheit in der Provence, wo sein Vater als Münzamtsdirektor tätig war, studierte Jura und kehrte 1712 nach Paris zurück. Dort verkehrte er in vornehmen Salons und intellektuellen Zirkeln und heiratete 1717 die vermögende Colombe Bollogne. Beim Zusammenbruch der Banque Royal verlor er 1720 sein Vermögen und war seitdem auf seine Einnahmen als Schriftsteller angewiesen. Marivaux gab mehrere Zeitschriften heraus, schrieb Kritiken, Essays und Romane und arbeitete kontinuierlich für das Theater, vor allem für die Comédie Italienne. 1742 wurde er in die Académie Française aufgenommen. Seine rund 30 Stücke, die zwischen 1720 und 1740 erschienen, waren zunächst ungemein erfolgreich, später verblaßte sein Ruhm. Nach langen Jahren eines Lebens in Zurückgezogenheit starb er am 12. Februar 1763 in Paris.

Marivaux begann in seinen Komödien, den verborgenen Seelenregungen des Menschen nachzuspüren. Es geht ihm um die Darstellung heimlicher, häufig unbewußter Gefühle und Neigungen, und er wird damit zum Begründer des psychologischen Lustspiels. In den Mittelpunkt der Handlung rückt er die Liebe und beschäftigt sich mit der Entwicklung, den Umwegen, der Wandelbarkeit der Gefühle. Marivaux löst sich aus der Intrigen- und Sittenkomödie Molières mit ihrer Mittelpunktfigur eines unveränderbaren, starrsinnigen Charakters und zeigt seelische Veränderungen. Diese resultieren zumeist aus der sich gegen eigene innere Widerstände durchsetzende Liebe, die zunächst geleugnet wird und dadurch ihre Komik bezieht. Häufig den Bildern Watteaus verglichen, stellen seine Komödien – dem Zeitgeist des Rokoko entsprechend – grazile Mädchen an der Schwelle zur Fraulichkeit vor. In der psychologischen Wahrhaftigkeit seiner subtilen Seelenanalysen wird Marivaux zum Meister der Schilderung der «amour naissant», der keimenden und aufblühenden Liebe. Die nuancenreiche, funkelnde, von Esprit und raschem Witz getragene Sprache seiner Dialoge und ihre graziös-gefühlvolle Verspieltheit wurde als Marivaudage zu einem Stilbegriff.

Mit *Die Überraschung durch Liebe* (1722) begründet Marivaux die neue psychologische Komödiengattung: Der nach einer Enttäuschung mit einer koketten Dame frauenfeindliche Lelio und eine jungverwitwete Comtesse haben sich entschlossen, unter Verzicht auf die Freuden der Liebe in ländlicher Abgeschiedenheit zu leben. Als sie, einander benachbart, über die Heirat ihrer Diener verhandeln müssen, verlieben sie sich ineinander, wollen sich dies aber keineswegs eingestehen. Es bedarf kräftiger Nachhilfe ihrer Diener Arlequin und Colombine, sie dazu zu bringen, sich zunächst selbst über ihre Gefühle klar zu werden und sie schließlich sogar einander zu gestehen.

Ein Experiment behandelt *Die doppelte Unbeständigkeit*, auch *Die Unbeständigkeit der Liebe* genannt (1723): Der Prinz beauftragt Flaminia, Silvia von ihrer Liebe zu ihrem Bräutigam Arlequin abzubringen und ihm ihr Herz zu gewinnen. Nicht nur Silvia, sondern auch Arlequin werden zur Untreue verleitet, denn Flaminia übernimmt es, Arlequin zu trösten. Zuletzt heiraten die beiden ungetreuen Brautleute ihre neuen Partner.

In der Komödie *Das Spiel von Liebe und Zufall* (1730) verfallen Silvia und Dorante, die von ihren Vätern füreinander bestimmt wurden, zufällig auf die gleiche List: Sie verkleiden sich als ihre Diener, um einander auf diese Weise zu beobachten und kennenzulernen. Prompt verlieben sie sich, ohne um ihre wahre Identität zu wissen, ebenso ineinander wie das die Herrschaft spielende Dienerpaar Lisette und Arlequin. Dorante gesteht schließlich Silvia seine Verkleidung, doch diese spielt ihr Spiel weiter, bis sie erkennt, daß er auch bereit wäre, sie als Zofe zu heiraten. Das Verkleidungsspiel dient Marivaux dazu, die konventionelle Ordnung zu unterlaufen und dem Gefühl seine Freiheit zu geben. Dorantes Hinwegsetzen über Standesschranken ist allerdings weniger von revolutionären Impulsen getragen, als aus dem Anspruch der Unbedingtheit des Gefühls zu verstehen.

Die falschen Vertraulichkeiten (1737) führen den mittellosen Dorante mit der reichen jungen Witwe Araminte zusammen. Drahtzieher ist der Diener Dubois, der Dorante als Verwalter bei Araminte einführt und geschickt eine Intrige inszeniert, die Aramintes Liebe zu Dorante weckt und steigert. Stolz hält die beiden Liebenden vorerst allerdings voneinander fern. Als Araminte schließlich Dorante doch freimütig ihre Liebe bekennt, gesteht er sein falsches Spiel. Sie verzeiht ihm, da er seine Täuschungen nur aus ehrlicher Liebe zu ihr beging. Die Listen, falschen Vertraulichkeiten und Vorspiegelungen werden also nur eingesetzt, um das entstehende Gefühl zu unterstützen und zu schützen, sie helfen den beiden Liebenden, über die Hindernisse der Konvention, des Stolzes und der Schüchternheit zueinander zu finden.

Die psychologische Genauigkeit, mit der, oft von Melancholie überschattet, Grundmuster von Gefühlsentwicklungen gezeichnet werden (auch wenn den Figuren die psychologische Unverwechselbarkeit der Individualität meist noch fehlt), führte in den sechziger und siebziger Jahren zu verblüffenden Deutungen und Erweiterungen der Komödien von Marivaux. Der Regisseur Luc Bondy stellte zwar *Die Unbeständigkeit der Liebe* in Frankfurt 1975 auf den Kopf, doch schüttelte er statt der Wankelmütigkeit und Beeinflußbarkeit der Gefühle einen Emanzipationsprozeß heraus: Einer in Verhaltensformeln erstarrten Hofgesellschaft wurde ein erfundenes Schäferidyll entgegengestellt, aus der Künstlichkeit dieser beiden Systeme entwickelten sich aber Individuen, Menschen, die lernten, sich ungezwungen zu bewegen und natürlich zu sprechen, einander zu umarmen, zu lieben und zu leiden.

Der französische Regisseur Patrice Chéreau übersteigerte in dem Einakter *Der Streit* am Théâtre National Populaire in Villeurbanne das Experiment eines Fürsten zu faszinierenden Bildern der Gefühlsverwirrung, des Einander-Findens und -Verlierens: An vier isoliert als Naturkinder aufgezogenen jungen Menschen soll die Frage geklärt werden, ob die Untreue durch den Mann oder die Frau in die Welt gekommen ist – am Ende können die Beobachter des Experiments sarkastisch konstatieren, daß die beiden Geschlechter einander nichts vorzuwerfen haben. Doch der Zauber, der sinnliche Reiz, die Brutalität und Verzweiflung, die in dem Aufeinander-Zutaumeln, Ineinander-Verschlingen und Lösen vorgeführt wurden, kamen den geheimnisvollen Grenzüberschreitungen der großen Komödien Shakespeares nahe. Wenn zuletzt ein drittes Paar, hell, kindhaft und unwissend, von den anderen auseinandergerissen und in den Urwald gezerrt wurde, in den Dschungel der Gefühle, aus dem ihre verzweifelten Schreie gellen, so ging Chéreau in seiner atemberaubenden Imaginationskraft zwar über Marivaux hinaus, bezog seine Impulse aber dennoch ausschließlich aus dem im Werk bereits Angelegten.

P.-A. Caron de Beaumarchais 1732–1799

Pierre-Augustin Caron wurde am 24. Januar 1732 als Sohn eines Uhrmachers in Paris geboren. Er erlernte das Handwerk seines Vaters, fand früh Kontakt zum Hof Ludwigs XV. und wurde Hofsekretär und Musiklehrer der Prinzessinnen. Sein abenteuerliches Leben führte ihn durch ganz Europa. Er brillierte in zweifelhaften Geschäften und erfolgreichen Spekulationen, arbeitete als königlicher Geheimagent, Unternehmer und Waffenlieferant, kaufte sich den Adelstitel de Beaumarchais, war in zahlreiche Prozesse verwickelt, in denen er sich mit glanzvollen Plädoyers große Popularität errang und wanderte wegen einer Eifersuchtsprügelei mit einem Herzog ins Gefängnis. In Spanien duellierte er sich wegen seiner Schwester mit dem Schriftsteller Clavijo und lieferte mit dem veröffentlichten Bericht dieses Abenteuers Goethe die historische Grundlage für seinen *Clavigo*. Die Französische Revolution brachte Beaumarchais um sein Vermögen. Da die Jakobiner dem «Bürger» mit dem bezahlten Adelstitel mißtrauten, mußte er Frankreich verlassen, lebte als ruheloser Emigrant in England, Deutschland und in der Schweiz und durfte erst 1796 – endlich rehabilitiert – wieder in die Heimat zurückkehren. Er starb am 18. Mai 1799 in Paris.

Beaumarchais ging mit seiner Figaro-Trilogie vor allem in die Musikgeschichte ein: Rossini vertonte 1816 seinen *Barbier von Sevilla* (1755), der den Komödienstoff von Molières Schule der Frauen abwandelte, und Mozart bereits zwei Jahre nach der Uraufführung seine Komödie *Ein toller Tag oder Figaros Hochzeit* (1786). Der dritte Teil, *Der andere Tartuffe oder Die schuldige Mutter* (1792), gilt als weniger geglückt und setzt sich als bürgerliches Rührstück, in dem Figaro ein bedrohtes Familienglück wiederherstellt, auch von den vorhergehenden Figaro-Komödien ab. Alle drei Stücke waren allerdings zur Zeit von Beaumarchais auf den Sprechbühnen ungemein erfolgreich. Die Komödie *Ein toller Tag**, die die revolutionäre Stimmung der Zeit spiegelt und die Standesordnung verspottet, erzielte – als zuerst verbotenes, dann doch zugelassenes Skandalstück – einen außerordentlichen Publikumserfolg und wird bis heute häufig gespielt. Beaumarchais' Vorzüge, sein Geist, Witz, Bühnentemperament und seine klare, effektvolle Sprache, kommen hier vollendet zur Geltung.

Ein toller Tag oder Figaros Hochzeit
Komödie in 5 Akten. UA: 1784 in Paris

Graf Almaviva, ein galanter, ehemüder Frauenheld, stellt Susanne, der Zofe seiner Frau, nach. Zwar erklärt er sich damit einverstanden, daß Susanne seinen Kammerdiener Figaro heiratet und verzichtet auch auf das ihm nach altem Feudalgesetz zustehende Recht der ersten Nacht, doch gibt er seine erotischen Absichten keineswegs auf. Figaro, Susanne und die Gräfin legen daher Gegenminen. So großzügig sich Almaviva nämlich selbst jede erotische Freizügigkeit gestattet, so leicht ist seine Eifersucht zu erregen. Vor allem der hübsche Page Cherubin, der die Gräfin liebt, zugleich aber auch sein Herz für Susanne und die Gärtnerstochter Fanchette entdeckt, ist ihm ein Dorn im Auge. Als der Graf ihn bei Susanne erwischt, schickt er ihn daher nach Katalonien ins Feld. Doch Cherubin kehrt auf Figaros Rat ins Schloß zurück und wird dort in die Intrigen gegen Almaviva verwickelt. Figaro zieht geschickt die Fäden, auch den Prozeß wegen seines gebrochenen Eheversprechens an Marzelline, den der Graf als Oberrichter gern gegen ihn entscheiden

Beaumarchais, Ein toller Tag
Salzburger Festspiele 1978
Inszenierung: Johannes Schaaf
v. l. n. r. Cherubin: Santiago Ziesmer
Figaro: Klaus Maria Brandauer
Susanne: Gudrun Gabriel
Gräfin: Heidelinde Weis
Graf Almaviva: Ivan Darvas
Basilio: Ludwig Hirsch

möchte, gewinnt der Diener. Marzelline entpuppt sich schließlich sogar als seine Mutter. Susanne hat inzwischen mit dem Grafen ein Stelldichein im nächtlichen Park verabredet, zu dem jedoch die als Susanne verkleidete Gräfin gehen soll. Figaro, der davon hört, ohne den Plan der beiden Frauen zu kennen, will dort in wilder Eifersucht einen Skandal provozieren. Im Schloßgarten erreicht dann der tolle Tag seinen turbulenten, aber auch klärenden Höhepunkt: Saftig blamiert muß der Graf erkennen, daß er seiner eigenen Frau glühende Liebeserklärungen gemacht hat, verzichtet auf sein Abenteuer mit der Kammerzofe, und Susanne kann endlich ihren Figaro heiraten.

Mit seinem Figaro schuf Beaumarchais eine durchaus unkonventionelle Figur, die nicht nur mit Intelligenz und Witz den Adelsstand bloßstellt, sondern sich auch frech über Standesschranken empört und hinwegsetzt. In dieser brillanten Intrigenkomödie, in der munter und turbulent verkleidet, versteckt, verstellt und verwechselt wird, geht es scheinbar um Liebe, aber dahinter steht die Auflehnung gegen bestehende Ordnungen und bereits die Bankrotterklärung einer herrschenden Gesellschaft. Ein eigenartiges Bewußtsein ständiger Wandelbarkeit prägt das Werk. «Man kann die Zeit nicht aufhalten», sagt der Graf. Johannes Schaaf und Wilfried Minks haben in einer Inszenierung bei den Salzburger Festspielen 1978 diese abdankende Gesellschaft in Alptraumfiguren gezeigt: verstaubte, abbröckelnde, glanzlos gewordene Menschen ohne Substanz, deren Welt eng geworden ist und in die das Volk durch die Türen, ja durch die Wände hereindrängt. Ob Beaumarchais ein Kämpfer für die Ideale der Revolution war oder nur geschickt den revolutionären Zeitgeist einfing, bildet eine Streitfrage. In der Eigencharakteristik des Figaro kündigt sich jedoch ein neuer Menschenschlag an: ehrgeizig aus Eitelkeit, fleißig aus Notwendigkeit, kunstliebend zur Erholung, «Redner je nach Gefahr» und «galant in jähen Anwandlungen». Es ist die Welt der Bourgeoisie, die sich – auch von Molière in ihren Problemen schon genial vorausgeahnt – hier vorstellt: mit ihren Spekulanten und ihrer Biederkeit, mit ihrem auf selbsterworbenen Besitz gegründeten Selbstbewußtsein, ihren Zwiespältigkeiten, Mißverständnissen und Sehnsüchten.

Das italienische Theater des 18. Jahrhunderts

Seit der Mitte des 16. Jahrhunderts hatte sich in Italien ein komödienhaftes Stegreiftheater ausgebreitet, das zeitweise das literarische Theater völlig überwucherte. Diese Commedia dell'arte erlebte einen Triumphzug durch Europa und wirkte in vielen Ländern unmittelbar auf das Theater wie auch auf die Dramatik ein: Sie vereinte viele Motive zu einer sehr eigenständigen Theaterform. Sie verarbeitete die Typen des PLAUTUS, die Masken des venezianischen Karnevals, mimisches Volksgut und auch die brillanten Komödien des frühen 16. Jahrhunderts. Schließlich bestand sie aus einer Reihe von festgelegten Figuren mit festgelegten Verhaltensweisen, die innerhalb eines Szenariums ihre Texte improvisierten. Dieses Szenarium skizzierte in groben Umrissen die Intrige und den Ablauf der Handlung. Im Zentrum des Spiels standen die Diener, der Arlecchino (und seine Abwandlungen wie Truffaldino oder Pulcinella) und deren Partnerin, die schlaue,vorlaute Columbina, und neben einer Fülle von Masken kamen immer wieder der reiche Pantalone vor, der meist als überalterter Liebhaber oder Geldsack übertölpelt wird, der geschwätzige Dottore und der schurkische Brighella. Neben der Commedia dell'arte hatte sich an den Fürstenhöfen ein Prunktheater entwikkelt, aus dem die Oper hervorging, man baute prächtige Theatergebäude und erfand die Kulissenbühne.

Aufbauend auf den Renaissance-Tragödien versuchte VITTORIO ALFIERI (1749–1803) ein klassisches italienisches Drama nach den Regeln des Aristoteles zu begründen, mit dem er den Sinn für Politik und Freiheit wecken wollte. Er fand zu einem leidenschaftlichen Monumentalstil, der auch den Kampf der inneren Widersprüche in einem Charakter spiegelte und zugleich den Widerspruch zwischen Schein und Sein andeutete.

Lebendiger war in Italien seit jeher die Komödientradition. Komödien hatten schon der Dichter des «Rasenden Roland» ARIOSTO (1474–1533) und der Staatsmann und Autor des «Fürstenspiegels» MACHIAVELLI (1469–1527) verfaßt, dessen *Mandragora* auch heute noch gespielt wird. Doch dann überdeckt der Triumph der Commedia dell'arte alle literarischen Versuche. Im 18. Jahrhundert begann die Commedia dell'arte allerdings zu erstarren oder zu vulgären, oft auch obszönen Possen auszuarten. CARLO GOLDONI* gelang dann die Erneuerung der italienischen Komödie nach dem Vorbild Molières in der Umformung, aber auch Überwindung der Commedia dell'arte: Er schuf eine eigenständige italienische Charakter- und Milieukomödie. Zu seinem großen Gegenspieler wurde CARLO GOZZI*, der Goldoni als einen «Verderber der Komödie» bekämpfte, die Commedia dell'arte mit ihren Masken verteidigte und gegen Goldonis Natürlichkeitsstreben für ein Theater der Phantasie und des Märchenhaften eintrat.

Carlo Goldoni 1707–1793

Carlo Goldoni wurde am 25. Februar 1707 in Venedig geboren. Schon Großvater und Vater waren Theaterliebhaber. Der Großvater konnte sich in seiner Villa am Lido noch ein eigenes Theater leisten, der Vater mußte schon einen Brotberuf ergreifen und wurde Arzt in dem Fischerdorf Chioggia nahe Venedig. Carlo riß bereits als Kind von daheim aus, um einer Theatertruppe zu folgen, studierte aber dann Rechtswissenschaften und ließ sich als Advokat in Venedig nieder. Neben seiner Arbeit verfaßte er seine ersten Theaterstücke, nahm Kontakte mit verschiedenen Truppen auf, heiratete, wurde genuesischer Konsul in Venedig, lebte über seine Verhältnisse und ging 1745 als Rechtsanwalt nach Pisa. Auch dort schrieb er weiterhin für das Theater und gab seine Advokaten-Praxis auf, als er 1748 einen Vertrag als Hausdichter am Teatro Sant'Angelo in Venedig erhielt. Er wechselte in Venedig 1751 an das Teatro San Luca über, mit dem er einen Zehnjahresvertrag abschloß. An beiden Theatern war er auch Regisseur seiner Stücke. 1757 begannen die Auseinandersetzungen mit Carlo Gozzi, der ihn als Zerstörer der Commedia dell'arte bekämpfte. Der Intrigen und Rivalitäten müde, verließ Goldoni 1762 seine Vaterstadt für immer und folgte einer Einladung der Comédie Italienne nach Paris. Dort stand er in der Gunst des Hofes, doch verlor er durch die Französische Revolution die ihm ausgesetzte Pension und starb verarmt am 6. Februar 1793 in Paris.

Schon früh faßte Goldoni den Entschluß, ein an Molière orientiertes und doch eigenständiges italienisches Lustspiel zu schaffen. Er baute dabei auf der Tradition des italienischen Volkstheaters auf und reformierte die Commedia dell'arte. Aus ihr entwickelte er seine große Charakter- und Milieukomödie, indem er den Figuren ihre Masken und angestammten Verhaltensweisen nahm, sie zu Charakteren formte, ihnen einen festen Text gab und sie in die soziale Realität seiner Zeit stellte. Als glänzender Beobachter seiner Epoche gestaltete Goldoni echte Milieustudien, in denen er den Mikrokosmus einer Gemeinschaft schilderte. Er zeigte in seinen über 200 Stücken das geschäftige Leben des Bürgertums, den abblätternden Glanz des Adels, die natürliche Einfachheit des Volkes und das Spiel all dieser Menschen mit dem Leben – nicht immer nur temperamentvoll und heiter, sondern mitunter auch bedrohlich oder voll leiser Melancholie, ein Spiel, das immer auch ein Wettlauf mit dem Schicksal ist.

Zunächst hatte Goldoni mit Mischspielen begonnen. Er reduzierte die Masken der Commedia dell'arte auf vier Figuren, die innerhalb seiner neuen Komödienversuche noch Stegreif spielten, die übrigen aber stellte er in ausgeformten Rollen vor. Als der Schauspieler Sacchi, ein berühmter Arlecchino, Goldoni um die Bearbeitung eines älteren Commedia dell'arte-Vorwurfs bat, entstand die erste Fassung von Goldonis bekanntester Komödie:

Der Diener zweier Herren (UA vermutlich 1746 in Venedig). Der Text des Stükkes wurde zwar weitgehend fixiert, ließ aber gerade für Truffaldino genügend Raum für Improvisation, Artistik, ja Akrobatik: Florindo hat im Duell den Bruder seiner Geliebten Beatrice getötet und ist nach Venedig geflohen. Als Mann verkleidet, reist ihm Beatrice mit ihrem Diener Truffaldino (auch Arlecchino) nach und steigt, ohne daß die beiden voneinander wissen, zufällig in demselben Gasthof ab. Da Beatrice ihren Diener schlecht bezahlt, tritt er heimlich auch in die Dienste Florindos. Um nun aber als Diener zweier Herren nicht ertappt zu werden, muß Truffaldino verhindern, daß sich die beiden Liebenden finden. So gerät er in die kompliziertesten Situationen, muß beide gleichzeitig bedienen, jede Nachricht unterbinden, mühsam ein Zusammentreffen vermeiden, und schließlich geht er sogar so weit, jedem der beiden Liebenden zu erzählen, der andere sei gestorben. Doch gerade als die beiden Totgesagten zu verzweifeln drohen, begegnen und erkennen sie einander. Truffaldino wird aber verziehen, und er bekommt sogar noch die Zofe Blandina zur Braut. – In dieser «Kunstfertigkeits-Komödie», die auch von der artistischen Brillanz des Truffaldino lebt, arbeitet Goldoni aber schon den Kontrast zwischen dem reichen Gefühlsleben der Liebenden und dem in seiner Existenzbedrohung geradezu fühllosen Truffaldino heraus. Dieser von ständigem Hunger gepeinigte Diener, der seine Herren auf köstlich doppelzüngige Art und schließlich gar mit Lügen täuscht, muß improvisieren, um sich und seine beiden Geldquellen am Leben zu erhalten. Ein Zauberlehrling, der in die selbstgeschaffene Maschinerie gezogen wird, treibt er das Spiel mit dem Tod. Doch seine Unverfrorenheit ist Selbstschutz, Gefühle kann er sich nicht leisten. – Hatten die legendären Inszenierungen von Max Reinhardt in Wien (1924) und Giorgio Strehler in Mailand (1947) vor allem das Artistisch-Spielerische dominieren lassen, der eine ins rein Komödiantische, der andere ins Unheimliche ausgreifend, so betonten Inszenierungen der siebziger Jahre die soziale Komponente: die verhinderte Menschlichkeit des Truffaldino, aber auch das Bewußtwerden seiner Situation in einer ruinösen Gesellschaft.

Der Lügner (UA: 1750 in Mantua) ist nach dem Vorbild von Corneilles gleichnamiger Komödie gestaltet. Doch im Unterschied zu seinem Vorgänger ist Goldonis Lügner stolz auf seine «geistreichen Erfindungen», wie er seine Lügengespinste nennt. Er lügt allerdings so charmant, so von seiner eigenen Phantasie mitgerissen, daß ihm niemand für seine Bedenkenlosigkeiten und Täuschungen allzu böse sein kann. So übertrumpft er zunächst den schüchternen Liebhaber Florindo bei der angebeteten Rosaura. Kaum in Venedig angekommen, stürzt er sich in den Trubel der Beziehungen und gibt ein Ständchen, ein Sonett, ein wertvolles Spitzentuch Florindos als seine Huldigungen für Rosaura aus. Jedem lügt er etwas vor und löst Eifersucht und Verzweiflung aus. Zuletzt aber muß er erkennen, daß selbst die virtuosesten Lügen der Wahrheit nicht gewachsen sind: Er hat sich in seinen Lügen verfangen, wird entlarvt, muß um Verzeihung bitten und Besserung geloben.

Menschliche Torheit steht im Mittelpunkt der Komödie *Die Familie des Antiquitätensammlers* (1749), die schon Goldonis Vorstoß zum realistischen Schauspiel andeutet: Der wirklichkeitsfremde Graf Terazzini widmet seine ganze Aufmerksamkeit dem Sammeln wertloser Antiquitäten und merkt dabei nicht, daß seine Familie in eine gefährliche Krise gerät. Nur mit Mühe kann Pantalone, indem er Vermögensverwalter der Familie wird, das von Brighella und Arlecchino gestiftete Unheil abwenden.

Das Kaffeehaus (UA: 1750 in Mantua), zwischen einem Barbierladen und einer Spielhölle gelegen, bildet den Kristallisationspunkt des Geschehens, das Goldoni aus dem bunten Treiben auf einer Piazzetta in Venedig entwickelt: Der junge Eugenio ist dem Spiel verfallen und bemerkt nicht, daß er von dem Besitzer der Spielhölle, Pandolfo, und dem Falschspieler Flaminio, der sich Graf Leandro nennt, betrogen wird. Verzweifelt versucht ihn seine frisch angetraute Frau Vittoria, die er sträflich vernachlässigt, von seiner Spielleidenschaft abzubringen. Der biedere Kaffeehausbesitzer Ridolfo, der die Ereignisse besorgt verfolgt, unterstützt sie dabei nach Kräften. Auch Placidia, Flaminios verlassene Ehefrau, bemüht sich, ihren Man aus den Armen der Tänzerin Lisaura zurückzugewinnen und von seinen Betrügereien abzuhalten. Ihre Versuche scheitern aber an Don Marzio, der mit seiner prahlerischen Geschwätzigkeit alle Bestrebungen durchkreuzt. Zuletzt gelingt es jedoch Ridolfo, Eugenio zur Vernunft und zu seiner Vittoria zu bringen, auch Flaminio besinnt sich eines Besseren, Marzio wird entlarvt, und Pandolfo wandert ins Gefängnis. – In dieser farbigen Komödie, die ganz auf die Figuren der Commedia dell'arte verzichtet, zeigt sich Goldoni schon als ein Meister der Charakter- und auch Milieuschilderung. Die Menschen sind in ihren Stärken und Schwächen mit liebevoller Hand gezeichnet und verfügen über ein ausgeprägtes Eigenleben: Der gutmütige, aber schwache Eugenio und die um ihr Glück kämpfende Vittoria zählen zu Goldonis reizvollsten Liebespaaren und Don Marzio zu seinen schillerndsten Charakteren.

Mirandolina (UA: 1751 in Venedig), dem Original entsprechend auch *Die Herbergswirtin* genannt, stellt einen facettenreich funkelnden Frauencharakter auf die Bühne. In diesem burlesken Spiel um die hübsche florentinische Wirtin, die drei ihrer Verehrer an der Nase herumführt, um schließlich einen vierten zu heiraten, fand Goldoni nicht nur zu profilierten, einander kontrastierenden Charakteren, sondern auch zu einer feingesponnenen Handlung: Ein verarmter Marquese und ein reicher Conte machen der jungen, resoluten Wirtin den Hof, wobei sie im Streit um ihre Vorrechte ihren Selbstbetrug und ihre gegenseitige Unaufrichtigkeit entlarven. In mühsam zurückgehaltener Eifersucht beobachtet der junge Kellner Fabrizio Mirandolinas Verhalten. Diese reizt es, daß sich der Cavaliere di Ripafratta, ein grober, weibliche Vorzüge mißachtender Hagestolz, an dem allgemeinen Werben um sie nicht beteiligt. Sie zieht alle Register weiblicher Raffinesse und macht ihn, mit geheucheltem Verständnis für seine Eigenart, in sich verliebt. Der Cavaliere vergißt seine Weiberfeindlichkeit und wird zum feurigen Draufgänger. Als aus dem Spiel Ernst zu werden droht, gesteht Mirandolina ihre Täuschungsmanöver und reicht ihre Hand dem Kellner Fabrizio. – Nicht frei von Koketterie treibt die schöne Wirtin mit den Männern ein charmantes Spiel, das typisch für eine Frau ist, die sich in der Männergesellschaft behaupten will. Darüber hinaus wischt sie dem Adel eins aus, indem sie den vornehmen Herren den lebenstüchtigen Kellner vorzieht. Ob aus Vernunft oder aus Liebe, bleibt der Interpretation überlassen.

Ein interessantes Genrebild des Karnevaltreibens entwarf Goldoni mit *Die eifersüchtigen Frauen* (1752). Ausgehend von eifersüchtigem Weiberklatsch, verlieren im Maskenrummel des Karnevals alle Beteiligten den Kopf. Goldoni näherte sich hier einem fast krassen Realismus, indem er vorführt, daß der Karneval in der bürgerlichen Gesellschaft eher Begierde als überschäumende Fröhlichkeit weckt.

Zu einer faszinierenden Milieuschilderung, einem großen melancholisch getönten Tableau, gestaltete der Dichter seine *Villagiatura* (1754), die er später zur *Triologie der Sommerfrische* erweiterte. Er beschreibt den Aufbruch von Bürgersfamilien in die Sommerfrische, die zu einem Statussymbol geworden ist, das sie sich allerdings kaum mehr leisten können. Die Mädchen rivalisieren mit kostbaren Toiletten, die die Väter in ungeahnte Unkosten stürzen; das Leben in den Landhäusern mit seinem Aufwand, an dem Schmarotzer und Dandies partizipieren, ruiniert sie vollkommen. Zuletzt heiraten die Mädchen aus Geldgründen bewußt den falschen Mann, obwohl ihr Herz an einen anderen gebunden ist. Goldoni formulierte hier seine Kritik an bürgerlichen Vorurteilen, Konkurrenzdenken und falschen Statussymbolen und fand dabei zu Ausdrucksformen, die, wie Giorgio Strehler in seiner Inszenierung in Wien (1974) herausarbeitete, bereits auf Tschechow verwiesen: Auch hier reden und leben Menschen aneinander vorbei, verfehlen einander und verblassen in Resignation.

Eine der brillantesten Charakter- und Milieukomödien, *Die Grobiane* (1760), zeige den Charakter des bürgerlichen Haustyrannen sehr subtil in vier verschiedenen Schattierungen. Die vier Grobiane führen ein Schreckensregiment über ihre Familien und verschachern ihre Kinder untereinander, ohne nach deren Neigungen zu fragen. Erst als die resolute Felice mit drastischen Mitteln eingreift, kommen die selbstherrlichen Männer zur Besinnung. Meisterhaft und sehr kritisch zeichnete Goldoni hier eine kleinbürgerliche Welt, in der sich die Männer alles erlauben, während sie versuchen, den Frauen jede Selbständigkeit zu nehmen.

Einen ähnlich kleinbürgerlichen, ewig polternden Besserwisser stellt Goldoni auch in *Der lästige Alte* (1762) vor. Der geizige Haustyrann gefährdet sogar das Glück seiner Enkelin. Um die Mitgift zu sparen, will er Zanetta an den einfältigen Sohn eines Mannes verheiraten, der ihm verpflichtet ist – was nur durch eine geschickte Intrige der Mutter Marcolina verhindert werden kann.

In *Streit in Chioggia* (1762) gelingt es Goldoni, seine Komödie zum Spiegel und Ausdruck des Lebens in einem italienischen Fischerdorf zu machen, ein prachtvolles Beispiel für das von ihm versuchte «vielstimmige Theater». Giorgio Strehler hat mit diesem Stück (1964 in Mailand) ein hinreißendes Bild der Italianità inszeniert. Er entwickelte die Dynamik auf dem Temperament der gegensätzlichen Charaktere und vermittelte die Vitalität des harten, aber gradlinigen Lebens einer festgefügten Gemeinschaft.

Der Fächer (UA: 1765 in Venedig) führt einen Mikrokosmos vor, der dem Leben der Goldoni-Zeit enspricht: Gleich zu Beginn entfaltet die Komödie mit all ihren Personen auf einem Platz das Panorama: Candida sitzt mit ihrer Tante auf dem Balkon, unter ihnen arbeitet die junge Giannina am Spinnrad, der Apotheker stößt am Fenster des Nachbarhauses Gewürze, vor dem Wirtshaus macht der Wirt Coronato Eintragungen in sein Geschäftsbuch, der junge Schuster Crespino hämmert an dem Schuh eines etwas heruntergekommenen Grafen, der lesend auf die Reparatur wartet, vor einem kleinen Kaffeehaus plaudern der junge Evaristo und ein Baron, die Krämerin Susanne sitzt vor ihrem Laden. Candida läßt, während sie vom Balkon aus verliebt mit Evaristo spricht, ihren Fächer fallen, der zerbricht. Evaristo kauft ihr einen neuen bei Susanne und beauftragt Giannina, ihn Candida zu bringen. Durch eine Reihe von Mißverständnissen wandert nun der Fächer von Hand zu Hand. Crespino und Coronato, die beide in Giannina verliebt sind, vermuten in Evaristo einen Nebenbuhler, auch Candida gerät vor Eifersucht außer sich und verspricht ihre Hand dem Baron. Die Verwirrungen häufen sich, und erst nachdem der Fächer seine Reise beendet hat und wieder bei Evaristo angelangt ist, klärt sich alles auf. Evaristo und Candida heiraten und Giannina bekommt ihren Crespino. Adelige und Bürger, Händler, Handwerker und Bauern werden durch das ominöse Requisit, das alle sozialen Schranken überspringt, zu einem bezaubernden komödiantischen Reigen verknüpft.

Carlo Gozzi 1720–1806

Carlo Gozzi wurde am 13. Dezember 1720 in Venedig geboren. Er entstammte einer alten venezianischen Adelsfamilie, wurde bereits mit 16 Jahren Soldat und nahm an Kämpfen in Dalmatien teil. 1739 kehrte er nach Venedig zurück. Als führendes Mitglied der konservativen Akademie wandte er sich gegen aufklärerische Auffassungen und neue demokratische Perspektiven, wie sie Goldoni in sein theatralisches Weltbild übernommen hatte, und warf diesem die Zerstörung der Commedia dell'arte vor. 1757 nahm er den Kampf gegen Goldonis Charakterkomödie und sein wirklichkeitsnahes Theater auf. 1761 begann Gozzi die ersten seiner insgesamt zehn «dramatischen Märchen» zu schreiben, die in Venedig aufgeführt wurden und beim Publikum sofort durchschlagenden Erfolg hatten. In Italien geriet Graf Gozzi allerdings bald wieder in Vergessenheit; sein Werk wirkte aber im Ausland weiter, so etwa auf die deutschen Romantiker und auf Raimunds Zaubertheater. Gozzi starb einsam und vergessen am 4. April 1806 in Venedig.

Gozzis Werk plädierte für die Phantasie. Er wurde lange nur als ein Bewahrer traditioneller Theaterformen und Gegner des genialen Neuerers Goldoni mißverstanden. Tatsächlich aber war er ein Antipode, dessen dichterische Qualitäten in seiner Heimat erst in der Zeit des «absurden Theaters» wiedererkannt werden sollten. Ein Feind der wirklichkeitsnahen Milieuschilderung, war er überzeugt, daß Zaubereien, Verwandlungen und Wunderlichkeiten ebensoviel Lebenswahrheit vermitteln können. So entfesselte er in seinen Märchenkomödien, in der die Commedia dell'arte mit märchenhaften, tragischen, melodramatischen, ironischen und grotesken Elementen verschmolz, ein totales Theater der Phantasie. So stellte er phantastische Träume von unbestreitbarer Originalität auf die Bühne, die oft auch voll geheimnisvoller Wahrheit waren.

Von Gozzis erster Märchenkomödie *Die Liebe zu den drei Orangen* (1761) ist nur das Szenarium für das Stegreifspiel erhalten: Ein sterbenskranker Prinz wird durch Truffaldinos Späße geheilt und von Verlangen nach drei Orangen erfaßt, die er nach mannigfaltigen Abenteuern samt der in ihnen verborgenen Prinzessin erobert. Der Kampf zwischen der hilfreichen Fee und dem feindlich gesinnten Magier (Goldoni) spiegelt die venezianischen Theaterfehden.

König Hirsch (1762) zeigt Gozzi auf der Höhe seiner Kunst. Die Märchenkomödie ist ein Zauberspektakel mit Tiefgang: König Deramo soll aus Staatsgründen heiraten. Um nicht an eine nur auf den Thron versessene Frau zu geraten, bedient er sich einer von einem Zauberer geschenkten Statue, die bei jeder Unwahrheit der Bewerberinnen in nur für ihn hörbares Lachen ausbricht. Über 2000 Interessentinnen sind auf diese Weise entlarvt worden. Nur Pantalones Tochter Angela, deren schüchterne Liebe zum König aufrichtig ist und von diesem erwidert wird, besteht die Probe. Doch der Minister Tartaglia, dessen Tochter abgewiesen wurde, sinnt auf Rache. Es gelingt ihm, dem König das Geheimnis eines zweiten Geschenks des Zauberers zu entlocken: Es ist ein Zauberspruch, mit dem jeder aus der eigenen Gestalt in die eines toten Tieres oder Menschen schlüpfen kann. Als die beiden auf der Jagd zwei Hirsche erlegen, schlägt Tartaglia eine Probe vor. Der König schlüpft in den Körper eines Hirschs, Tartaglia aber bemächtigt sich der Hülle des Königs. Sein vulgäres Auftreten als König versetzt alle in Entsetzen, und er muß ein Schreckensregiment führen, um respektiert zu werden. Als er auf der Jagd nach dem ihm gefährlichen «König Hirsch» einen Landstreicher erschießt, schlüpft Deramo in die abstoßende Gestalt des Toten und kehrt an seinen Hof zurück. Dort erkennt Angela auch in der widerlichen Hülle ihren Geliebten. Der Zauberer greift ein und verhilft dem König wieder zu seiner Gestalt. Tartaglia wird gerichtet. – Das Werk zeigt in seiner genialen Struktur Gozzis Meisterschaft im Verflechten verschiedenster Gestaltungselemente. Seine Kunst beweist er auch in der Sprachbehandlung: Er gibt jeder Figur die ihr entsprechende Sprachebene, so sprechen Deramo und Angela in Versen, Tartaglia in Prosa und die Standardtypen der Commedia dell'arte in venezianischem Dialekt.

Turandot (1762), Gozzis tragikomisches Märchen, ist in einer weitgehend realistischen, wenn auch exotischen Umgebung angesiedelt: Die schöne, aber grausame Prinzessin Turandot will nur den Bewerber erhören, der drei von ihr gestellte Rätsel lösen kann. Versagt er, wird er geköpft. Zahllose Männer haben schon ihr Leben verloren. Doch Prinz Kalaf gelingt die Lösung. Gerührt von Turandots Schmerz um den Verlust ihres Mädchenstolzes, verspricht er ihr allerdings, auf sein Anrecht zu verzichten, wenn sie seinen bisher geheimgehaltenen Namen errät. Nun setzt Turandot alle Mittel der Gewalt ein, um das Geheimnis zu erfahren, doch Kalafs Vater und Erzieher schweigen, auch auf der Folter. Prinzessin Adelma aber, die als Sklavin am Hof von Peking lebt, Kalaf liebt, von ihm aber zurückgewiesen wird, verrät ihn an Turandot. Als sich Kalaf, verzweifelt über den Verlust der Geliebten, das Leben nehmen will, gesteht ihm Turandot ihre Liebe und schenkt ihm ihre Hand. – Turandot, deren Grausamkeit auf dem Wunsch beruht, frei zu leben und ihr «beleidigtes Geschlecht» an dem «stolzen Männervolk» zu rächen, wird zuletzt von der unbedingten Liebe Kalafs bezwungen. Es ist ein Spiel um Liebe und Tod, grausam, burlesk, voll Übermut, Turbulenz und von geheimen Ängsten erfüllt. In SCHILLERS Bearbeitung ist das Beseelte und Pathetische auf Kosten des Burlesken hervorgehoben.

Das vorklassische und klassische Theater Deutschlands

Im 16. Jahrhundert wurde in Deutschland – neben der Meistersinger-Poesie und dem Fastnachtsspiel – das Schultheater gepflegt, das sich, in der Nachfolge des Humanistentheaters, vorwiegend der lateinischen Sprache bediente und von Luther gefördert wurde. Auch das Jesuitentheater, das mit der Gegenreformation aufkam, stützte sich auf die Schüler der Collegien, war also Schultheater, das sich im 17. Jahrhundert durch fürstliche Förderung zu einem barocken Prunktheater entwickeln konnte. Es hat bis zur Aufhebung des Jesuitenordens 1773 bestanden. Das Jesuitentheater besaß in JAKOB BIDERMANN (1578–1639) einen Dichter, der mit seinem Drama *Cenodoxus* das barocke Welttheater eröffnete. Das Drama um den lasterhaften Doktor von Paris wurde 1602 in Augsburg uraufgeführt und erschien 1635 in deutscher Fassung. Das Leben und Sterben des berühmten Doktors der Medizin wird von personifizierten Mächten des Bösen und des Guten begleitet, die um seine Seele ringen. Großartiger Höhepunkt des Dramas ist die simultane Darstellung von feierlichem Begräbnis und apokalyptischer Gerichtsszene, der der Höllensturz des Cenodoxus folgt.

Mit dem beginnenden 17. Jahrhundert wurden die Deutschen zuerst durch die englischen Wanderkomödianten mit Shakespeare bekannt gemacht, wenn auch mit einem verstümmelten und für primitive Aufführungen zurechtgestutzten Shakespeare. Beeinflußt von dem Prunk und Pomp der Barockbühne, entstand in der Folge eine Art Geschichtsdrama, die sogenannte «Haupt- und Staatsaktion», eine mit schauerlichen Effekten wild überladene, historisch durchaus zweifelhafte Schau, in die man außer Mord und Totschlag schließlich auch noch den Hanswurst einbaute.

Als bedeutendster Dramatiker des Hochbarock galt ANDREAS GRYPHIUS (1616–1664). Nach dem Vorbild Senecas und des holländischen Dramatikers Joost van den Vondel schrieb er Tragödien in Alexandrinern, die vorwiegend von religiösen Impulsen getragen sind. Die Helden seiner historischen Dramen *Catharina von Georgien* (1651) und *Carolus Stuardus* (1657) werden zu Märtyrern: Catharina stirbt für ihren Glauben, Carolus für seine Staatsauffassung, indem er den Märtyrertod nachvollzieht. – Eine Variante des *Miles gloriosus* verfaßte Gryphius um 1650 mit seinem «Schertz-Spiel» *Horribilicribrifax* (1674), in dem er den plautinischen Typus des bramarbasierenden Soldaten verdoppelt. Er verbindet komplizierte Liebesverwicklungen, die sich zuletzt in der Hochzeit von sieben Paaren entwirren, mit der satirischen Zeichnung von zwei Zentralfiguren: Den prahlerischen, feigen «Überhelden» Horribilicribrifax und Daradiridatumtarides, die einander in Großsprecherei überbieten und wirkungsvoll in das farbige Bild der Zeit unmittelbar nach dem Dreißigjährigen Krieg eingefügt sind. Die Komik der Charakterzeichnung wird dabei noch von der eines typisierenden Sprachkauderwelsches übertroffen. – Eine der reizvollsten Schöpfungen des Dichters ist die «absurde Komödie» *Herr Peter Squentz* (1658), die Shakespeares Rüpelspiel aus dem *Sommernachtstraum* zu einem fünfaktigen «Schimpff-Spiel» ausweitet. Das Stück ist eine brillante Satire auf das kleinbürgerliche Milieu, auf das Mißverhältnis von Können und Wollen, läßt allerdings deutlich die Geringschätzung der Gebildeten gegenüber den künstlerischen Bemühungen des Volkes erkennen.

Die «Stürmer und Dränger» erstrebten die natürliche Gesellschaftsordnung für natürliche Menschen und wandten sich gegen die Aufklärung, da sie das Verkennen des Irrationalen als verhängnisvoll empfanden. Daher stellten sie dem Verstand nun Herz, Gefühl, Ahnung und Trieb gegenüber. Typisch wurden gesteigertes Sinnenleben, Selbstbewußtsein des einzelnen, Hervorkehrung der Individualität und der Aufruf zur Änderung der sittlichen und sozialen Zustände. So wurde der Konflikt zwischen dem natürlich empfindenden Menschen und der bestehenden Kultur zum Hauptthema der Dramatik des Sturm und Drang. Zu den bedeutendsten Dramen neben den Jugendwerken Goethes und Schillers zählen: *Ugolino* (1769; Trauerspiel um die Kerkerqualen und den Hungertod des Grafen Ugolino) von HEINRICH WILHELM VON GERSTENBERG (1737–1823); *Die Zwillinge* (1776; feindliche Brüder rivalisieren um die Liebe der Eltern und eines Mädchens) und *Sturm und Drang* (1777; der Haß zweier adeliger Familien, deren Kinder einander lieben, wird nach extremen Wirren überwunden) von FRIEDRICH MAXIMILIAN KLINGER (1752–1831); *Julius von Tarent* (1776; Haß ungleicher Brüder, des Tatmenschen Guido und des Gefühlsmenschen Julius, in der Rivalität um ein Mädchen) von JOHANN ANTON LEISEWITZ (1752–1806) und *Die Kindsmörderin* (1777; nach einer realistischen Verführungsszene in einem Absteigequartier tötet Evchen ihr Kind aus Verzweiflung und Angst) von HEINRICH LEOPOLD WAGNER (1747–1779). Der zweifellos Begabteste dieser Dichtergruppe war JAKOB MICHAEL REINHOLD LENZ*, von dessen Werk direkte Linien zu Büchner und Grabbe bis hin zu Wedekind führen.

Die Dichtung der Klassik postulierte neue Ideale. Richtungsweisend wurde das Gute, Wahre, Schöne, der Mensch glaubte an freie Selbstbestimmung und Selbstvollendung und strebte nach Sittlichkeit und Kultur. Strenggenommen umfaßte die Klassik nur den Zeitraum weniger Jahre, sie grenzte sich gegenüber Sturm und Drang und Romantik als eine auf die geschlossene Form, auf Vollendung ausgerichtete, antikisierende Kunstauffassung ab und bekannte sich zum Humanitätsideal und einem sittlichen Idealismus. Allen Glauben und alle Sehnsucht legte die Klassik in den Begriff der reinen Menschlichkeit. Den Gegensatz von Sinnlichkeit und Vernunft versöhnte sie in der ästhetischen Harmonie. Mit FRIEDRICH VON SCHILLER* und JOHANN

WOLFGANG VON GOETHE* stieg das deutsche Theater der Klassik zur Weltdichtung auf.

Neben den Dramen der Klassiker entwickelte sich eine umfangreiche Produktion an Gebrauchsdramatik: WILHELM IFFLAND (1759–1814) lieferte das bürgerliche Rührstück, AUGUST VON KOTZEBUE (1761–1819) vor allem das Lustspiel. Kotzebue schrieb über 200 Theaterstücke. Die Satire auf das Gesellschaftsleben in einem deutschen Provinznest, *Die deutschen Kleinstädter* (1803), gilt als sein bestes Werk. Es geht um die Liebe der Bürgermeisterstochter Sabine zu dem jungen Olmers. Sabine soll jedoch auf Wunsch des Vaters den «Bau-Berg- und Weg-Inspektors-Substitut» Sperling heiraten und gibt daher ein Medaillon von Olmers als Bildnis des Königs aus. Als Olmers nach Krähwinkel kommt, wird er für den heimlich abgestiegenen König gehalten. Kleinstädtische Beschränktheit, Aufgeblasenheit, Rang-, Ämter- und Titelsucht werden zur Zielscheibe des Spotts und sind von Kotzebue so charakteristisch und wirkungsvoll getroffen, daß sein Krähwinkel zu einem Begriff für Provinzialität schlechthin wurde.

Gotthold Ephraim Lessing 1729–1781

Lessing wurde als Sohn eines Pfarrers am 22. Februar 1729 in Kamenz in der Oberlausitz geboren. Nach dem Besuch der Fürstenschule in Meißen kam er mit 17 Jahren an die Universität Leipzig und studierte dort zunächst Theologie, später Medizin und schließlich Philologie. Anziehender als das Studium war für ihn vorerst allerdings die Theatergruppe der Neuberin, mit der er bald in engen Kontakt kam und die 1748 sein Lustspiel *Der junge Gelehrte* uraufführte. 1752 promovierte Lessing in Wittenberg zum Magister der freien Künste und lebte in den folgenden Jahren als Schriftsteller und Journalist in Berlin. Dort verkehrte er vor allem mit Nicolai, Ramler und dem Philosophen Moses Mendelssohn. Gegen Ende des Siebenjährigen Krieges war er fünf Jahre Gouvernementssekretär des Generals von Tauentzien in Breslau. 1767 wurde Lessing als Dramaturg an das neugegründete Hamburgische Nationaltheater berufen. Nach dem Zusammenbruch dieser Bühne ging er 1770 als Bibliothekar des Herzogs von Braunschweig nach Wolfenbüttel. 1776 heiratete er Eva König, die Witwe eines Freundes, mit der er lange Jahre verlobt war. Nicht zuletzt materielle Gründe hatten die Heirat verzögert. Eva gebar ihm einen Sohn, der nur 24 Stunden lebte, und starb an den Folgen der Geburt nach nur einjähriger Ehe. «Ich wollte es auch einmal so gut haben wie andere Menschen», schrieb Lessing an einen Freund. «Aber es ist mir schlecht bekommen.» Er begann zu kränkeln und starb während eines Aufenthalts in Braunschweig am 15. Februar 1781.

«Es ist doch gar keine Frage, daß Lessing unter allen Deutschen seiner Zeit über das, was die Kunst betrifft, am klarsten gewesen, am schärfsten und zugleich am liberalsten darüber gedacht und das Wesentliche, worauf es ankommt, am unverrücktesten ins Auge gefaßt hat», schrieb Schiller an Goethe. Lessing, der Begründer des klassischen deutschen Theaters, war ein Mann der Aufklärung. Doch seine Vernunft wurzelte nicht in einem abstrakten Realismus, sondern in tiefer Menschenliebe. Sein Bekenntnis zur Humanität bedeutete für ihn zugleich die Verpflichtung, nach seiner Überzeugung zu leben, auch wenn sie ihn in die zahlreichen Fehden seiner schriftstellerischen Laufbahn führte. Mit seiner «Hamburgischen Dramaturgie», einer Sammlung von Kritiken, die er 1767–1769 im Auftrag des Hamburger Nationaltheaters schrieb, schuf er das erste fundamentale theoretische Werk für das deutsche Theater. Aus seiner Entlarvung der Mißverständnisse des Aristoteles im französischen Klassizismus, aus seinen Erkenntnissen der Antike, der griechischen Tragiker und vor allem Shakespeares entstanden eine grundlegende Theorie des deutschen Dramas und praktische Anleitungen zu ihrer Verwirklichung. Lessing löste damit die deutsche Literatur aus der französischen Abhängigkeit und öffnete ihr mit dem Leitstern Shakespeare neue Perspektiven.

Er selbst schuf eine Reihe meisterhafter «Musterstücke»: Bereits *Miß Sara Sampson** und das einaktige Trauerspiel *Philotas* (1759) zeigen seine dramatische Begabung, doch mit *Minna von Barnhelm**, *Emilia Galotti** und *Nathan der Weise**, in dem er erstmals im deutschen Schauspiel den Shakespeareschen Blankvers (fünffüßiger Jambus) verwendet, wird er in der geistigen Haltung wie in der Form zum Begründer des Dramas der deutschen Klassik.

Miß Sara Sampson
Trauerspiel in 5 Aufzügen
UA: 1775 in Frankfurt/Oder

Mellefont hat Sara Sampson, ein junges Bürgermädchen, verführt und ist mit ihr in einen Provinzgasthof geflohen. Sara drängt auf Heirat, doch Mellefont antwortet mit Ausflüchten. Seine frühere Geliebte Marwood ist ihm mit ihrer Tochter Arabella nachgereist und versucht mit allen Mitteln, ihn zurückzugewinnen. Sie erreicht, Sara von Mellefont als Verwandte vorgestellt zu werden. In einem günstigen Augenblick gibt sie sich ihr jedoch als Geliebte Mellefonts und Mutter seines Kindes zu erkennen. Diese Eröffnung schockiert Sara so sehr, daß sie das Bewußtsein verliert; Marwood läßt sich dazu hinreißen, Saras Medizin gegen Gift auszutauschen. Nachdem sie sich vergewissert hat, daß Sara das Gift eingeflößt wurde, flieht sie. Sir William Sampson findet seine Tochter als Sterbende. Verzeihend bittet sie ihn, Mellefont und Arabella in väterlicher Liebe aufzunehmen. Als Sara stirbt, erdolcht sich Mellefont. Vater Sampson läßt Sara mit Mellefont in einem gemeinsamen Grab beerdigen und wird, dem letzten Wunsch seiner Tochter folgend, für Arabella sorgen.

Miß Sara Sampson ist das erste bürgerliche Trauerspiel in deutscher Sprache. Noch 1735 hatte Gottsched postuliert, die Tragödie sei «Potentaten, Prinzen und hohen Standespersonen» vorbehalten. Doch nun ging Lessing, in klarer Gegenposition, auf das Schicksal eines verführten Mädchens aus bürgerlichen Kreisen ein. Er konfrontierte die Zuschauer mit einem Zeitstück, in dem sie eigene Probleme und Vorurteile erkannten. Das Werk wirkte unmittelbar auf die klassische Dramatik: Die weiblichen Gegentypen Sara und Marwood, das naive, lautere Mädchen und die leidenschaftliche, erotisch dominierende Verführerin, kehren bei Lessing in *Emilia Galotti* als Emilia und Orsina wieder, in Schillers *Kabale und Liebe* als Luise und Lady Milford, in Goethes *Götz* als Maria und Adelheid. Mit Mellefont begegnen wir erstmals dem modernen zwiespältigen Schwächling, dem Mann zwischen zwei Frauen, dem Mann im Schwanken zwischen der Frau und seiner Ungebundenheit, dem Goethes Clavigo, Fernando (*Stella*) und Weislingen (*Götz*) nahe verwandt sind. Im Eingehen auf die differenziert geschilderten Gewissenskonflikte der Menschen, die scheiternd zu sich selbst finden, die verschiedenen Ausprägungen von Liebe, auf die Einsicht in die Schwächen des Menschen, kann das Werk – trotz seiner zeitgebundenen Rührseligkeit und der sich oft allzu stark in Sentenzen äußernden Gefühle – auch auf der heutigen Bühne wirkungsvoll sein.

Minna von Barnhelm oder das Soldatenglück
Lustspiel in 5 Aufzügen
UA: 1767 in Hamburg

Der preußische Major von Tellheim hatte sich im Siebenjährigen Krieg in Sachsen mit dem Fräulein von Barnhelm verlobt. Den besiegten sächsischen Ständen schoß er großmütig die fälligen Kriegssteuern aus dem eigenen Vermögen vor und erhielt dafür von ihnen einen Wechsel. Nach Ende des Krieges legt man Tellheim, der verwundet heimgekehrt ist, diesen Wechsel als Bestechung aus. Er wird verabschiedet und lebt nun, verarmt und in seiner Ehre gekränkt, in einem Berliner Gasthof, wo er den Ausgang des Prozesses, der gegen ihn angestrengt wurde, abwarten will. Der Wirt kündigt ihm sein Zimmer, um es einer zugereisten vornehmen Dame zur Verfügung zu stellen. Diese aber ist niemand anderes als Minna von Barnhelm. Sie ist mit ihrer Kammerzofe Franziska nach Berlin gereist, um ihren Verlobten wiederzufinden. Als sie ihn endlich aufgespürt hat, muß sie die Gefährdung ihrer Beziehung erkennen. Tellheim hält es für ehrlos, sie in seiner jetzigen elenden Lage weiter an sich zu binden. Allem Zureden der liebenden Minna verschließt er sich in starrem preußischem Ehrgefühl. Da greift Minna zu einer List: Sie läßt Tellheim von Franziska mitteilen, ihr Fräulein befände sich in bedrängter Lage und sei von ihrem Onkel enterbt worden. Damit fordert sie Tellheims Liebe und Hilfsbereitschaft heraus. Sofort ist er zu allem bereit, wozu er sich vorher außerstande fühlte: Sich Minna zu verbinden, Geld zu borgen, ja sogar in fremde Kriegsdienste zu treten. Doch nun kehrt Minna die Situation um. Als Tellheim durch ein Schreiben des Königs rehabilitiert wird, entzieht sie sich ihm mit denselben Argumenten, die er zuvor ihr gegenüber verwendet hatte. Erst als Minnas Onkel, der Graf von Bruchsal, ankommt, gesteht sie ihre List, durch die sie den Geliebten zur Einsicht führen wollte, und klärt alle Verwicklungen auf. Der Verbindung der beiden Liebenden steht nun nichts mehr im Weg. In die Haupthandlung sind reizvoll berühmt gewordene Nebenfiguren verflochten: der grobe, aber treue Diener Just, der geschäftstüchtige Wirt, der französische Pseudokavalier und Spieler Riccaut de la Marlinière, vor allem aber die schlagfertige, warmherzige Franziska, die zuletzt dem Wachtmeister Werner, der seine gute Seele hinter rauhbeinigem Gehabe verbirgt, erfolgreich einen Heiratsantrag macht.

Vor dem lebensecht gezeichneten Zeitkolorit der Nachkriegssituation entwikkelt Lessing seine bezaubernde Liebesgeschichte, die überspitztes Ehrgefühl mit Liebe und Humor auf das rechte Maß zurückzuführen versucht. In diesem espritreichen, dramaturgisch großartig gebauten ersten deutschen Lustspiel werden nicht menschliche Laster an den Fäden einer überlegenen Ironie gegeneinander geführt, sondern menschliche Schwächen und Konditionierungen aus ihrem Kernpunkt verstanden – und liebevoll belächelt. Das übertrieben Preußische, das aus Ehrgefühl, Vernunft und Notwendigkeit die Herzensregung unterdrückt, wird als tragischer Zug des Deutschen deutlich, als ein entgleister Idealismus, der von einer ebenso klugen wie anmutigen Frau listenreich ins menschliche Lot gebracht wird. Es ist eine Notsitua-

Lessing, Minna von Barnhelm. Kammerspiele München, 1976. Inszenierung: Dieter Dorn
Titelrolle: Cornelia Froboess

tion, aus der heraus Tellheim so selbstzerstörerisch auf Gerechtigkeit und der Ehre «in den Augen der Welt» besteht, doch Minna spürt die Grenze auf, wo Stolz, Ehrgefühl, Pflichtbewußtsein und scheinbare Selbstlosigkeit in Gefühlsverwirrung, ja Unmenschlichkeit umzuschlagen drohen. Sie führt einen großen Humorlosen, einen pflichtbesessenen Soldaten, zum Menschen und Bürger zurück. Wie nahe die Lessingsche Komödie aber an der Tragödie liegt, versuchen heutige Inszenierungen anklingen zu lassen.

Emilia Galotti
Trauerspiel in 5 Aufzügen
UA: 1772 in Braunschweig

Der Prinz von Guastalla, Hettore Gonzaga, hat sich, seiner früheren Geliebten, der Gräfin Orsina, überdrüssig, in das Bürgermädchen Emilia, die Tochter des Obersten Odoardo Galotti, verliebt. Als er erfährt, daß Emilia kurz vor der Heirat mit dem Grafen Appiani steht, gibt er, verzweifelt und ratlos, seinem intrigenkundigen Kammerherrn Marinelli die Befugnis, alles zu unternehmen, um die Verbindung zu verhindern. Emilia kommt verstört von der morgendlichen Messe nach Hause, bei der ihr der Prinz Liebesworte zugeflüstert hat. Sie gesteht ihrer Mutter, daß sie nicht fähig war, den Prinzen zurechtzuweisen. Inzwischen überbringt Marinelli dem Grafen Appiani einen ehrenvollen diplomatischen Auftrag, der seine sofortige Abreise erfordert. Als Appiani seiner bevorstehenden Heirat wegen ablehnt, greift Marinelli zu rigoroseren Mitteln. Er läßt den Hochzeitswagen durch Banditen überfallen und Emilia, unter der Vorgabe, sie zu schützen, auf das Lustschloß des Prinzen «retten». Appiani wird bei dem Überfall getötet. Emilia ist aufs äußerste bestürzt, als sie im Schloß plötzlich dem Prinzen gegenübersteht, und auch ihre Mutter ahnt die wahren Zusammenhänge. Der durch die Nachricht von dem Überfall alarmierte Oberst Galotti kommt auf Schloß Dosalo und begegnet dort der abgewiesenen Orsina. Die in ihrer Liebe tödlich Verletzte hat den Anschlag durchschaut, öffnet Galotti rücksichtslos die Augen und drückt ihm zur Rache an dem Prinzen einen Dolch in die Hand. Odoardo versucht, seine Tochter aus dem Schloß zu bringen und mit sich zu nehmen, doch Marinelli verhindert das unter einem fadenscheinigen Vorwand. Emilia, die fürchtet, der Verführung des Prinzen nicht widerstehen zu können, bittet ihren Vater, sie zu töten. Galotti ersticht seine Tochter, um ihre Reinheit zu schützen. Der Prinz wälzt die Schuld auf Marinelli ab und verbannt ihn.

Emilia Galotti, das zweite bürgerliche Trauerspiel Lessings, gilt als das erste «klassische» Schauspiel, die «Geburt der modernen deutschen Tragödie». In seiner Gesellschaftskritik, der Schilderung der Dekadenz des Adels und der Willkür des Absolutismus, wurde das Werk als durchaus kühn empfunden. Doch nicht der Fürst wird getötet, sondern sein bürgerliches Opfer. Lessing stellt zwei Welten einander gegenüber, die der Fürsten und die der Bürger. Es gibt zwischen ihnen keine Verbindung. Der Bürger wird zwar von der Willkür des Despoten beherrscht, grenzt sich aber mit seiner Gegenwelt gegen den Herrscher ab. Genußsucht, kurzlebigen Gefühlen, Leichtfertigkeit und Laster setzt er den Ernst eines auf Werte bedachten, geordneten, sich beschränkenden Lebens entgegen. Gefährden kann diese Welt nur die Anziehungskraft dessen, wogegen sie sich abgrenzt. Doch diese Faszination, die Sehnsucht von der einen zur anderen Welt, besteht. Darin liegt der Kern der Tragödie. Neuere Interpretationen auf dem Theater sahen in dem Werk eine Kritik am deutschen Bürgertum, das statt Tyrannenmord Selbstzerfleischung begeht, das die Aggression statt gegen den Despoten gegen sich selbst richtet. So wurde z. B. szenisch die Frage formuliert, ob Galotti den Prinzen etwa deshalb nicht tötet, weil ihn eine geheime Faszination daran hindert und ob er durch die Ermordung der Tochter nicht auch sich selbst bestraft: ein Akt der Selbstverstümmelung – wie er uns wenig später im *Hofmeister* von Lenz begegnen wird.

Nathan der Weise
Dramatisches Gedicht in 5 Aufzügen
UA: 1783 in Berlin

Nathan, ein reicher und weiser Jude, kehrt von einer Handelsreise heim ins mittelalterliche Jerusalem. Er erfährt von Daja, der Kinderfrau seiner Tochter Recha, daß diese von einem deutschen Tempelritter unter Einsatz seines Lebens aus einem Feuer gerettet wurde. Nathan will dem jungen Christen danken, doch dieser lehnt eine Einladung ab, da er mit Juden nichts zu schaffen haben will. Erst als er Nathan selbst kennen und schätzen lernt, kommt er in sein Haus und verliebt sich dort in Recha, die ihn schwärmerisch verehrt. Inzwischen wird Nathan zum Sultan Saladin berufen: Der verschwenderische, aber großherzige Herrscher, dessen Hofhaltung bereits heimlich von seiner Schwester Sittah finanziert wird, will Geld von ihm leihen. Da er jedoch nicht nur von dem Reichtum, sondern auch von der Weisheit des Juden gehört hat, stellt er ihm die Frage, welche der drei großen Religionen, die christliche, die jüdische oder die mohammedanische, die wahre sei. Nathan antwortet mit einer Parabel: Von einem Ring, dessen Stein die Kraft besitzt, «vor Gott und Menschen angenehm zu machen», läßt ein Mann, dem seine drei Söhne gleich lieb sind, zwei täuschend ähnliche Kopien anfertigen und übergibt jedem seiner Söhne einen Ring. Ein Richter, der den echten herausfinden soll, rät den Söhnen, jeder solle an seinen Ring glauben und einer «von Vorurteil freien Liebe» nacheifern, um die Kraft des Steins in seinem Ring zu beweisen. Berührt von der Weisheit dieses Gleichnisses schließt Saladin mit Nathan Freundschaft. Nach Hause zurückgekehrt, bittet der Tempelherr Nathan um Rechas Hand. Doch Nathan vertröstet ihn. Als Daja dem Tempelherrn verrät, daß Recha gar nicht Nathans Tochter, sondern eine Christin sei, trägt der Tempelherr voll Zorn den Fall, allerdings ohne Namen zu nennen, dem Patriarchen von Jerusalem vor. Einem vom Patriarchen als Kundschafter ausgesandten Klosterbruder erzählt nun Nathan, wie ihm einst die Christen seine Frau und seine sieben Söhne ermordet haben, doch daß ihm, gerade als er sich aus tiefster Verzweiflung aufrichtete, von einem Landsknecht im Auftrag seines Herren ein Kind übergeben wurde. Der Klosterbruder gibt sich als der Landsknecht zu erkennen, und ein Buch in seinem Besitz klärt Rechas Herkunft, die Nathan schließlich vor dem Sultan enthüllt: Recha und der Tempelherr sind Geschwister, ihr Vater niemand anderer als der verschollene Bruder des Sultans.

Lessing schrieb seinen *Nathan*, als ihm seine Streitschriften gegen den orthodoxen Hauptpastor Goeze verboten wurden, aber auch aus dem Leid um den Tod seiner Frau und seines Kindes. Er gestaltet einen Menschheitstraum, der mit seinem Toleranzgedanken dennoch eine reale Hoffnung darstellt, an der es, unbeirrbar wie Nathan, festzuhalten gilt. Über den Grundgedanken hinaus gibt Lessing mit dem Tempelherrn, in dem er Wesen und Geschichte der Deutschen komisch und tragisch zugleich beleuchtet, auch dem inneren Kampf um Welterkenntnis Ausdruck. In diesem Gedankenspiel, in dem die Vernunft sich in ergreifenden Gestalten personifiziert, kann Nathan aus der Leiderfahrung des jüdischen Volkes und der Selbstüberwindung des Individuums zum Erzieher des Menschen, zum Vermittler zwischen Weltkulturen werden und die Menschen als eine verstreute, sich nun wieder erkennende Familie zusammenführen. Sein Humanitätsideal wird zum Fundament der deutschen klassischen Dramatik, für jeden aber, der den «Enthusiasmus dieser Philosophie, ihre unergründliche Trauer, und ihre gelassene, freie Heiterkeit» (Jaspers) aufspürt, bedeutet dieses Werk – das zeitlos und aktuell zugleich ist – eine der schönsten und berührendsten Dichtungen unserer Literatur.

Jakob Michael Reinhold Lenz 1751–1792

Jakob Michael Reinhold Lenz wurde zu Seßwegen in Livland am 12. Januar 1751 als Sohn eines Geistlichen geboren. Nach einem theologischen Studium in Dorpat und Königsberg, wo er auch Vorlesungen von Kant hörte, wandte er sich der Literatur zu. Als Begleiter und Privatlehrer zweier kurländischer Adeliger kam er 1771 nach Straßburg. Dort schloß er sich den Stürmern und Drängern an und lernte Goethe kennen, dem er nicht nur dichterisch, sondern auch auf seinen Gefühlswegen nachzufolgen versuchte: Er warb um Friederike Brion, wurde aber wegen seiner Mittellosigkeit von deren Eltern abgewiesen. 1776 folgte er einer verheirateten Hofdame nach Weimar, begann dort auch Frau von Stein zu verehren, mußte aber noch im selben Jahr wegen eines unliebsamen Vorfalls Weimar verlassen. Es kam zum Bruch zwischen ihm und Goethe. Nach längerem Umherirren wurde er bei Goethes Schwager Schlosser in Emmendingen freundlich aufgenommen. 1778 erfolgte ein schwerer Wahnsinnsanfall. Lenz fand bei Pfarrer Oberlin im Elsaß Zuflucht und liebevolle Pflege. 1779 holte ihn sein Bruder nach Riga. Zwei Jahre später ging er nach Moskau, wo er später im Elend starb. Er wurde am 4. Juni 1792 (24. Mai des russischen Kalenders) tot auf einer Straße in Moskau aufgefunden.

So sehr Lenzens Leben vom Sturm und Drang bis zum Wahnsinn aufgezehrt wurde, so wenig merkt man an seinem Werk Zeichen von Haltlosigkeit. Seine «Anmerkungen über das Theater», die eine zwanglose Aufreihung der Szenen und einen häufigen Schauplatzwechsel nach Shakespeares Vorbild fordern, befruchteten die Dramaturgie fast aller Stürmer und Dränger. Mit seinen bedeutendsten, weit über den Sturm und Drang hinausgehenden Werken, *Der Hofmeister** und *Die Soldaten**, wurde er zum Begründer der sozialen Komödie in Deutschland. Als solcher hat er entscheidend auf Georg Büchner und Bert Brecht eingewirkt, ein Einfluß, der auch durch seine knappe, packend realistische Sprache bedingt ist.

Der Hofmeister oder Die Vorteile der Privaterziehung

Komödie in 5 Akten. UA: 1778 in Berlin

Major von Berg hat den Hofmeister (Privatlehrer) Läuffer zur Erziehung seines Sohnes und seiner Tochter Gustchen ins Haus genommen. Gustchen hat ihrem Vetter Fritz von Berg ewige Liebe geschworen, bevor er die Universität bezog, obwohl Fritzens Vater, Geheimrat von Berg, solche Bindung als verfrüht ablehnte und auch die blasierte Majorin ihr Gustchen lieber dem Grafen Wermuth als Braut zuführen möchte. Gustchen, die vergeblich auf ein Lebenszeichen von Fritz wartet, läßt sich von Läuffer verführen. Es kommt zum Skandal. Gustchen, die ein Kind erwartet, bringt dieses bei der blinden Frau Martha zur Welt. Läuffer findet bei dem schrulligen Schulmeister Wenzeslaus Unterschlupf, wird aber dort von den Verwandten Gustchens aufgespürt und von dem entrüsteten Major durch einen Schuß verwundet. Aus Scham und Verzweiflung kastriert sich Läuffer. Gustchen treibt die Sehnsucht nach Haus. Unterwegs stürzt sie in einen Teich, wird aber von dem Major gerettet. – In geschickt geführter Parallelhandlung wird das turbulente Hallenser Studentenmilieu eingefangen: Fritz von Berg hat für seinen leichtlebigen Studienfreund Pätus gebürgt und wird dafür ins Gefängnis gesteckt. Als Pätus die Jungfer Rehaar in Verruf gebracht hat, fordert ihn Fritz zum Duell, das jedoch nicht stattzufinden braucht, als Pätus sich entschließt, die Jungfer zu ehelichen. Fritz von Berg, der durch den Studenten Seifenblase von Gustchens Unglück erfährt, fühlt sich daran mitschuldig, da er sie so lange ohne Nachricht ließ. Nun will er gutmachen: er heiratet Gustchen und nimmt ihr Kind auf. Der unselige Hofmeister findet in der Bauernmagd Lise zum guten Ende noch eine Ehefrau.

Mit dem *Hofmeister* beginnt die Entwicklung des sozialkritischen Milieudramas in Deutschland, die über Büchner, Grabbe, Wedekind und Sternheim zu Brecht führt, der diese Tragikomödie auch bearbeitet hat. Mit komischen Figuren wird eine tragische Entwicklung deutlich gemacht. In dem Hofmeister wird nicht nur des deutschen Schulmeisters Urahn gezeigt, Lenz legt auch die Wurzeln von deutschem Untertanengeist, deutscher Selbstzerfleischung und jener verhängnisvollen Trennung von Geist und Natur bloß. Am tragikomischen Stationenweg des Hofmeisters ist nachzuvollziehen, wie der jungen bürgerlichen Intelligenz das Rückgrat gebrochen wird. Läuffer, der sich um seiner Existenz willen zuerst demütigen, herumkommandieren und unterdrücken lassen muß, der nicht nur dem Geist, sondern auch seinen Sinnen leben will, sichert sich zuletzt mit einer Verzweiflungstat seinen Platz in der Gesellschaft: Er entmannt sich und wird damit zum grotesken Sinnbild einer Gesellschaft, die sich selbst verstümmelt. – Brecht erkannte in dem Werk «Das ABC der Teutschen Misere» und machte straffend, aber ohne die Substanz anzutasten, ein sozialrevolutionäres Lehrstück daraus.

Die Soldaten
Komödie in 5 Akten
UA: 1863 am Wiener Burgtheater

Marie Wesener, Tochter eines Galanteriehändlers in Lille, ist mit dem Tuchhändler Stolzius aus Armentières verlobt, der sie mit großer Treue liebt. Doch das attraktive Mädchen gerät in die Netze der sie umschmeichelnden «Offiziers». Sie wird zunächst die Geliebte des Adeligen Desportes, der sie trotz Heiratsversprechens schließlich sitzenläßt. Danach fällt sie auf den Freund Desportes', den Offizier Mary, herein, der die Verbindung zu dem Entflohenen aufrechtzuerhalten verspricht. Schließlich schenkt Marie auch noch dem jungen Grafen De la Roche ihre Gunst, dessen großherzige Mutter das hilflose, nun schon in Verruf gekommene Mädchen in ihr Haus aufnimmt, um es vor weiteren Nachstellungen zu schützen. Unterdessen ist Stolzius, der in ungebrochener Liebe zu Marie steht, in Armentières das Opfer unablässiger Verspottung durch die ausgelassenen «Offiziers». Er wird schließlich Soldat und Bursche von Mary, der «rasend» in Marie verliebt ist. Mary veranlaßt das Mädchen, aus der klösterlichen Zurückgezogenheit bei der Gräfin auszubrechen. So flieht Marie, um sich an Desportes' Vater um Hilfe zu wenden.

Der skrupellose Desportes jedoch hat dafür gesorgt, daß Marie nie bis zu seinem Vater gelangt: Sein Jäger soll das Mädchen abfangen, mit seiner Erlaubnis verführen und dann heiraten. Stolzius, als Bediensteter von Mary, hört den niederträchtigen Plan aus Desportes' eigenem Mund. Er vergiftet den skrupellosen Zyniker und bringt sich dann selbst um. – Der Oberst, zu dessen Offizierskorps Desportes gehört, beschließt das Stück mit einem abstrusen Reformplan: Der Staat solle ein offizielles Soldatenbordell einrichten, damit ehrbare Bürgertöchter künftig von den Nachstellungen der Soldaten verschont blieben.

Die Soldaten sind Lenzens bedeutendstes Bühnenwerk. Das Stück ist eine gesellschaftskritische Anklage gegenüber Adel und Offiziersstand der Zeit, die bürgerliche Mädchen als Sexualobjekte betrachten und behandeln. Meisterhaft charakterisiert sind die einzelnen Offizierstypen. Doch auch Stolzius (ein Vorläufer von Büchners Woyzeck), Marie sowie die Gräfin weisen den Dichter als wahren Menschengestalter aus. Allein der am Ende vorgetragene Reformplan einer moralisch zu rechtfertigenden Soldaten-Zuchtstätte sprengt die dichterische Form.

Johann Wolfgang von Goethe 1749–1832

Johann Wolfgang Goethe wurde am 28. August 1749 als Sohn eines Kaiserlichen Rates in Frankfurt am Main geboren. Von seinem strengen Vater selbst unterrichtet, bezog der Sechzehnjährige die Universität Leipzig, um Jura zu studieren, hörte jedoch mit großem Interesse auch literarische Vorlesungen. In Leipzig erkrankte er und kehrte 1768 nach Frankfurt zurück. 1770 nahm er sein juristisches Studium in Straßburg wieder auf, das er 1771 mit einem Examen abschloß. In Straßburg erlebte der junge Goethe die entscheidende Freundschaft mit Herder, der die rationale, französisch-orientierte Einstellung des jungen Dichters verdrängte, ihn auf Shakespeares Welt verwies und ihm die tiefen Schönheiten der Volkslieder und den Sinn für die «Poesie als eine Welt- und Völkergabe» erschloß. Hier fand Goethe den Weg zur Gotik, zum Verständnis der Größe des Straßburger Münsters und zur deutschen Vergangenheit. Hier wurde er in einem gleichgesinnten Freundeskreis zum Stürmer und Dränger eigener Prägung und durch seine Liebe zur Sesenheimer Pastorentochter Friederike Brion zum Lyriker. – 1772 finden wir Goethe als juristischen Praktikanten am Wetzlarer Reichskammergericht. Mit 26 Jahren bereits wurde er vom Herzog Karl August, mit dem ihn eine lebenslange Freundschaft verbinden sollte, nach Weimar gerufen. Er wich mit diesem Ruf seiner Bindung zu der Frankfurter Bankierstochter Lili Schönemann aus, mit der er verlobt war. Ein Jahr später schon saß er im Staatsrat des Herzogtums, wurde nach drei Jahren Geheimrat und nach erfolgreicher Ministertätigkeit 1782 von Kaiser Joseph II. in den Adelsstand erhoben.

1786 kehrte Goethe von einem Karlsbader Kuraufenthalt nicht mehr nach Weimar zurück, verabschiedete sich schriftlich und reiste spontan nach Italien, wo er bis 1788 blieb. Diese Reise war nicht nur eine Flucht vor dem provinziellen Weimar, dessen Regierungsgeschäfte seine dichterische Substanz zu erdrücken drohten. Sie war zugleich auch eine Befreiung von der Bindung an die geliebte, verheiratete Frau von Stein. Man hat diese Reise nicht zu Unrecht auch als eine Überwindung der Einflüsse von Herder und des Sturm und Drang gesehen. Denn in Italien wurde der deutsche Hellene Goethe geboren. Hier wuchs unter dem Einfluß Winckelmanns, der antiken Klassiker, ein Dichter, der deutsches und antikes Wesen zu verschmelzen unternahm. Nach Weimar zurückgekehrt, schloß Goethe 1794 die sein Werk in entscheidender Weise befruchtende Freundschaft mit Schiller, die bis zu dessen Tod (1805) währte. Ab 1791 leitete Goethe 20 Jahre lang das Weimarer Hoftheater, dessen anspruchsvoller Spielplan vorbildlich wurde. Nach langem Zögern schloß Goethe die Ehe mit Christiane Vulpius. Er starb mit 83 Jahren am 22. März 1832 und wurde in der Weimarer Fürstengruft beigesetzt.

Die Bedeutung als Epiker und Lyriker hat vielfach seine dramatischen Leistungen verdunkelt, ja sogar zu der Behauptung geführt, Goethe sei überhaupt kein Dramatiker gewesen. Trotz eines Grans Wahrheit, das darin steckt, ist eine solche Behauptung, im ganzen gesehen, von einer absurden Einseitigkeit. Nicht nur sein Werk erweist seine dramatische Begabung, sondern auch seine Bindung an das Theater als Schauspieler, Spielleiter, Bühnenbildner und Dramaturg. Er war es, der die erste Stätte klassischen Theaters in Deutschland schuf, wobei unter «klassisch» das vorbildliche, von hellenistischer Kultur befruchtete deutsche Theater zu verstehen ist. In diesem klassischen Theater verwirklichte er nicht nur die größten Dramen Schillers, sondern auch die Shakespeares, Goldonis, Calderóns, Molières, ja auch die Tondichtungen Glucks und Mozarts.

Mit 19 Jahren bereits begann Goethes Laufbahn als Dramatiker. 1768 erschien sein Schäferspiel *Die Laune des Verliebten*, in sechsfüßigen Jamben, sogenannten Alexandrinern, geschrieben. Im gleichen Versmaß verfaßte er sein Lustspiel *Die Mitschuldigen*. Beide Werke in ihrem aufklärerischen Rokoko-Ton zeigen den jungen Goethe noch ganz unter dem Einfluß des französischen Theaters, das er in seiner Vaterstadt lieben gelernt hatte. Einen völlig neuen Stil fand der Dichter 1773 mit *Götz von Berlichingen**, der den Stürmer und Dränger und das Vorbild Shakespeares nicht verleugnet. Auch der *Urfaust*, ein Fragment der großen Faust-Dichtung, die erst nach 60 Jahren vollendet werden sollte, gehört in diese irrationale Genie-Periode.

Bereits 1774 jedoch wandte sich der Dichter in seinem Schauspiel *Clavigo** einem neuen dichterischen Vorbild zu: Lessing, dem Schöpfer des bürgerlichen deutschen Schauspiels. Ebenso zeigt *Stella** die klare Sprachformung Lessings, wenn auch mit lyrischem Einschlag. In die gleiche Reihe gehört Goethes lyrisches Kammerspiel von 1776, *Die Geschwister*. Hatte Goethe im *Götz* schon eine Vermenschlichung des umfangreichen geschichtlichen Stoffes angestrebt, so versuchte er auch 1787 in seinem *Egmont** eine starke Verinnerlichung der historischen Realität auf Kosten geschichtlicher Tatsachen. Als bedeutende Früchte von Goethes Italien-Erlebnis erwiesen sich insbesondere zwei dramatische Werke: *Iphigenie auf Tauris** und *Torquato Tasso**. Mit diesen beiden Schauspielen erreichte Goethe die Vollendung einer klassischen Innen-Dramatik, in der die Sprache zum Instrument der Humanität wurde.

Die Französische Revolution löste eine Art von Goethescher Zeit-Dramatik aus. Hierhin gehören *Der Groß-Kophta* von 1791, *Der Bürgergeneral* von 1793 und in gewissem Sinn auch *Die natürliche Tochter* von 1803. Auch als Übersetzer von Voltaires *Mahomet* und *Tancred* trat Goethe hervor, zu schweigen von der reichen Fülle seiner szenischen Gelegenheitsdichtungen für den Weimarer Hof.

60 Jahre lang arbeitete Goethe an seinem bedeutendsten Dramenwerk, dem *Faust**, mit dem Goethe eine große dramatische Weltdichtung gelang.

Götz von Berlichingen
Schauspiel in 5 Akten. UA: 1774 in Berlin

Der kaisertreue Ritter Götz von Berlichingen, der seit seiner Verwundung eine eiserne Hand als Prothese trägt, liegt in Fehde mit dem Bischof von Bamberg, dessen Günstling Weislingen ein Jugendfreund des Berlichingers war. Es gelingt Götz, Weislingen gefangenzunehmen, ihn der Fürstenknechtschaft abtrünnig zu machen und als freien Ritter auf seine Seite zu ziehen. Der neugeschlossene Bund wird durch die Verlobung Weislingens mit Götzens Schwester Maria bekräftigt. Doch der haltlose Weislingen läßt sich wieder nach Bamberg in das Lager der Götz-Gegner locken und gerät dort in die Netze der ebenso attraktiven wie skrupellosen Adelheid von Walldorf, die er schließlich heiratet. Götz, der kompromißlose Helfer der Bedrängten im Lande, verfällt wegen eines Überfalls auf Nürnberger Kaufleute der kaiserlichen Acht, und Weislingen wird der Führer der Reichsexekution gegen ihn. Götz trotzt jedoch mit Erfolg den Reichstruppen auf seiner Burg Jaxthausen, auf der er noch vor der Belagerung den berühmten Ritter Franz von Sickingen als Mann für seine verlassene Schwester Maria gewinnen konnte. Als Vorräte und Munition knapp werden, willigt Götz in das Angebot des freien Abzugs mit Waffen ein. Trotz der Verpfändung des kaiserlichen Wortes nimmt man ihn und seinen Burschen Georg jedoch gefangen. Im Rathaus von Heilbronn verlangen kaiserliche Räte von Götz, seine totale Unterwerfung zu besiegeln. Doch dieser weigert sich. Im letzten Augenblick überfällt Franz von Sickingen mit seinen Reitern das Heilbronner Rathaus und befreit Götz, der zusagt, sich auf seine Burg zurückzuziehen und Frieden zu halten. Allein der Aufstand der Bauern, die sich allenthalben erheben, reißt ihn wieder in das kriegerische Geschehen. Götz erklärt sich bereit, der Anführer der rebellischen Bauern zu werden, vor allem um ihre maßlosen Untaten zu verhindern. Als die Stadt Miltenberg durch die Bäuerischen gebrandschatzt wird, erhebt sich ein wilder Streit zwischen Götz und den Mordbrennern. Weislingens Reiter überfallen die Aufständischen und besiegen sie. Götz wird verwundet und gerät in die Gefangenschaft seiner Feinde. Adelheid, die Gattin Weislingens, betrügt diesen inzwischen mit seinem Knappen Franz. Als Weislingen plant, Adelheid in eines seiner Schlösser einzuschließen, benutzt diese den ihr völlig ergebenen Franz dazu, ihren Gatten zu vergiften. Der Mord gelingt, doch der aus seinem Rausch erwachende Franz stürzt sich aus dem Fenster in den Fluß. Adelheid wird durch ein geheimes Gericht zum Tod verurteilt. An Weislingens Sterbebett sitzt Maria und bittet um Gnade für Götz. Weislingen zerreißt das Todesurteil, bevor er die Augen für immer schließt. Götz erliegt seinen schweren Verwundungen.

Goethes *Götz*, dessen Quelle die berühmte Lebenschronik des Berlichingers war, bedeutete eine Revolution des deutschen Dramas. Hier schuf sich die deutsche Sprache – weit über Lessing hinaus – ihren eigenen dramatischen Ausdruck. Man weiß, daß Lessing den *Götz* als «schönes Monstrum» bezeichnet hat und von dem Dichter spricht, der «den Lebenslauf eines Mannes in Dialoge bringt und das Ding für ein Drama ausschreit». Lessing hat sich jedoch wohlweislich gehütet, dieses Urteil öffentlich abzugeben, denn er hat zweifellos gefühlt, daß hier ein Schritt in die Zukunft getan wurde. Ein theatralisches «Monstrum» ist der *Götz* mit seinen Dutzenden von Personen, seinen vielen Schauplätzen und Handlungen in der Tat. Friedrich der Große hat ihn eine «imitation détestable de ces mauvaises pièces anglaises de

Shakespeare» (eine abscheuliche Nachahmung dieser schlechten englischen Shakespeare-Stücke) genannt. Und da Goethe die überlieferte Dramenform über Bord warf, konnte sein Götz auch kaum als ein «Drama» im herkömmlichen Sinne gelten. Aber das Werk, das zunächst keinen Verleger finden konnte, zeigte blutvolles, ungebändigtes Leben. Es war eine Genietat des Sturm und Drang, die ungewöhnliche Vision einer ganzen Epoche, rückhaltloses Eintreten für das Recht der großen Persönlichkeit, ein Aufruf an die eigene Zeit, dieses Recht zu achten. Goethe ist später – wie aus den drei Fassungen des *Götz* hervorgeht – offenbar selbst vor der regellosen Eruptivität seines Werkes zurückgeschreckt. Jedoch hatte der *Götz* nach der Uraufführung in Berlin einen ungeheuren Erfolg. Ein ganzes Heer von Ritterschauspielen strebte schließlich seinem Vorbild nach. Bis heute ist das Drama auf dem deutschen Theater lebendig geblieben.

Clavigo
Trauerspiel in 5 Akten
UA: 1774 in Hamburg

Clavigo, ein mittelloser, ehrgeiziger junger Mann, hat es in Madrid als Schriftsteller innerhalb weniger Jahre zum Archivarius des Königs gebracht und steht vor einer glänzenden Zukunft bei Hof. Über seiner Karriere entfremdete er sich Marie Beaumarchais, der er die Ehe versprochen hatte, und zog sich von ihr zurück. Die junge Französin, die bei ihrer Schwester Sophie lebt, ist aus Kummer ernsthaft erkrankt. Doch Clavigos schlechtes Gewissen wird von seinem Literatenfreund Carlos beruhigt, der intensiven Anteil an seiner Karriere nimmt. Inzwischen ist allerdings Maries Bruder aus Frankreich angereist, um die Beleidigung seiner Schwester zu rächen. Beaumarchais verlangt von Clavigo eine Ehrenerklärung für Marie, mit dem Bekenntnis, sie durch Eheversprechen betrogen zu haben. Clavigo wird von Reue erfaßt und gibt ihm die Erklärung mit der Bitte, sie erst dann zu veröffentlichen, wenn ihm Marie nicht verzeiht: Er will alles gutmachen und zu ihr zurückkehren. Marie, die Clavigo immer noch liebt, vergibt ihm, und Beaumarchais zerreißt das Schuldbekenntnis. Alle glauben an eine glückliche Wendung, nur Buenco, ein stiller Verehrer Maries, meldet seine Skepsis an und verläßt im Zorn das Haus. Als Carlos, entsetzt über Clavigos Rückkehr zu Marie, ihm das Ende seiner Karriere prophezeit, gesteht ihm Clavigo, daß er seinen Schritt selbst bedaure und für Marie nur noch Mitleid empfände. Er bittet Carlos, ihn zu retten und läßt sich nur zu gern von ihm zu einem neuerlichen Treuebruch überreden. Carlos rät dem Freund, Madrid kurzzeitig zu verlassen, und will dafür sorgen, daß Beaumarchais wegen Erpressung des Landes verwiesen wird. Marie stirbt, als diese Nachricht sie erreicht. Bei ihrem Leichenbegräbnis ersticht Beaumarchais den von Skrupeln gequälten Clavigo, der sterbend Carlos bittet, Beaumarchais zur Flucht zu verhelfen und sich im Tod wieder mit Marie verbunden sieht.

Der 25jährige Goethe schrieb das Trauerspiel – nach dem auf Tatsachen beruhenden Bericht des Zeitgenossen Beaumarchais über sein Spanienabenteuer (s. Seite 91) – innerhalb einer Woche, nicht zuletzt auch motiviert durch persönliche Erfahrungen. Clavigo gerät in Widerspruch mit der Welt und seinem Gewissen, mit seiner Karriere und seiner Menschlichkeit. Er erschrickt vor der eigenen Brutalität. Noch in Skrupeln befangen, will er nicht akzeptieren, ein lieb- und rücksichtsloser Karrierist zu sein. Er ist nicht bereit, seine innere Wahrheit anzunehmen, bleibt unentschlossen, schwankend, von anderen bestimmbar.

In einer romantischen Schicht seines Ich angesprochen, möchte er alles gutmachen, die Zeit zurückdrehen, zur Tugend zurückkehren. Doch diese Rückkehr ist Selbsttäuschung, Sentimentalität und verstrickt ihn noch hoffnungsloser. Clavigo liebt Marie längst nicht mehr, es geht nicht mehr um die Entscheidung zwischen kleinem häuslichen Glück und glanzvoller Zukunft mit Ruhm und Einfluß. Die Liebe starb bereits an dieser Entscheidung für die Welt – und nichts kann sie zurückholen. Es ist die Eiseskälte des toten Gefühls, die aus diesem Stück weht. Carlos hat es daher nicht schwer, Clavigo umzustimmen, der für Marie nur noch Mitleid und Erbarmen fühlt: «Es war alles vorbei ...» Clavigo begeht neuerlichen Verrat, weit unmenschlicheren – und erträgt die Folgen nicht. Gegen das tote Gefühl rebelliert er zuletzt mit Todessehnsucht: Im Tod, jenseits dieser Welt, im Überwinden der Zeit hat die Liebe wieder Gültigkeit, bedeutet sie Bestehendes, Verbindendes. Er läuft Beaumarchais ins offene Messer – der Tod vereint Clavigo und Marie wieder als Liebende. – Goethe hat hier seine eigenen Widersprüche in drei Figuren aufgespalten: In Clavigo zeigt er sie im verhängnisvollen Kampf, in Beaumarchais und Carlos verkörpert er die verschiedenen Schichten seines Bewußtseins – das romantisch ungestüme Gefühl, das auf Ehre und Rache besteht, und den «wahren Weltverstand», der die Wirklichkeit durchschaut, das Leben zu bewältigen weiß und die Verantwortung gegenüber den eigenen Gaben betont. Goethe steigert seine Skrupel, seine Trauer um die Unbeständigkeit der Gefühle in Clavigo zur Todessehnsucht – er selbst hat seine Treuebrüche überlebt.

Stella – ein Schauspiel für Liebende
Drama in 5 Akten
UA: 1776 in Hamburg

Madame Sommer kommt mit ihrer Tochter Lucie im Posthaus an. Lucie soll Gesellschafterin bei Stella werden, die, wie die Postmeisterin geschwätzig berichtet, ganz zurückgezogen lebt, seit sie von ihrem Geliebten verlassen wurde. Bei Cäcilie weckt diese Erzählung wehmütige Empfindungen, denn auch sie wurde vor Jahren von ihrem Mann, dem Vater Lucies, verlassen. Stella und Cäcilie schließen als Schicksalsgefährtinnen rasch Freundschaft, und Stella zeigt der Freundin das Bild des verlorenen Geliebten, in dem Cäcilie erschüttert, doch ohne es Stella merken zu lassen, ihren Mann erkennt. Als Fernando, der zu Stella zurückkehren will, auf ihrem Gut erscheint und sich die beiden in schwärmerischer Wiedersehensfreude finden, versucht Cäcilie mit Lucie unerkannt abzureisen. Stella aber bittet Fernando, die Freundin zum Bleiben zu bewegen, und Fernando erkennt in Madame Sommer seine Frau. Er beschließt, mit seiner Familie zu fliehen, doch die geplante Abreise wird verraten, und Fernando muß Stella die Wahrheit gestehen. Sie bricht zusammen. Cäcilie will Fernando für Stella freigeben, dieser kann aber, im Zwiespalt seiner Gefühle für beide Frauen, dieses Opfer nicht annehmen. Als die Katastrophe unabwendbar scheint, macht Cäcilie den Vorschlag, nach dem Vorbild des legendären Grafen von Gleichen, der, von einem Kreuzzug mit seiner Lebensretterin zu seiner Frau heimkehrend, mit beiden Frauen «eine Wohnung, ein Bett und ein Grab» teilte, zu dritt beisammenzuleben. Diese harmonisierende Wendung ersetzte Goethe in einer späteren, heute meist bevorzugten Fassung durch eine tragische: Fernando, der keinen Ausweg mehr sieht, erschießt sich, und Stella nimmt Gift.

In dem «Schauspiel für Liebende» verläßt der Mann Ehefrau und Geliebte in seinem Drang nach Freiheit und Selbstverwirklichung. Doch er bewahrt sich dabei (im Gegensatz zu Clavigo) seine Empfindungen und gerät so zwischen zwei Frauen, denen er eine durchaus unterschiedliche Liebe entgegenbringt. Goethe läßt das Gefühl, das leidenschaftliche, überströmende, aber zugleich humane, verantwortungsbewußte und verstehende Gefühl über alle moralischen Schranken hinweg in einer Utopie der Liebe den Sieg davontragen. Die neuere Literaturwissenschaft hat darauf hingewiesen, daß Stella, Cäcilie und Fernando verschiedene Literatur- und geistesgeschichtliche Strömungen der Zeit repräsentieren, die im Drama schwierig zu einer dichterischen Einheit zu bringen sind: Fernando ist der Sturm und Drang-Held, den es in die Welt hinausdrängt und der dadurch in Konflikt zu seinen Gefühlsbindungen gerät; Stella ist die Empfindsame, «ganz Herz, ganz Gefühl», die «mit sich selbst und der Welt unbekannt» in der Liebe zu Fernando «erst Fuß in der Welt» faßt; und in Cäcilie, die im Verlauf der Handlung eine «freie Gemüts- und Verstandesheldin» wird, deutet sich bereits die entsagungsvolle Überlegenheit der Klassik an – sie ist eine große Liebende, die auch für Stella Zuneigung fühlt und bereit ist, «aus Liebe selbst ihre Liebe hinzugeben», weil sie erkannt hat, daß diese Liebe über alles Physische hinaus unzerstörbar ist.

Die versuchte Harmonisierung in einer Ehe zu dritt löste nach der Uraufführung einen Sturm der moralischen Entrüstung aus, dem Aufführungsverbote folgten. Goethe selbst äußerte sich über den Schluß seines Schauspiels nicht befriedigt und ließ es in einer neuen Fassung als Trauerspiel enden. Das Werk wurde in der tragischen Schlußversion 1806 in Weimar uraufgeführt. Die Inszenierungen in jüngerer Zeit greifen jedoch meist auf die erste Fassung mit ihrer utopischen Wendung zurück und versuchen, den Leidenschaftsgestus, die Differenziertheit der Gefühle und ihre Harmonisierung herauszuarbeiten.

Egmont
Trauerspiel in 5 Aufzügen
UA: 1879 in Mainz

Die Unruhe in den durch die Spanier unterdrückten Niederlanden wächst, als der spanische König Philipp die bisherige Regentin der Niederlande, Margarete von Parma, durch den grausamen Herzog Alba als Statthalter ersetzt. In dieser Bedrängnis erwarten die Niederländer Hilfe von ihrem geliebten Volkshelden, dem Grafen Egmont. Sie bekennen sich zu ihm wider die «spanischen Ketten», und sein unbezwingliches Selbstvertrauen stärkt ihren Widerstandswillen. Egmont weigert sich, vor Albas Schrekkensregiment zu fliehen, als Wilhelm von Oranien ihn dringend warnt und selbst außer Landes geht. Egmont will sein Volk nicht verlassen, dessen Halt und Hoffnung er ist. Außerdem fesselt ihn an Brüssel seine Liebe zu Klärchen, einem Bürgermädchen, das den Grafen mit ganzer Hingabe liebt und sich deshalb dem Werben des Bürgersohns Brackenburg versagt. Als Alba mit seinen Soldaten einrückt, erwarten die Niederländer von Egmont eine rettende Tat. Doch Alba lädt den arglosen Egmont in seinen Palast, läßt ihn verhaften und einkerkern. Vergebens sucht Klärchen in einer großen Volksszene die Bürger zum Aufstand und zur Befreiung Egmonts aufzurufen. Alle ziehen sich feige und verängstigt zurück. Klärchen sieht keinen Ausweg, als freiwillig aus dem Leben zu gehen. Egmont wird zum Tod verurteilt. Als letzte Vision erscheint ihm im Gefängnis die verklärte Geliebte als Symbol der Freiheit.

Goethes *Egmont* ist die Tragödie der auf ihr Recht vertrauenden Persönlichkeit in einer heillos von Gewalt und Unrecht beherrschten Zeit. Die historische Wahrheit hat Goethe weitgehend der poetischen geopfert. Die Konzentration auf Egmont als Mittelpunktsgestalt tilgte die historisch ebenso wichtige Figur des Grafen Horn ganz und ließ Wilhelm von Oranien nur als Randfigur erscheinen. Auch den historischen Egmont formte Goethe rigoros um und gab ihm Züge, die dem Dichter selbst eigen waren: Er zeichnete ihn, dem die Sorge «ein fremder Tropfen in seinem Blut» war, als einen Menschen voll tragischen Selbstvertrauens, einen schicksalsgläubigen, freiheitlichen Charakter von heldischem Wollen, einen leidenschaftlich Liebenden. So bleibt von der Historie nur ein meisterhaft gestaltetes Zeitkolorit übrig. Aus Goethes ministerieller Tätigkeit in Weimar sind allerdings wesentliche politische Erkenntnisse in das Werk eingeflossen, so daß man den *Egmont* sehr wohl auch als ein politisches Drama bezeichnen kann.

Iphigenie auf Tauris
Schauspiel in 5 Aufzügen
UA der Prosafassung: 1779 in Weimar

Iphigenie fühlt sich unter den Barbaren auf Tauris als Fremde. Zwar hat sie als Priesterin der Diana den grausamen Brauch des Menschenopfers abschaffen können – doch ihre Sehnsucht gilt der Heimat Griechenland. Sie weist daher König Thoas, der sie zu seiner Frau machen will, ab, enthüllt ihm aber, als Zeichen des Vertrauens, ihre Herkunft: Ihre Ahnen sind das fluchbeladene Geschlecht der Atriden, sie selbst war von ihrem Vater Agamemnon bereits zur Opferung bestimmt, wurde jedoch von der Göttin Diana nach Tauris gerettet. Thoas ist trotz dieser Eröffnung nicht umzustimmen. Er droht, falls Iphigenie bei ihrer Weigerung bleibt, mit der Wiederaufnahme der Blutopfer. Soeben wurden zwei fremde Jünglinge gefangengenommen, an ihnen könnte der Brauch wieder aufleben. Die beiden Gefangenen sind Iphigenies Bruder Orest und dessen Freund Pylades. Orest, als Muttermörder von Furien gejagt, wurde von dem Orakel Apolls Heilung geweissagt, wenn er die Schwester aus Tauris nach Griechenland zurückbrächte. Er will daher das Bild der Schwester Apolls aus Tauris rauben. In einer großen Erkennungsszene der Geschwister erfährt Iphigenie vom Fall Trojas und dem schrecklichen Geschehen in ihrem Elternhaus: Ihre Mutter Klytämnestra hat gemeinsam mit ihrem Liebhaber den Gatten Agamemnon erschlagen, Orest rächte den Tod des Vaters mit der Ermordung der Mutter. Iphigenie gelingt es, in behutsamer Zwiesprache dem Bruder seine Gewissensqual zu nehmen und ihn vom Wahnsinn zu befreien. Man bereitet die gemeinsame Flucht vor. Doch der Gedanke, Thoas, der ihr nur Gutes tat, zu täuschen, läßt Iphigenie zögern. Sie ringt sich zum Geständnis der Wahrheit durch und legt ihr Schicksal in des Königs Hände. Berührt von ihrer Wahrhaftigkeit überwindet sich nun auch Thoas. Er verzichtet und läßt die Griechen ziehen.

In *Iphigenie* vollzieht Goethe die Verschmelzung von neuzeitlichem Kunstwillen mit dem Geist der Antike. Das 1779 in Prosa verfaßte Schauspiel wird 1786 in Rom als Versdichtung vollendet. Goethe verlegte in der nach dem Vorbild des Euripides gestalteten Handlung die Konflikte ganz ins Seelische. Mit dem Bild der bedingungslos wahren, in ihrer Liebe versöhnenden und entsühnenden Frau schuf er ein weitwirkendes menschliches Ideal. Seine klassischen Idealvorstellungen sind von dem durch Winckelmann entdeckten apollinischen Wesen der griechischen Kunst stark beeinflußt. Im Ge-

Goethe, Iphigenie auf Tauris
Akademietheater Wien, 1977
Inszenierung: Adolf Dresen
Iphigenie: Elisabeth Orth
Thoas: Heinrich Schweiger

halt, in der Schönheit der Verssprache, in der Harmonie der Gestaltung stellt *Iphigenie* ein vollendetes Meisterwerk dar. – Das edle Pathos der Aufführungstradition vieler Jahrzehnte hat allerdings oft die dramatische Wirksamkeit des Werkes gemindert. Erst Ende der siebziger Jahre stellten Inszenierungen von Claus Peymann in Stuttgart und Adolf Dresen in Wien die Menschlichkeit in dynamische Spannung zu zweierlei Barbarei: Archaisches Barbarentum in seiner naturhaft grausamen Gradlinigkeit begegnet der mit Strategien, List und Tücke operierenden Barbarei der Zivilisation, vertreten durch die Griechen. Zwischen diesen Fronten findet eine Frau, von den Griechen stammend, von den Barbaren mitgeprägt, also Kultur und Natur, Sittlichkeit und Sinnlichkeit in sich vereinend, zu jener Menschlichkeit, die zu Ausgleich, Versöhnung und auch Verzicht führen kann.

Torquato Tasso
Schauspiel in 5 Aufzügen
UA: 1807 in Weimar

Tasso lebt am Hof von Ferrara. Der Dichter arbeitet hier als Gast des Herzogs Alfons II. und seiner Schwester, der Prinzessin von Este, an seinem Epos «Das befreite Jerusalem». Auch die Freundin der Prinzessin, Leonore Sanvitale, nimmt regen Anteil an seiner künstlerischen Arbeit. Als Tasso dem Herzog das vollendete Epos überreicht, bekränzt ihn die Prinzessin, die er in schwärmerischer Liebe verehrt, mit einem Lorbeerkranz. Da entspinnt sich ein Konflikt mit dem eben aus Rom zurückgekehrten Staatssekretär Antonio, der den Dichterkult mit Herablassung kommentiert. Antonio versucht die Perspektiven zurechtzurücken, indem er von der großen Welt der Diplomatie in Rom berichtet und Tasso durch ein betontes Lob des Dichters Ariost verletzt. Dennoch trägt Tasso auf Bitten der Prinzessin, die den Gegensatz von Dichter und Staatsmann überbrücken möchte, Antonio seine Freundschaft an. Das geschieht allerdings in einer so herausfordernden Art, daß Antonio kühl und reserviert bleibt. Tasso wird dadurch aufs äußerste gereizt, es kommt zu beleidigenden Worten zwischen den beiden Männern, und Tasso zieht den Degen. In diesem Augenblick tritt der Herzog dazwischen, beendet den Streit, verbannt den Dichter auf sein Zimmer, rügt jedoch – als den Erfahreneren – auch Antonio. In seinem Arrest verliert Tasso, der sich von allen verraten und verlassen glaubt, völlig die Fassung. Leonore Sanvitale versucht, nicht uneigennützig, zu vermitteln: Sie beabsichtigt, den Dichter in ihren eigenen Kreis nach Florenz zu ziehen. Nach der Aufhebung seines Arrests verkündet Tasso seine Abreise nach Rom. Der Herzog ist bestürzt, will Tasso halten, doch dieser beharrt auf seinem Entschluß. Beim Abschied läßt er sich zu einem unerhörten Bruch des Hofzeremoniells hinreißen: Unbeherrscht zieht er die Prinzessin in einer stürmischen Umarmung an sich. Sie stößt ihn zurück. Die

Goethe, Torquato Tasso
Theater am Goetheplatz, Bremen, 1969
Inszenierung: Peter Stein
Tasso: Bruno Ganz
Prinzessin Leonore: Jutta Lampe

seelischen Erschütterungen drohen Tassos Gemüt zu zerrütten, doch bietet ihm nun Antonio Hilfe und Halt.

Das Drama – 1780 begonnen, in Italien ausgearbeitet und 1789 in Weimar vollendet – zeigt den Dichter im Konflikt mit dem ebenso genormten wie gesicherten Leben der Gesellschaft. Goethe stellt der spontanen Emotionalität Tassos die kalkulierte Rationalität des Politikers gegenüber. Er läßt erkennen, wie die notwendige Gefühlsungebundenheit des Dichters in jedem genormten Dasein zu Konflikten führen und die Gesellschaft gleichzeitig herausfordern muß, ihre Regeln zu verteidigen. Das Werk bedeutet durchaus eine Auseinandersetzung Goethes mit seinen persönlichen Problemen; es ist ein intimes Bekenntnis des eigenen Zwiespalts. Goethe projiziert den Widerstreit zwischen seiner Weimarer Existenz und seinem Dichtertum in den dramatischen Gegensatz zwischen Tasso und Antonio. – In Goethes Zwiespalt hat Peter Stein 1969 mit seiner Bremer *Tasso*-Inszenierung die Widersprüche der eigenen Zeit gespiegelt. Eine neue Theaterentwicklung bahnte sich mit dieser Aufführung an. Ohne in Goethes Text einzugreifen, machte Stein ebenso das Mißverhältnis zwischen Kunst und Leben sichtbar wie den Konflikt zwischen neuen Gesellschaftsbildern und einer auf Ordnung beharrenden Macht, die solche Impulse neutralisiert.

Faust

Tragödie in zwei Teilen.
Ihr vorangestellt: Zueignung, Vorspiel auf dem Theater, Prolog im Himmel.
Erste Gesamtaufführung 1876 in Weimar

Im Vorspiel auf dem Theater unterhalten sich Theaterdirektor, Dichter und Lustige Person über die Ziele des Theaters. Während der Direktor alles aus der Sicht des Erfolges kalkuliert und die Lustige Person auf Unterhaltung besteht, fordert der Dichter den Vorrang der Kunst gegenüber seichtem Erfolgsstreben und dem Eingehen auf die oberflächlichen Wünsche der Masse.

Prolog im Himmel. Goethe handelt hier nochmals das große Thema des Barocktheaters ab: den Kampf des Himmels und der Hölle um eine Menschenseele. Die Erzengel preisen das Schöpfungswerk Gottes, an dessen Herrlichkeit Mephisto angesichts der irdischen Mühsal nicht zu glauben vermag. Die Menschen gebrauchen die gottgegebene Vernunft seiner Ansicht nach nur dazu, «um tierischer als jedes Tier zu sein». Der Teufel bietet dem Herrn die Wette an, es werde ihm gelingen, den Doktor Faust von ihm abzuwenden. Für Fausts irdische Lebenszeit nimmt Gott die Wette an.

Der Tragödie erster Teil (UA: 1829 in Braunschweig). In seiner mittelalterlichen Studierstube grübelt Faust über sein unbefriedigendes Dasein und den Sinn des Lebens. Die herkömmlichen Wissenschaften haben ihm keine fundamentalen Erkenntnisse gebracht. Nun sieht er in der Magie seinen Weg, das Geheimnis der Welt zu ergründen. Doch den großen Weltgeist vermag er nicht zu beschwören und den Erdgeist, den herbeizurufen ihm gelingt, erträgt er nicht. Nach einem nächtlichen Gespräch mit seinem Famulus Wagner sehnt Faust den Tod als Erlösung herbei. Das Läuten der Osterglokken hält ihn jedoch – in Erinnerung an eine gläubige Jugendzeit – vom Selbstmord ab. Beim Osterspaziergang mit Wagner berührt ihn die keimende Natur und führt ihn zu der Erkenntnis von zwei Seelen in seiner Brust, die sich voneinander trennen wollen. Ein Pudel folgt ihm in seine Studierstube und gibt sich als Mephistopheles zu erkennen. Faust schlägt ihm einen Pakt vor: Mephisto verpflichtet sich, ihn durch alle Höhen und Tiefen des irdischen Daseins zu führen und erhält dafür im Jenseits den Anspruch auf seine Seele. Mephistos Dienst soll in dem Augenblick enden, da Faust in Erfüllung seiner Wünsche keine Veränderung mehr erstrebt. Ehe sich die beiden auf die Reise durch die Welt begeben, fertigt Mephisto noch rasch einen Schüler mit einer diabolischen Einführung in die Wissenschaften ab. Nach einem Gelage im Kreise grölender Zecher, das Faust mit Abscheu erfüllt, bringt ihn Mephisto in die Hexenküche. Faust erblickt dort in einem Spiegel das verlockende Bild einer Frau und wird durch einen Zaubertrank verjüngt. Der philosophierende Gelehrte verwandelt sich in einen Jüngling, der sich sofort in ein unschuldiges Mädchen verliebt. Er beeindruckt Gretchen, die kupplerische Nachbarin Marthe Schwerdtlein fördert die Beziehung. Gretchens reine Liebe, ihre Ahnung des Teuflischen in Mephisto, läßt in Faust sein besseres Ich erwachen. Er versucht, sich von Mephisto zu lösen, kann aber doch nicht ohne ihn zur Befriedigung seiner Leidenschaft kommen. Ein Schlaftrunk für die Mutter, der Faust ein nächtliches Beisammensein mit Gretchen ermöglicht, hat tödliche Folgen. Gretchens Bruder Valentin, der von den Ereignissen erfahren hat, wird von Faust in einem Zweikampf getötet. Verzweifelt betet Gretchen, die ein Kind erwartet, vor einem Bild der Schmerzensmutter. Im Dom hört sie die anklagenden Stimmen ihres Gewissens und bricht ohnmächtig zusammen. Mephisto führt indessen Faust in die entfesselte Sinnlichkeit der Walpurgisnacht. Mitten im wüsten Treiben des Hexensabbats erinnert Faust eine blasse Gestalt an Gretchen. Eine schreckliche Ernüchterung folgt. Faust findet die Geliebte, die das gemeinsame Kind umgebracht hat, als Wahnsinnige im Kerker. Vergeblich versucht er, sie aus dem Kerker zu retten. Sie erkennt in Mephisto den Teufel und überantwortet sich dem Gericht Gottes. Faust flößt ihr nur noch Grauen ein. Mephisto reißt ihn mit den Worten «Sie ist gerichtet» fort. «Ist gerettet!» verkündet eine Stimme aus der Höhe.

Der Tragödie zweiter Teil (UA: 1854 in Hamburg). In anmutiger Gegend soll der schlafende Faust die Erschütterungen der Tragödie Gretchens vergessen. Der Luftgeist Ariel befreit ihn von der Reue. Faust erkennt, daß man alles Dasein nicht unmittelbar begreifen kann: «Am farbigen Abglanz haben wir das Leben.» Die Lebensreise geht weiter. Mephisto bringt Faust an den Hof des Kaisers mit seinen Macht-Verführungen. Zunächst behebt dort Mephisto die finanziellen Sorgen des Kaisers durch die Erfindung des Papiergeldes; Faust und Mephisto werden als Retter der Volkswirtschaft gefeiert. Bei einem tollen Mummenschanz, den die übermütige Hofclique feiert, wird Faust zu gesellschaftlicher Eitelkeit und Geltungsbedürfnis verführt. Der Kaiser verlangt eine Probe seiner magischen Kunst: Faust soll Helena und Paris, die Gestalten aus der griechischen Mythologie, leibhaftig auftreten lassen. Vor dieser Aufgabe schreckt selbst Mephisto zurück. Nur Faust kann sie lösen, indem er den gefährlichen Abstieg in das Reich der Mütter wagt, wo die Urbilder aller Dinge ort- und zeitlos wohnen. Fausts suchende schöpferische Kraft besteht aber selbst in der Hybris, dem vermessenen Übermut, zu dem ihn Mephisto verführt hat. Es gelingt ihm, Helena und Paris in neuer Körperlichkeit in die Erscheinungswelt zu holen. Als er in seiner Maßlosigkeit aber Helena umarmen will, erfolgt eine Explosion, die Erscheinungen lösen sich in Nebel auf, Faust stürzt bewußtlos zusammen. Mephisto versetzt ihn in seine alte Studierstube, wo der einstige Famulus Wagner an der Erzeugung eines künstlichen Menschen arbeitet. Homunculus, aus der Glasretorte schlüpfend, rät Mephisto, Faust zur Klassischen Walpurgisnacht nach Griechenland zu bringen, wo er von seiner Helena-Sehnsucht genesen könne.

Die Fahrt nach Griechenland wird beschlossen. Auf einem alten Schlachtfeld treffen sich die Geister der Antike zu der Klassischen Walpurgisnacht. Die Sphinxe verweisen Faust bei seiner Suche nach Helena an Chiron, der ihn zu der Seherin Manto führt. Diese öffnet ihm den Zugang zur Unterwelt, wo er Helena finden soll. Inzwischen kommt Mephisto in der Welt antiker Wesen nur mühsam zurecht. Als der Gott Seismos ein Erdbeben erregt, verliert er jede Orientierung. Bei den blutsaugenden Lamien erinnert er sich seiner Verwandten, der Phorkyaden. In der urhäßlichen Maske des Phorkyas findet er seine alte Selbstsicherheit wieder. In Griechenland vollzieht sich auch das Schicksal des Homunculus, der seine zwergenhafte Gestalt abwerfen möchte. Von dem Philosophen Thales kommt er zu dem Meergott Nereus und schließlich zu dem Allesverwandler Proteus. Dieser rät ihm, seine Verwandlung im Wasser, dem Urgrund der Dinge, zu beginnen. Homunculus zerschellt aber am Muschelwagen der Galatea und verwandelt sich in Meeresleuchten. Unterdessen ist es Faust gelungen, Helena aus der Unterwelt emporzuholen. Die Zeit ist zurückgedreht: Helena befindet sich im Kreis gefangener Trojanerinnen und fürchtet die Rache ihres Gatten Menelaos, den sie um Paris willen verließ. Phorkyas rät zur Flucht und versetzt sie mit ihrem Gefolge auf eine mittelalterliche Burg, wo sie sich mit Faust vermählt. Ihr gemeinsamer Sohn, Euphorion, das Symbol der Vereinigung von Geist und Schönheit, stürzt in jugendlichem Übermut ab. Helena kehrt in das Reich der Schatten zurück. Mit ihr schwindet zugleich die antike Welt aus dem Faust-Drama, und Phorkyas verwandelt sich in Mephisto zurück. Faust ist zu neuen Taten bereit. Er stellt sich an die Seite des Kaisers, der vor einer entscheidenden Schlacht gegen Aufrührer steht. Faust wird für seine Unterstützung ein weites Uferland versprochen. Mit Hilfe Mephistos siegt der Kaiser, Faust erhält den erbetenen Strand und beginnt mit der Landgewinnung. Aus dem Gelehrten ist ein schöpferischer Mensch geworden. In seiner Schaffensbesessenheit will er für Millionen Menschen Grund und Boden gewinnen, achtet dabei aber nicht das Einzelschicksal: Philemon und Baucis gehen nicht ohne seine Schuld zugrunde. Nun nähern sich Faust vier symbolische graue Frauengestalten: die Schuld, der Mangel, die Sorge und die Not. Allen verwehrt er den Eintritt, nur die Sorge kann hereinschlüpfen und läßt ihn erblinden. Aber auch als Blinder nimmt er noch regen Anteil an dem Aufbau, sieht als Traum sein vollendetes Werk vor sich, genießt im Vorgefühl den Augenblick, zu dem er sagen dürfte «Verweile doch, du bist so schön!», und damit hat sich sein Leben erfüllt. Er stirbt. Mephisto glaubt seine Wette gewonnen. Doch Faust ist mit einem Wunsch für die Zukunft gestorben, im geistigen Weiterschreiten – und so kann er erlöst werden. Engel retten Fausts Seele, Mephisto hat verspielt. Das Werk endet mit einem himmlischen Mysterium und den Worten «Das Ewig-Weibliche zieht uns hinan».

Wie jede große Dichtung ist der *Faust* immer wieder neu zu deuten, und jede Epoche hat ihre spezielle Interpretation gesucht. Die früheste Niederschrift des Werkes, der sogenannte *Urfaust*, stammt aus den Jahren 1774/75. Fast 60 Jahre seines Lebens arbeitete Goethe an dieser universalen Dichtung. 1790 ließ er *Faust. Ein Fragment* erscheinen. 1808 kam der vollständige 1. Teil unter dem Titel *Faust. Eine Tragödie* heraus, der 2. Teil wurde 1831, ein Jahr vor Goethes Tod abgeschlossen. Als Gesamtwerk steht der *Faust* in seiner Form und seinem Gehalt in einer Reihe mit den größten Dichtungen der Weltliteratur, ein eigener Kosmos von Gedanken und Sinngebungen.

Mehr als ein Jahrhundert lang war der *Faust* das heilige Buch der Deutschen. Nach dem Zweiten Weltkrieg setzte jedoch eine vehemente *Faust*-Kritik ein, vor allem wurde immer wieder auf die katastrophalen Mißverständnisse durch seine Ausleger hingewiesen. Faust als rastlos Strebenden zum menschlichen Vorbild zu erheben, ist schon deshalb fragwürdig, weil nichts ohne diabolische Hilfe erreicht wird. Die tragische Erkenntnis der Unerfaßbarkeit der Welt und der Unmöglichkeit, ohne Schuld zu leben, die geniale Auseinanderlegung der «zwei Seelen» eines Menschen in die Gestalten von Faust und Mephisto hat zu dem von Spengler formulierten Mythos des «faustischen Menschen» geführt.

Gegen Ende der siebziger Jahre wurde auf den deutschen Theatern weitgehend mit dem Brauch aufgeräumt, nur den 1. Teil der Tragödie zu spielen. Claus Peymann und Achim Freyer boten in Stuttgart den *Faust* als eine ästhetisch glanzvolle, spektakelhafte Reise des intellektuellen Menschen aus dem Mittelalter in unsere Zeit an. In den raffinierten poetischen und komödiantischen Metaphern konnte sich der geistige Gehalt allerdings gegen den Schauwert von Achim Freyers unerschöpflicher Bildphantasie nicht immer durchsetzen. Doch die Begrenztheit mittelalterlichen Denkens, die Enge der kleinen Welt der Gretchen-Tragödie, der Zauber der Klassischen Walpurgisnacht, die ästhetische Illusion im Helena-Drama wurden ebenso in großen Theaterbildern vermittelt wie das Ende der Feudalherrschaft, das Erstarken des Bürgers, seine Machtergreifung und der Aufbruch in das Industriezeitalter.

Friedrich von Schiller 1759–1805

Friedrich Schiller wurde am 10. November 1759 im schwäbischen Marbach als Sohn eines Werbeoffiziers geboren. Nach erstem Unterricht bei Pfarrer Moser in Lorch besuchte er die Lateinschule in Ludwigsburg und wurde als württembergischer Offizierssohn 1773 auf die «militärische Pflanzschule» des absolutistischen Herzogs Karl Eugen, die sogenannte «Karlsschule» bei Stuttgart, kommandiert. Er studierte erst Jura, dann Medizin, um «Regiments-Medicus» zu werden. Während der Ausbildung geriet er in starke innere Opposition zu dem menschenunwürdigen Drill der Schule. Er setzte sich mit den geistigen Strömungen seiner Zeit, der Aufklärung und dem Sturm und Drang, auseinander. Sein Lehrer Abel machte ihn mit Shakespeare bekannt, und heimlich las er mit seinen Freunden im «Poetischen Oppositions-Club» Rousseau und Goethes *Götz*. Gegen die äußere Bedrückung durch seine Umgebung schrieb er sein erstes Drama *Die Räuber** mit dem Motto «in tyrannos» (wider die Tyrannen) und ließ es 1781 auf eigene Kosten drucken. Das Werk wurde 1782 mit ungeheurem Erfolg in Mannheim uraufgeführt. Der Herzog Karl Eugen verbot Schiller «bei Strafe sofortiger Kassation, hinfort Komödien zu schreiben». So floh der Regiments-Medicus mit seinem Musikerfreund Andreas Streicher am 22. September 1782 aus dem Machtbereich Karl Eugens nach Mannheim. Da man hier sein zweites Stück, den *Fiesco**, zunächst ablehnte, geriet Schiller in Schwierigkeiten, aus denen ihn eine Einladung Henriette von Wolzogens, der Mutter seines Freundes, auf das Gut Bauernbach bei Meiningen befreite. Hier arbeitete er – trotz einer unglücklichen Liebe zur Tochter des Hauses, Charlotte von Wolzogen – den *Fiesco* um und schrieb *Kabale und Liebe**. 1783 erhielt Schiller in Mannheim eine Anstellung als Theaterdichter. Der *Fiesco* wurde hier aufgeführt, und sein bürgerliches Trauerspiel *Kabale und Liebe* erlebte ebenfalls einen ungewöhnlichen, nachhaltigen Publikumserfolg.

Nach einer Kontroverse mit dem Intendanten von Dalberg löste Schiller seine Bindung an das Mannheimer Theater. Der Herzog Karl August von Weimar, der als Gast des Darmstädter Hofes Schiller aus seinem neuen Drama *Don Carlos** vorlesen hörte, verlieh dem Dichter den Titel eines Weimarischen Rates. Von einer schweren Krankheit heimgesucht, stand Schiller materiell vor dem Ruin, als Christian Gottfried Körner, der Vater Theodor Körners, ihn 1785–1787 in Leipzig und Dresden aufnahm, wo er ungestört arbeiten konnte. Hier vollendete er den *Don Carlos*. 1787–1788 finden wir Schiller in Weimar im Kreise erlauchter Geister. Er kehrte in Rudolstadt bei der Familie von Lengefeld ein. Nach historischen Arbeiten wurde Schiller 1789 Professor der Geschichte an der Universität Jena und heiratete 1790 Charlotte von Lengefeld, die ihm zwei Töchter und zwei Söhne gebar. Erneut kränkelnd, mußte er seine Lehrtätigkeit ganz aufgeben. Eine Spende von dänischen Verehrern half ihm über die Notzeit der nächsten drei Jahre hinweg. 1794 begann die Freundschaft mit Goethe, die bis zu Schillers Tod am 9. Mai 1805 währte.

Schiller ist – neben Goethe – der zweite Pfeiler unserer klassischen dramatischen Dichtung. Nicht weil er die «Schaubühne als eine moralische Anstalt» sah, als eine «Gerichtsbarkeit, wo das Gebiet der weltlichen Gesetze endigt», sondern weil sein dramatisches Genie darüber hinaus wirkliches Bühnenleben, wirkliche Bühnengestalten zu schaffen vermochte, sehen wir in ihm den geborenen Dramatiker und in einer Welt diktatorischer Willkür den Dichter der Freiheit und Menschenwürde. So fremd uns das Schillersche Pathos heute anmuten mag, so ändert das doch nichts an dem erregenden geistigen Feuer seines Gesamtwerkes, das viele Generationen begeistert hat. Schiller wußte selbst nur allzu genau, daß eine bloße verbale Verkündung von Moral und Gesetz unwirksam bleibt. Wir verdanken ihm das erhellende Wort: «So gewiß sichtbare Darstellung mächtiger wirkt als toter Buchstabe, so gewiß wirkt die Schaubühne tiefer und dauernder als Moral und Gesetz.»

Der junge Schiller begann als Revolutionär, der aus der Haltung der Opposition heraus schrieb. In seinem dramatischen Erstling *Die Räuber** suchte er aus Abscheu vor seinem versklavten Jahrhundert die legitime Auflehnung darzustellen, die tragisch die menschlichen Ordnungssysteme zerstört. In seinem zweiten Drama, *Fiesco**, geht es um die politische Freiheit. In dem bürgerlichen Trauerspiel *Kabale und Liebe** greift er mutig die absolutistische Tyrannenherrschaft seiner Zeit, ihre Korruption und moralische Verkommenheit an. Schon 1787 wendet er sich mit *Don Carlos**, der ein dramatisches Manifest der Menschenrechte ist, an die ganze Welt mit der Forderung nach Gedankenfreiheit. Nach zehnjähriger Pause, die mit historischen Studien und mit der Erarbeitung der Kantischen Philosophie ausgefüllt war, schuf Schiller 1798/99 mit der *Wallenstein-Trilogie** das erste bedeutende Drama mit großen geschichtlichen Perspektiven. 1800 entstand *Maria Stuart**. Diesem Werk folgte 1801 die romantische Tragödie *Die Jungfrau von Orleans**, in der die französische Nationalheldin an ihrem Befreiungswerk zur Märtyrerin wird. 1803 versuchte Schiller als Beitrag zu einem deutschen Klassizismus sich der Antike zu nähern. Er schrieb das Trauerspiel mit Chören *Die Braut von Messina**. Als weiterer Höhepunkt seiner dramatischen Arbeit kann der 1804 entstandene *Wilhelm Tell** gelten. In diesem

Werk gestaltete Schiller den Freiheitskampf der Schweiz. Sein letztes dramatisches Werk *Demetrius* blieb Fragment. Schillers theoretische Abhandlung über die «Schaubühne, als moralische Anstalt betrachtet», ist ein vieldiskutierter Beitrag zur Sinndeutung des Theaters.

Die Räuber
Schauspiel in 5 Akten
UA: 1782 in Mannheim

Während Karl Moor in Leipzig studiert, benutzt Franz die Abwesenheit des älteren Bruders, um den Vater, den alten Grafen Moor, mit gefälschten Briefen gegen ihn aufzuhetzen. Franz Moor, der selbst Herr über Schloß und Güter des Vaters werden und Karls Geliebte, Amalia, für sich gewinnen will, setzt mit seinen Verleumdungen sogar die Enterbung des Bruders durch. Karl empört sich gegen eine Zeit, die solches Unrecht duldet, und als einige gleichgesinnte Studenten und Freunde eine Räuberbande gründen, schließt er sich ihnen an und wird ihr Hauptmann. Inzwischen treibt Franz seine Pläne voran. Er versucht, Amalia zu erobern, indem er Karl denunziert, doch sie weist ihn zurück. Um rascher in den Besitz der Herrschaft zu kommen, plant er nun, dem alten Moor, der Karls Verstoßung längst bereut, einen tödlichen Schrecken einzujagen und läßt ihm Karls Tod melden. Tatsächlich bricht der alte Mann wie leblos zusammen. – Karl führt unterdessen mit seinen Räubern in den böhmischen Wäldern ein freies Leben. Während es ihm jedoch um Hilfe für die Bedrängten und Bestrafung des Unrechts geht, liegt einem Teil seiner Bande nur an gewalttätigen Exzessen. Als die Räuber von Soldaten eingeschlossen werden und für die Auslieferung ihres Hauptmanns freien Abzug angeboten erhalten, ist Karl bereit, sich zu stellen. Doch Roller, den Karl vorm Galgen gerettet hat, bringt die Bande dazu, treu zu ihrem Hauptmann zu stehen. Ein Durchbruchsversuch gelingt, Roller aber verliert dabei sein Leben. Karl, vom Tod des Freundes tief getroffen und durch einen Schicksalsgefährten, den jungen Adeligen Kosinsky an Amalia erinnert, beschließt, mit den Räubern in seine Heimat zu ziehen. Verkleidet betritt er das Schloß des Vaters, auf dem nun Franz regiert. Schon will der von Selbstmordgedanken gequälte Karl wieder abziehen, als er seinen Vater entdeckt, der in einem Turm dahinvegetiert: Franz hatte ihn, als ihn seinerzeit der Schock nicht getötet hatte, lebendig begraben lassen, doch der reuige Hermann, der die Nachricht von Karls Tod überbracht hatte, versorgt ihn heimlich mit Nahrung. Karl schwört seinem Bruder Rache. Diesen treibt sein Gewissen indessen an den Rand des Wahnsinns. In einer furchtbaren Traumvision sieht er das Jüngste Gericht aufsteigen. Als Karl mit seinen Räubern unter dem Geläut der Sturmglocke in das Schloß eindringt, erhängt sich Franz. Der alte Moor stirbt, als er erkennt, daß Karl der Anführer von «Räubern und Mördern» ist. Amalia bekennt sich dennoch zu dem Geliebten. Doch Karl bindet sein Treuegelöbnis an die Bande. Verzweifelt fleht ihn Amalia um den Tod an, und er ersticht sie. Zu spät erkennt er, daß «zwei Menschen wie ich den ganzen Bau der sittlichen Welt zugrunde richten würden». Er löst seine Bande auf und stellt sich der Justiz.

Kaum ein Werk wurde so extrem unterschiedlich interpretiert wie Schillers genialisches Jugendwerk, dessen ungebrochene theatralische Wirkung ihm ebenso das Interesse sichert wie seine offensichtliche Widersprüchlichkeit. Man hat in ihm die politische Krönung des literarischen Protests der Stürmer und Dränger gesehen, ein Exempel für die «deutsche Misere», den Abschied von der gesellschaftszerstörenden Revolte, ein

Stück über den Machtkampf, über die Frage nach der gerechten und ungerechten Herrschaft und nach der Legitimität des Widerstandes, ein Seelendrama, ein Melodram, ein moralisches Erziehungswerk, ein Räuberdrama an der Grenze zur Kolportage, verbunden mit dem Familiendrama an der Grenze des Rührstücks. Die neuere Betrachtungsweise tendiert zu einer Interpretation aus dem Grundzweifel Schillers an der Ordnung der Welt, seiner Grunderfahrung der «Fremde des Lebens». So liegt es auf der Hand, daß das genialische Jugendwerk des Dichters trotz offensichtlicher dramaturgischer Schwächen eine immerwährende Herausforderung für die Theatergegenwart bedeutet. Sie antwortet darauf mit Inszenierungen, in denen sich die Vielschichtigkeit der Deutungen auf erregende Weise widerspiegelt.

Die Verschwörung des Fiesco zu Genua

Republikanisches Trauerspiel in 5 Akten
UA: 1784 in Mannheim

Die Adelsfamilie der Doria hat die Macht in der Stadtrepublik Genua usurpiert, Gianettino Doria, der Neffe des Dogen, möchte sich selbst zum Herzog machen. Um den «verschworenen Republikaner» Verrina sammelt sich der Widerstand, um die Republik zu retten. Auch Fiesco, Graf von Lavagna, plant eine Verschwörung, doch gibt er sich, um die Dorias zu täuschen, als unpolitischer Lebemann und macht, zum Schmerz seiner Frau Leonore, Gianettinos Schwester Julia den Hof. Obwohl er bereits Truppen und Galeeren gegen die Dorias angeworben hat, verstellt sich Fiesco zunächst auch gegenüber Verrina und seinem Anhang, die nach einem Kopf für ihre Verschwörung suchen. Gianettino, der in Fiesco eine Gefahr wittert, hat den Mohren Muley Hassan gedungen, den unliebsamen Widersacher zu ermorden. Der Anschlag mißlingt, und Fiesco sichert sich den Mohren für seine eigenen Dienste. Inzwischen wurde Berta, die Tochter Verrinas, von Gianettino vergewaltigt. Verrina schwört Bertas Bräutigam und seine Anhänger auf den Tyrannenmord ein. Insgeheim bereitet nun Fiesco Senatoren und Bürger auf die Rebellion vor. Zuletzt offenbart er sich auch Verrina und seinen Mitverschwörern. Noch schwankt Fiesco, ob er sich für die Republik oder die Herzogswürde entscheiden soll, doch Verrina ahnt voraus, daß sich Fiesco vom republikanischen Ideal abwenden würde und beschließt seinen Tod nach der Befreiung Genuas. Durch den Mohren erfahren die Dorias von der Verschwörung, die Entwicklung aber ist nicht mehr aufzuhalten. Der Aufruhr bricht los, Bourgognino, der Verlobte Bertas, tötet Gianettino, auch Leonore will sich, ohne Fiescos Wissen, an der Rebellion beteiligen, wird aber in ihrer Verkleidung von ihrem Mann mit Gianettino verwechselt und erstochen. Aus seinem Schmerz reißt Fiesco das Bewußtsein, zu Hohem berufen zu sein – er läßt sich zum Herzog von Genua proklamieren. Als Verrina ihn beschwört, den Purpurmantel und die damit verbundene Würde wieder abzulegen, lehnt er brüsk ab. Verrina stürzt ihn vom Steg einer Galeere ins Meer. Der alte Doge Andrea Doria kehrt zurück, seine Partei gewinnt die Oberhand. «Ich geh zum Andrea», sagt Verrina nach der Ermordung Fiescos.

«Ich habe in den *Räubern* das Opfer einer ausschweifenden Empfindung zum Vorwurf genommen. Hier versuche ich das Gegenteil, ein Opfer der Kunst und der Kabale», schrieb Schiller über seinen *Fiesco*. Er wollte versuchen, die kalte, unfruchtbare Staatsaktion «aus dem menschlichen Herzen herauszuspinnen». Schiller dürfte es dabei vor allem auf den Charakter seines Helden angekommen sein. Der tragische Konflikt liegt in

Fiesco selbst, der in seinem Inneren den Zwiespalt zwischen Cäsar und Brutus austrägt. Zwei Monologe stellt der Dichter gegenüber: In dem einen entscheidet sich Fiesco für die Republik («Ein Diadem erkämpfen ist groß. Es wegwerfen ist göttlich.»), in dem anderen für die Herzogkrone («namenlos groß, eine Krone zu stehlen»), doch dabei zeigt sich, daß er weniger an der Politik als an der eigenen Größe interessiert ist. Er erringt die fürstliche Macht – jedoch unter Preisgabe seiner menschlichen Empfindungen. Fiesco hält die «Übereilung» seiner Augen bei der Ermordung Leonores für einen Unglücksfall, sie kündigt aber bereits die Verblendung des um absolute Herrschaft Kämpfenden an – die Demontage des Helden beginnt.

Kabale und Liebe
Bürgerliches Trauerspiel in 5 Akten
UA: 1784 in Frankfurt/Main

In das Haus des Stadtmusikers Miller ist Unruhe eingekehrt. Die einzige Tochter, Luise, wird leidenschaftlich von dem adligen Ferdinand von Walter, dem Sohn des Präsidenten geliebt, und sie liebt ihn wieder. Während die Eitelkeit der Mutter gern ihre Tochter als zukünftige Frau Ferdinands sehen möchte, wehrt sich der alte Miller gegen unstandesgemäße Spekulationen. Ferdinand von Walter jedoch will – koste es, was es wolle – nicht von

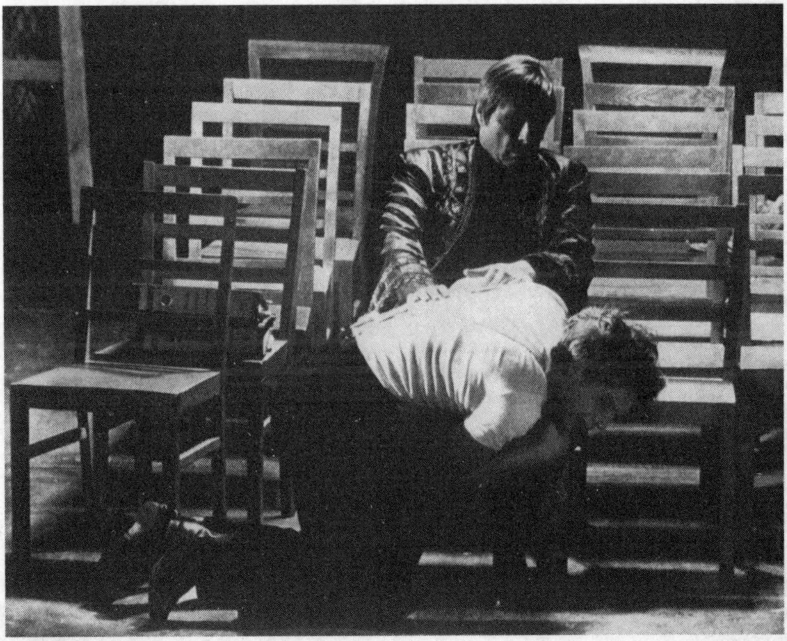

Schiller, Kabale und Liebe
Kammerspiele München, 1978
Inszenierung: Ernst Wendt
Präsident: Rolf Boysen
Ferdinand: Markus Boysen

seiner Liebe zu Luise lassen und sie zu seiner Frau machen. Sein Vater, der Präsident, lehnt die Bindung seines Sohnes an eine Bürgerliche ab. Um seine Beziehungen zum regierenden Herzog enger zu gestalten, möchte er seinen Sohn – auf einen Wink von oben – mit der Mätresse des Fürsten, Lady Milfort, verheiraten. Noch bevor er mit seinem Sohn darüber gesprochen hat, läßt er durch gezielte Indiskretion die geplante Verbindung in der Residenz verbreiten. Doch Ferdinand weigert sich, die Lady zu heiraten und besteht auf einer Aussprache, bei der er in ihr eine großherzige Persönlichkeit erkennt. Als Ferdinand ihr seine Liebe zu Luise gesteht, zeigt sie sich jedoch unfähig zum Verzicht: Sie bekennt ihre Liebe zu Ferdinand und will um ihn kämpfen. Im Hause Millers überrascht der Präsident seinen Sohn. Er will den Musikus ins Zuchthaus bringen und die Mutter mit Luise öffentlich an den Pranger stellen lassen. Ferdinand tritt seinem Vater und den Gerichtsdienern mit dem Degen entgegen. Aber erst als er droht, publik zu machen, auf welch obskure Weise der Präsident zu seinem Amt gelangt ist, zieht sich dieser zurück. Um einen Keil zwischen die Liebenden zu treiben, ersinnt der von Luise abgewiesene Sekretär Wurm einen erpresserischen Plan: Er zwingt die verängstigte Luise, die ihren inzwischen verhafteten Vater damit vor dem Henker zu retten glaubt, einen von ihm diktierten Liebesbrief an den Hofmarschall von Kalb zu schreiben, der Ferdinand in die Hände gespielt wird. Tatsächlich rast Ferdinand vor Eifersucht und fordert den Hofmarschall zum Duell. Dieser gesteht zwar, daß er Luise überhaupt nicht kenne. Doch Ferdinands Mißtrauen wird dadurch keineswegs ausgeräumt. Er glaubt sich betrogen und will Luise töten. Bei einem letzten Besuch in Millers Haus verlangt er Aufklärung von der Geliebten. Als diese aus Angst um das Schicksal des Vaters schweigt, vergiftet Ferdinand eine Limonade, von der die beiden Unglücklichen trinken. Erst als Luise den Tod nahen fühlt, gesteht sie dem verzweifelten Geliebten die furchtbare Wahrheit. Doch auch Ferdinand ist schon vom Tod gezeichnet. Seinem herbeigeeilten Vater reicht er sterbend die Hand zur Verzeihung. Der Präsident stellt sich den Gerichten.

Die Tragödie der unbedingten Liebe oder die Tragödie des Klassenkonflikts? Zwischen diesen Polen pendelt die Interpretation des «bürgerlichen Trauerspiels». Unverkennbar ist jedoch auch das religiöse Bezugssystem, in dem die Figuren denken, auffallend das extrem religiöse Vokabular, in dem sie sich ausdrücken. Ferdinands gestörte Vaterbeziehung bedeutet zugleich Zweifel an der göttlichen Ordnung im christlichen Sinn. Er beantwortet seine Rebellion gegen die ihm unerträglich erscheinende Umwelt mit einem Rückzug in die Innerlichkeit, mit einer Sakralisierung der Liebe als Ersatzreligion. Luise dagegen, geborgen in ihrer Vaterbeziehung, in ihrem christlichen Glauben, gerät durch die Liebe zu Ferdinand in einen seelischen Konflikt zwischen ihrem religiösen Bewußtsein und Ferdinands Liebesreligion, die sie fasziniert, gegen die sie jedoch auch Bedenken hat. Als sie die Flucht aus der gesellschaftlichen Öffentlichkeit mit ihren Standesschranken in ein von Ferdinand geträumtes idyllisches Nirgendwo ablehnt, legt sie damit bereits den Keim für den Zweifel, der den Geliebten zum Opfer selbst der durchsichtigsten Kabale macht. Im Grunde zerstört sie Ferdinands Glauben an sich selbst, wenn sie, schwankend zwischen seiner Liebesreligion und ihrem christlichen Gott, sich für diesen entscheidet. In ihrem Glücksstreben scheitern Ferdinand wie Luise, sie, weil sie sich ihr Glücksverlangen in ein «Jenseits» verdrängt, er, weil er seinen Anspruch darauf zur Religion steigert.

Don Carlos, Infant von Spanien
Dramatisches Gedicht in 5 Aufzügen
UA: 1787 in Hamburg

Don Carlos, der Infant von Spanien, liebt Königin Elisabeth, die einst seine Braut war, dann aber den Ehebund mit seinem Vater, König Philipp II., schloß. Der Infant vertraut sich seinem Freund, dem Marquis von Posa, an, dem es gelingt, eine geheime Unterredung zwischen Carlos und der Königin herbeizuführen, die seine Werbung zurückweist. – Gegen die Knechtung der flanderischen Provinzen und gegen die beispiellosen Blutgerichte, die von Philipp II. und seinem unerbittlichen Vollstrecker, dem Herzog Alba, ausgehen, entsteht in der Freundschaft zwischen Carlos und Posa eine innere Phalanx, die politisch wirksam werden will. So bittet Carlos seinen Vater in einer persönlichen Unterredung, ihm den Oberbefehl über die spanischen Truppen in Flandern anzuvertrauen. Der König lehnt jedoch ab und betraut Alba mit dieser Mission. – Die Prinzessin von Eboli, eine Hofdame der Königin, liebt den Prinzen Carlos und lädt ihn durch ein Billett in ihr Kabinett ein. Carlos, der glaubt, die Einladung komme von der Königin selbst, ist so unvorsichtig, ihr tatsächlich zu folgen. Als die Prinzessin auf diese Weise von der Neigung des Infanten zu seiner Stiefmutter erfährt, ihre Liebe von Carlos jedoch verschmäht sieht, entdeckt sie aus Rache das Geheimnis dem König. Philipp wird durch diese Nachricht in noch tiefere Einsamkeit getrieben, die ihn Ausschau halten läßt nach einem einzigen, nicht von Eigensucht bestimmten Menschen. Er glaubt, ihn in Marquis Posa zu finden, den er zu sich befiehlt, um mit seiner Hilfe die Wahrheit zu erfahren. Posa nutzt die Begegnung für seine Ziele: In revolutionärem Elan fordert er vom König ein neues Spanien des Friedens, der Humanität, der Brüderlichkeit und der Menschenrechte. Philipp nennt ihn einen «sonderbaren Schwärmer» und warnt ihn vor der Inquisition. Sein Vertrauen jedoch hat Posa gewonnen. Er soll die Beziehung zwischen Königin und Infant erforschen. Beim König wird er fortan unangemeldet vorgelassen. Von Carlos bittet sich Posa seine privaten Papiere aus, übermittelt sie dem König, beweist damit die Unschuld der Königin und entlarvt die Intrigen der Eboli. Allerdings spielt Posa ein höchst gefährliches Spiel, denn er will Carlos – gegen Philipps Willen – an die Spitze der Truppen in Brüssel setzen. Um des Infanten sicher zu sein, falls er unbedachte Schritte unternehmen sollte, die diesen Plan gefährden könnten, hat Posa sich vom König einen Verhaftungsbefehl für Carlos ausstellen lassen. Der Infant aber, vor angeblichem Verrat gewarnt und von Posa nicht über den wahren Sachverhalt unterrichtet, versteht den Freund nicht mehr und beginnt, an seiner Treue zu zweifeln. Als er sich in seiner Not der Prinzessin Eboli anvertraut, verhaftet ihn Posa. Da die Prinzessin nicht erneut zum Schweigen zu bringen sein wird, beschließt Posa, sein eigenes Leben zu opfern, um die Sache zum Sieg zu führen. Er spielt dem König einen Brief in die Hände, in dem er sich selbst der Liebe zur Königin bezichtigt. Philipp sieht sich getäuscht und beschließt Posas Tod. Doch vorher kann dieser den gefangenen Infanten über das Geschehen und über seine unverbrüchliche Freundestreue aufklären. An der Seite des Infanten trifft ihn der tödliche Schuß. Der Plan Posas, Prinz Carlos für die Erhebung Flanderns einzusetzen, wird von Alba entdeckt und dem König mitgeteilt. Philipp überantwortet seinen Sohn der Inquisition.

Don Carlos ist das erste klassische Drama Schillers, das den Sturm und Drang hinter sich läßt. Schiller begann das Stück als eine Liebestragödie des Infanten. Doch bald wurde aus diesem Individualdrama ein überpersönliches Ideendrama mit einem zweiten Helden: Marquis Posa. Bereits zwei Jahre vor der Französischen Revolution verkündet Schiller von der Hamburger Bühne herab durch den Mund Posas die Menschenrechte. Don Carlos ist ein Manifest, das ein neues Zeitalter der Brüderlichkeit und Gedankenfreiheit fordert. Die Gegenkräfte hat Schiller in den Gestalten Philipps II., Albas und des Großinquisitors bannend zu gestalten vermocht. Trotz der komplizierten Verquickung verschiedener Handlungslinien ist das Drama aus dem Spielplan deutscher Bühnen nicht mehr wegzudenken.

Wallenstein
Dramatisches Gedicht in einem Vorspiel und zwei Teilen. UA: 1798/99 in Weimar

Wallensteins Lager. Vorspiel in einem Akt. Wallensteins Lager bevölkert eine bunt zusammengewürfelte Söldnerschar aus vielen Ländern, die sich unter der Fahne des «Friedländers», wie Wallenstein, der Herzog von Friedland, genannt wird, zusammengefunden hat, weil sein Glücksstern sprichwörtlich und er ein wahrhaft großzügiger «Soldatenvater» ist, der seine Gruppe nach dem Grundsatz «Leben und leben lassen» gewähren läßt. Deutlich zeichnen sich unter den Soldaten zwei Gruppen ab: die Kaisertreuen und die Wallenstein-Ergebenen, die an die Unverwundbarkeit des Friedländers, ja seinen Pakt mit dem Teufel glauben. Als ein Kapuzinermönch gegen die Sittenlosigkeit der Soldaten und sogar gegen den Feldherrn zu wettern wagt, wird er von den aufgebrachten Soldaten verjagt. Alle empören sich dagegen, daß die kaiserliche Regierung in Wien, der Wallenstein zu mächtig wird, die Truppe für verschiedene Aufgaben auseinanderziehen will. Sie beschließen, eine Denkschrift an Wallenstein zu schicken, daß sie unbedingt zusammenbleiben wollen.

Was Schiller mit *Wallensteins Lager* im Rahmen der gesamten Trilogie beabsichtigt, geht aus einem «Prolog» hervor, den er für die Uraufführung in Weimar schrieb. Dort heißt es zu Wallenstein: «Sein Lager nur erkläret sein Verbrechen», d. h. die blinde Ergebenheit seiner Truppe verführt den Feldherrn zum Mißbrauch der Macht. Die einzelnen Soldatentypen sind meisterhaft gezeichnet. In ihnen spiegeln sich ihre Anführer, die der erste Teil des Dramas präsentiert.

Die Piccolomini. Schauspiel in 5 Aufzügen. Der Kaiserliche Generalissimus Wallenstein ist dem Wiener Hof zu mächtig geworden. Er hat alle seine Truppen in Böhmen zusammengezogen und auch Frau und Tochter durch Max Piccolomini dorthin geleiten lassen, ein Zeichen, daß große Entschlüsse bevorstehen. Im Rathaus zu Pilsen empfängt er den Kaiserlichen Abgesandten Questenberg, der gekommen ist, um die Lage zu sondieren. Questenberg muß feststellen, daß die meisten Generäle dem Friedländer weit mehr ergeben sind als dem Kaiser. Nur Generalleutnant Octavio Piccolomini ist unbedingt kaisertreu und deshalb vom Kaiser bereits durch Geheimerlaß zum Nachfolger des abzusetzenden Wallenstein bestimmt worden. Octavio besitzt jedoch das uneingeschränkte Vertrauen Wallensteins. Im Gegensatz zu ihm ist sein Sohn Max kritikloser Bewunderer des Herzogs. Auf der Reise mit den Damen des Fürsten hat er sich in Wallensteins Tochter Thekla verliebt und auch bei ihr herzliche Zuneigung gefunden. Die Gräfin Terzky, Wallensteins Schwägerin, plant, diesen Umstand politisch zu nutzen, um Max unlösbar an das Herzogshaus zu binden. – Die Generäle Terzky und Illo drängen den Herzog, seiner Absetzung zuvorzukommen und endlich den Pakt mit den Schweden zu schließen und sich dadurch der Unterstützung der schwedischen Truppen in den Auseinandersetzungen mit dem Kaiser zu sichern. Doch Wallenstein zögert noch. Illo und Terzky veranstalten ein Bankett für die Generäle, die sich dabei dem Friedländer schriftlich zum ausschließlichen Dienst verpflichten sollen, allerdings mit der Klausel, «soweit es ihr dem Kaiser geleisteter Eid» zuläßt. Dieses Dokument läßt man die Generäle vor Tisch lesen, nach Tisch jedoch, in berauschter Stimmung – ohne die Klausel – unterschreiben. Tatsächlich unterzeichnen alle Generäle, auch Octavio. Nur Max Piccolomini hält die Formalität für überflüssig. Das reizt den betrunkenen Illo, gegen Max den Degen zu ziehen und dabei den Betrug mit der Klausel auszuplaudern. Nach dem Bankett versucht Octavio, seinem Sohn Max die Augen über den bevorstehenden Verrat des Herzogs zu öffnen. Doch Max vermag nicht daran zu glauben. Er will sich beim Fürsten selbst Klarheit holen, ob er den Freund oder den Vater verlieren muß.

Die Piccolomini erweisen Schiller als großen historischen Dramatiker. Die langjährigen Studien zu seiner «Geschichte des Dreißigjährigen Krieges» (1791–1793) befruchteten sein Werk nachhaltig und formten sich in unmittelbarer Gestaltung von lebendigen Charakteren vor einem dichterisch gemeisterten geschichtlichen Hintergrund aus.

Wallensteins Tod. Trauerspiel in 5 Akten. Nach der Meinung seines Astrologen Seni ist für Wallenstein die günstigste Planeten-Konstellation zum Handeln gekommen. Doch noch immer zögert Wallenstein, die Bedingungen des Paktes mit den Schweden anzunehmen: Der Herzog soll die böhmische Königskrone erhalten, dafür aber Eger und Prag den Schweden räumen. Erst Gräfin Terzky, die dem Schwager die Aussichtslosigkeit seiner Lage vor Augen stellt, veranlaßt Wallenstein, das Bündnis mit den Schweden zu besiegeln. Dieser Entschluß teilt seine bisherigen Anhänger in zwei Lager. Noch immer glaubt Wallenstein an die Treue von Octavio und überträgt ihm ein Kommando. Unterdessen hat Octavio den Grafen Isolani abtrünnig gemacht. Ein gleiches gelingt ihm mit General Buttler, der Wallenstein aus gekränkter Eitelkeit zur Strecke bringen will. Während Wallenstein zu siegen hofft, fallen seine besten Truppen bereits von ihm ab. Endlich durchschaut er die Täuschung Octavios. Als Stütze in kritischer Lage erscheint ihm – ein neuer verhängnisvoller Irrtum – nun Buttler. An seiner Seite und mit Hilfe der Schweden will er sich behaupten. Nach einer letzten dramatischen Begegnung zwischen Wallenstein und Max Piccolomini legt Max in höchster Gefühlsverwirrung sein Schicksal in die Hände Theklas. Sie bestärkt ihn, dem Gefühl zu folgen und gegen seinen Eid zu handeln, obwohl die Liebenden dadurch auseinandergerissen werden. Max schlägt sich mit seinen Kürassieren auf die Seite des Kaisers. Es kommt zum Kampf mit den Schweden, in dem diese siegen. Max Piccolomini, der den Tod gesucht hat, fällt. Thekla stirbt am Grab des Geliebten. Die Nachricht vom Tod Max Piccolominis hat Wallenstein zutiefst erschüttert. Zwischen Resignation und Hoffnung schwankend, schlägt er die Warnungen seines Astrologen in den Wind und wird ein wehrloses Opfer gedungener Mörder. Zu spät erscheint Octavio an der Spitze kaiserlicher Truppen mit einem Begnadigungsschreiben. Buttler hat den Friedländer zur Strecke gebracht. Sein Judaslohn ist ihm gewiß. Auch Octavio wird vom Kaiser belohnt: Er wird in den Fürstenstand erhoben.

Schillers *Wallenstein* ist ein monumentales Dramenwerk, an dem der Dichter länger als zehn Jahre unter dem fördernden Einfluß von Goethe gearbeitet hat. Das Ergebnis ist mehr als der große subjektive Wurf. Es ist gestaltete Objektivi-

Schiller, Maria Stuart
Akademietheater Wien, 1974
Inszenierung: Erwin Axer
Elisabeth von England: Annemarie Düringer

Maria Stuart: Erika Pluhar

tät, gelungene Verdichtung des Geschichtlichen. Aus dem überreichen dramatischen Kosmos ragt die Gestalt des Friedländers heraus. «Von der Parteien Haß und Gunst verwirrt, schwankt sein Charakterbild in der Geschichte ...» – so führt Schiller Wallenstein in seinem «Prolog» ein. Er hat die rätselvolle Vielschichtigkeit dieser Gestalt facettenreich in packende Theaterszenen gebannt: eine Herausforderung für große Charakterdarsteller aller Epochen.

Maria Stuart
Trauerspiel in 5 Aufzügen
UA: 1800 in Weimar

Maria Stuart, Königin von Schottland, ist des Gattenmordes angeklagt und aus ihrem Land vertrieben worden. Sie sucht Zuflucht in England, wird aber von der englischen Königin Elisabeth als eine gefährliche Anwärterin auf Englands und Schottlands Thron betrachtet und eingekerkert. Um wiederholte Befreiungsversuche durch die Anhänger der schönen Schottin für immer zu unterbinden, hat Elisabeth sie durch Bestechung falscher

Zeugen von dem höchsten Gericht ihres Landes zum Tod verurteilen lassen. Maria lehnt sich leidenschaftlich gegen den Gerichtsprozeß auf, den sie als Rechtsbruch ablehnt. Mortimer, der Neffe ihres Wächters, gelobt, die schwärmerisch geliebte Königin zu retten. Diese bittet Mortimer, Lord Leicester, den mächtigen Günstling Elisabeths, von dem sich Maria noch immer geliebt glauben darf, als Bundesgenossen zu gewinnen. Am Hofe vermag Mortimer seine Absichten so gut zu tarnen, daß er sogar das Vertrauen Elisabeths gewinnt, die ihm einen geheimen Mordauftrag gibt, der Maria unauffällig beiseite schaffen soll. Mortimer versucht, Leicester endlich zu offenem Handeln zu veranlassen. Dieser, der im Gericht für die Verurteilung Marias gestimmt hat, spricht im Staatsrat gegen die Vollstreckung und für dauernde Gefangenschaft. Statt durch gefährlichen Aufruhr will er Maria durch seine diplomatischen Künste retten und eine persönliche Begegnung der beiden Königinnen herbeiführen, nach der Elisabeth Maria begnadigen müsse. Tatsächlich kommt diese Begegnung der beiden Rivalinnen zustande. Doch die demütig um Gnade bittende Maria wird durch Elisabeth erniedrigt und so schwer provoziert, daß sie jede Beherrschung verliert und die Königin von England als Bastard und Thronschänderin beschimpft. Damit ist die letzte Hoffnung auf eine Begnadigung zunichte gemacht. Unter den Papieren Marias hat man einen Brief Leicesters gefunden, der ihn schwer belastet. Leicester kämpft mit verzweifelten Mitteln, um die Verdachtsmomente zu zerstreuen. Er läßt Mortimer verhaften und entlarvt ihn als Papisten und Freund der Maria. Als Mortimer sich daraufhin ersticht, kann Leicester sich als Retter Elisabeths aufspielen, die sich durch ihren Mordbefehl in Mortimers Hände begeben hatte. Nun soll Leicester selbst die Hinrichtung veranlassen. Elisabeth unterschreibt das Todesurteil. Im Gefängnis nimmt Maria Abschied von ihrer Dienerschaft. Ihr alter Haushofmeister Melvil, der sich zum Priester weihen ließ, nimmt ihre Beichte ab, aus der hervorgeht, daß sie unschuldig stirbt. Burleigh und Leicester erscheinen, um der Hinrichtung beizuwohnen. Die letzten verzeihenden Worte der schottischen Königin gelten dem erschütterten Leicester, der in äußerster Gewissensqual zusammenbricht und England verläßt. Elisabeth bleibt – von allen Freunden verlassen – in bitterer Einsamkeit auf ihrem Thron zurück.

Schillers Werk geht stofflich auf Robertsons «Geschichte Schottlands» zurück. Frei erfunden ist die Gestalt des Mortimer, vor allem aber die dramatische Begegnung der beiden Königinnen. Meisterhaft, wie sich der Schwung der Schillerschen Sprache etwa in der Leicester-Mortimer-Szene zu knappster epigrammatischer Prägnanz verdichtet. Noch heute vermag sich das Publikum der echten Tragik des Stückes nicht zu entziehen. Schiller gelangte in Maria Stuart zu einer neuen Einstellung zur Historie: Geschichtliche Notwendigkeiten, so tragisch sie auch sein mögen, sollten von dem Menschen nicht einfach hingenommen werden. Sie rufen ihn vielmehr zu eigener sittlicher Entscheidung auf. So wehrt sich Maria Stuart mit allen ihren Kräften gegen ihre Verurteilung. Alle Lebensinstinkte werden eingesetzt, um das ihr drohende Schicksal abzuwenden. Erst als das scheitert, erfolgt ihre große Läuterung durch das Leiden.

Die Jungfrau von Orleans
Romantische Tragödie in einem Prolog und 5 Aufzügen. UA: 1801 in Leipzig

Im Prolog will der reiche Landmann Thibaut d'Arc seine Töchter verheiraten. Zwei fügen sich dem Wunsch des Vaters.

Nur Johanna, die Jüngste, widersetzt sich. Sie hat eine göttliche Stimme vernommen, die ihr befahl, das von den Engländern hart bedrängte Frankreich zu retten, König Karl zum Sieg zu verhelfen und ihn in der Kathedrale von Reims zu krönen. Johanna bricht auf, um dem Ruf zu folgen. Schon ist Paris von den Engländern erobert worden, schon haben die Königinmutter Isabeau und der Herzog von Burgund dort einem neuen englischen Thronanwärter gehuldigt. Nun stehen die Feinde bereits vor Orleans. – Im Hoflager von Chinon begegnen wir in Karl einem entmutigten König, der entschlossen ist, lieber seinem Thron zu entsagen, als den aussichtslosen Kampf weiterzuführen. In dieser hoffnungslosen Lage berichtet ein Ritter von einem siegreichen Treffen der Franzosen, dem 2000 Feinde zum Opfer fielen, ohne daß auch nur ein Franzose verletzt worden sei. Das Wunder habe eine gepanzerte Jungfrau vollbracht, die den begeisterten Truppen vorangestürmt sei. Bald steht Johanna, die Jungfrau, vor dem König. Sie berichtet von der heiligen Gottesmutter, die ihr erschienen sei, und gewinnt den Segen des Erzbischofs. Der wunderbare Sieg der Jungfrau schreckt die englischen Soldaten und verwirrt ihre Führer. Noch ehe sie sich fassen können, bricht Johanna zu neuem Kampf und Sieg in das englische Lager ein. Den abtrünnigen Herzog von Burgund vermag sie für die französische Sache zurückzugewinnen. – Zwei Feldherren, Dunois und La Hire, lieben Johanna. Doch sie hat vor der Gottesmutter um ihrer heiligen Aufgabe willen der Liebe zu einem Mann entsagen müssen. Die Gegner setzen erneut zum Angriff an. Der junge englische Feldherr Lionel stellt sich der Jungfrau entgegen, und sie besiegt ihn. Doch als sie ihm ins Auge sieht, vermag sie nicht, ihn zu töten. Die Liebe hat ihr Herz berührt. Sie erkennt diese Regung als Verrat an ihrer Aufgabe und Bruch ihres Gelübdes. Voller Schuldbewußtsein trägt Johanna beim Krönungszug in Reims die Fahne. Vor allem Volk tritt ihr eigener Vater mit der Anklage hervor, sie habe nur mit Teufelskunst siegen können. Als ein Donner die Beschuldigung des Vaters zu bestätigen scheint, weichen alle vor der Jungfrau zurück. Johanna wird verbannt und gefangengesetzt. Lionel will sie retten, doch sie widersteht seiner Werbung. Die Engländer greifen mit neuer Vehemenz an. Schwer gefesselt im Gefängnis, hört Johanna, daß Frankreichs Sache verzweifelt steht. In tiefer Inbrunst stürzt sie sich ins Gebet. Da gleiten die Fesseln von ihren Gliedern, sie stürmt in den Kampf und siegt. Aber sie wird tödlich verwundet und stirbt im Bewußtsein, ihre Sendung erfüllt zu haben.

Die *Jungfrau von Orleans* bedeutet eine deutliche Abwendung von der im Wallenstein erreichten dichterischen Formung historischer Objektivität und die Hinwendung zum poetischen Gleichnis. Durch neuere Gestaltungen des Stoffes ist Schillers *Jungfrau von Orleans* heute weitgehend von der Bühne verdrängt worden. Besonders Bernard Shaws *Heilige Johanna** und Paul Claudels *Johanna auf dem Scheiterhaufen* (in Honeggers Vertonung) haben Schillers romantische Tragödie in den Hintergrund verwiesen. Auch Jean Anouilhs *Jeanne oder die Lerche** findet auf dem gegenwärtigen Theater stärkere Beachtung.

Die Braut von Messina oder Die feindlichen Brüder
Trauerspiel mit Chören in 4 Aufzügen
UA: 1803 in Weimar

Nach dem Tod des Fürsten von Messina haben sich dessen Söhne, Don Cesar und Don Manuel, entzweit und bekämpfen sich aufs heftigste. Ihrer Mutter, Donna

Isabella, gelingt es, den Streit der Brüder beizulegen. Um das Versöhnungswerk zu krönen, will Isabella den Söhnen eine Schwester, Beatrice, zuführen, von deren Existenz beide noch nichts wissen: Nach der Geburt dieser Tochter hatte der Fürst, geschreckt durch ein Orakel, die Tötung des Kindes befohlen. Isabella aber hatte Beatrice gerettet und in einem Kloster verborgen gehalten. Nach der Versöhnung der Brüder schickt sie in das Kloster, um die Tocher herbeiholen zu lassen. Beatrice ist nicht mehr dort. Don Manuel war auf einer Jagd in die Nähe des Klosters gelangt, hatte das Mädchen entdeckt und eine tiefe Liebe zu ihm gefaßt, die herzlich erwidert wurde. Um die Auserwählte seiner Mutter vorzustellen, hatte Don Manuel, ohne sich zu erkennen zu geben, Beatrice in die Nähe Messinas gebracht. Auch Don Cesar war Beatrice schon einmal begegnet und von heftiger Liebe zu ihr entflammt. Seither suchte er sie vergebens. Als er sie endlich wiederfindet, gesteht er ihr seine Liebe und gibt sich als Fürstensohn zu erkennen. Von seinem Gefolge bewacht, verläßt er sie. Als Isabella die Nachricht erhält, Beatrice sei aus dem Kloster verschwunden und vermutlich von Räubern entführt worden, fordert die angsterfüllte Mutter beide Söhne auf, die Schwester zu suchen. Auf die Gefolgsleute Don Cesars, die Beatrice bewachen, trifft Don Manuel mit seinen Getreuen. Das Mädchen ist glücklich über die Rückkehr des Geliebten, errät aber den furchtbaren Zusammenhang, als sie seinen Namen erfährt. Don Cesar trifft Beatrice in den Armen Don Manuels. Der alte, von wilder Eifersucht neu angefachte Bruderhaß schlägt über ihm zusammen, und er ersticht den Bruder. Die ohnmächtige Beatrice und die Leiche Don Manuels bringt man zu Isabella. Don Cesar, der erst jetzt sein tragisches Geschick begreift, bricht unter der Schuld des Brudermordes und unter dem Unheil seiner blutschänderischen Liebe zusammen und nimmt sich das Leben.

Die Braut von Messina, der Versuch einer antiken Tragödie in modernem Gewand, ist ein wesentlicher Beitrag Schillers zum deutschen Klassizismus, der sich wie Goethes *Iphigenie* und die Helena-Tragödie des *Faust II* als Erneuerung deutscher Dichtung aus antikem Geist begreift. Deutlich erkennbar ist die Einwirkung von Sophokles' *König Ödipus** und der *Phönizierinnen* des Euripides, die Schiller 1789 übersetzt hatte. Besonders die Chöre zeigen Schiller auf einer Höhe der Sprachgewalt, die dem Werk die Eindringlichkeit eines Sprech-Oratoriums verleiht.

Wilhelm Tell
Schauspiel in 5 Aufzügen
UA: 1804 in Weimar

Der Schweizer Bauer Baumgarten hat einen Vogt des Kaisers, der seine Frau vergewaltigen wollte, mit der Axt erschlagen. Nun sind dessen Reiter hinter ihm her. Da ein schweres Unwetter über dem Vierwaldstätter See aufzieht, weigert sich der Fischer Ruodi, den Fliehenden mit seinem Kahn an das rettende Ufer überzusetzen. Wilhelm Tell, den sein Weg zufällig hier vorbeiführt, übernimmt unter Lebensgefahr die Rettung Baumgartens. Die Reiter des Landvogts rächen sich, indem sie Hütten und Herden der Bauern zerstören. Diese dramatische Eingangsszene zeigt die Bedrückung des Landes durch die Vögte des Kaisers, die die freie Schweiz unter Österreichs Herrschaft zwingen wollen. Der berüchtigtste der Vögte, Geßler, hat ein Gebot erlassen, nach dem jeder gehalten ist, einen auf einer Stange befestigten Hut als Zeichen kaiserlicher Macht mit entblößtem Haupt und gebogenem Knie zu begrüßen. In der ganzen Schweiz beginnt sich Widerstand zu regen. Ein neues Gewaltverbrechen ist ruchbar geworden. Die Knechte des Vogts haben den alten Vater des flüchtigen Arnold von Melchthal geblendet. Melchthal erfährt die Nachricht bei einer geheimen Zusammenkunft, in der Walther Fürst für Uri, Stauffacher für Schwyz und Melchthal für Unterwalden über die Not des Landes beraten wollen. Sie schwören sich Treue auf Tod und Leben. Auch der Landadel der Schweiz, repräsentiert durch Freiherr von Attinghausen, ist empört über die Willkürherrschaft der Vögte. Attinghausens Neffe Rudenz, der auf das glanzvolle Leben im Umkreis des Vogtes nicht verzichten will, gerät mit seinem greisen Onkel in Konflikt und verläßt ihn. Unterdessen hat der Drei-Männer-Schwur im Hause Walther Fürsts weite Kreise gezogen. Die angesehensten Vertreter der drei Kantone Uri, Schwyz und Unterwalden treffen sich zur Nachtzeit auf dem Rütli, einer Bergwiese. Mit dem berühmten «Wir wollen sein ein einig Volk von Brüdern» wird der Kampf für die Freiheit der Schweiz feierlich beschworen. – Wilhelm Tell gerät mit dem Reichsvogt Geßler in Streit, da er und sein Sohn Walter den Hut auf der Stange nicht gegrüßt haben. Tell wird verhaftet, man will ihm jedoch sein Leben schenken, wenn er es wagt, einen Apfel vom Kopf seines Sohnes zu schießen. Entsetzt wollen Walther Fürst, Bertha von Bruneck und schließlich auch Rudenz den Landvogt veranlassen, von dem unerhörten Frevel abzusehen. Umsonst. Rudenz wendet sich empört von Geßler ab und schließt sich der Sache der Schweizer Freiheitskämpfer an. Tell wagt den Schuß: Er trifft den Apfel, ohne seinen Sohn zu verletzen. Als Geßler den Schützen fragt, warum er noch einen zweiten Pfeil bereitgehalten habe, gesteht Tell, dieser Pfeil würde Geßler gegolten haben, wenn er sein Kind verletzt hätte. Darauf läßt Geßler Tell gefangensetzen und auf ein Schiff bringen. Doch Tell kann sich während eines Sturms durch einen Sprung an Land retten und ist endgültig bereit, den Kampf für die Freiheit der Schweiz aufzunehmen. Er erwartet den Landvogt in der «hohlen Gasse bei Küßnacht» und tötet ihn aus dem Hinterhalt. Die Ermordung Geßlers ist für das ganze Land das Fanal zum Aufruhr. Die Zwingburgen und Paläste der Vögte werden zerstört. Die Revolution siegt. Vor Tells Haus strömen die jubelnden Schweizer zusammen, unter ihnen ist auch Bertha von Bruneck, die, vom Vogt eingekerkert, durch Rudenz befreit worden ist. Sie reicht ihrem Retter die Hand fürs Leben, und Rudenz erklärt alle seine Knechte zu freien Eidgenossen.

Jacob Burckhardt hat den *Tell* das «höchste Geschenk Deutschlands an die Schweiz» genannt. An den Stoff des Dramas ist Schiller durch Goethe gekommen, der 1797 auf einer Schweizer Reise den Plan zu einem Tell-Epos faßte. Goethe berichtete, daß Schiller anfing, «alle Wände seines Zimmers mit so viel Spezialkarten der Schweiz zu bekleben, als er auftreiben konnte. Nun las er Schweizer Reisebeschreibungen, bis er mit Weg und Steg des Schauplatzes des Schweizer Aufstandes auf das genaueste bekannt war. Dabei studierte er die Geschichte der Schweiz ... So wurde der *Tell* in sechs Wochen fertig, er ist aber auch wie aus einem Guß.» In der Tat hat Schiller die Individualhandlung Tells, die in der Apfelschußszene und Geßlers Ermordung gipfelt, die Volkshandlung, die in der Rütliszene ihren Höhepunkt findet sowie das Handlungsgeschehen um Attinghausen, Bertha und Rudenz zu einer überzeugenden dramaturgischen Einheit zusammengeschweißt.

Das deutsche Theater des 19. Jahrhunderts

Die bedeutende Epoche der deutschen Klassik fand einen großartigen literarischen Nachhall in FRIEDRICH HÖLDERLIN (1770–1843), dessen Dichtung einen sehr persönlichen Weg zur Erneuerung der Antike beschritt. Von Gegenwart und Umwelt tief frustriert, suchte der Dichter Heil und Vollendung in der ersehnten Naturnähe der Antike. Diesen Weg zeigt Hölderlins Tragödie *Der Tod des Empedokles* (1798). Trotz der Bühnenferne des «absoluten Dichters» hat seine geniale Sprachgestaltung immer wieder dazu gereizt, den *Empedokles* auf die Bühne zu bringen. Auch Hölderlins unvergleichliche Sophokles-Übertragungen von *Antigone* und *König Ödipus* werden heute noch gespielt.

Das entschieden stärkste dramatische Talent in spätklassischer Zeit war HEINRICH VON KLEIST*, dessen gesamte Dramatik bereits dem Anfang des 19. Jahrhunderts angehört und der in der Folge häufig als größter deutscher Dramatiker bezeichnet wurde.

Die bedeutende geistesgeschichtliche Epoche der deutschen Romantik ist für die dramatische Produktion wenig ergiebig gewesen. Erwähnenswert sind etwa LUDWIG TIECKS *Ritter Blaubart* und *Der gestiefelte Kater* sowie KARL IMMERMANNS Mysterium *Merlin*. Bahnbrechend für das Theater wurden indes die Schlegel-Tieckschen Shakespeare-Übersetzungen, die den großen Engländer endgültig für den deutschen Sprachraum gewannen. Von einer eigenen dramatischen Produktion der Romantik ist neben Kleists *Käthchen von Heilbronn** vor allem EICHENDORFFS Lustspiel *Die Freier* zu nennen, eine turbulente Verwechslungskomödie mit poetischem Hintergrund.

Während sich in Österreich die Entwicklung zum Volksstück vollzog, zeigte sich in Deutschland in der Folgezeit ein Aufbruch zu realistisch-problematischer Dramatik. Sie beginnt bei CHRISTIAN DIETRICH GRABBE*, in dessen Person Einflüsse des Sturm und Drang, der Realistik und der Romantik miteinander rangen. Klar setzt sich die realistische Linie erst bei Otto Ludwig, Friedrich Hebbel und Georg Büchner durch. OTTO LUDWIG (1813 bis 1865), der nach seinen eigenen Worten einem «poetischen Realismus» zustrebte, erreichte den Höhepunkt seines dramatischen Schaffens in der Waldtragödie *Der Erbförster* (1849), die früher viel gespielt wurde, heute aber von den Bühnen verschwunden ist. Das gleiche gilt von seinem Trauerspiel *Das Fräulein von Scuderi* (1848) und von seiner jüdischen Tragödie *Die Makkabäer* (1852). Erst FRIEDRICH HEBBEL* wurde der große Analytiker der Wirklichkeit, der unerbittliche, realistische Problem-Dramatiker seiner Zeit. In starkem Gegensatz zu ihm steht der junge GEORG BÜCHNER*, der eine politische und gesellschaftskritische Dramatik in Angriff nahm, die Feder jedoch mit 24 Jahren aus der Hand legen mußte. Als ein Nachfahre realistischer Bühnenkunst – wenngleich bürgerlicher und biedermeierlicher Art – kann auch GUSTAV FREYTAG (1816–1895) gelten, dessen Lustspiel *Die Journalisten* frühere Generationen außerordentlich begeistert hat.

Heinrich von Kleist 1777–1811

Heinrich von Kleist wurde am 18. Oktober 1777 in Frankfurt a. d. Oder geboren, verlor früh seine Eltern und wurde – wie es in seiner preußischen Adelsfamilie von je selbstverständlich war – Soldat. Zum Mißbehagen seiner Familie und des Königs nahm er jedoch mit 22 Jahren als Leutnant freiwillig seinen Abschied, um Philosophie und Mathematik zu studieren. 1800 verlobte er sich mit der Offizierstochter Wilhelmine von Zenge. Ihr zuliebe suchte er in Berlin eine Anstellung im Staatsdienst. Bald beginnt er jedoch ein Leben voller Unrast, das fanatisch um «Liebe und Bildung» kreist und das ihn abwechselnd nach Würzburg, Berlin, Dresden, zum Rhein, nach Paris und in die Schweiz führt. In Paris will er im Banne Rousseauscher Ideen seiner Lebensweise und seinen Standesvorurteilen entsagen und beschließt, auf freiem Schweizer Boden ein Leben als Bauer zu führen. Voller Hoffnung auf ein neues Leben mit seiner Braut im «grünen Häuschen» im Alpenland gelangt er in die Schweiz. Doch Wilhelmine von Zenge läßt sich auf diesen weltfremden Plan nicht ein. Kurzerhand löst er seine Verlobung mit ihr. Bei der Rückkehr nach Deutschland trifft er 1802 bei Weimar mit Wieland zusammen, wohnt wochenlang in seinem gastfreien Haus und erlebt eine beglückende Bestätigung seines Dichtertums durch Wieland, der das dramatische Genie in Kleist erkennt. Doch bald beginnt eine neue Phase unsteten Reiselebens. In Paris quälen Kleist Zweifel an seiner dichterischen Kraft, und er spielt mit dem Gedanken an den Freitod. Im Sommer 1804 trifft er wieder in Berlin ein. Darauf folgen zwei stille Jahre als Diätar der Domänenkammer in Königsberg. Seine dichterische Produktivität zwingt ihn aber, 1806 diese Stellung wieder aufzugeben. Der Zusammenbruch des preußischen Staates erschüttert den Patrioten Kleist bis ins Mark. Er wird als Spion von den Franzosen verhaftet und erst nach sechs Monaten wieder freigelassen. Von der Königin Luise erhält er eine kleine Pension, die es ihm ermöglicht, als Schriftsteller in Dresden zu leben. 1807 leitet er mit Adam Müller in Dresden die Kunstzeitschrift «Phoebus». 1810 finden wir Kleist in Berlin als Redakteur der «Berliner Abendblätter», die – von der Zensur bedrängt – nur eine Lebensdauer von sechs Monaten hatten. Die Not seines Vaterlandes läßt in dem Dichter leidenschaftlichen Haß gegen den Unterdrücker Napoleon aufflammen. Kleist richtet ein Bittgesuch an den König um Wiedereinstellung ins Heer. Doch als die Zusage des Königs eintrifft, ist er bereits am Ende seiner Kraft. Als Dichter durfte er nicht ein einziges seiner großen Dramen auf der Bühne erleben. Als Patriot sah er sein Vaterland am Boden liegen. In dieser Not fand er in der todkranken Henriette Vogel eine Frau, die bereit war, mit ihm gemeinsam in den Tod zu gehen. Am 21. November 1811 – 34 Jahre alt – erschoß er sie und sich am Ufer des Wannsees bei Potsdam. Seine Grabstätte trägt die Inschrift: «Er suchte hier den Tod und fand Unsterblichkeit.»

Die Bedeutung Kleists liegt nicht zum wenigsten darin, daß es seinem Genie gelang, eine neue dramatische Welt aufzureißen: die dem Menschen innewohnende Dramatik im Gegensatz zur klassischen Dramatik des äußeren dynamischen Geschehens bei Schiller und zur geprägten objektiven Form bei Goethe. Tatsächlich stößt Kleist auch sprachlich in tiefere Schichten innerseelischen Seins vor als die Klassik, und das bedeutet zugleich, daß er tiefer ins Chaos der menschlichen Existenz hinabsteigt. Der Literaturwissenschaftler Paul Fechter hat den durch Kleist vollzogenen Umbruch als eine Ablösung des Lichtgottes Apollo als Herr des Dramas durch den Gott des Rausches, Dionysos, interpretiert.

Das Anfangswerk des Dramatikers Kleist, das fünfaktige Trauerspiel *Die Familie Schroffenstein* (1801), steht noch stark unter dem Einfluß von Shakespeares *Romeo und Julia*. Auch bei Kleist gehen zwei Liebende durch die Feindschaft ihrer Eltern zugrunde. Nicht die Liebe ist dabei für Kleist das zentrale Problem, sondern die Sturzwelle des Hasses, vom ersten Mißtrauen angefangen, über argwöhnische Verblendung bis zur unentrinnbaren Vernichtung gesteigert. Vieles wirkt konstruiert, manches zufällig und technisch unzulänglich. Eine «elende Scharteke» hat Kleist seinen dramatischen Erstling später genannt. Dennoch gibt es schon Szenen von lauernder Todesatmosphäre und sublimierter Erotik, die den großen Dramatiker ahnen lassen.

Kleists zweites Werk muß der geniale *Robert Guiscard* gewesen sein. Wieland spürte, als Kleist ihm 1802 das Drama vorlas, in dem Werk «die Geister des Aischylos, Sophokles und Shakespeare». Kleist hat dieses Drama in Paris verbrannt. Wir besitzen nur noch ein Fragment, das er für die Zeitschrift «Phoebus» 1808 aus dem Gedächtnis niederschrieb.

Mit den 1806 und 1807 entstandenen Werken *Der zerbrochene Krug** und *Amphitryon** wurde Kleist zum Schöpfer der großen deutschen Charakterkomödie. 1808 folgte diesen Komödien die Tragödie *Penthesilea**, die in eine Grenzsituation weiblicher Erotik vorstößt. Im selben Jahr schuf Kleist mit dem romantischen Ritterschauspiel *Das Käthchen von Heilbronn** den äußersten Gegenpol zu *Penthesilea*: ein Mädchenschicksal, das sich in tiefster liebender Hingabe erfüllt.

Der Haß gegen Napoleon führte Kleist 1808 zu dem Tendenzdrama *Die Hermannsschlacht*, das sich auf der Bühne nicht zu halten vermochte. Weit über jeden tendenziösen Nationalismus ragt jedoch sein letztes Drama *Prinz Friedrich von Homburg** hinaus, in dem der Dichter einen preußischen Konflikt zu einem allgemeingültigen Problem ausweitete.

Der zerbrochene Krug
Lustspiel in einem Akt
UA: 1808 in Weimar

Der Schreiber Licht trifft am Morgen in der Gerichtsstube den zerschundenen Dorfrichter Adam an, der seine eigenartigen Verletzungen damit erklärt, daß er gestürzt sei und sich am Ofen gestoßen habe. Dennoch muß Adam an diesem Unglücksmorgen seine Amtsgeschäfte führen, und überdies wird ihm noch zur Inspektion der Gerichtsrat Walter angekündigt. Mit Mühe versucht er, seinen desolaten Zustand etwas zu verbessern, als bereits der Gerichtsrat und die ersten Kläger eintreffen. Beim Anblick der heillos streitenden Parteien erschrickt Adam: «Die werden mich doch nicht bei mir verklagen?» Vor den Gerichtsschranken stehen Frau Marthe Rull mit ihrer Tochter Eve und dem Streitobjekt, einem zerbrochenen Krug, auf der einen Seite, Eves Bräutigam Ruprecht mit seinem Vater auf der anderen. Frau Marthe beschuldigt Ruprecht, am gestrigen Abend in der Kammer ihrer Tochter den Krug zerbrochen zu haben, Ruprecht bestreitet dies erregt und gibt zu erkennen, daß nicht nur der Krug, sondern «die

Hochzeit ... ein Loch bekommen». Eve schweigt, obwohl sie von Ruprecht als «Metze» beschimpft wird. Noch ehe die Gerichtsverhandlung beginnt, versucht Adam, Eve zur Seite zu nehmen. Er empfiehlt ihr drohend und mit dem Hinweis auf ein Papier, das er in der Tasche trägt, sich «klug» zu verhalten. Im Verlauf der Verhandlung, in die Gerichtsrat Walter mehrmals ordnend eingreifen muß, wird nun enthüllt, was Adam mit allen Mitteln zu verbergen versucht: Er wollte das hübsche Evchen verführen und gab vor, ihr ein Dispensschreiben zu verschaffen, das Ruprecht davor bewahren sollte, zum Heer nach Ostindien eingezogen zu werden. Unter diesem Vorwand war er nachts in Eves Kammer geschlichen, wurde dabei aber von Ruprecht überrascht. Dem Fliehenden, der beim Sprung aus dem Fenster den Krug vom Sims warf, schlug Ruprecht die Türklinke über den Kopf, außerdem verlor Adam die Perücke, die die alte Brigitte nun als Beweisstück bringt. Eve, die den Fall leicht klären könnte, schweigt, um den Bräutigam vor der «Subskription» zu retten, und fordert von ihm dieselbe opferbereite Liebe auch gegen den Augenschein. Adam versucht mit einer Fülle von Lügen, Ausreden und Schlichen, den Verdacht von sich abzulenken, doch als er zuletzt Ruprecht verurteilt und ihn ins Gefängnis bringen lassen will, bricht Eve empört ihr Schweigen: «Der Richter Adam hat den Krug zerbrochen!» Adam ergreift die Flucht, die verschlugenen Fäden werden endgültig entwirrt, Eve und Ruprecht finden wieder zueinander. Der Richter wird seines Amtes enthoben, doch der Gerichtsrat will bei seiner Bestrafung Milde walten lassen.

Kleist geht in seinem genialen Komödieneinfall von der paradoxen Grundposition eines Richters aus, der zugleich Angeklagter und Schuldiger ist, sich also selbst überführen und verurteilen müßte. Bereits zu Beginn ist Adams «Fall» in des Wortes mehrfacher Bedeutung vollzogen, und die Handlung gehört nun seinem Bemühen, die Wirklichkeit nach seinem Willen zu bestimmen. Der Dichter selbst verwies auf eine tragische Parallele: Ödipus, der als Richter seine eigene Schuld aufdecken muß – allerdings, nichts von seiner Schuld ahnend, alles unternimmt, um die Wahrheit zu enthüllen, während Adam, seiner Schuld bewußt, sie um jeden Preis zu vertuschen sucht. Der sündige Adam, der seiner Eve vergeblich nachstellt, wird zur Modellfigur des gebrechlichen Menschen, der stolpert, fällt, den Sturz ungeschehen machen will und in sein Verderben rennt. «Gestrauchelt bin ich hier; denn jeder trägt/Den leidgen Stein zum Anstoß in sich selbst», berichtet der Dorfrichter über die Herkunft seiner Schrammen. Anders als Homburg (und Ödipus), der tragische Größe gewinnt, indem er sich den Schuldspruch selbst zuerkennt, läuft Adam vor der Gerechtigkeit davon. Gerade in diesem heillosen Davonrennen vor der eigenen Wirklichkeit sichert ihm der Dichter jedoch nicht nur Gelächter, sondern auch Mitgefühl.

Amphitryon

Lustspiel in 3 Akten. UA: 1898 in Berlin

Jupiter plant einen seiner göttlichen Seitensprünge. Jedes Mittel der Täuschung ist ihm dabei recht. Ist er Leda als Schwan, Europa als Stier und Io als Wolke genaht, so kommt er nun zu Alkmene in der Gestalt ihres eigenen Gemahls, des siegreichen Thebaner Feldherrn Amphitryon. Zur Unterstützung bringt Jupiter den Götterboten Merkur mit, der – als Doppelgänger von Amphitryons Diener Sosias – das Täuschungsmanöver wirksam zu unterstützen hat. Als der wirkliche Amphitryon seinen Diener Sosias mit Siegesnachricht zu seiner Gemahlin schickt, trifft dieser in

Merkur auf seinen Doppelgänger, wird von ihm verprügelt und davongejagt. – Nach der Liebesnacht nimmt Jupiter Abschied von Alkmene und versucht vergeblich, ihr das Eingeständnis zu entlokken, daß er sie mehr beseligt habe als der Gatte je zuvor. Mit Mühe erwehrt sich Merkur vor der Abreise der liebeswütigen Charis, die ihren falschen Sosias ungeküßt ziehen lassen muß. – Als der echte Amphitryon erscheint, muß er von Alkmene erfahren, daß er bereits in der letzten Nacht bei ihr war. Es kommt zum Ehezwist. Schließlich will Amphitryon die thebanischen Feldherren als Zeugen dafür herbeirufen, daß er erst bei Tagesanbruch in Theben angekommen sei. Natürlich gibt es auch zwischen Charis und Sosias einen deftigen Streit. – Die Verwirrungen erreichen ihren Gipfel, als Jupiter ein zweites Mal bei Alkmene in Gestalt ihres Gemahls erscheint. Als ihr nun gar erklärt wird, ein Gott habe sie nächtens besucht, ein Gott, den nach Liebe verlange, der selbst geliebt werden, nicht nur in der Gestalt des Gemahls einen «Wahn» von Liebe empfangen wolle, gerät Alkmene in die höchste Gefühlsverwirrung. Sie bekennt: «Dem Gemahl alle Liebe, dem Gotte Ehrfurcht.» Die Unbedingtheit ihrer Gattenliebe beschämt den Gott, doch er verläßt die Geliebte versöhnt. – Eine satirische Szene Sosias–Charis gibt auf niederer Ebene das komisch-irdische Nachspiel. – Als der echte Amphitryon in sein Schloß zurückkommt, wehrt ihm Merkur als Sosias den Eintritt, weil man drinnen das liebende Paar Alkmene–Amphitryon nicht stören dürfe. Schon will Amphitryon den Palast stürmen, da tritt ihm Jupiter in Amphitryons Gestalt aus dem Tor entgegen. Höchste Verwirrung entsteht. Als Amphitryon mit Zeugen für seine Identität zurückkehrt, soll Alkmene den Streit der Doppelgänger entscheiden. Doch sie irrt sich und bezeichnet Jupiter als den echten Amphitryon. Auch die aufgebotenen Zeugen votieren für Jupiter. In diesem Augenblick enthüllt sich der Gott unter Donner und Blitz in seiner wahren Gestalt und verheißt dem echten Amphitryon den Halbgott Herakles als Sohn.

Zwar hat Kleist seinen *Amphitryon* ein «Lustspiel nach Molière» genannt, doch fügt er dem Zauber der «äußeren Verwechslungskomödie» die «innere Verwechslungstragödie» (Peter Szondi) hinzu. Während Molière Alkmene vor dem Zweifel an sich selbst bewahrt, setzt Kleist seine große Liebende der Unsicherheit aus, dem «Schmerzgedanken», daß ihr Gefühl sie getrogen hat. Auch hier wird das große Thema des Dichters angeschlagen, wenn für Alkmene und Amphitryon Bewußtsein und Wirklichkeit auseinanderfallen. Amphitryon kämpft um seine Identität, Alkmene um die Untrüglichkeit ihres Gefühls. Selbst im Scheitern bestätigt sie die Unbedingtheit und Reinheit ihres Gefühls: «Die ganze Welt, Geliebte, muß erfahren,/ Daß niemand deiner Seele nahte,/Als nur dein Gatte, als Amphitryon», bestätigt ihr Jupiter. Dennoch geschieht das Unfaßliche, entscheidet sie sich, den äußerlich Gleichen gegenübergestellt, für den falschen Amphitryon, wird der Beweis gegen ihr Bewußtsein geführt. Das muß den Untergang ihrer Welt bedeuten, sie wird ohnmächtig. Was ist mit ihr, mit ihrer Liebe, ihrer Seele geschehen, nach der auch von Jupiter so tief geforscht wurde? Sie wird den Menschengott zur Welt bringen. Der Zwiespalt zwischen Gott und Mensch löst sich in Herakles.

Penthesilea

Ein Trauerspiel. UA: 1876 in Berlin

In den Kampf der Griechen um Troja greift Penthesilia, die Königin der Amazonen, mit ihrem Heer ein. Zur Erhaltung des Frauenstaates überwältigen die Amazonen Krieger aus beiden Lagern und führen sie als ihre Gefangenen zum Hochzeitsfest nach Temiscyra. Penthesilea trifft in der Schlacht auf Achill und entflammt in leidenschaftlicher Liebe zu ihm. Gegen das Gesetz des eigenen Staates, das streng verbietet, sich an einen bestimmten Mann zu binden, will die Königin nicht eher heimkehren, bis sie den starken Peliden endgültig besiegt und als Gefangenen für sich gewonnen hat. Auch Achill ist der Amazonen-Königin verfallen und will, entgegen Agamemnons Befehl, nicht vom Schlachtfeld weichen, bis er sie erobert hat. Als beide erneut kämpfend zusammentreffen, stürzt unter Achills Speerwurf Penthesilea besiegt und bewußtlos zu Boden. Aus der Ohnmacht erwachend, wähnt sie sich als Siegerin. Doch da eilen die Amazonen herbei, die ihrer gefangenen Königin helfen wollen, und Penthesilea wird es voll Entsetzen klar, daß nicht Achill, sondern sie selbst besiegt und gefangen wurde. Das Schlachtgetümmel reißt beide jäh auseinander. Achill läßt die Amazonenkönigin öffentlich zum Kampf herausfordern. Diesmal will er ihr unbewaffnet nahen und aus Liebe freiwillig ihr Gefangener werden, um das Gesetz der Amazonen zu erfüllen. Doch Penthesilea glaubt, der Grieche wolle sie erneut besiegen und demütigen. Mit ihrer Hundemeute stürmt sie ihm entgegen, stürzt sich auf den wehrlosen Achill und tötet ihn in rasendem Liebeswahn. Zu spät begreift Penthesilea Achills Liebesopfer. Ihr Leben zerbricht.

«Mein innerstes Wesen liegt darin ... der ganze Schmutz zugleich und Glanz meiner Seele», schrieb Kleist über seine *Penthesilea*. Wie in *Amphitryon* verwendet er die mythische Fabel, um Gestalten seiner Phantasie in das Labyrinth der Seele zu führen. Was in diesem Trauerspiel geschieht, unterliegt den Gesetzen innerer Vorgänge, ist die Vision eines Kampfes seelischer Mächte, stellt den Versuch dar, ein Bewußtsein, ein unbedingtes Gefühl zu leben und die Wirklichkeit nach dem Bewußtsein zu formen. Penthesilea erblickt Achill und erkennt in ihm den «Tagstern unter Nachtgestirnen». Sie greift nach der Sonne, nach dem Absoluten, dem Unmöglichen, will in Achills Liebe dieses Absolute, das Lebensziel, den Sinn des Lebens erringen. Zweimal wird sie von Achill besiegt, bereits das erste Mal ahnt sie, daß sie gescheitert ist, doch sie will ihr Schicksal zwingen, stürmt gegen alle Gesetze, von allen gewarnt, ein zweites Mal in den Kampf. Achills Liebe oder der Tod, es gibt keine Alternative; ihm zu unterliegen bedeutet zugleich, das Leben zu verfehlen. Tiefe Ohnmacht als Zeichen des Zusammenbruchs ihrer Welt folgt der zweiten Niederlage. Aber der Dichter schenkt Penthesilea einen kurzen trügerischen Augenblick der Seligkeit in ihrem Utopia: Der von Liebe geschlagene Achill liefert sich ihr wehrlos als Gefangener aus, um die Geliebte durch Unterwerfung zu erobern. Doch Penthesilea tötet ihn in aberwitziger Verwirrung ihrer Sinne. Ihr Absturz ist so bodenlos, wie ihr Griff nach den Sternen maßlos gewesen ist. Sie verliert ihre menschliche Identität, das Chaos bricht auf, zu nah für ihre Raserei liegen Küsse und Bisse, Sieg und Unterwerfung, Liebe und Tod. Als sie, aus dem Blutrausch erwachend, ihre Untat begreift, bleibt ihr nur die Selbstzerstörung. Im Geschlechterkampf – so zeigt Kleist – ist die Utopie der Liebe nicht zu verwirklichen.

Das Käthchen von Heilbronn oder Die Feuerprobe

Ein großes historisches Ritterschauspiel in 5 Akten. UA: 1810 in Wien

In der Waffenwerkstatt ihres Vaters in Heilbronn sah Käthchen den Grafen Wetter vom Strahl zum erstenmal und war von seinem Anblick tief betroffen. Als er weiterzog, stürzte sich das Mädchen, wie in Trance, aus dem Fenster und folgte ihm – kaum genesen – fortan auf Schritt und Tritt. Der Vater verklagt den Grafen wegen satanischer Bezauberung seiner Tochter. Doch das Gericht spricht den Grafen frei, da er selbst dem Mädchen befiehlt, nach Hause zurückzukehren. Obwohl dem Grafen bewußt wird, daß auch er Käthchen liebt, weist er den Gedanken an eine unstandesgemäße Verbindung zunächst weit von sich. Für ihn gilt es, eine Fehde mit der stolzen Kunigunde von Thurneck auszufechten, die nicht nur Ansprüche auf Teile seiner Güter erhebt, sondern den Grafen für sich zu gewinnen hofft, obwohl sie noch mit dem Rheingrafen vom Stein verlobt ist.

Kleist, Das Käthchen von Heilbronn
Württ. Staatstheater Stuttgart, 1975
Inszenierung: Claus Peymann
Käthchen: Lore Brunner
Graf Wetter vom Strahl: Martin Lüttge

Ihren Plänen kommt ein geheimnisvoller Traum des Ritters entgegen, der ihm eine Kaisertochter zur einstigen Gattin verspricht. Da Kunigunde vom «Stamme der sächsischen Kaiser» zu sein behauptet, glaubt der Ritter, das Schicksal habe ihm in Kunigunde seine künftige Gemahlin zugeführt. Käthchen erhält Kunde von einem Anschlag des Rheingrafen vom Stein, der Kunigunde und ihren neuen Freier, den Grafen vom Strahl, überfallen will. Das Mädchen eilt nach Thurneck, der Burg Kunigundes, um sie und den Grafen zu warnen. Burg Thurneck wird überfallen und in Brand gesteckt. Kunigunde schickt Käthchen in das brennende Schloß, um ein wichtiges Futteral zu holen. Während die Burg zusammenstürzt, wird Käthchen durch einen Engel aus den Flammen gerettet. – In der Nähe von Schloß Wetterstrahl findet der Ritter das schlafende Käthchen unter einem Holunderbusch. Das Mädchen beantwortet – total entrückt – die

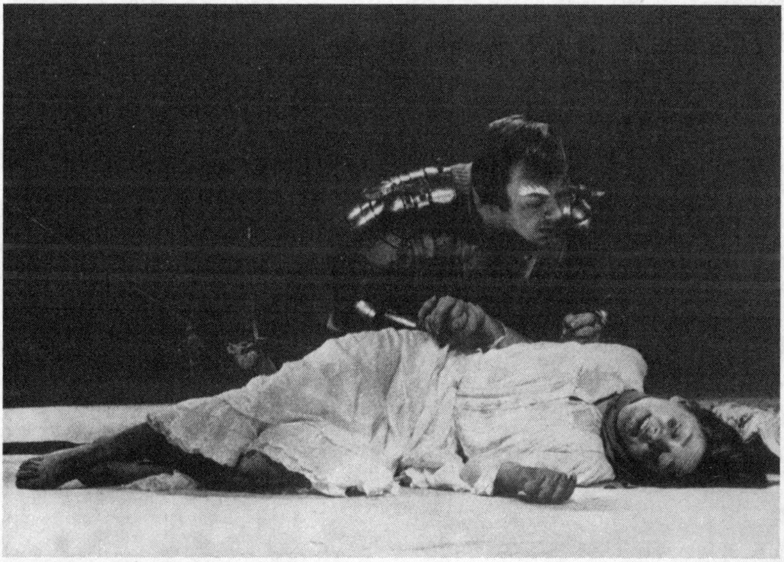

Fragen des Ritters. Dieser begreift endlich den geheimnisvollen Zusammenhang seiner einstigen Traumvision mit den Worten des Mädchens: Niemand anders als Käthchen ist die ihm verheißene Kaisertochter. Er nimmt das Mädchen auf sein Schloß, wo es mit knapper Not einem Anschlag Kunigundes entgeht, die fürchtet, Käthchen könne ihre vorgebliche Schönheit als Lug und Trug entlarven. – Vor dem Kaiser tritt Graf vom Strahl einer neuerlichen Klage des Waffenschmiedes mit der Behauptung entgegen, Käthchen sei keinesfalls dessen Tochter, sondern die des Kaisers! Ein Gottesurteil bestätigt die Aussage und führt die Liebenden endlich zusammen.

Kleist nannte sein Käthchen «die Kehrseite der Penthesilea, ihr anderer Pol, ein Wesen, das ebenso mächtig ist durch gänzliche Hingebung als jene durch Handeln». Beide kämpfen in der Unbedingtheit ihres Gefühls um ihre Liebe, beide sehen in dem geliebten Mann ihr höchstes Lebensziel, doch die eine unterwirft sich und triumphiert, die andere fordert Unterwerfung und scheitert. Was sie noch viel gravierender trennt, ist die absolute Sicherheit eines in sich ruhenden Gefühls bei Käthchen und die Verirrung und Verwirrung des Gefühls in der kämpferischen Leidenschaft der Penthesilea. In Käthchen, die mit traumwandlerischer Sicherheit gegen alle Widerstände, gegen die Aussichtslosigkeit des Anscheins ihrem Gefühl folgt, leben Wille und Gefühl in wunderbarer Harmonie in ihrem Bewußtsein. Da sie an der Wahrheit ihres Traumes keinen Augenblick zweifelt, kann sie ihren Traum wahrmachen, gelingt ihr die Harmonisierung von Traum und Wirklichkeit. Wenn der Graf Käthchen bittet, seine Frau zu werden, erfüllt sich ein wundervolles Märchen, in dem Kleist der Außenwelt widerspricht und der Innenwelt zum Sieg verhilft – und sei's durch die Hilfe eines Cherub.

Prinz Friedrich von Homburg
Schauspiel in 5 Akten. UA: 1821 in Wien

Im Zustand schlafwandlerischer Entrücktheit träumt der Prinz von Homburg im Park des Schlosses von Fehrbellin von zukünftigem Ruhm und windet sich einen Lorbeerkranz. Sein Freund, Graf Hohenzollern, ruft den Kurfürsten mit seinem Gefolge herbei; darunter seine Nichte, Prinzessin Nathalie, damit sie Zeugen dieses sonderbaren Zustandes des Prinzen werden. Das Erscheinen der Hofgesellschaft bringt den Prinzen keineswegs auf den Boden der Realität zurück. Durch eine leidenschaftliche Annäherung verrät er seine geheime Liebe zu Nathalie. Konsterniert zieht sich die Gesellschaft zurück. Nathalies Handschuh bleibt in des Prinzen Hand und versetzt ihn in ratlose Verwirrung, als er aus seinem Traum erwacht. – Da das schwedische Heer sich bereits auf Fehrbellin zubewegt, läßt der Kurfürst seinen Heerführern den genauen Schlachtplan auseinandersetzen. Der Prinz hängt träumerischen Gedanken nach, und so vernimmt er nur mit halbem Ohr, daß ihm streng befohlen ist, nicht von dem ihm angewiesenen Platz in der Schlachtordnung zu weichen, bis er ausdrücklichen Befehl vom Kurfürsten selbst erhält. Ungeachtet dieser Weisung wartet der Prinz im Kampfgeschehen den Einsatzbefehl nicht ab, sondern stürmt vorzeitig mit seinen Reiterscharen in die Schlacht und erringt einen entscheidenden Sieg. Als er mit den erbeuteten Fahnen vor dem Kurfürsten erscheint, fordert dieser ihm den Degen ab, nimmt ihn gefangen und läßt ihn vor ein Kriegsgericht stellen, das den Prinzen wegen seines Ungehorsams zum Tod verurteilt. Zunächst begreift Homburg den Ernst seiner Lage nicht, doch als er ihm bewußt wird, ringt er sich zu einem Bittgang zur Kurfürstin, seiner Tante, durch. Unterwegs sieht er das ihm bestimmte Grab und verliert in äußerster

Kleist, Prinz Friedrich von Homburg
Schaubühne Berlin, 1972
Inszenierung: Peter Stein
Titelrolle: Bruno Ganz (kniend)

Todesangst die Fassung. Auf Knien fleht er die Fürstin um sein Leben an, ja, er will allem Ruhm und sogar der geliebten Nathalie entsagen, wenn ihm nur das nackte Leben geschenkt wird. – Durch Prinzessin Nathalie läßt der Kurfürst dem Prinzen ein Schreiben überbringen, das diesem Begnadigung und Freiheit zusagt, sofern Homburg selbst den Spruch des Kriegsgerichts als ungerecht beurteilen kann. Damit wird die Entscheidung über sein Schicksal in des Prinzen eigene Hände gelegt. Unter dem Gewicht dieses moralischen Appells beginnt sich in Prinz von Homburg die entscheidende innere Wandlung zu vollziehen: Er akzeptiert die über ihn verhängte Todesstrafe als gerechte Sühne und ist bereit zu sterben. Auch als das Offizierskorps den Kurfürsten zur Begnadigung drängt, besteht Homburg auf Vollstreckung der Strafe. Mit dieser totalen Unterwerfung unter das Gesetz ermöglicht der Prinz es dem Kurfürsten, die Begnadigung auszusprechen, ihn als Heerführer zu rehabilitieren und mit Nathalie zu vereinigen.

Der Prinz von Homburg, intuitiver, genialischer Außenseiter, den sein Gefühl bestimmt, träumt den Menschheitstraum der «schönen Seele». Er setzt auf das freie Handeln, das, mag es auch der Ordnung widersprechen, vom Herzen gutgeheißen werden muß, wenn es im Dienst der Gemeinschaft steht. Dem «freien Vogel», der sich zu seinem Flug zu Menschenwürde, Glück und Ruhm aufschwingt, werden aber rasch die Flügel gestutzt. Er, der in jeder Schlacht dem Tod gegenübersteht, gerät in der Konfrontation mit einem ihm unsinnig erscheinenden Tod, in der Erkenntnis der Unmöglichkeit der Verwirklichung seiner Hoffnungen, in Zerrüttung. Von der Todesangst auf die nackte Existenz zurückgeworfen, seine Wunschbilder, seine Gefühle verratend, bettelt er um sein Leben. Der Kurfürst hat als Hüter des Gesetzes die gestörte Rechtsordnung wiederherzustellen. Doch dem humanistischen Sinn dieses Herrschers widerspricht ein Gesetz, das auf Gewalt statt auf Überzeugung gegründet ist, und so ruft er den Verurteilten selbst dazu auf, das Gesetz anzuerkennen oder zu verwerfen. «Es ist ein Traum», sagt der Prinz – doch er tritt aus dem Traum, findet in die Realität und zu sich selbst, indem er tragische Größe gewinnt: Er ist bereit, eine Ordnung, die ihm, solcherart auf Humanität gegründet, anerkennenswert erscheint, mit seinem Opfer wiederherzustellen. Nun kann ihn der Kurfürst begnadigen. Kleist aber beendet sein ebenso schönes wie geniales Werk mit Fragezeichen. «Ist es ein Traum?» fragt Homburg. «Ein Traum, was sonst?» antwortet ihm Kottwitz, ein aufrechter Soldat, ein humaner Realist, der ihm den Traum in der Wirklichkeit bestätigt.

Christian Dietrich Grabbe 1801–1836

Christian Dietrich Grabbe wurde als Sohn eines Zuchthausverwalters am 11. Dezember 1801 in Detmold geboren. Von den Fenstern der elterlichen Wohnung blickte er auf den Zuchthaushof, der auch sein Spielplatz war. Er studierte Jura, versuchte mehrmals vergeblich Schauspieler zu werden, wurde schließlich nach bestandenem Staatsexamen Advokat und später als Militärgerichtsoffizier staatlich angestellt. Wie er Tieck, der sein erstes Drama gelobt hatte, bewunderte, so haßte er Goethe, der seine Werke nicht beachtete. Schon seit der Schulzeit führte er ein problematisch-unangepaßtes Leben, quälte sich später, neben seiner beruflichen Überlastung, schwer mit seinen dramatischen Produktionen ab, geriet überdies 1833 in eine unglückliche Ehe mit der um zehn Jahre älteren Luise Clostermeier, trank den Schnaps aus Wasserkaraffen und fiel schließlich dem Alkoholismus anheim. 1834 wurde er deshalb aus dem Staatsdienst entlassen. Er versuchte darauf drei Jahre lang, in Düsseldorf an Immermanns Theater wieder zu sich und seiner Arbeit zu finden, starb jedoch als völlig Gescheiterter am 12. September 1836 in Detmold.

Sowenig die genialen Anlagen Grabbes zu bezweifeln sind, so sehr spiegelt sich die Zerrissenheit seines Lebens auch in seinem dramatischen Werk. Schon sein erstes ungefüges Trauerspiel, *Herzog Theodor von Gothland* (1822), war ein wild verworrenes Konglomerat von Greuelszenen. Mit seinem berühmten Lustspiel, das er 1822 veröffentlichte, *Scherz, Satire, Ironie und tiefere Bedeutung**, hatte er mehr Glück. Es ist sein einziges Werk, das bis heute auf der Bühne lebendig geblieben ist. Wiederholt hat man den Versuch unternommen, seine Tragödie *Don Juan und Faust* (1828), deren Uraufführung 1829 in Detmold ein Erfolg für Grabbe wurde, wiederzuerwecken. Einflüsse von Goethes *Faust* und von Mozarts *Don Giovanni*, von Byrons *Kain* und *Manfred* sind darin unverkennbar. In den beiden Gestalten Don Juan und Faust gelang Grabbe die Gegenüberstellung von «sinnlicher und übersinnlicher Natur». Beide Gestalten sind dem höllischen Untergang geweiht. Vergeblich hat man versucht, Grabbes Tragödie *Hannibal* (1835) für die Bühne zu retten. Das gleiche gilt für sein realistisch-historisches Drama *Napoleon oder die hundert Tage* (1831). Mit seinen Werken *Barbarossa* (1829), *Heinrich VI.* (1830) und *Hermannsschlacht* (1837) hat Grabbe den Versuch unternommen, deutsche Geschichte aus realistischer Perspektive zu gestalten. Doch alles bleibt in diesen Werken hoffnungsvoller, genialischer Beginn, Versuch, Aufbruch.

Scherz, Satire, Ironie und tiefere Bedeutung
Lustspiel in 3 Aufzügen
UA: 1907 in München

In dieser Literaturkomödie verknüpfen sich mehrere Handlungsfäden: Da ist zunächst die Schulmeisterhandlung, in der ein schnapsseliger Dorfschullehrer die Bauern übertölpelt, seinen strohdummen Zögling Gottliebchen alkoholisiert und im Schloß als neuestes literarisches Genie präsentiert. – Da ist der törichte Dichter Rattengift, der in einer grandiosen Saufszene vom Schulmeister unter den Tisch getrunken wird. – Daneben läuft die Handlung um die schöne Liddy, die Nichte des Barons, und ihre drei Freier. Der erste ist der total verschuldete Herr von Wernthal, der schon mit ihr verlobt ist, seine Braut aber durch Vermittlung des Teufels für Geld weiter verschachern will. Ein zweiter ist der Freiherr von Mordax, der Liddy zu entführen versucht. Der dritte, edle, aber häßliche Bewerber, Herr Mollfels, rettet das Mädchen vor dem Überfall durch Mordax. Zum Dank dafür entlobt sich Liddy und schenkt Mollfels ihre Hand. Und noch ein weiterer Handlungsfaden wird in diese Komödie eingesponnen: Der Teufel in der Maske eines Kanonikus erfriert – frisch aus der Hölle kommend – mitten im Sommer. Vier Naturforscher untersuchen ihn, er wacht wieder auf und setzt sich mitten ins brennende Kaminfeuer. Ein Schmied muß ihm das lose Eisen an einem Pferdefuß wieder anschlagen. Als er vom Schulmeister durch den unzüchtigen Duft der Werke Casanovas in einen Käfig gelockt worden ist, erscheint seine bildhübsche junge Großmutter und holt ihn in die Hölle zurück, wo der große Hausputz, vor dem er auf die Erde floh, inzwischen zu Ende ging. – Als der Baron die Herren Mordax und Wernthal bestrafen will, erinnern sie ihn daran, daß ja alles nur «Theaterspiel» sei. Zur Schlußzecherei erscheint mit einer Laterne der Dichter Grabbe selbst, der «auf alle Schriftsteller schimpft» und selber «nichts taugt».

Die Beurteilung von Grabbes *Scherz, Satire, Ironie und tiefere Bedeutung* schwankt außerordentlich. Sprechen die einen von einer «genialen, an Aristophanes gemahnenden Literaturkomödie», so sehen die anderen darin nicht mehr als einen einfallsreich-witzigen, studentischen Bierulk. Die Zeit Grabbes verlangte von einem sogenannten «Genie» vor allem: épater le bourgeois: den Bürger verblüffen. Das war am ehesten zu verwirklichen durch hemmungslose Kritik an allem: an den neuromantischen Träumereien, an der Dummheit der niederen Klassen, an der wissenschaftlichen Borniertheit, an der religiösen Naivität, an der literarischen Mittelmäßigkeit. Von dieser Kritik macht Grabbe höchst phantasievoll Gebrauch. Das Lustspiel mit seinen vielen begabten Einfällen ist bis auf den heutigen Tag eine ergiebige Spielvorlage geblieben, die unter der Hand geistvoller Regisseure zum zeitlosamüsant-bissigen Literaturglossarium geraten kann.

Georg Büchner 1813–1837

Georg Büchner, am 17. Oktober 1813 in Goddelau bei Darmstadt als Sohn eines Arztes geboren, besuchte das Darmstädter Gymnasium, studierte daraufhin in Straßburg und Gießen und entfaltete in seiner kurzen Lebenszeit eine solche Fülle genialer Begabungen, daß für deren Entwicklung viele Jahrzehnte eines Menschenlebens kaum ausreichend scheinen. Durch seine Dissertation

«Über das Nervensystem der Barben» qualifizierte er sich als empirisch arbeitender Naturwissenschaftler und habilitierte sich mit 23 Jahren als Privatdozent für vergleichende Anatomie und Physiologie an der Universität Zürich. Doch das ist nur die eine (und nicht die wichtigste) Linie seiner Entwicklung. Von der Juli-Revolution 1830 berührt und bedrängt von den sozialen Nöten seines Heimatlandes Hessen, wurde er zu einem Sozialrevolutionär der Tat – noch vor Karl Marx, der 1836 in Bonn studierte. Im Jahre 1834 verfaßte Büchner heimlich seine haßerfüllte Flugschrift, den «Hessischen Landboten». In letzter Minute gelang es ihm, nach Straßburg zu fliehen, wo er als steckbrieflich Verfolgter Naturwissenschaften studierte. Daneben jedoch lief seine fieberhafte dichterische Produktion. Nachdem er ein Semester als Privatdozent in Zürich Vorlesungen gehalten hatte, starb er hier – noch nicht vierundzwanzigjährig – am 19. Februar 1837 an einem durch Typhus hervorgerufenen Nervenfieber.

Selbst als Revolutionär verfolgt, schrieb Büchner 1835 mit 22 Jahren sein Revolutionsdrama *Dantons Tod**, eines der ersten realistischen Bühnenwerke Deutschlands, dessen tiefe Einwirkung auf den Naturalismus unbestritten ist. Um an einem Preisausschreiben des Cotta-Verlages teilzunehmen, schrieb Büchner 1836 das von realistischen Stilprinzipien abweichende Lustspiel *Leonce und Lena**, das man ihm jedoch ungelesen zurückschickte, weil er den Einsendetermin verpaßt hatte. Ungewiß bleibt, wann und wo Büchner sein berühmtes tragisches Fragment *Woyzeck** geschrieben hat, das in Sprache und Gestalten sein Theatergenie erweist. Man hat es erst spät entdeckt. Es wurde der Vorläufer von Hauptmanns Sozialdramatik und beeinflußte in seiner sprachlichen Form auch bestimmte Stilrichtungen des 20. Jahrhunderts.

Dantons Tod
Drama in 3 Akten
UA: 1910 in Hamburg

Fünf Jahre nach ihrem Beginn droht der Impetus der Französischen Revolution zu versiegen. Danton, ihr einstmals mitreißender Führer, hält die revolutionären Ziele für erreicht und tritt für allmähliche Konsolidierung ein. Nicht so der unerbittliche Asket Robespierre, der ein abstraktes Tugendideal verficht und das Laster als «konterrevolutionär» bekämpft. Mit harten Worten tritt er gegen den einstigen Kampfgenossen Danton an und geißelt dessen sinnenfrohen Lebenswandel. Umsonst wird Danton von seinen Freunden Desmoulins, Lacroix und Paris gedrängt, den Anschuldigungen seiner Gegner energisch entgegenzutreten. Er fühlt sich aufgehoben in der Gunst der Bürger und ist überzeugt, daß niemand es wagen werde, Hand an ihn zu legen. Doch dieser Irrtum ist tödlich. Robespierre setzt mit Unterstützung von St. Just die Verhaftung Dantons durch. Vor dem Tribunal verteidigt der Angeklagte mit flammenden Worten die Ideale der Revolution. Doch in den Mühlen der politischen Gewaltjustiz wird der einstige Volkstribun zermalmt. Mit seinen Freunden endet er auf dem Schafott. Julie, seine Frau, und Lucile, die Gattin Desmoulins', folgen ihren Männern in den Tod.

Danton erlebt die Entmachtung des Menschen durch Geschichte und damit das Lebensgefühl der Ohnmacht, das die moderne Literatur prägt: «Puppen sind wir, von unbekannten Gewalten am Draht gezogen», sagt er. Seine Tragik, die sich gleich zu Beginn des Stücks andeutet, erwächst nicht daraus, daß seine durch überhelles Bewußtsein gebrochene Tatkraft sich gegen Robespierre nicht durchsetzen könnte, sondern aus dem Verzicht auf jedes politische Programm, auf Veränderung durch Han-

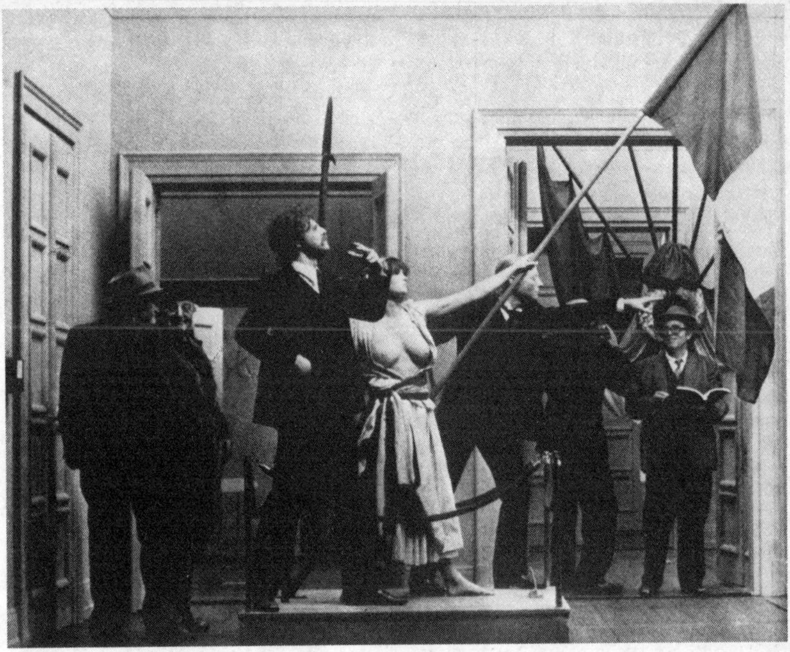

Büchner, Dantons Tod
Kammerspiele München, 1980
Inszenierung: Dieter Dorn
Titelrolle: Claus Eberth (vorne als Wachsfigur)

deln. Danton stirbt als Opfer der Revolution, die er selbst ins Werk gesetzt hat und deren Rettung er schließlich nur noch in ihrer Beendigung sah. Seine pessimistische Passivität entfremdet ihn dem Leben. Der Prozeß des Nichtigwerdens eines Daseins, wie ihn das Drama enthüllt, entsteht letztlich aus der Erfahrung der Vergänglichkeit aller Werte.

Leonce und Lena
Lustspiel in 3 Akten. UA: 1911 in Wien

Prinz Leonce, Sohn König Peters vom Reiche Popo, ist von der Welt, ihrem Treiben und ihren Genüssen angeödet und flieht mit seinem närrischen Freund Valerio, für den das Leben allein aus Nichtstun und Essen besteht, vom Hof seines vertrottelten Vaters, wobei er auch die Liebe zur Tänzerin Rosetta hinter sich läßt. Vor allem veranlaßt ihn zur Flucht seine bevorstehende, vom König angeordnete Vermählung mit der Prinzessin Lena vom Reiche Pipi. – Doch auch Lena will sich nicht verheiraten lassen und ist mit ihrer Gouvernante geflüchtet. Unerkannt treffen sich Prinz und Prinzessin vor einem Wirtshausgarten. Der Prinz verliebt sich in die Stimme der Unbekannten, und diese wiederum ist tief beeindruckt von dem jungen Prinzen, der «den Frühling auf den Wangen und den Winter im Herzen» trägt. Nachdem der Prinz die Prinzessin geküßt hat, will er sein Leben beendigen, wird jedoch von Valerio von diesem Schritt abgehalten. Leonce beschließt, Lena zu heiraten, ohne daß beide voneinander wissen, wer sie sind. Sie kommen maskiert an den Hof König Peters, der in großer Sorge um den Sohn sein Reich hat durchsuchen lassen. Alles ist bereits zur Hochzeit vorbereitet. Schließlich werden Leonce und Lena zu gegenseitigem beglücktem Erstaunen als das echte, füreinander bestimmte Brautpaar erkannt. König Peter dankt zugunsten seine Sohnes ab, der ohne die Zwänge von Uhr und Kalender ein zeitloses Glück im Lande herbeiführen möchte. Valerio wird zum Staatsminister gemacht, der als erste Amtshandlung jegliche Arbeit auf der Stelle verbietet.

In Leonce und Lena spiegelt sich Büchners Sehnsucht nach Grazie und Heiterkeit. Sie kommt zum Ausdruck in der alten Fabel von dem Prinzen und der Prinzessin, die vor einer unerwünschten Heirat fliehen, sich jedoch zufällig begegnen und aneinander entzünden, vor allem aber in der poetischen Schilderung einer Mondscheinnacht von solchem Zauber, daß die deutsche Romantik ihr kaum Ebenbürtiges an die Seite zu setzen hat. Daneben stellt Büchner die Verspottung idealistischer Verstiegenheit (durch Valerio) und eine Karikatur des Duodez-Königtums mit seinen Hofschranzen. Aber auch ein Stück soziale Satire webt Büchner seinem Lustspiel ein. Den größten metaphysischen Tiefgang hat die Komödie jedoch in der Gestalt des Prinzen Leonce, dessen abgründige Verzweiflung, Lebensleere, Langeweile und erschreckende Hoffnungslosigkeit die Seele des Dichters selbst spiegeln und auf uns wie die Vorwegnahme eines sehr modernen Lebensgefühls wirken. In der Begegnung von Leonce und Lena verweist Büchners graziöse Komödie auf die Überwindbarkeit des Nihilismus mit aller materialistischen Mechanik und fatalistischen Lebensöde durch die Kraft der Liebe.

Woyzeck

Ein Fragment. UA: 1913 in München

Der Soldat Woyzeck bessert seinen kärglichen Sold auf, indem er seinen Hauptmann täglich rasiert und sich außerdem einem Doktor zu zweifelhaften medizinischen Experimenten zur Verfügung stellt. Vom Hauptmann muß er sich sein Verhältnis zu Marie vorwerfen lassen, die ein Kind von ihm hat und die er mit totaler, wortkarger Hingabe liebt. – Als ein flotter Tambourmajor dem hübschen Mädchen nachstellt, erliegt es schnell den ungewohnten Schmeicheleien des neuen Bewerbers. Das Verhältnis kommt Woyzeck zu Ohren. Derb stellt er Marie zur Rede. Sie gibt ihre Untreue zu, denkt aber nicht daran, dem Tambourmajor den Laufpaß zu geben. Zutiefst aufgewühlt, sieht Woyzeck das Paar im Wirtshaus engumschlungen tanzen. Es kommt zu einer Rauferei zwischen den beiden Männern, in der Woyzeck dem stattlichen Nebenbuhler unterliegt und verprügelt wird. Marie wird von Reue und Sehnsucht nach ihrem Kind gepackt. Aber sie entgeht der Rache Woyzecks nicht mehr: In blindwütiger Raserei ersticht er sein Liebstes und geht selbst in den Tod.

Büchners Werk erschien erst Jahrzehnte nach seinem Tod im Druck und wurde schließlich 1913 in München uraufgeführt. Das aufwühlende Sozialdrama geht das für die damalige Zeit ungeheure Wagnis ein, in den Mittelpunkt der Handlung einen Vertreter der untersten sozialen Schicht zu stellen, einen Menschen in seiner kreatürlichen Not zu zeigen, unfähig, sich zu artikulieren, noch unfähiger, sich zu wehren gegen das Unrecht, das ihm zugefügt wird. Die knappe, realistische Charakterzeichnung verbindet sich eindrucksvoll mit den dunkel-balladenhaften Tönen einer unausweichlich in die Katastrophe einmündenden Tragödie. Woyzeck geht stofflich auf einen Prozeßbericht zurück. Im Jahre 1824 wurde in Leipzig ein Johann Christian Woyzeck hingerichtet, der eine Frau aus Eifersucht erstochen hatte. Er war Barbier von Beruf und hatte während seiner Soldatenzeit ein Mädchen mit einem unehelichen Kind sitzenlassen. Büchner hat dieses dürre stoffliche Gerippe in einen Aufschrei der gemarterten menschlichen Kreatur verwandelt, die aus ihrer dumpfen Triebhaftigkeit und sozialen Hilflosigkeit nicht herausfindet, in eine Anklage gegen die menschliche Gesellschaft, die «den Armen schuldig werden» und ihn dann «seiner Pein», seinem Abgrund überläßt.

Friedrich Hebbel 1813–1863

Friedrich Hebbel wurde am 18. März 1813 in Wesselburen (Dithmarschen) als Sohn eines Maurers geboren, von dem Hebbel sagte, daß die Armut die Stelle seiner Seele eingenommen habe. Mit 13 Jahren begann er bereits die Maurerlehre. Als der Vater starb, kam er – vierzehnjährig – in das Haus des Kirchspielvogts Mohr, zunächst als Laufbursche, dann als Schreiber. Seine ersten Gedichte machen die Schriftstellerin Amalie Schoppe auf ihn aufmerksam, mit deren Unterstützung er 1835 aus Wesselburen ausbricht, um nie wieder zurückzukehren. Er geht nach Hamburg und beginnt fieberhaft an seiner geistigen Ausbildung zu arbeiten. Hilfe und materielle Unterstützung findet er bei seiner Freundin Elise Lensing. Nach einjährigem eifrigen Studium geht er nach Heidelberg, wo er juristische und geschichtliche Vorlesungen hört. Drei Jahre lebt er in München und kehrt dann wieder nach Hamburg zurück. Dort belastet ihn neue schwere Sorge, da Elise Lensing ihm einen Sohn geboren hat. 1840 vollendet er in Hamburg sein erstes Drama *Judith*, das in Berlin und Hamburg zur Aufführung kommt. Durch ein Reisestipendium des Königs von Dänemark kann er nach Paris fahren, wo ihn die Nachricht vom Tod seines Sohnes erreicht und schwer erschüttert. 1845 lernt Hebbel die junge, berühmte Burgschauspielerin Christine Enghaus kennen. Ein Jahr darauf heiratet er sie, nachdem er mit Luise Lensing gebrochen hat. In der Ehe mit Christine, die viele seiner Frauengestalten auf der Bühne verkörpert hat, erlebt Hebbel eine glückliche und produktive Schaffensphase und wird berühmt. Kurz vor seinem Tod, am 13. Dezember 1863 in Wien, wird ihm der Schillerpreis verliehen.

Hebbels Dramatik trägt einen ausgeprägt herben norddeutschen Charakter. Die in Not und Elend gehärtete Natur des Dichters verströmt eine Emotionalität, die stets den Filter seines unbestechlichen Intellekts passiert hat. Seine Dramatik folgt dem Gesetz der Logik – sowohl der Idee wie dem Aufbau nach. Denn ohne diese Logik gibt es für ihn keine künstlerische Form. Die Idee, die sich in einer geschichtlichen Gestalt manifestiert, ist ihre wahre Wirklichkeit. Hebbel glaubt an den tragischen Widerstreit der Zeitalter, die einander ablösen. In solche konfliktgeladene Zeitenwende stellt er häufig seine Dramenfiguren, die schuldlos tragisch verstrickt werden. So prallt in seinem ersten Drama *Judith* (1840) durch die Gestalt des Holofernes sinnenfrohes Heidentum auf das spiritualistisch-grübelnde Judentum der Hebräerin. In seinem bürgerlichen Trauerspiel *Maria Magdalene** geht es nicht mehr – wie noch bei Lessing und Schiller – um den dramatischen Zusammenprall von Adel und Bürgertum. Vielmehr bricht an einer ethischen Zeitenwende – innerhalb einer einzigen Gesellschaftsklasse – die enge Welt eines pervertierten bürgerlichen Ehrbegriffs tragisch zusammen.

In seiner bedeutenden Tragödie von 1851, *Herodes und Mariamne**, wird die männliche Welt der unbeschränkten Gewalt über die Frau von einem neuen Geist freier weiblicher Menschenwürde und deren Anspruch auf Selbstverwirklichung abgelöst. Auch in *Agnes Bernauer** kontrastiert der spätmittelalterliche Staat mit seinem Zwang zur unbedingten Einordnung der Menschen unter sein Gesetz mit dem aufkommenden Freiheitswillen des Individuums, das in dieser Wende noch tragisch zugrunde gehen muß. Hebbels bedeutendes Werk, *Gyges und sein Ring**, läßt drei Welten aufeinander stoßen, die asiatische des Kandaules, die griechische des Gyges und die indische der Rhodope, welche die reine Idee der Sitte und das absolute Keuschheitsgebot ihrer Heimat im tragischen Untergang erfüllt. Schließlich hat Hebbel auch sein dreiteiliges Dramenwerk *Die Nibelungen* (1861) in der großen Weltenwende vom germanischen Heidentum zum Christentum angesiedelt.

Hebbels Konfliktsituationen erwachsen aus tiefer Erkenntnis der Menschennatur. Er ist ein großer Analytiker des Menschen, und seine Analyse eröffnet atemberaubende Einblicke in die Tragödie des Menschseins. Als erster großer Problemdramatiker der Deutschen ist er ein Vorläufer Ibsens– besonders in seinen Frauengestalten. Aus dem modernen Theater ist die auf Hebbel basierende Problemdramatik, wenngleich sich ihre Inhalte seit Hebbel sehr gewandelt haben, nicht mehr wegzudenken.

Maria Magdalene
Ein bürgerliches Trauerspiel in 3 Akten
UA: 1846 in Königsberg

Im Haus des Tischlermeisters Anton herrscht die Sorge. Zwar ist die Mutter gerade von schwerer Krankheit genesen. Doch Karl, dem Sohn, den sein Beruf als Tischlergeselle nicht befriedigt, wird das Elternhaus zu eng. Auch die Tochter Klara ist bedrückt, weil sie sich mit dem Kassierer Leonhard, einem skrupellosen Karrieremacher, ohne Liebe verlobt hat, als sie sich von ihrem Jugendfreund verlassen glaubt. Als dieser, ein Sekretär, nach langer Abwesenheit wieder in ihrem Leben auftauchte, erregte das die heftige Eifersucht Leonhards, der Klara daraufhin so lange bedrängte, bis sie sich ihm hingab. Diese Hingabe aber blieb nicht ohne Folgen. Als Karl, Klaras Bruder, in den Verdacht gerät, beim Kaufmann Wolfram Juwelen gestohlen zu haben, trifft die Mutter vor Entsetzen der Schlag. Meister Anton, der seinem Sohn den Diebstahl zutraut, läßt seine Tochter an der Leiche der Mutter schwören, daß sie ihm «nie Schande machen wolle». Für Leonhard ist der Verdacht des Diebstahls, der über der Familie hängt, eine willkommene Gelegenheit, seine Verlobung mit Klara aufzulösen, nachdem er erfuhr, daß sie keine nennenswerte Mitgift zu erwarten hat. – Eine Wende zum Guten scheint sich anzubahnen, als der Kaufmann Wolfram selbst ins Haus kommt, um Karl vom Verdacht des Diebstahls freizusprechen und als Klaras Jugendfreund um die Hand der Verlassenen anhält. Doch als diese ihm gestehen muß, daß ihre Beziehung zu Leonhard nicht ohne Folgen bleiben wird, wendet er sich mit den Worten von ihr ab: «Darüber kommt kein Mann hinweg.» In höchster Verzweiflung erscheint Klara noch einmal vor Leonhard, um ihn zu beschwören: «Heirate mich!» Doch Leonhard, der schon neue, lukrative Heiratspläne hat, weist das Mädchen ab. Ihr Jugendfreund fordert darauf den Verführer zu einem Pistolenduell, in welchem Leonhard fällt. Der Sekretär schleppt sich verwundet in Meister Antons Haus. Hier bereitet sich das unaufhaltsam tragische Ende vor: Der aus dem Gefängnis entlassene Karl will sein Elternhaus für immer verlassen, Klara geht in den Tod, um den Vater und sich vor der Schande zu bewahren. Der schwer verwundete Sekretär stirbt mit einer erbitterten Anklage gegen den hartherzigen Meister Anton. Dieser beschließt das Stück mit den Worten: «Ich verstehe die Welt nicht mehr.»

Maria Magdalene ist die Tragödie der moralischen Engherzigkeit. Hebbel postuliert mit seinem Stück eine Zeitenwende, die heraufzuführen er mithelfen will. «Konsequenzen dämmern auf, die wohl erst nach Jahrhunderten in den Lebenskatechismus Aufnahme finden werden», bekennt der Dichter selbst. Er verzichtet in seinem dramaturgisch sehr präzisen bürgerlichen Trauerspiel auf den sozialen Klassengegensatz, den Schiller seinem Drama *Kabale und Liebe* zugrunde legte. Seine Tragödie wird allein aus der starren moralischen Unerbittlichkeit der bürgerlichen Welt entwickelt. In ihrem Würgegriff quälen sich die Menschen zu Tode. Klara wird zum Opfer einer Moral, der die große ausgleichende Kraft der Liebe fehlt. Mit unerbittlicher Folgerichtigkeit rollt die Tragödie der Lieblosigkeit ab, ein Menetekel – so zeigen neuere Interpretationen überaus eindrucksvoll – auch für eine Zeit, die sich, wie die unsrige, frei wähnt von moralischen Vorurteilen.

Hebbel, Maria Magdalene
Schloßparktheater Berlin, 1976
Inszenierung: Harald Clemen
Meister Anton: Rolf Schult, Klara: Verena Peter

Herodes und Mariamne
Tragödie in 5 Akten. UA: 1849 in Wien

Herodes, von den Römern als König in Jerusalem eingesetzt, muß sich zahlreicher Feinde erwehren, nicht zuletzt seiner Schwiegermutter Alexandra, deren einzigen Sohn er aus machtpolitischem Kalkül hatte umbringen lassen. Sie erreicht es, daß Herodes aus diesem Grund zu Antonius, dem römischen Regenten von Ägypten, zitiert wird, dessen Urteil er sich stellen soll. Vor seiner Abreise fordert Herodes seine Gemahlin Mariamne auf, ihm in den Tod zu folgen, falls er verurteilt werden würde und nicht mehr zu ihr heimkehrte. Mariamne, die dem Gatten in Treue und leidenschaflicher Hingabe verbunden ist, lehnt es ab, sich dieses Liebesopfer befehlen zu lassen, obwohl sie bei sich selbst beschlossen hat, es freiwillig zu erbringen. Darauf stellt Herodes seine Frau unter das Schwert, indem er seinem Vizekönig Josephus befiehlt, Mariamne zu töten, falls ihm etwas zustieße. Als Herodes unangefochten zurückkehrt, kommt es seines Blutbefehls wegen zu einer dramatischen Auseinandersetzung zwischen Mariamne und dem Gatten. Doch Herodes sieht sein Unrecht nicht ein, sondern läßt vielmehr Josephus hinrichten, weil er das Geheimnis preisgab. – Zum zweitenmal wird Herodes zu Antonius gerufen, und diesmal, so hofft Mariamne, wird ihr Gatte ohne Mißtrauen von ihr scheiden. Doch sie irrt sich. Herodes stellt sie diesmal unter das Schwert des Soemus, des Statthalters von Galiläa. Soemus verrät Mariamne den Blutbefehl. Diese ist zutiefst verletzt und beschließt, in den Tod zu gehen, dann aber faßt sie den Entschluß, Herodes selbst zu ihrem Henker zu machen: Sie gibt ein rauschendes Fest, auf dem sie selbst verführerisch tanzt. Als der heimkehrende Herodes zum Zeuge ihrer scheinbaren Untreue wird, stellt er Mariamne vor ein Gericht, das sie wegen Ehebruchs zum Tod verurteilt. Vor ihrer Hinrichtung vertraut sie dem römischen Hauptmann Titus ihre Beweggründe an, die er Herodes erst nach ihrem Tod mitteilen darf. Als das geschieht, bricht Herodes erschüttert zusammen. Sein Lebensinhalt reduziert sich auf den Kampf um seine Macht: Drei Könige aus dem Morgenland haben ihm die Kunde gebracht, daß in seinem Land der kommende König der Juden geboren worden sei. Herodes gibt den Befehl zum bethlehemistischen Kindermord.

Hebbel hat in *Herodes und Mariamne* sein bedeutendstes Drama gesehen. Tatsächlich ist ihm hier eine große Liebestragödie gelungen. Herodes, dessen Liebe einen allumfassenden Besitzwillen einschließt, hat der Dichter in Mariamne eine Frau gegenübergestellt, die ihre Menschenwürde und unantastbare innere Freiheit verteidigt und der die Hingabe freie Selbstentscheidung bedeutet. Im Zusammenprall beider Welten öffnet Hebbels Tragödie das Tor zu einer Zeit, in der die Rolle der Frau neu überdacht wird. Mariamne ist die erste Frau, die im Drama diesen neuen Menschen tragisch verwirklicht. Sie hat später, vor allem in den Frauengestalten Ibsens, eine reiche Nachfolge gefunden.

Agnes Bernauer
Ein deutsches Trauerspiel in 5 Aufzügen
UA: 1852 in München

Die Stadt Augsburg erwartet Albrecht von Bayern, den Sohn des regierenden Herzogs Ernst, mit seinen Rittern zum Turnier. Der festliche Anlaß führt den jungen Herzog mit Agnes Bernauer zusammen. Albrecht verliebt sich in die schöne Baderstochter und hält um ihre Hand an. Vergeblich warnen ihn seine Freunde vor dem Zorn des herzoglichen Vaters. Kaspar Bernauer will, um Unheil zu vermeiden, seine Tochter auf der

Stelle mit dem Gesellen Theobald verheiraten, der sie seit langem liebt. Allein Agnes, die selbst in Liebe zu Albrecht entflammt ist, weigert sich und will lieber ins Kloster gehen. Albrecht setzt eine geheime Trauung durch und zieht sich mit seiner jungen Frau auf eine seiner Burgen zurück. Unterdessen hat Herzog Ernst beschlossen, seinen Sohn aus politischen Gründen mit der Tochter des Herzogs von Braunschweig zu vermählen und die Verlobung anläßlich eines Turniers in Regensburg, wohin er seinen Sohn ruft, öffentlich bekanntzumachen. Albrecht erscheint zwar in Regensburg, verkündet aber, daß er rechtsgültig mit Agnes verheiratet sei. Die Erklärung löst einen Tumult aus, in dem Herzog Ernsts Ritter gegen die von Albrecht aufgerufenen Bürger und Bauern stehen. Es kommt zur offenen Fehde zwischen Vater und Sohn, den Herzog Ernst zugunsten seines kränklichen Neffen enterbt. Dieser stirbt jedoch bald darauf, so daß das Herzogtum doch an Albrecht fallen muß. Um einen blutigen Bürgerkrieg zu vermeiden, läßt Herzog Ernst das Todesurteil über Agnes Bernauer fällen und unterschreibt es, obgleich auch er sie für ein unschuldiges Opfer der Staatsräson hält. Vergeblich versucht der alte Kanzler Preising, Herzog Ernst umzustimmen und Agnes zu freiwilligem Verzicht auf ihre Ehe und zum Eintritt ins Kloster zu bewegen. Während Albrecht zu einem Turnier nach Ingolstadt geritten ist, wird Agnes von den Häschern des Herzogs Ernst gefangengenommen und als angebliche Hexe in die Donau gestoßen. Albrecht entfesselt in namenloser Wut einen Bürgerkrieg gegen den Vater, den er besiegt und gefangennimmt. Doch Reichsacht und Kirchenbann treffen den aufrührerischen Sohn. Seine Ritter verlassen ihn. Um den inneren Zerfall seines Landes aufzuhalten, will Herzog Ernst sich mit Albrecht aussöhnen. Er erkennt Agnes Bernauer postum als rechtmäßige Gemahlin seines Sohnes an und gewährt ihr ein ehrenvolles Begräbnis. Gleichzeitig übergibt er Albrecht die Herzogswürde und zieht sich in ein Kloster zurück. Diese Tat des Verzichts führt die Aussöhnung zwischen Vater und Sohn herbei.

Agnes Bernauer ist die Tragödie des Individuums, das der Staatsräson geopfert wird. Wieder verlegt Hebbel das Geschehen in eine Zeitenwende. Der individualistische Geltungsanspruch des Menschen der beginnenden Renaissance gerät in Konflikt mit dem strengen Ordnungsgefüge des Mittelalters. Agnes Bernauer wagt es, nur sich und ihrer Liebe zu folgen und dem Machtkalkül des Staatsapparates zu trotzen. Diese, für die Auffassung der damaligen Zeit ungeheuerliche Anmaßung des Individuums konnte von der obrigkeitlichen Ordnungsmacht nicht hingenommen werden. Die liebende Frau mußte die Unbedingtheit ihres Gefühls mit ihrem Leben bezahlen. Das Problem Individuum und Staat, das Hebbel hier anschlägt, fand eine reiche Nachfolge und ist in vielfältiger Form bis in die Dramatik unserer Zeit weiterdiskutiert worden.

Gyges und sein Ring
Tragödie in 5 Akten. UA: 1809 in Wien

König Kandaules gestattet seinem griechischen Gastfreund Gyges die Teilnahme an den Kampfspielen der kleinasiatischen Lydier. Zum Dank dafür schenkt Gyges ihm einen Zauberring, der den Träger unsichtbar zu machen vermag. Kandaules zeigt diesen Ring seiner Gattin Rhodope, die sich, der Sitte ihrer Heimat gemäß, nur vor ihrem Gatten ohne Schleier zeigt. Rhodope erschrickt vor der unheimlichen Macht des Zauberrings und bittet um seine Auslieferung oder Vernichtung. Kandaules will dieser Bitte willfahren, wenn Rhodope bereit ist, sich bei den Spielen öffentlich zu zeigen. Sie lehnt das Ansinnen ab. Als Gyges in den Kampfspielen glänzend gesiegt hat, möchte Kandaules ihn zum Zeugen seines höchsten Besitzes machen: Unsichtbar durch den Zauberring soll Gyges im Schlafgemach die entschleierte Rhodope sehen und ihm bezeugen, daß er das schönste Weib der Erde sein eigen nennt. Gyges läßt sich zu dem Komplott überreden und wird von Rhodopes Anblick so tief berührt, daß er für einen Augenblick sichtbar vor ihr erscheint in der Absicht, diesen Frevel mit dem Leben zu büßen. Doch Kandaules denkt nicht daran, den Freund zu bestrafen. Er schenkt ihm die schöne Sklavin Lesbia, auf die, wie er weiß, Gyges ein Auge geworfen hatte. Doch dieser, ausschließlich auf Rhodopes herrliche Erscheinung fixiert, verschmäht Lesbia, gesteht dem König seine Leidenschaft für Rhodope und will auf immer das Land verlassen. – Als die Königin die Zusammenhänge begreift, fühlt sie sich schändlich verraten und verlangt Gyges' Tod. Kandaules verweigert ihn. Vor Rhodope bekennt Gyges seine verbotene Liebe und ist bereit, sie mit dem Leben zu sühnen. Doch Kandaules nimmt alle Schuld auf sich. Rhodope verlangt einen Zweikampf und verspricht Gyges ihre Hand, wenn er Sieger bliebe. Kandaules fällt in diesem Kampf. Gyges wird zum neuen König der Lydier ausgerufen und vermählt sich mit Rhodope; doch unmittelbar nach der Hochzeitszeremonie tötet sich die Königin. «Ich bin entsühnt, denn keiner sah mich mehr, als dem es ziemte», sind ihre letzten Worte.

Gyges und sein Ring ist die Tragödie der Ehrfurchtlosigkeit, die jede geheiligte Sitte zerbricht. In dem glaubenslosen Kandaules, der alle Tradition von sich abstreifen will, spricht der moderne zweifelnde Mensch. Auch an Glück, Besitz, Liebe, Treue glaubt Kandaules nicht mehr. Für all das verlangt dieser große Skeptiker Beweise und Zeugen. So mißbraucht er den Ring als ein Machtinstrument, so mißbraucht er den Freund, so mißbraucht er schließlich Rhodope, für die der Schleier ein Symbol des Unantastbaren in jedem Menschen ist. Hebbel erscheint vor Nietzsche und Ibsen als der große dramatische Analytiker des Lebens. Vor ihm brach die optimistische Fortschrittsidee eines Jahrhunderts kläglich zusammen, und die unerbittliche Prüfung aller ethischen und religiösen Werte durch die Vernunft begann.

Das österreichische Theater des 19. Jahrhunderts

Der größte Dramatiker Österreichs, FRANZ GRILLPARZER*, kann als ein Nach-Klassiker bezeichnet werden, der die Spuren Goethes und Schillers aufnimmt. Allerdings sind bei ihm auch Einflüsse Calderóns, der Winckelmannschen Antikendeutung sowie eines sensiblen, echt österreichischen Erbes unverkennbar. – Der österreichischen Romantik, die sich in der Wiener Zauberposse niederschlug, war FERDINAND RAIMUND* verbunden, der sich jedoch darüber hinaus zu einer poetischen Volksstückromantik erhob. Auch JOHANN NESTROY* kam ursprünglich vom Wiener Zauberstück her. Er wandte sich allerdings bald einem mit Witz, Parodie, Kritik und Ironie geätzten volkstümlichen Realismus zu. Schließlich gelangte er in die Nähe des bürgerlichen Sittenstücks. Er wurde damit der Vorläufer LUDWIG ANZENGRUBERS*, der mit seinen bäuerlichen Trauerspielen und dörflichen Lustspielen das echte Volksstück zu schaffen versuchte.

Franz Grillparzer 1791–1872

Franz Grillparzer wurde am 15. Januar 1791 in Wien als Sohn eines Advokaten geboren, der die Familie nach seinem Tod in äußerst bedrängter Lage zurückließ. Seine hochmusikalische, übersensible Mutter erhängte sich später in religiösem Wahnsinn. Von den vier Söhnen des Hauses scheiterten zwei gänzlich, ein dritter endete durch Selbstmord. Nach dem Besuch des Anna-Gymnasiums studierte Grillparzer Philosophie und Jura. Um Mutter und Bruder zu erhalten, verdingte er sich als Privatlehrer in einem adligen Haus. 1813 trat er in den Staatsdienst. Er brachte es bis zum Direktor des Hofkammerarchivs, eine Stellung, die er bis 1836 innehatte. Im Kreis der vier musisch begabten Schwestern Fröhlich verliebte er sich in die schöne Katharina, konnte sich aber nicht entschließen, sie zu heiraten. So wurde «Kathi» seine «ewige Braut», die ihm zeitlebens die Treue hielt. 1849 zog der Dichter in das Haus der Schwestern Fröhlich und genoß trotz seiner zahlreichen Schroffheiten und Schwermutsanfälle deren Fürsorge. Nach seiner Pensionierung reiste er nach Deutschland, Paris, London und Konstantinopel. Konflikte mit der Zensur, Enttäuschungen durch Kritik und Publikum trafen ihn trotz seiner Berühmtheit. Als *Weh dem, der lügt** 1838 vom Publikum ausgepfiffen wurde, verschloß er alle seine folgenden Werke vor der Öffentlichkeit. Anläßlich des 80. Geburtstags gab es in Wien laute Ehrungen für Grillparzer, die der Dichter mit einem resignierenden «zu spät» quittierte. Am 21. Januar 1872 starb er in seiner Heimatstadt.

Grillparzer begann seine dramatische Laufbahn mit dem Schauerdrama *Die Ahnfrau* (1816). Hier bewirkt das ruhelos umherirrende Gespenst einer Ehebrecherin die Ausrottung ihres ganzen Geschlechts durch Vatermord, blutschänderische Geschwisterliebe, Ehebruch und Selbstmord. Grillparzer errang damit einen Riesen-Publikumserfolg. 1818 jedoch suchte der Dichter in Sprache und Thema bereits den Weg zur Klassik in seinem Trauerspiel *Sappho**. Nach der erfolgreichen Uraufführung in Wien schrieb Grillparzer sein umfangreichstes dramatisches Werk:

Das Goldene Vlies ist eine Trilogie, die aus den Teilen *Der Gastfreund, Die Argonauten* und *Medea* besteht. Nach der griechischen Sage hatten die Götter zur Rettung eines Geschwisterpaares, Phrixus und Helle, einen goldenen Widder auf die Erde gesandt. Helle stürzte beim Ritt in den nach ihr benannten Hellespont und ertrank. Phrixus aber gelangte nach Kolchis (im Osten des Schwarzen Meeres) zum König Aietes und seiner Tochter Medea, opferte dort den Widder dem Zeus und hängte sein goldenes Fell (das Vlies) in einem heiligen Hain auf, den ein Drache bewachte. Wie einst Helle, so wird das Goldene Vlies nach der Sage jedem Besitzer zum tödlichen Fluch. Dieser Fluch erweist sich an den von Jason geführten Argonauten, die auszogen, das Vlies nach Hellas zu bringen. *Das Goldene Vlies* ist eine Dramatisierung dieser Argonautensage: In *Der Gastfreund* ändert Grillparzer insofern die Sage, als er Phrixus von dem nach dem Gold des Vlieses lüsternen König Aietes heimtückisch ermorden läßt. Medea, mit Zauberkräften begabt, mußte dem Gastfreund vorher das Schwert abverlangen. Phrixus verflucht vor seinem Tod jeden künftigen Besitzer des Vlieses. In *Die Argonauten* beginnt dieser Fluch sich auszuwirken. Jason mit seinen Argonauten erscheint, um die Ermordung des Phrixus zu rächen und das Goldene Vlies zu rauben. Wieder soll Medea mit ihren Zauberkünsten helfen. Doch sie verliebt sich in Jason und stellt sich schließlich gegen den eigenen Vater, der besiegt wird. Mit Medea und dem Vlies als Beute schifft sich Jason nach Hellas ein. Verzweifelt stürzt sich der Sohn des Königs ins Meer. Den tragischen Höhepunkt des fortwirkenden Fluchs zeigt Grillparzer in *Medea*. Das Stück folgt in den Personen wie in wesentlichen Zügen der Handlung dem Euripideischen Drama. Die Schockdramatik der Antike ist jedoch in Grillparzers Werk durch psychologische Charakterisierung der Gestalten gemildert. So wird aus der Barbarin der Antike eine gedemütigte Frauennatur von königlicher Größe.

Finden wir im *Goldenen Vlies* den Dichter auf den Spuren Goethescher Klassik, so versuchte er 1825 mit seinem historischen Drama *König Ottokars Glück und Ende* ein vaterländisches Werk, das ein politisch verschlüsseltes Napoleon-Stück darstellt. 1826 schrieb Grillparzer ein schwächeres Stück, das ungarische Trauerspiel *Ein treuer Diener seines Herrn.* 1831 gelang ihm eine der schönsten deutschsprachigen Liebestragödien mit *Des Meeres und der Liebe Wellen**. Unter dem Einfluß Calderóns und des Wiener Zaubermärchens folgte 1834 nach einer Erzählung Voltaires *Der Traum ein Leben*. Das Werk ist heute an den Bühnen durch Calderóns *Das Leben ist Traum* verdrängt. Dagegen hat Grillparzers Lustspiel *Weh dem, der lügt**, das 1838 in Wien durchfiel, in den Spielplänen eine deutliche Aufwertung erfahren. Fern von der freiwillig gemiedenen Öffentlichkeit entstand um 1850 die Tragödie *Die Jüdin von Toledo* (nach Lope de Vega), in welcher die Königin von Kastilien und ihre Granden eine schöne, leidenschaftliche Jüdin grausam dem Tod überantworten, weil sich König Alphons so ausweglos in sie verliebt hat, daß er Frau und Reich darüber vergißt.

Aus dem Nachlaß stammt Grillparzers sprachgewaltige, gedankenschwere *Libussa*, eine mythisch-dramatische Fabel

Grillparzer, Sappho
Akademietheater Wien, 1979
Inszenierung: Joachim Bißmeier
Sappho: Annemarie Düringer
Melitta: Josefin Platt

aus der tschechischen Frühgeschichte, in der es um den Gegensatz eines seherischen, naturverbundenen Matriarchats und einer männlich-harten Staatsgesinnung geht, an dem die prophetische Libussa zugrunde geht. Das bedeutendste Werk des Nachlasses jedoch ist zweifellos Grillparzers österreichische Staatstragödie *Ein Bruderzwist im Hause Habsburg**.

Sappho
Trauerspiel in 5 Aufzügen
UA: 1818 in Wien

Auf der Dichter-Olympiade hat Sappho den Sieg errungen und den griechischen Jüngling Phaon zur Begeisterung hingerissen. Auch Sappho ist in leidenschaftlicher Liebe zu ihm entflammt. Sie nimmt ihn mit in ihre Heimat, wo sie sich mit ihm vermählen will. Auf Lesbos verliebt sich Phaon in Sapphos junge Dienerin Melitta und erkennt, daß er für Sappho zwar innige Verehrung fühlt, Melitta dagegen leidenschaftlich begehrt. Sappho, von wilder Eifersucht gequält, will das Mädchen insgeheim auf die Insel Chios bringen lassen. Doch Phaon entdeckt den Plan und versucht, mit Melitta zu entfliehen. Die erbitterten Landsleute von Lesbos holen die Fliehenden ein und führen sie gefangen vor die Herrin. Sappho aber hat begriffen, daß eine unüberbrückbare Kluft sie von dem Jüngling trennt. Sie entsagt ihrer Liebe und geht in den Tod.

Die Uraufführung der *Sappho* wurde ein großer Erfolg. Das Werk fand die verschiedensten Deutungen. Fechter sieht in ihm eine «Tragödie des künstlerischen Menschen überhaupt, den seine Begabung schicksalsmäßig aus dem Leben der anderen aussondert». Andere haben es überschwenglich ein Gegenstück zu Goethes *Tasso* genannt, weil es auch hier um den tragischen Widerstreit von künstlerischer Berufung und Liebesleidenschaft geht. Grillparzer hat dem Werk – trotz des klassischen Flusses der Verse – viel österreichisches Lebensgefühl mitgeteilt: Daß Sappho sich aus verschmähter Liebe und tiefem Schuldbewußtsein ins Meer stürzt, wäre im antiken Sinn Verrat an ihrer Sendung. Gerade dieses unantike, österreichische Gefühlsklima jedoch ist es, das den andauernden Bühnenerfolg des Dramas bedingte.

Des Meeres und der Liebe Wellen
Trauerspiel in 5 Aufzügen
UA: 1831 in Wien

Im Tempel der Aphrodite in Sestos legt Hero das Keuschheitsgelübde ab und wird zur Priesterin geweiht. Während der Feier trifft sie ein Blick Leanders, eines jungen Fischers, der von der anderen Seite des Hellespont zum Fest herübergekommen ist. Hero ist irritiert und begreift die Verwirrung ihrer Gefühle zunächst nicht. Als der Jüngling sie im heiligen Hain wiedertrifft und mit einer innigen Liebeswerbung bestürmt, ist die junge Priesterin tief betroffen, versucht aber die Leidenschaft Leanders in ihre Schranken zu weisen. – In der nächsten Nacht erscheint der Jüngling am Fenster von Heros Turmzimmer. Er hat den Meeresarm durchschwommen, von ihrer Lampe angelockt. Das Mädchen ist überwältigt von Leanders Kühnheit und kann die aufkeimende Liebe zu ihm nicht länger verdrängen. So schützt sie ihn vor den lauernden Wächtern und öffnet ihm ihre Kammer, ja verspricht ihm sogar, in der nächsten Nacht wieder die Lampe ans Fenster zu stellen, die ihm den Weg durch die Fluten zeigen soll. Leanders nächtlicher Besuch ist jedoch vom Tempelwächter bemerkt worden. Er verständigt den Oberpriester, und dieser beschäftigt am nächsten Tag Hero mit vielerlei Aufträgen, so daß sie abends, nachdem sie die Lampe ans Fenster gestellt hat, auf einer Bank vor dem Turm in Schlaf sinkt. Der Priester löscht die verdächtige Lampe, und Leander, der sich ein zweites Mal in die Wellen gestürzt hat, ertrinkt in einem aufkommenden Sturm. Sein toter Leib wird in Sestos ans Ufer gespült und von Hero gefunden. Als man die Verzweifelte von dem Geliebten trennen will, bricht sie sterbend zusammen.

Des Meeres und der Liebe Wellen ist die Dramatisierung der klassischen Sage von Hero und Leander. Auch in diesem Stück löst Grillparzer die antike Strenge auf. Zwar hat es zunächst den Anschein, als sollte der tragische Konflikt einer Priesterin ausgetragen werden, die von verbotener Leidenschaft übermannt wird und ihr Gelübde bricht. Doch im Verlauf des Dramas tritt dieses Motiv in den Hintergrund, und aus Hero wird die liebende Frau, die durch die Unbedingtheit ihres Gefühls gerechtfertigt erscheint und durch schicksalhafte äußere Eingriffe – symbolisiert in dem Auslöschen der Lampe durch den Priester – in tragische Verzweiflung und in den Tod getrieben wird. Die antike Tragödie wurde durch Grillparzers Umdeutung zum großen romantischen Liebesdrama.

Weh dem, der lügt
Lustspiel in 5 Aufzügen
UA: 1838 in Wien

Der kecke Küchenjunge Leon will seinem Herrn, dem Bischof Gregor, davonlaufen, weil es im bischöflichen Palast zu knauserig zugeht. Erst als er hört, der Bischof spare das Lösegeld für seinen Neffen Atalus zusammen, den er damit aus der Gefangenschaft des heidnischen Grafen Kattwald auslösen will, wird Leon anderen Sinnes. Er bricht mit des Bischofs Segen und seiner Mahnung «Weh dem, der lügt» auf, um Atalus zu befreien. Tatsächlich war diese Mahnung für Leon, dem es auf eine Lüge mehr oder weniger nicht ankommt, dringend nötig. Fortan also sagt er die Wahrheit, jedoch in so drastischer Übertreibung, daß sie fast immer wie Lüge klingt. Mit einem Pilger gelangt Leon zu Kattwalds Burg, läßt sich dort als kochkundigen fränkischen Sklaven anheuern und gewinnt die Zuneigung der gräflichen Tochter Edrita, die voll Schrecken ihrer Verheiratung mit dem törichten Galomir entgegensieht. Durch Edrita wird Leon mit Atalus zusammengebracht, der nur mit Mühe zu einer Flucht mit dem Küchenjungen zu bereden ist. Edrita schließt sich den beiden Flüchtlingen an. Galomir, der sie verfolgt, wird genasführt und an einen Baum gefesselt. Durch mancherlei Wirren und Verfolgung gelangen die Fliehenden bis vor die Stadt Metz, die eine Nacht zuvor von den Franken erobert worden war. Hier tritt ihnen der Bischof entgegen, der seinen Neffen Atalus freudig in die Arme schließt. Leon gibt er aus Dankbarkeit Edrita, die die Taufe empfangen wird, zur Frau.

Dieses einzige Lustspiel Grillparzers geht stofflich auf die «Geschichte der Franken» des Gregor von Tours zurück. 1838 fiel es bei der Uraufführung im Wiener Burgtheater durch. Der österreichische Adel fand sich in den Gestalten Atalus und Galomir verhöhnt und empörte sich über die Mesalliance Edrita-Leon. Besonderen moralischen Anstoß erregte das gemeinsame nächtliche Waldlager der drei jungen Flüchtlinge. Erst im Jahre 1879 konnte Dingelstedt das Lustspiel am Burgtheater zum Erfolg führen. Seither ist der verwegene Elan Leons für das Gute und seine pfiffige Überrundung von Dummheit, Barbarei und Standesdünkel auf unseren Bühnen immer wieder beifällig aufgenommen worden.

Ein Bruderzwist im Hause Habsburg
Trauerspiel in 5 Aufzügen
UA: 1872 in Wien

Kaiser Rudolph II., ein menschenscheuer Grübler auf dem Thron, weicht den politischen Spannungen vor dem Ausbruch des Dreißigjährigen Krieges aus und zieht sich in die Einsamkeit zurück. Sein Bruder Mathias, von dem Bischof Klesel beraten, läßt sich von Kaiser Rudolph ein Kommando wider die Türken übertragen. Er benutzt die Machtposition, die sich daraus ergibt, um selbst nach dem Thron zu streben. Mit den Türken schließt er Frieden, läßt sich von den Ungarn und Österreichern huldigen und rückt gegen Böhmen vor, dem Rudolph, um den Bürgerkrieg zu verhindern, vergeblich Glaubens- und Meinungsfreiheit zugesteht. Der kaisertreue Neffe Leopold, der ein Heer um sich sammelt, trifft mit seinen Truppen auf Mathias. Doch dieser zieht unter dem Jubel des Volkes als Sieger in Prag ein. Rudolph wird auf dem Hradschin gefangengesetzt. Die Erzherzöge Ferdinand und Max, die an dem Aufstand gegen den Kaiser beteiligt waren, erscheinen vor ihm, um seine Verzeihung zu erbitten. Rudolph, der Herrschaft und dieser Welt müde, ist jedoch zur Abdankung entschlossen. Er überläßt Mathias die Herrschaft und stirbt bald darauf. Wallensteins Truppen besetzen im Dienste des neuen Kaisers Wien.

Ein Bruderzwist im Hause Habsburg ist Grillparzers bedeutendstes historisches Drama. In der Darstellung der spannungsgeladenen Atmosphäre vor dem Dreißigjährigen Krieg erreicht der Dichter Schillersches Format. Die Kunst in der Gestaltung und Charakterisierung des Kaisers Rudolph gemahnt an Shakespeare. Dem einsamen, unglücklichen Kaiser in seiner skeptisch-weisen Weltverachtung gab der Dichter so viel von seinem eigenen Wesen mit, daß man in diesem Drama sein dichterisches Testament gesehen hat. – Sehr frei ist Grillparzer allerdings mit den geschichtlichen Tatsachen umgegangen, denn Kaiser Rudolph starb schon 1612 und dankte – von Mathias gezwungen – bereits 1608 ab. Demgegenüber hat Grillparzer seine Handlung kurz vor dem Ausbruch des Dreißigjährigen Krieges angesiedelt, in einem wirklich dramatischen Spannungsfeld also. Theatergeschichtlich interessant ist, daß sich die Größe des Dramas erst mehrere Menschenalter nach des Dichters Tod in Wien und Berlin durch die Kunst eines bedeutenden Schauspielers auf der Bühne erwies: durch Werner Krauss, der das schwierige Werk zu großem Erfolg führte.

Ferdinand Raimund 1790–1836

Ferdinand Raimund wurde als Sohn eines Drechslermeisters am 1. Juni 1790 in Wien geboren. Als Konditorlehrling verkaufte er zunächst im Theater seine Zukkerwaren. Vier Jahre später war er bereits Schauspieler in der Provinz, wo er von der Pike auf lernte. 1814 kam er an das Theater in der Josephstadt, zunächst als Schauspieler, später als Spielleiter. 1828 wurde er Direktor im Theater in der Leopoldstadt. Seinem Ehrgeiz, tragische Rollen zu spielen, mußte er entsagen. Als Komiker jedoch hatte er Erfolg. Er wurde zum beliebten Wiener Volksschauspieler. Häufig in Liebesabenteuer verstrickt, die ihn zur Gewalttätigkeit und zum Selbstmordversuch hinrissen, hatte er der Schauspielerin Luise Gleich ein leichtsinniges Eheversprechen gegeben. Als er jedoch zur Trauung nicht erschien, zwang ihn das Theaterpublikum durch Boykott, die Schauspielerin schließlich doch zu heiraten. Natürlich war diese Ehe nicht von Dauer. Ab 1819 schloß Raimund mit der Wirtstochter Antonie Wagner einen Liebesbund, der bis zu seinem Tod Bestand hatte. Raimunds große Erfolge als Schauspieler und Volksstück-Dichter vermochten nicht, eine ihm angeborene Melancholie zu bannen, die so oft das Erbteil großer Komiker der Bühne ist. Besonders bedrückte ihn der aufgehende Stern seines Rivalen Nestroy, dessen Überlegenheit er fürchtete und dessen Ruhm ihm das Leben vergällte. Als er von einem Hund gebissen wurde, bildete er sich ein, er wäre mit der Tollwut infiziert. Unter der Wirkung dieser Zwangsvorstellung schoß er sich eine Kugel in den Mund, starb jedoch erst fünf Tage später, am 5. September 1836, in Pottenstein bei Wien.

Raimund begann seine bühnenschriftstellerische Tätigkeit als Bearbeiter der Alt-Wienerischen Zauberpossen mit Gesang, Tanz und Stegreifeinlagen. Bald jedoch realisierte er sie nach eigenen Vorstellungen. Seine Bedeutung liegt darin, daß er aus dem Klischee der alten Zauberpossen ausbrach und den überlebten Formen ein neues poetisches Niveau zu geben vermochte. Das gelang ihm zuerst in seinem berühmten Original-Zaubermärchen von 1826 *Der Bauer als Millionär oder Das Mädchen aus der*

Raimund, Der Bauer als Millionär
Burgtheater Wien, 1979
Inszenierung: Horst Zankl
Jugend: Sylvia Lukan
Fortunatus Wurzel: Rudolf Buczolich

*Feenwelt**. Auch sein Zaubermärchen *Die gefesselte Phantasie* (1826) enthält echte dichterische Ansätze. 1828 konnte Raimund in *Der Alpenkönig und der Menschenfeind** ein weiteres bedeutsames Stück zum Erfolg führen. In seinem letzten Werk, *Der Verschwender**, erreichte er den Gipfel seines Schaffens, wurde er zum Klassiker des Wiener Volksstücks.

Der Bauer als Millionär
oder Das Mädchen aus der Feenwelt
Romantisches Original-Zaubermärchen mit Gesang in 3 Akten
UA: 1826 in Wien

Die mächtige Fee Lacrimosa hatte sich dereinst in den Leiter einer Seiltänzertruppe verliebt und ihm eine Tochter Lotte geboren, das «Mädchen aus der Feenwelt». Als sie mit ihrer Tochter ins Feenreich zurückkehrte, sie mit allem Reichtum überschüttete und sie sogar mit dem Sohn der Feenkönigin verheiraten wollte, beschloß diese, den Übermut Lacrimosas zu bestrafen. Sie nahm ihr alle Macht, die ihr nur dann wieder zufallen sollte, wenn ihre Tochter noch vor dem 18. Geburtstag einen armen Mann ehelichen würde. Um das zu erreichen, gab Lacrimosa ihre Lotte dem armen Waldbauern Fortunatus Wurzel als Ziehtochter ins Haus. Tatsächlich stellte sich rechtzeitig der Fischer Karl Schilf als liebender Freier ein, der auch von Lottchen wiedergeliebt wurde. Der «Neid» aber, den Lacrimosa einst als Bewerber abgewiesen hatte, will sich nun rächen und ihre Pläne durchkreuzen. So überhäuft er Fortunatus Wurzel mit Reichtum, der ihn auf der Stelle größenwahnsinnig macht. Er verweigert dem armen Fischer Lottchens Hand und schwört dem schwäbischen Magier Ajaxerle, der – in Lacrimosas Auftrag – das arme Liebespaar zusammenfügen möchte, daß eine solche Heirat nicht eher zustande komme, bis er, Fortunatus, so heruntergekommen sei, um als Müllsammler, als «Aschenmann», von Haus zu Haus zu ziehen. Als Lotte trotz allem treu zu ihrem Karl steht, weist Fortunatus sie aus dem Haus. Doch die Geister der Nacht nehmen sich der Verstoßenen an und bringen sie ins Haus der «Zufriedenheit». – Nach einer wilden Zecherei von Fortunatus und seinen ausgelassenen Kumpanen meldet sich ein junger Bursche bei ihm als Besuch an. Es ist die «Jugend», die zu ihm kommt, um mit dem berühmten Lied «Brüderlein fein» endgültig von ihm Abschied zu nehmen. Noch unheimlicher jedoch ist der nächste Besuch, der sich als «das hohe Alter» ankündigt. Auf der Stelle wird das braune Haar des Bauern schneeweiß. Von Alter und Krankheit geschlagen, verwünscht Wurzel jetzt den «Neid» und seinen ganzen Reichtum, und mit einemmal verschwindet sein stolzer Palast, und er sitzt wieder vor seiner armen Waldbauernhütte von ehemals. Im höchsten Elend muß Fortunatus Wurzel nun tatsächlich als «Aschenmann» mit einer Bütte auf dem Rücken von Haus zu Haus ziehen. Aber sein Elend hat ihn menschlicher und weiser gemacht. Und so singt er sein bekanntes «Aschenlied» nicht als ein Verzweifelter. – Indes hat der «Neid», der seine Pläne fehlschlagen sah, alle Hebel in Bewegung gesetzt, den Fischer Karl zum reichen Mann zu machen. Doch durch die Hilfe der guten Geister wird Karl zum Verzicht gebracht. So kann das arme Lottchen noch vor ihrem 18. Geburtstag dem armen Karl in die Arme sinken und die Fee Lacrimosa ihre alte Macht wiedergewinnen. Sie schenkt dem glücklichen Paar ein schönes Landgut und macht aus dem Aschenmann wieder einen wohlhabenden Waldbauern.

Der Bauer als Millionär lebt nicht nur von der überkommenen Zauberpossenmode, sondern von Raimunds ureigener poetischer Erfindungsgabe. So seltsam und erklügelt diese allegorische Wiener Feen- und Geisterwelt uns auch heute erscheint und so komisch die «Prospekte und Maschinen» wirken, die dazu in Bewegung gesetzt werden – eines ist unbestreitbar: Viele Szenen, so z. B. die, in der «die Jugend» Abschied nimmt, und die, in der «das hohe Alter» aus Eisgrub heranstapft, haben poetischen Rang und berühren uns noch heute.

Der Alpenkönig und der Menschenfeind
Romantisch-komisches Original-Zauberspiel in 2 Aufzügen
UA: 1828 in Wien

Der reiche Gutsbesitzer Rappelkopf ist gegen eine Heirat seiner Tochter Malchen mit dem Maler August Dorn. Als die Verliebten der Verzweiflung nahe sind, erscheint ihnen der Alpenkönig Astragalus, ein Helfer der Menschen, und verspricht ihnen seine Unterstützung. Unterdessen führt sich Rappelkopf im eigenen Hause als besessener Menschenfeind auf. Er schikaniert Dienerschaft und Familie derart, daß seine Frau Sophie nach Venedig an ihren Bruder Silberkern um Hilfe geschrieben hat. Als Rappelkopfs Diener Habakuk, aus dem Garten kommend, mit einem Messer das Zimmer betritt, glaubt der Verblendete an einen gegen ihn geplanten Mordversuch und verläßt sein Haus, um fortan einsam und verbittert in einer Köhlerhütte zu leben. Dort erscheint der Alpenkönig, um dem Menschenfeind zu helfen. Doch dieser ist unbelehrbar. Erst als Astragalus durch seine Zauberkünste Rappelkopf Angst einjagt, kommt eine Abmachung zwischen den beiden zustande. Danach soll Rappelkopf in der Gestalt seines Schwagers Silberkern, den man erwartet, in sein Haus zurückkehren und selbst prüfen, wie seine Familie und die Dienerschaft in Wahrheit über ihn denken. Außerdem soll im Haus ein Doppelgänger Rappelkopfs auftauchen, an dem der Menschenfeind sein eigenes Benehmen objektiv beobachten kann. Wie verabredet, so geschieht es. Beschämt erkennt Rappelkopf in seiner Verkleidung die Liebe von Frau und Tochter, die Rechtschaffenheit ihres geliebten Malers und auch die Treue seines Dieners. Als aber gar Astragalus ihm in seiner eigenen Gestalt gegenübertritt, die Dienerschaft quält und Frau und Tochter tyrannisiert, ist der bekehrte Menschenfeind so empört, daß es beinahe zu einem Duell zwischen beiden Rappelköpfen kommt. Schließlich wird dem unechten Rappelkopf der Verlust seines ganzen Vermögens durch den Bankrott seines Bankhauses in Venedig mitgeteilt. Verzweifelt stürzt er sich darauf in den Fluß, während der echte Rappelkopf in Ohnmacht fällt, aus der er als ein Verwandelter erwacht: Endlich ist er von seinem Menschenhaß geheilt und gibt dem Liebespaar seinen Segen. Schwager Silberkern kommt mit der Nachricht, daß er Rappelkopfs Vermögen vor dem Zusammenbruch des Bankhauses in Sicherheit gebracht hat. Mit einem Preislied auf die bessere Erkenntnis schließt das Stück.

Der *Alpenkönig und der Menschenfeind* ist ein dichterisches Meisterwerk. Genial die Begegnung Rappelkopfs mit seinem Ebenbild, die den Menschenhasser schließlich zu heilender Selbsterkenntnis führt. Der Dichter, so scheint es, hat hier bereits intuitiv die Methoden heutiger tiefenpsychologischer Therapie vorweggenommen. Raimund wies in diesem Stück die Geister der Wiener Zauberposse in ihre Schranken und baute sie nur noch nach den Gegebenheiten des Handlungsablaufs ein.

Der Verschwender
Original-Zaubermärchen mit Gesang
in 3 Aufzügen. UA: 1834 in Wien

Der reiche Edelmann Flottwell ist ein Verschwender aus Großherzigkeit. Sein Kammerdiener Wolf betrügt ihn und wirtschaftet beim Neubau des Schlosses in seine eigene Tasche. Nur auf den treuen Valentin, der das Kammermädchen Rosa liebt, kann Flottwell sich wirklich verlassen. – Während Flottwells Gäste zur Jagd aufbrechen, trifft er – in der Gestalt eines Bauernmädchens – die Fee Cheristane, seinen immer hilfreichen Schutzgeist, dem er auch seinen Reichtum verdankt. Als Flottwell die Fee zur Gemahlin gewinnen möchte, nimmt sie Abschied von ihm und entschwindet ins Feenreich, gesellt aber dem Geliebten, ohne dessen Wissen, in der Gestalt des Bettlers Azur einen schützenden Geist bei. – Nach drei Jahren ist das neue Schloß fertig, und ein großes Festmahl findet statt. Flottwell, der um Amalie, die Tochter des Präsidenten Klugheim, werben will, hat einen Schmuck für die Umworbene bestellt. Dieser Schmuck mißfällt ihm aber, deshalb wirft er ihn kurzerhand aus dem Fenster. Unten findet ihn der Bettler Azur. Der als Freier von Rosa abgewiesene Kammerdiener Wolf verdächtigt jedoch das Mädchen, den Schmuck gestohlen zu haben. – Der Präsident versagt dem Verschwender den Ehekonsens, weil er Amalie lieber mit dem Baron Flitterstein vermählen möchte. Es kommt zu einem Duell mit dem Nebenbuhler, in dem Flitterstein verwundet wird. Darauf überredet Flottwell Amalie zur Flucht nach England. Wolf nutzt die Situation zu seinem eigenen Vorteil aus: Kaum sind Flottwell und Amalie verschwunden, jagt er Valentin und Rosa aus dem Schloß. – Zwanzig Jahre später hat Flottwell in England Weib, Kind und Vermögen verloren. Als Bettler kommt er in die Heimat zurück. Hier findet er Wolf als Besitzer seines Schlosses wieder, der sich weigert, seinen ehemaligen Herrn einzulassen. Doch bei Valentin, der seine Rosa geheiratet hat, findet er herzliche Aufnahme. Valentin hört die bittere Lebensgeschichte seines ehemaligen Herrn und tröstet ihn mit seinem berühmten Hobellied. Als Valentin einmal nicht zugegen ist, weist Rosa, die es Flottwell nie vergessen hat, daß sie von ihm einst des Diebstahls verdächtigt wurde, den früheren Herrn vor die Tür. Darauf verläßt Flottwell das Haus, um auf den Ruinen seines alten Schlosses zu sterben. Doch Valentin hat Rosa umgestimmt. Mit Frau und Kindern bricht er auf, um Flottwell um Verzeihung zu bitten. – Bevor der lebensmüde Verschwender sein Leben endigen kann, kommt der Bettler Azur des Weges und gibt ihm alles Geld zurück, das er einst von ihm erbettelt hat. Auch Cheristane erscheint noch einmal und verspricht dem Freund ein glückliches Wiedersehen in einer anderen Welt. Der gerettete Verschwender teilt das wiedergewonnene Vermögen mit dem getreuen Valentin.

Der *Verschwender* ist Raimunds echtestes Wiener Volksstück. Über alle Zaubermärchen-Romantik hinausgehend, entwickelt der Dichter einen volksnahen wienerischen Realismus, dessen Mittelpunktfigur nicht mehr der Titelheld ist, sondern Valentin, der Mann aus dem Volk mit dem Herzen auf dem rechten Fleck. Sein – von Raimund auch vertontes – Hobellied «Da streiten sich die Leut herum» ist nicht nur in Österreich zu einem echten Volkslied geworden.

Johann Nestroy 1801–1862

Johann Nestroy wurde am 7. Dezember 1801 als Sohn eines Advokaten in Wien geboren. Hier besuchte er das Gymnasium und studierte zunächst Jura. Dann wandte er sich der Sängerlaufbahn zu. 1822 debütierte er mit dem Sarastro der *Zauberflöte* in Wien und wurde im nächsten Jahr nach Amsterdam verpflichtet. Mit 22 Jahren war er bereits verheiratet und Vater eines Kindes. Doch wurde diese Ehe später geschieden. Nach einigen Provinz-Engagements als Schauspieler, wobei er in Graz sein komisches Talent endeckte, kam er 1831 an das Theater an der Wien. Hier wurde er bald der Liebling des Publikums. Ab 1832 entwikkelte er sich zum beliebtesten Bühnenschriftsteller Wiens. Mit seinem Entdekker, dem Direktor Carl, ging Nestroy an das Theater in der Leopoldstadt, 1847 an das Carl-Theater, dessen Direktor er von 1854–1860 war. Dann zog er sich zurück, um nur noch einige Male zu gastieren. Am 25. Mai 1862 starb er in Graz. Bei seiner Beerdigung in Wien gaben ihm Tausende das Trauergeleit.

Nestroys erster großer Erfolg war der noch heute gespielte *Lumpazivagabundus**, mit dem er an die Tradition des Wiener Zaubermärchens anknüpfte. Schon hier tritt seine ureigenste Begabung für die Poesie hervor. Aus der reichen Produktion des Autors können die folgenden Stücke noch heute als bemerkenswert gelten: *Zu ebener Erde und erster Stock* (1835: eine zweigeteilte Bühne vermittelt den Gegensatz von arm und reich, wobei der arme Schlucker und der

Millionär schließlich die Stockwerke wechseln müssen, und zwar aus bloßer «Laune der Fortuna»), *Das Mädel aus der Vorstadt* (1841) sowie *Der Talisman* *, *Einen Jux will er sich machen* (1842: das Stück gelangt heute vorwiegend in Thornton Wilders Neufassung *Die Heiratsvermittlerin* auf die Bühne) und schließlich *Der Zerrissene* (1844). Einen Wendepunkt bezeichnet das danach aufgeführte Werk *Der Unbedeutende* (1846), womit Nestroy sich dem bürgerlichen Sittenstück zuwandte, eine Linie, die er 1849 in *Der alte Mann mit der jungen Frau* und 1852 in *Kampfl* fortzuführen versuchte. 1848 nahm Nestroy zynisch lächelnd Stellung zur Wiener Revolution in seiner Komödie *Freiheit in Krähwinkel*. Nestroy war ein Antipode Raimunds. Nichts von ungebrochener dichterischer Naivität und kindhafter Einfalt ist in ihm. Er erscheint als ein angriffslustiger, satirischer Beobachter von ätzender Schärfe im Dienste der Wahrheit, als ein mit einer grotesken Phantasiekraft gesegneter bitterer Narr, ein Kritiker seiner Zeit. Bekannt geworden ist Nestroys Wort: «Ich glaube von jedem Menschen das Schlechteste, selbst von mir, und ich hab mich noch selten getäuscht.»

Der böse Geist Lumpazivagabundus oder Das liederliche Kleeblatt
Zauberposse mit Gesang in 3 Akten
UA: 1833 in Wien

Vor dem Thron des Feenkönigs Stellaris wird der böse Geist Lumpazivagabundus verklagt, weil er die Söhne des Zauberers Mystifax zu einem liederlichen Lebenswandel verführte. Zwar will ihnen die Glücksgöttin Fortuna durch Rückgabe des verlorenen Vermögens wieder auf die Beine helfen. Doch Hilaris, einer der Betroffenen, bekennt, ihn würde nur die Liebe auf den rechten Weg zurückführen können. Er bittet deshalb Fortuna um die Hand ihrer Tochter Brillantine, die ihm jedoch verweigert wird. Da mischt sich Amorosa, die Beschützerin der Liebe, ins Spiel und schließt mit der ungläubigen Fortuna eine Wette ab: Wenn von drei Handwerksburschen, die mit Glücksgütern überschüttet würden, auch nur einer vernünftig bliebe und durch Liebe gebessert würde, dann soll Hilaris seine geliebte Brillantine heiraten dürfen. Dieser Plan wird ausgeführt. – Der Tischler Leim, der Schuster Knieriem und der Schneider Zwirn, die sich auf der Landstraße treffen, träumen nachts von dem Lotterielos 7359, kaufen es am nächsten Morgen und gewinnen damit 100000 Taler, die sie untereinander teilen. Der Schneider Zwirn entwickelt sich unter dem Geldsegen zum leichtsinnigen Weiberhelden, der Schuster Knieriem, der an den nahen Weltuntergang glaubt, ergibt sich dem Trunk. Der Tischler Leim jedoch läßt sich vom Geldsegen nicht korrumpieren, sondern kehrt zu seiner geliebten Peppi zurück, deren Hand ihm einst verweigert worden war. Damit hat Amorosa ihre Wette gewonnen, und Hilaris darf Brillantine heimführen. Zum guten Schluß gelingt es Amorosa, auch Zwirn und Knieriem, die Unverbesserlichen, durch die Macht der Liebe zu glücklichen Familienvätern zu machen.

Im Gegensatz zur poetischen Märchenphantasie Raimunds ist die Geisterwelt des *Lumpazivagabundus* handfester Theaterstoff. Die Wirkung des Stücks beruht auf dem lustigen «liederlichen Kleeblatt» der Handwerksburschen, die als Stegreiffiguren der Wiener Bühne noch heute fortleben.

Nestroy, Der Talisman
Salzburger Festspiele 1976
Inszenierung: Otto Schenk
Im Vordergrund:
Titus Feuerfuchs: Helmut Lohner
Salome Pockerl: Christine Ostermayer

Der Talisman
Posse mit Gesang in 3 Akten
UA: 1840 in Wien

Der rothaarige Barbiergeselle Titus Feuerfuchs rettet dem hochherrschaftlichen Friseur Marquis das Leben und erhält zum Dank und als Talisman eine schwarze Lockenperücke, die ihm künftig den Spott seiner Umwelt und die Verleumdung als heimtückischer «Rotfuchs» ersparen soll. Mit der neuen Haarpracht macht Titus sein Glück bei den Frauen. Da er recht ansehnlich und auch durchaus nicht auf den Kopf gefallen ist, gewinnt er durch galante Schmeicheleien zunächst die Gunst einer Gärtnerswitwe, die ihn als Gartenaufseher anstellt, sodann die Zuneigung der Kammerfrau, die einen Jäger aus ihm macht, und schließlich das Herz der Schloßherrin selbst, die ihn zu ihrem Sekretär avancieren läßt. Durch eine Intrige kommt Titus' wirkliche Haarfarbe zum Vorschein, und auf der Stelle wenden sich die drei Witwen voller Entsetzen von ihrem Günstling ab. Ihr Interesse an ihm wird aber sehr schnell wiedererweckt, als ein reicher Onkel auf der Bildfläche erscheint und Titus zu seinem Universalerben machen will; denn angesichts des Geldsegens wird die Haarfarbe des Erben mit einemmal uninteressant. Aber Titus hat die Nase voll von der Wankelmütigkeit der berechnenden Frauen: Er schlägt die große Erbschaft aus, begnügt sich mit einem kleinen Barbierladen und nimmt die rothaarige Magd Salome Pockerl zur Frau, seine verachtete und verständnisvolle Leidensgenossin.

Die brillante Komödie lebt von einer solchen Fülle bezaubernder Ideen und urkomischer Situationen, daß sie bis zum heutigen Tag immer wieder erfolgreich aufgeführt wird. Besonders köstlich ist der Einfall, daß die mannstollen Witwen den umworbenen Titus Feuerfuchs jeweils in die Kleider ihrer verstorbenen Männer stecken, wodurch sein sozialer Aufstieg auf komische Weise sinnfällig gemacht wird. Die zynisch-realistischen Couplets des rothaarigen Außenseiters muten gelegentlich wie Vorläufer Brechtscher Songs an.

Ludwig Anzengruber 1839–1889

Ludwig Anzengruber wurde am 29. November 1839 in Wien geboren. Nachdem er eine Buchhändlerlehre durchgemacht hatte, versuchte er sich als Schauspieler in der Provinz und – ohne zunächst besondere Wirkung zu erzielen – auch als Bühnenschriftsteller. Später nahm er in Wien eine Stellung als Polizeikanzlist an. 1870 errang er mit dem *Pfarrer von Kirchfeld* seinen ersten Erfolg. Von da an datiert eine reiche Produktion von bäuerlichen Volksstücken. Um ein festes Einkommen zu haben, leitete er die Familien-Zeitschrift «Heimat» und später bis zu seinem Tod ein populär-unterhaltsames Wochenblatt, den «Figaro». Neben seinen Dramen schrieb er zahlreiche Erzählungen, Kalendergeschichten und Romane. 1878 wurde ihm als Dramatiker der Schiller-Preis und 1887 der Grillparzer-Preis zugesprochen. Am 10. Dezember 1889 starb Anzengruber an einer Blutvergiftung in Wien.

Anzengruber ist der Schöpfer des bäuerlichen Volksstücks in Österreich. Bei ihm gibt es keine Anklänge mehr an die Wiener Zauberposse. Er will vielmehr die bäuerliche Wirklichkeit unmittelbar anpacken. So strebt er in seinen Dramen realistische Wirkungen an, wenn er auch die Verbundenheit des liederfrohen Wiener Volksstücks mit der Musik aufrechterhält. Gedanklich ist Anzengruber ganz im 19. Jahrhundert beheimatet. Ihm geht es um Fortschritt und Volksaufkärung. Sein bodenständiges Theater möchte zugleich «moralische Anstalt» sein.

Schon *Der Pfarrer von Kirchfeld* (1870) hatte eine bemerkenswerte Wirkung. Ein freidenkender, dem praktischen Christentum ergebener Pfarrer wird verleumdet und aus Amt und Würden gejagt. Seine Feinde sind ein orthodoxer gräflicher Dunkelmann und der rachsüchtige Wurzelsepp, der des Pfarrers unschuldige Dienstmagd Anna Birkmeier unsauberer Beziehungen zu ihrem Dienstherrn verdächtigt hat. Aus der politischen Kulturkampfstimmung der damaligen Zeit erwuchs der Erfolg des Stückes.

Sein stärkstes Volksdrama gelang Anzengruber 1871 mit *Der Meineidbauer*, der später auch erfolgreich verfilmt wurde: Mathias Ferner, der Kreuzhofbauer, hat sich durch Testamentsunterschlagung und Meineid in den Besitz des Hofes gebracht und dadurch die beiden unehelichen Kinder seines ältesten Bruders, Vroni und Jakob, um ihr Erbe betrogen. Um sein Gewissen zu beschwichtigen, ließ er seinen Sohn Franz, der als Kind Zeuge der Testamentsverbrennung war, Theologie studieren und wurde selber «fromm», während er Vroni als Magd und Jakob als Vagabund ihre freudlosen Tage hinbringen ließ. Doch Jakob findet in einem alten Gebetbuch einen Brief des Vaters, der Mathias des Erbraubs und Meineids überführt. Vroni tritt mit diesem Brief dem Meineidbauern gegenüber, der sie erschießen will, um das entlarvende Dokument in seinen Besitz zu bringen. Als Vroni vorgibt, das Schreiben an Mathias' Sohn Franz ausgehändigt zu haben, verfolgt der Vater sogar diesen. Schließlich aber trifft Mathias ein Schlaganfall. Franz heiratet Vroni und macht sie zur Kreuzhofbäuerin.

Neben seinen ernsten Volksschauspielen hat Anzengruber auch die Volkskomödie gepflegt. 1872 erschienen *Die Kreuzelschreiber*, eine lustige dörfliche Lysistrata-Komödie, in der die Frauen einen Ehestreik gegen ihre ketzerischen Männer organisieren. 1874 kam Anzengruber mit einem neuen wirksamen Stück, *Der G'wissenswurm*, heraus: Der reiche Bauer Grillhofer fühlt sich nach dem ersten Schlaganfall sehr durch eine Jugendsünde mit der Riesler Magdalene belastet, um die und um deren Kind er sich bisher nie gekümmert hat. Sein Schwager Dusterer, ein dörflicher Tartüff, nutzt die Gewissensnöte Grillhofers zu schamloser Erbschleicherei aus. Doch er, der im Traum die verlassene Seele des betrogenen Mädchens angeblich im höllischen Fegefeuer nach Buße schreien hört, hat Pech mit seinen Beschwörungen. Die verlassene Riesler Magdalene taucht als zufriedene Poltner-Bäuerin auf. Als Dusterer daraufhin die Traumschreie aus dem Fegefeuer ihrer unehelichen Tochter zuschreibt, erscheint auch diese Tochter, die fröhliche Horlacherlies, die Wastl, den Großknecht Grillhofers, liebt und die ihrem Vater für das herrliche Geschenk ihres Lebens dankbar ist. Natürlich muß der heuchlerische Dusterer sein Bündel schnüren, und die Horlacherlies kriegt den Hof und den Wastl.

Alle diese Stücke Anzengrubers sind in einer österreichisch gefärbten Mundart geschrieben, die dem Hochdeutschen angenähert ist, aber doch den deftigen Reiz des Dialekts bewahrt. Anzengrubers hochdeutsche Stücke wirken demgegenüber sprachlich weitaus blasser. Nur eines von ihnen erzielte einen großen Erfolg: *Das Vierte Gebot*, das sich naturalistischer Stilmittel bedient und nicht zufällig 1890 von der Freien Volksbühne Berlin herausgebracht wurde, die sich bahnbrechend für die neue Kunstrichtung einsetzte.

Das skandinavische Theater des 19. Jahrhunderts

Bereits im 18. Jahrhundert betrat mit LUDWIG HOLBERG (1684–1754) erstmals ein skandinavischer Dichter die dramatische Szene. Beeinflußt von den Ideen des Rationalismus und künstlerisch angeregt durch die Lustspiele Molières, wurde der Kopenhagener Professor für Metaphysik, Rhetorik und Geschichte als Theaterdichter für das erste nationale dänische Theater gewonnen, für das er 32 Lustspiele schrieb, darunter *Der politische Kannegießer* (1722), eine Satire auf den politisierenden Spießbürger, und *Jeppe vom Berge* (1722), ein komödiantisch-hintergründiges Spiel.

In der Gestalt des Norwergers HENRIK IBSEN* erwuchs Skandinavien im 19. Jahrhundert einer der führenden Dramatiker Europas, dessen Bedeutung bis heute unbestritten ist. Er entwickelte den Realismus zur psychologischen Höhe einer modernen Problem-Dramatik, die vor allem die Lebenslüge seiner Zeit enthüllte und bekämpfte. Seine Dramatik wurde ein unerbittliches, unromantisches «Gerichtstaghalten über sich selbst». Ibsen – im Handwerklichen von den französischen Gesellschaftsstücken beeinflußt – bahnte durch seine Dramatik nicht nur den Weg zum Naturalismus Hauptmanns, sondern auch zu den Dramatikern von heute. – Auch der Norweger BJÖRNSTJERNE BJÖRNSON (1832–1910) ging mit seinen Werken *Über unsere Kraft* und *Wenn der junge Wein blüht* den Weg zu zeitkritischer Anklage realistischer Prägung.

KNUT HAMSUN (1859–1952) wurde in Norwegen als Sohn armer Eltern geboren. Seine Erziehung übernahm ein Onkel, der Geistlicher war. Nach elementarstem Unterricht wurde der aufgeweckte Junge in die Schuhmacherlehre gesteckt. Doch zu unruhig, um sich den Zwängen dieses Lebens zu fügen, wanderte er schon in jungen Jahren nach Amerika aus, wo er ein abenteuerliches Leben begann, das ihn durch viele Berufe führte. Er war Hafenarbeiter, Kohlenschipper, Seemann, Waldarbeiter, Straßenbahnschaffner und Eisenbahnangestellter. Schließlich kehrte er Amerika den Rükken und begann in Paris seine schriftstellerische Tätigkeit. Bereits sein erster Roman «Hunger», der 1890 erschien, machte den Einunddreißigjährigen berühmt. 1920 erhielt Hamsun den Nobelpreis für Literatur, kaufte ein Gut in Norwegen, auf das er sich zurückzog, um in aller Stille zu arbeiten. Nach dem Zweiten Weltkrieg wurde Hamsun von seinen Landsleuten wegen seiner unverhohlenen Sympathie für die faschistische Ideologie geächtet. Der Dichter starb am 19. Februar 1952 in seiner Heimat.

Auch als Dramatiker hat Hamsun ein beachtliches Werk hinterlassen. 1895–1898 schrieb er die *Kareno-Trilogie*, welche den Lebensweg Ivar Karenos dramatisiert. Im ersten Teil, *An des Reiches Pforten*, ist Ivar noch der Nietzsche-besessene Philosophiestudent, der sich «nie» vor dem bürgerlichen Liberalismus beugen will, auch nicht, als ihm seine geliebte Frau Elina mit dem Journalisten Bondesen durchgeht. – Zehn Jahre später spielt das zweite Stück der Trilogie, *Spiel des Lebens*, in dem Ivar als Hauslehrer auf einem einsamen Nordlandshof in die Netze der dämonischen, schönen Gutsbesitzerstochter Teresita gerät, die einen Mordanschlag auf seine zurückkehrende Frau Elina unternimmt und danach von dem uralten Thy erschossen wird. Als überdies Ivars gesamte Schriften einer Feuersbrunst zum Opfer fallen, wird der bis dahin unbeugsame Ivar gebrochen. – Im dritten Teil der Trilogie, *Abendröte*, kehrt Ivar zu Elina zurück, obwohl deren Tochter nicht sein, sondern Bondesens Kind ist. In der «Abendröte» seines Lebens verrät Ivar schließlich alle seine bisherigen antiliberalen Ideale und wird – ausgerechnet mit Bondesens Unterstützung – gefeierter Reichstagsabgeordneter für die liberale Partei. – Tiefe Verachtung des Geistes, bittere Verhöhnung der Intellektuellen, Unglaube an jede menschliche Entwicklung und an jede göttliche Ordnung spricht aus dieser Trilogie.

1902 ließ Hamsun das große Versdrama *Munken Vendt* folgen, eine Art von *Peer Gynt*, der die labyrinthische Irrfahrt durch eine heillose Welt darstellt, in der selbst die Liebe brüchig und haltlos, ja zum Feind der Menschen wurde. In diesem Stück ohne Hoffnung gibt es – im Gegensatz zu Ibsen – keine wartende treue Solveig und keine Heimkehr des Irrfahrers. 1903 erschien Hamsuns georgisches Liebesdrama *Königin Tamara*, das die Liebeskrise der Königin und ihres leidenschaftlichen Gemahls Giorgi behandelt, der seine geliebte Frau schließlich durch Macht und Verrat in seine Arme zurückführt.

Am meisten wurde Hamsuns Schauspiel von 1910, *Vom Teufel geholt*, auf deutschen Bühnen gespielt. Hier geht es um eine ehedem berühmte Varieté-Sängerin, die «Königsjuliane», die, als ihr Ruhm verblaßt, den reichen alten Gihle heiratet. Ungemindert jedoch bleibt ihr Lebenshunger nach Männern, Glanz und Jugend. So klammert sie sich an ihren letzten Geliebten, den hinkenden, zwielichtigen Antiquitätensammler Blumenschön, mit allen Fasern ihres Herzens. Doch er verläßt sie. In ihrer eifersüchtigen Verzweiflung versucht, sie dessen junge Braut umzubringen. Es mißlingt. Alle Verehrer fallen von ihr ab. Sie endet im Elend.

Einen zweiten Höhepunkt erreichte die skandinavische Dramatik in dem großen Werk des Schweden AUGUST STRINDBERG*, der während seines Lebens und etwa ein Jahrzehnt nach seinem Tode einer der meistgespielten Dramatiker seiner Zeit war. Strindberg zeigt sich aus heutiger Sicht als Wegbereiter einer großen dramatischen Entwicklung, die nicht nur Europa, sondern auch Amerika entscheidend beeinflußte. Er hat das geistige Ringen des 20. Jahrhunderts in genialer Vorwegnahme vielfältig vorausgestaltet.

Henrik Ibsen 1828–1906

Henrik Ibsen, am 20. März 1828 in Skien, einer kleinen norwegischen Hafenstadt, geboren, entstammte einer Kaufmannsfamilie. Mütterlicherseits hatte er deutsche Vorfahren. Nach dem Besuch einer Realschule absolvierte er in Grimstad eine Lehre als Apotheker, versuchte 1850 in Christiania (Oslo) vergeblich das Abitur nachzumachen, fand später jedoch Anstellung als Dramaturg und Theaterdichter an der Nationalbühne in Bergen, wo er sich bis 1857 zum Regisseur emporarbeitete. Er wurde dann der künstlerische Leiter des Norwegischen Theaters in Christiania. Hier schloß er Freundschaft mit Björnson und heiratete 1858 Susanne Thoresen, die Tochter des Pfarrers von Bergen. Als das Theater 1862 schließen mußte, war Ibsen zunächst brotlos, trat dann aber als schlechtbezahlter künstlerischer Beirat in das Alte Theater von Christiania ein. Die Not in seinem Haus war dadurch keineswegs behoben. Überdies begegnete er so vielen Feindseligkeiten und Schwierigkeiten, daß er 1864 – auch politisch entmutigt – auf lange Zeit ins Ausland ging. In Italien (meist in Rom) lebte er vier Jahre, darauf sieben Jahre in Dresden und sechzehn Jahre in München. 1891 kehrte der inzwischen in ganz Europa berühmte Dichter in seine Heimat zurück. Am 23. Mai 1906 starb Henrik Ibsen in Christiania.

Henrik Ibsens geistige und formale Ausstrahlung auf das Theater hat ungebrochen bis in die Gegenwart gewirkt. Nach ersten historischen und romantischen Dramen begann 1866 mit dem Schauspiel *Brand* (1885), das unverkennbar von Kierkegaard beeinflußt ist, und dem dramatischen Gedicht *Peer Gynt**, das dem Norweger der damaligen Zeit sein phantastisches Urbild vor Augen führt, die wesentliche Periode in Ibsens Schaffen, die sich von geschichtlicher Romantik mehr und mehr abwandte und großformatigen menschlichen Stoffen zustrebte. Für diese Zeit ist Ibsens Bekenntnis kennzeichnend, er habe das Ästhetische aus sich ausgetrieben, um ganz aus ethischer Verantwortung zu schreiben. In diese Phase gehört die politische Satire *Der Bund der Jugend* (1869), vor allem aber das aus zwei fünfaktigen Dramen bestehende Schauspiel *Kaiser und Galiläer* (1873), in dem eine Vereinigung antiken und christlichen Geistes versucht wird. Nach dem Verlassen seiner Heimat setzt die Periode der «Gesellschaftsdramen» ein, die Hebbels Problem-Dramatik aufnehmen und weiterführen. Hier hält Ibsen in analytischer Enthüllungstechnik und mit psychologischer Meisterschaft Gericht über die Gesellschaft seiner Zeit, entlarvt ihre «Lebenslügen» und reißt aller Heuchelei, Selbstsucht und Engherzigkeit die Maske herunter. Hier verficht er auch mit großer Überzeugung das so lange unterdrückte Recht der Frauen, was ihm den Vorwurf des «Feminismus» einbrachte. Die neue Schaffensphase begann mit *Die Stützen der Gesellschaft* (1877), in der die Unehrlichkeit der die Gesellschaft führenden Schicht angeprangert wird. 1879 folgte bereits ein Höhepunkt mit der weltberühmten *Nora**, die eine bis heute nicht mehr verstummte Diskussion um die Emanzipation der Frau auslöste. Noch wildere Empörung erregte 1881 das Familiendrama *Gespenster**, das zunächst von der Zensur verboten wurde. Scharf und satirisch erwidert Ibsen darauf 1882 in seinem Drama *Ein Volksfeind**. Das Jahr 1884 bringt die tragikomische Behandlung seines Lieblingsthemas, der sogenannten «Lebenslüge», in *Die Wildente**. Sehr vertieft und umgewandelt wird dieses Thema 1886 in *Rosmersholm*, der Tragödie zweier Menschen von geistigem Adel, die gemeinsam in den Tod gehen, weil sie eine schuldbeladene Vergangenheit nicht bewältigen. 1888 und 1890 beschließen die psychologischen Frauendramen *Die Frau vom Meer* und *Hedda Gabler* die Periode der Gesellschaftsdramen.

Nach der Rückkehr in die Heimat beginnt 1891 Ibsens Alterswerk mit *Baumeister Solness* (1892), der Tragödie des alternden Künstlers, den die Liebe zu der jungen Hilde Wangel in Höhen treibt, die seinen Absturz gewiß machen. Ihm folgen 1894 *Klein Eyolf* und *John Gabriel Borkmann* (1896), eines der pessimistischsten Stücke Ibsens, die Tragödie eines ruinierten Mannes, dessen Schuld darin besteht, daß er «das Liebesleben in einem Menschen gemordet» hat. Die Altersepoche endet mit Ibsens Schwanengesang *Wenn wir Toten erwachen* (1899), dem Bekenntnis des Künstlers, der werkbesessen sein wahres Leben versäumt hat. Den Sinn seines Schaffens faßt Ibsen in die Worte zusammen: «Dichten – Gerichtstag halten über sein eigenes Ich.»

Peer Gynt
Dramatisches Gedicht in 5 Akten
UA: 1876 in Christiania

Der junge und ungestüme Phantast Peer Gynt hat seine Mutter Aase oft enttäuscht. Statt die reiche Hägstadbauerntochter Ingrid zu freien, mit deren Mitgift er seinen heruntergewirtschafteten Hof hätte sanieren können, läßt er sich das Mädchen von einem anderen wegschnappen, entführt aber die Braut mitten aus ihrer Hochzeitsfeier, schleppt sie ins Gebirge und schickt sie nach einem flüchtigen Abenteuer wieder heim, weil ihm die schöne Solveig nicht mehr aus dem Sinn geht, die er bei Ingrids Hochzeit kennengelernt hat. – Im Gebirge, wo Peer sich vor der Verfolgung der Hägstadsippe verbirgt, gerät er in den Sog triebhafter Verwirrungen. Die «Grüne», Tochter des Herrschers über das dunkle Reich der Trolle, zieht ihn in die Abgründe der Sinnlichkeit hinab. Als Peer sich gegen die totale Vereinnahmung durch die Berggeister wehrt, drohen sie ihn zu vernichten. Doch mit dem Läuten der Kirchenglocken verschwindet der makabre Spuk. – Die Erscheinung des «Großen Krummen» verwirrt Peer Gynt, ohne daß ihm die Bedeutung seiner Worte klar wird. Er macht sich ans Werk und erbaut eine Hütte in den Bergen. Solveig, die eine tiefe Liebe zu Peer gefaßt hat, steigt zu ihm hinauf. Mit ihr will er ein neues glückliches Leben beginnen. Doch da erscheint die Grüne mit einem häßlichen Jungen, den sie als seinen Sohn ausgibt. Der Einbruch seiner dunklen Vergangenheit stürzt Peer in bittere Skrupel. Er glaubt, Solveigs Liebe nicht würdig zu sein, und verläßt die Geliebte, um auf große Weltfahrt zu gehen. – In Afrika ist Peer Gynt, viele Jahre später, durch skrupellose Geschäfte zu Reichtum gekommen. Er sinnt auf Macht und will den Freiheitskampf der Griechen gegen die Türken nutzen, um Kaiser zu werden. Doch seine falschen Freunde lassen sich für diese Pläne nicht einspannen. Sie gehen auf und davon und lassen Peer allein in der Wüste zurück. Durch einen Zufall gelangt er in den Besitz eines arabischen Gewandes und eines Schimmels und wird für den Propheten selbst gehalten. Er verstrickt sich in die Netze der verführerischen Anitra, die ihn bedenkenlos schröpft und ihm dann entflieht. – Eine neue Etappe seiner Weltfahrt führt Peer Gynt nach Ägypten. Bei der Sphinx von Gizeh trifft er auf Professor Begriffenfeld, der ihn in die von ihm geleitete Irrenanstalt nach Kairo führt. Dort krönt man ihn zum «Kaiser der Selbstsucht». – Wieder sind viele Jahre vergangen. Peer Gynt, ein alter Mann nun, nähert sich auf stürmischer See der heimatlichen Küste. Um sich zu retten, stürzt er bedenkenlos einen anderen ins Meer. In Norwegen angelangt, durchstreift Peer die Schauplätze seiner wüsten Jugendjahre und ge langt zur Hütte Solveigs, die noch immer in ungebrochener Liebe und Treue auf ihn wartet. Hier überfällt ihn die Erkenntnis, daß er sein ganzes Leben lang einer Chimäre nachgejagt ist und damit seinen eigentlichen Weg verfehlt hat. In Reue gebeugt bekennt er seine Schuld vor Solveig. Doch diese spricht ihn frei

Ibsen, Peer Gynt
Schaubühne Berlin, 1971
Inszenierung: Peter Stein
Der junge Peer Gynt: Heinrich Giskes

Der alte Peer Gynt: Bruno Ganz

und entsühnt ihn durch ihre Liebe, die er durch seine bloße Existenz – wie auch immer sie gewesen sein mag – erst möglich gemacht hat. Damit ist das Urteil des «Knopfgießers», der sich anschickt, Peer Gynts Leben für nichtig zu erklären, aufgehoben: Peers Existenz ist in der Liebe eines anderen Menschen gerechtfertigt.

Ibsen schuf mit diesem Werk das Irrweg-Drama des ich-besessenen Phantasiemenschen, der am Eigentlichen vorbeilebt. Peer Gynt zeigt den labyrinthischen Lebenslauf des ewig Halben, der «sich selbst genug» ist, ohne jemals ganz «er selbst» zu werden. Da auch hier wie in Goethes *Faust*-Tragödie eine Erlösung durch das «Ewig Weibliche» erfolgt, hat man Ibsens Peer Gynt den «nordischen Faust» genannt. Der phantastisch mit Lüge und Welt spielende Peer ist der die Erde durchrasende Oberflächenmensch des 19. Jahrhunderts, der ewig unbefriedigt und glücklos bleiben muß. Die symbolischen Figuren des Stückes, der «Große Krumme», der «fremde Passagier», der «Knopfgießer» und der «Magere», haben den späteren Symbolismus weitgehend beeinflußt. Die von Ibsen selbst angeregte Bühnenmusik Edvard Griegs hat zum weltweiten Erfolg beigetragen.

Nora oder Ein Puppenheim
Schauspiel in 3 Aufzügen
UA: 1880 in Christiania

Nora und ihr Mann, der Rechtsanwalt Torvald Helmer, leben in einer scheinbar ungetrübten Ehe-Idylle. Auch materiell ist ihr Glück abgesichert, denn gerade ist Helmer beruflich reüssiert. Als neuernannter Bankdirektor hat er dem zwielichtigen Angestellten Krogstadt gekündigt. Dieser setzt sich zur Wehr, indem er Nora erpreßt: Sie soll sich bei ihrem Mann dafür einsetzen, daß die Kündigung rückgängig gemacht wird – andernfalls will er die Frau seines Chefs bloßstellen. Vor Jahren nämlich hatte Nora ein Darlehen bei Krogstadt aufgenommen, um ihrem schwer erkrankten Mann einen Kuraufenthalt im Süden zu ermöglichen. Auf dem Schuldschein hatte Nora die Unterschrift ihres todkranken Vaters gefälscht. – Was sie einst in guter Absicht und großer Ahnungslosigkeit angerichtet hat, kommt Nora voller Schrecken zum Bewußtsein, als sie Krogstadts Entlassung nicht verhindern kann. Die Hoffnung auf Verständnis und Verzeihung ih-

Ibsen, Nora
Renaissancetheater Berlin, 1976
Inszenierung: Rudolf Noelte
Nora: Cordula Trantow
Helmer: Werner Kreindl

res Mannes erweist sich als trügerisch. Helmer, engstirnig in seinem bürgerlichen Rechtschaffenheitswahn befangen, ist in erster Linie um die Untadeligkeit seines Rufs besorgt und überschüttet seine tief betroffene Frau mit Vorwürfen. Doch als Krogstadt unter dem Einfluß einer Freundin Noras schließlich das Erpressungsschreiben zurückzieht und den Schuldschein vernichtet, ist Helmer sofort bereit, die eheliche Status-quo-Idylle weiterzuspielen. In Nora aber hat Helmers liebloses Verhalten eine tiefgreifende innere Wandlung ausgelöst. Sie hat die Hohlheit und Fragwürdigkeit ihrer Puppenheimexistenz begriffen und entschließt sich auszubrechen, Mann und Kinder zu verlassen, um sich aus eigener Kraft zum selbständigen Menschen entwickeln zu können.

Ein Puppenheim wurde erst auf den deutschen Bühnen zu *Nora*, Ibsen sah also nicht vordringlich in der Emanzipationsfigur Nora sein Thema, sondern in einer Ehe, für die ein Puppenheim den Spielplatz abgibt. In ihm ist die Frau die Puppe, mit der der Mann je nach Laune spielen kann. Zu Beginn des Stücks stößt Nora die Tür ihres Puppenheims auf, betritt es beladen mit Geschenken für das Weihnachtsfest, das Fest der Liebe – am Ende schlägt sie die Tür hinter sich zu, verläßt ein Heim ohne Liebe. Dazwischen liegt die Entlarvung einer Ehe, die es einer Frau verwehrt hat, zu sich selbst zu finden, ihr Ich zu konstituieren. Daran ist nicht nur ihr Mann, sondern auch Nora selbst schuld, so sehr ihre Unfreiheit auf gesellschaftlichen Ursachen beruhen mag. Sie besitzt kein Ichbewußtsein, sperrt sich unbewußt vielleicht sogar dagegen, weil sie ahnt, daß sie es mit dem Verlust ihrer Anziehungskraft bezahlen könnte. Am Spielcharakter dieser Ehe, die keine echte Partnerschaft bedeuten kann, sind beide beteiligt, beide versuchen, ihn auch abzusichern. Nora gelangt jedoch schließlich durch Bedrohung von außen zur Einsicht, sie erkennt, daß das Puppenheim einen Kerker darstellt, der ihre Persönlichkeit erstickt hat, und sie findet die Kraft zum Ausbruch. Es ist allerdings der rücksichtslose Weg eines Selbstfindungsversuchs, dem Nora ihre Kinder opfert. Eine grausame Logik wird wirksam: Für Nora, die für den Vater wie für den Ehemann nur Puppe war, bedeuten ihre Kinder nur Puppen. Eine Generation schädigt die nächste. Eine ursprünglich vorhandene Liebesfähigkeit wird korrumpiert: Nora, die einst aus Liebe die Grenzen der patriarchalischen Ordnung durchbrochen hatte, durchbricht sie nun abermals, doch ohne Liebe, auf der egozentrischen Suche nach sich selbst und der persönlichen Verwirklichung.

Gespenster
Familiendrama in 3 Akten
UA: 1882 in Chicago

Zur Einweihung des «Kinderasyls zu Hauptmann Alvings ewigem Gedächtnis» findet sich Pastor Manders bei der Witwe des Hauptmanns, Helene Alving, ein, um mit ihr die Statuten der Stiftung zu besprechen. Frau Alvings Sohn, der junge Maler Oswald, der zu der Einweihung aus Paris nach Hause gekommen ist, gerät mit dem Pastor in einen heftigen Disput über die Moral in Künstlerkreisen. Manders macht Frau Alving Vorwürfe wegen der allzu freien Erziehung ihres Sohnes und löst damit die Enthüllung einer schrecklichen Vergangenheit aus: Helene und Manders hatten sich einst geliebt, doch sie heiratete, auf Drängen ihrer Verwandten, den vermögenden Alving, der sich bald als ausschweifender Lebemann erwies. So floh Helene noch im ersten Jahr ihrer Ehe zu Manders, wurde von diesem jedoch auf den Weg der Pflicht und Ehre zurückgewiesen. Sie mußte fortan die Ausschweifungen ihres Mannes ertragen, seine Geschlechtskrankheit, seine Zusammenbrüche, sogar das Verhältnis mit ihrem Dienstmädchen, das, als es von Alving ein Kind erwartete, mit dem Tischler Engstrand verheiratet wurde. Regine Engstrand, die nun als Hausgehilfin bei Frau Alving arbeitet, ist in Wahrheit die Tochter ihres Mannes. Als Frau Alving im Nebenzimmer Oswald mit Regine zärtlich flüstern hört, wie einst seinen Vater mit Regines Mutter, fühlt sie die Gespenster der Vergangenheit hereinbrechen, die sie all die Jahre mühsam von ihrem Sohn fernzuhalten versuchte. Oswald gesteht seiner Mutter, daß ein Arzt in Paris bei ihm eine unheilvolle Krankheit konstatiert habe und daß er Regine wegen ihrer Lebensfrische heiraten möchte. Das Gespräch wird von der Entdeckung eines Brandes im Kinderasyl unterbrochen. Von der Brandstätte zurückgekehrt, deckt Frau Alving vor Oswald und Regine die wahren Zusammenhänge auf. Regine verläßt das Haus. Oswald bittet seine Mutter, ihn zu töten, wenn die Gehirnparalyse ein aussichtsloses Stadium erreicht habe und er selbst nicht mehr dazu fähig sein sollte. Als sie zögert, ihm die Sterbehilfe zu versprechen, bekommt Oswald einen Tobsuchtsanfall. Mühsam beruhigt ihn Frau Alving, erkennt aber dann mit Entsetzen, daß der Wahnsinn ausgebrochen ist.

Vordergründig die Tragödie der «Sünden der Väter», die in Ibsens meisterhafter Enthüllungstechnik auf Manifestation der Wahrheit gestellt ist, bildet jedoch der eigentliche Sündenfall der Ibsen-Welt den Kern des Dramas: die Verdinglichung des Menschen und damit das verfehlte Leben. Der Mensch wird vom anderen nach seiner Verwertbarkeit abgeschätzt, wird käuflich, zur Ware, zum Instrument für bestimmte Zwecke und Ziele. Die Liebe und die Freiheit haben in dieser kommerzialisierten Gesellschaftsordnung keinen Platz. Helene hat sich an Alving verkauft und ihre Liebe zu Manders verraten. Als sie dann aus ihrer Ehe zu fliehen versucht, schreckt Manders vor diesem Akt der Freiheit, der den Menschen wieder ins Recht setzen würde, zurück und verweist sie auf ihre Pflicht. Beide verfehlen einander, beide tragen an den Folgen dieser «Verfehlungen» Schuld. So ist Helene in ihrer Kälte dem Ehemann gegenüber an seinem scheiternden Leben nicht unbeteiligt. Ihrem Sohn verweigert sie, indem sie ihn von der Wahrheit aussperrt, die Möglichkeit zu Entfaltung, zur Überwindung der Vergangenheit; ihr Wunsch, Oswald für sich zu behalten, verwirklicht sich in grauenhafter Weise. Aber auch Oswald sieht in Regine vor allem die Pflegerin und Sterbehelferin, während sie mit ihm die Möglichkeit zum Aufstieg in ein «höheres» Leben ergreifen will. Ibsen sperrt seine Gestalten, die in Lügen, Heimlichkeiten und mangelnder Einsicht befangen sind, in einen seiner bürgerlichen Innenräume, in deren Enge das Selbstgericht erzwungen und die schuldvolle, das Leben verfehlende Vergangenheit erkannt werden.

Ein Volksfeind
Schauspiel in 5 Akten
UA: 1883 in Christiania

In einem norwegischen Badeort bahnt sich ein Skandal an. Der Badearzt Dr. Stockmann hat festgestellt, daß die Heilquelle durch Bakterien verseucht ist und Krankheiten der Kurgäste hervorgerufen hat. Stockmann hält kostspielige Sanierungsmaßnahmen für unerläßlich. Dadurch gerät er in erbitterten Gegensatz zu allen Interessenklüngeln der Stadt, die von seinem Bruder, dem Stadtvogt Stockmann, angeführt werden. Man fürchtet die hohen Umbaukosten und eine zweijährige Unterbrechung des Badebetriebs. Die Mehrheit der Bürger, die

Hausbesitzer, die städtische Beamtenschaft, die Presse, sie alle bilden schließlich eine Front gegen den hartnäckigen Verfechter der Wahrheit. Nach einer Volksversammlung, in der Dr. Stockmann nicht nur das Wasser der Stadt, sondern die ganze bürgerliche Gesellschaft als vergiftet bezeichnet und stürmische Angriffe gegen seine korrupten Mitbürger richtet, wird er zum Volksfeind erklärt. Man boykottiert ihn, wirft ihm die Fensterscheiben ein, entläßt seine Tochter aus dem Schuldienst und will ihn außer Landes drängen. Doch der Arzt entschließt sich – allen Vorwürfen zum Trotz – zu bleiben und den Kampf um das Recht fortzusetzen. Ibsens *Volksfeind* ist ein entrüsteter Angriff gegen die Verlogenheit der bürgerlichen Gesellschaft, gegen den von nackter Profitsuche gespeisten Opportunismus seiner Landsleute. Als Symbol für die korrumpierte Gesellschaft erscheint das verseuchte Wasser des Badeortes. Die Problemstellung des Stückes hat für die heutige Zeit, der die Umweltprobleme beklemmend bewußt geworden sind, eine überraschende Aktualität gewonnen.

Die Wildente
Schauspiel in 5 Akten
UA: 1885 in Bergen

Hjalmar Ekdal mußte sein Studium aufgeben, als sein Vater durch Schuld seines damaligen Geschäftspartners, des reichen Kaufmanns Werle, ins Gefängnis kam. Werle ließ Hjalmar zum Fotografen ausbilden und verheiratete ihn mit Gina, seiner ehemaligen Haushälterin und Geliebten, als sie ein Kind erwartete. Der ahnungslose Hjalmar Ekdal führt mit seiner Frau und der vierzehnjährigen Tochter Hedwig ein glückliches Familienleben, in dem er sich als gutmütiger Faulenzer und Schwätzer eingerichtet hat. Sein alter Vater hat sich, als er aus dem Gefängnis entlassen wurde, in einer Bodenkammer mit alten Tannenbäumen, Tauben und Kaninchen eigene Miniaturjagdgründe eingerichtet, in denen er gelegentlich mit Hjalmar herumballert. Das Prachtstück dieser Jagdkammer ist eine von Hedwig innig geliebte Wildente. In die skurrile Idylle der Ekdals bricht Gregers Werle, der einzige Sohn des Kaufmanns, ein, der im Gegensatz zu seinem Vater ein Mann mit der «idealen Forderung» nach Wahrheit und Aufrichtigkeit ist. Nachdem er die Verkuppelung Ginas an seinen Jugendfreund Hjalmar aufgedeckt und herausgefunden hat, daß Hedwig nicht Hjalmars Kind, sondern die Tochter des alten Werle ist, will er die Welt der Lüge, auf der sich die Ehe der Ekdals aufbaute, zertrümmern und schenkt in seinem «Rechenschaftsfieber» dem Freund reinen Wein ein. Hjalmar verfällt in tiefes Selbstmitleid und will seine Familie verlassen. Gregers beeinflußt Hedwig, den geliebten Vater zum Dableiben zu bewegen, indem sie ihm ihr Liebstes zum Opfer bringen soll. Es ist die Wildente. Schweren Herzens geht das Mädchen in die Dachkammer, um das «Liebesopfer» zu erbringen, doch als Hedwig erfährt, daß Hjalmar nicht ihr richtiger Vater ist, richtet sie die Waffe gegen sich selbst und stirbt als sinnloses Opfer von Gregers' Wahrheitsfanatismus, der die ganze Familie ins Unglück gestürzt hat. Mit der *Wildente* hält Ibsen «Gerichtstag über sich selbst». Gregers Werle ist das bittere, von gnadenlosem Gerechtigkeitsstreben übersteigerte Porträt des Dichters. Bis zu seinem 50. Lebensjahr war Henrik Ibsen ein Vorkämpfer unbedingter Wahrhaftigkeit. In der *Wildente* führt er einen Narren der Wahrheit vor, dessen Wahrheitsdrang sich zu törichtem Fanatismus steigert, der nichts als Scherben von Menschenglück zurückläßt und damit den Wahrheitswahn als zutiefst unmenschlich entlarvt und ad absurdum führt.

August Strindberg 1849–1912

Am 22. Januar 1849 wurde August Strindberg als Sohn des erfolglosen Kaufmanns Carl Oscar Strindberg und der ehemaligen Magd Ulrika Eleonora Norling in Stockholm geboren. Nach dem Abitur begann er sein Medizinstudium in Uppsala als Lehrer zu finanzieren, unterbrach es 1869, um sich in Stockholm als Schauspieler zu versuchen, erlebte ein Fiasko, unternahm einen mißglückten Selbstmordversuch und begann zu schreiben, wovon er sich auch durch die Ablehnung seiner ersten Stücke durch das Dramatische Theater nicht mehr abbringen ließ. 1870 nahm er sein Studium wieder auf und hatte seinen ersten Bühnenerfolg mit dem Einakter *In Rom*. 1872 verließ er Uppsala und wurde Journalist in Stockholm, wo er, nach einem zweiten mißglückten Versuch als Schauspieler, 1874 an der Königlichen Bibliothek angestellt wurde (bis 1882). 1877 heiratete er die geschiedene finnische Schauspielerin Siri von Essen, 1893 die Wiener Journalistin Frida Uhl und 1901 die norwegische Schauspielerin deutscher Abkunft Harriet Bosse, von der er sich 1904 scheiden ließ. Alle drei Ehen waren Katastrophen und beeinflußten das Werk des Dramatikers. Ab 1883 lebte Strindberg in Frankreich, der französischen Schweiz, Bayern, Berlin und Paris, bis er 1899 endgültig nach Schweden heimkehrte. 1907 gründete Strindberg mit August Falck das «Intime Theater», das drei Jahre später wieder geschlossen werden mußte. Am 14. Mai 1912 starb der Dichter in Stockholm.

In seinen naturalistischen Ehedramen ein Gegenpol zum Norweger Ibsen, dessen radikalen Frauenglauben Strindberg mit seinem noch radikaleren Antifeminismus bekämpfte, wurde der Vollender des psychologischen Dramas, in seinen Nacht-Inferno-Stücken zu einem der Vorläufer des Symbolismus, des Expressionismus und des Surrealismus, ja des absurden Theaters. Der Kampf der Geschlechter, das aus Geschlechtshaß genährte Ur-Böse, wich in seinem Werk immer mehr dem Kampf zwischen Mensch und Gott. Über dessen Ausgang suchte er Klarheit zu gewinnen, indem er seine Stadien scharf beleuchtete. Um der Versöhnung willen müssen die Menschen leiden. Zu den stärksten Triebfedern von Strindbergs Schaffen gehörte sein intensives Erleben des doppelseitigen Daseins: seines lockenden Scheins und seiner abschreckenden Wirklichkeit. Bei wenigen Dramatikern sind Biographie und Werk so untrennbar miteinander verbunden wie bei Strindberg. In der formalen Entwicklung des Dramas war er ein Bahnbrecher durch Auflösung des Ich-Begriffs, Doppeldeutigkeit, Spaltung der Persönlichkeit, Traumübergänge, durch das Unabgeschlossene, das Fixieren der Dämonie des Daseins und durch die Sprengung der Raum- und Zeitbegriffe. Die Bühne, für die Strindberg schrieb, existierte zu seiner Zeit nur in seiner Phantasie. Einen ersten internationalen Durchbruch konnte der Dichter erst Anfang dieses Jahrhunderts registrieren, Weltgeltung hat sein Werk erst seit der Mitte unseres Jahrhunderts gewonnen, und längst sind nicht alle Mittel zu seiner Interpretation in den darstellenden Medien ausgeschöpft.

Der Vater (UA: 1887 in Kopenhagen) ist das erste Meisterwerk des Dramatikers August Strindberg. In wenigen Wochen entstanden, spiegelt der Dreiakter in typischer Weise Strindbergs Biographie: Seine Ehe war in eine Krise geraten; in Sorge um seinen Gesundheitszustand hatte seine Frau einen Arzt konsultiert, Strindberg befürchtete, sie wolle ihn in ein Irrenhaus sperren lassen; er hatte Wahnvorstellungen, und es gab Meinungsverschiedenheiten über die Erziehung der Kinder. Strindberg hatte Literatur über Hypnose und Suggestion gelesen und wollte in seinem Drama den Kampf der Geschlechter in einem Mord enden lassen, der vor der Welt als tragischer Krankheitsverlauf erscheinen sollte. Dem Mann, Offizier und Wissenschaftler, wird von der Frau (einem «Höllenweib», wie Strindberg sie nannte) der Verdacht suggeriert, er sei nicht der Vater der Tochter Bertha, bis er in blinder Wut seiner Frau eine brennende Lampe entgegenschleudert, man ihm einredet, er sei geistesgestört, ihn in eine Zwangsjacke steckt und er an einem Schlaganfall stirbt. In erschreckender Selbsterkenntnis behauptet die Frau am Ende, nicht nach einem Plan gehandelt zu haben, sondern von einer dunklen Lust dazu getrieben worden zu sein, den Mann beiseite zu schaffen. Dämon, Alptraum, Willensfanatikerin, Hysterikerin nach damaligem Forschungsstand.

Fräulein Julie (UA: 1889 in Kopenhagen) konnte bis nach dem Ersten Weltkrieg nur in geschlossenen Vorstellungen gezeigt werden, wenn man von einer einzigen öffentlichen Vorstellung in Berlin 1892 absieht. Das berühmteste und meistgespielte Drama Strindbergs ist vom Autor ganz bewußt als naturalistisches Stück gefaßt. Unverfälschte Wirklichkeitsdarstellung war sein Ziel: Das adlige Fräulein Julie läßt sich in der Mittsommernacht von ihrem Diener Jean verführen und am nächsten Morgen Selbstmord aus Reue suggerieren – das ist die einfache Handlung. Julie – verfeinert, klassenbewußt, nervös und haltlos, weil ihr Triebleben fordernd und gehemmt zugleich ist, bedauernswertes Produkt autoritärer Erziehung; Jean – an der Oberfläche der servile, perfekte Diener, in Wahrheit ein roher Streber, ein Prolet mit entsprechenden Ansichten über die Liebe: Auch in dieser in der Konzeption raffiniert durchdachten Tragödie spiegelt sich Autobiographisches.

Den Hintergrund bildet Strindbergs sozialer Minderwertigkeitskomplex seiner aristokratischen Frau gegenüber, der Dichter litt sein Leben lang unter der «niedrigen Abkunft» seiner Mutter.

Eine Ehe-Hölle führt der Einakter *Gläubiger* (1889) vor: Die Schriftstellerin Thekla hat ihren früheren Mann Gustav in einem Roman als Idioten dargestellt, er erscheint bei ihrem jetzigen Mann und rächt sich an Thekla, indem er sie von ihm seelisch seziert und als Vampyr darstellt. In dem Einakter *Die Stärkere* (1889) kämpfen zwei Frauen um einen Mann, zwei Schauspielerinnen, die unverheiratete Y und die verheiratete X, die, wie in Strindbergs Leben seine Frau Siri, einmal mehr die Stärkere bleibt.

Die Schlüssel zum Himmelreich (1927) ist ein Versuch, aus Gram über den Verlust der Kinder, die nach der Scheidung Siri von Essen zugesprochen worden waren, ein Märchenspiel zu schreiben, das zum pessimistischen Resümee der eigenen Vergangenheit wird.

In rascher Folge entstanden 1892 sechs Einakter, deren bedeutendster *Mit dem Feuer spielen* (1893) ist. Nach einer Pause von sechs Jahren begann Strindberg, durch das Inferno der Pariser Jahre 1894–1896 gegangen, mit der Konzeption einer Trilogie:

Nach Damaskus (1. Teil UA: 1900 in Stockholm; 2. Teil und 3. Teil UA: 1916 in München). Wie Dante, wähnte der Dichter, sei er durch ein Inferno gewandert, habe in der Hölle geweilt. Nach einer kurzen atheistischen Periode kehrt er nun zum Glauben zurück, freilich keineswegs in dogmatisch-kirchlichem Sinn, sondern als einsamer Streiter mit Gott, ohne Mittler seine Sache mit dem Schöpfer aushandelnd. Das verrätselte Mysterienspiel führt bereits in expressionistische und surrealistische Bezirke, die erst Jahrzehnte später allgemein von der Literatur und für das Theater erobert werden: Der Unbekannte, ein Dichter, erleidet unablässig Schiffbruch, bis er endlich seinen Hochmut und den Versucher niederzwingt. Im Kloster der Auserwählten lernt er die Kunst, nicht mehr zu fragen und gewinnt damit die Kraft zum echten Glauben. Er stirbt, in ein schwarzes Bahrtuch gehüllt, symbolisch den Tod seines alten Ich. Damit ist aus Saulus ein Paulus geworden, ein Gläubiger – freilich nicht durch eine über ihn hereinbrechende Erscheinung, sondern durch eine im Verlauf der Trilogie immer weiter gesteigerte Bewußtheit des Glaubens. Obwohl sich viele Szenen des Stationendramas auf persönliche Erlebnisse Strindbergs zurückführen lassen, dessen alter ego in der Gestalt des Unbekannten dem Prototyp des Weibes, verkörpert in der Dame, gegenübergestellt ist, steigert sich in diesem Werk, einem der bedeutendsten der skandinavischen Literatur des 19. Jahrhunderts, das Intime ins Überpersönliche, das private Bekenntnis in gültige Aussage.

Eine Abrechnung mit den Großeltern seiner Frau Frida Uhl ist die Märchentragödie *Advent* (1915) mit der Fabel vom ungerechten Richter und seiner bösen Frau, die bestraft werden. Hier vermischen sich die Formen des Märchens, des Inferno-Traums, des Mysterienspiels und des Alltagsrealismus. Das Thema ist auch hier der Sinn des Leidens: «Gerecht leiden Sträflinge, und das ist keine Ehre, aber unrecht zu leiden ist eine Gnade und eine Prüfung, die dem Standhaften goldene Früchte beschert.»

Vom Richter über andere zum Richter über sich selbst kehrt Strindberg in *Rausch* (1900) zurück. Er war während seiner Scheidung von Frida Uhl zum Kindesmörder in Gedanken geworden, als er gewünscht hatte, seine Tochter Kerstin möge nicht existieren. Dieses Thema greift er hier auf. Sein Held Maurice kann sich jedoch von seiner Gedankenschuld befreien, indem er die Nichtigkeit weltlicher Lockungen erkennt: «Die Ehre ein Schein, Gold trockenes Laub, Frauen Rauschgetränke!»

Antrieb zu dem Passionsdrama *Ostern* (1901) war das Schicksal von Strindbergs Schwester Elisabeth, die gemütskrank in Uppsala starb und der er sich mystisch verbunden fühlte. Elisabeth wird zum «Ostermädchen» Eleonora, von der Strindberg schrieb: «Sie leidet mit allem Lebenden und verwirklicht ‹Christus im Menschen›.» Strindberg gibt der Leidensgeschichte einer zeitgenössischen Familie durch religiöse Vertiefung den Verkündigungscharakter eines Passionsspiels, dessen dreiaktiger Handlungsbogen dem liturgischen Charakter von Gründonnerstag, Karfreitag und Karsamstag entspricht.

Totentanz (UA: 1905 in Köln) wurde von Strindberg als zweiteiliges Schauspiel konzipiert und ist seine wohl krasseste Beschwörung eines immer wiederkehrenden Themas, der Ehe-Hölle. Die beiden Hauptakteure, Alice und Edgar, leben seit einem Vierteljahrhundert im zermürbenden Partnerclinch. Sie existieren nur noch um des Hasses willen, den sie füreinander empfinden, mit dem sie sich und ihre Umwelt quälen, der sie schließlich selbst zerstört. – Strindbergs tief pessimistische Perspektive stellt die Möglichkeit positiver zwischenmenschlicher Beziehungen überhaupt in Frage. Sie wirkt vielfältig fort in den Werken der späteren Dramatik, etwa in Sartres *Geschlossener Gesellschaft* oder Albees *Wer hat Angst vor Virginia Woolf?* bis hin zu den tragischen Grotesken eines Samuel Beckett.

Nach dem *Totentanz* entsteht *Die Kronbraut* (1906). Diese dramatische Dichtung über das Thema Verbrechen, Strafe und Sühne schrieb Strindberg, um für seine Tochter Greta eine Rolle zu schaffen, in der sie brillieren konnte: die Gestalt der jungen Dala-Bäuerin Kersti, die ihr Kind erstickt, um als ehrbare Kronbraut heiraten zu können, und am

Strindberg, Totentanz
Schloßparktheater Berlin, 1971
Inszenierung: Rudolf Noelte
v. l. n. r. Kurt: Wilhelm Borchert
Alice: Elfriede Rückert
Edgar: Bernhard Minetti

Ostermontag ertrinkt, als sie übers Eis zur Kirchenbuße geht.

Das Brautgeschenk für seine dritte Frau Harriet Bosse ist Strindbergs *Schwanenweiß* (1908). Eine böse Stiefmutter trennt einen Prinzen von einer Prinzessin, damit er ihre eigene Tochter heiratet. Das Stück ist ein Märchen in starken klaren Farben, dessen stilisierte Formulierungen zuweilen in feierliche Prosalyrik übergehen.

Weitgehend unhistorisch ist *Königin Christine* (1908), eine Satire voll Farbe, Eleganz und Gewandtheit. Königin Christine wird zu einer Theaterdiva, deren Bühne durch eine unbegreifliche Laune mit dem schwedischen Thron identisch ist. Das Stück handelt von einer eigensinnigen Königin, die mit Macht, Geld und Männern spielt, zuletzt selbst Spielball einer Liebesleidenschaft wird und der Krone entsagen muß.

Nach *Ein Traumspiel** greift Strindberg mit *Gustav III.* (1916) abermals einen historischen Charakter auf: Nach der Diva Christine zeigt er nun den Schauspieler Gustav. In den Dialogen des Königs mit der Königin und des Staatssekretärs mit seiner Gemahlin vertieft sich die Darstellung auf sehr strindbergische Weise – im übrigen bleibt der König ein Akteur, der im Drama um die Macht in Schweden die Hauptrolle spielt.

Seine folgenden Kammerspiele zeigen Strindberg wieder auf der Höhe seiner dramatischen Gestaltungskraft. In *Wetterleuchten* (1907), dem ersten von ihnen, freut sich der alte Herr, Strindbergs alter ego, auf einen behaglichen Lebensabend. Aber die Ruhe bedrückt ihn, er rechnet damit, daß etwas geschehen wird, und tatsächlich zieht ein wenig vornehmer Mann mit Frau und Tochter in die Wohnung über ihm, feiert Orgien und verschwindet, Tochter und Frau zurücklassend – die sich als die ehemalige Frau des alten Herrn entpuppt. Bevor sie auszieht, hat der Herr eine aufreibende Auseinandersetzung mit ihr. Ein leichtes Gewitter begleitet das Geschehen, und am Ende ist die Luft rein. Der Herr kann sich wieder ganz in die Isolation zurückziehen.

Die Brandstätte (1907) ist eine Entlarvung des Klischees vom Elternhaus: Der Fremdling, das Sprachrohr des Dichters, kehrt nach dreißig Jahren in seine Heimat zurück und findet sein Elternhaus abgebrannt. Nach Gesprächen mit den ehemaligen Hausbewohnern geht er wieder «hinaus in die weite Welt», um einige sentimentale Illusionen ärmer geworden.

Auf das dritte Kammerspiel *Die Gespenstersonate** folgt als viertes *Der Pelikan*, auch *Scheiterhaufen* (1907): In der Nähe einer dämonischen Mutter wird alles vergiftet, Sohn, Tochter, Schwiegersohn. Das Ergebnis ist so schauererregend, daß die Handlung zunächst fast unmerklich, dann mehr und mehr ins Absurde führt. Der Sohn setzt das Haus in Brand, und während die Mutter in den Flammen umkommt, sinkt er seiner Schwester in die Arme, sterbend phantasieren sie von Befreiung. Der surrealistische Charakter des Kammerspiels ist eindeutig.

Strindbergs letztes Drama sollte *Die große Landstraße* (1910) werden, der Versuch, noch einmal seine Lebenssynthese zu geben, formuliert jedoch mit der weisen Erhabenheit, die seine Kritiker an den Kammerspielen vermißten. Zentralgestalt des Wanderungsdramas ist der Jäger, des Dichters anderes Ich, der nur Zuseher sein will, aber immer wieder in die Dramen des Lebens hineingezogen wird. Das Werk ist eine Mischung aus Zeitsatire, Kammerspiele, Märchen und lyrischem Bekenntnisdrama. Auf seine sieben Stationen folgt der kurze Weg zur achten: zum Grab auf Stockholms Neuem Friedhof.

Ein Traumspiel
Schauspiel. UA: 1907 in Stockholm

Das kurze Vorspiel ist ein Zwiegespräch zwischen dem Gott Indra und seiner Tochter, die auf einer Wolke in den Bannkreis der Erde geraten ist. Die klagenden Stimmen der Menschen ziehen sie geheimnisvoll an. Mitleid erfüllt sie, und sie bittet den Vater, auf die Erde niedersteigen und den Menschen helfen zu dürfen.

In einem traumhaften Park tritt des Glasers Tochter auf, sie ist gekommen, um den gefangenen Offizier zu befreien. Für ihn ist die Tochter, die er Agnes nennt, ein Symbol der Schönheit. Die Mutter wartet auf den Tod und erzählt von einem Unrecht, das im Leben des Offiziers entscheidend war. Sie erkennt Agnes als Indras Tochter. – Vor dem Theater (die traumsymbolische Dekoration verändert sich mit der Handlung) tröstet eine Pförtnerin, die in ihrer Jugend im Ballett der Oper tanzte, die Darsteller, deren Verträge nicht verlängert werden. Die Tochter nimmt den Umhang der Pförtnerin, um an ihrer Stelle das Leid der Menschen kennenzulernen. Der Offizier wartet mit einem Rosenstrauß auf seine geliebte Viktoria, die aber nie kommt, im rasenden Lauf der Zeit wird er alt, der Strauß entblättert. Der Zettelankleber hat mit fünfzig Jahren seinen Jugendtraum gefunden, nur als etwas anderes, als er sich vorgestellt hatte. Der Offizier tröstet ihn. Er will erfahren, was sich hinter der Tür mit dem Kleeblatt befindet. Im Büro des Advokaten warten die gleichen Leute, die gekommen waren, um das Öffnen der Tür zu erleben. Wieder fragt der Offizier nach Fräulein Viktoria. Statt eines Lorbeerkranzes setzt die Tochter eine Dornenkrone auf das Haupt des Advokaten. In der zum Advokatenbüro gehörenden Kammer lernt die Tochter die Leiden einer unglücklichen Ehe in Armut kennen. Das Mädchen Christine verklebt die Fenster gegen die Kälte, aber die Tochter droht dadurch zu ersticken. Der Offizier glaubt, mit der Promotion sein Lebensziel erreicht zu haben. Er holt die Tochter zu einem freudigeren Leben. Offizier und Tochter landen irrtümlich am Strand der Schande, im Hintergrund liegt die «schöne Bucht». Ein Quarantänemeister zeigt auf die Bewohner der Gegend: übersättigte Reiche auf Turngeräten, die Folterwerkzeugen gleichen. In der «schönen Bucht» ist Winter. Im Kurhaus ist Tanz. Eine Schulklasse wird sichtbar, unter den Schülern ist der Offizier, der nicht sagen kann, wieviel zwei mal zwei ist. Der Quarantänemeister kündet die Pest an. Ein Neuvermählter will im höchsten Glück sterben, um dem Vorgefühl der Vergänglichkeit zu entgehen. Der reichste Mann der Insel, blind, aber von allen beneidet, klagt um seinen Sohn, der auf einem Schiff die Bucht verläßt. Er erkennt die Tochter als die Stimme seiner schönsten Träume. Die Tochter ruft den Dichter, damit er mit ihr in die Einsamkeit geht. Sie will alle Leidenden befreien, der Advokat aber meint: «Es kam einmal ein Befreier, jedoch er wurde ans Kreuz geschlagen.» – Am Strand des Mittelmeers erkennt die Tochter, daß hier, wo den Armen außer der Arbeit alles verboten ist, nicht das Paradies sein kann. In der Fingalsgrotte übergibt der Dichter der Tochter eine «Bittschrift der Menschheit an den Herrscher der Welt, verfaßt von einem Träumer», eine Klage über das Leid der Menschen. Vor dem Theater ruft der Offizier, wie zu Beginn, nach Viktoria. Der Dichter erkennt, daß dies alles die Wiederholung seines Traumes und Dichtens ist. Man erwartet das Öffnen der Tür mit dem Kleeblatt, hinter der die Tochter die Lösung des Welträtsels vermutet. Als hinter der Tür nichts zu sehen ist, fühlen sich alle «Rechtdenkenden» betrogen. Vergeblich ruft der Advokat die Tochter zurück. Vor dem Schloß ist die Tochter bereit, die Erde wieder zu verlassen. Der Dichter erfaßt nun des Rätsels Lösung: Die Welt und die Menschen sind nur ein Traumbild, entstanden aus der Berührung der göttlichen Urkraft Brahma mit der Weltmutter Maja. Das Leben ist Kampf zwischen den Gegensätzen. Die Frage nach Frieden und Ruhe kann die Tochter nicht mehr beantworten. Noch einmal ziehen die Gestalten des Traumes vorüber. Sie legen die Attribute ihrer irdischen Leiden in das Feuer, in dem die Tochter und das Traumschloß verbrennen.

Strindberg selbst hat die Eigenart dieses Spiels in dessen Vorbemerkungen am treffendsten charakterisiert: «Der Verfasser hat in diesem Traumspiel ... das zusammenhanglose und scheinbar logische Muster des Traumes nachzuschaffen versucht. Alles kann geschehen, alles ist möglich und wahrscheinlich. Zeit und Raum existieren nicht; vor dem belanglosen Hintergrund der Wirklichkeit spinnt die Einbildungskraft ihre Fäden und webt an neuen Mustern: eine Mischung von Erinnerung, Erlebtem, frei Erfundenem, Ungereimtheiten und Improvisationen.» Die Tragödie der Menschheit vollzieht sich in diesem Werk im Rahmen einer traumhaft verzerrten Wirklichkeit, die dem dramatischen Geschehen besondere Eindringlichkeit gibt. Strindberg drückt hier rein und erschütternd seinen Schmerz über die Unzulänglichkeit alles menschlichen Seins aus.

Gespenstersonate
Kammerspiele in drei Akten
UA: 1908 in Stockholm

In der Eröffnungsszene unterhält sich der Student Arkenholz mit dem Greis Hummel, der in einem Rollstuhl sitzt. In der Wohnung, vor der das Gespräch stattfindet, wohnt der Oberst, den seine Frau einst verlassen hatte, zu dem sie wieder zurückkehrte und in dessen Haus sie nun in freiwilliger Gefangenschaft ein mumienhaftes Dasein führt. Im «Hyazinthenzimmer» neben dem Wohnzimmer lebt ihre Tochter. Hin und wieder veranstaltet der Oberst eine sogenannte «Gespenstersoiree», deren Teilnehmer an Schemen erinnern. – Hierher kommt auch Arkenholz, der Zeuge von Hummels Enthüllungen wird: Vor allen am Tisch Versammelten führt Hummel Beweise dafür an, daß er der rechtmäßige Besitzer aller Immobilien des Oberst sei, einmal dessen Frau entführt habe und in Wirklichkeit auch Vater von dessen Tochter sei. Die Frau des Oberst entgegnet, mit Lügen und falschen Versprechungen gelockt worden zu sein, entlarvt Hummel als Mörder und fordert ihn auf, Selbstmord zu begehen. Hummel verläßt das Zimmer und erhängt sich in der Garderobe. – Im «Hyazinthenzimmer» trifft sich Arkenholz mit der Tochter des Hauses. Er ist rasend verliebt, doch sie bleibt kühl und überzeugt ihn von der Nichtigkeit seiner Träumereien. Als Arkenholz verzweifelt Gott anruft, sinkt das Mädchen leblos zu Boden. Ihr Tod erscheint als Befreiung, Böcklins Gemälde «Toteninsel» wird sichtbar.

Der Einfluß von Strindbergs drittem Kammerspiel auf das expressionistische Drama ist evident. Darüber hinaus ist seine Bedeutung für O'Neill, Pirandello und das Theater des Absurden unverkennbar. Der Schlüssel zur Psychologie dieses analytischen Stückes liegt in der Vergangenheit seiner Gestalten, die aus der Sehnsucht nach Selbstverwirklichung, aus guten wie aus bösen Taten erwächst. Sie sind Ankläger wie Angeklagte, Raubtiere wie Engel, Menschen wie Gespenster. Das Triviale ist in die Traumebene der künstlerischen Stilisierung erhoben.

Das naturalistische Theater in Deutschland

Parallel zu der unaufhaltsamen Entwicklung der Naturwissenschaften, parallel auch zur fortschreitenden Industrialisierung und dem damit verbundenen Erstarken des Sozialismus entwickelte sich in Deutschland die künstlerische Strömung des Naturalismus. Ihr Ziel war, die phrasenlose, pathosferne unbedingte Wahrhaftigkeit durch eine detailgetreue Gestaltung der Wirklichkeit auszudrücken. Nicht länger sollten die Schönheit, die Traumphantasie, das poetische Schweben in romantischen Höhen oder mystischen Tiefen das Ziel der Kunst sein. Die ganze Menschheit – nicht nur die Oberklasse und das Bürgertum – sollte Gegenstand künstlerischer Gestaltung werden. So besonders die Erniedrigten, Geknechteten, Elenden mit allen Fragwürdigkeiten ihres Milieus, allen Artikulationsschwierigkeiten ihrer Sprache.

Zum führenden Theoretiker der neuen Kunstrichtung wurde ARNO HOLZ (1863–1929). Zusammen mit JOHANNES SCHLAF (1862–1941) schrieb er eine Anzahl naturalistischer Modellstücke wie *Familie Selicke* und *Papa Hamlet* als Beispiele des «konsequenten Naturalismus». Als unbestrittenem Meister des großen naturalistischen Dramas gelang GERHART HAUPTMANN* 1889 mit seinem Erstlingswerk *Vor Sonnenaufgang* an der Freien Volksbühne in Berlin der skandalumwitterte, aber nachhaltige Durchbruch.

Gerhart Hauptmann 1862–1946

Gerhart Hauptmann wurde am 15. November 1862 als Sohn eines Hotelbesitzers in Obersalzbrunn in Schlesien geboren. Er besuchte die Realschule und die Bildhauerklasse der Kunstschule in Breslau, studierte ein Semester Geschichte in Jena und lebte ein Jahr als Bildhauer in Rom. 1885 heiratete er die begüterte Marie Thienemann, mit der er nach Erkner bei Berlin zog. Die Ehe, aus der drei Söhne stammten, wurde 1904 geschieden, und Hauptmann heiratete Marie Marschalk. 1907 unternahm er eine Griechenlandreise, die nachhaltige Eindrücke hinterließ. 1912 wurde er mit dem Nobelpreis ausgezeichnet. In den letzten Jahrzehnten seines Daseins lebte er auf dem «Wiesenstein» in Agnetendorf in Schlesien und auf der Ostseeinsel Hiddensee. Kurz vor seiner Aussiedlung aus der schlesischen Heimat, die nun zu Polen gehört, starb er am 6. Juni 1946 in Agnetendorf. Er wurde auf der Insel Hiddensee begraben.

«Hauptmann ist der Kreatur im Menschen begegnet. Durch die Gestalten, die er auf die Bühne brachte, gehen die Ströme dessen, was Freud später das Es nannte. Aber dieses Es war und blieb Hauptmann das Unerforschte, das Unbekannte, das Übermächtig-Geheime. Er liebte die Menschen, weil er Mitleid hatte mit ihrer Seele, mit dieser armen Menschenseele, die der Gewalt der sie durchströmenden Mächte nicht widerstehen kann», schrieb Siegfried Melchinger. Hauptmann wurde lange Zeit als Dichter des Naturalismus eingestuft, doch bereits mit seinem ersten Drama ging er über den «konsequenten Naturalismus» hinaus. Der Dramatiker «des sozialen Mitleids und der sozialen Anklage», der auf den Spuren Ibsens begonnen hatte und mit der «mythischen Vision eines stürzenden Weltalters» endete, verband auch symbolistische und neuromantische Tendenzen mit Einflüssen der schlesischen Mystik in seinem Werk, und Paul Fechter attestierte ihm eine «Härte der Lebenserkenntnis, die um alle Dämonen der inneren Nacht aus Erfahrung weiß und sie ohne Mitleid in die Welt des Eros und des rauschhaften Lebens stellt». Bei aller Vielschichtigkeit seines die verschiedensten Strömungen umfassenden und aufarbeitenden Werks steht doch nahezu immer die existentielle Problematik im Hintergrund, die Unauflöslichkeit der Antinomien des Lebens, das Leiden an einem undurchschaubaren Schicksal.

Hauptmanns Dramatikerlaufbahn begann mit einem Skandal, der zugleich dem deutschen Naturalismus auf der Bühne einen tumultuösen Willkommensgruß darbrachte:

Vor Sonnenaufgang (UA: 1889 in Berlin) hatte in dem siebzigjährigen Theodor Fontane einen Förderer gefunden, der Hauptmanns Talent erkannte und nach der lautstark umkämpften Premiere als einer der wenigen für das Werk eintrat. Hauptmann schockierte mit illusionsloser Milieudarstellung, Alltagssprache, rücksichtsloser Schilderung verkommenen Trieblebens und dem Brechen zahlreicher Tabus. Das Stück schildert das verrottete Milieu oberschlesischer Bauern, die, durch die neuen Kohlengruben zu Reichtum gekommen, rücksichtslos und haltlos ihrem Genuß leben. Der Familie des Bauern Kraus hat der Reichtum kein Glück gebracht. Der Bauer selbst ist zum Säufer geworden, der im Rausch seine Töchter belästigt, seine zweite Frau betrügt ihn, seine ältere Tochter, mit dem seine einstigen Ideale verratenden Ingenieur Hoffmann verheiratet, ist ebenfalls trunksüchtig. Hoffmann wiederum begehrt die jüngere Tochter Helene, die als einzige von der allgemeinen Verkommenheit nicht angesteckt wurde. Da kommt – nach Ibsens Muster – ein Weltverbesserer in diese trostlose Gesellschaft: Alfred Loth, ein sozialistischer Schriftsteller und Jugendfreund Hoffmanns, der eine kritische Studie über das schlesische Kohlenrevier zu schreiben beabsichtigt. Helene und Loth verlieben sich ineinander, sie sieht in ihm ihren Retter, er in ihr eine Aufgabe. Doch Loth, der alle Menschen glücklich machen will, versäumt es, dem einzigen Menschen zu helfen, den er tatsächlich retten könnte: Als er vom Alkoholismus der Familie erfährt, verläßt er Helene, da eine Verbindung mit ihr seinen Anschauungen über Vererbung und Rassenhygiene widerspricht. Helene nimmt sich das Leben. – Bereits in seinem ersten Drama zeigte Hauptmann den Menschen als leidende Kreatur, als Opfer. Zugleich entlarvt er aber auch in dem Idealisten Loth, der gegen Alkoholismus, für Sauberkeit und das Glück der Menschheit kämpft, den feigen Schwätzer und Doktrinär.

Die «Familienkatastrophe» *Das Friedensfest* (1890) demonstriert das Scheitern des Versöhnungsversuchs einer in Haß und Pessimismus befangenen Familie am Weihnachtsabend. Das Beisammensein löst in jedem das Negative aus, nur ein junges Paar wagt den Versuch, in eine neue, bessere Zukunft aufzubrechen.

In dem Drama *Einsame Menschen* (1891) geht der Naturforscher Johannes Vockerath an der Verständnislosigkeit seiner Umgebung zugrunde. Er drängt hinaus aus der Beengung der überkommenen Anschauungen seiner ihn dominierenden Eltern und seiner Frau Käthe, die seinen geistigen Ansprüchen nicht gewachsen ist und in der ständigen Furcht lebt, ihn zu verlieren. Bei der emanzipierten russischen Studentin Anna findet er geistige Auseinandersetzung und Verständnis für seine wissenschaftliche Arbeit, «einen höheren Zustand der Gemeinschaft zwischen Mann und Frau». Seine Eltern greifen, besorgt um seine Ehe, ein und bitten Anna, das Haus zu verlassen. Verstört ertränkt sich Johannes im See.

Die für 1892 geplante Uraufführung des Dramas *Die Weber**, Hauptmanns erstem Welterfolg, wurde vom Berliner Polizeipräsidenten verboten und fand erst ein Jahr später als geschlossene «Vereinsvorstellung» statt. Seiner ersten Komödie, *Kollege Crampton* (1892), die die psychologisch subtil gestaltete Hauptfigur, einen haltlosen, versoffenen, in Illusionen befangenen Künstler, zunächst scheitern läßt, ehe ihn der Liebhaber seiner Tochter rettet, folgte die Charakterkomödie *Der Biberpelz**. Dieses Lustspieljuwel fand eine Fortsetzung in der Tragikomödie *Der rote Hahn* (1901): Die Frau des Flickschusters Fielitz setzt den «roten Hahn» auf das Dach ihrer hochversicherten Hütte, läßt es zu, daß ein geistesschwacher Junge als Brandstifter in eine Irrenanstalt gebracht wird, und stirbt zuletzt, ehe sie die Brandversicherung kassieren kann, an einem Herzinfarkt. Hart in der Sozialkritik, gibt das Stück ein schonungsloses Porträt der Profitgier und des Sozialprestiges der aufsteigenden Proletarier, zugleich aber auch der Wilhelminischen Gesellschaft.

Naturalistische Armenhausszenen verquickte Hauptmann in seiner «Traumdichtung» *Hanneles Himmelfahrt* (1893) mit Visionen: Das vierzehnjährige Hannele ist aus Furcht vor ihrem versoffenen Stiefvater in den winterlich kalten Teich gegangen. Der Lehrer Gottwald rettet das Kind und bringt es in das Armenhaus des schlesischen Gebirgsdorfes. In ihren Fieberphantasien, die der Sehnsucht, dem Vorstellungsvermögen, der Frömmigkeit und der Erlebniswelt eines Kindes entsprechen, wird Hannele zunächst noch von ihrem Stiefvater verfolgt, doch bald steigen beglückendere Visionen auf. Ihre verstorbene Mutter tröstet sie, Engel verkünden ihr das Ende der Leiden, sie wird als Gottesbraut geschmückt, und der geliebte Lehrer Gottwald nimmt die Züge des Heilands an. Die Erscheinungen verschwinden, Hannele liegt im Bett des Armenhauses, der Arzt konstatiert ihren Tod. – Gustav Freytag sah in dem heftig umstrittenen Werk «die geheimsten Empfindungen einer Menschenseele» dargestellt, Ernst Barlach ein Drama von «lauterster, wunderbarster, innigster deutscher Poesie», während Franz Mehring «verheuchelten Mystizismus» konstatierte.

Florian Geyer (UA: 1896 in Berlin), «die Tragödie des Bauernkrieges», ist der Versuch, das historische Drama mit naturalistischen Mitteln zu erneuern. In Franken erheben sich die Bauern: Sie fordern Freiheit in der Religionsausübung, Aufhebung der Leibeigenschaft und Abschaffung des Zehnten. Als die auf der Marienfeste zu Würzburg versammelten Ritter ablehnen, rücken die Bauern zur Belagerung an. Sie haben Florian Geyer zu ihrem Anführer gemacht, einen fränkischen Ritter, der sich aus innerer Überzeugung auf die Seite der Unterdrückten geschlagen hat. Geyer, ein lauterer Idealist, bringt aber nicht die nötige machtpolitische Härte zur Führung der Bauern auf. Als er nach Rothenburg zieht, um Geschütze zur Erstürmung der Feste zu beschaffen, wagen die ungeduldigen Bauern entgegen seinem Gebot den Sturm auf die Burg und werden blutig zurückgeschlagen. Empört über die Disziplinlosigkeit, zieht sich Geyer zurück. Mit ihm hat aber das Kriegsglück die Bauern endgültig verlassen, Machtkämpfe, Verrat und korrupte

Machenschaften schwächen die Durchschlagskraft der revolutionären Bewegung. In höchster Not läßt sich Florian Geyer nochmals für die gemeinsamen Ziele einspannen, doch kann er nun die Niederlage nicht mehr abwenden. Er flieht auf die Burg seines Schwagers Grumbach. Als dessen Frau sein Versteck verrät, tritt er den Feinden unerschrokken entgegen. Keiner wagt, gegen ihn das Schwert zu ziehen, da tötet ihn der Pfeil eines rachsüchtigen Landsknechts aus dem Hinterhalt. – Die Revolte der Bauern ist nicht so sehr eine soziale wie eine politische. «Der deutschen Zwietracht mitten ins Herz!» sollte der Stoß gelten. Doch nicht nur wegen der Zwietracht zwischen Kirche und Adel auf der einen Seite und Bürgern und Bauern auf der anderen, sondern vor allem durch die Uneinigkeit im eigenen Lager zerfällt jeder Ansatz zu einer gemeinsamen politischen Konzeption. Nach der mißglückten Uraufführung erklärte Hauptmann: «Das deutsche Nationalgefühl gleicht einer zersprungenen Glocke, ich schlug mit dem Hammer daran, aber es tönte nicht.»

Die Tragödie des Künstlers, dem das Werk versinkt, versuchte der Dichter in dem Märchendrama *Die versunkene Glocke* (1896) zu gestalten. Es behandelt die Problematik des künstlerisch schaffenden Menschen, der zwischen die Realität des Alltags und den Ruf magischer Gewalten gestellt ist. Die Glocke des Glockengießers Heinrich wird von Berggeistern in den See gestoßen. Er verliert den Glauben an seine schöpferische Berufung und damit allen Lebensmut. Den Sterbenden machen die Küsse des «elbischen Wesens» Rautendelein, das ihm seine Schaffenskraft wiedergibt, gesund. Er verläßt Frau und Kinder, um mit der Geliebten im Gebirge, in den Höhen, zu leben und dort sein großes Werk zu schaffen. Doch er ist zu schwach für die Höhe, bleibt der alten Welt verhaftet und sühnt die Grenzüberschreitung mit dem Tod.

Aus der symbolhaften Märchen- und Geisterwelt kehrte Hauptmann in die naturalistische Zustandsschilderung seines *Fuhrmann Henschel** zurück, einer Tragödie von antiker Ausweglosigkeit.

In der Komödie *Schluck und Jau* (1900) zerlegte Hauptmann Shakespeares Kesselflicker Schlau aus *Der Widerspenstigen Zähmung* in zwei Figuren: Eine Adelsgesellschaft erlaubt sich den Spaß, die beiden betrunkenen Vagabunden nach ihrem Erwachen als König und Königin zu behandeln, wobei Jau zum mordlüsternen Despoten wird. Das Spiel setzt den Unmenschen im Menschen frei. Während Schluck sich von Anfang an bewußt ist, eine Rolle zu spielen, glaubt Jau auch nach Beendigung des Abenteuers noch an seine Doppelnatur.

Das Verhältnis von Künstler und Gesellschaft reflektiert das Drama *Michael Kramer* (1900), in dem die Kluft zwischen absolutem Kunstanspruch und der verständnislosen Mittelmäßigkeit der bürgerlichen Gesellschaft aufgerissen wird. Im Zentrum der Handlung steht der Maler und Akademieprofessor Michael Kramer, ein mittelmäßig begabter Brotkünstler mit bourgeoisem Arbeitsethos, der in seinem außerhalb aller sozialen Bindungen stehenden Sohn das Genie erkennt. Arnold, mißgebildet und in eine ausweglose Liebesaffäre verstrickt, wird von der ihn verachtenden Umwelt in den Freitod getrieben.

Im Gefühl der Verlorenheit in einer ungeheuren Welt, über der Gott schweigt, klingt auch das Drama *Rose Bernd** aus. Das «Glashüttenmärchen» *Und Pippa tanzt* (1906) trug Motive aus der schlesischen Sagenwelt in eine symbolhafte, zwischen Realität und irrealer Traumwelt angesiedelte Handlung. Im Mittelpunkt steht Pippa, die Tochter eines italienischen Glaskünstlers, Symbol für Zauber und Vergänglichkeit der Schönheit. Um sie kämpfen Geist und Natur – in gegensätzlichen Männergestalten verkörpert –, bis Pippa zugrunde geht. – Hauptmann, der die drei Männerfiguren des Stückes als Wesenselemente des Dichters interpretierte, gab selbst Hinweise, wie er das Stück verstanden wissen wollte: «Die rohe Kraft besiegt, wie so oft im Leben, auch in meinem Märchen die zarte Schönheit».

Der «Berliner Tragikomödie» *Die Ratten** folgte das allerdings schon Jahre vorher verfaßte Drama eines Mannes zwischen zwei Frauen, *Gabriel Schillings Flucht* (1912), ein in Hauptmanns Werk immer wiederkehrendes Thema. Der willensschwache Maler Gabriel Schilling versucht sich vergebens von seiner Ehefrau und seiner Geliebten zu lösen, die beide seinem Künstlertum verständnislos gegenüberstehen, und stürzt sich ins Meer.

Nach einer Novelle von Selma Lagerlöf gestaltete der Dichter seine *Winterballade* (1917): Der schottische Obrist Sir Archie überfällt mit zwei Kumpanen den Hof des greisen Pfarrers Arne und ermordet dessen Enkelin Berghild, obwohl er sich von ihr eigenartig angezogen fühlt. Berghilds Milchschwester Elsalil, die ihr wie eine Zwillingsschwester gleicht, überlebt die Mordnacht, hat jedoch Sprache und Erinnerungsvermögen verloren. Sie wird Archie zum Verhängnis, der sie zu seiner Geliebten macht, in ihr einmal die Ermordete zu lieben, dann wieder einen Rachedämon zu erkennen glaubt und schließlich im Wahnsinn stirbt. – Die Grenzen zwischen dem Reich des Todes und des Lebens, Bewußtsein und Unterbewußtsein sind verwischt, es geht um die Überwindung einer vom Antagonismus widerstreitender Mächte zerrissene Welt.

In *Dorothea Angermann* (1926) nimmt Hauptmann alte Motive auf: Der Lebensweg der Tochter eines Gefängnispastors, der Dorothea zur Ehe mit einem triebhaften Koch zwingt, von dem sie ein Kind erwartet, führt in sexuelle Hörigkeit, Morphinismus und endet im Selbstmord.

Vor Sonnenuntergang (UA: 1932 in Berlin) zeigt nicht nur den Untergang eines Menschen, der zu Tode gehetzt wird, sondern signalisiert auch das Ende einer Epoche: Der siebzigjährige Geheimrat Clausen, Gründer und Leiter eines großen Unternehmens, verliebt sich nach dem Tod seiner Frau in die neunzehnjährige Inken Peters und will mit ihr ein neues Leben beginnen. Seine erwachsenen Kinder rebellieren gegen diese Absicht und greifen mit vereinten Kräften zu jedem Mittel, um die Verbindung zu verhindern. Als sich Inken nicht vertreiben läßt und der Geheimrat seine Fabrik verkaufen und mit Inken in die Schweiz gehen will, betreiben sie die Entmündigung des Vaters. Diesen Schlag verwindet er nicht und begeht Selbstmord (in der vieraktigen, gekürzten Fassung stirbt er an einer Herzattacke). Hinter dem Liebesdrama steht ein erbarmungsloser Kampf um Geld und Macht. Die Kinder empören sich moralisch über die «unmögliche» Liebe ihres Vaters und denken in Wahrheit doch nur an das Erbe, in jeder Figur ist aber auch ein psychologisches Motiv für ihr niederträchtiges Verhalten angelegt. Die Gemeinheit etwa, mit der der Schwiegersohn Klamroth gegen Clausen vorgeht, zeugt von einem unerbittlichen Machtkampf, ist auch als Reaktion auf Clausens spöttische und despotische Abwehr der heraufdämmernden neuen Zeit zu sehen. Die «neuen Menschen», die sich da etablieren wollen, sind keineswegs besser als ihre Vorgänger, im Gegenteil. Das macht Clausens Ablehnung verständlich. Dennoch ist der Schöngeist, der den Geschäftsmann mit dem Seelenaristokraten zu verbinden verstand, zugleich auch ein despotischer Patriarch, der seine Macht nutzt und für sich die Freiheit beansprucht, alles hinter sich lassend, ein «neues Leben» zu beginnen.

Den monumentalen Schlußstein seines riesigen dramatischen Lebenswerks setzte Hauptmann mit seiner *Atriden-Te-*

tralogie, die die Dramen *Iphigenie in Aulis* (1943), *Agamemnons Tod, Elektra* (1947) und *Iphigenie in Delphi* (1941) umfaßt. Das Geschehen folgt bis auf einige, allerdings gravierende Abweichungen dem Handlungskanon der Werke der griechischen Tragiker. Die Situation des Menschen ist dadurch gekennzeichnet, daß er unfähig ist, sich selbst, sein Verhältnis zu den Göttern und zu der Welt zu durchschauen oder gar zu beeinflussen. Bereits in den frühen Dramen des Dichters war der Mensch als ohnmächtige Kreatur einem unbegreiflichen Schicksal ausgeliefert, nun, am Ende, zeichnete Hauptmann eine Welt, in die das absolute Chaos hereingebrochen ist.

Die Weber
Schauspiel aus den vierziger Jahren in 5 Akten. UA: 1893 in Berlin

In der Tuchfabrik des ausbeuterischen Unternehmers Dreißiger liefern die Weber, elende, von Hunger und Not ausgemergelte Menschen, ihre in Heimarbeit gewebten Stoffe ab. Der Expedient Pfeifer, früher selbst Weber, bekrittelt die Ware, drückt damit den Lohn und lehnt jeden Vorschuß als Hilfeleistung ab. Der junge Weber Bäcker, der protestiert und dabei einen offen revolutionären Ton anschlägt, wird davongejagt. Als ein kleiner Junge vor Hunger zusammenbricht, läßt ihn Dreißiger in sein Privatkontor bringen und beschwichtigt die murrenden Weber mit der Ankündigung, 200 neue Arbeiter einstellen zu wollen. Diese «soziale Maßnahme» ist allerdings nur ein Vorwand, um die Meterlöhne herabzusetzen. – In der Elendsbehausung des alten Webers Ansorge lebt auch die Familie Baumert in bedrückender Not. So fleißig sie auch weben, die zahlreichen Familienmitglieder kann ihre Arbeit nicht ernähren. Der Reservist Moritz Jäger, der zu Besuch in seinen Heimatort gekommen ist, wettert gegen diese unmenschlichen Zustände. Er hetzt gegen die Fabrikanten, liest das von der Polizei verbotene, revolutionäre Weberlied vor und versetzt alle in eine verzweifelt emotionale Stimmung. Auch in Welzels Gaststube macht sich die zunehmende Unruhe unter den Webern bemerkbar. Bäcker stimmt das Weberlied an, und die jungen Weberburschen ziehen damit auf die Straße. Bei Dreißiger sind gerade Pastor Kittelhaus und seine Frau zu Gast, als die protestierenden Weber anrücken. Der junge Hauslehrer, der es wagt, für soziale Gerechtigkeit einzutreten, wird vom Pastor gerügt und von Dreißiger mit Entlassung bedroht. Der alarmierte Polizeiverwalter trifft ein, Moritz Jäger wird herbeigeschleppt und verhört. Als er jedoch gebunden abgeführt wird, befreien ihn die Weber und verprügeln die Polizisten. Dreißiger verläßt mit seiner Familie fluchtartig durch die Hintertür das Haus, die aufgebrachte Menge sprengt das Tor, dringt in die Zimmer ein und beginnt, das Mobiliar zu zertrümmern. – Die rebellierenden Weber ziehen nun auch in das Nachbardorf und holen dort ihre Kollegen aus den Häusern. Der alte fromme Weber Hilse mißbilligt den Aufstand und bleibt in eigensinniger Gottergebenheit an seinem Webstuhl am Fenster sitzen. Unterdessen wurde Militär gegen die Aufständischen eingesetzt, die Weber zwingen die Soldaten mit Steinwürfen zum Rückzug. Die Soldaten schießen. Eine verirrte Kugel trifft Hilse und tötet ihn.

Das Werk, ursprünglich im schlesischen Dialekt unter dem Titel «De Waber» geschrieben, später dem Hochdeutschen angenähert, hält sich eng an den historischen Weberaufstand des Jahres 1844 in Schlesien. Hauptmann selbst wandte sich gegen die Auffassung, sein Drama sei ein sozialrevolutionäres Tendenzstück. Seine Weber kämpfen nicht für die Veränderung der gesellschaftlichen Verhältnisse, sondern für die Linderung ihrer Not. Die soziale Anklage wächst aus der Schilderung ihres Elends, einer Schilderung aus dem Mitgefühl. Das Einzelschicksal tritt hinter den sozialen Problemen zurück, der Held ist die Masse der Weber, die sich freilich aus subtil charakterisierten Individuen zusammensetzt.

Der Biberpelz
Eine Diebskomödie in 4 Akten
UA: 1893 in Berlin

Mutter Wolffen, eine resolute Waschfrau, die mit ihrem gutmütigen, aber einfältigen Mann und ihren beiden Töchtern an der Oberspree wohnt, kommt mit einem gewilderten Rehbock nach Hause. Hier wartet ihre Tochter Leontine, die aus ihrem Dienst beim Rentier Krüger davongelaufen ist, weil sie spätabends noch Holz schichten sollte. Als Mutter Wolffen dem Spreeschiffer Wulkow den «verendet gefundenen» Rehbock verkauft, erzählt die jüngere Tochter Adelheid, daß Frau Krüger ihrem Mann vor kurzem einen Biberpelz geschenkt habe. Der von Rheumatismus geplagte Wulkow erklärt betont beiläufig, für einen solchen Pelz würde er gern sechzig Taler zahlen. Mit dieser Summe, so bedeutet Mutter Wolffen ihrem begriffsstutzigen Mann, könnten sie endlich ihr Häuschen schuldenfrei machen. Vorerst wird jedoch der Zugschlitten zurechtgemacht, um das von Leontine vor Krügers Haus liegengelassene Holz «abzuholen». Der Amtsdiener Mitteldorf, der Mutter Wolffen für den nächsten Morgen zum Waschen bei der Frau Amtsvorsteher bestellen soll, hält zu den Vorbereitungen ahnungslos die Laterne. Am nächsten Tag erstattet Krüger wegen Holzdiebstahls Anzeige. Doch der Amtsvorsteher von Wehrhahn, stockkonservativ und königstreu, ist mehr daran interessiert, «freisinnige Umtriebe» in seinem Amtsbezirk aufzuspüren. Er läßt sich von seinem Schreiber Glasenap und dem Spitzel Motes sehr genau über den demokratischer Gesinnungen verdächtigten Krüger und dessen Freund, den Privatgelehrten Fleischer, unterrichten. Die Anklagen des suspekten «Querulanten» aber bagatellisiert er und verlangt von Krüger eine schriftliche Anzeige. Als auch der Biberpelz seinen Besitzer gewechselt hat und Dr. Fleischer Meldung erstattet, daß er einen Schiffer in einem Pelz beobachtet hätte, ruft Wehrhahn ausgerechnet Wulkow zum Zeugen dafür auf, daß ein Schiffer mit einem Pelz nichts Ungewöhnliches sei. So fällt es der pfiffigen Mutter Wolffen nicht schwer, sich als rechtschaffene und fleißige Waschfrau das ungebrochene Vertrauen ihrer Umgebung, einschließlich aller Geschädigten, zu sichern.

Der Biberpelz zählt zu den raren großen deutschen Charakterkomödien. Mit Mutter Wolffen ist Hauptmann eine unsterbliche Bühnenfigur gelungen, das diebische Prachtexemplar einer lebenstüchtigen Frau, die mit Schlagfertigkeit und Unschuldsmiene, aber auch mit Fleiß und Energie für die Ihren sorgt. Im Kampf um eine menschenwürdigere Existenz ihrer Familie kann sie sich moralische Bedenken nicht leisten. Sie stiehlt «aufgrund einer Weltanschauung, die ihr das Stehlen als erlaubte Gegenwehr im Kampf des Lebens gestattet» (Otto Erich Hartleben), und sie fühlt sich befähigt, dem Schicksal mehr abzutrotzen, als unter den gegebenen Bedingungen mit ehrlichen Mitteln möglich erscheint. In dem aufgeblasenen, bornierten Amtsvorsteher von Wehrhahn porträtierte Hauptmann einen jener Repräsentanten des Kaiserreiches, der in seiner von Denunzianten gestützten Gesinnungsschnüffelei bei den Untersuchungen mit traumwandlerischer Sicherheit danebengreift. Der scheinbar unmoralische Schluß der Komödie, die in dem unangefochtenen

Triumph der Mutter Wolffen ausklingt, steht unter dem Aspekt einer höheren Gerechtigkeit: Das Lachen über den schlauen Dieb kennt keine moralischen Grundsätze, wenn der Geprellte oder das herrschende gesellschaftliche System die Überlistung verdienen.

Fuhrmann Henschel
Schauspiel in 5 Akten
UA: 1898 in Berlin

Wilhelm Henschel, ein redlicher, tatkräftiger Fuhrmann, lebt mit seiner im Kindbett schwer erkrankten Frau in der Kellerwohnung des Hotels «Zum grauen Schwan» in einem schlesischen Badeort. Den Haushalt und Henschels kleines Kind versorgt die kräftige junge Dienstmagd Hanne Schäl, deretwegen Frau Henschel sich und ihren Mann mit Eifersucht quält. Der Sterbenden muß Henschel versprechen, daß er nach ihrem Tod Hanne nicht heiraten werde. Doch das tüchtige, aber triebhafte und auf seinen Vorteil bedachte Mädchen weiß sich rasch unentbehrlich zu machen. Hanne baut zudem auf ihre erotische Anziehungskraft, gibt vor, nicht in der Wohnung des Witwers bleiben zu können, ohne ins Gerede zu kommen, und stellt Henschel so vor die Alternative, sie zu heiraten oder auf ihre Hilfe zu verzichten. Der Hotelbesitzer Siebenhaar, der mit dem Fuhrmann in freundschaftlichem Kontakt steht, zerstreut seine Bedenken wegen des Wortbruchs und rät ihm zur Ehe. Kaum verheiratet, reißt Hanne das Regiment im Haus an sich und betrügt ihren Mann bald mit dem windigen Kellner George. Als der gutherzige Henschel, nachdem auch seine kleine Tochter gestorben ist, Hannes uneheliches Kind in sein Haus holt, überschüttet sie ihn mit Vorwürfen, da sie ihre Tochter bisher verleugnet hatte und sich nun bloßgestellt fühlt. In der Wirtschaft wird Henschel Hannes Untreue zugetragen. In einem rasenden Wutausbruch läßt er seine Frau holen – sie leugnet und läuft davon. Henschel bricht röchelnd zusammen. Von diesem Augenblick an wird er sonderlich. Er kann keinen Schlaf finden, fällt in qualvolle Grübeleien und verzweifelte Selbstanklagen: Das gebrochene Versprechen foltert sein Gewissen. Vergebens versuchen die Freunde, ihn auf andere Gedanken zu bringen, er sieht keinen Ausweg und begeht Selbstmord.

Das in schlesischem Dialekt geschriebene Werk gilt als einer der Höhepunkte der naturalistischen Dramatik Hauptmanns. Aus der Zustandsschilderung wächst ein dynamisch entwickeltes Geschehen. Wie Büchners Woyzeck fühlt sich Hauptmanns Henschel dunklen Mächten ausgeliefert, doch suggeriert ihm sein Gewissen die Verstrickung in einen für ihn nicht durchbrechbaren Schuldzusammenhang. Im Ausgeliefertsein an ein tragisches Schicksal geht Henschel leidend zugrunde.

Rose Bernd
Schauspiel in 5 Akten
UA: 1903 in Berlin

Das junge Bauernmädel Rose Bernd hat ein Verhältnis mit dem stattlichen Gutsbesitzer Flamm, dessen Frau gelähmt ist. Bei einem ihrer heimlichen Treffen in freier Natur erklärt ihm Rose verlegen, daß ihre Beziehung ein Ende haben müsse. Ihr Vater hat sie schon lange dem bieder-frommen Buchbinder August Keil versprochen, und dieser will nun nicht länger mit der Hochzeit warten. Flamm widerspricht leidenschaftlich. Ihr Beisammensein wird von dem Maschinisten Streckmann, einem prahlerischen Weiberhelden, der es auf Rose abgesehen hat, beobachtet. Nun erpreßt er sie: Er will nur schweigen, wenn sie sich auch ihm hingibt. Wenig später bestellen der alte Bernd und August bei Flamm, der als Schulze auch Standesbeamter ist, das Aufgebot. Konfrontiert mit Flamm, will Rose die Hochzeit noch hinauszögern, doch als er sie um ein Treffen bittet, weist sie ihn zurück. Frau Flamm, die das Mädchen ins Herz geschlossen hat, durchschaut, als sich Rose verzweifelt an sie wendet, daß sie ein Kind erwartet. Rose, die nun die Hochzeit nicht länger hinausschieben kann, geht zu Streckmann, um ihn um Verschwiegenheit zu bitten, und wird von ihm vergewaltigt. Vor allen Leuten macht Streckmann gemeine Bemerkungen und provoziert August zu einer handgreiflichen Auseinandersetzung, bei der er ihm ein Auge ausschlägt. Nach Wochen kommt es zum Prozeß gegen Streckmann. Flamm bekennt vor Gericht sein Verhältnis mit Rose. Das Mädchen setzt aus Scham ihren Meineid dagegen. Wenig später wird die völlig erschöpfte Rose von einem Landarbeiter gefunden und nach Hause gebracht. August, der die Wahrheit zu ahnen scheint, will zu Rose stehen und mit ihr aus der Gegend weggehen. Als er Bernd von Flamms Geständnis erzählt, bricht der Alte zusammen und wendet sich von seiner Tochter ab. Verzweifelt schreit diese ihr Elend heraus: Sie gesteht, ihr Kind erwürgt zu haben, und stellt sich der Polizei. «Jeder steht am Schluß allein da. Und die Heldin, die einen Zusammenhang nicht sieht, die, ohne recht zu wissen wie, von der Lichtseite auf die Schattenseite kommt, hat am Schluß ein aufdämmerndes Gefühl von dem großen allgemeinen Verlassensein der Menschen. In dieser Trauer liegt die ganze Wahrheit», schrieb Alfred Kerr zur Berliner Uraufführung. Tragödie der menschlichen Einsamkeit, erotische Verstrickung und Sozialdrama werden von Hauptmann mit dramatischer Meisterschaft verknüpft. In subtiler psychologischer Menschengestaltung zeigt er, wie seine Figuren, die er in ein scharf gezeichnetes soziales Umfeld stellt, durch ihre sexuelle Getriebenheit in schuldhafte Verstrickung geraten, wie sie sich einander nicht mitteilen können, wie sie in ihrem eigenen reduzierten Bewußtsein befangen sind. Ein jeder hat sich sein eigenes «Kämmerla» zum Leben und Überleben eingerichtet, ob zur Selbstbestätigung, ob aus existentieller Angst oder in der Sehnsucht nach der immer wieder beschworenen «Ordnung» zwischen verdeckten Abgründen. Hier nistet die Verweigerung, verkümmern das Verantwortungsgefühl, das Verständnis für den anderen. So werden alle in den verhängnisvollen Mechanismus eines Geschehens gezogen, das einen kraftvollen, lebensfrohen Menschen zerstört.

Die Ratten
Berliner Tragikomödie in 5 Akten
UA: 1911 in Berlin

Eine Berliner Kaserne ist zum Mietshaus geworden, in dem Armut, Laster und Verbrechen daheim sind. Auf dem Dachboden hat der frühere Theaterdirektor Hassenreuther seinen Kostümfundus untergebracht, den die Frau des im gleichen Haus wohnenden Maurerpoliers John betreut. Hier empfängt er die Schauspielerin Alice Rütterbusch zu zärtlichem Stelldichein. Hier verabredet sich seine verliebte Tochter Walburga mit dem Theologie-Kandidaten Spitta, der zum Entsetzen seines Vaters zum Theater möchte. Auch Schauspielunterricht gibt Hassenreuther auf diesem Dachboden, wobei er sich zum Anwalt des pathetisch-idealistischen Theaters macht und mit Erich Spitta, der nicht nur die naturalistische Menschendarstellung, sondern auch sozialistische Gedanken verficht, aneinander gerät. – In diesem Komödienumfeld hat Hauptmann eine Tragödie angesiedelt: Frau John, die selbst nicht Mutter werden kann, ist krank vor Verlangen nach einem Kind. Als die polnische Dienstmagd Pauline Piperkarcka ihr berichtet, daß sie schwanger sei und nicht wisse, was sie mit einem Kind anfangen solle, veranlaßt Frau John sie, insgeheim auf dem Oberboden zu gebären und ihr das Kind zu überlassen. Es wird auf dem Standesamt ordnungsgemäß von dem arglosen Maurerpolier, den seine Arbeit für längere Zeit von zu Hause weggeführt hat, als sein eigenes angemeldet. Frau John ist glücklich. Doch bald erscheint die leibliche Mutter und verlangt, ihr Kind zu sehen. Frau John weiß das zu verhindern. Doch Pauline kommt wieder und erhebt erneut Ansprüche auf ihr Kind. In ratloser Bedrängnis und Verwirrung schickt Frau John ihren heruntergekommenen Bruder, Bruno Mechelke, zu dem Mädchen, um es durch Drohungen einzuschüchtern. Doch Bruno geht einen verhängnisvollen Schritt weiter und macht Pauline für immer stumm. Die Polizei schaltet sich ein. Durch ihre Nachforschungen zieht sich das Netz um Frau John immer dichter zusammen. Verbissen versucht sie, alle Anschuldigungen abzuleugnen. Doch als ein Polizist mit dem Auftrag erscheint, «ihr» Kind ins Waisenhaus zu bringen, kommt es zur Kurzschlußreaktion: Vor Angst von Sinnen, will Frau John mit dem Kind auf und davon. Als man es ihr entreißt, stürzt sie in den Tod.

Hauptmann verknüpfte das tragische Geschehen um Frau John mit einer komischen Parallelhandlung, die nur scheinbar in keinem direkten Bezug zu der Tragödie steht. Während aber der schwadronierende Pseudoidealist Hassenreuther und der ehemalige Theologiestudent Spitta über das Verhältnis von Kunst und Wirklichkeit diskutieren, sind ihre ästhetischen Theorien längst von der Realität überrollt, wenden sich in ihrer unmittelbaren Nähe die sozialen Verhältnisse ins Tragische, wird individuelles Schicksal zum sozial symptomatischen Fall. Das Drama signalisiert gesellschaftliche Mißverhältnisse in Deutschland und bereits ein dumpfes Empfinden von allseitigem Verfall.

Wenn John sagt: «Allens is hier morsch! ... Allens unterminiert, von Unjeziefer, von Ratten und Mäuse zerfressen! Allens schwankt!», so spricht er von dem Haus und seinen Bewohnern. Doch Hauptmann zielt auf die wilhelminische Gesellschaft – ein Untergang kündigt sich an, unheimlich, schicksalhaft, nicht zu fassen. Während Hassenreuther Brandreden über die Herrlichkeit der Kunst und des Reiches hält, verstaubt der Fundus des idealistischen Theaters, huschen bereits Ratten über die Treppen und benagen den Plunder wie das Gebälk des Hauses, verkommen Frauen und Kinder. Ein Wirklichkeitsbild der letzten Vorkriegszeit, Prophetie eines Niedergangs.

Das russische Theater des 19. und 20. Jahrhunderts

Mit ALEXANDER PUSCHKIN (1799–1837) kam die russische Literatur im 19. Jahrhundert zu Weltgeltung, wirkte seit Nikolai Gogol auf die Weltliteratur ein und erreichte mit zahlreichen großen Dichtern eine bisher nicht dagewesene Blüte. Neben kleineren Stücken, darunter das Drama *Mozart und Salierie* (1832), in dem Salieri in tragischem Künstlerneid das Genie vergiftet, schrieb Puschkin 1825 das große historische Drama *Boris Godunow* (1870), das die Konfrontation des Zaren Boris mit dem plötzlich auftauchenden falschen Demetrius und seinen Anhängern behandelt.

Den ersten Beitrag Rußlands zum Welttheater lieferte ALEXANDER GRIBOJEDOW (1795–1829) mit seiner Komödie *Verstand schafft Leiden* (1832). Mit dieser gegen die bestehende Gesellschaftsordnung gerichteten Satire begründete er eine dramatische Form, mit der die russische Bühnenliteratur über ein Jahrhundert lang brillierte. Die bereits 1816 entworfene und 1824 vollendete Komödie orientiert sich zwar an Molières *Menschenfeind*, findet aber in ihrem Helden Tschatzki und in den glänzend charakterisierten, Adel und Beamtenschaft attackierenden Figuren zu meisterhafter Eigenständigkeit. Tschatzki, ein begabter junge Adeliger, ist ein Mann des Fortschritts und der moralischen Lauterkeit. Er hatte vor drei Jahren seiner Studien wegen Rußland verlassen. Seine Geliebte Sophie, die Tochter des hohen Beamten Fasumow, wandte sich inzwischen dem Sekretär ihres Vaters zu. Zurückgekehrt, gerät Tschatzki, der Sophies Treulosigkeit nicht fassen kann, mit seiner Aufrichtigkeit und seinen fortschrittlichen Ideen in Konflikt mit der Gesellschaft, die ihn schließlich, unterstützt von Sophie, für verrückt erklärt und ausstößt. Er verläßt Moskau, die Entlarvten arrangieren sich. – Tschatzki wird zum Opfer der Moskauer Gesellschaft, als er sich nicht nur gegen die Norm verhält, sondern diese auch als Entartung anprangert, zum rücksichtslosen Kritiker der bestehenden Ordnung wird. Er kämpft einen aussichtslosen Kampf: Er verliert nicht nur das Mädchen, man spricht ihm auch den Verstand ab, die einzige Waffe, mit der er zu streiten vermag. Seine Niederlage ist vollkommen.

NIKOLAI GOGOL* führte Satire und Sozialkritik zu einem Höhepunkt und schuf mit seinem *Revisor** eine der großen klassischen Komödien der Weltliteratur. ALEXANDER OSTROWSKI* ging den Weg weiter und brachte neben seiner Kritik am Kaufmannsstand auch bereits die sich anbahnenden großen gesellschaftlichen Umschichtungen auf die Bühne.

IWAN TURGENJEW (1818–1883) schrieb eine Reihe reizvoller Komödien, darunter die um die Jahrhundertmitte entstandene Komödie *Ein Monat auf dem Lande* (1872), die die Geschichte der Liebe der Gutsbesitzersgattin Natalja zu dem jungen Hauslehrer ihres Sohnes, dem Studenten Beljajew, erzählt. Beljajew, der ohne sein Zutun das abgestandene Provinzdasein der Frauen in seinen Grundfesten erschüttert, läßt, als er geht, noch größere Öde zurück.

LEO TOLSTOI (1828–1910), der sich erst in späteren Jahren der Dramatik zuwandte, schuf mit seinem Drama *Die Macht der Finsternis* (1888) ein wesentliches Werk des Naturalismus, das sowohl auf das französische als auch auf das deutsche Theater stark einwirkte. Das Werk spielt im Bauernmilieu, in einer Welt der Stumpfheit und Roheit, die sich auch in der Sprachgestaltung ausdrückt. Der leichtfertige, willensschwache Knecht Nikita, ein Weiberheld, hat ein Verhältnis mit der Bäuerin Anissja, der jungen Frau seines Herrn. Mit Hilfe von Nikitas Mutter vergiftet Anissja ihren Mann und heiratet den Knecht, der sich jedoch bald darauf mit Akulina, der primitiv-sinnlichen Tochter des Bauern aus erster Ehe und eigentlichen Erbin, verbindet. Als Akulina ein Kind bekommt, wird Nikita von Mutter und Frau gezwungen, den Säugling zu ermorden und Akulina an einen anderen Mann zu verheiraten. Bei der Hochzeitsfeier legt Nikita jedoch vor allen Gästen ein Schuldbekenntnis ab und nimmt auch die Schuld der Frauen auf sich, für die er büßen will. – Treibende Kraft hinter dem düsteren Geschehen, das eigentliche böse Prinzip, ist verkörpert in Nikitas Mutter. Sie übt die «Macht der Finsternis» aus, die, so Tolstoi, nur durch die stumme Kraft der Seele besiegt werden kann, die dem Menschen den Weg zum Guten und Richtigen weist.

Eine Anklage gegen Kirche und Staat, die dem Menschen das Recht verweigern, sein Leben frei zu gestalten (unter anderem auch durch die Unauflösbarkeit der Ehe), formulierte Tolstoi, autobiographisch getönt, mit dem Drama *Der Lebende Leichnam*, das im Nachlaß des Dichters gefunden wurde ebenso wie das Fragment *Und das Licht leuchtet in der Finsternis*, das sich mit der Frage, wie der Geist der Bergpredigt in dieser Welt zu verwirklichen sei, beschäftigt. – *Der Lebende Leichnam* (1911) artikuliert Tolstois Protest gegen starre gesellschaftliche Zwänge aus einem inneren Drang nach individueller Freiheit und Ungebundenheit: Fedja Protasow, ein sanfter, hochherziger, aber willenschwacher Mann, der zu Trunksucht und Verschwendung neigt, hat seine Frau Lisa, obwohl er sie liebt und sie ein Kind haben, verlassen. Auf der Suche nach einem freien, natürlichen Leben hat er zu dem Zigeunermädchen Mascha gefunden. Als seine Verwandten ihn zur Rückkehr bewegen wollen, täuscht er einen Selbstmord vor, nicht zuletzt, um seinem Freund Karenin, der Lisa liebt, den Weg zu seiner Frau zu ebnen. Als «lebender Leichnam» lebt er einige Jahre in Anonymität auf der niedrigsten sozialen Stufe, wird jedoch eines Tages erkannt und denunziert. Die inzwischen mit Karenin verheiratete Lisa wird wegen Bigamie angeklagt. Im Gerichtsgebäude begeht Fedja Selbstmord, um das durch seine «überflüssige» Existenz bedrohte Glück der beiden zu sichern.

Von Turgenjew und Tolstoi weisen direkte Linien zu ANTON TSCHECHOW*, einem der schonungslosesten Gestalter der Wahrheiten der menschlichen

Existenz, dessen dramatische Technik des indirekten Dialogs, der vielschichtig strukturierten Komposition auf das Theater der Moderne nachhaltig einwirkte. MAXIM GORKI * führte Tschechows Technik, wenn auch weniger formbewußt, weiter, verband aber seine sozialkritische, realistische Dramatik bewußt mit «revolutionärer Romantik».

Nach neuen dramatischen Darstellungsformen und Aussagemöglichkeiten suchte LEONID ANDREJEW (1871–1919) mit seinen abstrakt-allegorischen Schauspielen *Schwarze Masken, Ozean, König Hunger, Das Leben des Menschen*. Zum Symbolismus tendierend, gelangte er zur Darstellung unbewußter Triebkräfte; mit dem Versuch, kollektive Grundzustände zu versinnlichen, verwies er bereits auf den Expressionismus.

ISAAK BABEL (1894–1941?) verschmilzt in seinem dramatischen Werk jüdische Tradition mit revolutionärem Impetus. Sein Drama *Sonnenuntergang* (1927) zeigt in einem Familienbild den gewaltsamen Untergang einer Generation mit ihren historisch überholten patriarchalischen Ordnungen: Als der tyrannische Fuhrwerksunternehmer Mendel Krik, der sein Geschäft und seine Familie mit eiserner Hand regiert, sein Unternehmen verkaufen möchte, um mit seiner Geliebten einen geruhsamen Lebensabend in Bessararabien zu verbringen, wird er von seinen beiden Söhnen öffentlich zusammengeschlagen und läßt sich, gedemütigt und demoralisiert, von nun an widerspruchslos beherrschen.

Die Auswirkungen der Oktoberrevolution auf die Familie eines zaristischen Generals behandelt das Drama *Maria*, das 1935 veröffentlicht wurde. Außenseiter der Gesellschaft geworden, ist der Niedergang der Familie, die in Kontakt mit dem Milieu eines emporgeschwemmten jüdischen Geschäftemachers gerät, nicht mehr aufzuhalten. Doch die vergangene Lebensform wird nicht unmittelbar mit der neuen Wirklichkeit konfrontiert: Maria, die zweite Tochter des Generals, die zur Revolutionärin wurde, tritt nicht auf. Sie ist nur in den Erzählungen der anderen und durch einen Brief an ihren Vater präsent – als Hoffnung.

WLADIMIR MAJAKOWSKI (1893–1930), ein Revolutionär der ersten Stunde, war, wie er in einem Gedicht erklärte, zugunsten der Agitpropkunst freiwillig dem «eigenen Lied auf die Kehle» getreten. Sein *Mysterium buffo* (1918), das erste sowjetische Theaterstück überhaupt, ist eine Art proletarisches Mysterienspiel, das in der Technik, in der Form der Agitation und Propaganda, der Überdeutlichkeit der Belehrung eine nicht unwesentliche Nachfolge gefunden hat. Majakowski wandelte sich jedoch bald zum enttäuschten Kritiker, nicht des Kommunismus, aber der Entwicklung eines neuen Klassenstaates mit «ultraroten Kapitalisten», Spießertum und Bürokratie.

Die Wanze (1929), ein satirisches Drama, richtet sich gegen den bürgerlich-spießerhaft gewordenen Revolutionär. «Ein früherer Arbeiter, früheres Parteimitglied», der die Früchte seiner revolutionären Tätigkeit vorzeitig genießen will, heiratet in die Familie eines Friseurs mit gutgehendem Privatbetrieb ein, der ihrerseits ein Schwiegersohn mit «makelloser proletarischer Herkunft» aus Prestigegründen hochwillkommen ist. Das Hochzeitsfest artet in eine Sauferei und Prügelei aus, bei der ein Brand ausbricht. Der Bräutigam stürzt aus dem Fenster in die Kälte und wird vom Löschwasser eingefroren. 50 Jahre später wird er entdeckt, aufgetaut, löst zunächst Verwirrung aus, wird aber dann gemeinsam mit einer Wanze, die mit ihm überdauerte, im Zoo als Repäsentant eines überwundenen Gesellschaftsstadiums, «Spiesserius vulgaris», ausgestellt. Die rationalisierte und technisierte Zukunftswelt, in der der verräterische Proletarier auftaut, erscheint in ihrer Sterilität und Seelenlosigkeit allerdings fragwürdig, so daß in westlichen Inszenierungen der im Zoo Ausgestellte als Opfer interpretiert wurde.

Auch in der Komödie *Das Schwitzbad* (1930) läßt Majakowski die Gegenwart als Vergangenheit erscheinen. Das Drama ist ein vehementer Angriff gegen die heuchlerische, verspießerte sowjetische Bürokratie, zugleich in seiner satirischen Sprachgestaltung auch ein Sprachdrama des Bürokratismus, das die bürokratisch manipulierte Phrase pointiert einsetzt. Die Parteibürokratie versucht die Auswertung einer neuerfundenen «Zeitmaschine» zu verhindern, indem immer wieder neue Schwierigkeiten und Hürden aufgestellt werden, bis die Verwaltung selbst das Opfer der Erfindung wird: die «Zeitmaschine» speit sie kurzerhand aus.

Mit Majakowski ging die Weltgeltung des russischen Theaters zu Ende. «Musterstücke» nach bestimmten Richtlinien beherrschten die Bühne. Der von Stalin verordnete «Sozialistische Realismus», aber auch die liberaleren Leitlinien nach Stalins Tod erwiesen sich als lähmendes Korsett, das auch eine Reihe bedeutenderer Autoren allzusehr einengte oder sie wie JEWGENI SCHWARZ (1896–1958) ins Märchenspiel ausweichen ließ: *Der Drache* (1961) ist eine Parabel gegen den Totalitarismus. Die Verfügbarkeit des Menschen, der, demoralisiert und an Unterdrückung gewöhnt, jeden «Drachen» anerkennt, scheint grenzenlos, der Drachentöter Lancelot kann nur raten, keiner Doktrin nachzuleben und die Humanität militant vor der Despotie zu schützen. – In dem Märchenspiel *Der Schatten* (1940) gewinnt das Geschehen eine eigenständige, höhere Wirklichkeit. Es behandelt den Kampf eines guten Menschen mit seinem Schatten in einem bösen Märchenreich: «Auf der einen Seite steht das lebendige Leben, auf der anderen ein Schatten. Alle ... Erkenntnisse sprechen dafür, daß der Schatten allenfalls vorübergehend siegen kann. Die Welt beruht auf uns, den lebendigen, tätigen Menschen.»

Nicolai Gogol 1809–1852

Nicolai Wassiljewitsch Gogol wurde am 1. April 1809 als Sohn eines ukrainischen Landedelmannes in Sorocincy geboren. Er besuchte ab 1821 das Gymnasium von Nezhin, wo er ein Schultheater gründete. 1828 verließ er die Schule, bemühte sich zunächst um eine Stelle im Staatsdienst, wollte dann Schauspieler werden, begann – vorerst anonym – Lyrik und Prosa zu veröffentlichen und galt bald als Hoffnung der russischen Literatur. Er begegnete Puschkin, der sein Freund, Mentor und wesentlicher Bezugspunkt im künstlerischen Schaffen wurde. Nach kurzer Tätigkeit als Geschichtslehrer an einem Mädchenpensionat erhielt er 1834 eine Dozentur für Geschichte in Petersburg, die jedoch mit einem Fiasko endete. Der Meinungsstreit über seinen *Revisor** verstörte Gogol – trotz des großen Erfolges der Uraufführung 1836 – derart, daß er Rußland verließ. Er unternahm ausgedehnte Reisen durch halb Europa und kehrte in den folgenden Jahren nur kurzfristig in die Heimat zurück. 1842 erschien der erste Teil seines Romanes «Die toten Seelen», der ursprünglich auf drei Teile konzipiert war. Mehr und mehr geriet Gogol in Zwiespalt mit dem eigenen Genie. Er verfiel in religiösen Mystizismus, pilgerte 1848 nach Jerusalem, blieb aber nach seiner Rückkehr in Rußland. Bereits 1845 hatte er den fertiggestellten zweiten Teil der «Toten Seelen» verbrannt, 1846 die Arbeit erneut aufgenommen, doch nach der Vollendung vernichtete er auch dieses Manuskript. Er starb, wenige Tage später, am 21. Februar 1852, nachdem er tagelang hartnäckig jegliche Nahrungsaufnahme verweigert hatte.

«Die Kunst ist die Macht, die mit dem Leben versöhnt» – dieses Wort versuchte Gogol zu seiner Maxime zu machen, doch konnte er selbst zu dem Ausgleich nicht finden. Er zählt zu den faszinierendsten und widersprüchlichsten Erscheinungen der russischen Literatur: ein Mensch, der mit seinem Genie in Widerstreit geriet, das eigene Schaffen nachträglich umzuinterpretieren versuchte und den Dichter in sich zerstörte. Er fürchtete, das Gleichgewicht zu verlieren, aus den Ordnungen einer Welt zu fallen, die für ihn groteske und fratzenhafte Züge trug. Der existentiellen Angst eines Ausgeliefertseins an irrationale, dämonische Mächte begegnete er mit einer verzweifelten Suche nach Geborgenheit, nach einer schützenden Instanz, die eine Ordnung in dieser Welt herstellt: Er fand sie in der Kirche, aber auch im Zarismus, den er nie in Frage stellte. Obwohl er Rußlands soziale Wirklichkeit mit unerbittlicher Schärfe porträtierte, obwohl er an seiner Zeit, am zaristischen System und dessen Auswüchsen litt, distanzierte er sich nicht davon. Dennoch sind seine satirischen Schilderungen des provinziellen Milieus so scharfsichtig und exakt, daß sie als sozialkritisch verstanden werden konnten. Gogol zeigte Bürokratie, Korruption, Opportunismus, Kriechertum, die seelischen Deformationen der Menschen in grotesker Überhöhung, er brachte damit die Jämmerlichkeit und Banalität, die Dummheit und Hilflosigkeit von Beamten, Kleinbürgern, Grundbesitzern und Kaufleuten ebenso zum Ausdruck wie ihre verborgenen Leidenschaften und geheimen Sehnsüchte. Mit dem großen Roman «Die toten Seelen» wies er bereits auf den realistischen russischen Roman voraus, mit dem «Mantel» schuf er eine klassische Novelle, mit dem *Revisor** eine klassische Komödie. Vorausgegangen war die Arbeit an der Komödie *Die Heirat* (1842), die aber erst später vollendet wurde. Diese «völlig unwahrscheinliche Begebenheit in zwei Akten» spielt im Milieu der Kaufleute, das später auch Ostrowski aufgriff: Hofrat Podkolesin ist seines Junggesellendaseins müde, sehnt sich nach Ordnung und Geborgenheit und beauftragt eine Heiratsvermittlerin, ihm eine geeignete Partnerin zu suchen. Noch leidenschaftlicher stürzt sich jedoch sein Freund Kotschkarew für ihn auf die Brautsuche. Ein spätes Mädchen, die begüterte Kaufmannstochter Agafja Tichonovna, ist die Erwählte, bei der sich insgesamt fünf Bewerber einfinden. Mit viel Geschick vertreibt Kotschkarew die übrigen Anwärter und bringt Podkolesin, der ängstlich immer wieder auszureißen versucht, zur Werbung. Obwohl zwischen Podkolesin und Agafja eine zarte Neigung entsteht, packt den Hofrat, während die Braut geschmückt wird, eine panische Angst. Er springt, da er keine andere Möglichkeit zur Flucht sieht, aus dem Fenster und jagt mit einer Droschke davon. – Der durchaus irdische Spaß erhält zuletzt eine Schreckensdimension: In dem Bräutigam bricht plötzlich das Grauen vor dem Leben auf, eine irrationale Angst vor Bindungen, vor einem Leben in verantwortlichem Zusammenhang.

Der Revisor
Komödie in 5 Akten
UA: 1836 in Petersburg

In einer russischen Kleinstadt des frühen 19. Jahrhunderts versammelt der Stadthauptmann Anton Antonowitsch den Hospitalverwalter, den Schulinspektor, den Kreisarzt, den Postmeister und den Kreisrichter, um ihnen mitzuteilen, daß demnächst ein Revisor aus Petersburg zu einem Kontrollbesuch eintreffen werde. Die Nachricht des Polizeichefs löst Entsetzen aus. In die Beratungen, wie die in der Stadt herrschenden Mißstände am besten vertuscht werden könnten, platzen die beiden Klatschmäuler Bobtschinski und Dobtschinski mit der Nachricht, im Gasthaus logiere seit ein paar Tagen ein vornehm gekleideter Herr namens Chlestakow aus Petersburg, der alles auf Rechnung schreiben lasse und bisher nichts bezahlt habe. Sofort wird in ihm der inkognito abgestiegene Revisor vermutet. Chlestakow ist allerdings in Wahrheit nur ein leichtsinniger junger Mann mit reichem Vater, der in Petersburg die Zeit verbummelt hat und daher zu seinem Vater beordert wurde. Er hat sein Reisegeld verspielt und sitzt nun mit seinem Diener Ossip hungrig in dem Gasthof fest. Vorsichtig tastet sich der Stadthauptmann an den vermeintlichen Revisor heran und lädt ihn in sein Haus. Chlestakow fügt sich geistesgegenwärtig in dieses ebenso unerwartete wie freundliche Schicksal. Die Bürger der Stadt umschmeicheln ihn, die Damen sind von seinem galanten Auftreten hingerissen, man besticht ihn mit üppigem Essen, Devotion und schließlich mit Geld. Sagt er die Wahrheit, glaubt ihm keiner, beginnt er aufzuschneiden und Lügenmärchen zu erzählen, lauschen alle verzückt. So steigert sich Chlestakow in ein fulminantes Lügenfeuerwerk hinein, läßt sich von der Frau des Stadthauptmanns umgirren und kokettiert mit deren Tochter. Erst allmählich wird ihm klar, daß man ihn für einen Revisor hält. Er nimmt die ihm aufgedrängte Rolle an, erleichtert alle um Geld und Geschenke und bittet schließlich den Stadthauptmann um die Hand seiner Tochter. Auf Drängen seines Dieners Ossip schützt er eine Reise zu seinem Erbonkel zwecks Einwilligung in die Vermählung vor und macht sich, nach feierlicher Verabschiedung durch die Honoratioren, schleunigst aus dem Staub. Nach seiner Abreise versammelt sich alles, was in der Stadt Rang und Namen hat, bei Antonowitsch, um ihm zu gratulieren und den glücklichen Ausgang der Kontrolle zu feiern. Da stürmt der Postmeister mit einem von ihm wie üblich geöffneten Brief herein: Er stammt von Chlestakow, der einem Freund in Petersburg über seine lustigen Abenteuer berichtet. In die allgemeine Verwirrung platzt der Gendarm mit einer niederschmetternden Nachricht: Der echte Revisor ist soeben eingetroffen und bittet die Herren zu sich ...

«Vor jedem hat man Angst», sagt der Schulinspektor schlotternd – und tatsächlich beherrscht die Angst die Szene. Komisch wird die Situation erst dadurch, daß sich die Mächtigen einer Kleinstadt ihr Schreckgespenst selbst erschaffen und ihre Angst am falschen Subjekt entzünden. So köstlich die Verwicklungen, so einfältig und grotesk das Betragen der Menschen, es entlarvt sich zugleich doch eine Horrorwelt, in der betrogen, geschlagen, bestochen, bedroht und unterdrückt wird, wo nicht der Mensch etwas gilt, sondern die Zeichen seines Ranges, seiner Position in der Machthierarchie. Gogol gestaltet in einer komödiantischen Vision die Angst als Zeichen der Ungesetzmäßigkeit und Verlotterung eines Systems. Die zaristische Zensur wollte die Uraufführung verhindern, doch der Zar selbst ermöglichte sie. Er hatte gut lachen über seine zitternden Provinzschranzen, die da in ihrer Verkommenheit, aber auch Hilflosigkeit angeprangert wurden ... Vor dem düsteren Hintergrund von menschlicher Unzulänglichkeit, von arger Korruption und Verstrickung rollt in satirischer Angriffslust eine perfekt gebaute Komödie ab. So wenig Gogol mit Groteskwirkungen spart, so brillant sind diese selbst in ihrer Absurdität als Ausdrucksmittel einer Situation: Ob der Stadthauptmann nun eine Hutschachtel statt eines Hutes aufsetzt oder angesichts des knienden Revisors sofort selbst auf den Knien herumrutscht, immer wird mit diesen komischen Effekten zugleich auch eine psychische Verfassung gekennzeichnet. Wenn zuletzt mit der Ankunft des echten Revisors das Geschehen an seinen Ausgangspunkt zurückkehrt, wird damit nicht nur die Wiederholbarkeit der Vorfälle aufgezeigt, sondern darüber hinaus die Ohnmacht des in seine Laster und Torheiten wie in den Mechanismus einer desolaten Welt verstrickten Menschen angedeutet.

Alexander Ostrowski 1823–1886

Alexander Nikolajewitsch Ostrowski wurde am 12. April 1823 als Sohn eines kleinen Gerichtsbeamten in Moskau geboren. Er besuchte das Gymnasium, begann Jura zu studieren, wurde dann jedoch Beamter beim «Gewissensgericht», das familiäre Zwistigkeiten und Kriminalfälle behandelte, und später am Handelsgericht in Moskau. Mit 28 Jahren machte er sich als Dramatiker selbständig. Trotz häufiger Schwierigkeiten mit der Zensur schrieb er insgesamt 47 dramatische Werke und kämpfte erbittert, aber weitgehend erfolglos für eine Reform des Theaters. Erst 1886 wurde er, eine späte Genugtuung, mit der Leitung des Repertoires der Moskauer Bühnen und der Theaterschule betraut. Er starb jedoch wenige Monate später, am 14. Juni 1886, in Schtschelykowo.

Ostrowski ist ein Meister der Milieu- und Zustandsschilderung im Rußland der zweiten Hälfte des 19. Jahrhunderts. Seine aus differenzierten psychologischen Charakterzeichnungen zusammengesetzte Darstellung gewisser Gesellschaftskreise verbindet sich mit kraftvollem Humor und enthüllt dabei die Lächerlichkeit und Erbärmlichkeit weniger einer äußeren als einer inneren Situation. Aufgewachsen im alten Kaufmannsviertel Moskaus, geschult durch Beobachtungen in seinem Beruf, war es vor allem der Kaufmannsstand, den er vollendet auf die Bühne brachte und ebenso erbarmungslos satirisch entlarvte wie die Welt der Gutsbesitzer, den Abstieg des Adels und die beginnende kapitalistische Entwicklung mit dem Aufstieg neureicher Emporkömmlinge.

Bereits Ostrowskis erste Komödie spielt im Milieu der Kaufleute, in dem nicht der Mensch zählt, sondern der Reichtum, und das von Unkultur, moralischer Verkommenheit und geistiger Rückständigkeit gekennzeichnet ist. Der unter dem Titel *Bankrott* (1860) geschriebene Erstling ist die Geschichte eines betrogenen Betrügers. In der deutschen Übersetzung *Es bleibt ja in der Familie* genannt, wird sie zur radikalen Anklage gegen eine von Betrug und Gaunerei regierte Welt des Geldes: Ein durch gewissenlose Geschäfte reich gewordener, despotischer Kaufmann versucht sich seiner Gläubiger zu entledigen, indem er seinem schmierigen Kommis, an den er seine widerstrebende Tochter verheiratet, sein Vermögen überschreibt und für seine Person den Bankrott erklärt. Als das Konkursverfahren schiefgeht, rücken die Beschenkten jedoch keine Kopeke des Vermögens heraus, um den Vater vor dem Schuldturm und der Verbannung nach Sibirien zu bewahren. Die Komödie bezieht ihr Wirkung vor allem aus dem Kontrast zwischen dem schurkischen Denken und Handeln ihrer Personen und deren Wohlanständigkeit vorschützenden Reden und Sitten – eine Spannung, die Ostrowski in den meisten seiner Komödien meisterhaft einzusetzen versteht.

In der Komödie *Die arme Braut* (1853), die ebenfalls im Kaufmannsmilieu spielt, haben es alle Freier der schönen Marja nur auf die Mitgift abgesehen, die leider nicht vorhanden ist. So wird das Mädchen an einen ungeliebten, rohen, aber reichen Kaufmann verschachert, der überzeugt ist, daß Marja mit ihm das Glück ihres Lebens macht, während sie einer trostlosen Zukunft entgegenblickt.

Auch in der Komödie *Armut ist kein Laster* (1854) soll die schöne Ljubow, die den armen Handelsgehilfen Mitja liebt, an einen alten Geschäftsfreund ihres tyrannischen Vaters verschachert werden. Der zufällig auftauchende, im Suff verkommene Bruder des Vaters sorgt jedoch für einen glücklichen Ausgang, indem er einen Streit zwischen Brautvater und Bräutigam provoziert, worauf jener seine Tochter dem Nächstbesten in die Arme wirft – und das ist glücklicherweise Mitja.

Das Gewitter (1859) wendet Ostrowskis Thematik ins Tragische: Die in sich erstarrte, kleinbürgerliche Welt eines Wolgastädtchens wird von der reichen Kaufmannswitwe Kabanova und dem geizigen, betrügerischen Kaufmann Dikoj beherrscht. Der Sohn der Kabanova, Tichon, hat auf Wunsch seiner Mutter die Kaufmannstochter Katja geheiratet. Die beiden könnten eine annehmbare Ehe führen, wenn sie nicht von der Mutter erbarmungslos tyrannisiert würden. Der labile Tichon sucht im Alkohol Trost, Katja flüchtet sich in erotische Phantasien. Als Tichon verreisen muß, bringt dessen Schwester Varvara die von ihr bemitleidete Katja mit Boris, dem Neffen Dikojs, zusammen. Die beiden verlieben sich und finden zueinander. Durch die verfrühte Rückkehr ihres Mannes verstört, von Gewissensqualen geplagt und durch ein aufziehendes Gewitter verängstigt, gesteht Katja ihre Untreue. Obwohl Tichon ihr verzeihen würde, ertränkt sich Katja nach einer letzten Begegnung mit Boris, der von seinem Onkel nach Sibirien geschickt wird, in der Wolga. Varvara aber, deren Verhältnis mit Kudriasch, dem tüchtigen Kontoristen Dikojs und Freund von Boris, durch Katjas Geständnis ebenfalls ans Licht gekommen ist, verläßt mit ihrem Geliebten die Stadt. Die beiden sehen in ihrer Liebe keine Sünde und haben die Kraft, sich für einen eigenen Weg zu entscheiden. – Symbolhaft stellt Ostrowski Natur und Menschenwelt gegenüber: Während in der Natur das Gewitter die Luft reinigt, löst es in der Unnatur der Menschenwelt, die von Despotismus, Aberglaube, Roheit und der unkritischen Unterwerfung unter abgelegte Sitten geprägt ist, die Katastrophe aus.

In der Komödie *Eine Dummheit macht auch der Gescheiteste* (1868) versteht es der verarmte Adelige Glumow in der reichen Moskauer Kaufmannschaft mit Intelligenz, Geduld, Intrigen und Heuchelei Karriere zu machen und eine begüterte Braut zu ergattern. Er bedient sich der Spielregeln dieser korrupten und bornierten Gesellschaft, begeht aber einen schwerwiegenden Fehler: Er vertraut seine Meinung über die Umwelt in boshaften Porträts seinem Tagebuch an. Das Dokument gerät in falsche Hände und wird den Betroffenen vorgelesen. Nach einem Sturm der Empörung (aber auch der wechselseitigen Schadenfreude) sieht man jedoch ein, daß man Glumow weiterhin in den eigenen Reihen halten muß, um die öffentliche Bloßstellung durch ihn zu verhindern und ihn sich zunutze zu machen.

Tolles Geld (1870) ist der Angelpunkt einer Komödie, die einen neureichen Kapitalisten in die Gesellschaft verarmter Adeliger führt. Der Unternehmer Wulkow, ein etwas schwerfälliger Mann aus der Provinz mit untrüglichem Instinkt für gediegene Geschäfte, verliebt sich in die schöne Aristokratin Lydia. Das kapriziöse, eiskalte Luxusweibchen, das von adeligen, aber finanzschwachen Lebemännern umschwärmt wird, heiratet die Geldquelle. Doch bald muß Lydia erfahren, daß ihr Mann bei aller Verliebtheit nicht gewillt ist, ihre Verschwendungssucht zu tolerieren. Sie verläßt ihn im Vertrauen auf ihre Freunde, die aber nur «tolles Geld» in den Taschen haben, das sich allzu rasch verflüchtigt, und die zwar charmant, aber nicht zahlungsfähig, darüber hinaus korrupt und unzuverlässig sind. So muß Lydia reumütig zu ihrem Mann zurückkehren, der sie unter der Bedingung wiederaufnimmt und ihre Schulden bezahlt, daß sie als seine «Wirtschafterin» auf dem Land zunächst einmal den Wert des Geldes kennenlernt. Sie fügt sich widerstrebend, aber mit Grazie. – Ostrowski ist es in dieser Komödie virtuos gelungen, zwischen zwei gegensätzlichen Welten die Balance zu halten. Obwohl er die verlotterte, unfähige Adelsschicht sehr realistisch zeichnet, wiegt doch der Charme der Leichtlebigkeit dieser nichtsnutzigen Windbeutel und Schuldenmacher nicht weniger als die liebende Beständigkeit und der moralische Ernst des Mannes der Zukunft, der sich mit deftig biederem Erwerbssinn den Einbruch in die Adelsschicht erlauben kann und Profit daraus zieht.

Der Wald (UA: 1871 in Petersburg), eine Komödie im Milieu der Gutsbesitzer, zeigt Ostrowski als Meister eines kritischen sozialen Realismus, der von tragikomischer Poesie durchwirkt ist: Die reiche Witwe Gurmyschskaja, die auf ihrem Gut im Wald fern der Hauptstadt lebt, wird von ihren Nachbarn für eine gute, tugendhafte Frau gehalten. Die über Fünfzigjährige hat den jungen verarmten Adeligen Alexej in ihrem Haus aufgenommen, bei ihr lebt ebenfalls eine verarmte junge Verwandte, Axinja, und sie gibt vor, die beiden miteinander verheiraten zu wollen. Axinja liebt allerdings den Sohn des Holzhändlers, darf sich aber auf ihn kaum Hoffnung machen, da sie keine Mitgift hat. Die Gurmyschskaja macht indessen immer größere Teile ihres Waldes zu Bargeld – einerseits, um ihren Lebensstandard zu halten, andererseits, weil sie einen Traum hatte, daß ihr Neffe, den sie einst aus «erzieherischen Gründen» ohne Geld in die Fremde geschickt hat, zurückkehren und sein Erbe verlangen werde. Außerdem ist sie in Alexej verliebt und will ihn sich mit Geld angeln. Zwar geizig, aber geschäftsuntüchtig, wird sie von dem gerissenen Holzhändler bei ihren Waldverkäufen kräftig übervorteilt. Der sich im Traum ankündigende Neffe Gennadi trifft tatsächlich ein. Er ist zum Schmierenkomödianten geworden, gibt sich aber bei seiner Tante als Major aus. Ein Kollege mimt seinen Diener. Inzwischen hat Alexej der Gurmyschskaja nach einem Blick in ihre von Geld überquellende Kassette seine Liebe erklärt, und die Witwe möchte nun rasch ihren Lockvogel Axinja loswerden. Verzweifelt fleht das Mädchen Gennadi, den sie für reich hält, um eine Mitgift an. Die große Stunde des Komödianten ist gekommen. Er, der arglos und unbesorgt um irdische Güter in diesen «Wald» gekommen ist, wo im Schutz von vorgetäuschter Ehrenhaftigkeit und Sittenstrenge schamlos betrogen und um Sexualität geschachert wird, wo «alte Weiber grüne Lausejungen heiraten», jungen Mädchen das Leben zerstört wird und Menschen um ihr Erbe betrogen werden, greift nun sogar mit der Pistole ein. Er zwingt die Tante, ihm das Geld, das sie ihm schuldet, zu geben und will Axinja mit sich nehmen und zur Schauspielerin machen. Als sich jedoch herausstellt, daß sie es nicht über sich bringt, ihren Geliebten zu verlassen, schenkt er ihr das Geld als Mitgift und zieht mit seinem Kollegen, arm wie er gekommen ist, wieder auf Wanderschaft. Vor seinem Aufbruch läßt er es sich jedoch nicht nehmen, ein Donnerwetter auf die verlotterte Gesellschaft loszulassen. Verändern kann und will er diese Welt nicht mehr, sie treibt ohnehin der Katastrophe entgegen. Der Wald ist Sinnbild der veränderten sozialen Verhältnisse: Er wird Stück für Stück verkauft, um der gierigen Witwe ihren Genuß zu sichern; doch der Zusammenbruch ist damit nur zu verzögern, aufzuhalten ist er nicht mehr.

Noch deutlicher spiegelt die Komödie *Wölfe und Schafe* (1875) den sozialen Wandel im Leben auf dem Lande: Mit heuchlerischer Frömmigkeit und scharfem Mundwerk hat es die 65jährige unverheiratete Gutsbesitzerin Mursawetzkaja zu Ansehen und Einfluß gebracht. Sie betrügt und korrumpiert mit ihrem Gehilfen Tschugunow jedoch alle Leute, die in ihren Einflußbereich geraten. Nun hat sie es auf die junge reiche Witwe Kupawina abgesehen, die sie mit erpresserischen Drohungen zur Heirat mit ihrem Neffen, einer total verkrachten Existenz, zwingen will. Die «Wölfe» schrecken vor keiner betrügerischen Manipulation zurück, die «Schafe» in ihrer Umgebung scheinen wehrlos. Doch der Schein trügt. Der wirkliche «Wolf» ist der kleine Gutsbesitzer Berkutow, der sich in der Stadt als skrupelloser Geschäftemacher neuen Stils bewährt. Dieser Repräsentant des aufsteigenden Industriekapitalismus, der nach außen hin unantastbare Unternehmer mit Kapital, Energie und kühlem Verstand, durchkreuzt ohne Schwierigkeiten die Machenschaften der Mursawetzkaja und befreit die Witwe aus den Fängen der abgewirtschafteten «Wölfe», um sie gleich darauf selbst mitsamt ihrem Vermögen zu vereinnahmen. Die in ihren veralteten Methoden hoffnungslos Überrumpelten müssen noch froh sein, einigermaßen glimpflich davongekommen zu sein.

Anton Tschechow 1860–1904

Anton Pawlowitsch Tschechow wurde am 29. Januar 1860 in Taganrog am Asowschen Meer als Sohn eines kleinen Kaufmanns geboren. Sein Großvater war noch Leibeigener gewesen, konnte aber sich und seine Söhne freikaufen. Der despotische Vater schickte seine Söhne zwar aufs Gymnasium, zwang sie aber auch, in seinem Laden zu arbeiten und in aller Frühe den Kirchendienst zu versehen, während er malte und den Kirchenchor leitete. 1876 machte der Vater Bankrott, die Familie floh nach Moskau und geriet dort ins Elend. Anton blieb in Taganrog, erhielt ein Stipendium, machte 1879 das Abitur, begann in Moskau Medizin zu studieren und – um sich das Studium zu finanzieren und die Familie zu unterstützen – zu schreiben. Bald hatte er mit seinen amüsanten, aber auch aggressiven und kritischen Geschichten, die er für Witzblätter und Zeitschriften verfaßte, Erfolg. 1884 promovierte er zum Doktor der Medizin; erste Anzeichen der Tuberkulose traten auf. In rastloser Arbeit gelang es ihm, die Familie aus dem Elend herauszuführen. 1890 unternahm er eine Reise auf die Insel Sachalin, die berüchtigte Sträflingsinsel vor der Küste Sibiriens, und veröffentlichte einen Bericht darüber. 1892 wurde er Distriktsarzt, kaufte ein Gut in der Nähe Moskaus, auf dem er mit seiner Familie lebte, und gründete zwei Schulen, ein Krankenhaus und ein Feuerwehrdepot. Er reiste viel, auch nach Europa, zuletzt vor allem aus Gesundheitsgründen. Auf Anraten der Ärzte übersiedelte er nach Jalta. Mit Tolstoi und Gorki war er eng befreundet und hielt mit ihnen regen Kontakt. 1898 lernte er bei Stanislawski die Schauspielerin Olga Knipper kennen, die er 1901 heiratete. 1904 reiste er mit seiner Frau zur Kur nach Badenweiler am Fuße des Schwarzwald, wo er am 15. Juli starb.

«Auf der Bühne sollte alles genauso kompliziert und gleichzeitig genauso einfach sein, wie es im Leben ist. Die Menschen nehmen ihre Mahlzeit, und inzwischen ist ihr Glück gemacht oder ihr Leben ruiniert», schrieb Tschechow. Doch er verfolgte kein naturalistisches Programm, ihm ging es um Konzentration, um knappe, strenge Strukturen: «Die Bühne ist Kunst, sie drückt die Quintessenz des Lebens aus, es ist unnötig, sie mit überflüssigen Details zu füllen.» Diese Quintessenz vermittelt der Dichter in einer Gesamtkomposition, die ein höchst komplexes Gewebe dichterischer Assoziationen und Sinngehalte darstellt: Aus dem indirekten Dialog, aus Gesagtem und Ungesagtem, vielleicht Unsagbarem, aus Pausen, Schweigen, scheinbar zusammenhanglosen Repliken, aus Aneinandervorbeireden, aus dem, was Menschen sich selbst und anderen einreden, was sie sagen und was sie verwischen, indem sie sich in Alltagsgeschwätz und Phrasen flüchten, formte Tschechow die Wirklichkeit des Menschen. Die von ihm angestrebte exakte, subtile Darstellung von Wahrheit erforderte Distanz, Kühle, die er mit feiner, oft auch grausamer Ironie herstellte. «Tschechows Atmosphäre ist nicht die des Impressionismus, die den Zuschauer in verschwommene Empfindungen einlullt und am Nachdenken hindert. Sie ist ein Konzentrat aus Wahrheit, das gespielt werden muß, neben den Worten, hinter den Worten, jenseits aller Worte ...» (Melchinger).

In Tschechows Nachlaß wurde ein Stück des etwa Zwanzigjährigen in einer Mappe mit der Aufschrift «Ohne Titel» gefunden. Man nennt es mit voneinander abweichenden Zusätzen nach der Hauptfigur. *Platonow* (in den Jahren nach 1880 entstanden) zeigt bereits das Programm des Dichters, eine «Enzyklopädie des russischen Lebens» zu schreiben, und weist in Thema, Figuren und Dialoggestaltung deutlich auf die späteren Meisterwerke voraus. Der Titelheld ist ein heruntergekommener Adeliger, der sein Gut vergeudet hat, sein Brot nun als Dorfschullehrer verdient und mit der Tochter eines törichten Obersten a. D. verheiratet ist, die ihn anbetet. Doch auch die anderen Frauen seiner unmittelbaren Umgebung zeigen mehr oder weniger unverhüllt ihr Interesse an dem schönen Don Juan. Platonow, der einst mit politisch revolutionären Ideen aufgebrochen war, ist zu schwach, der Liebe dieser Frauen zu widerstehen, er nimmt sie an, fordert sie auch heraus, spielt mit ihr, ohne sie aber zu erwidern. Er gibt sich als zynischer Melancholiker, sieht seine Nichtsnutzigkeit ein, doch dem Ekel vor sich selbst hält seine Eitelkeit die Waage. Er träumt von einem neuen Leben und tappt von einer Verlegenheitslösung in die andere, bis die Kugel einer betrogenen Geliebten sein Leben beendet.

In dem vieraktigen Drama *Iwanow* (1887) nimmt Tschechow die russische Intelligenzÿa des ausgehenden 19. Jahrhunderts unter die Lupe: Iwanow, ein verschuldeter Gutsbesitzer, war einst ein brillanter, kraftvoller Intellektueller, den alle liebten; nun, knapp dreißigjährig, figuriert er nur mehr als ein sich selbst analysierendes und bemitleidendes, von der Leere seines Lebens angeekeltes Wrack. Er ist mit einer reichen Jüdin verheiratet, die an Schwindsucht leidet und nicht mehr lange zu leben hat. Unfähig, die lähmenden Abende zu Hause zu ertragen, flüchtet er regelmäßig zu den reichen Lebedews, an die er total verschuldet ist. Sascha, die Tochter des Hauses, verliebt sich in ihn und will den zutiefst unglücklichen Menschen in ein erfülltes Leben zurückführen. Es kommt zu schrecklichen Auseinandersetzungen mit Iwanows Frau, die nun glaubt, daß er sie nur ihres Vermögens wegen geheiratet habe. Nach ihrem Tod verlobt sich Iwanow mit Sascha, erschießt sich aber vor der Hochzeit, um das Leben des Mädchens nicht ebenso zu zerstören wie das seiner Frau. Tschechow kommentierte die Tragikomödie des russischen Intellektuellen: «Menschen wie Iwanow lösen keine Probleme, sie brechen unter ihnen zusammen ...»

Die zahlreichen Einakter, die der Dichter in den folgenden Jahren schrieb, bezeichnete er selbst meist als «Vaudevilles». Es sind kleine Farcen, von denen einige wegen ihres pointierten Humors immer wieder gespielt werden. *Der Bär* (1888) variiert das Thema der Witwe von Ephesus: Eine junge Witwe, die gewillt ist, um ihren Mann bis ans Lebensende zu trauern, kämpft derart vehement gegen die Forderungen eines Gläubigers des Verstorbenen, daß dieser ihr, überwältigt von soviel Energie, einen Antrag macht, den sie – als er bereits den Rückzug antreten will – annimmt. – *Der Heiratsantrag* (1889) soll ein streitsüchtiges Mädchen und einen hypochondrischen Sonderling vereinen. Der zwischen beiden sofort aufflammende Streit läßt jedoch den jungen Mann gar nicht dazu kommen, sein Anliegen vorzutragen. Der wütend Davongestürmte wird zurückgeholt, und fällt, als der Streit binnen kurzer Zeit von neuem beginnt, in Ohnmacht. Kaum hat er das Bewußtsein wiedererlangt, werden die beiden mühsam zu einer Umarmung gebracht. Doch während der Vater des Mädchens eilends nach Champagner ruft, geht das Gezänk bereits wieder los. – *Die Hochzeit* (1890) ist eine Satire auf die Geltungssucht der Kleinbürger, die bei gegebenem Anlaß skurrile Blüten treibt.

Nach der Arbeit an einem Stück mit dem Titel *Der Waldgeist* (1889), das er einige Jahre später zu *Onkel Wanja** umarbeitete, schrieb Tschechow sein erstes Meisterwerk, *Die Möwe**, in dem er erstmals vollendet aus dem subtilen Geflecht der Dialoge ein vielschichtiges Gesamtbild entwarf. 1896 nahm er die Arbeit am *Waldgeist* wieder auf, strich aber die Titelfigur respektive reduzierte sie zu einer Spiegelung Wanjas und nahm entscheidende Straffungen und Veränderungen vor.

Onkel Wanja (UA: 1899 in Moskau) trägt den Untertitel «Szenen aus dem Landleben». Nach seiner Pensionierung hat sich Professor Serebriakow, eine vermeintliche Größe der Wissenschaft und Kunst, mit seiner jungen schönen Frau Jelena auf das Gut seiner verstorbenen ersten Frau zurückgezogen, das er als seinen Besitz ansieht, Er ist ein eitler, egoistischer Despot, der seine Familie mit seinen Krankheiten und seinen Launen terrorisiert. Das Gut wird von seiner Tochter Sonja und Onkel Wanja, der Tochter und dem Bruder der Verstorbenen, bewirtschaftet, die für den berühmten und verehrten Mann arbeiten, ohne an sich selbst zu denken und damit seine Lebensführung sichern. Jetzt, da er bei ihnen lebt, müssen sie seine Nichtigkeit durchschauen. Onkel Wanja erkennt, daß er für diesen aufgeblasenen Menschen, der selbstherrlich fremdes Geld und jugendliche Schönheit für sich in Anspruch nimmt und dessen wissenschaftliche Arbeit nichts taugt, die besten Jahre seines Lebens nutzlos vertan hat. Die

Verzweiflung darüber und seine hoffnungslose Liebe zu Jelena verändern in Wanja das Bewußtsein des eigenen Lebens: Seine Arbeit interessiert ihn nicht mehr, er beginnt zu trinken, Panik über sein unwiederbringlich vergeudestes Leben erfaßt ihn. Als der Professor, dem das Leben unter den «dummen Menschen» auf dem Land nicht mehr behagt, kurzerhand das Gut verkaufen will, um eine Villa in Finnland zu erwerben, kommt es zum Eklat. Wanja erklärt, daß das Gut Sonja gehöre, und schreit dem Schwager seine ganze Verachtung und Verzweiflung ins Gesicht. Völlig außer sich, will er ihn erschießen, verfehlt ihn aber zweimal. Der Professor und Jelena rüsten daraufhin überstürzt zur Abreise – man versöhnt sich, es soll alles beim alten bleiben. Jelena nimmt Abschied von Wanjas Freund, dem Arzt Astrow, den die häßliche Sonja hoffnungslos liebt, der aber nur Augen für Jelena hatte und ihr leidenschaftlich seine Liebe erklärte. Zwar fühlt Jelena, daß sie an der Seite ihres Mannes freudlos verblüht, doch bringt sie, gleichgültig und stumpf geworden, nicht die Kraft auf, sich von ihm zu trennen und mit Astrow ein neues, erfüllteres Leben zu wagen. So geht auch dieser. Onkel Wanja und Sonja bleiben allein zurück. Sie werden weiterarbeiten. Vielleicht, hat Astrow zuvor gesagt, werden jene, die einhundert, zweihundert Jahre nach ihnen leben, ein Mittel finden, glücklich zu werden.

Schon von seiner tödlichen Krankheit gezeichnet, schrieb Tschechow noch zwei Meisterwerke: *Drei Schwestern** und *Der Kirschgarten**, die von der unvergleichlichen Mischung aus leiser Komik und verhaltener Tragik getragen sind, ein wesentliches Charakteristikum von Tschechows Kunst.

Die Möwe
Komödie in 4 Akten
UA: 1896 in Petersburg

Im Garten des Gutes der berühmten Schauspielerin Arkadina ist ein kleines Theater aufgeschlagen: Das Stück ihres Sohnes Treplew soll vorgeführt werden. Nina, die Tochter eines benachbarten Gutsbesitzers, ist der Star der Aufführung – zum Ärger seiner Mutter, wie Treplew vermutet, der das Mädchen leidenschaftlich liebt. Eine bunte Gesellschaft findet sich ein, um das Spiel zu sehen: An der Seite der Arkadina, die hier den Sommer verbringt, ihr Geliebter Trigorin, ein vielbewunderter, erfolgreicher Schriftsteller, ihr Bruder Sorin, Geheimrat a. D., nun der eigentliche Besitzer des elterlichen Gutes, der Arzt, der Gutsverwalter, seine Frau, die den Arzt liebt, und deren Tochter Mascha, die vom Lehrer Medvedenko verehrt wird, aber unglücklich in Treplew verliebt ist. Als seine Mutter während des Spiels spöttische Bemerkungen macht, bricht Treplew empört die Vorstellung ab. Einige Tage später, als Ninas Eltern verreist sind, kommt das Mädchen einen Tag auf das Sorinsche Gut. Treplew, der sich immer sonderbarer benimmt, legt Nina eine tote Möwe zu Füßen und erklärt ihr, bald werde er sich selber töten. Trigorin dagegen, der Nina in ein langes Gespräch zieht, in dem er sich dem Mädchen selbstkritisch offenbart, inspiriert die tote Möwe zu Notizen für eine kleine Geschichte: Ein Mädchen lebt wie eine Möwe, glücklich und frei, da kommt ein Mann, richtet es zugrunde, bloß so, aus Langeweile. Eine Woche später wird zum Aufbruch gerüstet: Treplew hat einen Selbstmordversuch begangen, seine Mutter durchschaut ihn als Eifersuchtstat, denn zwischen Trigorin und Nina bahnt sich eine Beziehung an. Die Arkadina drängt daher zur Abreise. Sorins Vorschlag, Treplew Geld zu geben und ihn ins Ausland zu schicken, lehnt sie ebenso kalt ab wie Treplews Bitte, Sorin Geld zu leihen, damit er aus Gesundheitsgründen in die Stadt ziehen könnte. Trigorin bittet seine Geliebte, ihn freizugeben, doch in einer großen dramatischen Szene gewinnt sie ihn wieder für sich. Willenlos folgt er ihr. Dennoch verabredet er mit Nina, die ihr Elternhaus verlassen und zur Bühne gehen will, ein Wiedersehen in Moskau. – Zwei Jahre später ist Sorin so ernsthaft erkrankt, daß seine Schwester auf das Gut gerufen wird. Mascha hat inzwischen Medvedenko geheiratet, doch es zieht sie noch immer magisch in Treplews Nähe. Dieser ist inzwischen ein vielbeachteter Schriftsteller geworden. Nina hat, wie erzählt wird, von Trigorin ein Kind bekommen, das bald gestorben ist, und wurde von dem Geliebten verlassen, der seine Beziehungen zu Arkadina nie ganz aufgegeben hatte. Nun kommt er mit ihr auf das Gut und versucht, sich mit Treplew zu arrangieren. Als die Gesellschaft zum Abendessen aufbricht und Treplew allein bei seiner Arbeit zurückbleibt, kommt Nina. Jubelnd umarmt sie Treplew und bittet sie, bei ihm zu bleiben. Doch als Nina im Nebenraum Trigorins Lachen hört, gesteht sie, daß sie diesen Mann nach wie vor leidenschaftlich, bis zur Verzweiflung liebe, und verläßt das Haus. Langsam zerreißt Treplew seine Manuskripte und geht aus dem Zimmer. Man hört einen Schuß. Der Arzt nimmt Trigorin beiseite und flüstert ihm zu, daß sich Treplew getötet habe.

In der *Möwe* verwirklichte Tschechow erstmals konsequent seine spezifische Methode zur Enthüllung der Wahrheit menschlicher Existenz. Nicht in der direkten Aussage, im direkten Dialog, sondern im indirekten wird das Wesentliche formuliert. Jede der Figuren ist in Balance gehalten, offenbart ihre erbärmlichen, lächerlichen und bösen Züge wie auch ihre guten, liebenswerten. Tschechow hat sein Stück eine Komödie genannt, obwohl sich zuletzt ein Mensch tötet, ein anderer in Verzweiflung und Verstörung in ein ungewisses Leben geht und obwohl die meisten ihre Wünsche und Hoffnungen verfehlen. Theater, Kunst, Literatur stehen im Vordergrund der Erörterungen, doch die Liebe ist der eigentliche Pol, um den sich alles dreht: Jene, die die Kunst und die Liebe verraten, triumphieren, diejenigen, die daran festhalten, scheitern; die Schäbigen siegen, die Idealisten gehen zugrunde. Von diesen Ironien ist das gesamte Werk durchsetzt. Nahezu jeder möchte das sein und besitzen, was er nicht hat und nicht ist. Ein Reigen der unerfüllten Wünsche und verfehlten Lieben umringt die Egoisten, die sich mit Energie, Rücksichtslosigkeit und Grausamkeit das verschaffen, was sie wollen, ihren Erfolg aber mit der Preisgabe ihrer Menschlichkeit bezahlen. Die Arkadina «hält» sich Trigorin, zur Liebe ist sie ebensowenig fähig wie er, der sein Talent an den Erfolg und seine Gefühle an die Bequemlichkeit verkauft hat. Nicht zuletzt an ihrer Gewissenlosigkeit scheitern die Jungen. Während Treplew in seiner Kunst keinen Ausweg aus der Einsamkeit und Kälte seines Lebens findet, fühlt Nina in der Verzweiflung ihre «seelischen Kräfte wachsen»: «Wenn ich an meine Berufung denke, fürchte ich mich vor dem Leben nicht mehr», sagt sie. Ob sie schließlich zur Kunst finden kann oder ob sie sich mit dem Glauben an ihre Berufung selbst betrügt, bleibt offen.

Drei Schwestern

Drama in 4 Akten. UA: 1901 in Moskau

In einer russischen Provinzstadt leben die drei Töchter und der Sohn des Generals Prosorow, der vor elf Jahren hierher versetzt wurde, inzwischen aber verstorben ist. Es ist Frühling, man feiert den Namenstag der jüngsten Schwester Irina.

Tschechow, Drei Schwestern
Residenztheater München, 1978
Inszenierung: Ingmar Bergman
Olga: Ursula Lingen
Mascha: Christine Ostermayer
Irina: Christine Buchegger

Die Schwestern führen den ersten Salon der Garnisonstadt, ihr Haus ist ein Treffpunkt der Offiziere. Doch die Mädchen sehnen sich zurück nach Moskau. Sie hoffen, daß ihr Bruder Andrej, den der Vater zur wissenschaftlichen Laufbahn bestimmte, dort Professor wird und sie mit ihm in die Hauptstadt ziehen können. Olga, die älteste, inzwischen bereits 28 Jahre alt und unverheiratet, ist Lehrerin an einem Mädchengymnasium, sehnt sich aber nach einem Ehemann; Mascha, die zweite Schwester, hat den einfältigen Lehrer Kulygin geheiratet; Irina, die jüngste, ist noch voll Lebenserwartung, sie wünscht sich eine Arbeit, die ihr Leben ausfüllt, und wird von zwei Offizieren, dem kultivierten, aber häßlichen Baron Tusenbach und dem zynischen Stabskapitän Soljony verehrt. Der neue Batteriechef Warschinin macht an Irinas Festtag seinen Antrittsbesuch bei den Prosorows, und die Schwestern lassen sich von ihm begeistert aus Moskau erzählen. Zum Namenstagsfest kommt auch Natascha, ein unsicheres junges Mädchen, das sich in der Gesellschaft nicht so recht zu bewegen weiß. Als sie sich gekränkt fühlt und von der Tafel davonläuft, erklärt ihr Andrej seine Liebe und bittet sie, seine Frau zu werden. Kaum zwei Jahre später hat Natascha bereits heimlich das Regiment im Haus übernommen. Andrej, der ein Spieler geworden ist, klagt resignierend dem schwerhörigen alten Ferapont, daß seine Ehe ihn langweile und unglücklich geworden sei. Auch Werschinin schüttet an diesem kalten Winterabend Mascha sein Herz über seine katastrophale Ehe aus und gesteht ihr seine Liebe. Tusenbach wirbt weiterhin hartnäckig um Irina, die inzwischen auf dem Telegraphenamt arbeitet. Einige Jahre später brennt es in der Stadt. Die gespannte Ausnahmesituation führt eine Auseinandersetzung zwischen Olga und Natascha herbei. Der betrunkene Arzt Tschebutykin, der seit Jahren im Haus lebt, verrät, daß Natascha ein Verhältnis mit Andrejs Vorgesetztem habe. Als sich Mascha empört, daß Andrej das gemeinsame Haus verpfändet hat, beklagen die Schwestern die Veränderung des Bruders, der zum resignierten Kleinbürger abgesunken ist. Verzweifelt bricht Irina in Tränen aus: Der Traum von Moskau zerrinnt mehr und mehr, auch ihre neue Arbeit in der Stadtverwaltung gibt ihr keine Befriedigung. Tröstend rät ihr Olga, Tusenbach zu heiraten. Mascha kann sich in dieser gespannten Atmosphäre nicht länger zurückhalten, sie gesteht den Schwestern ihre Liebe zu Werschinin. Auch Andrej sucht in der Brandnacht die Aussprache mit den Schwestern. Einige Zeit später werden die Offiziere versetzt. An einem Herbsttag verabschieden sie sich im Haus der Prosorows. Irina hat sich mit Tusenbach verlobt und will mit ihrem zukünftigen Mann wegziehen. Olga, die Direktorin des Mädchengymnasiums geworden ist, wird von ihrer Arbeit sehr beansprucht, doch auch sie kommt zum allgemeinen Abschied. Tschebutykin erzählt Andrej, daß Soljony den Baron zum Duell gefordert hat. Er hatte seinerzeit Irina gedroht, er werde sie keinem anderen gönnen. Verzweifelt muß Mascha von Werschinin Abschied nehmen. Plötzlich kommt die Nachricht, daß Tusenbach im Duell getötet wurde. Die Schwestern schmiegen sich aneinander und sprechen sich neue Hoffnung zu.

«Ein Stück über die Hoffnung», nennt Siegfried Melchinger das Drama. «Und das bedeutet: ein Stück über die Zeit.» Die Hoffnungen welken, die Menschen altern, das Leben verrinnt. Wenn Tschechow an den Figuren seines Dramas das unaufhaltsame Vergehen der Zeit darstellt, ihre Unfähigkeit und Ohnmacht, sich ihre Lebenssehnsucht zu erfüllen, wird zugleich grundsätzlich nach der Möglichkeit von Glück, eines sinnvoll gestalteten Lebens gefragt. Die Lebenshoffnungen der Schwestern werden von dem Dichter erbarmungslos als Illusion entlarvt. Dabei erweist sich das Warten auf die Erfüllung der Hoffnung, die Illusion, die Moskau heißt, als lähmend. Es ist nicht zu übersehen, daß nur jene junge Frau, die keinen Gedanken an Moskau verschwendet, erreicht, was sie will: Natascha hat ihr Wünsche nicht zu hoch angesetzt und verwirklicht sie vulgär und rücksichtslos. Die anderen träumen von einem besseren Leben in Moskau und versauern in der Provinz, verfehlen, den Blick in die Ferne gerichtet, ihr Leben in der konkreten Gegenwart, die zwischen Erinnerungen und Sehnsüchten zerrinnt. So schleppt jeder die Tragikomödie seines Lebens mit sich, seine Hoffnungen und ihr Scheitern. Doch es scheint nicht nur an der Kraftlosigkeit der Vertreter einer niedergehenden Epoche zu liegen, wenn sich ihre Lebenssehnsucht nicht erfüllt, vielmehr spiegelt sich hier die Ohnmacht von Menschen schlechthin, ihr Lebensglück zu finden und ihre Träume zu verwirklichen. Zwischen Nihilismus und der verzweifelten Suche nach einer Sinngebung des Seins verlieren sie den Zugang zum Leben.

Der Kirschgarten
Komödie in 4 Akten
UA: 1904 in Moskau

Die adelige Gutsherrin Ljubow Andrejewna Ranjewskaja kehrt mit ihrer Tochter Anja nach jahrelanger Abwesenheit aus Paris nach Rußland auf ihren Landsitz zurück, begleitet von einer Gouvernante und dem Diener Jascha. Ein großes Empfangskomitee steht bereit, darunter ihr Bruder Gajew, ihre Pflegetochter Warja und der reiche Kaufmann Lopachin. Die Ranjewskaja hat im Ausland ein verschwenderisches Leben geführt und ihr Gut schwer mit Schulden belastet. Lopachin, dessen Vater noch als Leibeigener auf dem Gut gearbeitet hat, teilt ihr mit, daß der Besitz zur Versteigerung ausgeschrieben worden sei, da die Hypothekenzinsen nicht bezahlt werden konnten. Er macht den Vorschlag, den prächtigen Kirschgarten des Besitzes zu parzellieren und für Sommerhäuser zu verpachten. Fassungslos lehnen Ljubow und ihr Bruder ab. Man hofft wegen der Geldschwierigkeiten auf die Hilfe einer reichen Tante. Die Zeit verstreicht, man redet und redet, nichts wird unternommen, um das Gut und den Kirschgarten zu retten. Am Tag der Versteigerung veranstaltet Ljubow einen Ball auf dem Gut, zu dem sie alle Leute der näheren Umgebung einlädt. Lopachin kommt und erklärt, daß der Kirschgarten verkauft sei: Er habe ihn erworben. Die Ranjewskaja bricht zusammen. Lopachin aber steigert sich in einen Freudentaumel: Er, der Sohn eines Leibeigenen, ist nun der Besitzer. Bald darauf heißt es für die einstigen Gutsbesitzer Abschied nehmen. Die Ranjewskaja wird zu ihrem Geliebten nach Paris zurückkehren, die Familie zerstreut sich in alle Windrichtungen. Als alle geschäftig mit dem Gepäck hinausgeeilt sind, sinken Schwester und Bruder einander in die Arme und trauern um den geliebten Garten, ihre Jugend, ihr Leben. Kaum haben sie das Haus verlassen, werden die Fenster vernagelt. Von draußen tönen dumpf die Axtschläge.

Für die Menschen einer untergehenden Gesellschaft ist der Kirschgarten das Symbol der Schönheit eines Lebens, an dem sie sehnsüchtig festhalten wollen. Den anderen, den neuen, den aufstrebenden Menschen bedeutet er nichts als Grund und Boden, der nutzbar gemacht werden kann. Tschechow gestaltet hier den Wechsel der Epochen. Die Veränderung ist unaufhaltbar, beim Zusammenstoß mit dem Morgen muß das Gestern unterliegen. Der Dichter verdammt weder die Menschen einer abgelebten Zeit noch die der Zukunft. Er versucht, die Einstellung und das Verhalten verschiedengearteter Menschen zum Wandel der Zeiten aufzuzeigen. Es ist ein- und derselbe ebenso unaufhaltsame wie unwiderrufliche Vorgang, der sich auf diese unterschiedlichen Menschen unterschiedlich auswirkt. Tschechow baute eine Idylle auf, um sie nachhaltig zu zerstören, nicht elegisch, nicht resignierend, sondern hart, unbeugsam, aber mit komischen Mitteln. Die Menschen sind mit enthüllender Ironie gezeichnet, sie alle haben ihre positiven, ihre lächerlichen und ihre negativen Züge: Die leichtsinnige, verschwenderische, aber warmherzige und gefühlvolle Ranjewskaja und der liebenswürdige Schönredner Gajew ebenso wie der geschäftstüchtige Lopachin oder der Revolutionär Trofimow, der große Zukunftspläne entwirft, aber nicht die Fähigkeit hat, sie zu realisieren. Denn obwohl er Arbeit predigt, rührt er keinen Finger und lebt auf Kosten der ohnehin total verschuldeten Gutsbesitzer. Wenn Tschechow in dieser Komödie eine Hoffnung formuliert, so in Anja, in der sich der Charme, die Kultur und die Güte der Mutter mit dem Willen zur inneren Freiheit und zu ernster Arbeit vereinen. Der Dichter deutet in dieser Figur einen Weg an, der nicht zur Revolution führt, sondern zu Hoffnung auf Veränderung der Welt durch die Einsicht des Menschen und den Willen zu einer neuen Lebenshaltung. Ob sie sich bewähren wird, bleibt offen.

Maxim Gorki 1868–1936

Maxim Gorki (eigentlich Alexej Maximowitsch Peschkow) wurde am 28. März 1968 in Nischni Nowgorod als Sohn eines Tischlers geboren. Sein Vater starb früh, seine Mutter zog zu ihren Eltern, bei denen Gorki seine Kindheit verbrachte. Nach dem Tod der Mutter riß er, elfjährig, aus und verdiente seinen Lebensunterhalt als Laufjunge, Bäckergehilfe, Hausknecht und Hafenarbeiter. 1884 übersiedelte er nach Kasan, um zu studieren. Als er die Erfolglosigkeit dieser Anstrengung einsah, beging er einen Selbstmordversuch. Er kam in revolutionäre Kreise und begann zu agitieren. 1892 schrieb er als Bahnarbeiter in Tiflis seine erste Erzählung, fünf Jahre später war er ein bekannter Schriftsteller. Im Lager der Sozialdemokraten nahm er an der Revolution von 1905 teil, wurde, wie schon mehrmals zuvor, verhaftet und ging 1906 ins Ausland. Nach Aufenthalten in Deutschland, Frankreich und den USA ließ er sich auf Capri nieder. Eine Amnestie ermöglichte ihm 1913 die Rückkehr nach Rußland. Die Oktoberrevolution 1917 erschreckte ihn mit ihrem Terror; er kritisierte öffentlich die Lynchjustiz. 1921 verließ er Rußland, kehrte jedoch 1928, hochgeehrt, zurück und proklamierte 1934 den «sozialistischen Realismus» mit einer «revolutionären Romantik» als wesentlichem Bestandteil. Gorki starb am 18. Juni 1836 in Moskau. Bereits 1932 war sein Heimatort in Gorki umbenannt worden.

Gorki gilt als Schöpfer eines neuen realistischen und sozialkritischen Bühnenstils. Er setzte sich intensiv mit den Dramen Tschechows auseinander, die sein dramatisches Schaffen entscheidend beeinflußten. Tschechows Technik weiterführend, ersetzte er allerdings dessen Gebot zur Objektivität durch einen humanistisch wie sozialistisch eingefärbten Objektivismus, einen von Romantik nicht freien Fortschrittsglauben, dem er auch revolutionäre Agitation beimischte. Er versuchte jedoch immer, seine Figuren psychologisch und sozial zu begründen.

In seinem ersten Drama, der «dramatischen Skizze in 4 Akten» *Kleinbürger* (1902), schildert Gorki kritisch das Milieu im Haus des tyrannischen, habgierigen und selbstgerechten Malermeisters Bessemjonow. Während dieser streng an den abgelebten patriarchalischen Traditionen des russischen Kleinbürgertums festhält, versuchen seine Kinder, Pjotr und Tatjana, aus der der Vergangenheit verhafteten Enge herauszukommen, ohne jedoch eine klare Vorstellung zu haben, wie und wofür sie leben möchten. Da sie, pessimistisch und lebensängstlich, nicht fähig sind, ihr Leben aus eigener Kraft zu gestalten, erschöpfen sie ihre Energie in sinnlosen Streitereien mit dem Vater. Bessemjonow hat nur einen wahren Gegenspieler, seinen Pflegesohn, den Lokomotivführer Nil, der sich von der Kleinbürgermentalität bewußt distanziert und zuletzt mit einer als Dienstmädchen gehaltenen armen Verwandten Bessemjonows das Haus verläßt: ein klassenbewußter Proletarier, der sich gegen die Kleinbürger behauptet.

Sein zweites Stück brachte Gorki sogleich einen Welterfolg: *Nachtasyl**, von ihm später auf Anraten von Freunden *In der Tiefe des Lebens* und noch verknappend *In der Tiefe* genannt. Sein soziales und politisches Engagement formulierte Gorki auch in den folgenden Dramen, die zwischen 1902 und 1910 entstanden.

Sommergäste (UA: 1904 in St. Petersburg) entwirft ein Tableau der bürgerlichen Intelligenz der Jahrhundertwende. Diese Menschen sind «im Grunde ihrer Seele Sommerfrischler», schrieb Gorki, sie «tauchen auf, leben eine Zeitlang, verschwinden dann und hinterlassen im

Leben Papierschnitzel, Scherben, Überbleibsel». Gorki zeigt eine Gruppe von Menschen, die auf dem Land in der Nähe von Moskau die Sommermonate verbringen. Die Ehen der aus kleinbürgerlichen Verhältnissen Aufgestiegenen (ein Advokat, ein Ingenieur, ein Arzt) sind fragwürdig geworden: Die Männer haben es sich in genießerischem Zynismus bequem gemacht, wollen sich nach ihrem Aufstiegskampf nun «satt essen und ausruhen», während die Frauen zu zweifeln beginnen und sich ihrer Ohmacht, Abhängigkeit und Unausgefülltheit bewußt werden. Eine Ärztin löst die Auseinandersetzung über Wahrheit und Illusion, Engagement und Lebensflucht aus, ein Dichter, der den Kontakt zur fortschrittlichen Intelligenz verloren hat, der selbst zur Phrase geworden ist, verschärft den Konflikt. Einen tragikomischen Konflikt, der gerade darum so heftig ausgefochten wird, weil im Grunde alle um den eigenen Verrat wissen. Die Ärztin führt ihnen vor Augen, daß sie, Rußlands Intelligenz, jeden Kontakt zum Volk verloren haben und ruft sie zur Umkehr, zum Handeln auf. Die Gruppe der Sommergäste bricht auseinander, «Nutznießer, Egoisten, pessimistische Zyniker bleiben die einen, politische Aktivisten für die revolutionäre Sache des Volkes und der Demokratie werden die anderen» (Henning Rischbieter).

Kinder der Sonne (1905) erzählt die tragikomische Geschichte von Menschen mit einigem guten Willen im Herzen und vielen schönen Phrasen auf den Lippen, die sich von jeglicher Realität entfernt haben. Jene unter ihnen, die das Kommen einer blutigen Zeit ahnen, gelten als

Gorki, Sommergäste
Burgtheater Wien, 1979
Inszenierung: Achim Benning
v. l. n. r. Salimow: Ernst Jacobi
Varvara: Erika Pluhar, Basov: Norbert Kappen
Suslov: Wolfgang Gasser

krank oder als zynische Pessimisten. Während neben ihnen Aberglaube, Brutalität und Unwissenheit herrschen, eine Choleraepidemie wütet und das Volk Ärzte lyncht, nimmt ihr großer Disput über Wahrheit und Schönheit absurde Dimensionen an. Sie sind in ihrer Isoliertheit und Handlungsunfähigkeit tatsächlich Menschen von einem anderen Stern, grotesk und tragisch zugleich.

Die Technisierung greift in *Barbaren* (1906) nach einer Kreisstadt. Eine Eisenbahnlinie soll Geld und damit Einfluß und «neues Leben» bringen – doch im Endeffekt bleibt alles beim alten. Das Drama *Feinde* (1906) stellt die unüberbrückbaren Gegensätze zwischen Unternehmern und revolutionär gesinnten Arbeitern bei einem Arbeitskonflikt klar heraus. Das Stück wurde im zaristischen Rußland verboten (und in Berlin uraufgeführt). – Eine Untergangsgesellschaft in ihrer krassen Verkommenheit und kraftlosen Passivität zeichnete Gorki in *Die Letzten* (1910).

Nachdem er sich jahrelang von der dramatischen Produktion abgewandt hatte, schrieb Gorki 1930 das Drama *Somow und die anderen* (1954), in dem er versuchte, sowjetische Gegenwart auf die Bühne zu bringen. Er hielt das Werk für mißglückt, die Arbeit regte ihn aber zu einem Dramenzyklus an, der die Geschichte der Russischen Revolution beschreiben sollte, aber unvollendet blieb: *Jegor Bulytschew und die anderen* (1932) spielt kurz vor Ausbruch der Februarrevolution 1917 im Haus des reichen Kaufmanns Bulytschew. Der urwüchsige Mann kämpft gegen den Tod und zieht die Bilanz seines Lebens, fragt sich, warum er so und nicht anders gelebt hat, wieso er, der Sohn eines Flößers, unter «Fremde» geraten ist. Sterbend sagt er sich von der Pseudo-Ordnung, vom kapitalistischen System als entfremdender Kraft los, ein Einzelgänger, der weiß, daß sich in seinem Tod der Untergang seiner Klasse abbildet. *Dostigajew und die anderen* (1933) bildet die Fortsetzung des vorangehenden Dramas mit weitgehend denselben Personen. Das Stück spielt während der Oktober-Revolution, deren Auswirkungen auf die Bourgeoisie gezeigt wird. Dostigajew, bei dem Gegner der Bolschewisten konspirativ zusammentreffen, ohne daß er sich direkt an ihren Aktivitäten beteiligt, versteht es, sich äußerlich den neuen Verhältnissen anzupassen und sie für seine Zwecke zu nutzen. Als seine Freunde verhaftet werden, distanziert er sich von ihnen und bekennt sich offen zu den neuen Machthabern. Skrupellos taktierend, ist er einzig auf seinen Vorteil bedacht.

Bereits 1910 hatte Gorki ein Stück mit dem Titel *Wassa Schelesnowa* verfaßt, ein «soziales Melodram», das «den Untergang einer russischen Kaufmannsfamilie ohne politische Perspektive» schildert. 1935 nahm er sein «äußerst mißlungenes Stück» wieder auf und veränderte es mit neuen Personen und neuen Konfliktsituationen grundlegend. *Wassa Schelesnowa* (1936) ist in der zweiten Fassung Besitzerin eines Schiffahrtsunternehmens, eine kraftvolle Frau, deren unerbittliche Härte von mütterlicher Weiblichkeit überdeckt wird. Sie hat sich gegen die Brutalität eines Mannes durchsetzen müssen, sich gegen alle Demütigungen und Kränkungen die Würde bewahrt, aber dabei die Menschen hassen gelernt. Ihre Menschlichkeit hat sie an das Geschäft «verkauft», eine Investition, deren Irrtum sie zuletzt erkennen muß, als sie ihre Welt zerbrechen sieht. Wassa findet allein in ihrem Geschäft, in der Arbeit Befriedigung. Ihren Mann, einen Säufer und Kinderschänder, zwingt sie zum Selbstmord, als eine Anklage auch mit Bestechungsgeldern nicht mehr zu verhindern ist. Ihre beiden Töchter und ihren verkommenen Schwager hält sie in Abhängigkeit. Zu ihrer Gegenspielerin wird die Schwiegertochter Rachel, eine jüdische Intellektuelle und Bolschewistin, die mit ihrem todkranken Mann im Ausland lebt und nun ihren kleinen Sohn von der Großmutter holen möchte. Für Wassa aber bedeutet der Enkel als Erbe des Unternehmens die Hoffnung und Rechtfertigung ihren skrupellosen Lebens; sie weigert sich, ihn herauszugeben. Im Zusammenstoß der beiden Frauen prallen zwei Welten aufeinander. Nachdem Wassa Rachel bei der Polizei denunziert hat, stirbt sie einen plötzlichen Herztod. Ihre Familie stürzt sich gierig auf das Erbe.

Nachtasyl
Schauspiel in 4 Akten
UA: 1902 in Moskau

Im Elendsquartier des Ehepaars Kostylew, einer Obdachlosenherberge in einem dumpfen Kellerraum, kommen gescheiterte Existenzen, Diebe, Trinker, Landstreicher, Falschspieler, Prostituierte zusammen. Da hausen der Schlosser Kleschtsch mit seiner todkranken Frau, die Pastetenverkäuferin Kwaschnja, das Straßenmädchen Nastja, ein heruntergekommener Baron, der Mützenmacher Bubnow, der Falschspieler Satin, ein versoffener Schauspieler, der junge Schuster Aljoscha und der junge Waskja Pepel, ein Sträflingskind und Dieb, der mit der Herbergswirtin Wassilissa ein Verhältnis hat, aber deren Schwester Natascha liebt. So heruntergekommen sie alle sind, jeder von ihnen klammert sich doch an die Sehnsucht nach einem besseren Leben, legt sich eine Formulierung für diese Sehnsucht zurecht. Die Spannungen, die zwischen diesen verschieden gearteten Menschen auftreten, münden immer wieder in Streitereien und Prügeleien. Im Elendsquartier taucht eines Tages Luka, ein Landstreicher ohne Papiere, auf, der seinen Mitbewohnern neuen Glauben und neue Hoffnung gibt. Auch kann er eine Schlägerei zwischen dem gewalttätigen Kostylew und Pepel verhindern, der von Wassilissa bedrängt wird, ihren Mann zu töten. Pepel dagegen will mit Natascha nach Sibirien gehen und bestürmt das Mädchen mit Versprechungen und Liebesbeteuerungen. Damit fordert er jedoch die dunklen Instinkte der eifersüchtigen Wassilissa heraus, die ein Gespräch belauscht. Als sie und ihr Mann Nataschas Füße mit kochendem Wasser verbrühen, erschlägt Pepel im darauffolgenden Handgemenge Kostylew. Wassilissa ruft die Polizei, Pepel verrät ihre Mordpläne. Beide werden festgenommen, und Natascha, die an ein Einvernehmen zwischen ihnen glaubt, sagt sich von dem Geliebten los. Dieser flieht. Luka ist seit dem Mord verschwunden, seine Ideen und Erzählungen jedoch sind nicht vergessen. Satin beginnt, seinen Freunden eine Philosophie des Übermenschen zu entwickeln. Man rüstet zu einem kleinen Gelage und beginnt zu singen, als der Baron entdeckt, daß sich der Schauspieler erhängt hat. «Muß uns das Lied verderben, der Narr!» sagt Satin.

Gorki gab nicht nur eine Zustandsschilderung des menschenunwürdigen Lebens derer, die aus den sozialen Ordnungen «in die Tiefe», in den Abgrund abgestürzt sind, er setzte sich auch mit der Bedeutung der «Wahrheit» für die Gestrauchelten auseinander. Luka, unfähig, die Ursachen des Leidens der Menschen in der Realität zu bewältigen, verhilft ihnen zu Illusionen. Er versucht, ihren Glauben, woran auch immer, zu wekken und zu verstärken und richtet ihn auf eine ferne Hoffnung. Damit tröstet er sie über die Realität hinweg, die er nur zu gut kennt und aus Mitleid verhüllt, täuscht sie jedoch gleichzeitig über die objektiven Gegebenheiten und löst damit neues Verhängnis aus. Ihm setzt Bubnow seine illusionslose «Wahrheit» entgegen, die es ihm klüger erscheinen läßt, sich mit dem Unausweichlichen abzufinden und sich nicht in trügerische Phantasien zu verlieren. Der Schlosser Kleschtsch macht allerdings deutlich, daß auch die Fragen nach der Wahrheit und dem Sinn des Daseins nur Ausflucht, Selbstbeschwichtigung und Ersatz für sinnvolles Tun sind, das ihnen verwehrt bleibt.

Das französische Theater des 19. und 20. Jahrhunderts

Das romantische Drama, das gegen die auch im 19. Jahrhundert noch herrschende Tradition der klassizistischen Tragödie konzipiert war und vor allem die Aufhebung der klassischen Stiltrennung und die Mischung tragischer und komischer Elemente forderte, kam mit den historischen Versdramen von VICTOR HUGO (1802–1885), *Hernani* (1830), *Der König amüsiert sich* (1832; Textvorlage für Verdis «Rigoletto») und *Ruy Blas* (1838) zum Durchbruch.

ALFRED DE MUSSET (1810–1857) wurde zum Meister der anspruchsvollen Komödie, der den Einfluß der dunkel getönten Lustspiele Shakespeares mit romantischem Gefühl verband. Die Komödie *Mariannens Launen* (1851) erzählt die Geschichte der Liebe des Jünglings Coelio zu Marianne, der jungen Frau des greisen Claudio. Coelio bittet seinen Freund Octave um Vermittlung, dieser gewinnt Mariannes Gunst, schickt aber Coelio zu dem vereinbarten Rendezvous. Dort wird Coelio von den Häschern des eifersüchtigen Ehemannes ermordet. Octave aber zieht sich, von Schuldgefühlen gequält, von Marianne zurück. In der subtilen Zeichnung der Gefühlsschattierungen, wie hier etwa des zärtlich unsicheren, zugleich wehmütig ahnungsvollen Coelio und des weltfrohen, doch ebenfalls gefühlsbetonten Octave, liegt die Bedeutung von Mussets dramatischem Werk, das zum Inbegriff des romantischen Theaters wurde.

Mussets feine Nuancierungskunst zeigt sich auch in *Man spielt nicht mit der Liebe* (1861), einer bereits 1834 entstandenen heiter-eleganten Komödie mit tragischem Ausgang: Perdican und Camille sollen auf Wunsch ihrer Eltern heiraten, doch verbirgt Camille zunächst ihre Zuneigung, da ihre klösterliche Erziehung sie den Wankelmut der Männer fürchten gelehrt hat. Perdican beschließt, sich für ihre abweisende Haltung zu rächen, und macht der gutgläubigen Rosette den Hof. Als diese heimlich Zeugin einer Begegnung zwischen Camille und Perdican wird und deren Zuneigung füreinander erkennt, begeht sie verzweifelt Selbstmord. Ihr Tod aber trennt die Liebenden. Hochmut hat hier die wahren Gefühle und geheimen Sehnsüchte der komplex angelegten Charaktere verfälscht und verursacht das tragische Ende.

Freiwilliger Verzicht auf ein Ideal und die Schilderung des allmählichen sittlichen Verfalls des Helden, ein bei Musset öfter wiederkehrendes Motiv, bildet den Kern des ebenfalls 1834 entstandenen historischen Dramas *Lorenzaccio* (1896): Lorenzo, der in republikanischer Gesinnung den florentinischen Tyrannen Alexander von Medici ermorden will, erschleicht sich das Vertrauen seines Opfers und wird sein Spießgeselle. Er spielt seine Rolle so gut, daß auch er bei der Bevölkerung unbeliebt wird, die ihm den abwertenden Spitznamen Lorenzaccio gibt. Die Spannung zwischen seinem ursprünglichen Ziel und dem zunächst nur zur Tarnung zur Schau getragenen Zynismus führt jedoch allmählich zu einer Wesensspaltung. Das einzige, was Lorenzo schließlich noch vor sich selbst rechtfertigen kann, ist der Tyrannenmord, den er zum ungünstigsten Zeitpunkt und ohne Hoffnung, das angestrebte politische Ziel zu verwirklichen, vollbringt. Lorenzo wird von den Anhängern des Tyrannen erschlagen.

Um 1830 machte sich in der Literatur immer stärker ein Hang zur «Kolportage» bemerkbar, also zu Stoffen und Formen, die einem breiteren Publikum entgegenkamen. Dem nun Furore machenden Fortsetzungsroman entsprach in der Dramatik die nach bestimmten Mustern gefertigte, ganz auf Bühneneffekte und Pointen angelegte «pièce bien faite», also das gutgemachte Stück.

EUGÈNE SCRIBE (1791–1861) wurde zum absoluten Dominator auf diesem Gebiet. Seine Komödien waren größtenteils Werkstattarbeiten, die unter seiner Anleitung von zahlreichen spezialisierten Mitarbeitern zusammengestellt wurden, wobei jeweils ein anderer für die Handlung, für die Dialoge, für Gags und für Pointen zuständig war.

Das Glas Wasser (UA: 1840 in Paris), eine Komödie mit raffiniert geführten Intrigen und witzigen Dialogen stellt das dramaturgische Meisterwerk aus dieser Lustspielküche dar. Es geht um den fintenreich geführten Kampf zwischen dem Vicomte von Bolingbroke, der für den Frieden zwischen England und Frankreich eintritt, und der die junge Königin Anna von England beherrschenden Herzogin von Marlborough, die sich von der Weiterführung des Krieges neuen Feldherrnruhm für ihren Mann erhofft und daher den Empfang des französischen Gesandten bei der Königin immer wieder verhindert. Bolingbroke bedient sich nun einer Liebesintrige rund um den jungen Fähnrich Masham, dem die Königin wie die Herzogin heimlich zugetan sind und den sie protegieren. Masham liebt allerdings Abigail, der Bolingbroke dazu verhilft, Dame der Königin zu werden. Durch sie erfährt er, daß die Königin Masham ein Zeichen für ein Rendezvous geben will, indem sie ein Glas Wasser von ihm erbittet. Bolingbroke läßt die Herzogin nun wissen, daß sie eine Rivalin habe und diese an der Bitte um ein Glas Wasser erkennen werde. Als sie die Rivalin in der Königin erkennen muß, gerät die Herzogin völlig aus der Fassung, und es kommt zum Skandal. Zudem arrangiert es Bolingbroke noch, daß die eifersüchtige Herzogin Masham in den Gemächern der Königin überrascht. Bolingbroke rettet dann die Situation, indem er Masham als heimlichen Ehemann Abigails ausgibt, der sich von seiner Frau verabschieden wollte. Die Königin muß es nun als Opfer der beiden für sie ansehen, daß sie ein Paar werden. Bolingbrokes Triumph ist vollkommen: Die Herzogin wird entmachtet, das liebende Paar zusammengeführt, er selbst zum Minister ernannt und der französische Gesandte zu Friedensverhandlungen empfangen.

ALEXANDRE DUMAS fils (1824–1895), der Sohn des Autors der «Drei Musketiere», war der bedeutendste Exponent des teils romantischen, teils für seine Zeit realistischen Sittenstücks. Sein melodramatisches Kurtisanendrama *Die Kameliendame* (1852) wurde von Virtuosinnen der Bühne und des Films wie Sarah Bernhardt, Eleonora Duse und Greta Garbo zu Triumphen geführt und von Verdi als

«La Traviata» vertont: Die nach ihrer Lieblingsblume «Kameliendame» genannte Kurtisane Marguerite Gautier wird von leidenschaftlicher Liebe zu dem jungen Armand Duval erfaßt und zieht sich mit dem Geliebten aufs Land zurück, fest entschlossen, ihren bisherigen Lebenswandel aufzugeben. Das Idyll wird jedoch von Armands Vater gestört, der Marguerite zum Verzicht überredet. Sie macht Armand weis, ihr früheres Leben demjenigen an seiner Seite vorzuziehen, um ihm den Abschied zu erleichtern. Bei einem späteren zufälligen Zusammentreffen in einer Gesellschaft wird die bereits von Schwindsucht Gezeichnete von Armand erniedrigt und bricht zusammen. Sie stirbt bald darauf in den Armen des Geliebten, der inzwischen von seinem Vater über den wahren Sachverhalt aufgeklärt worden war. Die «ehrbare Kurtisane», die nicht gegen die herrschende Moral revoltiert, sondern sich ihr vielmehr selbst opfert, gewinnt damit heroisches Pathos.

Mit der Sittenkomödie *Die Halbwelt* (1855) prägte Dumas den Begriff Demi-Monde respektive Halbwelt für die großstädtische Clique der Abenteurer, Kokotten und heruntergekommenen Adeligen. Die schöne Suzanne, die auf ein bewegtes Vorleben zurückblickt, will den nichtsahnenden Raymond heiraten, um in die bessere Gesellschaft aufzusteigen. Raymonds Freund Olivier versucht vergeblich, ihm die Augen zu öffnen. Die beiden werden durch Suzanne zum Duell gedrängt, doch Olivier gelingt es im letzten Moment, den Freund vom wahren Charakter seiner Geliebten zu überzeugen.

VICTORIEN SARDOU (1831–1908) setzte die Tradition Scribes fort und wurde zum Wegbereiter der frivolen französischen Salonkomödie. Das Thema Ehebruch behandelte er, ohne auf seine tatsächliche Problematik einzugehen, in der Komödie *Cyprienne* (1880), die in der deutschen Übersetzung auch den Titel *Also gut, lassen wir uns scheiden* trägt: Der lebenserfahrene, schon etwas gesetzte Herr von Prunelle gibt seiner jungen Ehefrau Cyprienne, die, von der Ehe schwer enttäuscht und gelangweilt, von Abenteuerlust gepackt wird, ihre Freiheit und gewinnt sie damit rasch wieder zurück.

Für Sarah Bernhardt, mit der er befreundet war, schrieb Sardou eine effektvoll schaurige *Tosca* (1887), die in der Vertonung von Puccini ein Welterfolg wurde. Die Komödie *Madame Sans-Gêne* (1893) erzählt die Geschichte der zur Marschallin von Frankreich aufgestiegenen ehemaligen Wäscherin am Hof Napoleons, die mit ihrer Natürlichkeit und ihrem gesunden Menschenverstand dort ebensoviel Verwirrung stiftet wie Gutes tut.

EUGÈNE LABICHE (1815–1888) zählt mit seinen zum Teil zeitkritischen und satirischen Stücken zu den wesentlichen Dramatikern der zweiten Jahrhunderthälfte. Er schrieb rund 160 Stücke, die oft auch Elemente der Farce aufnehmen, darunter aber vor allem Vaudevilles. Seine nachhaltige Leistung liegt jedoch in der Situationskomödie, in der er eine Mechanik in Gang setzt, die alle Figuren in einen Strudel von Verwicklungen und Verwechslungen zieht.

In *Der Florentinerhut* (1851) brachte er bereits diese Dynamik ins Geschehen, die später Feydeau bis zum äußersten weitertreiben sollte. Hier jagt der junge Bräutigam Fadinard, gefolgt von seiner Hochzeitsgesellschaft, nach einem Strohhut, den er einer Dame beschaffen muß, um sie vor der Kompromittierung zu bewahren. In ein Räderwerk von Zufällen, Mißgeschick und Mißverständnissen verstrickt, hetzt er dem begehrten Objekt nach, um zuletzt wieder beim Ausgangspunkt anzulangen, und nur ein Zufall ermöglicht es ihm, sich endlich in sein Eheglück stürzen zu können.

Der Schwank *Die Reise des Monsieur Perrichon* (1860) stellt einen emporgekommenen Bourgeois in den Mittelpunkt, bei dem sich zwei Bewerber um die Hand seiner Tochter auf skurrilste Weise einzuschmeicheln versuchen. Die rasche Szenenfolge verbindet groteske Situationen mit satirischer Charakterzeichnung.

Mit einer trefflichen Milieuschilderung beginnt *Das Sparschwein* (1864): In einem Provinznest vergnügen sich einige Bürger beim häuslichen Kartenspiel, das auch zum Füllen eines gemeinsamen Sparschweins beiträgt. Die gemischte Kartenrunde beschließt nun, mit dem Geld eine Reise nach Paris zu unternehmen. Der Ausflug in die große weite Welt wird zu einer Odyssee von Mißgeschick zu Mißgeschick. Botho Strauß hat das Stück für die Berliner Schaubühne bearbeitet und die in Paris von einem Unglück ins andere tapsenden Provinzler zuletzt in einem Stadtviertel Zuflucht suchen lassen, das abgerissen wird. «Die Welt der Kleinbürger geht zu Bruch, schon sind sie (ihre Ideale und kleineren Hoffnungen) bloß noch Relikte aus einer vergangenen Zeit – die neue, heraufziehende wird die Eigenart ihrer Klasse freilich nur vergrößert reproduzieren: Die sich die Welt mit dem Inhalt eines Sparschweins meinten kaufen zu können, werden von größerem Kapital verschlungen werden», interpretiert der Kritiker Peter Iden.

GEORGES FEYDEAU (1862–1921) steigerte die verrückten Situationen, die wie ein Räderwerk ineinandergreifen und den Menschen in eine Mechanik reißen, die ihn zum hilflosen Objekt eines nicht mehr steuerbaren Vorgangs machen, bis ins radikal Unsinnige. So konnte später Ionesco in Feydeaus Farcen Parallelen zu seinen eigenen Stücken finden, «nicht in den Themen, nicht im Stoff, aber im Rhythmus ... Im Handlungsgefüge ... gibt es eine Art Beschleunigung des Ablaufs, eine Steigerung, eine Art Tollheit», konstatierte er. «Wenn Feydeau einem gefällt, so liegt das nicht an seinen Ideen (er hat keine), nicht an den Schicksalen seiner Figuren (sie sind albern) – es liegt an dieser Tollheit, diesem dem Anschein nach geregelten Mechanismus, der aber in seinem unerbittlichen Ablauf und seiner Beschleunigung schließlich völlig aus den Fugen gerät.» Dabei werden alle Register der Komödiantik und des Klamauks gezogen: Ob *Die Dame vom Maxim* (1899), *Wie man Hasen jagt* (1892), *Einer muß der Dumme sein* (1896) oder *Der Floh im Ohr* (1807) – immer überschlagen sich die Verwicklungen und Verwechslungen, die geplanten, verhinderten und tatsächlichen Seitensprünge, die Täuschungen, Verkleidungen und Mißverständnisse. Feydeau selbst hat sein Rezept so charakterisiert: «Indem ich den Wahnwitz organisiere, der die Heiterkeit des Publikums entfesseln wird, fühle ich mich nicht erheitert. Ich bewahre den Ernst, das kalte Blut des Apothekers, der eine Arznei bereitet: ein Gramm Verwicklung, ein Gramm Pikanterie, ein Gramm Beobachtung.» Feydeau verfaßte insgesamt 39 Stücke, ehe er in geistige Umnachtung fiel und im Alter von 59 Jahren in Rueil verstarb.

Der Naturalismus, der in den französischen Erzählern wesentliche und in Émile Zola einen bestimmenden Vertreter hatte, erlebte auch auf dem französischen Theater seinen Siegeszug, ohne allerdings von französischen Dramatikern von Weltgeltung getragen zu werden. Gegen die naturalistischen Tendenzen wandte sich die symbolistische Dramatik.

MAURICE MAETERLINCK (1862–1949) wurde in Belgien geboren. Bei ihm zeigte sich früh schon die Loslösung des modernen Dramas von der realitischen Darstellung und die Vergegenwärtigung des Innenlebens. Bereits in seinem ersten Werk, *Prinzessin Maleine* (erschienen 1889), dem ersten symbolistischen Drama überhaupt, ist alles vorgeformt, was die erste und wichtigste Schaffensperiode des Dichters (bis etwa 1906) bestimmt: Der Tod wird als Symbol einer für den Menschen undurchschaubaren Schicksalhaftigkeit in einer irrealen Traumwelt allgegenwärtig. Dabei geht es um die Darstellung einer höheren Wirklichkeit, die in den Halluzinationen und Visionen der von dämonischen Mächten getriebenen Figuren unterbewußte Schichten der Seele faßbar machen soll. Die Handlung, die die unglückliche Liebe zweier Königskinder zum Grundmotiv nimmt, ergibt sich nicht aus einer konkreten Fabel, sondern zeigt äußere Ereignisse nur noch als Spiegel innerer Vorgänge und erlaubt damit einen akausalen Ablauf des Geschehens, die szenische Vergegenwärtigung eines inneren Zustands von Traum und Erinnerung. Die Aufhebung der traditionellen Raum-Zeit-Bezüge und der Rückzug der dramatischen Handlung in die Innerlichkeit lassen bereits deutlich Tendenzen des modernen Theaters erkennen. Die von Maeterlinck in seinen frühen Dramen entwickelte Sicht des Absurden nimmt bereits Aspekte der Philosophie von Camus und der Weltanschauung von Beckett und Inoesco vorweg.

In dem Drama *Die Blinden* (1890) ist es dem Dichter gelungen, das Ausgeliefertsein des Menschen an ein unbekanntes, undurchschaubares Schicksal in reiner Symbolik darzustellen. Ein greiser Priester hat zwölf Blinde zu einem Spaziergang in einen Wald geführt. Nun warten die Blinden auf ihren Führer, der sich, wie sie glauben, für kurze Zeit von ihnen getrennt hat. Der Priester ist jedoch gestorben, sein Leichnam lehnt, nur wenige Schritte von den Wartenden entfernt, an einem Baum. In der absoluten Unsicherheit ihrer Wahrnehmung führen die Blinden nun vage, traumhafte Gespräche, versuchen sich zu orientieren, sich vorwärtstastend ihrer Lage bewußt zu werden. Als sie die Leiche des Priesters entdecken, erkennen sie ihre völlige Hilflosigkeit. Ein Schneesturm zieht auf, sie rücken zusammen, versuchen sich gegenseitig zu wärmen und wachzuhalten. Da plötzlich hören sie Schritte, die sich ihnen nähern und mitten unter ihnen verstummen ... Maeterlinck erklärte, er wollte mit diesem Drama zeigen, wie alle Zärtlichkeit und Liebe, alles Mitleid unter den Menschen gegen das feindliche Dunkel, das sie umgibt, nichts vermögen: Als Sieger, dem niemand entrinnen kann, erscheint zuletzt der Tod.

In den Einaktern *Der Eindringling* (1891) und *Im Inneren* (1895) wird die Handlung auf die ahnungsvolle Atmosphäre der Todesbedrohung reduziert.

Pelléas und Mélisande (UA: 1893 in Paris) ist ein metaphernreiches Drama, das von einer unbestimmten Sehnsucht und der Angst vor einem bedrohlichen zukünftigen Ereignis getragen wird: Prinz Golaud begegnet in einer fast unzugänglichen Waldgegend der schönen Mélisande, die nichts über ihre Herkunft weiß, heiratet sie und bringt sie an den Hof seines Großvaters König Arkel. Dort faßt Mélisande eine tiefe Zuneigung zu Golauds Bruder Pelléas. Golauds Eifersucht erwacht, er bespitzelt die beiden, kann die Dimension ihrer Beziehung nicht fassen, und als er Pelléas, der zu einer langen Reise aufbrechen soll, mit Mélisande im Schloßpark überrascht, wo die Liebenden voneinander Abschied nehmen, tötet er ihn. An einer geheimnisvollen, winzigen Wunde an der Brust stirbt auch Mélisande, nachdem sie einem kleinen Mädchen das Leben geschenkt hat. – Das Spiel entspringt dem Gegensatz zwischen offenbarer und verhüllter Wirklichkeit, zwischen dem Willen des Menschen und den geheimen Kräften, die ihn lenken. Die Figuren verharren im Zustand ihrer Innerlichkeit, Golauds Versuch zu handeln endet tödlich. Doch nicht der Tod ist hier das Mysterium, sondern eine die irdischen Dimensionen übersteigende Liebe.

Zu einer eher konventionellen romantischen Form griff Maeterlinck bei seinem Renaissancedrama *Monna Vanna* (1902), in dem die Frau des Kommandanten von Pisa bereit ist, sich für die Stadt zu opfern, und der Forderung des Belagerers nachkommt, nur mit einem Mantel bekleidet in seinem Zelt zu erscheinen. Der Feldherr gesteht dort jedoch Monna Vanna seine Liebe seit Kindestagen, berührt sie nicht und flieht, zuletzt selbst in Gefangenschaft geraten, doch von Monna Vanna befreit, mit ihr in ein neues Leben. Das Drama wurde Maeterlincks erster großer Publikumserfolg.

Das romantische Traummärchen *Der blaue Vogel* (1908) markiert den Beginn der zweiten Schaffensperiode des Dichters, die durch ein mühsam der Daseinsangst abgerungenes Vertrauen in die Ordnung des Kosmos gekennzeichnet ist: Den Kindern eines armen Holzfällerehepaares, Tyltyl und Mytyl, schenkt eine Fee einen Zauberstab, mit dem die Geheimnisse der Welt und die Rätsel der Seele von Tieren und Dingen zu lösen sind. Mit einer großen Zahl von Symbolfiguren machen sich die Kinder auf den Weg, um für die aus Glücksverlangen erkrankte Tochter der Fee den blauen Vogel zu suchen. Ihre ein Jahr währende Suche ist allerdings in der Realität ihrer Eltern nur der Traum einer Nacht, aus dem die Kinder am nächsten Morgen erwachen.

EDMOND ROSTAND (1868–1918) verhalf neuromantischen Tendenzen zum Durchbruch.

Cyrano de Bergerac (UA: 1897 in Paris) wurde zu seinem erfolgreichsten Werk. Vor dem farbigen Hintergrund des Pariser Lebens im 17. Jahrhundert wird in der Art eines historischen Bilderbogens die Geschichte der seltsamen großen Liebe Cyranos zu seiner schönen Kusine Roxane erzählt. Cyrano, ein geistvoller, witziger Draufgänger mit der zarten Seele eines Dichters, ist der Prototyp des romantischen Helden. Die Welt würde ihm offenstehen, hätte ihn nicht die Natur mit einer überlangen, häßlichen Nase geschlagen. Das Bewußtsein seiner Häßlichkeit hindert ihn auch daran, Roxane seine Liebe zu gestehen. Als sie ihn nichtsahnend bittet, sich des jungen Christian Neuvillette anzunehmen, der auch der Kompanie der wilden und rauflustigen «Gascogner Kadetten» angehört, verspricht er ihr das. Da Christian zwar schön, aber nicht gerade geistreich ist, schreibt ihm Cyrano sogar poetische Liebesbriefe an Roxane und läßt es schließlich zu, daß seine Liebeserklärung im nächtlichen Dunkel von Roxane für Christians Worte gehalten wird. Er verhilft dem Paar zur raschen Trauung, beschützt Christian im Krieg, hält auch im Feld die Korrespondenz für ihn aufrecht, kann aber nicht verhindern, daß der junge Mann, als er erkennt, wie stark Roxane an den Schreiber der Briefe gebunden ist, im Kampf den Tod sucht. Cyrano verschweigt jedoch Roxane weiterhin die wahren Hintergründe, und sie zieht sich trauernd in ein Kloster zurück. Fünfzehn Jahre hindurch besucht er sie dort jeden Samstag, berichtet ihr von den Neuigkeiten in der Welt und hilft ihr, das Andenken an Christian, dessen letzten Brief sie noch bei sich trägt, hochzuhalten. Doch eines Abends erscheint er verspätet, und Roxane muß im Verlauf des Gesprächs erkennen, daß Cyrano tödlich verwundet ist. Er war auf dem

Weg zu ihr überfallen worden. In Roxanes Armen sterbend, gesteht er ihr seine Liebe, und nun erst erkennt sie die wahren Zusammenhänge und wird sich bewußt, daß es immer Cyrano war, dessen Geist und Seele sie geliebt hat.

Der Erfolg dieses Werkes, das effektvoll seine melancholische Grundstimmung mit burlesken Elementen verquickt, wurde auch auf das Drama *Der junge Adler* (1900) übertragen, das das Schicksal des Herzogs von Reichstadt behandelt. Es zeigt den Sohn Napoleons an der Seite von Marie Louise von Österreich als einen in seiner inneren Unsicherheit befangenen Träumer, der sich am Wiener Hof in eine Verschwörung von Phantasten hineinziehen läßt.

Rostand wurde 1901 zum Mitglied der Académie Française erhoben.

Wie mit einem Keulenschlag in die Szenerie des romantischen, melodramatischen und naturalistischen Dramas, des Sittenstücks und der Intrigenkomödie kündigte sich eine neue Theaterform an:

ALFRED JARRY (1873–1907) entfesselte mit seiner Farce *König Ubu* einen ungeheuren Theaterskandal. Viele der Anwesenden begriffen bei der Uraufführung, daß hier das Ende einer Ära in der Kunst bezeichnet wurde. Ein Monstrum, hemmungslos im Sprachgebrauch, vulgär und nur von seinen niederen Instinkten geleitet, hatte die Bühne betreten. Jarry war es allerdings gelungen, in Ubu nicht nur die erbarmungslose Karikatur eines dummen, grausamen, egoistischen und feigen Kleinbürgers zu zeichnen, sondern eine mythische Figur: die Verkörperung der animalischen Natur des Menschen, ein Symbol für seine Reduzierung auf die primitivsten Instinkte.

König Ubu (UA: 1896 in Paris) ursurpiert durch Verrat, Verschwörung und Mord den polnischen Thron. Als König von Polen, der nur seinen Launen und der Gemeinheit seines Instinkts folgt, wird er bald zum brutalen Tyrannen, der gierig, geil und verfressen nur seinem Lebensgrundsatz «Ich will reich werden» huldigt, seine Untertanen unterdrückt, foltert und niedermetzelt. Ubus ehemaliger Kumpan Bordure überredet den Zaren von Rußland zum Krieg gegen den Usurpator. Während Ubu großmäulig in den Krieg zieht, wird die «Regentin», Mutter Ubu, von dem einzigen überlebenden Thronaspiranten gestürzt. Überall flammt nun Rebellion gegen das Schreckensregime auf, doch Ubu, der dank seiner Feigheit die Schlacht gegen die Russen überlebt hat, gelingt es, mit Mutter Ubu in sein Heimatland Frankreich zu fliehen. – In dieser grotesken Absage an alle Theaterkonventionen, die das Pathos des hohen Geschichtsdramas in possenhafte Kolportage verwandelt und die Helden der Tragödie vulgarisiert und travestiert, werden nicht nur die Mechanismen der Macht entlarvt, sondern auch psychische Vorgänge direkt auf die Bühne übertragen. Als «abscheuliches Geschöpf, das uns allen in den niedrigsten Tiefen gleicht», charakterisierte Jarry seinen Ubu, und er wollte in diesem tückischen, unflätigen Monstrum, das sich in naivem, völlig gewissenlosem Anarchismus austobt, dem Publikum seinen «schändlichen Doppelgänger», die Nachtseite der menschlichen Natur, vorstellen.

1900 brachte Jarry die Fortsetzung, *Ubu in Ketten*, heraus: Ubu hat begriffen, daß heute die Sklaven herrschen, lebt bewußt als einer der ihren und behauptet sich in dieser Rolle mit derselben Brutalität wie ehedem als Tyrann. Als Verkünder einer neuen Freiheit, der totalen Versklavung, gelingt ihm die freiwillige Unterwerfung der Menschen, die das Leben in Ketten bequemer finden.

Mit den Ubu-Szenen gab Jarry «den ersten theatralischen Einblick in das Gruselkabinett der modernen Gesellschaft» (Kesting). So war das Werk nicht nur Vorläufer, nahm nicht nur vorweg, sondern übte auf das Theater der Moderne auch einen nachhaltigen Einfluß aus. Von ihm laufen direkte Linien über GUILLAUME APOLLINAIRE, über den Entwurf eines «Theaters der Grausamkeit» von ANTONIN ARTAUD (1896–1948), das dadaistische Theater von TRISTAN TZARA (1896–1963) bis zu EUGÈNE IONESCO* und SAMUEL BECKETT*.

GUILLAUME APOLLINAIRE (1880–1918) führte mit seinem Drama *Die Brüste des Tirésias* (1917) Jarrys dramatische Technik weiter. Der Dichter nannte das nach eigener Aussage bereits 1903 in wesentlichen Passagen konzipierte Werk ein «surrealistisches Drama» und kreierte damit den Begriff «surrealistisch», allerdings anders als später André Breton im «Manifest des Surrealismus» – noch im Sinne von «nicht realistisch». Er verzerrte Handlung, Figuren, Gegenstände ins Groteske. Das Stück gibt vor, gegen Frankreichs sinkende Geburtenrate aufzutreten: Auf Sansibar möchte sich Thérèse in der Politik, der Kunst und ähnlichen den Männern vorbehaltenen Aktivitäten Geltung verschaffen und entschließt sich daher, ein Mann zu werden. Ihre Brüste entschweben als Luftballons ins Publikum, sie verwandelt sich zu Tirésias, während ihr Mann es übernimmt, ihre Funktionen zu erfüllen, und an einem Tag einzig durch die Intensität seiner Wünsche 40049 Babies zur Welt bringt. Eine Kollektivperson, die das Volk repräsentiert, erzeugt schrecklichen Lärm, die Bühne quillt von schreienden Babies über, «Ton, Geräusch, Farben, Schreie, Musik, Tanz, Akrobatik, Poesie, Malerei, Chöre, Aktionen sollen zusammenklingen, ehe sich Tirésias wieder in eine Frau verwandelt und zu ihrem Mann zurückkehrt». Apollinaire versuchte, das Konzept eines totalen Theaters zu verwirklichen, die Bühne auf die theatralische Schöpfung zurückzuführen und eine neue Ästhetik des Dramas zu entwerfen – die Ästhetik des heute so genannten «Theaters des Absurden».

ROGER VITRAC (1899–1952) gilt als bedeutendster Dramatiker des Surrealismus aus dem Kreis um Breton. Er begründete mit Artaud das Théâtre Alfred Jarry. Dort kam auch – in Artauds Regie – seine Groteske *Victor oder Die Kinder an der Macht* (1928) heraus. Vitrac stellt das Boulevard- und Familienstück auf den Kopf und macht daraus eine absurde Burleske zur Entlarvung des gehobenen Bürgertums. Das Kind Victor (von einem Erwachsenen gespielt) beschließt an seinem 9. Geburtstag, erwachsen zu werden. Bei seinem Geburtstagsfest provoziert Victor mit seinem monströsen Benehmen noch monströsere Enthüllungen der Erwachsenen. Mit seiner sechsjährigen Freundin Esther stell er in einem «Hochzeitsspiel» die Eltern bloß: Sein Vater hat ein Verhältnis mit Esthers Mutter, der Frau von seinem Freund Antoine, auch das Dienstmädchen ist vor ihm nicht sicher. Victor bringt nun mit seinen zynischen Bemerkungen alle Gäste in Verlegenheit und Verwirrung, Antoine verfällt immer wieder in Weinkrämpfe und erhängt sich schließlich im Wahnsinn, nur der schwachköpfige General läßt sich willig als Reitpferd benutzen. Unerwartet erscheint eine schöne Dame namens Ida Totenmaar mit dem peinlichen Defekt, ihre Blähungen nicht beherrschen zu können, die sich in lauten Tubastößen entladen. Die Geburtstagsfeier steigert sich in immer groteskere

Vitrac, Victor oder Die Kinder an der Macht
Akademietheater Wien, 1977
Inszenierung: Hans Neuenfels
Esther: Erika Pluhar
Victor: Klaus Maria Brandauer

Formen, die scheinbare Familienidylle schlägt zuletzt in Irrenhauschaotik um. Schließlich stirbt Victor an Bauchschmerzen, und seine Eltern begehen daraufhin Selbstmord. – Das Stück weist in vielem auf Ionesco voraus. Die Handlung zerfällt in akausale Szenen. Sprachliche Klischees werden parodiert und münden in totale Kommunikationslosigkeit oder in Chaos. Tabus werden zerstört und vorgebliche Werte ihrer Phrasenhülle entkleidet, bis sie in sich zusammenbrechen. Victor, der seine Umgebung terrorisiert, ist selbst nichts anderes als ein terrorisiertes, gequältes Kind, das in dem Augenblick stirbt, da sich ihm das Leben, wie es ist, offenbart. Vitrac demonstriert die ungezählten Verletzungen, denen Kinder machtlos und schutzlos ausgeliefert sind, das geheimnisvolle, böse Schauspiel, das ihnen von Erwachsenen gegeben wird, die sich ihnen verweigern, sie abschieben, belügen, dressieren und quälen. Eindringlich entwikkelt der Autor, wie die Farce der vertuschenden Rituale der Erwachsenen, der Täuschungen und Selbsttäuschungen, Entschuldigungen, Verschleierungen und Scheinordnungen zum Drama werden kann, wenn die Kinder an die Macht kommen.

Parallel zu dieser Entwicklung auf das absurde Theater zu entstand das große dichterische Werk von PAUL CLAUDEL*, das einen Schwerpunkt des literarischen Katholizismus in Frankreich darstellt. Claudel gelang die große Synthese von traditioneller Geisteshaltung und moderner Form. Die jüngeren Dichter der religiösen Erneuerungsbewegung, «Renouveau Catholique», der auch Claudel angehörte, vertraten zwar den gleichen kompromißlosen Glaubensernst wie Claudel, gingen aber formal seine Wege nicht weiter.

GEORGES BERNANOS (1888–1948) behandelte in seinem einzigen Drama *Die begnadete Angst* (1951) das sein Leben bis in «vorweggenommene Agonien» beherrschende Thema der Todesangst. Nach der Novelle «Die letzte am Schafott» von Gertrud von Le Fort gestaltete er – ursprünglich als Filmdrehbuch geplant – das Martyrium von sechzehn Karmeliterinnen, die in den Wirren der Französischen Revolution hingerichtet wurden. Die junge Blanche, die in den Orden eingetreten ist, um ihre entwürdigende Schwäche und Angst zu überwinden, entzieht sich dem Gelübde der Schwestern, sich dem Martyrium zu stellen, wenn es von ihnen gefordert würde, durch die Flucht. Doch als die Karmeliterinnen zum Schafott geführt werden und singend in den Tod gehen, wird Blanche, die sich unerkannt unter das Volk gemischt hat, von der göttlichen Gnade getroffen: Sie tritt aus der Menge heraus und folgt den Schwestern «von jeglicher Angst befreit» zur Hinrichtung. Angesichts des eigenen Todes gelangte Bernanos zu einer Ausgeglichenheit und maßvollen Konzentration, die ihm erlaubte, sich damit auseinanderzusetzen, wie eine Reihe sehr unterschiedlicher Menschen die Schrecken des Todes bewältigen.

Neben FRANÇOIS MAURIAC (1885–1970), der die Einsamkeit des Menschen in einem gottfernen Leben schilderte und mit *Asmodée* (1937) einen modernen Tartuffe zu gestalten versuchte, führte GABRIEL MARCEL (1889–1973) in seinen Dramen aus ähnlichem Geist philosophische Debatten. Wie Sartre und Camus zählte er zu den dramatisierenden Philosophen, die sich zur Verfechtung ihrer Thesen des Theaters bedienten. Marcel, Vertreter eines katholischen Existentialismus, holte seine Beispiele aus dem bürgerlichen Alltag, der Familie, wobei die diskutierenden, sich selbst und die Situation des Menschen schlechthin analysierenden Familienmitglieder nicht immer dramatisch ergiebig sind.

HENRY DE MONTHERLANT (1896–1972) galt lange Zeit als wichtiger Repräsentant der «Renouveau Catholique», doch läßt sein unverkennbarer Nihilismus die Katholizität in eigenartigem Licht erscheinen. Der Glaube bedeutet in seinen Dramen Unterwerfung unter eine Ordnung, die den Gestalten ermöglicht, sich in ihrer heroischen Attitüde aufrechtzuerhalten. Formal wie inhaltlich ein später Nachfolger Racines, voll Verachtung für das eigene Jahrhundert, dem aristokratischen Ausnahmemenschen und einem Kult der Reinheit huldigend, schuf Montherlant ein von heroischer Strenge geprägtes Werk. Die Helden Montherlants sind zumeist Scheiternde, Besiegte, Verlorene, die sich in tragischer Starre aufrechterhalten. Doch nichts täuscht darüber hinweg, daß die Ordnung, der Glaube, denen sie ihre Haltung verdanken, eine Fiktion ist, die sie oft selbst durchschaut haben. Ihre Größe liegt in ihrer Haltung und in der Kompromißlosigkeit ihres Scheiterns.

Das Drama *Die tote Königin* (1942) geht auf das historische Ereignis der Hinrichtung der Ines de Castro in Portugal zurück, entwickelt sich jedoch ganz aus den psychischen Vorgängen seiner Hauptfiguren. Der König, der alle menschlichen Beziehungen verachtet und seinen Sohn Don Pedro mit der Infantin von Navarra verheiraten möchte, tötet Ines, die heimliche Frau seines Sohnes, keinewegs nur aus politischen Gründen. Seine Motive sind widersprüchlich. Von der Sinnlosigkeit alles Handelns überzeugt, begeht er eine absurde Tat, von der er hofft: «... der entsetzliche Knoten von Widersprüchen in mir möge durchhauen werden, so daß ich, einen Augenblick bevor ich aufhöre zu existieren, endlich weiß, was ich bin.»

Der Ordensmeister (1948) ist der erste Teil der vom Dichter selbst so bezeichneten «katholischen Trilogie». Das Stück handelt von einem fanatischen Asketen der Reinheit, der seine Tochter um ihr Lebensglück bringt. Ohne Liebe für sein Kind, lehnt er jeden Kompromiß mit der Welt ab. Das Mädchen geht, ihrem Vater im Hochmut der Gesinnung ähnlich, ins Kloster. Das zweite Drama der Trilogie, *Die Stadt, deren König ein Kind ist* (1967), spielt in einem katholischen Internat, in dem Abbé de Pradts sich eines Schülers besonders annimmt und sich dabei in eine tiefe Gefühlsbindung verstrickt. Er kämpft rücksichtslos um seinen Einfluß auf den Knaben, muß aber zuletzt als ein Gebrochener entsagen und zieht sich ins strenge Reglement des Ordens zurück. *Port Royal* (1954), der dritte Teil der «katholischen Trilogie», ist die Dramatisierung eines entscheidenden Ereignisses in der Geschichte des jansenistischen Nonnenklosters Port Royal: Der Bischof verlangt von den Nonnen, fünf in einer päpstlichen Bulle als ketzerisch verurteilten Glaubenssätzen abzuschwören. Im Mittelpunkt des Geschehens steht Schwester Angélique, die die zunächst unsicheren Nonnen in ihrem Widerstand bestärkt, obwohl sie selbst in eine schwere Glaubenskrise geraten ist. Von einer machtgierigen, eifersüchtigen Schwester denunziert, werden Angélique und elf weitere Nonnen deportiert und zu Einzelhaft in einem Pariser Jesuitenkloster verurteilt.

In dem Schauspiel *Der Kardinal von Spanien* (1960) verkörpert die Hauptfigur einen der für Montherlant typischen, zwiespältigen heroischen Menschen. Der greise Kardinal Cisneros hat in Spanien bis zur Ankunft des Thronfolgers, des späteren Karl V., die Regentschaft übernommen. Schwankend zwischen weltabgewandtem Franziskanertum und den Verlockungen der Macht herrscht er mit brutaler, hochmütiger Menschenverachtung und versucht vergebens, seine geistliche Mission mit seinem weltlichen Amt zu versöhnen. In einer großen Konfrontation enthüllt ihm Königin Johanna, die Wahnsinnige, die Motive für ihren Rückzug aus der Welt: Von der Sinnlosigkeit und Verlogenheit alles Handelns überzeugt, lebt sie in ständiger Verweigerung. Sie führt Cisneros seinen Selbstbetrug und die wahren machtpolitischen Motive seines Handelns vor Augen. Verstört verläßt er sie. Als der junge König die Regentschaft übernommen hat, stirbt der Kardinal umdüstert in einer feindlichen Umgebung, in der er sich keine Liebe erwerben konnte.

MARCEL PAGNOL (1895–1974) führt die Boulevard- und Komödientradition weiter. Seine Komödie *Topaze* (1928), in der ein ungeschickter, wirklichkeitsfremder Lehrer von einem undurchsichtigen Geschäftemacher als Strohmann verwendet wird, dessen Methoden aber zuletzt überbietet und es damit in der Gesellschaft plötzlich zu höchsten Ehren bringt, zielte pointiert auf Korruptionserscheinungen in der bürgerlichen Gesellschaft der Zwischenkriegszeit.

Volkstümlich färbte Pagnol dagegen seine Trilogie *Zum goldenen Anker*, die sich aus den Stücken *Marius* (1929), *Fanny* (1931) und *César* (1936) zusammensetzt. Im bunten Treiben des Hafens von Marseille haben der Kellner Marius und die Muschelverkäuferin Fanny zueinandergefunden. Als Marius jedoch das große Fernweh übermannt, bestärkt ihn Fanny in ihrer selbstlosen Liebe zum Aufbruch. Sie heiratet den reichen Segelmacher Panisse, der das Kind, das sie von Marius erwartet, als das seine anerkennt. So fühlt sie sich auch verpflichtet, sich bei der Rückkehr von Marius für Panisse zu entscheiden. Zwanzig Jahre später macht sich Fannys Sohn nach dem Tod von Panisse auf die Suche nach seinem wahren Vater und führt damit die beiden Liebenden endlich zueinander.

JEAN COCTEAU (1889–1963) gilt als der große Gaukler des modernen französischen Theaters, als ein Universaltalent, das weniger durch schöpferische Kraft denn als phantasievoller Anreger wirkte. Er verfaßte psychologische Reißer, nahm die klassische Mythologie surrealistisch verfremdend auf, spielte mit einer abstrakten, magischen Traumwelt und jonglierte mit Tiefsinn ebenso wie mit Effekt.

Seinen ersten großen Erfolg auf dem Theater hatte Cocteau mit der Tragödie *Orpheus* (1926), deren Handlungselemente und Motive er später auch in einem Film verwendete. Er aktualisierte den antiken Mythos von Orpheus und Eurydike durch realistische Details, die zugleich aber wieder verfremdet werden. So gibt es handfesten Ehestreit zwischen dem Paar, an dem aber nicht zuletzt ein Pferd mitschuldig ist, das Orpheus geheimnisvolle poetische Sätze diktiert. Es sind Botschaften, die ihn verwirren, aus seiner bürgerlichen Existenz führen, seiner Frau entfremden. Erst durch den Tod – hier eine schöne Frau, von der Orpheus in geheimnisvoller Weise geliebt wird – findet der Dichter ganz zu sich selbst und zur reinen Poesie. Der Reiz des Stückes liegt nicht zuletzt in der surrealistischen Verzauberung und in seiner verrätselten Poesie.

In dem Virtuosinnen-Monolog *Die geliebte Stimme* (1930) bildet ein Telefon für eine verlassene Frau die letzte Kontaktmöglichkeit mit dem Geliebten: Der Apparat wird zum magischen Mittelpunkt einer zerbrochenen Beziehung, Medium zur Rettung der Erinnerung an drei glückliche Jahre. Die Frau erdrosselt sich, «deine Stimme um meinen Hals», mit der Telefonschnur.

Die Höllenmaschine (1934) ist eine freie Umarbeitung des *Ödipus* von Sophokles. «Die Götter belustigte es, sich eine grausame Posse auszudenken, deren Opfer Ödipus ist», kommentierte Cocteau. Zu dieser «Posse» wird von ihnen einfach eine «Höllenmaschine» in Gang gesetzt, «erdacht zur mathematischen Vernichtung eines Menschen», eine schrecklich technisierte Schicksalsmaschinerie. Cocteau schildert zunächst auf der Bühne, was im antiken Drama Vorgeschichte ist: Die Begegnung des Ödipus mit der Sphinx, die ihm hier die Lösung ihres Rätsels aus Liebe selbst verrät, und die Hochzeitsnacht mit der Mutter. Erst der vierte Akt zeigt die Ereignisse der sophokleischen Tragödie. Nicht Helden stehen einem unerbittlichen Schicksal gegenüber, sondern Menschen werden durch das Ingangsetzen einer Maschinerie gemartert, die vielfach auch als eine «Höllenmaschine im Menschen selbst» gedeutet wurde.

Bacchus (1951) behandelt einen Versuch, «das Reich des Guten» zu errichten, der scheitert: In einer deutschen Kleinstadt zur Reformationszeit wird der Bauernbursche Hans nach altem Brauch beim Winzerfest zum Bacchus gewählt und erhält damit für eine Woche die unumschränkte Herrschaft über Land und Leute übertragen. Der Herzog favorisiert die Wahl des Burschen, der einst durch einen grausamen Scherz der adeligen Jugend um den Verstand gekommen war, und so, wie man annimmt, kein Unheil anrichten kann. Zum Bacchus gewählt, erweist sich die Narrenkappe als Tarnung, und Hans entpuppt sich als reformatorischer Weltverbesserer. Er will die Menschen zu Güte und Nächstenliebe zwingen. Doch seine Maßnahmen fordern in ihrer Radikalität nur Empörung, seine Liebe nur Haß heraus. Sein großer Gegenspieler, Kardinal Zampi, erkennt die Reinheit seines Herzens, zugleich aber auch seine Gefährlichkeit. Er kann Hans nicht davon überzeugen, daß er mit seinen Ideen in einer Welt der festen Normen nur Chaos stiften kann. Als der aufgebrachte Pöbel bereits einen Scheiterhaufen aufzuschichten beginnt und Hans in Todesangst auf einen Kompromißvorschlag des Kardinals einzugehen bereit ist, wird er von seinem besten Freund erschossen, um seine Idee nicht verraten zu können. Der Kardinal, der die Sprengkraft dieses Martyriums erfaßt, beschwichtigt den Pöbel mit der «frommen Lüge», einen Widerruf von Hans erhalten zu haben.

Als Vertreter eines «poetischen Theaters» werden JEAN GIRAUDOUX* und JEAN ANOUILH* angesehen, die einerseits die traditionelle Dramaturgie weiterführten und auch Elemente des Boulevardstücks aufnahmen, andererseits eine Weltsicht poetisiert und spielerisch auf die Bühne brachten, wie sie JEAN-PAUL SARTRE* und ALBERT CAMUS* in ihren philosophischen Werken formulierten und ebenfalls in traditioneller Form in ihren Theaterstücken abhandelten. Erst das sogenannte «Theater des Absurden» versuchte dieses Lebensgefühl, die metaphysische Angst angesichts der Absurdität der menschlichen Existenz, auch formal zum Ausdruck zu bringen. Seine wesentlichsten Vertreter sind EUGÈNE IONESCO* und SAMUEL BECKETT*, der, als gebürtiger Ire und nachhaltig von James Joyce beeinflußt, seine Werke wohl in englischer als auch in französischer Sprache schreibt. Martin Esslin hat die vielfältigen Wurzeln dieses Theaters, das sich zu Beginn der fünfziger Jahre radikal von der Vorstellung eines humanistisch-rational erklärbaren Universums löste, in seinem Buch «Das Theater des Absurden» aufgezeigt. Er verwies dabei ebenso auf Shakespeare und im speziellen auf seine Narren, wie auf Büchner, Grabbe, Strindberg, auf Kafka und Joyce, die Nonsensdichtung und die Stummfilmkomödien. Jarry und Apollinaire zählten zu den direkten Vorläufern, auch Maeterlinck hat wesentliche Elemente dieses Theaters vorweggenommen, Artaud in den dreißiger Jahren Grundlegendes theoretisch formuliert. JEAN TARDIEU (1903) hat noch vor Beckett und Ionesco formenreich nahezu das gesamte thematische und technische Repertoire des Theaters der Moderne experimentell durchgespielt. Er suchte nach einer Ausdrucksform, die den Bestrebungen des Menschen, sich in einem sinnlosen Universum einzurichten, gerecht werden kann. Tardieu hat seine phantasievollen dramatischen Experimente unter dem Titel *Kammertheater*, einer Sammlung von oft ganz kurzen Einaktern und Minutenstücken, veröffentlicht.

ARTHUR ADAMOV (1908–1970), zählt zu den «Erfindern» des absurden Theaters, ohne die Qualität seiner Mitstreiter ganz erreichen zu können. Entfremdung, Vereinsamung und Kommunikationsunfähigkeit stehen im Zentrum seines Werkes. Bereits 1944 versuchte er in dem Stück *Das Rendezvous* psychische Zustände in konkreten Bildern faßbar zu machen. *Die Invasion* (1950) bringt in symbolischen Chiffren zwischenmenschliche Beziehungen zum Ausdruck, eine hoffnungslose Suche nach Sinn und der Entschlüsselung einer Botschaft.

In *Professor Taranne* (1953) gestaltete Adamov den Alptraum eines Menschen, der seine Identität wahren will, aber außerstande ist, sie schlüssig zu beweisen: Als Taranne bezichtigt wird, an einem Strand exhibitionistisch öffentliches Ärgernis erregt zu haben, scheint sich alles gegen ihn zu verschwören. Freunde und Kollegen erkennen ihn nicht oder sind nicht bereit, seine Unbescholtenheit zu bestätigen, rätselhafte Botschaften treffen ein, die ihn bloßstellen, eine Verleumdungskampagne hebt an. Zuletzt beginnt sich Taranne zu entkleiden: Er tut, was man ihm anlastet. Damit durchbricht er die Absurdität zwar nicht, setzt sich aber, ein Opfer, real mit ihr in Beziehung.

Ping-Pong (1955), unter die wesentlichen Dramen des Absurden eingereiht, zeigt die Selbstentfremdung des Menschen durch die Auslieferung an eine Sache, durch die Vergötzung eines Apparates. Ein Flipper-Automat gewinnt entscheidenden Einfluß auf das Leben zweier Freunde, beginnt ihre Gefühle und Träume zu beherrschen. Der Automat, Symbol des Profitmachens wie der billigen Unterhaltung, löst Machtkämpfe, Intrigen, politische Strategien aus, die die Menschen mit tiefstem Ernst und Engagement betreiben. Sie zerreiben sich für ein Nichts, für einen nutzlosen Apparat, vergeuden ihr Leben und halten, zu kindischen Greisen geworden, in einem irrwitzigen, leerlaufenden Mechanismus beim Ping-Pong immer noch die Spielregeln aufrecht, die man ihnen beigebracht hat. Adamov zeigte mit diesem Drama nicht nur die Sinnlosigkeit menschlicher Unternehmungen auf, sondern auch, wie es zu ihrer Sinnentleerung kommen kann.

In *Paolo Paoli* (1957) wandte Adamov diese Problematik ins Politische, indem er die sozialen und politischen Folgen des Handels mit absurden Artikeln (Schmetterlingsflügeln und Straußenfedern) darstellte, der schließlich sogar zum Krieg führen kann.

BORIS VIAN (1920–1959) zeigt sich in seinem Stück *Die Reichsgründer oder Das Schmürz* (1959) stark von Ionesco beeinflußt. In dieser Parabel des Nicht-wissen-Wollens verkörpert das Schmürz ein geheimnisvolles menschenähnliches Wesen, das, blutend, in Lumpen gehüllt und «häßlich anzusehen», stumm über die Bühne hinkt und immer wieder getreten und geschlagen wird. Es gehört zu einer Familie, die sich auf der Flucht vor einem bedrohlichen Lärm befindet, den sie jedoch nie zu ergründen sucht. Vater, Mutter, Tochter und das Dienstmädchen ziehen in immer neue, immer höher gelegene, immer engere Wohnungen. Zuletzt bleibt der Vater in panischer Angst allein mit dem Schmürz in einer elenden Dachkammer zurück. Esslin hat dieses vielschichtig verrätselte Stück als ein dichterisches Bild für die Vergänglichkeit des Menschen und seine Angst vor dem Tod gedeutet: Das Geräusch verkündet das

Altern, das Verrinnen der Zeit, das Bewußtsein des nahenden Todes, die Welt schrumpft mehr und mehr zusammen, der Gesichtskreis verengt sich. Das Schmürz könnte dann als das physische Ich des Menschen verstanden werden, das achtlos mißhandelt wird, oder auch als ein sichtbar gewordener Seelenzustand, ein Sündenbock, an dem man die aus den eigenen uneingestandenen Ängsten resultierenden Aggressionen abreagiert.

JACQUES AUDIBERTI (1899–1965) wird zu den Vertretern der «poetischen Avantgarde» gezählt. Sein Theater gründet sich auf Phantasie und Traumwirklichkeit, lehnt die traditionellen dramatischen Grundregeln ab und setzt sich ebenfalls mit der Absurdität und Unsicherheit des menschlichen Daseins auseinander. Audiberti, der virtuos die unterschiedlichsten Stile einsetzte, trat für ein «autonomes Theater» ein, das keinen Unterschied zwischen der realen und der Phantasiewelt macht: «Die Aufgabe der Welt ist nicht, uns Antworten zu geben, sondern Rätsel.»

Quoat-Quoat (1946) schildert die Schiffsreise des jungen Archäologen Amedée, der, als er – verliebt – gegen die Regeln seiner Geheimmission verstößt, füsiliert werden soll. Er lehnt es ab, sich auf Kosten anderer zu retten, erhält jedoch sein Leben geschenkt, da sich ein anderer Passagier als der wahre Agent entpuppt, von dem er selbst nur ablenken sollte. Doch Amedée, der erkennen muß, daß seine Lebensaufgabe fingiert war und daß ihn nur seine Unwichtigkeit gerettet hat, will nun sterben. Der Kapitän, den diese regelwidrige Hinrichtung völlig aus der Bahn wirft, versenkt das Schiff mit einem Zauberstein. Das Werk kreist um Audibertis Grundthema der Unentrinnbarkeit und des Eingeschlossenseins der menschlichen Existenz, die, von Versuchungen gequält und durch Scheinaufgaben betrogen, auf ihren Ausbruchsversuchen besteht. Doch durch seine Weigerung, mit der Ordnung der Dinge Kompromisse einzugehen, zerstört der Mensch diese Ordnung und löst das Chaos aus.

In dem Märchenspiel *Der Lauf des Bösen* (1947) durchschaut Prinzessin Alarica, die grausam aus ihren Mädchenträumen gerissen und hintergangen wird, das Wesen des Bösen und macht es sich gewaltsam zunutze.

Der Glapion-Effekt (1959) bedeutet ein Spiel der Phantasie, das Leben in Möglichkeitsform: Ein Arztehepaar spricht mit seinem Gast über die nunmehr ein Jahr zurückliegende Hochzeit. Dabei verwandeln sich die Erinnerungen eines jeden in Wünsche, Träume, Phantasien. Sie «glapionieren» mit den verschiedensten Abenteuern und Möglichkeiten, um schließlich fröhlich aus der Illusion wieder ins Leben zurückzukehren.

GEORGES SCHÉHADÉ (* 1910), ein Dramatiker der «poetischen Innerlichkeit», gehört ebenfalls zu den Vertretern des «autonomen Theaters». Seine traumhaften, surrealen Visionen kommen in zarten Bildern zum Ausdruck. Die *Geschichte von Vasco* (1956) ist ein poetisches Spiel um einen kleinen Friseur, der in die Kriegsmaschinerie gerät. Ängstlich und ganz unheroisch, wird der Ahnungslose für einen gefährlichen Botengang zwischen den feindlichen Linien ausersehen: der skurrile Antiheld, der nur mit einem Sonnenschirm bewaffnet ist, soll die Gegner täuschen. Als er sich jedoch nach vollbrachter Mission beim Feind flunkernd zum Helden aufspielt, wird er erschossen; sein unerwartetes Heldentum bringt den Seinen aber einen Sieg. An seiner Leiche trauert ein Mädchen, der er im Traum als Bräutigam erschienen war – doch Traum und Poesie können vor der grausamen Wirklichkeit nicht bestehen.

Paul Claudel 1868–1955

Paul Claudel wurde am 6. August 1868 als Sohn eines Beamten in Villeneuve-sur-Frère-en-Tardenois geboren. Die Familie übersiedelte 1882 nach Paris, wo Claudel das Lycée Louis-le-Grand besuchte. Die Lektüre Arthur Rimbauds, in der sich ihm das Übernatürliche offenbarte, bedeutete für den jungen Mann einen gravierenden geistigen Einschnitt; zum entscheidenden Ereignis seines Lebens und seines dichterischen Schaffens wurde aber das Damaskuserlebnis seiner Konversion Weihnachten 1886 in Notre-Dame. Claudel fand Aufnahme in den Kreis um Mallarmé, seine ersten Veröffentlichungen zeigen auch dessen Einfluß. Er begann ein umfangreiches Studium der Sprachwissenschaften und trat 1893 in den diplomatischen Dienst. Damit nahm eine 45jährige, glanzvolle diplomatische Laufbahn ihren Anfang. Nach langen Jahren in China und Indochina war er als Generalkonsul in mehreren europäischen Staaten und in Rio de Janeiro tätig und wurde schließlich Botschafter zuerst in Tokio, dann in Washington und zuletzt bis 1935 in Brüssel. Seine Dramatik eroberte nur langsam die Bühne, wurde aber dann in Zusammenarbeit mit Jean-Louis Barrault in den vierziger Jahren auch in Paris erfolgreich durchgesetzt. 1946 wurde Claudel in die Académie Française aufgenommen. Er starb am 24. Februar 1955 in Paris.

Ein Gegenpol Claudels im dramatischen Schaffen dieses Jahrhunderts, Eugène Ionesco, bewunderte an ihm «seine Macht, die Werte wieder an ihren genauen Platz in der Hierarchie der Weltordnung zu setzen», und nannte ihn den größten Dichter unserer Zeit. Claudels Werk ist «gegen die Zeit» entstanden, die ihn zum ständigen Widerspruch herausforderte, doch er formulierte in seinem Widerspruch unermüdlich und überzeugt die Antwort eines Menschen, der in einen um Gott geordneten Kosmos hineingeboren ist. Der mit dem naturwissenschaftlich-materialistischen Denken zutiefst Unzufriedene empfand das Glaubenserlebnis als «gewaltiges Emporgerissenwerden» seines «ganzen Seins» und sein poetisches Schaffen stets auch als höheren Auftrag. Wie bei ihm das «beinahe physische» Erlebnis des Übernatürlichen bei Rimbaud dem Erlebnis der Existenz Gottes vorausgegangen war, so wird in seinem Werk die sinnliche Liebe als Vorbereitung, als Voraussetzung der himmlischen Liebe begriffen. Die Liebe, die Entsagung, das Opfer, die Erniedrigung lassen die göttliche Gnade erst wirksam werden, und immer wieder wird die Frau als «Köder Gottes» zur Mittlerin. Claudels Stil steht im Gegensatz zu den gewohnten Formen des französischen Dramas, weit entfernt von dem Ideal der «clarté». An ihrer Stelle herrscht bewegte Fülle. Der Dichter verbindet die disparatesten theatralischen Elemente zu seiner Welt-Ordnung auf der Bühne, Mysterienspiel steht neben modernem Konversationsstil, Ernst neben Komik, Realismus neben Allegorie und Übersinnlichem, Leiden neben tatendurstigem Handeln. Doch Claudels Bühnenvisionen sind immer auch Freudenbotschaften eines sinnenfrohen katholischen Theaters: «Alles muß improvisatorisch aussehen», forderte er, «ein Aufbruch, vom Zaun gerissen, planlos improvisiert in der Begeisterung!»

Seine ersten dramatischen Versuche verbrannte Claudel bis auf wenige Szenen. 1889 entstand dann die Erstfassung des später anonym veröffentlichten symbolistischen Dramas *Goldhaupt* (1924), eines Stückes, das von Gide, Valéry und Verlaine sogleich in höchster Bewunderung als genial begrüßt wurde. Die zweite Fassung arbeitete er 1893/94 aus. Das einer faustischen Ichbezogenheit entspringende Werk spiegelt Claudels innere Kämpfe, sein Ringen um den rechten Glauben, seine Ängste, seine Verzweiflung und seinen Tatendrang. Die Hauptgestalten sind allegorische Figuren, mit denen der Dichter seinen inneren Konflikt darstellt. Der religiöse Grundgehalt des Werkes ist in der Wandlung Goldhaupts zu erkennen, der zunächst die durch den Kaiser repräsentierte, historisch fundierte Ordnung zerstrümmert, im Scheitern seines Übermenschentums aber die Nichtigkeit seines Strebens erkennt und in der Lichtgestalt der Prinzessin, «die Seele, die Frau, die Weisheit, die Frömmigkeit» zur Herrscherin erhebt.

In dem Ideen- und Diskussionsstück *Die Stadt* (1931), das zwischen 1890 und 1897 in zwei Fassungen entstand, bilden die in einer Stadtkultur auftauchenden Probleme menschlichen Zusammenlebens den Kern der Handlung.

Der Tausch (UA: 1914 in Paris), 1894 entstanden, versucht, die zunehmende Versachlichung und Kommerzialisierung aller menschlichen Beziehungen darzustellen. Claudel stellt in dem Werk zwei Paare einander gegenüber: den Abenteurer Louis Laine mit seiner Frau Marthe dem Erfolgsmenschen Thomas Pollock Nagoire mit seiner Geliebten Lechy, einer Schauspielerin, die in ungehemmtem Freiheitsdrang alle gesellschaftlichen und sittlichen Konventionen hinter sich gelassen hat. Louis und Lechy fühlen sich sofort zueinander hingezogen, doch auch Nagoire empfindet für Marthe ein bisher nicht gekanntes Gefühl. So bahnt sich ein Partnertausch an, den Marthe verzweifelt zu verhindern versucht. Doch Nagoire besiegelt den Tausch mit einer stattlichen Summe an Louis, obwohl Marthe ein Kind von ihrem Mann erwartet. Louis verliert den Boden unter den Füßen, stürzt aus den Ordnungen. Der Kampf der Beständigkeit mit dem ungehemmten Freiheitsdrang um die Seele eines Menschen endet in Vernichtung: Lechy läßt Louis erschießen und zündet Nagoires Haus an, in dem sich alle seine Wertpapiere befinden. Marthe aber hilft Nagoire zu erkennen, daß die Menschen etwas anderes als Geld verbindet. Über die Leiche von Louis reichen sie einander die Hände: Ihre Seele hat die seine erweckt.

Mittagswende (UA: 1948 in Paris) entstand in den Jahren einer großen inneren Krise in China zwischen 1900 und 1905. Mit diesem Drama versucht Claudel, in Verschlingung der Themen Ehebruch und religiöser Berufung seine Zerrissenheit zwischen romantisch-fatalistischem Liebensverhältnis und christlicher Welt- und Schicksalsdeutung zu bewältigen. Vor dem Hintergrund des Boxeraufstandes läuft die Geschichte von vier Menschen ab, die einander auf einem Schiff im Indischen Ozean begegnen und in eine mit psychologischem Realismus gezeichnete Liebesgeschichte verstrickt werden. Claudel zeigt hier erstmals in seiner erschreckenden Unerbittlichkeit den Sturz eines Menschen aus der Ordnung in die vollkommene Unordnung, den Gerechten, der wissentlich und willentlich gegen das Gebot verstößt. Die sinnliche Realität aber erscheint als notwendige Voraussetzung für das Wirkenkönnen der Gnade Gottes. Die Frau wird zu ihrer Vermittlerin.

Verkündigung (UA: 1912 in Paris), wurde als Mysterienspiel bereits 1892 in einem ersten Entwurf konzipiert und später in mehreren Fassungen ausgearbeitet. Es ist ein mittelalterliches Drama um Gut und Böse – mit der Einbeziehung des Wunders der jungfräulichen Geburt aus dem Heiligen Geist: Violaine küßt verzeihend den Kirchenbauer Pierre de Craon und nimmt damit seine Krankheit, den Aussatz, auf sich, trägt, selbst eine Reine, die Sünde und das Leiden für andere. Ihren Verlobten Jacques verliert sie an ihre dunkle Schwester Mara, die sich in dämonischem Egoismus in Gottesferne hält. Durch den Aussatz – der hier zugleich auch Ausgesetztsein als Erwählung bedeutet – von den Menschen getrennt, wird Violaine, die erblindet in der Einöde leben muß, zum Werkzeug des Übernatürlichen. Eines Tages bringt ihr Mara in wilder Verzweiflung ihr totes Kind und fordert von ihrer Schwester, es durch ein Wunder wieder lebendig zu machen. Violaine weist sie entschieden zurück. Doch als sie Mara bittet, ihr aus den Nokturnen der Weihnachtsliturgie zu lesen, belebt sich in Violaines Armen das Kind: Nicht erweckt, sondern neu geboren, mit den blauen Augen Violaines. In rasender Eifersucht unternimmt Mara einen Mordversuch an der hilflosen Blinden, selbst blind für die überwältigende Realität Gottes. Von Pierre in ihr Elternhaus gebracht, stirbt Violaine – ihr Opfergang ist zu Ende.

In den Jahren von 1911 bis 1918 schuf Claudel eine Trilogie, die am Schicksal der Familie Coûfontaine-Turelure die das 19. Jahrhundert beherrschenden Kräfte und Ideen aufzeigen sollte. Das erste Werk, *Der Bürge* (1914), spielt in napoleonischer Zeit. Im geheimnisvollen Zusammenwirken von menschlichem Streben und unerforschlicher göttlicher Gnade offenbart sich diese aber auch im Zeitalter des Materialismus und Atheismus sowohl in der Geschichte wie im Einzelschicksal. – Der zweite Teil, *Das harte Brot* (1923), führt die Familienchronik fort. Nach der ersten Phase der bourgeoisen Emanzipation, in der sich die Kräfte des Bürgertums noch großteils in der Bewegung gegen die Kirche und die Aristokratie erschöpft hatten, wird nun ein Bild der kapitalistischen Entwicklung gegeben. Das Drama spielt zur Zeit des «Bürgerkönigs» Louis-Philippe, einer Epoche, die für Claudel einen der gottfernsten Abschnitte der Menschheitsgeschichte darstellte. Kapitalistische Maximen, Kolonialismus, Nationalismus, eine Familienverfassung, die von Haß, sentimental verbrämter Gleichgültigkeit, Unterdrückung der Frau und ökonomischen Interessen bestimmt ist, beherrschen das Geschehen. Im dritten Drama der Trilogie, *Der erniedrigte Vater* (1928), bleibt allerdings die Auseinandersetzung mit den Wertvorstellungen und Kräften des 19. Jahrhunderts im Hintergrund. Der Zusammenstoß zwischen der übernatürlichen Idee des Papsttums und dem um seine Einheit kämpfenden Italien – das Werk spielt im Rom der Jahre 1869 bis 1871 – bildet nur die Folie für die Liebe von Pensée und Orian, mit der wiederum die Frau als Vermittlerin göttlicher Gnade in den Mittelpunkt gerückt wird.

Unerwartet wandte sich Claudel mit 50 Jahren wieder dem Komischen zu, das er für den «Gipfel des Poetischen» hielt. Er entwarf die lyrische Farce *Proteus* (1933), ein Satyrspiel zum Trojanischen Krieg. Proteus, Meeresgott und Urverwandlungskünstler, verführt Helena auf der Rückkehr von Troja zum Bleiben und gibt Menelaos eine Nymphe an ihrer Stelle mit.

Nach diesem und anderen unterschiedlichen Abstechern ins Komische wendete Claudel fünf Jahre seines Lebens nahezu ausschließlich für die Gestaltung der «Spanischen Handlung in vier Tagen», *Der seidene Schuh**, auf. Diese auch von ihm selbst als Hauptwerk eingestufte Dichtung entstand zwischen 1919 und 1924.

Zum Sinnbild einer allen Eigenwillen überwindenden Opferbereitschaft wurde dann das szenische Oratorium *Johanna auf dem Scheiterhaufen* (1938) mit der Musik von Arthur Honegger.

In zwei Fassungen, als szenisches Oratorium mit der Musik von Darius Milhaud (1930) und als Sprachwerk (1935), eroberte Claudels Schauspiel *Das Buch von Christoph Columbus* die Bühne. Im Mittelpunkt steht die Frage nach der Rechtfertigung der Entdeckungsfahrt.

Claudel zeigt zunächst die Vorbereitung des Unternehmens und die eigentliche Entdeckungsreise, wobei den Gefährten die Fahrt als Absturz ins Nichts erscheint, Columbus aber das Nichts als notwendigen Durchgangspunkt zu neuer umfassender Welterkenntnis durchschaut. Der Niedergang und die Demütigung des Eroberers münden schließlich in einer Apotheose des Columbus, der die disparaten Teile der Welt zum höheren Ruhme Gottes vereinigt.

In seinem letzten dramatischen Werk, der 1942 entstandenen *Geschichte von Tobias und Sara* (1953), erlösen einander der alte blinde Tobias und die junge Sara, die beide von Gott geschlagen waren und dennoch nicht davon abließen, ihn zu suchen. Saras Worte, «Gott ist die Liebe», bilden zugleich Schlußwort und das ein Leben lang verfolgte große Thema im dramatischen Werk Claudels.

Der seidene Schuh
Spanische Handlung in vier Tagen.
UA: 1943 in Paris

Ein Jesuit, von Piraten auf einem steuerlosen Schiff an den Mast wie ans Kreuz gebunden, rings umgeben von Leichen, betet für seinen Bruder Rodrigo, der sich von Gott abgewandt hat, daß er durch die irdische Liebe zu einer Frau zur göttlichen Liebe finde. – Rodrigo und Proëza verfallen einander in leidenschaftlicher Liebe. Proëza ist die junge, schöne Frau des greisen Don Pelayo, eines hohen Richters im Spanien der Wende des 16. zum 17. Jahrhundert. Die Pläne des Königs mit dem eigenwilligen, doch außergewöhnlichen Rodrigo stehen einer Verbindung der Liebenden ebenso im Weg wie das Sakrament der Ehe, an das sich Proëza gebunden fühlt. Sie achtet ihren Mann, doch ihre Leidenschaft zu Rodrigo hat so vehement von ihr Besitz ergriffen, daß sie ihrer Gefährdung durch die eigene Natur kaum mehr etwas entgegenzusetzen hat. Symbolisch übergibt Proëza der Heiligen Jungfrau ihren seidenen Schuh, damit es mit «hinkendem Fuß» geschehe, wenn sie in Sünde gerate. Auf dem Weg zu Proëza wird Rodrigo verwundet und auf sein väterliches Schloß gebracht. Proëza schlägt sich zu ihm durch. Doch für die Liebenden gibt es auch am «zweiten Tag» unter der strengen Obhut von Rodrigos Mutter keine Annäherung: Das Schiff, das Rodrigo als Oberbefehlshaber auf Wunsch des Königs nach Amerika bringen soll, liegt bereit. Don Pelayo überträgt seiner Frau nach einer ernsten Aussprache den Oberbefehl über die Festung Mogador in Afrika, um den zwielichtigen Don Camillo zu überwachen. Der König äußert Bedenken, ob dieser Auftrag ihr nicht Schaden zufügen könnte. Zur Prüfung soll ihr Rodrigo einen Brief überbringen, der ihr die Entscheidung über ihr Bleiben in Afrika überläßt. Proëza überwindet sich, ringt sich zu Entsagung durch und weigert sich, Rodrigo zu empfangen. Zutiefst verletzt übernimmt Rodrigo das Amt des Vizekönigs in Amerika. Dort baut er als ein unerbittlicher Eroberer, wie der «dritte Tag» zeigt, sein Reich auf. Umgeben von banalen Verehrern und machthungrigen Feinden scheint er ganz in irdischer Lust befangen. Proëza hat inzwischen, nach dem Tod von Don Pelayo, um Böses zu verhindern, Camillo geheiratet und sich seiner brutalen Begehrlichkeit unterworfen. Doch ihre Liebe zu Rodrigo brennt unverändert – ihr Kind von Camillo trägt die Züge des fernen Geliebten. Vor zehn Jahren hat Proëza Rodrigo verzweifelt einen Brief geschrieben, ihm ihre unwandelbare Liebe gestanden und ihn gebeten, sie vor Camillo zu retten. Ihr Schutzengel öffnet Proëza die Augen, weshalb Gott sie den Lebensweg Rodrigos kreuzen ließ, und verkündet ihr, dem «Köder Gottes» für Rodrigo, den nahen Tod. Nun erst erhält

Rodrigo ihren Brief. Er bricht sofort nach Afrika auf. Nach langen Jahren stehen die Liebenden einander gegenüber. Proëza weiß inzwischen, daß irdische Vereinigung für sie unmöglich ist. Sie überläßt Rodrigo, der sie nicht verstehen kann, ihre kleine Tochter, Maria Siebenschwert, und kehrt zu Camillo zurück. Noch in der selben Nacht wird Mogador gesprengt. Der «vierte Tag» zeigt Rodrigo alt, schwach und machtlos. Jahrelang war er in Japan gefangen, nur Maria Siebenschwert, die ihn wie einen Vater liebt, stand ihm zur Seite. Nun will ihn der neue König von Spanien wieder für seine ehrgeizigen Pläne einsetzen, doch Rodrigo plädiert für Friede und Versöhnung unter den feindlichen Völkern. Als sich der König von ihm abwendet, nehmen ihn seine Feinde gefangen, er wird in die Sklaverei verkauft und schließlich an einen Bettelorden verschachert. Geläutert und reif zur Erlösung verrichtet er bei den Nonnen niedere Dienste. Maria Siebenschwert aber zieht mit Don Juan d'Austria gegen die Türken.

Die unerfüllte Liebe zu Proëza, dem «Köder Gottes» zum Weg des Heils, treibt Rodrigo durch die Welt. Die Liebe in ihrer doppelten Ausprägung als Eros und mystisches Gottesverlangen wirkt als treibende Kraft des dramatischen Werkes. Proëza findet rascher zum Verzicht, ihre Leidenschaft wird unkörperlich, zu einer reinen opfernden Liebe. Rodrigo, der rücksichtslose Eroberer, der sich die Welt unterwerfen will, muß einen langen Weg in die tiefste Erniedrigung gehen, ehe ihm bewußt wird, daß nicht das Ungeheure seine Aufgabe in dieser Welt ist,

Claudel, Der seidene Schuh
Stadttheater Ingolstadt, 1980
Inszenierung: Volkmar Kamm
v. l. n. r. Maria Stuart (Rollenspiel): Sylvia Esser
Rodrigo: Wolfgang Werthenbach
Kanzler: Hans J. Kreis, Bischof: Hans J. Jaekel
König Philipp II: Wolfgang Krebs (oben)

sondern der Dienst am Nächsten. In der Doppelthematik, der Berufung des einzelnen zu seiner Aufgabe in der Welt und der Hinführung des Mannes zu seiner außerirdischen Berufung durch die Liebe einer Frau gibt Claudel die Summe seines dichterischen Werks. Alles was geschieht, ist Teil eines göttlichen Heilsplanes. Das Individuum wie die Gemeinschaften sind auf dem Weg zu Gott. Belastet mit Freveln, Gewalt und Sünden können ihnen aber auch diese zum Instrument der Heilung werden. In der prästabilisierten Harmonie des Universums, dem göttlich geordneten Kosmos erhält das Leid wie auch das Böse seinen ganz bestimmten Stellenwert. Claudels großes Welttheater, das Himmel und Hölle umfaßt, wird im Spiel zwischen ausschweifender Weltlust und Entsagung, erkenntnissüchtiger Intellektualität und schlichtem Glauben, Lyrik und Burleske zu einem christlichen Weltbekenntnis, das er in eine gottlose Zeit stellt: «Gott schreibt gerade auch auf krummen Zeilen», ein altes portugiesisches Sprichwort, setzt er aufs Titelblatt.

Jean Giraudoux 1882–1944

Jean Giraudoux wurde am 29. Oktober 1882 als Sohn eines Ingenieurs in Bellac geboren. Er studierte Germanistik an der Sorbonne, in Berlin und Bonn, wurde 1905 Hauslehrer der Familie der Herzöge von Sachsen-Meiningen in München und 1906 Lektor für Französisch an der Havard University. Nach ausgedehnten Reisen durch Europa und Amerika kehrte er 1907 nach Paris zurück und begann mit ersten literarischen Versuchen. 1910 trat er in den diplomatischen Dienst ein. Seine glänzende Laufbahn führte ihn durch viele Länder, schien ihn aber nicht in seiner literarischen Produktivität als Romancier, Essayist und schließlich Dramatiker einzuschränken. Bedeutsam wurde für ihn die Begegnung mit dem Schauspieler und Regisseur Louis Jouvet, der sein dramatisches Schaffen anregte und auch die meisten seiner Dramen uraufführte. Zu Beginn des Zweiten Weltkriegs war Giraudoux Pressechef am Quai d'Orsay, zog sich aber dann nach Cusset in den unbesetzten Teil Frankreichs zurück. Er starb am 31. Januar 1944 unter nicht ganz geklärten Umständen in Paris.

Giraudoux sah im Theater einen «Liebestrank», der dem Publikum die poetische Vision einer besseren Welt vermittelt und damit eine bittere Wirklichkeit ästhetisch verklärt. Skeptisch gegenüber der Veränderbarkeit dieser Welt, wenn nicht sogar grundsätzlich daran zweifelnd, tröstete er mit dichterischen Träumen oder leise wehmütiger Ironie über den Verlust des Paradieses hinweg. Verzauberndes Wort, phantasievolles Spiel der Assoziationen stehen einer pessimistischen Weltsicht gegenüber. Ein glänzender Vertreter des französischen Esprit, verband er lateinischen Humanismus mit der Irrationalität deutscher Romantik – und diese Spannung lebt auch in seinen Werken. Immer wieder stellt er vernünftiges Sichbescheiden gegen den absoluten Anspruch, der scheitern muß, zeigt auch die zerstörerischen Kräfte, die in dem Streben nach dem Absoluten liegen können. Er plädiert für einen Wirklichkeitssinn, der der schnöden Realität ein wenig Poesie abgewinnen kann, und dafür, das Schöne auch in den banalen Dingen des Alltags zu sehen, den Abglanz einer idealen Welt, die nicht realisierbar ist, im Realisierbaren sichtbar zu machen. So gestaltet er auch weniger psychologisch differenzierte Charaktere, sondern verkörpert in seinen Figuren

Probleme, Ideen, individuelle Sachverhalte, und verleiht damit seinen Stücken oft Diskussionscharakter. Er gibt den Unbedingten nicht recht und nicht den Kompromißlern, seine Liebe gehört seinen zauberhaften Mädchengestalten, Träumerinnen einer besseren Welt und den Gärtnern, die immer wieder als Hüter, Pfleger und Bewahrer auftreten. «Offenbar», sagte einer seiner Gärtner, «ist das Leben eine verfehlte Angelegenheit, aber schön ...»

Es war Louis Jouvet, der Giraudoux zuredete, seinen 1922 erschienenen Roman «Siegfried et le Limousin» zu dramatisieren, und der damit das ebenso produktive wie erfolgreiche Theaterschaffen des Diplomaten-Schriftstellers anregte. *Siegfried* (1928) ist ein französischer Offizier, der im Ersten Weltkrieg sein Gedächtnis verliert, in den folgenden sechs Jahren in Deutschland von der Krankenschwester Eva zum Modelldeutschen gemacht wird und zum Staatsmann aufsteigt. Von seinem Gegenspieler mit Hilfe seiner ehemaligen Verlobten Geneviève als Franzose entlarvt, entscheidet er sich für die Rückkehr nach Frankreich, für Geneviève und gegen Eva, will aber in Zukunft die geistigen, seelischen und charakterlichen Eigenschaften beider Nationen in sich vereinen. Siegfrieds innerer Konflikt, das Spannungsfeld, in dem er sich befindet, wird in die beiden Frauenfiguren verlagert. Der Dualismus, den Giraudoux hier an den Gegensätzen Deutschland und Frankreich demonstriert, mag auf Klischeevorstellungen beruhen, zeigt aber jene zwei Lebensmöglichkeiten auf, zwischen denen seine Menschen immer wieder schwanken. Auf französischer Seite stehen weise Beschränkung, Logik, Klarheit, Ordnung, auf der deutschen hingegen unbegrenzte Offenheit, universales Harmoniestreben, das politisch in Aggressivität umschlagen kann, tiefsinnige Dunkelheit und Poesie.

Frivolität und Innigkeit vermischen sich dagegen in der angeblich 38. Variante nach Plautus, weshalb die Komödie den Titel *Amphitryon 38* (1929) erhielt. Eine sehr pariserische Alkmene berät sich mit Leda, wie sie den ihr angekündigten Nachstellungen des Jupiter entgehen könnte, ohne zu wissen, daß sie ihn bereits bei der vermeintlich «ehelichsten» aller Nächte mit Amphitryon empfangen hat. Prompt wird der Ehemann irrtümlich mit Leda verkuppelt. Alkmene aber will ihre Liebe gegen die göttliche Willkür verteidigen. Sie versucht, Jupiter zum Verzicht auf seine allzu galanten Machtmittel und zur Respektierung des menschlichen Privatlebens zu bewegen, wobei der Zauber der Wirklichkeit reizvoll gegen die Zauberei des Überwirklichen in Kontrast gesetzt wird.

Judith (1931) wandelt das alttestamentarische Thema in der Nachfolge Hebbels ab, indem Giraudoux den Mord an Holofernes ebenfalls aus freier Entscheidung des Gefühls geschehen läßt und nicht als Tat in politischem Auftrag. Doch seine Judith tötet als eine Liebende, die ihre Liebe vor der Vergänglichkeit bewahren will. Ihre Tat aber, weder für ihr Volk noch für Gott begangen, wird von ihrer Umwelt durch raffinierte Propaganda verfälscht und sie selbst zur von Gott inspirierten Retterin stilisiert.

Intermezzo (UA: 1933 in Paris) zeigt die Verwandlung der Alltagswelt einer französischen Kleinstadt durch die Phantasie, die romantische Sehnsucht der jungen Lehrerin Isabelle: Ihr Glaube an die Harmonie läßt Aufrichtigkeit und Gerechtigkeit regieren, und die bestehenden Verhältnisse verändern sich zugunsten der Armen und Leidenden. Sofort trifft ein Regierungsinspektor ein, um die Untergrabung sämtlicher «übrigens falscher Grundsätze, auf denen die zivilisierte Gesellschaft beruht», aufzudekken. Er verkörpert den Rationalismus einer alten Gesellschaftsordnung, deren

Vernunftdenken in Klischees und übertriebenem Ordnungssinn erstarrt ist und ironisch entlarvt wird. Für den Ausgleich zwischen der wirklichkeitsfremden Phantasiewelt Isabelles und dem beschränkten Wirklichkeitssinn des Inspektors sorgt ein mittlerer Beamter, «Kontrolleur für Maße und Gewichte», mit seiner Liebe zu Isabelle. Von ihm wird sie in ein neues Lebensverständnis eingeführt: Es geht darum, sich im Alltag bewußt einzurichten, ihm aber mit Hilfe der Phantasie ein wenig Poesie abzugewinnen.

Der trojanische Krieg findet nicht statt (UA: 1935 in Paris) ist die schonungslose Entlarvung der Kräfte, die in den Krieg treiben. Das Schauspiel faßte die gespannte Beziehung zwischen Frankreich und Deutschland am Vorabend des Zweiten Weltkrieges in eine dramatisch-visionäre Metapher: So sehr sich Hektor auch bemüht, das große Schlachten zu verhindern und schließlich sogar in Odysseus einen Gesinnungsgenossen gewinnen kann – Dummheit, Gewinnsucht, Nationalismus und Blindwütigkeit sind stärker als Vernunft und Diplomatie. Voll bitterer Ironie zeigt Giraudoux in diesem geistvollen, pessimistischen Debattierstück den Krieg als Ausgeburt der Verlogenheit derer, die unter dem Deckmantel hohler Phrasen zu Macht, Reichtum und Ruhm kommen wollen. Für den Diplomaten Odysseus gibt es keinen einzelnen Anlaß für einen Krieg, sondern eine «gewisse allgemeine Geneigtheit, die von der entsprechenden Atmosphäre und einer jeweiligen Stimmung in der Welt abhängt» und den im Menschen tief verwurzelten Kriegsinstinkt freimacht. Odysseus ist überzeugt von der Unvermeidbarkeit des Krieges, dennoch aber zum Versuch bereit, mit Hektor «das Schicksal zu überlisten». Ein absurder Zwischenfall liefert jedoch den «legalen» Kriegsanlaß.

Auch in *Elektra* (1937) wird verzweifelt versucht, die Tragödie zu verhindern. Im Konflikt zwischen Staatsraison und einer kompromißlos menschliche Integrität fordernden Haltung läßt Giraudoux den unbedingten Anspruch unrealistisch, ja sogar zerstörerisch wirken: Mit seiner Philosophie der Zweckmäßigkeit und des Kompromisses regiert Ägisth ein reiches, friedvolles Land. Elektra, die ihn, ohne von der Ermordung ihres Vaters zu wissen, haßt, versucht er durch die Heirat mit einem liebevollen und gütigen Gärtner zu verbürgerlichen und in der praktischen Welt der Zugeständnisse anzusiedeln. Doch Elektra verweigert die Heirat, und als sie von Orest von der alten Untat erfährt, drängt sie den Bruder rücksichtslos zum Mord, obwohl sie weiß, daß die von den Korinthern belagerte Stadt ohne Ägisth schutzlos ist, daß sein Tod gleichbedeutend ist mit dem Untergang von Argos und dem Unglück von unzähligen Menschen. «Ich habe die Gerechtigkeit», sagt sie schließlich inmitten all des menschlichen Leids und der Verzweiflung und glaubt damit gerechtfertigt zu sein.

Dem kunstvoll komponierten Einakter *Das Lied der Lieder* (1938), der zwischen Ironie und leiser Schwermut des Entsagenmüssens pendelnden Geschichte eines Abschieds, folgte das poetische Märchen *Undine* (1939), das den Einfluß der deutschen Romantik nicht verleugnet: Die Liebe zwischen dem Ritter Hans und der Nixe Undine endet tragisch: Hans findet in Undine das reine Ideal der Wahrheit und Liebe, doch das Naturwesen scheitert an den Konventionen der Gesellschaft, und Hans selbst zeigt sich den Ansprüchen des Ideals nicht gewachsen. Er wird des Absoluten, Vollkommenen überdrüssig, wendet sich wieder seiner früheren Geliebten Bertha zu und betrügt damit Undine. So muß er, dem Pakt mit dem Wasserkönig zufolge, sterben, und Undine muß in ihr Element zurückkehren. Giraudoux zeigt damit den in seine Welt und seine individuelle Natur schicksalhaft eingebundenen Menschen, der nach einem Durchbrechen der menschlichen Grenzen strebt. Seine Tragik wächst aus dem Widerspruch zwischen der Bestimmung, dem Allzumenschlichen und den Spielregeln der gesellschaftlichen Umwelt verhaftet zu sein, und seiner Natur, die ein Ideal erstrebt, dem er nicht gewachsen ist.

Den Verzicht auf das Absolute lernt dagegen die schüchterne Agnes in dem Einakter *Der Apoll von Bellac* (1942). Im Patentamt auf Stellungssuche, erhält sie von einem geheimnisvollen Herrn den Rat, jedem Mann einfach zu sagen, er sei schön. Agnes macht auf diese Art eine ungeahnte Karriere und erreicht, daß tatsächlich jeder auf seine Art schön wird. Als sie von dem mysteriösen Ratgeber über das wahrhaft Schöne aufgeklärt wird, bescheidet sie sich dennoch damit, das jeweilig Schöne des Augenblicks in all seiner Relativität zu sehen. Nicht von ungefähr wurde Giraudoux von seinen Freunden Apoll von Bellac genannt.

Die aktuelle Problematik des Weltkrieges versuchte der Autor mit *Sodom und Gomorrha* (1943) auf die Grundfrage nach dem Sinn der Schöpfung und der Möglichkeit der Liebe zu reduzieren: Die Vernichtung von Sodom und Gomorrha wäre zu verhindern, wenn ein einziges glückliches Paar gefunden werden könnte. Jean und Lia scheinen diese Voraussetzung zu erfüllen, doch jeder der beiden sucht in dem anderen ein Wunschbild, einen «Engel», und verliert darüber die Liebe zum Menschen mit allen seinen Fehlern. Haß glimmt auf, man greift zum Partnertausch, und alle verzweifelten Versöhnungsversuche, die den Untergang verhindern sollen, scheitern. Wenn auch immer wieder die Sünde der Lieblosigkeit begangen wird, so liegt doch in der Harmonie von Mann und Frau der Sinn der Schöpfung, würde ein glückliches Paar die Wüste zum fruchtbaren Land machen.

Aus dem Nachlaß stammt neben dem vielgespielten Schauspiel *Die Irre von Chaillot** das Drama *Um Lucretia* (1953), in dem Lucile, die Verkörperung von Reinheit und Wahrhaftigkeit, vergeblich ein schuldfreies Dasein vorlebt. Sie tötet sich zuletzt nicht nur, weil sie glaubt, ihr Ideal von Reinheit verletzt zu haben, sondern auch, um mit ihrem Tod die Wirklichkeit der Idee der Tugend und der reinen Schönheit dieser Welt zu beweisen.

Die Irre von Chaillot
Schauspiel in 2 Akten. UA: 1945 in Paris

Eine Gruppe skrupelloser Geschäftsleute beabsichtigt, Paris zu zerstören, um die unter der Stadt vermuteten Erdölvorkommen zu erschließen. Vor dem kleinen Café «Chez Francis» gründen sie eine Aktiengesellschaft und versuchen das gegenseitige Mißtrauen zu überwinden, indem sie sich mit dem Bekenntnis einer Missetat aneinander binden. Einer von ihnen hat den jungen Pierre zu einem Bombenattentat auf den sich den Ölbohrungen widersetzenden staatlichen Ingenieur erpreßt. Pierre hat sich jedoch mit einem Sprung in die Seine seinem Auftrag entzogen und wird bewußtlos von seinem Lebensretter ins «Francis» gebracht. Dort kümmern sich das Küchenmädchen Irma und Aurélie, die Irre von Chaillot, um den Lebensmüden. Aurélie, die Grande Dame des Armenviertels, regiert im Kleid der Jahrhundertwende und schäbiger Federboa mit heiterer Güte und damenhafter Souveränität das Reich der Lumpensammler und Kloakenreiniger und wird von den kleinen Leuten ihrer Gegend liebevoll verehrt. Sie versteht es auch, Pierre wieder neuen Lebensmut zu geben. Von ihm erfährt sie von dem Plan der noblen Herren des Profits, Paris zu zerstören. Sofort beschließt sie mit ihrem Anhang, das Verbrechen zu verhindern. Sie lockt die Manager, Industriebosse und Ölspekulanten in ihre Kellerwohnung, um ihnen das dort angeblich entdeckte Erdölvorkommen zu zeigen. Von ihrer Wohnung aber führt eine Treppe in das Kanal-Labyrinth von Paris, in dem jeder, der sich dort nicht auskennt, elend zugrunde gehen muß. Nach und nach erscheinen die Vertreter der verschiedenen Interessengemeinschaften, versuchen Aurélie mit Scheinverträgen zu begaunern und verschwinden, nach Öl schnuppernd, durch die Falltür, die Aurélie für immer hinter ihnen verschließt. Nun strömen die Armen herbei, um ihrer Retterin zu danken. Aurélie führt Pierre mit Irma zusammen und beauftragt den Lumpensammler, sie sofort zu alarmieren, falls erneut eine Invasion der Ungeheuer drohen sollte.

Güte, Freiheitsliebe, Schönheitssinn, Kultur und Idealismus leben in dieser Parabel, die ihren tiefen Pessimismus märchenhaft und mit feiner Ironie verkleidet. Allein eine «Irre» verfügt über den gesunden Menschenverstand, für ihre Umwelt ein lebenswertes Leben zu sichern. Giraudoux hat hier eine kompromißlose Absage an eine Welt des hemmungslosen Profitdenkens formuliert; zugleich träumt er liebevoll und geistreich den Traum von der Gemeinschaft der Armen und Guten, die die Herrschaft des Profitdenkens zu brechen imstande ist und sich aus bösen Zwängen zu befreien vermag.

Jean Anouilh *1910

Jean Anouilh wurde am 23. Juni 1910 als Sohn eines Zuschneiders und einer Geigerin in Bordeaux geboren. Er kam jung nach Paris, besuchte das Collège Chaptal, begann Rechtswissenschaft zu studieren und arbeitete dann «zwei Jahre bei einem Reklameunternehmen, wo ich (und dies ersetzte mir den dichterischen Lehrgang) in Präzision und Erfindung unterrichtet wurde». Die entscheidende literarische Begegnung brachte ihm 1928 Giraudoux mit *Siegfried*, wenn er auch damals bereits, wie er sagte, Claudel im Herzen und Pirandello und Shaw zerlesen in der Tasche trug. 1931 arbeitete Anouilh einige Zeit als Sekretär für den Schauspieler und Regisseur Louis Jouvet, seine Dramatikerlaufbahn war aber wesentlich von der Freundschaft mit Serge Pitoëff und André Brasacq bestimmt, die seine ersten Stücke inszenierten und ihm zu den ersten großen Erfolgen verhalfen. Anouilh wurde zu einem der auch international meistgespielten Dramatiker der Nachkriegszeit, mehr als zwanzig Jahre dominierten seine Stücke auf den Spielplänen in Frankreich, Deutschland, aber auch außerhalb der Grenzen Europas.

«Wenn die langweiligsten Philosophen der Verzweiflung ... sich doch endlich in das Unabänderliche fügen wollten: Wir sind komisch. Und das ist schließlich noch schrecklicher als die grauenvollen Schilderungen unseres Nichts», schrieb Anouilh zu einer Molière-Gedenkfeier. Sein umfangreiches dramatisches Werk nimmt zwei Komponenten der modernen Dramatik zum Ausgangspunkt: Einerseits das Gefühl der Sinnlosigkeit der menschlichen Existenz, der Bestimmung des Menschen, als ein komischer Sisyphus ein absurdes Leben auszuhalten, und zum anderen das Spiel mit dem Spiel, das die Realität des Theaters gegenüber jener der Welt unterstreicht, zugleich aber das Theater als Weltmodell ansieht, an dem das Rollenhafte der modernen Existenz deutlich wird. Anouilhs dramaturgisches Verfahren beruht auf der Dialektik von theatralischer und Lebensrealität: Entweder provozierte die Maske die Wahrheit oder aber die Rolle bindet an eine neue, auf Schein beruhende Wirklichkeit. In jedem Fall wird die Maske, die Rolle, das Spiel zum Mittel der Entlarvung. Formal führt er, ein virtuoser Meister des dramatischen Handwerks, mitunter die glänzende Szenentechnik des französischen Boulevardtheaters weiter. Sein formaler Ästhetizismus, die geschliffenen, geistreichen Dialoge umhüllen das Desaster einer zutiefst pessimistisch gesehenen Welt, in der Liebe, Freiheit, Menschlichkeit nur für Augenblicke oder im Tod verwirklicht werden können. Anouilh ist Moralist. «Einer derangierten und mit moralischen Kriterien gar nicht mehr zu bewältigenden Gesellschaft gegenüber tritt er mit unbedingten moralischen Ansprüchen auf. Das offenbare Mißverhältnis zwischen diesen Ansprüchen und der Realität führt ihn zu dem großen Thema des Kompromisses», schrieb Marianne Kesting. Dieses Thema behandelte er in immer neuen Varianten, wobei sich im Verlauf seines Lebens eine Veränderung seiner Einstellung abzuzeichnen begann. Den jugendlichen Helden, seinen Märchengestalten wie Jeanne oder Antigone, die mit einem radikalen Nein der Welt der Kompromisse und damit dem Leben entgegentraten, gehörte seine Liebe. Immer aber gab er auch denen, die sich zum Leben und zum Kompromiß bekannten, gute Argumente in die Hand. Allmählich aber begann er, auch die Gefährlichkeit und mögliche Pervertierung der Unbedingtheit aufzuzeigen und den Kompromiß als die humanere Position erscheinen zu lassen. Er «feierte nicht mehr den trotzig-tragischen Untergang; er feierte die praktische Vernunft und ihr großes Abenteuer: in einer von machthungrigen Zynikern und bornierten Idealisten vermurksten Welt das Ideal eines eigenen und persönlichen Lebens zu verwirklichen» (Georg Hensel).

Das erste seiner mehr als 40 Stücke, mit dem Anouilh erfolgreich die Szene betrat, war *Hermelin* (1932), die Geschichte der Liebe des verzweifelnd bankrottierenden Geschäftsmannes Frantz und Monime, die von den Launen und dem Geld ihrer steinreichen alten Tante abhängig ist. Frantz ermordet die hartherzige Alte. Nicht wegen des Geldes, sondern um die große Liebe zu bewahren, die er, in Armut aufgewachsen, von der Mittellosigkeit bedroht sieht. Monime aber glaubt, in der Tat Geldgier zu erkennen, und kann ihn nicht mehr lieben. Obwohl sich ein geistesschwacher Diener des Mordes bezichtigt hat, stellt sich Frantz der Polizei. Als er abgeführt wird, ruft ihm Monime zu: «Ich liebe dich!»

In der 1932 entstandenen Komödie *Ball der Diebe* (1938) nahm Anouilh sein immer wiederkehrendes Motto einer «Theatralisierung des Theaters» auf: In dem Badeort Vichy haben es drei Gauner auf den Schmuck der Lady Hurf und ihrer beiden reizenden Nichten abgesehen. Sie nähern sich ihnen als spanische Adelige. Obwohl die Lady die Maskerade durchschaut, läßt sie sich – zum Entsetzen des sie begleitenden Lord Henry – aus Langeweile auf das Spiel ein. Ihre Nichte Julia verliebt sich allerdings in den Dieb Gustav. Sie hilft ihm, die Villa auszurauben, während sich die anderen, als Diebe verkleidet, auf einem Maskenball vergnügen. Gustav bringt jedoch Beute wie Nichte reuig zurück, und Lord Henry führt die beiden Liebenden zusammen, indem er in Gustav seinen seit 20 Jahren verschollenen Sohn wiederzuerkennen vorgibt und damit der schrecklichen «Mesalliance» ein anderes Gesicht gibt.

Das Verhältnis von Reichtum und Glück wird in Umkehrung der Situation von *Hermelin* auch in *Die Wilde* (1938) gestaltet. Die Liebe der kleinen Kaffeehausgeigerin Thérèse zu dem erfolgrei-

Anouilh, Leocadia
Theater in der Josefstadt, Wien, 1976
Inszenierung: Boleslav Barlog
Prinz: Eugen Stark, Amanda: Sylvia Manas

chen Komponisten Florent scheitert daran, daß das Mädchen den Reichtum des Mannes und seine daraus resultierende Lebenseinstellung nicht akzeptieren kann. Als sie sieht, daß sie ihre Liebe nur unter Kompromissen, nur durch Selbstaufgabe verwirklichen könnte, entsagt sie ihr.

Den Verzicht auf die Vergangenheit behandelt dagegen *Der Reisende ohne Gepäck* (1937): Der Soldat Gaston hat im Krieg sein Gedächtnis verloren. Nach 18 Jahren in einem Sanatorium soll der Sechsunddreißigjährige wieder mit seiner Familie zusammengeführt werden. Mehrere Familien «bewerben» sich um ihn und seine stattliche Invalidenrente. So kommt er auch zu den Renauds, die ihm mit Berichten aus seiner Jugend Anhaltspunkte für seine Identität zu geben versuchen. Angeekelt durchschaut er, daß der in ihm vermutete «Charles» ein bösartiges, nichtsnutziges Subjekt war, muß jedoch erkennen, daß er mit ihm, wenn auch nicht mehr moralisch, so doch körperlich identisch ist. Er ergreift die Chance, das Gepäck seiner Vergangenheit, kaum gefunden, wieder abzuwerfen, verleugnet seine Familie und wählt einen englischen Waisenknaben, der ihn ebenfalls aus Geldgründen als Verwandten reklamiert, zur familiären Bezugsperson. «Neu wie ein Kind» will er sein neues Leben beginnen.

In dem 1937 entstandenen «rosa» Stück *Das Rendezvous von Senlis* (1941) erträumt sich Georges eine ideale Familie, die er sich in einem gemieteten Haus von zwei alten Schauspielern vorspielen läßt. Die Realität sieht anders aus: Georges wurde von seinen Eltern, die damit ihren Bankrott verhindern wollten, zur Ehe mit der reichen Henriette gezwungen, und er betrügt diese mit der Frau seines Freundes Robert, der ihn haßt, ihm aber seine Frau zuhälterisch zur Verfügung stellt. Als Georges sich in die zarte, intelligente Isabelle verliebt, inszeniert er für sie eine noble Traumfamilie. Es kommt zum Zusammenprall der künstlich geschaffenen Illusion mit der Realität, doch Isabelle gelingt die Harmonisierung. Sie gibt dabei Georges die Kraft zu einer gemeinsamen Bewältigung der Zukunft.

Das Verhältnis von Rolle respektive Traumwelt und Wirklichkeit wird auch in *Leocadia* (1940) durchgespielt. Prinz Albert lebt in Schwermut: Nur drei Tage hat er mit der geliebten Leocadia verbracht, dann verunglückte sie tödlich. Die Herzogin, seine skurrile Tante, hat nun in der jungen Pariser Hutmacherin Amanda eine frappante Ähnlichkeit mit Leocadia entdeckt und überredet sie, in der Rolle ihrer Doppelgängerin den Prinzen von seiner Melancholie zu heilen. Noch einmal lebt Amanda mit dem Prinzen die drei Tage seiner Liebe durch, doch sie entlarvt dabei mit ihren natürlichen und spontanen Reaktionen das raffinierte, exaltierte und egoistische Wesen Leocadias. Als sie erkennt, daß der Prinz Leocadia gar nicht geliebt haben kann, sondern sich in eine Phantasiewelt geflüchtet hat, faßt sie den Mut, diese zu zerstören. So findet der Prinz im kleinen Alltagsglück zur Lebensbejahung statt in einer erträumten absoluten, aber im Grunde lebensfeindlichen Liebe.

Gerade dieser märchenhaften Bescheidung wird in *Eurydike* (1942) eine radikale Absage erteilt. Anouilh deutet den antiken Orpheus-Mythos dahingehend, daß vollkommene Liebe nur im Tod möglich ist. Die Liebe zweier Menschen scheitert am Gegensatz von Ideal und Leben. Orpheus, ein Kaffeehausgeiger, und Eurydike, eine Wanderschauspielerin, verlieben sich leidenschaftlich ineinander. Doch bereits in der ersten Nacht erkennt Eurydike, wie sehr sie von Orpheus idealisiert wird. Da sie fühlt, daß er ihre Realität nicht ertragen würde, flieht sie und verunglückt tödlich. Der Tod in Gestalt eines freundlichen jungen Mannes ermöglicht Eurydikes Rückkehr ins Leben unter der Bedingung, daß Orpheus ihr eine Nacht lang nicht ins Gesicht sieht. Der inzwischen von Argwohn geplagte Orpheus will jedoch die Wahrheit über die Vergangenheit der Geliebten erfahren und verstößt gegen die Bedingung. Während ihm sein Vater die Genüsse eines kompromißbereiten Lebens preist, folgt Orpheus dem Tod, der ihn überzeugt, daß nur er ihm die Erfüllung seiner Liebe bringen kann.

Auch in *Antigone* (1944) stehen einander Bejahung der Realität des Lebens und ihre Verneinung gegenüber. Kreon verbietet aus Staatsraison die Beerdigung des im Kampf gefallenen Polyneikes, Antigone läßt von ihrer Forderung, den Bruder zu beerdigen, nicht ab. Anders als bei Sophokles versucht Kreon mit allen Mitteln Antigone zu retten und zum Kompromiß zu überreden. Er entkräftet alle ihre politischen, religiösen, humanen und moralischen Agumente – doch sie rebelliert gegen das Leben mit seinen Kompromissen. Ihr Nein bedeutet das Nein des Unbedingten zum Relativen. Kreons Kompromißbereitschaft erscheint human durchaus begründet, seine Position ist objektiv vertretbar. Doch für Antigone ist sie nicht annehmbar, weil sie sich damit selbst aufgeben müßte. Triumphierend weist sie Kreon in ihrer großen Auseinandersetzung nach, daß sie die Freiheit hat, das Leben zu verneinen, er jedoch gezwungen ist, sie zu töten: Er, der mit besten Absichten angetreten ist, den Staat zu vermenschlichen, muß, eingespannt in die Mechanismen dieses Staates, das Unmenschliche tun.

Den Ausweg in den Tod wählen auch *Romeo und Jeanette* (1946). In einem Augenblick fragloser Liebe findet Friedrich, ein strebsamer, ordentlicher junger Mann zu der verkommenen, verlogenen Jeanette, der Schwester seiner Braut Julia. Die Verabsolutierung des Gefühls hebt ihre inneren Widersprüche, ihre Verschiedenartigkeit auf. Doch gerade darin liegt auch die Gefährdung ihrer Liebe. Die Kraft, die beide aus ihren Bedingtheiten lösen kann, ist keine dauerhafte: Als Friedrich Jeanette in dem Augenblick verläßt, da sie ihm die Wahrhaftigkeit ihrer Liebe zu beweisen versucht, um zu Julia zu eilen, die einen Selbstmordversuch begangen hat, fällt Jeanette wieder in ihr ursprüngliches Wesen zurück. Sie heiratet einen früheren Liebhaber, läuft aber dann ins Meer hinaus. Friedrich folgt ihr in einen gemeinsamen Tod.

Kompromißlosigkeit charakterisiert auch *Medea* (1948). Ausgehend von der Tragödie des Euripides zeigt Anouilh, wie die Absolutheit ihrer Liebe zu Jason in eine bedingungslose Hingabe an das Böse umschlägt, wie die Anarchie des verabsolutierten Gefühls «Hochzeit mit dem Verbrechen» hält.

Die Komödie *Einladung ins Schloß* (1947) verknüpft auf kunstvolle Weise ein virtuos komödiantisches Spiel mit einer bitterbösen Gesellschaftssatire: Den Mittelpunkt bildet ein Zwillingspaar (eine Doppelrolle), das sich äußerlich aufs Haar gleicht, charakterlich jedoch kraß unterscheidet: Horace ist ein gefühlskalter, arroganter Frauenliebling, Frédéric empfindsam, schüchtern und unglücklich verliebt. Um seinen blind in die kokette Diana vernarrten Bruder vor der Ehe zu bewahren, inszeniert Horace eine Intrige, in die zuletzt allerdings die alte Schloßherrin rettend eingreifen muß, um sie zu einem guten Ende zu führen. Die kleine Tänzerin Isabella, die für eine Nacht engagiert worden war, um Frédéric zu bezaubern, sich aber in Horace verliebte, findet schließlich zu Frédéric. Horace wird mit Diana zusammengeführt. Hinter den mannigfaltigen Spielsituationen treten Egoismus, Neid, Verlogenheit als die wahren Triebfedern einer korrupten Gesellschaft hervor. Nur Isabella und Frédéric können sich aus dem Spiel und ihren Rollen lösen und werden frei für ihre Liebe.

Ardèle oder das Gänseblümchen (UA: 1948 in Paris): Ein Skandal bahnt sich an, der Familienrat ist zusammengetreten. Das späte Mädchen Ardèle, eine Bucklige, hat sich in ihren ebenfalls mißgestalteten Hauslehrer verliebt und will ihn heiraten – oder sterben. Das «Ärgernis» dieser unkonventionellen Liebe treibt nun die Familie zur Demaskierung ihrer eigenen Affären. Der General, Ardèles Bruder, wird von seiner vor Eifersucht wahnsinnigen, seit Jahren bettlägerigen Frau gequält und tröstet sich beim drallen Dienstmädchen; die Gräfin, eine Schwester des Generals, ist auf die Geliebte ihres Mannes eifersüchtig, obwohl sie selbst einen Geliebten hat, der wiederum argwöhnisch ihre Beziehung zu ihrem Mann beobachtet; die Schwiegertochter des Generals liebte zwar den jungen Nicolas, hat aber seinen älteren Bruder geheiratet, weil sie rasch ihren armseligen Verhältnissen entkommen wollte. Alle Menschen, die nun Ardèles Liebe zu einem «Fehltritt» degradieren und das Gefühl der beiden Buckligen verhöhnen, haben, selbst seelisch Verkrüppelte, die Liebe betrogen und verraten. Die wahren Liebenden sind zu grotesken Randfiguren geworden: Ardèle bleibt unsichtbar, der Hauslehrer stumm, zwei Schüsse zeigen an, daß sie ihrem Leben ein Ende gesetzt haben. «Anouilh hat ein grausames Stück geschrieben (über Menschen) und zugleich ein sehr zartes (über die Liebe) ... ein bis zum Farcenhaften theatralisches und zugleich sehr realistisches» (Volker Canaris).

Colombe (UA: 1950 in Paris) formuliert eine neue Antwort Anouilhs auf die alte Frage der Liebe unter den Menschen: nur das Reich der Illusion, die Bühne, ist der Platz, wo die ideale Liebe beheimatet sein kann. Als Julien zum Militär eingezogen wird, vertraut er seiner Mutter, der tyrannischen Primadonna Alexandra, und seinem Bruder Armand, der ebenfalls Schauspieler ist, seine geliebte Frau Colombe an. Rasch findet sich das ehemalige Blumenmädchen im lockeren Theatermilieu der Jahrhundertwende zurecht: Sie agiert nicht nur auf der Bühne mit, sondern treibt vor allem hinter den Kulissen ihr kokettes Spiel. Nach einer Liebesszene auf der Bühne mit dem Luftikus Armand ist sie auch in Realität seine Geliebte geworden und führt die anderen Verehrer an der Nase herum. Alarmiert platzt Julien in das lokkere Treiben. Colombe leugnet zuerst, dann aber gesteht sie, daß das reine Blumenmädchen, in das sich Julien einst verliebt hat, eine Illusion war. Die reale Colombe hat erst im Theater zu ihrer wahren Natur gefunden. Julien aber klammert sich an das Ideal und verfehlt damit Colombe und das Leben. Mit einer dramaturgischen Volte setzt Anouilh an den Schluß des Stückes eine Rückblende: Er zeigt den Beginn der Liebe zwischen Colombe und Julien. Das Happy-End mit Colombes Worten «für immer, immer, immer» wird zur ironisierten Illusion. In dieser glänzenden Satire auf das Theater wird deutlich, wie die Scheinhaftigkeit des Theaterlebens allmählich das wirkliche Leben überwuchert. Hatte Colombe im Schein der Rolle ihre Wirklichkeit gefunden, so verwechselt sie später den Schein mit dem Leben. Am Ende wird wohl eine grandiose, groteske Maskerade stehen, wie sie – köstlich – der ältliche Modedichter Poète-Chérie und seine rheumageplagte Muse Alexandra vorführen, eine Maskerade, in der man sich mit der eigenen Rolle betrügt.

Im *Walzer der Toreros* (1952) kehren der alternde General und seine eifersuchtskranke Frau aus *Ardèle* wieder. Bei diesem Walzer hat der General vor 17 Jahren Ghislaine, seine große Liebe, gefunden, jedoch die Scheidung von seiner Frau mit Rücksicht auf deren Krankheit immer wieder hinausgeschoben. Seine Frau simuliert ihr Leiden allerdings nur, betrügt ihn mit dem Arzt, begeht aber, von Ghislaine entlarvt, einen Selbstmordversuch. Als der General zu ihr eilt, springt Ghislaine in selbstmörderischer Absicht aus dem Fenster – geradewegs in die Arme seines Sekretärs. Sie verliebt sich in den jungen Mann, der sich als unehelicher Sohn des Generals entpuppt. Der rachedurstige General resigniert und verschwindet mit dem neuen Dienstmädchen hinter den Rosenbüschen seines Gartens.

Jeanne oder Die Lerche (UA: 1953 in Paris), die Geschichte der Jungfrau von Orléans, wird bewußt als Spiel vorgeführt. Jeanne spielt dem Gericht die wesentlichen Szenen ihres Lebens vor. Als sie bereits auf dem Scheiterhaufen steht, erinnert man sich, daß der Höhepunkt ihres Lebens, die Krönung des Königs in Reims, vergessen wurde – er bildet nun den Abschluß: «Das wahre Ende der Geschichte Jeannes ist nicht das kleine gequälte Mädchen von Rouen – das ist Jeanne zu Reims in ihrem Glanz und Ruhm.» In Jeanne gestaltet Anouilh die bewegendste seiner reinen, unbedingten Mädchengestalten. Weder pathetische Heldin noch Märtyrerin, ist sie Anwalt des Menschlichen. Sie argumentiert nicht mit Gott, sondern mit dem Göttlichen im Menschen. Im Dauphin, in La Hire und Beaudricourt weckt sie das bessere menschliche Ich. Daraus entsteht ihr Konflikt mit dem Großinquisitor, ihrem eigentlichen Gegenspieler, der Jeanne gerade ihre Menschlichkeit als Todsünde ankreidet. Er wittert in dem Menschen, der über Demütigung und Folter «den Blick zu jenem unbesiegten Bild des eigenen Ich» hebt, die Gefahr für die Kirche, «denn das ist sein alleiniger und wahrer Gott». Tatsächlich ist für Jeanne Gott nur dort, wo er sich im Menschen zeigt, während der Großinquisitor das Göttliche nur in der Vernichtung des Menschlichen verwirklicht sieht. Zwischen Jeannes Widerruf und ihrer Verbrennung liegt eine für Anouilh typische Szene: Der König besucht sie mit der Königin und seiner Geliebten im Gefängnis, und erst die Vorstellung eines kleinen lächerlichen Lebens am französischen Hof mit Hündchen oder Ehemann läßt Jeanne ihren Widerruf zurücknehmen. Dieses «Leben» erschiene ihr untragbar. «Jeannes Taten waren das Ideal des Menschlichen – indem sie mit der Realität des Menschlichen, dem Leben konfrontiert werden, müssen sie auf die Dauer zerbrechen», schreibt Volker Canaris.

Eine Paraphrase zu Don Juan zeigt die Titelfigur des Schauspiels *Ornifle oder Der erzürnte Himmel* (1955), das seine Wirkung auch aus der Spannung zwischen den beiden Figuren bezieht. Ornifle ist ein heruntergekommener Don Juan, ein berechnender, zynischer Genießer, der stets vor sich selbst auf der Flucht ist. Das Leben ist ihm zum bloßen Spiel geworden, in dem er hemmungslos betrügt, blufft und hasadiert. Einst vielversprechender Lyriker, ist er nun vielverdienender Liedertexter, der allmählich zum Schmierenkomödianten abrutscht. So tut sich zuletzt auch nicht die Hölle auf, um ihn zu verschlingen, sondern es ereilt ihn der Herztod am Bettrand einer kleinen Nutte. Gerade als er den einzig unberechenbaren Spielpartner, den Tod, in einer prächtigen Intrige in sein Leben einbeziehen möchte, macht dieser dem Spiel ein Ende.

Der arme Bitos oder Das Diner der Köpfe (UA: 1956 in Paris) führt die Entlarvung eines politischen Idealisten und unbedingten Moralisten vor, dessen Gerechtigkeitsfanatismus nichts anderes ist als Rache am Leben, das ihn zu kurz kommen ließ. «Ein radikales Scherbengericht» nannte Joachim Kaiser das Stück: «Vernichtender hat auch Beckett nicht argumentiert, wilder hat Genet nicht gehaßt, ironischer Ionesco nicht bloßgestellt.» Maxime, ein reicher Landadeliger, veranstaltet ein Diner, zu dem die Gäste als Figuren der Französischen Revolution kostümiert erscheinen. Bei dem Diner soll der Staatsanwalt Bitos in der Rolle des Robespierre von seinen früheren Schulkameraden gedemütigt und entlarvt werden. Bitos hat für einen einstigen Freund wegen Kollaboration mit den Deutschen die Todesstrafe gefordert, und nun, zehn Jahre nach Ende des Krieges, zu dessen Erschießung beigetragen. Tatsächlich identifiziert er sich während des Diners mehr und mehr mit seiner Maske und stellt sich als erbarmungsloser Fanatiker bloß. Zugleich erweist sich jedoch auch, daß sein Verhalten nur dem Neid und dem Haß eines aus kleinen Verhältnissen stammenden Menschen entspringt, der von der Natur benachteiligt, von der Gesellschaft gedemütigt und nicht akzeptiert, vom Leben geschlagen wurde. Als ein ehemals von ihm Verurteilter in der Maske des Gendarmen, der Robespierre verhaftete, auf Bitos schießt, fällt dieser in Ohnmacht und träumt, er sei Robespierre, der auf seine Hinrichtung wartet und nochmals die Situationen seines Lebens an sich vorbeiziehen läßt. Kaum erwacht, will Bitos das Haus verlassen, wird aber betrunken gemacht, von den Damen umgirrt, mit Komplimenten überschüttet – und macht sich nun, selig, bei denen, die er sonst so heftig verfolgt, Aufnahme zu finden, auch in seiner Spießigkeit und heimlichen Anfälligkeit für das Laster lächerlich. Über das abgekartete Spiel schließlich aufgeklärt, flammt sein Menschenhaß wieder auf: Er beschließt, sich zu rächen, und wird bei Victoire beginnen, dem einzigen Menschen, der Mitleid für ihn empfand. Die Premiere der «Komödie» löste in Paris einen ungeheuren Theaterskandal aus: Der dialektische Zusammenhang, in den ein Résistance-Kämpfer und Staatsbeamter mit Robespierre gestellt wird, provozierte ebenso wie die Tatsache, daß die Unmenschlichkeit der absoluten Prinzipientreue und ideologischer Fanatismus gerade an einem Staatsanwalt demonstriert werden.

Napoleons 100 Tage umspannt die 1958 entstandene Komödie *Majestäten* (1960). Anouilh demonstriert den Regimewechsel als Mechanismus, bei dem nur die Kostüme getauscht werden. Napoleon und Ludwig XVIII. (eine Doppelrolle) unterscheiden sich zwar in ihren Kostümen und ihren Methoden, der Mechanismus des Herrschens aber bleibt unverändert. Fouché steht beiden zur Seite, verrät beide und wird von beiden gebraucht. Politik entlarvt sich als Schmierenkomödie, in der das Handeln der beiden Majestäten nur das Mittel zum gleichen politischen Zweck darstellt. Allerdings: Napoleon nimmt seine Rolle ernst, ist um Wirksamkeit bemüht und inszeniert seine 100 Tage, um sich einen besseren Abgang zu verschaffen. Ludwig dagegen steht souverän über seiner Rolle, kann daher Kompromisse eingehen und trägt damit den moralischen Sieg davon – der aus Überlegenheit resultierende Kompromiß erweist sich als die humanste Position in diesem Spiel.

General Quixote oder Der verliebte Reaktionär (1959) ist ein alternder pensionierter General, der auf schmerzlich lächerliche Weise mit seiner Provinzwelt zusammenstößt. Zutiefst unzufrieden mit den Zuständen in Frankreich, versucht er, eine groteske Verschwörung anzuzetteln; seine Kinder entgleiten ihm ebenso wie seine junge Frau, die er mit seinen fixen Ideen und seiner reaktionären Phrasendrescherei tödlich langweilt. Den Idealen einer vergangenen Zeit nachhängend, ohne Verständnis für die Gegenwart, macht er sich in seinem Windmühlenkampf unausgesetzt lächerlich. Dennoch ist er in seiner gesinnungslosen und opportunistischen Umwelt mit seinen altmodischen, moralisierenden Ansichten der einzige, der sich selbst treu bleibt.

Mademoiselle Molière (1959), ursprünglich als Filmszenarium geschrieben, erzählt in einer lockeren Szenenfolge die Geschichte der Liebe Molières zu seiner Frau Armande. Das höchst kunstvoll konzipierte Stück bezieht seinen Reiz aus der Spannung zwischen Theater und Leben, Schein und Sein, Literatur und Wirklichkeit.

Seinem auch international erfolgreichsten Stück, *Becket oder Die Ehre Gottes** ließ Anouilh mit dem Schauspiel *Die Grotte* (1961) einen Blick in seine Werkstatt folgen: Ein Autor bemüht sich auf der Bühne, mit seinen Figuren zurechtzukommen. Der Mord an einer Köchin wird jedoch zu einem Geschehen, das sich jeder Deutung entzieht. In der Polarität von arm und reich, Dienstboten und Herrschaft, wird das Leben des Opfers rekonstruiert, wobei der Autor an der grausamen Banalität der Schicksale verzweifelt – ein Geständnis, daß die Unerträglichkeit der Realität die treibende Kraft ist, die Anouilh zum Theater zwingt.

Eine ironisierende literarische Bestandsaufnahme seiner erfolgreichen Bühnenfiguren brachte *Cher Antoine oder Die verfehlte Liebe* (1969). Der Erfolgsdramatiker Antoine hat sich das Leben genommen und zur Testamentseröffnung alle Damen geladen, die einst seinem Herzen nahestanden, und alle Herren, mit denen er befreundet oder verfeindet war. Es ist seine letzte Inszenierung, die von ihm, in einer Rückblende, eifrig geprobt wird und die Bilanz der lebenslang verfehlten Liebe zieht.

In den späten sechziger und in den siebziger Jahren näherten sich Anouilhs Stücke – Themen und Figuren ohne die einstige Überzeugungskraft variierend – dem seichteren Boulevard. Zu erwähnen sind die Komödien *Die Goldfische oder Mein Vater, der Held* (1970), in der der Schriftsteller Antoine, auf seinem Individualismus bestehend, aller Welt Schuldgefühle einredet, *Wecken sie Madame nicht auf* (1970), die den Alltag des Theaterdirektors Julien schildert, und eine neue, überraschende Variante der Atridensage *Du warst so nett, als du klein warst* (1972).

Becket oder Die Ehre Gottes
Drama in 4 Akten. UA: 1959 in Paris

König Heinrich II. tut am Grab von Thomas Becket Buße, um dessen sächsische Anhänger zu versöhnen. In seiner Erinnerung steigen die Bilder einer Freundschaft auf: Heinrich, den König der Normannen, verbindet eine tiefe Neigung mit dem geistreichen, eleganten und unbekümmerten Becket, der nicht nur sein Kumpan beim Saufen, Jagen und Huren ist, sondern auch sein Ratgeber. Als der König ihn, den adeligen Angehörigen der von den Normannen unterdrückten und verachteten Sachsen, zum Kanzler macht, führt Becket bedenkenlos, spielerisch und in eleganter Argumentation die antikirchliche, die Macht des Staates mehrende Politik des Königs weiter. Bei einem Jagdausflug geraten Heinrich und Becket in die Hütte eines sächsischen Leibeigenen. Becket beschützt die Tochter des Sachsen vor dem sexuellen Appetit des Königs, indem er sie sich als Geschenk wünscht, und sagt Heinrich eine Gegengabe zu. Dieser fordert nach einem Gelage Beckets Geliebte Gwendolin. Als Becket sich bereit zeigt, sein Versprechen zu halten, ersticht sich Gwendolin. Angstvoll flüchtet sich der König für diese so anders projektierte Nacht wie ein Kind zu Becket. Auf einem Feldzug gegen Frankreich versucht Becket, den König von der Notwendigkeit zu überzeugen, die Macht des englischen Klerus zu brechen. Als der Tod des Erzbischofs von Canterbury gemeldet wird, hat Heinrich den genialen Einfall, die Wahl des Freundes zum Erzbischof zu erzwingen. Die Warnung Beckets, daß er dann nicht mehr sein Freund sein könne, beachtet er nicht. Becket verkauft seine Güter, verschenkt das Geld an die Armen und legt eine einfache Kutte an – «es hat mir noch nie etwas so viel Spaß gemacht», sagt er. Für alle unerwartet, nimmt er mit unerbittlicher Strenge die Pflichten seines neuen Amtes wahr und tritt für die Rechte der Kirche gegen die Macht des Königs ein. Heinrich wartet vergeblich auf den Besuch des Freundes. Als ihm Becket durch einen Boten das Siegel des englischen Kanzlers zurückschickt, weiß er, daß das das Ende ihrer Freundschaft bedeutet. Seine Liebe schlägt in Haß um, er tut alles, um Becket zu vernichten. Dieser zieht sich in ein Kloster nach Frankreich zurück. Als es dem König von Frankreich opportun scheint, sich mit England zu verständigen, Heinrich aber auf Beckets Auslieferung besteht, versucht er, die einstigen Freunde zu versöhnen. Auf offenem Feld kommt es zu einem Treffen, das mit einem Kompromiß endet, doch Heinrich verweigert Becket den Friedenskuß. Bei einem Gelage überfällt den König wieder seine Einsamkeit, und er brüllt Mordwünsche gegen Becket heraus. Vier Vasallen nehmen das als Auftrag: Sie erschlagen Becket vor dem Hochaltar der

Kathedrale von Canterbury. Heinrich, wie zu Beginn am Grab des Toten, demütigt sich aus politischen Gründen und läßt sich von sächsischen Mönchen geißeln. Dann verspricht er die Untersuchung des Verbrechens und beauftragt damit einen der Mörder.

Anouilh ging es in diesem Werk nicht um eine Gegenüberstellung der Prinzipien Staat und Kirche, sondern um das Drama einer tragischen Freundschaft. Zwei existentielle Positionen stehen einander unvereinbar gegenüber. Während Heinrich die reale menschliche Beziehung einer Freundschaft, die ihn seiner Einsamkeit und Angst entrinnen läßt, zum Fixpunkt seiner Existenz macht, sucht Becket die Begründung einer menschenwürdigen Existenz im Absoluten. Heinrich braucht Becket als Menschen. Becket braucht Heinrich als Gegenpol. «Lachend hätte ich die Ehre Englands für dich verschenkt», sagt Heinrich. Er liebt den Freund, kann, sonst derb und skrupellos, zu ihm von unerwarteter Zartheit sein, ein Mensch, der zwischen Brutalität und Verletztheit schillert. Der spielerisch leichtfertige Becket, in seiner Charakterlosigkeit dem König nicht nachstehend, nur eleganter, überlegener als er, macht eine rätselhafte Wandlung durch. Bis zuletzt entschlüsselt Anouilh nicht, ob Bekket im Kampf für die Ehre Gottes nur ein neues intellektuelles Spiel wagt oder einer göttlichen Berufung folgt. Anders als Jeanne oder Antigone, bei denen Rolle und Selbst identisch waren, gibt Becket sein Selbst auf, um in der Rolle aufzugehen. «Becket kämpft nicht für Gott, sondern für die Ehre Gottes – nicht für die inhaltliche Verwirklichung des göttlichen Auftrags (die Menschen zu lieben), sondern für die formale Gültigkeit dieses Auftrags.» (Canaris) Nur für einen Augenblick begreift Becket die Alternative: «Auch das wäre eine Möglichkeit gewesen – die Menschen lieben.»

Jean-Paul Sartre 1905–1980

Jean-Paul Sartre wurde am 21. Juni 1905 als Sohn eines Marineoffiziers in Paris geboren. Nach dem Tod seines Vaters kehrte seine Mutter in ihr elsässisches Elternhaus zurück und sein Großvater, ein Onkel Albert Schweitzers, übernahm seine Erziehung. 1911 übersiedelte die Familie nach Paris, 1917, nach der Wiederverheiratung der Mutter, nach La Rochelle. 1919 kehrte Sartre nach Paris zurück, um das Lycée Louis-le-Grand zu besuchen. An der École Normale Supérieure in Paris nahm er 1924 sein Philosophiestudium auf und lernte Simone de Beauvoir, die Gefährtin seines Lebens, kennen. Er wurde Gymnasiallehrer für Philosophie, ging 1934 als Stipendiat für ein Jahr nach Berlin, wo er sich mit Hegel, Husserl und vor allem Heidegger auseinandersetzte. 1937 wurde er als Lehrer an das angesehene Pasteur-Gymnasium nach Paris versetzt, 1938 erschien sein Roman «Der Ekel». Als Sanitäter geriet Sartre 1940 in deutsche Kriegsgefangenschaft. 1941 wurde er freigelassen, nahm seine Lehrertätigkeit in Paris wieder auf, begann mit der Niederschrift seines ersten philosophischen Hauptwerks «Das Sein und das Nichts», das 1943 erschien, und trat der Résistance bei. 1945 gründete er die Zeitschrift «Les Temps Modernes», das Sprachrohr der Existentialisten, und lebte seitdem als freier Schriftsteller in Paris. Die Freundschaft mit Albert Camus zerbrach 1952 an Auseinandersetzungen über stalinistische Arbeitslager und philosophische Fragen. Politisch stark engagiert, tendierte Sartre mehr und mehr zum Kommunismus. 1959 erschien sein zweites Hauptwerk,

«Kritik der dialektischen Vernunft». 1964 lehnte er die Annahme des Nobelpreises ab. Sartre starb, fast erblindet, am 15. April 1980 in Paris.

Sartre, der Gott leugnete, sah den Menschen als Sinnstifter. Auch auf dem Theater spielte er Modellsituationen durch, die auf den Grundsätzen seines atheistischen Existentialismus aufbauten. Danach geht die «Existenz» des Menschen der «Essenz» voraus, das heißt, der Mensch ist zunächst sinnfrei Existenz, reine Möglichkeit, die Freiheit, sich in jedem Augenblick neu zu entscheiden, ehe er sich selbst durch Taten immer wieder neuen Sinn gibt. Er erfindet und inszeniert also sich selbst, indem er handelt: «Der Mensch ist das, was er vollbringt.» Er ist dabei absolut frei, sogar zur Freiheit verurteilt, und trägt folglich für jede seiner Taten die Verantwortung. Durch seine «existentielle Entscheidung» ist der einzelne aber auch der ganzen Menschheit verantwortlich. Es ging Sartre darum, sich aus der Ohnmacht der Intellektuellen zu lösen und mit seinen Werken die politisch-soziale Gegenwart mitzubestimmen. Immer handelt es sich in seinen Dramen um die gesellschaftliche Einkesselung eines Individuums, die die These der absoluten Freiheit ebenso fragwürdig erscheinen läßt, wie die Gewalt, die sie herausfordert. Sartre wechselte seinen politischen und philosophischen Standort, der auch seinen künstlerischen bestimmte, wiederholt, er hat jedoch einige Prämissen seiner Philosophie bis zuletzt konsequent weiterverfochten. Knapp vor seinem Tod erklärte er: «Die Welt jedenfalls scheint häßlich, schlecht und hoffnungslos. So sagt die stille Verzweiflung eines alten Mannes, der in ihr sterben wird. Doch ich leiste ihr Widerstand, und ich weiß, daß ich in der Hoffnung sterben werde.»

Die Fliegen (UA: 1943 in Paris), Sartres erstes Drama, proklamierte bereits die existentialistische These der vollen Handlungsfreiheit des Menschen. Der Autor variierte die Atridensage zu einem Résistance-Stück, das die Unterdrückung eines Volkes und ihre Überwindung durch Freiheitswillen zeigt (und die Franzosen zum Widerstand gegen die deutsche Besatzungsmacht wachrütteln sollte). Das Drama setzt mit der Rückkehr Orests nach Argos ein. Die Stadt ist seit dem Mord an Agamemnon von widerlichen Fliegen geplagt. Klytämnestra und Ägisth haben die Blutschuld, zu der sie sich bekennen, auf ganz Argos abgewälzt und halten das Volk (das den Mord widerstandslos hingenommen hat) durch künstlich gezüchtetes Schuldbewußtsein mit Totenkult und religiösem Terror in Reue, Angst und Unfreiheit. Ägisth ist dabei für Jupiter ein willkommener Handlanger, Gottesfurcht, das heißt Schuldbewußtsein, in den Menschen wachzuhalten. Von Elektras Haßreden angestachelt, beschließt Orest, das Schreckensregime zu stürzen. Der Seelenterror bei einem Toten- und Sühnefest empört ihn, er erkennt in sich die Freiheit zur Tat und tötet das Mörderpaar. Während Elektra, von Reue geplagt, Jupiter Sühne gelobt, bekennt sich Orest vor dem Volk offen zu der zwar grausigen, aber notwendigen Tat. Einlenkend bietet ihm Jupiter den Thron von Argos an, doch Orest will den Schrecken in der Stadt nicht vergrößern. Er nimmt sein Verbrechen für sich allein in Anspruch, ohne es zu bereuen, und zieht, von den Fliegen begleitet, fort aus Argos. – Anders als in der *Orestie* des Aischylos wird hier zuletzt keine neue Gottesvorstellung eingesetzt, sondern der freie, nicht mehr auf Gott bezogene oder von ihm abhängige Mensch proklamiert. Der hier entwickelte Freiheitsbegriff steht in engem Zusammenhang mit der Existenzphilosophie Sartres, die er etwa gleichzeitig in «Das Sein und das Nichts» entworfen hat. Orest vollzieht modellhaft den darin geforderten «Akt der Freiheit». So realisiert er die Selbstverantwortlichkeit und totale Autonomie des Menschen im Protest gegen ideologischen, politischen und religiösen Terror.

Bei geschlossenen Türen (UA: 1944 in Paris), gelegentlich auch *Geschlossene Gesellschaft* genannt, behandelt die Verantwortlichkeit jedes subjektiven menschlichen Tuns über den Tod hinaus: Drei Personen, ein Mann und zwei Frauen, werden in ein Hotelzimmer geführt. Sie sind Tote mit einer unrühmlichen Vergangenheit: Garcin, ein Journalist, hat seine Frau bis aufs Blut gequält, ist bei Anbruch des Krieges desertiert und wurde erschossen; die lesbische Ines, die es genießt, andere leiden zu sehen, hat den Mann ihrer Freundin in einen Unfalltod getrieben und sich der Witwe bemächtigt, die nach einem Jahr der Qual heimlich den Gashahn aufdrehte und sie beide tötete; Estelle, eine mannstolle junge Frau, hat ihr außereheliches Kind ermordet, worauf sich ihr Liebhaber erschoß, und ist, betrauert von ihrem ahnungslosen Ehemann, an Lungenentzündung gestorben. Diese seelischen und physischen Mörder werden nun schlaflos, ohne Augenlider, bei künstlichem Licht auf ewig zusammengesperrt. Auch als sich die Tür für kurze Zeit öffnet, vermag sich keiner von der Gegenwart der anderen zu befreien. Sie müssen sich, ihrem Wesen gemäß, fortgesetzt quälen. Ines stellt Estelle nach, Estelle Garcin, und dieser ist auf Ines angewiesen, die ihn als einzige von dem Selbstvorwurf der Feigheit freisprechen könnte. Jeder bedarf des anderen, quält aber damit einen dritten. Somit wird jeder zugleich zum Peiniger und Gepeinigten: «Die Hölle, das sind die anderen», sagt Garcin. – Sartres negative existentielle Erfahrung, daß der Mensch bei dem Versuch, den Spielraum seiner Möglichkeiten abzugehen, vom Freiheitsanspruch des anderen begrenzt wird, läßt die zunächst als Totenreich vorgestellte Hölle auch als Ort im Erfahrungsbereich der zwischenmenschlichen Beziehungen erkennbar werden. Darüber hinaus geht es um die Eigenverantwortlichkeit des Menschen für seine Taten. Mit dem Tod ist das Leben des Menschen unkorrigierbar geworden, die Toten bleiben immer die, die sie als Lebende gewesen sind. Ohne Pause müssen sie, in der Konfrontation mit den anderen, das, was sie aus sich selbst gemacht haben, wiederholen. Die eigene, selbstgewählte Existenz im Spiegel der anderen, unkorrigierbar, auf ihre Wahrheit, ihre Versäumnisse und Untaten überprüft zu sehen, das ist die Hölle des Existentialisten.

Tote ohne Begräbnis (UA: 1946 in Paris) verquickt die Problematik von Selbstbehauptung und zugleich Bindung des Einzelschicksals an das Gesamtschicksal mit der These von der Verlorenheit der menschlichen Existenz. Fünf französische Widerstandskämpfer werden 1944 von kollaborierenden Landsleuten gefoltert, die ihnen Hinweise auf das Versteck ihres Anführers abpressen wollen. Die Gefangenen kennen es jedoch nicht und verzweifeln an der Sinnlosigkeit ihrer Qualen. Da wird Jean, ihr Chef, den man unerkannt ergriffen hat, zu ihnen gesperrt. Damit verändert sich ihre Situation schlagartig zu einer fürchterlichen Bewährungsprobe: Einer von ihnen tötet sich, da er sich dem Verhör nicht gewachsen fühlt, François, der fünfzehnjährige Bruder der ebenfalls gefangenen Lucie, wird mit stillem Einverständnis aller erdrosselt, damit er Jeans Rettung, die zugleich die Rettung aller Gesinnungsgenossen bedeutet, nicht gefährden kann. Hoffnungslos, durch Abgründe von seinen Freunden getrennt, geht Jean in die Freiheit. Er hat ihnen jedoch einen Ausweg angegeben: Er wird an einem bestimmten Ort, den sie verraten können, einer Leiche seine Papiere zustecken. Doch mit diesem Ausweg erscheinen auch der Selbstmord und der

Tod des Jungen nachträglich sinnlos geworden. Lucie, die geschändet wurde, und der Mörder des Jungen, Henri, der unter der Folter geschrien hat, wehren sich, innerlich zerbrochen, gegen ein Leben, das ihnen nur mehr Qual bedeutet. Schließlich versagen sie sich jedoch zugunsten der Bewegung ihre Todessehnsucht. Im Augenblick der wiedererwachenden Hoffnung werden sie aber, entgegen den Anordnungen, auf Befehl eines sich widersetzenden Schergen erschossen. So sinnlos ihr Tod erscheinen mag, Sartre will damit zeigen, daß nicht Erfolg oder Mißerfolg den Sinn einer Tat ausmachen, sondern allein ihr Motiv: In dieser absurden, grausamen Welt erlangt der einzelne nur durch das Engagement bis zum Tod, durch die freiwillige Bindung an seine Verantwortlichkeit auch in der extremsten Lage, seine wahre Freiheit.

Die ehrbare Dirne (UA: 1946 in Paris), vordergründig eine Anklage gegen Rassenhaß und Korruption, zeigt in eindeutiger Schwarz-Weiß-Malerei die fatale Anfälligkeit der gesellschaftlich Deklassierten, sich selbst mit den Augen der Unterdrücker zu sehen und darüber hinaus ihre Sehnsucht nach Anerkennung und nach der Aufrechterhaltung der Illusion über das sie beherrschende System: Lizzie, eine Dirne, wird Zeugin eines Mordes an einem Schwarzen durch einen Weißen. Der Täter stammt aus einer hochgestellten Familie. Sein Vetter Fred, Senatorssohn, versucht Lizzie zu einer falschen Zeugenaussage zu veranlassen. Sie läßt sich weder durch Geld noch durch Drohungen dazu bewegen. Doch der Appell an ihren Patriotismus, der Hinweis auf die Anerkennung durch die Mutter des Täters und auf dessen gesellschaftliche Stellung vermögen sie umzustimmen. Als sie sich schließlich betrogen fühlt, als Fred sich an einem Lynchmord beteiligt und auf einen Neger schießt, entschließt sich Lizzie zur Revolte, läßt sich aber, paralysiert von dem Hinweis auf die glorreiche Vergangenheit der Familie Freds und seine glänzende Zukunft, den Revolver aus der Hand nehmen.

Die schmutzigen Hände (UA: 1948 in Paris), ein Drama in sieben Bildern, das mit Rückblendetechnik arbeitet, wandelt die Problematik der freien Tat psychologisch, soziologisch und politisch ab. Auch hier bedeutet die Tat Mord: Hugo, ein junger Intellektueller bürgerlicher Herkunft, ist der kommunistischen Partei beigetreten. Als die Ermordung des Parteisekretärs Hoederer geplant wird, der, um unnötiges Blutvergießen zu vermeiden, einen Kompromiß mit den politischen Gegnern beabsichtigt, drängt sich Hugo zu dieser Tat, nicht zuletzt um sich selbst zu bestätigen und von den Genossen als ehemaliger Bourgeois Anerkennung zu erhalten. Doch Hoederer, bei dem Hugo mit seiner Frau Jessica als Sekretär eingetreten ist, fasziniert ihn sofort. Immer wieder läßt er die Gelegenheit zum Mord verstreichen. Der unerfahrene idealistische Zauderer ist dem kraftvollen Tatmenschen, der sich nicht scheut, sich die Hände schmutzig zu machen, nicht gewachsen und läßt sich von ihm auch politisch überzeugen. Doch als er Jessica in Hoederers Armen findet, erschießt er ihn. Vor dem Gericht wird der Mord als Eifersuchtstat geahndet. Als Hugo aus dem Gefängnis entlassen wird, hat sich inzwischen die Parteilinie geändert. Seine Tat ist ein Mord, «den keiner haben will», denn Hoederer wurde rehabilitiert, man folgt nun seiner Konzeption. Doch da Hugo offensichtlich nicht aus politischen Gründen, sondern aus Eifersucht gehandelt hat, will man ihm noch eine Chance geben, für die Partei zu arbeiten. Nun erst macht Hugo seinen Mord zu einer politischen Tat, zu der er sich offen bekennt. Mit den Worten «nicht verwendungsfähig» geht er seiner sicheren Liquidation entgegen. – Sartre hat sein Drama, als er dessen unbeabsichtigt antikommunistische Wirkung erkannte, nicht als politisches Stück kommentiert sehen wollen, sondern als «die psychologische Studie eines jungen Mannes, der einen Mord beging». Dennoch konfrontiert er unübersehbar den Marxismus mit der eigenen Philosophie. Dabei treten Opportunismus, Demagogie und Gewalttätigkeit jeder Parteidoktrin ebenso zutage wie die existentialistische Rechtfertigung eines politischen Mordes.

In dem Drama *Der Teufel und der liebe Gott* (1951) geht der kraftvolle Söldnerführer Götz zur Zeit der Bauernkriege im frühen 16. Jahrhundert den Weg vom Gottsucher zum gottverneinenden Existentialisten. Er stellt sich an die Spitze der «Partei der Menschen», tötet den des Terrors müden bisherigen Bauernführer Nasty und zieht für die soziale Gerechtigkeit mit den rebellischen Bauern gegen den Adel.

Sartres Posse *Nekrassow* (1955) zielt auf westlichen irrationalen Antikommunismus: Ein Hochstapler gibt sich in diesem, satirische Vergröberungen nicht scheuenden Spiel für einen abgesprungenen sowjetischen Minister aus, der die schauerlichsten Enthüllungen macht, die alle geglaubt werden.

Ein 1947 verfilmtes Drehbuch adaptierte Sartre zu dem Bühnenstück *Das Spiel ist aus* (1958), das zwischen Diesseits und Jenseits pendelt: Eine junge Frau und ein junger Mann extrem differierender gesellschaftlicher Herkunft fallen Mordanschlägen zum Opfer, dürfen jedoch, da sie durch ein Versehen des Jenseits im irdischen Leben nicht zusammengeführt wurden, nochmals zurückkehren und ein gemeinsames Leben beginnen, falls sich ihre Liebe innerhalb der ersten 24 Stunden bewährt. Beide sind jedoch so in die Interessen ihres früheren Lebens verstrickt, daß sie scheitern.

Das Drama *Die Eingeschlossenen* (1959) rollt Schuldfragen der jüngeren Vergangenheit am Beispiel der Familie eines Hamburger Großindustriellen auf. Sartre sieht den Menschen der späten fünfziger Jahre in eine Situation gestellt, in der er zwangsläufig Zeuge oder Mithandelnder geworden ist und Verantwortung übernehmen mußte: Der Sohn des Großindustriellen Gerlach ist im Krieg vor sich selbst schuldig geworden. Nun, dreizehn Jahre später, lebt Franz, eingeschlossen in seinem Zimmer, immer noch seinen Schuld- und Untergangsvisionen. Als er mit der Wirklichkeit eines wiederaufgebauten Deutschland konfrontiert wird, zieht er mit seinem todkranken Vater, der ihn für sein Unternehmen in das Leben zurückgewinnen will, moralische Bilanz. Gemeinsam gehen Vater und Sohn in den Tod.

Albert Camus 1913–1960

Albert Camus wurde am 7. November 1913 in Mondovi in Algerien geboren. Sein Vater, der zu Beginn des Ersten Weltkriegs fiel, war ein Landarbeiter aus dem Elsaß, seine Mutter Baskin. Camus ging in Algerien zur Schule und studierte unter schwierigen Lebensumständen Philosophie. 1930 erkrankte er an Tuberkulose. Er begann als Journalist zu arbeiten, gründete eine Schauspieltruppe und ging 1940 als Reporter nach Paris, wo er auch als Verlagslektor tätig war. Als Mitglied der französischen Widerstandsbewegung zählte er zu den Gründern der Résistance-Zeitung «Combat». 1942 erschien sein Essay «Der Mythos von Sisyphos», 1947 sein Roman «Die Pest». Bereits 1944 hatte er Jean-Paul Sartre kennengelernt, ihre Freundschaft zerbrach aber 1952 in der

Auseinandersetzung über Camus' philosophisches Werk «Der Mensch in der Revolte», das 1951 herausgekommen war. Neben seiner schriftstellerischen und philosophischen Arbeit widmete sich Camus immer wieder auch als Regisseur und Bearbeiter der Theaterpraxis. 1957 wurde er mit dem Nobelpreis ausgezeichnet. Am 4. Januar 1960 kam er bei einem Autounfall ums Leben.

Camus hat den Begriff des Absurden, der auch einer neuen Theaterform den Namen gab, im philosophischen Bereich formuliert. Mit seinem «Mythos von Sisyphos» zeichnete er das Sinnbild des Menschen in einer Welt zerbrochener Glaubensvorstellungen. Er deutete den antiken Sisyphos-Mythos neu, indem er das Tun in seiner Sinnlosigkeit als Revolte zur Selbstverwirklichung auslegte. Der Wert des menschlichen Tuns liegt also in sich selbst. Die Revolte gegen die Absurdität äußert sich in der entschlossenen Tat und der größtmöglichen Lebensintensität, auch wenn an deren Nutzlosigkeit kein Zweifel besteht. Sie äußert sich vorerst noch selbstzweckhaft, in der Verwirklichung der menschlichen Würde. In den späteren Werken wird sie auf die Möglichkeit, zu mitmenschlicher Solidarität vorzudringen, ausgedehnt. Als leidenschaftlicher Theaterfreund versuchte Camus seine Philosophie auch auf der Bühne darzustellen.

Bereits in seinem ersten Schauspiel, dem 1938 entstandenen *Caligula* (1944), schlug Camus das Thema an, das ihn in Zukunft in den meisten seiner Werke beschäftigte: Die Konfrontation des Menschen mit einem als absurd empfundenen Dasein und seine mögliche, jedoch aussichtslose Auflehnung gegen diese Gegebenheit. Caligula muß erkennen, «daß kein Mensch allein sich zu retten vermag und daß man nicht frei sein kann gegen die Menschen».

Das Motiv der Heimkehr des verlorenen Sohnes transponierte Camus in seinem zweiten Stück, *Das Mißverständnis* (1944), von der liebevollen Aufnahme in ein mörderisches Nicht-Erkennen: Nach zwanzig Jahren kehrt Jan zu Mutter und Schwester zurück, die in einer trostlosen Gegend eine einsame Herberge bewirtschaften. Reich, glücklich verheiratet und aus einem Land der Sonne kommend, gibt er sich ihnen nicht zu erkennen, sondern wartet auf ein Zeichen der Sympathie. Die beiden Frauen, die vom Leben in einem Land der Sonne träumen und daher seit Jahren ihre wenigen wohlhabenden Gäste berauben und ermorden, sehen in ihm nur das Opfer. Sie töten ihn. Als sie am nächsten Morgen erkennen, wen sie umgebracht haben, folgen ihm beide in den Tod. Auch hier ist die tödliche Konsequenz der Freiheit ohne Menschenliebe aufgezeigt – sie ist Freiheit zum Mord.

Der Belagerungszustand (UA: 1948 in Paris) entstand in Zusammenarbeit mit Jean-Louis Barrault und ist stofflich mit dem Roman «Die Pest» verwandt, weist jedoch andere Figuren und einen anderen Handlungsverlauf auf: Die Pest bricht aus. Zwei Fremde in Uniform, ein Mann und eine Frau, übernehmen die Macht: Der Mann ist die personifizierte Pest, die Frau, seine Sekretärin, der Tod. Sie verkünden für die Stadt den Belagerungszustand und errichten ein Terror-Regime. Die Liebe wird ausgerottet, der Mensch zum Funktionär der Staatsmaschinerie erniedrigt. Unterstützt durch das opportunistische Verhalten der um ihr Leben fürchtenden Bewohner der Stadt, breitet sich die Pest immer mehr aus. Alle Niedrigkeiten und Verbrechen der Menschen kommen unter ihrer Herrschaft zutage. Nur Victoria findet in ihrer Liebe zu Diego Kraft zum inneren Widerstand. Da überwindet auch er seine Angst und beginnt, die Macht der Pest durch Liebe und Mitleid zu bekämpfen. Diegos Beispiel ermutigt andere, Teile der Bevölkerung beginnen sich unter seiner Führung gegen die Belagerung zu organisieren. Das Regime muß Konzessionen machen, und die Pest bietet Diego an, ihn und Victoria, die inzwischen von der Krankheit befallen wurde, fliehen zu lassen. Diego lehnt ab, sein privates Glück auf Kosten der Allgemeinheit zu retten, und wählt an Stelle von Victoria den Tod. Von einem Menschen ohne Angst besiegt, müssen die Pest und seine Sekretärin die Stadt verlassen. Die Regierenden von gestern ziehen wieder ein. – Im Drama wie im Roman wird die Pest als ein Übel dargestellt, das den Menschen zur Stellungnahme herausfordert. Man hat sie unterschiedlich interpretiert, als Despotie oder Terror, als conditio humana, Schicksalsmacht oder Überwältigung einer hohl gewordenen Ordnung durch ein mechanisches System. Wesentlich ist aber, daß diese Pest mit der durch Liebe erworbenen Kraft zur Furchtlosigkeit und zum Widerstand überwunden werden kann.

Die Gerechten (UA: 1949 in Paris) stellten eine Antwort und eine Kampfansage gegen abstraktes ideologisches Denken ohne ethische Wertvorstellungen dar. Camus überträgt den Gewissenskonflikt seiner Résistance-Tätigkeit auf eine Episode der russischen Geschichte, der Ermordung des Großfürsten Sergej 1905 durch eine Anarchistengruppe, um an deren Verhalten die Rechtfertigung des «gerechten Mordes» zu untersuchen. Die Mitglieder einer sozial-revolutionären Gruppe, die an die Möglichkeit einer gerechteren Zukunft glaubt, halten die Ermordung des Großfürsten für eine Notwendigkeit. Nach dem ersten nicht ausgeführten Attentatsversuch – Kaliajew brachte es nicht über sich, die Bombe zu werfen, da er damit auch zwei Kinder getötet hätte – kommt es innerhalb der Gruppe zu einer leidenschaftlichen Diskussion. Stepan vertritt die Ansicht, daß alle Wertvorstellungen relativiert und das Einzelschicksal zum Werkzeug einer abstrakten Gerechtigkeit gemacht weden müßten. Kaliajew opponiert. Er setzt Stepans utopisch abstrakter Denkweise seine Überzeugung von der Gleichwertigkeit des Menschenlebens und dessen Achtung entgegen. Der als notwendig erkannte, aber moralisch niemals zu rechtfertigende Mord könne nur durch den Tod des Mörders gesühnt werden, erst dann wird der Täter zu einem Gerechten. Er nimmt Abschied von seiner Geliebten Dora und verübt, diesmal erfolgreich, das Attentat. Gefangengenommen, widersteht er der Möglichkeit zum Verrat und lehnt auch eine Begnadigung ab. Er wird hingerichtet, Dora wird die nächste Bombe werfen. – Die kühle Demonstration von Notwendigkeit und Ethik der Revolte löst das Problem der «schmutzigen Hände», die im Namen der Gerechtigkeit Unrecht mit Unrecht vergelten, durch ein Sühneopfer.

Eugène Ionesco *1912

Eugène Ionesco wurde am 26. November 1912 in Slatina (Rumänien) als Sohn eines rumänischen Rechtsanwalts und einer Französin geboren. Er verbrachte seine Kindheit in Frankreich, wo die Familie ab 1913 lebte. 1925 kehrte er nach Rumänien zurück. Ionesco lernte Rumänisch und begann 1929 mit dem Studium der romanischen Philologie an der Universität Bukarest. Er veröffentlichte erste Gedichte und arbeitete für mehrere rumänische Zeitschriften als Literatur- und Theaterkritiker. Daneben unterrichtete Ionesco, der 1936 die Philosophiestudentin Rodica Burileano geheiratet hatte, Französisch an einem Gymnasium. 1938 erhielt er ein Stipendium der französischen Regierung, um seine Doktorarbeit «Sünde und Tod in der französischen Dichtung seit Baudelaire» zu schreiben. Sie blieb unvollendet, Ionesco aber siedelte sich in Frankreich an. Nach der Geburt seiner Tochter lebte er mit seiner Familie in Paris, wo er sich als Korrektor in einem juristischen Verlag zunächst nur mühsam durchschlagen konnte, bis 1950 mit seinem Einakter *Die kahle Sängerin* sein Weg als Dramatiker begann. Innerhalb weniger Jahre eroberte er die Bühnen in aller Welt. Inzwischen französischer Staatsbürger, wurde Ionesco 1970 zum Mitglied der Académie Française gewählt.

«In meinem ersten Stück versuchte ich ganz einfach, die Wörter von ihrem Sinn zu entleeren und mit ihnen zu spielen», erklärte Ionesco im Rückblick. «Was mich damals immer wieder bedrängte, war die ungewöhnliche Gegenwart dieser Welt, nicht unbedingt absurd, so doch unverständlich und zu einem gewissen Staunen reizend, und ich glaube, mehr und mehr nahm dann alles beim Schreiben seinen Ausgang von diesem Zustand der Verwirrung angesichts einer solchen Welt.» Das Bedrängende, Alptraumartige in einer als chaotisch empfundenen Welt, die Unbehaustheit des Menschen wurden zum Grundthema einer Dramatik, die das Etikett «Theater des Absurden» erhielt, im Paris der fünfziger und frühen sechziger Jahre ein Zentrum und in Ionesco und Beckett ihre wesentlichen Exponenten hatte. Die Neuerung war, daß für die Grunderfahrung der Irrationalität und Absurdität der menschlichen Existenz, für das Gefühl metaphysischer Angst, eine neue Ausdrucksform gefunden wurde. Ohne konkrete Handlungsabläufe sollten Grundsituationen dargestellt weden, wobei die Sprache nicht als Mittel zur logischen Argumentation, sondern zur Darstellung diente. Ein wahres Bild von Wirklichkeit sollte in szenischen Metaphern faßbar gemacht werden, das Ausgesagte mit der Form der Aussage übereinstimmen.

Zunächst ging Ionesco häufig von den stereotypen, monotonen Gesprächssituationen zwischen Ehepaaren aus, immer deutlicher kristallisierte sich jedoch eine Einzelperson heraus, ein Mensch in und gegen eine rätselhafte Welt, einer, der sich nicht abfindet und über den zuletzt doch immer der Tod triumphieren wird. In vier Stücken heißt dieser Mensch Behringer (Béranger), doch er taucht auch unter anderem Namen in zahlreichen Werken Ionescos auf. Ionesco hat zugegeben, daß er selbst aus Behringer spricht, aber «das heißt nicht nur ich ... Behringer ist ‹einige unter uns›». Diese traurige, unsichere, unbehauste Figur zeigt sich immer wieder in ihrer Hilflosigkeit, wenn sie zu handeln versucht, sich gegen die undurchschaubare Situation des Menschen auflehnt. Behringer leidet an der Verfassung dieser Welt, empfindet schmerzhaft das Altern, das Scheitern der Liebe, das Absterben der Gefühle, den Tod, vor allem den Tod. «Für mich ist das Theater die Projektion der inneren Welt auf der Bühne», läßt Ionesco eine seiner Figuren sagen und formuliert damit sein Credo. So wendet er sich entschieden gegen Ideologie, Philosophie, Theologie, Politik, Psychologie, Pädagogik auf dem Theater – als eine überflüssige Wiederholung und Vulgarisierung, polemisiert gegen Sartre und Brecht, lehnt «engagierte» Dramatik ab. «Ein Kunstwerk ist der Ausdruck für eine nicht mitteilbare Realität, die man mitzuteilen versucht – und die man manchmal mitteilen kann. Das ist das Paradoxe an ihm und das Wahre.»

«Wortballette» werden Ionescos frühe Einakter immer wieder genannt. Als bewußte Demonstration gegen traditionelle Theaterformen geschrieben, bezogen sie ihre Wirkung auch aus dem Schock und der Provokation. Alltägliche Verhaltensweisen und Gesprächssituationen sind auf das Klischee reduziert, verselbständigen sich, schlagen Purzelbäume und zeigen in höchst origineller, zugleich vergrößernder wie vergröbernder Form Phänomene auf, objektive Gegebenheiten.

Die kahle Sängerin (UA: 1950 in Paris), Ionescos erstes Stück, führt in das «gutbürgerliche englische Haus» des Ehepaares Smith. Während sie Tee trinken, Mr. Smith in die Zeitung sieht und Mrs. Smith ihre Stricknadeln klappern läßt, spulen sie den klassisch-banalen, unsinnigen Dialog entfremdeter Ehepartner ab. Mechanisch aneinander vorbeiredend, äußern sie Gemeinplätze, diskutieren, teils gelangweilt, teils neugierig, Belanglosigkeiten und verstricken sich in Nonsens-Argumentationen und Streitrituale mit austauschbaren Anschuldigungen. Die Martins kommen zu Besuch und erkennen an Hand einer Reihe «merkwürdiger Zusammentreffen», daß sie Mann und Frau sein müßten: Sie sind aus derselben Stadt, wohnen in derselben Straße, im selben Haus, schlafen im selben Bett und haben dasselbe Kind. Wie durch Zufall entdecken sie während der Abwesenheit der Gastgeber ihr gemeinsames Leben, respektive ihre Gemeinsamkeit als ein indifferentes Nebeneinander. Die Konversation der beiden Ehepaare spannt sich dann über Schweigelöcher, aus denen nach jedem sprachlichen Strohhalm gegriffen wird, führt zu stupiden Witzen, sophistischen Argumentationen, bis die Unterhaltung, an der sich auch ein geschwätziger Feuerwehrmann und das deklamierende Dienstmädchen beteiligen, in nervöse Überspanntheit umkippt und zuletzt in ein Wörter-Happening explodiert. Die Redensart «ein Wort gibt das andere» wird wörtlich genommen, die Sprache zerfällt in Wortketten, die Worte werden zu Lautfolgen und zuletzt zu Buchstaben. Man überschreit einander in höchster Wut, ein ekstatischer Chorus rauscht auf, in dem Vokale und zuletzt nur noch Konsonanten ausgestoßen werden. Der Vorhang fällt und geht über dem Anfangsbild wieder auf, nur daß nun die Martins das abgegriffene Gespräch des Ehepaars Smith aufnehmen. – Der sinnentleerte Zustand einer Gesellschaft, ihre genormte, nach Konventionen ausgerichtete Bewußtseinslage wird demaskiert, indem Ionesco bis «zum Bodensatz der verschliffensten Klischees», zu den «äußersten Grenzen der Alltagssprache» vorstößt. Das Alltägliche stürzt ins Groteske und Absurde ab. Der Mangel an Kommunikation und der Zerfall der Sprache sind Ausdruck der Zerstörung der individuellen Persönlichkeit, einer gefühlsleeren, nur mehr mechanisch reagierenden Existenz, Ausdruck der Austauschbarkeit der Teilnehmer an einem Gesellschaftsspiel, das diese Leben nennen.

Die Unterrichtsstunde (UA: 1951 in Paris), Ionescos «komisches Drama», zeigt, wie an die Stelle der zur Verständigung untauglich gewordenen Sprache ein sadistischer Zerstörungstrieb treten kann: Ein alter Professor, der in seiner Wohnung Privatunterricht erteilt, versucht, eine Schülerin in die Grundbegriffe der Weltweisheit einzuweihen. Er kann sich seiner Schülerin aber nicht verständlich machen, ihr Denken verläuft in verschiedenen Bahnen. So entwickelt er eine merkwürdige didaktische Methode und beginnt, die Sprache als Machtinstrument einzusetzen. Er stellt unsinnige Lehrsätze auf, überfällt das Mädchen mit einem gespenstischen Begriffswirrwarr und vernichtet mit seinem Wissenschaftsjargon seine naive Ausdruckskraft. Die anfangs lebendige, unbefangene Schülerin wird durch die aufgeblähte, monströs wissenschaftliche Sprache verwirrt, ermüdet, gelähmt, schließlich betäubt. Sie bekommt Zahnweh, versucht sich in die Krankheit zurückzuziehen, gerät jedoch unter die Herrschaft des Professors, unterwirft sich apathisch seiner Diktatur, bis er sie als willenloses Opfer vergewaltigt und ersticht. Mißbilligend registriert die Haushälterin die vierzigste Leiche dieses Tages. Doch schon klingelt es an der Haustür und die nächste Schülerin meldet sich zur Unterrichtsstunde. – Das Werk läßt sich auf verschiedenen Ebenen interpretieren: «literarisch als Parodie auf das realistische Problem- und Argumentationstheater, philosophisch als Absage an die Vernunft, als Sieg des Absurden, Irrationalen über die Erkenntnis, kulturkritisch als Satire auf abstraktes Pseudowissen und Bildungsgeschwätz, politisch als Terrorisierung und Zerstörung des Schwächeren durch den Stärkeren, psychologisch als exemplarische Gestaltung des Kampfes der Geschlechter» (Urs Jenny). Ob nun die politische Parabel oder die Parabel sexueller Aggression in den Vordergrund tritt, wesentlich bleibt die exemplarische Darstellung, daß die Schülerin unter die Herrschaft des Lehrers gerät, weil er die Rolle des Sinngebers übernimmt und die Bedeutung der Worte bestimmt.

Die Formen und Motive der ersten beiden Einakter verknüpfte Ionesco in *Jakob oder Der Gehorsam* (1955), in dem er die «Bekehrung» eines Nonkonformisten zur Familie und bürgerlichen Konvention ironisiert. Die Eingliederung ins Familienkollektiv erfolgt in Form einer verbalen erotischen Verführung durch Roberta – einer Frau mit drei Nasen, ganz, wie es sich Jakob gewünscht hat –, die ihn in eine poetisch-sexuelle Vision hineinreißt. Die Flucht ins Irreale, Animalische aber ist Selbstbetrug, bedeutet den Verlust der Selbstbehauptung und führt Jakob geradewegs in die Familienbande, gegen die er sich so sehr gewehrt hatte.

Nach der «tragischen Farce» *Die Stühle** geht auch der Einakter *Opfer der Pflicht* (1953) von der Gesprächssituation zwischen Ehepartnern aus: In die abendliche Konversation von Choubert und seiner Frau Madeleine dringt ein Polizist ein, der sich höflich nach einem früheren Mieter des Hauses, einem gewissen Mallot, erkundigt. Doch Mallot wird nicht gefunden, aber die Suche erhält die Bedeutung einer aussichtslosen Suche nach dem Sinn des täglichen, sich mechanisch abspulenden, von Ängsten erfüllten Lebens.

In diesem Themenkreis der Anpassungs- und Sinngebungszwänge – in dem Ionesco Grundsituationen des Lebens variiert – werden die Figuren durch Sprache wie auch durch Requisiten vergewaltigt. So auch *Der neue Mieter* (1957), der bei seinem Umzug zunächst von der neuen Concierge mit einem verwirrenden Wortschwall überschüttet und dann von zwei Möbelpackern in Möbeln erstickt wird. Immer mehr Möbel schleppen die Packer herein, sein Mobiliar wächst ihm über den Kopf; unfähig, die Dinge zu beherrschen, versinkt er in ihnen. Eine Metapher für das Wuchern der Dinge, die den Geist auf beklemmende Weise ersticken.

Amédée oder Wie wird man ihn los (UA: 1954 in Paris): Ein erfolgloser Schriftsteller und seine Frau hausen in einem verwahrlosten Zimmer, das von schimmeligen Pilzen überwuchert wird. Seit Jahren haben sie ihre Wohnung nicht mehr verlassen. Aber diese Beschränkung im Raum ist nur der konkrete Ausdruck für ihre Ehe, die ihnen zum Gefängnis geworden ist. Beide haben sie Angst vor einem mysteriösen Gegenstand, der immer weiter wuchert und bald ihre ganze Wohnung auszufüllen droht – es ist eine Leiche, die erst nach ungeheuren Anstrengungen, nachdem sie jahrelang gepflegt worden war, aus ihrer Wohnung und aus ihrem Leben geschafft werden kann, materielles Symbol für das, was zwischen den Ehepartnern in der Liebe und im Leben nicht verwirklicht werden konnte. Als Amédée die im Leichnam verkörperte Schuld wegschleppt, entschwebt er, hebt sich aus der Wirklichkeit. «Wieder ein Talent weniger», sagen die Passanten. Daher wurde die Komödie auch als Künstlerdrama interpretiert. Der Regisseur Ernst Wendt sieht in dem Leichnam neben dem Schuldsymbol auch die ständig wachsende Frustration, auf der sich Amédée zuletzt der Realität entzieht und in die Illusion entschwebt.

Amédée, dem das Schreiben so schwer fällt, weil ihm die Wirklichkeit zum Alptraum wird, und Choubert, der zwar originelle Ideen hat, aber unfähig zum Handeln ist und daher physisch und seelisch vergewaltigt wird, verdichten sich in dem dreiaktigen Drama *Mörder ohne Bezahlung* zu Behringer (Béranger), einer Figur, in der – auch – ein Selbstporträt Ionescos zu sehen ist. Leicht variiert steht Behringer auch in den folgenden Stükken, *Die Nashörner**, *Der König stirbt* und *Fußgänger der Luft* als Hauptperson im Mittelpunkt. Er wird Ionescos Jedermann genannt.

Mörder ohne Bezahlung (UA: 1958 in Darmstadt). Behringer ist ein kleiner freundlicher Bürger, den seine Glücksvorstellung in eine Lichterstadt führt, in der er leben will. Behringer bemerkt zunächst nicht, daß seine Traumstadt von einem Mörder terrorisiert wird, vor dem die Bewohner zittern. Als er es endlich erkennt, ist er entsetzt, daß nichts gegen den Mörder getan wird, daß alle von seiner Existenz wissen, sich aber offenbar schon daran gewöhnt haben. Behringer aber will sich nicht fügen, als sich sein Traum vom harmonischen Universum mit der Realität nicht deckt. Er nimmt die Suche nach dem Mörder auf, will die Stadt von ihm befreien. So jagt er durch eine ebenso verrottete wie verbürokratisierte Welt und steht plötzlich vor dem Mörder, einem Kretin, der ihn nur angrinst. Behringer versucht, mit dem Mörder ins Gespräch zu kommen, ihn von seinem sinnlosen Tun abzubringen. Doch seine Argumente, in denen er alle gesellschaftlichen und moralischen Werte beschwört, erweisen sich als inhaltslose Phrasen, die seine Kraft zum Widerstand in sich zusammenbrechen lassen. So läßt er die Pistole sinken, als der Mörder mit einem großen Messer auf ihn zukommt. – In der Frage nach dem Mörder offenbaren sich die vielfältigen Motive, die Ionesco ineinander verknüpft. Wer ist der Mörder? Das Urböse, das verkörperte Böse der Gesellschaft? Die mörderische Gleichgültigkeit? Oder ist Behringer selbst der Mörder, treten ihm in diesem seine eigenen verdrängten Aggressionen, das Böse, das er in sich selbst entdeckt, gegenüber, dem er sich zuletzt resignierend ausliefert? Oder ist der Mörder der Tod, vor dem alles hinfällig ist, absurd wird, und der sich durch nichts besiegen läßt? Wer immer er ist: Behringer will in diesem Sucherdrama, das die Suche nach dem verlorenen Paradies anklingen läßt, der Welt einen Sinn geben – und muß zuletzt hilflos kapitulieren.

In dem folgenden Stück, *Die Nashörner**, kapituliert Behringer nicht, einsam behauptet er sich als letzter Individualist.

Fußgänger der Luft (UA: 1962 in Düsseldorf): Behringer erhebt sich in die Lüfte, nicht um wie Amédée zu fliehen, sondern um seine Erfahrung durch neue Welten der Phantasie zu bereichern. Einem Journalisten bekennt der Schriftsteller Behringer, daß ihm ungewollt eine «Botschaft» unterlaufen ist, der er nachspüren will. In freudigem Überschwang erhebt er sich plötzlich aus der Idylle seiner Umwelt, schwebt spielerisch über die Köpfe seiner Mitbürger, was seine Frau beunruhigt und seine Tochter entzückt, streift seine privaten Alpträume ab, beherrscht seine Ängste, indem er sich über sie erhebt. Doch in den Lüften schaut er das Inferno, eine moderne Hölle der Bedrohung mit Bomben, Feuer, Grausamkeit und Verfolgung. Er erkennt das wahre Gesicht der Utopien und erfährt damit die Verantwortung für die Welt.

Als er, zurückgekehrt, von seinen Visionen berichtet, will man nicht auf ihn hören, wendet sich unbeteiligt, gelangweilt ab, bis er verstummt. Nur seine kleine Tochter spricht noch von Gärten, einer immer wiederkehrenden zaghaften Hoffnung in Ionescos Stücken.

Der König stirbt (UA: 1962 in Paris): Behringer ist aus seinen familiären Bindungen, aus seiner bürgerlich sozialen Rolle ins Majestätische gewachsen. Ein Mensch stirbt als König, hat, im Sterben, «das Gefühl, die ganze Welt stürze ein, verschwinde mit ihm». Behringer muß sein eigenes Endspiel vollziehen, wird immer wieder auf sein Ende verwiesen. In eineinhalb Stunden Bühnengeschehen durchmißt er alle Phasen des Sterbens, vom körperlichen Zerfall bis zur vollkommenen, durch ein Entkleidungsritual symbolisierten Auflösung ins Nichts. Hilflos, fassungslos, in kindlichem Erstaunen sieht sich König Behringer plötzlich mit dem Tod konfrontiert. Er protestiert, widersetzt sich dem Tod, will ihn nicht wahrhaben, leugnet in groteskem Aufbegehren seine Macht. Doch allmählich, in «Etappen des Verzichts», beginnt er sich zu fügen, sich einzuüben in die große Zeremonie, die langsam aus dem Leben hinausführt. Zwei Königinnen umgeben den König: Maria, die jüngere, schöne, versucht in zu halten, durch Liebe vor dem Tod zu bewahren, aber ihr beschwörendes Liebeslied kann die Vergänglichkeit nicht überwinden. Margarete, die ältere, wissende, nimmt Behringer am Ende bei der Hand und lehrt ihn in einem ergreifenden Ritual das Sterben. Die Utopie der Identität von Himmel und Erde verwirklicht der Tod.

Mit einem Aufbruch beginnt *Hunger und Durst* (1964). Noch einmal werden alle Versuche, das Leben zu bewältigen, die Wirklichkeit zu erkennen, zu sich selbst zu finden, aufgenommen. Ein Behringer namens Jean macht sich auf die Suche, beginnt seine Lebenspilgerschaft. «Hunger» und «Durst» sind die leitmotivisch eingesetzten Metaphern für die unstillbare Sehnsucht des Menschen nach Erkenntnis, Freiheit, Glück, zugleich aber zeigt sich der Wirklichkeitsanspruch von Hunger und Durst in seiner lebensnotwendigen Banalität als Instrument, das dem Menschen das Denken, den Glauben und die Würde austreiben kann.

Den Totentanz der Menschheit führt Ionesco in *Das große Massakerspiel* (1970) vor. Eine geheimnisvolle Seuche rafft Tausende von Menschen dahin. Plötzlich, scheinbar grundlos. Vergeblich sucht man nach der Todesursache, nach weltanschaulichen Rechtfertigungen dieser Heimsuchung – gegen das «Sterben ohne erkennbare Ursache» gibt es kein Mittel. Die Angst beginnt alles auf den Kopf zu stellen, Gefangene weigern sich, ihre Zellen zu verlassen, Politiker machen sich daran, das Massensterben demagogisch auszunützen, Revolutionen werden ausgerufen, alles bezieht sich auf den Tod. Doch dann glaubt man sich von der Seuche befreit, die Menschen geraten in einen Freudentaumel – da vernichtet eine Feuersbrunst die Stadt.

Mit *Macbett* (1972) greift Ionesco erstmals auf einen klassischen Stoff zurück. Er transponiert Shakespeares Grundmuster von der Automatik der Macht aber insofern, als er das Drama farcenhaft in die Nähe von Jarrys *König Ubu* rückt.

Das Theaterstück *Welch gigantischer Schwindel* (1973) ist die Bühnenfassung von Ionescos Roman «Der Einzelgänger», wirkt aber nahezu wie ein Gegenentwurf. Während der Roman aus einer Folge von inneren Monologen, tagebuchähnlichen Selbsterforschungen und Selbstdarstellungen entwickelt wird, ist die Hauptfigur des Stücks, «Er», ein Angestellter, der eine größere Erbschaft gemacht hat, nahezu stumm, ein Requisit für seine Umgebung, in langen Monologen ihre Wünsche, Enttäuschungen, sich selbst darzustellen. «Er» zieht sich immer mehr auf sich selbst zurück, erträgt verstört die geschwätzige Gesellschaft, die vor ihm die «großen Fragen» ausbreitet, und quittiert zuletzt mit verzweifeltem Gelächter die absurde menschliche Existenz.

Der Mann mit den Koffern (1975) wandert durch Träume, durch einen Alptraum. Im «zusammenhanglosen Zusammenhang» der Träume versucht Ionesco hier die Reise durch das Leben. «Der Traum, das ist die dramatische Situation selber», sagt Ionesco. «Es ist die Existenz, unmittelbar in Situation gebracht ... aber ganz konkret und zugleich als Chiffre.»

Die Stühle

Tragische Farce in einem Akt
UA: 1952 in Paris

In einem Turmzimmer, abgeschnitten von der Welt, von Wasser umgeben, haust ein altes Ehepaar, er 95, sie 94 Jahre alt, seit 75 Jahren verheiratet. Abend für Abend unterhalten sie sich mit den gleichen Geschichten, haben sich aus Erinnerungen und Träumen ein Zeremoniell von Geschwätz geschaffen. Sie helfen einander bei der Verdrängung ihrer Ängste und im Beschwören von Illusionen. Seit Jahren schreibt der Alte an einer Botschaft für die Menschheit. Nun steigern sie sich in die Gewißheit hinein, heute sei der große, langersehnte Tag gekommen, an dem der Alte sein Vermächtnis der Weltöffentlichkeit preisgibt. Alle, alle hat er zu der Verkündigung eingeladen. Und schon treffen die ersten der mit Spannung erwarteten Gäste ein. Man hört ihr Kommen, ihr Klingeln, ihre Schritte, doch sie bleiben unsichtbar. Die beiden Alten öffnen die Tür, holen Stühle, unterhalten sich mit ihren Besuchern, die nur für sie zu sehen und zu hören sind. Die Spitzen der Gesellschaft geben ihnen die Ehre. Überwältigt von dem Ansturm drehen sie sich beide in kopfloser Beschäftigung im Kreis. Endlich kündigt der Alte den Redner an, der seine Botschaft verkündigen wird – und tatsächlich betritt dieser den Raum. Im Glücksgefühl über das Eintreten der langersehnten Situation warten die beiden Alten den Beginn der Rede nicht mehr ab, sondern stürzen sich aus dem Fenster ins Meer. Verwirrt bleibt der Redner angesichts der leeren Stuhlreihen zurück. Er entschließt sich zu sprechen, artikuliert jedoch nur dumpfe Laute. Er ist taubstumm. Nachdem er Unleserliches auf eine Tafel gekritzelt hat, geht er. Vollgestellt mit leeren Stühlen liegt die Bühne da, man hört das Murmeln, Wispern und Lachen einer unsichtbaren Menschenmenge, das Geräusch von Wasser und Wind.

Ein «Satyrspiel auf jedermanns Hilflosigkeit, zu leben und sich einen Sinn zu verfassen», nennt Regisseur Ernst Wendt Ionescos «tragische Farce». Die Stühle sind der «abwesende, nur erträumte, utopistische, immer wieder zitierte und selbstbetrügerisch erhoffte, aber abwesende Sinn» des Lebens der beiden Alten. Ihr Spiel mit Sehnsüchten, Erinnerungen, Illusionen soll die Leere stopfen, über sie hinwegtäuschen, die Angst verdrängen helfen, die mit Schuldgefühlen und den Gedanken an die ungelebten Möglichkeiten und enttäuschten Hoffnungen aufsteigt. Beschädigt und verstümmelt, seltsam unwirklich, tauchen Bestandteile des menschlichen Lebens auf: Der Versuch, etwas zu formulieren, zu lieben, auf diese Welt einzuwirken, eine Botschaft zu hinterlassen, Sinn zu stiften. Es sind Grundmuster des menschlichen Mühens, die allesamt scheitern. Der «höchste Augenblick» der beiden Alten, die sich in der Gewißheit, mit der vom Redner vermittelten Botschaft Spuren zu hinterlassen, aus dem Fenster stürzen, erweist sich wenig später als letzte, erbärmliche Illusion.

Die Nashörner
Stück in 3 Akten
UA: 1959 in Düsseldorf

Behringer und sein Freund Jean sitzen an einem Sonntagmorgen vor dem Kaffeehaus einer kleinen Provinzstadt. Behringer, der bei seiner Büroarbeit unglücklich ist und trinkt, hört sich die Vorhaltungen des lebenstüchtigen, zielbewußten Jean an, doch eine positive Einstellung zu Beruf und Leben zu finden. Da trampelt ein Nashorn über den Platz. Kaum hat sich die allgemeine Aufregung gelegt, als wieder ein Nashorn auftaucht und ein Kätzchen zertritt. Das Mitleid mit dem kleinen Tier weicht bald einer angeregten Diskussion über Nashörner. Niemand denkt daran, Maßnahmen gegen die Nashörner zu ergreifen. Am folgenden Tag geht im Büro des Verlags, in dem Behringer arbeitet, die Nashorn-Debatte weiter. Botard (Wisser) bestreitet die Existenz von Nashörnern in der Stadt und bezeichnet das Ganze als propagandistische Machenschaften. Selbst gegenüber Behringer, einem unmittelbaren Zeugen, beharrt er auf seinem Standpunkt. Der Bürochef und die Sekretärin Daisy, die von Behringer heimlich angebetet wird, versuchen zu vermitteln. Da kommt die Frau eines Kollegen, um ihren erkrankten Mann zu entschuldigen. Erschöpft berichtet sie, daß sie den gesamten Weg von einem Nashorn verfolgt wurde. Schon hört man gewaltiges Getrampel und lautes Schnaufen, da stürzt die Treppe ein. Während Daisy Mitleid mit dem tobenden Tier empfindet, erkennt die Frau in dem Nashorn ihren Mann und stürzt sich zu ihm hinunter. Aus allen Stadtteilen werden nun neue Nashörner gemeldet, die bereits die Straßen verstopfen. Behringer eilt zu Jean, um sich mit ihm zu versöhnen. Dieser

Ionesco, Die Stühle
Kammerspiele München, 1958
Inszenierung: Hans Schweikart
der Alte: Peter Lühr, die Alte: Tilla Durieux

liegt krank im Bett und hat eine merkwürdige Beule auf der Stirn, die er zu bagatellisieren versucht. Nun muß Behringer erleben, wie sich Jean, von einer mysteriösen Wut gepackt, mehr und mehr der Nashorngestalt annähert und sein Mobiliar zu zertrümmern beginnt. Entsetzt flieht er. Am nächsten Tag wird Behringer in seiner Wohnung von seinem Kollegen Dudard (Stech) besucht. Die «Rhinozeritis» breitet sich, wie dieser berichtet, weiter aus und ergreift alle Bevölkerungsschichten. Während Behringer beunruhigt Abwehrmöglichkeiten überlegt, will Dudard, der Intellektuelle, «objektiv» analysieren. Er findet für alles eine Erklärung und damit auch eine Rechtfertigung. Daisy, die etwas zu essen bringt, erzählt, daß die Nashörner nun schon die Behörden und den Rundfunk erobert hätten, auch der Kollege Botard sei mit der Parole «Man muß mit der Zeit gehen» zu ihnen übergelaufen. Schließlich kann auch Dudard nicht länger widerstehen. Nur Daisy harrt noch bei Behringer aus. Einen Augenblick scheint die Liebe der beiden Menschen stärker zu sein als alle Bedrohung, doch dann geht auch Daisy, angezogen von der animalischen Kraft der Nashörner, zu ihnen über. In völliger Vereinsamung bleibt Behringer zurück. Er greift zum Gewehr, fest entschlossen, nicht zu kapitulieren, sich dem Massenwahn zu widersetzen: «Ich bin der letzte Mensch. Ich werde es bleiben bis zum Ende!»

Der Welterfolg seiner *Nashörner* bestürzte Ionesco. «Verstehen die Leute es richtig?» fragte er sich. «Sehen sie darin die ungeheuerliche Tatsache der ‹Vermassung›?» In der Gestalt Behringers, dem Jedermann in einer modernen pluralistischen Gesellschaft, erkannte das Publikum seine Sehnsucht, inmitten aller vermassender Tendenzen Individualität zu bewahren. Ionesco gelang es, den alle verwandelnden Prozeß der Anpassung, den Verlust des menschlichen Gesichts und der menschlichen Würde, die Entindividualisierung und die Barbarei des Massenwahns in eine überzeugende, einfache Metapher zu fassen. Es ist keine gewalttätige Macht, die hier den Menschen zur Verwandlung in ein Nashorn zwingt, sondern der Terror der öffentlichen Meinung und der Wille zum Konformismus. Doch die Gleichschaltungsmechanismen bleiben einander nicht unähnlich, ob sie nun in totalitären Systemen oder im Gefolge bürokratischer und technokratischer Politapparate funktionieren oder – wie Wendt formuliert – als «die Sucht zu bequemer Einordnung in das, was alle tun» auftreten. Behringer versperrt sich einer konformistischen Zukunft, in der nur noch die anpassungswilligen Herdentiere überleben. Er erhebt Protest gegen das Ungeheuerliche, in das sich alle einfügen. Er träumt davon, die kranke Welt mit Liebe zu heilen. Doch auch als die Liebe scheitert, ist er nicht bereit aufzugeben. Einer entmenschten Welt setzt er sein Menschentum entgegen. «Ich fühle, einfach so ...» sagt er. Vielleicht hat er sich ein untrügliches Gefühl bewahrt.

Jean Genet *1910

Jean Genet wurde am 19. Dezember 1910 in Paris geboren. Seine Mutter überließ ihren Sohn der öffentlichen Fürsorge, sein Vater war unbekannt. Jean wuchs in einer Bauernfamilie auf, wurde früh kriminell und kam mit 15 Jahren in die Besserungsanstalt Mettray. Von dort brach er aus, ließ sich zur Fremdenlegion anwerben, desertierte und lebte fortan von Diebstahl und Prostitution. Zwischen 1930 und 1940 vagabundierte er durch halb Europa, wurde aus fünf Ländern ausgewiesen und landete immer wieder im Gefängnis. Bereits als Kind des Diebstahls bezichtigt, hatte er beschlossen, das zu werden, was man von ihm erwartete. Im Gefängnis begann er zu schreiben, 1942 entstand sein erster Roman «Notre-Dame des Fleurs», dem innerhalb kurzer Zeit drei weitere und seine Autobiographie folgten. Genet entwickelte ein System des Bösen, das er der bestehenden Ordnung entgegensetzte, und stilisierte sich zum Immoralisten, indem er Verbrechen, Verrat und Homosexualität zu Tugenden erklärte und den Mord verherrlichte. Als Rückfalltäter 1948 zu lebenslanger Haft verurteilt, erwirkten zahlreiche namhafte Künstler, darunter Sartre, Cocteau, Gide und Picasso, seine Begnadigung.

Genet widersprach einer Welt, die ihn ausstieß und nahm die Rolle des Ausgestoßenen an. Dennoch leugnete er jede Absicht zur Veränderung des Gegebenen: «Ich möchte, daß die Welt sich nicht verändert, damit ich mir erlauben kann, gegen die Welt zu sein», erklärte er in einem Interview. Genets Bühnenwerke enthalten in Beschwörung, magischer Stellvertretung und Identifikation wesentliche Elemente des Rituals, machen damit aber zweifellos allgemeine psychologische Wahrheiten faßbar. Wenn er das Theater wieder auf das Ritual zurückführt, so läßt er in diesem Zeremonien erkennen, die er im realen Leben vorfindet, Urmuster, die immer wieder durchgespielt werden. Peter Zadek, der als Regisseur der Uraufführung des *Balkon* in London mit dem Dichter skandalhafte Auseinandersetzungen erlebte, schrieb später, was ihn an Genets Dramen fasziniert hatte: «Er zeigt uns, daß unsere Welt genauso eine Fälschung ist wie die Schminke selbst und daß deshalb das Theater der perfekte Spiegel sein kann, den man dem danse macabre vorhält, als den Genet das Leben sieht. Mit anderen Worten: Genets Theater, abstrakt, stilisiert, absichtlich bühnenhaft, schafft es eher, die Wirklichkeit zu durchdringen, als es das illusionistische Theater je geschafft hat.»

Genets erstes, um 1946 entstandenes Drama, *Unter Aufsicht* (1949), ist ein autobiographisches Gefängnisstück, das eine künstliche Gegenwelt mit eigenem Wertsystem aufbaut: Drei Männer sind in einer Gefängniszelle zusammengesperrt: Grünauge, ein 22jähriger Mörder, der im sadistischen Rausch eine Prostituierte erwürgt hat, der 17jährige Maurice, der bereits das Kainszeichen des «Auserwählten» zu tragen glaubt, und der Gelegenheitsdieb Lefranc. Grünauge ist der Bewunderte und Verehrte. Maurice und Lefranc führen einen eifersüchtigen Kampf um sein Vertrauen und seine Anerkennung. Lefranc träumt davon, in die Hierarchie der großen Verbrecher aufgenommen zu werden, prahlt mit Bluttaten und erwürgt zuletzt Maurice. Doch Grünauge weist Lefrancs Mord als eine mutwillige, geltungssüchtige Tat verachtungsvoll zurück. Lefranc muß erkennen, daß sein verzweifelter Akt der Selbstbefreiung gescheitert ist. Er bleibt ein Ausgestoßener.

Die Zofen (UA: 1947 in Paris), als Tragödie bezeichnet, zeigt den rituellen Vollzug einer Wunscherfüllung: Die beiden Schwestern Claire und Solange, Zofen bei einer Dame, deren Geliebten sie durch Denunziation ins Gefängnis gebracht haben, spielen in deren Abwesenheit Unterwürfigkeit und Revolte. Claire schlüpft in die Rolle der «gnädigen Frau», und Solange verwandelt sich in Claire (oder umgekehrt). Sodann quält und demütigt die jeweilige «gnädige Frau» die sklavisch ergebene Zofe, bis diese revoltiert und gewalttätig wird. Sie sind einander und mit ihrer Herrin in einer Haßliebe verbunden, die sich in grellen Exaltationen äußert. Als ihre Denunziation herauszukommen droht, beschließen die beiden Schwestern, ihre

Genet, Der Balkon
Städtische Bühnen Bochum, 1976
Inszenierung: Wilfried Minks

Herrin mit vergiftetem Tee zu ermorden. Doch die «gnädige Frau» verabsäumt es, den Tee zu trinken, sie eilt ihrem aus der Haft entlassenen Geliebten entgegen. Claire steigt wieder in ihre Rolle, läßt sich von der Schwester den Tee servieren und erhebt sie zur Verbrecherin, mit der sie als Opfer untrennbar verbunden sein wird, indem sie das Gift trinkt. – Ein komplexes Gefühl bindet die Zofen an die gnädige Frau: Sie bewundern sie und sehnen sich danach, wie sie zu sein, zugleich sind sie aber nur durch sie, was sie nicht sein wollen: unterwürfige, schäbige Domestiken. Im Glanz der gnädigen Frau sehen sie ihre eigene Armseligkeit gespiegelt. Ihre Revolte ist daher keine revolutionäre Tat, sondern ein von Sehnsucht geprägter ritueller Akt. Der mißlungene Mord wird stellvertretend vollzogen, ein Verbrechen, durch das die Zofen der Trostlosigkeit ihres Daseins entrinnen und dieses verklären wollen.

Der Balkon (UA: 1957 in London) legt im Masken- und Rollenspiel Urbilder von Ängsten, Faszinationen und Träumen frei. Schauplatz ist das Bordell «Der große Balkon», ein «Haus der Illusionen», in dem die sexuelle Befriedigung der Besucher mit der Verwandlung in eine erträumte Rolle verbunden oder durch sie ersetzt ist. Madame Irma, die Besitzerin, verleiht Kleider, Requisiten und Träume und verkauft dazu ihre Mädchen, die sich in festgelegten Rollen, etwa als «reuige Sünderin», «Angeklagte» oder «Pferd» zu prostituieren haben. So verwandeln sich kleine Leute in einen Bischof, dem sein Beichtkind Todsünden und Verehrung zuzutragen hat, in einen Richter, der eine Diebin vom Henker auspeitschen läßt, in einen General hoch zu Roß, dem sein menschliches Pferd ergeben ist, in einen Leichenschänder oder gar in Christus am Kreuz. Alles bleibt Spiel, erstrebt ist die Illusion einer Würde, eines Amtes, einer Tat, ohne die

Bürde ihrer realen Funktion. Madame Irmas Freund, der Polizeipräsident, träumt davon, selbst als Figur in das «Haus der Illusionen» aufgenommen zu werden. Vorerst muß er sich allerdings sehr real darum bemühen, die Würdenträger des Staates, den er mit Gewalt aufrechterhält, vor einer Revolution des Pöbels zu schützen. Als der Königspalast in Flammen aufgeht, die Würdenträger fliehen oder umkommen, die Revolution die Oberhand zu gewinnen scheint, zwingt der Polizeipräsident die Kunden des Bordells, die den Bischof, den General und den Richter spielen, sich gemeinsam mit Irma in der Rolle als Königin auf dem Balkon ihrem Volk zu präsentieren – und das Volk jubelt ihnen zu. Es sieht in ihnen die alten Hoheitsmuster und huldigt nicht mehr der Substanz, sondern dem Kostüm, der Attrappe. Die neuen Würdenträger wollen nun auch in der Realität ihre Macht ausüben, doch der Polizeipräsident macht ihnen zwingend klar, daß die Macht allein in seinen Händen liegt. Seine Sehnsucht wird erfüllt: Roger, der Anführer der geschlagenen Rebellen, verlangt im Haus der Illusionen nach dem Kostüm des Polizeipräsidenten. Er repräsentiert diesen, indem er sich entmannt. Sei es, um seine eigenen Machtgelüste, sei es, um den Polizeipräsidenten in einer rituellen Handlung stellvertretend zu bestrafen. Von draußen dringt der Lärm einer neuen Revolution herein, das alte Spiel kann von vorne beginnen. – Sexus, staatliche Macht und das Zeremoniell als Manifestation des Mythischen im Sexus wie in der Macht fließen in Genets Tragödie zusammen. Die Rebellen wollen ein Machtsystem zerstören, das auf mythische Leitbilder gegründet ist, doch sie sind dabei gezwungen, sich eigene zu schaffen. Wäre also die Revolution gelungen, wären an die Stelle der alten Bilder nur neue getreten. Wenn Genet historische Abbilder der Macht als Vergrößerungsrituale für die kompensierungsbedürftige Psyche kleiner Leute zeigte, so erklärte er sie zugleich für obszön und usurpiert, womit er selbstverständlich Skandal erregte. Abgesehen davon, daß manche seiner Motive in der Psychologie der Mächtigen sicherlich einen nicht unwesentlichen Faktor darstellen, legte der Dichter jedoch auch Grundmuster frei, Urängste, elementare Schrecken, die Träume aller nach Staffage und Ich-Vergrößerung.

In der «Clownerie» *Die Neger* (1959) werden einem von Genet ausdrücklich geforderten «weißen» Publikum von Negern in Form eines Rituals ihre Rachegelüste dargestellt. Vor Symbolfiguren der weißen Kolonialherrschaft (maskierten Schwarzen) wird der Mord an einer weißen Frau vorgeführt. Die Schwarzen tanzen um einen verdeckten Sarg, der Mörder demonstriert seine Tat: einen Sexual- und Ritualmord. Doch unter dem Tuch sind weder Sarg noch Leiche – der von allen ekstatisch mitvollzogene Mord ist nur ein Wunschtraum. Diesem folgt der Traum von der endgültigen Befreiung: Die Königin und ihr Hofstaat verfolgen die Schwarzen zum Zweck einer Strafexpedition in den Urwald, werden jedoch in eine Falle gelockt und massakriert. Die Neger verkörpern bis zur Selbstaufgabe, wofür die Gesellschaft sie hält. Der Haß der Schwarzen ist die Antwort auf den Haß der Weißen.

Das «Phantastische Schauspiel» *Wände überall* (1961) gibt in vielschichtiger Themenführung ein Kolossalgemälde des Algerienkrieges, allerdings nicht als Historie, sondern als Spiegelung des in die Irre gehenden Menschen, seiner Entwürdigung und Einsamkeit. Vier Gruppen werden – ineinander verschlungen – dargestellt: eine arabische Dorfgemeinschaft in ihrem bunten Leben und ihren Mythen, die französischen Kolonialisten, die Rebellen gegen die Kolonialherrschaft und die Toten. Im Mittelpunkt steht Said, dessen Lebensweg ein einziger Abstieg ist. Dem «ärmsten Sohn des Landes» bleibt zur Frau nur Leila, die «häßlichste und billigste Tochter des Landes». Er wird zum Landstreicher und Dieb, quält seine Frau, die Dorfbewohner strafen ihn und seine Familie mit Verachtung. Zuletzt verrät er den Aufstand und wird erschossen. Sein Verrat löst jedoch den siegreichen Aufbruch der Araber aus. – Saids Einsamkeit erwies sich ein Leben lang als undurchdringbar, er konnte weder in seiner Umwelt noch in sich selbst Halt finden, auch die Totenwelt wartet vergebens auf ihn. Nur Leila war ihm trotz aller Demütigungen in Liebe ergeben, doch die Wände der Selbstverachtung und der seelischen Verhärtung erwiesen sich als unüberwindlich.

Das italienische Theater des 19. und 20. Jahrhunderts

Um die Jahrhundertwende stand das italienische Theater vor allem unter französischem Einfluß. Naturalismus, Symbolismus, Neoromantik und die französische Boulevarddramatik wirkten ein und wurden direkt in die Spielpläne aufgenommen oder nachgeahmt.

GIOVANNA VERGA (1840–1922), ein wesentlicher Vertreter des Verismus, der italienischen Spielart des Naturalismus, war vor allem ein großer, dynamischer Erzähler. Seine Bedeutung für das realistische Theater Italiens ist jedoch nicht zu übersehen und zeigte noch in der Filmkunst des Neoverismus entscheidende Nachwirkungen. Einige seiner auf starke, dramatische Szenenfolgen angelegten Novellen, wie *Cavalleria Rusticana* (1884) oder *Die Wölfin* (1896), wurden jedoch von ihm selbst sehr erfolgreich dramatisiert, sein Schauspiel *Erst mein, dann dein* (1903), das den verzweifelten hoffnungslosen Kampf einer überlebten Welt gegen den Ansturm der neuen Zeit schildert, arbeitete er dagegen auch zu einem Roman um.

Im Gefolge des französischen Impressionismus und Symbolismus verfaßte GABRIELE D'ANNUNZIO (1863–1938) mit großer Sprachmeisterschaft und höchstem artistischem Raffinement seine Dramen wie *Die tote Stadt* (1898), *La Gioconda* (1899), das «Poem aus Blut und Wollust» *Francesca da Rimini* (1901) oder *Die Tochter des Iorio* (1904), denen vor allem die große Schauspielerin Eleonora Duse zu Weltruhm verhalf. In seinen Schauspielen verband D'Annunzio eine orgiastische wie auch heroische Motivik mit seiner ästhetischen Vorliebe für das Dekorative.

Als Protest gegen Naturalismus und Pseudoromantik verstand sich das Grotesktheater Italiens, das LUIGI CHIARELLI (1884–1947) mit *Die Maske und das Gesicht* (1916) einleitete, eine Groteske, die bereits die Frage nach der Grenze zwischen Schein und Sein stellte, die Diskrepanz zwischen den Spielregeln der Gesellschaft und dem Verhalten des einzelnen sichtbar machte und damit Pirandellos große Themen aufwarf. Es setzte eine Welle von Grotesk-Dramen ein, die meist Parodien auf das bürgerlich-sentimentale Drama waren und Tragisches mit Komischem wirkungsvoll vermischten.

Dieses Grotesktheater kam der Kunsttendenz von LUIGI PIRANDELLO entgegen, mit dem das italienische Theater Weltgeltung erlangte und der als einer der Väter des modernen Dramas gelten kann. Pirandello blieb freilich, auch wenn er sich grotesker Mittel bediente, formal weitgehend unabhängig. Er sprengte überlieferte Formen und intellektualisierte das Drama – als «Denk-Spieler», der den «Intellekt in Leidenschaft verwandelt». Sein Einfluß wurde in der italienischen Dramatik überall spürbar.

Elemente von Pirandellos Theater zeigen sich auch in den neapolitanischen Dialektkomödien von EDUARDO DE FILIPPO (*1900), der als Schauspieler, Regisseur und Autor die Tradition des realistischen Volkstheaters seiner Heimat mit vitaler Komödiantik weiterführte. Er bediente sich – Tragisches und Komisches verschmelzend – der Farce und veranschaulichte in einer wirkungsvollen Mischung von Folklore, Gesellschaftskritik und Sentimentalität die «Doppelgesichtigkeit der Masken», indem er die Relativität der Moralbegriffe anprangerte. In der erfolgreichsten seiner zahllosen Komödien, *Philomena Marturano* (1946), der Geschichte einer urwüchsigen Neapolitanerin, zeigte er, wie sich eine aus dem tiefsten Elend kommende Deklassierte im Bewußtsein des ihr angetanen Unrechts ihr Recht verschafft.

UGO BETTI (1892–1953) stand mit seinem umfangreichen dramatischen Werk sowohl Pirandello als auch Sartre nahe. Richter von Beruf, hat Betti in den meisten seiner Dramen die tiefen Zusammenhänge von Verfehlung und Sühne untersucht und ins Metaphysische gewendet. Bereits in seinen frühen Werken wie *Die Herrin* (1926) wurde die für sein Schaffen charakteristische Symbolhaftigkeit der Darstellung deutlich.

In Bettis erfolgreichstem Schauspiel, *Korruption im Justizpalast* (1949), ging es darum, einen Fall von Bestechung unter der Richterschaft aufzuklären. Richter Cust, der Schuldige, versteht es, den Verdacht auf Kollegen zu schieben, er ruiniert den betagten Präsidenten Vanan und treibt damit dessen Tochter in den Tod. Sterbend bezichtigt sich der älteste unter den Richtern, Corci, der nicht an die Gerechtigkeit glaubt, der Schuld. Cust wird Präsident. Doch der Gedanke, daß nun von der Wahrheit keine Spur bleibt, daß Gut und Böse null und nichtig sein sollen, ist ihm unerträglich. Er klagt sich an, um die Gerechtigkeit gegen sich selbst zu verteidigen. Die kriminalistisch spannende Haltung bildet das dramatische Gerüst für einen inneren Vorgang, der vom Schein zur objektiven Wahrheit und zur metaphysischen Erkenntnis führt.

In dem düsteren Drama *Die Ziegeninsel* (1950) steht eine Frau im Zentrum, die, entsprechend der Existenzphilosophie, die Verantwortung für ihr Leben allein sich selbst zuerkennt. Ein Mann kommt zu drei in einer abgeschiedenen öden Gegend lebenden Frauen – Mutter, Schwägerin, Tochter –, verbindet sich zuerst mit Agata, der Mutter, und dann, was Agata duldet, auch mit den anderen Frauen. Als er in eine tiefe Zisterne steigt, verbietet Agata allerdings den beiden, ihm wieder heraufzuhelfen, und richtet damit zugleich auch sich selbst und ihre Liebe.

In *Die Flüchtende* (1953) faßte Betti nochmals seine großen Themen in der entscheidenden Frage nach dem Sinn der Existenz und der Leiden zusammen: Nina und Daniele, ein in Haßliebe verbundenes Ehepaar, sie auf der Flucht vor einer gewalttätigen Welt, er auf der Flucht vor ihr, versuchen schließlich nach einer gemeinsam begangenen Mordtat zu entkommen, stellen sich aber in traumhafter Grenzsituation den Richtern. Das Drama ist ein mit surrealistischen Mitteln arbeitendes Mysterienspiel vom ruhelosen, angsterfüllten Menschen in der modernen Welt. Wie alle Schuldigen in Bettis Dramen bewegt auch Nina und Daniele eine tiefe Sehnsucht nach Läuterung, die sie nur im Einssein mit Gott erfahren können.

DIEGO FABBRI (*1911) erörterte in *Prozeß Jesu* (1955) in einer wirkungsvollen

Gerichtsverhandlung, die als Spiel im Spiel dargestellt wird, ob Jesus nach den seinerzeit geltenden Gesetzen Israels zu Recht verurteilt wurde oder ob er einem Justizmord zum Opfer fiel: Eine jüdische Schauspielertruppe unter der Leitung des ehemaligen Professors für Bibelkritik Elias zieht durch das Land und versucht, in immer neuen Gerichtsverhandlungen die Schuldfrage an Christi Tod zur Debatte zu stellen. Nicht nur alle Mitglieder der Gruppe, die ihre Rollen jeweils neu durch Los zugeteilt erhalten, beteiligen sich an der Wahrheitsfindung, sondern auch das «Publikum». Jedesmal entwikkelt sich die Verhandlung unwiederholbar und spontan, jedesmal mischt sich aus dem Publikum der Widerstreit neuzeitlicher Meinungen in die Diskussion, und jedesmal steht Elias in der gleichen Ratlosigkeit vor der Relativität aller Schuld. Pirandellos Kunstgriff der Desillusionierung wurde hier von Fabbri zur absoluten Verkündung einer Heilsbotschaft, die ihre Wirkung auf das Publikum nicht verfehlte.

EZIO D'ERRICO (*1909) setzte als erster italienischer Dramatiker konsequent die Gestaltungsmittel des absurden Theaters ein: *Die Heuschrecken* (1958) zeigt eine von Insektenschwärmen bedrohte Menschheit, die sich in ihrer Panik in die verschiedensten Ideologien flüchtet.

Der Ameisenhaufen (1959) behandelt die «Verameisung» des Menschen durch den Staat, der ihn zur willfährigen Marionette macht, ihm seine Handlungsfähigkeit entzieht.

Der Wald (1959) erweist sich als Zivilisationsschutt des technischen Zeitalters: Ein Liebespaar begegnet dort einer Reihe von «Waldbewohnern», die alle in eine Endsituation geraten und handlungsunfähig sind. Die beiden müssen erkennen, daß es auch für sie kein Entrinnen aus dem Wald gibt.

PAOLO LEVI (*1919) untersuchte in seinen Dramen das Problem der Willensfreiheit und machte in einem ausgeklügelten Mechanismus Ausweglosigkeiten deutlich. Meist von einer kriminalistischen Situation ausgehend, erhöhte er sie zum Symboltheater.

Der Weg ist dunkel (1952) stellt den Ingenieur Matteo vor die Frage, ob er seiner Geliebten trauen und mit ihr in ein neues Leben fliehen soll oder ob ihre Verabredung nur eine Falle darstellt, um ihn mit seinem Geld ihrem Mann, dem Verbrecher Rocca, auszuliefern. Matteo entschließt sich, die Wahrheit zu ergründen, und wird erschossen. Levi analysiert in Vor- und Rückblenden die Situation seines Helden; läßt jede Entscheidungsmöglichkeit szenische Begebenheit werden und damit Realität und Denkbares, Vergangenheit, Gegenwart und Zukunft nahtlos ineinander übergehen.

Der Fall Pinedus (1954) verfolgt nach dem Vorbild Kafkas eine Prozeßmaschinerie, in die ein Musikkritiker gerät, weil er eine Parkstrafe nicht sofort bezahlen will. Ein Kommissar hält ihn zunächst fest, um ihn, der mit einer vernichtenden Kritik am Tod seiner Nichte mitschuldig ist, einen Denkzettel zu geben. Dann aber gerät Pinedus in den Verdacht, ein Barmädchen ermordet zu haben und damit in den Sog einer von politischen Interessen angeheizten Untersuchung, die zur Mordanklage und schließlich zum Todesurteil führt.

DARIO FO (*1926) entwickelte eine eigene Theaterform, die vom neapolitanischen Volkstheater, aber auch von Brechts epischem Theater ausging. Er selbst bezeichnete seine Stücke als «Theater zum Wegwerfen», ein Theater also, das sich unmittelbar auf aktuelle Ereignisse und Situationen bezieht. Ein Linksradikaler, lehnte er es seit 1968 ab, in bürgerlichen Theatern aufzutreten, da er sein Theaterkollektiv, in dem er als

Schauspieler, Regisseur und Autor arbeitete, einsetzen wollte, «um einen revolutionären Prozeß zu befördern, der die Arbeiterklasse an die Macht bringt», also sein Theater als Forum der politischen Meinungsbildung der Arbeiterschaft sah. Obwohl seine sehr spezifisch auf Italien zugeschnittenen Komödien, Farcen und Grotesken vorwiegend italienische Probleme behandeln und auch auf Improvisation angelegt sind, wurden sie doch auch im deutschen Sprachraum mit erstaunlichem Erfolg gespielt.

Eines seiner erfolgreichsten Stücke (allerdings mit Fo als Darsteller) wurde *Mysterium buffo* (1969), in dem ein fahrender Spielmann des 15. Jahrhunderts mittelalterliche Legenden und Volksliteratur aus ganz Europa vorträgt, in verschiedene Rollen schlüpft und das Geschehen aus der Sicht des Volkes kommentiert. Dabei werden die «vom Blut beschmutzten Mystifikationen der herrschenden Klasse» angegriffen und der Geschichtsschreibung der Sieger jene der Verlierer entgegengehalten.

Viel gespielt wurde auch das radikale Volksstück *Bezahlt wird nichts* (1974), in dem Arbeiterfrauen, empört über Preissteigerungen, in einem Mailänder Supermarkt die Regale plündern. Antonia muß ihre Beute allerdings unter dem Bett verstecken, da ihr Mann für unbedingte Redlichkeit auch im Elend ist, ihre Freundin Margherita versucht, die Lebensmittel unter dem Mantel abzutransportieren. Ihre Leibesfülle wird als Schwangerschaft deklariert. Die Ehemänner und die anrückende Polizei werden von immer groteskeren Ausflüchten genarrt, und im Verlauf von irrwitzigen Situationen verwandeln sich die Männer der beiden Freundinnen von manipulierbaren Arbeitern zu solidarischen Protestierern, die sich für ihre Interessen gegen die Institutionen zur Wehr setzen und die «konkrete Utopie» eines totalen Volksfestes ausrufen.

Luigi Pirandello 1867–1936

Luigi Pirandello wurde am 28. Juni 1867 als Sohn eines Schwefelgrubenbesitzers in Agrigent auf Sizilien geboren. Er besuchte das Gymnasium in Palermo, studierte romanische Philologie in Palermo, Rom und Bonn, wo er auch promovierte, und lebte ab 1892 als freier Schriftsteller in Rom. 1894 heiratete er die Sizilianerin Antonietta Portulano. Als 1903 bei einem Grubenunglück das in die Schwefelgrube investierte Vermögen der Familie verlorenging, geriet seine Frau in eine schwere Nervenkrise, die zu Verfolgungswahn und Eifersuchtsexzessen führte. 15 Jahre lang lebte Pirandello mit der Kranken. 1919 mußte sie jedoch nach einem schweren Anfall in eine Nervenheilanstalt gebracht werden, aus der sie nicht mehr entlassen wurde. Die Auseinandersetzung mit der Verstörung seiner Frau hinterließ in Pirandellos Werk nachhaltige Spuren. Er war bereits ein renommierter Prosaschriftsteller, als er, fast fünfzigjährig, zur Dramatik fand. Auf Drängen des Direktors einer sizilianischen Mundartbühne hatte er 1916 ein Drama für dieses Theater geschrieben, das so erfolgreich war, daß er ihm gleich zwei weitere folgen ließ. Er verfaßte allein in den nächsten acht Jahren 28, insgesamt rund 40 Stücke. 1925 übernahm er die Leitung des vom Staat subventionierten Teatro d'Arte di Roma, das mit seinen Werken ausgedehnte Gastspielreisen durch Europa, Nord- und Südamerika unternahm und das er bis 1928 führte. 1934 wurde er mit dem Nobelpreis für Literatur ausgezeichnet. Pirandello starb am 10. Dezember 1936 in Rom an einer Lungenentzündung.

«Jeder macht sich die Maske zurecht, wie er kann – die äußere Maske. Denn drin ist dann die andere, die oft nicht mit der draußen übereinstimmt. Und nichts ist wahr!» schrieb Pirandello und formulierte damit einen Grundgedanken seiner Dramatik. Die Scheinhaftigkeit des Seins, Rollenspiel, Persönlichkeitszerfall, Identitätsverlust und der Aufbau wahnhafter Scheinkonstruktionen sind sein großes Thema, das er in immer neuen Variationen durchspielt. Pirandello hält es für unmöglich, die Wirklichkeit zu durchschauen. Die Umkehrbarkeit von Schein und Sein verhindert jede Gewißheit über die Wahrheit und Wirklichkeit der menschlichen Existenz. Der Mensch wird zum Spieler eines unbegreiflichen Spiels auf der Suche nach seiner Identität; er versucht, sich selbst zu konstruieren, doch jederzeit kann Irrationales die Sicherung seiner künstlich stabilisierten Welt durchbrechen. Die Verstörungen seiner Figuren rühren meist vom Druck der Außenwelt her, die für Pirandello das Spiegelbild der sizilianischen Gesellschaft ist mit ihrem durch starres Reglement unterdrückten und in Exzessen explodierenden Leben. Die Kleinstadt Siziliens diente ihm als Symbol einer grundsätzlichen metaphysischen Störung. In dem Wahnsinn seiner Frau lernte er die Psychose in ihrer extremsten Form kennen. Sie demonstrierte ihm jedoch auch Symptome einer Verstörung, die er von sich selbst kannte, aber verbarg: jähe Aufbrüche, die für einen Augenblick einen chaotischen Untergrund sichtbar machen, doch rasch wieder getarnt werden. So wurde das Theater zur Projektion eines Bewußtseins, das die Hinfälligkeit aller Normen und Kategorien erkannt hat.

Pirandellos Bedeutung geht jedoch noch darüber hinaus: Er durchbrach die traditionellen Formen, machte das Theater zum Gegenstand des Theaters, verdrehte Rollen und Konstellationen, stufte und wiederholte das Spiel auf verschiedenen Ebenen, die sich gegenseitig spiegelten und annullierten, und behandelte damit die Wirklichkeit auf fragmentarischen, raffiniert gegliederten Bedeutungsschichten. Pirandellos Figuren denken, argumentieren, theoretisieren, versuchen mit allen Mitteln des Rationalen ihre Erschütterung aufzulösen. Durch diese Einbeziehung einer übergeordneten Reflexion wurde die Bühne aber zum Ort des Zeigens, die Fabel diente als Grundlage vielschichtiger, komplizierter Reflexionsvorgänge, die eigentliche Handlung rückte in den Hintergrund. Mit seiner Thematik, seiner Revolutionierung des Menschenbildes, das den sich mühsam konstruierenden Menschen in einer ungesicherten Welt zeigte, seiner Formulierung eines neuen Lebensgefühls und der Einbeziehung der Reflexion wurde Pirandello – neben Ibsen und Strindberg – zum Wegbereiter des modernen Dramas.

Die Narrenkappe (1917), die dritte seiner für die sizilianische Mundartbühne geschriebenen Komödien, weist bereits charakteristische Züge von Pirandellos Theater auf. Es geht um ein von nun an immer wieder variiertes Thema: Der in der Konvention gefangene Mensch opfert das Sein dem Schein und verteidigt seine «Maske» bis zum äußersten: Beatrice Fiorica hat den Verdacht, daß ihr Mann sie mit der jungen Frau seines Schreibers Ciampa betrügt, und legt es darauf an, die beiden in flagranti zu ertappen. Tatsächlich wird Signor Fiorica in Ciampas Wohnung überrascht. Der Ehebruch kann zwar nicht eindeutig festgestellt werden, doch der Skandal ist da. Ciampa sieht sein mühevoll aufgebautes und dem Schein nach in Ordnung gehaltenes Leben in Scherben. Der Alternde, der schon zuvor gewußt und toleriert hat, daß ihn seine junge schöne Frau betrügt, fühlt sich nun, da alles an die Öffentlichkeit gelangt ist, gedemütigt und unmöglich gemacht. Er schwört, seine Frau und Signor Fiorica mit einem Beil zu erschlagen. Als man ihn damit zu beruhigen sucht, es handle sich doch nur um eine «fixe Idee» Beatrices, kommt er auf den rettenden Gedanken: Beatrice muß eine Zeitlang in ein Irrenhaus gebracht werden. Diese fügt sich zuletzt und wird unter lautem Kikerikigeschrei abgeführt, mit dem auf den Hahnrei, also die Wahrheit, angespielt, offiziell jedoch ihr angeblicher Wahnsinn bestätigt wird. – An Ciampa zeigt Pirandello das ganze Ausmaß des Konflikts, den die Verzerrung des einzelnen durch das gesellschaftliche System erzeugt: Unermüdlich baut er an seiner sozialen Fassade, die ihm ein Leben in der Gemeinschaft sichern soll und seinem verzweifelten Willen zur Fixierung der Person entspricht. Ciampa ist Pirandellos erste Bühnenfigur, die die Selbstkonstruktion eines Menschen demonstriert. Diese Selbstkonstruktion wird meist als Fehlkonstruktion entlarvt und läßt den Menschen in eine Verzerrung geraten, die seine innere Auflösung spiegelt. Sosehr Ciampa ein Angepaßter ist, verbirgt er doch – der Liebe zu seiner Frau rettungslos ausgeliefert – unter seinem Angepaßtsein Wunden, die seine Reaktionen unberechenbar und gefährlich machen. Der vulkanische Untergrund, der, nach Pirandello, die Existenz des Sozialen bedingt, wird bei ihm zum Explosivstoff, wenn ihm der Halt seiner sozialen Fassade gefährdet erscheint.

So ist es – ist es so? (UA: 1917 in Mailand) bringt in einem beklemmend-parabelhaften Spiel zum Ausdruck, wie sich die Wahrheit dem Zugriff entzieht, die Grenze zwischen Schein und Sein nicht zu ziehen ist: Der neue Kommunalsekretär Ponza verursacht im provinziellen Geschäftsleben einer italienischen Kleinstadt Aufregung mit seinem merkwürdigen Verhalten, das im Salon des Stadtrats Agazzi in einem Gemisch aus Neugier, Konvention, Tratschsucht und Anteilnahme eifrig diskutiert wird. Signor Ponza hat für seine Schwiegermutter eine kleine Wohnung mitten in der Stadt gemietet, er selbst aber wohnt mit seiner gänzlich isolierten Frau weit außerhalb und hält Mutter und Tochter offensichtlich voneinander fern. Signora Frola wird allerdings täglich im Hof des Hauses beobachtet, wie sie nach ihrer Tochter ruft und wie die beiden Frauen über einen herabgelassenen Korb Botschaften wechseln. Beunruhigt versucht man nun in der Stadt, hinter das Geheimnis der Familie zu kommen. Schließlich erscheint Signora Frola bei den Agazzis und erklärt, nach und nach dazu genötigt, entschuldigend, ihr Schwiegersohn liebe seine Frau mit solcher Leidenschaft, daß er niemandem, auch ihr nicht, in diese «Welt von Liebe» einzudringen erlaube. Kaum ist sie gegangen, kommt in großer Aufregung Signor Ponza und bittet, man möge der bedauernswerten alten Frau keinen Glauben schenken: Sie sei durch den Schmerz über den Tod ihrer Tochter wahnsinnig geworden und halte nun seine zweite Frau für ihr Kind. Dem widerspricht bald darauf Signora Frola, die wiederum ihren Schwiegersohn für wahnsinnig erklärt. Man habe ihre Tochter vor einigen Jahren wegen seiner allzu leidenschaftlichen Liebe von ihm trennen und in ein Sanatorium bringen müssen. Nach ihrer Rückkehr wurde sie von Ponza nicht wiedererkannt und man habe eine zweite Ehe fingieren müssen. Diese Widersprüche können auch bei einer Gegenüberstellung der beiden nicht geklärt werden: Jeder besteht auf der «Wahrheit» dessen, was der andere als «Wahnsinn» bezeichnet. Ponza gebärdet sich dabei allerdings wild und schreckenerregend, um dann, als Signora Frola weinend weggegangen ist, ganz ruhig zu erklären, das sei das einzige Mittel, um ihr die Illusion zu erhalten: «Ich schreie ihr die Wahrheit ins Gesicht, als wäre sie meine Wahnidee.» Schließlich holt man

Pirandello, So ist es – ist es so?
Akademietheater Wien, 1974
Inszenierung: Wolfgang Glück
Signor Ponza (rechts): Kurt Beck

Signora Ponza. Sie erscheint, tiefverschleiert, und schickt Ponza und Signora Frola, die sich ebenfalls aufgeregt eingefunden haben, mit den Worten «Habt keine Angst» fort. In zärtlichem Einverständnis, miteinander flüsternd und weinend, gehen die beiden. Auf die Frage nach der «Wahrheit» erklärt Signora Ponza, sowohl die Tochter von Signora Ponza als auch die zweite Frau von Signor Ponza zu sein: «Vor mir selbst bin ich niemand ... Ich bin die, für die Sie mich halten.» Die Affäre Ponza bleibt ungelöst: Das im beunruhigenden Zerrbild vorgestellte Geheimnis der Individualität behauptet sich gegenüber den Anpassungsforderungen der Umwelt. Die Gesellschaft sieht in dem seltsamen Verhalten der Familie eine provozierende Eigenwelt. Sie versucht, den mysteriösen Fall aufzuklären, in die gesellschaftlichen Konventionen einzuordnen, stößt dabei aber auf irrationalen Widerstand. Sichtbar wird nur der defekte Entwurf eines von innen her bedrohten Zusammenlebens. Die Familie stellt sich durch eine eigenwillige Konstruktion dar, durch eine Ersatzwirklichkeit, die offenbar eine Erschütterung, einen gefährlichen Schock verdrängt. Pirandello versperrt bewußt jede Möglichkeit zur Aufdeckung, um die Vergeblichkeit der Wahrheitssuche zu demonstrieren.

Pirandellos berühmtestes Stück, *Sechs Personen suchen einen Autor**, wirkte auch dramaturgisch revolutionierend, weil es – ganz ohne Akteinteilung und

Handlungsschema – vorgibt, auf der Bühne vor den Zuschauern «erst gemacht» zu werden.

Heinrich IV. * zeigt einen Rückzug aus der Wirklichkeit: Die Flucht vor dem Schmerz und den Erschütterungen des Lebens in den Wahn.

Die Nackten kleiden (1922) erzählt in verschiedenen Varianten die unglückliche Geschichte der jungen Ersilia, die seit Tagen im Mittelpunkt des öffentlichen Interesses steht. Vom Konsul von Smyrna nach dem Unglückstod seines Kindes, das sie zu betreuen hatte, fristlos entlassen, kam sie ohne Geld nach Rom, fand dort ihren Verlobten kurz vor der Hochzeit mit einer anderen Frau, vergiftete sich in einem Park, wurde aber gerettet. Der Schriftsteller Nota interessiert sich nun für das Mädchen als literarisch zu nützende Figur. Aber der Konsul und der Verlobte, die sich, Ersilia folgend, bei ihm einfinden, zerstören das Bild, das er sich von ihr gemacht hat. Der Verlobte beschimpft sie als Hure, als er erfährt, daß sie auch Konsul Grottis Geliebte war, der Konsul wiederum als Mörderin, da das Kind während einer Umarmung der beiden von der Terrasse stürzte. Für Nota wird der Fall zur «Geschichte einer aufgedeckten Lüge». Ersilia erscheint als Opfer einander widersprechender Projektionen, in denen sich das gesellschaftliche Vorurteil formuliert. Verzweifelt wehrt sie sich gegen den Versuch der drei Männer, sie zum Klischee ihrer Vorstellungen zu machen, gegen die Rollen, die ihr die anderen zur eigenen Rechtfertigung aufzwingen und in denen sie sich nicht wiederfinden kann. Sie, die gelogen hat, um sich für den Tod ein «schönes Kleid» zu verschaffen, will nun die Wahrheit. Doch diese ist nicht zu fassen. So vergiftet sich Ersilia ein zweites Mal, um «nackt», ohne Lüge, zu sterben und belegt so die Unlösbarkeit der Identitätsfrage mit ihrem Tod.

Jeder auf seine Weise (1924) zählt zu den Stücken, die Pirandello unter dem Motto «Theater im Theater» zusammenfaßte. Die Spiel-im-Spiel-Technik wird zur Überschreitung der Grenzen des Theaters genutzt. Das Spiel beginnt schon am Eingang des Theaters: Das Publikum erhält eine Zeitung, der zu entnehmen ist, daß es sich bei dem Drama um ein Schlüsselstück handle. Der Autor habe sich von dem Schicksal jenes bekannten Malers inspirieren lassen, der kürzlich Selbstmord verübte, nachdem er seine Verlobte, die Schauspielerin Moreno, mit Baron Nuti bei einem intimen Zusammensein überrascht hatte. Seitdem ist ihr Skandal Tagesgespräch, und pikanterweise befinden sie sich – getrennt – unter den Theaterbesuchern. Der erste Akt bringt eine heftige Diskussion über den Fall, Meinung und Gegenmeinung prallen aufeinander. Die einen meinen, die Schauspielerin wollte mit ihrem Verhalten die scheinheilige Moral herausfordern, andere behaupten, das Ganze sei ein perfides Spiel gewesen, um den Verlobten zu erpressen. Im Zwischenspiel äußern Publikum und Kritiker im Parkett erregt ihre Ansichten. Auf der Bühne geht dann der Streit mit immer neuen Meinungsänderungen weiter, die beiden Skandalfiguren, deren Namen in Morello und Rocca abgeändert sind, verleugnen einander, jeder verschmäht den anderen vor der Gesellschaft. Doch als die beiden zufällig zusammentreffen, eilen sie in nicht zu bezähmender Leidenschaft aufeinander zu. Im Zwischenspiel setzt sich die Diskussion des Theaterpublikums fort. Plötzlich hört man Schreie auf der Bühne, die Moreno hat die Darstellerin der Morello geohrfeigt. Auch Baron Nuti will sich über die verzerrte Wiedergabe des Geschehenen beschweren – als er dabei unvermutet der Moreno begegnet, wiederholt sich die zuvor auf der Bühne gezeigte Szene: Sie sinken einander in die Arme und verschwinden gemeinsam. Es entsteht große Aufregung, und der Regisseur muß schließlich den 3. Akt absagen.

Heute abend wird aus dem Stegreif gespielt (1930) ist das dritte Stück aus der Werkgruppe «Theater im Theater», in der die Selbstreflexion des Theaters versucht wird. Die Konzeption zielt auf die Identifikation des Publikums mit der künstlerischen Materie ab. Hinter dem als Stegreifdialog deklarierten Text wird der schwelende Konflikt zwischen den Schauspielern und dem Regisseur über konträre Interpretationsmöglichkeiten sichtbar. Regisseur Dr. Hinkefuß erläutert seine «Regieschöpfung», für die eine Novelle von Pirandello das Material darstellt: In lose aneinandergereihten Bildern soll sie aus dem Stegreif gespielt werden, spontan, ohne Vorbereitung. Das Vorhaben mißlingt. Bei der angestrengten Improvisation gerät alles durcheinander, in der Konfusion verlieren die Schauspieler mehr und mehr den Handlungsfaden. Worum es eigentlich geht, ist nur mehr aus den Anweisungen des Regisseurs und Zwischenbemerkungen der Schauspieler zu entnehmen. Im Mittelpunkt der Handlung steht die Familie La Croce, deren ungewöhnlicher Lebenswandel bei ihrer sizilianischen Umwelt auf Mißtrauen und Ablehnung stößt. Die Mutter und ihre vier Töchter amüsieren sich, während der Vater in einem Kabarett Trost sucht, wo er sich unglücklich in eine Chansonette verliebt. Als er sie gegen einen zudringlichen Gast verteidigen will, wird er erstochen. Seine Familie verarmt und wird von allen gemieden. Mommina, eine der Töchter, heiratet den solidesten der Offiziere, um die finanzielle Situation und die Reputation der Familie zu retten. Ihre Ehe wird zum furchtbaren Gefängnis, weil die Eifersucht des Mannes sie langsam zu Tode quält. Von dieser Handlung werden jedoch nur Fragmente sichtbar, die Schauspieler retten sich in ichbezogene Effekte und verjagen schließlich den Regisseur. In einem pathetischen Ausbruch spielt die Darstellerin der Mommina ihre Rolle so ergriffen zu Ende, daß sie einen Herzkrampf erleidet und die Vorstellung abgebrochen werden muß.

Die Riesen vom Berge (UA: 1937 in Florenz), Pirandellos letztes bedeutendes Werk, ist Fragment geblieben. Den Schlußakt entwarf Pirandello seinem Sohn im Fieberdelirium wenige Stunden vor seinem Tod. Eine heruntergekommene Theatergruppe findet eines Abends Zuflucht bei den «Unglücksraben», gescheiterten Existenzen, die in einer herrenlosen Villa ganz ihren Träumen und Illusionen leben. Die Schauspieler waren, geführt von Gräfin Ilse, zwei Jahre lang mit dem Drama «Die Fabel vom vertauschten Sohn» unterwegs. Ilse wollte das Werk als Vermächtnis eines jungen Dichters durchsetzen, der sich das Leben genommen hatte, als sie ihn abwies. Ilses Mann, der Graf, opferte sein Vermögen, um die Reise zu finanzieren, doch niemand verstand das Werk, die Schauspieler wurden verlacht und ausgepfiffen, die Truppe reduzierte sich. Cotrone, Zauberer und Oberhaupt der «Unglücksraben», nimmt die Erschöpften mitleidig auf und führt sie in die Wunder seiner Phantomwelt ein. Der Kontakt zu den Menschen ist abgebrochen, Cotrones Leute leben in unermeßlichem Gedankenreichtum, in einem von allen sozialen Bindungen gelösten Bewußtsein, das hier sein Spiel mit sich selbst treibt. Nur hier, so erklärt Cotrone, könne die Fabel Gestalt gewinnen. Doch Ilse ist diese Traumwelt, die sich selbst genügt, zu wenig. Sie besteht darauf, das Stück unter Menschen zu bringen. Mit ihrem Mann will sie einen letzten Versuch machen und das Werk bei einer Hochzeit der «Riesen» aufführen, die auf dem Berg ein gewaltiges Projekt vollbringen. Cotrone führt sie zu den Riesen, den Starken dieser Welt, die über Technik und Geld herrschen. Die Riesen sind an Kunst und Schönheit nicht interessiert, sie gestatten aber eine Aufführung für das Volk. Das Volk ist durch den ausschließlichen Umgang mit dem Materiellen jedoch abgestumpft, es hat Belustigungen erwartet, nicht Poesie, und beginnt, Ilses Rezitation auszupfeifen. Aber Ilse gibt nicht nach, sie will die Kunst um jeden Preis durchsetzen, wendet sich entrüstet gegen das Publikum und wird vom Pöbel erschlagen. Mit Ilse wurde die Poesie getötet, dennoch wollte Pirandello, wie sein Sohn berichtete, das Werk nicht in starren Fronten ausklingen lassen. Cotrone sollte erklären, daß niemanden allein die Schuld treffe, die «Fanatiker der Kunst» seien ebenso schuldig wie die «armen fanatischen Diener des Lebens». Die Künstler wurden von der «Masse nicht verstanden, weil sie dem wirklichen Leben den Rücken kehren und weil sie ihre Träume nicht für sich behalten, sondern immer wieder versuchen, sie den anderen aufzudrängen». In diesen ironischen Worten des Herrschers der «Unglücksraben» drückt sich aber auch eine vage Hoffnung aus, daß doch auch in den «Dienern des Lebens» eines Tages der Geist sprechen könnte und daß dann die Kunst verstanden würde. Nur scheinbar versöhnlich überreicht der Hofmeister der Riesen als Schadenersatz eine größere Geldsumme, von der ein Mausoleum für die tote Poesie gebaut werden soll. Hier meldete sich Pirandellos Kritik an einem Staat und einem System, in dessen geistlos-terroristischem Klima die Kunst nur zur Dekoration gebraucht wird, das heißt, die tote Kunst. – Giorgio Strehler hat eine pantomimische Fassung des ungeschriebenen dritten Aktes, der mit der Ankunft bei den Riesen beginnt, geschrieben und damit dem vielschichtigen, gedankentiefen Werk einen verdeutlichenden Abschluß gegeben.

Sechs Personen suchen einen Autor
Ein Stück, das erst gemacht werden soll
UA: 1921 in Rom

Der Theaterdirektor probt gerade ein Stück von Pirandello, als sechs Personen (Vater, Mutter, Stieftochter, Sohn und zwei Kinder) auf der Bühne erscheinen und ihn ersuchen, ihre «Tragödie» zu spielen. Sie sind unfertige, von ihrem Autor geborene und dann abgewiesene Bühnenfiguren, die «leidenschaftlich darauf brennen», ihre Geschichte fertig zu spielen, um sich von ihr zu befreien. Langsam, in ständiger Diskussion mit dem Direktor, den Schauspielern und untereinander, kommen einige Zusammenhänge ans Licht. Der Vater hat vor Jahren, vom «Dämon des Experiments» besessen, die Familie künstlich demontiert. Er gab den Sohn zu einer Amme und verkuppelte schließlich die Mutter mit seinem Sekretär, weil er glaubte, die beiden paßten besser zusammen. Nach dem Tod dieses Mannes kehrte die Mutter ohne Wissen des Vaters mit den Kindern verarmt aus dem Ausland zurück. So konnte es kommen, daß dem Vater seine inzwischen zur Dirne gewordene Stieftochter in einem fragwürdigen Etablissement verkuppelt wurde. In dem Augenblick, in dem sich die beiden erkannten, verhinderte auch das unvermutete Dazwischentreten der Mutter die Vereinigung. An diesem Ereignis zerbrach die Familie endgültig. Für die beiden Kinder wurde die allgemeine Verstörung tödlich: das Mädchen ertrank, der Junge erschoß sich. Nur fragmentarisch, in hysterischen Ausbrüchen und Anschuldigungen, dann wieder in ruhigeren Erklärungen und Reflexionen wird dieses Geschehen rekapituliert. Bei dem ständig wiederholten Versuch, die «Wahrheit» ihrer schrecklichen, ganz persönlichen Erfahrung zu fassen, kommen die Personen immer wieder zu zwei wesentlichen Ereignissen zurück: zur Verführungsszene im Bordell und zu dem Tod der Kinder. Die Schauspieler versuchen ihnen zu helfen und den «Bühnenfiguren» wirkliches Bühnenleben zu geben. Doch die Darstellung mißlingt. Die Personen, die ihr Schicksal gelebt und erlitten haben, empfinden die Nachgestaltung auf der Bühne als falsch, gekünstelt und lächerlich, da den Schauspielern die unmittelbare Betroffenheit fehlt. Der Schmerz und der Schrecken, das unmittelbar Emotionale der vom Autor nicht zu Ende konzipierten Rollen behaupten die Szene. Das Spiel bricht ab mit dem Tod des kleinen Jungen, der den Zerfall der Familie, ohne die Gründe zu durchschauen, mit steigender Angst verfolgt hat. Dieser Tod läßt sich nicht improvisieren, er erscheint noch einmal als furchtbare, unabwendbare Tatsache. Die Schauspieler gehen bestürzt von der Bühne, der Direktor folgt ihnen, die Personen huschen als unerlöste Schatten vorbei.

Pirandello stellte von Anfang an außer Zweifel, daß seine «Personen» Rollen sind, unfertige Geschöpfe eines dramatischen Moments, aus der Wucht einer Erfahrung, einer Erschütterung geboren, an die sie gebunden bleiben. Aus dem Entsetzen der Erlebnisse mit seiner Frau, der Fremdheit, den Verstörungen und Exzessen, begab sich Pirandello auf die Sinnsuche dieses Geschehens. In der Tragödie der sechs bewirkt allerdings nicht eine Krankheit die Störung der Familie, sondern die Lebenskonstruktion des Vaters, der die elementaren Beziehungen durch einen moralischen Plan korrigiert. Ein Vorgehen, das wohl auch aus einer Entfremdung resultiert. In einem unartikulierten Moment der Erschütterung steckt das Drama der Personen, sie versuchen, ihn zu bewältigen, indem sie ihn formulieren, doch die Tragödie wird immer wieder auf den Punkt ihrer Entstehung, auf die sprachlose Verwirrung zurückgeworfen. Sie leiden, wie viele Helden Pirandellos, an «der extremen Verinnerlichung und Subjektivierung» (Matthaei) ihres Dramas, die sich in keiner der gewohnten Formen mehr unterbringen lassen. Der Schrecken vor einer durch nichts mehr gesicherten Welt, in der die Kinder zu Opfern der gesellschaftlichen Verstörung werden, kann nicht verarbeitet werden. In der gönnerhaften Überlegenheit und dem schließlichen Erschrecken der Schauspieler den Personen und ihrem Drama gegenüber wird die bornierte Scheinsicherheit sichtbar, in der Menschen mit routinierten Formeln das Leben anderer Menschen begreifen wollen, und ihre Verunsicherung, wenn es unbegreifbar bleibt. Pirandello gelingt es so, ein vollendetes Sinnbild für das Leben zu finden, für den Menschen, der sich von seinem Schöpfer im Stich gelassen fühlt, der nach einer Form, nach Identität und Sinn sucht und das Unvollkommene seiner Existenz erleidet. Gleichzeitig bedeutet das Stück auch eine Selbstreflexion des Theaters. Es spielt im Ansatz alle Stilmöglichkeiten des modernen Theaters bereits durch: doch auch das Demonstrationstheater und das totale Theater können die innere Wahrheit nicht fassen.

Heinrich IV.
Tragödie in 3 Akten
UA: 1921 in Mailand

Ein reicher Adeliger verfiel bei einem Karnevalsumzug nach einem Sturz vom Pferd in den Wahn, der Salierkaiser Heinrich IV. zu sein, dessen Kostüm er trug. Zwanzig Jahre sind seit dem verhängnisvollen Sturz, den sein Rivale um die Gunst der schönen Marquesa Mathilde ausgelöst hat, vergangen; der vermeintliche Heinrich hat sein Landhaus in Umbrien in eine Imitation der Kaiserpfalz von Goslar verwandeln lassen und lebt dort mit einem entsprechend kostümierten Hofstaat. Seit acht Jahren jedoch, so stellt sich allmählich heraus, spielt er den Wahnsinn. Er wollte, wieder genesen, in die Wirklichkeit nicht mehr zurückkehren: Die geliebte Frau, die ihn seinerzeit lachend zurückgewiesen hatte, war für ihn verloren, die Wirklichkeit schien für ihn nur Demütigungen bereitzuhalten. So bediente er sich nun der Maske des Wahnsinns, um sich im Leben einzurichten. Sein Neffe will jedoch, dem Auftrag der verstorbenen Mutter folgend, nichts unversucht lassen, um ihn zu heilen. Er kommt mit einem Arzt, der Marquesa Mathilda, ihrem Liebhaber Baron Belcredi und ihrer Tochter Frida auf den «Kaiserhof». Eine Schocktherapie soll Heinrich aus seiner Wahnvorstellung befreien: Man will die beiden Bilder von Heinrich und Mathilde, die im Thronsaal hängen und sie im Kostüm des Karnevalsumzugs zeigen, durch den Neffen und Frida, die ihrer Mutter sehr ähnlich sieht, beleben. Von der Gegenüberstellung der lebendig gewordenen Gemälde mit der um zwanzig Jahre gealterten Marquesa erhofft man sich eine Wiederherstellung von Heinrichs durcheinandergeratenem Zeitgefühl. Einen Augenblick glaubt Heinrich, wieder vom Wahn befallen zu sein, dann durchschaut er das Spektakel. Bewußt nimmt er Frida für die Wirklichkeit seines «Traumes», beansprucht sie für sich und umarmt sie. Als Belcredi, der Heinrichs gespielten Wahnsinn durchschaut hat, dazwischenspringt und ihm die Wahrheit ins Gesicht schreit, ersticht Heinrich den Rivalen. Damit ist er gezwungen, in seiner Maske zu bleiben; die freigewählte Rolle wird zur aufgezwungenen.

Nachdem Heinrich aus seinem Wahnsinn erwachte – es bleibt dahingestellt, inwieweit dieser auf den Sturz oder auf die Liebesverletzung zurückzuführen war – übernahm er die Pose des Wahns, die ihm bei der Verdrängung seiner Vergangenheit half. Die Katastrophe ergibt sich nun aus der Konfrontation mit den Gegenspielern, die zugleich Vergangenheit und Wirklichkeit, das verdrängte Leben, repräsentieren. Die Begegnung mit den Menschen, die schuld sind an seiner traumatischen Verletzung, bringt seine «Wahnwelt» ins Wanken. Erstmals offenbart er sein Spiel. Während die Besucher das Spiel als Waffe gegen den Wahn betrachten, wird es für Heinrich zum Instrument der Rache, indem er die Gegenspieler zu Marionetten seiner Laune macht und in seine Scheinwelt hineinzwingt. Doch er wird schwankend: Die Wirklichkeit scheint an Macht zu gewinnen, wenn er das Bild, das ihn im Kostüm der Kavalkade vor zwanzig Jahren zeigt, als «Blendwerk» bezeichnet, von dem er sich «nicht mehr losreißen kann». Allerdings nimmt er unvermittelt wieder die Rolle des Irren auf. Denn Wirklichkeit hieße für ihn auch, seine Niederlage zuzugeben, sein Gefühl der Lächerlichkeit auszuliefern. Als ihn Belcredi schließlich zur Konfrontation mit der Realität zwingt, bricht der in der Rolle jahrzehntelang konservierte Racheimpuls durch. Mit Belcredis Ermordung ist Heinrich jedoch die Möglichkeit zu einem neuen, illusionsfreien Leben genommen, sie verhindert auch seinen Erkenntnisprozeß. «Stärker als in anderen Stücken betont Pirandello mit diesem Schluß seine Kritik an einem Verhalten, das sich gegen die Erkenntnis der Wirklichkeit durch Fiktion eines geschlossenen Systems wehrt» (Renate Matthaei). Darüber hinaus zeigte Pirandello, wie Matthaei interpretiert, den Machtanspruch als irrationalen Impuls, als illusionistischen Überbau einer psychischen Deformation. «Was sich als machtvolle Konstruktion einer Persönlichkeit gibt, zeigt sich als Bewußtseinsverlust, eine mechanische Abhängigkeit vom Unterbewußten.»

«Trotz allem Bemühen eurer Bühnenberater . . .

. . . Fehlen noch drei Dinge zum deutschen Theater,
Danach seht euch zum Schluß noch um:
Schauspieler, Dichter und – Publikum.»

Ein Epigramm von Franz Grillparzer. Und wie sieht es heute aus? Schauspieler gibt es zu viele, Dichter zu wenige, und mit dem Publikum verhält es sich unterschiedlich. Was heute aber vor allem fehlt, ist Geld: vielen Schauspielern, den meisten Dichtern, einem Teil des Publikums und dem Theater sowieso. Die Bühnen müssen sparen – alle anderen können sparen, um nicht auf das Theater verzichten zu müssen.

Das englische Theater des 19. und 20. Jahrhunderts

Das Drama konnte im England des 19. Jahrhunderts angesichts der strengen Zensur keine neuen Entwicklungen durchsetzen. Die Dichter wichen zum Lesedrama aus. Ausstattungsspektakel und Melodramen beherrschten die Bühnen, renommierte Theater spielten Shakespeare in Bearbeitungen und Autoren des 18. Jahrhunderts wie GOLDSMITH, SHERIDAN, CONGREVE oder FARQUHAR. Auch im letzten Drittel des Dezenniums setzten sich Erneuerungstendenzen nur sehr mühsam durch, Ibsen war lange Zeit verboten. Erst nach 1890 erhielt das Theater neue Impulse. Mit den Werken von SHAW* und YEATS begannen sich die sozialkritischen Problemdramen durchzusetzen. Es waren vor allem gebürtige Iren, die die Qualität des englischen Theaters um die Jahrhundertwende wesentlich bestimmten.

OSCAR WILDE (1854–1900), der Meister des geistvoll-paradoxen Bonmots, hat mit seinen brillanten Gesellschaftskomödien eine kontinuierliche Nachfolge gefunden. Sein ironischer Witz, seine aphoristische Eleganz täuschten jedoch oft darüber hinweg, daß hinter Wildes ästhetischer Rechtfertigung des Lebens Irrationalität und Absurdität lauern. Redend wird hier noch eine Welt aufrechterhalten, die bereits substanzlos geworden, in der das Sein banal, der Schein alles ist. Die Haltung, die Pose werden als Selbstzweck eingesetzt und dienen zu einer spielerischen ästhetischen Inszenierung des Lebens.

In der Komödie *Lady Windermeres Fächer* (1892) wird über mannigfaltige Intrigen hinweg der Schein perfekt gewahrt. Dabei bringt eine Mutter die Ehe ihrer Tochter wieder ins rechte Lot, ohne sich ihrem Kind zu erkennen zu geben, ohne den Schwiegersohn von der Gefährdung seiner Ehe wissen zu lassen, und nimmt es, um das gesellschaftliche Scheingespinst aufrechtzuerhalten, auf sich, von der «guten Gesellschaft» verfemt zu werden.

Ein dunkler Punkt in seiner Vergangenheit bedroht in der Komödie *Ein idealer Gatte* (1895) Karriere und Eheglück von Sir Robert Chiltern, der in die Fänge der erpresserischen Mrs. Cheveley gerät. Doch der ebenso dandyhafte wie geistreiche Lord Goring rettet mit Gegenintrigen den Freund und erhält, obwohl eingeschworener Junggeselle, als Belohnung dessen Schwester zur Frau.

Bunbury (1895), Wildes erfolgreichste Komödie, geht von dem Einfall aus, daß Menschen ein menschliches Phantom ersinnen, um Menschen zu entkommen: Algernon hat einen kranken Freund Bunbury erfunden, um einen Vorwand zu haben, gelegentlich aus London verschwinden zu können; sein Freund Jack, der auf dem Land lebt, täuscht einen leichtlebigen Bruder Ernst vor, um sich in dieser Rolle in der Stadt vergnügen zu können. Aus Übermut gibt sich Algernon gegenüber Jacks Mündel Cecily als Ernst aus und verlobt sich mit ihr. Die Konfusion erreicht ihren Höhepunkt, als sich Jacks Verlobte Gwendolyn und Cecily in die Haare geraten, da sie sich beide mit Ernst verlobt glauben, Jack diesen aber inzwischen für tot erklärt hat. Schließlich entpuppt sich der Findling Jack als Algernons verlorengegangener Bruder Ernst, der nach allgemeiner Beichte, Versöhnung und Doppelverlobung feststellen kann, daß seine Erfindungen der Realität gar nicht so sehr widersprachen.

Ein Werk der Décadence des Fin de Siècle ist Wildes in französischer Sprache geschriebene Tragödie *Salome* (1896), die auch dem gleichnamigen Musikdrama von Richard Strauss zugrunde liegt. Der Dichter stellte in raffiniert stilisierter Prosa die in hemmungsloser Sinnenlust untergehende heidnische Welt gegen die kraftvoll asketische des heraufkommenden Christentums, dessen Vorbote und Verkünder Jochanaan ist. In der sinnlich überhitzten Atmosphäre schwüler Triebhaftigkeit verbinden sich Eros und Tod, Lust und Grausamkeit. Wilde führte in das exotisch-morbide Geschehen als neues Motiv die Haßliebe Salomes zu Jochanaan ein. Von der Begierde ihres Stiefvaters Herodes angeekelt, wendet sich Salome dem asketischen Gefangenen zu. Doch als Jochanaan sie voll Abscheu verflucht, nützt sie die Lüsternheit des Herodes, ihn töten zu lassen. Nicht die Intrige der Herodias kostet den Keuschen den Kopf, sondern seine Verweigerung gegenüber Salome.

Die Erneuerungstendenzen auf dem Theater verdichteten sich in den neunziger Jahren, die vom Bewußtsein des Beginns einer neuen Ära getragen waren. Zum führenden Dramatiker dieser Epoche, dessen nachhaltige Wirkung nicht überschätzt werden kann, wurde GEORGE BERNARD SHAW*: Die geistreiche Erneuerung traditioneller Komödienformen verband ihn mit Wilde, die Wiedereinführung problemhaltiger Themen und geistiger Auseinandersetzung mit Yeats, der seinerseits allerdings streng stilisierte, lyrisch-poetische Dramen verfaßte.

WILLIAM BUTLER YEATS (1865–1939) war wesentlich an der sogenannten «irischen Renaissance» beteiligt und wurde zum eigentlichen Begründer des irischen Dramas. In dem von ihm mitbegründeten Irischen Nationaltheater, das im Abbey Theatre in Dublin seine Heimstätte fand, wurden die Dramen der bedeutendsten irischen Dramatiker wie Synge und O'Casey uraufgeführt. Mit seinem symbolischen Versdrama *Die Gräfin Cathleen* (1899), in dem er das Verhältnis von verwerflicher Tat und ihrem moralischen Motiv zum Zentralproblem machte, ist Yeats ein Meisterwerk des poetischen Theaters gelungen: Um ihr Volk aus der Hungersnot und der Gewalt des Teufels zu befreien, verkauft Cathleen gegen den Widerstand ihres Dichterfreundes Aleel ihre Seele an Dämonen. Sie wird jedoch von einem Engel vor der Verdammnis gerettet.

In dem Einakter *Cathleen, die Tochter Houlihans* (1902) verband Yeats poetische Stilisierung mit politischem Engagement, stellte bewußt Poesie in den Dienst der Agitation. Die Titelfigur, ein seltsames altes Bettelweib, ist eine Verkörperung Irlands. Sie gewinnt mit ihren eigenartigen lockenden Liedern einen jungen Mann zum Kampf gegen die Fremdherrschaft.

Auch in seinem Prosadrama *Das Einhorn von den Sternen* (1907), das er gemeinsam mit Lady Gregory schrieb, wandelte Yeats sein Hauptthema, den Konflikt zwischen der irdischen und der göttlichen Welt, ab, verankerte aber den Kampf stärker in der Realität: Der junge Wagnergeselle Martin hat eine Vision von weißen Einhörnern, die Weinberge zerstampfen. Er sieht darin den Auftrag, die bestehende Ordnung zu zerstören, muß aber zuletzt erkennen, daß er seine Vision falsch gedeutet hat: Nicht Gewalt, sondern intellektuelle Auseinandersetzung ist sein Auftrag, seine Aufgabe ist eine geistige.

Unter dem Einfluß des japanischen No-Theaters entstanden ab 1915 die lyrischen Dramen *Spiele für Tänzer*. Maske, Gesang, Tanz, Pantomime, Musik und Ritual werden zu streng stilisierten Tanzspielen vereinigt, die einfache, scheinbar naive Gleichnisse mit komplizierter Gedankenmystik erfüllen. Yeats verwendete dabei reale Gegenstände und Vorgänge als Symbole für die Welt jenseits physischer Erfahrungen. Zu diesen Spielen zählen unter anderen *An der Habichtsquelle* (1916), eine keltische Version der Gralslegende mit dem jungen Krieger Cuchulain im Mittelpunkt, der das Scheitern in der Tat auf sich nimmt, während seine Gegenfigur in lebenslangem Warten verharrt, und *Die Katze und der Mond* (1926), in dem zwei Bettler, ein Blinder und ein Lahmer, zu einem Brunnen ziehen, bei dem sie Heilung erwarten. Stil und Figuren dieser Spiele haben unverkennbar auf einen der wesentlichsten Dramatiker der Moderne, Samuel Beckett, eingewirkt.

JOHN MILLINGTON SYNGE (1871–1909) ging Yeats' Weg in einer ebenso kraftvollfarbigen wie humorvollen Weise weiter. In poetisch stilisiertem anglo-irischem Idiom gelang ihm die Darstellung des Alltags der irischen Bauern und Fischer, in den er jedoch dämonische Kräfte einbrechen ließ. Barbarische Wildheit und ewige Menschheitsträume verflechten sich, der Zusammenprall von Realität und Illusion wird zum dominierenden Thema seiner Dramatik. Dabei faßt er die wildwuchernde Phantasie, die bilderreiche Sprache in urwüchsigen Humor. «Von allen Dingen, die die Phantasie befruchten, braucht man den Humor am notwendigsten», schrieb er. «Wo ein Land den Humor verliert, erkrankt der Geist.» Sein erstes Drama, die Komödie *Die Nebelschlucht* (1903), basiert auf einer irischen Volkserzählung mit einem uralten Schwankmotiv. Ein alter griesgrämiger Bauer stellt sich tot, um die Treue seiner jungen Frau zu erproben. Nora, die unter der aus materiellen Gründen geschlossenen Ehe ebenso gelitten hat wie unter der Weltabgeschiedenheit des Gehöfts, war in eine Liebesbeziehung mit einem jungen Hirten geflüchtet, die der Alte entlarvt. Die junge Frau muß jedoch erkennen, daß der Hirte charakterlich ihrem Ehemann gleicht. Als sich die beiden Männer schließlich versöhnen und, ohne auf sie zu achten, miteinander zechen, folgt Nora einem Landstreicher, der als einziger ihre Sehnsucht versteht, in dem Bewußtsein, in ein entbehrungsreiches, aber freies Leben hinauszugehen.

In der Tragödie *Reiter ans Meer* (1904) schildert Synge das harte Leben auf den Aran-Inseln, das schicksalhafte Umschlossensein der Inselleute von der Leben und Tod bringenden See. Der lebenslange, aussichtslose Kampf der Fischer gegen das Meer wird im Schicksal einer Familie gespiegelt: Maurya hat ihren Mann und fünf ihrer sieben Söhne an die See verloren, die angeschwemmten Kleider des sechsten Sohnes geben ihr Gewißheit, daß ihr nur noch einer, Bartley, geblieben ist. Von Visionen geplagt, ahnt sie das kommende Verhängnis, doch Bartley läßt sich, obwohl er sich bereits als ein Gezeichneter zu fühlen scheint, von einer Schiffsreise nicht zurückhalten. Sein Pferd wirft ihn über eine Klippe in die See. Synge stilisiert Maurya und Bartley zu archetypischen Figuren und gibt dem Drama damit mythische Dimensionen. Mauryas Totenklage um den Sohn bringt alles Leid und das ohnmächtige

Aufbegehren des Menschen, der sich gnadenlos dem Tod ausgeliefert sieht, erschütternd zum Ausdruck, schließlich aber auch das Sich-Fügen in das Unvermeidliche, Unerbittliche der Schicksalsfügung.

Das Drama *Die Quelle der Heiligen* (1905) erzählt die Geschichte der Wunderheilung des blinden Bettlerpaars Martin und Mary Doul, eine bittere Variante zum Konflikt zwischen Illusion und Realität. Die Geheilten sind von der Wirklichkeit dieser Welt, die sie sich so schön und wunderbar ausgemalt haben, zutiefst desillusioniert. Sie erschrecken über die eigene Häßlichkeit und entzweien sich, da das imaginäre Bild des anderen der Realität nicht standhalten kann. Während Mary jedoch schließlich bereit wäre, die Welt, wie sie ist, hinzunehmen, jagt Martin dem Zauber der Welt und der Schönheit in Gestalt der jungen Molly weiterhin nach. Doch die Heilung hält nicht an, die beiden erblinden wieder, finden zueinander und versöhnen sich, um der quälenden Einsamkeit zu entgehen. Entsetzt lehnen sie ein nochmaliges Heilungsangebot ab. Schon beginnen sie, sich eine neue Illusion zu schaffen, fabulieren sich die kommende weißhaarige Schönheit ihres Greisenalters zusammen.

Der Held der westlichen Welt (UA: 1907 in Dublin), eine Tragikomödie, die bei ihrer Uraufführung in Dublin einen Riesenskandal auslöste, gilt heute nicht nur als Synges bedeutendstes Werk und eines der wesentlichsten irischen Volksstücke, sondern auch als Klassiker des modernen englischen Dramas. Auch hier verwendet Synge ein stilisiertes, angloirisches Idiom, eine das Englische in Syntax und Wortschatz nach gälischem Muster verändernde Sprache. Das Drama setzt sich mit dem Sieg der Legende über die Wirklichkeit auseinander: Der junge Christopher Mahon glaubt, im Zorn seinen Vater erschlagen zu haben. Auf der Flucht gerät er in eine Kneipe an der einsamen Westküste Irlands (Synges «westliche Welt») und gesteht dort, erschöpft und mit verschämtem Stolz, seine Tat. Statt moralisch verurteilt zu werden, gewinnt er bei den Dorfbewohnern hohes Ansehen. Immer wieder muß er den schrecklichen Hergang schildern, wie er dem tyrannischen Vater mit dem Spaten den Schädel gespalten hat. Der Wirt stellt ihn als Schankjungen ein, seine Tochter Pegeen verliebt sich unverzüglich in den Vatermörder. Niemand merkt, daß der «Held» in Wirklichkeit ein schwacher, ängstlicher, verträumter junger Mann ist, jeder macht sich sein eigenes irreales Bild von ihm. Christie, der seine Geschichte mehr und mehr ausschmückt, schlüpft allmählich in die Rolle, die ihm die anderen zuschreiben. Da taucht plötzlich der totgeglaubte, jedoch nur verletzte Vater auf, um sich an seinem Sohn zu rächen. Als er seinen Sohn kurzerhand verprügelt, wenden sich alle, auch Pegeen, von Christie ab und verspotten ihn als Lügner. Verzweifelt schlägt er vor allen Leuten nochmals seinen Vater mit einem Spaten nieder. Mit der grausigen Tat direkt konfrontiert, wollen die einstigen Bewunderer, denen nun der Unterschied «zwischen einer Heldensage und der schmutzigen Wirklichkeit» bewußt wird, ihr einstiges Idol hängen. Der alte Mahon hat jedoch auch diesen Schlag überlebt und befreit seinen Sohn. Gemeinsam kehren sie dem Dorf den Rücken. Der Alte hat erkannt, daß sein Sohn zum tatkräftigen Mann geworden ist, und ordnet sich ihm willig unter. Zu spät erkennt Pegeen, was sie in Christie verloren hat. Die Legende, ein Mann zu sein, der sich aus der Tyrannei seines Vaters gewaltsam befreite, hat Christie tatsächlich zum Mann gemacht, der diese mythisch-kraftvolle Vaterfigur überwindet.

SEAN O'CASEY* führte Synges Konfrontation von Illusion und Realität weiter, stellte sich aber entschieden gegen die Flucht aus der Wirklichkeit. Wie Shaw ging er vom sozialkritischen Engagement aus und setzte sich weit kritischer als zuvor Yeats und Synge mit der Realität Irlands, den politischen wie sozialen Konstellationen und den Menschen seiner Heimat auseinander.

JAMES MATTHEW BARRIE (1860–1937) galt in England lange Zeit als Antipode Shaws. Er erfüllte seine Satiren und Gesellschaftskomödien mit Märchenphantastik und burleskem Humor und verband dabei Romantik und Realismus zu einer reizvollen Einheit. In *Zurück zur Natur* (1902) kommt es zur sozialen Umschichtung, als der fortschrittliche Lord Loam mit seiner Familie durch Schiffbruch auf eine Insel verschlagen wird. Der konservative, praktische und anpassungsfähige Diener Crichton zeigt sich seiner verwöhnten, untüchtigen Herrschaft überlegen und übernimmt die Führungsrolle. Doch die Umkehrung der Verhältnisse erweist sich als situationsbedingte romantische Affäre. Ein Schiff rettet die Gestrandeten, und rasch ist die alte Hierarchie wiederhergestellt.

Das Märchen von *Peter Pan* (1904) erschien zunächst als Erzählung und wurde von Barrie bald darauf dramatisiert. Es erzählte von dem «Jungen, der nicht groß werden wollte» und der die Londoner Kinder Wendy, John und Michael ins «Niemals-Land», das Reich der kindlichen Phantasie, entführt. Dort bestehen sie Abenteuer mit Geistern, Piraten, Indianern und wilden Tieren. Obwohl Peter Pan sich in Wendy verliebt, kann er sich nicht entschließen, seine Freiheit aufzugeben, als die Kinder ins Elternhaus zurückkehren. Er bleibt im «Niemals-Land».

Das Übersinnliche wird in dem Schauspiel *Mary Rose* (1920) beschworen: Mary Rose ist ein sensibles Mädchen, das geheimnisvollen Stimmen folgt und dadurch aus der Welt entschwindet. Nach Jahrzehnten kehrt sie geistig und körperlich unverändert zurück in eine für sie gealterte und entfremdete Welt, zu der sie vergeblich Kontakt sucht.

Das poetische Drama im Zusammenspiel von Realismus und Symbolik fand in T. S. ELIOT* einen Gestalter, dessen dichterische Weltschau sich an Antike und Christentum orientierte. Während Eliot unter der Oberfläche von Gesellschaftsdramen metaphysische Schichten aufdeckte, seine Versdramen also eigentlich Mysterien sind, ging es CHRISTOPHER FRY* um die Verherrlichung des Lebens in einer ungemein poetischen, virtuosen und bilderreichen Verssprache. Neue Techniken setzte dagegen JOHN BOYNTON PRIESTLEY* in seinen sozialkritischen und moralistischen Dramen ein.

Parallel dazu lief das Unterhaltungstheater mit der typisch englischen Gesellschaftskomödie in ungebrochener Tradition weiter. WILLIAM SOMERSET MAUGHAM (1874–1965) knüpfte mit effektvoll gebauten Gesellschaftsstükken wie *Der Kreis* (1921) und *Finden Sie, daß Constanze sich richtig verhält?* (1927) deutlich an Oscar Wilde an, ohne dessen literarisches Niveau zu erreichen. NOEL COWARD (1899–1973) war mit seinen pointenreichen, eleganten und auch frivolen Konversationsstücken wie *Heufieber* (1924) und *Geisterkomödie* (1941) ungemein erfolgreich. Dieses Genre bildet nach wie vor einen nicht unwesentlichen Bestandteil des englischen Theaters. Auch ALAN AYCKBOURN (*1939) mit *Halbe Wahrheiten* (1969) oder *Normans Eroberungen*

(1972), PETER USTINOV (* 1921) mit *Die Liebe der vier Obersten* (1951) oder *Endspurt* (1962), aber auch, ins Schwarze gewendet, TREVOR GRIFFITH (* 1935) mit *Komiker* (1975) sind vielgespielte Vertreter der jüngeren Generation.

Bereits in den frühen zwanziger Jahren hatte eine Entwicklung eingesetzt, in deren Verlauf radikale formale Konsequenzen gezogen und die individuelle Problematik von Isolation, psychischen Zwängen und Scheitern zwischenmenschlicher Beziehungen stärker herauskristallisiert wurden. Wieder waren es Iren, von denen entscheidende Impulse ausgingen. Was jedoch etwa JAMES JOYCE (1882–1941) im Roman gestaltet und ins Universale getrieben hatte, fand im Drama erst in den fünfziger Jahren durch SAMUEL BECKETT* seinen Ausdruck. Joyce hatte nur ein Drama, *Verbannte* (1919), und das in durchaus konventioneller Technik geschrieben: Eine subtile psychologische Studie, in der er das Motiv der «freien Bindung» in die Konfliktkonstellationen von Theorie und Praxis, Künstler und Bürger, Liebe und Freundschaft stellte. Die Kriegsjahre hatten dann die existentielle Problematik des Individuums in einer sinnentleerten, bedrohlichen Welt besonders kraß spürbar werden lassen.

SAMUEL BECKETT* gab der Erneuerung des Dramas auch formal einen entscheidenden Anstoß. Bei Joyce und seinen Kompositionsschemata anknüpfend, vollzog er die Wendung in die Abstraktion, konzentrierte sich auf Figuren in einer extrem reduzierten und permanent relativierten Welt, die sich nach einem Ende sehnen und doch zwanghaft weitermachen. Beckett, der seit den vierziger Jahren in Paris lebte und seine ersten Dramen in französischer Sprache verfaßte, zählt zu den Mitbegründern des sogenannten «Absurden Theaters». Das Herausarbeiten von absurden Momenten, von Kommunikationsproblemen und Verhaltensritualen führte dann HAROLD PINTER* in seinen «Bedrohungskomödien» weiter. Er verfremdete meist Alltagssituationen, zeigte Einbrüche einer bedrohlichen Außenwelt in Innenräume.

Neben den Vertretern des ursprünglich in Frankreich beheimateten Absurden Theaters sorgten auch die sogenannten «zornigen jungen Männer» für eine Erneuerung des Dramas. In dramaturgisch eher konventioneller Form schockierten sie mit der Rebellion gegen bestehende Ordnungen und fanden mit ihrer aufbegehrenden kritischen Außenseiterstellung gegenüber der etablierten Gesellschaft weit stärkeren Nachhall als die formal und intellektuell viel anspruchsvolleren «Absurden». Während etwa TERENCE RATTIGAN (1911–1977) in *Die lockende Tiefe* (1952) oder *An Einzeltischen* (1954) Schicksale von gescheiterten Existenzen, die Einsamkeit und Isolation von an den Rand der Gesellschaft gedrängten Menschen mit gedämpfter, nobler Melancholie zum Ausdruck brachte, war es nun der rüde Ton, der aufhorchen ließ. JOHN OSBORNE* schuf mit seinem Jimmy Porter in *Blick zurück im Zorn* das Urbild des zornigen jungen Mannes und zog mit diesem Durchbruch eine ganze Dramatikergeneration nach. Während Osbornes Stücke jedoch in erster Linie von seiner Autobiographie bestimmt sind, gehen viele seiner Zeitgenossen vom Milieu aus, dem Milieu der englischen Arbeiter und Kleinbürger, das auf dem englischen Theater zuvor nicht zu sehen war. Sie schildern Randgruppen, Menschen in Regressionsstadien und trugen zu ihrer Enttabuisierung bei. So unter anderen SHELAG DELANEY (* 1939) mit *Bitterer Honig* (1958), BERNHARD KOPS (* 1926) mit *Hamlet von Stepney Green* (1958), ANN JELLICOE (* 1928) mit *Was ist an Toolen so sexy?* (1961) oder JOHN MORTIMER (* 1923) mit *Das Pflichtmandat* (1958) und *Mittagspause* (1960). Vielen dieser Autoren gelang nur ein einmaliger Bühnenerfolg, andere glitten in reine Gebrauchsdramatik ab.

ARNOLD WESKER (* 1932) ragte aus dieser Gruppe heraus, seine Stücke waren für das Registrieren des sozialen Wandels auf dem Theater, wie er sich auf der kontinentalen Bühne schon ein halbes Jahrhundert zuvor manifestiert hatte, beispielhaft. Wesker war – im Gegensatz zu den meisten Autoren der «zornigen» Gruppe, die eine eher allgemeine Haltung des Unmuts und der Skepsis zum Ausdruck brachten – auch durch politisches Engagement motiviert. Er übte, an seinem Vorbild Brecht geschult, scharfe Kritik an der enthumanisierten Lebensordnung, unter der er den modernen Menschen, speziell den Arbeiter, leiden sah.

In seinem ersten, formal und thematisch wohl interessantesten Werk, *Die Küche* (1959), wird erstmals der Küchenbetrieb eines großen Restaurants auf die Bühne gebracht. «Für Shakespeare mag die Welt eine Bühne bedeutet haben, für mich ist sie eine Küche», schrieb der einst als Küchenjunge tätige und daher mit den Vorgängen speziell vertraute Autor. Er wollte mit der Schilderung der routinierten Hektik einer Großküche den Verfall der menschlichen Würde und der Individualität in einer kapitalistisch orientierten Arbeitswelt darstellen. So wird die Küche zur mit realistischen Mitteln in Szene gesetzten Allegorie. Wesker schildert, während er langsam den Betrieb für die Herstellung des Mittagessens in Gang setzt, wie die Arbeitenden mit ihrer ausschließlich auf eine bestimmte Funktion konzentrierten Tätigkeit in immer stärkere Isolation geraten, wie sich ihre Nervosität steigert und das Durchdrehen eines der vielen ineinandergreifenden Zahnrädchen bedrohlich ankündigt. Im Mittelpunkt steht der deutsche Koch Peter, der eine verheiratete Kellnerin liebt. In der Verschnaufpause zwischen dem Mittag- und dem Abendessen finden die Menschen wieder ein wenig zu sich, ihre Gespräche kreisen um ihre Träume und Sehnsüchte. Als die Hektik dann wieder beginnt, führt das Schimpfwort einer Kellnerin zur Explosion. Peter beginnt die Küche zu zertrümmern. Fassungslos erklärt der Lokalbesitzer: «Ich weiß nicht, was man einem Menschen sonst noch geben kann. Er arbeitet, er ißt, ich geb ihm Geld. Das ist das Leben, oder nicht?»

In seiner Trilogie *Hühnersuppe mit Graupen* (1958), *Tag für Tag* (1959) und *Nächstes Jahr in Jerusalem* (1960) setzte sich Wesker mit der Entwicklung der englischen Arbeiterklasse zwischen 1936 und 1959 auseinander. Die Geschichte der jüdischen Arbeiterfamilie Kahn ist zugleich die Geschichte einer wachsenden Desillusionierung in Hinblick auf die sozialistische Utopie.

Der erste Teil, *Hühnersuppe mit Graupen*, spielt zwischen 1936 und 1956: In der Kellerwohnung der Kahns herrscht kämpferische Stimmung. Bei einer kommunistischen Demonstration gegen englische Faschisten setzt sich Sarah Kahn enthusiastisch für ihre revolutionären Ideale ein. Doch ihr lethargischer Mann Harry erweist sich als Schwächling. Kurze Szenen aus den Nachkriegsjahren und der Mitte der fünfziger Jahre zeigen dann, wie die politische Begeisterung in der modernen Industriegesellschaft mehr und mehr nachläßt. Vater Harry, mit seiner Unentschlossenheit in seiner eigenen Familie Außenseiter, versagt auch im Beruf und verdämmert nach einem Schlaganfall in Selbstmitleid. Tochter Ada heiratet Dave, der im spanischen Bürgerkrieg für seine Ideale gekämpft hat. Doch ihr politischer Enthusiasmus ist geschwunden, sie wollen sich aufs Land zurückziehen, um Sozialismus zu «leben». Sohn Ronnie, ein Selbstporträt des Autors und zentrale Figur der Trilogie, will sozialistischer Schriftsteller werden. Der Desillusionierungsprozeß, den er durchlaufen muß, beginnt mit der Unterdrükkung des ungarischen Aufstands durch die Russen 1956. Allein Sarah wendet sich gegen Skepsis, Konformismus und Kompromisse.

Tag für Tag spielt 1959 in einem Dorf in Norfolk. Ronnies Braut, die Kellnerin Beatie, versucht in ihrem Heimatort ihre Eltern und Verwandten von Ronnies Ideen zu überzeugen: der bewußten Abkehr von konsumorientiertem Verhalten und der Hinwendung zu den wahren menschlichen Bedürfnissen. Sie scheitert bei den bereits entwurzelten Bauern, findet aber selbst zur Neuorientierung.

Nächstes Jahr in Jerusalem zeigt die Resignation von Ada und Dave, die in einer Reformsiedlung auf dem Land Rousseaus Ideal vom «einfachen Leben» verwirklichen wollen, an den Gegebenheiten jedoch scheitern. Dave, der von seiner Hände Arbeit leben möchte und daher die Verwendung von Maschinen ablehnt, ist als kleiner Tischler nicht konkurrenzfähig. Die beiden müssen zu Sarah nach London zurückkehren. Ronnie steht vor dem Scherbenhaufen seiner Ideale.

Zu allem Kartoffelchips (1961) stellt die Bewahrung der Ordnung in den Mittelpunkt der Handlung. Inhaltlich eine scharfe Polemik gegen den militärischen Drill, dem Rekruten ausgesetzt sind, formal in der exakten Milieuschilderung naturalistisch, werden die Strukturen von Herrschenden und Beherrschten herausgearbeitet. Pip, Sohn einer gutbürgerlichen Familie, macht sich zum Wortführer seiner geschundenen, apathischen Kameraden. Die Offiziere, die ihn für sich gewinnen wollen, führen ihn jedoch zu der Erkenntnis, daß nur homoerotischer Machthunger sein Motiv ist. Als die Rekruten Widerstand leisten, entwickelt Pip Offizierseigenschaften und stellt die Ordnung wieder her. Wesker verweist hier auf die Möglichkeiten des Intellektuellen, die Beherrschten zum Denken und zum Widerstand aufzurufen, zeigt aber zugleich, weshalb diese Möglichkeiten ungenützt bleiben.

Goldene Städte (1966) ist eine Art sozialistisch-symbolistisches Traumspiel, in dem Wesker die Schwierigkeiten eines Kulturzentrums darstellt, die Barrieren zwischen sozialistisch engagiertem Theater und dem Publikum der Wohlstandsgesellschaft abzubauen.

Die Freunde (1970), um die Wesker hier trauert, sind allesamt zu Poseuren, zu flotten Boutiquebesitzern gewordene revolutionäre Junge von gestern. Vergessen ist die Hoffnung der frühen Jahre: Solidarität und sozialistische Weltverbesserung. Wesker nimmt die Entlarvung einer Protesthaltung, die sich in ästhetische Sackgassen verlor, weniger hämisch als milieugerecht vor. Das Stück ist ein beachtenswertes Dokument gesellschaftlicher Selbstkritik.

JOHN ARDEN (* 1930) verband Milieurealismus mit balladesker Stilisierung. Seine Vorliebe galt kraftvollen anarchischen

Figuren, die in der Konfrontation mit ihrer Umwelt jedoch scheitern müssen. Für sein Schauspiel *Leben und leben lassen* (1958) entwickelte er eine epische Form mit Musik, Liedern und Tanz, mit direkten Ansprachen an das Publikum, Simultanbühne und zahlreichen Verfremdungseffekten. Bereits in diesem Stück erweist sich Arden als Sozialkritiker und Moralist. Er schildert den tragikomischen Konflikt, den vitale, anarchische und individualistische Naturen (die Halbzigeunerfamilie Sawney) in ihrer nach zivilisatorischem Reglement agierenden Umgebung (der Familie Jackson) hervorrufen – nachdem sie aus ihrem Wohnwagen vertrieben und in eine Sozialwohnung eingewiesen wurden. Die Kollision der Einquartierten mit der ansässigen Kleinbürgerfamilie im Reihenhaus einer nordenglischen Industriestadt erscheint unausweichlich. Im Zusammenprall der Verhaltensweisen stellt Arden die menschliche Denaturierung dar, ohne jedoch einer Seite Moral oder Amoral zuzuweisen. Diese Haltung durchzieht sein gesamtes Werk.

Der Tanz des Sergeanten Musgrave (UA: 1959 in London) mit dem Untertitel «eine unhistorische Parabel», entnimmt den Stoff der Geschichte: Der Deserteur Musgrave, der mit einigen Soldaten in eine viktorianische Industriestadt kommt, um ihren Einwohnern eine Lektion über kolonisatorische Kriegs-(Un-) Moral zu geben, gerät in einen Sozialkampf der Bergarbeiter. Die Versammlung auf dem Marktplatz macht Musgrave zu einer wütenden pazifistischen Demonstration: Er zeigt das Skelett eines in den Kolonien erschossenen Engländers aus der Stadt, für den fünf Eingeborene ihr Leben lassen mußten, und fordert, diese Vergeltungsarithmetik fortführend, die Erschießung von 25 Bürgern der Stadt. Das abschreckende Exempel soll für alle Zukunft ähnliches Blutvergießen verhindern. Die zur Beendigung des Streiks herbeigeholten Dragoner bereiten Musgraves «Belehrung» jedoch ein Ende; er wird am Galgen den Tod finden. Ardens Sympathien gelten zweifellos dem gerechten Protest Musgraves, dessen archaische Vergeltungsmoral an den zivilisatorischen Verhältnissen scheitert; dennoch schildert er ihn keineswegs als einen Idealisten, sondern zugleich als religiösen Fanatiker mit fragwürdigen Praktiken und einer falschen Methode. Wenn er seinen Musgrave eine richtige Sache mit falschen Mitteln vertreten läßt, so gelingt ihm damit in balladesker Stilisierung eine Parabel gegen den Krieg wie gegen den militanten Pazifismus.

Der Packesel (1963) ist eine Satire auf die Parteienkorruption in einer Kleinstadt. Weder die Labour-Party noch die Konservativen erweisen sich als integer, Korruption und Interessenwirtschaft gibt es da wie dort: der Konflikt wird schließlich auf dem Rücken des anarchischen Stadtrates Butterthwaite ausgetragen, und der einzige integere Mensch in dem Stück, der Polizeipräsident Feng, wird zum Rücktritt gezwungen. Die Amoral siegt.

Armstrong sagt der Welt Lebwohl (1964) führt ins 16. Jahrhundert, in dem der Balladenheld Armstrong gelebt hat. Arden hatte Goethes *Götz von Berlichingen* unter dem Titel *Ironhand* (1963) ins Englische übertragen, seine Hauptfiguren Armstrong und Lindsay können nun eine gewisse Verwandtschaft zu Götz und Weislingen nicht verleugnen: Der anarchische Raubritter John Armstrong, ein Mann des Volkes, der dem König die Stirn bietet, wird Opfer einer fein eingefädelten höfischen Intrige, durch die sich der schottische und der englische König über seinen Kopf hinweg einigen. Im offenen Kampf können sie sich nicht mit ihm messen, so bringen sie ihn durch seine naive Eitelkeit zu Fall. Ardens Herz gehört auch hier dem Raubritter (obwohl er raubt, plündert und mordet), eben weil dieser der «feineren Amoral» des Hofes nicht gewachsen ist. Der Dichter Lindsay verkörpert diese Haltung des Autors: Obwohl er Armstrong, der ihm die Geliebte genommen hat, ans Messer liefert, zeigt er seine Sympathie für diesen Anarchisten, wenn er am Ende des Stückes in einer balladesk-elisabethanischen Wendung verkündet, der Baum, an dem der Raubritter erhängt wurde, sei verdorrt.

Der Einakter *Ars longa vita brevis* (1964) ist eine kabarettistische Farce um einen doktrinären Kunsterzieher, der sich selbst ad absurdum führt. Antiochus Miltiades mißtraut jeder Freiheit in der Kunst, er ist ein verhinderter «Marschierer» und wird auf einem Manöver der Territorialverteidigung von einem Schulrat versehentlich erschossen. Glücklich erlebt er seinen Heldentod, glücklich nimmt seine Witwe die Geldspende seiner Kollegen entgegen, die ihr ein vergnügtes Dasein sichert.

JOE ORTON (1933–1967) steigerte die zynischen Herausforderungen seiner Stücke ins Groteske. Der haarsträubenden Brutalität seiner Dramen steht ihre Komik gegenüber, dem vulgären Spaß am Entsetzlichen ein affektierter «hoher» Sprachduktus. In *Seid nett zu Mr. Sloane* (1964) entspricht die schrille Komik der absurden Situation: Ein Geschwisterpaar streitet um den feschen Mr. Sloane. Dieser erschlägt den Vater der beiden, der ihn als Mörder seines ehemaligen Chefs, eines Aktfotografen, zu erkennen glaubte. Die Geschwister liefern Sloane jedoch nicht der Polizei aus: Er muß künftig der Nymphomanin und dem Homosexuellen zu Diensten sein.

Vom Sexus verlagerte Orton seinen provozierenden Zynismus in dem Stück *Beute* (1965) auf die Reservate menschlicher Pietät: Totenverehrung und Religion. Die Kriminalgroteske um einen Bankraub und eine aufgebahrte Leiche spielt mit Paradoxen, Mißverständnissen, Klischees und deformierter Wirklichkeit. Religiöse, sexuelle und familiäre Konventionen werden als Heuchelei entlarvt, mit «geheiligten Werten» böser Scherz getrieben, kaum eine gesellschaftliche Institution entgeht der Demontage.

Das Vaudeville wird in *Was der Butler sah* (1969) zu letzter Konsequenz vorgetrieben, die Situation beherrscht gänzlich die zu Marionetten gewordenen Menschen. Orton greift hier auch auf andere Trivialformen des Theaters zurück – Verwechslungsschwank mit Kleidertausch, Verkennung der Geschlechter, Thriller-Effekte –, die so übertrieben werden, daß sie komödiantisch mitreißen. All dies entspringt aus dem Zwiespalt der gesellschaftlichen Rollenfunktion und dem dieser nicht gemäßen Verhalten. Wenn am Ende jeder wieder in den eigenen Kleidern steckt und sich der Welt stellt, die Ordnung also, in grotesker Gewaltsamkeit, wiederhergestellt ist, läßt der Autor keinen Zweifel daran, daß es sich dabei um reine Fiktion handelt.

DAVID MERCER (1928–1980), einer der Hauptvertreter des anspruchsvollen Fernsehspiels, betrieb ebenfalls Schocktherapie gegen Tabus, etwa gegen das britische Understatement, das verbietet, Gefühle oder gar Selbstmitleid zu zeigen. Zu seinen immer wiederkehrenden Themen zählte die Behauptung des Individuums gegen psychische, soziale und politische Zwänge. *Belcher im Glück* (1964) zeigt den Versuch des Knechts Belcher, das Gut eines ehemaligen Kolonialoffiziers an sich zu reißen. Das Herr-und-Knecht-Motiv wird dabei in der Beziehung zwischen ihm und der Nichte des Offiziers durchgespielt: Belchers Kräfte (auch seine sexuellen) reichen nicht aus. Er wird von der Nichte davongejagt.

Hoppe hoppe Reiter (1965) schildert

die individuelle Entfremdung eines Schriftstellers proletarischer Herkunft (unter der er leidet) und seinen Rückzug in den Infantilismus: Peter, mit einer Ärztin verheiratet und an zwei Geliebte gebunden, scheut jede Verantwortung und würde am liebsten in kindlicher Unmündigkeit verharren. Die Beziehungen zu seiner Umwelt verzerren sich, die Frauen werden für ihn austauschbar, er verwechselt sie. Unfähig zur Selbsterkenntnis, steigert er sich in Weltekel und Selbstzerstörung.

Nach Haggerty (1970) läßt die Hauptfigur, einen marxistischen Theaterkritiker, in ein seelisches Niemandsland geraten. Er ist als Marxist ein Versager und muß sich zuletzt seine Hilflosigkeit und Resignation eingestehen.

BRENDAN BEHAN (1923–1964) stellte eine irische Variante der «zornigen» Autoren der fünfziger Jahre dar, die O'Caseys bittere Mischung von Komik und Tragik weiterführte. Behans stürmisches Leben, seine überschäumende Phantasie, die Vitalität und Farbigkeit seiner Figuren haben ihm den Vergleich mit Rabelais eingetragen.

Gegen die Unmenschlichkeit der Todesstrafe trat Behan in seinem Schauspiel *Der Mann von morgen früh* (1956) auf. Er schildert die Vorgänge in einem irischen Gefängnis am Vorabend einer Hinrichtung, das Verhalten der Insassen und der Wächter vor diesem tragischen Hintergrund. Ohne daß der Todeskandidat auftritt, werden durch die zynischen Reaktionen der Gefangenen, den Ekel der Wächter, die Vorbereitungen des biederen betrunkenen Henkers Todesangst und die Abscheulichkeit und Menschenunwürdigkeit der Todesstrafe deutlich. Die balladeske Szenenfolge mit ihren satirischen Liedeinlagen bezieht ihre tragikomische Spannung aus dem Kontrast des tragischen Vorgangs einer Hinrichtung und der Trivialität des milieugerecht gezeichneten Gefängnisalltags mit seinen farbig charakterisierten Typen.

Die Geisel (UA: 1958 in London) beleuchtet den irischen Freiheitskampf vom Alltag der Mitläufer und Opfer her: Da eines ihrer Mitglieder hingerichtet werden soll, hat die verbotene Irische Republikanische Armee einen jungen englischen Soldaten als Geisel genommen. Er wird in einer von Dirnen, Strichjungen, irischen Veteranen und Außenseitern der Gesellschaft frequentierten Absteige versteckt. Unter den verkommenen Bordellbesuchern und -insassen wird die Geisel zum Katalysator, der alle zur menschlich entlarvenden Stellungnahme herausfordert. Inmitten des makaber-obszönen Reigens wüster Typen entsteht eine zarte Beziehung zwischen dem Stubenmädchen Teresa und dem Gefangenen Leslie. Als die Engländer die Geisel im Handstreich zu befreien versuchen, wird Leslie erschossen. «Keiner hat Schuld. Niemand wollte ihn töten. Aber er ist tot», resümiert der heruntergekommene Herbergsvater das tragische Geschehen. Das sinnlose Sterben in einer verrückten Welt wird von Behan in Form einer bunten Revue mit satirischen Liedern, Tanzeinlagen, Pantomimen, Kirchenliedern, direkten Ansprachen an das Publikum und veristischen Momentaufnahmen aus der Bordellszenerie dargestellt.

Die «irische Unterhaltung» *Richards Korkbein* (1972) spielt auf einem Friedhof und wurde nach dem Tod des Autors aus Entwürfen und Fragmenten zusammengestellt. Huren, IRA-Männer, rechtsradikale Iren, skurrile Typen und normale Friedhofsbesucher treffen aufeinander. Diese Ballade von der Ohnmacht des Menschen, der sich mit wüsten Spektakeln Mut zu machen versucht, läßt die Irrationalität von Bombenterror und Bruderkampf wie die des menschlichen Lebens überhaupt erschreckend deutlich werden.

Behan, Die Geisel. Volksbühne Berlin, 1975. Inszenierung: Peter Zadek
Im Vordergrund: Elisabeth Stepanek als Teresa

In den sechziger Jahren hatten sich die Tendenzen zur Stilisierung in der englischen Dramatik verstärkt, die meisten Autoren bemühten sich um eine radikalere Formalisierung der von ihnen behandelten Problematik. Weiterhin dominierte eine allgemeine Skepsis, man setzte sich mit den Problemen der Existenz, der Kommunikation und Isolation, der Sexualität und der Gewalt auseinander. Schreckenszeichen, Gewalt und Brutalität bestimmen das Werk von EDWARD BOND*, der die Ungeheuerlichkeit menschlicher Taten gnadenlos und radikal in Bilder des Entsetzens faßt. Die Unmöglichkeit, in dieser Alptraumwelt zu leben und dennoch zu existieren, weiterzumachen, dieses Paradox wird von Bond – wie auf andere Art von Beckett – bis zu den Grenzen des Beschreibbaren getrieben.

JAMES SAUNDERS (* 1925) verband Elemente des Absurden Theaters mit der spezifisch britischen Ironie. In seinem Einakter *Wirklich schade um Fred* (1959) nahm er Ionescos Technik des absurden Dialogs auf und ließ ein uraltes Ehepaar um einen Fred trauern, über dessen Schicksal durch das widersprüchliche Gespräch der beiden Alten nicht die leiseste Gewißheit vermittelt wird.

Ein unglücklicher Zufall (1961) erscheint es der braven Ehefrau Penelope, daß sie plötzlich ihren Ehemann erschossen hat. Als ihr ihre Gäste mit harmlosen Fragen ein Geständnis entlocken, wird sie sich bewußt, daß sie sich mit dieser eigenmächtigen Tat als Individuum beweisen wollte.

Ein Eremit wird entdeckt (UA: 1962 in Ealing) stellt die Frage nach der Wahrheit eines Menschen und nach dem Sinn des Lebens in der Form eines Spiels im Spiel. Im Mittelpunkt steht die Einsamkeit des einzelnen, die zu durchdringen einem anderen nicht möglich ist. Fünf Schauspieler kommen zusammen, um Leben, Denken und Fühlen einer rätselhaften Existenz zu rekonstruieren. Sie wollen das Geheimnis und den Sinn des Lebens eines Eremiten ergründen, der nach jahrzehntelanger Einsamkeit in seiner Hütte gestorben ist. Bald stößt sich jeder von ihnen auf seine Weise an den Schwierigkeiten, die sich für einen Menschen ergeben, der einen anderen verstehen will. Sie flüchten sich immer wieder in die Ironisierung ihrer Bemühungen, in Streitigkeiten, Clownerien, Resignation, banale Witze und hartnäckige Auseinandersetzungen. Von ihren verschiedenen Temperamenten und Charakteren her tasten sie sich an die Figur des Einsiedlers heran. Der Darsteller des Eremiten wächst immer intensiver in seine Rolle hinein. Je mehr seine Kollegen protestieren, je stärker sich ihre Auslegungen von seiner Darstellung unterscheiden, desto sicherer korrigiert er die Spekulationen der anderen zu einer eigenen Interpretation. Es bleibt offen, ob er tatsächlich etwas Gültiges über den Eremiten aussagt oder ob er sich eine Rolle zurechtstilisiert. Die Identifikation wird zuletzt jedoch so vollkommen, daß ihm sein Umhängebart anwächst und er den dargestellten Tod des Eremiten tatsächlich stirbt. Angewidert und enttäuscht von den Menschen, in einer Haltung des Protests, kommt er der Welt abhanden.

Ein Duft von Blumen (UA: 1964 in London) ist ein Requiem auf die Flüchtigkeit eines Menschenlebens. Wieder geht Saunders dem Geheimnis eines abgeschlossenen Erdendaseins nach: Die Studentin Zoe hat sich aus unglücklicher Liebe das Leben genommen, weilt aber in der kurzen Spanne zwischen Tod und Begräbnis noch unter den Lebenden. In lockeren Assoziationen und Erinnerungsfetzen werden ihre Kindheit und ihr Scheitern lebendig, Gegenwart und Vergangenheit fließen ineinander, doch in einem unaufhaltsamen Prozeß löst sie sich von der Welt. Noch einmal spricht sie mit ihrem Stiefbruder, mit dem sie eine enge Beziehung verband, mit ihrer kühlen Stiefmutter, die ihr keine Liebe und Geborgenheit geben konnte, mit ihrem Vater, der zu schwach war, ihr zu helfen. Bei der Totenmesse lassen die Trauergäste nochmals die Ereignisse lebendig werden, die zu Zoes Selbstmord führten: Ihre Liebe zu einem verheirateten Mann, ihre Verzweiflung, als sie weder beim Priester noch beim Stiefbruder für ihren Gewissenskonflikt Verständnis fand. Immer schattenhafter wird Zoe für die Überlebenden, zuletzt wird sie ins Grab verwiesen und nichts bleibt von ihr als ein «schwacher Duft von Blumen».

Nach zahlreichen Experimenten in verschiedenen Sparten, darunter *Spiele* (1971), der Versuch einer Theatergruppe, aus Zeitungsausschnitten über den My Lai-Prozeß Realitäten des Krieges für das Theater aufzubereiten, und eine Dramatisierung von Kleists *Michael Kohlhaas* (1973), behandelte Saunders in *Leib und Seele* (1977) die Problematik von Neurose und Persönlichkeit: Zwei Ehepaare treffen sich nach Jahren wieder. Das eine Paar hat eine Therapie hinter sich und scheint – befreit von seinen Neurosen – glücklich, das andere schlägt sich mit seinen Neurosen herum und ist unglücklich. Saunders spürt dem geheimnisvollen Phänomen nach, daß der Mensch mit der Neurose durchaus auch seine Persönlichkeit verlieren kann.

TOM STOPPARD (* 1937) zählt zu den geistreichsten Autoren seiner Generation, ein virtuoser Jongleur mit Sprache, Zitaten, parodistischem Witz, Anspielungen, absurden Brechungen und einer spielerischen Lust am Ironischen und Paradoxen.

Rosenkrantz und Güldenstern (UA: 1966 in Edinburgh) visiert die Hamlet-Tragödie aus der Sicht der beiden Handlanger an. Die belanglosen Episodenfiguren Shakespeares, die jeder verwechselt und die ahnungslos zur Beseitigung Hamlets beitragen sollen, aber ebenso ahnungslos und unbeteiligt in den Intrigen den Tod finden, werden zum Sinnbild des Menschen von heute: Willenlos sieht er sich einem Geschehen ausgesetzt, das er nicht durchschauen und noch weniger beeinflussen kann. Rosenkrantz und Güldenstern erkennen zu spät, daß sie einem befreienden Moment dennoch nahe waren: «Es muß einen Augenblick gegeben haben, da hätten wir noch nein sagen können. Aber den haben wir irgendwie verpaßt.»

Akrobaten (UA: 1972 in London) verquickt hintersinnig verschiedene Spielebenen – eine Kriminalgeschichte, eine Satire über Philosophen, einen College-Schwank und ein Revolutionsspektakel –, um eine witzige theatralische Akrobatennummer aufzubauen. Zunächst erschießt der einstige Revuestar Dottie während einer Akrobatendarbietung einen Kunstturner, der sich später als der Professor der Logik McFee entpuppt und dessen Leiche sie in ihrem Schlafzimmer versteckt. Sie ist mit George, einem Professor für Ethik, verheiratet, einem «Kunstturner» in Gedankenakrobatik, der zwar spitzfindig Gottesbeweise konstruiert, jedoch ein schwacher Turner ist. Archie, der Rektor der Universität, selbst begeisterter Turner, vergibt aber die Lehrstühle nach den Leistungen in seiner Turnerriege, und so scheint Georges Karriere einigermaßen gefährdet. Während sich George an seiner Frau wie auch an der Leiche uninteressiert zeigt, tröstet Archie die etwas verstörte Dottie als Psychiater wie als Liebhaber. Dottie gelingt es auch, den ermittelnden

Polizisten so zu verwirren, daß er seine Untersuchungen um den erschossenen McFee einstellt. Zuletzt resümiert Archie: «Für uns Philosophen ist die Wahrheit immer eine einstweilige Verfügung. Wir werden niemals ganz genau wissen, wer McFee erschossen hat. Das Leben ist kein Kriminalroman, es garantiert keine Lösungen – und wenn es eine gäbe, woher wüßten wir, ob wir sie glauben könnten.»

Travesties (UA: 1974 in London) nimmt Literaten, Politiker und nichts Geringeres als die großen Revolutionen der Moderne satirisch unter Beschuß und leistet damit einen Beitrag zur Entmystifizierung von Legenden. Stoppard geht dabei von dem historisch belegten Umstand aus, daß James Joyce, Lenin und der Dadaist Tristan Tzara, jeder für sich ein Revolutionär, während des Ersten Weltkriegs gleichzeitig in Zürich lebten. Diese Neuerer und ihre Revolutionen werden aus der Sicht eines kleinen Angestellten am englischen Konsulat, Henry Carr, erinnert, dem stets nur der neueste Schnitt seiner Hosen wirklich wichtig war. Carr führte einen – historisch ebenfalls belegten – Prozeß um den Preis einer Hose, die er gekauft hatte, um bei einer Liebhaberaufführung von Wildes «Bunbury» in der Einrichtung von Joyce mitwirken zu können. Dieser kleine Spießer, der als junger Mann die drei Revolutionäre erlebte, reflektiert nun die Vergangenheit in ständiger Doppelrolle als Greis und jugendlicher Protagonist des damaligen Geschehens, wobei er sich oft genug falsch erinnert. Er bringt alles durcheinander und streitet mit seiner Frau Cecily, die als Bibliothekarin und Mitstreiterin Lenins sogar ein Zusammentreffen von Lenin, Joyce und Tzara in der Stadtbibliothek registrierte, erbittert über Details.

Every Good Boy Deserves Favour (1978) handelt von einem russischen Dissidenten, der in einem sowjetischen Irrenhaus mit einem verrückten Triangelspieler die Zelle teilen muß. Der Triangelspieler bildet sich ein, er habe ein Orchester, der Dissident interessiert sich nicht für Musik, der Irrenarzt wiederum scheint tatsächlich in einem Orchester mitzuspielen. Stoppard findet zu einfachen Metaphern für das absurde Verhältnis von Wirklichkeit und Ideologie in einem totalitären Staat. Der Irrenarzt verhilft zuletzt beiden Patienten durch ein manipuliertes Verhör zur Freiheit: Er läßt den Dissidenten wie den Irren jeweils die für den anderen bestimmte Frage beantworten, und die Antworten sind daher politisch so harmlos, daß beide entlassen werden können.

Die Problematik der Freiheit der Presse und der Macht der Gewerkschaften ließ Stoppard in *Night and Day* (1978) erstmals zur konventionellen Form eines Salonstücks greifen. Das Geschehen spielt in der Villa eines englischen Geschäftsmannes in einem afrikanischen Staat, bezieht sich jedoch weitgehend auf die Verhältnisse in der englischen Heimat. Zwei rivalisierende Reporter, die schöne Frau des Geschäftsmannes und ein schwarzer Diktator verheddern sich im Dschungel afrikanischer, englischer und allgemeingültiger Konflikte.

PETER SHAFFER (* 1926) beschäftigte sich in seiner Dramatik ebenso mit Mythos und Ritual wie mit der Farce und dem psychologischen Familienstück. Sein erstes Drama, *Fünffingerübung* (1958), fächerte die Problematik des Zusammenlebens in einem breiten Familiengemälde auf. Die einzelnen Familienmitglieder versuchen, ihre Eigenarten auszuleben, doch geht ihr Streben nach Selbstverwirklichung immer auf Kosten der anderen. Einer stößt den anderen in die Isolation, ungewollt, bedenkenlos, sodann hilflos gegenüber dem angerichteten Schaden.

In seinem Inka-Drama *Die königliche*

Jagd nach der Sonne (1964) wendete Shaffer die Geschichte der Eroberung Perus zur Pathologie des Eroberers an sich: Pizarro verwüstet und vernichtet das friedvolle goldene Reich des Sonnenkaisers, der ihn als vermeintlichen Gott wie einen Bruder empfängt. Erstmals konfrontierte der Autor hier zwei Figuren, deren Positionen er im Verlauf der Handlung dann vertauscht, eine Grundstruktur, die viele seiner Dramen aufweisen. Der an seiner Vergänglichkeit verzweifelnde Eroberer flüchtet aus Erlösungssehnsucht in einen Vernichtungsrausch, bekennt sich zur Religion der Inka, muß sich jedoch in der Hoffnung auf die Auferstehung des Sonnengottes betrogen sehen. Chorische Elemente, Masken, Rituale, der Kollektivrausch des Massakers und rhythmisierter Gebärdenkult werden in unmittelbares Theater umgesetzt.

Für seine *Schwarze Komödie* (1965) verwendete Shaffer eine Anregung der Pekingoper – einen Schwerterkampf in fiktiver Dunkelheit – als Grundeinfall. Ein Kurzschluß sorgt scheinbar für völliges Dunkel, das Geschehen rollt jedoch in grellem Bühnenlicht ab. Während sich die Figuren unbeobachtet glauben und ihnen ihre Umwelt zugleich fremd und bedrohlich wird, ergeben sich nicht nur die komischsten Situationen, sondern wird auch ihre Verlogenheit und Selbststilisierung entlarvt.

Equus (UA: 1973 in London) entwickelt sich zunächst wie die Geschichte einer psychiatrischen Analyse: Ein Halbwüchsiger hat sechs Pferden die Augen ausgestochen, der Psychiater Dysart versucht nun, die Motive der Tat ans Licht und die Welt des jungen Alan wieder in Ordnung zu bringen. Zwischen bigotter Mutter und tyrannischem Vater aufgewachsen, hat Alan seine Sehnsüchte auf Pferde projiziert, sich in heimlichen Ausritten mit seinem Lieblingspferd Nugget ein Ritual aufgebaut, das sich zu einem mythischen Vereinigungsrausch steigert. Als ihm dann eine Liebesnacht mit einem Mädchen mißglückt, lehnt er sich zerstörerisch gegen seinen Pferdegott auf. Angesichts dieser Ereignisse gerät der Psychiater jedoch in einen Konflikt, er beneidet den Jungen um seine Extremsituation, seine Qualen, seine ungezähmte Leidenschaft und beginnt, am Sinn seines Berufs, der die Leidenschaft bändigen und Anpassung herstellen soll, zu zweifeln.

In *Amadeus* (1979) stellt Shaffer den Komponisten Salieri in einen inneren Konflikt zu Mozart und verwendet die alte These, daß Salieri das Genie Mozart aus Künstlerneid getötet habe. Der Gesellschaftsgünstling Salieri, hier Mittelpunktsfigur, ist von dem Genie des Götterlieblings zutiefst berührt, kann jedoch den gefährlichen Rivalen nicht dulden und verachtet den ungenierten und naiven Menschen Mozart. Als geheimnisvoller Auftraggeber des Requiems verkleidet, das Mozarts eigenes werden sollte, treibt er den Widersacher in Wahn und Tod.

DAVID STOREY (* 1933) verwendete in seinen Dramen Realitätsausschnitte, die mitunter wie aneinandergereihte Momentaufnahmen wirken. In *Heim* (1970) entwarf er eine präzise Diagnose der gesellschaftlichen Wirklichkeit, indem er ihr Gegenbild, das Leben in einer Situation des Wirklichkeitsverlustes, gibt. Die Dialoge einer Gruppe von Menschen, eine Montage aus abgebrauchten Konversationsklischees, Erinnerungsbruchstücken und Gezänk, demonstrieren ihre Unfähigkeit zur Kommunikation. Erst allmählich wird deutlich, daß die Unterhaltung unter Insassen einer Irrenanstalt spielt.

Die Umkleidekabine (1971) zeigt eine Rugbymannschaft vor, während und unmittelbar nach einem Match. Dabei wird hinter jeder Figur ein individuelles

Schicksal deutlich. Vor allem interessiert das Verhalten von Menschen verschiedener sozialer Herkunft und verschiedener Mentalität unter einer bestimmten Situation und Konstellation.

Zur Feier des Tages (UA: 1969 in London) nimmt eine Familienfeier zum Anlaß, ein proletarisches Ehepaar mit seinen drei erwachsenen Söhnen zu konfrontieren, die in den Mittelstand aufgestiegen sind. Die Diskrepanz zwischen Herkunft und Erziehung, die sie weder in der einen noch in der anderen Welt ganz heimisch sein läßt, bezahlen sie mit einem Gefühl der Entfremdung und Entwurzelung. Der Vater hat ein Leben lang im Kohlenpott geschuftet, um seine Söhne studieren zu lassen, nun steht zwischen ihnen und den Eltern die Sprach- und Bildungsschranke. Als Andrew, der Außenseiter, der seine Anwaltspraxis aufgegeben hat, um Maler zu werden, die Brüchigkeit der Familienidylle aufdekken will, wird er von seinen Brüdern abgeblockt. Immerhin kommt es nach dem festlichen Essen in einem Nobelrestaurant, zu dem die erfolgreichen Söhne die Eltern – es wird ihr 40. Hochzeitstag gefeiert – eingeladen haben, zu einem Streit. Andrew wirft dem Vater seine kritiklose Verehrung der Mutter vor, die, aus bürgerlichem Haus, überstürzt den einfachen Arbeiter heiraten mußte, von dem sie ein Kind erwartete. Sie hat ihm das ein Leben lang heimgezahlt, mit ihrem Reinlichkeitsfimmel und ihrem Streben nach Höherem, mit dem sie ihm die Söhne entfremdete. Der Vater kann das alles nicht verstehen. Am nächsten Morgen nach der Feier motivieren die Söhne den nächtlichen Streit als üblichen, von Alkohol angeheizten Familienkrach. Den Eltern bleibt, als die Söhne abreisen, die Erinnerung an eine unvergleichliche Familienfeier.

CHRISTOPHER HAMPTON (* 1946) erzielte nach seinem Drama *Sonnenfinsternis* (1968), in dem er die Liebeskonflikte zwischen Verlaine und Rimbaud in Form von Zimmerschlachten schilderte, seinen größten Erfolg mit der Komödie *Der Menschenfreund* (1970), die eine Umkehrung von Molières *Menschenfeind* darstellt: In der englischen College-Welt des 20. Jahrhunderts ist die Gesellschaft nicht weniger selbstgefällig, intrigant und blutleer als zur Zeit des Sonnenkönigs. Ein Menschenfreund, der zu seiner Umwelt zartfühlend, aufrichtig und freundlich sein will, erregt kaum minderes Ärgernis als ein grober Menschenfeind. So scheitert der junge Philipp auf der ganzen Linie, entlarvt damit zwar seine Umwelt, wirkt aber auf sie noch in seiner Verletzlichkeit verletzend. Als er zuletzt einen Revolver an seine Schläfe setzt, erweist dieser sich als Feuerzeug – auch ein heroisches Ende bleibt dem Menschenfreund versagt.

In *Die Wilden* (1973) greift Hampton zwei brennende Probleme Südamerikas auf und stellt sie – die sich beide durch Gewalt manifestieren – einander gegenüber: Das Problem der Indios und das der Guerillas. Durch die Entführung des englischen Industriemanagers West wird die westliche Zivilisation in die Konfrontation einbezogen. Mit der Einschaltung von Pantomimen, in denen die Mythen und Rituale der Indios dargestellt werden, aber auch indem er Widersprüchen und offenen Fragen Raum gibt, öffnet Hampton dem Dokumentartheater neue Wege.

SIMON GRAY (* 1936) machte hinter brillanten Konversationskomödien menschliches Elend, Zeitgefühle, Ängste sichtbar und gab zugleich satirische Bilder bestimmter intellektueller Milieus. *Butley* (1971) nimmt das intellektuelle Umfeld einer Universität zur Folie, um die Selbstzerstörung eines Menschen vorzuführen: Es mag ein sogenannter Katastrophentag sein, den der Literaturprofessor Ben Butley vordergründig sehr komisch absolviert, doch es geschieht wohl nichts, was sich nicht seit langem vorbereitet hatte. Privat wie auch als Wissenschaftler hat Butley längst die Orientierung verloren, vielleicht auch niemals gefunden. Nun sammelt er mit einer gewissen Wollust die Trümmer seines Schiffbruchs ein: des Schiffbruchs seiner schöpferischen Arbeit, seiner zwischenmenschlichen Beziehungen, seines Ich. Zwischen Zitaten von Eliot und paraphrasierten Kinderreimen pendelnd, setzt Butley seinen Intellekt zur Selbstvernichtung ein, ein in seiner seelischen Entwicklung steckengebliebener Mensch, der, resigniert, mit sich, seiner Umwelt und der Welt schlechthin zerfällt.

Leider nicht erreichbar (1975) durchleuchtet ironisch die Literaturszene. Im Mittelpunkt des Geschehens steht ein Erfolgsverleger der mittleren Generation, Simon Hench, ein wahres Monstrum an Freundlichkeit, hinter der sich allerdings Desinteresse verbirgt. Gerade dieses aber scheint ihm seine Funktion als Klagemauer einzutragen, der Seelen-Striptease seiner Mitmenschen herauszufordern. Sie alle schreien ihm mehr oder weniger verhüllt ihre Ängste, Mißerfolge, Sehnsüchte und Verzweiflung ins Gesicht. Doch kein noch so schwerwiegendes Geständnis kann ihn aus seiner inneren Unbeteiligtheit lösen. Er hält das ganze Geschwätz von mangelnder Kom-

Gray, Butley
Schillertheater Berlin, 1974
Inszenierung: Hans Lietzau
v. l. n. r. Anne: Uta Hallant, Butley
Martin Benrath
Keyston: Friedhelm Ptok

munikation für eine der ärgsten Täuschungen eines überinterpretierenden Zeitalters. Der Autor bezieht nicht Stellung, weder für seine Hauptfigur noch für die Menschen, die unter Simons Teilnahmslosigkeit leiden, zum Teil auch an ihr zerbrechen. Es bleibt offen, ob sie am Entzug der Kommunikation scheitern oder weil sie sich in ihre nichtigen Probleme verrennen und Simons Einstellung zum Leben nicht teilen können.

George Bernard Shaw 1856–1950

George Bernard Shaw wurde am 26. Juli 1856 als Sohn eines protestantischen Kaufmanns und einer Musiklehrerin geboren. Bereits mit 15 Jahren begann er in einer Immobilienfirma zu arbeiten. 1876 ging er nach London und versuchte sich, zunächst erfolglos, als Schriftsteller. Er trat 1884 der Fabian Society bei, einem aus bürgerlichen Radikalen zusammengesetzten Sozialistenbund, dessen Zielsetzungen in Aufklärungsarbeit und demokratischer Evolution er ein Leben lang treu blieb. 1885 begann Shaw seine langjährige Tätigkeit als Kritiker, ab 1888 schrieb er Musikkritiken, später auch Theaterkritiken, in denen er sich unter anderem für Ibsen einsetzte. 1898 heiratete er die wohlhabende Charlotte Payne-Townshend. Seine Erfolge als Dramatiker erlaubten es ihm, von nun an als freier Schriftsteller zu leben. 1925 wurde Shaw mit dem Nobelpreis ausgezeichnet. Er starb, hochgeachtet, am 2. November 1950 auf seinem Landsitz in Ayot St. Lawrence nahe London.

Shaw bekannte sich offen zu einem gesellschaftskritischen Theater und wirkte mit seinen rund fünfzig Stücken als ein geistsprühender Provokateur der herrschenden Gesellschaft und Moral. Mit den Mitteln des Witzes wandte er sich gegen veraltete Konventionen, gegen Illusion und Romantik, Verlogenheit, Vorrechte und Vorurteile und kämpfte für Reformen, soziale Gerechtigkeit und Wahrheit. Seine Waffe war die Komödie, er hatte erkannt, daß «auf der Bühne die Wahrheit der größte Witz» ist. Wenn er, wie später Brecht, an die Veränderbarkeit der Welt glaubte, so war er im Gegensatz zu Brecht nicht für eine revolutionäre, sondern für eine evolutionäre Methode, für die Reform von innen. Shaw hatte die Begabung, das Leben als einen dynamischen, dialektischen Prozeß zu sehen, in dem die verschiedensten Standpunkte, Haltungen und Temperamente zusammenstoßen, und es gelang ihm zugleich mit großer Kenntnis menschlicher Verhaltensweisen und Motivationen, ungemein farbige Charaktere zu gestalten. Ein Meister der ironischen Desillusionierung, ließ Shaw kein romantisches, tragisches, heroisches Gefühl unwidersprochen, sondern holte es aus der Höhe des Erhabenen auf den Boden des Natürlichen, entromantisierte und entpathetisierte es. Bewußt übernahm er die Rolle des Spaßmachers, um durch Amüsement zu belehren, und wandte seine ganze Kunst auf, an die Stelle des Erwarteten stets das Unerwartete zu setzen, ein schonungsloser Enthüller und zugleich ein entschiedener, geistvoller Nonkonformist.

Bereits das erste Stück Shaws, *Die Häuser des Herrn Sartorius* (1892), bedeutete eine scharfe Attacke gegen die kapitalistische viktorianische Gesellschaft: Der junge Arzt Harry Trench hat sich auf einer Rheinreise in die Tochter von Sartorius, Blanche, verliebt und macht ihr einen Heiratsantrag. Da erfährt er, daß Sartorius seinen Reichtum aus der ausbeuterischen Vermietung von Elendsquartieren in den Londoner Slums bezieht. Als wahrer Gentleman will Harry nun auf Blanches Mitgift verzichten und eine reine Liebesheirat eingehen. Doch Blanche, ein eiskaltes, berechnendes, aber sehr attraktives Mädchen, denkt gar nicht daran, auf den gewohnten Luxus zu verzichten. Trench muß sich überdies von Sartorius aufklären lassen, daß sein eigenes Einkommen wie auch das seiner adeligen Verwandten aus Hypotheken auf eben jene Slumhäuser stammt. Willensschwach und schwankend im Charakter, wird er in seiner halbherzigen Anständigkeit von der physischen Anziehungskraft Blanches besiegt. Er heiratet das Mädchen, nimmt die schmutzige Mitgift, behält sein Geld und wird sich in Zukunft als Partner am Mietengeschäft beteiligen. Ehrbarkeit und soziales Mitgefühl werden über Bord geworfen, die rücksichtslose Kommerzialität trägt den Sieg davon.

Frau Warrens Gewerbe (UA: 1902 in London), bereits 1893 entstanden, aber von der Zensur jahrelang verboten, führte die Gegenüberstellung von respektablem bürgerlichem Schein und schmutzigem Geschäft weiter. Shaw unterlegte die sozialkritische Thematik aber einem menschlichen Grundkonflikt, dem Konflikt zwischen Mutter und Tochter: Vivie Warren, in einem vornehmen College erzogen, hat soeben ihr Studium in Cambridge erfolgreich abgeschlossen und macht nun Ferien im Landhaus ihrer Mutter. Sie ist eine emanzipierte junge Frau, hat sich aber weder Gedanken über das Leben ihrer Mutter gemacht noch darüber, wie diese ihre Erziehung und ihr Studium finanziert hat. Als Vivie Frau Warrens mütterliche Liebe in kühler Unabhängigkeit zurückweist, deckt diese, verletzt vom Hochmut der Tochter, ihre Vergangenheit auf. Von niederer Herkunft, als Arbeiterin ausgebeutet, war sie von der sozialen Not zur Prostitution getrieben worden und hatte dann mit der Gründung von Bordellen im Ausland viel Geld verdient. Vivie ist von der Offenheit und der leidenschaftlichen sozialen Anklage ihrer Mutter tief beeindruckt und empfindet erstmals ein wahres Gefühl für sie. Als sie jedoch den reichen Landadligen Sir George Crofts, der um sie wirbt, abweist, rächt sich dieser, indem er ihr die einträgliche Unternehmertätigkeit Frau Warrens, die nach wie vor als Bordellbesitzerin agiert, schildert. Er selbst hat davon als stiller Teilhaber sehr genaue Kenntnisse. Vivie, die leidenschaftlich für ihre Mutter eingetreten ist, solange sie sie ausgebeutet glaubte, wendet sich nun von ihr ab und verläßt das Haus, um in einer Rechtsanwaltskanzlei zu arbeiten. Sie weist auch die Werbungen des Ästheten Praed und des jungen leichtsinnigen Sohns des Pastors, Frank Gardener, zurück, von dem Crofts behauptet, daß er ihr Halbbruder sei. In der Kanzlei kommt es nochmals zu einer Konfrontation mit der Mutter, die an Vivies Kindesliebe appelliert. Doch Vivie erkennt in Frau Warrens sentimental-doppelbödiger Einstellung zum Leben und zu ihrer Tochter eine verlogen konventionelle Bürgerlichkeit, die sie nun ablehnt. Wenn Shaw auch zeigt, wie die puritanische und nicht zu korrumpierende Vivie durch Arbeit und illusionslose Ehrlichkeit ihre Unabhängigkeit gewinnt, so stellt er in der Gegenüberstellung der beiden Frauen doch eine Balance her, wenn er den Schmerz der Mutter, die für die Tochter immer nur das Beste wollte und von ihr nun verurteilt wird, zum Ausdruck bringt und ihr damit alle Sympathie verschafft. Die Schuld an der Misere wird einer Gesellschaft angelastet, die aus der Prostitution ihren Profit zieht, sich davon distanziert und sie in Wahrheit scheinheilig duldet.

Hatte Shaw seine ersten Stücke als «Plays Unpleasant», also «unerquickliche Stücke», bezeichnet, so ging er später dazu über, «erquickliche» Komödien zu schreiben.

Helden (UA: 1894 in London) stellt einen nüchternen Schweizer Soldaten zwischen Heldenpose und Kriegerpathos: Während des serbisch-bulgarischen Krieges gerät der als Offizier in serbischen Diensten stehende Schweizer Bluntschli auf der Flucht in das Schlafzimmer der jungen Bulgarin Raina, die ihn impulsiv versteckt. Nach Kriegsschluß kehren die siegreichen Bulgaren nach Hause zurück: Rainas Vater, Major Petkoff, und Rainas Verlobter, der idealistische Held Sergius, der mit einer ebenso tollkühnen wie aberwitzigen Attacke zum Sieg beigetragen hat. Auch Bluntschli findet sich ein, um seinen Dank abzustatten. Dem Realisten aus der Schweiz gelingt es, die Illusionen des romantisch verliebten Brautpaares nach und nach zu zerstören. Immer wieder ertappt er das Heldenpaar bei Selbsttäuschungen und Sentimentalitäten. So verwandeln sich dic Romantiker und Idealisten kontinuierlich in Realisten, werden von ihren sentimentalen Attitüden befreit und finden zu sich selbst und ihren Neigungen: Raina legt ihre Heldenverehrung ab und bekennt sich zu ihrer Liebe für Bluntschli, Sergius erkennt, daß seine Heldentaten idiotische Tollkühnheiten waren, und landet schließlich trotz seiner aristokratischen Allüren bei dem selbstbewußten Kammermädchen Louka. Allenthalben wird die Klischeevorstellung von Liebe und Krieg entlarvt. Als Bluntschli schließlich per Telegramm zum reichen Erben erklärt wird, haben auch die Petkoffs gegen eine Ehe ihrer Tochter mit dem zukünftigen Hotelier nichts mehr einzuwenden.

Ein «Mysterium» nannte Shaw sein Schauspiel *Candida* (1895), zu dem er ein Dreiecksverhältnis als Ausgangssituation nahm: Candida, die Frau des pompösen, vielbeschäftigten und verehrten Pastors Morell, wird schwärmerisch von dem jungen, sensiblen Dichter Marchbanks geliebt, der sie bestürmt, sich von ihrem Mann zu trennen. Vor die Wahl zwischen den beiden gestellt, entscheidet sie sich für den Schwächeren. Das ist jedoch nicht der exzentrische Dichter, sondern der Pastor, der im Verlauf des Geschehens seinen Glauben an sich selbst und damit an seine Aufgabe verloren hat und der Candidas Kraft und Liebe braucht, die ihm sein Selbstvertrauen gaben. Der Reiz des Stückes liegt vor allem in der Ambivalenz der Titelfigur, die Shaw mit großem Charme, Mütterlichkeit und natürlicher weiblicher Koketterie ausgestattet hat, die jedoch auch selbstgerecht und herrschsüchtig und von ihrer Macht über die Männer überzeugt wirkt. Das «Mysterium» wurde daher auch als (von Shaw nicht beabsichtigter) Domestizierungsakt ausgelegt, der in der völligen Unterwerfung des Mannes endet.

Cäsar und Kleopatra (UA: 1899 in Newcastle) stellt einen Versuch dar, Historie modern zu erzählen und legendäre Helden in ironischen Brechungen zu entheroisieren. Shaw zeigt den großen Römer nicht als überragenden Staatsmann, sondern als «intelligenten Zivilisten», als humorvollen, abgebrühten Pragmatiker, der sein Geschäft versteht. Sein Cäsar ist ein alternder Mann mit allen seinen Schwächen, der sich selbst kennt und die anderen durchschaut, einsam, ohne Vorurteile und Illusionen. Groß durch seine Persönlichkeit, seine Vernunft, seine Selbstironie, ist er ein Herrscher, den, «auf Dolche gefaßt», doch der «Haarausfall giftet» (Alfred Kerr). Als er der hier sechzehnjährigen Kleopatra begegnet, entwickelt sich zwischen beiden eine echte Beziehung, keine Leidenschaft, aber die Gefühlsbindung zwischen einem klugen Mann und ausgeprägten Charakter und einem unreifen, unsicheren, launenhaften Mädchen, das er zur Frau und Herrscherin formt. Er hebt ihr Selbstgefühl, stärkt ihr Durchsetzungsvermögen und lehrt sie, ihren Verstand richtig einzusetzen. Diese Erziehung im römischen

Sinn, die ganz beiläufig, wie in Form eines Flirts vor sich geht, verwandelt die von anderen beherrschte, kindlich kokette und ängstliche Kleopatra in eine selbstbewußte Monarchin, die zwar in ihrer Natur Orientalin bleibt, aber doch römisch zu denken lernt.

Eine Abenteuergeschichte nimmt Shaw in *Kapitän Brassbounds Bekehrung* (1899) zum Anlaß, um unterschiedliche Interpretationen von Gerechtigkeit aufeinanderprallen zu lassen: Der Richter, Sir Howard Hallam, und seine Schwägerin, Lady Cicely, lassen sich von dem heruntergekommenen britischen Offizier Brassbound und einer Schar von Desperados in das Innere Marokkos führen. Bald stellt sich heraus, daß Brassbound nicht aus Abenteuerlust, sondern aus Haß gegen die Gesellschaft zum Gesetzlosen geworden ist. Die Stunde seiner Rache scheint gekommen: Hallam ist sein Onkel, der einst mit einem ungerechten Urteil ihn um sein Erbe gebracht und seine Mutter in den Tod getrieben hat. Brassbound erklärt ihn zum Gefangenen und will ihn in die Sklaverei schikken. Lady Cicely aber, eine von Shaws ebenso vernünftigen und unerschrockenen wie charmanten Frauen, führt mit List und Geduld die Bekehrung des Rächers herbei. Sie stellt dem Gerechtigkeitswahn der beiden Männer ein höheres Recht entgegen: das der Menschlichkeit und Vergebung. Sie führt Brassbound zu der Erkenntnis, daß er mit seiner melodramatischen Rächerattitüde nur die eigenen Schuldgefühle seiner Mutter gegenüber sublimiert, und bekehrt ihn damit zu sich selbst.

Mensch und Übermensch (UA: 1905 in New York) bringt «eine Komödie und eine Philosophie» auf die Bühne. Das Werk gilt als eines der bedeutendsten des Dichters. Die Komödie wandelt das Don Juan-Thema ab, indem sie den Mann zum Verfolgten der Frauen macht; die Philosophie handelt in einem Traumspiel in der Hölle Don Juan als Übermenschen ab. Don Juan, alias John Tanner, ist ein Rebell, Bürgerschreck und geistiger Provokateur, der sich über die moralischen Vorurteile der Gesellschaft belustigt, ein Frauenverächter, der zuletzt dennoch von der in Ann Whitfield verkörperten «life force» besiegt wird. Diese Urkraft des Lebens, die nach Shaws Ansicht die Beziehungen der Geschlechter zueinander bestimmt und die Frau bei der Wahl des Partners intuitiv beeinflußt, läßt Ann ihren flüchtenden Don Juan im Direktangriff nehmen. Tanner, der unter dem Vorwand, einen Langstreckenrekord aufstellen zu wollen, das Weite gesucht hat, wird in Spanien aufgehalten und dort von einem Traum heimgesucht, der die Personen der Komödie in Don Juan, Anna, Komtur und Teufel verwandelt. Man sitzt in einer gemütlichen Hölle, einem Ort des sinnlichen, romantischen Vergnügens, und diskutiert über die Welt, das Leben und die Liebe. Der Teufel verkörpert all das, was dem Gesellschaftskritiker Shaw verhaßt ist, hier aber in einer seiner typischen Umkehrungen gepriesen wird: Er ist Romantiker, Illusionist und Erzkonventioneller, seine Verdammten dürfen sich über das Leben, wie es wirklich ist, hinwegtäuschen, bekommen ihre irdischen Wunschträume erfüllt. Don Juan verwirft diese Flucht in die Illusion als Scheinlösung und Kapitulation, er, der nicht dem Pessimismus huldigt, sondern an die Veränderbarkeit der Welt glaubt, plädiert für einen Realismus, der zuerst Einsicht, dann Besserung bringt. Er ist nicht Übermensch, weil er im erotischen Abenteuer mehr Vergnügen als die anderen sucht, sondern weil er durch Erkenntnis zum höheren Verständnis des Lebens gelangt. Aus seinem Traum erwacht, wird Tanner von Ann als Vater für den Übermenschen gekapert.

Major Barbara (UA: 1905 in London) stellt in mehrfacher Hinsicht eine Umkehrung von *Frau Warrens Gewerbe* dar. Statt dem Konflikt zwischen Mutter und Tochter entsteht hier eine enge Beziehung zwischen Vater und Tochter: Andrew Undershaft, der von seiner Familie schon lange getrennt lebt, ist Rüstungs-Großindustrieller, Tochter Barbara kämpft als Major der Heilsarmee gegen soziales Elend. Mehr aus Liebe zu ihr, denn aus christlicher Überzeugung, unterstützt sie dabei ihr Verlobter, der Altphilologe Cusins. Bei einer Familienzusammenkunft entsteht zwischen Vater und Tochter eine spontane Zuneigung. Beide versuchen, einander zu bekehren. Undershaft, dessen Grundprinzipien Realismus und Ehrlichkeit sind und der daher seine Waffengeschäfte keineswegs beschönigt, deckt jede Heuchelei mit großer Sicherheit auf. So zerstört er Barbaras religiöse Welt, indem er die zweifelhafte finanzielle Basis der Heilsarmee entlarvt, die bedenkenlos sein «Blutgeld» annimmt. Zutiefst enttäuscht, desillusioniert und in ihrer Aufgabe verunsichert, verläßt Barbara die Heilsarmee und verwandelt sich von der idealistischen Seelenretterin in eine Realistin, die erkennen muß, daß Armut nicht durch Religion, sondern viel eher durch Macht, Geld und Waffen beseitigt werden kann. Sie schließt sich der Philosophie ihres Vaters an, der Armut für eine Sünde hält, und dem jedes Mittel recht ist, sie zu überwinden.

Der Arzt am Scheideweg (UA: 1906 in London), eine Ärztesatire, setzt sich mit individuellen Moralbegriffen auseinander, z. B. mit der Frage, ob ein Arzt bei seinen Patienten einen Unterschied zwischen «wertvoll» und «weniger wertvoll» machen darf. Sir Colenso Ridgeon, ein hervorragender und gefeierter Arzt, steht vor dem Problem, welchen Patienten er in seine überfüllte Tuberkulose-Klinik aufnehmen soll: den unbedeutenden, grundanständigen Armenarzt Blenkinsop oder den genialen, doch gewissenlosen und amoralischen Maler Dubedat. Die Entscheidung wird Sir Ridgeon dadurch zusätzlich erschwert, daß er sich in Dubedats Frau, Jennifer, verliebt, als sie ihn um Hilfe für ihren Mann anfleht. Seine Wahl fällt auf den Kollegen, Dubedat verweist er an einen Modearzt, den er als Scharlatan durchschaut hat. Blenkinsop wird geheilt, Dubedat stirbt. Von Jennifer zur Rechenschaft gezogen, gesteht ihr Sir Colenso seine Liebe, versucht sie über die moralische Haltlosigkeit des Malers aufzuklären und gibt zu, daß er ihn bewußt in die Hände jenes fragwürdigen Kollegen gegeben hat. Jennifer weist die Werbung des Arztes mit dem lachenden Hinweis auf Sir Colensos Alter zurück und erklärt überdies, daß sie sich inzwischen bereits wieder gebunden hat. Ridgeon muß erkennen, daß er einen «uneigennützigen Mord» begangen hat.

Während Shaw in seiner erfolgreichen Komödie *Pygmalion** die Entfaltung einer Persönlichkeit schilderte, werden in *Haus Herzenstod* (1920) Menschen entlarvt, enthüllen die Figuren nach und nach ihr wahres Wesen. Diese «zornige Komödie», eines der düstersten Stücke des Dramatikers, prangert im Verlauf einer radikalen Desillusionierung die Brutalität, Scheinhaftigkeit und Orientierungslosigkeit der zeitgenössischen Gesellschaft an.

Den Höhepunkt im Schaffen des Dichters markiert die dramatische Chronik *Die heilige Johanna**, ein auch in der dramaturgischen Struktur kunstvoll aufgebautes Drama, dessen Titelheldin als einzige Rebellenfigur Shaws mit der Welt keinen Kompromiß schließt und daher seine einzige tragische Gestalt im herkömmlichen Sinn darstellt.

Ein witziges Debattierstück über die Schwächen der Demokratie ist *Der Kaiser von Amerika* (1929), in dem ein König die Demokratie mit ihren eigenen Mitteln schlägt.

Pygmalion
Komödie in 5 Akten. UA: 1913 in Wien

Unter einem Torbogen der Sankt-Pauls-Kirche in London, unter den sich vor dem Regen auch Besucher der Covent Garden Opera geflüchtet haben, trifft der Sprachforscher und Dialektexperte Professor Higgins auf das Blumenmädchen Eliza Doolittle, dessen vulgärer Gossenjargon ihn so fasziniert, daß er sich darüber Notizen macht. In den entstehenden Streit mischt sich ein Herr, der sich als Fachkollege Oberst Pickering vorstellt. Higgins, der überzeugt ist, daß die soziale Stellung eines Engländers einzig und allein von seinem Akzent abhängt, versichert dem Oberst, er könnte mit seiner Spracherziehung selbst aus diesem Blumenmädchen eine Dame machen. Wenig später, als Higgins und Pickering gerade lautvergleichende Studien betreiben, kommt Eliza zu Higgins, um bei ihm Sprechunterricht zu nehmen. Sie möchte gern Verkäuferin in einem Blumenladen werden. Higgins wettet mit Pickering, daß Eliza unter seiner Anleitung innerhalb weniger Monate so vollendet sprechen und auftreten könne, daß sie in bester Gesellschaft niemand von einer Herzogin zu unterscheiden vermöchte. Eliza wird aufgenommen, auch Pickering übersiedelt an die Stätte des Experiments. Er hat nicht nur den intellektuellen Hochmut, sondern auch die miserablen Manieren des Lehrmeisters auszugleichen. Kaum hat die Haushälterin, Mrs. Pearce, die verwahrloste Eliza in ein Bad gesteckt, da erscheint Vater Doolittle, ein versoffener Müllkutscher, um aus der Anwesenheit seiner Tochter im Haus des Junggesellen Higgins augenzwinkernd Kapital zu schlagen. Higgins und Pickering sind von der Gossen-Philosophie des urwüchsigen Originals entzückt und beschwichtigen Doolittle mit einer hübschen Summe. Unter dem strengen Regiment von Higgins beginnt nun für Eliza eine unerbittliche Dressur, und selbst schöne Kleider, Taxifahrten und Schokolade können sie nicht darüber hinwegtäuschen, daß sie für den Professor nichts als ein Versuchskaninchen ist. Bei ihrem Debüt auf einer Teegesellschaft von Mrs. Higgins, der lebensklugen Mutter des Professors, fällt Eliza noch gelegentlich aus der Rolle. Ihre in perfekter Aussprache vorgebrachten vulgären Redewendungen erstaunen und schockieren die Gesellschaft, der junge Freddy Eynsford Hill verliebt sich aber sofort in das ungewöhnliche Mädchen. Als Mrs. Higgins den beiden «Lehrmeistern» gegenüber Bedenken über Elizas Zukunft äußert, können diese ihre Besorgnis nicht verstehen. Schließlich besteht Eliza den entscheidenden Test: Auf einem Botschaftsempfang bewährt sie sich als perfekte Lady. Nach Beendigung des Experiments wird ihr jedoch bewußt, daß sie, ihrem ursprünglichen Milieu entfremdet, sozial heimatlos geworden ist. Sie gesteht Higgins ihre Angst vor der Zukunft. Empört über seine Selbstgefälligkeit und die nachlässige Gleichgültigkeit, mit der er ihre Gefühle mißachtet, verläßt sie in der Nacht heimlich das Haus und flüchtet zu Mrs. Higgins. Dort treffen bald auch der Professor und Pickering auf der Suche nach Eliza ein, die sie sofort wieder nach Hause holen wollen. Auch Doolittle taucht auf, der ein Millionenvermögen geerbt hat und nun ins bürgerliche Fahrwasser steuert. Eliza, die sich durch ihre Rebellion von Higgins' Bevormundung emanzipiert hat, erklärt, daß sie Freddy heiraten werde. Nun muß Higgins eingestehen, daß er Eliza sehr vermissen würde. Er will sie als gleichwertigen Partner akzeptieren, und es bleibt offen, ob sich Eliza zuletzt doch ihm oder Freddy zuwenden wird.

Die Entwicklung eines milieugebundenen jungen Mädchens zu einem innerlich freien und selbständigen Menschen bezieht ihre Bühnenwirkung nicht zuletzt daraus, daß die Schülerin ihrem Lehrmeister schließlich nicht nur ebenbürtig, sondern sogar überlegen ist. Shaw veränderte die Sage von Pygmalion, der sich in eine Statue verliebt, indem er die Geschichte auf den Kopf stellte. Higgins verwandelt einen lebendigen Menschen in eine Marionette, verhilft ihm durch das Medium der Sprache aber zu einer neuen Identität. Die fertig modellierte Statue, zur perfekten Dame geworden, weigert sich, Statue zu bleiben, rebelliert, in ihrer Selbstachtung getroffen, gegen ihren Schöpfer und entfaltet sich dabei zum selbständigen Menschen. Soweit dieser selbstsüchtige englische Pygmalion, der nicht begreift, daß er da mit einem Menschenschicksal spielt, zu einem tiefen Gefühl fähig ist, verliert er sich allerdings auch an sein Geschöpf, das zwar nicht seine unmöglichen Manieren, aber doch seine Sprache und damit seine Denkungsart annimmt. Wie vollkommen Elizas Persönlichkeitsentfaltung gelingt, demonstriert Shaw in der Kontrastfigur ihres Vaters, mit dem nur eine Scheinverwandlung vor sich geht: Doolittle zieht neue Kleider an und fügt sich den Konventionen seiner neuen Klasse, er engt damit seine Persönlichkeit ein, statt sie zu erweitern. Da Higgins als unveränderbarer Charakter gezeichnet ist, erscheint es nur folgerichtig, daß Shaw, um den Emanzipationsprozeß seiner Eliza nicht zurückzustecken, in einem später geschriebenen Nachwort eine Ehe mit Freddy ankündigt, obwohl die tiefe innere Bindung, die unzweifelhaft zwischen Eliza und Higgins entstanden ist, doch andere Spekulationen zuläßt und den offenen Schluß damit besonders reizvoll macht. Das Musical *My fair Lady*, mit dem *Pygmalion* in einem anderen Genre erneut einen Triumphzug über die Bühnen antrat, führt die beiden in einem Happy-End zusammen.

Die heilige Johanna
Dramatische Chronik in 6 Szenen und einem Epilog. UA: 1923 in New York

Johanna, ein französisches Bauernmädchen, folgt ihren «Stimmen», die ihr auftragen, die von den Engländern belagerte Stadt Orléans zu befreien und in Reims den Dauphin zum König von Frankreich zu krönen. Der Schloßhauptmann Beaudricourt, wütend, daß seine Hennen keine Eier mehr legen, empfängt unwillig Johanna, die von ihm ein Pferd und eine Rüstung fordert, um mit ihrem Freund Bertrand und einigen Soldaten zum Dauphin nach Schloß Chinon zu reiten. Kaum hat Beaudricourt den Wünschen der lästigen Bittstellerin entsprochen, als ihm gemeldet wird, daß die Hennen «wie verrückt» zu legen begonnen haben. In Chinon erkennt Johanna mit großer Sicherheit den sich verbergenden Dauphin aus der Schar seiner Hofgesellschaft heraus und überredet den tatscheuen, wenig geachteten Fürsten, ihr den Oberbefehl über das Heer zu übertragen. Als Johanna in Orléans eintrifft, dreht sich der Wind, und die Franzosen erringen einen glänzenden Sieg. Noch ehe Johannas Triumph in der Krönung des Dauphin gipfelt, paktieren allerdings bereits die Engländer mit dem französischen Klerus gegen die siegreiche Jungfrau: die einen aus politischen und militärischen Gründen, die anderen, weil sie um die Autorität der Kirche fürchten. Als Johanna nach der Krönung zur Rückeroberung von Paris aufruft, versagen ihr der König und seine Ritter die Gefolgschaft. Die einstigen Freunde sind nur noch auf einen vorteilhaften Frieden bedacht, die Gegner fürchten die Einbuße ihrer Macht. Johanna, die auf dem Kampf gegen die Engländer besteht, unterliegt deren Übermacht, wird gefangengenommen und in Rouen wegen Ketzerei vor das von Bischof Cauchon geleitete Inquisitionsgericht gestellt. Obwohl

Cauchon ein gerechter Richter zu sein versucht und obwohl – außer einem Pariser Domherrn und dem englischen Kaplan Stogumber – alle Mitglieder des Gerichts Johanna Sympathie entgegenbringen, gelingt es ihnen nicht, sie vor dem Scheiterhaufen zu bewahren. Hartnäckig besteht sie auf ihrer göttlichen Sendung. Erst unter dem Eindruck des Verbrennungsurteils widerruft sie. Als sie jedoch erfährt, daß sie zu lebenslangem Kerker verdammt ist, zerreißt sie den Widerruf und wird von englischen Soldaten zum Scheiterhaufen geschleppt. – In einem Epilog, der 25 Jahre nach dem Tod Johannas spielt, erscheinen am Bett des Königs die soeben von einem Revisionsgericht rehabilitierte Johanna und ihre einstigen Freunde und Feinde, die bereuen und sich zu rechtfertigen suchen. Als ein Abgesandter des Vatikans in Cut und Zylinder kommt und verkündet, daß Johanna 1920 heiliggesprochen wurde, fragt diese die vor ihr Knienden, ob sie wieder auf die Erde zurückkehren solle. Erschrocken wenden sich alle von ihr ab und ziehen sich zurück. Johanna muß schmerzlich erkennen, daß die Erde noch immer nicht bereit ist, ihre Heiligen zu empfangen.

Shaw stellt in seiner *Heiligen Johanna* eine einzelne gegen die Mehrheit, das Außergewöhnliche in den Umkreis des Gewöhnlichen, die Zukunft gegen Gegenwart und Vergangenheit. Johanna war für ihn «obwohl erklärte und überaus fromme Katholikin ... eine der ersten protestantischen Märtyrerinnen», protestantisch, weil sie ohne Vermittlung der Kirche einen Weg zu Gott gefunden zu haben glaubte. Ihre «Stimmen», das heißt ihre inneren Kräfte, ihr Gewissen, bedeuten nichts anderes als eine protestantische Vermittlung zwischen Gott und dem Menschen. Johanna beruft sich von Anbeginn auf ihren gesunden Menschenverstand, kann aber ihre einem natürlichen Vernunftdenken entspringenden Erkenntnisse nicht begründen, und wenn sie zuletzt den Tod wählt, so geschieht dies nicht aus romantischem Heroismus und Opferwillen, es ist vielmehr die Vernunft, die ihr sagt, daß sie ohne Freiheit nicht leben kann. Der Dichter verquickt das persönliche Drama mit einem historisch-sozialen, demonstriert dessen gesellschaftliche Kräfte, die statische Ordnung und den notwendigen dynamischen Wandel. Johanna leitet damit eine neue Epoche ein. Kirche und Feudalismus repräsentieren eine Ordnung, die Johanna verändern will. Sie scheitert nicht nur an ihrer Maßlosigkeit, an ihrer Fehleinschätzung der Möglichkeiten einer raschen Veränderbarkeit der Welt, sondern auch weil diese Welt für einen Menschen wie sie noch nicht reif ist. Den eigentlichen Menschen sieht Shaw in dem vernünftig, frei und dynamisch Handelnden, in dem Rebellen. Die «Lebenskraft», die die schöpferische Evolution, die Aufwärtsentwicklung des Menschen bewirken kann, erscheint in Johanna am reinsten ausgeprägt. Sie ist die Vorkämpferin einer neuen Zeit, die die mittelalterliche Gesellschaftsordnung abzulösen beginnt, und zugleich Shaws einzige Rebellenfigur, die mit der Welt keinen Kompromiß eingeht.

Sean O'Casey 1880–1964

Sean O'Casey (eigentlich John Casey) wurde am 30. März 1880 als Sohn eines kaufmännischen Angestellten in Dublin geboren. Nach dem frühen Tod des Vaters verarmte die in bescheidenen kleinbürgerlichen Verhältnissen lebende protestantische Familie. Der durch ein Augenleiden am regelmäßigen Besuch der

Schule gehinderte John trug als Botenjunge, Docker und Streckenarbeiter zum Unterhalt der Familie bei. 1903 wurde er Mitglied der Gälischen Liga, schloß sich 1907 dem Arbeiterführer Jim Larkin an, publizierte erste politische Artikel und beteiligte sich 1913 als Funktionär am Streik der irischen Transportarbeitergewerkschaft. Den Osteraufstand von 1916 lehnte er ab, sagte sich von den Republikanern los und trat der sozialistischen Partei bei. Obwohl seine ersten Stücke vom Abbey Theatre abgelehnt wurden, widmete sich O'Casey, von Yeats ermutigt, ab 1920 intensiv der Dramatik. Seine Stücke stießen aber beim Publikum auf heftigen Widerstand. Enttäuscht ging O'Casey 1926 nach London, wo er sich mit Shaw anfreundete. Als Yeats seinen für das Abbey Theatre geschriebenen *Preispokal* ablehnte, betrachtete O'Casey England endgültig als «freiwilliges Exil». Er siedelte sich 1938 an der Südwestküste in Totnes an und übersiedelte 1956 in das benachbarte Seebad Torquay, wo er am 19. September 1964 starb.

O'Casey ging wie Shaw, der sein Vorbild war, vom sozialkritischen Engagement aus. Es gelang ihm, seine subtilen Milieuschilderungen mit der schonungslosen Entlarvung von Phrasendrescherei, Heldenpathos und faulen Idealen zu verbinden. An Synge anknüpfend, stellte er seine Figuren in das Spannungsfeld von Illusion und Realität, bekämpfte aber erbittert die Flucht aus der Wirklichkeit in eine Phantasiewelt. In seinen ersten Stücken, der sogenannten *Dubliner Trilogie*, konkretisierte O'Casey die soziale Misere des Dubliner Arbeitermilieus vor dem Hintergrund des irischen Freiheitskampfes.

Der Schatten eines Rebellen (UA: 1923 in Dublin) schildert das Leben in einer verwahrlosten Mietskaserne vor dem Hintergrund des Kampfes der irischen Aufständischen im Jahr 1920. Der junge Donal Davoren, der sich zum Dichter berufen fühlt, teilt als Untermieter mit seinem Freund, dem Hausierer Shields, einem faulen Frömmler, ein Zimmer. Die Hausbewohner halten ihn für einen Freiheitskämpfer, der sich hier vor den Engländern versteckt, und da ihm das die Bewunderung der hübschen Minnie Powell einträgt, läßt sich Davoren als heimlichen Rebellen feiern. Er gefällt sich als Schöngeist, der an Weltschmerz leidet, und produziert minderwertige Lyrik, über die er sich mitunter allerdings selbst belustigt. Nachbarn erscheinen bei ihm mit einem Brief an die Irische Republikanische Armee, in dem sie sich über eine unliebsame Familie beschweren und bitten, diesen Leuten eine Lektion zu erteilen. Mit bitterem Humor schildert O'Casey die Tragödie des irischen Freiheitskampfes, dessen revolutionärer Impuls den meisten gar nicht bewußt ist, vielmehr zu schäbiger Denunziation und als Druckmittel für lächerliche private Auseinandersetzungen mißbraucht wird. Eine Hausdurchsuchung der Engländer erweist die ganze Schäbigkeit und Feigheit der Helden und Heldenverehrer. Nur Minie zeigt Entschlossenheit und Mut, als sie eine Tasche mit Bomben, die ein tatsächlicher Rebell heimlich bei Shields abgestellt hat, in ihr Zimmer bringt, um den Verdacht von Davoren abzulenken. Sie wird ertappt, verhaftet und bei einem Feuerüberfall irischer Nationalisten auf die Briten getötet. Keiner der Männer im Haus hat für sie eine Hand gerührt. Doch bald nach der überstandenen Razzia rühmen sich jene, die eben noch zitterten und jammerten, ihres standhaften Verhaltens und ihrer Kaltblütigkeit. Davoren ist der einzige, der Scham empfindet; er weiß, daß Minnie für ihn in den Tod gegangen ist. Sowohl Davoren, der sein Versagen ästhetisch verklärt, als auch Seumas Shields, der vom einstigen Revolutionär zum penetrant frömmelnden Spießer geworden ist, werden von O'Casey schonungslos in ihrer Schäbigkeit entlarvt, die einzige Heldin in diesem Heldenspiel ist Minnie. Ihr tragisches Schicksal bestürzt um so mehr, als es unvermittelt gegen zwar erbärmliche, aber doch ungemein komische und skurrile Typen abgesetzt ist.

Juno und der Pfau (UA: 1924 in Dublin) ist das zweite Stück der *Dubliner Trilogie*. Auch hier bilden die politischen Spannungen zwischen Irland und England den Hintergrund; wieder ist der Schauplatz das Arbeitermilieu einer Dubliner Mietskaserne. Um Juno, einer realistischen und lebenstüchtigen Proletariermutter, sammeln sich nur Scheinhelden und Schwätzer. Jack Boyle, ein arbeitsscheuer Taugenichts, überläßt die Sorge für seine Familie seiner Frau Juno. Er gebärdet sich als großspuriger «Pfau», flüchtet vor der Wirklichkeit in den Alkohol und treibt sich mit seinem phrasendreschenden Saufkumpan Joxer herum. Juno wird nur von ihrer Tochter Mary unterstützt, denn auch ihr Sohn Johnny, der in den Unabhängigkeitskämpfen einen Arm verloren hat und zum Neurotiker geworden ist, geht keiner Arbeit nach. Eine in Aussicht gestellte Erbschaft versetzt die Familie in Wohlstandshysterie und stürzt sie, als sie sich als nichtig erweist, in noch größeres Elend. Mary wird von ihrem englischen Liebhaber, einem theosophischen Schaumschläger, schwanger sitzengelassen und von Vater und Bruder mit pharisäerhafter Verachtung gestraft. Nur Juno hält zu ihrer Tochter. Kurz bevor die beiden für immer das Haus verlassen, kommt die Nachricht, daß Johnny als Verräter seiner ehemaligen Untergrund-Kameraden entlarvt und erschossen wurde. Der «Pfau» bleibt grölend mit Joxer zurück und philosophiert über den «schrecklichen Bruchzustand» der Welt.

Der Pflug und die Sterne (UA: 1926 in Dublin) spiegelt die Vorbereitungen und den Verlauf des irischen Osteraufstandes 1916 gegen die englische Herrschaft im Schicksal einer Gruppe von Menschen des Dubliner Hinterhofmilieus. Pflug und Sterne sind Embleme des Banners der Irischen Bürgerwehr: der Pflug symbolisiert die Arbeit, die Sterne die ideellen Bestrebungen. O'Caseys rücksichtslose antiheroische Demaskierung dieser Ideale löste Skandale aus, die seinen Entschluß, ins freiwillige Exil nach England zu gehen, bekräftigten: Der Maurer Jack Clitheroe und der Taglöhner Peter Flynn sind Anhänger der Freiheitskämpfer, setzen sich aber mehr aus Geltungsbedürfnis als aus Überzeugung für die Sache Irlands ein. Eine Versammlung der Bürgerarmee findet ihre ironische Brechung in einer Kneipe, in der die Teilnehmer ihre vaterländische Begeisterung mit Alkohol anheizen. Die hochtönenden Ideale werden von der trüben Wirklichkeit eindringlich kontrastiert. Schließlich entlarvt O'Casey brutal den Geist, der bei den Osterunruhen herrschte, in denen er eine wahnwitzige Rebellion verbohrter Nationalisten sah. Während die Freischärler nur noch kämpfen, weil sie sich schämen, ihre Angst einzugestehen, verhält sich die Bevölkerung abweisend, und die Slumbewohner nützen die Gelegenheit zu Plünderungen. Clitheroe fällt; seine Frau Nora, die ihn verzweifelt vom Kampf abzuhalten versuchte, verliert ihr Baby und wird wahnsinnig, die tatkräftige Obsthändlerin Bessie, die sich um Nora kümmert, wird erschossen. Zuletzt sitzen englische Soldaten an ihrem Teetisch und singen. – Mit dieser Tragödie, die einem grotesken Totentanz gleicht, zeigt der Dichter die Diskrepanz zwischen den propagierten Idealen einer Zeit und der Wirklichkeit ihrer Menschen, zeigt mit bitterer Ironie die Sinnlosigkeit eines vermeintlichen Heroismus und die Fragwürdigkeit von Patriotismus, die sich auf Phrasen und Heuchelei gründen.

Der Preispokal (UA: 1929 in London) spielt vor dem Hintergrund des Ersten

O'Casey, Juno und der Pfau. Schauspielhaus Köln, 1964. Inszenierung: Peter Palitzsch
Juno: Ursula v. Reibnitz. Boyle: Hans Mahnke

Weltkriegs und gilt als das bedeutendste pazifistische Stück des Dichters: Irische Soldaten verbringen einen keineswegs konfliktfreien Heimaturlaub: Teddy Foran zertrümmert seine Wohnung, weil er die Freude seiner Frau über seine bevorstehende Rückkehr an die Front bemerkt, Harry Heegan verhilft der lokalen Fußballmannschaft mit dem Siegtor zum Preispokal und wird wie ein Held gefeiert, doch seine Mutter verhindert seine Heirat, um sich die den Angehörigen von Frontsoldaten gewährte Rente zu sichern. Als die jungen Männer das Schiff nach Frankreich besteigen, wissen sie alle nicht, wofür sie wieder in den Kampf ziehen. Den Krieg selbst schildert O'Casey dann, durch surreale Bildfolgen verfremdet, als einen grausigen Gespensterreigen und Mummenschanz. Harry verliert seine Beine, Teddy erblindet, nur Harrys Freund Barney kehrt unversehrt und hochdekoriert aus dem Krieg zurück. Bei einer Tanzveranstaltung im Klubhaus der Fußballmannschaft kümmert sich niemand mehr um die beiden Invaliden, sie sind Ausgeschlossene, lebende Tote; Harrys Freundin Jessie wendet sich Barney zu.

In der «abwegigen Komödie» *Purpurstaub* (1945) ziehen sich zwei reiche Engländer, Cyril Poges und Basil Stoke, mit ihren irischen Geliebten nach Irland zurück, um den Bombenangriffen der Deutschen zu entgehen. Sie haben ein verfallendes Tudor-Landhaus gekauft, das sie von einheimischen Arbeitern restaurieren lassen wollen. Die irischen Arbeiter, die das Schlößchen wieder instand setzen sollen, reißen es jedoch nach und nach ein. O'Casey setzt dabei den gesunden Wirklichkeitssinn von Menschen aus dem Volk dem Ästhetentum der Engländer entgegen, das den realen Boden unter den Füßen verloren hat. Die beiden Briten, die nach Irland kommen, um ein neues Leben zu beginnen, haben keine Chance. Ihr «Zurück zur Natur» wird zur Groteske. Sie scheitern an den verschmitzten Demolierungsakten der irischen Arbeiter, denen sie in ihrer Lebensuntüchtigkeit auf Gedeih und Verderb ausgeliefert sind, sie scheitern aber auch daran, daß sie ihr Leben stilisieren wollen, statt es zu leben. Ihr Anspruch steht in keinem Verhältnis zur Realität. Traditionsversessen und überzivilisiert, haben sie sich von der Natur bereits so weit entfernt, daß sie ihr hilflos gegenüberstehen und von einer hereinbrechenden Flut überschwemmt und weggespült werden. Die Sintflut zerstört die alte Ordnung, die Arbeiter retten sich mit den Mädchen, die sie den Engländern ausgespannt haben, auf die Hügel und verfolgen den Untergang ihrer Gegner. Doch so lächerlich die beiden Snobs mit ihren hochtrabenden Ansprüchen erscheinen – im totalen Scheitern der Verwirklichung ihrer Sehnsucht sind sie zugleich auch tragisch.

Die «tragische Burleske» *Kikeriki* (1949) geht von dem Aberglauben aus, das Mädchen Loreleen sei vom Teufel besessen und könne sich in einen Hahn verwandeln. Der Aberglaube, der seit jeher den Ort beherrscht, wird vom Pfarrer, vom Unternehmer, vom Schmarotzer wie vom Dorfidioten ausgenutzt. Doch der Hahn, den O'Casey leibhaftig auf die Bühne stellt, richtet bei den Männern des Dorfes heillose Verwirrung an. Er ist nichts anderes als die Projektion der unterdrückten Gefühle und Ängste von Menschen, die Aberglaube und Geschäftsgeist inhuman gemacht hat. Den Frauen auf geheimnisvolle Weise verbunden, vertritt der Hahn, der zugleich auch Symbol für Lebensfreude, Vitalität und sexuelle Freiheit ist, ihre Interessen den lebensfeindlichen Dorfbewohnern gegenüber. Nur den Philistern erscheint er als Inkarnation des Bösen. Zuletzt verlassen Loreleen und ihre Freundinnen das Dorf. Sie ziehen in ein Land, «wo das Leben dem Leben ähnlicher ist».

Thomas Stearns Eliot 1888–1965

Thomas Stearns Eliot wurde am 26. September 1888 als Sohn eines streng puritanischen Vaters in St. Louis, Missouri, geboren. Die Familie war im 17. Jahrhundert in Amerika eingewandert, sein Großvater, Rev. William Greenleaf Eliot, gründete die Washington University. Nach Abschluß des Studiums der Philosophie in Harvard, das Eliot durch ein Jahr an der Pariser Sorbonne unterbrochen hatte, ging er 1914 nach Deutschland und schließlich nach Oxford. 1915 heiratete er Vivienne Haigh-Wood und ließ sich in London nieder, wo er als Bankbeamter bei Lloyds eine eminente Begabung für diese Sparte bewies. Dennoch wandte er sich mehr und mehr dem Schreiben zu, wurde Redakteur und gründete 1922 die Zeitschrift «Criterion» (bis 1939) mit dem Anliegen, die englische Literatur und Kultur mit der des europäischen Kontinents enger zu verbinden. Mit dem lyrischen Werk «Das wüste Land» (1922) wurde er schlagartig international bekannt. 1927 erwarb Eliot die englische Staatsbürgerschaft und trat zum Anglo-Katholizismus über. Ab 1932 beschäftigte er sich mit der Wiedergeburt des englischen Versdramas. Einer der meistgeehrten Dichter seiner Zeit, wurde er 1948 mit dem Nobel-Preis für Literatur ausgezeichnet. 1957, zehn Jahre nach dem Tod seiner ersten Frau, heiratete er Valerie Fletcher. Er starb am 4. Januar 1965 in London.

Als T. S. Eliot 1928 verkündete, er sei «als religiöser Mensch Anglo-Katholik, als Politiker Royalist, als Dichter Klassizist», wurden diese Tendenzen als durchaus revolutionär empfunden, waren sie doch gegen den liberalistischen Zeitgeist gerichtet. Gegen eine Literaturentwicklung, in der sich überall die Tendenz zum Epischen manifestierte, versuchte er eine in Auflösung und Verrottung begriffene Form zu retten: das Drama. Allein vom Inhalt und von seinen gesellschaftskritischen und kulturpolitischen Intentionen her – der «christlichen Ordnung», die er mit seinen Dramen «unter die Leute zu bringen» bemüht war –, ist der Zugang zu Eliots Stücken nicht zu finden. Von Anfang an stand für ihn das Problem der Form im Vordergrund. Künstlerische Abstraktionsfähigkeit vermißte er sowohl beim symbolistischen als auch beim naturalistischen Drama. «Es ist durchaus notwendig, daß ein Kunstwerk eine ihm innere Logik aufweist, daß der Künstler bewußt oder unbewußt einen Kreis um sich zieht, dessen Peripherie er nicht überschreitet: auf der einen Seite liefert das wirkliche Leben stets den Stoff, auf der anderen Seite ist die Abstraktion vom wirklichen Leben eine Grundbedingung für die Hervorbringung des Kunstwerkes», schrieb er schon 1924. Wie er die Entwicklung eines Künstlers gleichsetzte einer «kontinuierlichen Selbstaufopferung», einer «kontinuierlichen Befreiung von der Persönlichkeit», so sah er die Form eines Kunstwerkes als radikal von der Realität abstrahierende Funktion. Das Versdrama schien ihm deshalb geeignet für «eine Konstruktion von menschlicher Handlung und von Worten ..., so als vereinte es in sich die dramatische und die musikalische Ausdrucksform». Ezra Pound ermutigte Eliot dazu, den Schritt von der Theorie zur Praxis zu tun, aber auch das Studium von Yeats und die Beschäftigung mit Hofmannsthals Dramen liegen auf dem Weg des literaturkritisch engagierten Lyrikers zu seinen dramatischen Arbeiten. Der Anstoß kam von außen, in Auftragsform. Eliots Konversion zum Katholizismus gab den wesentlichen Impuls für seine ganz persönliche Erkenntnis, «daß das Drama eine Beziehung dessen, was der Mensch bedarf, und seiner Erfüllung, zu religiösen Bedürfnissen und ihrer

Erfüllung, darstellt, wie sie jeweils die Zeit vermittelt ... Je fließender, je chaotischer die religiösen Glaubensgrundsätze sind, um so mehr muß das Drama zum Liturgischen hinstreben.» Eine Hauptsorge galt der Sprache. Eliot suchte nach einem präzisen, suggestiven, rhythmisch-ordnenden und transparenten «Transportmittel» für seine Inhalte. Das Endresultat war eine Dichtersprache, die nicht mehr als solche empfunden wird. Eliot verwendete den Konversationsstil, um aus ihm ein Drama mit religiösen Absichten zu entwickeln. Gegen den Scheinrealismus des britischen Konversationsstücks setzte er scheinbare Gesellschaftsstücke mit einer geheimen christlichen Botschaft, Dramen, in denen verschlüsselt die Überlegenheit einer christlichen Weltsicht zum Ausdruck kommt. So dezent, so zart, daß man ihn einen «Geheimbotschafter Gottes» (Georg Hensel) nennen konnte.

Als die erzbischöfliche Kanzlei zu Canterbury Eliot den Auftrag gab, für die Canterbury-Festspiele 1935 ein Weihespiel zu schreiben, hatte sich der Lyriker bereits an die zwanzig Jahre theoretisch mit dem Problem des Dramas befaßt. Vor seiner Konversion zum Katholizismus hatte er 1926/27 zwei Szenen eines aristophanischen Dramenfragments veröffentlicht, *Sweeny Agonistes*, ein Melodram, in dem er mit Jazz-Rhythmen und varietéartigen Sprachelementen experimentierte. *Der Fels*, ein christliches Festspiel im Stil von Yeats, war als Gemeinschaftsarbeit im Auftrag der Diözese London für einen Kirchenfonds entstanden.

Mord im Dom (UA: 1935 in Canterbury) markierte den eigentlichen Beginn von Eliots dramatischer Arbeit, die nun in den Mittelpunkt seines literarischen Schaffens trat. Vor Anouilh und Fry griff Eliot hier den Märtyrertod Thomas Beckets auf und formte ein christliches Spiel, das – trotz der antiillusionistischen Einbettung in eine Art Gerichtsverhandlung, in der Beckets Mörder ihre Tat zu verteidigen suchen – nichts anderes sein will als ein religiöses Festspiel. Traditionelle Elemente und Formen werden zeitgemäß intellektuell und ideologisch durchdrungen: Die Form wird zum Instrument des Moralisten und religiösen Propagandisten. – Nach siebenjähriger Emigration darf Thomas Becket, der Erzbischof von Canterbury, mit Heinrich II. versöhnt, zurückkehren. Der Chor der Frauen von Canterbury befürchtet dennoch neue Gefahren für den Erzbischof von seiten der Krone. Thomas nahen sich vier Versucher. Der erste will ihn zurückholen ins sinnenfrohe Hofleben, der zweite ihn mit erneuter Kanzlermacht locken, der dritte den Revolutionär in ihm aufstacheln, der vierte ihn zur Rolle des Märtyrers verleiten. Becket widersteht. Am zweiten Weihnachtsfeiertag, dem Fest des ersten Märtyrers Stephanus, predigt er und weist Blutzeugenschaft für Christus, die aus eigenem Willen rührt, weit von sich: Nur Gott allein vermag die Gnade zu verleihen, für den Glauben an ihn das Leben zu opfern. Am 29. Dezember 1170 erscheinen vier Ritter als Abgesandte des Königs vor Becket und beschuldigen ihn der Verschwörung mit Frankreich und dem Papst gegen England. Sie fordern ihn zur Verantwortung vor den König, doch Becket lehnt ab. Er will nur vor dem Richterstuhl seines geistlichen Oberherrn, des Papstes, erscheinen. Angst- und ahnungsvoll drängen die Priester den Erzbischof zum Altar der Kathedrale und schließen deren Tore. Doch Becket läßt das Gotteshaus, das allen zugänglich sein muß, wieder öffnen. Die betrunkenen Ritter dringen ein und ermorden ihn auf den Stufen des Altares. – Klage und Anklage des Chores leiten zum zweiten Teil des Festspiels über, in dem Eliot das Geschehen in die Gegenwart wendet: Das Publikum soll in einer Gerichtsverhandlung das

Recht finden. Die vier Ritter verteidigen ihren politischen Mord als Staatsnotwendigkeit. Mit einer Totenklage und einem Lobgesang auf den Blutzeugen Gottes schließt das Spiel. – In makelloser poetischer Sprache gelingt es Eliot, drei Hauptthemen, jedes für sich ein Dramenvorwurf, spannungsvoll zu behandeln: die geistige Situation eines dem Tode nahen Märtyrers, der weiß: «Handeln ist Leiden / und Leiden ist Handeln»; die Bekehrung der Frauen von Canterbury, die Zeugen des Mordes werden, und die eigenmächtige Abgrenzung von weltlicher und kirchlicher Macht.

Der Familientag (UA: 1939 in London) zeigt zum erstenmal Eliots Verfahren, die Form des zeitgenössischen britischen Gesellschaftsstücks antiillusionistisch zu durchbrechen: In der Halle von Wishwood warten die Mitglieder der Familie Monchensey unter dem Vorsitz der alten Lady Amy auf deren ältesten Sohn Harry, der nach achtjähriger Abwesenheit den Landsitz als Erbe übernehmen soll. Als Harry zurückkommt, gesteht er, seine Frau ermordet zu haben. Mit ihm erscheinen auch, nur für ihn sichtbar, die Erinnyen. Seine Familie glaubt nicht an die Mordtat; nach und nach erweist sie sich als eine sich fortzeugende gedankliche Blutschuld: Schon Harrys Vater wollte seine Frau beseitigen. Als Harry diese Erbschuld erkennt, die auf seiner Familie und auf der Welt lastet, erkennt er gleichzeitig die Notwendigkeit der Sühne. Harry lehnt sein Erbe ab und tritt eine fluchlösende Pilgerfahrt an, «irgendwohin jenseits der Verzweiflung», zur Helle der Gottes- und Menschenliebe. Den Eindruck einer «mathematischen Aufgabenstellung» mit den Parallelen Harry – Orestes (*Orestie* des Aischylos) und Götterfluch – Erbsünde, mit der Entsühnung durch tätige Liebe, kann Eliot in diesem Drama nicht ganz verwischen.

Die Cocktailparty (UA: 1949 in London), vom Dichter als Komödie bezeichnet, beginnt als realistisches Gesellschaftstheater, zeigt dann den Eingriff überirdischer Mächte und läuft in einem langen Nachspiel aus. Der Psychiater Sir Hartcourt Reilly erweist sich sehr bald als mystische Figur, als der Mystagoge, der die Menschen in das Mysterium ihres Daseins einweist und ihnen Aufgaben stellt, die sie zu lösen haben: Die junge romantische Celia, die gern Filmstar werden möchte, geht als Pflegerin pestkranker Eingeborener auf eine tropische Insel und wird dort, eine moderne Märtyrerin, von Aufständischen grausam ermordet. Das Ehepaar Chamberlayne, einander völlig entfremdet und untreu, muß sich selbst erkennen: er, daß er unfähig ist, jemanden zu lieben, sie, daß kein Mann sie lieben kann. Doch aus dieser Erkenntnis erwächst der Wille zu neuer Gemeinschaft, zu einer Bewährung füreinander. Jeder der Hauptfiguren der Party, die zueinander in verschlungenen Beziehungen stehen, wird ein Weg gewiesen – die Entscheidung muß jedoch jeder für sich selbst treffen. Unfähigkeit zur Liebe, Kontaktlosigkeit, hemmungslose Ichbezogenheit und innere Isolierung, sie werden durch Sühne geheilt. Die Menschen brechen zu der ihnen von Gott gegebenen Identität durch und finden ihre Bestimmung in dieser Welt. – Eliots lange Bemühungen um dramatische Poesie werden reicher belohnt als in dem vorangegangenen Drama, die Versdialoge stimmen hier mit den Charakteren und Situationen bereits weitgehend überein.

Der Privatsekretär (UA: 1953 in Edinburgh) zeigt keine Diskrepanz mehr zwischen dem religiösen Anspruch und seiner künstlerischen Versinnlichung. Eliot überträgt Motive des *Ion* von Euripides (siehe S. 29) ins Gesellschaftsmilieu seiner Gegenwart: Der Finanzgewaltige Sir Claude Mulhammer will seinen unehelichen Sohn als Privatsekretär anstellen, doch der junge Mann erweist sich schließlich als nicht verwandt. Es kommt zu immer neuen Überraschungen in den Verwandtschaftsverhältnissen, sie sind keine tragfähige Basis mehr für den Menschen in dieser Welt. Die Unsicherheit aller Bindungen, ihre Vorläufigkeit wird deutlich. Eliot nimmt hier keine Aufteilung in reale und mystische Figuren vor, in realistischen und mystischen Dialog, sondern läßt beides ständig ineinanderfließen, die Durchsichtigkeit allen Seins nach der Transzendenz hin beweisend. Halt und Ziel des Menschen bildet nur der Heilsweg. Dramatischer und poetischer Gehalt sind im Gleichgewicht, asketische Kälte ist gewichen. Diese Entwicklung führt zu Eliots Alterswerk.

Ein verdienter Staatsmann (UA: 1958 in Edinburgh). Auch in diesem Gesellschaftsstück in Versen werden mythische Motive aufgegriffen, es gibt deutliche Analogien zum *Ödipus auf Kolonos* des Sophokles (siehe S. 20): Lord Claverton, ehemals Minister, dann Geschäftsmann, jetzt im Ruhestand, ist schwer krank. Er wird von seiner Tochter gepflegt, die deshalb nicht heiraten kann. Sein Sohn will sich von ihm lossagen, um «ein Leben in Sünde» zu führen. Claverton wird von personifizierten Erinnerungen heimgesucht, einem Jugendfreund, der nicht ohne Clavertons Schuld auf die Bahn eines fragwürdigen Geschäftsmannes geraten war, und einer Jugendfreundin, die er einst sitzengelassen hatte. Beide suchen seine Liebe; der Freund will nichts als die Wiederherstellung der alten freundschaftlichen Bande, die Freundin, inzwischen eine reiche Witwe, vertraulichen Umgang. Und doch meldet sich mit diesen Zeugen der Vergangenheit in Claverton, der den Tod nahen fühlt, das Gewissen, das Bewußtsein einer Schuld. Er erkennt die vielen ungesühnten kleinen Verbrechen seines Lebens und sein großes Rollenspiel eines «verdienten Staatsmannes». Er muß sich sein Versagen seinem Sohn gegenüber eingestehen, lernt verstehen und verzeihen. In einer großen Beichte legt er seiner Tochter ein volles Geständnis ab und ringt sich dazu durch, auf sie zu verzichten. Die Liebe zu seinen Kindern erlöst ihn aus der Scheinhaftigkeit und Uneigentlichkeit seines Lebens, durch Liebe findet er zu sich selbst. – Anders als in den vorhergehenden Dramen, in denen die Heilsuche unter dem Zeichen von Opfer, Askese, Entpersönlichung stand, führt nun die Erlösung aus der Scheinexistenz über den Weg zu einem Du. Hatte Eliot das bisher nur seinen Durchschnittsmenschen zugestanden, so wird die Liebe jetzt zum Ausgangspunkt allen menschlichen Verstehens wie auch der Selbstfindung. Clavertons Tochter Monica und ihrem Geliebten gehört die letzte Szene. Monica fühlt, daß der Vater stirbt: «Indem er Niemand geworden ist, ist er Er Selbst geworden. / Jetzt ist er nur mein Vater, und Michaels Vater, / und ich bin glücklich. Ist das nicht seltsam, Charles, / Glücklich zu sein in diesem Augenblick?» Und Charles antwortet: «Das ist gar nicht seltsam. / Das Tote hat Segen über das Lebende ausgegossen.» Die Reife des Alterswerkes kommt zum Ausdruck: Der auf abgeklärter Lebensweisheit fußende Humor hat jeden Schein von Willkürlichkeit abgelegt, die lyrischen Passagen sind in bildhafter Präzision und Verhaltenheit gestaltet, aus dem ideellen Gehalt spricht eine tiefe Humanität. Claverton wird wie Ödipus ein gnadenvoller Tod gewährt, sein Segen wird weiterwirken. Doch während Ödipus bis zuletzt darauf besteht, schuldlos ins Leid gestoßen worden zu sein und es schuldlos schuldig zu tragen, erkennt Claverton sein Versagen. In der mit tiefer innerer Bereitschaft vollzogenen Erkenntnis seiner Schuld findet er zu der erlösenden Macht der Liebe.

John B. Priestley *1894

John Boynton Priestley wurde am 13. Dezember 1894 in Bradford (Yorkshire) als Sohn eines Lehrers geboren. Im Alter von sechzehn Jahren verließ er die Schule, arbeitete im Büro einer Textilfirma und begann, für sozialistische Periodika zu schreiben. 1914 meldete er sich freiwillig zur Infanterie der britischen Armee, die er, dreifach verwundet, als Leutnant verließ, um in Cambridge englische Literatur, Geschichte und Politik zu studieren. Mitte der zwanziger Jahre wurde er als Essayist bekannt. Einen Welterfolg brachte ihm der Roman «Die guten Gefährten», mit dessen Dramatisierung 1931 Priestleys dramatisches Schaffen begann. Er gründete ein eigenes Theaterunternehmen und leitete zwei Bühnen, an denen er inszenierte und auch als Schauspieler auftrat. Im Zweiten Weltkrieg wurde er der populärste Rundfunkkommentator seiner Heimat, «die inoffizielle Stimme des britischen Volkes». Der Oxforder Ehrendoktor wurde 1977 von Elizabeth II. in den 1902 gegründeten, immer nur 24 Personen umfassenden «Order of Merit» aufgenommen.

«Ich bin zu konventionell für die Avantgarde, zu experimentell für Tante Edna; zu extrovertiert für die Introvertierten, zu introvertiert für die Oberflächlichen; den Intellektuellen erscheine ich als Biedermann, den Biedermännern als Intellektueller.» Dieses Selbstzeugnis Priestleys sagt viel aus über seine besten Stücke, die zwar dem Publikum eine neue dramaturgische Form zumuteten, es aber nicht mit anderer als einfacher Botschaft konfrontierten, woraus zweifellos ihr großer Publikumserfolg resultiert, aber auch das Urteil jener Kritik, die seinen Stücken einen Platz ganz nahe dem Boulevard zuweisen. Freilich sind Priestley große literarische Ambitionen fremd, seine dramaturgischen Experimente jedoch, vor allem das Spielen mit dem Kausalitätsbegriff und das Eingreifen in den Zeitfluß, erweisen ihn durchaus auf der intellektuellen Höhe seiner Zeit. Deutlich macht sich der Einfluß der Theorien des Mathematikers und Philosophen J. W. Dunne bemerkbar, denen zufolge die Ewigkeit, nicht im christlichen Sinn, sondern als vierte Dimension alle Zeitbedingtheit relativiert: Vergangenheit, Gegenwart und Zukunft sind eine Einheit. Der Perspektivismus in *Die Zeit und die Conways* etwa entspricht Priestleys Theorie, daß dramatische Erfahrung im Erleben einer erhöhten Wirklichkeit bestehe, die zugleich äußerst unwirklich ist. Er reiht sich so mit seinen besten Dramen in eine Tradition technisch und thematisch ähnlicher Familienstücke ein, zu deren wichtigsten Autoren T. S. Eliot und Thornton Wilder gehören.

In seinem ersten Stück *Die guten Gefährten* (1931), der Dramatisierung seines gleichnamigen Romans, geht es dem Autor um die Geschichte dreier alltäglicher Menschen. Sie brechen aus ihrer gewohnten Umgebung aus, treffen zufällig aufeinander, schließen sich einer Theatergruppe an und werden die «guten Gefährten» des Titels, bis zwei von ihnen ins bürgerliche Dasein zurückkehren – bereichert um die Erfahrung der Kameradschaft.

Gefährliche Kurven (1932) trägt bereits typische Merkmale des Priestley-Œuvres: die gesellschaftskritische, moralisierende Botschaft, dargeboten mit (meist neuartigen) dramaturgischen Kunstgriffen. Das Stück ist in Kreisform konstruiert: Am Beginn erleben einige Figuren des Dramas das Ende eines Hörspiels, in dem ein Mann Selbstmord begeht, nachdem er die desillusionierende Wahrheit über seine Freunde und Verwandten gehört hat, am Ende ist die gleiche Konstellation erreicht, und es bleibt offen, ob sich die dargestellten Ereignisse, die denen des Hörspiels gleichen, tatsächlich ereignet haben oder sich nur hätten ereignen können.

Um das Wesen der Wahrheit und die Relativität des Zeitbegriffs geht es Priestley auch in seinem folgenden Stück:

Die Zeit und die Conways (UA: 1937 in London) basiert auf dem dramaturgischen Kunstgriff, daß der zweite Akt des Dreiakters achtzehn Jahre später spielt (1937) als der erste und dritte (1919). Die Geburtstagsfeier von 1919 wird durch die visionäre Schau der Zukunft dieser englischen Großfamilie des Mittelstands unterbrochen, deren Verfall in dem Zukunftsbild gezeigt wird. Im dritten Akt, der an die Ereignisse des ersten anschließt, tröstet Alan Conway seine um das Schicksal der Familie bangende Schwester mit der Botschaft des Stückes: Er weiß, «die Zeit zerstört nichts, sie bewegt uns nur», er weiß, daß «wir uns nur darum so viel Leid zufügen, weil jeder glaubt, daß die Zeit unser Leben aufzehrt». Vor allem aber weiß er, daß man die Schuld in sich selbst suchen muß, nicht im persönlichen Egoismus oder dem der Familie steckenbleiben darf, sondern lernen muß, gegenüber allen sozialen Partnern aus verantwortlicher Liebe zu leben.

Ein Inspektor kommt (UA: 1946 in London und Moskau) gleicht auf den ersten Blick einem Kriminalstück, entpuppt sich jedoch als eine moderne Version der mittelalterlichen Morality Plays: Die fragwürdige soziale Moral einer kapitalistischen Bürgerfamilie wird von einem Mann enthüllt, der sich Inspektor Goole nennt. Er kommt, um Ermittlungen über den Selbstmord einer jungen Arbeiterin anzustellen, die vom verheirateten Sohn des Familienoberhaupts ein Kind erwartet hat. Aus seinen Verhören wird klar, daß alle Anwesenden, jeder auf seine Weise, moralisch am Tod der jungen Frau mitschuldig sind. Der Inspektor geht mit der Mahnung, daß alle Menschen füreinander Verantwortung zu tragen haben. Als sich durch eine Rückfrage bei der Polizei herausstellt, daß es dort weder einen Inspektor Goole gibt, noch etwas von einer Selbstmörderin bekannt ist, sind alle ungemein erleichtert. Es muß sich um einen Bluff gehandelt haben, kein Skandal ist zu befürchten. Da läutet das Telefon: Die Polizei kündigt den Besuch eines Inspektors an, der über den Tod einer jungen Arbeiterin ermitteln soll ...

Nach den erfolgreichen Lustspielen *Seit Adam und Eva* (1947), einem Exkurs über das uralte Thema, wie schwer es ist, den Traum der Verliebten im Ehealltag zu verwirklichen, *Und das am Montagmorgen* (1955), der Geschichte eines Bankvorstands, dem es gelingt, Zwänge abzuschütteln und in eine unbeschwert verspielte Zukunft zu ziehen, schrieb Priestley *Schafft den Narren fort* (1955): Der Zirkusclown Joey schläft in der Silvesternacht 1899 zwischen seinen alkoholisierten Kollegen ein und träumt den Alptraum von der totalmechanisierten entmenschlichten Zukunft. In diese Zukunft findet Joey sich, aber auch seine Zirkuskollegen versetzt. Er opfert schließlich sein Leben, um ihnen das Ausbrechen in eine schönere Welt zu ermöglichen. Als er aus seinem Traum erwacht, trinken seine Freunde voll von Optimismus und dem Glauben an technischen Fortschritt auf das anbrechende Jahrhundert. Joey jedoch erhebt sein Glas zum Abschied vom vergangenen Säkulum: «Es hätte viel schlechter sein können.» Priestley warnt hier vor einer technisierten Zukunft, die menschliches Maß verloren hat, in der die Freiheit des Individuums von einer genormten Roboterwelt ausgelöscht ist. Nur der Clown vermag noch zu rebellieren.

Christopher Fry *1907

Christopher Fry wurde am 18. Dezember 1907 im Elendsviertel von Bristol als Sohn eines Architekten geboren, der seinen Beruf aufgegeben hatte, um als Prediger und Sozialhelfer in den Slums zu wirken. Er hieß eigentlich Christopher Harris, nahm aber nach dem Tod des Vaters den Mädchennamen seiner Mutter, Fry, an und wurde Quäker. 1926 begann er als Lehrer zu arbeiten, ging jedoch schon ein Jahr später als Regisseur und Schauspieler zu einer Wanderbühne, für die er auch Texte und Musik schrieb. Nach einem zweiten Zwischenspiel als Lehrer entschied er sich endgültig für das Theater und leitete von 1932 bis 1935 die Turnbridge Wells Repertory Players. Er verheiratete sich 1936 mit der Journalistin Phyllis Hart. 1940 wurde er Direktor des renommierten Oxford Playhouse. Der Krieg unterbrach seine Tätigkeit: Fry verweigerte als Quäker den Dienst mit der Waffe, trat jedoch in eine Pionier-Kompanie ein und arbeitete vier Jahre an der Beseitigung von Bombenschäden in seiner Heimat. Christopher Frys Welterfolg als Dramatiker setzte 1948 ein mit der Verskomödie *Die Dame ist nicht fürs Feuer*, die auch als Textbuch ein Bestseller wurde. In den sechziger Jahren wandte er sich der Übersetzungsarbeit aus dem Französischen zu und schrieb, allein oder als Co-Autor, Filmdrehbücher.

Nach T. S. Eliot brachte das Auftreten Christopher Frys im direkten Anschluß an die Jahre des Zweiten Weltkriegs eine weitere Veränderung des englischen Theaters: Die poetische Phantasie eroberte – ähnlich wie zuvor in Frankreich – das englische Theater. Fry überschüttete das Publikum mit einer von Bildern und Metaphern überströmenden poetischen Sprache, die die Anschaulichkeit der altenglischen Theatersprache – ohne zur Stilkopie zu führen – Gegenwart werden ließ. Frys lockerer, musikalisch schwingender Versrhythmus war nicht nur für die englische Literatur der vierziger Jahre neu, er hatte auch einen neuen Darstellungsstil zur Folge, denn die Texte zwangen die Schauspieler zu einer unnaturalistischen, von rhythmischen und melodischen Gesetzen bestimmten Diktion. Frys dichterische Absicht fiel auf fruchtbaren Nachkriegs-Boden: «Die Komödie ist eine Flucht, doch nicht eine Flucht vor der Wahrheit, sondern vor der Verzweiflung: eine enge Pforte zum Glauben. Sie glaubt an einen allgemeingültigen Ursprung der Freude, obwohl die Erkenntnis dieses Ursprungs uns immer wieder genommen wird ... Irgendwie müssen die Charaktere unangreifbar werden: das Leben bejahen, sich den Tod vertraut machen – und an der Freude festhalten ... doch nicht durch einen leicht verwundbaren Optimismus, sondern durch eine hart erkämpfte Freude. Die Fröhlichkeit ist zu lange auf seiten des Teufels gewesen – und so ist eine der wichtigsten Forderungen unserer Zeit, sie zurückzugewinnen.»

Ein Auftrag bildete auch für Christopher Fry (wie für Eliot) das auslösende Moment seines Schreibens für das Theater: Der Pfarrer der Ortschaft in Sussex wünschte sich für das hundertjährige Kirchweihjubiläum ein geistliches Spiel und brachte dem Theatermann die Chronik «Die Großen der Grafschaft Sussex». Fry wählte die Geschichte des Hirtenjungen Cuthman, der zu St. Cuthbert, dem «Heiligen von Sussex», geworden ist. *Der Hirt mit dem Karren* wurde 1937 auf dem Platz vor der Kirche aufgeführt, ein chorisches Legendenspiel in der angemessenen Naivität, das vom Hirtenjungen erzählt, der eine Kirche baut: Ein Balken verschiebt sich, niemand kann helfen, der Bau muß eingestellt werden. Da tritt ein Mann neben den Jungen und rückt den Balken mit einer leichten Berührung zurecht. «Ich war ein Zimmermann ...» sagt er zu dem erschreckten Hirten.

Von den Stücken Frys, die zwischen diesem Erstling und seinem Durchbruch als Dramatiker entstanden, ist *Der Erstgeborene* (1948) wohl das bedeutendste. Es handelt sich um eine Satire auf das Verhältnis der Eroberer zu den Kolonialvölkern. Noch ist die Menschlichkeit nicht stark genug, um Trennendes zu überbrücken, und Moses, die Zentralfigur des dreiaktigen Schauspiels in Versen, sagt: «Wir müssen jeder unseren eigenen Sinn finden / in der Ermahnung unserer Tage, / bis wir einander wiederfinden in dem Sinn der Welt.»

Ein Phönix zuviel (UA: 1946 in London) ist das erste Stück Frys, das auch in London zur Diskussion gestellt wurde. Der Stoff, den Fry hier aufgreift, wurde sowohl episch wie dramatisch wiederholt bearbeitet. Aus der schwarzen Fabel – eine Witwe will in der Gruft ihres Mannes diesem in den Tod folgen, verliebt sich aber in einen Soldaten, der gekreuzigte Banditen bewachen soll, und stellt ihm, als die Leiche eines der Hingerichteten gestohlen wird, den Leichnam ihres Mannes zur Verfügung – macht Fry einen Preisgesang auf das Leben: Dynamenes Todessehnsucht wird durch die naive Sinnlichkeit und natürliche Skepsis ihrer Dienerin Doto von Anfang an in Frage gestellt und schließlich vom Leben selbst besiegt mit Hilfe des Wachsoldaten Tegeus. Denn es ist nicht Tegeus, der Dynamene verführt, sie beide werden vom Leben verführt. Der Tod – die Leiche des Ehemannes – wird dem Leben geopfert, wird Voraussetzung des Lebens. «Ich liebte / sein Leben und nicht seinen Tod. Und jetzt können wir seinem Tod / die Kraft des Lebens geben», sagt Dynamene. – Der Einakter ist ein Schlüsselstück zu Frys lebensfroher Poesie, die den Sieg des Kreatürlichen über die Unnatur feiert.

Die Dame ist nicht fürs Feuer (UA: 1948 in London) besiegelte Frys Durchbruch als Dramatiker weit über die Grenzen Englands hinaus. Das Stück ist als erstes eines Quartetts jahreszeitbezogener Komödien dem Frühling gewidmet, der Zeit des unruhigen Werdens, der wachsenden Hoffnung, aber auch der Stürme und Bedrängnisse: Im Haus des Bürgermeisters Tyson, im Marktflecken Cool Clary um 1400, ist man in größter Erregung über die angebliche Hexe Jennet Jourdemayne, die vermeintliche Ermordung des Lumpensammlers Skipps und den vorausgesagten Weltuntergang. Während Jennet verdächtigt wird, Skipps in einen Hund verzaubert zu haben, will sich der entlassene Soldat Thomas Mendip aus Lebensekel aufhängen lassen und behauptet daher, Skipps ermordet zu haben. Der Bürgermeister und Richter Tappercoom kommen in ihrer Amtsführung nicht weiter, Jennet beteuert ihre Unschuld, Thomas gerät in eine wahre Geständniswut und bezichtigt sich sogar, der Teufel zu sein. Doch allmählich weckt Jennet in Thomas Liebe und damit neue Lust zum Leben. So braucht Skipps, beschwipst und kreuzfidel, nur noch aufzutauchen und damit die Verdächtigungen und Selbstbezichtigungen aus der Welt zu schaffen. Die Sehnsucht nach dem Tod wird auch hier von dem Willen zum Leben überwunden. Im Morgengrauen brechen Thomas und Jennet ins Leben auf.

Venus im Licht (UA: 1950 in London) folgte als «Herbststück» auf das «Frühlingsstück»: Der früh verwitwete Herzog von Altair hat seine drei ehemaligen Geliebten, die Schauspielerin Rosabel, die mollige Jessie und die elegante Hilda, zur Beobachtung einer Sonnenfinsternis auf die Sternwarte seines Schlosses geladen. Er beabsichtigt, wieder zu heiraten, und sein 25jähriger Sohn Edgar soll die Gefährtin auswählen, mit der er seinen Lebensabend teilen will. Kaum ist die Sonnenfinsternis vorbei, als Perpetua, die Tochter des Verwalters, erscheint. Der Herzog verliebt sich auf der Stelle in diese «Venus des Lichts», die sich aber zu Edgar hingezogen fühlt. Während der Herzog um Perpetua wirbt, legt Rosabel, die einzige Frau, die ihn wirklich liebt, in der Sternwarte Feuer. Die beiden werden gerettet, Perpetua bekennt sich aber nunmehr zu Edgar, und der Herzog entscheidet sich für Rosabel. – Die Stimmung des Herbstes liegt über dem Stück, das die Liebe des Herzogs zu dem jungen Mädchen als der natürlichen Ordnung widersprechend enthüllt. Rosabel löst den Herzog mit ihrem Brandanschlag aus dem Bann seiner lebensfeindlichen Astronomie und illusionären Liebe. Altair erkennt die Unvereinbarkeit dieser Liebe mit dem natürlichen Rhythmus des Lebens und wendet sich in weiser Abgeklärtheit der einstigen Geliebten zu, die ihm den richtigen Weg wies.

Ein Schlaf Gefangener (1951) unterbricht die Reihe der Jahreszeiten-Stücke. Vier Soldaten sind als Gefangene in einer Kirche eingesperrt. Der Kirchenraum wird zugleich Schauplatz und Lebensraum, Ort des Zweifelns und der Läuterung. Die reale Situation wird Ausgangspunkt eines Traumspiels, in dem jeder der vier Männer durch die Schlafgedanken der anderen gesehen wird «und jeder spricht in seinem eigenen Traum so, wie er im innersten Herzen ist, und nicht als der, für den er selbst sich hält» (Fry). Das eigentliche Thema des Spiels, der Kampf zwischen dem Göttlichen und der Sünde, wird durch die Überwindung des Bösen entschieden.

Das Dunkel ist Licht genug (UA: 1954 in London) nennt Fry die Winterkomödie in seinem Jahreszeiten-Quartett: Auf ihrem Landsitz nahe der ungarischen Grenze bietet die österreichische Gräfin Rosmarin Ostenburg dem desertierten Hauptmann Richard Gettner Unterschlupf. Allen erscheint dies unverständlich – gefährdet sie doch damit nicht nur die Familie, sondern setzt sich auch für ihren einstigen unliebsamen Schwiegersohn ein. Die Ungarn führen ein Revolutionsheer (es ist der Winter 1848/49) gegen Österreich, sie beschlagnahmen das Schloß und terrorisieren die Bewohner auf der Suche nach Gettner. Doch dem haßerfüllten Chaos setzt die Gräfin ihr menschliches Ethos entgegen; keine Pression kann sie bewegen, Gettner preiszugeben. Nicht etwa, weil sie ihn, wie Gettner vermutet, liebt, sondern weil ihr jedes Leben unverletzlich ist, weil es auch im Krieg eine menschliche Unparteilichkeit geben muß und weil sie erkannt hat, daß man seinem Schicksal nicht ausweichen darf, wenn man aufgerufen wird. Rosmarin allein vermag in der argen Wirrnis der Zeit göttliches Vertrauen in sich zu bewahren, ihre Wahrhaftigkeit, innere Unabhängigkeit und Humanität lösen in allen, die mit ihr in Berührung kommen, Kräfte der Selbsterkenntnis und Liebe aus. Sterbend ruft sie den angstgehetzten Gettner in seine Menschlichkeit zurück: Er stellt sich und nimmt die Gefangennahme, die zugleich den sicheren Tod bedeutet, auf sich. Selbst im winterlichen Dunkel der Seelen während der Schrecken des Krieges, sagt Fry, gibt es ein inneres Licht, das ausreicht, dem Menschen seinen Weg zu zeigen, zwar nicht den Weg, den er erträumt hat, aber einen, der nach oben führt.

Vers und Prosa mischte Fry in dem Schauspiel in drei Akten und einem Vorspiel *König Kurzrock* (1961). Er greift hier den Thomas-Becket-Stoff auf, behandelt ihn aber nicht psychologisch wie Anouilh oder als religiöses Festspiel wie Eliot, sondern als Chronical Play: Der Gegensatz zwischen Heinreich II. und seinem Erzbischof Thomas Becket ist todbringend für beide. Der König ist nicht gegen die Kirche, sondern gegen Beckets Gottesauslegung, Becket ist nicht gegen den Staat, sondern gegen die

Staatsführung des Königs. Es geht nicht um die Konfrontation der Ideen, sondern um die Konfrontation der Interpretationen. Heinrich, untadelig in seinem Wollen, aber fehlbar in seinem Handeln, scheitert nicht zuletzt an sich selbst. Bekkets Ermordung ist eine Tat übereifriger Höflinge, hervorgerufen durch einen Wutanfall des Königs. Bis zu seinem kläglichen Ende auf dem Schlachtfeld muß der Mann, der seinem Reich Ordnung, Frieden und Gerechtigkeit bringen wollte, erleben, wie seine Absichten durch die Wirklichkeit verkehrt werden.

Mit der Sommerkomödie *Ein Hof voll Sonne* (1970) vollendete Fry seinen Jahreszeiten-Zyklus: Nach dem Zweiten Weltkrieg treffen im Palazzo der Truguardo in Siena die Familienmitglieder zusammen, die den verschiedensten politischen Richtungen angehörten, was zu heftigen Konflikten führt – voll der Symbole und mythischen Parallelen. Die personalisierten Probleme der Nachkriegszeit werden in der inneren Bewegtheit des Sichwiederfindens und des Neubeginns in ihrer Widersprüchlichkeit aufgehoben.

John Osborne *1929

John Osborne wurde am 12. Dezember 1929 in London geboren. Als Kind aus dem unteren Mittelstand wuchs er in ärmlichen Verhältnissen auf und brach seinen häufig durch Krankheiten unterbrochenen Bildungsweg frühzeitig ab. Er versuchte sich als Journalist, unterrichtete dann die Kinder der reisenden Theatergruppe von Barry O'Brien und arbeitete als Regieassistent und Schauspieler in der englischen Provinz. Früh begann er, für das Theater zu schreiben, doch hatte die Uraufführung seines ersten Stückes *Der Teufel im Leib* (1947) keinerlei Resonanz. Erst 1956 hatte er mit *Blick zurück im Zorn** Erfolg, dann allerdings weltweiten.

Der Naturalismus John Osbornes ist auch als Gegenbewegung zum Versdrama T. S. Eliots und Christopher Frys zu verstehen. Das Erscheinen von *Blick zurück im Zorn* im Londoner Royal Court Theatre glich der Detonation einer Bombe inmitten von Harmonisierungsbestrebungen. Was das Publikum faszinierte, war die Rebellion gegen die etablierte Ordnung, die Osbornes Held Jimmy – schlagartig zum Inbegriff des «zornigen jungen Mannes» geworden – in einer Mischung aus Slang und Alltagssprache obszön formulierte. Osborne konnte den Erfolg dieses Stückes nicht wiederholen, das einer neuen Generation von britischen Dramatikern die Tore öffnete und eine Weiterentwicklung der stilistischen Bemühungen Eliots und Frys abbrach.

Epitaph für George Dillon (UA: 1958 in London), 1954 geschrieben, zeigt stark autobiographische Züge. Dillon ist ein Selbstporträt Osbornes, allerdings mit Distanz und Haßliebe gezeichnet. Osborne führt den Aufstand eines Halbtalents, des oft arbeitslosen Schauspielers und unaufgeführten Stückeschreibers George Dillon vor, der in der Resignation erstickt. Denn er hat schließlich erst mit einem Kompromiß Erfolg, mit einem Dutzendstück für das Unterhaltungstheater: «Hier ruht George Dillon ... der da glaubte, der da hoffte, eines jener geheimnisvoll-lächerlichen Wesen zu sein, die man ‹Künstler› nennt ...» Bemerkenswert ist die Schonungslosigkeit, mit der sich der Autor abbildet: als einziger aus dem kleinbürgerlichen Milieu, das vorgeführt wird, hat Dillon keinerlei sympathische Züge.

Blick zurück im Zorn (UA: 1956 in London) ist das erste englische Theaterstück, das die Luftschutzkeller-Jahrgänge des Zweiten Weltkriegs auf die Bühne bringt. Absoluter Mittelpunkt: Jimmy Porter, Sohn eines Hafenarbeiters, verheiratet mit der aus bürgerlich konservativen Kreisen stammenden Alison, deren Vater Oberst i. R. ist. Das Paar lebt in einer Einzimmerwohnung und betreibt einen Bonbonstand. Jimmy, ohne Ziel und Maßstab aus der Trümmerwelt des Krieges kommend und erfolglos im hektischen Wiederaufbaugetriebe des Wirtschaftswunders, flüchtet in die Provokation und wird dadurch zum Rollenträger, zum haltlosen Poseur. Vor seinen furios vorgebrachten und zynisch formulierten Hieben ist nichts und niemand sicher, auch nicht seine Frau. Als sie schwanger wird und nach einem heftigen Auftritt mit ihrem Mann zu ihrer Familie zurückkehrt, macht Jimmy ihre Freundin Helena zu seiner Geliebten und bald auch zum Angriffsziel der Entladungen seines Weltekels, seiner selbstquälerischen Unsicherheit und ohnmächtigen Ratlosigkeit. Alison verliert ihr Kind und ihre letzten Illusionen und kehrt, während Helena das Feld räumt, zu Jimmy zurück. Er verspricht ihr für die Zukunft ein Eheidyll. Osborne kommentierte dieses Ende: «... es soll ironisch sein. Wir sehen zwei Menschen, die nicht mehr die Qual ertragen können, Menschen zu sein, sich in eine heilig-unheilige Mönchshöhle flüchten und zu kleinen pelzigen Geschöpfen mit kleinen pelzigen Gehirnen werden.» Er formulierte mit dem in ohnmächtigem Zorn gegen die Gesellschaftsordnung rebellierenden Jimmy ein Lebensgefühl in einem neuen intellektuellen Klima. Osborne wurde damit zum Sprachrohr des aufbegehrenden, sozial nicht integrierten geistigen Halbproletariats einer Generation und gleichzeitig zum Wegbereiter für ein neues, antikonventionelles, sozial engagiertes Drama.

Der Entertainer (1957) hat abermals eine brillante Männerrolle zum Mittelpunkt: den nicht einmal mittelmäßigen Unterhaltungskünstler Archie Rice, der von sich sagt, daß er «hinter diesen Augen» tot sei, «tot wie der ganze faule Haufen da draußen. Es macht nichts, weil ich nichts mehr fühle, und weil auch sie nichts mehr fühlen. Sie sind alle tot, alle, jeder von uns.» Dieser Archie Rice, der auf der Bühne schlechte Witze macht und zu Hause ein trostloses Familienleben führt, ist abstoßend und sympathisch zugleich.

In seinem Stück *Luther* (1961) experimentiert Osborne mit der Form. Er bedient sich des Chronicle Plays, Zeit und Ort der Szenen werden ausgerufen, die Vorgänge sind perspektivisch verkürzt, der Einfluß des epischen Theaters Brechts ist unverkennbar. Das Stück macht den Versuch, den Reformator als zornigen jungen Mann zu zeigen, dessen historische Mission aus der Rebellion gegen den Vater erwächst. Glaube und Politik beschäftigen Luther hier ebenso wie seine Hartleibigkeit. Der Autor gönnt seiner Titelfigur einen Hauch von Größe nur in ihren Gewissenskämpfen.

Richter in eigener Sache (1964) wird der Anwalt Bill Maitland: «Ich bin fast vierzig Jahre alt, und ich weiß, ich habe noch nie einen Entschluß gefaßt, den ich nicht entweder hinterher bereut habe oder bei dem ich das dumpfe Gefühl loswurde, daß er ganz durchschnittlich war, windig, schwächlich und verpfuscht, leicht verblödet oder wenig vornehm.» Die Midlife-Crisis des ehemaligen «zornigen jungen Mannes» führt zur Selbsterforschung, die zwischen Traum und Wirklichkeit abrollt und damit endet, daß Menschen und Situationen für ihn ihre Identität verlieren, sich zu Halluzinationen auflösen. Bill bleibt allein.

Ein Patriot für mich (1965) ist Osbornes Plädoyer für die Straffreiheit der Homosexualität in seiner Heimat. Das Stück basiert auf der Spionageaffäre um den österreichischen k. u. k. Oberst Alfred Redl vor dem Ersten Weltkrieg. Der Aufstieg des mittellosen bürgerlichen Leutnants mit jüdischer Mutter aus einer galizischen Garnison zum Chef der Spionageabwehr im österreichisch-ungarischen Generalstab ist auf Redls Veranlagung zurückzuführen, die ihm höchste Protektion sichert. Sie besiegelt aber gleichzeitig seinen Untergang: Redl wird von den Russen zur Spionage erpreßt. Er wird entdeckt und tötet sich.

A Bond Honoured (1966), die Bearbeitung eines Don-Juan-Stückes von Lope de Vega, nützt die Welle der Grausamkeit auf dem Theater. Von der Kritik zurückhaltend aufgenommen, vom Publikum jedoch geschätzt wurden *Time Present* (1968) und *Das Hotel in Amsterdam* (1968). Das erste Stück ist ein Monolog der Schauspielerin Pamela (die übrigen Figuren sind nicht mehr als Stichwortbringer), die zwei Akte lang ihre Aggressionen verbalisiert. Das zweite zeigt drei Paare, die ein Wochenende in einem Hotel verbringen, auf der Flucht aus ihrem beruflichen Gefängnis.

In der «guten Gesellschaft» spielt Osbornes Stück *West of Suez* (1971): Westlich von Suez liegt eine ehemalige britische Besitzung, die inzwischen die Unabhängigkeit erhalten hat. Ein englischer Brigadegeneral i. R. und seine Freundin Robin leben dort in einer Villa. Robins Vater, der berühmte Schriftsteller Wyatt Gillman, und seine drei anderen Töchter sind zu Gast, darunter Federica, Wortführerin der Generation zwischen dreißig und vierzig. Schlüsselfigur des vielschichtigen Stückes ist jedoch eine einheimische Journalistin, die Gillman in einem Interview aggressiv und gewandt zu schonungsloser Demaskierung zwingt.

A Sense of Detachment (1972) ist ein Zeitkabarett, das Sketches, Lieder und Filmeinblendungen collagiert, *The End of My Old Cigar* (1975) eine Satire gegen die Emanzipation der Frau und *Watch it Come Down* (1976) ein Untergangsdrama, das den Zusammenbruch einer Ehe und den Verfall einer cliquenhaften Gesellschaft schildert.

Samuel Beckett *1906

Samuel Beckett wurde am 13. April 1906 als Sohn eines Baukalkulators in Foxrock bei Dublin geboren. Wie viele der großen irischen Dramatiker entstammte er einer protestantischen Familie und besuchte auch die protestantische Schule in Dublin. Nach seinem Studium an der dortigen Universität ging er 1928 nach Paris und wurde Lektor für Englisch an der École Normale Supérieur. Im selben Jahr lernte er James Joyce kennen, zu dessen Freundeskreis er bald gehörte. 1931 promovierte Beckett nach seiner Rückkehr in die Heimat zum Master of Arts, verließ jedoch 1933 endgültig Irland. Nach Aufenthalten in England und Deutschland machte er 1937 Paris zu seiner Wahlheimat. Er wurde Mitglied der Résistance und zog sich 1942 in den unbesetzten Teil Frankreichs zurück. Seine Romane «Murphy» (1938) und «Watt» (1942) hatte er noch in seiner Muttersprache geschrieben, nun entstanden zwischen 1947 und 1952 die Romane «Molloy», «Malone stirbt», «Der Namenlose» und das Drama *Warten auf Godot** in französischer Sprache. Sie wurden vom Dichter selbst ins Englische übersetzt. In der Folge bediente er sich beider Sprachen. 1969 wurde Beckett mit dem Nobelpreis für Literatur ausgezeichnet.

Becketts dramatisches Werk zählt zu den bedeutendsten, aber auch schwer erschließbaren, verrätselten Dichtungen unseres Jahrhunderts. Mit seiner radikalen Absage an theatralische Konventionen und herkömmliche Dramaturgien brachte er existentielle Zustände und Grunderfahrungen auch formal in neuen Theaterbildern zum Ausdruck. So wurde er neben Ionesco zu den wesentlichsten Exponenten des Theaters des Absurden gezählt, einer inzwischen eher fragwürdig gewordenen Etikettierung, die aber jene Dramatik zusammenfaßt, in der die Irrationalität menschlicher Existenz in der Form wie in der Aussage anschaulich gemacht wird. Beckett selbst wollte für seine Dramen die Vorstellung vom Absurden nicht akzeptieren, «weil sie ein Urteil enthält» und weil er zudem die Konzeption vom Absurden für larmoyant hielt. Der Dichter, der schonungslos die Ausweglosigkeiten des Lebensfühlbar macht, gibt keine Antworten, seine Stücke sind Theatralisierungen von Zuständen, die in der Suche nach äußerster Wahrheit spielerisch eingekreist werden. Die bei aller Reduktion und kompositorischen Strenge ungemein suggestive Poesie seines Werks kann die irische Herkunft nicht verleugnen. Wie Joyce, dessen Kompositionsschemata er auf seine Art weiterführte, spielte Beckett mit den Komik-Traditionen von Shakespeare bis zum Nonsens, wie Joyce liebte er auch den spielerischen Einsatz und die Abwandlung literarischer Zitate. Nicht unwesentlich dürfte auch der Einfluß von Yeats und Synge gewesen sein, vor allem Yeats' Verarbeitung des japanischen No-Spiels, aber auch deren Figurenkonstellationen: das alte Paar, das aufeinander angewiesen ist, der Lahme und der Blinde, der Landstreicher, der sich nur von seinen Gefühlen, Erfahrungen und Stimmungen leiten läßt, der Wartende und der die Welt Durchstreifende, diese Beckett-Figuren gibt es – wenn auch in andere Zusammenhänge gestellt – schon bei Yeats und Synge. Beckett faßt die literarischen und philosophischen Impulse dieses Jahrhunderts zu einem neuen Welttheater ohne jede metaphysische Spekulation zusammen. Aus seinem Existenzerlebnis schuf er mit grimmigem Humor und radikaler Ehrlichkeit Parabeln und Modelle für die Situation des Menschen in dieser Welt. Die Bedeutungsschichten dieser Parabeln sind kaum je vollends auszuloten. Becketts Spiele konfrontieren mit konkreten Projektionen von Ängsten, von Existenzerlebnissen, die vom Menschen oft nur vage und halbbewußt empfunden werden; sie offenbaren das Erleben der Zeitlichkeit und der Vergänglichkeit, der Ungewißheit, der Isolation. Der Mensch in einer Welt, in der alles ungewiß ist, bleibt ohne Antwort. Dennoch macht er unverdrossen weiter. Von außen, von einer Instanz, über die sich nichts sagen läßt, wird ihm Aktivität abgefordert: Ein Wecker, ein Pfiff, ein Stachel, ein Scheinwerfer setzen den Tätigkeitsdrang in Bewegung, und sei es auch nur die verbale Äußerung, die Erinnerung. Gegen Angst, Ungewißheit, Bedrohung und Schmerz wehrt sich der Mensch, indem er sich betätigt, indem er spielt.

Die ersten veröffentlichten Dramen Becketts, *Warten auf Godot** und *Endspiel**, sind inzwischen Klassiker der Moderne geworden. Wie spielerisch, auf einfache Theaterbilder reduziert, Beckett existentielle Situationen darzustellen vermag, veranschaulichen auch seine pantomimischen *Spiele ohne Worte I und II*. Diese universellen Parabeln menschlichen Schicksals sind ebenso komisch und grotesk wie tragisch.

In *Spiel ohne Worte I* (1957) wird ein Mensch rücklings auf die leere, grellerleuchtete Bühne geworfen. Von Pfiffen verlockt, versucht er sich in die Kulissen zu flüchten, wird aber von dort wieder zurückgetreten. Von oben senken sich eine Palme, eine Schere, eine Wasserkaraffe und verschieden große Würfel herunter. Der Mensch setzt sich in den Schatten der Palme – die Blätter klappen herunter; er greift nach der Karaffe – sie schwebt höher; er bemüht sich, die Würfel aufeinanderzuschichten – und stürzt ab. Auch sein Selbstmordversuch mit der Schere wird vereitelt. Als Karaffe und Baum wieder erscheinen und ein Signal ihn darauf verweist, reagiert er nicht mehr auf sie. Der Mensch, ausgesetzt im Leeren, kann seine Lage weder verbessern noch verändern. In allen seinen Hoffnungen enttäuscht, lernt er verzichten. Die Welt um ihn ist voller Spott und Bosheit, sie weckt Wünsche, verlockt, führt ihn in Versuchung und macht ihn zum Narren. Sie ist mächtiger als er, er muß verlieren – allein durch die Möglichkeit zum trotzigen Verzicht wird er stärker als das, was außerhalb von ihm liegt.

Spiel ohne Worte II (1961) ist eine «Pantomime für zwei Personen und einen Stachel». Der verträumte, passive A und der agile, ungemein aktive B liegen zunächst in Säcken auf der grellerleuchteten Bühne, neben ihnen ein Bündel mit Kleidern. Da kommt der Stachel und sticht so lange in den Sack, bis A hervorkriecht. Er betet, nimmt eine Pille, zieht sich langsam und völlig verkehrt an, ißt gedankenverloren und legt zwischen jede seiner Tätigkeiten lange verträumte Pausen ein. Schließlich trägt er die Säcke in die Mitte der Bühne, zieht sich nachlässig wieder aus, nimmt eine Pille, betet und kriecht in den Sack zurück. Nun sticht der Stachel in den anderen Sack, bis B herauskriecht. Während A zwischen seinen verschiedenen Betätigungen geträumt hat, blickt B dauernd auf die Uhr. Er turnt, putzt die Zähne, kämmt sich, zieht sich rasch und korrekt an, bürstet seine Kleider, kontrolliert das Ergebnis seiner Bemühungen im Spiegel, ißt lustvoll, studiert eine Landkarte, trägt die Säcke auf die linke Seite, zieht sich aus, legt die Kleider sorgfältig zusammen, turnt, kämmt sich, putzt die Zähne, zieht seine Uhr auf und kriecht in den Sack. Und wieder setzt der Stachel bei A an. So unterschiedlich die beiden Personen in ihrem Temperament auch sind, der Stachel hat im Grunde den gleichen eintönigen Ablauf ausgelöst: Banale Alltagstätigkeiten werden zum ritualisiert abgewickelten Lebenszweck.

Das letzte Band (1958) zeigt am Beispiel des krächzenden Greises Krapp und seinen Tonbändern das Vergehen der Zeit und die Wandelbarkeit des Ich: Der alte Krapp spielt ein Tonband ab, auf dem er zu seinem 39. Geburtstag seine Situation kommentiert und seine Impressionen einer noch früheren Aufnahme kritisiert hatte. Er verfügt über ein ganzes Archiv von jeweils an seinen Geburtstagen besprochenen Tonbändern, einen Erinnerungsspeicher, für den er bereits ein Register mit Stichworten zur Orientierung benötigt. Durch Abstoppen, Vor- und Rückspulen setzt sich Krapp mit seiner Vergangenheit auseinander. Doch seine Stimme klingt ihm fremd, ironisch distanziert er sich von seinen früheren Ichs. Er kann mit ihren Hoffnungen und Erkenntnissen nichts mehr anfangen. Nur die Beschreibung einer Liebesszene erregt noch seine Aufmerksamkeit. Schließlich legt er ein neues Band ein, doch er findet kaum mehr Worte. Noch einmal greift er auf die Liebesszene zurück, dann läßt er das Band leer weiterlaufen: Zwischen dem gegenwärtigen Ich und dem einstigen ist ein Gefühl völliger Fremdheit entstanden; zu den Bruchstücken eines langen Lebens gibt es nichts mehr zu sagen.

Glückliche Tage (UA: 1961 in New York) zeigt einen Menschen, den auch der fortschreitende Verfall nicht daran hindern kann, sich einzureden, «glücklich» zu sein. Winnie, «eine Frau um die fünfzig», ist bis über die Taille in einen kleinen Hügel auf einer weiten, versengten Grasebene eingebettet. Hinter dem Hügel, ihr im Rücken, haust Winnies Mann Willie in einem Erdloch. Die beiden sind nicht mehr füreinander erreichbar, doch verbunden in der Erinnerung an frühere Zeiten – Bezugspunkte für die eigenen Monologe. Wenn Winnie von einem Wecker geweckt wird, beginnt sie mit gleicher Geschäftigkeit ihr Tagewerk wie B im *Spiel ohne Worte II*, nur plaudert sie unverdrossen dazu. Sie betet, putzt die Zähne, schluckt Medizin, schminkt sich, probiert einen Hut, und zwischendurch versichert sie sich immer wieder, wie glücklich sie sei. Sie stochert Willie aus seinem Erdloch, er kriecht ein Stück auf den Hügel und liest Annoncen aus einer Zeitung vor. Winnie macht sich nur geringe Illusionen über ihn – sie weiß, daß er sie kaum mehr hört und begnügt sich mit einem Minimum an Aufmerksamkeit – in der Rückschau wird es wieder ein glücklicher Tag gewesen sein. «Trotz allem. Bislang.» Auch als im zweiten Akt Winnie bis zum Hals in den Hügel eingesunken ist und den Kopf nicht mehr bewegen kann (eine szenische Metapher für das Altern des Menschen, der unaufhaltsam dem Grab entgegenwächst), plaudert sie weiter vor sich hin. Was sie sich schon so lange gewünscht hat, geschieht zuletzt: Willie, in Cut und Zylinder, kommt nach vorn gekrochen, in ihr Gesichtsfeld. Er versucht, den Hügel zu erklimmen, rutscht aber zurück. Leise nennt er ihren Namen. Wieder wird Winnie einen glücklichen Tag registrieren können. «Trotz allem. Bislang.» Winnie lehnt die Frage nach dem Sinn ihrer versinkenden, dem Tod entgegensinkenden Existenz ab: Sie hat sich im Ungewissen eingerichtet, paßt sich automatisch jeder Lage an, hat sich Beschwörungsformeln für ihr kleines Glück zurechtgelegt, um sich zu beschwichtigen und die Angst zu bannen. Denn es gibt da Schreie in ihrem Kopf, schwache, wirre Schreie, die jedoch wieder aufhören – «das eben finde ich so wundervoll». Inmitten all der Auflösung hält Winnie durch. Sie spielt ihr Lebensspiel der absurden kleinen Verrichtungen, mit denen der Mensch dem Tod entgegenlebt, sie findet immer wieder Strohhalme, an die sie sich im Selbstbetrug klammern kann. In tragikomischer Hilflosigkeit wird die Gewißheit des Verfalls überspielt.

Das strenge Kompositionsprinzip, das Beckett in seinen Stücken verfolgt, tritt in *Spiel* (1963) besonders deutlich hervor: In musikalischen Strukturen wird hier das ewig gleiche banale Spiel einer Dreiecksgeschichte abgewickelt, mit chorischer Ouverture, zwei Sätzen in fugenartiger Monologverschränkung, da capo und dem Ansatz einer weiteren Wiederholung. Mit dieser Zirkularstruktur wird ironisch die Endlosigkeit der Bewußtseinsreaktionen der drei Figuren und ihres Zwangs zur Erinnerung angedeutet. Aus Urnen, «Erinnerungsgefäßen», ragen die Köpfe von M, F1 und F2, dem Mann, seiner Frau und seiner Geliebten. Auf Scheinwerfersignale beginnen sie zu monologisieren, solange das Licht auf sie gerichtet bleibt. Mit ihren Erinnerungsbruchstücken geben sie die Situationen ihres Dreiecksverhältnisses aus ihrer jeweiligen Perspektive preis. Das Scheinwerferlicht erzwingt das Spiel der Erinnerungen um die Heimlichkeiten, Quälereien, Erpressungen, um die Ängste und Verzweiflungen, die nicht offenbarten Gefühle, die jeder von ihnen erlebte. Ein Ritual einander zugefügter Qualen wird ans Scheinwerferlicht gezerrt, und nur die Hoffnung, das alles einmal als Spiel empfinden zu können, verspricht Erlösung: «All dies, wann wird all dies nichts anderes gewesen sein als ... Spiel?» fragt M.

Bereits in den sechziger Jahren hatte Beckett die *Bruchstücke I und II* verfaßt, die allerdings erst 1979 uraufgeführt wurden. Zwei komödiantische Spiele, erfüllt von rätselhaften beunruhigenden Theaterbildern und grimmigem Humor. Im *Bruchstück I* begegnen einander ein Blinder und ein Lahmer auf der Landstraße, auf der sie ziellos ihren Lebensweg gehen. Sie fühlen sich voneinander angezogen, finden zueinander, erzählen aus ihrem Leben. Doch statt einander zu helfen, zu unterstützen, zu ergänzen, raubt der Lahme dem Blinden die Geige und der Blinde dem Lahmen den Stock – die beiden Instrumente, mit denen sie sich bisher durchs Leben geholfen haben. – In *Bruchstück II* wird eine seltsame Bilanz gezogen: Ein Mann steht unbeweglich am offenen Fenster. Zwei eigenartige Gesellen überprüfen an kleinen Schreibtischen ein Leben, scheinen Bilanz zu ziehen. Wird der Mann aus dem Fenster springen? A und B sind angesichts ihrer Ergebnisse sehr dafür, daß C seinem Leben ein Ende macht. «Wie enden?» fragt A zuletzt und nähert sich ihm. Doch da zeichnet ein großes Erstaunen sein Gesicht, er zieht ein Taschentuch und führt es zum Gesicht des Mannes: Die Erinnerungen an eine vernichtende Summe von Ernüchterungen und Enttäuschungen, Ekel und Ohnmacht enden in einer Mitleidsgeste für den anderen, wie wir sie bei Beckett immer wieder finden.

Die Reduktion, die von Beckett in etlichen nur wenige Minuten, ja Sekunden dauernden Stücken wie *Kommen und gehen* (1966) oder *Atem* (1969) immer weitergetrieben wurde, ließ in *Nicht ich* (1972) nur noch einen grellbeleuchteten Mund und einen stummen «Vernehmer» auf der Bühne sichtbar werden. Der «Vernehmer» bleibt unbeweglich – bis auf vier kleine Gesten «hilflosen Mitleids». Der Mund berichtet über das Leben einer siebzig Jahre alten Frau, die an einem Aprilmorgen im Gras zusammengebrochen ist. Sie, die ihr Leben lang «gleichsam sprachlos» gewesen ist, wird nun im Übergang zum Tod einem unerbittlichen Zwang zum Reden ausgeliefert. Es ist ihr Mund, der da Rudimente eines Lebensdramas artikuliert, doch der Mund weigert sich, das einzugestehen. Er spricht von ihr, wie von einer Fremden, immer wenn er «Ich» sagen müßte, schreit er «Nein!» ... «Sie!». Mit dem unausgesprochenen «Nicht ich» wehrt er sich gegen dieses Ich, gegen ein sinnlos verströmtes Leben.

Zu ungemein poetischen Bildern des Erinnerns findet Beckett in seiner lyrischen Komposition *Damals* (1976): Ein fahles Gesicht hebt sich aus dem Dunkel, die weiße Haarmähne strahlenförmig nach oben ausgebreitet. Stimmen klingen auf, im Strom der Gedanken treiben Erinnerungen, bruchstückhaft, immer wieder auftauchend und untergehend. Phrasen, Bilder, Gefühle treiben da, nicht wirklich faßbar, nur kurz in Umrissen sichtbar. Der alte Mann sucht zu erkennen: Wie war das damals, was war da, was? Drei Stimmen verflechten sich ineinander, jede verfolgt ihre eigenen Erinnerungsbahnen. Die Suche nach der Kindheit die eine, die Liebe, das sinnliche Element die andere, das Intellektuelle die dritte. Das faszinierende geistige Schauspiel eines noch so kargen Lebens mit seinen armseligen, oft banalen Rettungsankern wird in der Stunde des Todes vergegenwärtigt. In Andeutungen zeichnet sich ein privates Schicksal ab. Gefühle schwingen mit, die jeder einmal gefühlt, Ängste, die jeden einmal erfaßt, und doch wirken sie eigenartig distanziert: Was da erklingt, ist ein Todesgesang, in dem nichts mehr schmerzt, nichts mehr beglückt – und in dem dennoch plötzlich ein Entsetzen aufsteigt, das das Gesicht zeichnet.

Von den Themen her karger wirkt *Tritte* (1976), ein musikalisch gegliederter Dialog zwischen einer unsichtbaren Mutter und ihrer Tochter. Das Drama eines Selbstverlusts bricht auf: Eine verwahrloste, in sich zusammengekrümmte Frau geht in einem Zimmer auf und ab, in starrer selbstgeschaffener Ordnung, neun Schritte hin, neun Schritte zurück, wieder und wieder. In einem Hinterzimmer, durch einen Lichtspalt angedeutet, liegt ihre greise Mutter. Von ihr erfährt man, daß die Tochter, eines Nachts, als sie noch fast ein Kind war, auf und ab zu gehen begann, die Bewegung genügte ihr nicht, sie mußte die Schritte auch hören. Die sich in den Kerker ihrer Schritte einschließende Kreatur, die «ist», solange sie ihre Schritte hört, die «es alles» in ihrem Kopf wälzt und sich dabei hören muß, wird zum Bild für die Existenz, die sich verzweifelt an die «Wirklichkeit» dieser Welt anklammert, um sich nicht zu verlieren, um nicht ins Bodenlose zu stürzen.

Warten auf Godot
Schauspiel in 2 Akten. UA: 1953 in Paris

Auf einer Landstraße vor einem kahlen Baum warten Wladimir und Estragon auf Godot. Sie vertreiben sich dabei – agierend, schlafend und redend – die Zeit. Beide überlegen, ob es wohl der richtige Ort sei, an dem sie auf Godot warten, und ob Godot überhaupt kommen würde. Auch ein gemeinsamer Selbstmord wird in Erwägung gezogen. Plötzlich erschrecken sie: Es kommt jemand. Es ist Pozzo, der mit der Peitsche den gepäckbeladenen Lucky an einem Strick vor sich hertreibt. Während Pozzo, den Estragon zunächst für Godot hält, leutselig mit den beiden Landstreichern spricht, schindet und quält er Lucky, der ihm in erniedrigender Weise dienen muß. Wladimir empört sich darüber, doch Pozzo plaudert ungerührt weiter, er wolle Lucky verkaufen.

Lucky beginnt zu weinen, aber als ihn Estragon trösten will, tritt er diesem gegen das Schienbein. Pozzo klagt, daß ihm Lucky Qualen bereite. Er veranlaßt ihn zuerst zum Tanzen, dann zum Denken, wobei Lucky Wissens- und Bildungsfetzen in einer endlosen Litanei hervorstößt, in der immer wieder der Refrain «Man weiß nicht warum» anklingt. Nachdem sein Redeschwall mit Gewalt gestoppt werden mußte, ziehen Pozzo und Lucky weiter. Wladimir und Estragon warten auf Godot. Als es Nacht wird, kommt ein Junge mit der Nachricht, Godot werde nicht heute, aber ganz bestimmt morgen erscheinen. Am nächsten Tag, «um dieselbe Zeit, an derselben Stelle» treffen Wladimir und Estragon wieder zusammen – der Baum trägt nun allerdings einige Blätter. Estragon ist in der Nacht von Unbekannten mißhandelt worden. Die beiden streiten ein wenig, reden zum Zeitvertreib, «um nicht denken zu müssen», und warten weiter auf Godot. «Um uns einzureden, daß wir existieren», finden sie immer neue Beschäftigungen und beginnen dann zu spielen. Wieder kommen Pozzo und Lucky vorbei; sie haben sich schrecklich verändert: Pozzo ist blind geworden, Lucky stumm, sie brechen immer wieder zusammen. Während Pozzo, der hingefallen ist und nicht mehr aufstehen kann, um Hilfe und Erbarmen fleht, diskutieren Wladimir und Estragon über die Notwendigkeit von Hilfeleistungen und schweifen mehr und mehr vom Thema ab. Als Wladimir schließlich dem gestürzten Pozzo helfen will, fällt auch er; und Estragon, der ihm zu Hilfe eilt, stürzt ebenfalls. Schließlich gelingt es ihnen aber, Pozzo aufzurichten, und dieser stolpert mit Lucky davon. Nun kommt auch der Botenjunge wieder und meldet, daß Godot zwar nicht mehr heute, dafür aber morgen kommen werde. Die beiden rüsten zum Aufbruch: Morgen werden sie wiederkommen, um auf Godot zu warten. Noch einmal überlegen sie, ob sie sich am Baum aufhängen sollen. Doch die Kordel von Estragons Hose reißt bereits bei der ersten Belastungsprobe. «Also! Gehen wir?» fragt Wladimir. «Gehen wir!» antwortet Estragon, und beide «gehen nicht von der Stelle».

Warten auf Godot zählt nicht nur zu den wesentlichsten Bühnenwerken der Moderne, sondern trotz seiner Rätsel-

Beckett, Warten auf Godot. Schillertheater Berlin, 1975. Inszenierung: Samuel Beckett
Estragon: Horst Bollmann. Wladimir: Stefan Wigger

haftigkeit und Vieldeutigkeit auch zu den erfolgreichsten. Beckett führt in diesem komödiantischen Clownsspiel eine universelle Parabel für das menschliche Leben vor, legt in dem komisch reduzierten Geschehen existentielle Grundmuster bloß: die Situationen des Wartens, des Wanderns, den Zwang zum Weitermachen. So vielfältig Godot interpretiert wurde, das eigentliche Thema ist das Warten, das Warten als ein Charakteristikum des Daseins. Wladimir und Estragon leben allein auf Godot hin, in völliger Ungewißheit, zwischen Hoffnung und Angst, und sie füllen die Zeit des Wartens mit banalen Handlungen, mit Spiel, Geschwätz und Sinnieren. Worauf immer sie warten – ob auf einen Menschen, ein Ereignis, das Glück, Gott, das Nichts, das Unbegreifliche –, sie erwarten sich davon Veränderung, Erlösung. Ob sie dabei an eine übernatürliche Macht glauben, sich einen Ersatzgott schaffen oder in den Selbstbetrug flüchten, bleibt offen. Im Grunde ist es Wladimir, der auf Godot wartet. «Ach ja!» sagt Estragon jedesmal, wenn er an Godot erinnert wird. Er wartet, weil Wladimir wartet. Es erscheint ungewiß, ob dieses Warten eine Torheit oder etwas Positives darstellt. Die einzige Sicherheit bleibt das Wissen, auf Godot zu warten. Den Wartenden stellte Beckett in Pozzo und Lucky ein Gegensatzpaar gegenüber, das keinerlei Glaubensbedürfnis hat, auf nichts wartet, sondern ziellos durch die Welt streift. Während Wladimir und Estragon Brüderlichkeit verbindet, sie zu Zärtlichkeitsgesten fähig sind, bleiben Pozzo und Lucky im Verhältnis Herr und Knecht, Ausbeuter und Ausgebeuteter, aneinander gebunden. Sie leiden aneinander, quälen und zerstören sich. Im passiven Warten auf Godot läßt sich offenbar Harmonie herstellen, im aktiven, ichbezogenen Durchwandern der Welt unterwirft der eine den anderen. Unverkennbar bringt Beckett auch den Dualismus von Geist und Körper ins Spiel: eindeutig bei Pozzo und Lucky, weniger konkret bei Wladimir und Estragon. Ein Kunstgriff von Beckett besteht nicht zuletzt auch darin, daß die gleichen Gegebenheiten in immer neuen Konstellationen erscheinen, sich gegenseitig in Frage stellen, ohne sich jedoch aufzuheben. So beharrlich in diesem Werk die Sinnfrage des menschlichen Daseins gestellt wird, so beharrlich wird sie nicht beantwortet.

Endspiel
Schauspiel in einem Akt
UA: 1957 in London

In einem großen kahlen Raum mit zwei kleinen Fenstern sitzt der blinde und gelähmte Hamm im Rollstuhl. Sein steifbeiniger Diener Clov, der nicht sitzen kann, gehorcht auf Pfiff seinen Befehlen. An der Wand stehen zwei Mülltonnen, in denen Hamms Eltern, Nagg und Nell, die bei einem Tandem-Unfall ihre Beine verloren haben, dahinvegetieren. Die Welt draußen scheint tot; eine Katastrophe, die immer wieder erwähnt wird, hat sie vernichtet. Hamm und Clov sind aufeinander angewiesen. Clov, der seinem Herrn in Haßliebe verbunden ist, spielt immer wieder mit dem Gedanken, fortzugehen, doch würde das vermutlich ihrer beider Tod bedeuten: Hamm würde von niemandem versorgt, Clov aber wiederum weiß nicht, wie Hamms Vorratskasten zu öffnen ist. So «spielen» sie ihr reduziertes Leben, und ihre Spiele schaffen eine gewisse Distanz zu ihrer Verzweiflung und ihren Ängsten. Ab und zu öffnen sich die Mülltonnen, und Hamms Eltern plaudern miteinander. Sie kramen in ihren Erinnerungen, Nagg erzählt Nell Geschichten, eine vage Zärtlichkeit verbindet sie. Hamm und Clov wickeln ihre Spiele, ihre Rituale ab: Hamm läßt sich im Rollstuhl die Wände entlang fahren, «eine kleine Runde um die Welt», und fordert, Zentimeter um Zentimeter korrigierend, genau in die Mitte seiner Welt gestellt zu werden; Clov muß mit dem Fernglas die Außenwelt beobachten, in der nichts zu sehen ist, in der sich nichts regt; Hamm erzählt die Geschichte von einer Katastrophe, bei der viele Menschen umkamen und ein Vater zu ihm um Brot für sein verhungerndes Kind gekrochen kam. Es scheint so, als ob Clov dieses Kind wäre, das Hamm einst aufgenommen hat. Die Möglichkeit neuen Lebens in Gestalt eines Flohs erschreckt die beiden – rasch holt Clov Insektenpulver. Irgendwann stirbt Nell in ihrer Mülltonne. Als Clov wieder einmal die Erde mit dem Fernglas inspiziert, erblickt er einen Knaben, doch für Hamm hat er keine Bedeutung mehr; er fühlt sein Ende kommen und schickt Clov fort. Dieser macht sich reisefertig, bleibt aber mit Schirm, Mantel und Reisetasche im Raum stehen und hört sich teilnahmslos Hamms Worte an. Hamm ruft nach seinem Vater, er ruft nach Clov – niemand antwortet mehr.

Wird in *Warten auf Godot* ganz auf Godot hingelebt, so im *Endspiel* auf das Ende. Bereits die ersten Worte umreißen Situation und Thema. «Ende, es ist zu Ende, es geht zu Ende, es geht vielleicht zu Ende», sagt Clov, und Hamms erste Worte nehmen die Spielsituation auf: «Also ... Ich bin wieder dran ... Jetzt spiele ich!» Wenn der Mensch sein Leben ganz unter dem Aspekt des Todes betrachtet – so könnte man interpretieren –, verstört die Angst die Sinne, dann wird er blind und gelähmt oder sieht nur noch Asche. Dann lebt er nicht mehr, dann bleibt ihm nur noch, Leben zu spielen. Unter den ungezählten Deutungsversuchen wurde das *Endspiel* auch recht schlüssig als Monodram interpretiert: der Raum mit den beiden Fenstern als Schädel, in dem der Kampf zwischen Trieben, Intellekt, Gefühlen und Erinnerungen tobt. Hamm wäre demnach die Verkörperung der emotionalen Kräfte des Menschen, Clov jene des Intellekts, der gezwungen ist, Instinkten und Trieben zu dienen, Nagg und Nell die Personifizierung der ins Unterbewußtsein verdrängten Erinnerungen. Ob hier aber ganz allgemein eine Auseinandersetzung mit dem Ich, eine Konfrontation des Ichs mit der Welt, ein Todeskampf oder die psychische Situation jenes Wahnsinnigen abgehandelt wird, von dem Hamm erzählt, er habe bei der Betrachtung der Welt nur Asche gesehen, darüber gehen die Meinungen auseinander. Doch Beckett gibt bewußt kein schlüssiges Modell. Seine Dichtung versucht die existentielle Situation des Menschen in ihrer Vieldeutigkeit darzustellen. Vage empfundene Ängste und unbewußte Zwänge, Abhängigkeiten, Einsamkeit und Entfremdung werden in konkreten Projektionen vorgeführt, ohne sie eindeutig dingfest zu machen. Es geht nicht um die äußere Welt der Erscheinungen, sondern um das Existenzerlebnis. Beckett zeigt, indem er die Seinserfahrungen des Menschen in poetischen Bildern anklingen läßt, daß alle fertigen Lösungen, alle übernommenen Begriffe, mit denen man der Rätselhaftigkeit der Welt und der menschlichen Existenz beizukommen versucht, trügerisch sind. In seinen Werken begegnet man keinen Antworten, sondern sich selbst.

Harold Pinter *1930

Harold Pinter wurde am 30. Oktober 1930 als Sohn eines Schneiders im Londoner East End geboren. Jüdischer Herkunft, erlebte er in dem von Faschisten dominierten Viertel früh Diskriminierung und Gewalt. Siebzehnjährig verließ er die Schule, um Schauspieler zu werden, besuchte die Royal Academy of Dramatic Art und später die Central School of Speech and Drama. 1951 schloß er sich einer Shakespeare-Wandertruppe an, ab 1954 war er an verschiedenen Bühnen in der englischen Provinz im Engagement, wo er unter dem Namen David Baron spielte. Nach seinen ersten Erfolgen als Dramatiker begann er in den sechziger Jahren auch für Hörfunk, Fernsehen und den Film zu schreiben. 1973 wurde er Associate Director am Londoner National Theatre und war wiederholt als Regisseur tätig.

«Ich will keine philosophischen Erkenntnisse, keine Traktate, Dogmen, Glaubenssätze, Auswege, Wahrheiten, Antworten, nichts aus dem Sonderangebotskasten ... und er will mir kein Mittelchen, keinen Weg, keine Offenbarung, keine Schüssel voll Brotkrumen andrehen», schrieb Pinter 1954 über Samuel Beckett. Er charakterisierte damit auch die eigene Einstellung zur dramatischen Literatur. Von Beckett nachhaltig beeinflußt, beschäftigte er sich mit elementaren Aspekten menschlicher Existenz, ließ dabei jedoch tiefenpsychologische Elemente, aus dem Unbewußten entspringende Bilder wirksam werden. Von realen Alltagssituationen ausgehend, die er allmählich entfremdet und verrätselt, verwischt Pinter die Grenzen zwischen subjektiver Wahrnehmung und objektiver Gegebenheit. Man hat ihn als «Realist unter den Absurden» bezeichnet: Reales und Surreales überschneiden sich, die dargestellten Vorgänge werden mehrdeutig, ambivalent, zuletzt läßt sich nicht mehr feststellen, wo die Wirklichkeit aufhört und die Fiktion, der Traum beginnen. Die Realität erscheint geheimnisvoll und unergründlich, die Figuren sagen meist nicht die Wahrheit über sich selbst aus, sondern ergehen sich in Phantasien, Selbsttäuschungen und Lügen; oft weichen sie aus Angst vor der Wirklichkeit jeder echten Kommunikation aus, zugleich zeichnen sich in ihrem Verhalten aber Grundmuster und Archetypen ab. Durch inhaltliche und sprachliche Mehrdeutigkeit schafft Pinter ein Klima der Unsicherheit, Kampfsituationen, in denen menschliche Urtriebe und Ängste wirksam werden. So erklärt Martin Esslin Pinters große Bühnenwirkung – abgesehen von der Brillanz der Dialoge, der subtilen Sprachgestaltung, den effektvollen Situationen und den farbigen, oft exzentrischen Charakteren – aus einem Verständnis der Archetypen «jenseits der Bewußtseinssphäre», das bei aller Rätselhaftigkeit an ein vom Publikum vage empfundenes Lebensgefühl rührt.

Die Geburtstagsfeier (UA: 1958 in Cambridge), Pinters erstes abendfüllendes Stück, weist formal wie inhaltlich starke Einflüsse von Beckett, Ionesco und auch Kafka auf: In einer schäbigen englischen Strandpension, die einem älteren Ehepaar – der ebenso fürsorglichen wie einfältigen Meg und dem gutmütigen, schweigsamen Petey – gehört, lebt als einziger Gast Stanley Webber, «ein Mann Ende dreißig». Stanley, der vorgibt, ein vielversprechender Pianist gewesen zu sein, meidet ängstlich jeden Kontakt mit der Außenwelt. Unvermutet mieten sich zwei Fremde in dem Haus ein, die offensichtlich an Stanley interessiert sind. Als Meg behauptet, seinen Geburtstag freiern zu wollen und ihm als Ersatz für sein Klavier eine große Kindertrommel schenken will, gehen die beiden Gäste sofort darauf ein. Sie arrangieren eine Geburtstagsparty, zu der auch Lulu, ein Mädchen aus der Nachbarschaft, das bisher vergeblich versucht hat, Stanley zum Ausgehen zu animieren, eingeladen wird. Vor Beginn der Party, die zu einem Ritual der Vernichtung wird, nehmen die beiden Fremden, der agile Jude Goldberg und der brutale Ire McCann, Stanley in ein Kreuzverhör, bei dem sie ihn mit schrecklichen Anschuldigungen und absurden Fragen quälen. Den Höhepunkt des Festes bildet ein Blindekuhspiel, in dessen Verlauf McCann Stanleys Brille zerbricht und Stanley, nachdem er mit verbundenen Augen in die Trommel getreten ist, plötzlich zu würgen beginnt und sich schließlich in einem hysterischen Kichern verliert. Am nächsten Morgen wird er, höchst respektabel gekleidet, von Goldberg und McCann mit aufbauenden Tiraden traktiert. Doch er starrt nur noch ausdruckslos vor sich hin und stößt unartikulierte Laute aus. Die beiden Männer transportieren ihn in einem großen schwarzen Wagen ab. – Die mehrdeutige Metapher zeigt nicht nur, wie der Schrecken in den scheinbar gesicherten Alltag einbricht und der Mensch an anonyme Mächte ausgeliefert wird, sie kann auch als Auslöschung und Gleichschaltung eines Individuums, als Prozeß der Anpassung eines Künstlers an die Gesellschaft, als Zwang zum Konformismus interpretiert werden. Sieht man Stanleys Veränderung unter dem tiefenpsychologischen Aspekt einer Austreibung aus dem kindlichen Bereich, in den er sich zurückgezogen hat und auf den ihn auch Meg, wie nicht nur die Kindertrommel zeigt, reduzieren will, so wird in diesem Geburtstagsritual ein früheres Ich ausgelöscht und ein neues aufgebaut. «Ein neuer Mensch», nennt ihn McCann – der «Geburtstag» hat Stanley jedoch in jedem Fall zu einem in seiner Individualität gebrochenen, angepaßten Menschen gemacht.

Der Hausmeister (UA: 1960 in London) kehrt die bei Pinter immer wiederkehrende Spannung zwischen Innen- und Außenwelt um. Hier versucht ein Außenseiter, ein Heimatloser, verzweifelt und mit allen Mitteln, sich ein Heim zu erobern. Auch das geht nicht ohne Kampfritual ab: Aston, ein sanfter, etwas schwerfälliger junger Mann, nimmt den alten Landstreicher Davies bei sich auf. Er quartiert ihn im eigenen Zimmer des ramponierten Hauses ein, das ihm sein Bruder Mick zur Renovierung überlassen hat. Davies ist ein verbitterter, verlogener Querulant, der Astons Fürsorge mit nörgelnder Selbstverständlichkeit annimmt. Dennoch bietet ihm Aston die Stelle eines Hausmeisters an. Der von Davies' Anwesenheit wenig erfreute Mick läßt den Eindringling seine Abneigung deutlich spüren. Doch der Alte macht sich liebedienerisch an ihn heran. Er beginnt, über Aston herzuziehen, der sich nicht zur Renovierung des Hauses aufschwingen kann, wird diesem gegenüber immer aufsässiger und erhält schließlich auch von Mick den Hausmeisterposten angeboten. Nun glaubt er, nicht mehr auf Aston angewiesen zu sein, fühlt sich ihm überlegen, spielt die beiden Brüder gegeneinander aus und will Aston zuletzt sogar aus dem Haus verdrängen. Doch Micks Eingehen auf Davies' Großsprecherei und sein Denunziantentum scheint eine bewußte Provokation gewesen zu sein, um dem Bruder das wahre Gesicht seines Freundes zu zeigen. Als Mick den Alten als Schwindler bezeichnet und fortschickt, versucht Davies verzweifelt, Astons Freundschaft zurückzugewinnen, doch dieser weist ihn nun ab. In seinem Flehen um eine letzte Chance – das er mit kindlich werbenden und bettelnden Angeboten zum Ausdruck bringt – wird dieser alte hybride Mann, der seine letzte Heimstätte verspielt hat, tragisch. – Über die realistische Ebene eines Randgruppenmilieus hinaus sind in den drei Figuren gewiß auch Archetypen zu sehen: Einem alten Mann wird von seinen Söhnen die Chance gegeben, sich einer neuen Situation, der Herrschaft der nunmehr erwachsenen Söhne, anzupassen. Er scheitert, weil er sich immer noch für überlegen hält, weil seine Anmaßung und sein tyrannischer Anspruch immer wieder durchbrechen.

Die beiden Stücke *Die Kollektion* und

Der Liebhaber wurden von Pinter fürs Fernsehen geschrieben, doch konnten sich auch die Bühnenfassungen auf dem Theater erfolgreich durchsetzen. *Die Kollektion* (1962) konfrontiert ein Ehepaar mit einem Männerpaar: James hat von seiner Frau Stella erfahren, daß sie mit dem jungen Modezeichner Bill eine Nacht verbracht hat. Zur Rede gestellt, leugnet Bill, der mit dem erfolgreichen älteren Unternehmer Harry lebt, zunächst jede Beziehung, gibt aber dann vor Harry und James das Liebesabenteuer zu. Als Harry Stella aufsucht, um sich Klarheit zu verschaffen, erklärt diese, James habe die ganze Geschichte erfunden. Bill behauptet nun, den Ehebruch nur zum Spaß bestätigt zu haben, vielleicht auch, um James, der an dem hübschen Jungen offensichtlich Gefallen findet, herauszufordern. Tatsächlich stellt sich aber heraus, daß Stella und Bill in einem Hotel in Leeds zusammengetroffen waren. Ob sie dabei wirklich nur in der Hotelhalle gemeinsam über die Möglichkeit eines Beisammenseins phantasiert haben oder ob das Abenteuer stattgefunden hat, bleibt offen. Die Ausgangspositionen aber verschieben sich: James, dem es zuerst nur um Stella ging, ist nun auch auf Bill eifersüchtig, Harry, der fürchtete, Bill an Stella verloren zu haben, erkennt in James die größere Gefahr.

Der Liebhaber (1963) führt die Spekulation um erotische Wunschträume weiter und zeigt ihre Funktion in einer Ehe. Das scheinbar konventionell-bürgerliche Ehepaar Richard und Sarah führt ein Doppelleben: Sie empfängt nachmittags einen Liebhaber, er geht zu einer Hure. Bald zeigt sich aber, daß das, worüber sich die beiden so lässig unterhielten, nur ein Spiel darstellt. Der Liebhaber ist Richard, Sarah die Hure. Die nachmittäglichen erotischen Phantasien werden vielfach variiert. Eines Abends aber durchbricht Richard die bisher säuberliche Trennung zwischen realer und Phantasiewelt, die Wunschträume beginnen, die Realität zu verdrängen. So stellt sich die Frage, wer und was diese Menschen wirklich sind, wann sie spielen und wann ihr innerstes Wesen zutage tritt, was sie aneinander lieben und ob das Spiel nicht auch zu einem gefährlichen Entlarvungsprozeß werden kann.

Die Heimkehr (UA: 1965 in London) wirkt zunächst wie die realistische Studie eines abseitigen, proletarischen Milieus, in das plötzlich die Sexualität einbricht: In einem tristen Haus im Norden Londons leben der siebzigjährige Max, seine Söhne, Lenny und Joey, und sein Schwager Sam. Der frauenlose Haushalt des einstigen Metzgers wirkt desolat, es herrscht ein rüder Umgangston. Max dichtet vor seinen Söhnen seiner verstorbenen Frau pathetisch eine Gloriole an, kann aber rasch in Unflätige umkippen und brutale Wahrheiten aussprechen. Max wird von Lenny, einem wendigen, brutalen Zuhälter, und Joey, einem schwerfällig naiven Arbeiter und Amateurboxer, respektlos und grob behandelt. Unangemeldet kommt spätabends der älteste Sohn Teddy, der seit sechs Jahren als Philosophiedozent in den USA lebt, mit seiner Frau Ruth ins Haus. Ruth, die früher Nacktmodell war, gerät als verführerisches Sex-Objekt rasch in den Mittelpunkt des Interesses. Sie wird zwar zunächst von Max als «Hure» aus dem Haus gewiesen, doch als er erfährt, daß sie mit Teddy drei Söhne hat, erlaubt er ihr zu bleiben. Ein eigenartiger Machtkampf beginnt. Ruth gewinnt in seltsam sphinxischer Indifferenz allmählich die Oberhand. Teddy, der sich allen geistig überlegen fühlt und dies auch in großspurigen Reden äußert, wird ausgespielt und zur Heimkehr in die USA gedrängt. Er fügt sich, ohne aufzubegehren, wie er auch die offenen Annäherungsversuche an seine Frau geduldet hat. Als Lenny und Joey bei Ruth erste Erfolge erzielt haben, beschließen sie mit Max, die Schwägerin im Haus zu behalten, sich mit ihr zu verbinden und sie auf den Strich zu schicken. Ruth willigt ein, fordert aber Luxus, eine eigene Wohnung und ein Dienstmädchen, was ihr zugesagt wird. Max gibt seinen Patriarchenstatus auf und bettelt auf den Knien um Ruths Gunst. – Das realistische Geschehen, die Verwandlung einer scheinbar respektablen Ehefrau und Mutter in einer zwielichtig verkommenen Familie zu einer Dirne, wirkt zugleich rätselhaft verschlüsselt. Im Mittelpunkt stehen typische, durch Instinkte, Triebe und Ängste bestimmte Verhaltensweisen, in denen sich Aggressivität, Sexualität und Machtkampf verbinden, aber auch die archetypischen Konstellationen von Vater und Sohn, Mann und Frau (mit ihrer Polarität Mutter und Hure). Urängste und Ursehnsüchte werden artikuliert. Esslin deutet die *Heimkehr* als ein Traumspiel: Als Wunschtraum des Sohnes von der sexuellen Eroberung der Mutter bei gleichzeitiger Vertreibung und Erniedrigung des Vaters. Diese Deutung würde auch die eigenartige Selbstverständlichkeit erklären, mit der die zum Teil monströsen Geschehnisse abgewickelt werden, denn nur im Traum kann ungehindert geschehen, was man unbewußt immer haben wollte, nur im Traum können alle Hindernisse spielend überwunden werden oder in sich zusammenstürzen.

Alte Zeiten (UA: 1971 in London) faßt mehrere Grundthemen Pinters zusammen: Wieder bricht eine fremde Kraft von außen in einen scheinbar gesicherten Bereich, wieder wird Vergangenheit den persönlichen Wünschen und Sehnsüchten des sich Erinnernden angepaßt, wieder geht es um einen Machtkampf: Deeley lebt mit seiner Frau Kate in einem Landhaus nahe der Küste. Sie erwarten Kates Freundin Anna, mit der Kate einst in London zusammen gewohnt und die sie nun schon zwanzig Jahre nicht gesehen hat. Zwischen Deeley und Anna entwickelt sich ein Kampf um Kate, der mit den Mitteln der Erinnerung ausgetragen wird. Es sind Erinnerungen, die sich widersprechen und überschneiden, die die Beziehungen der drei Personen in immer neuem Licht erscheinen lassen. Auf der realen Ebene wird ein Dreiecksverhältnis rekapituliert, woraus sich immer neue Positionen für die Gegenwart ergeben – einer bleibt stets ausgeschlossen. Auf einer anderen Ebene ist jedoch zudem ein verästeltes System von Spiegelungen und Entsprechungen zu finden, die verschiedenste Deutungsmöglichkeiten zulassen: Da Anna bereits im Zimmer ist, als sich Kate und Deeley noch über ihre Ankunft unterhalten, könnte es sich auch um einen Tagtraum Annas, ja sogar auch Deeleys handeln. Auffallend ist dabei die Austauschbarkeit der beiden so verschiedenen Frauen, respektive ihr Vorhandensein in denselben erinnerten Situationen. Das legt den Schluß nahe, daß Anna und Kate nur Ausprägungen derselben Person sind, von der sie jeweils einen Teil ihres Wesens verkörpern. Zwar wirken die drei Figuren durchaus realistisch, doch stellen sie auch Positionen dar, mit denen die verschiedensten Konstellationen zwischenmenschlicher Beziehungen durchgespielt und zugleich in ihrer Undurchschaubarkeit aufgezeigt werden.

Niemandsland (UA: 1975 in London) zeigt ebenfalls ein Ringen um Erinnerungen, einen Machtkampf in einem Innenraum, in dem sich ein Außenseiter einnisten will: Zwei alternde, von Trunksucht, literarischer wie physischer Impotenz heimgesuchte Schriftsteller geraten in ein seltsames Niemandsland zwischen Gegenwart und Vergangenheit, Realität und Phantasie. Für Hirst, den erfolgreichen, wohlsituierten, pompösen, besteht das Dasein aus Erinnerungen, die ihren Inhalt verloren haben, die zum Bild im Fotoalbum geworden sind, für Spooner,

Pinter, Niemandsland
Schloßparktheater Berlin, 1975
Inszenierung: Hans Lietzau
Spooner: Bernhard Minetti, Hirst: Martin Held

den erfolglosen, verträumten, verkommenen, wird die Vergangenheit zum Tummelplatz der Phantasie. Schließlich treiben sich die beiden in ihre eigenen Erinnerungen und fiktiven Geschichten, zwingen einander eine Vergangenheit auf, die es nie gab, und müssen zuletzt doch ihr Scheitern bekennen. Zwei alte Männer – bedient und umsorgt von zwei jüngeren Männern, Briggs und Foster, aber offensichtlich zugleich in ihrer Gewalt –, denen ihr Ich abhanden gekommen ist und die in einer als bedrohlich empfundenen Umwelt leben. Es ist eine undurchschaubare, von anonymen Mächten bestimmte Welt, in der Hirst und Spooner ihre Gegenwart zu sichern versuchen. Auch sie könnten Ausprägungen derselben Person sein, Spooner das verdrängte Ich des erfolgreichen Hirst, das nun in der Phase eines Lebensresümees zurückgeholt wird, aber auch nichts verbessern oder retten kann.

Betrogen (UA: 1978 in London) markiert einen neuen Aspekt in Pinters Dramatik. Erstmals verrätselt er das Geschehen nicht, sondern erzählt ganz konkret eine simple Dreiecksgeschichte, nur mit dem Trick, daß die Ereignisse rückspulend vorgeführt werden. Mit dem Ende einer Beziehung beginnt das Stück, mit ihrem Anfang endet es. Was Pinter damit aber deutlich macht, ist die Geschichte eines Verrats. Nicht nur der andere wird verraten, sondern auch das eigene Ich, die Gefühle, die Ideale, das Leben: Emma betrügt ihren Mann Robert mit seinem Freund Jerry, doch alle drei verweigern sich ihren Gefühlen, zwingen sich zu Arrangement und Beiläufigkeit,

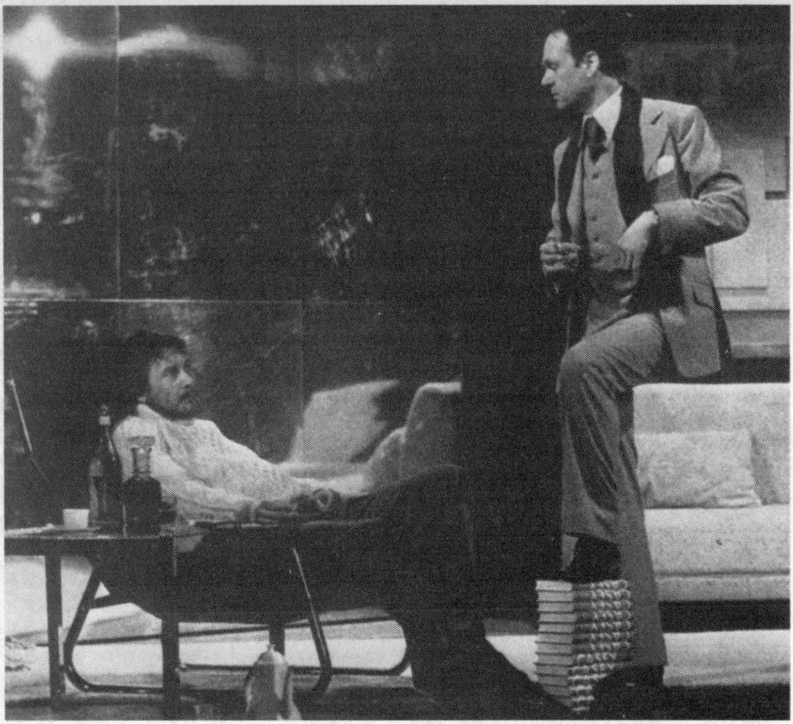

Pinter, Betrogen. Akademietheater Wien, 1978. Inszenierung: Peter Wood. Jerry: Karlheinz Hackl. Robert: Joachim Bißmeier

ersticken Liebe und Eifersucht, bewahren Haltung, täuschen einander, überspielen ihre Verletzungen und machen verbindlich Konversation. Damit betrügen sie sich aber um ihr Leben. Pinter zeichnet nicht hilflos den Verhältnissen ausgelieferte Menschen, die um ihr Leben geprellt werden, ohne eine Chance zu erhalten, sondern Menschen, die ihre Chancen verspielen. Seine Figuren sichern sich mit Raffinement gegen ihre Gefühle ab, ihr Intellekt webt ihnen Lebensmuster, die sie als Sicherheitsnetze ansehen, in denen sie sich jedoch verfangen und ersticken. Sie haben ihr Scheitern selbst zu verantworten.

Edward Bond *1934

Edward Bond wurde am 18. Juni 1934 im Londoner Vorort Holloway als Sohn eines Arbeiters geboren. Mit 15 Jahren verließ er die Hauptschule, arbeitete in Farbriken und Büros, begann 1956 erste Gedichte und Stücke zu schreiben und wurde 1960 von der Autorengruppe um Arden, Osborne und Wesker ins Royal

Court Theatre aufgenommen. Obwohl man dort sein erstes Stück bereits 1962 vorgestellt hatte, setzte ihn erst 1969 eine «Bond-Season» am Royal Court Theatre auch bei Kritik und Zensur durch. Lange Zeit fand Bond in Deutschland größere Anerkennung als in England, wo man seine Stücke zwar spielte, aber ihren dramatischen Stellenwert absolut unterschätzte.

Schreckenszeichen durchziehen Bonds Werk. Die großen unauflöslichen Widersprüche seiner Zeit, das Unfaßliche der Vorgänge in der Welt versucht er in gewaltige Bilder zu bannen. «Wie leben?» ist Bonds drängende Frage angesichts der Menschheitskatastrophen, die er in der Geschichte wie in der Gegenwart findet. In der Radikalität seiner Wahrheitssuche und der schonungslosen Aufdeckung des Zustands der Menschen gleicht er Beckett, wenn es ihm auch mehr um gesellschaftliche als um existentielle Gegebenheiten geht. Seine Figuren lernen nicht nur, diese Welt auszuhalten und tapfer weiterzumachen, sondern auch über alle Zerstörungen und Vergeblichkeiten hinaus Einsichten zu gewinnen. Wesentlich ist für sie, der Wahrheit nicht auszuweichen und zu erkennen, wie das Leben wirklich ist. Neben verhaltenen Zärtlichkeitsgesten finden Bonds Menschen oft auch zu Gesten der Selbstbehauptung. Noch in ihrem Scheitern zeichnet sich die Möglichkeit zur Rebellion und damit zur Veränderung ab. Bond zeigt eine Welt der Gewalt. Konsequent beweist er, wie keine der gesellschaftlichen Ideen, kein System, keine politische Strategie imstande ist, die Gewalt und damit die menschliche Katastrophe zu verhindern.

Die Hochzeit des Papstes (UA: 1962 in London) verwendet bereits zahlreiche Motive, die Bonds spätere Werke durchgängig bestimmen. Das Stück beschreibt eine Gruppe verwahrloster Jugendlicher, zeigt ihre Rituale, ihre Aggressivität und latente Gewalttätigkeit, ihre Unfähigkeit, sich zu verständigen und Beziehungen zueinander aufzubauen. Der «Papst» dieser Gruppe ist Scopey, Star im letzten Krickettspiel, das in der Freizeit eine besondere Bedeutung einnimmt. Den Jugendlichen stellt Bond einen alten Mann, Alen, gegenüber, der seit Jahren in einer Wellblechhütte außerhalb des Ortes lebt und von ihnen geängstigt und schikaniert wird. Die Realität dringt nur noch reduziert zu ihm, er lebt von Konserven, mit denen ihn Pat, die vielleicht seine Tochter ist, versorgt, stapelt alte Zeitungen und nimmt, durch eine Ritze seiner Hütte spähend, bruchstückhaft am Leben der Außenwelt teil. Während einer Feier nach einem gewonnenen Kricketspiel schläft Scopey mit Pat auf einer Wiese vor dem Wirtshaus. Die beiden, die sich nur in tristen Satzfragmenten verständigen, ohne sich einander mitteilen zu können, beschließen zu heiraten. Eine vage Sehnsucht bestimmt sie zu diesem Schritt. Doch die Ehe wird zum kleinbürgerlichen Unglück. Scopey, der Pat die Sorge um Alen abgenommen hat, beginnt sich für den Alten zu interessieren. Diese Existenz außerhalb der Gesellschaft irritiert ihn, er möchte ergründen, was Alen zum Rückzug aus der Gesellschaft bewogen hat, möchte von ihm lernen. Als er jedoch erkennen muß, daß der Alte nicht die Welt aufgab, sondern aus ihr ausgestoßen wurde, daß er gierig durch die Ritzen seiner Hütte an ihr teilhaben will und eine inhaltslose Existenz lebt, erwürgt er ihn, schlüpft aber in seine Rolle. Ob er dieses als leer erkannte Leben zunächst nur nachvollziehen will, um sein vielleicht doch nicht preisgegebenes Geheimnis aufzuspüren, oder ob es sich um einen reinen Akt der Selbstvernichtung handelt, bleibt offen.

Wachsende Popularität, zunächst auf dem Kontinent, trägt Bond sein nächstes dramatisches Werk ein: *Gerettet** enthüllt die gestörten Beziehungen, die emotionale Verarmung von Jugendlichen eines Londoner Arbeiterviertels.

Trauer zu früh (1969) hält der heutigen Zivilisation ihr im viktorianischen Spiegel grotesk verzerrtes Bild entgegen. Bond projiziert seine Metaphern vom Kannibalismus der mörderischen Menschheit in die viktorianische Epoche, wobei er geschichtliche Tatsachen travestierend ummotiviert. Die Schrekkensszenen haben die Dramaturgie eines grotesken Traumspiels. Bond zeigt die Welt hinter der verklärenden Legende.

Lear (UA: 1971 in London) zeigt die Welt als einen Ort des Leidens und der Gewalt. Damit bleibt Bond nahe bei Shakespeares Tragödie, so sehr er sich im Detail auch von ihr absetzt: König Lear läßt eine Mauer bauen, um – wie er sagt – die Feinde seines Volkes abzuwehren, den Frieden und die Freiheit zu sichern. Doch bei einem Kontrollgang erschießt er einen der Arbeiter. Seine Töchter Fontanelle und Bodice haben sich allerdings insgeheim mit seinen Feinden verbunden: Sie wollen die Herzöge von North und Cornwall heiraten. Es kommt zum Krieg, Lear unterliegt. Auf der Flucht trifft er den «Sohn des Totengräbers», der ihn bei sich in seiner Hütte aufnimmt. Das Glück der reinen Liebe zwischen dem Totengräbersohn und seiner Frau Cordelia währt damit nur kurz – Soldaten fallen ein, töten den Mann und vergewaltigen die Frau. Diese Greuel machen Cordelia zur Revolutionärin, sie führt Aufständische gegen die Töchter Lears. Deren zynischer Herrschaft, die nichts anderes darstellt als einen Machtwechsel, der die alten Unterdrückungsmechanismen weiterführt, will sie die Idee einer neuen, besseren Gesellschaft entgegensetzen. Die Rebellen siegen. Doch Cordelias neue Regierung der «Guten, Ehrlichen, Anständigen, Aufrechten, Gesetzestreuen» ist nicht weniger blutig als die alte: Die Töchter Lears und andere Gefangene werden grausam getötet, Lear werden mit Billigung Cordelias die Augen herausgeschnitten. Das geschundene Volk wird abermals zum Mauerbau gezwungen. Blind irrt Lear wieder in die Welt, der Geist des Totengräbersohns – seine zweite Natur – begleitet ihn und lehrt ihn inmitten der Vertriebenen und Entrechteten das Mitleid. Cordelia aber, die er zum Abreißen der Mauer bewegen will, hört nicht auf ihn. Da läßt sich Lear zu der Mauer führen und beginnt, sie abzutragen: «Für ein Zeichen reicht's noch.» Ein Soldat erschießt ihn. – Die Grausamkeit und Härte von Bonds Tragödie steht jener Shakespeares nicht nach, doch wie bei Shakespeare setzen sich davon Gesten des Mitleids, Momente der Zartheit und Menschlichkeit ab. Es wird gefoltert, geschändet, gemordet, Menschen werden zerstampft, erstochen, geblendet, und die monströsen Folterungen geschehen wie Alltagsarbeit. Dennoch sind Mitleid und Liebe Schlüsselworte des Werkes, auch wenn das Mitleid niemandem hilft, auch wenn es für die Liebe zu spät ist. Ein Hoffnungsschimmer scheint auf. Muß er Utopie bleiben?

Die See (UA: 1973 in London) reduziert das große Schlachten auf die Zerstörung in einer kleinen Gemeinschaft. Das Einzelschicksal erhält in seiner Entfremdung gegenüber der Welt tragikomische Züge: Der kleine Tuchhändler Hatch will die Welt retten, freilich von einer Gefahr, die nur in seiner Einbildung besteht. Hatch, der unter den gesellschaftlichen Zwängen einer englischen Kleinstadt anno 1907 leidet, rüstet gegen eine Invasion außerirdischer Wesen und organisiert im geheimen mit einigen Schwachköpfen den Widerstand. Er wird von der vermögenden Mrs. Rafi gedemütigt und gequält, die in der starren gesellschaftlichen Hierarchie der Küstenstadt an der Spitze steht und den Ton angibt. Aus dieser Gesellschaft herausgenommen hat sich nur der versoffene Evens, der in einer Hütte am Strand haust, Hatch dagegen glaubt sich für sie einzusetzen, entfernt sich aber in Wahrheit mit seinen Zwangsvorstellungen aus ihr. Das Stück zeigt die Zerstörung dieses Mannes, der seine Lebensprobleme phantastisch vergrößert, indem er sich einen gewaltigen Feind imaginiert, den nur er allein erkennt. Seine Wahnbilder helfen ihm, seine täglichen Niederlagen zu ertragen. Als sich bei einem Schiffbruch der junge Willy Carson ans Ufer rettet, während sein Freund Colin ertrinkt, wird er von Hatch für einen Spion der Überirdischen gehalten. Mrs. Rafi, die Hatch in seinem Laden wieder einmal damit quält, daß sie teure Bestellungen aufgibt, die sie ihm dann, wie Hatch befürchtet, nicht abnimmt, bietet Willy ihre Gastfreundschaft an. So wird er Zeuge der Probe eines Laienspiels, das Mrs. Rafi als Hauptdarstellerin auch inszeniert, und lernt dabei ihre Nichte Rose kennen, die mit seinem ertrunkenen Freund verlobt war. Die echte Trauer der beiden um den Toten muß vor Mrs. Rafis lächerlichem Trauerspiel verstummen. Als Mrs. Rafi bald darauf in eine Besprechung von Hatch mit seinen Anhängern platzt, und die inzwischen eingetroffene Ware nicht übernehmen will, gerät der Tuchhändler völlig aus der Fassung. Am Strand, wo inzwischen der tote Colin angeschwemmt wurde, sticht er im Glauben, Willy zu töten, wie rasend auf die Leiche ein. Bei der Totenfeier für Colin, die Mrs. Rafi auf einer Klippe inszeniert, kommt es zum Eklat: Hatch platzt in die Versammlung, um die drohende Invasion öffent-

Bond, Die See
Residenztheater München, 1973
Inszenierung: Luc Bondy
v. l. n. r. Davis: Elsbeth Peter, Mrs. Rafi: Lola Müthel, Jessica: Gertrud Kückelmann

lich bekanntzumachen. Er wird, als er den vermeintlich getöteten Willy leibhaftig vor sich sieht, vollends wahnsinnig. Einige Männer schleppen ihn ab. Rose folgt Willy, der die Stadt verläßt und damit den ersten Schritt zur Veränderung tut.

Bingo (1974) behandelt das Verhältnis von Dichter und Gesellschaft, die soziale Verantwortung des Künstlers. Hauptfigur dieser «Szenen von Geld und Tod» ist Shakespeare, die archetypische Gestalt des Dichters, der alles durchschaut und dennoch ein Leben lang mit den Mächtigen paktiert. Alternd hat er sich aus London ins ländliche Stratford zurückgezogen und lebt dort als Grundbesitzer nicht zuletzt von den Abgaben der kleinen Pächter. Bei einem Gelage mit Ben Jonson gesteht der große alte Mann, daß er nichts mehr zu sagen hat. Als Spekulanten die kleinen Äcker zu großem Weideland zusammenschließen wollen, läßt sich Shakespeare (was den historischen Tatsachen entspricht) um den Preis seines Schweigens gegen den Pachtverlust absichern. Er nimmt an keiner Protestaktion teil, obwohl zahlreiche Menschen durch diese Maßnahme ins Elend geraten. Als Shakespeare, der schweigsam, teilnahmslos, resigniert mit seiner kränkelnden Frau und seiner ungeliebten Tochter Julia lebt, erkennt, daß er mit seiner Dichtung am miserablen Leben der Menschen nichts verändert hat, als er sich mit der Wirklichkeit und seinem Versagen vor ihr konfrontiert sieht, tötet er sich.

Der Irre (UA: 1975 in London) erscheint als nicht minder tragische Umkehrung des Künstlerdramas *Bingo*: Der Künstler ist hier nicht der brillant Korrupte, sondern der Reine, der der brutalen gesellschaftlichen Realität ausgeliefert ist. Auch hier greift Bond auf ein historisches Vorbild zurück, auf den Arbeiterdichter John Clare (1793–1864), der die letzten 23 Jahre seines Lebens im Irrenhaus zubrachte. Er zeigt dessen Passionsweg in acht Bildstationen. Clare erlebt das Elend der Tagelöhner auf dem Land, und er beginnt aufzuschreiben, was er sieht und empfindet. Er wird zum Dichter. Kunstsinnige Kreise in London beginnen, sich für ihn zu interessieren, sein Wahrheitsanspruch und seine Sozialkritik rufen jedoch bald Konflikte hervor. Als ihn die Salons fallenlassen und Clare in sein Heimatdorf zurückkehrt, findet er sich nicht mehr zurecht. Er ist zwischen die Klassen geraten, wird von allen mißverstanden, niemand liest ihn, seine Poesie bleibt ohne Echo. Schließlich bringt man ihn ins Irrenhaus. Dort vegetiert der Dichter dahin, eingeschrumpft im Rollstuhl sitzend, sprachlos. Sein Stammeln wird nur noch von einer Irren verstanden. – Bond gelingt es in den großen Bildern dieses Märtyrerdramas, auch die soziale Situation in eindrucksvollen Chiffren sichtbar zu machen: Die Widersprüche, an denen Clare zerbricht, der unüberbrückbare Konflikt zwischen einer brutalen Gesellschaft und dem unbequemen, ihr nicht anzupassenden und daher gefährlichen einzelnen, werden scharf herausgearbeitet.

Die Schaukel (1976) entstand als Beitrag zur Zweihundertjahrfeier der USA, ein Antifestspiel, das den latenten Faschismus einer Kleinbürgerwelt aus Amerikas Pioniertagen aufzeigt. Bereitschaft zur Aggression eskaliert in wahnwitzige Gewalt, und Fred, ein liberaler junger Weißer, der mit einem Neger befreundet ist, wird Opfer der Massenhysterie, eines Lynchmords. Als der kleine Ladenbesitzer Skinner, Mitglied der militanten Bürgerwehr «Gerechtigkeitsreiter», niedergeschlagen und sein Laden ausgeraubt wird, gerät die schöngeistige Lehrerin Greta im Strudel der gewalttätigen Stimmung in Hysterie und behauptet, vergewaltigt worden zu sein. Obwohl Gretas Mutter, eine abgetakelte Schauspielerin, diese Aussage bezweifelt und für die Tat, wenn sie überhaupt begangen wurde, viel eher Skinners Sohn Ralph in Frage käme, wird Fred der Tat bezichtigt. Skinner inszeniert seine «Hinrichtung» als großes Spektakel in einem Theater: Jeder der Zuschauer kann je nach Sitzplatz einen oder mehrere Schüsse auf das Opfer abgeben, das hilflos in einer Schaukel pendelt.

Die Frau (1978) nimmt den Trojanischen Krieg zum Ausgangspunkt, doch es geht nicht um Helena, sondern um eine steinerne Glücksgöttin, die sich im Besitz der belagerten Trojaner befindet. Bond stellt in einer neuen Fabel männlichen Kriegswahn den humanen Ansprüchen der Frauen gegenüber. Er zeigt den Fetischismus als Ursache des Krieges, der von Männerphantasien ausgelöst wird, und er zeigt, wie sich zwei feindliche Frauen, die Trojanerkönigin Hekuba und Ismene, die Frau des griechischen Heerführers, miteinander verbünden, um dem Gemetzel ein Ende zu machen. Sie scheitern, doch rächen sich die Schwachen an den Mächtigen mittels einer List. Das Ende ist Rache, ist neue Gewalt.

Gerettet
Stück in 13 Szenen
UA: 1965 in London

Die sexuell versierte Pam nimmt den scheuen Len in die Wohnung ihrer Eltern mit, wie sie schon etliche Jungen mitgenommen hat. Pams Annäherungsversuche werden von ihrem alten Vater Harry unter fadenscheinigen Vorwänden voyeuristisch gestört. Bald beginnt sich Len eine gemeinsame Zukunft mit Pam auszumalen und zieht in das Haus ihrer Eltern, die einen stummen Kleinkrieg gegeneinander führen und schon seit Jahren kaum mehr miteinander sprechen. Doch Pam verliebt sich in Fred, den Boss einer rohen Halbstarkenbande, schläft mit ihm und bekommt ein Kind. An dem Kind erweist sich das gestörte Sozialgefüge: Weder Pam noch Fred, der an seiner Geliebten rasch das Interesse verliert, nehmen das Kind als Aufgabe an, beide sind einer Situation ausgeliefert, der sie geistig und seelisch nicht gewachsen sind. Nur Len, der seiner Ausschaltung durch einen anderen Mann hilflos zuschauen mußte, hält weiterhin an Pam fest, sorgt selbstlos für das Mädchen, das ihn in verzweifelter Fixierung auf Fred zurückstößt, demütigt und beschimpft. Er redet bei einem Treffen im Park Fred sogar zu, sich mehr um Pam zu kümmern, doch dieser fühlt sich von ihm wie von Pam belästigt. Als das Mädchen mit dem Kinderwagen kommt, beleidigt er Pam. Sie läuft davon und läßt das Kind zurück. Freds Bande benützt den Kinderwagen zunächst als Spielzeug, beginnt aber dann, das Baby zu quälen und schließlich mit Steinen zu bewerfen. Auch Fred beteiligt sich an der Steinigung seines eigenen Kindes. Von einem Baum aus beobachtet Len den Mord, wagt aber nicht einzugreifen. Fred kommt ins Gefängnis, Pam bleibt ihm trotz allem hörig und versucht, ihn zurückzugewinnen. Er stößt sie aber mit der gleichen grausamen Gleichgültigkeit von sich wie sie Len abweist. Als Len schließlich das Haus verlassen will, hält ihn Harry zurück. Zwischen den beiden entwickelt sich ein ernstes, anteilnehmendes Gespräch, in dem Harry zu erklären versucht, warum er im Haus bleibt und warum auch Len bleiben sollte. Zuletzt sitzen vier Menschen, jeder für sich beschäftigt, wortlos zusammen im Wohnzimmer. Nur Len, der einen Stuhl repariert, bittet Pam, ihm einen Hammer zu bringen. Sie reagiert nicht. Der Bezug läßt sich auch in der kleinsten Zuwendung nicht herstellen. Dennoch ist Len weitergekommen als etwa Scopey in *Die Hochzeit des Papstes* – er hat etwas gelernt, er zerstört nicht, er macht weiter – trotz allem, was geschehen ist.

Inmitten dieser Menschen, die auf die unartikulierte Hoffnungslosigkeit ihrer Existenz nur noch mit Aggressivität und Grausamkeit reagieren können, hatte Len zu ergründen versucht, was mit ihm und Pam vorgegangen ist, was Freds Erfolg ausmacht, weshalb er selbst bei dem Mord an dem Kind nicht eingegriffen hat, was Fred zu der Tat trieb und was er dabei empfunden hat, weshalb Harry dieses Leben erträgt. Er gewinnt in dieser dialogisch abgewickelten Erforschung und Selbsterforschung die Einsicht, «wie das Leben ist», erkennt den «denkbar hoffnungslosen Zustand», in dem sich die Menschen seiner Umgebung befinden, und wendet sich dennoch nicht von ihnen ab, riskiert es, ihnen weiterhin beizustehen. Bond faßt die disparaten Elemente von Zuneigung und Zurückweisung, Brutalität und Sehnsucht nach Zärtlichkeit zu einem Bild verzweifelter Ausweglosigkeit zusammen. Die Inhumanität, die da durch diese in allen ihren Reaktionen verkümmerten, zerrütteten und sprachlich hilflosen Menschen zum Ausdruck kommt, hat bei Publikum wie Kritik Widerspruch herausgefordert. Die Szene der Steinigung des Babys in beiläufiger, indifferenter, beinahe spielerischer Weise löste nicht nur bei der Londoner Uraufführung einen Skandal aus. Bond bemerkte dazu: «Es ist klar, daß die Steinigung eines Babys in einem Londoner Park ein typisch englisches Understatement ist. Verglichen mit dem strategischen Bombardement deutscher Städte ist dies eine geringfügige Greueltat, verglichen mit der kulturellen und emotionalen Aushungerung der meisten unserer Kinder sind die Konsequenzen belanglos.»

Das amerikanische Theater des 20. Jahrhunderts

Das amerikanische Theater hat Tradition seit der Gründung der ersten ständigen Bühne 1736 in Charleston, South Carolina. Ein eigenständiges amerikanisches Drama jedoch gibt es erst seit EUGENE O'NEILL*. Die amerikanische Dramatik stand und steht, bei allen europäischen Einflüssen, durchaus in der vorab im Roman bereits gefestigten amerikanischen Literaturtradition, deren Leitthema man mit «Hoffnungslose Hoffnung» überschreiben könnte. Das Erbe der puritanischen Ahnen wirkt fort, der amerikanische Mythos bleibt das Thema, beides wird kritisch gesehen. Was mit O'Neill entstand und nach ihm weiterwirkte, ist ein unkonventioneller Kampf gegen konventionelle Achtbarkeit und das Evangelium des Erfolges.

ELMER RICE (1892–1967) bezog Stellung gegen die Konformierung und Standardisierung des Alltagslebens mit *Rechenmaschine*, ein Werk, das als amerikanischer Beitrag zum Expressionismus gilt, wobei wie bei Georg Kaiser die Technik des surrealistischen Dramas vorweggenommen wird, ferner mit *Ist Robert Parker schuldig?*, dem experimentellen Sozialdrama *Straßenszene* und dem Welterfolg *Das träumende Mädchen*, in dem sich eine junge Amerikanerin ihr banales Alltagsleben durch Wunschbilder ergänzt. – MAXWELL ANDERSON (1888–1959) erprobte sich in verschiedensten Genres, er schrieb das sentimentale Kriegsstück *Rivalen*, Sozialkritisches mit *Leute wie du und ich* und *Winterwende*, unternahm den Versuch einer Poetisierung amerikanischer Wirklichkeit durch Symbolfiguren, verfaßte ein Drama über den Spionagefall Sacco und Vanzetti *Und wir haben nichts dagegen getan*. Dann wendete er sich dem historischen Drama in moderner Sicht zu mit *Königin Elisabeth, Maria von Schottland, Königin für 1000 Tage* (Anna Boleyn), *Barfuß in Athen* (Sokrates), verfaßte aber dazwischen für Kurt Weill auch die Textbücher zu *Knickerbocker Holiday* und *Lost in the Stars*, ging also den Weg vom Kriegsstück über die gesellschaftskritische Dramatik zum Musical und zum Historiendrama. – S. N. BEHRMAN (1893–1973) entwickelte am Vorbild Oscar Wildes einen typisch amerikanischen Komödienstil (auch in Europa erfolgreich mit *Elfenbeinturm*, einer Schriftstellerkomödie), den der in England geborene JOHN VAN DRUTEN (1901–1957) mit *Das Lied der Taube, Das war Mama*, JOHN PATRICK (* 1905) mit *Das Kleine Teehaus* und NEIL SIMON (* 1927) mit *Sunny Boys* und *Barfuß im Park*, um nur die bekanntesten Stücke aus der reichen Boulevardproduktion Simons zu erwähnen, weiterführten.

CLIFFORD ODETS (1906–1963) stellte seine teils realistische, teils symbolische Technik zunächst in den Dienst einer radikalen politischen und sozialen

Ideologie (das Boxerdrama *Goldene Hände* und *Die das Leben ehren*, Misere einer jüdischen Kleinbürgerfamilie in New York), wandte sich dann mit *Das Mädchen vom Lande* (eine Frau hilft ihrem der Trunksucht verfallenen Mann zu sich selbst zurück) dem psychologischen Drama und schließlich mit *Der blühende Pfirsich* (Noahs Schicksal, dargestellt am Leben einer jüdischen Einwandererfamilie) einem poetischen Realismus zu. – Von lyrischer Poesie und skurrilem Humor erfüllt sind die Stücke von WILLIAM SAROYAN (* 1908), szenische Impressionen voll naiver Märchenhaftigkeit und Stimmungslyrik: *Mein Herz ist im Hochland* (ein alter Mann, der sich durchs Leben träumt und die Herzen der ihm Begegnenden der Zärtlichkeit öffnet) und *Die Zeit unseres Lebens* (symbolischer Lebensquerschnitt am Beispiel des bunten Milieus einer Kneipe von San Francisco).

Die drei in ihrer Bedeutung unbestrittenen und wohl auch am nachhaltigsten wirksamen amerikanischen Dramatiker im zweiten Drittel dieses Jahrhunderts repräsentieren ebenso unterschiedliche Ausdrucksformen wie Geisteshaltungen: THORNTON WILDER*, der sein System der Harmonisierung mit neuen dramaturgischen Mitteln demonstrierte, TENNESSEE WILLIAMS*, der die eigenständige Welt der Südstaaten ins Theater einbringt, und ARTHUR MILLER*, der Dramatiker des Sozialen, einer veränderbaren Umwelt.

Die Welt der Südstaaten spiegelte auch WILLIAM FAULKNER (1897–1962), der große Romancier, mit dem Roman in szenischer Form *Requiem für eine Nonne* (der das elementar-dramatische Prozeß-Schema in doppeltem Sinn einsetzt: äußerer Prozeß – Negerin unter Anklage des Kindesmordes – und innerer Prozeß – Selbstbetäubung und Selbsterkenntnis der wahren Schuldigen – das äußere Gericht wird zum inneren Gericht) und zuvor schon THOMAS WOLFE (1900–1938) mit *Herrenhaus*, einem Drama, das den Niedergang einer Südstaatenfamilie schildert. – Menschliche Verhaltensweisen in gesellschaftskritischen Zusammenhängen zeigen auch JOHN STEINBECK (1902–1968) in *Von Mäusen und Menschen*, der Tragödie eines Schwachsinnigen, der zum Mörder wird, und seines Landstreicherfreundes, der ihn schützen will, im Milieu südkalifornischer Plantagenarbeiter; LILLIAN HELLMAN (* 1905) in *Die kleinen Füchse*, der Geschichte einer materialistischen, geldgierigen Familie, die ihre Umwelt ausbeutet und auch untereinander wütet; WILLIAM INGE (1913–1973) in dem kleinstädtischen Ehedrama *Komm zurück, kleine Sheba* und *Picknick*, in dem ein Vagabund die scheinbar zufriedene Welt einer Kleinstadt aufstört. – Außenseiter des amerikanischen Dramas, dennoch aber durchaus amerikanisch in der Perspektive, ist ROBINSON JEFFERS (1887–1962); er setzte sich in *Die Quelle, Medea* und *Die Frau aus Kreta* mit der griechischen Tragödie auseinander.

Die Entwicklung des Off-Broadway- und Off-off-Broadway-Theaters, ohne die auch die Anfänge eines EDWARD ALBEE* schwer vorstellbar wären, ermöglichten es der jüngeren Generation der amerikanischen Dramatiker mit ihren ersten Werken hervorzutreten, so unter anderen JEAN-CLAUDE VAN

ITALLIE (* 1936) mit *Mystery Play*, PAUL ZINDEL (* 1936) mit *Die Wirkung der Gammastrahlen auf Mann-im-Mond-Ringelblumen*, JOHN FOSTER (* 1931) mit *Elizabeth Eins* und ARTHUR KOPIT (* 1937) mit *O Vater, armer Vater, Mutter hängt dich in den Schrank und ich bin ganz krank* und *Als die Huren auszogen, Tennis zu spielen*.

Eugene O'Neill 1888–1953

Eugene Gladstone O'Neill wurde am 16. Oktober 1888 in New York geboren. Sein Vater, James O'Neill, war ein beliebter Melodram-Darsteller. Nach spätem regulärem Schulbesuch und einem Semester in Princeton ging Eugene O'Neill auf Goldsuche nach Manila und zur See. 1910 wurde, in erster Ehe, sein Sohn Eugene geboren (1919 folgte aus zweiter Ehe Sohn Shane, 1925 Tochter Oona). 1911 unternahm er einen Selbstmordversuch, Freunde retteten ihn, er ging wieder auf See. Den Winter 1912/13 verbrachte er mit Tuberkulose in einer Heilanstalt. Der Rekonvaleszent begann, für die Bühne zu schreiben und wurde von George Pierce Baker, der an der Harvard University Theatergeschichte und Dramatik lehrte, darin unterstützt. 1916 lernte O'Neill die Provincetown Players kennen, für die er als amerikanischer Dramatiker bald zum Propheten wird. Zu Beginn der zwanziger Jahre erlebte er seinen Durchbruch in New York: O'Neill wird mit dem Pulitzer-Preis geehrt, den er noch zweimal erhält. Er verläßt 1927 seine Familie und heiratet 1929 die Schauspielerin Carlotta Monterey. Als erster Amerikaner nach Sinclair Lewis wird er 1936 mit dem Nobelpreis für Literatur ausgezeichnet. Eine Schüttellähmung befällt ihn 1944. Zwischen 1947 und 1953 gibt er kein Stück mehr zur Aufführung frei. Am 27. November 1953 stirbt O'Neill in Boston. Als sein letztes Wort wird überliefert: «In einem Hotelzimmer geboren, und, gottverdammt, in einem Hotelzimmer gestorben.»

Der Auftritt Eugene O'Neills deklassierte das amerikanische Theater vor ihm als subliterarisches Vorspiel. Die von der Wirklichkeit bedrängte Psyche hat er als erster Amerikaner zum dramatischen Ereignis verdichtet. Allen europäischen Einflüssen zum Trotz, die von Goethes «Faust» über Nietzsches «Zarathustra» bis zu Wedekind reichen, trotz der Kenntnis von Marx und Freud und obwohl August Strindberg wie kein anderer sein Bruder im Geiste war, ist O'Neill durch und durch amerikanischer Dichter. Seine Gestalten leben in einer Welt, die von der amerikanischen Geschichte, vom amerikanischen Geist des Puritanismus, von den amerikanischen Lehren der Transzendentalisten und anarchischen Individualisten geprägt sind. Die Macht der Phantasie und des Willens schafft in den Dramen O'Neills immer wieder Konstellationen der Tragödie. Es ist die Tragödie seiner Gestalten, daß sie den Schuldigen, daß sie ihren Feind nicht finden – der Zuschauer aber erkennt ihn, in ihm ereignet sich die Katharsis. «Nur durch das Unerreichbare gewinnt der Mensch eine Hoffnung, die es wert ist, daß man für sie lebt und stirbt. Und nur durch das Unerreichbare gewinnt der Mensch sich selbst. Mit dem geistigen Lohn einer Hoffnung in Hoffnungslosigkeit ist er den Sternen und dem Fuße des Regenbogens am nächsten», sagte O'Neill, und: «Die Tragik ist der Sinn des Lebens – und der Hoffnung.» Immer weniger interessierte O'Neill im Verlauf seines Schaffens das Verhältnis von Mensch zu Mensch, immer mehr das Verhältnis Mensch und Gott. Als erster amerikanischer Dramatiker sprengte O'Neill die konventionelle Bühnenform, überwand Illusionismus und Naturalismus und schuf den zur Mystik neigenden Stil des gesteigerten Realismus. Er verwendete das Mittel des Beiseitesprechens, ließ die Einsamkeit seiner Menschen inneren Monolog werden und griff zurück auf die Maske. Was in der amerikanischen Prosa bereits fünfzig Jahre zuvor geschehen war, holte er für das Theater mit einem Schlag nach, als er Schiffsheizer, Neger und Vagabunden ihre Sprache sprechen ließ, sie bühnenreif machte. Ein Dichter und Menschengestalter, der unter dem Chaos des Lebens litt und von dessen Pioniertaten das amerikanische Theater nach wie vor zehrt.

Mit dem Einakter *Im Nebel von Cardiff* (1916) gelang O'Neill das erste dramatische Meisterwerk. Theatralische Effekte sind vermieden, realistisch der psychologisch fundierte Dialog, verhalten die dichte Stimmung, konsequent die Steigerung der einfachen Handlung, geschlossen die Komposition. Es ist die Geschichte des sterbenden Matrosen Yank – am Ende kommt der Tod, «ne schöne Dame in Schwarz», aus dem Nebel und nimmt den Nebel mit sich – Yanks letzte Reise endet dort, wo es «sehr hell» ist.

Mit dem dreiaktigen Schauspiel *Anna Christie* wurde O'Neill Anfang der zwanziger Jahre ein fester Begriff für das amerikanische Theater. Das Stück kam 1921 in New York heraus, wurde bereits 1923 in Berlin gespielt und später als Stoff für Greta Garbos ersten Tonfilm verwendet. Die Phänomene Nebel und Meer schaffen die dramatische Situation, in der drei Einzelleben ins Allgemeingültige gesteigert werden, das von Kapitän Chris Christopherson, das seiner Tochter Anna, die eine Hure wird, und das des Heizers Mat, den sie liebt. Sensation machte das 1920 geschriebene und in New York uraufgeführte Monodrama *Kaiser Jones*: Zum erstenmal ist in den USA ein Neger Mittelpunkt eines dramatischen Werkes. Der Neger Brutus Jones hat als Schlafwagenschaffner einen Kollegen und dann im Zuchthaus einen Wächter ermordet. Er flieht auf eine westindische Insel und bewegt dort mit den Tricks eines Weißen die Bewohner, ihn zum Kaiser Jones zu krönen. Kaiser Jones, das ist der Jedermann, dem es nicht gelingen will, die eingeborene Angst mit dem Verstand zu überwinden. Nur die erste und die letzte der acht Szenen enthält Dialoge. So ist *Kaiser Jones* das geniale Monodrama des Menschen, der sich für seinen eigenen Gott hält und erst bei der existentiellen Begegnung mit sich selbst begreift, daß er den falschen Gott angebetet hat.

The First Man ist erwähnenswert, weil dieses 1922 uraufgeführte Schauspiel die tragikomische Groteskmanier Wedekinds erkennen läßt. Geburt und Wiedergeburt sind das Thema des Mysterienspiels *Der Quell* (1925). In dem Gesellschaftsdrama *Vermählt* (1924) werden Strindbergs Einflüsse deutlich sichtbar. Keines der drei Stücke besitzt aber die visionäre Kraft und expressive Passion von *Der haarige Affe* (1922). Der haarige Affe, der Schiffsheizer Yank, stellt sich und seine Welt dar, wie er sich und die Welt sieht: als Zerrbild, in dem sich die Wahrheit offenbart, das Schicksal eines Menschen, der keine Beziehung zu etwas außerhalb seiner selbst finden kann.

Alle Kinder Gottes haben Flügel, der 1924 in New York uraufgeführte Zweiakter, zeigt das Ehepaar Jim, einen Neger, und Ella, eine Weiße, die am Ende ihres Verhängnisses zur Gotteskindschaft finden: Jim fällt zum drittenmal bei einer Prüfung durch und muß die Hoffnung aufgeben, Anwalt zu werden. Ella gesteht ihm, daß sie alles getan hat, um seinen Erfolg zu verhindern, sie wird wahnsinnig und will nur mehr das Kind sein, das einst mit Jim gespielt hat. Wahnsinn und Glück werden identisch. Und Jim fügt sich: «Laß dies Feuer brennenden Leids mich von Selbstsucht reinigen und mich würdig machen des Kindes, das du mir gibst, für die Frau, die du mir nimmst», bittet er Gott.

Marcos' Millionen (1928), acht Akte in zwölf Bildern, beschäftigte O'Neill drei Jahre lang. Immer wieder legte er das Drama zur Seite und schob die Arbeit an anderen Stücken ein. Obwohl Marco Polo im Mittelpunkt steht, handelt es sich nicht um ein Historiendrama. Marco, von dem O'Neill sagte: «Er lebt noch heute – oh, er ist sehr lebendig und voll der alten Keckheit», ist ein Götzenbild vollgestopfter Selbstzufriedenheit, ein Mensch unserer Zeit, der keinen Gott begreifen kann, weil sein Gott Verstand, Erwerbssinn, Erfolg heißt.

Gier unter Ulmen entstand 1924 und wurde in diesem Jahr auch in New York uraufgeführt. Es ist mystische Dichtung in balladesker Form, denn es geht darum, daß Abbie und ihr Stiefsohn Eben dem Gott der puritanischen Nordamerikaner Schach bieten, indem sie seinen Zorn auf sich nehmen und sich auf dem Weg von der Gier zur Liebe schließlich zur Passion des Leidens bekennen.

Auf der Suche nach neuen Formen beschäftigte sich O'Neill in den zwanziger Jahren auch mit der Maske, die er allerdings nicht zur Typisierung des Schauspiels verwendet, sondern als Symbol der inneren Realität. In zwei Stücken setzte er sie ein:

In *Der große Gott Brown* (1926) stehen einander zwei Männer gegenüber, der sensible Architekt Dion Anthony (der Name ist Symbol für die Vereinigung des Dionysischen mit Antonischer Askese und Verlangen nach einer Kraft jenseits des Horizonts) und der respektable Erfolgstyp William Brown. Sie haben beide einst dasselbe Mädchen umworben, das sich für Anthony entschieden hat. Doch er lebt im Zwiespalt, trägt in seiner Verzweiflung darüber, unverstanden zu sein, die Maske eines mephistophelischen Zynikers. Als er stirbt, übernimmt Brown die Maske, in der Hoffnung, mit dem Gesicht des Künstlers auch die Liebe zu gewinnen. Mit der Maske muß er jedoch auch das Schicksal Anthonys teilen: Er hat dessen Zwiespalt geerbt. Im Gegensatz zu Anthony aber verliert er seine Identität und wird zum zeit- und ortlosen Menschen schlechthin. Nur Cybel, Anthonys einstige Geliebte, hat das Sein hinter dem Schein der Maske erkannt. Sie nimmt Brown, wie er ist. Doch sie selbst trägt die Maske der Dirne, weil ihr sonst niemand ihre bedingungslose Liebe glaubte und sie für Lüsternheit hielte. Wie Dion Anthonys Maske ihn vor sich selbst schützen sollte, schützt ihre Maske sie vor den Masken anderer. Das Drama brachte O'Neill großen Erfolg – im Gegensatz zu dem Vierakter *Lazarus lachte*, der weder in New York noch in Deutschland gespielt und am Tage nach seiner Uraufführung 1928 in Passadena abgesetzt wurde. Alle Darsteller, außer dem der Titelrolle, tragen Masken. Der Wiedererweckte, der mit Fragen nach der Welt des Jenseits bestürmt wird, antwortet: «Lernt erst in der eigenen zu leben.»

Das letzte Drama, mit dem O'Neill dem Theater abermals eine neue Form zur Verfügung stellte, ist *Seltsames Zwischenspiel*. Die neun Akte des Dramas, das bei seiner Uraufführung 1928 in New York mit einer einstündigen Pause von sechs Uhr bis Mitternacht dauerte, bestehen zu zwei Dritteln aus der Zwischenspieltechnik des Beiseitesprechens, das O'Neill für den Typ «moderner neurotischer Seelen» das geeignete Ausdrucksmittel schien. Die Gestalten sagen, was sie denken, keineswegs immer monologisch, sondern viel öfter als Dialog mit sich selbst, in dem sie das Sein und den Schein gegenüberstellen. Inhalt des Stückes ist die Lebensodyssee Ninas, einer «umworbenen Stifterin von Illusionen, die einsam ist wie jedes ihrer Opfer» und die erkennt: «Seltsames Zwischenspiel! Ja, unser Leben ist nichts anderes als ein seltsames, dunkles Zwischenspiel in dem elektrischen Feuerwerk, das Gottvater entfaltet.»

O Wildnis!, 1933 in Pittsburgh uraufgeführt, ist O'Neills einziger Versuch, eine Komödie zu schreiben, eine Komödie der Erinnerung, Erinnerung an seine eigene Jugend, die er dramatisiert, «um ein Gespenst zur Ruhe zu bringen». Der siebzehnjährige Richard, der seine Eltern und den Vater seiner Freundin mit anarchistischen Zitaten schockiert, gewinnt früh die Ansicht eines reifen Menschen. Sein Traum vom Mond kommt einer Kraftquelle gleich, die es ihm möglich macht, sein Leben so, wie es ist, auf sich zu nehmen.

Nach der Uraufführung der Komödie zog sich O'Neill bis 1946 von der Öffentlichkeit zurück.

Er entwarf den Plan zu einem Dramenzyklus, der die Geschichte einer amerikanischen Familie von 1776 bis 1932 verfolgen sollte: Die Werke, die dem Drama *Fast ein Poet** vorangingen, hat O'Neill selbst vernichtet, *Alle Reichtümer der Welt* sollte nach seinem Tod vernichtet werden, blieb jedoch durch Zufall erhalten und wurde 1962 in Stockholm uraufgeführt. Innerhalb des Zyklus umfaßt das Werk die Jahre 1832 bis 1841, es folgt also auf *Fast ein Poet*. Sara Melody hat Simon Harford geheiratet, die beiden und Simons Mutter Deborah stehen im Mittelpunkt der Handlung. Das Geschehen wird davon diktiert, daß die Harfords sich nach Kräften außerhalb ihrer Person sehnen. Deborah und Simon enden im Irrsinn, zu Simon, der sie jetzt Mutter nennt, sagt Sara: «Jawohl! Auch deine Mutter will ich von jetzt an für dich sein, und dein Glück und dein Frieden und alles, was du im Leben noch brauchen wirst. Komm!»

Nach dreizehnjährigem Schweigen trat O'Neill mit *Der Eismann kommt* (1946) wieder an die Öffentlichkeit – seit 1932 waren kaum noch Stücke von ihm in den USA gespielt worden, und man empfand die Aufführung als Comeback. Glück kann nur im Träumen gefunden werden – das ist die Botschaft dieses Stückes, das eineinhalb Tage in einer New Yorker Strandgutspelunke verfolgt.

Als einziges Stück eines geplanten Einakterzyklus schrieb O'Neill *Hughie* (1958). Auch hier ist das Thema die Notwendigkeit der Lebenslüge. Erie, ein Spieler vom Broadway, erzählt in den frühen Morgenstunden dem Nachtportier Hughes von seinem Vorgänger Hughie. Am Ende spielen sie, und Erie gewinnt wie in den guten alten Tagen. Hughes kann nun träumen, Erie sei einer, der das Geheimnis der Glückssuche kennt.

Als letztes der Stücke aus dem Nachlaß O'Neills ist *Ein Mond für die Beladenen* entstanden (1957): Der heruntergekommene Schauspieler James Tyrone träumt am mütterlichen Busen des Mädchens Josie von der Vollkommenheit des Glücks, wo das Begehren belanglos geworden ist. Obwohl die beiden einander ursprünglich begehrten, verwandelt sich ihr Gefühl in reine Liebe, sie wird seine Mutter, er ihr Kind. Als Tyrone erwacht, weiß er, daß er eine kleine Weile den Traum vom «ganzen Leben» träumen durfte, der Mond für die Beladenen hat die Welt erhellt, in flüchtigen Minuten zwischen der Nacht und dem Morgen.

Trauer muß Elektra tragen
Trilogie in 13 Akten
UA: 1931 in New York

Eine Vorgeschichte erklärt, weshalb die Mannons fluchbeladen sind: Ezra Mannons Vater hatte ein Verhältnis mit einer schönen Kanadierin, die in seinem Haushalt diente, jedoch nur seinen Bruder liebte, der mit ihr schließlich das Haus verließ, enterbt und von der Familie zum Selbstmord getrieben wurde. Ihr Kind ist Kapitän Brant. Das «Haus der Schande» wurde abgerissen, und der alte Mannon ließ ein neues errichten, einen Hort des Stolzes, der Selbstsicherheit und der puritanischen Strenge. Ezra Mannon verliebte sich, wie sein Vater, in eine schöne Außenseiterin. Er heiratete Christine, die mit der Kanadierin äußerlich vieles gemeinsam hat. Inzwischen hat Kapitän Brant den Mannons aus Liebe zu seiner Mutter Rache geschworen. Während Ezra im Krieg gegen die Südstaaten kämpft, begegnet Brant Christine. Ein Liebesverhältnis bahnt sich an. Lavinia, Christines Tochter, kommt hinter die Beziehung ihrer Mutter. Am Schreibtisch des abwesenden Vaters verurteilt sie als seine Stellvertreterin die Mutter, am selben Schreibtisch plant Brant mit Christine die Ermordung Ezras. Als dieser siegreich heimkehrt, vergiftet ihn Christine. Orin Mannon, der Sohn von Ezra und Christine, kommt als verwundeter Soldat nach Hause. Nicht lange gelingt es seiner Mutter, Lavinia daran zu hindern, den Bruder über den Mord am Vater aufzuklären. Auf einem Schiff im Hafen von Boston wird Kapitän Brant von seiner Schuld gepeinigt. Christine, die sich verfolgt fühlt, flieht zu ihm auf das Schiff und wird dabei von ihren Kindern beobachtet. Nachdem sie nach Hause zurückgekehrt ist, erschießt Orin den Kapitän. Der Mord wird ebenso vertuscht wie das Verbrechen an Ezra Mannon. Als sich Christine, um ihren Schuldgefühlen zu entkommen, erschießt, verbreitet Lavinia, ihre Mutter hätte sich aus Gram um den Tod des Gatten das Leben genommen. – Orin fühlt sich schuldig am Tod der Mutter, Lavinia unternimmt zur Ablenkung mit ihm eine Weltreise. Doch Orin kann der drückenden Last seines Gewissens nicht entrinnen. Lavinia, auf der Reise aufgeblüht, versucht, in eine Ehe auszubrechen. Doch Orin stellt sich zwischen die Schwester und ihren Erwählten. Sie verzichtet auf die Ehe, um mit dem Bruder zu leben, dieser aber erkennt seine ausweglose Situation, nimmt die Mitschuld am Tod der Mutter auf sich und begeht zur Sühne Selbstmord. Lavinia akzeptiert das auf den Mannons lastende Verhängnis, indem sie dem Leben draußen in der Welt entsagt und sich in Mannon-House einschließt. Sie weiß, daß es kein Entrinnen gibt: «Ich lebe allein mit den Toten und hüte ihre Geheimnisse und lasse mich von ihnen hetzen, bis der Fluch getilgt ist und die letzte Mannon sterben darf. Und sie werden dafür sorgen, daß ich lange lebe!»

«Ein Meisterwerk, das die blanken Knochen der unpersönlichen griechischen Tragödie mit dem Fleisch der modernen Psychologie umgibt», schrieb ein Kritiker nach der Uraufführung. Das Werk markiert einen Höhepunkt in O'Neills Schaffen. Dem großen politischen Entwurf des Aischylos, der den Menschen als Opfer des Widerstreits gleichberechtigter Mächte darstellt, setzt O'Neill den seinem Charakter unterworfenen Menschen entgegen. Er transportiert den antiken Mythos in die Wirklichkeit einer krisenhaften Periode der amerikanischen Geschichte und belebt ihn aus den psychoanalytischen Erfahrungen des 20. Jahrhunderts. In diesem «Schauspiel über Elektras Leben nach der Ermordung Klytämestras» walten nicht die Götter, das Schicksal entspringt vielmehr den individuellen Charakteren. Indem sie ihren Trieben folgen oder sie zu unterdrücken suchen, diktieren sich die Mannons selbst ihre Schuld und ihre Strafe. Vorgeführt wird ein schicksalhaftes Gefangensein des Menschen in seinen eigenen Leidenschaften. Der Fluch wirkt über den Tod hinaus, trennt die Mannons von der übrigen Welt, löst sie aus jedem sozialen Zusammenhang und führt sie in ihrer Vereinzelung wieder in die Nähe der griechischen Heroen. Das Schicksal ist zum Verhängnis geworden, das sich die Mannons selbst geschaffen haben – doch ihre Leidenschaften geben ihnen auch Größe.

Fast ein Poet
Schauspiel in 4 Akten
UA: 1957 in Stockholm

An einem Julimorgen im Jahr 1828 wird in der Wirtsstube von Cornelius Melodys Kneipe die Jubiläumsfeier der Schlacht von Talavera vorbereitet. Der gebürtige Ire war 1809 im Feldzug gegen Napoleon ein paar Stunden ein großer Held, der von Wellington dekoriert wurde. Er hat später ein Gut erworben und in einer Mußheirat eine Bauerntochter geehelicht. Wegen dunkler Affären ist er nach Amerika ausgewandert, um sein Geld betrogen worden und zum Kneipenbesitzer in der Nähe von Boston herabgesunken. Doch das übersieht er geflissentlich, trägt Kavallerieuniform, hält sich ein Reitpferd, zitiert Byron und prahlt vor ein paar Saufbolden, daß er nur dank der Opferbereitschaft seiner hart arbeitenden, ihm liebend ergebenen und jede Demütigung verzeihenden Frau Nora das Leben eines «Gentleman» führen kann. Justament an seinem Ruhmestag muß Melody erleben, wie ihm eine Illusion nach der anderen geraubt wird. Er blitzt als Frauenheld bei Deborah Harford ab, der Frau eines Millionärs, die kommt, um ihren kranken Sohn Simon abzuholen, der Melodys Tochter Sara liebt und im Haus von ihr gepflegt wird. Dann läßt ihm Vater Harford 3000 Dollar für die «Dienste» anbieten, die Sara seinem Sohn geleistet hat, und Melody, der von den Harfords ob dieser Schmach Genugtuung fordern will, wird dort von der Dienerschaft hinausgeworfen und verprügelt. Randalierend kehrt er zurück, er fühlt sich erniedrigt, seine Traumwelt ist zerstört. Als er sein Pferd erschießt, tötet er zugleich die Legende vom Gentleman Melody. Breiten irischen Dialekt sprechend, bekennt er sich endlich zu seiner Existenz als Kneipenwirt. Er gesteht seiner Frau, wie sehr er ihr zugetan ist, gibt Sara den Segen, Simon zu heiraten, und beteuert, mit einem Rest von Großspurigkeit, er werde «diese Bude» wieder in Schwung bringen.

Cornelius Melody ist ein komischer Ritter von der traurigen Gestalt. Im Gegensatz zu den meisten Dramen O'Neills hat dieses viel Humor, doch verbirgt sich hinter dem märchenhaften, melodramatischen Schluß die Tragik der Hauptfigur: Aus der Beletage seiner Träume ist Melody ins Parterre des illusionslosen Durchschnitts gestürzt. Im Sinne von O'Neill ist er aber erst jetzt groß, denn Größe kann nur einer gewinnen, der versagt – wie dieser Träumer, der fast ein Poet war.

Eines langen Tages Reise in die Nacht
Schauspiel in 4 Akten
UA: 1956 in Stockholm

Die Reise, auf die der Titel anspielt, beginnt an einem Augustmorgen des Jahres 1912 im Sommerhaus der Familie Tyrone. Vater James Tyrone, ein reisender Schauspieler, seine Frau Mary und ihre beiden Söhne, Jamie und Edmond, sind wieder einmal beisammen. Tyrone bestärkt Mary in dem Glauben, daß Edmond nur an den Folgen einer Erkältung leide. Als Jamie der Mutter klarmachen will, daß Edmond ernstlich krank sei, erreicht er damit nur einen Haßausbruch gegen die Ärzte im allgemeinen. Tyrone erklärt, sein Landbesitz sei verschuldet, er könne keinen teuren Arzt bezahlen. Außerdem sei nicht bewiesen, daß Edmond Tuberkulose habe. Vater und Sohn machen sich jedoch auch Sorgen um die Gesundheit der Mutter, deren wach-

O'Neill, Fast ein Poet
Akademietheater Wien, 1958
Inszenierung: Oscar Fritz Schuh
Cornelius Melody: Attila Hörbiger
Nora: Paula Wessely, Cregan: Heinz Moog

sende Nervosität immer stärker bemerkbar wird. Vor dem Mittagstisch suchen Vater und Söhne Zuflucht im Alkohol. Mary gesellt sich zu ihnen, weniger nervös, aber auch eigenartig teilnahmslos. Nach dem Essen klagt sie über das Sommerhaus, das nie ein Heim gewesen sei. Sie versinkt in Erinnerungen: Die Krankheit nach Edmonds Geburt, der billige Hotelarzt, der ein schmerzstillendes Mittel verschrieb. Und schon vorher: das Baby Eugene, das starb, während sie mit ihrem Mann reiste, die Angst und Sehnsucht, noch ein Kind zu haben, und die Erinnerung an die Tuberkulose ihres Vaters, als Edmond so schwächlich war. Allein mit ihrem jüngsten Sohn, prophezeit sie den Tag, an dem er gesund sein werde und sie sich nicht mehr schuldig fühlen muß. Am Abend schickt Mary das Stubenmädchen in die Stadt, um ein «Medikament» zu besorgen. Sie träumt sich zurück in ihre Mädchenzeit. Als Tyrone und Edmond, der vom Arzt zurückkommt, sich zu ihr setzen, beginnt sie Streit. Edmond, den sie durch mangelndes Interesse an seiner Krankheit kränkt, spricht als erstes das Wort «rauschgiftsüchtig» aus und verläßt das Haus. Um Mitternacht kehrt er zurück, Vater Tyrone sitzt beim Whisky, die beiden beginnen zu streiten, doch über dem Whisky versöhnen sie sich. Im Oberstock hören sie Mary unruhig hin und her gehen. Tyrone verteidigt die an ihrer Sucht unschuldige Mary, Edmond aber gibt dem Vater die Schuld, weil er nie gute Ärzte zahlen wollte. Tyrone wirbt bei seinem Sohn um Verständnis für seinen Geiz, der in seiner armen Kindheit begründet liege und mit dem er auch seine Schauspielkarriere ruiniert habe. Nach Jamies Heimkehr wird zu dritt weitergetrunken. Da kommt Mary in völliger Verwirrung die Treppe ins Wohnzimmer herunter. Ganz im Rauschgiftwahn gaukelt sie sich ein Traumleben vor. Die Männer dämmern volltrunken dem Morgen entgegen.

O'Neill erhebt hier das Schicksal amerikanischer Bürger – seiner eigenen Familie, er selbst ist in Edmond zu erkennen – zum Menschengeschick. Diese Familie hat die Atriden zu ihren Verwandten, ihr Leben wird von tragischen Verflechtungen bestimmt. Die Furien des Unterbewußtseins konfrontieren die Menschen mit den Bildern der Vergangenheit. O'Neill selbst hat sie «stammelnde Nebelleute» genannt, die «immer wieder ihre eben erst gesprochenen Worte vergessen». Aber in ihren Ausflüchten ist Wahrheit verborgen, denn diese Verwundeten vom Kampf zwischen Illusion und Realität, diese von ihren schützenen Lebenslügen Betrogenen, dürfen auch «Träumende von einem vollkommenen Frieden» sein. Mary findet ihn im Wahnsinn. Edmond ahnt ihn, wenn er sich an seine Seefahrerzeit erinnert: «Für einen kurzen Augenblick verlor ich mich selbst ... Ich war befreit, ich war frei! Ich hatte mich aufgelöst, war aufgegangen in Gischt und Meer und Segel ... war frei von Gegenwart und Zukunft, gehörte hinein in den Frieden und die Harmonie ... Ich gehörte zu Gott, wenn ihr wollt.» Edmonds Vision ist die des Dichters, in der er eine klägliche Existenz transzendiert.

O'Neill, Eines langen Tages Reise in die Nacht
Akademietheater Wien, 1975
Inszenierung: Rudolf Steinboeck
James: Paul Hoffmann
Mary: Käthe Gold

Thornton Wilder 1897–1975

Thornton Wilder wurde am 17. April 1897 in Madison, Wisconsin, als Sohn eines Zeitungsbesitzers geboren. Zwei Jahre seiner Jugend verbrachte er in Shanghai, wo der Vater als Generalkonsul tätig war. Schon in der Berkeley High School, die er 1915 abschloß, entwarf er seine Dreiminutenspiele. Nach kurzem Kriegsdienst promovierte er 1920 im Fach Neuere Sprachen, ging zu archäologischen Studien nach Rom und unterrichtete dann Französisch in New Jersey. 1927 erhielt er für seinen zweiten Roman, «Die Brücke von San Luis Rey», den Pulitzerpreis, mit dem er insgesamt dreimal ausgezeichnet wurde. Nach ausgedehnten Europareisen lehrte er an der Universität von Chicago. Während des Zweiten Weltkrieges war er Offizier im Abwehrdienst. 1950/51 lehrte er Poesie an der Harvard University. Am 7. Dezember 1975 starb Wilder in Hamden, Connecticut.

Thornton Wilder war ein Revolutionär des Theaters. Doch ein stiller, ja unauffälliger, wie selbstverständlicher. Das zeigte die Reaktion des Publikums, das seine neuartigen, ungewohnten Stücke mit Begeisterung und ohne den geringsten Widerstand aufnahm. Er verfocht keine neue Theorie des Theaters, seine Revolution bestand darin, daß er Stücke schrieb, die man in der herkömmlichen Spielweise und Dekoration des Theaters keineswegs spielen konnte. So erzwang er durch einen schöpferischen Eingriff einen neuen Theaterstil. Er war nicht gegen etwas, sondern für etwas – und brachte das moderne Theater gleich mit. Es war nicht nur der Verzicht auf Guckkastenbühne, Dekorationen und Requisiten, was die Revolte dieses «Konservativen» ausmachte, es war auch der bewußte Verzicht auf die Fabel, auf die Darstellung von Schicksalen. Mit seiner offenen Dramaturgie gelang es Wilder erstaunlicherweise, etwas in das Theater hereinzuholen, was ihm seit Anbeginn immer wieder eigen war: Magie. In Wilders Welt hat alles seinen Sinn – auch Schmerz, Katastrophen und Tod. Wo solche Versöhnlichkeit herrscht, wo der Mensch in seiner ameisenhaften Winzigkeit und zugleich in seiner Größe erkannt wird, ist keine Tragik. Wilders Stücke sind Hymnen auf das Leben, so wie es ist. Das hat ihm manche Kritik eingetragen – und das besiegelt auch seine Zeitlosigkeit, solange das Leben weitergeht.

Die *Dreiminutenspiele*, mit deren Entwurf schon der Achtzehnjährige begann, eröffneten Thornton Wilders dramatisches Werk. Ihre äußere und innere szenische Form ist eine einzigartige Erfindung. 1928 erschienen dreizehn dieser Spiele unter dem Titel *Der Engel, der das Wasser bewegte*. Formal führen die Dreiminutenspiele in Wilders dramatischem Schaffen ein Eigenleben, das verborgene Thema seiner Stücke ist aber schon angeschlagen: die verlorengegangene Bedeutung hinter dem Gegenwärtigen. Sie spannen sich zwischen dem Alltäglichen und dem Ewigen. Jedes Spiel ist eine Welt für sich. Nie haben die Szenen etwas Formelhaftes, immer sind sie zum Bersten angefüllt mit Phantasie. Ende der zwanziger Jahre verlor Wilder die Freude am Theaterbesuch: «Ich begann, Einakter zu schreiben, welche nicht Wahrscheinlichkeit, sondern Wirklichkeit einzufangen versuchten.» Drei der fünf Einakter, die 1931 erschienen, sind ganz bewußte Versuche zu einer neuen theatralischen Form: *Liebe – und wie man sie heilt* hat Theater im Theater zur Voraussetzung, und auch bei *Die Königinnen von Frankreich* sind Zeit und Ort genau angegeben (ein Provinzadvokat im New Orleans von 1869 versucht Klientinnen einzureden, sie seien Anwärterinnen auf den französischen Thron).

Erst mit *Das lange Weihnachtsmahl* verläßt Wilder die Konvention des Theaterspiels und der Szenerie. Drei Generationen bringt er im Verlauf einer knappen Stunde in diesem Einakter auf die Bühne, der zum erstenmal in Amerika das uralte Totentanzthema aufgreift. In *Glückliche Reise* unternimmt, auf Stühlen improvisiert und vom Spielleiter sekundiert, eine Familie eine alltägliche Autofahrt. Und in *Schlafwagen Pegasus* kommt es zu einer fast völligen Machtergreifung des Spielleiters; in gedrängtester Kürze werden die Lebensschicksale der Personen geschildert, die am 21. Dezember zufällig eine Nacht im Schlafwagen von New York nach Chicago verbringen. Hier ist die dramaturgische und szenische Verfahrensweise von *Unsere kleine Stadt** schon völlig vorgebildet.

In einem Atemzug mit diesem revolutionären Stück schrieb Wilder ein vergnügliches und konventionelles, *Die Heiratsvermittlerin* (1938), eine amerikanische Version von Nestroys Posse *Einen Jux will er sich machen*: Der wohlhabende Kaufmann Vandergelder verläßt sein langweilig-wohlanständiges Provinznest und begibt sich – auf Freiersfüßen – nach New York, wo er in turbulente Abenteuer, vor allem aber in das Netz der ebenso gerissenen wie unwiderstehlichen Heiratsvermittlerin Mrs. Levin verstrickt wird. Die vergnügliche Story wird von einer Reihe possenhafter Nebenfiguren zu einem deftigen Theaterspaß gesteigert.

Wir sind noch einmal davongekommen (UA: 1942 in New York) entstand unter dem unmittelbaren Eindruck des Zweiten Weltkrieges. Das Stück beginnt, in offener Dramaturgie, in der Eiszeit und zugleich ganz gegenwärtig in einer amerikanischen Wohnung in New York. Am Beispiel einer «typischen amerikanischen Durchschnittsfamilie» – der Name Antrobus deutet sowohl archetypischen wie Jedermanns-Charakter an – wird die drohende Vernichtung des Menschengeschlechts in den drei Stationen Eiszeit, Sintflut, Bombenkrieg gezeigt, bei denen es gerade «noch einmal davongekommen» ist. Familie Antrobus setzt sich aus drei Urtypen zusammen: Vater Antrobus ist Adam, Mutter Antrobus Eva, ihr Sohn Henry der Brudermörder Kain, und das Dienstmädchen Sabina verkörpert Lilith, die ewige Verführerin. Wilder mischt, indem er seine Familie durch die Jahrtausende führt, nicht nur Darstellungstechniken vom Mysterienspiel bis zur Broadway-Revue, sondern läßt auch die beiden Zeitebenen Vergangenheit und Gegenwart ständig ineinandergreifen und bezieht sogar das Publikum immer wieder ins Spiel ein, läßt Schauspieler aus ihrer Rolle fallen und Ersatzleute, mit denen erst geprobt werden muß, einspringen. Die Typisierung des alltäglichen Durchschnittsmenschen wird bis zu einer Art mythischem Abbild der Menschheitsfamilie schlechthin vorgetrieben. Der entwicklungsgeschichtliche Anachronismus drückt Wilders Überzeugung aus, daß sich der Mensch von der Eiszeit bis zur Gegenwart im Grunde immer gleichgeblieben ist und sich aus den immer wiederkehrenden Katastrophen immer wieder auf gleiche Weise gerettet hat, durch Feuermachen und die Überlieferung seiner Ideen, durch die der Verzweiflung abgerungene Barmherzigkeit und Zuversicht. So war es, sagt Wilder, und so wollen wir hoffen, daß es bleibt, mit Kain und Lilith inmitten. Das Böse ist da, und wir müssen mit ihm leben. Als das Schauspiel 1946 in dem in Trümmern liegenden Deutschland erstaufgeführt wurde, mußte den Zuschauern die Botschaft vom Überdauern des Menschen wie für sie geschrieben erscheinen. Das Stück drückte die Zeitstimmung aus und trat einen Siegeszug über zahllose Bühnen an.

Auf den antiken Mythos griff Wilder zurück, als er *Alkestiade* (1956) im Auftrag des Edinburgh Festival verfaßte. In diesem Schauspiel in drei Akten und einem Satyrspiel werden Todesverfallenheit und Liebesopfer des antiken Mythos von der christlichen Erlösungslehre her neu gedeutet. Es ist von Wilders humanistischem Geist, seiner Bejahung des Lebens mit allen seinen Übeln geprägt. Die Botschaft lautet: Tod und Unglück sind notwendig, um die Menschen zu lehren, die Wunder des Lebens und der Liebe in ihrer ganzen Fülle zu begreifen. Als Alkeste die wahre Bedeutung der Liebe erkannt hat, wird sie von Apollo in den Rang der Unsterblichen erhoben.

Nach diesem Stück zog sich Wilder wieder auf die früheren Formen seiner dramatischen Arbeiten zurück. Der Einakter *In den Windeln* (1962) spielt im Central Park, Hauptfiguren sind zwei Babies (gespielt von Erwachsenen) in ihren Kinderwagen, die sich darüber beklagen, wie albern sich die Erwachsenen ihnen gegenüber benehmen. – In *Kindheit* (1962) durchdringen sich, nachdem die Kinder den Tod der Eltern gespielt haben, in einem symbolischen Traum die Welten der Erwachsenen und der drei acht- bis zwölfjährigen Kinder.

Unsere kleine Stadt
Schauspiel in 3 Akten
UA: 1938 in New York

Der Spielleiter stellt die Kleinstadt Grover's Corner vor und gibt die nötigen Hinweise. Der Milchmann fährt vor dem Haus der Arztfamilie Gibbs vor. Im Nachbarhaus Webb stehen die Kinder Emily und Wally auf. Mutter Webb unternimmt Erziehungsversuche. Die Kinder laufen mit den Doktorskindern George und Backy weg. George interessiert sich für Emily. Mrs. Gibbs und Mrs. Webb plaudern miteinander. Der Professor Willard teilt alles für den Wissenschaftler Interessante über Grover's Corner mit, Mr. Webb als Journalist schildert die soziale Lage. George und Emily treffen einander auf dem Heimweg von der Schule. Sie wollen ihre Schularbeiten vergleichen. Emily ist eine gute Rechnerin, George möchte Farmer werden. In Grover's Corner ist man sehr ehrlich, wer abends die Türe versperrt, erregt Verwunderung. – Wieder liefert der Milchmann, gratuliert aber auch, denn die Hochzeit von Emily und George steht bevor. Mr. und Mrs. Webb frischen Erinnerungen an ihren eigenen Hochzeitstag auf. George möchte Emily sprechen, wird aber nach altem Brauch bei seiner Braut nicht vorgelassen. Noch einmal wird die Zeit lebendig, in der die beiden vor dem Abitur einander ihre Liebe gestanden haben. Der Hochzeitszug formiert sich, das Brautpaar wird getraut. – Zwölf Stühle auf der Bühne bedeuten zwölf Gräber auf dem Friedhof. Ein Stuhl ist leer, auf den anderen sitzen die in den letzten neun Jahren Verstorbenen. Den Toten wird ihr Vorleben immer gleichgültiger. Ein Leichenzug naht, Emily ist bei der Geburt ihres zweiten Kindes gestorben. Sie begrüßt ihre tote Schwiegermutter und die übrigen Bekannten. Sie hat Sehnsucht nach ihrem irdischen Heim und bittet den Spielleiter, noch einmal dorthin zurückkehren zu dürfen. Sie wählt einen ganz gewöhnlichen Tag ihres Lebens. Wieder beginnt der Tag mit dem Milchmann und dem Frühstück, wieder hat in der Hast des Tages kein Familienmitglied Zeit, sich mit dem anderen zu beschäftigen. Emily erkennt, daß die kleinen Geschäfte des Tages die Gedanken an die Ewigkeit verdrängen, die in Emily so mächtig werden, daß sie im Stande ist, sich von der Erde zu lösen.

Das Stück hat weder Vorhang, Szenerie noch Requisiten, es hat auch keine herkömmliche Fabel. Sein Inhalt ist das tägliche Leben selbst. Der Tod und die Toten gehören zu diesem Leben. Einen dramatischen Konflikt im landläufigen Sinn gestaltet Wilder nicht. Die Umwendung des dritten Aktes vom Leben in den Tod, die gleichwohl ausschließlich das Leben meint, ist für Wilder kein dramatisches Problem. Sobald die Toten auf das Leben zurückschauen, gewinnt es eine ganz andere Perspektive. Die Spannung zwischen dem Leben und der Blindheit, mit der es gelebt wird, löst sich nicht auf. Das Stück ist das reife, vollendete Ergebnis aus Wilders Versuchen mit einem neuen Theaterstil, seine Aussage: «Etwas gibt es da tief im Inneren eines jeden Menschen, das unsterblich ist» und «Du mußt das Leben lieben, um wirklich zu leben, und du mußt wirklich lieben, um das Leben zu lieben».

Tennessee Williams 1911–1983

Thomas Lanier Williams wurde am 26. März 1911 als Sohn eines Handelsreisenden in Columbus, Mississippi, geboren. Ab 1939 wird er sich mit Vornamen Tennessee nennen (seine Vorfahren, darunter ein Pfarrer der Episkopalkirche, hatten gegen die Tennessee-Indianer gekämpft). Er besuchte die Universität von Missouri, wollte zum Militär, wurde aber von der Offiziersschule zurückgewiesen. Unter dem Eindruck einer Aufführung von Ibsens *Gespenster* entschloß er sich, Theaterstücke zu schreiben. Als «Heilmittel» gegen seine Schüchternheit entdeckte er den Alkohol, blieb wegen beginnender Depressionen der Universität fern, arbeitete in einer Schuhfabrik und schrieb nachts. 1936 gewann er den ersten Dramenwettbewerb, doch erst die *Glasmenagerie** besiegelte 1945 den Durchbruch als Dramatiker. Zweimal, 1947 für *Endstation Sehnsucht** und 1955 für *Die Katze auf dem heißen Blechdach*, erhielt Williams den Pulitzer-Preis, 1952 wurde er ins National Institute of Arts and Letters gewählt. 1968 trat er zum katholischen Glauben über. Tennessee Williams starb am 25. Februar 1983 in einem New Yorker Hotel.

Zwei Klischees verfolgen die Wertung des Werkes von Tennessee Williams, die seine Dramatik allzu vordergründig fixieren: Weder sind seine Stücke ausschließlich oder vorwiegend «psychorealistische Neurosendramen», noch sind sie wirklich autobiographisch. Williams ist tatsächlich eher ein versteckter Moralist und ein rebellierender Puritaner. Er versucht, einen ständigen Dualismus zwischen Gewalttätigkeit und Idealismus, zwischen Fleisch und Geist, zwischen Wirklichkeit und Traumwelt, zwischen der realistischen und der phantastischen Ebene aufzuspüren, wissend, daß «wenn man auf der phantastischen Ebene lebt ... und auf der realen funktionieren muß, einem der Spuk im Nacken sitzt».

Williams wendet in den meisten Stükken Ibsens Enthüllungsdramaturgie an. Die häufig eingesetzten Symbole sind eher real-bildhaft zu werten als psychologisch, sie sind vor allem Ausdrucksmittel der Bühne (die sich der Dramatiker nie naturalistisch, sondern eher surrealistisch wünschte), sind Assoziations-Chiffren: die wahren poetischen Chiffren finden sich in einer tieferen Schicht seiner Werke. Williams ist ein Dichter der Südstaaten: «Ich bevorzuge solche Schauplätze, weil mir die Menschen der Südstaaten, ihre Sprache, ihre Gefühle und Gewohnheiten vertrauter sind.» Dennoch geben diese Bindungen nur die äußere Schale um den Konflikt, der bei Williams ausgetragen wird: der Konflikt zwischen den Wunschträumen der Menschen und der Realität, mit der sie das Leben konfrontiert.

Ehe Tennessee Williams mit der *Glasmenagerie** einen ersten großen Theatererfolg erntete, hatte er zahlreiche Einakter geschrieben, die in zwei Sammlungen, «27 Wagons Full of Cotton» (1945) und «American Blues» (1948), erschienen. Einsame, Verlassene, Menschen, die aneinander vorbeileben, ältere Menschen, die ihre Wahrheit verdrängen, sind die Figuren dieser Einakter. In *Die Glasmenagerie** und *Endstation Sehnsucht** gelang es Tennessee Williams erstmals vollendet, den psychologischen Realismus des zeitgenössischen amerikanischen Theaters ins Poetische zu überhöhen und das Geschehen aus der privaten Sphäre ins Allgemeingültige zu transponieren.

Die mittelalterliche Allegorie vom Streit zwischen Körper und Seele legte er *Sommer und Rauch* (1948), auch *Der steinerne Engel* genannt, zugrunde. Es geht um zwei Menschen, die einander verfehlen, die nie zur gleichen Zeit füreinander bereit sind. Schon in der Kindheit fühlt sich die Pfarrerstochter Alma Winemiller zu dem ungebärdigen Arztsohn John Buchanan hingezogen. Als John nach dem Medizinstudium in die Kleinstadt heimkehrt, ist die Kluft zwischen beiden groß. Empört weist Alma, die an die Dominanz der Seele über die Sinne glaubt, den Antrag des jungen Mannes, der ihre Sexualität wecken will, zurück. Als Alma ihre Sinnlichkeit entdeckt, zur Erkenntnis ihrer wahren Natur gelangt, ist es bereits zu spät: John hat sich mit einer ihrer Musikschülerinnen verlobt. Alma provoziert einen jungen Mann, mit ihr einen «amüsanten» Abend zu verbringen.

Die tätowierte Rose (UA: 1950 in Chicago) verläßt den Bereich der labilen Charaktere der Südstaaten und spielt unter sinnenfrohen sizilianischen Einwanderern. Die Schneiderin Serafina delle Rose trauert bereits seit drei Jahren um ihren auf einer Schmuggelfahrt erschossenen Mann Rosario, vernachlässigt sich und ihre Alltagspflichten und wacht mißtrauisch über die Unschuld ihrer fünfzehnjährigen, heißblütigen Tochter Rosa. Die tätowierte Rose auf der Brust ihres Mannes war für Serafina das Symbol einer einzigartigen Liebe, bei der in der körperlichen Vereinigung sich auch in fast mystischer Weise die Hingabe an Gott erfüllte. Nun tragen ihr Nachbarinnen zu, daß Rosario sie seinerzeit betrogen hätte. Sie fleht um ein Zeichen der Madonna und versucht, selbst dem Pfarrer ein Beichtgeheimnis zu entlocken. Durch den Lastwagenfahrer Alvaro erhält Serafina schließlich die Bestätigung vom Betrug ihres Mannes. Sie wendet sich Alvaro, und damit dem Leben, wieder zu und stellt sich der Liebe ihrer Tochter zu einem Matrosen nicht mehr in den Weg. – In keinem Stück verwendet Williams das Symbol so extensiv wie in diesem, doch entspricht die Üppigkeit des Rosenmotivs der fiebrig-erotischen Phantasie Serafinas, ja, bringt diese erst zum Ausdruck als Zeichen für die Liebe als Verständigungsbasis zweier Menschen. Williams versuchte damit, «das dionysische Element im menschlichen Leben, sein Geheimnis, seine Schönheit und seine Bedeutung» darzustellen.

Camino Real (UA: 1953 in New York), ein parabelhaftes Traumspiel von der Ziellosigkeit der modernen Menschen und einer Hoffnung, hat die Stadt Camino Real zum Ort der Handlung. Don Quijote kommt mit Sancho Pansa in die Stadt, wird von ihm verlassen und stellt überrascht fest, daß hier viele Menschen einsam sind. Er beschließt daher zu bleiben und beginnt zu träumen: Verschiedene Gestalten der Weltliteratur haben den Camino Real, den «königlichen Weg» beschritten und jene Stadt erreicht, deren seelenloser Modernität sie nun wieder entfliehen wollen: Lord Byron, Baron de Charlus, Casanova und Marguerite Gautier. Auch Kilroy, ein ehemaliger Boxchampion, kommt in die Stadt. Er ist der Durchschnittsamerikaner mit dem einfältigen Herzen, dem seine Einfalt immer weiterhilft, und wird Don Quijotes Gefährte. Nachdem er bei einer Zigeunerin seine Illusionen über die Liebe hat aufgeben müssen, wird Kilroy zusammengeschlagen. Don Quijote meint, daß der neue Freund der Geeignete ist, mit dem er den Aufbruch zu den «fernen Bergen» wagen könnte, und beide verlassen die Stadt und mit ihr eine Welt, die ihren Mittelpunkt verloren hat und von verzweifelt suchenden Menschen durchquert wird, eine Welt, die «big business», Vergnügungsindustrie, Politik und Polizei dominieren. – Der Weg Kilroys soll als moderne Paraphrase ewiger Schicksale verstanden werden. Manches in dem Stück verweist auf die Odyssee, auf den Kreuzweg Christi und die Göttliche Komödie. Das Ganze ist als Allegorie zu sehen: Ein Weiterleben ist möglich, aber es bedarf dazu der Verbindung mit der alten europäischen Kultur und Lebensform.

Die Katze auf dem heißen Blechdach (UA: 1955 in New York) stellt die von Big Daddy ausgesprochene Frage, ob es etwas anderes gebe, mit dem man leben kann, als die Lüge. Die Katze auf dem heißen Blechdach einer Farm im Mississippi-Delta ist Maggie. Sie wird von ihrem Mann Brick nicht mehr begehrt, nicht angerührt, er haßt sie, seit sie ihn und seinen Freund Skipper einer homosexuellen Beziehung verdächtigte und Skipper, der bei einem Verführungsversuch ihrerseits versagte, Selbstmord beging. Brick ist Alkoholiker geworden, er hat Zweifel, ob Maggie mit ihrem Verdacht nicht recht hatte. Nun ist die Familie zur Feier des 65. Geburtstages ihres Oberhauptes, Big Daddy, zusammengekommen, von dem alle außer ihm und Big Mama, seiner Frau, wissen, daß es sein letzter sein wird: Der reiche Farmer ist krebskrank. Der ältere Sohn Cooper und seine Frau, die ein Kind nach dem anderen in die Welt setzen, kämpfen mit kaum verhohlenen Seitenhieben auf die kinderlose Ehe Bricks um das Erbe. In einer Aussprache zwingt Big Daddy seinen Lieblingssohn Brick, seiner Lebenslüge ins Gesicht zu sehen. Brick sagt dem Vater daraufhin die Wahrheit über seine Krankheit. Da verkündet Maggie ihr Geburtstagsgeschenk für Big Daddy, die Erfüllung seines Traumes: ein Baby von Brick. Und Maggie, für die Brick nun unverhohlen seine Bewunderung ausdrückt, ist entschlossen, aus einer Lüge die Wahrheit zu machen.

Orpheus steigt herab (1957) ist eine Neufassung des ersten abendfüllenden Stücks von Williams, *Battle of Angels* (1949). Es hatte zunächst keinen Erfolg, ließ den Autor aber nicht mehr los: Wie Orpheus in den Hades steigt der junge Val mit seiner Gitarre in eine Kleinstadt voller Bosheit, Intoleranz und Unmenschlichkeit hinab, im engeren Sinn in die Ehehölle des krebskranken Kurzwarenhändlers Jabe und seiner Frau, genannt Lady. Im Zusammensein mit Val, der die Befreiung Ladys aus der Hoffnungslosigkeit ihres Daseins als Teil seiner eigenen Läuterung betrachtet, findet die Frau wieder zu ihrer Vitalität. Als sie ihren Mann verlassen will und ihm erklärt, daß sie ein Kind erwartet, erschießt er sie. Val, den er der Tat bezichtigt, wird von den Bluthunden des Sheriffs zerrissen. Der Traum der beiden Liebenden wird von der korrumpierten Umwelt vernichtet, buchstäblich zerfetzt.

Und plötzlich im letzten Sommer (UA: 1958 in New York) verarbeitet eine Reihe persönlicher Erfahrungen des Autors: Die reiche Mrs. Venable bittet einen Gehirnchirurgen zu sich in ihre Villa. Vor dem Hintergrund eines exotischen Gartens mit fleischfressenden Pflanzen erzählt sie ihm von ihrem Sohn Sebastian, der, von schönen jungen Menschen umgeben, sein Leben zu einem Kunstwerk gestalten wollte. Sie hatte ihn auf seinen Sommerreisen ins Ausland immer begleitet und darüber gewacht, daß er jeden

Sommer ein Gedicht schrieb. Im vergangenen Jahr war er jedoch mit seiner Kusine Catherine nach Mexiko gereist und dort gestorben. Catherine erzählte nun schreckliche Dinge über seinen Tod und mußte in eine Irrenanstalt eingeliefert werden. Mrs. Venable bittet den Arzt, ihre Nichte von ihren Wahnvorstellungen durch eine Gehirnoperation zu befreien (ein Eingriff, den Williams' Mutter tatsächlich bei seiner Schwester vollziehen ließ, der mißlang und die Schwester ins Irrenhaus brachte). Behutsam holt der Arzt aus dem völlig verstörten Mädchen die Wahrheit heraus: Sebastian Venable hatte sie als Lockvogel für junge Männer benutzt und war von einem Rudel von hungernden, «schrecklich dünnen, dunklen, nackten Kindern» aufgefressen worden. – Die etwas überfrachtete Symbolik des Stückes erlaubt zahlreiche Interpretationen. Zwar sind die starke Mutterbindung, die tyrannische Mutterliebe, die den Sohn von anderen Frauen fernhält, zugleich aber seine Berufung als Dichter trägt, der eiserne Wille zur Bewahrung einer Illusion, klar herausgearbeitet, der Tod Sebastians aber ist vieldeutig: Opfert er sich jenem grausamen Gott, den er einst visionär erschaute? Und ist dieser Gott eine Metamorphose der Mutter, der er nicht entrinnen kann?

Süßer Vogel Jugend (1959) bringt abermals den dekadenten Künstler auf die Bühne: Die Filmdiva Alexandra del Lago glaubt, ihr letzter Film sei ein Mißerfolg gewesen, und zieht sich mit Rauschgift und ihrem Liebhaber Chance in eine Kleinstadt zurück. Ausgerechnet dort hatte allerdings Chance die Tochter des inzwischen einflußreichen Politikers Boss Finlay verführt, die daraufhin wegen Verdachts einer Geschlechtskrankheit sterilisiert wurde. Als die Diva, deren Film in Wahrheit ein Triumph ist, nach Hollywood zurückkehrt, erkennt Chance, daß er es war, dessen Zeit vorbei ist, er hat seine Jugend vertan. Chance stellt sich der Rache von Boss Finlay.

Die Nacht des Leguan (1961) hat das «Leben jenseits der Verzweiflung, das Dennoch-Leben» zum Thema: Maxime, die das von ihrem Mann ererbte Hotel und sich selbst verkommen läßt, Hannah, deren greiser Vater ein vergessener Dichter ist, für den sie ihr Glück opfert, um ihm seine Illusionen erhalten zu können, und Shannon, der wegen eines Sittlichkeitsdeliktes relegierte Reverend – sie alle entscheiden sich fürs Dennoch-Leben, dessen Symbol die Freilassung eines gefesselten Leguans ist.

In *Der Milchzug hält hier nicht mehr* (1962) rückt Williams erstmals den Tod als Thema in den Mittelpunkt eines Stükkes: Die letzten Stunden der vom Ziegfeld-Girl durch sechs Ehen zur Industriemagnatin aufgestiegenen Mrs. Goforth, die völlig abgeschieden über den Felsen von Capri lebt, um ihre Memoiren zu diktieren, und die die Herausforderung des Besuches eines fremden Mannes, der in der Gegend «Engel des Todes» genannt wird, annimmt, sind ein Balanceakt zwischen Begierde und Genuß, der durch den jäh auftretenden Tod endet.

Tod und Verlassenheit hat auch *Königreich auf Erden* (1968) zum zentralen Thema: Lot ist unheilbar lungenkrank. Er kehrt mit seiner jungen Ehefrau Myrtle, die im billigen Showbusiness Erfahrung gesammelt, sich aber Naivität und Optimismus bewahrt hat, ins väterliche Farmhaus im Mississippi-Delta zurück, das von seinem älteren Halbbruder, dem Negermischling Chicken, bewirtschaftet wird. Eine Überschwemmung steht bevor. Myrtle soll einen Vertrag in ihren Besitz bringen, der Chicken das Erbe der Farm sichert. Die Intrige mißlingt, Myrtle läßt sich von Chicken verführen und unterschreibt, daß sie den Vertrag anerkennen wird. Lot kümmert sich nur um das Zimmer seiner Mutter, das er schon als Kind immer mit ihr aufgeräumt hat, weil es Negermädchen nicht betreten durften. Er stirbt im weißen Kleid der Mutter, während Chicken Myrtle mit aufs Dach nimmt, um die Überschwemmung zu überleben.

The Red Devil Battery Sign (1976) versucht die Bedrohung der Menschheit am Liebesdrama zweier Menschen in einer von Gewalt und Ängsten zerrütteten Umwelt parabelhaft sichtbar zu machen: Zwei vom Leben Gezeichnete kämpfen in einer verrotteten Gesellschaft um Menschenwürde, Wahrheit, um den Traum von einer humaneren Welt.

Die Glasmenagerie
Ein Spiel der Erinnerung. Schauspiel in zwei Teilen. UA: 1944 in Chicago

Amanda Wingfield lebt mit ihren beiden erwachsenen Kindern in einer schäbigen Wohnung in St. Louis. Ihr Mann hat sie vor Jahren verlassen. Ihr Sohn Tom, Angestellter in einer Schuhfabrik, der davon träumt auszubrechen und ein Dichter zu werden, muß sie und ihre Tochter Laura erhalten. Laura, die hinkt und sich daher als Außenseiterin fühlt, zieht sich immer mehr in sich zurück, hat den Kontakt zur Außenwelt verloren und ist nicht imstande, ihre Berufsausbildung konsequent zu betreiben. Sie spinnt sich in ihre Welt ein, die von den zerbrechlichen Glastieren ihrer Sammlung bevölkert ist, denen sie immer mehr zu gleichen beginnt. Alle Bemühungen der Mutter, Laura in die Realität zu zwingen, scheitern. Da kommt sie auf die Idee, für Laura einen Mann zu suchen. Tom lädt, von der Mutter mit ihrem Wunsch nach einem Herrenbesuch gequält, seinen Arbeitskollegen Jim nach Hause ein. Amanda schneidert Laura ein neues Kleid und bereitet ein festliches Essen vor. Ihre anfängliche Scheu überwindet die von den übertriebenen Vorbereitungen der Mutter verstörte Laura, als sich herausstellt, daß Jim ein ehemaliger Schulkollege ist. Jim tanzt mit ihr, das gläserne Einhorn, das Laura besonders liebt, geht in Scherben, und er küßt sie – ein elementares Erlebnis für Laura, ein Flirt für Jim, der sich hastig verabschiedet, um seine Braut vom Bahnhof abzuholen. Lauras Illusionen brechen zusammen, ihre Glastiere rücken wieder in den Mittelpunkt ihres Lebens. Der permanenten Vorwürfe der Mutter überdrüssig, verläßt Tom seine Familie und geht zur See.

Die Mittel des epischen Theaters, das Williams durch Erwin Piscators «Dramatic Workshop» in New York kennengelernt hat, beeinflußten Dramaturgie und Bühnengestaltung. Wenn Tom zu Beginn des «Spiels der Erinnerung» über seine Familie zu sprechen beginnt, liegen die konkreten Ereignisse bereits vier Jahre zurück. Williams setzt Tom aber nicht als Sprecher oder Spielleiter ein, sondern läßt ihn in den Rückblendeszenen auch als Darsteller auftreten. Im Mittelpunkt steht die poetische Figur Lauras mit ihren zerbrechenden Illusionen und ihrer Vereinsamung. Die Angst vor der Realität und die Unfähigkeit, in und mit ihr zu leben, beherrschen allerdings alle drei Familienmitglieder. Einen echten Konflikt lösen sie allerdings nur in Tom aus, der – im Gegensatz zu Amanda – versucht, Erinnerungen zu bewältigen und seine Träume – im Gegensatz zu Laura – zu verwirklichen. Toms Sehnsucht nach der Flucht ins Unbekannte, die er am Ende mit quälenden Schuldgefühlen antritt, ist einerseits begründet in seiner Ablehnung des «American Way of Life», andererseits im Versuch, der «verderblichen Hast der Zeit», ihrem «zerstörenden Einfluß» zu entrinnen.

Endstation Sehnsucht
Drama in 3 Akten
UA: 1947 in New York

Blanche Dubois kommt zu Besuch zu ihrer Schwester Stella, die mit dem Arbeiter Stanley Kowalski verheiratet ist und in New Orleans lebt. In der primitiven Behausung der Kowalskis spielt Blanche die Dame von Welt. Stanley, der seine Frau mit seiner vitalen Sexualität an sich fesselt und von seiner Schwägerin unverhohlen verachtet wird, fürchtet, daß Blanche einen Keil zwischen ihn und Stella treiben wird. Er setzt sich zunächst dadurch zur Wehr, daß er erbarmungslos Blanches Gespinst aus Lügen und Prätentionen zerstört und herausfindet, daß sie nach dem Tod ihres Mannes wahllos mit Männern schlief, in den Ruf einer Prostituierten und Alkoholikerin kam und deshalb ihre Stelle als Lehrerin verlor. Offenbar ist Blanches Besuch bei Stella ein letzter verzweifelter Versuch, aus der Katastrophe ihres Lebens herauszukommen. Stanleys Freund Mitch, der ihr in schüchtern-unbeholfener Art den Hof macht, könnte ihr dabei helfen. Sie faßt zu ihm Vertrauen, erzählt ihm von dem Erlebnis, das seit Jahren wie ein Alpdruck auf ihr lastet: Ihr Mann hat sich, als sie seine homosexuelle Veranlagung entdeckte, umgebracht. Doch als Mitch von Stanley über Blanches Lebenswandel aufgeklärt wird, zieht er sich von ihr zurück. Schließlich überreicht Stanley seiner Schwägerin eine Rückfahrkarte, es kommt zum Streit zwischen ihm und Stella, bei dem er seine Frau brutal behandelt. Bei Stella, die ein Kind erwartet, setzen die Wehen ein. Blanche beginnt verzweifelt zu trinken. Als Stanley aus der Klinik zurückkommt, reizt ihn die betrunkene Blanche, er fällt über sie her und vergewaltigt sie. In Blanche vermischen sich nun Wunschträume und Realität zu einem chaotischen Konglomerat; es ist nicht schwer, ihr schließlich vorzumachen, daß man sie aufs Land zur Erholung schickt: Mit erhobenem Kopf verläßt sie am Arm eines Nervenarztes, ganz Dame, die Wohnung der Kowalskis, um in ein Irrenhaus gebracht zu werden.

Die Endstation von Blanches Sehnsucht – so heißt die Straßenbahn, in der sie zu den Kowalskis kam – ist der Wahnsinn. Doch Williams geht es weniger darum, eine Neurasthenikerin vorzuführen, als vielmehr die Umwelt zu zeigen, an der sensible Menschen scheitern. Im Konflikt zwischen der überverfeinerten, traditionsbesessenen Blanche und dem brutalen, traditionslosen, aber vitalen Kowalski beklagt er den Niedergang der Kultur als Ausdruck einer geordneten Lebensweise und geistiger Werte. In der Gestaltung der Blanche ist Williams eine seiner grandiosesten Bühnenfiguren gelungen: Eine zerbrechliche Seele, verwundet und von der verzweifelten Sehnsucht besessen, bei anderen Halt zu finden, ein Mensch, der zwischen sich und der Wirklichkeit ein Traumland einrichtet, das er mit dem eigenen idealisierten Bild bewohnt, und der sich zuletzt ganz in diesen Fluchtraum der Seele zurückzieht. «Desire», im Originaltitel *A Streetcar named Desire*, bedeutet sowohl Sehnsucht als auch Trieb. Williams hat ihn ganz bewußt gewählt: Es ist die Aufspaltung von Desire in Sehnsucht und Trieb, an der Blanche leidet und zugrunde geht.

Arthur Miller * 1915

Arthur Miller wurde am 17. Oktober 1915 als Sohn galizischer Juden in New York geboren. Der Vater, Isidor Mahler, war vor dem Ersten Weltkrieg aus Österreich nach Amerika ausgewandert. Das gutgehende Textilgeschäft der Familie brach 1929 in der Weltwirtschaftskrise zusammen, und der Heranwachsende empfand die allgemeine Verunsicherung als tiefgreifendes Erlebnis. Er finanzierte sich das Universitätsstudium in Michigan zunächst selbst, erhielt aber bald ein Stipendium. Schon mit seinem ersten Theaterstück erwarb er eine Auszeichnung, der weitere Preise folgten. Seinen ersten großen Bühnenerfolg konnte Miller 1947 verzeichnen, er brachte ihm den Kritikerpreis ein. 1949 erhielt er den Pulitzer-Preis. In der McCarthy-Ära bekam Miller politische Schwierigkeiten und wurde wegen Mißachtung des Kongresses verurteilt, ein Urteil, das 1958 aber widerrufen wurde. 1956 heiratete er in zweiter Ehe Marilyn Monroe, nach deren Tod 1962 die österreichische Fotografin Inge Morath.

*Der Tod des Handlungsreisenden** machte Arthur Miller zu einem der bekanntesten Dramatiker seiner Zeit. Seine Vorbilder sind Ibsen und O'Neill. Bei Miller aber ist die Übermacht der Welt, mit der das Individuum konfrontiert ist, so groß geworden, daß sie nicht, wie bei Ibsen, durch den «Geist der Wahrheit und der Freiheit» abgewendet werden kann. Was Miller von O'Neill unterscheidet, ist dessen Determinismus, den er keineswegs teilt. Für ihn ist die Welt ein veränderbares Gefüge menschlichen Zusammenlebens – der Mensch steht bei Miller nicht, wie bei O'Neill, der Welt schlechthin gegenüber, sondern einer bestimmten, von Menschen gestalteten Umwelt. Soweit Miller eine Lehre vorzutragen hat, ist es die von der Allgegenwart des Sozialen, die dem Individuum sowohl die Rolle des Opfers als auch die des Mitverantwortlichen zuweist, also Solidarität verlangt.

Miller hatte etwa neun fertige Stücke in der Schreibtischschublade, als 1944 als erstes *Der Mann, der das Glück gepachtet hatte* in New York uraufgeführt und nach vier Vorstellungen wieder abgesetzt wurde. Das Stück behandelt das Schicksal eines Mannes, der pausenlos nur Erfolge hat, dieser Glücksserie nicht traut und ständig mit einem Unglück rechnet, das aber nicht eintritt.

Den ersten großen Bühnenerfolg erlebte Miller 1947 mit *Alle meine Söhne*, dem ersten Stück, das auch verfilmt wurde. Es stellt eine Steigerung des grundsätzlichen Vater-Sohn-Konfliktes dar, exemplifiziert an der außergewöhnlichen Situation des Krieges. Die Söhne sind Idealisten, die Väter Kompromißler, und die Erkenntnis der Söhne, wie weit dieses Kompromißlertum gehen kann, erschüttert den Glauben an die Väter. Vater Joe Keller hatte wissentlich und aus Profitgier minderwertige Ersatzteile an die US-Airforce geliefert und damit den Absturz von 21 Flugzeugen und den Tod ihrer Besatzungen verschuldet. Wie sich nun herausstellt, auch den Freitod seines Sohnes Larry an der Front, als er von dem Verbrechen des Vaters erfuhr. Der Last dieser Erkenntnis ist Joe Keller nicht gewachsen, er versucht zu sühnen, indem er sich am Ende des Stückes, das in der Technik von Ibsens schrittweiser Enthüllungsdramatik gebaut ist, erschießt.

Nach dem Sensationserfolg von *Der Tod des Handlungsreisenden** brachte Miller 1950 seine Bearbeitung von Ibsens *«Volksfeind»* heraus, *An Enemy of the People*. Auf *Hexenjagd** folgten 1955 in New York als Uraufführungen an einem Abend *Erinnerung an zwei Montage* und *Blick von der Brücke*. In dem ersten Stück gibt Miller seelische Momentaufnahmen der Arbeitskulis in einem Lager für Autobestandteile. Nur Bert (in dem sich Miller selbst porträtiert) gelingt es, der erbarmungslosen Maschinerie zu entkommen, er geht mit seinen Ersparnissen aufs College: «Solange ich lebe, werde ich im Geist hier sein. Wenn es nach mir ginge, würde ich ihnen allen im Park Denkmäler setzen, allen denen, die bleiben.» – In *Blick von der Brücke* werden im Milieu sizilianischer Einwanderer soziale Anklage und privates Eifersuchtsdrama zwingend aufeinander bezogen. Die reißerische Kolportage wird überhöht durch den beklemmenden Hintergrund der New Yorker Hafenkulisse und den dramaturgischen Kunstgriff eines Kommentators.

Das tragische Schicksal Marilyn Monroes bezieht Miller in *Nach dem Sündenfall* (1964) ein. Das Stück ist der Versuch einer schöpferischen Selbstfindung: Der Rechtsanwalt Quentin (Miller selbst) steht auf der leeren Bühne. Auf Podien sind die wechselnden Gestalten seines Erinnerns placiert, die, einer sprunghaften Assoziationskette folgend, für kurze Szenen aus dem Dunkel tauchen. Nach zwei gescheiterten Ehen ist Quentin im Begriff, die Österreicherin Holga (Inge Morath) zu heiraten. Vor den Ruinen eines Vernichtungslagers bedrückt ihn die Schuld, zu den Überlebenden zu gehören, und er versucht eine Bestandsaufnahme des Unrechts, das er persönlich auf sich geladen hat: So war er froh, als sich sein Freund und Klient Lou durch Selbstmord der McCarthy-Verfolgung entzog. Bruder Dan mußte vor Quentins Berufsziel zurücktreten und sich mit einer Existenz als kleiner Kaufmann begnügen. Egoismus zerstörte seine Ehe mit Louise (Millers erste Frau Mary Slattery). Die Eheschließung mit dem Filmstar Maggie (Marilyn Monroe) ist eine Kette von Mißverständnissen; seine Triebhaftigkeit versteckt er hinter ethischen Floskeln, und er verläßt Maggie, obwohl er weiß, daß ihre Einsamkeit zum Selbstmord führen wird. Verunsicherung stellt sich nun auch zwischen ihn und Holga, doch immer wieder bricht Hoffnung durch. Nach allem Scheitern an sich selbst gewinnt Quentin dennoch Mut zu einem Neubeginn.

Zwischenfall in Vichy (1964) schildert den Schreibstubenalltag eines der vielen Rollkommandos, die von der Straße weg Juden in Viehwaggons nach Ausschwitz verschicken. Miller teilt die Personen nicht in Opfer und Henker ein, er versucht vielmehr, in allen Beteiligten den Ursachen der unfaßbaren Taten nachzuspüren. Mit den Mitteln des realistischen Theaters (Einheit von Zeit und Ort, psychologische Zeichnung der Figuren) wird ein Gleichnis vom Menschen vorgeführt und seinem Auftrag, in Extremsituationen menschlich zu bestehen.

1968 wird *Der Preis* am Broadway uraufgeführt: Ein Haus in Manhattan wird abgebrochen. Der Verkauf des Hausrats und Mobiliars aus der elterlichen Wohnung konfrontiert zwei einander entfremdete, fast feindliche Brüder und zwingt sie zur Stellungnahme, zum Gericht über ihr eigenes Leben. In dieses Zentralthema fließt viel amerikanische Familiendramatik ein. Emigrantenproblematik und das Thema der Vereinsamung des Alters werden sichtbar, vor allem in der überaus reizvollen, mit Altersweisheit und Verständnis ausgestatteten Figur des greisen Trödlers Salomon. Zwischen den beiden Brüdern aber gibt es keine Brücke, jeder beharrt auf dem, was er aus seinem Leben gemacht hat, auf seiner Illusion oder auf seinem Realitätssinn.

Um die Rechtfertigung des Bösen geht es in *Die Erschaffung der Welt und andere Geschäfte* (1972), einer etwas langatmigen Moralität, die die Schöpfungsgeschichte szenisch illustriert, Adam und Eva nach dem Sündenfall in die Welt begleitet, die Luzifer überlassen ist. Die Menschen rufen nach Erbarmen.

The Archbishop's Ceiling (1977) behandelt das Dissidentenproblem. Da Miller zu keiner Modellform findet (wie etwa Frisch in *Andorra*), beschränkt sich das Stück auf den Kommentar zu einer fortlaufenden Entwicklung. – Diffus bleibt auch die Bestandsaufnahme über den amerikanischen Traum und was aus ihm geworden ist: *The American Clock*, 1980 off-Broadway ausprobiert und bei einem Festival in Charleston offiziell uraufgeführt. Das Geflecht, das Miller – angeregt durch Interviews mit Menschen, die die große Depression erlebt haben – einer Vielzahl von Lebensläufen abgewinnt, verdichtet sich nicht zum zwingenden Zeitbild.

Der Tod des Handlungsreisenden
Zwei Akte und ein Requiem
UA: 1949 in New York

Willy Loman, 63 Jahre alt, spürt, daß er das Leben eines Handlungsreisenden nicht mehr schafft. Seine Konzentrationsfähigkeit läßt nach, er fühlt sich am Steuer nicht mehr sicher, hat schon einen Unfall verursacht und beinahe ein Kind überfahren. Der Juniorchef seiner Firma lehnt Lomans Bitte, ihn in einer anderen Abteilung zu beschäftigen, ab. Er rät ihm, sich erst einmal eine Weile auszuruhen, was in seiner Terminologie einer vorläufigen Entlassung gleichkommt. Wegen laufender Ratenzahlungen ist Loman aber auf ein bestimmtes Einkommen angewiesen. Auch seine beiden Söhne, Biff und Happy, können ihn nicht unterstützen. Sie sind, über dreißig, «Versager» ohne feste Anstellung und Geldmittel. Freitod scheint Loman der einzige Ausweg, denn die Versicherungsprämie nach seinem Ableben garantiert seiner Familie eine sorglose Existenz. Er setzt sich ans Steuer seines Wagens und fährt in den Tod.

Das Scheitern eines Menschen, der erkennen muß, daß sich seine Lebenserwartungen nicht verwirklicht haben, wird innerhalb eines Tages gezeigt. In den letzten vierundzwanzig Stunden des Willy Loman rollt sein ganzes Leben in den entscheidenden Momenten noch einmal ab. Das Übermächtigwerden der Vergangenheit zwingt die Erinnerung

Miller, Der Tod des Handlungsreisenden
Kammerspiele München, 1950
Inszenierung: Hans Schweikart
Willy Loman: Erich Ponto

sichtbar ins Rampenlicht, zeigt das unerträgliche Spannungsverhältnis zwischen Realität und Illusion. Aber das Interesse wird von den nach und nach aufgedeckten Vorgängen weg auf den Charakter Lomans hingelenkt. Mosaikartig entsteht ein Bild seiner inneren Situation. Das Stück, das zu den klassischen Werken der Moderne zählt, ist eine Anklage gegen eine Gesellschaftsordnung, deren Maximen der Würde des Menschen jenseits des Erfolgsprinzips keinen Raum lassen. Gegen den vorherrschenden Leistungsmaßstab gilt der Mensch «an sich» nichts. Diese Welt hat sich den Normen angepaßt, die die Maschine diktiert. Symbol dessen: das Diktiergerät, an dem der Boss herumbastelt, während Loman vergeblich um seine Versetzung bittet. Die Maschine ist wichtiger als die Existenz eines alternden Mannes. Was sich in Loman selbst abspielt, ist der verzweifelte Versuch, das Bewußtsein seiner persönlichen Würde zu retten. Doch auch dieser Versuch erweist sich als Illusion.

Hexenjagd
Drama in 2 Akten
UA: 1953 in New York

Pastor Parris bemüht sich vergeblich um seine anscheinend ohnmächtige Tochter. Ein paar junge Mädchen aus Salem hatten gemeinsam mit einer Negersklavin nachts im Wald einen «Zaubertrank» gebraut, Blut getrunken und nackt getanzt, teils aus Abenteuerlust und Pubertätssinnlichkeit, teils, um mit Hilfe der magischen Künste der Negerin Tote zu beschwören. Als Pastor Parris die Mädchen überraschte, fiel seine Tochter in Ohnmacht. Vor dem Haus haben sich bereits Neugierige versammelt, denn im Salem des Jahres 1692 geht das Gerücht von Hexerei um. Der Pastor hat einen Hexenspezialisten bestellt, der die Vorfälle begutachten soll. Dieser, Pastor Hale, erscheint und beginnt, die Negerin Tituba zu verhören. Abigail, die Nichte von Pastor Parris und eine der Beteiligten am nächtlichen Geschehen, bezichtigt Tituba der Hexerei. Als die in die Enge getriebene Negerin auf Suggestivfragen wahllos Frauen des Ortes der Hexerei zu beschuldigen beginnt, schließen sich Abigail und die scheinbar ohnmächtige Pastorentochter an und nennen Namen um Namen. Abigail wird zur Anführerin der sich immer hysterischer gebärdenden Mädchen. Die Triebfeder ihrer Denunziationen ist Abigails unterdrückte Leidenschaft zu dem Farmer John Proctor, dessen Frau Elizabeth ebenfalls der Hexerei bezichtigt wird. Abigail, die bei dem Farmer arbeitete, hatte eine intime Beziehung mit ihm, die er, als sie von seiner Frau entdeckt wurde, sofort abbrach. In Salem wird ein Hexengericht eröffnet. Proctors Versuch, Abigail zu entlarven, scheitert. Er wird selber angeklagt. Da er aber unbedingt die Wahrheit ans Licht bringen will, bekennt er seinen Ehebruch und bezichtigt Abigail der Hurerei. Elizabeth Proctor wird als Zeugin gerufen, sie leugnet, vom Ehebruch ihres Mannes zu wissen, weil sie ihn damit zu retten glaubt. Proctors Beweisführung bricht zusammen. Er wird ebenfalls der Hexerei für schuldig befunden, zum Tod verurteilt und eingekerkert. Abigail sucht mit der Pfarrkasse das Weite. Um der wachsenden Unruhe in der Bevölkerung zu begegnen, versucht das Gericht, wenigstens einen der zum Tod Verurteilten zum Schuldgeständnis zu bewegen, wofür ihm Begnadigung zugestanden werden soll. Die Wahl fällt auf Proctor. Verwirrt von der Pervertierung des Rechts und zerrüttet von der Haft, unterschreibt er. Doch als er erfährt, daß sein Geständnis an der Kirchentür angeschlagen werden soll, widerruft Proctor und wird mit den anderen hingerichtet.

Zum Stoff der Salemer Hexenprozesse von 1692 griff Miller unter dem Eindruck von Senator McCarthys spektakulärer Untersuchungstätigkeit wegen «antiamerikanischer Umtriebe». Diese Gesinnungsschnüffelei bildet Motiv und Hintergrund des Stückes. Die Parallelen zwischen McCarthy und Salem sind verblüffend; in beiden Fällen handelt es sich um Anschuldigungen, die wegen der Irrationalität der angeblichen Verbrechen weder eindeutig bewiesen noch widerlegt werden können, lauten sie nun Illoyalität gegenüber dem Staat oder Umgang mit dem Teufel. Wie und unter welchen Umständen solche Massenhysterien entstehen, ihre sozialen und psychologischen Ursachen also, interessierten Miller und faszinierten ihn zugleich. So geht das Stück über eine bloße historische Untersuchung hinaus. Es ist eine psychologische Studie, die vor allem die Beweggründe der immer stärker hysterisierten Mädchen sehr subtil und folgerichtig herausarbeitet, aber auch die anderen Figuren psychologisch glänzend motiviert, es ist aber auch ein soziales Tendenzstück und eine individualistische Tragödie. Die Schlüsselworte des Dramas spricht Proctor: «Jene, die zaudern, den Menschen der Unwissenheit zu entreißen, wie ich zauderte und wie ihr jetzt zaudert, da ihr alle in euren finsteren Herzen wißt, daß dies Betrug ist – unsereins straft Gott insbesondere, und wir werden brennen, gemeinsam werden wir brennen!»

Edward Albee * 1928

Edward Franklin Albee wurde am 12. März 1928 in Washington geboren und im ersten Monat seines Lebens von Reed A. und Frances Albee adoptiert – wer seine natürlichen Eltern sind, weiß er nicht. Die wohlhabenden Adoptiveltern, Erben des Keith-Albee-Theatre Circuit, verwöhnten das Kind, das mit fünf Jahren zum erstenmal ins Theater mitgenommen wurde und sofort eine starke Neigung dazu faßte. Die Reisen der Eltern behinderten Albees Elementarausbildung; mit elf Jahren kam er in ein Internat, mit zwölf Jahren schrieb er sein erstes Stück, eine erotische Farce mit dem Titel «Aliqueen». Von einer Schule in die andere geschickt, verließ er 1946 für immer das College. Es begann eine Wegsuche, die einen Tag vor Albees 30. Geburtstag explosionsartig endete: am Küchentisch seiner Wohnung schrieb er *Die Zoogeschichte*. Zwei Jahre später entdeckten ihn die amerikanischen Kritiker auf dem Umweg über Europa. Zweimal erhielt Albee mit dem Pulitzer-Preis (1967 für *Empfindliches Gleichgewicht** und 1975 für *Seeskapade*) eine hochkarätige Auszeichnung des literarischen Amerika.

Edward Albee ist der Exorzist des «amerikanischen Traums». Sein realistisch orientiertes Theater und seine Neigung zum sogenannten «Absurden Theater» sind europäischer Art. Themen und Motive hingegen stehen ganz in der amerikanischen Kontinuität, entstammen aus dem Mythos der adamitischen Unschuld. Ihr Sinnbild ist die Gestalt Adams, in der sich der amerikanische Traum erfüllt. Albees Werk markiert den Abschied von dieser Utopie. Der Autor sieht im amerikanischen Traum keine Zukunftshoffnung, sondern eine Flucht vor der Gegenwart. Die Illusion erweist sich als keine gangbare Alternative zur Realität, sie erleichtert keineswegs den menschlichen Kontakt, entfremdet vielmehr die Menschen voneinander, treibt sie in die Einsamkeit, in die Vereinzelung. Damit gehen Albees Dramen aber auch weit über die Auseinandersetzung mit dem «Amerikanischen Traum» und dem «American Way of Life» hinaus. Sie üben grundsätzlich Kritik an einer Gesellschaft, «in deren Gefühlsleben sich ein geistiges und moralisches Vakuum ausbreitet». Sie werden zu rituellen Spielen, zu Moralitäten, die den hohen Wert des menschlichen Kontaktes auf der Grundlage der Anerkennung der Wirklichkeit predigen – nicht ohne zugleich immer wieder unter neuen Gesichtspunkten die Frage nach der Durchführbarkeit zu stellen. Albees Sehnsucht gilt der Liebe, der Zuneigung, der Barmherzigkeit. Sie ist, wenn auch oft verzweifelt, als Hoffnung formuliert.

Schon bei seinem Debut als Dramatiker hat Edward Albee das Publikum aufgestört: mit dem Einakter *Die Zoogeschichte* (UA: 1958 in Berlin). Den gleichen Effekt erreichte er mit den drei folgenden Einaktern, *Der Tod von Bessie Smith* (UA: 1960 in Berlin), *Der Sandkasten* (UA:1959 in Spoleto) und *Der amerikanische Traum* (UA: 1961 in New York). Sie bilden eine thematische Einheit, das gemeinsame Motiv ist Unterdrückung und Entfremdung. Die Vertreter der Freiheit verurteilen all jene, die sich dem von ihnen verfügten System nicht einordnen wollen, zur Unfreiheit. Riten von Gewalt und Tod kristallisieren sich aus den ersten beiden Stücken, unterdrückte und verdeckte Gefühle werden zur Voraussetzung von Aggression. Der erste Einakter zeigt die Rebellion eines in die Vereinzelung Gedrängten inmitten einer Umwelt, die in bürgerlicher Selbstgefälligkeit kontaktlos in der Welt des amerikanischen Traums lebt. In einem selbstzerstörerischen Gewaltakt zwingt er seinen Illusion und Isolation verteidigenden Widerpart zu einer allesverändernden Kontaktaufnahme. Der zweite Einakter symbolisiert die Macht der Weißen über die Minderheit der amerikanischen Farbigen, der dritte zeigt die Endstation der Untüchtigen, der Alten, und der vierte konfrontiert die Idee von der Unschuld des amerikanischen Archetypus mit dem ideologischen Reklamebild des Mr. Hundertprozent.

Nach seinem ersten abendfüllenden Stück, *Wer hat Angst vor Virginia Woolf?**, dramatisierte Albee die Novelle der Amerikanerin Carson McCullers *Die Ballade vom traurigen Café* (1963) unter Beibehaltung des Titels. Albee hat das schmale, aber gewichtige Opus der bedeutenden Autorin vorbildlich korrekt behandelt, konnte ihm jedoch kaum Theaterwirksamkeit abgewinnen.

Winzige Alice (UA: 1964 in New York), ein dreiaktiges Schauspiel, gibt der Ausdeutung auf dem Theater weiten Spielraum. Albee hat selbst formuliert: «Ein Laienbruder, ein Mann, der nur deshalb kein Priester geworden ist, weil er seine Idee von Gott nicht mit dem von den Menschen nach ihrem eigenen Bildnis geschaffenen Gott vereinen kann, wird von seinen Vorgesetzten entsandt, die losen Enden einer geschäftlichen Transaktion zwischen der Kirche und einer reichen Frau zu verknüpfen. Der Laienbruder wird umgarnt in einer Umgebung, die, in ihrem Kern, wie an der lockeren, trügerischen Oberfläche, all die Elemente enthält, die ihn sein Leben lang verwirrt und gequält haben: die Verwandtschaft von sexueller Hysterie und religiöser Ekstase; der Konflikt zwischen der Selbstlosigkeit des Dienens und dem in die Augen stechenden Glanz des Märtyrertums. Der Laienbruder wird schließlich an den Punkt gebracht, wo er das akzeptieren muß, was er sich immer beharrlich gewünscht hatte – das Einssein mit dem Abstraktum und nicht mit seinem Ersatz: dem Bild, das sich die Menschen von ihm machen. Er wird mit dem reinen Abstraktum allein gelassen – wie immer man es nennen mag: Gott oder Alice –, und am Ende geschieht, ganz wie Ihr Glaube das sehen mag, eins von beiden: Entweder das Abstraktum personifiziert sich, erweist sich als real; oder der sterbende Mann schafft sich in einer letzten notwendigen Anstrengung der Selbsttäuschung etwas, das, wie er weiß, nicht existiert, und glaubt daran.» Seine nicht unkomplizierte Parabel dramatisiert Albee mit den Mitteln der Kolportage, er macht den Versuch, das Abstraktum Nichts mit dem Abstraktum Gott zur Deckung zu bringen: Demnach wäre Alice die Personifizierung des einen wie des anderen. Julian, der Laienbruder, der zur Ehe mit Alice verführt und zuletzt von ihrem Geliebten erschossen wird, ist das Opfer eines kriminellen Gesellschaftsspiels, genannt «Winzige Alice». Er stirbt vor einem Modell des Schlosses, in dem man sich eine winzige Alice vorzustellen hat, die abstrakte, die reine Alice, die er gesucht hat.

Auch mit seiner zweiten Dramatisierung, *Malcolm* (1966), nach dem Roman von James Purdy, erntete Albee Mißerfolg. Man warf ihm «unverständlichen Symbolismus» und die Vergröberung der Geschichte des schönen, einfältigen Malcolm vor, der auf der Suche nach seinem Vater quer durch die Gesellschaft reist.

Nach der Uraufführung des Schauspiels *Empfindliches Gleichgewicht** begann er mit der Bearbeitung eines Stükkes von Giles Cooper:

Alles im Garten (UA: 1969 in New York) ist eine schwarze Komödie, die 1963 bei der Präsentation in der englischen Heimat Coopers durchgefallen war. Albee gab ihr amerikanische Züge, neue Funktionen – und hatte Erfolg. Wo Cooper zeigt, wie ein gesellschaftliches Reglement funktioniert, wie die Menschen zu diesem Zweck alles übersehen, was die Alltagsordnung stört, reitet Albee eine offene Attacke gegen die Scheinmoral, gegen eine Gesellschaft, die unmoralisches Verhalten honoriert. Er drängt zur Farce: Das Ehepaar Richard und Jenny zermürbt sich im Konsumzwang. Um mit den Mitgliedern des Country Clubs konkurrieren zu können, nimmt Jenny das Angebot von Mrs. Tooth an, als Callgirl zu arbeiten. Sie ist bald so erfolgreich, daß sie das Geld nicht mehr vor Richard verstecken kann. Als er hinter ihren «Nebenjob» kommt, ist er empört und in seinen moralischen Grundsätzen erschüttert. Da aber gerade eine Party stattfindet, muß er die Verstoßung Jennys verschieben. Auf der Party stellt sich heraus, daß alle Bekannten ihren Wohlstand der lukrativen Nebenbeschäftigung ihrer Frauen zu verdanken haben. Da findet sich Richard mit den Tatsachen ab. Und als der Freund Jack zufällig das Idyll der noblen Zuhälterei durchschaut, wird er umgebracht und unter dem teuren Rasen verscharrt. Zuletzt erscheint der Tote und sagt über Richard und Jenny: «Na, ich glaube, sie werden es schaffen.»

Zwei Einakter vereint die Szenenfolge *Kiste-Mao-Kiste* (1968). Albee formuliert in diesen beiden Einaktern (*Box* [Kiste] soll sowohl vor *Quotations from Chairman Mao Tse-Tung* [Worte des Vorsitzenden Mao Tse-Tung] als auch nachher gespielt werden) einen Endzustand: Die Revolutionäre sind steril geworden, die Besitzlosen in Agonie, die Ideologie kann nicht mehr die in ihrem Namen begangenen Verbrechen verbergen, die Wohlstandsbürger wissen nichts mehr mit sich anzufangen. Das Klagestück über eine verrottete Welt, formal eine Stimmen-Collage, dominiert theatralisch eine redselige Dame auf einem Luxusdampfer, die ihre Enttäuschungen verbal über einen stummen Geistlichen stülpt.

Auf den Tod des Familienoberhauptes, eines offenbar bedeutenden Mannes, bezieht sich das Geschehen in *Alles vorbei* (1971): Im Sterbezimmer versammeln sich die Bezugspersonen: Gattin, Geliebte, an der Elterngeneration zerbrochene Kinder, der beste Freund, der auch der Geliebte der Ehefrau ist, Arzt und Krankenschwester, und warten auf den Tod. Erinnerungen steigen auf, Wahrheiten werden enthüllt, Haltungen zerbröckeln. Der Tod eines Menschen wird für die anderen, die alle auf ihn bezogen sind, Anlaß zur Rückbesinnung auf ein Leben voll der gescheiterten Hoffnungen und vermittelt die Erkenntnis der Fassadenhaftigkeit ihres Daseins. Ein System wird demontiert, eine Epoche endet.

Seeskapade (UA: 1974 in Baltimore) kleidet harte Zivilisationskritik und Überdruß am «American Way of Life» in eine Utopie: Nancy und Charlie (Kinder großgezogen, Bankkonto gesichert) picknicken am Strand, sie geschwätzig, er verdrossen. Da werden sie von den Urechsen Leslie und Sarah ins Meer verschleppt. Auf dem Meeresgrund lernt man einander kennen, Sorgen und Alltagsbanalitäten erweisen sich als austauschbar. Charlie versucht den Echsenfreunden die Evolution zu erklären, die Entwicklung des Lebens seit der Urzeit. Beide Paare sind Entsprechungen auf verschiedenen Entwicklungsstufen, beide haben einen langen Weg zurückgelegt, der bei den Menschen zu Resignation und Anpassung, bei den Tieren zur Entfremdung von der eigenen Umwelt führte. Sarahs Frage, ob sich durch die Evolution etwas bessere, können die beiden Menschen nicht beantworten. Aber sie verstören das problemlos naive Zusammenleben der Meereswesen, indem sie versuchen, ihnen klarzumachen, was Emotionen sind. Hartnäckig und mit Spitzfindigkeit treibt Charlie Sarah zu Tränen. Das erste, nur den Menschen eigene «erhabene Gefühl» ist für Sarah Leid. Man kehrt wieder an den Strand zurück, doch Leslie und Sarah entschließen sich, wieder ins Wasser zu gehen, um über alles nachzudenken. Die evolutionsbereiten Seeungetüme haben Angst vor Bewußtsein, Denkschmerz und Zivilisation, so wie die Menschen von regressiver Sehnsucht erfüllt sind. Doch Charlie und Nancy folgen ihnen ebensowenig.

Die Szenenfolge *The Lady from Dubuque* (1980) hat wiederum den Einbruch einer anderen Dimension ins Geschehen zum Thema: Eine junge Frau stirbt, umgeben von ihrem Mann und Freunden, die ihr die Zeit bis zum Tod mit Gesellschaftsspielen und Partygeschwätz vertreiben wollen. Da erscheinen die Lady aus Dubuque, eine elegante Dame, und ihr Begleiter, der Neger Oscar, ungerufen im Todeshaus – Repräsentanten einer «neuen Realität», in die die Sterbende hinübergleitet. Hausherr und Gäste halten die Eindringlinge für gewitzte Einbrecher, doch die Sterbende erkennt sie als das, was sie sind: Fährleute in die andere, den Lebenden unsichtbare Wirklichkeit, eine andere Art von Realität, in der es sich barmherziger sterben läßt.

Wer hat Angst vor Virginia Woolf?
Stück in 3 Akten (Gesellschaftsspiele – Walpurgisnacht – Die Austreibung).
UA: 1962 in New York

«Gesellschaftsspiele»: Das Ehepaar Martha und George, sie Tochter des College-Präsidenten, er Professor am College, kommt um zwei Uhr nachts von einer Party nach Hause. Martha hat noch Gäste eingeladen, den neueingetretenden Biologieprofessor Nick und seine Frau Putzi. George bittet Martha eindringlich, nichts von ihrem Sohn zu erwähnen. Ungehemmt beginnen die beiden nun vor ihren Gästen mit einem privaten Ritual von Beleidigungen, Beschimpfungen und Erniedrigungen. Beide – Martha, extrem an ihren Vater gebunden und in ihren Erwartungen von George enttäuscht, verbittert und sexuell vernachlässigt; George, Humanist, der dem College-Betrieb nicht gewachsen war, von der aktiveren Frau überfordert und impotent im weitesten Sinn – holen zu «tödlichen Schlägen» gegeneinander aus. Als sich Martha umziehen geht, erzählt sie Putzi von ihrem Sohn. Putzi erkundigt sich nach diesem im Gespräch mit George. Einen Streit mit George über den Sohn beendet Martha mit dem Hinweis, es sei das große Problem ihres Mannes, daß der Sohn nicht von ihm sein könnte. Hilflos steht das junge Paar den variantenreichen ehelichen Kampfspielen gegenüber, wird aber bald hineingezogen. George bekommt rasch heraus, daß auch in der Ehe der beiden etwas nicht stimmt, und verweist den Kollegen auf die inhumanen Aspekte biologischer Experimente. Als Martha und George ihr Spiel wiederaufnehmen, wird Putzi schlecht.

«Walpurgisnacht»: George erzählt Nick die Geschichte eines Jungen, der unabsichtlich seine Mutter erschossen und einen Autounfall verursacht hat, bei dem sein Vater ums Leben kam. Der Junge geriet außer sich, man gab ihm eine Injektion, steckte ihn ins Irrenhaus, und er verstummte. Später wird Martha dies als Geschichte von Georges Kindheit preisgeben. Nick wiederum gesteht, daß er seine Frau nur wegen einer eingebildeten Schwangerschaft und ihres Vermögens geheiratet hat. George begeht die Indiskretion, Putzi über das Zustandekommen ihrer Ehe aufzuklären. Martha beginnt, intensiv mit Nick zu flirten und verführt ihn in der Küche. George rächt sich mit einem fingierten Telegramm, das den Tod ihres Sohnes vortäuscht.

«Die Austreibung»: Als Martha mit Nick aus der Küche zurückkommt, spricht sie verächtlich über seine Fähigkeiten. Ein einziger Mann nur habe sie in ihrem Leben glücklich machen können: George. Dieser bereitet das Spiel «Wie sag ich's meinem Kinde?» vor, steigert sich mit Martha in Erzählungen über ihren Sohn, wobei es zu wüsten gegenseitigen Anschuldigungen kommt, und bringt Martha schließlich die Todesnachricht bei, «weil es der Vater so will». Martha bricht verzweifelt zusammen, und Nick beginnt zu begreifen, daß es den Sohn nie gegeben hat, daß er Fiktion, Lebenslüge, Illusion war. George stimmt mit Martha ein Responsorium an, mit dem sie ihren Sohn zu Grabe tragen. In der kinderfeindlichen Putzi aber erwacht der Wunsch nach einem Kind. George und Martha bleiben einsam zurück: Sie haben nur sich selbst und ihre Wahrheit. Darin liegt ihre Hoffnung.

Die Exzesse, die vordergründig eine Ehehölle vorführen, werden in einer tieferen Schicht des Dramas zum Exorzismus, mit dem alle unwahren Vorstellungen, alle Illusionen und Notlügen, die sich im Verlauf eines Lebens anhäufen, ausgetrieben werden. George zerstört den von ihm und Martha genährten «Amerikanischen Traum», indem er den imaginären Sohn, Sinnbild Adams, der Unschuld, Vollkommenheit und Zukunft, «tötet». Erst dann finden Martha und George auf einer höheren Bewußtseinsebene zu einer neuen Zuneigung, die eine Aussicht auf ein Zusammenleben in Wahrheit und Aufrichtigkeit freigibt. In diesem brutalen, virtuos komponierten, vielschichtigen Spiel geht es Albee darum, «jene rosige Ansicht der Dinge zu zerschmettern», wie der Regisseur der Uraufführung, Alan Schneider, formulierte, «indem er uns mit der Wahrheit über unser Verhalten und Denken in der heutigen Zeit erschüttert, indem er bestrebt ist, uns zu reinigen und in eine tatsächliche Konfrontation mit der Wirklichkeit zu führen».

Empfindliches Gleichgewicht
Schauspiel in 3 Akten
UA:1966 in New York

Spät am Abend sitzen das Ehepaar Agnes und Tobias im Wohnzimmer ihres guteingerichteten Hauses. Passiv leben sie nebeneinander her, in leiser Wehmut. Agnes hat ihre Unerfülltheit mit

Albee, Wer hat Angst vor Virginia Woolf?
Schloßparktheater Berlin, 1963
Inszenierung: Boleslav Barlog
v. l. n. r. George: Erich Schellow
Nick: Rolf Schult, Martha: Maria Becker
Honey: Heidemarie Theobald

Herrschsucht und durch starres Ordnungsdenken verdrängt. Tobias ist nachgiebig, entscheidungsschwach. Er hat resigniert. Bei ihnen lebt seit einiger Zeit auch Agnes' Schwester Claire, eine Trinkerin, die im Whisky jene Wahrheit findet, die die anderen damit fortspülen möchten. Feindlich gegen ihre Schwester, in liebevollem Verständnis für Tobias, durchschaut sie ihre Familie, provoziert sie zwar, doch man hat sich arrangiert, hält das Gleichgewicht in der Distanziertheit des Nebeneinanderlebens. Auch Julia, die Tochter des Hauses, die nach dem Scheitern ihrer vierten Ehe wieder einmal ihre Heimkehr ankündigt, scheint in dieses Lebensgefüge eingeplant. Da stehen plötzlich Harry und Edna in der Tür, die besten Freunde des Hauses. Unsicher, verlegen. Stockend gestehen sie, daß sie in ihrer Wohnung unvermittelt von Angst überfallen wurden. Nun halten sie es für selbstverständlich, bei ihren Freunden übernachten zu dürfen: «Es gab sonst niemand, zu dem wir gehen konnten», sagt Harry. Am nächsten Abend, Julia ist inzwischen heimgekehrt, erklären Harry und Edna, sie würden nun aus ihrer Wohnung ihre Sachen holen. Julia, deren Zimmer sie bewohnen und die im Haus immer noch «Mamas kleiner Liebling» spielt, gerät außer sich und fordert in einem hysterischen Anfall von ihrem Vater, daß er die Freunde aus dem Haus weist. Am nächsten Morgen haben sich die Wogen geglättet. Agnes schiebt ihrem Mann die Entscheidung über das Ansinnen der Freunde zu. Sie erinnert ihn daran, daß er, als ihr kleiner Sohn starb, auch eine schwerwiegende Entscheidung getroffen hat: Er verweigerte ihr weitere Kinder. In einem Verzweiflungsausbruch, in dem all sein Entsetzen und seine aufgestauten Gefühle durchbrechen, fordert nun Tobias den Freund auf, zu bleiben: «Bleib bei uns! Ich will dich nicht hier! Ich liebe dich nicht! Aber, bei Gott ... du bleibst!» Harry und Edna jedoch gehen. Sie haben sich eingestanden, daß sie selbst die Freunde auch nicht aufnehmen würden.

Zwei Menschen hat das Grauen gepackt. Sie brechen in das sorgfältig errichtete Lebensgefüge ihrer besten Freunde ein und fordern Hilfe in Bedrängnis. Mit ihrem kurzen Auftreten haben sie eine Welt ins Wanken gebracht, deren Unfähigkeit zur Liebe, deren Egoismus und Brutalität die krampfhaft aufrechterhaltene Fassade entlarvt. Es ist das empfindliche Gleichgewicht einer äußerlich hergestellten Ordnung ohne inneren Zusammenhalt, an das sie gerührt haben. Die vier Menschen, die hier herausgefordert werden, menschlich zu handeln, verweigern die Liebe. Sie haben ihre Gefühle abgetötet und an eine fragwürdige Sicherheit verraten. Ist der Beistand, der Trost, den die Freunde fordern, nicht über den engen Kreis der Familie hinaus zu leisten? Werden sie deshalb zurückgestoßen, weil sie sich nicht in die Ordnung einfügen, etwas mitbringen, das hier ausgesperrt ist? Nur kurz taucht in der Erwähnung des verstorbenen Sohnes der «Amerikanische Traum» auf, als Hoffnung. Doch der bewußte Verzicht auf weitere Kinder bedeutete das Ende der Hoffnung und der Liebe und damit das Ende eines lebendigen Zusammenlebens. Albee steigert seine Thematik zu einer vielfach – und vermutlich zu Recht – als religiös gedeuteten Liebesprobe, die gleichzeitig zu einem vernichtenden Urteil über die heutige Gesellschaft wird. Wer würde Harry und Edna aufnehmen?

Das spanische Theater des 20. Jahrhunderts

Den Dichtern des «Goldenen Zeitalters» im 17. Jahrhundert folgten in Spanien erst zu Beginn des 20. Jahrhunderts wieder Dramatiker von Weltrang: Der bedeutendste, FEDERICO GARCÍA LORCA*, wurde zu einem der letzten großen Tragödiendichter seiner Zeit und schuf mit der Verbindung von spanischer Tradition und antiken Formen eine auch in ihren lyrischen Strukturen unverwechselbare Dramenwelt. RAMÓN DEL VALLE-INCLÁN* wiederum nahm mit seinen «Esperpentos» (siehe S. 377) viel vom sogenannten «Absurden Theater» vorweg. In Spanien während des Franco-Regimes totgeschwiegen, wurde er nach dem Krieg vor allem in Frankreich häufig gespielt und in den siebziger Jahren auch für Deutschland entdeckt. Er hatte mit seinen psychologiefreien Grotesken einen Gegenpol zu den psychologisierenden Konversationsstücken von JACINTO BENAVENTE Y MARTÍNEZ (1866–1954) gebildet, der zu den meistgespielten Dramatikern im Spanien der Jahrhundertwende zählte. Benavente kultivierte in perfekter Dialogtechnik und Dramaturgie eine spöttische Gesellschaftskritik vor allem an dem spanischen Großbürgertum und der Aristokratie, blieb aber stets elegant und unterhaltend. Zu den bekanntesten seiner über 170 Dramen gehören *Der tugendhafte Glücksritter oder Crispin als Meister seines Herrn* (1907), eine witzige Komödie, in der er zeigt, wie marionettenhaft sich die Menschen an den Fäden ihrer banalen materialistischen Interessen gängeln lassen, das Drama *Die heitere Stadt des Leichtsinns* (1916), in dem alle Gesellschaftsschichten voll Skepsis kritisiert werden, und das Bauerndrama *Die Verhaßte* (1913).

Stark unter Lorcas Einfluß stand dessen Freund ALEJANDRO CASONA (1903–1965), der eigentlich A. Rodríguez Álvarez hieß, von 1937–1962 in Buenos Aires im Exil lebte und erst wenige Jahre vor seinem Tod nach Madrid zurückkehrte. Seine Dramatik erinnert vor allem in der lyrisch-balladesken Form an Lorca, ist jedoch in der Schilderung der starken seelischen Konflikte verbindlicher. Der Identitätszwiespalt, die Spannung zwischen Realität und Illusion, die etwas früher als bei Lorca bereits Pirandellos Dramatik beherrschen, werden von Casona oft zum Spiel mit Paradoxen popularisiert. In dem Drama *Die Frau im Morgengrauen* (1944) führt der Tod in Gestalt einer Frau ein angeblich ertrunkenes Mädchen, das jedoch nur ausgerissen war und nun zurückkehren will, zum Fluß. Das Schauspiel *Das Boot ohne Fischer* (1945) kreist um einen Gedankenmord. Besonders erfolgreich wurde in Europa die Komödie *Bäume sterben aufrecht* (1949): Sie spielt in einem Sanatorium für Selbstmordkandidaten, deren Lebensfreude mit Hilfe von Illusionen wieder geweckt werden soll.

Stark politisch akzentuiertes Theater vertritt ALFONSO SASTRE (geboren 1926 in Madrid). Er geriet mit dem Franco-Regime in Konflikt, und ein Großteil seiner zahlreichen Dramen war daher lange Jahre in Spanien verboten. – Zu einem führenden Autor des spanischen Nachkriegstheaters wurde ANTONIO BUERO VALLEJO (geboren 1916 in Guadalajara) mit seinen realistischen Dramen. Er arbeitete Geschichte zeitbezogen auf und schilderte in seiner «Vision» *Der Traum der Vernunft* (1970) am Schicksal Francisco Goyas den Künstler in der Unfreiheit einer totalitären Gesellschaft. Die Bedrohung, Demütigung und seelische Vernichtung des großen Malers unter der Herrschaft Ferdinands VII. wird in den Ereignissen des Jahres 1823 gespiegelt, als der 77jährige Künstler von seinem Arzt überredet wurde, nach Frankreich ins Exil zu gehen. Den Durchbruch als Dramatiker hatte Buero Vallejo mit seinem Schauspiel *Geschichte einer Treppe* (1949) erlebt, das das unaufhaltsame Verrinnen der Zeit auf den Treppen eines schäbigen Madrider Mietshauses zeigt und dabei in einem Ablauf von dreißig Jahren den hoffnungslosen Kreislauf von großen Zukunftsplänen und ihrer Vernichtung sichtbar macht. – Die grotesk-surrealistische Tradition des spanischen Theaters führt FERNANDO ARRABAL* weiter, der in seinen zahlreichen Dramen als einer der extremsten Exponenten des «Absurden Theaters» mythische, blasphemische und obszöne Bilder des Schreckens gestaltete.

Ramón del Valle-Inclán 1869–1936

Ramón Maria del Valle-Inclán y Montenegro wurde am 28. November 1869 in Villanueva de Arosa im spanischen Galizien geboren. Er begann 1887 in Santiago de Compostela Jura zu studieren, brach aber 1890 sein Studium ab. Von da an lebte er in Extremen: einmal als Laienbruder in einem Kartäuserkloster, einmal als Soldat in Mexiko, dann wiederum leitete er eine Theatertournee nach Südamerika, führte ein Bohèmeleben in Madrid, landete als Gegner der Diktatur Primo de Riveras für kurze Zeit im Gefängnis, wurde 1933 zum Direktor der spanischen Akademie in Rom berufen und zog sich schließlich in seine Heimat Galizien zurück, wo er am 5. Januar 1936 in Santiago de Compostela starb.

Mit seiner von ihm als «Esperpento» (Ungereimtheit, Unsinn) bezeichneten grotesken Possenform nahm Valle-Inclán bereits in manchem die Technik des späteren sogenannten «Absurden Theaters» vorweg. Sein Frühwerk stand allerdings zunächst unter dem Einfluß D'Annunzios im Zeichen der literarischen Décadence. So etwa sein 1907 entstandenes symbolistisches Drama *Der Marquis von Bradomín*, das die Hauptfigur seines «Sonatas», einer stimmungsvollen, überfeinert ästhetischen Prosadichtung, in ein Bühnengeschehen überträgt.

Noch im selben Jahr vollzog Valle-Inclán jedoch die entscheidende, stilistische Wende zur psychologiefreien Groteske: Er schuf mit *Wappenadler* (1907) die erste seiner *Barbarischen Komödien*, die den Niedergang eines wilden galizischen Adelsgeschlechts schildern. 1908 folgte *Wolfsbrut* und 1922 als dritter Teil *Silbergesicht*, der Chronologie der Handlung entsprechend steht das letzte Stück aber am Beginn der Trilogie. Der Regisseur Augusto Fernandes hat die drei Einakter, die 1967 in Madrid uraufgeführt wurden, 1974 in Frankfurt als *Barbarische Komödie* zu einem abendfüllenden Schauspiel zusammengefügt: Der dominierende Held der feudalen galizischen Welt des ausgehenden 19. Jahrhunderts ist der Gutsherr Don Juan Manuel de Montenegro, ein kraftvoller Edelmann von herablassendem Großmut und heftigem, herrschsüchtigem Temperament. Die Bevölkerung sieht den Despoten und Verführer, aber auch Beschützer der Armen und Kranken seines Landes mit Schrecken und zugleich Bewunderung. Auf seinem Herrensitz duldet er nur die Possen seines Narren Don Galan; seine sanfte und demütige Adoptivtochter Sabelita macht er zu seiner Geliebten, und als sein Sohn Silbergesicht in unerwiderter Leidenschaft für Sabelita gegen den Vater rebelliert, verjagt er ihn und seine Brüder. Don Juans Ehefrau, die zutiefst gedemütigte Doña Maria, hat sich beizeiten auf ein anderes Gut zurückziehen müssen und stirbt dort vor Gram. Nach ihrem Tod erfaßt Don Juan Reue, er will Buße tun. Doch nun stirbt der Kraftmensch, der eine Horde ungezügelter, herrischer Söhne in die Welt gesetzt hat, von deren Hand, erschlagen von seinem Sohn Pedrito. Mit der Zügellosigkeit wilder Wölfe herrscht jetzt eine neue Generation in Spanien.

Seine neue Ästhetik der «Esperpentos» mit ihrer grotesk-tragischen Sicht der Wirklichkeit probte Valle-Inclán 1920 gleich in drei Werken: Im selben Jahr entstanden seine bedeutenden Grotesken *Lichter der Bohème*, die dörfliche Tragikomödie *Worte Gottes** und *Die Königin Castiza*, ein Spiel, in dem Königin Isabella II. und ihr Hof im Grand-Guignol-Stil dargestellt werden. Die 1921 verfaßte tragische Groteske *Die Hörner des Don Friolera*, die erst 1976 in Madrid uraufgeführt wurde, variiert das Thema der Rache des gehörnten Ehemannes an Frau und Tochter, wobei der Ehrbegriff des klassischen spanischen Theaters ironisiert wird.

In all diesen «Esperpentos» zeigte Valle-Inclán den Zerfall einer Kastengesellschaft in allen sozialen Schichten. Was er mit seinem Groteskthater vermitteln wollte, hat er einer Figur mit autobiographischen Zügen, dem Dichter Maximo Estrella, in *Lichter der Bohème* in den Mund gelegt: «Unsere Tragödie ist eine Farce. Die klassischen Helden gehen jetzt im Lachkabinett umher. Die im Zerrspiegel gesehenen klassischen Helden ergeben die Farcen, den Esperpento. Der tragische Sinn des spanischen Lebens kann nur in einer systematisch entstellten Ästhetik wiedergegeben werden. Spanien ist eine groteske Entstellung der europäischen Zivilisation. In einem Zerrspiegel wirken auch die schönsten Bilder absurd.» Estrella, der, erblindet, mit Frau und Tochter im Elend lebt, versetzt seinen Mantel, um ein Lotterielos zu kaufen. Nachdem er in Begleitung seines heruntergekommenen Kollegen Don Latino in Tavernen, auf dem Polizeirevier und beim Innenminister gedemütigt wurde, stirbt der ehemals berühmte Dichter betrunken auf einem Abfallhaufen am Straßenrand. Das Lotterielos, das sich Don Latino angeeignet hat, macht einen hohen Gewinn, Estrellas Frau und Tochter bringen sich um. Das Stück spielt in einem absurden, zugleich glanzvollen und hungernden Madrid voller sozialer Spannungen, voll Elend, Trunksucht, Prostitution und Größe. Das Drama wurde 1963 in Paris uraufgeführt.

Worte Gottes
Tragikomödie auf dem Dorfe
UA: 1933 in Madrid

Der Küster Pedro Gailo und seine Schwester Marcia del Reino erhalten nach dem Tod ihrer Schwester Juana als Hinterlassenschaft deren schwachsinnigen Sohn Laureano, der von seiner Mutter in einem Karren vor Kirchen und auf Jahrmärkten als Bettelobjekt zur Schau gestellt wurde. Nun sichert sich die Küstersfrau Mari-Gaila diese Erwerbsquelle und zieht mit Laureano umher, sucht aber bei ihren Streifzügen auch abenteuerliche Männerbekanntschaften. In einem Dorfgasthaus wird dem Schwachsinnigen so viel Schnaps eingeflößt, daß er daran stirbt. Noch als Leiche stößt man ihn herum, da niemand sein Begräbnis bezahlen will. Mari-Gaila hat sich inzwischen den Landstreicher Séptimo Miau angelacht, wird aber bei ihrem nächtlichen Rendezvous von den Dorfbewohnern überrascht. Als sie wieder bei ihrem Mann auftaucht, verzeiht ihr dieser. Die Dorfbewohner zwingen jedoch Mari-Gaila zum Nackttanz; eine Meute junger Burschen steigt auf den Kirchturm und läßt ein ungeheures Glockengeläut erschallen. Entsetzt fällt Pedro Gailo auf die Knie, steigt dann auf den Glockenturm und stürzt sich, als er den wilden Zug mit seiner ehebrecherischen Frau kommen sieht, auf das Pflaster des Kirchhofs. Er steht jedoch unversehrt auf, verschwindet in der Kirche und tritt dann seiner Frau und der fanatisierten Menge mit der Bibel entgegen, indem er die Worte Gottes zitiert: «Wer ohne Schuld ist, der werfe den ersten Stein.» Auf lateinisch wiederholt, verfehlen die Worte nicht ihre Wirkung, die lästernde Meute löst sich allmählich auf, zerstreut sich verlegen, und Pedro Gailo führt seine Frau in die Kirche.

Das Bühnenwerk, in dem sich Bigotterie, Geilheit, Geldgier, Gewalttätigkeit und dumpfe Unwissenheit zu einem düsteren Panorama menschlicher Gemeinheit, Triebhaftigkeit und Tragik vereinen, verweigert dem Publikum bewußt die Möglichkeit zur Identifikation. «Sobald das Zerrbild einer mathematisch strengen Behandlung unterworfen wird, hört es auf, eines zu sein», erklärte Valle-Inclán – in *Worte Gottes* verzerrt er die Wirklichkeit mit seinen grotesken und makaberen Gestalten und Szenen, bis Mythisches, mitunter sogar die Tragik der griechischen Tragödie anklingen. – Nachdem der Dichter in seiner Heimat nahezu dreißig Jahre totgeschwiegen worden war, erfolgte 1962 eine Rehabilitierung, als in Madrid das neue Theater Bellas Artes mit einer Neuinszenierung der *Worte Gottes* eingeweiht wurde, der weitere Aufführungen von Werken Valle-Incláns folgten. Die deutschsprachige Erstaufführung der «dörflichen Tragikomödie» durch Hans Neuenfels 1971 am Stuttgarter Staatstheater führte zu einer Entdeckung des spanischen Dramatikers auch für die deutschen Bühnen.

Federico García Lorca 1898–1936

Federico García Lorca wurde am 5. Juni 1898 in Fuente Vaqueros bei Granada als Sohn eines Gutsbesitzers geboren. In einem vornehmen Internat erzogen, studierte er zunächst Rechtswissenschaft in Granada und ging dann als Student der Rechte und Philosophie nach Madrid. Dort wurde er in avantgardistischen Künstlerkreisen aufgenommen, er verkehrte mit Jiménez, Alexandre, Dalí, Picasso und Neruda. Mit Manuel de Falla, der sein Musiklehrer war, sammelte er andalusische Volkslieder. Sein erstes Drama fiel in Madrid durch, doch seine Lyrik, vor allem die Zigeunerromanzen, brachten ihm frühen Ruhm. Nach einer Reise durch Europa, die ihn mit Künstlern der Moderne bekannt machte, ging er 1929 in die USA, setzte an der Columbia University seine Studien fort und verbrachte einige Zeit in Kuba. 1930 kehrte er wieder nach Spanien zurück und übernahm 1932 zusammen mit Eduardo Uguarte die Direktion der Studenten-Wanderbühne «La Barraca», die Aufführungen spanischer Klassiker in der Provinz zeigte. 1933 folgte er einer Einladung nach Argentinien, wo er mehrere seiner Stücke inszenierte. In den Wirren des Franco-Putsches wurde Lorca, der zwar die soziale Rückständigkeit Spaniens bekämpfte, aber keiner Partei angehörte, festgenommen und am 19. August 1936 von der falangistischen Guardia Civil ohne Gerichtsverfahren in der Nähe von Granada erschossen.

Der Tod nimmt in Lorcas Schaffen zentrale Bedeutung ein: Nicht nur in der Form eines gewaltsam herbeigeführten Lebensendes, er steht auch als Zeichen hinter ungelebtem, erstarrtem, vergeudetem, verhindertem Leben. Die lebendig eingemauerten Töchter der Bernarda Alba, die verwelkende Rosita, die unfruchtbare Yerma sind Todessignale einer vergewaltigten Natur. Leben wird vor der Zeit von Erstarrung, Isolierung, Schweigen, auch von Illusionen und Träumen erstickt. Zugleich fordern aber auch die elementaren Kräfte im Menschen den Tod heraus. Lebensverlangen wird mit Tod beantwortet, da menschliche Gesetze, abgelebte Scheinwerte ein natürliches Leben, Freiheit und Liebe verhindern. Die Konflikte, die in Lorcas Figuren ausgetragen werden, gehen allerdings über das Soziale und Psychologische hinaus, sie wurzeln im Mythischen und brechen ins Elementare aus. In der Spannung zwischen der zum zerstörerischen Kerker pervertierten Ordnung und einer unbarmherzig gewalttätigen Natur wird jedoch zugleich auch eine Grundspannung der Zivilisation gefaßt.

Lorcas dramatischer Erstling, *Die Hexerei des Schmetterlings*, ein allegorisches Stück, in dem ein Schmetterling von menschlicher Romantik verdorben wird und an unerwiderter Liebe stirbt, fiel bei der Uraufführung 1920 in Madrid durch. Das zweite Schauspiel, *Mariana Pineda*, erlebte dagegen bei seiner Uraufführung 1927 in Barcelona – in der Ausstattung von Salvador Dalí – einen durchschlagenden Erfolg. Für Mariana, eine andalusische Freiheitsheldin des 19. Jahrhunderts, ist die Freiheit nur noch im Tod zu verwirklichen. Ihre Liebe zu dem aristokratischen Revolutionär Pedro, der nach dem Scheitern der Verschwörung flieht, läßt sie zur Märtyrerin und zur Personifizierung der Freiheit werden, als sie begreift, «daß sie ihr Geliebter mit eben dieser Freiheit betrogen hat», wie Lorca formulierte. Die «volkstümliche Romanze», die Lorca als Anfängerwerk später wenig schätzte, läßt in lyrischer Poesie bereits die großen Themen des Dichters, Freiheit, Liebe und Tod in ihrer Verstrickung anklingen.

Die «Volkskomödie» *Die wundersame Schustersfrau* (Uraufführung 1930 in Madrid, neue Fassung 1933 in Buenos Aires) greift das Thema der mit einem älteren Mann unglücklich verheirateten jungen Frau auf. Als der alte Schuster – des Zanks und der Aufregung um und mit seiner von allen Männern heftig umworbenen Frau müde – die Flucht ergreift, verklärt er sich ihr in der Erinnerung. Verkleidet zurückgekehrt, erfährt er von der Liebe und Treue seiner Frau – und einem Neubeginn der Ehe und der Zänkereien steht nichts mehr im Wege. Lorca hat hier den Widerstreit von Phantasie und Wirklichkeit in einer volkstümlichen, sparsam stilisierten, von Volksliedern durchsetzten Farce zum Ausdruck gebracht und in der Schustersfrau eine Symbolfigur für die unerfüllten Träume verkörpert.

Das Thema wird in dem Kammerspiel *In seinem Garten liebt Don Perlimplin Belisa* (1933) gedanklich stark erweitert und vertieft. Das kunstvolle, poetisch-irreale Spiel, das im Kern eine Tragödie verbirgt, erhält in ständigen Gattungsmischungen und zahlreichen Brechungen durch komödiantische, märchenhafte und groteske Elemente einen eigenartig schwebenden Charakter. Es wirkt nahezu heiter und zugleich schmerzhaft traurig. Bereits Don Perlimplins Hochzeitsnacht gerät durch fünf Leitern, die zu den Balkontüren von Belisas Zimmern führen, ins Zwielicht. Und schließlich stirbt Perlimplin in Gestalt des geheimnisvollen Liebhabers mit rotem Umhang, in den sich Belisa leidenschaftlich verliebt hat, von eigener Hand. Die bis zur letzten Szene nicht greifbare, aber zu ahnende Identität von Perlimplin und seinem Rivalen läßt den verzweifelt Liebenden den Triumph der Phantasie erleben, die stärker ist als die Realität, doch Perlimplin muß für diesen Sieg sein Leben opfern.

Zwischen der *Schustersfrau* und *Perlimplin* entstand das vieldeutige surrealistische Traumspiel *Sobald fünf Jahre vergehen*. Einem jungen Mann geht die Gegenwart zwischen Erinnerungen an die Vergangenheit und Vertröstungen auf die Zukunft verloren. Selbstsüchtig in seiner eigenen Innerlichkeit eingeschlossen, verfehlt er sein Leben, unfähig die Wirklichkeit zu fassen, verrinnt ihm die Zeit im Warten.

Erdhafte, elementare Kräfte faßt Lorca in seinen Tragödien *Bluthochzeit** und *Yerma* (1934). In beiden Werken wird das Grundthema des Dichters, das Aufbegehren des Individuums gegen Unnatur, Verhärtung, erstarrte Konvention und das Scheitern der Liebe an einem starren Sittengesetz im bäuerlichen Milieu variiert. Yerma, von ihrem Vater an den ungeliebten Bauern Juan verheiratet, sehnt sich vergeblich nach einem Kind. Ihr Mutterinstinkt, der ohne sinnliche Liebe zu ihrem Mann nach Vereinigung drängt, steht gegen das Begehren des Mannes, der nur auf die Befriedigung seines geschlechtlichen Triebs versessen ist. Eine psychologisch ins Ungeheure, Unausdeutbare reichende Verstrickung von einander ausbeutender Sexualität ohne Liebe, von gegenseitigem Mißbrauch und gegenseitiger Erniedrigung mündet in den Jammer einer Frau, die sich – inmitten der Fruchtbarkeit der Natur – als «verdorrter Ast» empfindet. Yermas archaischer Klagegesang der Unfruchtbarkeit erhält weit über das Psychologische hinaus myhtische Dimensionen. Als sie ahnt, daß sie bei einem anderen Mann die Erfüllung in einer Beziehung finden könnte, die ihr aber ihr Ehrbegriff unmöglich macht, und als sie erkennt, daß sie durch ihren eigenen Mann unfruchtbar bleiben muß, erwürgt sie Juan. Das Gesetz, die Traditionen der spanischen Gesellschaft, gegen die der Mensch revoltiert oder unter deren Zwang er steht, werden zum ausweglosen Kerker.

In *Doña Rosita bleibt ledig oder Die Sprache der Blumen** ist es der Kerker der eigenen Illusion, in *Bernarda Albas Haus** der Kerker einer nur mehr fassadenhaften, zur leeren Form gewordenen Familienehre. In dem Schauspiel *Das Publikum*, Lorcas großem Bekenntnisdrama, das erst 1976 in England und 1978 in Spanien aus dem Nachlaß veröffentlicht wurde, sind es die Kräfte des Unterbewußtseins, die sich aus dem Kerker der Verdrängung zu befreien versuchen: Ein Theaterdirektor hat ein Stück über Romeo und Julia geschrieben, das nun aufgeführt werden soll. Die Triebe und Leidenschaften, die vor dem Publikum unaussprechbar sind, wurden unterdrückt. Doch nun brechen sie als vitale Urkräfte in Gestalt von Pferden in das Geschehen ein. Sie drängen auf die Bühne und reißen die Handlungsführung an sich: Naturkräfte enthüllen in einem erotischen Verwirrspiel geheime Wahrheiten, indem sie ein geplantes Spiel in eine völlig andere Richtung lenken.

Bluthochzeit
Lyrische Tragödie in 3 Akten
und 7 Bildern
UA: 1933 in Madrid

Dunkle Ahnungen bedrängen die Mutter. Sie hat ihren Mann und ihren ältesten Sohn durch Blutrache verloren und lebt nun in Angst um den einzigen Sohn, der ihr geblieben ist. Dieser rüstet zur Hochzeit, die nach strengen bäuerlichen Konventionen von den Eltern eingeleitet worden ist. Die schöne Braut war einst mit Leonardo verlobt, der jedoch – als nicht wohlhabend genug – abgewiesen worden war. Leonardo, der später eine Kusine der Braut heiratete, gesteht dieser am Hochzeitsmorgen seine leidenschaftliche, unvergängliche Liebe. Nach der Trauung wird die immer ausgelassenere Fröhlichkeit des Hochzeitsfestes, bei dem die starre Haltung der Braut einen schroffen Gegensatz zu der heiteren Stimmung der Hochzeitsgäste bildet, plötzlich unterbrochen: die Braut flieht zu Pferd mit ihrem Jugendgeliebten. Sofort nimmt der Bräutigam mit einigen Freunden die Verfolgung auf. In der Dunkelheit des Waldes und der hereinbrechenden Nacht werden die Stimmen der Natur, der elementaren Kräfte, der Geheimnisse des Lebens und des Todes wach. Der Mond in Gestalt eines jungen Holzfällers erhellt den Wald, um das Entkommen der Liebenden zu verhindern, der Tod, als Bettlerin verkleidet, weist den Verfolgern den Weg. Die beiden Rivalen töten einander. Im Haus der Mutter werden die Toten aufgebahrt. Drei Frauen klagen um die Männer: die Mutter, deren Nachkommenschaft ausgestorben ist, Leonardos Frau, die ihren Ehemann nie wahrhaft besessen hat, und die Braut, die, unberührt geblieben, den Ehemann und den Geliebten verlor.

Das Blut revoltiert gegen das tradierte Sittengesetz, die Liebe durchbricht die gesellschaftlichen Barrieren, doch auch diese Revolte kann das Tor zu Freiheit und Glück nicht aufstoßen. Sie endet mit Mord, Einsamkeit und Verödung. Den Konflikt zwischen dem Gesetz überkommener Sitten- und Ehrbegriffe und dem Anspruch des Individuums auf das natürliche Recht der Lebenserfüllung hebt Lorca aber in die Dimension eines mythischen Urereignisses. Es sind die Mächte des Lebens, die in gewaltige Metaphern gefaßt werden und in dunkle, unausdeutbare Tiefen führen. Urthemen wie Geburt, Liebe, Hochzeit und Tod werden in poetischen Bildern, Symbolen und kunstvoll ineinander verschlungenen Motiven in ein Spannungsfeld gestellt. Der Mensch verstrickt sich in tragischer Ausweglosigkeit zwischen menschlichen Gesetzen und der elementaren Gewalt der Natur. In seiner Komposition, in der Lieder, chorische Strophen, Wechselgesänge und Tänze als strukturbildende Elemente eingesetzt werden, verschmilzt Lorca antike Formen mit spanischer Tradition zu einem eigenständigen balladesken Drama.

Doña Rosita bleibt ledig
oder Die Sprache der Blumen
Dramatische Romanze in 3 Akten
UA: 1934 in Barcelona

Rosita lebt im Haus ihres Onkels, eines gütigen, versponnenen Blumenfreunds. Sie ist mit einem Vetter verlobt, der seinem Vater nach Amerika folgt, beim zärtlichen Abschied aber beteuert, bald wieder zurückzukehren. Rosita hält ihm die Treue. Auch als Jahr um Jahr nur Briefe mit Liebesbeteuerungen eintreffen, nicht aber der Geliebte selbst, wartet sie weiter auf ihn und weist alle Bewerber ab. Nach 15 Jahren schlägt der Bräutigam brieflich eine Heirat «durch Vollmacht» vor, da sich seine Rückkehr weiter verzögert. Obwohl Rosita diese Ausflüchte durchschaut, weigert sie sich, die

Wahrheit anzuerkennen. Sie klammert sich selbst dann noch an die Illusion, als ihr eine Freundin berichtet, daß sie getäuscht wird: Zwar kommen weiterhin Liebesbriefe an sie, aber der Geliebte hat inzwischen längst eine andere geheiratet. Nach weiteren zehn Jahren gesteht der Vetter endlich in einem Brief an die Tante seine Treulosigkeit. Rosita hat nun keine Hoffnung mehr, und wie ihre Illusion, so zerbricht zuletzt auch ihr Heim. Der Zusammenbruch ihres Lebens ist vollkommen, sie kann sich nur noch ihre Würde bewahren.

«Das ist das Leben meiner Doña Rosita: zahm, fruchtlos, ohne Zweck und Sinn ... Wie lange noch werden Spaniens Doña Rositas so leben müssen?» schrieb Lorca. Auch hier wendet sich der Dichter gegen erstarrte Ehrbegriffe, die den Menschen in seiner Handlungsfreiheit lähmen und ihn sein Leben versäumen lassen. Die von ihrem Onkel gezüchtete Rose wird zum Symbol für Rositas Leben: Morgens erblüht sie leuchtend rot, mittags wird sie «hart wie Koralle», abends verfärbt sie sich weiß, und in der Nacht entblättert sie sich. Auch Rosita ist temperamentvoll aufgeblüht, verhärtet sich im Bestehen auf ihrer unbeirrbaren Treue und ihrer sinnlos schönen Illusion, sie verblaßt und verblüht. Ein Treibhausgewächs im gläsernen Kerker spanischer Sitte, entfernt sie sich immer mehr von der Natur. Ihr Lebensverlangen bleibt ohne Antwort, wird verfehlt im Warten. Im Verrinnen der Zeit zeichnet sich der unaufhaltsame Verfall ab: Rosita verblüht, der Wohlstand der Familie vergeht, der Niedergang einer Gesellschaftsschicht kündigt sich an. Die reale Welt, die in den Nebenfiguren die zarte Illusionswelt Rositas kontrastiert, markiert in ihrer pointierten Veränderung ebenfalls das Verrinnen der Zeit. Das ungelebte Leben verhaucht spurlos in der Vergänglichkeit.

Bernarda Albas Haus
Frauentragödie in spanischen Dörfern in 3 Akten. UA: 1945 in Buenos Aires

Bernarda Alba ordnet nach dem Tod ihres Mannes eine achtjährige Trauerzeit für ihr Haus an. Despotisch herrscht sie über die Mägde, ihre geistesgestörte Mutter und ihre fünf Töchter, die sie ganz von der dörflichen Außenwelt abschirmt. Nichts geht ihr über den guten Ruf und den mühsam aufrechterhaltenen Rang ihres Hauses. Wie Gefangene sitzen die Töchter in den abgedunkelten Zimmern und sticken an einer Ausstattung, für die kaum Hoffnung auf Verwendung besteht. Nur die häßliche Älteste, Augustias, Tochter aus der ersten Ehe Bernardas und durch eine Erbschaft ihres Vaters begütert, hat Aussicht, dem Gefängnis zu entkommen: Bernarda hat sie mit dem jungen Pepe el Romano verlobt, der es auf ihr Geld abgesehen hat. Pepe ist der einzige Mann, der in die Nähe des Hauses gelangt, da er durch das Gitterfenster mit seiner Braut sprechen darf. So wird er zum Gegenstand der Sehnsucht und des uneingestandenen Verlangens der eingesperrten Frauen. Pepe verliebt sich jedoch in Adela, die jüngste der Schwestern, die seine Liebe erwidert und sogar die Möglichkeit für ein heimliches Treffen findet. Adela lehnt sich in ihrem unbedingten Liebesanspruch gegen die Herrschaft der Mutter auf und gibt sich schließlich Pepe hin. Die nächtlichen Zusammenkünfte im Stall wurden aber von der mißgünstigen, buckligen Schwester Martirio, die selbst Pepe begehrt, entdeckt. Nachdem Martirio zunächst Adela mit ihrem Wissen quält und den Verzicht der Schwester fordert, übermannt sei eines Nachts ihre zerstörerische Eifersucht, sie weckt die Mutter und verrät ihr Adelas Geheimnis. Bernarda holt ihre Flinte und schießt auf Pepe, der unverletzt entkommt. Martirio jedoch behauptet, er sei erschossen worden, und

Adela erhängt sich. Bernarda befiehlt die prunkvolle jungfräuliche Aufbahrung der Tochter und verpflichtet alle Angehörigen des Hauses zum Schweigen.

In einem nach außen hin lautlosen, überhitzten, leidenschaftlichen Kampf ringen die Töchter der Bernarda Alba um Freiheit, doch ihr Leben, ihre Tragödie wird in Schweigen erstickt. Bernarda, die unbeugsame Vertreterin der zur fassadenhaften Konvention pervertierten Sitte, bleibt Siegerin über die Natur, doch ihre Tyrannei trägt bereits den Keim der Selbstzerstörung. Das Leben, hier in dem einzigen Mann verkörpert, reitet in der Dunkelheit davon, die Frauen erstarren im Schweigen. Der Versuch eines Ausbruchs in das Leben wurde mit dem Tod gesühnt. Diese Abgeschlossenheit der Frauen von der Außenwelt spiegelt sich auch in der Dramaturgie: Lorca verdichtet das Geschehen zu einer in ihrer Unerbittlichkeit und Wortkargheit archaisch wirkenden Tragödie. Die übermächtige Präsenz des Mannes wird durch seine Aussperrung, dadurch daß er auf der Bühne nur zu hören, aber nie sichtbar ist, stärker, als sie es durch seine körperliche Anwesenheit sein könnte. In der flirrenden Atmosphäre angestauter Leidenschaft, die jäh in Hoffnungslosigkeit umschlägt, hat der Dichter über die soziale Anklage gegen abgelebte Ehr- und Moralauffassungen hinaus ein Sinnbild der Unterdrückung der Natur, der Vergewaltigung menschlicher Ursprünglichkeit durch fehlinterpretierte Ordnung geschaffen.

Fernando Arrabal * 1932

Fernando Arrabal wurde am 11. August 1932 als Sohn eines spanischen Offiziers in Melilla in Spanisch-Marokko geboren. Während seine Mutter als fanatische Katholikin Anhängerin der Falangisten war, wurde sein republikanisch gesinnter Vater 1936 verhaftet, zum Tode verurteilt, später begnadigt, blieb aber nach einem angeblichen Ausbruchversuch aus dem Gefängnis von Burgos verschollen. Arrabal wuchs in Madrid auf, studierte dort Rechtswissenschaften und arbeitete als Büroangestellter. Nach Schwierigkeiten mit der Zensur ging er 1955 nach Frankreich ins Exil.

Das traumatische Fortwirken seiner zentralen Kindheitserlebnisse, dem spanischen Bürgerkrieg und dessen Auswirkungen auf seine Familie, transponierte Arrabal in eine dichterische Welt, die von Beckett, Genet, von Artauds Theater der Grausamkeit beeinflußt erscheint. Die Haßliebe zur Mutter, die er verdächtigt, den Vater denunziert zu haben, zur Religiosität als vermuteter Triebkraft, steigert sich zu einer Haßliebe gegen die Schöpfung in ihrer Sinnlosigkeit. Sie entlädt sich in seinem Theater der wüsten Perversionen und sadistischen Alpträume. Theater wird für Arrabal zu einem «Fest», in dem alle Widersprüche des Lebens aufeinanderprallen, Vernichtungsrausch und Lebenssehnsucht, die Wollust der Qual, religiöse Ekstatik und Sadismus. Aus dem Entsetzen vor der Absurdität des Daseins erfindet der Mensch Rituale, Zeremonien, Gesten, mit denen er die Sinnlosigkeit zu bewältigen sucht: Erst im Leiden entsteht ein Eindruck von Leben, dem vielleicht eine Erlösung zu einer besseren, sinnvolleren Welt folgen kann, wie es die utopischen Wendungen der Befreiung in manchen der späteren Werke Arrabals andeuten.

In seinem ersten Stück, dem Einakter *Picknick im Felde* (1959) wird mit absurden Mitteln das absurde Morden des Krieges dargestellt: Die Eltern besuchen ihren Sohn Zapo, der als Soldat auf Posten steht, und überraschen ihn mit einem prächtigen Frühstück. Sie laden auch den inzwischen von ihm gefangengenommenen Zepo zum Essen ein, schließen Freundschaft und beabsichtigen, den Krieg zu beenden. Da werden sie von einem Angriff überrascht und getötet, ohne zu begreifen, was sich um sie herum und mit ihnen abspielt.

Die unbegreifliche Situation eines Bombardements, die Trennung von Täter und Opfer durch eine anonyme Maschinerie des Krieges, schildert der Einakter *Guernica* (1966), ein szenisches Requiem für die im spanischen Bürgerkrieg zerstörte Stadt. Zwischen dem Bewußtsein der unschuldigen Opfer und der Vernichtungsmaschinerie gibt es keinen Zusammenhang: Verständnislos seine alltäglichen Banalitäten abspulend, erlebt ein Paar seinen Untergang, wird mehr und mehr verschüttet und zuletzt unter den Trümmern begraben.

In seinen folgenden Stücken verlegt Arrabal das Schlachtfeld ins Innere der Menschen. *Die Nacht der Puppen* (1966) zeigt in monströsen Ritualen eine verhängnisvolle Mutter-Sohn-Beziehung. Psychische Zwänge werden an stilisierten Figuren versinnbildlicht, mit Peitsche und Fetisch, Haß und Selbsterniedrigung tobt sich die Sexualität eines von seiner Mutter in völlige Abhängigkeit gezwungenen, physisch und psychisch verkrüppelten jungen Mannes aus. Selbst eine «Mama» schreiende Puppe, hat er sich eine Traumwelt aus Schaufensterpuppen aufgebaut und versucht, sich durch ein Mädchen, das bereit ist, wie ein Puppe zu sein, von der Mutter zu befreien.

Ein Eingeborener und ein Mensch der modernen Zivilisation sind die Bewohner einer einsamen Insel in dem Schauspiel *Der Architekt und der Kaiser von Assyrien* (1967), die wohl auch als Geist und Trieb, Über-Ich und Es auf der einsamen Insel des Ich zu deuten sind. Der zunächst sprachlose Eingeborene, der die Naturkräfte der Insel geheimnisvoll beherrscht, und der Zivilisationsmensch, einziger Überlebender eines Flugzeugabsturzes, verketten ihr Schicksal miteinander. Bald hat der «Kaiser» dem Eingeborenen, den er zu seinem «Architekten» ernennt, das Sprechen beigebracht, der Herrscher und sein Konstrukteur beginnen zu spielen, weisen sich immer neue Rollen zu, in denen sie Gegenpole verkörpern. Zuletzt läßt sich der Kaiser des Muttermords anklagen und verlangt als Todesstrafe, vom Architekten verspeist zu werden. Doch beim Verspeisen des Gehirns verwandelt sich der Architekt in den Kaiser. Da bringt ein neuerlicher Flugzeugabsturz wieder einen Überlebenden auf die Insel: Es ist der Kaiser, der nun aber wie der Architekt aussieht. Das Spiel von den Kräften des Ich, halb Endspiel, halb Zivilisationskritik, endet mit einem Neubeginn.

Weitere Variationen von Arrabals Leitthemen bringt das Schauspiel *Garten der Lüste* (1969), in dem sich die Zwänge der Kindheit wiederum in Exzessen und Alpträumen entladen, die jedoch schließlich, in Abwandlung des Märchens von der Schönen und dem Untier, Erlösung bringen.

Obszönität, Blasphemie und Traumvisionen beherrschen auch das Stück *Und sie legen den Blumen Handschellen an* (1969), dem ein Lorca-Zitat den Titel gibt. Es spielt in einem Kerker Francos, in dem die Gefangenen in realistischen Szenen und fieberhaften Visionen Anklage erheben.

Der Turm von Babel (1976) zeigt eine Herzogin auf einem spanischen Schloß, die, blind und in Illusionen befangen, die Wirklichkeit total mißdeutet. Das Schloß wird von Plebejern unterjocht, wobei Arrabal Bilder sexueller Grausamkeit für die masochistische Morbidität der Gesellschaft setzt. Das Schloß stürzt ein, doch die Herzogin baut, sehend geworden, mit ihren Freunden aus den Trümmern den Babylonischen Turm der Zukunft.

Das deutsche Theater des 20. Jahrhunderts

Um die Jahrhundertwende stellten sich verschiedene literarische Richtungen nicht nur in Gegensatz zum Naturalismus, sondern zur gesamten realistischen Entwicklung des 19. Jahrhunderts. Neuklassik und Neuromantik nahmen die Kunstanschauungen von Klassik und Romantik und die idealistische Geisteshaltung wieder auf, der Impressionismus fand auch in der Literatur Eingang und führte zu einer Verfeinerung und Sensibilisierung der Charakterschilderung und zu lyrischen Stimmungsbildern. Gemeinsam war diesen unterschiedlichen Kunstrichtungen die symbolistische Komponente und die Ablehnung der materialistischen Weltanschauung. Es erfolgte eine Rückwendung zum Irrationalen, zu Mystik und Mythos, zur Seele. Die innere Erfahrung wurde zum Ausgangspunkt, zugleich trat an die Stelle des kritischen Optimismus häufig ein skeptischer, pessimistischer Grundzug. Zeitkritik hakte nicht so sehr beim Ökonomischen ein, sondern richtete sich stärker gegen Philistertum und amusische Gesinnung des Bürgertums.

FRANK WEDEKIND* hielt sich bewußt außerhalb dieser literarischen Strömungen, benutzte aber manche ihrer Elemente und entwickelte, von Strindberg wie auch von Maeterlinck ausgehend, seine eigene dramatische Form. Er opponierte gegen das naturalistisch verengte und neuromantisch poetisierte Menschenbild, dem er in geistiger Radikalität die «Wirklichkeit der Triebe und Gefühle» entgegensetzte. Seine die Groteske als Stilelement verwendenden Attacken gegen eine verlogene Bürgerwelt setzten sich für den Außenseiter, den tragisch Vereinzelten ein. Von hier führten direkte Linien zum Expressionismus wie auch zu CARL STERNHEIM*, der mit seiner Komödienreihe «Aus dem bürgerlichen Heldenleben» präzise Gesellschaftsdiagnosen mit satirischem Witz und poetisch verknappender Sprache stellte. Zeitlich parallel und scheinbar verwandt in der Sprachgestaltung, war Sternheim jedoch wesensmäßig mit dem Expressionismus nicht unmittelbar verbunden.

Vorbildlich für den expressionistischen Stil wurden Strindbergs späte Dramen. Das Theater, zunächst Kritiker der spätwilhelminischen Gesellschaft, stellte sich sodann in den Dienst der jungen Demokratie. Es ging gegen die alten Herrschaftsstrukturen (mit dem Vater als Symbolfigur) an und war von der Hoffnung auf Erneuerung der Gesellschaft getragen. So gilt der frühe Expressionismus als ein letzter, von sozialen Problemen losgelöster Erneuerungsversuch des Idealismus. Die an der Wirklichkeit leidende Seele, der Strindberg bahnbrechend Ausdruck gegeben hatte, zerbrach mit ihren starken anarchischen Kräften das bis dahin weitgehend geschlossene Drama in eine Vielzahl szenischer Strukturen. Die Handlung löste sich in Visionen und Träumen auf, die Sprache wurde emotionell aufgeladen bis zum Schrei. Im Mittelpunkt standen das Thema von Untergang und Wiedergeburt der Zeit, die Sehnsucht nach dem neuen Menschen.

Bald jedoch (etwa um 1922) schlug der «idealistische» Expressionismus in die Negativform um. Der sogenannte «schwarze» Expressionismus übersteigerte die Triebe des Menschen ins Extreme, Sexualität und Perversion, Brutalität, Wahnsinn, Mord dominierten. Diese Stilrichtung erschöpfte sich rasch, nicht jedoch ihre auf Veränderung drängende Energie: Mitte der zwanziger Jahre begann sich das sogenannte Zeitstück durchzusetzen. Es war von politischem und sozialkritischem Engagement getragen und dem aktuellen Geschehen verpflichtet – «Zeitung ... mit verteilten Rollen», formulierte der Kritiker Alfred Kerr. Viele Dramatiker gehörten dem Expressionismus nur zeitweilig und in Teilaspekten an, die Grenzen zu anderen dramatischen Formen waren fließend. GEORG KAISER *, der unter die «Klassiker» des Expressionismus eingereiht wird, erprobte in seinen mehr als 60 Dramen nahezu alle Stilrichtungen der ersten Hälfte dieses Jahrhunderts.

ELSE LASKER-SCHÜLER (1869–1945), in ihrer Lyrik vom Impressionismus ausgehend und mehrere literarische Stilformen, darunter auch expressionistische, verquickend, gestaltete in ihrer bereits 1909 entstandenen «Stadtballade» *Die Wupper* (1919) den Niedergang und Zerfall der alten bürgerlichen Schichten und den Aufstieg der neuen. Zum Schauplatz wählte sie ihre Heimat, das industriell früh entwickelte Wuppertal mit seinen Webereien und Färbereien. Der Fabrikantenfamilie Sonntag wird die Proletarierfamilie Pius gegenübergestellt, der Villa das Arbeiterviertel. Doch schon sind die Barrieren zwischen den beiden Ständen durchbrochen, zeigen gerade die vielfältigen, oft krummen Beziehungen die Fragwürdigkeit und Überfälligkeit der patriarchalischen Zustände. Listige plebejische Vitalität korrumpiert anfällige bürgerliche Moral, der kränkelnde Ästhet hängt sich an den kraftvollen opportunistischen Proletensohn, zwischen ihnen streichen die verkommenen Außenseiter herum. Ihre soziale Situation ist jedoch allen, die dieses realistische und zugleich poetisch pittoreske Gesellschaftspanorama bilden, kaum oder nur unvollkommen bewußt.

In *Arthur Aronymus und seine Väter* (1936) greift die Dichterin auf die eigene Familientradition zurück. Sie schildert Episoden aus den Kindheitstagen ihres Vaters, dem Lieblingsenkel eines Rabbiners und Sohn eines Gutsbesitzers, und stiftet – nachdem Hexenwahn und Antisemitismus wie ein Spuk vorbeigezogen sind – durch religiöse Erweckung Versöhnung und Frieden zwischen Juden und Christen.

ERNST BARLACH (1870–1938), ein bedeutender expressionistischer Bildhauer, versuchte den Stil seiner Plastik auf seine dichterische Menschengestaltung zu übertragen. Es ging ihm darum, den rätselhaften Urgrund des Lebens sichtbar zu machen. Barlach war ein Gottsucher von hintergründigem, kauzigem Humor wie auch von starker Leidensfähigkeit, der aus dem Geist eines niederdeutschen Protestantismus zu großen dramatischen Mysterien fand.

Sein erstes Schauspiel *Der tote Tag* (1919) schildert die egoistische Liebe einer Mutter, die ihren Sohn vernichtet. Zwischen die Geist-Welt des Vaters und die erdhafte der Mutter gestellt, geht der Sohn zugrunde.

Der arme Vetter (1919) konfrontiert an einem Ostertag an der Unterelbe drei Bürgerkinder: den verkommenen Großbürgersohn Iver, den jungen Geschäftsmann Siebenmark und seine Braut, Fräulein Isenbarn. Iver strebt nach Befreiung von seinem bürgerlichen, erdgebundenen Ich, er sehnt sich nach einer eigentlichen Menschwerdung, die ihn von seiner Existenz als armer Vetter des wahren Menschen löst. Er tötet sich zuletzt, um seine Utopie zu verwirklichen. Fräulein Isenbarn aber trennt sich von Siebenmark, der sie in ein bürgerlich repressives Dasein zwingen will, und geht ihren eigenen Weg.

In dem Drama *Die echten Sedemunds* (1912) verstört ein aus dem Irrenhaus beurlaubter Mann die Bürger einer Kleinstadt, indem er mit einem Löwenfell, das das menschliche Gewissen symbolisiert, durch die Stadt geistert. Die Leute beginnen, ihre Sünden zu beichten, Heuchelei, Meineid, Familientragödien kommen ans Licht. Der junge Sedemund will seinen Vater, der seine Frau in den Selbstmord getrieben hat, zur Besinnung auf den «echten» Sedemund führen: Der Weg des Menschen zu seinem wahren Selbst geht über das Gute, das er anderen tut. Doch der junge Mann scheitert, resigniert vor der Unzulänglichkeit der Welt und geht ins Irrenhaus zurück.

Läuterungsdramen sind das Schauspiel *Die Sündflut* (1924), in dem die Hauptfigur Calan Gott für das Böse in der Welt verantwortlich macht, zuletzt aber die mystische Verschmelzung von Gott und Mensch erkennt, und das Schauspiel *Der blaue Boll* (1926), das die innere Wandlung eines von Lebenskraft strotzenden Mannes zeigt. Boll begegnet Grete, zu

Lasker-Schüler, Die Wupper
Schaubühne Berlin, 1976
Inszenierung: Luc Bondy

der ihn sofort seine Sinne ziehen, die jedoch gerade im Begriff ist, ihre Kinder durch den Tod von der Fleischlichkeit zu erlösen. Boll erkennt, daß nicht der Tod, sondern nur die Selbstüberwindung den Menschen erlösen kann, heilt Grete von ihrer Besessenheit und führt sie zu ihrer Familie zurück.

Der Graf von Ratzeburg (1951), ein Passionsdrama, schildert den Stationenweg eines Helden aus der Zeit der Kreuzzüge, der im Erleiden reift. Der Graf von Ratzeburg erfährt durch die Begegnung mit mythischen Gestalten seine Erweckung: Er läßt alle «Geltungen» hinter sich und wird zum Wegsucher, der in Selbstlosigkeit und demütigender Erwartung einem unbekannten Ziel nachstrebt und im Opfertod endet.

Aus dem Schrecken des Ersten Weltkriegs, der zum zentralen Erlebnis vieler Expressionisten wurde, schrieb REINHARD GOERING (1887–1936) seine Tragödie *Die Seeschlacht* (1918), die die Gespräche von sieben Matrosen im Panzerturm eines Kriegsschiffs zur suggestiven Darstellung einer extremen Situation zusammenfaßt. Der Kreuzer fährt in die Schlacht im Skagerrak, und in den Gesprächen, Träumen, Erinnerungen, Visionen der Männer wird die Ausweglosigkeit und Unentrinnbarkeit ihrer Lage – und zugleich die des Menschen im Krieg schlechthin – enthüllt: Die Schlacht wird kommen, sie bringt den Rausch des Kampfes, Wehruf, Explosion, Schrei und Tod.

Charakteristische Werke expressionistischer Dramatik verfaßte auch FRITZ VON UNRUH (1885–1970) mit seinem Drama *Offiziere* (1911), in dem ein eigenmächtig handelnder Offizier seine freiere, menschliche Anschauung mit dem Tod bezahlt, und vor allem mit der Tragödie *Ein Geschlecht* (1918), in der er das alle Ordnungen sprengende Leid des Kriegs darstellte: Kinder empören sich gegen die Mutter, die sie in diese Welt geboren hat. Die Mutter beschwört sterbend ein neues Geschlecht, eine Menschheit, die sich in Brüderlichkeit findet.

Der Kampf gegen alte Herrschaftsstrukturen fand, im Generationskonflikt dargestellt, in zahlreichen Dramen seinen Niederschlag: REINHARD JOHANNES SORGE (1829–1916) gestaltete in seinem Drama *Der Bettler* (1917) die Geschichte eines jungen Mannes, der, eine Inkarnation des reinen Gefühls, in den Himmel aufsteigt, obwohl er seine Eltern getötet hat. ARNOLT BRONNEN (1895–1959) verstrickte in *Vatermord* (1922) eine Familie in der dumpfen Enge ihrer Behausung in düsteres Geschehen. Die Mutter stürzt den Sohn willentlich in Triebverwirrung, der Mord an dem Vater geschieht halb aus Selbstwehr, halb aus Exaltation.

WALTER HASENCLEVER (1890–1940) hatte diesen Widerspruch junger, freiheitshungriger Menschen gegen die Autorität in seinem Schauspiel *Der Sohn* (1916) als erster formuliert. Der Sohn, der nach Unabhängigkeit und Selbstbestimmung strebt, wird von dem Vater in seiner Entfaltung gehindert, gedemütigt und unterdrückt. Schließlich richtet der Sohn die Pistole auf den Vater, der tot umsinkt, noch ehe sich ein Schuß gelöst hat. Hasenclever wandte sich später der Komödie zu: *Ein besserer Herr* (1927), die Geschichte eines

Heiratsschwindlers, ist eine Satire auf die Bourgeoisie der zwanziger Jahre, *Napoleon greift ein* (1930) ironisiert den Heldenkult.

ERNST TOLLER (1893–1939), einer der Wortführer der Expressionisten, hat am konsequentesten den Übergang vom expressionistischen in das politische Drama vollzogen. Sein erstes Drama, *Die Wandlung* (1919), entstand aus dem Schrecken des Kriegserlebnisses und behandelt bereits das Thema der Erneuerung der Gesellschaft durch die Erneuerung der Menschen: Ein junger Kriegsfreiwilliger, der hoffte, im Krieg den inneren Anschluß an das Vaterland zu finden, wandelt sich zum Verkünder von Menschlichkeit und Bruderliebe, die das gesamte System menschlicher Ordnungen revolutionieren.

Das Drama *Masse Mensch* (1920), ein «Stück aus der sozialen Revolution des 20. Jahrhunderts», behandelt den Konflikt zwischen Masse und Einzelmensch, wobei die Frage nach der Berechtigung von Gewaltanwendung zur Befreiung der Masse gestellt wird.

Maschinenstürmer (1922) beschreibt die Revolte von Arbeitern, die die Maschinen, die sie brotlos machen, zerstören wollen. Als einer von ihnen den falschen Weg erkennt und dies seinen Kollegen bewußt zu machen versucht, wird er erschlagen.

Trotz seiner Verstrickung in die politische Praxis der Räterepublik stand für Toller die Revolution stets im Zeichen des Geistes, der Menschenliebe, niemals im Zeichen der Gewalt. Er sah keine Feinde, sondern Verirrte, die bekehrbar sind. In der Tragödie *Hinkemann* (1923) bildete er den Typus des Zeitstücks aus. Er schilderte das Elend des Kriegskrüppels Hinkemann, dem die Geschlechtsteile weggeschossen worden waren, und fragte, welchen Platz die Nachkriegsgesellschaft ihrem «Helden» von einst, dem heruntergekommenen Ideal von 1914, einräumt. Eine direkte Anklage gegen die Gesellschaft wird formuliert: Hinkemann begegnet nur Hohn und der Schändung seiner Menschenwürde. Auch nach dem Krieg gibt es keine andere Gemeinsamkeit als den Kampf gegeneinander – die im Expressionismus erträumte neue Gemeinschaft erweist sich als Phantasmagorie.

Seine Enttäuschung über die vergessene Revolution artikulierte Toller in dem Drama *Hoppla, wir leben* (1927), in dem er die politische Szene von 1927 von der äußersten Linken bis zu den «Völkischen» analysierte. – Nach Gerichtsprotokollen stellte Toller sein Drama des Kieler Matrosenaufstandes *Feuer aus den Kesseln* (1930) zusammen, eine Technik, die vor allem in den sechziger Jahren wiederaufgenommen wurde.

FRIEDRICH WOLF (1888–1953) sah im Theater vor allem ein Medium zur politischen Agitation. Er prägte das Schlagwort «Kunst ist Waffe». Es ging ihm um den Kampf von der Bühne herab gegen gesellschaftliche Mißstände.

Cyankali (1929) stellte die Problematik des Abtreibungsparagraphen mit schockierender Offenheit aus. Wolf zeigte einerseits die soziale Ungerechtigkeit, die es Frauen der gehobenen Stände ermöglicht, den Paragraphen zu umgehen, andererseits die Tragik des in die gesellschaftlichen Bedingtheiten des Proletariermilieus verstrickten Mädchens Hete. Das Proletariat verfügte weder über die nötige Aufklärung noch über die Mittel zur Geburtenbeschränkung. Aus einer redlichen Arbeiterfamilie stammend, gerät Hete – in Unwissenheit über den eigenen Körper und gepeinigt von der Scham der Mutter über die «gefallene» Tochter, nicht zuletzt auch aus materieller Not – in eine ausweglose Situation: Der Arzt verweigert unter Hinweis auf den Paragraphen eine Schwangerschaftsunterbrechung, Hete fällt obskuren «Helfern» in die Hände und stirbt an einem mißglückten Eingriff. – Wolf gelang es hier, wie in nur wenigen seiner späteren Stücke, individuell ausgearbeitete Figuren so zwingend in gesellschaftliche Gegebenheiten zu stellen, daß im Miterleiden des Falles zugleich Kritik an den Zuständen möglich wurde.

In dem Drama *Die Matrosen von Cattaro* (1930), das sich gegen den Militarismus wendet und den Aufstand österreichischer Matrosen in der Bucht von Cattaro im Februar 1918 für Frieden und soziale Freiheit behandelt, deutete sich bereits die Tendenz des Zeitstücks zur absoluten Parteilichkeit an: Die alten gesellschaftlichen Kräfte wurden negativ überzeichnet, die proletarischen glorifiziert – der Offizier ist moralisch häßlich, der meuternde Proletarier moralisch schön. Auch arm und reich wurden zu moralischen Kategorien.

Mehr und mehr wurde das Zeitstück zum Parteistück, das sich für Extreme engagierte, entweder für die Kommunisten (so Wolf in einer Reihe von Dramen wie *Tai Yang erwacht*, 1931, oder *Professor Mamlock*, 1934) oder für die Nationalsozialisten, wie HANNS JOHST (* 1890), der in seinem Schauspiel *Der König* (1920) das Konzept einer neuen Führerfigur entwarf, das dann in *Propheten* (1922) und *Thomas Paine* (1927) zur konkreten Formulierung neuer Leitfiguren und neuer Gefühlswelten geführt wurde. – Wie Wolf mit *Tai Yang erwacht* der Vorbereitung der kommunistischen Revolution dienen wollte, so ging es Johst mit *Schlageter* (1933), das den nationalen Helden der Gegenwart gestaltete, um die nationalsozialistische.

Ausgegangen war das Zeitstück jedoch von anderen Positionen: Es klagte Zustände an, machte Erziehung und Justiz, die beide von der Monarchie zur Disziplinierung verwendet worden waren, zu seinem Thema und verfolgte das Ziel, eine neue Humanität durchzusetzen, die auf Gerechtigkeit, Achtung vor dem Menschen und seinem Lebensrecht gegründet ist. PETER MARTIN LAMPEL mit *Revolte im Erziehungshaus* (1928) und *Pennäler* (1929), ERICH MÜHSAM mit *Sacco und Vanzetti* (1929), HANS J. REHFISCH mit *Razzia* (1926) und *Affäre Dreyfus* (1929) können hier als Beispiele gelten.

In unmittelbarer Auseinandersetzung mit Problemen der Gegenwart wollte das Zeitstück aufklärerisch und pädagogisch wirken, in die Zeit und deren Realität eingreifen. Es entstand aus dem gesellschaftlichen Kampf in der jungen Republik und spiegelte ihn in allen seinen Wandlungen. Schließlich wurde die Perspektive des sozialen und weltanschaulichen Kampfes jedoch einseitig die des Autors.

Wesentlichen Anteil an der Entwicklung des Zeitstücks hatte auch der Regisseur Erwin Piscator. Wie BERTOLT BRECHT* ging er vom Entwurf einer soziologischen Dramaturgie aus, die die gesellschaftlichen Verhältnisse kritisiert und zur Veränderung beiträgt. Zeitbewußtsein und Gerechtigkeit waren die Kategorien, die Piscators wie auch Brechts Theater zunächst vordringlich bestimmten. Beide kamen zum Konzept des «Epischen» Dramas, mit dem sich soziale Verhältnisse eindringlich klarlegen lassen und der

Mensch in seiner Abhängigkeit (aber auch in seiner Freiheit, diese zu verändern!) dargestellt werden kann. Während aber Brecht seine Erkenntnisse der gesellschaftlichen Vorgänge in milieufremde Parabeln übertrug, um sie in dieser Distanzierung leichter durchschaubar zu machen, mobilisierte Piscator alle technischen Hilfsmittel, um die Gegenwart direkt und ohne «Verfremdung» abzubilden. Vom gleichen Ausgangspunkt, von den gleichen marxistischen Bindungen ausgehend, fanden sie zu verschiedenen Darstellungsformen: Brecht zum kritischen Schauspielertheater, Piscator zu einem Funktionstheater, das verschiedenartige Wirklichkeitselemente zu einer szenisch zweckhaft eingesetzten Collage komponierte: das Einzelschicksal wurde in seinen Zeitzusammenhang eingebettet und dieser Zusammenhang mittels Zeitdokumenten, wie Fotos und Filmen, sichtbar gemacht und durch Sprecher oder eingeblendete Texte kommentiert. – Als Diskussionsinstrument brauchte das Zeitstück allerdings eine freie, antagonistisch lebende Gesellschaft, daher fand es im Hitlerregime ein rasches Ende.

Erst in den sechziger Jahren wurde über das neue politische Drama von KIPPHARDT*, WEISS* und HOCHHUTH* wieder eine Verbindung zu Piscators Theater der zwanziger Jahre hergestellt. Den eigentlichen dramaturgischen Leitfaden in das Theater der fünfziger Jahre bildete aber die Brecht-Bühne, wenn ihr auch von einer neuen Generation vielfach aus einer Position des Widerspruchs begegnet wurde. Die Darstellung seiner Dramaturgie in den großen Aufführungen der fünfziger Jahre bedeutete jedoch die Grundlage für das neue deutsche Drama.

CARL ZUCKMAYER* verstand es, das Zeitstück mit dem Volksstück zu verbinden: Sein *Fröhlicher Weinberg** setzte eine neue, vitale Natürlichkeit in Kraft und löste befreiendes Lachen aus, und mit dem *Hauptmann von Köpenick** schrieb er die große deutsche Zeitkomödie des Jahrzehnts. Hatte Zuckmayer die fröhliche Seite der Provinz auf die Bühne gebracht, so zeigte bald darauf eine junge Autorin die düstere:

MARIELUISE FLEISSER (1901–1974) wurde zwar von Brecht, mit dem sie befreundet war, dominiert, bewahrte sich aber dennoch ihre künstlerische Originalität.

Fegefeuer in Ingolstadt (UA: 1926 in Berlin), durch Brecht von lyrischen Passagen gereinigt, zeichnet das Zustandsbild einer kleinstädtischen Unterdrükkungsgesellschaft, die sich ihre Pressionsinstrumente aus dem Arsenal der Kirche holt. Die Ausstoßungsriten für die, die sich der Norm nicht anpassen, sind intakt, auf Abweichungen wird aggressiv reagiert. Doch auch die Außenseiter – der häßliche, von uneinsichtiger Erziehung deformierte und auf Triebunterdrückung mit religiösen Wahnideen reagierende Roelle und die begabte, in einer Klosterschule erzogene, eigenwillige Olga, die ein Kind erwartet – können nicht zueinander finden oder einander helfen. Im Gegenteil. Marieluise Fleißer zeigt in diesem Stück «über das Rudelgesetz und die Ausgestoßenen», wie auch die Opfer ihrerseits die erfahrenen Verletzungen und Diskriminierungen weitergeben: Den Kindern wird der Werte-

und Moralkodex der Eltern anerzogen, den sie zu erfüllen haben, ohne daß ihnen Zusammenhänge oder Inhalt erklärt würden. Ingolstadt wird zu einem Symbol für eine erstickende Lebensform.

Pioniere in Ingolstadt (UA: 1928 in Dresden) entstand im Auftrag und unter der Anleitung Brechts. In lockerer Szenenfolge werden Herrschaftsstrukturen in einer Kleinstadt mit deutlichen zeitgeschichtlichen Bezügen zur Sozialordnung der Weimarer Republik aufgezeigt. Konsequent leitet die Autorin das Verhalten der Personen, die auf den Menschen lastenden Zwänge und Leiden aus ihrer sozialen Lage ab. Im Zentrum steht die Beziehung des Dienstmädchens Berta zu dem Pionier Karl: Das beharrlich auf Liebe bestehende Mädchen, das den auf sexuelle Bestätigung erpichten Sohn ihres reichen Dienstgebers abweist, wird zum Opfer eines Mannes, der die als Soldat erfahrenen Pressionen – wie auch seine Kameraden – an die Schwächeren weitergibt, seine Aggressionen in sexueller Ausbeutung abreagiert und die eigene Unterdrückung in der Verachtung der Frau kompensiert.

In beiden Ingolstädter Stücken offenbart die Sprache die Artikulationsunfähigkeit der Menschen, die in Phrasen und Redensarten flüchten, beide Werke übten nachhaltigen Einfluß auf eine junge Dramatikergeneration der späten sechziger und frühen siebziger Jahre aus. Franz Xaver Kroetz hat die Bedeutung der Fleißer auch in ihrem Verständnis für die Sprachmöglichkeiten der «Masse der Unterprivilegierten» gesehen: «Die Figuren ihrer Stücke sprechen eine Sprache, die sie nicht sprechen können, und – was wichtiger ist – sie sind so weit beschädigt, daß sie die Sprache, die sie sprechen könnten, nicht mehr sprechen wollen, weil sie eben teilhaben wollen am ‹Fortschritt› – und sei es nur, indem sie blöde Floskeln unverstanden nachplappern.»

In ihrem 1929 begonnenen, auf Brechts Veranlassung zurückgezogenen Drama *Der Tiefseefisch* (1980) versuchte Marieluise Fleißer ihre Beziehung zu dem zwiespältigen Lyriker Hellmut Draws-Tychsen zu ergründen und die Bindung an Brecht zu bewältigen, den sie in dem Stück als Despoten und psychischen wie physischen Ausbeuter innerhalb seiner Gruppe charakterisierte. Mit Laurenz (Draws) und Tütü (Brecht) konfrontiert sie altes und neues Literatenselbstverständnis, Gesine (Fleißer) scheitert an beiden, rettet sich aber, indem sie sich ihnen entzieht.

Der starke Stamm (1950), ein Volksstück mit satirischen Zügen, zeigt eine bayerische Kleinbürgerfamilie in der Zeit des wirtschaftlichen Aufschwungs nach dem Krieg. In ihrer Jagd nach Geld enthüllt sich das Chaos der menschlichen Beziehungen. Doch ebenso wie der Konkurrenzkampf um den Wohlstand die Korrumpierbarkeit des Menschen erweist, werden auch Existenzangst, Skrupel und die Verzweiflung über das zu kurz gekommene Gefühl sichtbar. Allerdings sind die aus bäuerlichen Wurzeln kommenden Menschen robustere Naturen als jene der Ingolstädter Dramen – ein starker Stamm, der nicht so leicht zu verletzen ist und sich zuletzt doch immer wieder gegen alle Widernisse behaupten kann.

Drei Dramen kündigten nach der Zäsur durch das Hitlerregime, nach den Zerstörungen des Zweiten Weltkriegs einen Neubeginn an, der das Geschehene zu verarbeiten suchte: Zuckmayers *Des Teufels General**, Borcherts *Draußen vor der Tür* und Weisenborns *Die Illegalen.*

WOLFGANG BORCHERT (1921–1947) konnte die Uraufführung seines Heimkehrer-Dramas *Draußen vor der Tür* (1947) nicht mehr erleben, er starb einen Tag vor der Premiere, vom Krieg geschwächt und zerbrochen. Das Drama ist der Aufschrei einer durch den Krieg um ihre Jugend, ihre Ideale, ihr Leben betrogenen Generation, ein allerdings auch in Selbstgefühl erstikkendes Klagelied, das mit Mitteln des expressionistischen Dramas die düsteren Stationen eines Heimkehrerschicksals nachzeichnet und Borcherts Zeitgenossen nachhaltig beeindruckte.

GÜNTER WEISENBORN (1902–1969) drückte mit seinem «Drama aus der deutschen Widerstandsbewegung» *Die Illegalen* (1947) eigene Erfahrungen als Untergrundkämpfer bei der Widerstandsgruppe «Rote Kapelle» aus. An Piscator und Brecht geschult, griff er auf das aktuelle Zeitstück der zwanziger Jahre zurück und schilderte in einem realistischen Bilderbogen die Arbeit von sieben Widerstandskämpfern gegen das Hitlerregime. Hauptperson ist der Gastwirtssohn Walter, der sich von der Kellnerin Lilly für eine Widerstandsgruppe gewinnen läßt, für die er sich opfert.

Zwischen 1950 und 1960 setzte eine erste Flut von Dramen der Vergangenheitsbewältigung ein, in redlicher aufklärerischer Absicht, oft aus der unmittelbaren Erfahrung geschrieben, doch meist distanzlos und ohne dramatische Durchschlagskraft. Wenige dieser Dramen weisen gewisse Qualitäten auf wie etwa *Der Hauptmann und sein Held* (1954) von CLAUS HUBALEK (* 1926), eine Komödie, in der ein geschundener Rekrut ein Blankoformular für ein Eisernes Kreuz findet, oder *Philemon und Baucis* (1956) von LEOPOLD AHLSEN (* 1927), ein Partisanendrama, das das mythische Paar in ein griechisches Bergdorf zur Zeit des Zweiten Weltkriegs versetzt, wo es in den blutigen Konflikt zwischen deutschen Soldaten und griechischen Partisanen gerät.

Daneben zogen sich die Dramatiker aus der noch unausgegorenen gesellschaftlichen und politischen Situation ihres Landes häufig in die Allegorie und Parabel zurück: RICHARD HEY (* 1926) verlegte in *Thymian und Drachentod* (1955) den Ost-West-Konflikt in ein von einem weisen, aber schwachen König regiertes Niemandsland, das dem vor dem Terror der Diktatur aus dem Nachbarland geflohenen Jussam zwar Asyl bietet, aber für ihn keine sinnvolle Bleibe sein kann.

SIEGRIED LENZ (* 1926), der neben seiner Prosa nur wenige Dramen schrieb, verfaßte mit *Zeit der Schuldlosen* (1961) das erfolgreichste dieser Parabelspiele. In einer fiktiven Diktatur wird ein gescheiterter Attentäter zu neun ehrenwerten, schuldlos gefangengenommenen Bürgern eingeschlossen, die ihm ein Geständnis abpressen sollen, um freizukommen. Am nächsten Morgen liegt der Mann erwürgt in der Zelle. Als die Freunde des Ermordeten die Macht im Staat übernehmen, ergeben die Verhöre der neun Bürger, daß jeder von ihnen zur Tat fähig gewesen wäre, also jeder der «Schuldlosen» auch ein Schuldiger, ein Beteiligter war. Lenz versuchte in seinem Drama zu zeigen, daß ein rechtloses System die Trennung in Schuldige und Unschuldige unmöglich macht, daß alle zu Mittätern werden.

MARTIN WALSER (* 1927) setzte sich, geschult an Brecht, bereits konkret mit der neuen deutschen Wirklichkeit auseinander, zeigte aber im Gegensatz zu Brecht pessimistisch die Unveränderbarkeit des zu Verändernden auf.

In *Eiche und Angora* (1962) machte Walser das opportunistische Anpassen und Mitläufertum deutlich: Alois, eine Mischung aus Schwejk und Woyzeck, hinkt stets den neuesten Entwicklungen nach und versucht, alle Wendungen seiner Mitbürger nachzumachen, erwischt aber immer den falschen Zeitpunkt. Seine naive Gläubigkeit an eine gerade überholte Weltanschauung, die ständig zu spät kommende Anpassungsbereitschaft entlarven den flinken Opportunismus rings um ihn.

Das «Requiem für einen Unsterblichen» *Überlebensgroß Herr Krott* (1963) ist eine Parabel von der ewigen Restauration des Kapitalismus, verkörpert in dem sein Ende herbeisehnenden Herrn Krott. Doch was Krott auch unternimmt, er kann nicht sterben; finanzielle Selbstzerstörungsaktionen werden zu Riesenerfolgen. Alle korrumpiert er, die Gegner werden in seiner Nähe rasch zu Speichelleckern, sein Diener erhält ihn ängstlich am Leben, während in seinem Vernichtungssog eine Existenz nach der anderen zugrunde geht.

Der schwarze Schwan (1964) beschreibt mehrere Formen von Vergangenheitsbewältigung, ist zugleich aber auch ein Stück über die Verdrängungskraft: Da das Bewußtsein mit Schuld nicht leben kann, wird diese abgedrängt in kleine Sühnehandlungen, in Rituale des Vergessens und der Beschönigungen. Das Stück spielt in einer Nervenheilanstalt, wo der junge Rudi, wie Hamlet in der Mausefallenszene, seinen Vater eines Verbrechens überführen will. Er scheitert und erschießt sich.

Das «Übungsstück für ein Ehepaar» *Zimmerschlacht* (1967) stellt die Diagnose einer gutbürgerlichen Ehe der höheren Intelligenzschicht. In der durch die Wiederverheiratung eines Freundes mit einer viel jüngeren Frau ausgelösten «Schlacht» entlarvt jeder den Selbstbetrug des anderen. Resignierend beschließt das Paar zuletzt, den Selbstbetrug wechselseitig zu akzeptieren und nach außen abzuschirmen.

In *Kinderspiel* (1971) zeigte Walser, wie zwei Jugendliche ihre Probleme mit der Gesellschaft und dem Vater, dessen Ermordung sie planen, parodistisch durchspielen und schließlich zu Tode reden, nachdem der Vater bagatellisierend ihre Absichten zu einem Filmprojekt umgebogen und damit ihre revolutionären Impulse in «Kunst» übergeführt und entschärft hat.

Abgesehen von den beiden letztgenannten Stücken gehören auch Walsers Dramen zu jener «Bewältigungsdramatik», die sich zwischen 1960 und 1970 in einer Zeit der Restauration gegen die Tendenzen zur Verdrängung der Vergangenheit stellte.

Von einem moralischen Impuls getragen, trat das Theater aus der tragisch betrachtenden Spielart der fünfziger Jahre mit den Stücken von HOCHHUTH*, KIPPHARDT* und PETER WEISS * in einen neuen Aktivismus, der einer selbstgefälligen Gesellschaft ihre moralischen Probleme bewußtmachen und das politische Bewußtsein beleben wollte. Dabei wurde nicht mehr mit poetischen Bildern argumentiert, sondern mit Nachrichten, Dokumenten und historischen Fakten. Das Dokumentartheater gewann an Boden.

ROLF HOCHHUTH (*1931) ist in seinen Qualitäten als Dramatiker umstritten. Tatsächlich gelingen Hochhuth eher Demonstrationsfiguren als Menschengestalten, gleiten seine Handlungen mitunter in Kolportage ab, simplifiziert er auf der einen Seite und überfrachtet auf der anderen. Seine Wirkung auf dem und auf das Theater ist jedoch unbestreitbar. Hochhuth leitete in den sechziger Jahren eine Welle des politischen Theaters und der kritischen Auseinandersetzung mit der unmittelbaren politischen Vergangenheit ein, bereitete den Boden für neue Dokumentarstücke und löste ein das Theater weit überschreitendes Echo aus. Hochhuth schrieb Zeitstücke, die nicht vom Menschen ausgehen, sondern vom Stoff, von skandalösen Konstellationen, von Taten und Unterlassungen, von der Frage nach der Moral und nach gegenwärtigen Verhältnissen. Er rechnete mit politischem Zweckdenken ab, indem er das Verhältnis von Macht und Moral untersuchte.

Der Stellvertreter (UA: 1963 in Berlin), eine Mischung aus halbdokumentarischer, reportagenhafter Geschichtsdarstellung, moralischem Bekenntnisdrama und Thesenstück, wirkte so provozierend, daß dem «christlichen Trauerspiel» lange Debatten, Demonstrationen, Pamphlete und eine Flut von Sekundärliteratur folgten. Hochhuth ging hier von der Hypothese aus, daß eine offene Kampfansage des Papstes die Judenvernichtung im Dritten Reich hätte verhindern können. Die historischen Quellen wurden dabei weniger für eine Dokumentation als für eine leidenschaftliche Anklage genutzt. Seine Frage nach Verantwortlichkeit konzentrierte Hochhuth auf eine Person: auf Pius XII. als Stellvertreter Christi. Er ließ den Papst als einen gefühlskalten Menschen erscheinen, der gegenüber dem Hitlerregime eine Politik des vorsichtigen Taktierens praktiziert. Das ausufernde Werk, das in der Buchausgabe mehr als 200 Seiten umfaßt und ungekürzt eine Spieldauer von etwa sieben Stunden beanspruchen würde, setzt im Berlin des Jahres 1942 ein: Der junge Jesuit Riccardo Fontana erfährt in der Berliner Nuntiatur durch den heimlichen Widerstandskämpfer Gerstein, der als SS-Obersturmführer agiert, von den Vernichtungslagern. Während sich der Nuntius passiv verhält, dringt der aus hochgestellter italienischer Diplomatenfamilie stammende Riccardo mit seinem Aufruf zu einem Protest in der Kirchenhierarchie immer weiter vor, stößt aber überall auf Bedenken, Rücksichtnahme oder Ablehnung. Als der Papst tatenlos zusieht, wie auch aus Rom Juden deportiert werden, und Rebellionspläne scheitern, entschließt sich Riccardo, aus Protest das Martyrium eines Juden dieser Zeit auf sich zu nehmen: Er macht sich zum Stellvertreter des Stellvertreters Christi und folgt einem Transport nach Auschwitz. Dort begegnet er in der Gestalt des Lagerarztes einem zynischen Soldaten, der mit seinem Bekenntnis zum absolut Bösen Gott herausfordern will. Bei einem letzten Komplott, das Juden zur Flucht verhelfen soll, wird Riccardo erschossen.

Soldaten (UA: 1967 in Berlin) bewiesen wiederum Hochhuths Spürsinn für brisante Zeitthemen; auch dieses Stück löste lebhafte Diskussionen aus. Hochhuth griff zwei Stoffe auf: Den Tod des polnischen Exilpräsidenten Oberst Sikorski, für den er Churchill verantwortlich machte, und – zur Zeit des amerikanischen Bombardements auf Vietnam – den Luftkrieg gegen die Zivilbevölkerung im Zweiten Weltkrieg: Commander Dorland, der an der Bombardierung Dresdens beteiligt war und sich nicht abfinden kann, wie wenig die Menschheit aus den Greueln des Zweiten Weltkrieges gelernt hat, entwirft 1964 ein Stück, das in den Ruinen der Kathedrale von Coventry aufgeführt werden soll. Das

Drama, das in einer nächtlichen Generalprobe abrollt, zeigt, wie Sikorski mit seinem Rechtsempfinden zu den eben entdeckten Massengräbern polnischer Offiziere bei Katyn, die dem Stalinismus zum Opfer fielen, nicht schweigen kann. Damit gefährdet er jedoch die Politik Churchills, der gerade mit Stalin zu paktieren beginnt. Sikorski kommt bei einem Attentat, das Churchill billigt, ums Leben: sein Flugzeug stürzt bei Gibraltar ins Meer. Ähnlich chancenlos wie Sikorskis Gerechtigkeitssinn ist die Menschlichkeit des Bischofs von Chichester, der gegen Churchills brutale Kriegführung, vor allem den Bombenterror gegen die wehrlose Zivilbevölkerung, protestiert. Churchill ist von Hochhuth facettenreich, nicht ohne groteske Züge gestaltet: Ein skrupelloser Mann mit Primadonnenallüren, der über seinem Denken in weltpolitischen Zusammenhängen die menschliche Dimension verloren hat, wird er ebenso als Retter der freien Welt wie als Totengräber des Empire charakterisiert. Indem Hochhuth in der Frage der Moral den politisch Verantwortlichen mit seinen Opfern in Beziehung setzte (Churchill zu Sikorski wie auch zu der namenlosen Masse der Bombentoten), gelang es ihm, die Inhumanität des politischen Zweckdenkens eindringlich vor Augen zu führen.

Mit *Guerillas* (1970) geriet Hochhuth, auch wenn er das Stück Tragödie nannte, in die Kolportage. Der Held ist ein unermeßlich reicher Senator der USA, der sein Land von der Plutokratie der 200 Familien durch einen Staatsstreich befreien will. Eine elitäre Gruppe soll die parlamentarische Demokratieerzwingen und wird nach der Art der südamerikanischen Stadtguerillas ausgebildet. Als sich Senator Nicolson jedoch auch in Lateinamerika zu exponieren beginnt, gerät seine Frau in die Hände des CIA, wird gefoltert und getötet. Der CIA inszeniert darüber hinaus einen «Selbstmord» des Senators und wirft ihn aus dem 21. Stockwerk seines New Yorker Anwaltsbüros.

Die Komödie *Die Hebamme* (1972) verdankt ihre Theaterwirksamkeit der Titelfigur, einer liebenswert durchtriebenen alten Dame, die mit abenteuerlichen Betrugsmanövern, List und gesundem Menschenverstand alles unternimmt, um unterprivilegierten Menschen zu helfen. Oberschwester Sophie, die Hebamme, setzt sich in ihrer Eigenschaft als Stadträtin für die in einer Barackensiedlung lebenden Randexistenzen des Wirtschaftswunders ein. Energisch versucht sie, den Widerspruch zwischen Recht und Gerechtigkeit aufzuheben. Zuletzt, als die Obdachlosen aus den listig niedergebrannten Slums in den für Bundeswehrangehörige bestimmten Reihenhäusern eine neue Heimstätte gefunden haben, wird der streitbaren Dame der Prozeß gemacht. Die idealistische Gegenspielerin einer realen Welt stirbt auf der Anklagebank.

In *Lysistrate und die Nato* (1974) wird der Aristophanes-Stoff ins heutige Griechenland verlegt, wo sich die Frauen einer Insel in der Ägäis nach bewährtem Muster gegen eine Nato-Basis zur Wehr setzen. Doch ihre sexuelle Verweigerung genügt in der heutigen Welt nicht mehr, um ein friedliches Anliegen durchzusetzen. Lysistrate muß zu komplizierten Intrigen und zu Erpressung greifen. Als schließlich das Militärprojekt programmgemäß gescheitert zu sein scheint, kommt die Nachricht vom Putsch der Generäle: Lysistrate und ihre Freunde stehen auf der Verhaftungsliste und müssen fliehen.

Juristen (UA: 1980 gleichzeitig in Heidelberg, Hamburg und Göttingen) setzt sich mit der Tatsache auseinander, daß Richter im Dritten Reich nicht nur Richter, sondern auch Täter waren: «Hin-Richter». Bagatellfälle wurden mit dem Todesurteil abgeschlossen, die Juristen konnten sich jedoch nach dem Zusammenbruch des Hitlerregimes mit «Tatbestandsirrtum» der Verfolgung entziehen. Hochhuth zeigt nun (von konkreten Fällen ausgehend und damit auch im Zuge seiner Recherchen politische Konsequenzen auslösend) einen dieser Juristen mit dunkler Vergangenheit, den Minister Heilmayer, der sich nun demokratisch gibt und bemüht ist, Ministerpräsident zu werden. Von einem Staatsempfang kommt er in die Studentenbude seiner Tochter, die soeben zum Dr. jur. promoviert wurde. Dort sieht er sich von jungen Leuten Fragen nach seiner Vergangenheit ausgesetzt. Ein vom Radikalenerlaß betroffener Assistenzarzt macht den Anfang, zwei Juristen, Heilmayers Tochter und ihr Freund, von dem sie ein Kind erwartet, haken ein. Für die beiden wird die Auseinandersetzung zur tiefen Irritation. Sie beginnen, an ihrem Juristenberuf zu zweifeln, da sie ihre Rechte unter so verschiedenen Aspekten, Auslegungen und Beschönigungen angewendet sehen. – Wieder fragte hier Hochhuth einen politisch Verantwortlichen nach seiner Moral, nach seinen Taten und Unterlassungen und setzte ihn mit seinen Opfern in Beziehung. Der Theaterkritiker Günther Rühle sah auch hier das gleiche Thema, das Hochhuth in seinen Stücken wie dem *Stellvertreter*, den *Soldaten* und auch den Komödien behandelte: «Daß die einfache Moral, das Recht des einzelnen auf Schonung seines Lebens, nicht von den Verantwortlichen respektiert, sondern durch Schweigen oder Taten gebrochen» wird.

Ärztinnen (UA: 1980 in Mannheim) ist Hochhuths Attacke auf falschen Medizinerehrgeiz und den verhängnisvollen Einfluß der Pharma-Industrie, die aus Gewinnsucht gewissenlos die Ärzte zu korrumpieren sucht. Das monströse Geschehen spiegelt sich in einem Familiendrama: Eine Chirurgin nimmt wider besseres Wissens an einer Schwerverletzten einen operativen Eingriff vor, um die Forschungsarbeit ihres Chefs und Geliebten weiterzubringen. Die Operation endet tödlich. Die Mutter der Chirurgin, ebenfalls Ärztin und leitende Angestellte einer Pharma-Firma, weigert sich zwar standhaft, einen skrupellosen Auftrag auszuführen, bringt aber dann im Dienst einer anderen Firma neben dem Versuchspräparat doch auch das Schmiergeld für den berühmten Klinikchef mit. Zuletzt stirbt der Sohn respektive Enkel der zweifelhaften Ärztinnen nach einem schweren Unfall an dem Kunstblut, das eben jener Konzern vertreibt, in dem seine Großmutter beschäftigt ist. Aberwitzige Pointe: Der Schwerverletzte geriet in die Hände eines Arztes, der an ihm die Untauglichkeit des Kunstblutes testen will, also, wenn auch unter anderen Voraussetzungen, aus ähnlich verbrecherischem ärztlichen Ehrgeiz wie seine Mutter handelt.

Bildete das «Dokumentarische» bei Hochhuth nur die Grundlage, die frei erfundene Szenen oder Dialoge stützt respektive belegt, so basierten etwa *Die Ermittlung** von Peter Weiss oder Kipphardts *Oppenheimer* auf Protokollen, die oft wörtlich zitiert werden. Das waren jedoch Extremfälle. Prinzipiell bildete das Dokumentartheater keine «Stilrichtung», die Dramatiker ausschließlich vertraten, sondern eine Form, der sie sich unter anderem bedienten. Es ging darum, ein in seiner Absicht politisches Theater in Debatten und Auseinandersetzungen zu verwickeln.

HEINAR KIPPHARDT (1922–1982) schrieb als Dramaturg des Deutschen Theaters in Ostberlin eine Reihe von Stücken wie die Komödie aus dem DDR-Theateralltag *Shakespeare dringend gesucht* (1953) oder die Satire um einen vermeintlich versteckten Familienschmuck *Die Stühle des Herrn Szmil* (1961), einen Welterfolg erlebte er jedoch erst mit seinem *Oppenheimer*-Dokumentarspiel.

Zuvor hatte Kipphardt, der 1960 nach München übersiedelte, bereits in dem Schauspiel *Der Hund des Generals* (1962) eingeblendetes Dokumentarmaterial verwendet. Es geht in dem Stück um eine Verhandlung vor einer deutschen Kommission für Kriegsverbrechen: Ein ehemaliger Soldat klagt einen General an, dessen Hund er seinerzeit erschossen hat und der aus Wut darüber eine ganze Kompanie auf ein Himmelfahrtskommando schickte. Die Untersuchungskommission muß in der Wahrheitsfindung resignieren. Persönliche Schuld und Verantwortlichkeit des einzelnen sind in dem Dschungel von Kompetenzen und Rechtfertigungsmöglichkeiten nicht mehr klar durchschaubar zu machen.

In der Sache Robert J. Oppenheimer (UA: 1964 in München) basiert auf dem «Protokoll des Untersuchungsverfahrens gegen Oppenheimer, das von der Atomenergiekommission der Vereinigten Staaten im Mai 1954 veröffentlicht wurde». Oppenheimer, einer der Väter der Atombombe, war vor den Untersuchungsausschuß zitiert worden, weil er als kommunistenfreundlich galt und verdächtigt wurde, den Bau der Wasserstoffbombe verzögert zu haben. In Protokollen und Zeugenaussagen wird nun der Fall Oppenheimer aufgerollt: Der ausweglose Konflikt eines modernen Naturwissenschaftlers, der sich zwischen Entdeckerfreude, Gewissensnot und Staatsinteressen gestellt sieht. Die Skrupel, die nach dem Abwurf der Bombe auf Hiroshima Oppenheimer an der Fortführung seiner Forschungen hinderten, wurden ihm als Hochverrat und indirekte Unterstützung der Sowjetunion ausgelegt – Kipphart machte aus Oppenheimers Gewissensentscheidung ein «dokumentarisches Begleitstück» (Günther Rühle) zu Brechts *Galilei*. – Oppenheimer selbst hat allerdings gegen das Stück protestiert und erklärt, es mache zu einer Tragödie, was eine Farce gewesen sei. Tatsächlich hat die Verweigerung des einzelnen nichts bewirkt, die Superbombe wurde gebaut, und somit eher Dürrenmatts für die *Physiker* (siehe S. 551) aufgestellte These belegt: «Jeder Versuch des einzelnen, für sich zu lösen, was alle angeht, muß scheitern.»

Joel Brand (1965) behandelt ein geplantes «Tauschgeschäft» am Rande der Judenvernichtung im Dritten Reich: Im Auftrag Himmlers soll Eichmann mit den Alliierten Kontakt aufnehmen, um für 10000 Lastwagen das Leben von einer Million Juden anzubieten. Joel Brand wird zu der Sondermission eingesetzt, die Deportation von Juden nach Auschwitz solange gestoppt. In vierzehn Tagen bemüht sich nun Joel Brand verzweifelt, den Menschenhandel durchzusetzen, bestürmt seine Verhandlungspartner, sich der Erpressung zu beugen, versucht sie zu Bluffs und Hintergehungen zu überreden. Doch er, der mit einem abnormalen Vorschlag in eine normale Welt kommt, begegnet nur der Hilflosigkeit, mit der die Legalität dem Verbrechen gegenübersteht. Kipphardt zeigt, wie eine Million Menschen preisgegeben werden, «weil ihre Rettung nicht in das Vorstellungsvermögen von Menschen paßte, die nicht unter dem Terror der Nazis lebten» (Hellmuth Karasek).

Bert Brechts Einfluß auf die Dramatik der sechziger Jahre läßt sich vor allem in Details nachweisen. Durch die Auseinandersetzung mit Brecht wurden bereits in den fünfziger Jahren die Dramen von Frisch und Dürrenmatt geprägt, deren Wirkung auf die deutsche Dramatik nicht zu übersehen ist. Zum wesentlichen Diskussionspunkt wurde Brechts These der Veränderbarkeit der Welt, der eine junge Dramatikergeneration entschieden widersprach.

GÜNTER GRASS (*1927) machte mit seinem «deutschen Trauerspiel» *Die Plebejer proben den Aufstand* (1966) Brecht selbst zum Gegenstand der Kritik. Es geht um Brechts Verhalten am Tag des Arbeiteraufstandes in der DDR, dem 17. Juni 1953. Der «Chef» probiert gerade seine Bearbeitung von Shakespeares *Coriolan*, als aufständische Arbeiter in das Theater eindringen und von ihm Unterstützung fordern. Statt ihnen zu helfen, mißbraucht er ihre Revolution jedoch für seine Probenarbeit: Er probt die Revolution des Volkes auf der Bühne, um sein Publikum für die Revolution zu schulen, schult aber, als er real in die Revolution verwickelt wird, nur sein Theater an der Realität. Er verhält sich ästhetisch. Grass zeigte damit, daß Brechts These von der Veränderbarkeit nicht durch die Person gedeckt wird, die sie verkündet. Denn wenn der «Chef» nichts für die Arbeiter tut, sondern eine Ergebenheitsadresse an Ulbricht sendet, so prophezeit er der Erhebung bereits ihr Schicksal: Sie scheitert, alles bleibt beim alten – das gesellschaftliche Geschehen dekuvriert das ästhetische Unternehmen. Die These von der Veränderung wird hier in einem Drama über Brecht – und damit besonders provozierend – als Fiktion, als literarische Attitüde dargestellt.

Grass' früher entstandene Dramen waren stark vom französischen Theater des Absurden beeinflußt: So etwa *Hochwasser* (1957), ein Stück, in dem sich Menschen, kaum vor der Katastrophe gerettet, nach dem Ausnahmezustand zurücksehnen, *Onkel, Onkel* (1958), die Geschichte eines Kinderverführers, der nicht zu seinen Untaten kommt, oder *Die bösen Köche* (1961), eine dramatische Groteske, in der nach dem Rezept einer Suppe gejagt wird. *Davor* (1969) stellt den Versuch dar, in Simultanszenen und in der Konfrontation verschiedener Gesellschaftschichten, Generationen und Lebensweisen das Klima für die deutsche Studentenrevolte einzufangen.

TANKRED DORST (*1925), für unterschiedliche Stilrichtungen offen, reagierte sensibel auf verschiedene Zeitströmungen. Er erprobte sich im poetisch-satirischen Theater (*Gesellschaft im Herbst*, 1960), im Absurden (*Die Kurve*, 1960) und im Brechtschen Parabelspiel (*Die große Schmährede an der Stadtmauer*, 1961).

Die Mohrin (1964) behandelt mit leiser Ironie die Unmöglichkeit einer dauerhaften Liebe, da sich diese, nach der Erfüllung im Augenblick, zur Darstellung ihrer selbst verwandelt und ihre Ansprüche über die mögliche Wirklichkeit stellt.

Toller (UA: 1968 in Stuttgart), ein Stück über die Münchner Räterepublik von 1919, beschrieb, gerade in der Zeit der Studentenbewegung, das Scheitern einer Revolution, die von Literaten und Theaterliebhabern gemacht wurde. Wie bei dem Brechtstück von Grass geht es hier um den Konflikt zwischen engagiertem Künstler und Gesellschaft, zwischen schöpferischer Gegenwelt und politischer Relevanz. Am Beispiel Ernst Tollers wird die Problematik der Verquikkung von Literatur und Politik vorgeführt. Dorst zeichnet Toller als einen

Schauspieler, der Revolution spielt, der, wie in seiner Kunst, den Realitätsbezug durch dichterisches Pathos ersetzt. Als die Mitglieder der Räteregierung vor Gericht gestellt werden, beeilt sich das gebildete Bürgertum, Toller mit dem Hinweis auf sein «Dichtertum» zu entschuldigen. Tollers Freunde bezahlen mit dem Leben, er selbst kommt – obwohl er in Heldenpose den Tod fordert – mit einer Gefängnisstrafe davon und liest schließlich in Damenzirkeln seine Revolutionserinnerungen vor: Die literarisch entworfene Revolution ist endgültig Literatur geworden.

Eiszeit (UA: 1973 in Bochum) nimmt die Situation Knut Hamsuns am Ende seines Lebens zum Anlaß, um das Phänomen des Alterns zu schildern, dem aber zugleich politische Dimension gegeben wird: Hamsun, im Stück der «Alte», der sich als greiser Schriftsteller in Norwegen für den Faschismus exponierte, ist in einem Altersheim interniert und muß sich vor einer Kommission wegen Kollaboration mit dem Quisling-Regime verantworten. Dorst zeigt in einer differenzierten Charakterstudie die patriarchalische Haltung, den Selbstbestätigungswillen und die Lebensgier eines alten Mannes in einem politischen Zusammenhang. Die faschistischen Neigungen des «Alten» sind ebenso seinem radikalen Bedürfnis zur Selbstbehauptung wie seinem Altersstarrsinn zuzuschreiben. Dieses staunenswerte Fossil wird in seinem Lebenswillen angesichts des nahenden Todes unerreichbar für jede Einsicht in eigene Schuld, für jede Art von Verantwortlichkeit.

In der Komödie *Auf dem Chimborazo* (1975) versuchte Dorst, deutsch-deutsche Verhältnisse zu spiegeln, indem er die handelnden Personen bei einem Familienausflug auf einen Grenzberg mit ihrer Vergangenheit konfrontiert und damit indirekt auch eine Konfrontation der beiden gesellschaftlichen Systeme provoziert.

Die Villa (1980) schildert das Zusammentreffen einiger Menschen im Jahr 1948 in der nahe der Zonengrenze gelegenen Villa eines Fabrikanten. Während sie ihre Vorstellungen von sich, von den anderen, vom Leben und von der Welt artikulieren, wird in einem Geflecht von Beziehungen sichtbar, wie Menschen einander verfehlen.

Nach dem Kriegsende hatte rasch die Aufarbeitung ausländischer Dramatik begonnen, von der man jahrelang abgeschnitten gewesen war. In der Folge konnte ihr Einfluß auf die deutsche Dramatik nicht ausbleiben. Elemente des sogenannten poetischen Theaters nahmen DIETER WALDMANN (1926 bis 1971) mit *Von Bergamo bis morgen früh* (1960) und *Atlantis* (1963) sowie KONRAD WÜNSCHE (* 1928) mit den Einaktern *Über den Gartenzaun* und *Vor der Klagemauer* (1962) sowie *Der Unbelehrbare* (1963) auf. WOLFGANG HILDESHEIMER (* 1916) stand mit seinen Dramen *Die Verspätung* (1961) und *Nachtstück* (1963) dem Theater des Absurden nahe und versuchte, mit *Mary Stuart* (1970) eine sarkastische Desillusionierung der Schottenkönigin vorzunehmen.

HANS GÜNTER MICHELSEN (* 1920) formulierte die Gefangenschaft der Gegenwart in der Vergangenheit in der Form von Becketts düster-eindringlichen Parabeln.

In *Feierabend 1 und 2* (1963) wird Vergangenheit zur Zwangsvorstellung: Eine Frau übernimmt die Rolle einer Ermordeten vor deren einstigem Mörder und wird ebenfalls getötet; ein Mann ermordet seine Mutter, um dem Leben, das er selbst seiner Familie aufgezwungen hat, zu entkommen.

In *Stienz* (1963) zeigte er einen einstigen Offizier, der versucht, sich von seiner Vergangenheit freizuschreiben, jedoch nichts zuwege bringt. Der von seiner verblühenden Tochter versorgte Major wird von seinem stumpf gewordenen Feldwebel Stienz bewacht, der im Untergeschoß des ruinösen Hauses vor dem Eingang auf und ab marschiert. Als der Major die Abkapselung von der Außenwelt aufheben will, richtet sich die von ihm aufgestellte Ordnung gegen ihn: Stienz verweigert ihm drohend den Ausgang.

Lappschies (1964) formuliert die Bindung an eine Vergangenheit, die nicht mehr klar gedeutet werden kann: In einem Abbruchhaus begegnen einander ein alter Mann und ein junges Mädchen – vielleicht Vater und Tochter –, bedrängt von Schuld und Erinnerungen, die mit diesem Haus verknüpft sind. Sie sind unfähig, ihre eigene Identität zu klären; wie beim mühsamen Versuch, einen undeutlichen Traum dingfest zu machen, rekonstruieren sie ihre Vergangenheit, doch können sie nicht mehr erkennen, wer sie wirklich sind, Identität und Bewußtsein klaffen auseinander, Realitätsbezüge sind nicht mehr herzustellen.

Helm (1965) holt wiederum Vergangenheit in die Gegenwart herein: Nach einem feucht-fröhlichen Gelage warten fünf ehemalige Kriegskameraden und Offiziere auf einer Waldlichtung auf den ehemaligen Regimentskoch Helm, wie sie es mit ihm bei der nächtlichen Verbrüderung vereinbart hatten. In den fünf Männern, die sich voll bürgerlicher Respektabilität in das Erfolgsmodell der frühen sechziger Jahre eingefügt haben, regen sich, je länger sie warten, alte unterdrückte Schuldgefühle Helm gegenüber. Oberst Kenkmann hatte einst den Küchenfeldwebel nach einem Wortwechsel wegen Wehrkraftzersetzung angezeigt, Helm war in eine Strafkompanie gekommen und als Krüppel heimgekehrt. Doch nach und nach kommt bei allen Beteiligten alte, verdrängte Schuld ins Bewußtsein zurück. Die Maske der neuen Reputation zerbröckelt, sie entlarven sich als mehr oder weniger arge Mitmacher des Dritten Reiches. Als einer von ihnen schließlich die Lichtung verläßt, fallen Schüsse. Die Zurückgebliebenen vermuten, daß Helm von einem Hochsitz aus Vergeltung übt – oder sich einen Scherz erlaubt. Einer nach dem anderen geht in den Wald hinein, jedesmal fallen Schüsse. Die Vergangenheit ist zurückgekehrt und hält – gleichgültig ob imaginär oder real – Gericht.

Das christliche Drama, das in Frankreich, England und Amerika kraftvolle Vertreter fand, konnte in Deutschland kaum Fuß fassen. REINHOLD SCHNEIDER (1903–1958) schrieb mit *Der große Verzicht* (1958) das Drama eines Papstes, der sich der weltlichen Gewalt verschließt und dessen Vorbild erst nach seinem Märtyrertod Früchte trägt. Das protestantische Gegenstück, eine Kritik an Luther, verfaßte DIETER FORTE (* 1935) mit *Martin Luther & Thomas Münzer oder Die Einführung der Buchhaltung* (1970), in dem Luther als Werkzeug der Fürsten dargestellt wird. Die Reformation wird als Mittel der Propaganda, als vorgeschobener Konflikt gedeutet, der die Machtpolitik der Fugger beschönigen und den beginnenden Frühkapitalismus verschleiern soll. Münzer, der durch gewaltsamen Umsturz die klassenlose Gesellschaft verwirklichen will, wird als Luthers Gegenfigur aufgebaut.

In der Auseinandersetzung mit der Dramatik ÖDÖN VON HORVÁTHS* und MARIELUISE FLEISSERS* sammelte sich eine Gruppe junger Autoren, die sich ausdrücklich auf die Vorbilder berief. Wie diese versuchten die Dramatiker, soziale Verhaltensweisen herauszuarbeiten und an Hand ihrer Sprache die Artikulationsunfähigkeit der Menschen, die sich in Phrasen und Redensarten flüchten, zu enthüllen. Mit großer Genauigkeit wurden Rückstände sozialer und psychologischer Art in einer verkümmerten, beschädigten Sprache sichtbar gemacht, wurde gezeigt, wie Menschen in ihrer Bewußtseinsbildung und auch in dem, was sie denken und sagen, unfrei sind. Diese Ohnmacht von Außenseitern und Ausgestoßenen entdeckte man auch in Büchners *Woyzeck*, der zum Schlüsselstück einer ganzen Generation wurde.

MARTIN SPERR (*1944) verquickte Elemente von Büchners und Horváths Dramatik, fand aber zu durchaus eigenständiger Gestaltung.

Jagdszenen aus Niederbayern (UA: 1966 in Bremen) zeigt die Treibjagd eines Dorfes auf seine Außenseiter und «die Zusammenrottung zu solchem Vergnügen». Die Bestialität der bieder selbstgefälligen Dorfbewohner resultiert freilich ebenso aus Stumpfsinnigkeit, Normverhalten und Ohnmacht wie aus der Bosheit. Speer zeigte den Mikrokosmos eines niederbayerischen Dorfes der Nachkriegszeit, in dem die Einzelgänger, die Sensibleren, die Fremden zu Ausgestoßenen werden. Die evangelische Flüchtlingsfamilie aus Breslau wird argwöhnisch gemieden, die Bäuerin Maria, deren Mann als vermißt gilt und die nun mit ihrem Knecht zusammenlebt, wird als Schandfleck angesehen, ihr labiler, durch Kriegserlebnisse geschockter Sohn Rovo zum Dorftrottel gestempelt. Abram, ein homosexueller Halbwüchsiger, wird von seiner Mutter, einer Taglöhnerin, verstoßen, das verwahrloste Dienstmädchen Tonka als Hure diffamiert. Die Opfer versuchen, sich zu befreien, reagieren aber nach der falschen Seite, beginnen ihrerseits, die noch Schwächeren zu terrorisieren. Rovo, der von allen Zurückgestoßene, drängt seine Liebessehnsucht zu Abram, er erhängt sich jedoch, als er mit diesem ertappt wird. Abram versucht, sich bei Tonka als Mann zu bestätigen, ersticht sie aber in einem Anfall von Panik, als sie ein Kind von ihm erwartet. In der gemeinsamen Jagd nach dem Mörder brechen die Masseninstinkte barbarisch auf, die potentielle Menschlichkeit wird von aggressiven Urtrieben überrannt. Abram wird überwältigt und verhaftet. Nach langer Zeit bildet das Dorf wieder eine «echte Gemeinschaft» und feiert, von Verbrecher, Hure und Kretin befreit, daß man wieder «unter sich» ist. – Das Drama ist der erste Teil einer bayerischen Trilogie, die vom Dorf mit seinen anarchischen Rückfällen und faschistischen Tendenzen über die kleinbürgerliche Provinzstadt bis nach München mit den großstädtischen Verwicklungen von Politik und Kapital ein gesellschaftliches Panorama anzielte.

Landshuter Erzählungen (UA: 1967 in München), das zweite Stück der Trilogie, schildert den Konkurrenzkampf zweier bayerischer Bauunternehmer im Landshut des Jahres 1958. In einer bösen Pervertierung des Romeo und Julia-Konflikts wird die Korrumpierung des Menschen durch wirtschaftliche Interessen demonstriert und eine sarkastische Zeit-

Sperr, Jagdszenen aus Niederbayern
Kammerspiele München, 1969
Inszenierung: Ulrich Heising
vorne Therese Giehse als Barbara

diagnose gegeben: Bauunternehmer Grötzinger, ein brutaler, wendiger Emporkömmling, und Bauunternehmer Laiper bekriegen einander mit Mitteln, die von Bestechung und Verleumdung bis zur Abwerbung von Arbeitern reichen. Laiper, ein störrischer Unternehmer alter Schule, wehrt sich entschieden gegen die Heirat seines Sohnes mit Grötzingers Tochter, da er befürchtet, daß sein Unternehmen damit in dem des Konkurrenten aufgehen könnte. Doch der Sohn, Großunternehmer der nächsten Generation, hilft dem unzeitgemäßen Vater nach einer Auseinandersetzung – dank dessen angegriffener Gesundheit –, aus dieser Welt zu scheiden. Die Firmenfusion wird mittels einer fragwürdigen Liebe, die Beischlaf mit Konto-Berechnungen verquickt, legal besiegelt. – In lebensechten Genreszenen wird die «Wirtschaftswunder-Gesellschaft» einer Kleinstadt mit ihrer Cliquenwirtschaft, ihrem Konkurrenzneid, Hausfrauentratsch und ihrer Stammtischprahlerei porträtiert.

Münchner Freiheit (UA: 1971 in Düsseldorf), Abschluß der Trilogie, beschreibt die Verflechtungen von Geschäft und Politik im Rahmen eines Stadtsanierungsplans, kann dabei jedoch den gängigen Klischees nicht ganz ausweichen: Die Frau eines Brauereibesitzers schaltet ihren liberalen Mann aus, nützt den Sanierungsplan mit Hilfe ihres beamteten Geliebten für Bodenspekulationen, läßt Wohnhäuser abreißen und ersetzt sie durch Bürohochhäuser. Da kleine Leute damit ihre Wohnungen verlieren, treten Jugendliche der Studentenbewegung gegen die Manipulationen auf, die Brauerstochter schlägt sich auf ihre Seite, muß jedoch erfahren, daß sie nur ihres Bankkontos wegen bei den APO-Leuten geduldet wird und daß Solidarität bei den Revolutionären ebenso käuflich ist wie in der Welt der Kapitalisten.

Koralle Meier (UA: 1970 in Stuttgart) entlarvt den Mechanismus, in den Menschen unter faschistischen Herrschaftsformen geraten, an der Gestalt einer Prostituierten. Die «Koralle», eine alternde Hure, möchte ehrbar werden und mit ihren Ersparnissen einen Gemüseladen aufmachen. Die Nachbarn allerdings empören sich, nicht zuletzt weil sie die Konkurrenz fürchten. Die ehrbaren Bäckersleute bringen Koralle mit Hilfe des Bürgermeisters als Judenhelferin ins KZ, sie wird jedoch von ihrem besten Kunden, einem Ortsgruppenleiter, wieder herausgebracht. Zurückgekehrt, denunziert nun sie den Bürgermeister, landet aber bald darauf neuerlich im KZ, empört sich und wird umgebracht. Der Sohn des Bäkkermeisters, den die Eltern aus Karrieresucht an die Front geschickt haben, sitzt zuletzt blindgeschossen im Garten und freut sich, daß die unliebsame Nachbarin beseitigt wurde. – Sperr führt mit diesem Drama eindrucksvoll vor, wie Menschen zu willigen Werkzeugen für den Faschismus werden und die Mechanismen, in die sie eingespannt sind, überhaupt nicht begreifen: Aus ihren spießigen Reibereien, der kleinstädtischen nachbarlichen Mißgunst entsteht im totalitären Regime plötzlich tödliche Bedrohung. Obgleich selbst Opfer, werden sie füreinander zu Henkern.

RAINER WERNER FASSBINDER (1946–1982), Schauspieler, Regisseur, Mitbegründer des Münchner «antitheaters», Dramatiker und Filmemacher, zählte mit Sperr zu den Wiederentdeckern der Marieluise Fleißer, deren Ingolstädter Kleinstadtsoziogramme für ihn zum einen großen Vorbild wurden. Sein zweites ist, wie der Kritiker Benjamin Henrichs formulierte, das Hollywood-Melodram: «Die kleinen Leute und das große Kino. Der Hinterhof und Hollywood ... natürlich ist dies keine bloß willkürliche Kombination. Denn die großen Illusionen des großen Kinos sind Flucht- und Traumwelt für die kleinen Leute.»

Den Mechanismus von Vorurteilen führte Fassbinder in seinem ersten Stück, *Katzelmacher* (1968), vor: Jorgos, ein griechischer Gastarbeiter, wird in einer Kleinstadt zum Opfer von Fremdenhaß, Sexualneid und Langeweile.

Das unterschwellig faschistoide Verhalten im Alltag soll auch *Pre-Paradise sorry now* (1969) bloßlegen, eine streng stilisierte Szenenfolge um das Mörderpaar Ian Brady und Myra Hindley, die Kinder zerstückelt und im Yorkshire-Moor versenkt hatten. An zumeist aus dem Alltag genommenen Verhaltensmodellen will Fassbinder zeigen, daß die Kindermörder nichts anderes sind als Extremfälle der Brutalisierung, der man täglich begegnen kann.

Blut am Hals der Katze (1971) konfrontiert eine Kunstfigur aus den amerikanischen Comics mit Momentaufnahmen zwischenmenschlicher Beziehungen: Phoebe Zeitgeist, die auf die Erde kommt, um die Menschen zu studieren, versteht diese nicht, weil sie sich hinter ihren Worten verstecken, mit ihren Reden tarnen. Auf einer Party gibt sie alles Gehörte wieder und entlarvt damit die Sprache als Instrument der Beschönigung, Tarnung und Unterdrückung.

Bremer Freiheit (1971) greift auf den historischen Fall der Bremer Giftmischerin Geesche Gottfried zurück, die nach der Ermordung von 15 meist nahen Verwandten 1831 hingerichtet wurde. Fassbinder nahm dieses Geschehen zum Anlaß für eine Demonstration, welcher verbrecherischer Anstrengungen es damals bedurfte, um einer Frau zur Emanzipation zu verhelfen: Geesche räumt die Widerstände ihrer Zeit mit Mord aus dem Weg. Zunächst wird die Sattlersfrau Geesche Miltenberger in allen Stadien der Entwürdigung durch ihren Mann gezeigt. Sie vergiftet ihn und geht von nun an konsequent den Weg ihrer sexuellen Emanzipation, sucht sich selbst den nächsten Mann und bringt jeden um, der ihr bei ihrer Verbindung mit Gottfried im Wege steht, auch ihre Mutter und ihre Kinder. Zuletzt tötet sie Gottfried selbst, der ihr die Ehe verweigert und auf dem Totenbett zu einer Nottrauung gezwungen wird. Nun will Geesche sich ihre Freiheit auch materiell sichern und mordet, wo ihre Unabhängigkeit als Unternehmerin in Gefahr gerät: den Vater, den ihr von diesem in die Firma eingeschleusten Mann, den Gläubiger, den Bruder. Es gibt für sie keine andere Alternative als Unterwerfung oder durch Verbrechen verwirklichte Freiheit.

FRANZ XAVER KROETZ * führte das Volksstück in der Horváth-Nachfolge weiter, spürte aber zunächst den Extremsituationen und Ausweglosigkeiten von Menschen in Randschichten der Gesellschaft nach. Erst in seinen späteren Stücken begann er sich mit dem Alltag des Kleinbürgertums zu beschäftigen und Perspektiven für die Zukunft zu entwickeln.

HEINRICH HENKEL (* 1937) brachte in seinem Stück *Eisenwichser* (1970) Erfahrungen aus der Arbeitswelt auf die Bühne: Zwei Eisenwichser, Anstreicher, die unterirdische Rohrleitungen mit Rostschutz versehen, versuchen mit der Monotonie ihrer Arbeit fertig zu werden. Der Ältere ist schon abgestumpft, hat sich angepaßt und eine Beschwichtigungsphilosophie zurechtgelegt, an der niemand rühren darf. Der Jüngere, eben erst dem Älteren als Gehilfe zugeteilt, versucht zunächst noch zu revoltieren. Eines Tages, der Jüngere hat sich inzwischen auch abgefunden, geraten die beiden in einen Rausch von Übermut, Ungezwungenheit und Fröhlichkeit und streifen alle Zwänge ab. Dieses Zu-sich-selbst-Finden erweist sich jedoch als die Folge einer Vergiftung: Durch einen schadhaften Ventilator haben die Männer giftige Farbdämpfe eingeatmet. Die Entfremdung des Menschen in der Arbeitswelt ist bereits so weit vorgeschritten, daß eine Aufhebung dieser Entfremdung nur mehr als Vergiftung, als gefährlicher Rausch eintreten kann.

Auch *Betriebsschließung* (1975) schildert Verhaltensweisen von Arbeitern: Ein Trupp Anstreicher wird eingesetzt, um die Spuren eines Arbeitskampfes in einer Fabrik zu übertünchen. Allmählich kommt den Männern zu Bewußtsein, daß sie ihre eigene Situation übermalen.

In *Olaf und Albert* versuchte Henkel Schwierigkeiten des Zusammenlebens alter Leute darzustellen, deren Verhaltensweisen das Ergebnis lebenslanger Zwänge sind.

KARL OTTO MÜHL (* 1923) wählte ebenfalls die Arbeitswelt und die Probleme alter Menschen als Thema. *Rheinpromenade* (1973) behandelt den Generationskonflikt aus der Sicht der Alten: Dem von seiner Umwelt und Familie bereits den wertlosen Altwaren zugerechneten Opa wird die späte Liebesidylle mit einem Dienstmädchen brutal zerstört.

Rosenmontag (1975) beschreibt, wie die Produktionsverhältnisse in einer Fabrik die Menschen deformieren, sie zu Denunziation und Duckmäusertum verleiten: Obwohl der Packer Bajorat sich bei seinem Jubliäum der Trostlosigkeit seiner Arbeitssituation bewußt wird, kann er sich auch nach einem schweren Konflikt im Betrieb nicht zur Veränderung entschließen.

Wanderlust (1977) schildert den Alltag im Büro mit seinen Positionskämpfen, Flirts und Affären. Gegen die Bürowelt wird eine Außenwelt gestellt, in der man sich noch Träume leisten kann. Doch die

Träume lassen sich nicht verwirklichen, der Anpassung im Büro folgt die im Privatleben: Martin, der «Versager», wird durch ein privates Erfolgserlebnis zum «Aufsteiger» im Büro, beginnt zu «funktionieren» – und begräbt seine Träume.

GERLIND REINSHAGEN (* 1926) nahm in *Doppelkopf* (1968) ein Betriebsfest zum Ausgangspunkt, um Klassen- und Interessengegensätze aufzudecken, die gerade bei diesem Anlaß durch Alkohol und Fröhlichkeit verschliffen werden sollten: Hoffmann, der sich vom Arbeiter zum hoffnungsvollen Angestellten hinaufgearbeitet hat, organisiert das Fest, auf dem man sich ungezwungen privat geben soll und doch nicht die Spielregeln in der Hierarchie verletzen darf. Seine früheren Arbeitskollegen provozieren Hoffmann, er gerät in eine Prügelei, und als die Arbeiter das Spiel vom Direktor und seinem Speichellecker spielen, verliert er die Nerven. In einem Haßausbruch rechnet er mit der verlogenen Gesellschaft ab – der Traum von der Karriere ist damit jedoch zu Ende.

Leben und Tod der Marilyn Monroe (1971) soll die Mechanismen des Aufbaus und Abbaus eines Sex-Stars deutlich machen, wobei die Autorin den Zusammenhang von Mythenbildung und Bewußtseinsverlust belegen will.

Himmel und Erde (1974) zeigt das Einüben der Sonja Wilke ins Sterben. Sie erinnert sich an ihre sinnlose Vergangenheit und den immer neuen Selbstbetrug und versucht, mit ihrer Entscheidung zu einem eigenen Tod aus der Fremdbestimmung ihres gesamten Lebens auszubrechen.

Sonntagskinder (UA: 1976 in Stuttgart) rollt deutsche Geschichte aus den Jahren zwischen 1939 und 1945 aus der Perspektive eines Mädchens auf, schildert die Träume von Jugendlichen und ihre Zerstörung in Extremsituationen: Die 14jährige Apothekerstochter Elsie und ihre Freunde sind zu Beginn des Krieges noch ganz in großen Phrasen und Phantasien befangen, sie schwärmen von Abenteuern und den «Sonntagskindern», die bereits als Helden in den Krieg ziehen dürfen. Nach und nach wird jedoch ihre Kinderwelt von der Wirklichkeit zertrümmert: Die Eltern zeigen sich als mehr oder minder willige Mitläufer, die ersten Gefallenenmeldungen treffen ein, Krüppel kehren aus dem Krieg zurück. Denunziation, Vergewaltigungen, Erschießungen, Bombentod folgen. Inmitten des schrecklichen Geschehens nimmt jedoch harmlos-spießiger Alltag seinen Lauf. Als nach Kriegsende im raschen Vergessen fröhlich und selbstgerecht an den Wiederaufbau gegangen wird, stürzt sich Elsie mit der Schere auf einen ehemaligen General. Sie wird beruhigt und in das schönste Kleid ihrer toten Freundin, der Tochter des Generals, gesteckt.

Frühlingsfest (1980) führt Elsies Geschichte mit kleinen Verschiebungen, jedoch ähnlichen Figuren und Positionen weiter: Während einer Party, etwa zehn Jahre nach Kriegsende, die dem Abschluß eines großen Geschäfts für Elsies Mann dienen soll, sieht die Gastgeberin, wie die Autorin formuliert, «plötzlich hellsichtig die heimlichen, verheimlichten Bestrebungen aller Gäste und die daraus resultierenden Entwicklungen der folgenden Jahre», die das Ende ihrer Liebe und der Kindheitsfreundschaften bringen werden. Ihre Visionen sind in die konventionelle Konversation des Gartenfestes eingebettet, alles läuft wie üblich ab, nur Elsa bleibt, wie seinerzeit Elsie, in großer, fast psychotischer Verwirrung zurück. Wiederum stellt das Stück (trotz des Blicks in die Zukunft) eine Vergangenheitsbefragung dar, einen weiteren Versuch der Autorin zu durchschauen, worauf sich die eigene Irritation gründet.

BOTHO STRAUSS *, der in der kritischen Auseinandersetzung mit dem Theater der sechziger Jahre zu einem der wesentlichen jüngeren deutschen Dramatiker wurde, gelang es in den siebziger Jahren am überzeugendsten, ein breiteres Spektrum der Gesellschaft der Bundesrepublik zu schildern.

HERBERT ACHTERNBUSCH (* 1938), Filmemacher und Erzähler, als «phantastische Mischung zwischen Bayer und Poet» apostrophiert, schilderte den Kampf des einzelnen gegen eine zerstörerische, niederdrückende Umwelt, die er durch phantastische, oft katastrophenhafte Visionen zu durchbrechen sucht.

In *Ella* (1978) gab er den «Überlebensbericht» einer Frau vom Land, die in einem munteren Monolog ein zerprügeltes Leben zwischen Arbeit, Hunger, Erniedrigung, Schwangerschaft, Sterilisation und immer wieder Prügeln schildert, ein Leben an der Grenze des Überlebbaren, in Heimen, Nervenanstalten, hinter Gefängnisgittern. Der Text wird von «Ella als Sohn», also einem Mann, gesprochen, «Ella als Mutter» sitzt mit Kopfhörern stumm vor einem Fernsehapparat. In der fehlenden Übereinstimmung zwischen der Tragödie eines Lebens und einer entsprechenden Pose, mit der diese Tragödie erfüllt wird, machen diese Lebensäußerungen den Schrecken einer unmenschlichen Welt zu einem schrecklichen Scherz.

Susn (1980) führt ein Frauenschicksal von der verhinderten Selbstfindung bis zur Selbstzerstörung vor. In fünf Bildern wird eine Frau in fünf verschiedenen Lebensaltern gezeigt, jeweils um zehn Jahre älter als im vorhergehenden: Zunächst das Mädchen vor dem Beichtstuhl, dann die junge Studentin, die aus der Befragung ihres Tagebuchs die große Frage, wie man mit dem Leben zurechtkommen soll, herleitet, dann die Frau, die verzweifelt gegen ihren selbstgefälligen Schriftsteller-Mann anredet, der als Chronist ihres Lebens seine eigene Identität aus ihrer verhinderten Selbstfindung aufbaut, schließlich die resignierende, verkommende Trinkerin und zuletzt nur noch eine lallende Kreatur, der der Schriftsteller aus seinem Buch ihr Leben vorliest: Eine böse Demonstration der Ausbeutung menschlichen Leids durch den Künstler und seiner Ohnmacht, Hilfe zu gewähren.

Kuschwarda City (1980), vom Autor als Fortsetzung von *Susn* bezeichnet, gehorcht ähnlichen Strukturprinzipien: Fünf Katastrophen führen den Schriftsteller vom Wohnzimmer seiner Geliebten, der Präsidententochter, bis zur Erschießung der Sonne. Der Schreiber befreit sich aus der bürgerlichen Gesellschaft und ihren Unterdrückungsmechanismen, wird Indianer im «Bayerischen Wald» und nennt sich Kuschwarda City. Er verwirklicht seinen Kindertraum vom Indianer, indem er die Autorität und die eigene Autoritätshörigkeit (in Gestalt eines Polizisten und des Präsidentensohns) tötet.

THOMAS BRASCH (* 1945) ist in der DDR aufgewachsen, wo seine Arbeiten bis auf wenige Ausnahmen nicht veröffentlicht wurden, und übersiedelte 1976 nach Westdeutschland. Heiner Müllers Einfluß hat in seiner Dramatik aber Spuren hinterlassen. Was Brasch von vielen seiner westdeutschen Dramatikerkollegen unterscheidet, ist die spezifische Auseinandersetzung mit der Literatur der Vergangenheit, die auch Heiner Müllers Annäherung ähnelt: nämlich «als Umgang mit Erfahrungs- und Ausdrucksmaterial, mehr noch als Umgang mit einem Bildervorrat» (Henning Rischbieter). Er folgte nicht dem späten Brecht – «Kunst war nie ein Mittel, die Welt zu überleben»,

Brasch, Rotter
Württ. Staatstheater Stuttgart, 1977
Inszenierung: Christof Nel
Titelrolle: Peter Brombacher (Mitte)

schrieb er – sondern nahm Elemente des frühen Brecht auf.

Lovely Rita (1978), noch in der DDR geschrieben, das expressive Sehnsuchtsdrama eines jungen Mädchens, erzählt von den Lebensanstrengungen und Lebensträumen der Rita Grabow in der ersten Nachkriegszeit. Von einem Besatzungsoffizier vergewaltigt, später mit einem anderen liiert, träumt sie von einer Filmkarriere, eine einsame Lebenshungrige, die zuletzt in einer Trümmerwelt anarchisch reagiert: Sie erschießt den Offizier, verscharrt ihn mit Hilfe der Trümmerfrauen und veranstaltet dabei ein leichenschänderisches Ritual. Verhaftet, denunziert sie die anderen Frauen, begeht einen Selbstmordversuch und wird in ihrem aggressiven, auch selbstzerstörerischen Haß unvermutet für die Filmbranche interessant.

Rotter (UA: 1977 in Stuttgart), ein «Märchen aus Deutschland», beschreibt drei Lebensjahrzehnte eines Mannes, der immer mitmacht. Sein Lebensweg wird von einem anarchischen, extrem individualistischen Gegenspieler, Lackner, einer Art zweitem Ich, begleitet. Das Stationenstück setzt in den frühen dreißiger Jahren ein: Rotter ist Fleischerlehrling, verliert seine Lehrstelle, reiht sich in die SA ein, leitet die Plünderung eines jüdischen Geschäfts und wird als Ausbilder zum Leuteschinder. Verklemmt und zugleich brutal als Liebhaber, macht er in der Ehe ein fröhliches Mädchen zu einer verbitterten, kinderlosen Frau. Rechtzeitig verläßt er im Krieg, während Halbwüchsige für den Endsieg sterben, seine Truppe, um sich nach Kriegsende sofort trümmerräumend der «neuen Ordnung» zur Verfügung zu stellen. Durch Denunziation steigt der einstige Funktionierer des NS-Regimes auch im Arbeiter- und Bauernstaat der DDR rasch vom Brigade- zum Einsatzleiter auf, so verhaßt, daß er bei den Arbeiterunruhen des 17. Juni 1953 eingemauert wird. Mit Orden und Feierstunde schiebt man ihn 1965 in die Rente ab. Der ein Leben lang funktionierende, verbissen strebende, sich allen gesellschaftlichen Umprägungen unterwerfende Rotter wird nicht mehr gebraucht. Zwei «Filosofen» halten ihm den «Nachruf»: Ist er «ein Nichts, das an sich selbst irre wird, ein leeres Blatt, auf das ein Lebenslauf geschrieben wird von der jeweils führenden Klasse» oder «der Neue Mensch, ständig einsatzbereit, ohne hemmende Individualität im bürgerlichen Sinn»?

Lieber Georg (1980), von Brasch als «Eis-Kunst-Läufer-Drama aus dem Vorkrieg» apostrophiert, handelt von dem expressionistischen Lyriker Georg Heym, der 1912, knapp 25jährig, beim Eislaufen auf der Havel mit seinem Freund einbrach und ertrank. Brasch versucht hier, keine dramatisierte Biographie, sondern Gedankenbilder Heyms zu geben. «Der größere Teil der Texte bildet Bewußtseins- und Unterbewußtseinsstrukturen und -prozesse eines Heym ähnlichen Vorweltkriegsdichters ab, eines in starr autoritärer Familienstruktur aufgewachsenen, in der Pubertät dadurch festgehaltenen und eigentümlich intensivierten, intellektuell und sinnlich erregten/gesteigerten ‹lyrischen Ichs›», einer Existenz, «ausgespannt bis zum Zerreißen zwischen den Gefühlen der Inferiorität und der Ruhmeserwartung, zwischen Lebensgeilheit und Todessucht» – so die Interpretation des Theaterkritikers Henning Rischbieter.

Die Dramatik der DDR verstand sich zunächst bewußt als Erbe der von BERTOLT BRECHT* entwickelten Dramaturgie. Brechts Theater setzte das Maß. Doch er selbst schrieb in der DDR kein großes, sein Konzept fortentwickelndes Stück. Er hatte seinen fundamentalen Beitrag mit seinem dramatischen Werk bereits geleistet. Nun ging es ihm um die Tradierung seines Konzepts, das das Theater und das Drama nach den Prinzipien eines marxistischen und dialektischen Denkens neu orientierte.

Mit ERWIN STRITTMATTER (* 1912) erarbeitete Brecht eine spielbare Fassung von dessen Drama *Katzgraben* (1953), das er für das erste Stück hielt, «das den modernen Klassenkampf auf dem Dorf auf die deutsche Bühne bringt». Diese «Szenen aus dem Bauernleben» zeigen an der Entwicklung des Dorfes Katzgraben in den Jahren von 1947 bis 1949 (ein später angefügter Teil berichtet aus dem Jahr 1958), wie sich die Machtverhältnisse verändern. Zunächst sabotieren Groß- und Mittelbauern den Aufbauplan, dann wächst jedoch die Freiheit der Neubauern, und aus Katzgraben wird durch Straßenbau, Mechanisierung und Bildung ein sozialistisches Dorf. Strittmatters zweites Stück, *Die Holländerbraut* (1960), schildert neben der Entwicklung des ländlichen Umfeldes vor allem die der Tagelöhnerin Hanna Tainz zu einem politisch denkenden Menschen.

FRIEDRICH WOLF (1888–1953) hat mit seinen drei Nachkriegsstücken die Prototypen der kommenden DDR-Dramatik skizziert: mit *Wie Tiere des Waldes* (1947) das politische Drama, mit *Bürgermeister Anna* (1950) das Landdrama, mit *Thomas Münzer, der Mann mit der Regenbogenfahne* (1953) das historische Drama und für den vierten Prototyp, das Produktionsdrama, hatte er bereits Vorstudien betrieben.

HELMUT BAIERL (* 1926) begann mit einem Lehrstück in der Nachfolge seines Lehrers Brecht: *Die Feststellung* (1958): Als der frühere Mittelbauer Finze nach seiner Flucht in die Bundesrepublik ernüchtert wieder in die DDR zurückkehrt, wird nach einem Streit mit den Genossen der Grund zu seiner Flucht aus unterschiedlicher Sicht vorgespielt. Man stellt fest, daß der Kleinbauer Benno auf Grund gemeinsamer Interessen Finze sicher für die Landwirtschaftliche Produktionsgenossenschaft (LPG) gewonnen hätte, was schließlich von diesem auch überzeugend vorgeführt wird. – Die Komödie *Frau Flinz* (1961) versucht mit realistischen Mitteln davon zu überzeugen, daß die DDR auf dem richtigen Weg zum Sozialismus ist: Frau Flinz, Mutter von fünf Söhnen und als Gegenfigur zu Brechts Courage konzipiert, will ihre Söhne vor dem Staat bewahren. Sie kämpft um privates Familienglück, paktiert mit Fabrikanten und umgeht die Vorschriften. Doch ihre Söhne gliedern sich nach und nach dem sozialistischen Aufbau ein. Allmählich erkennt Frau Flinz, daß ihre Wünsche mit denen des Staates identisch sind. Sie kommt in diesem humorvoll angelegten Prozeß zur Einsicht, wandelt sich zur positiven Heldin und wird Vorsitzende einer LPG.

Als die hervorragenden Dramatiker der Brecht-Nachfolge gelten PETER HACKS*, der eine «sozialistische Klassik» anstrebt, und HEINER MÜLLER*, der die gesellschaftliche Entwicklung in der DDR in ihrer Widersprüchlichkeit darstellt, befragt und dessen Dramatik zunehmend mit Schreckensbildern besetzt wird. Beide konnten sich allerdings in den Spielplänen der dirigistisch ausgerichteten Kunst- und Kulturpolitik der DDR nicht immer behaupten.

HARTMUT LANGE (*1937) verließ zwar 1965 die DDR, sein dramatisches Werk kommt aber ganz aus der Tradition von Brecht und Hacks, der ihn sehr förderte. Obwohl in Westberlin lebend, blieb Lange auch in seiner Thematik der DDR verhaftet und setzte sich mit den Problemen und Widersprüchen einer Gesellschaft auseinander, die sich im Übergang zum Sozialismus befindet. 1961 schrieb Lange sein erstes, bisher nicht aufgeführtes Stück *Senftenberger Erzählungen oder Die Enteignung*. Es schildert das Leben der Senftenberger Bergarbeiter in den ersten Hungerjahren in der Nachkriegszeit: Die volkseigene Grube säuft ab, weil die Pumpen fehlen, der Privatunternehmer Brack sichert sich die Bergleute als Arbeitskräfte, die er überdies mit Büchsenfleisch seines Schweizer Partners locken kann. So erhält er auch noch Staatsaufträge, die der volkseigene Betrieb (VEB) aus Arbeitermangel nicht erfüllen kann. Vergebens beschwört der Parteisekretär die Kollegen, beim VEB zu bleiben. Da wird Brack verhaftet und enteignet. Man hatte ihn bisher aus taktischen Gründen geduldet, um seine Methoden und Fachkenntnisse auszunutzen. Nun ist sein Spiel zu Ende. Lange bemüht sich um den Beweis, daß die Enteignung der Großbetriebe notwendig war, um die Wirtschaftspläne zum Erfolg zu führen. Dennoch scheint VEB-Elend, Ohnmacht der Funktionäre und kleinbürgerliche Fleischbüchsen-Sehnsucht das Stück für die DDR-Kulturbehörden unaufführbar gemacht zu haben.

Marski (1966), eine Komödie, wurde auch als «sozialistisches Bekehrungsspiel» apostrophiert: Um sein Gut zu bestellen, braucht der Großbauer Marski die Hilfe der Kleinbauern, die er zu geselligen Gelagen lädt und seine Freunde nennt. Mit Beginn der Bodenreform treten sie jedoch in eine LPG ein. Mehr und mehr verlassen, überarbeitet sich Marski, der Hof verwildert, er kann sein Vieh nicht mehr versorgen, vereinsamt und will sich schließlich erhängen. Seine Freunde retten ihn jedoch rechtzeitig und bekehren ihn in einem gewaltigen Gelage zum Kommunismus: Er tritt in die LPG ein. Das Herr-und-Diener-Spiel um Ausbeutung und Freundschaft führt in die Utopie eines in reiner Partnerschaft funktionierenden Kollektivs. Die Hauptfigur, als «Mensch» zwar «ein Kerl», als «gesellschaftliches Wesen» aber «eine Null», lernt, in der veränderten Gesellschaft sich selbst zu verändern.

Der Hundsprozeß (1968), eine Auseinandersetzung mit dem Stalinismus, zeigt die Liquidierung einer ausländischen Bruderpartei, die ihren eigenen Weg gehen will. Lange sieht im Stalinismus einen religiösen Kult; der Prozeß gegen die Abweichler wird zum Inquisitionsverfahren: Die vom Statthalter geforderte Gesinnungsfreiheit wird blutig unterdrückt. Man köpft seine Freunde und setzt ihnen Hundsköpfe auf – willfähriges Gebell bleibt ihre einzige Äußerung. Der Statthalter wird nach einem Schauprozeß, in dem er, eingeschüchtert von einem «Herrn aus geistlichem Stand», das Gewünschte gestanden hat, gehängt.

In *Herakles* (1968) tritt der «Herr aus geistlichem Stand» in der Rolle des Herakles auf. Er hat seine Arbeiten schon getan, wird allerdings durch «die Macht der Hand» verführt und zum Mörder. Ein Bild für Stalin, der zwar die Revolution durchgeführt, aber seine Hände unnötig blutig gemacht hat.

Die Gräfin von Rathenow (1969) ist eine Dramatisierung von Kleists Novelle «Die Marquise von O.», die Lange um die Proletarierebene erweitert. Er verlegt die Handlung nach Preußen. Hier wird die während einer Ohnmacht geschwängerte Gräfin mit dem Stallburschen Leopold verdächtigt und geht mit diesem eine Liaison ein, um die Verdächtigungen aus der Welt zu schaffen, indem sie sie bestätigt. Als sich der wahre Vater des Kindes, ein französischer Marquis, der schon zuvor um die Gräfin geworben hat, meldet, wird geheiratet, doch der Marquis hat die Zuneigung der Gräfin verspielt. Das Paar trennt sich nach der Trauung; in einer späteren Fassung erschießt sich der Marquis. Lange bemüht sich, in den Figuren auch Bezüge zum Verhältnis zwischen Frankreich und Preußen herzustellen.

Die Ermordung des Aias oder Ein Diskurs über das Holzhacken (1974) ist eine Parabel über die Situation der Kommunistischen Partei der Sowjetunion nach dem Tod Lenins, den Lange im Rückgriff auf die Helden des Trojanischen Krieges in der Figur des Achill spiegelt. Streit wird darum geführt, wie die Weltrevolution (die Eroberung Trojas) zu verwirklichen sei. Stalin-Odysseus plädiert für listige Taktik, Aias-Trotzki dagegen für sofortige Anwendung der Waffen, die Achill zurückgelassen hat, was permanente Revolution bedeuten würde. Der stalinistische Terror wird dabei als notwendiges Übel dargestellt.

Trotzki in Coyoacan (1972) behandelt das letzte Lebensjahr Leo Trotzkis, der 1940 in Mexiko durch einen GPU-Agenten umgebracht wurde. Trotzki versucht, die Revolution von Gewalt reinzuhalten, wird als optimistischer Idealist jedoch zum politisch wirkungslosen Helden. Ein Trotzki, der Stalin 1927 ermordet hätte, wäre der Welt nützlicher gewesen als der «reine marxistische Engel», so erklärt ihm ein Besucher – Lange untersucht hier vor allem den unaufhebbaren Gegensatz zwischen politischem Mord und gesellschaftlicher Moral.

Staschek oder Das Leben des Ovid (1973) hat wie einige der früheren Stücke mehrere Handlungs- und Argumentationsebenen. Der Landarbeiter Staschek verläßt die DDR und findet sich im antiken Rom vor der Inthronisation des späteren Cäsar Augustus wieder. Er lernt Dichter wie Horaz und Ovid in ihrer opportunistischen Haltung kennen, die ihnen ein bequemes Leben sichern soll. Mit weiteren Sprüngen durch die Weltgeschichte führt Lange eine Reihe von Figuren vor, die zwischen dem Zwang zur Anpassung und der Verweigerung zu bestehen versuchen, respektive es vorziehen, sich die Zeitläufte aus sicherer Entfernung anzuschauen statt verändernd in diese einzugreifen. Lange bemüht sich hier, die Verfügbarkeit des Literaten durch eine Umwelt vorzuführen, die ihn und seine Produkte konsumiert.

Jenseits von Gut und Böse oder Die letzten Stunden der Reichskanzlei (1975) spielt im Bunker von Hitlers Reichskanzlei im April 1945. Zu Gast sind Liszt und Nietzsche, die auf den Hausherrn Hitler warten. Er will seine Hochzeit mit Eva Braun und seinen Untergang festlich begehen. Der einzige, auf den man vergeblich warten wird, ist Richard Wagner. Auch hier geht es um die Frage der geistigen Verantwortung der Philosophen, Künstler, Wissenschaftler für den Ablauf der Weltgeschichte.

In dem Zwei-Personen-Dialog *Vom Werden der Vernunft oder Auf der Durchreise nach Petersburg* (1976) werden philosophische Thesen abgehandelt. Ort der Handlung ist eine preußische Stadt um 1830. Der Gastgeber ist ein Freund der Hegelschen Dialektik, die er unter Beweis zu stellen hat, als er den überraschenden Besuch des ihm unbekannten Kornhändlers Ordinow erhält. Der russische Melancholiker ist von der Sinnlosigkeit des Lebens durchdrungen, er will daher mit seinem Gastgeber, den man ihm als einzigen ebenbürtigen Gesprächspartner genannt hat, über die moralische Rechtfertigung des Selbstmords einen philosophischen Disput führen. Der Gastgeber entwirft ihm die Utopie eines vernunftmäßigen Lebens, das Idealbild eines Staates und jener Freiheit, die Einsicht in die Notwendigkeit ist. Zwei Wochen nach dem Besuch meldet eine Zeitung, daß sich der gutsituierte Kornhändler Ordinow in Petersburg im Kreise seiner Familie erschossen habe.

Frau von Kauenhofen (1977), ein Virtuosinnenstück, konfrontiert zwei abgelebte Menschen, die in höchster Kultiviertheit ihr Leben und einander verfehlt haben, mit einem jungen Paar, das sich rüde auslebt.

VOLKER BRAUN (*1939) versuchte, mitunter provokant formuliert, die Widersprüche der DDR-Gesellschaft auf die Bühne zu bringen und mußte sich deshalb von der Kritik die Bezeichnung «Don Quijote der DDR-Dramatik» gefallen lassen. Seine Schwierigkeiten illustriert bereits die Aufführungsgeschichte seines ersten Stücks, das, 1962 entstanden, jahrelang mit Aufführungsverbot belegt wurde.

Die Kipper (1972) diskutiert in dialektischer Form das Verhältnis von Individuum und Arbeitskollektiv am Beispiel einer Kipperbrigade, die Sand von Eisenbahnwaggons zu kippen hat. Es geht dabei um einen Unangepaßten, der auf Veränderung drängt und dadurch zum Störenfried im Kollektiv wird. Paul Bauch verbessert zunächst das Arbeitsklima unter den Kollegen entscheidend und spornt sie zu höherer Leistung an, indem er mit unorthodoxen Methoden die Freude an der Arbeit steigert. Doch er überschätzt die Kapazität seiner Kollegen. Es kommt zu einem Unfall, und Paul wird entlassen. Zuletzt schlagen ihn die Arbeiter sogar zusammen. Er geht, aber sein Einfluß hat sie zu einer Bejahung ihrer Arbeit geführt. Noch kollidiert Paul Bauchs Arbeits- und Lebensanarchismus mit der Norm, seine Spontaneität wirkt gewalttätig, aber er ist der Vorbote einer Welt, in der der Widerspruch zwischen Notwendigkeit des sozialistischen Aufbaus und der freien Entfaltung der Persönlichkeit aufgehoben sein wird.

Hinze und Kunze (1973) überträgt gewisse Konstellationen des Faust-Stoffes satirisch auf die Gesellschaftskonflikte der DDR. Die Urfassung, *Hans Faust* (1968), zeigt in der Titelfigur einen Arbeiter, der zum Ingenieur und Architekten aufsteigt. In der Neufassung hat sich Faust in Hinze verwandelt, einen Maurer, der sich für den Aufbau der DDR abgerackert hat. Er schließt mit seinem Mephisto, dem Schlosser Kunze, einem Parteifunktionär und Pragmatiker, einen Pakt. So wird er zu immer neuen Leistungen getrieben, seine menschlichen Beziehungen zerbrechen. – Nach dem Zeitalter von Hinze und Kunze, so meint Braun, müssen auch die menschlichen Beziehungen auf den behaupteten Stand der gesellschaftlichen Entwicklung gebracht werden.

Tinka (1976) spielt in einem volkseigenen Betrieb in Magdeburg. Im Mittelpunkt der Auseinandersetzung um einen sozialistischen Modellfall steht die Arbeiterin Tinka, die im Auftrag der Belegschaft studiert hat und Spezialistin für Automation geworden ist. Sie kehrt gerade zu dem Zeitpunkt von ihrer Ausbildung ins Werk zurück, als die Automatisierung auf Wunsch des Ministeriums «weggeplant» wird. Nicht nur Tinkas Studium, auch die Umschulung der Arbeitsbrigaden war damit hinfällig. Der technische Leiter des Betriebs, Brenner, der mit Tinka verlobt ist, rät zum vorsichtigen Taktieren mit den offiziellen Stellen, zum Kompromiß. Doch Tinka verabscheut alle Winkelzüge, sie beginnt zu kämpfen. Mit ihrem Bedürfnis nach Ehrlichkeit, ihren Angriffen gegen Autoritätsgläubigkeit, Opportunismus und Feigheit stellt sie sich jedoch allmählich gegen alle Arbeitskollegen und entfremdet sich ihrem Verlobten. Schließlich fordert man ihre Entlassung, worauf sie selbst kündigt. Brenner wendet sich einer anderen Frau zu. An seinem Polterabend provoziert ihn Tinka jedoch, und er erschlägt sie, in plötzlicher Aggression, mit einer Bierflasche. «Die bringen sich noch um, mit ihrem Anspruch», sagt ein Arbeiter über die Frauen, die sich emanzipieren wollen. Im Scheitern der Heldin wird die eigentliche Lösung der gesellschaftlichen Probleme an die Zuschauer weitergegeben: Die notwendige Durchdringung des Öffentlichen durch das Private wird von Tinka radikal angegangen.

ULRICH PLENZDORF (* 1934) macht mit seiner Goethe-Paraphrase *Die neuen Leiden des jungen W.* (1972) vor allem bei der Jugend in Ost und West Furore. In schnoddrigem, aber echtem Teenager-Jargon wird hier mit Hilfe von Rückblenden die Geschichte des neunzehnjährigen Edgar Wibeau geschildert, der bei einem Unglück ums Leben kam. Edgar, wohlbehütet aufgewachsen, hat die Anpassung eines Tages satt, brennt von zu Hause durch, gammelt, malt abstrakt und schwärmt für Beat, Jeans und Mädchen. Auf dem Klo findet er ein zerfleddertes Reclam-Heft mit Goethes «Werther», mit dessen Leiden er sich mehr und mehr identifiziert, als er sich in eine Kindergärtnerin verliebt, die er Charlie nennt. Er wird heimatlos in der Gesellschaft, provoziert seine Arbeitskollegen und bastelt, um sich vor der Gemeinschaft zu bestätigen, eine Farbspritzpistole, bei deren Erprobung er tödlich verunglückt. Mit Edgars Geschichte, in der die sozialen Bedingungen nicht beschönigt werden, wird dennoch die sozialistische Ordnung nie in Frage gestellt, sondern gezeigt, wie sich ein Jugendlicher innerhalb dieses Systems seine Narrenfreiheit schafft.

STEFAN SCHÜTZ (* 1944) wird zu den originellsten und kraftvollsten jüngeren Begabungen gezählt. Er schreibt, geschult an Heiner Müller, in intensiver, geballter Sprache, bevorzugt Expressivität, das extreme Gefühl, das Exzessive. Schütz verließ Ende 1980 die DDR und übersiedelte in die Bundesrepublik. In seiner Dramatik untersucht er vor allem, wie sich Geist und Macht zueinander verhalten und macht die Abhängigkeit von den gesellschaftlichen Verhältnissen deutlich.

Majakowski (1979), 1971 entstanden, bringt den russischen Dichter auf die Bühne und läßt ihn den Beitrag, den die Kunst zum Gelingen der Revolution leistet, gegenüber den Bürokraten verteidigen.

In *Odysseus' Heimkehr,* 1972 entstanden, findet der Held sein Land vom Aussatz der Angst befallen vor. Er stellt gegen den Schorf eine Kratzmaschine auf, Odysseus wird jedoch erstochen und seine Maschine im Schnellgang als Tötungsinstrument eingesetzt.

In *Die Amazonen* (1977) konfrontiert Schütz eine Männergesellschaft mit einer Frau, die durch Liebe zum ganzen Menschen geworden ist. Doch die Liebe zwischen Theseus und Antiope wird der Staatsraison geopfert. Als Theseus Antiope verrät und Phaidra heiratet, fordert ihn Antiope zum Duell und sucht den Tod durch das Schwert des Geliebten.

Kohlhaas (1978) ist, von Kleists gleichnamiger Novelle abgeleitet, ein deutscher Lebenslauf, zugleich der Leidensweg eines Menschen, der, sein Recht suchend, deformiert und zum Verbrecher wird. «Eine Klage über Deutschland», hat Günther Rühle das Stück genannt, das Kohlhaas in einen seltsamen Triumph führt, ehe er ermordet wird.

Heloisa und Abaelard (1978) basiert auf dem überlieferten Briefwechsel eines berühmten Liebespaares des katholischen Mittelalters. Heloisa, zum gottgeweihten Leben bestimmt, wird von ihrem geistlichen Lehrer verführt, Abaelard, Kanonikus und Kirchenlehrer, zur Sühne entmannt. Die Auseinandersetzung des Schuldigen mit Vertretern eines allmächtigen Klerus ist Kernstück der Szenenfolge.

Der Hahn (1980), 1974 entstanden, nistet als Personifizierung des anderen Prinzips auf dem Klo eines staatstreuen DDR-Ehepaares. Der sprechende Hahn macht ihre Angst vor dem Auffallen, dem Anderssein, sichtbar. Ehefrau Alma ist die Mutigere und bereit, mit dem Hahn zu leben. Sie ersticht ihren Mann und endet in einer Nervenklinik, wo sie in eine angepaßte und eine unangepaßte Alma zerfällt, die sich weiter verdoppeln, bis die Bühne gefüllt ist.

Stasch 1 und 2, 1977 entstanden, schildert das Wahnsinnigwerden eines Autors, der nach sieben Jahren Wartezeit endlich die Druckgenehmigung für seine Arbeiten auf den Bauch gestempelt bekommt.

Frank Wedekind 1864–1918

Benjamin Franklin Wedekind wurde am 24. Juli 1864 als Sohn des Dr. med. Friedrich Wilhelm Wedekind in Hannover geboren. Die Eltern hatten sich in San Francisco kennengelernt, wohin das Schicksal Emilie Kammerer als Varietésängerin verschlagen hatte und wohin der linksliberale Arzt aus Enttäuschung über die Revolution von 1848 ausgewandert war. Wieder in Deutschland, wurde der Vater politischer Journalist, setzte sich in Gegensatz zu Bismarck und emigrierte 1871 in die Schweiz, wo Frank auf der Lenzburg aufwuchs. Schon in der Schule geriet Wedekind unter den Einfluß des philosophischen Pessimismus und begann zu schreiben, doch erst 1886 faßte er, nach Studien der Germanistik, der französischen Literaturgeschichte und der Rechtswissenschaften den Entschluß, sich ganz der Literatur zu widmen. Mit den wichtigsten Vertretern des Naturalismus persönlich bekannt, setzte er sich schon früh in bewußten Gegensatz zu dieser Kunstrichtung. Mitte der achtziger Jahre nahm er ein unstetes Wanderleben zwischen Zürich, Berlin, London, Paris und München auf, zu dem er als Pressechef der Firma Maggi aufbrach und das er als gefeierter Schauspieler und Dramatiker beendete. Den ersten großen Theatererfolg konnte er erst 1900 bei der Berliner Erstaufführung von *Erdgeist* registrieren. Zu diesem Zeitpunkt hatte ihm seine Tätigkeit für die satirische Zeitschrift «Simplicissimus» bereits Festungshaft und sein Auftreten mit eigenen Liedern zur Laute im Münchner Kabarett «Die elf Scharfrichter» Bühnenruhm eingebracht. 1906 heiratete Wedekind die Schauspielerin Mathilde (Tilly) Newes; zu den beiden unehelichen Söhnen (geboren 1896 von Frida Strindberg und 1902 von Hildegard Zellner) kamen die Töchter Pamela (1906) und Kadidja (1911). Am 9. März 1918 starb Wedekind in München an den Folgen einer Operation. Beim Begräbnis auf dem Waldfriedhof wurde sein Jünger Heinrich Lautensack wahnsinnig und stürzte sich in das Grab des Meisters.

Frank Wedekind stand abseits der literarischen Strömungen seiner Zeit. Realismus und Symbolismus, vor allem aber den Naturalismus lehnte er entschieden ab. Aus den Ansätzen, die Strindberg und Maeterlinck brachten, zog er Folgerungen sowohl im Bereich der Betrachtung als auch im Bereich der Form: Er schöpfte die Möglichkeiten und Bedingtheiten der menschlichen Existenz bis ins letzte dialektisch aus und stieß mit der Unterkühlung und harten Straffung der Sprache in neue Bereiche vor. So schuf er im Gegenständlichen wie im Sprachlichen einen Kosmos des Unwirklichen, in dem sich Realität weitgreifend spiegelte. Der erotischen Rauschwelt und Verlogenheit seiner Zeit setzte er bewußt eine «Wirklichkeit der Triebe und Gefühle» entgegen, der er unerbittlich nachspürte. Der Ordnungsaspekt, den er dort fand, war der bürgerlichen Gesellschaftsordnung diametral entgegengesetzt. So wurde der Moralist Wedekind als unmoralisch mißverstanden. Bevor der Gesellschaft ihr innerer Wandlungsprozeß ins Bewußtsein kam, zog er aus ihm schon Konsequenzen. Er stellte die Schönheit der Begierde über die Heuchelei, mit der Sexualität verleugnet wird, und forderte eine Überwindung der verhängnisvollen Trennung von Geist und Sinnlichkeit. Es war seine Überzeugung, daß nur die Versöhnung der Prinzipien Sittlichkeit und Sinnlichkeit das Ende von Unterdrükkung bringen könnte. Wie Schiller stellte er sich die Aufgabe, «sich mit dem vollkommensten aller Kunstwerke, mit dem Bau einer wahren politischen Freiheit zu beschäftigen». Sexualität und Gesellschaft in direktem Zusammenhang zu betrachten war ihm daher Gebot. Seine Forderungen an die Gesellschaft sind nach wie vor gültig, und wenn auch die Spuren seines Werks in der Dramatik des 20. Jahrhunderts allenthalben zu verfolgen sind, die Frage nach der individuellen und sozialen Bedeutung des Sexus wurde auf der Bühne so leidenschaftlich später kaum mehr formuliert.

Die junge Welt (1908), 1889 entstanden und ursprünglich *Kinder und Narren* genannt, ist das erste Drama Wedekinds, das seine völlige Unabhängigkeit von den Zeit- und Modeströmungen zeigt. Der Spott der Komödie wendet sich gegen Frauenbewegung und Naturalismus. Gegen die Frauenbewegung stellt er die Pensionatsmädchen, die der Ehe abschwören und im Verlauf der drei Akte nichts anderes tun, als sich zu verheiraten, gegen den Naturalismus den Dichter Meyer, der mit dem Notizbuch in der Hand durchs Leben geht und ein Spottporträt des einstigen Freundes Gerhart Hauptmann ist. Nie wurde der Naturalismus witziger ad absurdum geführt als hier.

Unmittelbar nach *Frühlings Erwachen** begann Wedekind 1891 die Arbeit an seinem «Schwank» *Der Liebestrank* (1900), in der Gesamtausgabe *Fritz Schwigerling* genannt. Hier entwickelte er einen eigenen neuartigen Komödienstil. Er stellt den Liebestrank, Inbegriff des Romantischen, in die desillusionierende Atmosphäre exzentrischer Komik.

Nach der Niederschrift der «Schauertragödie» *Die Büchse der Pandora*, der unveröffentlichten Urfassung der *Lulu*-Tragödien, blieb die «Idylle aus dem modernen Leben» *Das Sonnenspektrum oder: Wer kauft Liebesgötter?* Fragment. Auf der Grundlage des ersten Teils der Urfassung der *Büchse der Pandora* entstand dann *Erdgeist**.

1897 schrieb Wedekind den Einakter *Der Kammersänger* (1899), ursprünglich *Das Gastspiel* bezeichnet. Im Mittelpunkt steht der Tenor Gerardo, den nicht die Kunst, sondern der Kontrakt beherrscht, der sich weder Gefühle noch menschliches Verhalten leistet. In drei Szenen wird der «Zusammenstoß zwischen einer brutalen Intelligenz und verschiedenen blinden Leidenschaften geschildert». Zunächst will sich dem von Gastspielterminen gehetzten Kammersänger ein verzückter Backfisch an den Hals werfen. Er speist das Mädchen mit einer rhetorischen Verherrlichung seiner Kunst ab, die er in der nächsten Szene als Heuchelei entlarvt: Für den unaufgeführten Komponisten Dühring, der ihn mit einem seiner Werke bekannt machen will, hat er keine Zeit, der Terminkalender ist stärker. Auch seine Geliebte Helene, die seinetwegen ihre Familie verlassen will, weist er aus Karrieregründen zurück. Sie erschießt sich. Nach kurzem Zögern verläßt er mit den Worten «Ich muß morgen abend in Brüssel den Tristan singen» den Gastspielort. – Vor der «brutalen Intelligenz» Gerardos, die Ausdruck der Erfahrungen eines Emporkömmlings in einer inhumanen Gesellschaft ist, wirken die romantischen Vorstellungen von Kunst und Liebe bei Dühring und Helene lächerlich, haben aber doch die bewegende Größe des Widerspruchs gegen herrschende Verhältnisse. Gerardo will Erfolg in dieser Gesellschaft und hat sich daher dem Kunstbetrieb ganz unterworfen: Er anerkennt den Geschäftsprimat über die Kunst und den Menschen.

Sein Schauspiel über die Moral, *Der Marquis von Keith**, arbeitete Wedekind mehrmals um. Die Urfassung hieß *Der Genußmensch*, eine Neufassung *Der gefallene Teufel* und die Erstveröffentlichung in der Zeitschrift «Insel» *Münchner Szenen*.

Das Schauspiel *König Nicolo* (1902) erschien im Druck unter dem Titel *So ist das Leben*. In diesem mit autobiographischen Zügen ausgestatteten Drama behandelte Wedekind bekenntnishaft die Thematik Kunst und Gesellschaft im Schicksal eines Verkannten.

Auf die 1902 ausgearbeitete Neufassung der Tragödie *Die Büchse der Pandora** folgte *Hidalla oder Sein und Haben* (1905). Es ist ein Satyrspiel zu *Nicolo*, die Tragikomödie eines Moralpropheten, der die Welt beglücken will, weil er sie verachtet: Karl Hettmann, Gründer des Vereins zur Züchtung von Rassemenschen, verkündet eine neue Moral der Schönheit. Die Mitglieder des Vereins, außergewöhnlich schöne Menschen, müssen den bürgerlichen Moralgesetzen abschwören und einander jederzeit als Geschlechtspartner zur Verfügung stehen. Hettmann selbst kann seinem Verein nicht angehören, da er häßlich und verwachsen ist. Seine Lehre wird ein ungeahnter Erfolg, doch ebenso rasch wie sein Aufstieg erfolgt sein Fall. Wie so manche Wedekind-Figur vom «Fluch der Lächerlichkeit» getroffen, erhängt er sich – ein Don Quijote der Moral.

Totentanz (1906), seit 1909 *Tod und Teufel* genannt, geht von einer Diskussion über die Prostitution aus, geführt von dem Mädchenhändler Casti-Piani und der Frauenrechtlerin Elfriede von Malchus, die ein «unglückliches Geschöpf» aus einem Bordell retten will. Beider anfängliche Standpunkte zeigen sich als unhaltbar und werden in tragischer Ironie auf den Kopf gestellt.

Das «Sittengemälde» *Musik* (1908) handelt in demonstrativem Moritatenstil das Schicksal der Gesangsschülerin Klara Hühnerwadel ab. Klara, «die Karikatur einer Heroine» (Wedekind), wird von ihrem Gesangslehrer Reißner geschwängert, der ihre Illusion nährt, eine gefeierte Wagnersängerin zu werden. Klara läßt das Kind auf Betreiben Reißners abtreiben, wird erwischt, eingesperrt, aber dann begnadigt. Neuerlich schwanger, bringt sie Reißners Kind aber zur Welt, doch stirbt der Säugling bald nach der Geburt. Als ihre Mutter den einzigen Menschen, der Klara geholfen hat, den Schriftsteller Lindekuh, als den Schuldigen an Klaras Schicksal beleidigt und sich bei Reißner überschwenglich bedankt, bricht Klara zusammen. Sie sieht durch diese Ironie ihre Verzweiflung der Lächerlichkeit preisgegeben. – Ödön von Horváth hat sich später bei seinem Versuch, in seinen Dramen «das Komische und Groteske der Tragik aufzuzeigen», ausdrücklich auf *Musik* berufen. Hier waren auch schon der Kitsch und das Seelen-Pathos der Spießerwelt ironisch herausgearbeitet, das Disparate der lächerlichen Ambition eines Menschen und seiner Tragödie.

1907 entstand *Zensur* (1909), eine «Theodizee in einem Akt», in der Wedekind die eigene Theaterkunst zum Thema des Stückes macht. Die zentrale Auseinandersetzung mit dem Zensor ist in die tragisch endende Beziehung eines Schriftstellers und seiner Geliebten, einer Schauspielerin, eingebettet.

Mit *Oaha* (1911) nimmt Wedekind in Form eines Schlüsselstücks Rache am «Simplicissimus»-Kreis und seinem Verleger Albert Langen, von dem er sich «benützt» fühlte.

In *Schloß Wetterstein* (1917), der Zusammenfassung dreier Einakter mit den bezeichnenden Titeln *In allen Sätteln gerecht, Mit allen Hunden gehetzt* und *In allen Wassern gewaschen*, behandelt er das Thema «Ehe und Familie», in satirisch-grotesker Form: Mit einer klug inszenierten Intrige ist es Rüdiger von Wetterstein gelungen, sich gemäß dem bürgerlichen Ehrenkodex seiner Frau zu entledigen und den Mann der von ihm begehrten Leonore im Duell zu töten. Er bittet Leonore um ihre Hand und entlarvt ihre erste Empörung als Konvention, hinter der sie ihre Triebwünsche verbirgt. Aber die Ehe bringt beiden kein Glück. Wetterstein hat Geld veruntreut, Leonore «opfert» sich, sie treibt den Geschädigten zum Selbstmord im erotischen Rausch und geht ins Gefängnis. Ihre Tochter Effie bildet sich zur Edelhure aus, doch nur ihr Stolz hindert sie schließlich, den Zusammenbruch ihrer Weltanschauung einzugestehen. Sie vergiftet sich. – In seiner Sprachverknappung und Sprachstilisierung weist das Werk schon deutlich auf den Expressionismus hin.

Das «moderne Mysterium» *Franziska* (1912) gilt als Emanzipationsdrama nach dem Muster von Goethes *Faust*. Die Suche einer Frau nach Selbstverwirklichung, Welterfahrung und Welterkenntnis ist eng mit dem Problemkreis des Künstlerischen verknüpft.

Die folgenden Werke deuten an, daß Wedekinds die Welt durchleuchtende Kraft nachläßt. Das gilt für das «dramatische Gedicht» *Simson oder Scham und Eifersucht* (1914), in dem Mann und Frau ringen, wer der Stärkere sei, wobei der Mann die weibliche, die Frau die männliche Rolle übernimmt, wie für das historische Schauspiel *Bismarck* (1926) und das «dramatische Gedicht» *Herakles* (1919), das am Schicksal des Bastards zwischen Gott und Mensch das eigene Dichterschicksal zu spiegeln versucht.

Frühlings Erwachen
Eine Kindertragödie in 3 Akten
UA: 1906 in Berlin

Die halbwüchsige Wendla stellt in unruhigem Wissensbedürfnis Fragen an ihre Mutter. Doch Frau Bergmann verweigert in verklemmtem Schamgefühl sexuelle Aufklärung und näht ihrer Tochter statt dessen das erste lange Kleid. Auch die Gymnasiasten Moritz Stiefel und Melchior Gabor denken mehr über das Geheimnis der Entstehung des Lebens nach als über ihre Schulaufgaben. Melchior hat sich eine Philosophie zurechtgelegt, mit der er die Ignoranz der Erwachsenen zu ertragen sucht: «Das Leben ist von einer ungeahnten Gemeinheit.» Die notwendige Aufklärung hat er sich aus Büchern und Zeitschriften geholt. Als Melchior Wendla im Wald begegnet, bittet sie ihn in völliger Gefühlsverwirrung, sie zu schlagen – er tut es, bricht aber in Tränen aus. Bei einer zweiten Begegnung der beiden auf einem Heuboden kommt es zu einem hastigen Geschlechtsakt. Moritz Stiefel bleibt in der Schule sitzen und verfällt in tiefe Melancholie und Selbstmordgedanken. In der Abenddämmerung trifft er das Malermodell und Freudenmädchen Ilse, die sich über das Leben keine Gedanken macht. Das Gespräch läßt Moritz noch schwermütiger werden, und er erschießt sich. Die Lehrer kommen auf einer Konferenz zu der Ansicht, daß der Selbstmord von Moritz auf die sittliche Verwahrlosung zurückzuführen sei, die Melchior Gabors Aufklärungsschrift «Der Beischlaf» bei ihm hervorgerufen habe. Man hat das Manuskript, das Melchior für seinen Freund zusammenstellte, um ihm zu helfen, bei Moritz gefunden. Melchior wird von der Schule relegiert. Vater Gabor beschließt, ihn in eine Korrektionsanstalt zu stecken («Wer das schreiben kann, was Melchior schreibt, der muß im innersten Kern seines Wesens angefault sein»), die Mutter widerspricht zunächst, stimmt aber zu, als sie erfährt, daß Wendla ein Kind von ihrem Sohn erwartet. Nach dem Begräbnis des Freundes muß Melchior in die Erziehungsanstalt. Wendla hat keine Ahnung von ihrem Zustand, doch ihre Mutter, die die Schwangerschaft erkannt hat, holt «Mutter Schmidten», die Wendlas «Bleichsucht» kurieren soll. Wendla stirbt an den Abtreibungsversuchen. Auf dem Friedhof, auf dem Wendla und Moritz begraben sind, ruht sich Melchior nach seiner Flucht aus der Korrektionsanstalt aus. Da steigt Moritz, seinen Kopf unter dem Arm tragend, aus dem Grab und will Melchior mit sich nehmen.

Schon ist dieser bereit, ihm zu folgen, als ein «vermummter Herr» erscheint und ihn daran hindert: «Ich erschließe dir die Welt», verspricht er. Die Haupthandlung um Wendla, Melchior und Moritz ist eingebettet in eine Reihe von episodischen Dialogen, die die Gefühlsverwirrung der jungen Menschen deutlich machen: altkluges Backfischgeplauder, Schülerdebatten über Materialismus und Idealismus, erotische Phantasterei, Selbstbefriedigung und knabenhafte Homoerotik stehen einer verklemmten und verlogenen Erwachsenenwelt gegenüber.

Zwischen der Sehnsucht nach einem noch unerkannten Leben und dem Zwang, in eine Welt der Normen gepreßt zu werden, entfaltet Wedekind die Kraft, die Phantasie und die Ängste der Jugendlichen. Er zeigt den reichen, quälenden, verwirrenden Aufbruch junger Menschen ins Leben und stellt diesem die Kargheit der Welt der Erwachsenen gegenüber. Was hat sie anzubieten? Verdrängung, Einengung, Heuchelei, Verkarstung. Statt den Kindern die Vielfalt der Lebensmöglichkeiten klarzumachen, wird auf dem einen, dem eigenen Weg bestanden, werden Barrieren errichtet, die das Gespräch von Generation zu Generation verhindern. Wieviel Phantasie, wieviel Erotik, wieviel Abenteuerlust werden da unterdrückt, wenn Anpassung und Einordnung gefordert werden, nur weil man sich inzwischen selbst angepaßt und eingeordnet hat. Wieviel unnötige Qual wird ausgelöst, nur weil man nicht imstande oder bereit ist, sich selbst, den eigenen Weg zu reflektieren und in Frage zu stellen. Wieviel Verwirrung, wie viele falsche Bilder werden provoziert, weil Realität vertuscht und Information vor-

Wedekind, Frühlings Erwachen
Theater am Goetheplatz Bremen, 1965
Inszenierung: Peter Zadek

enthalten werden. All dies macht Wedekind spürbar. Das Drama stand nicht nur formal in der Entstehungszeit allein mit seiner Auflösung der Akte in lose, verschwebende Szenenfolge, es steht auch einsam da im Gesamtwerk des Dichters. Es ist das einzige Werk Wedekinds, in dem seine Glut noch als soziales Engagement unvermittelt erlebbar, also noch nicht vereist, bewußt unterkühlt ist.

Erdgeist
Tragödie in 4 Aufzügen
UA: 1898 in Leipzig

In einem Prolog tritt der Tierbändiger auf und stellt Lulu vor: «Sie ward geschaffen, Unheil anzustiften, / zu locken, zu verführen, zu vergiften – / zu morden ohne daß es einer spürt.» Im Atelier des Kunstmalers Schwarz begutachtet Dr. Schön das Bild seiner Verlobten und entdeckt dabei das noch unvollendete Gemälde Lulus, die er nicht zu kennen vorgibt. Medizinalrat Goll und seine Frau Lulu kommen gleich darauf zur Sitzung. Schöns Sohn Alwa holt seinen Vater zu einer Generalprobe ab, und beide überreden den Medizinalrat, sie zu begleiten. Lulu und der Maler, der verrückt nach ihr ist, sinken nach einem Handgemenge auf die Ottomane. Als Goll zurückkommt und die Ateliertür eintreten muß, um Einlaß zu finden, trifft ihn der Schlag. Lulu stellt fest, daß sie nun reich ist. Wenig später ist sie mit Schwarz verheiratet, doch zwanghaft drängt es sie zu Dr. Schön. Schön fordert Lulu auf, ihre Besuche bei ihm einzustellen. Doch sie wünscht nichts mehr, als daß Schwarz ihre Seitensprünge durchschaut. Schön will aus dem Spiel gelassen werden, will endlich seine aristokratische Verlobte heiraten. Dennoch öffnet er Schwarz in Lulus Abwesenheit die Augen: Einst hat er Lulu von der Straße aufgelesen, sie erziehen lassen, zu seiner Geliebten gemacht und schließlich an Goll verheiratet. Außer sich vor Verzweiflung, schneidet sich Schwarz im Nebenraum die Kehle durch. «Da verblutet meine Verlobung», sagt Schön, als er mit Lulu die Tür aufgebrochen hat. Lulu weiß: «Du heiratest mich ja doch.» Dem herbeigeeilten Reporter Escherich diktiert Dr. Schön den Bericht über den Selbstmord des Malers. In einem symbolistischen Bühnenwerk Alwas tritt Lulu als Tänzerin auf. Bei einer Vorstellung, die Schön mit seiner Braut besucht, markiert Lulu auf der Bühne einen Ohnmachtsanfall und weigert sich weiter zu tanzen. Sie macht Schön klar, daß er zu schwach ist, sich von ihr loszureißen, und diktiert ihm einen Abschiedsbrief an seine Braut. Bald darauf ist er mit Lulu verheiratet – und dem Wahnsinn nahe. Lulu hat Schöns Haus zu einem Bordell gemacht, hinter den Portieren sucht er, den Revolver in der Hand, versteckte Liebhaber. Eine bunte Gesellschaft treibt sich in seiner Villa herum: Die lesbische Malerin Gräfin Geschwitz, Schigolch, der Artist Rodrigo und der Gymnasiast Hugenberg. Schigolch bekennt, er habe Lulu auch einmal heiraten wollen, er sei nicht, wie man glaubt, ihr Vater, sie habe nie einen gehabt. Als der Kutscher Ferdinand, der Lulu ebenfalls verfallen ist, Alwa meldet, verstecken sich alle. Lulu hat Alwa zum Essen eingeladen. Überraschend zurückgekehrt, beobachtet Dr. Schön, wie sein eigener Sohn Lulu eine stürmische Liebeserklärung macht. Er beschwört Lulu, sich zu erschießen. Sie jedoch tötet ihren Mann und fleht den zurückgekehrten Alwa an, sie nicht der Polizei zu übergeben: «Ich will dir treu sein mein Leben lang.» Alwa aber geht, um der Polizei zu öffnen. Lulus Verhängnis schreitet unaufhaltsam fort – in den Abgrund.

Die Büchse der Pandora
Tragödie in 3 Aufzügen
UA: 1904 in Nürnberg

In der Halle der Villa Dr. Schöns warten Alwa, der Artist Rodrigo und die lesbische Gräfin Geschwitz auf Lulu. Diese war nach dem Mord an Dr. Schön zu neun Jahren Gefängnis verurteilt worden, aber durch ein tolldreistes Manöver der Gräfin auf freien Fuß gelangt. Lulu drängt Alwa, mit ihr nach Paris zu gehen. Als Gräfin Adelaide d'Oubra lebt sie dort in einer Gesellschaft von Kokotten, Hochstaplern und Spekulanten, unter ihnen Graf Casti-Piani, dem Lulu sexuell verfallen ist. Lulu und Alwa sind bankrott. Casti-Piani will Lulu zwingen, sich von ihm in ein Freudenhaus nach Kairo verkaufen zu lassen. Rodrigo, der Lulus Spur in erpresserischer Absicht gefolgt ist, droht mit Anzeige bei der Polizei. Lulu bringt die Gräfin Geschwitz dazu, Rodrigo in die Wohnung Schigolchs zu locken, wo dieser ihn beseitigen wird. Gerade noch rechtzeitig gelingt es Lulu, nach London zu fliehen. Mit Alwa und Schigolch haust sie in einer elenden Dachkammer. Die beiden Männer überreden Lulu, auf den Strich zu gehen. Sie bringt zuerst einen harmlosen Irren, Mr. Hopkins, mit, dann Kungu Poti, einen kaiserlichen Prinzen von Uahube, der Alwa im Streit tötet. Der dritte Kunde, der Schweizer Privatdozent Dr. Hilti, entdeckt Alwas Leiche und flieht entsetzt. Zuletzt bietet sie dem vierten Kunden, Jack, den bisherigen kargen Gewinn an, wenn er die Nacht bei ihr verbringt. Doch er, ein Lustmörder, verwundet zuerst die Gräfin Geschwitz, die Lulu nachgereist ist, tödlich und ermordet dann Lulu.

«Daß der Freudenquell in dieser engen Welt zur Pandorabüchse werden muß: diesem unendlichen Bedauern scheint mir die Dichtung zu entstammen» – so charakterisierte Karl Kraus die vielschichtige Lulu-Tragödie Wedekinds. Durch das Mittel der Kolportage antipsychologisch und antinaturalistisch stilisiert, werden die Konflikte freigelegt, die sich aus dem Widerspruch der Beziehung zwischen Sexualität und Gesellschaft ergeben. Die verschiedenen Ebenen, auf denen Wedekind sein Thema dialektisch behandelt, haben zu einer Fülle der Interpretationen geführt: Lulu als Frau, die sich über die herkömmlichen Moralbegriffe radikal hinwegsetzt und an deren ursprünglicher Natürlichkeit die verkrampfte verlogene Welt der bürgerlichen Moral zerbricht. Lulu als Verkörperung der reinen Triebhaftigkeit in einer Unschuld, die Gut und Böse nicht kennt. Lulu als das weibliche Prinzip, die Urgestalt des Weibes. Dargestellt wird der Verlust der Identität der Frau, die sie nur in den Projektionen der Männer wiederfindet. Tatsächlich nehmen die Männer der Doppeltragödie Lulu nicht als autonome Frau, sondern als das, was sie in ihr sehen wollen: Kindfrau, Hure, Göttin, Vamp oder Ehefrau. Sie aber bleibt, davon unberührt, sie selbst. Auf der Ebene der bürgerlichen Gesellschaft bedeutet das, daß Lulu die Rollen, die ihr als Frau zugewiesen werden, nicht spielen will, sie erhebt Anspruch auf Anerkennung ihrer individuellen Eigenart. Lulu ist schuldlos am Tod der Männer. Daß sie ihr verfallen, beweist nur, in welchem Maß sie demoralisiert sind. Der unbedingten Natur Lulus entspricht ihre unbedingte Moral, sie lebt bindungslos, naiv, jenseits vom Gut und Böse gesellschaftlicher Normen und entlarvt damit immer wieder den Moralkodex der Gesellschaft als Perversion natürlicher Moral. Es ist eine denaturierte, unheile Welt, in der sie Katastrophen anrichtet. Der tiefe Pessimismus in der Wertung der Gefühle außerhalb der Triebsphäre kommt im zweiten Teil der Tragödie zum Ausdruck: Lulus Bindungslosigkeit an die Gesellschaft wird durch die Notwehr-Schüsse auf Schön in

Illegalität verwandelt, die nun von den Männern rücksichtslos ausgebeutet wird. In ihrer Verstrickung in die Gesellschaft ist Lulu wehrlos geworden. Immer unverhüllter wird sie merkantil verwertet, bis der Lustmörder den fast wertlosen Rest liquidiert.

Der Marquis von Keith
Schauspiel in 5 Aufzügen
UA: 1901 in Berlin

Der Marquis von Keith, so nennt er sich jedenfalls, ist Ende zwanzig und hinkt. Er hat sich in München niedergelassen und betreibt eine Pressekorrespondenz, einen Kunsthandel und eine Konzertagentur. Molly Griesinger, mit der er zusammenlebt und die vor drei Jahren als Fünfzehnjährige mit ihm nach Amerika durchgegangen ist, möchte ihn in eine bürgerliche Existenz führen. Im Augenblick ist er völlig pleite, doch ganz München glaubt, daß er steinreich sei, denn seine Pläne einer Feenpalast-AG sind stadtbekannt. Seine Geliebte, die verwitwete Gräfin Anna Werdenfels, geborene Huber, die singen lernt und der Star des Feenpalastes werden soll, muß er in ihren Geldnöten vertrösten. Da wird der Besuch von Ernst Scholz gemeldet, der sich als der Jugendfreund Gaston Graf Trautenau entpuppt, bei dem Keiths Vater Hauslehrer war. Weil er, der Steinreiche, seinen Lebensunterhalt durch Arbeit verdienen wollte, hatte er ein Debakel erlitten. Er änderte daraufhin seinen Namen und versuchte, eine andere Identität zu gewinnen: ein «Genußmensch» zu werden. Das will er jetzt bei Keith lernen. Der nächste Morgen sieht die beiden schon guter Dinge: Keith hat die Feenpalast-Gesellschaft gegründet, Scholz das Malermodell Kathi-Simba kennengelernt. Nur das «größte Finanzgenie Deutschlands», Konsul Casimir, fehlt Keith noch im Vorstand. Als Keith seinen Gesellschaftern, einem Restaurateur, einem Bierbrauer und einem Baumeister, die Feenpalast-Pläne zeigt, kündigt er zur Gründungsversammlung ein Gartenfest mit Feuerwerk in der Villa der Gräfin an. Zu diesem Fest schickt er sich selbst ein mit «Casimir» unterzeichnetes Glückwunschtelegramm und lanciert entsprechende Meldungen in die Presse. Nach einem ersten, aus Reklamegründen inszenierten Konzert nimmt die Werdenfels in ihrer Villa Huldigungen entgegen, auch die des Konsuls Casimir, der ihr einen Heiratsantrag macht. Die Werbungen von Scholz lehnt sie hingegen ab. Molly ist unterdessen verschwunden, Keith glaubte sie bei ihren Eltern, doch ein Telegramm dementiert das. Als die Feenpalast-Gesellschafter Einblick in die Geschäftsbücher verlangen, stellt sich heraus, daß Keith keine geführt hat. Casimir übernimmt daher die weitere Durchführung des Projekts, und die Werdenfels teilt Keith mit, daß sie den Konsul heiraten werde. Scholz verabschiedet sich, er will in eine private Irrenanstalt gehen und bietet Keith an, mit ihm zu kommen. Doch der lehnt ab. Nun folgt ein Schlag dem anderen: Molly hat sich in der Isar ertränkt, ihr Leichnam wird Keith ins Haus gebracht, und schließlich fordert Casimir Keith auf, mit dem nächsten Zug München zu verlassen und findet ihn mit 10000 Mark ab. Keith denkt daran, sich umzubringen, entscheidet sich aber dann für das Geld: «Das Leben ist eine Rutschbahn ...» sagt er. – In dem grotesken Schwank mit seiner kolportagehaften Hochstaplergeschichte, den Wedekind für sein künstlerisch reifstes und geistig gehaltvollstes Stück hielt, geht es um die Polarität zwischen Keith und Scholz. Keith, ein Don Quichotte des Lebensgenusses, und Scholz, ein Don Quichotte der Moral, stehen in einer Welt, deren Devise lautet: «Der Mensch wird abgerichtet oder hingerichtet.» Beide reagieren auf diese Welt in verschiedener Weise. Der Realist Keith hat die Devise erkannt und versucht, nach ihr zu leben, der Idealist Scholz leugnet sie und leidet. Beide versuchen, einander zu helfen, Keith will Scholz zu einem Genußmenschen machen. Scholz den anderen von seinen Untugenden abbringen. Während aber der eine seine realistischen Einsichten in die Gesetze der Gesellschaft überschätzt, übertreibt der andere seinen Altruismus. Sie scheitern beide. Die gesellschaftlichen Zustände, die für die Trennung von Moral und Lebensgenuß verantwortlich sind, werden jedoch gerade in der grotesken Gegenüberstellung deutlich. In Scholz verklärt sich die von Wedekind verdammte bürgerliche Moral, in Keith entlarvt sie sich. Wedekind verwies daher ausdrücklich darauf, daß es in diesem Stück keinen Konversationston geben dürfe, sondern alles hochdramatisch gespielt werden müsse, Keith als Feuerkopf, nicht als Bonvivant, und Scholz als Empörer, «der fortwährend mit seinen Ketten rasselt», nicht als Melancholiker. Der Zeitgenosse, der Wedekinds Werk am hellsichtigsten begriff, war Thomas Mann: Er bezeichnete es als Mysterium der Abdankung.

Carl Sternheim 1878–1942

William Adolph Carl Francke wurde am 1. April 1878 als illegitimer Sohn des Bankiers und Zeitungsverlegers Jacob Sternheim in Leipzig geboren. Ein Jahr nach seiner Geburt heirateten die Eltern, der Sohn Carl wurde legitimiert. Seine Kindheit in Hannover und Berlin prägten frühe Theatereindrücke, die ihm vor allem durch den Vater vermittelt wurden. Ab 1897 studierte Carl Sternhein in mehreren deutschen Städten Philosophie, Literaturwissenschaften und Kunstgeschichte. Nach kurzer Ehe mit Eugenie Hauth heiratete er 1907 Thea Bauer, eine reiche Industriellentochter, und errichtete den Herrensitz Bellemaison mit eigenem Theater in der Nähe von München. Zusammen mit Franz Blei gründete er 1908 in München die Zeitschrift «Hyperion», begann mit Bildern von van Gogh eine Sammlung moderner Kunst anzulegen und befreundete sich mit Frank Wedekind und Max Reinhardt. Immer wieder von Nervenkrisen geplagt, konnte seine sensible Natur das Kreuzfeuer öffentlicher Kritik, das seine Stücke auslösten, nicht ertragen, und er erwarb daher 1912 in La Hulpe bei Brüssel einen Herrensitz, den er 1913 mit seiner Familie bezog. Nach dem Ersten Weltkrieg lebte Sternheim abwechselnd in Holland, Deutschland, Belgien und der Schweiz. 1927 wurde seine zweite Ehe geschieden. 1930 heiratete er Pamela Wedekind, doch blieb diese Verbindung von kurzer Dauer. Sternheim starb als ein vom Hitler-Regime verfemter und totgeschwiegener Dichter nach Jahren geistigen und körperlichen Verfalls am 3. November 1942 in Brüssel.

«In einem Dutzend Komödien von 1908–1920 stabilisierte ich des Bürgers Heldenleben, Bekenntnis zu seiner Ursprünglichkeit. Held ist er, weil aus gesellschaftssittlichen und vernünftigen Notwendigkeiten er sich immer stärker gegen Widerstände in die ... Freiheit hineinspielt», schrieb Sternheim über sein Komödienwerk. Die Komödien «aus dem bürgerlichen Heldenleben» waren von ihm zunächst nicht zyklisch geplant, sondern wurden erst nachträglich zusammengefaßt. Sie bilden das Kernstück von Sternheims Schaffen und sind sowohl durch ihre Thematik als auch durch die Personen verbunden.

In seinen Komödien entwarf Sternheim das Panorama einer Epoche. Was er zeigte, war ein Stück gern verdeckter Wahrheit aus der bürgerlichen Gesellschaft, der er eine möglichst präzise Diagnose stellen wollte. Wie Molière, sein großes Vorbild, «Arzt am Leib seiner Zeit», behauptete er nicht, Heilmittel oder Patentlösungen zu besitzen, sah aber in der klaren Darstellung der Krankheit den Weg zur Heilung. Ein Meister giftzerfressener Idyllen, zeichnete er eine Welt voll brutaler Energie hinter schönen Fassaden, das Porträt jenes korrumpierten Bürgertums der spätwilhelminischen Ära, das er das «Juste Milieu» nannte. Gegen die Angepaßten stellte er Figuren, die auf ihrer Freiheit und Selbstbehauptung bestanden. Das beruhte auf der Erkenntnis, daß der einzelne nur durch Selbstbewußtsein den Bann blinder Anpassung brechen und zur individuellen Freiheit gelangen kann. Sternheims Verachtung galt dem Sich-Einfügen ins Allgemeine. «Führt man sich nach außen hinreichend mitbürgerlich konventionell auf, kann man innerlich entschlossen ein zyklopisch zu sich gewillter Viechskerl sein, Leben zu eigenem Nutz und Frommen radikal abweiden», erklärte er. Der «zu sich gewillte Viechskerl» ist meist der Held seiner Werke. Seine moralische Wertung bleibt ambivalent und bildet gerade dadurch den Brennpunkt von Sternheims ungebrochener Aktualität. Der Dichter ist ehrlich genug, sein Credo, die unverfälschte, freie Entwicklung des Individuums, in einer Art zu artikulieren, die dessen Beitrag zur Verbesserung der Welt durchaus fragwürdig erscheinen läßt. Denn ein Individualismus, der einerseits Alternative zu verblassendem Leben, zur Nivellierung ist, kann andererseits als ungehemmter Egoismus, hinter Idealen und Konventionen verborgen, auch zum Keim bürgerlicher Selbstzerstörung werden. Die Sprache verwendet Sternheim einerseits als Mittel der Verfremdung, die bewußt auf naturalistische Schilderung verzichtet, um mit poetischer Knappheit schonungslos verborgene Motive und Beweggründe bloßzulegen; andererseits setzt er sie ein als adäquates Ausdrucksmittel seiner demaskierten bürgerlichen Helden und ihres erzwungenen oder erkämpften Bekenntnisses zu ihrem Ich.

Die Hose (UA: 1911 in Berlin), die erste Komödie «aus dem bürgerlichen Heldenleben» und das erste Maske-Drama, nimmt von einer «Katastrophe» ihren Ausgang, deren Anstößigkeit bei der Uraufführung noch durch den Titel *Der Riese* kaschiert wurde: Theobald Maske, ein philiströser, aber durchaus kraftvoller subalterner Beamter, tobt, weil seine verträumte Frau Luise ausgerechnet in dem Augenblick auf der Straße ihre Unterhose verlor, als die Kaiserliche Majestät vorbeifuhr. Maske bangt nun um Amt und Würden und beschließt, zwei Zimmer zu vermieten, um die zu erwartenden finanziellen Einbußen auszugleichen. Zwei Augenzeugen des Hosenskandals haben sich, inflammiert von dem pikanten Ereignis, eingefunden und mieten sich bei den Maskes ein: Der elegante, von hohen Bildungsidealen beseelte Dichter Scarron, Nietzsche-Verehrer, und der kränkelnde Friseurgehilfe Mandelstam, Wagner-Verehrer. Mandelstam durchschaut sofort die amourösen Absichten Scarrons, und Luise, die sich zu dem romantischen Dichter hingezogen fühlt, versucht, den Verdacht des Friseurs zu zerstreuen, indem sie Sympathie für ihn heuchelt. Doch während Luise auf ihren Poeten wartet, philosophieren die Herren bis spät in die Nacht angeregt im Wirtshaus. Am nächsten Morgen erzählt Maske seiner enttäuschten Frau, er habe Scarron total betrunken nach Hause bringen müssen. Nicht Luise, sondern Maske begeht schließlich den Seitensprung. Er nützt einen Kirchgang seiner Frau zu einem Besuch bei der Nachbarin. In seinem sinnlichen Begehren angeheizt und von den Mieteinnahmen gestärkt, zeigt Maske nach seiner Heimkehr plötzlich auch vitales Interesse an seiner Frau: «Jetzt kann ich es, dir ein Kind zu machen, verantworten», erklärt er und gibt Anweisungen für den Sonntagsbraten. – Das Stück löste mit seiner ungewohnten, brutalen Direktheit Skandale aus und wurde zunächst verboten. Eine Hose demonstrierte, was sich hinter der gesellschaftlichen Fassade der Wohlanständigkeit abspielt, wie ein als «unsittlich» geltendes Malheur sexuelle Begehrlichkeit provoziert und der eben noch verängstigt um seine Existenz bangende Bürger daraus Kapital schlägt. Mit den beiden Mietern verhöhnte Sternheim auch ihre Ideale: wenn der ahnungslose Maske beim Philosophieren im Wirtshaus dem emphatischen Scarron gegenüber plötzlich zum Skeptiker wird und dessen Ideal vom Übermenschen, ohne das geringste davon zu verstehen, lächerlich macht, während sich Mandelstam in begeisterter Übereinstimmung mit seinem Rivalen findet, so zeigt sich schon hier die virtuose Technik des Dramatikers, seine Figuren so gegeneinander auszuspielen, daß die Lächerlichkeit des einen die des anderen noch erhöht.

Der Snob (UA: 1914 in Berlin) ist das «Geschenk», das Theobald Maske nach dem glücklichen Ausgang des Hosenabenteuers seiner Frau zusagte: Der Sohn Christian Maske, inzwischen 36 Jahre alt, steht genau im Schnittpunkt zwischen seiner ärmlichen Herkunft und seiner glänzenden Zukunft. Rücksichtslos entledigt er sich aller Hemmnisse, die seinen Weg nach oben gefährden könnten. Zur wirtschaftlichen Position, die er sich bereits erobert hat, erkämpft er sich nun die gesellschaftliche Stellung. Er hält daher die sofortige Auflösung seiner bisherigen Bindung für die Voraussetzung seiner Karriere. Vom Vater, der in einer finanziellen Notlage die Rückzahlung der für ihn gemachten Aufwendungen fordert, erkauft er sich das Versprechen, daß die Eltern mit einer Übersiedelung in die Schweiz jeden Kontakt zu ihm aufgeben; auch die frühere Geliebte, der er seine Manieren und eine finanzielle Starthilfe verdankt, wird mit einer großzügigen Summe aus seinem Umkreis verbannt. Der Bruch mit seiner kleinbürgerlichen Herkunft erscheint ihm die Voraussetzung für seine Verbindung mit dem Adel: Obwohl sich der finanzschwache Graf Palen zunächst scheinbar dagegen sträubt, kann sich Maske bald mit dessen Tochter Marianne, einem späten Mädchen, verloben. Als sich herausstellt, daß es in feinen Kreisen chic geworden ist, mit armen, aber ehrlichen Eltern seine eigenen Verdienste zu unterstreichen, holt Christian seine Eltern zur Hochzeit zurück. Theobald Maske, der dem Sohn bei seiner Ankunft den Tod der Mutter mitteilen muß, sieht in der Verbindung zunächst eine unsittliche Überschreitung unantastbarer Standesgrenzen, doch schließlich verdrängt der stolze Gedanke der Selbstverwirklichung im Sohn die moralische Entrüstung. Christian, der inzwischen zu zweifeln beginnt, ob die Offenbarung seiner Herkunft nicht ein Fehler sein könnte, fürchtet eine Blamage durch den Vater. Doch dessen Kleinbürgerlichkeit amüsiert das Selbstwertgefühl des Grafen, die Heirat mit der gräflichen Tochter und damit der gesellschaftliche Aufstieg sind endgültig gesichert. In seinem Erfolgsrausch opfert Christian in der Hochzeitsnacht auch noch die Ehre seiner Mutter: Er erzählt, sie habe im Bois de Boulogne, wo Renoir sie malte (ein Renoir-Gemälde ist sein Hochzeitsgeschenk), ihre Hose verloren und deutet der hinschmelzenden Gattin seine Abstammung von einem Pariser Vicomte an. – Der Gegensatz zwischen dem einzelnen und der Gesellschaft wird hier nicht als heroischer Kampf geschildert; Christian Maske behauptet sich in ihr durch rückhaltlose Anpassung. Manche

Sternheim. Der Snob. Thalia Theater Hamburg, 1969. Inszenierung: Rudolf Noelte
Christian Maske: Boy Gobert. Theobald Maske: Heinz Klevenow

Interpreten neigen daher auch zu der Auffassung, er schlage die Gesellschaft mit ihren eigenen Waffen. Allerdings läßt Sternheim keinen Zweifel daran, daß Christian im ökonomischen Sinn längst gewonnen hat, daß sein besessener Kampf zur Erreichung der gesellschaftlichen Anerkennung, dem alles und jeder geopfert wird, gar nicht nötig wäre, seine Anpassung letztlich überflüssig ist.

1913 (UA: 1919 in Frankfurt/M.), bereits 1915 entstanden, aber während des Kriegs nicht zugelassen, setzt die Geschichte vom exemplarischen Parvenu, der durch Anpassung an die Praktiken und Ideologien der Großfinanz und der Aristokratie zum Industriemagnaten aufgestiegen ist, auf der obersten gesellschaftlichen Ebene fort: Christian ist Freiherr Maske von Buchow geworden. Die Komödie, die auf Schloß Buchow spielt, schildert die Selbstzerstörung der wilhelminischen Gesellschaft. Aus dem Willen zur schrankenlosen Selbstentfaltung wird bei Maskes hybrider und dekadenter Nachkommenschaft Selbstvernichtung. Die Kräfte, die in Christian vereint waren, drängen in den Kindern zerstörerisch auseinander. Tochter Sophie hat zwar den Machtwillen des Vaters geerbt, nicht aber seinen Blick für Grenzen und Möglichkeiten, Tochter Ottilie kennt nur die zielstrebige Verfolgung ihrer erotischen Ziele, und Sohn Philipp Ernst hat in der Sicherheit des väterlichen Reichtums die Fähigkeit zur Selbstbehauptung verloren, ist ein hohler Dandy geworden. Die Diskrepanz zwischen der individualbetonten Lebenshaltung Maskes und dem klischeehaften Prestigedenken seiner Erben steigert sich zum offenen Konflikt, als Maske sich weigert, einen von Sophie (verheiratete Gräfin Beeskow) während seiner Krankheit abgeschlossenen Waffenvertrag zu akzeptieren. Der alternde Großindustrielle fühlt, daß gerade diese Tochter, die als einzige seinen Geschäftssinn geerbt hat, mit ihrer «genialen Skrupellosigkeit» sein «Lebenswerk in Stücke» schlägt. Begann sein Aufstieg in völliger Übereinstimmung seiner privaten Egoismen mit den gesellschaftlichen Erfordernissen, so überschlägt sich nun das System in hybrider Selbstüberschätzung. Maske fordert als Unternehmer vom Verbraucher Wertbewußtsein und in der Produktion bei Steigerung der Quantität auch eine Verbesserung der Qualität, Tochter Sophie sieht den Konsumenten nur als ausbeutbare Masse, will «Massen-, nicht Maßgeschäft». Für Maske ist Sophies Haltung ein Zeichen dafür, daß diese Gesellschaft reif ist für die Katastrophe des Krieges: «Nach uns der Zusammenbruch! Wir sind reif!» Zwar gelingt es ihm noch, durch einen rücksichtslosen Gegenschlag die Pläne seiner Tochter zu vereiteln; während er über dieser Nachricht triumphiert, trifft ihn der Schlag. Auch die übernächste Zukunft übt in dieser Komödie Sternheims bereits ihre Schlagworte: Wilhelm Krey, Maskes Sekretär, träumt von der Rettung vor der «Korruptheit des Kapitals» durch die «deutsche Idee» und drischt Phrasen von Seele, Wald und deutscher Art, bevor er den Reizen von Ottilie Maske erliegt.

Das Fossil (UA: 1923 in Hamburg) setzt den Endstein «auf das Gebäude vierer Stücke ‹aus dem bürgerlichen Heldenleben›». Der Kavalleriegeneral a. D. Traugott von Beeskow, Schwiegervater von Sophie Maske, scheint für alle Welt ein Fossil, doch erweist sich, wie gefährlich virulent ein Totgeglaubter noch werden kann. Zwar feiert er des Kaisers Geburtstag im Jahr 1921 recht lächerlich mit gezogenem Degen auf einem Schaukelpferd, setzt aber gleichzeitig seine Tochter Ursula gegen den zum Salonbolschewisten gewordenen Ago von Bohna ein, um die Ideologie wieder einmal der Liebe auf den Leim gehen zu lassen. Ursula stürzt sich allerdings allzu vehement in Agos Arme, und das sehr lebendige Fossil erschießt, was ihm nicht paßt. Er tötet die Tochter und ihren Geliebten und erklärt seinem bestürzten Sohn, sich der Gerechtigkeit stellend: «Was soll mir heutzutag passieren?» Der wilhelmische General kennt, gar nicht so weltfern, die Gerichte der Weimarer Republik. Sternheim kommentierte im Vorwort zu dem Abschlußdrama seine Maske-Tetralogie: «An den Mitgliedern der Familie Maske und ihrer Abkommen ist alles Wesentliche des Zeitabschnitts, den wir miterlebten, gezeigt: Aufstieg und cynisches Verkommen einer bürgerlichen Dynastie bis zum Augenblick der Entscheidung über Europas Schicksal.»

*Die Kassette** ist Sternheims zweite Komödie «aus dem bürgerlichen Heldenleben», unmittelbar nach dem ersten Maske-Stück entstanden. Es geht in dieser Komödie um die Jagd nach dem Geld, die zugleich eine Jagd nach der Macht darstellt. *Bürger Schippel** dagegen geriet zur bissigen Satire auf den bürgerlichen Standesdünkel der wilhelminischen Zeit und den «klassenkämpferischen Proletarier», der die gesellschaftlichen Normen des Bürgertums nur so lange verachtet, wie sie ihm unerreichbar erscheinen.

Der Kandidat 1915 nimmt im Zyklus «aus dem bürgerlichen Heldenleben» insofern eine Sonderstellung ein, als es sich um die Bearbeitung einer Komödie von Flaubert handelt, deren Tendenzen Sternheim jedoch deutlich verschärfte: Der reiche, aber politisch nur wenig befähigte Fabrikant Russek setzt seinen ganzen Ehrgeiz daran, in den Reichstag gewählt zu werden. Er laviert zwischen Konservativen, Nationalliberalen und Sozialdemokraten, deren Vertreter ausnahmslos um persönlicher Vorteile willen Russek ihre Unterstützung und ihre Stimme bei der Wahl anbieten: Der Führer der Rechten, Graf Rheydt, will seinen Sohn mit Russeks Tochter Luise verheiraten, um sich finanziell zu sanieren, Grübel, der die Liberalen vertritt, wirbt ebenfalls um Luise, von der er auch wiedergeliebt wird, und Redakteur Bach von der «Volksstimme», der nach einer verpatzten Wahlversammlung für Russek Propaganda macht und dabei vor keiner Tatsachenverdrehung zurückschreckt, hat Absichten auf Russeks Frau. Seidenschnur, ein Rivale, der Russek Geld schuldet, scheidet gegen das Versprechen, daß ihm seine Schulden erlassen werden, aus dem Wahlkampf aus. – Russek ist ein Verwandter des Oberlehrers Krull aus der *Kassette* wie auch von Molières Geizigem. Wie diese opfert er alles seiner Besessenheit, die auf das spezielle Ziel, den «Gewinn der Wahl», gerichtet ist. Es gibt keine Überzeugung, die er nicht auf der Stelle aufzugeben bereit wäre, wenn es um das Erreichen seines Ziels geht, es gibt kein «Wahlgeschenk», das er nicht machen würde, selbst wenn es sich dabei um Frau und Tochter handelte. Zuletzt versucht er, dem Wahnwitz nahe, sich auch noch Gott zu verbünden, will er doch keine Möglichkeit zum Sieg ungenützt lassen: «Ich glaube an dich, Gott!» brüllt er. «Ehrenwort!» Endlich, als Geschrei von draußen den Sieg verkündet, bricht er «von Heulen und Lachen geschüttelt» in einem Stuhl zusammen.

Tabula rasa (UA: 1919 in Berlin) hat Sternheim selbst als dasjenige Werk bezeichnet, in dem er seine «dichterischen Absichten am reinsten» verwirklicht sah. In den Mittelpunkt stellte er einen Arbeiter-Funktionär, der in seinem proletarischen Umfeld nach außen den Sozialisten spielt, um in seinen eigenen vier Wänden den Schritt ins Bürgertum und in die Freiheit vorzubereiten. «Mit seinen Ausbeutern war der Arbeiter durch gleiche Ziele am Geschäft, am Staat und seiner Macht interessiert und erhob sich, als der Krieg kam, mit ihnen zu seiner Rettung», schrieb Sternheim zu seinem Stück. «In meinem Schauspiel *Tabula rasa* habe ich diese ungeistige Tendenz des deutschen Arbeiters bis in die letzten Konsequenzen plastisch geschildert und ab absurdum geführt. Dort zeige ich, wie der von der Arbeit heimkehrende, bei fabelhafter Konjunktur glänzend verdienende und durch eine Unzahl Renten bis zum Tod behütete kapitalistische Proletarier bei verhängten Gardinen und verstopften Schlüssellöchern schon heimlich bei Phonographenklang ein leckeres Abendbrot einnimmt, in Börsenpapieren wie der gerissene Börsianer spekuliert.» Dieser kapitalistisch verbürgerlichte Proletarier ist der Pantoffelsozialist Wilhelm Ständer, der an seinem Lebensabend reinen Tisch macht. Das bevorstehende hundertste Betriebsjubiläum stellt sein häusliches Bürgerglück, das ihm zudem noch die Magd im Bett garantiert, in Frage. Während er laut die Trommeln für den sozialen Fortschritt rühren muß, bedrohen die Forderungen der Arbeiter den Wohlstand des heimlichen Couponschneiders, und er muß die verwickeltsten Intrigen ersinnen, um die Bedrohung abzuwenden. Als ihm schließlich seine Mühen um ein klassenkämpferisches Image das Angebot zum Mitdirektor eintragen, ihm damit also persönliche Verantwortung übertragen würde, hängt er das riskante Amt voll Bescheidenheit einem treuherzigen Mitstreiter an, der auch prompt daran zugrunde geht. Ständer lehnt die offizielle Eingliederung in die Bürgerklasse ab, um sein egoistisches Freiheitsideal verwirklichen zu können. «Unabhängig von Zunft und Gemeinschaftsidealen will ich nur noch mein eigenes Herz erforschen, die Lehrer suchen, die meine Natur verlangt», sagt er zuletzt. Sein Aufbruch in den Individualismus entlarvt allerdings nicht nur seine aus nicht praktizierten Idealen, Verlogenheiten, Bequemlichkeiten, Mechanismen und Phrasen zusammengesetzte Umwelt, sondern läßt auch die schrankenlose Entwicklung des Individuums als fragwürdig erscheinen.

Die Kassette
Komödie in 5 Aufzügen
UA: 1911 in Berlin

Zu Beginn baut Sternheim ein scheinbares deutsches Familienidyll auf: Mit Girlanden und Torte werden Oberlehrer Heinrich Krull und seine zweite Frau

Sternheim, Die Kassette
Residenztheater München, 1961
Inszenierung: Rudolf Noelte
v. l. n. r. Lydia: Regine Lutz
Dienstmädchen: Käte Jaenicke
Krull: Theo Lingen, Fanny: Bruni Löbel
Tante Elsbeth: Elisabeth Markus

Fanny, die von ihrer Hochzeitsreise an den Rhein zurückkehren, erwartet. Brummige Erbtante, schwärmerisches Töchterchen und treue Hausgehilfin begrüßen sie; der Fotograf Seidenschnur, vorerst noch Liebhaber des Dienstmädchens, gehört einstweilen nur peripher zu der Familie. So bieder und traulich sich die Familie gibt, die Tante kennt die wahre Natur ihrer Verwandten und verfügt auch über das Mittel, sie hervorzulocken: Ihre Kassette mit Wertpapieren. An dieser entlarvt sich die Besitzgier, der Krull sein Sinnenglück wie auch seinen Seelenfrieden opfert. Dem Oberlehrer, der sich schon mit seiner sentimentalen, metaphernreichen Schilderung der Rheinreise in seinem verlogenen Bildungsanspruch als Spießer verrät und der in der Behandlung seiner Frau, die er stets «süße Puppe» nennt, seine Einstellung zu ihr als sexuellem Gebrauchsartikel erkennen läßt, geht es nur um Besitznahme: ob es seine Frau oder die Kassette ist – und vor die Wahl gestellt, entscheidet er sich für die Kassette. Immer wieder enthüllt sich auch der Zusammenhang zwischen Geld und Sexualität. Können Krull und Fanny zu Beginn noch sinnlich turteln und gleichzeitig von der Erbschaft sprechen, so geistert Krull später – nur noch von Gedanken an das Geld besessen – vor dem Schlafzimmer seiner Frau, die währenddessen von dem zukünftigen Schwiegersohn Seidenschnur verführt wird. Zuletzt hat das Geld vollkommen über die Liebe gesiegt: Die Kassette nimmt Fannys Platz im Bett an der Seite Krulls ein. Doch inzwischen wurde dafür gesorgt, daß die Jagd nach der Kassette zur Jagd nach einem Phanton wurde: Die Tante, die sich selbst nach dem Oberlehrer sehnte, als Geschlechtswesen von ihm jedoch überhaupt nicht beachtet wird, rächt sich an dem Begehrten durch ihr Geld – indem sie es nämlich nicht ihm, sondern der Kirche vermacht.

Was Sternheim in den Maske-Dramen als Triebfeder des unaufhaltsamen Aufstiegs zeigte, wird bei Krull als vergebliche Anstrengung vorgeführt: Die gleichen rücksichtslosen Triebkräfte walten, doch die Umstände begünstigen sie nicht. Alle Demütigungen, die Krull von der Tante der erhofften Erbschaft wegen hinnimmt, sein Lavieren zwischen Fanny, die ihn mit sinnlichem Genuß, und der Tante, die ihn mit der Kassette lockt, erweist sich als sinnloses Rotieren. Doch nicht nur er, auch Seidenschnur wird Opfer der Kassette. Der Fotograf, der zunächst vom Dienstmädchen über Fanny bis zu Tochter Lydia die Liebeswünsche im Hause Krull stillte und schließlich mit ähnlich schwärmerischen Phrasen wie Krull von der Hochzeitsreise mit Lydia aus Italien zurückkehrt, endet wie sein Schwiegervater. Wenn er auch vorerst von der göttlichen Inspiration, die ihm die italienische Landschaft schenkte, auf seine Ambitionen als Maler verwiesen wird, so entsagt er doch bald seinem künstlerischen Ehrgeiz und wird zuletzt ebenfalls zum Anbeter der Kassette, der sowohl Lydias wie Fannys Bett für dieses Phantom im Stich läßt.

Bürger Schippel
Komödie in 5 Aufzügen
UA: 1913 in Berlin

Der biedere, in seine bürgerlichen Reputation eingebettete Goldschmied Hicketier benötigt für sein Sängerquartett, das bereits zweimal einen Preis errungen hat, dringend einen Tenor, da der Tod des Verlobten seiner Schwester eine schmerzliche Lücke gerissen hat. In der ganzen Stadt gibt es nur eine Stimme, die die des Verstorbenen ersetzen könnte, doch sie gehört zu einem derben Proleten namens Schippel. Da der Sängerwettstreit bedrohlich näherrückt, entschließt sich das zu einem Trio reduzierte Quartett trotz aller Standesvorurteile zu einem Versuch mit Schippel, ist jedoch von den ungeschliffenen Manieren des Mannes so schockiert, daß dieser schließlich beleidigt abzieht. Als sich nun aber sogar der regierende Duodez-Fürst, den ein Reitunfall in Hicketiers Haus verschlägt, für das Quartett – in Wahrheit aber für Hicketiers Schwester Thekla – zu interessieren beginnt, erscheint der Sieg beim Sängerwettkampf geradezu Standespflicht. Es gibt keine andere Wahl, als sich mit Schippel zu versöhnen, der seinerseits verspricht, sich den bürgerlichen Gewohnheiten anzupassen. Er ahnt, daß sein Weg zu gesellschaftlichem Ansehen über die tenoralen Höhen seiner Stimme führen könnte. Außerdem gefällt auch ihm Thekla, die von dem Quartettmitglied Wolke geliebt wird, dessen Impotenz sich allerdings sogar in seinem sprachlichen Unvermögen spiegelt. Während aber das Thekla anbetende Quartett einträchtig eine Probe abhält, steigt diese über eine Leiter in den Garten zu einem Rendezvous mit dem Fürsten. Im Sängerkampf wird der Sieg errungen. Hicketier beginnt, sich mit dem Gedanken vertraut zu machen, die in ihrer Ehre ramponierte Thekla mit dem in der Bürgergunst avancierten Schippel zu verheiraten. Doch dieser hat bereits den bürgerlichen Ehrenkodex übernommen und weist die nicht mehr makellose Braut zurück. Das Quartettmitglied Krey soll als neuer Bräutigam in die Bresche springen. Als Schippel Andeutungen über die Vergangenheit der Braut macht, glaubt Krey, Thekla gegen Schippel verteidigen zu müssen, und schon halten es die anderen für Standespflicht, daß die beiden Widersacher einander duellieren. Schippel gelingt es, vor Angst zitternd, zufällig, Krey leicht zu verwunden. Damit steht er als Held da, und Hicketier hält ihn für würdig, der «höheren Segnungen des Bürgertums voll und ganz» teilhaftig zu werden. «Du bist Bürger, Paul», sagt Schippel ergriffen und mit ausladender Reverenz vor sich selbst.

Das Stück zeigt eine schon etwas anachronistische Bürgerwelt in ihrem Versuch, sich sowohl vor der Wirklichkeit als auch vor den anderen sozialen Ständen hermetisch abzuschließen, um mit Phrasen und Klischees sangesfreudig leeren Idealen zu huldigen. Sternheim verwendete zur Entlarvung seiner Bürger auch deren phrasenhaften Umgang mit Literatur, um den Mißbrauch großer Worte, die an die Stelle echter Gefühle und Meinungen treten, auch mit einem fragwürdigen Kulturverständnis in Zusammenhang zu setzen. Es gelang ihm «die wohl scharfsichtigste Kleinstadt-Satire der deutschen Literatur – ein Stück, das Sangeslust und Vereinsmeierei, Ehrpusselei und Mondscheinstaffage sich romantisch verklärender Schäferstündchen einer schneidenden Komik aussetzt» – so der Theaterkritiker Hellmuth Karasek.

Georg Kaiser 1878 – 1945

Georg Kaiser wurde am 25. November 1878 in Magdeburg als fünfter von sechs Söhnen eines Versicherungskaufmanns bäuerlicher Abstammung und einer Land- und Gastwirtstochter geboren. Als Gymnasiast rebellierte er gegen das Erziehungssystem, ging mit Sekundarreife von der Schule und gründete den oppositionellen Leseverein «Sappho». Mit zwanzig fuhr er auf einem Frachtdampfer nach Südamerika. 1901 kehrte der an Malaria Erkrankte über Afrika und Spanien nach Deutschland zurück. Er mußte zwei Jahre in einer Nervenheilanstalt verbringen. In seinen ersten literarischen Werken wandte er sich dem Expressionismus zu. 1911 druckte erstmals ein Verlag, S. Fischer, ein Drama Kaisers, 1915 wurde erstmals eines aufgeführt (*Der Schüler Vehgesack* in Wien). Große finanzielle Schwierigkeiten brachten Kaiser 1921 ins Gefängnis; die konservative Presse begrüßte die Verurteilung des «Freundes des Kommunisten Ernst Toller». Zwischen 1915 und 1933 gab es über vierzig Uraufführungen von Werken Kaisers, der damit zum erfolgreichsten Dramatiker seiner Zeit wurde. Seine Antwort auf die politische Entwicklung von der Weimarer Republik zur Hitler-Diktatur war ein entschieden antifaschistisches und prosozialistisches Engagement. Am 10. Mai 1933 wurden seine Bücher verbrannt, er konnte der Verfolgung über Amsterdam in die Schweiz entkommen. Dort starb er am 4. Juni 1945 in Ascona.

«In einer Epoche, als das deutsche Theater stofflich verarmte und formal verwilderte, hat Georg Kaiser die Bühne an neue geistige Auseinandersetzungen und neue stilistische Probleme gewöhnt. Georg Kaiser hat Themen und Stilarten so schnell vorausgenommen, daß sie ... schon veraltet erscheinen, bevor sie sich in der langsamen Entwicklung des Lebens, in der zähen Gewohnheit der Literatur auswirken und durchsetzen konnten. Georg Kaiser überholte die Wirklichkeit durch den Stil ... Er machte Stellungen sturmreif. Er machte Minutenrevolten, Sekundenoffensiven, Augenblicksangriffe.» Diese Charakterisierung von Herbert Jhering anläßlich einer *Gas*-Inszenierung ist heute so zutreffend wie damals in den zwanziger Jahren, als man Kaisers Zuwendung zu griechischen Stoffen am Ende seines Lebens noch nicht ahnen konnte. Das Klischee eines «expressionistischen Klassikers» wird dem Namen Georg Kaisers, allen Bemühungen zum Trotz, es als Klischee zu entlarven, wohl weiter anhaften. Auch das Schlagwort «Denkspieler» wird Kaiser nicht erschöpfend gerecht. Vor seiner expressionistischen Zeit, die schon Anfang der zwanziger Jahre zu Ende ist, haben ihn Impressionismus, Neuromantik, Wedekind, Naturalismus und Mysterienspiel, danach Neue Sachlichkeit, Gebrauchsdramatik und schließlich Neoklassik interessiert. Die einzig deutlich erkennbare Mitte seines Werkes ist das «Daseinsrecht scheinhafter Gegenwelt».

Die Bürger von Calais (UA: 1917 in Frankfurt) galten lange als Kaisers bedeutendstes Bühnenwerk, nicht zuletzt wohl deshalb, weil sie ihm den ersten Theatererfolg brachten. Die Chroniques de France von Froissart und die Skulptur von Auguste Rodin regten ihn zu diesem 1914 entstandenen Bühnenspiel in drei Akten an, mit dem er sich dem Mysterienspiel nähert: Edward III. belagert Calais, er will die Stadt verschonen, wenn sechs gewählte Bürger, den Strick um den Hals, im Morgengrauen den Schlüssel übergeben. Der Bürgermeister verkündet diese Bedingungen und fordert freiwillige Meldungen. Während Duguesclins zur bewaffneten Verteidigung der Stadt aufruft, rät Eustache de Saint-Pierre zur Annahme der Bedingungen und meldet sich als erster. Weitere sechs Bürger folgen, am Nachmittag soll das Los zwischen ihnen entscheiden. Die sieben nehmen Abschied von ihren Familien. Als sie alle ein Todeslos ziehen, stellt sich heraus, daß Eustache nur blaue Kugeln in die Urne gelegt hat, er will die Entscheidung hinauszögern, da er meint, bei den Meldungen habe Eitelkeit mitgespielt. Frei soll sein, wer am nächsten Morgen als letzter erscheint. Sechs haben sich versammelt, da wird die Leiche Eustaches gebracht. Er hat sich getötet, um die Größe und Notwendigkeit des Opfers zu zeigen. Nun wird jedoch den anderen verkündet, daß Edward sie begnadigt hat: Es wurde ihm ein Sohn geboren. Er gibt die Stadt frei und kniet, ergriffen von der Opfertat, an Eustaches Leichnam nieder, um zu beten. Das streng und knapp komponierte Stück ist getragen von der Idee, daß die Bereitschaft zum

Opfer und sein Vollzug zum Wohl aller ein Triumph des sittlichen Verhaltens ist. Kaisers Sprache wirkte neu: kühl, knapp, aber von leidenschaftlicher Intensität.

Von morgens bis mitternachts (1917) stellt ein markantes Beispiel aus der expressionistischen Periode des Autors dar: Die unvermutete Begegnung mit einer Dame von Welt wirft einen Berliner Bankkassier aus dem Gleis seines ereignislosen Beamtendaseins. Er veruntreut ihretwegen 60000 Mark, aber sie hält das Fluchtrendezvous nicht ein. Allein gelassen und gehetzt von der Begierde, das «echte Leben» zu finden, durchlebt der aus Verzweiflung und Sehnsucht zum «Wanderer» gewordene von morgens bis mitternachts in symbolischer Raffung typische Existenzsituationen, an deren Ende der Tod steht. Die Erlebnisse beim Sechstagerennen, im Nachtclub und bei der Heilsarmee steigern seinen Ekel an der Welt, und als ihn das Mädchen von der Heilsarmee für ein paar Groschen der Polizei verrät, erschießt er sich. «Ecce homo» sind seine letzten Worte. Kaiser bietet hier weder einen tragischen Konflikt noch dessen Lösung. Der in rasendem Tempo abrollenden Handlung entspricht eine kurzatmige, gehetzte, gebrochene Sprache.

In *Gas I* (1918) und *Gas II* (1920) ist Kaiser formal und thematisch ebenfalls dem Expressionismus verpflichtet, übersteigert ihn jedoch, vor allem im zweiten Teil, so sehr, daß die Überfülle der expressionistischen Mittel, sowohl sprachlich als auch szenisch, bereits epigonal wirkt. Der Fabrikbesitzer, der seine Arbeiter entsklaven will, wird von ihnen gesteinigt, seine Tochter verspricht ihm die Geburt des «neuen Menschen». Im zweiten Teil scheitert auch dieser, und die totale Vernichtung durch Giftgas wird eingeleitet. Das gewaltlose Reich der demütigen Duldung, «das nicht von dieser Welt ist», bleibt Utopie.

Das Volksstück *Nebeneinander* (1923) ist der Stilrichtung «Neue Sachlichkeit» zuzuordnen. Hier laufen zum erstenmal in der Geschichte des modernen deutschen Dramas drei voneinander unabhängige Handlungen parallel zueinander. Ausgangspunkt: Ein Berliner Schieber hat das unschuldige Provinzmädchen Lu verführt und ihr, als sie mit Selbstmord drohte, einen Absagebrief geschrieben. Handlung Nummer eins: Lu flüchtet ins provinzielle Idyll, findet die Verzeihung ihrer Schwester, die Sympathie des spießigen Schwagers und die Liebe eines Diplomingenieurs, der, wie das Klischee es will, nach inneren Kämpfen «darüber hinwegkommt». Hier zeichnet Kaiser die Atmosphäre des spießbürgerlichen Gefühlskitsches und eines Pseudo-Volksstücks. Handlung Nummer zwei: Der Schieber in seiner Umwelt. Von Lu spricht er nur einmal, im übrigen gebraucht er zynisch seine Ellbogen, wird Generaldirektor einer Filmgesellschaft und zwingt die Diva in seine Arme. Hier gestaltet der Autor die Atmosphäre frech-gemeinen Spekulantentums, eine Satire auf die Bedenkenlosigkeit der Zeit. Handlung Nummer drei: Das Schicksal eines Pfandleihers, in dem plötzlich das Gewissen aufbricht. Im Frack des Schiebers findet er den Absagebrief an Lu, die Adresse ist in der Reinigung unlesbar geworden. Er will Lu vor dem Selbstmord retten und hetzt durch die Stadt, sie zu suchen. Er verliert dabei Konzession und Existenz und vergiftet zuletzt sich und seine Tochter mit Gas – eben in dem Moment, in dem Lu beseligt in den Armen des Diplomingenieurs landet und der Schieber seine Diva umarmt.

Kolportage (1924), eine Komödie mit Vorspiel und drei zwanzig Jahre später datierten Akten, gibt eine ironisch-witzige Persiflage auf bürgerlich-triviale Handlungsklischees à la Marlitt und Courths-Mahler. Kaisers Grundabsicht ist hier Satire, die sich gegen die gesellschaftliche Mechanik und ihre Degeneration des menschlichen Lebens zur Kolportage richtet.

Zur Gruppe der Werke, die Kaiser in der Emigration verfaßte, gehört *Der Soldat Tanaka* (1940): Um drückende Steuern bezahlen zu können, mußte eine japanische Bauernfamilie die einzige Tochter an ein öffentliches Haus verkaufen. Ihr Bruder, der Soldat Tanaka, liebt sie und möchte sie gern mit einem Kameraden verheiraten. Als er beim Versuch, sie aus dem Bordell zu holen, einen kaiserlichen Unteroffizier bei ihr findet, ersticht er beide und wird zum Tode verurteilt, wegen seiner Liebe zur Schwester aber dem Kaiser zur Begnadigung vorgeschlagen. Doch Tanaka kann nicht um Gnade bitten, ja, er verlangt, daß der Kaiser sich bei ihm entschuldige, da seine gewaltigen Rüstungskosten Schuld am Elend des japanischen Bauern trügen. Durch diese schneidende Anklage verwirkt Tanaka die kaiserliche Gnade und wird hingerichtet. Er nimmt den Tod auf sich, um die von ihm gestörte «Ordnung» des diktatorischen Systems nicht wiederherzustellen. Kaiser zielte mit diesem Stück deutlich auf das Hitler-Regime.

Schon in *Die Lederköpfe* (1928) hatte er sich gegen die Diktatur gewandt und zum Widerstand im Namen der Würde aufgerufen. Die Fabel entnahm er dem Herodot, auch die Dramaturgie verweist deutlich auf antike Muster. Aus dem Expressionismus übernimmt er die Verkürzung der Sprachmittel und den überhöhten Redegestus. Lederköpfe – das sind Menschen, die sich im Dienst der Mächtigen zum Tier erniedrigen, die jedermann und niemand sind, Werkzeuge der Unterdrücker.

Bertolt Brecht 1898–1956

Berthold Eugen Friedrich Brecht wurde am 10. Februar 1898 als Sohn eines Papierfabrikanten in Augsburg geboren. Noch während seiner Schulzeit erschienen seine ersten Gedichte und Kurzgeschichten in den «Augsburger Neuesten Nachrichten». Nach dem Abitur begann er 1917 ein Medizinstudium in München. Sein bisheriger Freundeskreis, zu dem bereits Caspar Neher, der spätere Bühnenbildner, gehörte, erweiterte sich nun um die Schriftstellerkollegen Lion Feuchtwanger und Johannes R. Becher. Neben dem Studium Theaterkritiker, wirkte er auch bei literarischen Gruppen mit und übersiedelte nach dem Tod der Mutter 1920 ganz nach München. Dort begann die Freundschaft mit den Theaterleuten Karl Valentin, Erich Engel und Carola Neher. Marianne Zoff, die er 1922 geheiratet hatte, brachte 1923 seine Tochter Hanne Marianne zur Welt. Brecht, der inzwischen Dramaturg an den Münchner Kammerspielen geworden war, befand sich beim Münchner Hitlerputsch auf der Verhaftungsliste, er übersiedelte 1924 nach Berlin, wo er zusammen mit Carl Zuckmayer bis 1926 an Max Reinhardts Deutschem Theater als Dramaturg arbeitete. In Berlin lernte Brecht Helene Weigel kennen, die 1928 seine zweite Frau wurde, die Hauptdarstellerin der künftigen Uraufführungen, aber auch Kampfgenossin für den politisch Engagierten, der begonnen hatte, den Marxismus zu studieren. Als zu Beginn des Jahres 1933 mehrere Brecht-Aufführungen polizeilich verboten wurden, verließ er kurz nach dem Reichstagsbrand Deutschland und emigrierte mit seiner Familie und einigen Freunden in die Schweiz. Schließlich ließ er sich bis 1938 im dänischen Küstenort Svedborg nieder und unternahm gelegentlich Theaterreisen nach London, Paris und New York. Nach einem einjährigen

Schweden-Aufenthalt und einigen Monaten in Finnland, reiste Brecht Anfang 1941 mit seiner Familie in die Sowjetunion und von dort, im Sommer 1941, nach Kalifornien, wo er sich in Santa Monica bei Hollywood niederließ. 1947 wurde er in Washington einem Verhör wegen unamerikanischen Verhaltens unterzogen und verließ daraufhin die USA, um sich 1948 am Zürcher See anzusiedeln. Da ihm von den alliierten Behörden die Einreisegenehmigung nach Westdeutschland verweigert wurde, ging er im Sommer 1948 nach Ostberlin, wo er Generalintendant des Deutschen Theaters wurde. 1949 gründete er gemeinsam mit Helene Weigel das Berliner Ensemble. Wenige Tage nach der letzten Probe für die *Galilei*-Inszenierung des Berliner Ensembles erlitt Brecht einen Herzinfarkt und starb am 14. August 1956 in Ostberlin.

Brechts Bedeutung für das Nachkriegstheater ist untrennbar verbunden mit dem Begriff des *Epischen Theaters*. In diesem System einer kritischen Darstellung und Vermittlung von Denkprozessen, von Einsichten in Veränderungsmöglichkeiten sollte das Theater des wissenschaftlichen Zeitalters entstehen: Statt Einfühlung Distanzierung zum Theatererlebnis, statt Nachvollzug eines Schicksals die verfremdete Demonstration von gesellschaftlichen Entwicklungsprozessen. Seinen Höhepunkt hatte diese Theaterform in den sechziger Jahren erreicht, durchgesetzt auch mit Hilfe der formvollendeten, ganz nach den Vorstellungen Brechts erarbeiteten Modell-Inszenierungen, die seit den ersten Nachkriegsjahren durch das Berliner Ensemble entstanden und auf der ganzen Welt gezeigt wurden.

Brechts Debüt als Dramatiker fand mit der 1919 entstandenen Revolutions-Komödie *Trommeln in der Nacht* statt, die 1922 an den Münchner Kammerspielen uraufgeführt wurde. Vor dem Hintergrund der deutschen Novemberrevolution und dem Spartakus-Aufstand vom Januar 1918 rollt die Komödie ab: Der Kriegsheimkehrer Kragler, der in die Berliner Kämpfe hineingezogen wird, will sich nicht der Revolution anschließen und zieht das warme Bett seines Mädchens zu Hause vor. Bei der Münchner Premiere hingen im Zuschauerraum Plakate mit der Aufschrift: «Glotzt nicht so romantisch!» Der Berliner Kritiker Herbert Jhering schrieb: «Der vierundzwanzigjährige Dichter Bert Brecht hat über Nacht das dichterische Antlitz Deutschlands verändert» und setzte sich dafür ein, daß Brecht den begehrten Kleist-Preis erhielt.

Das 1921 entstandene Schauspiel *Im Dickicht der Städte* kam in der ersten Fassung 1923 am Münchner Residenztheater und 1927 in Darmstadt heraus. Handlungsort ist die Stadt Chicago im Jahre 1912, wo sich der Holzhändler Shlink einen Ringkampf mit dem Bibliotheksangestellten George Garga liefert. Den vorliegenden Polizeibericht aus dem Chinesenviertel Chicagos hat Brecht in einer visionären Sprache verdichtet.

1923 fand in Leipzig die Uraufführung von Brechts frühestem Stück, *Baal*, statt, dessen Berliner Premiere unter Brechts Regie zum Theaterskandal wurde. Im Mittelpunkt dieser Ballade steht ein naturgottähnlicher Dichter, trunken von Liebe und Weib, amoralisch wie die Natur selbst, anarchisch, der große Asoziale, der die Menschen wegwirft, sobald er sie nicht mehr braucht, und schließlich einsam in seiner Hütte zugrunde geht.

An den Münchner Kammerspielen wurde 1924 die gemeinsam mit dem Freund Lion Feuchtwanger nach Marlowe verfaßte Historie *Leben Eduards des Zweiten von England* uraufgeführt. In dieser Tragödie zeigt Brecht, wie Eduard, der sich von seiner Gemahlin Anna abgewandt hat und mit seinem Geliebten Gaveston lebt, um dessentwillen sich mit den Großen seines Reiches, darunter vor allem seinem Gegenspieler Mortimer, verfeindet. Erst nach dem Tod Gavestons entwickelt Eduard dann Härte in seiner Regierungsführung. Und nach jahrzehntelangen, grausigen Kriegen, nachdem niemand ihn zur Abdankung zwingen konnte, wird er schließlich ermordet.

Mit dem 1924/25 entstandenen Lustspiel *Mann ist Mann* (1926) zeichnet sich eine formale Wende im dramatischen Frühwerk Brechts ab. Hier verläuft, wie in den späteren Hauptwerken *Der Gute Mensch von Sezuan** und *Der Kaukasische Kreidekreis**, die Handlung in Form einer Parabel. «Die Verwandlung des Packers Galy Gay in den Militärbaracken von Kilkoa im Jahre neunzehnhundertfünfundzwanzig» zeigt einen gutmütigen Menschen, der nicht nein sagen kann. Als braver Ehemann gerät er unter die Soldaten, läßt sich ins militärische Kollektiv einbauen und wird so zum winzigen Teil der großen britischen Armee in Indien, die als menschliche Kampfmaschine schließlich eine Stadt in Tibet erobert. Interessant ist diese Komödie vor allem auch deshalb, weil sie zu den ersten Versuchen Brechts mit dem «Epischen Theater» zählt. Sein Freund Caspar Neher hatte bei der Uraufführung zum erstenmal antiillusionistische Mittel, eine halbhohe Gardine als Vorhang und eine hell ausgeleuchtete Bühne, verwendet. Das dramatische Geschehen selbst wird von einer Erzählerfigur, der Kantinenwirtin Leokadja Begbick, kommentierend erläutert, die Soldaten sind zu überlebensgroßen Monstren ‹verfremdet› worden.

In dem Einakter *Die Kleinbürgerhochzeit* (1926) werden Elemente eines absurden Theaters sichtbar: Während eines Hochzeitsessens krachen nach und nach sämtliche Möbel zusammen, die der junge Ehemann zur Ausstattung gezimmert hatte. Mit den zu Bruch gegangenen Möbeln sind dann schließlich auch die Manieren dahin, die kleinbürgerliche Anständigkeit hat sich als morsche Fassade erwiesen. Ähnliche Motive hat dann 1932 der österreichische Dichter ELIAS CANETTI dramatisch gestaltet. In dessen böser Komödie *Die Hochzeit* bricht allerdings das ganze Haus über der gierig-geilen Festgesellschaft zusammen.

Die Musik erhält immer stärkere Bedeutung im dramatischen Schaffen Brechts. Von CURT WEILL stammten bereits Songs zu *Mann ist Mann*, er ist auch der Komponist des Songspiels *Mahagonny* (1927). Am nachdrücklichsten dokumentiert sich die freundschaftliche Zusammenarbeit Brechts mit Weill und dessen Frau Lotte Lenya dann im Sommer 1928 in Berlin. Nach der erfolgreichen Uraufführung einer Jaroslav Hašek-Dramatisierung *Die Abenteuer des braven Soldat Schwejk* 1927 an der Piscator-Bühne, wo Brecht sich an der Bearbeitung beteiligt hatte, erlebte er einen triumphalen Erfolg mit seiner *Dreigroschenoper**, zu der ihm Gay/Pepuschs *Beggar's Opera* als Vorlage gedient hatte.

Zu einer Zusammenarbeit mit Paul Hindemith kam es bei dem *Badener Lehrstück vom Einverständnis*. Danach trennten sich die Wege Brechts und Hindemiths wieder, da Brecht den Begriff des Lehrstücks nicht nur künstlerisch-existentiell, sondern auch marxistisch fundiert gebraucht wissen wollte.

Ebenso bedeutsam wie bei der *Dreigroschenoper* erwies sich die Zusammenarbeit Brechts mit Weill bei der Oper *Aufstieg und Fall der Stadt Mahagonny*, die 1930 in Leipzig uraufgeführt wurde: Gegründet von der Kupplerin Leokadja Begbick, die hier mit ihren Mädchen, darunter Jenny, einzieht, ist Mahagonny der Inbegriff kapitalistischen Geschäftssinns, eine Stadt, in der man für Geld alles haben kann und wo es das größte Verbrechen ist, kein Geld zu haben. Hier entwickelte Weill seine spezifische Form der gestischen Musik, Bestandteil von

Brechts Ausdrucksmittel des *Epischen Theaters*, dessen Theorie er in den Anmerkungen zu *Mahagonny* erstmals ausführlicher formulierte. Erstrebt wird nicht mehr der Spannungsaufbau wie im klassischen Theater, die Handlung wird vielmehr unterbrochen durch Kommentare, Songs, Chöre, womit das Publikum direkt angesprochen werden soll.

Zur formalen Wandlung kommt die systematische ideologische Schulung, wie Brecht sie dann in den Beispielen seines marxistischen Lehrtheaters auf die Bühne stellte, als deren bedeutendstes Schauspiel die Dramatisierung von Gorkis Roman *Die Mutter* gelten kann. Uraufgeführt 1932 in Berlin, wird hier eine Bilderchronik aus der russischen Revolution vorgeführt, in deren Mittelpunkt Pelagea Wlassowa steht, Arbeiterwitwe und Mutter des Arbeiters Pawel. Zunächst will sie ihren Sohn aus allem politischen Agitieren heraushalten, wird aber dann in die gemeinsame Sache stark hineingezogen und entwickelt sich schließlich zur kompromißlosen Kampfgenossin, die 1917 in den Reihen der streikenden Arbeiter und Matrosen mitmarschiert, um gegen Krieg und zaristischen Machtmißbrauch zu demonstrieren. In der Berliner Wiederaufführung von 1970 wurde dieses Lehrstück mit Therese Giehse in der Titelrolle zum entscheidenden Triumph der Arbeit Peter Steins an der Berliner Schaubühne am Halleschen Ufer, da sich hier die kollektivistische Theaterarbeit genau mit dem deckte, was die Botschaft dieses Stückes ausmacht: das gemeinsame Bemühen um eine «dritte Sache».

Das nächste große Lehrstück Brechts, *Die Heilige Johanna der Schlachthöfe**, gelangte 1932 zunächst in einer Hörspielfassung zur Uraufführung, und es sollte 27 Jahre dauern, bis Gustaf Gründgens das Stück in Hamburg herausbrachte.

In den Jahren von Brechts Emigration, zwischen 1933 und 1948, gab es zunächst einige Premieren in Paris. Hier wurde 1933 vom Ensemble Georges Ballanchine das Ballett *Die Sieben Todsünden der Kleinbürger* herausgebracht, 1937 der Einakter *Die Gewehre der Frau Carrar* und 1938 der Zyklus *Furcht und Elend des Dritten Reiches* in ausgewählten Szenen. – Zu legendären Erfolgen gestalteten sich dann die Uraufführungen der drei großen Stücke, die das Zürcher Schauspielhaus vorstellte: 1941 *Mutter Courage und ihre Kinder**, eine Chronik aus dem Dreißigjährigen Krieg in der Regie von Leopold Lindtberg mit Therese Giehse als Courage, dann 1943 *Der Gute Mensch von Sezuan** und im Herbst desselben Jahres *Leben des Galilei**. Eine Uraufführung in englischer Sprache kam 1948 in Minnesota/USA heraus: *Der kaukasische Kreidekreis**, und im gleichen Jahr, wiederum am Schauspielhaus Zürich, *Herr Puntila und sein Knecht Matti**. Alle in der Emigration entstandenen Werke wurden dann, nach Brechts Übersiedlung nach Ostberlin, in den Modellaufführungen des Berliner Ensembles wiederholt.

In der Schweizer Emigration war Brechts Stück vom Pariser Volksaufstand, *Die Tage der Commune*, entstanden, ein politisches Agitationsstück, das aus dem historischen Beispiel Lehren für den heutigen Sozialismus ziehen wollte.

Zu den wichtigsten Uraufführungen nach Brechts Tod zählen jene Werke, in denen er sich entscheidend mit der Hitler-Zeit auseinandergesetzt hat: zunächst seine Dramatisierung des Schwejk-Themas, *Schwejk im Zweiten Weltkrieg*. In seinem Gangsterspektakel *Der aufhaltsame Aufstieg des Arturo Ui*, 1941 in Finnland unter dem Eindruck der Siegesmeldungen aus Hitlers Deutschland geschrieben und 1958 in Stuttgart uraufgeführt, steht der «Führer» als Hauptganove im Mittelpunkt der Handlung. Als Erweiterung dieses Themenbereichs gedacht, als Demonstration vom

Mißbrauch der Macht in der Diktatur gelangte 1969 das zwei Jahre vor Brechts Tod, 1954, entstandene Stück *Turandot oder der Kongreß der Weißwäscher* im Zürcher Schauspielhaus zur Uraufführung, eine letzte große Premiere, auf die in den siebziger Jahren noch verschiedene Ausgrabungen folgten, Einakter wie *Lux in Tenebris* in Essen, *Er treibt den Teufel aus*, und 1976 an der Westberliner Schaubühne am Halleschen Ufer das Fragment *Der Untergang des Egoisten Fatzer.*

Die Dreigroschenoper
Ein Stück mit Musik in einem Vorspiel und acht Bildern nach dem Englischen des John Gay. Musik von Kurt Weill
UA: 1928 in Berlin

Mit der Moritat des Straßensängers «Und der Haifisch, der hat Zähne ...» wird Mackie Messer vorgestellt, der Mörder, Brandstifter, Dieb und Frauenschänder, dessen Weste auf unerklärliche Weise immer weiß bleibt und dem alle Frauen nachlaufen. Sein neuestes Opfer ist Polly, die Tochter des Bettlerkönigs Peachum. In einem leeren Pferdestall wird Hochzeit gefeiert. Nachdem ein Pfarrer das Paar eingesegnet hat, erscheint der Polizeipräsident, Tiger-Brown, ein alter Armee-Kamerad aus Indien, mit dem Macheath den sentimentalen «Kanonen-Song» anstimmt. Der über die Heirat seiner Polly empörte Peachum verlangt von Brown, den unerwünschten Schwiegersohn ins Gefängnis zu bringen. Doch Polly warnt ihren Mackie, rät ihm zur Flucht und übernimmt dann resolut die Leitung der «Geschäfte». Peachum will Macheath in seinem Lieblingsbordell aufgreifen und dingfest machen lassen. Als Mackie Messer dort erscheint und mit seiner noch immer geliebten Jenny ein zärtlich-sentimentales Duett singt, wird er von einem Polizisten festgenommen und endlich hinter Schloß und Riegel gebracht. Doch auch dort, im Gefängnis, wartet bereits eine alte Flamme auf Mackie, es ist Lucy, die Tochter des Polizeipräsidenten Brown. In einem «Eifersuchtsduett» wetteifert Lucy mit Polly um die Liebe zu Macheath, die sie ihm dann tatsächlich beweist, indem sie ihm zur Flucht verhilft. Der empörte Peachum will Brown damit erpressen, daß er androht, anläßlich der geplanten Krönungsfeierlichkeiten werde er sämtliche Bettler Londons mobilisieren, um den Festzug platzen zu lassen ... von den Konsequenzen für den verantwortlichen Polizeipräsidenten ganz zu schweigen. Peachums massive Drohung wirkt: nach kurzer Zeit befindet sich Browns alter Freund Macheath wieder im Gefängnis. Jetzt ist seine Lage ernst, er soll gehängt werden. Polly und Lucy üben bereits ihre Rollen als trauernde Witwen. Da tritt eine totale Wendung ein: Tiger-Brown erscheint mit einem Begnadigungsschreiben der Königin. Macheath soll nicht nur freigelassen, sondern auch in den Adelsstand erhoben und mit einer lebenslänglichen Leibrente ausgezeichnet werden. Unter Orgelklängen: glückliches Finale der Dreigroschenoper!

Die Frechheit und Aggressivität dieses vitalen, brillanten, ironischen und zynischen Spiels verhalf dem Werk zu einem der größten Theatererfolge der Epoche. Ideologisch ambivalent und widersprüchlich, lebt das Stück, abgesehen von seinen zündenden Songs, nach wie vor von der köstlich entlarvenden Diskrepanz zwischen Dreigroschenromantik und Realität, der Gefühlsroheit der Menschen und ihren verkitschten Klischeevorstellungen, dem Kontrast von Figur und Attitude.

Brecht, Die Dreigroschenoper
Akademietheater Wien, 1978
Inszenierung: Adolf Dresen
Polly: Gertraud Jesserer
Macheath: Heinrich Schweiger

Die Heilige Johanna der Schlachthöfe
Schauspiel. UA: 1959 in Hamburg

Chicagos Fleischkönig Mauler erhält einen Tip aus New York, der auf eine kommende Absatzkrise verweist, und möchte seine Geschäftsanteile dem Teilhaber Cridle verkaufen. Cridle fordert, daß zuerst der Konkurrent Lennox vernichtet werden müsse. Vor der Lennoxschen Fleischfabrik haben sich die empörten Arbeiter versammelt, die nicht nur mit ständigen Lohnsenkungen, sondern, nach Lennox' Bankrott, schließlich auch mit Massenentlassungen konfrontiert worden sind. Nach seinem Sieg über den Konkurrenten begibt sich der Menschenfreund Mauler zur Eröffnung der von ihm gestifteten Krankenhäuser. Unterdessen marschiert Johanna Dark, Leutnant der Missionsbewegung der «Schwarzen Strohhüte», trommelnd in die Elendsquartiere, um dort das Evangelium zu verkündigen. Auch vor der Lennoxschen Fabrik speist sie die hungernden Arbeiter – mit Gottes Wort. Inzwischen haben auch Mauler und Cridle ihre Arbeiter entlassen. Johanna will dem Elend auf die Spur kommen. Es gelingt ihr, auf der Viehbörse Mauler mit den Arbeitslosen zu konfrontieren. Jetzt hat sie Gelegenheit, den Geschäftemachern ihre üblen Methoden vorzuwerfen, schlägt vor, den Dienst am Nächsten einfach als Dienst am Kunden zu betrachten, und erreicht, daß die Viehzüchter ihr betroffen recht geben. Den unentschlossenen Mauler motiviert Johanna, sein Kapital wieder in die Fleischfabrikation zu stecken, doch er kauft unter falschem Namen das Schlachtvieh und läßt die Betriebe stagnieren.

Während Mauler in verschiedenen Börsenmanövern einerseits den Viehpreis in die Höhe treiben, andererseits seine Geschäftspartner zu niedrigen Lieferbedingungen zwingen will, versucht Johanna mehr und mehr, sich mit den Arbeitslosen zu solidarisieren, lehnt aber den gewaltsamen Klassenkampf ab, wie ihn die kommunistische Partei fordert. Mit einem unterschlagenen Brief hat sie einen Streik verhindert, und die Arbeiter sind erbittert, weil sie wieder den Ausbeutern ausgeliefert sind. Inzwischen haben Maulers Manipulationen den allgemeinen Bankrott aller Geschäftspartner und damit auch seinen eigenen herbeigeführt, weshalb der Fleischkönig sich mit der Armee der Schwarzen Strohhüte solidarisieren will. Die Strohhüte erhoffen sich von dem allgemeinen Elend einen Aufschwung in ihrem Missionsgeschäft. Johanna fühlt sich schuldig an der Misere und bricht zusammen. Nachdem sich auf Grund von Maulers Syndikatsgründung die Preise beruhigt haben, gehen die Schwarzen Strohhüte ein Bündnis mit den Fabrikanten ein und sanieren ihr Missionsgeschäft. So können sie es sich dann auch leisten, ihre Johanna zur Heiligen aufzubauen. Diese erkennt sterbend, daß Gewalt nur mit Gewalt zu bekämpfen ist. Doch sie wird überschrien von den Chören der Viehzüchter, die in Kämpfe ausarten, als bekannt wird, daß die ganze Welt bankrott ist.

In diesem 1929/30 entstandenen Stück hat Brecht die Vorgänge der Weltwirtschaftskrise gestaltet, wie sie, von den USA ausgehend, auf alle kapitalistischen Länder übergriff. Am Beispiel der Schlachthöfe von Chicago veranschaulicht er den Prozeß der Überproduktion, der Absatzstockung, der Arbeitslosigkeit und ihre Folgen. Als 1959 Gustaf Gründgens die Uraufführung des Stückes herausbrachte, erklärte sich der ostdeutsche Rezensent Ernst Schumacher den Erfolg damit, daß Gründgens in großem Stil «das Hochamt für die Hamburger Wirtschaftswunderkinder» zelebrierte. Als «großes Fresco» wurde die Zürcher Aufführung gefeiert, doch dürfte auch die neuerliche Aktualität angesichts der Manipulationen um Ölpreise verbürgt sein.

Mutter Courage und ihre Kinder
Eine Chronik aus dem
Dreißigjährigen Krieg
UA: 1941 in Zürich

Durch die Wirren des Kriegs zieht Anna Fierling mit ihrem Marketenderwagen, ihren Söhnen Eilif und Schweizerkas sowie der stummen Tochter Kattrin. Anna ist als «Mutter Courage» überall im Lager der Evangelischen bekannt, da sie einst den Mut hatte, mit «50 Brotlaib» im Wagen durch das Geschützfeuer von Riga zu fahren. Ein Werber spannt ihr in Schweden den Sohn Eilif für den Kriegsdienst aus. Als sie ihn in Polen wiedertrifft, wo man ihn gerade für einen dreisten Beutezug auszeichnet, ohrfeigt sie ihn, weil er sich unnötig der Gefahr ausgesetzt hat. Auch der zweite Sohn, der einfältige Schweizerkas, wandert zum Militär ab und bringt es wegen seiner Redlichkeit zum Zahlmeister, der dic Regimentskasse zu hüten hat. Als die Katholischen das Lager erobern, wird Schweizerkas gefangen. Da die Courage, die sein Leben durch Bestechung retten will, zu lange um das Lösegeld feilscht, wird er erschossen. Um sich und Kattrin zu retten, muß sie leugnen, die Leiche des eigenen Sohnes zu kennen. Ein protestantischer Feldprediger versteckt sich bei Mutter Courage und wird ihr Gehilfe und Verehrer. Seine Anträge aber lehnt sie spöttisch ab. Als Landsknechte über die Tochter der Courage herfallen und Kattrin entsetzlich verunstalten, wird ihr der ganze Irrsinn des Kriegs bewußt, den sie sich sonst «nicht madig machen lassen» wollte. Nun verflucht sie ihn. Sobald aber die Geschäfte wieder besser gehen, gewinnen ihre händlerischen Instinkte die Oberhand. Als Gustav Adolf fällt und die Friedensnachricht eintrifft, ist die Courage sogar entsetzt, weil sie fürchtet, auf ihren Waren sitzenzubleiben. Sie stürzt sich in die Geschäfte, indes ihr Sohn Eilif abgeurteilt und erschossen wird. Der Feldprediger nennt sie eine «Hyäne der Schlachtfelder» und verläßt sie, seine Stelle nimmt der Koch ein, der die Courage zu überreden sucht, sich mit ihm allein – unter Zurücklassung von Kattrin – eine neue Existenz in Holland zu schaffen. Doch Mutter Courage will ihr stummes, verunstaltetes Kind nicht aussetzen. Da verläßt sie auch der Koch.

Kattrin rettet – indem sie auf dem Dach eines Hauses wilden Alarm trommelt – die evangelische Stadt Halle vor den anstürmenden Kaiserlichen, die sie daraufhin erschießen. Die Courage spannt sich allein vor ihren Marketenderwagen und zieht weiter.

1670 schrieb Grimmelshausen seine berühmte «Lebensbeschreibung der Erzbetrügerin und Landstörzerin Courasche». Brecht hat außer dem Namen seiner Hauptfigur und dem ungeschminkten Milieu des Dreißigjährigen Krieges wenig mit Grimmelshausen gemein. Nach der Zürcher Uraufführung hatte die Theaterkritik lobend von einer «Niobe-Tragödie» und von dem erschütternden Schicksal des «Muttertiers» Courage gesprochen. Brecht wollte dieses Mißverständnis klären, indem er das Bild von der «Hyäne des Schlachtfeldes» am Schluß herausarbeitete, indem er zeigt, daß die Courage nichts gelernt hat. Wichtig ist, so Brecht, daß vor allem der Zuschauer aus dieser Gleichnischronik lernt. Er soll «das rein merkantile Wesen des Krieges» vorgeführt bekommen und die Courage als «Händlerin» begreifen, «die im Krieg ihren Schnitt machen möchte. Ihr Händlertum hält sie für Muttertum, aber es zerstört ihre Kinder, eines nach dem anderen». Obwohl Brecht also die Skrupellosigkeit der Courage unterstreichen wollte, hat gerade die Lebenskraft dieser Figur immer wieder Mitgefühl erweckt und die Courage zu einer der bedeutenden Frauengestalten der dramatischen Literatur gemacht.

Der gute Mensch von Sezuan
Parabelstück in einem Vorspiel und 10 Bildern. UA: 1943 in Zürich

Drei hohe Gottheiten sind auf die Erde hinabgestiegen, um zu untersuchen, ob die Welt so bleiben kann, wie sie ist. Der Wasserverkäufer Wang hat sie erkannt und begleitet sie auf ihrer Suche nach guten Menschen, die sie beherbergen könnten. In der ganzen Hauptstadt von Sezuan ist nur die Prostituierte Shen Te bereit, den Fremden Unterkunft zu gewähren, obwohl sie dadurch einen Verdienstausfall hat. Die Götter lohnen Shen Tes Gutherzigkeit so reichlich, daß sie sich einen kleinen Tabakladen kaufen kann. Doch wird sie in ihrer Gutmütigkeit derart von Schmarotzern und Gläubigern ausgenützt, daß nur der barsche Vetter Shui Ta das Gesindel aus dem Laden verjagen und dadurch Shen Te vor dem Ruin retten kann. – Im Stadtpark trifft Shen Te, auf dem Weg zu einem Rendevouz, den stellungslosen Flieger Sun und verliebt sich in ihn. Sie will auch die 3000 Silberdollar auftreiben, die nötig sind, ihm eine neue Anstellung zu beschaffen. In einem Zwischenspiel erscheint Shen Te mit Maske und Anzug ihres Vetters Shui Ta und erklärt im «Lied von der Wehrlosigkeit der Götter und Guten», weshalb sie gezwungen ist, sich dieser Verkleidung zu bedienen. Shen Te erkennt, daß es ihr Geliebter nur auf ihre finanzielle Hilfe abgesehen hat. Dennoch weist sie die Anträge des Barbiers Shu Fu ab und will Sun heiraten. Die Hochzeit wird aber verschoben, weil Shen Tes Vetter mit dem versprochenen Geld nicht anwesend ist. Shen Te wird schwanger, maskiert sich um der Zukunft des Kindes willen wieder als energischer Vetter Shui Ta und errichtet mit einem hohen Blankoscheck vom Barbier Shu Fu eine Tabakfabrik. Das Unternehmen floriert, zumal Shui Ta sich den fleißigen Sun als Antreiber genommen hat. In ihrem Tabakladen ist Shen Te nicht mehr zu sehen, da sie als Shui Ta alle Hände voll zu tun hat. Der Wasserverkäufer erzählt von Gerüchten, auch der Barbier Shu Fu wird immer mißtrauischer, da alles für Shen Te bestimmte Geld immer nur von Shui Ta entgegengenommen wird. Plötzlich findet man im Tabakladen ein Bündel mit Shen Tes Kleidern und vermutet nun ein Verbrechen. Shui Ta wird des Mordes angeklagt und kommt vor ein Gericht. Nach längerem Verhandeln bittet Shui Ta, allein mit seinen Richtern bleiben zu dürfen, und entdeckt sich vor den Göttern, die als Richter fungieren, als Shen Te. Sie wirft nun den Göttern vor, Übermenschliches von ihr verlangt zu haben: «gut zu sein und doch zu leben», und verwirft eine solche Weltordnung. Die Götter reagieren mit Verwirrung und Entsetzen, sie wollen sich wieder in ihre distanzierte Höhe begeben und von dort des «Guten Menschen von Sezuan» gedenken. Dieser Mensch dagegen, Shen Te, die werdende Mutter, bleibt verzweifelt und allein zurück, während die Götter auf einer Wolke entschwinden.

Diese Parabel, die deutliche Spuren von Brechts ständiger Auseinanderset-

Brecht, Der gute Mensch von Sezuan
Schauspielhaus Hamburg, 1977
Inszenierung: Giorgio Strehler
Yang Sun: Heinrich Giskes
Shen Te: Andrea Jonasson

zung mit dem fernöstlichen Theater trägt, zeigt den modernen Konkurrenzkampf am Beispiel eines Mädchens, das zugleich Ware und Verkäufer dieser Ware ist, ein Motiv, das Brecht auch schon in der Doppelrolle seiner Tänzerin Anna in *Die Sieben Todsünden des Kleinbürgers* dargestellt hatte.

Leben des Galilei
Schauspiel in 11 Bildern
UA: 1943 in Zürich

Jener Lebensabschnitt des Galileo Galilei, Lehrer der Mathematik zu Padua, soll gezeigt werden, da er das neue Kopernikanische System beweisen will, das die Sonne in den Mittelpunkt des Alls stellt. Der Astronom gerät mit seiner Beweisführung in Konflikt mit den hohen Würdenträgern der Kirche, die ihre Lehre, wonach Gott die Welt geschaffen habe, in Frage gestellt sehen. Mit Hilfe eines Fernrohrs, das er den Vertretern der Republik Venedig überreicht hat, entdeckt Galilei am Himmel Erscheinungen, welche das Kopernikanische System beweisen. Auch in Florenz wird ein solches Gerät installiert, doch auch dort will man nichts von Galileis Beweisführungen wissen. Galilei läßt sich nicht beirren; auch als die Pest ausbricht, setzt er seine Untersuchungen fort. Im Jahre 1616 scheint man endlich Galileis Forschungsergebnisse anerkennen zu wollen, vor allem, als der päpstliche Astronom Clavius die Richtigkeit bestätigt. Dennoch setzt der Kardinal-Inquisitor die Kopernikanische Lehre auf den Index. Nach mehrjährigem Schweigen wird Galilei in seinen Forschungen aufs neue ermutigt, doch ab 1633 beginnt eine Hetzjagd von kirchlicher Seite gegen den Gelehrten, der sich schließlich dazu zwingen läßt, vor der Inquisition am 22. Juni 1633 seine Lehre von der Bewegung der Erde zu widerrufen. Bis zu seinem Tode im Jahre 1642 lebt Galilei als Gefangener der Inquisition und arbeitet an seinem letzten Buch, den «Discorsi». Seinem Schüler Adrea Sarti, der ihn hier besucht, gibt er seine Weisheit preis: «Ich halte dafür, daß das einzige Ziel der Wissenschaft darin besteht, die Mühseligkeit der menschlichen Existenz zu erleichtern. Wenn Wissenschaftler, eingeschüchtert durch selbstsüchtige Machthaber, sich damit begnügen, Wissen um des Wissens willen aufzuhäufen, kann die Wissenschaft zum Krüppel gemacht werden, und eure neuen Maschinen mögen nur neue Drangsale bedeuten. Ihr mögt mit der Zeit alles entdecken, was es zu entdecken gibt, und euer Fortschritt wird doch nur ein Fortschreiten von der Menschheit weg sein.»

Brecht verfaßte sein Stück über Galileo Galilei (1564–1642) zunächst in der Absicht, «das ungeschminkte Bild einer neuen Zeit zu geben», doch auch unter dem Eindruck, den die Nachricht von der Spaltung des Uran-Atoms auf ihn gemacht hatte. 1946, unter dem Eindruck der Atombombenkatastrophe von Hiroshima, entstand eine neue Fassung. Brecht äußerte sich dazu so: «Das atomarische Zeitalter machte sein Debüt in Hiroshima in der Mitte unserer Arbeit. Von heut auf morgen las sich die Biografie des Begründers der neuen Physik anders.» Brecht ließ seinen Helden, den führenden wissenschaftlichen Typus einer neuen Gesellschaft, darauf vertrauen, daß sich wissenschaftliche Wahrheit trotz aller Widerstände in der Gesellschaft durchsetzen werde. In diesem Punkt sollte ihm dann Dürrenmatt widersprechen, der in seinen *Physikern* (siehe S. 551) zeigte, daß gerade dieser Wissenschaftler sich heutzutage im Irrenhaus verstecken muß angesichts der Folgen, die sich auf Grund seiner Forschungen und Entdeckungen ergeben haben. In der fortwährenden Diskussion um die Verantwortung des Wissenschaftlers vor der Gesellschaft, um die Ambivalenz alles menschlichen Denkens und Handelns liegt die immerwährende Aktualität von Brechts großem Schauspiel.

Der kaukasische Kreidekreis
Stück in 6 Bildern
UA: 1948 in Northfield, Minnesota/USA

Unter den Mitgliedern zweier Bauernkolchosen ist Streit um ein Tal ausgebrochen. Dieser wird so geschlichtet, daß das Tal derjenigen Partei gehören soll, die eine Bewässerungsanlage errichten und damit den größeren Nutzen schaffen will. Um die Beilegung des Streits festlich zu begehen, soll im Clubhaus ein altes Maskenspiel aus dem Chinesischen, «Der Kreidekreis», aufgeführt werden. Die Handlung: Der Gouverneur einer grusinischen Stadt will für einige Zeit die Nachrichten aus dem Krieg vergessen, der im Kaukasus tobt, und begibt sich mit seiner Familie in die Kirche. Unterdessen beginnt vor dem Kirchentor ein kleiner Flirt des Soldaten Simon mit der Magd Grusche. Da wird bekannt, daß auf den Gouverneur ein Anschlag verübt worden ist, und der Soldat wird abkommandiert, die Frau des Gouverneurs auf ihrer Flucht zu begleiten. Er verlobt sich mit Grusche, die verspricht, auf ihn zu warten, bis der Krieg zu Ende ist. In der Eile der Fluchtvorbereitungen vergißt die Gouverneursfrau, ihr Kind mitzunehmen, und die Kinderfrau übergibt es Grusche zur Pflege. Mit dem Buben flieht Grusche ins Gebirge. Immer schwieriger und gefährlicher wird der Fluchtweg; beim Bruder findet sie vorläufig Unterkunft. Die Schwägerin allerdings will sie wieder aus dem Haus haben, und man überlegt, daß eine Heirat das beste für Grusche und das Kind wäre. In ihrer Not willigt sie ein, den todkranken Bauern Jussup zu heiraten, der allerdings nach vollzogener Trauung sich vom Bett erhebt, die Trauergesellschaft fortjagt und sein eheliches Recht von der angetrauten Grusche verlangt. Eines Tages steht der Soldat Simon am anderen Bachufer und begrüßt Grusche förmlich. Sie hat nicht die Beredsamkeit, ihm ihre Situation richtig zu schildern, und Simon wendet sich enttäuscht von ihr ab. Unterdessen sind zwei Panzerreiter gekommen mit dem Befehl, das Kind zum Gouverneur zurückzubringen. Der Richter Azdak soll im Streitfall um des Gouverneurs Kind entscheiden, wem dieses zugesprochen werden soll. Nachdem sowohl die Gouverneursfrau wie auch Grusche angehört worden sind, läßt Azdak auf dem Boden mit Kreide einen Kreis ziehen, das Kind hineinstellen und fordert die Frauen auf, es an sich zu bringen. Beide fassen das Kind an den Händen, doch während Grusche es losläßt, um ihm nicht weh zu tun, zieht die Gouverneursfrau den Buben rücksichtslos auf ihre Seite. Azdak, der aus dem Verhalten der Frauen beurteilen kann, wer das Kind richtig behandelt, spricht Michel der Grusche zu, der wahrhaft Mütterlichen. Dann löst er ihre Ehe mit dem Bauern auf und gibt sie frei für den Ex-Soldaten Simon.

In diesem Thesenstück Brechts tragen die Machthaber, also alle Personen im Umkreis des Gouverneurs, all jene, die öffentliche Ämter bekleiden, Masken, mit Ausnahme der «menschlichsten» Figuren Grusche und Richter Azdak. Diese beiden waren für Brecht die Vorboten von Menschen einer glücklicheren Gesellschaft, einer Gesellschaft ohne Klassengegensätze. Umstritten geblieben ist allerdings die hier vorgebrachte soziale Bestimmung von Muttertum an Stelle der biologischen, eine Fragestellung, die ein brisantes Diskussionsthema geblieben ist.

Herr Puntila und sein Knecht Matti
Volksstück in 12 Bildern
UA: 1948 in Zürich

Der reiche finnische Gutsbesitzer Puntila hat zwei Seelen in seiner Brust, eine nüchterne, rücksichtslose und eine besoffene, charmant-menschliche. Wenn er nüchtern ist, «sternhagelnüchtern», wie er selbst sagt, schindet er seine ganze Umgebung und will seine liebeshungrige Tochter Eva mit einem vertrottelten Attaché verheiraten. Sobald er jedoch sein Quantum getrunken hat, ist er ein Vollblutmensch. Ein wahres Urvieh. Dann wird auch sein Chauffeur und wackerer Knecht Matti sein Duzbruder. In diesem Zustand verlobt er sich eines Morgens voll überschäumender Lebenslust gleich mit vier finnischen Mädchen, die er, wieder nüchtern, aus dem Haus weist. Im Rausch gibt Puntila dem Attaché den Laufpaß und will Matti mit seiner Tochter verheiraten. Doch Matti fühlt, daß die verwöhnte Eva zu einem einfachen, hart zupackenden Chauffeur wie ihm nicht paßt. So verschmäht er sie samt dem Sägewerk, das Eva in die Ehe einbringen würde. Nachdem Matti gründlich den ständig zwischen Nüchternsein und Trunkenheit schwankenden Puntila durchschaut hat, wirft er die Knechtschaft ab und verläßt den Hof.

Brecht hat diese Komödie ein Volksstück genannt. Kernthema ist der Gegensatz zwischen Herr und Knecht, die Unvereinbarkeit der Standpunkte zwischen dem Besitzenden und dem Arbeiter, die Paradoxie eines Daseins, das sich schließlich nur selbst zerstören kann. Neben der *Dreigroschenoper* zählt das Werk zu den meistgespielten Stücken Brechts. Zwar gilt die Gesellschaftskritik als veraltet – die Klassengegensätze zwischen Herr und Knecht existieren in dieser Form nicht mehr –, dafür lebt die Komödie durch die unverwüstliche Gestalt des Puntila. Dessen Aktualität hat Fritz Kortner, Freund Brechts aus den Emigrationsjahren, so gesehen: «Die sozialen Unholde werden als lebenslustige Saufbolde bejubelt und die strafwürdigen Sybariten nicht als das angeprangert, was sie sind: Nachkommen jener Junker, die Vaterland sagen und Großgrundbesitz meinen, die sich mit der Großindustrie verbünden und zum Schutz dieser unheiligen Allianz die allgemeine Wehrpflicht einführten zur Erhaltung und Erweiterung des Großgrundbesitzes.»

Carl Zuckmayer 1896–1977

Carl Zuckmayer wurde am 27. Dezember 1896 im rheinhessischen Nackenheim geboren. Er besuchte das Gymnasium in Mainz und meldete sich, als der Krieg ausbrach, an die Front. 1917 begann er, in der «Aktion» zu veröffentlichen. In Frankfurt und Heidelberg studierte er, ohne sich für ein bestimmtes Gebiet entscheiden zu können, und schrieb 1920 das Drama *Kreuzweg*, mit dem er bei der Uraufführung in Berlin einen Mißerfolg erntete. Um die Theaterpraxis besser kennenzulernen, arbeitete er als Regieassistent und Dramaturg, lernte in München Brecht kennen und wurde 1924 von Erich Engel an Reinhardts Deutsches Theater nach Berlin geholt, wo er 1925 mit *Der fröhliche Weinberg* seinen ersten großen Erfolg verbuchte. 1926 traf er erstmals Gerhart Hauptmann und erwarb die Wiesmühl in Henndorf bei Salzburg, in der er, in Deutschland als Halbjude und regimekritischer Autor verfemt, bis 1938 lebte. Danach emigrierte er zunächst in die Schweiz, dann in die Vereinigten Staaten, wo er sich nach harten Existenzkämpfen (vorab als Drehbuchautor in Hollywood) auf einer Farm in Vermont niederließ. 1946 kam er als offizieller Abgesandter der US-Regierung nach Deutschland zurück. 1958 übersiedelte Zuckmayer nach Saas-Fee in der Schweiz, deren Staatsbürger er 1966 wurde. Er starb am 18. Januar 1977 in Visp im Wallis.

Es sei vielleicht das größte und gnadenvollste Glück, das ihm zuteil geworden: nicht hassen zu müssen. Dieser Gedanke Carl Zuckmayers ist das Motto seines Werkes. Vom Expressionismus, dem er in seinen Anfängen nahestand, wandte er sich bald ab, formale Probleme erschienen ihm zweitrangig gegenüber seinem Grundthema: Leben und Mensch. Zuckmayer näherte sich der Natur, dem Leben und der Wahrheit, ohne sich vom Stoff seiner Zeit zu entfernen. Den aktuellen Tendenzen in Literatur und Theater stand er hingegen immer fern – von seinem ersten Erfolg, dem *Fröhlichen Weinberg*, bis zu seinem letzten Drama, dem *Rattenfänger*. In allen Stücken Zuckmayers gilt als höchstes Gesetz das Leben, und es triumphiert immer: Die natürliche, biologische Ordnung erweist sich stärker als alle moralische Konvention. Eine deutliche Zäsur brachte in seinem Werk die Emigration, die er nie ganz verwinden konnte. Seine Kollektivscham (die er an die Stelle der von ihm abgelehnten Kollektivschuld stellte) erklärt das nun stärker den aktuellen, im weitesten Sinn politischen Problemen zugewandte Engagement. Auch seine humanistisch-religiöse Haltung wurde mit gesteigerter Bewußtheit praktiziert: «Die Phantasie ist eine ebenso abgründige wie erlösende Gewalt. Man tut gut, das Teuflische, das in ihren Tiefen schlummert, nicht zu wecken, sondern nach ihren heiteren Sphären zu streben, ihrer vox celesta zu lauschen, ihre vox humana zu beschwören.» Im Refugium Saas-Fee wurde die unmittelbare Verbindung zur politischen und kulturellen Wirklichkeit brüchig – dieser Umstand ist in Zuckmayers späten Werken unverkennbar.

Chaotisch und verworren nannte Zuckmayer selbst sein erstes öffentlich präsentiertes Stück *Kreuzweg* (1920), einen unausgegorenen und dunklen dramatischen Hymnus, der dennoch in mitreißendem, lyrischem Rhythmus den Aufbruch einer neuen Generation nach 1918 widerspiegelt. Das Werk steht im Bann des Expressionismus, obwohl Zuckmayer nach eigener Aussage eher Paul Claudel, Francis Jammes und der Maler Franz Marc angeregt hatten: Christa, Hilario und Hannes Böheim gehen einen Kreuzweg zu Ende auf der Suche nach dem «Entkreuzten», dem neuen Gott. Allen Mängeln, vor allem symbolbefrachteter Dunkelheit in Text und Handlung zum Trotz, ließ das Erstlingswerk doch aufhorchen. Der große Erfolg stellte sich jedoch erst einige Jahre später ein:

Der fröhliche Weinberg (UA: 1925 in Berlin) trat nach der Premiere einen (wenn auch von vielen Skandalen begleiteten) Triumphzug über die deutschen Bühnen an. Zum erstenmal wurzelt ein Werk Zuckmayers in einer festumrissenen realen Sprachebene, dem Idiom der Menschen seiner rheinhessischen Heimat, in der das Stück, bewußt einen begrenzten Ausschnitt aus der Wirklichkeit zeigend, spielt. Die Handlung rollt zur Zeit der Weinlese vom Spätnachmittag bis zum nächsten Morgen ab: Der Weingutsbesitzer Gunderloch will die Hälfte seines Anbaugebietes und seines Kellereibestandes verkaufen. Die andere Hälfte ist seiner Tochter Klärchen zugedacht, der der ehemalige Corpsstudent Knuzius nachstellt. Einer Verlobung seiner Tochter will Gunderloch allerdings nur zustimmen, wenn bereits Nachwuchs unterwegs ist. Um den Anträgen von Knuzius zu entgehen, behauptet nun Klärchen, sie erwarte ein Kind. Sie liebt den Rheinschiffer Jochen Most, und nach Mißverständnissen, einem turbulenten Winzerfest mit Streit, Besäufnis und Rauferei, finden die beiden auch zueinander. Knuzius tröstet sich mit der Wirtstochter Babettchen, und auch aus Gunderloch und seiner Wirtschafterin Annemarie wird ein Paar. Zuckmayers Botschaft: Das höchste Gesetz ist das Leben und mit ihm die Liebe. Auch Gunderloch erkennt das: «Beinah hätt ich mir en böse Streich gespielt un meiner Tochter dazu ... Bild sich keiner ein, er könnt die herrgottsgeschaffe Natur kommandiere! Bedingunge läßt sich die nit stelle, un ausrechne kann ma's auch nit ...»

Das Rheinhessische ist auch Sprache und Lebensraum des *Schinderhannes* (1927). Das vieraktige Schauspiel stellt eine auf die Ebene der Ballade gehobene Moritat dar; sowohl das lyrisch-musikalische als auch das epische Moment ist stark ausgeprägt. Das Stück zeigt, wie Johann Bückler alias Schinderhannes, Räuber, Feind der Reichen und der Franzosen, Freund der Armen und Unterdrückten, zu einer Gestalt des Liedes wird und dadurch fortlebt. In den Szenen, in denen Zuckmayer zum Kritiker der Zeit wird, dient ihm die Drastik der Sprache als Mittel zur ironisch-satirischen Distanzierung von der Realität, in den Szenen zwischen Schinderhannes und seiner Geliebten Julchen – sie verläßt ihn, da er auf ihre Warnungen nicht hört und auf dem Höhepunkt seiner Macht, als er den ganzen Hunsrück beherrscht, hybrid wird – verschweigt er mehr, als er sagt. Die Konzentriertheit des Ausdrucks stößt ins Dichterische vor.

Katharina Knie (UA: 1928 in Berlin) ist das dritte Volksstück Zuckmayers. Dialekt bildet auch hier die Sprachebene, doch diesmal nicht der rheinhessische, sondern der rheinpfälzische. Die schlichte Handlung, die vom Zirkusmilieu zehrt, wird aktualisiert durch die Notsituation der Inflationszeit und durch den als Gefahr für die Manege empfundenen Fortschritt der Technik. Katharina, die Tochter des Seiltänzers und Zirkusprinzipals Knie, stiehlt dem Bauern Rothacker einige Säcke Hafer für ihren kleinen Esel. Die Polizei entdeckt den Diebstahl, doch als Rothacker Katharina kennenlernt, zieht er seine Anzeige zurück und bietet dem alten Knie an, seine Tochter mit sich auf sein Gut zu nehmen und ausbilden zu lassen. Knie willigt schweren Herzens ein. Als der Zirkus das Jahr darauf in derselben Stadt gastiert, gesteht Katharina dem Vater, daß sie sich mit Rothacker verlobt hat und den Zirkus für immer verlassen wird. Doch als der Vater an einer Herzattacke stirbt, verläßt Katharina den Geliebten und übernimmt die Leitung des Zirkus. Zuckmayer hat hier das Satirisch-Kritische ausgespart, es kommt ihm auf die Atmosphäre, das Milieu, das Empfindsame an und auf die Botschaft: «Ma muß nur wisse, wo man hingehört.» Dieses Problem greift er auch in *Der Hauptmann von Köpenick** auf.

Mit *Der Schelm von Bergen* (1934) greift Zuckmayer auf das Mittelalter zurück. Doch scheiterte er dabei sowohl an der Zeitflucht wie auch an dem Versuch, Sprache bewußt zu poetisieren, zu veraltertümeln. Die Frau des alten Kaisers erwartet vom Sohn des Scharfrichters (des Schelms) ein Kind, doch der Kaiser gewährt Gnade, denn höher als Gesetz und Sitte steht das Recht des Menschen auf sein eigenes Leben und die Liebe.

Des Teufels General (UA: 1946 in Zürich) behandelt unmittelbare Zeitgeschichte. Zuckmayer hatte in der Emigration (seit 1941) an dem Dreiakter gearbeitet und brachte ihn 1946 nach Europa mit. Held und Titelfigur des Stükkes, der Fliegergeneral Harras, ist dem deutschen Kampfflieger Ernst Udet nachgebildet, der, obwohl Gegner des Hitler-Regimes, sich dazu hatte verführen lassen, die Luftwaffe der Nationalsozialisten aufzubauen, und 1941 fliegend den Tod suchte. Auch General Harras verkehrt nicht mit regimekonformen Kameraden, hält mit kritischen Bemerkungen über die Nazis nicht zurück und ist durchaus bereit, Juden zur Flucht zu verhelfen, braucht er doch «Gewissensjuden», um sein schlechtes Gewissen als «des Teufels General» zu beruhigen. Er wird eines Tages von der Gestapo wegen der sich häufenden Unfälle von Kampfflugzeugen festgenommen, zwei Wochen festgehalten und erst entlassen, als er sich verpflichtet, die mysteriösen Sabotageakte an den Maschinen binnen zehn Tagen zu klären. Kamerad Eilers ist abgestürzt, seine Witwe bezichtigt Harras des Mordes, weil er, ohne an das Dritte Reich zu glauben, ihren Mann für eine schlechte Sache in den Tod geschickt habe. Harras bekennt seine Gewissensschuld. Als die Aufklärungsfrist fast verstrichen ist, gesteht ihm sein Mitarbeiter Oderbruch, daß er Widerstandskämpfer sei und die Sabotageakte organisiert hätte, um Hitler am Sieg zu hindern. Harras denunziert ihn nicht und lehnt es auch ab, ins Ausland zu fliehen. Er besteigt ein schadhaftes Flugzeug: Wer auf Erden des Teufels General gewesen sei, müsse ihm auch Quartier in der Hölle machen. Er stürzt ab, das Regime beendet die Affäre mit einem Staatsbegräbnis. – Mit diesem Drama unternimmt Zuckmayer nicht nur den Versuch, die Männer des Widerstands zu rechtfertigen, sondern auch den einer Ehrenrettung des anderen, des besseren Deutschlands, Kollektivschuld lehnt er ab. Die aktuellen Fragen führt er, typisch für seine Schaffensweise, auf die zeitlosen Wurzeln zurück. Das Drama ist ein Meisterstück des Theaterhandwerks, ein richtiger «Reißer».

In der Thematik aktuell blieb Zuckmayer auch in *Barbara Blomberg* (1949), obgleich er einen geschichtlichen Stoff behandelt: das Geschick der Regensburger Bürgertochter, die Kaiser Karl V. einen von ihm anerkannten Sohn, Don Juan d'Austria, gebiert, aufsteigt zu Glanz und Macht, sich aber dann in kluger Resignation zurückzieht. Der Katholik Zuckmayer läßt Barbara auf die Frage des Sohnes, wer denn Gottes Willen kenne, antworten: «Man kennt seinen Willen nicht. Aber es kommt in jedem Leben der Augenblick, in dem man ahnt, was er nicht von uns will.»

Zeitgeschichte erfüllte wieder das Drama *Der Gesang im Feuerofen* (1950). Angeregt von einer Zeitungsnotiz griff Zuckmayer einen Stoff aus den Tagen der Résistance auf und verdichtete ihn symbolhaft, Requiem und überhöhtes Psychodrama, reale und mythische Handlungsebenen verbindend. Das unmenschliche Geschehen wird zum Gleichnis vom Versagen einer ganzen Welt. Louis Creveux, von seiner dörflichen Umwelt in eine Außenseiterposition gedrängt, lockt eine jüdische Flüchtlingsfamilie in einen Hinterhalt der SS und verrät ein Treffen von Widerstandskämpfern in einem Schloß, das die Deutschen umstellen und in Flammen aufgehen lassen. Zwei Engel halten über Creveux Gericht – aber nicht er allein ist schuldig.

Eine poetische Apotheose der Liebe ist *Ulla Winblad oder Musik und Leben des Carl Michael Bellmann* (1953). Im Zentrum steht Ulla, die Geliebte des Dichters Bellmann, die ihren Geliebten und auch den König, um dessen Ermordung die Handlung kreist, zu der Erkenntnis führt, daß eine Existenz ohne Liebe nichts ist. In den Worten des Königs formuliert der Autor sein Bekenntnis: «Kunst ist die Verschmelzung von äußerster Freiheit mit äußerster Zucht. Und so, nur so, Bellmann, muß das Kunstwerk des Staates, die Gesellschaft, beschaffen sein, wenn sie mehr bedeuten soll als ein Ameisenbau.» Sprachlich ist das Drama besonders differenziert, vom Umgangston Ullas bis zu den Lyrismen der Liebesszenen.

«Des Teufels Atomgeneral» wurde *Das kalte Licht* (1955) von der Kritik apostrophiert: Verrat aus uneigennützigen Motiven begeht der Atomspion Kristof Wolters, der dem Physiker Klaus Fuchs nachgebildet ist. Zuckmayer geht es in diesem Werk aber nicht nur um die Bedrohung der Menschheit durch die Atomkraft, es geht ihm auch um «die Krise des Vertrauens. Weiter gespannt: die Denk- und Glaubenskrise der Gegenwart. Hier – beim Tatbestand des ‹ideologischen› oder gar ‹idealistischen› Verrats – ergibt sich ein menschlicher Gewissenskonflikt, der höchstens in Zeiten der Religionskriege Parallelen findet.» Und: «Zutiefst aber geht es immer um die Selbstentscheidung des Menschen, vor seinem Schicksal, und in seiner Seele.» So gibt Zuckmayer dem bereits von seinem Chef entdeckten Wolters die Chance, sich selbst zu stellen, als der Vorgesetzte auf der Fahrt zum Geheimdienst tödlich verunglückt. Dieser Kunstgriff ist symptomatisch für den Aufbau der Handlung, der die Verbindung von militärisch-wissenschaftlichen Begebenheiten mit den privaten und den aus beiden resultierenden seelischen Vorgängen nicht überzeugend gelingt.

In dem «historischen Drama aus der Gegenwart» *Die Uhr schlägt eins* (1961) verpackte der Autor so viele Zeitprobleme in eine knappe Handlung, daß keines der Themen wirklich ausdiskutiert werden kann. Worum es eigentlich geht, nämlich um die Erfüllung der vom Leben gestellten Aufgaben, ist im Dickicht dieses Fast-Kriminalstücks kaum wahrzunehmen.

Auf das Balladenhafte besann sich Zuckmayer wieder in *Das Leben des Horace A. W. Tabor* (1964), einem «Stück aus den Tagen der letzten Könige», das heißt der amerikanischen Pionierzeit. Aufstieg und Fall von Horace A. W. Tabor, der am Ende, mit den beiden Frauen seines Lebens versöhnt, mittellos in der Blockhütte stirbt, die er in seiner Jugend gebaut hat, wird zum Spiegel des Lebenskampfes schlechthin.

Der Rattenfänger (1975), Zuckmayers letztes Stück, greift auf die Sage zurück: Der fahrende Sänger Bunting schließt mit den Bürgervätern von Hameln einen Vertrag und vertreibt die Ratten durch sein Flötenspiel. Als er um seinen Lohn geprellt wird, sammelt er die Jugend der Stadt um sich, die schon lange die Welt der Väter verachtet, und geleitet sie in eine utopische Freiheit. Das mittelalterliche Hameln wird zum Gleichnis einer endzeitlichen, von Chaos und Gewalt beherrschten Welt, aus der nur die Jugend mit Hoffnung fortziehen kann.

Der Hauptmann von Köpenick
Ein deutsches Märchen in 3 Akten
UA: 1931 in Berlin

Der einst wegen Posturkundenfälschung zu einer mehrjährigen Gefängnisstrafe verurteilte Schuster Wilhelm Voigt ist nach seiner Entlassung in Rumänien untergetaucht. Nun aber treibt ihn das Heimweh wieder in die Heimat, nach Berlin, zurück. Hier versucht er, unter falschem Namen zu leben. Er wird jedoch entdeckt und wieder eingesperrt. Danach will er endlich ein ordentlicher Bürger werden und seinen Beruf wiederaufnehmen. Dazu braucht er eine polizeiliche Aufenthaltsgenehmigung. Doch nur wer Arbeit nachweisen kann, erhält eine solche. Für Voigt gibt es aus diesem Teufelskreis keinen Ausweg, und so will er wieder ins Ausland gehen, um dort zu arbeiten. Das kann er jedoch nicht ohne Paß, und diesen verweigert man ihm. In seiner Verzweiflung bricht er mit einem Freund ins Potsdamer Paßrevier ein und entwendet Stempel und Paßformular. Er wird gefaßt und abermals, diesmal für zehn Jahre, ins Gefängnis gesteckt. Dort erweist sich Voigt, der nie gedient hat, bei einer Sedanfeier als genauer Kenner soldatischer Regeln. Nach der Entlassung findet er bei seiner Schwester und seinem militärhörigen Schwager Hoprecht Unterschlupf. Doch bald erreicht ihn auch hier ein polizeilicher Ausweisungsbefehl. In dieser verzweifelten Lage erwacht im Schuster das «Genie»: Er kauft sich beim Trödler eine alte Hauptmannsuniform mit allem Zubehör, kleidet sich auf einer Bahnhofstoilette um, hält einen Trupp Soldaten an, stellt sie unter sein Kommando, besetzt mit ihnen das Rathaus von Köpenick, beschlagnahmt die Stadtkasse und verhaftet den Bürgermeister, den er nach Berlin transportieren läßt. Da das Köpenicker Rathaus aber keine Paßabteilung hat, scheint sein Unternehmen gescheitert – doch die Polizei bietet Voigt einen Paß an, wenn er sich stellt und die Kasse unberührt zurückgibt. Das geschieht. Vor den schmunzelnden Polizeibeamten darf er sich noch einmal die Uniform anziehen, um sich einmal selbst im Spiegel zu sehen. Er aber bricht vor seinem Spiegelbild in Gelächter aus und in den fassungslos-ungläubigen Ruf: «Unmöglich!»

Der Untertitel «Märchen» ist ironisch zu verstehen, denn es geht nicht um märchenhafte Verhüllung, sondern um Bloßstellung. Das Schicksal Voigts, der in einem bürokratisch perfekten Obrigkeitsstaat vergeblich versucht, ein ordentliches Leben zu führen, wird zur satirischen Anklage gegen die Militärvergottung eines barbarischen Staates, in dem nur noch die Uniform, nicht aber der Mensch zählt. Zuckmayer gibt diesen Aberwitz schonungslos der Lächerlichkeit preis. Er gestaltet bewußt nicht Charakter, sondern Typen, die er sprachlich meisterhaft charakterisiert.

Peter Weiss 1916–1982

Peter Weiss wurde am 8. November 1916 in Nowawees bei Berlin als Sohn eines jüdischen Textilfabrikanten aus der Tschechoslowakei geboren. Er wuchs in Bremen und Berlin auf, emigrierte 1934 mit den Eltern über England nach Prag und besuchte dort von 1936–1938 die Kunstakademie. 1939 kam er über die Schweiz nach Schweden, 1945 wurde er schwedischer Staatsbürger. Weiss war zunächst Maler und Graphiker, begann dann experimentelle sowie autobiographische Prosa und seine ersten Dramen zu schreiben und drehte in den fünfziger Jahren einige Experimental- und Dokumentarfilme. Nach dem Welterfolg seines *Marat/Sade*-Dramas folgte ein Jahrzehnt intensiver und überaus engagierter Theatertätigkeit. Mitte der siebziger Jahre erschien der 1. Band seiner «Roman»-Tetralogie «Die Ästhetik des Widerstands». Peter Weiss starb am 10. Mai 1982 in Stockholm.

«Die Emigration war für mich nur die Bestätigung einer Unzugehörigkeit, die ich von frühester Kindheit an erfahren hatte. Einen heimischen Boden hatte ich nie besessen», erklärte Peter Weiss. So gehört sein Werk auch nicht unmittelbar einer nationalen Literatur an. Aus der Selbsterforschung hat der Autor zu einer universellen Verantwortlichkeit gefunden, die er nur im Marxismus verwirklichen zu können glaubte. Ob Moritat oder politische Revue – Weiss entfesselte häufig ein totales Theater unter Einbeziehung der unterschiedlichsten Stilmittel, die er jedoch kompakten formalen, rhythmischen Strukturen unterwarf.

Nach seinem ersten, aus einem Hörspiel entstandenen Drama *Der Turm* (1948), in dem ein Entfesselungskünstler ein Leben lang an seine Kindheit gefesselt bleibt, verfaßte Weiss 1952 die Spießersatire *Die Versicherung* (1971), eine surrealistische Phantasmagorie nicht enden wollender Katastrophen.

Nacht mit Gästen (1963) erzählt in der scheinbar naiven Formulierung von Knittel- und Kinderversen eine Schauergeschichte: Ein Räuber dringt bei einer Familie ein, der Vater will zur Rettung eine Kiste Gold holen, der Räuber teilt inzwischen das Bett der Mutter. Ein Warner und Retter erscheint, ersticht aber irrtümlich den zurückkehrenden Vater, der Räuber tötet die Mutter, und zwischen ihm und dem Warner entbrennt ein Kampf um die Goldkiste, dem beide zum Opfer fallen. Die Kinder, die das schauerliche Geschehen ungerührt verfolgten, finden schließlich in der Kiste nur Runkelrüben. Weiss erprobte in diesem verschiedenartige Stile verquickenden Experiment bereits das Material seiner kommenden Erfolgsstücke.

Marat/Sade, im Originaltitel *Die Verfolgung und Ermordung Jean Paul Marats, dargestellt durch die Schauspielertruppe des Hospizes zu Charenton unter Anleitung des Herrn de Sade** zählt zu den phantasievollsten Theaterwerken der 60er Jahre und wurde zum Welterfolg.

Unter dem Eindruck des Frankfurter Auschwitz-Prozesses beabsichtigte Weiss, ein Werk in der Art von Dantes Inferno zu schreiben. Er gab den Plan einer Poetisierung des Schreckens auf und entschloß sich zu einem dokumentarischen Verfahren.

Die Ermittlung (UA: 1965 an 16 Bühnen) wurde zu einem «Oratorium in elf Gesängen», das in Prozeßaussagen den Ablauf der Menschenvernichtung in Auschwitz beschwört: In den elf Gesängen kommen 3 Juristen (Richter, Ankläger, Verteidiger), 9 Zeugen und 18 Angeklagte zu Wort. Die Angeklagten treten unter ihrem richtigen Namen auf; die insgesamt 409 Zeugen werden auf 9 reduziert, von denen zwei die Angeklagten entlasten, die anderen für die Überlebenden des Konzentrationslagers stehen. Weiss, der versucht, die Verbindung zwischen Todesfabrik und deutscher Großindustrie herzustellen, also den Kapitalismus zu brandmarken, bleibt in der Schilderung der grauenerregenden Geschehnisse in Auschwitz dokumentarisch, verschärft jedoch das Prozeßbild insofern, als er seinem einzigen Ankläger an entscheidenden Stellen die Thesen des DDR-Nebenklägers Kaul und seinem einzigen Verteidiger die pathetischen Entschuldigungsphrasen eines Rechtsextremisten in den Mund legte. In den entmenschten Angeklagten und ihren geschundenen Opfern stellt Weiss zwar zwei unversöhnliche Positionen einander gegenüber, doch läßt er einen seiner Zeugen andeuten, daß es nur an der «Rollenverteilung» lag, ob man «Opfer» oder «Henker» war, denn alle gehörten dem System dieser Vernichtungsmaschinerie an, waren in dieses eingespannt, demnach in gewissem Sinn allesamt Opfer. So macht Weiss auch die individuelle Tragödie eines jugendlichen Henkers deutlich als eines mit raffinierten Mitteln unverantwortlich und bewußtlos gemachten, von Skrupeln entleerten Menschen, der systematisch zum Verbrechen erzogen wurde. Nicht die physische Auslöschung wird als das eigentliche Verbrechen gezeigt, sondern die psychische Denaturierung, der alle zum Lager Verurteilten, Henker wie Opfer, unterworfen waren. – Die szenische Schilderung der Greuel von Auschwitz löste heftige Debatten darüber aus, was auf dem Theater noch darstellbar sei, was ihm verschlossen bleiben müsse und ob Auschwitz Material für eine, wie immer geartete, künstlerische Ausformung abgeben könne. Doch von nun an war klar, daß Weiss Theater als ein aufstörendes, politisch aktivierendes Instrument verstand.

Gesang vom lusitanischen Popanz (1967) belegt die neue marxistische Einstellung des Autors mit einem dokumentarischen Theater, das «Stellungnahme und Kampfhandlung» sein will, noch deutlicher. Weiss begegnet der Konfliktsituation zwischen Portugal und seiner Kolonie Angola mit einem Pamphlet, das kolonialistische Ausbeutung anprangert. Die portugiesische Kolonialherrschaft wird als riesiger, hohler «Popanz» auf der Bühne aufgebaut, gegen den die Vorwürfe der Ausbeutung, Unterdrückung und Unmenschlichkeit in einer Mischung von ungeschminkten Fakten, Pauschalierungen, Schmähungen und simpler Propaganda vorgebracht werden. Machtstreben und Profitgier verbergen sich hinter dem Popanz, die europäischen Industrie-Nationen sind als Nutznießer lusitanischer Kolonialpraktiken dargestellt.

Ähnlich propagandistisch verfährt Weiss auch bei seinem *Vietnam-Diskurs*, im vollen Titel: *Diskurs über die Vorgeschichte und den Verlauf des langdauernden Befreiungskrieges in Viet Nam als Beispiel für die Notwendigkeit des bewaffneten Kampfes der Unterdrückten gegen ihre Unterdrücker sowie über die Versuche der Vereinigten Staaten von Amerika, die Grundlagen der Revolution zu vernichten* (1968). Das Stück besteht aus zwei Teilen: Der erste skizziert die historischen Entwicklungsstadien Vietnams und schildert die Geschichte dieses unglücklichen Landes als eine unausgesetzte Folge von Befreiung und Unterdrückung; der zweite besteht vorwiegend aus Zitat-Montagen von Eisenhower über Churchill bis zu Johnson und interpretiert die Politik der USA als imperialistisches Machtstreben, innerhalb dessen auch Wirtschaftshilfe nichts anderes bedeutet als die Auslieferung eines Entwicklungslandes an die amerikanischen Konzerne. Die Anklage läuft in kommunistisches Agitationstheater aus, das den moralischen Ausgangspunkt, die Bombardierung Vietnams durch die USA, aus den Augen verliert.

Nach der Hanswurstiade *Wie dem Herrn Mockinpott das Leiden ausgetrieben wird* (1968), in der einem Mann alle Ungerechtigkeiten dieser Welt widerfahren, ehe er sich zu emanzipieren beginnt, und dem Bilderbogen *Trotzki im Exil* (1968), der für die Revolution agitiert und Trotzki als einen Visionär künftiger politischer Entwicklungen darstellt, wandte sich Weiss Hölderlin zu.

Hölderlin (UA: 1971 in Stuttgart) basiert auf einem Essay des Franzosen Pierre Bertaux, der Hölderlin zum Jakobiner uminterpretierte. Weiss dramatisiert diese Umwertung in der von ihm virtuos gehandhabten offenen Form und zeigt Hölderlin als einen verhinderten Revolutionär, der sich – halb Tarnung, halb Flucht vor der Wirklichkeit – in den Wahnsinn zurückzieht. Der Übersensible, moralisch und geistig Bedingungslose, versteht es nicht, sich in der Welt und in der Gesellschaft einzurichten wie seine Freunde Hegel und Schelling, wie die Gönner Goethe und Schiller, die alle als Angepaßte geschildert sind. Ein Stationenweg des Scheiterns führt von der ersten gemeinsamen Begeisterung für die Ideen der Französischen Revolution im Tübinger Stift, über Hölderlins Bestehen auf seiner Unangepaßtheit und der Verweigerung jedes Kompromisses geradewegs in die Abgeschiedenheit des Turmes. Zuletzt wird der Greis dort von dem jungen Karl Marx besucht, dem Hölderlins «Hyperion» zum entscheidenden Erlebnis wurde. Weiss gelingen am Beispiel des scheiternden Intellektuellen, der an der Umwelt zerbricht, prinzipielle Überlegungen über das Verhältnis von Dichter und Gesellschaft, von Dichtung und Politik.

Die Verfolgung und Ermordung Jean Paul Marats, dargestellt durch die Schauspielgruppe des Hospizes zu Charenton unter Anleitung des Herrn de Sade
Drama in 2 Akten. UA: 1964 in Berlin

Im Zentrum des Dramas, das in Spiegelungen und Brechungen den Eindruck einer theatralischen Phantasmagorie erweckt, steht die Auseinandersetzung zwischen dem Individualismus de Sades und der revolutionären Ideologie Marats. Marat ist der aktive Revolutionär (hier allerdings bereits krank, zur Linderung physischer Pein in der Badewanne sitzend), der dem Leben seine eigene Wahrheit aufzwingen will und sich der Gewaltherrschaft bedient, um dem ausgebeuteten Proletariat beizustehen. De Sade ist der Individualist, den angesichts der Gleichgültigkeit der Natur gegenüber menschlichem Leid tiefe Zweifel befallen haben, der, einst Parteigänger der Revolution, nicht mehr an ihre Ideale glauben kann, sondern nur noch an sich selbst. Er ist im Fetischismus übersteigerter Leiblichkeit zum bindungslosen Sadisten geworden, überläßt sich der Imagination und Indifferenz. Zwingt Marat den Menschen in die Fesseln der Idee, so beobachtet de Sade seine Umwelt in der Gefangenschaft des Fleisches. Das Drama arbeitet mit vielen Brechungen: Marquis de Sade lebt als Luxuspatient in der staatlichen Irrenanstalt Charenton und hat die Erlaubnis, mit den Irren Theateraufführungen zu veranstalten. Die Ermordung Marats durch das Bürgermädchen Charlotte Corday, die inzwischen 15 Jahre zurückliegt, wird nun, geschrieben und inszeniert von de Sade, im Badesaal der Heilanstalt vor dem Direktor und seiner Familie von den Irren aufgeführt. So stellt Weiss «analysierende und philosophische Dialoge gegen Szenerien körperlicher Exzesse», überlagert die Konfrontation der beiden unterschiedlichen Positionen mit den entfesselten Ausbrüchen der Irren, die sich in ihren Rollen vergessen und das «Spiel» überschreiten. Gedanklichkeit und Sinnlichkeit durchdringen einander. Die Irren, allesamt Kinder der Revolution, darunter auch politische Gefangene, zeigen sich immer wieder als brodelnde Masse, und ihre wiederholten Fragen, was aus der Revolution geworden sei, bilden eine wesentliche Antriebskraft des Stückes. Wenn Weiss die Darstellung der Revolution in einer Zeit der Restauration ansiedelt – der Direktor ist ständig bemüht, das Spiel in den Grenzen des Wohlverhaltens, der Subalternität von 1808 zu halten –, so öffnet er damit auch die Perspektive zur Gegenwart: In dem Spiel wird der Versuch unternommen, Vergangenheit zu bewältigen und die Ideale und Greuel der Revolutionsjahre in einer Zeit des Wohlstands und der Welteroberung nachzuerleben. Thema ist also nicht nur die Konfrontation des abseitigen Individualisten mit dem Sozialutopisten, sondern auch der Kampf zwischen Revolution und Restauration. Das Zentrum des Stücks spiegelt die Stagnation wider, die Aufhebung der ideologischen Positionen und ein Bild des Rückzugs, der Gefangenschaft, der Ratlosigkeit. Sicherlich zu Recht hat man in de Sade und Marat Projektionen desselben Bewußtseins gesehen, eine Selbstkonfrontation des Autors. So lassen sich aus dem Drama auch recht unterschiedliche Tendenzen herausholen, wurde es ebenso neutral wie engagiert, auf Ratlosigkeit wie auf Doktrin hin inszeniert. Die Selbstkonfrontation in diesem Stück, das in der Übergangsphase zum dezidierten gesellschaftlichen Engagement entstand, führte Peter Weiss zur Entscheidung für den Marxismus.

Franz Xaver Kroetz *1946

Franz Xaver Kroetz wurde am 25. Februar 1946 als Sohn eines Steuerbeamten in München geboren. Seine Jugend verbrachte er im niederbayerischen Simbach. Nach erstem Schauspielunterricht in München ging er 16jährig ans Wiener Reinhardt-Seminar, lernte dort Martin Sperr kennen und begann 18jährig seine ersten Stücke zu schreiben. Mehrere Jahre war er in verschiedenen Berufen als Gelegenheitsarbeiter tätig, kehrte jedoch immer wieder zum Theater zurück, spielte an verschiedenen Kellerbühnen, nahm Kontakt mit R. W. Fassbinder auf und arbeitete auch als Schauspieler und Regisseur beim bayerischen Bauerntheater. 1971 erlebte er seinen Durchbruch als Dramatiker. Innerhalb des folgenden Jahrzehnts schrieb er mehr als 30 Stücke. 1972 trat Kroetz der Deutschen Kommunistischen Partei bei, 1980 erklärte er seinen Austritt und begründete diesen unter anderem mit seiner zunehmenden Skepsis gegenüber seinem ursprünglichen marxistischen Fortschrittsglauben.

Anknüpfend an Horváth und Marieluise Fleißer entwickelte Kroetz die vorgegebenen Traditionen des kritischen Volksstücks zu einer speziellen Dramaturgie weiter. An die Stelle des aus Sprachklischees zusammengesetzten Bildungsjargons, der das verstörte Bewußtsein des Kleinbürgertums, das Auseinanderklaffen von Anspruch und Wirklichkeit dekuvrierte, trat bei Kroetz die Sprachlosigkeit. Seine Menschen sind um ihre Ausdrucksmöglichkeit gebracht und damit um ihr Bewußtsein. «Würden die Figuren so viel sprechen, wie es ein konventionelles Stück verlangt, würden sie, da sie nicht dumm sind, irgendwann auf ihre Probleme stoßen. Wenn sie der Sprache mächtig wären, würden sie es aufdecken», erklärt Kroetz. Aber: «Die Sprache funktioniert bei meinen Figuren nicht. Sie haben auch keinen guten Willen. Ihre Probleme liegen so weit zurück und sind so weit fortgeschritten, daß sie nicht mehr in der Lage sind, sie wörtlich auszudrücken.» Die letzte ohnmächtige Artikulation der Sprachlosen ist die Gewalt. Anders als Horváth und die Fleißer, die Totalgemälde einer Gesellschaft entwarfen, dramatisiert Kroetz Miniaturbilder, Ausschnitte aus verschiedenen sozialen Bereichen, die er mit großer Genauigkeit in ihren psychischen Konstellationen und Zwängen durch Milieu, Beruf und Bewußtsein untersucht. So werden seine Milieubilder in ihrer kunstvoll verdichtenden Dramaturgie zu Erkenntnisbildern. Er zeigt die Mechanismen auf, die in ausweglose Situationen zwingen, das Gefängnis der Sprech- und Denkklischees, die die Handlungs- respektive Entscheidungsfreiheit in einem dumpfen Dahinvegetieren verkümmern lassen oder in Brutalität und Niedertracht als Ventil für sexuelle Not, geistige und seelische Ohnmacht explodieren. Allmählich begann Kroetz jedoch seine Figuren aus ihrer unbefragten Realität herauszuführen. Er entfernte sich mehr und mehr von seinen frühen Stücken, die den Menschen keinen Ausweg aus ihrer Misere gestatten. Nun bemühte er sich um eine Perspektive für die Zukunft, erlaubte seinen Figuren Entwicklungen und Entscheidungen, geriet aber formal gegen Ende der siebziger Jahre in Schwierigkeiten: «Es ist die Form des realistischen Schreibens, aus der ich keinen Ausweg finde. Es fehlt mir an einer wie auch immer gearteten neuen Ästhetik.» Zu Beginn der achtziger Jahre kündigte sich seine Abkehr vom realistischen Terrain an.

Wildwechsel (UA: 1971 in Dortmund), sein erstes abendfüllendes Erfolgsstück, setzte Kroetz mit den kurz zuvor gemeinsam aufgeführten Szenenfolgen *Hartnäckig* und *Heimarbeit* schlagartig als Dramatiker durch. In 27 Bildern –

oft nur Minutenszenen – gelang es ihm, eine Situation zu fassen, deren Zwängen sich Menschen nur durch das Verbrechen entziehen zu können glauben: Die 13jährige Hanni und der 19jährige Hilfsarbeiter Franz verlieben sich und gehen rasch eine sexuelle Beziehung ein. Hannis Vater, der Kraftfahrer Erwin, der großen Wert auf ein geordnetes Familienleben legt, hängt sehr an seiner Tochter. Als er von Hannis Verhältnis erfährt, bricht für ihn sein moralisches Weltbild zusammen. Der aggressiv reagierende, in Vorurteilen und faschistischen Denkklischees befangene Mann sorgt dafür, daß Franz wegen Verführung Minderjähriger ins Gefängnis kommt. Nach seiner vorzeitigen Entlassung trifft er sich heimlich wieder mit Hanni. Das Mädchen wird schwanger. Sie sieht nun keinen anderen Ausweg als den der Gewalt: So besorgt sie ein Gewehr und fordert den Geliebten auf, entweder den Vater zu erschießen oder auf sie zu verzichten und wieder ins Gefängnis zu gehen. Mit dem Vater wird ein Treffen zur Versöhnung vereinbart. Als er zur angegebenen Stelle kommt, wird er erschossen. Vor Prozeßbeginn treffen Hanni und Franz noch einmal zusammen: Nachdem sie gestanden hat, daß ihr Kind als Krüppel geboren und sofort gestorben sei – «Das ist Schicksal», sagt er. «Blöd ist das», verbessert sie –, entdecken die beiden, daß auch ihre Liebe füreinander tot ist. Nichts verbindet sie mehr, sie stehen einander ebenso kalt und wortlos gegenüber wie dem Mord. – In Ansätzen ist hier bereits Kroetz' typische Dialog-Dramaturgie zu erkennen, die mit Hilfe von wortkargen Gesprächsansätzen, mit hilflos repetierten, auf einzelne Worte beschränkten Aussagen und kunstvoll kontrapunktierten Gesprächspausen die Sprachlosigkeit der gesellschaftlich Unterprivilegierten signalisiert.

Hartnäckig (1971) beschreibt, wie ein junger Gastwirtssohn, der als Krüppel von der Bundeswehr heimkehrt, seine Braut und sein Erbe verliert, weil er für seine Umwelt kein richtiger Mann mehr ist. Helmuts Braut Christine, die von ihm ein Kind erwartet, läßt sich von ihrem Vater zur Abtreibung überreden, sein eigener Vater will den jüngeren Sohn zum Erben einsetzen. Ein Gastwirt mit Holzbein und ohne Frau erscheint ihm nicht konkurrenzfähig. Helmuts dumpfe Verzweiflung entlädt sich in Aggression – er versucht den Bruder umzubringen.

Heimarbeit (1971) führt ein Sozialklima vor, das Menschen in ausweglose Zwänge preßt und zu Verstörungen und Katastrophen führt, auf die nur noch mit Gewalttätigkeit zu reagieren ist: Ein noch relativ glimpflich abgelaufener Unfall provoziert verheerende Folgen. Willi, der betrunken mit seinem Moped verunglückte, hat seine Stellung verloren und versucht nun, seine Familie in Heimarbeit zu ernähren. Während er im Krankenhaus lag, hatte sich seine Frau Martha mit einem anderen Mann eingelassen und erwartet jetzt ein Kind. Man unternimmt einen Abtreibungsversuch, der mißlingt. Nach der Geburt des Kindes reißt Martha über den ständigen Streitereien in den beengten räumlichen Verhältnissen die Geduld, sie zieht zu ihren Eltern und läßt Willi mit den drei Kindern sitzen. Schließlich ertränkt Willi das plärrende Baby beim Baden und holt seine Frau zurück: «Jetzt herrscht wieder Ordnung.»

Männersache (1972) schildert die Beziehung einer kleinen Geschäftsfrau und eines Arbeiters, die am Herrschaftsanspruch des Mannes scheitert. Otto, der Muskelprotz, will Martha, die stolz darauf ist, selbständig zu sein, «unterwerfen», verlangt «Demut», weil er sich in seiner Männlichkeit gedemütigt fühlt. Als ein sexuelles Beisammensein mißlingt, setzen Mann und Frau ihren Kampf in einem «Metsch» mit einem Kleinkalibergewehr fort, bis Martha regungslos liegen bleibt.

Kroetz, Heimarbeit
Kammerspiele München, 1971
Inszenierung: Horst Siede
Martha: Ruth Drexel
Willy: Walter Schmidinger

Stallerhof (UA: 1972 in Hamburg) zählt zu jenen Dramen, die die Dramaturgie des «Neuen Volksstücks» von Kroetz am ausgeprägtesten zeigen. Thematisch eine zarte Liebes- und Leidensgeschichte zwischen einem einsamen alternden Knecht und einer fast blinden, geistig beschränkten Bauerntochter, offenbart sich stilistisch in bruchstückhaften, immer wieder von Pausen kontrapunktierten Gesprächsversuchen erschütternd die ohnmächtige Sprachlosigkeit der Figuren: Die alten Bauersleute auf dem Stallerhof sind verbittert und reagieren ihre enttäuschten Hoffnungen auf einen männlichen Hoferben an ihrer behinderten einzigen Tochter ab. Die fünfzehnjährige Beppi findet nur beim Knecht Sepp Verständnis, der sie als einziger wie einen Menschen behandelt. Auf einer Kirmes, zu der Sepp das Mädchen mitnimmt, wird aus einer rührenden Hilfsaktion ein hastiger sexueller Akt. Sepp entjungfert Beppi. Das Brutale, Animalische des ersten sexuellen Kontakts entwickelt sich jedoch zu einer unbeholfenen, aber zarten Beziehung, zu Liebe. Beppi wird schwanger. Der Bauer vergiftet Sepps Hund und jagt den Knecht vom Hof. Während des Kirchgangs überlegen Stallerin und Stallerbauer, ob man Beppi oder ihr ungeborenes Kind beseitigen solle, um der Schande zu entgehen. Die Stallerin versucht es zunächst mit einer Abtreibung, doch als sie den gerundeten, noch kindlichen Körper ihrer Tochter vor sich liegen sieht, bringt sie in plötzlich aufbrechender Rührung die Tat nicht über sich. In unbestimmter Angst befangen, wird man das Kind erwarten. – Die Momentaufnahmen von der Liebe zweier Außenseiter enden in grenzenloser Einsamkeit. Für Augenblicke aber war die Utopie eines besseren Lebens angedeutet: In zarten Gesten der Zuneigung und in Minuten des Schweigens erlebten die beiden Glück.

Geisterbahn (1975) stellt eine Fortsetzung von *Stallerhof* dar, kann jedoch durchaus als selbständiges Stück bestehen. Auf dem Stallerhof hat die geistig zurückgebliebene Beppi einen gesunden Buben geboren. Als es Schwierigkeiten mit den Eltern gibt, zieht Beppi mit dem kleinen Georg zu Sepp, dem Vater des Kindes, nach München. Eine Zeitlang scheint die im vorhergehenden Stück angedeutete Glücksutopie Wirklichkeit zu werden. In bescheidenen Verhältnissen entwickelt sich ein Familienleben voll Zusammengehörigkeitsgefühl und Freude an dem Kind – da stirbt Sepp an Lungenkrebs. Beppi, die sich durch die Verantwortung für ihr Kind und das Finden einer Lebensaufgabe sprunghaft entwickelt hat, versucht nun, sich mit dem kleinen Georg durchs Leben zu schlagen. Sie nimmt Heimarbeit an und sorgt vorbildlich für das Kind. Doch ihre Eltern und die Behörden trauen ihr das nicht zu, Georg soll in ein Kinderheim eingewiesen werden. Da putzt Beppi ihren Kleinen heraus, erstickt ihn und legt ihn in einen Karton, den sie in der Geisterbahn deponiert. Als die Eltern Beppi im Gefängnis besuchen – «Hast uns gar nix zum sagn, wo mir deine Eltern sind» –, bittet Beppi um ihren kleinen Hamster. Ein letztes Sehnsuchtszeichen in ihrer vernichtenden Einsamkeit.

Lieber Fritz (1975) spielt in einer Gärtnerei und zeigt wiederum die Brutalität, mit der die sogenannten «Normalen», den Spielregeln der Gesellschaft Angepaßten, gegen die von ihnen als Außenseiter respektive «Gestrauchelte» betrachteten Menschen vorgehen und sie ausbeuten: Der 36jährige Fritz wird in der Gärtnerei seiner Schwester und seines Schwagers – nach einem mehrjährigen Gefängnisaufenthalt wegen exhibitionistischer Delikte – als billige Arbeitskraft gern aufgenommen. Schwager Otto hegt allerdings kräftige Vorurteile gegen Fritz, und als er erfährt, daß sich die ältere Gärtnereiarbeiterin Mitzi für Fritz interessiert, daß die beiden miteinander leben und die Gärtnerei verlassen wollen, wird er brutal. Es gelingt ihm, Mitzi, seine wichtigste Arbeitskraft, mit Verleumdungen von der «unmöglichen Verbindung» abzubringen. «So einer wie der Fritz hat eine Ruh zu gebn und sich zu fügn», erklärt er. Fritz verläßt das Haus.

Oberösterreich (UA: 1972 in Heidelberg) behandelt im Gegensatz zu den Randgruppendramen, die sich mit Extremfällen am Rande des Kriminellen oder mit Außenseitern beschäftigen, den normalen Alltag eines jungen Ehepaares in kleinbürgerlichen Verhältnissen. Für den Lastwagenfahrer Heinz und seine Frau Anni, die als Verkäuferin arbeitet, scheinen alle Illusionen über eine glücklichere Zukunft zusammenzubrechen, als Anni feststellt, daß sie ein Kind erwartet. Im Besitz von Auto, Fernsehapparat und gemütlicher Wohnung, zwischen Sekt und Krabbensalat, gerät ihre Abzahlungsstrategie ebenso in Gefahr wie die Träume vom Garten, vom zweiten Bildungsweg und den ausgefalleneren Vergnügungen. Während Anni sich zuerst noch auf ihr Kind freut, gerät Heinz in Panik, die Ehe schlittert in eine Krise. Rigoros ziehen Heinz und Anni die Bilanz ihrer Lebenshaltungskosten: Die Rechnung ergibt, daß sie sich das Kind nicht «leisten» können. Heinz fordert die Abtreibung, im letzten Moment besteht Anni aber auf ihrem Kind. Obwohl Heinz gegenüber der Zukunft skeptisch bleibt, scheint eine gewisse hoffnungsvolle Wandlung in ihm vorzugehen, als er sich nun wohl oder übel auf die Ankunft des Kindes vorbereitet. Das zwangsläufige Aussteigen aus den Zwängen des Konsumterrors führt zu einer gewissen Verinnerlichung der Ehe und zu einer überraschenden Unabhängigkeit von den rein materiellen Gesichtspunkten der Lebensgestaltung. Kroetz befähigt also seine Personen zu ersten Schritten, ihre Situation zu erkennen und anzunehmen. Dabei flicht er utopistische Momente ein, die er mit der Andeutung der Möglichkeit einer Katastrophe kontrastiert: Anni liest aus der Zeitung die Meldung über einen Handwerker vor, der seine Frau erschlug, weil sie ihr Kind nicht abtreiben lassen wollte.

Die Abkehr von thematischen Extremen zeigt sich auch in dem Monodrama *Wunschkonzert* (1973), das ganz alltägliche Routinehandlungen beschreibt, die am Ende in den Selbstmord abkippen: Als Fräulein Rasch, eine Angestellte mittleren Alters, von der Arbeit nach Hause kommt, läuft ein Abend wie wohl viele andere zuvor in seinen vorgezeichneten Ritualen ab: mit ordnungsbeflissener Haushaltstätigkeit, kaltem Nachtmahl, dem Wechsel vom Fernsehen auf das Hörfunkprogramm mit Wunschsendung, Teppichknüpfen, sorgfältigen Vorbereitungen für den nächsten Tag, Abendtoilette. Doch dann schluckt die Frau neun Schlaftabletten mit dem Rest aus einer Flasche Piccolo Sekt. Eine sinnlose Antwort auf ein sinnloses Leben.

Weitere Aussichten (1975), ebenfalls ein Monodrama, schrieb Kroetz für die Schauspielerin Therese Giehse. Hier geht es um die Zwangsräumung einer Altbauwohnung, deren Mieterin, die alte Frau Ruhsam, ins Altersheim umgesiedelt werden soll. In der genauen Protokollierung ihrer Lebensrequisiten zieht das Leben der Frau und zugleich die Problematik des alternden, noch geistig wachen Menschen vorbei. Sie sucht, erfüllt von Erinnerungen, die Gegenstände aus, die sie mitnehmen will, sondert jene aus, von denen sie Abschied nehmen muß. Sie ist gewohnt, nicht zu murren, sondern sich mit den Gegebenheiten abzufinden. So räsoniert sie auch am Ende dieses Tages, daß «ein Altersheim ja kein Gefängnis, sondern ein Glück» sei.

Das Monodrama *Reise ins Glück* (1976) besteht aus dem Gedanken- und Situationsmonolog einer jungen Mutter, die mit ihrem Baby von München nach Rosenheim fährt, um den Vater des Kindes zu treffen. Dieser lebt verheiratet und in angesehener Position in Rosenheim und hat die «ledige Mutter mit ledigem Kind» eingeladen. In den vielfältigen, besänftigend und beschönigend zum Kind gesprochenen Gedanken, die sich die Frau über ihr eigenes Leben und die Zukunft ihres Söhnchens macht, wird das «komplette Schicksal» einer Frau aus der unteren Sozial- und Emanzipationsschicht beschrieben.

Das Nest (UA: 1975 in München) geht – wie *Oberösterreich* – von der Situation eines jungen Ehepaares aus, das Nachwuchs erwartet. Kurt und seine Frau Martha ziehen Bilanz angesichts der veränderten Zukunftsaussichten. Kurt arbeitet als Kraftfahrer; seinen Monatslohn kann er durch Überstunden und Sonderdienste für den Chef gelegentlich aufbessern. Martha verdient mit Heimarbeit etwas hinzu – sie errechnen, daß sie sich das Kind leisten können. Stolz gibt Kurt sein «Genehmigt». Ein Jahr nach der Geburt des Stammhalters, der das Glück seiner Eltern ist, haben Kurt und Martha trotz schlechter Wirtschaftslage keine finanziellen Sorgen, denn Kurt konnte sich sein gutes Verhältnis zum Chef erhalten, führt weiterhin Spezialaufträge aus und kippt in dieser Mission «Fässer gegorenen Weins» an der Familienbadestelle in den Teich. Als Martha wenig später ahnungslos mit ihrem Kind baden geht, erleidet der Junge lebensgefährliche Verätzungen. Kurt hat chemische Giftstoffe in den Badesee geschüttet. Es kommt zum schweren Zerwürfnis zwischen den Partnern, und Kurt denkt an Selbstmord. Doch da bringt Martha die Nachricht, daß sich ihr Kind außer Gefahr befindet. In einem intensiven Gespräch findet das Ehepaar zu der Erkenntnis, daß Kurt als Auftragsempfänger, dem der Chef die Gefährlichkeit seiner Ladung verheimlicht hatte, zugleich auch Opfer ist. Daraufhin zeigt er sich selbst und den Chef an. Nun ist er nicht mehr bloß ein «dressierter Aff», wie ihn Martha in ihrem ersten Entsetzen beschimpft hatte, sondern einer, der die Probleme gemeinsam mit anderen Kollegen – in gewerkschaftlicher Solidarität – angehen will. – Erstmals sind bei Kroetz die Menschen stärker als die Verhältnisse. Zwar wurde im qualitativen Sprung, den Kurts Bewußtsein hin zur Erkenntnis seiner Lage und zur gesellschaftlichen Verantwortung durchmißt, eine allzu optimistische Konstruktion gesehen; doch wollte Kroetz damit offensichtlich seine Absicht, den Figuren Entwicklungen und Entscheidungen zuzugestehen, betonen. Zeigt er in seinen früheren Stücken meist Zustände, in denen Veränderung kaum möglich war, so begann er nun mit Hilfe von Durchschnittsmenschen, Wege und Mittel dramatisch zu durchleuchten, die aus krisenhaften Situationen zu neuen Lebensmöglichkeiten führen. Aus dem bloß beschreibenden Realismus der vorgeführten Situationen ist ein aktiver Realismus geworden, der die Möglichkeit der Veränderung mit einbezieht.

Die neuen Gestaltungstendenzen führten Kroetz in seiner Hebbel-Bearbeitung *Agnes Bernauer* (1977) allerdings zu einer eher romantischen Selbstfindungslegende, in der die schöne Agnes, Tochter eines bankrotten Friseurs, sich den Sohn des Unternehmers Werdenfels angelt, doch dann ihr Gut verteilt und hochschwanger mit ihrem Mann auf Herbergssuche zu armen Leuten geht, wo das Paar auch aufgenommen wird.

Sterntaler (1977) wendet das Grimm-Märchen vom Mädchen, das mit einem Goldregen überschüttet wird, auf heutige Wunschvorstellungen von dem «Goldregen» der Konsumwelt an. Am Beispiel einer Familie, die das Leben in der DDR mit dem in der Bundesrepublik vertauscht hat und daher für die Verlokkungen des Kapitalismus besonders anfällig ist, werden weitverbreitete falsche Glücksvorstellungen kritisiert. Der Versuch, das Sozialthema in eine Art Musical zu verpacken, orientiert sich an Brechts *Mahagonny*.

In *Mensch Meier* (1978) zeigt Kroetz mit der Kraft und Wahrheit der frühen Stücke wiederum die Kleinbürgerfamilie in ihrer Kleinwohnung: Das Scheitern einer Ehe und der Zusammenbruch einer Familie werden in präziser Beobachtung und Schilderung menschlicher Verhaltensweisen vorgeführt: Otto und Martha Meier wohnen mit ihrem fünfzehnjährigen Sohn Ludwig in einem Mietshaus unweit von München. Otto ist Fließbandarbeiter, als Traumwelt hat er sich einen Hobbyraum ausgebaut, wo er sich mit dem Bau von Modellflugzeugen beschäftigt, im übrigen reagiert er seine beruflichen Frustrationen an seiner Familie ab. Ludwig soll «etwas Besseres» werden, doch gibt es für die von den Eltern bevorzugten Berufe keine freien Lehrstellen, und der Sohn lungert daher bereits acht Monate zu Hause herum. Als Ludwig 50 Mark aus der Haushaltskasse klaut, um in ein Rock-Konzert zu gehen, entladen sich die schwelenden Spannungen in einem Familienkrach. Spätabends kommt es zu einer entwürdigenden Untersuchung. Der Vater fordert, daß sich Ludwig vor den Eltern nackt auszieht, um ihn des Diebstahls zu überführen. Weinend erwidert Ludwig auf die Vorwürfe des Vaters: «Lieber tot, als so wie du.» Er packt seine Reisetasche und verläßt das Elternhaus. Otto versucht, sich durch

Zertrümmern des Mobiliars abzureagieren. Schließlich geht auch Martha. Natürlich unternimmt Otto alles, um Frau und Sohn zurückzuholen, doch da er sich nicht zu ändern vermag und immer wieder in die Rolle des Familientyrannen zurückfällt, bleibt sein Bemühen erfolglos. Martha verdient ihren Unterhalt als Verkäuferin, Ludwig findet eine Lehrstelle. Obwohl sie sich ungewohnt einschränken müssen, versuchen sie, ihren Emanzipationsweg allein weiterzugehen. Es gilt, mit der neuen Situation fertig zu werden, sie alle müssen, wie Martha sagt, lernen. Mit dem optimistischen Wort «lernen» endet das Stück und verweist auf eine Hoffnung.

Botho Strauß * 1944

Botho Strauß wurde am 2. Dezember 1944 in Naumburg/Saale geboren, studierte in Köln und München Germanistik und Soziologie und arbeitete von 1967 bis 1970 als Redakteur und Kritiker bei der Zeitschrift «Theater heute». Anfang der siebziger Jahre trat er in die Dramaturgie der Berliner Schaubühne am Halleschen Ufer ein, war an Peter Steins bedeutenden Inszenierungen von *Peer Gynt, Prinz von Homburg* und *Sommergäste* als Dramaturg maßgeblich beteiligt und stellte eine Bearbeitung von Labiches *Sparschwein* her. Seine praktische Theaterarbeit wirkte konkret auf sein dramatisches Schaffen zurück, in dem die jeweiligen dramaturgischen Erfahrungen unmittelbar umgesetzt wurden. Gegen Ende der siebziger Jahre zog sich Strauß aus der Dramaturgie zurück und lebte als freier Schriftsteller in Berlin.

Als sensibler, phantasievoller Beobachter deutscher Zustände und Menschen porträtierte Strauß die gesellschaftliche Wirklichkeit der Bundesrepublik mit zunehmender Genauigkeit. Ein feines Gefühl für sprachliche Strukturen und die Signalwirkungen von Sprache, für Rhythmus und musikalische Komposition vereinte sich in seinen Dramen mit einer starken bildhaften Phantasie. Er beschrieb Bewußtseinszustände, Befindlichkeiten, Gefühle, Schrecksekunden der Entfremdung und machte dabei die Spannung von Realität und Phantasie, Identität und Bewußtsein, Innenwelt und Außenwelt spürbar. So entwarf er ein Psychogramm der deutschen Gesellschaft der siebziger Jahre: ihre Verhaltensweisen, ihre Selbstdarstellung, ihre übertriebenen Ansprüche, ihre Hypochondrien und Hysterien, ihre Ängste, Störungen, Sehnsüchte wurden in dichte Theaterbilder zusammengefaßt.

Sein Erstling, *Die Hypochonder* (1972), scheint noch von Wedekinds Grotesken abgeleitet. Hinter einer rätselhaft mörderischen Handlung – das Stück beginnt mit der Heimkehr einer des Mordes an ihrem Geliebten verdächtigten Frau zu ihrem Ehemann – trat jedoch schon ein künftiges Thema von Strauß hervor: Gruppierungen von Menschen zu zeigen, deren Spannungen nah an den Wahnsinn treiben. Mit fünf Hauptfiguren werden immer neue Konstellationen durchgespielt, doch ihre Wirklichkeit ist nicht zu fassen, die Figuren können nicht ergründen, was war und was ist, sind selbst darüber im Zweifel, wer sie sind, Bewußtsein und Identität fallen auseinander. Angst vor Erinnerung und Angst vor Vergessen, Verstörungen des Bewußtseins werden als Alptraum erfahren und brechen wie Krankheiten hervor.

Bekannte Gesichter, gemischte Gefühle (UA: 1975 in Stuttgart) beschreibt bereits in einem konkreten Milieu Leistungsstress, Kontaktlosigkeit, Selbstverlust, Ersatzbefriedigung und Machtkampf: Drei Paare und ein «Opfer» (das von einer der Hauptfiguren zum Krüppel gefahren wurde) haben ein verkommenes Hotel zum «erstaunlichen Museum» ihrer Leidenschaften, ihrer Kreuz- und Querbeziehungen gemacht. Sie sind Beschädigte, Verletzte, Abgestorbene. Stefan, der Hotelbesitzer, «leistet» sich das «Museum», ist jedoch längst nicht mehr der Herr im Haus. Den Ton gibt Günther, der Hotelportier, an, der einzige, der mit seiner Arbeit für das Hotel etwas «geleistet» hat und dies auch herausstreicht, ein zielstrebiger, brutaler Technokrat, der sich nicht mehr verdrängen läßt. Im Hintergrund zieht ein schläfriger Beamter, Experte für Innere Sicherheit, die Fäden. Als Stefan, dem seine Besitzerrolle abhanden gekommen ist, das Hotel verkaufen will, ergreift Günther die Macht und wiegelt mit linkem Pathos und korrupten Methoden die anderen zur Enteignung auf. Stefan, der kraftlose Mittelständler, der schon als Kind alles, was er besaß, kaputtmachte, resigniert und zieht sich zuletzt mit seinen Illusionen und Hoffnungen in die Tiefkühltruhe zurück. Der Realitätsverlust wird aber auch auf anderen Ebenen durchgespielt: Doris, Stefans Frau, trainiert mit Günther unablässig für die deutsche Amateur-Tanzmeisterschaft, ein Paar, das sich physisch kasteit und bereits die Seele ausgetrieben hat – kalte Perfektion, gefühllose Eleganz, hohle Schönheit sind das Ideal. Ein Sturz von Doris im Training, ein erstes menschliches Geschehen, wird als Katastrophe empfunden, als Zerstörung einer von allen gepriesenen Harmonie: Günther schlägt sofort auf die Partnerin ein. Heulend fordert Doris Veränderung und verfällt sofort ins andere Extrem, indem sie Regellosigkeit und Häßlichkeit proklamiert. Sie wird durch eine Doppelgängerin ersetzt, eine makellos funktionierende Leistungsmaschine, die nur von Stefan als Kunstprodukt durchschaut wird. Als die echte Doris, vom Turnierehrgeiz befreit, wieder zu ihm zurückkehrt, erstmals gewillt zur Kommunikation, zur Gründung einer Familie, ist Stefan zu diesem Wechsel in eine neue bürgerliche Existenz – vielleicht auch in eine neue Ausweglosigkeit – nicht mehr bereit. – Strauß zeigt hier das Umkippen von Bestrebungen, die Austauschbarkeit von Menschen, die Jämmerlichkeit ihrer Illusionen. Er zeigt Menschen, die Hoffnungen und Träume hatten und sich über deren Absterben mit grotesker Ersatzbefriedigung hinwegretten – ausgehöhlte Scheinexistenzen, die zugleich als sehr reale Figuren erkennbar gemacht werden.

*Trilogie des Wiedersehens** enthüllt das komplizierte Beziehungsgeflecht einer Gruppe von «Freunden» und den unbewußten Versuch einer Herstellung von Harmonie. *Groß und klein** gibt eines der umfassendsten und genauesten Psychogramme der bundesdeutschen Gesellschaft der siebziger Jahr. Gezeigt wird der Lebensweg einer Frau, die Stationen einer Suche nach Menschen, Liebe, Freundschaft, Kontakt, nach sich selbst und nach Gott.

Trilogie des Wiedersehens
Stück in 3 Teilen. UA: 1977 in Hamburg

Mitglieder eines Kunstvereins kommen zur Vorbesichtigung der Ausstellung «Kapitalistischer Realismus» zusammen, die, wie sich herausstellt, vom Vorstand des Vereins verboten werden soll. Um Moritz, den Direktor des Kunstvereins, der von Susanne geliebt wird und zu ihr in einer seltsam unerfüllbaren Beziehung von Zuwendung und Verweigerung steht, schart sich eine recht unterschiedlich zusammengesetzte Gesellschaft: ein getrennt lebendes Arztehepaar, er diagnoseschwach, sie Trinkerin, ein alterndes Drogistenpaar mit einander nicht eingestandenen Begierden und Träumen, ein Schriftsteller, ein Drucker, der an seiner intellektuellen Unzulänglichkeit verzweifelt, der dickfellige Verkaufsleiter eines Kaufhauses und eine ihm hörige Malerin, ein Schauspieler und sein Schauspielervater. Moritz will in seiner Ausstellung die Spannung zwischen den einzelnen, sehr unterschiedlichen Bildern zum Ausdruck bringen. Er sieht keine Zusammenhänge, will eben dies bewußtmachen – und scheitert. Seine Freunde hängen zuletzt die Exponate um, ordnen, etikettieren, gruppieren nach Verwandtschaften, nach vermeintlich gemeinsamen Merkmalen und Motiven, bringen «System» in die Anordnung und machen damit die Ausstellung nicht nur «langweilig», wie Moritz sagt, sondern verhindern auch einen Erkenntnisprozeß. Denn hier scheitert der unbewußte Versuch einer Herstellung von Harmonie. Einer Harmonie im ursprünglichen griechischen Sinn: des Zusammenfügens erkannter Gegensätze und dem Ertragen ihrer Spannungen.

Die Wirklichkeit der Gesellschaft wird an der privaten Misere extrem gezeichneter Figuren abgehandelt, an denen der Blick für Gefühlszustände, für Beziehungen und Beziehungslosigkeiten geschärft werden soll. Jeder von ihnen ist in eine Isolation geraten, die feindlich vor der Umwelt abgeschirmt wird, jeder von ihnen scheint aber auch voll Sehnsucht, gierend nach Zuwendung, Anteilnahme, Gefühl. Den Einbildungen und Stilisierungen der Menschen wie auch ihrer inneren Wahrheit ist Strauß auf der Spur. Doch es geht nicht allein um die Beziehungslosigkeit, um die Unmöglichkeit, zueinander wahren Kontakt zu finden, sondern auch um Selbstverlust, den Verlust der eigenen Realität. Die teils konventionelle, teils oberflächliche, teils leidenschaftliche Hinwendung zur Kunst bedeutet daher für den einen Realitätsersatz, für den anderen Realitätssuche, den Wunsch nach Erkennen. Ein großes Thema also, das Strauß von den Bildern auf die Menschen überträgt, denen aber – selbst Produkte eines «Kapitalistischen Realismus» – im Gegensatz zu den Bildern die Wirklichkeit abhanden gekommen ist. In drei Etappen führt er sie als nicht veränderbar, unfähig zum Wandel, vor allem aber unfähig zur Erkenntnis ihrer Realität vor – und zeigt damit zugleich auch die Unmöglichkeit ihrer Harmonisierung.

Groß und klein
Szenen. UA: 1978 in Berlin

Lottes Stationenweg auf der Suche nach Menschen, Kontakt, Liebe, nach sich selbst und nach Gott beginnt in einer Hotelhalle in Marokko. Als Pauschaltouristin in fremder Umgebung ausgesetzt, führt sie Selbstgespräche, allein mit den Schatten zweier promenierender Männer, deren Dialog sie zu belauschen versucht. – In Saarbrücken taucht Lotte als Straßenpassantin am Schlafzimmerfenster eines Fabrikantenehepaares auf. Der Mann hat die Nacht am Bett seiner Frau durchgewacht. Lotte versucht, die Frau als Freundin zu gewinnen, behauptet, sie zu kennen, und überredet sie, ihr ihre elegante Garderobe vorzuführen. – Die nächste Station führt Lotte in ein Haus mit zehn Zimmern. Ihr Mann lebt dort mit seiner Geliebten, in einem der Zimmer hat sich ein Mädchen in ein Zelt verkrochen, in den anderen begegnet sie einem Gitarrespieler, einer Fixerin, einem Assistentenpaar, einem Türken, einem Rentnerpaar, das mit Hilfe von Dias aus seinem Alltag das eigene Dasein zu begreifen versucht. Lotte geistert durch die Zimmer, sucht Kontakt, bietet Hilfe, aber die Menschen verweigern sich. – In Essen gerät Lotte vor die Türsprechanlage eines großen Mietshauses, in dem sie eine Kindheitsfreundin sucht: Kontakte mit fremden Menschen und schließlich

Strauß, Groß und klein. Schaubühne Berlin, 1978. Inszenierung: Peter Stein. Lotte: Edith Clever.

mit der Freundin über Klingelknöpfe und technische Anlagen. – Auf ihrer nächsten Station hat sich Lotte in eine Telefonzelle eingenistet. Sie wählt eine Nummer, erhält keine Verbindung, spricht einen Liebesbrief an ihren Mann Paul. – In Hörnum auf Sylt trifft sie ihren Bruder Bernd im Garten seines Schwiegervaters. Die Gartenmöbel sind einbetoniert und angekettet. Bernds Frau trinkt und behauptet, von ihrem Mann bestohlen worden zu sein, ihr Bruder leidet an Mondsucht und sexueller Frustration. – Vor dem großen Lebensbuch rekapituliert und phantasiert Lotte, versucht Gott in ihr Leben zu holen – «Falsch verbunden», heißt die Szene. – Als Freundin und Schreibhilfe eines städtischen Angestellten schreibt Lotte in dessen Büro wahre und wirre Briefe, wird dem Mann, der nur ein lockeres Verhältnis wünscht, unheimlich. – An einer Bushaltestelle kommt sie mit einem Datentechniker vom Rundfunk ins Gespräch. Er lädt sie zum Schachspielen ein, sie erzählt ihm, eine der Gerechten zu sein, die die Welt zusammenhalten. – In dem Wartezimmer eines Arztes sitzt Lotte zuletzt unter vielen Patienten, die alle aufgerufen werden. Nur sie bleibt übrig. «Mir fehlt ja nichts», sagt sie.

Lotte geht von einer Haltestelle der Einsamkeit, Beziehungslosigkeit und Verstörung zur anderen, mit offener kindhafter Naivität und Spontaneität, bereit, nur als Mitmensch zu leben, doch immer stößt man sie zurück. Da wimmeln die Menschen, Studenten, Rentner, Unternehmer, Hausfrauen und Gastarbeiter, Angepaßte, Frustrierte, Vereinsamte, Gescheiterte, Verkommene, orientierungslos in einer gottlosen Welt. Zwischen ihnen gibt es kaum noch Verständigung, in ihrer Beziehungslosigkeit klammern sie sich an technische Geräte. Man verschanzt sich hinter Sprechanlagen, Fernsehapparaten, Diktiergeräten, Telefonen. Ist Lotte tatsächlich eine der sechsunddreißig «Gerechten», die die Welt zusammenhalten, wie sie zuletzt behauptet? Vertreterin einer Gerechtigkeit, die die Grundlage menschlichen Zusammenlebens bildet, die Pflichten gegenüber Gott und den Menschen beobachtet? «Und was tut eine Gerechte?» fragt ein Mann an der Bushaltestelle. «Gehet ihrer Wege. Lernt die Menschen kennen, hilft wo sie nur kann. Hilft eben immer. Macht dem Antichrist das Leben schwer», antwortet sie. In einer Schlüsselszene des Stücks hat sie zuvor Gott in ihr Leben geholt – «Falsch verbunden», heißt die Szene –, wehrt sich zugleich gegen ihn, sieht Blut aus ihrem Lebensbuch rinnen und versucht verzweifelt, das Opfer abzuwenden. In dieser Szene, in der sie sich die Frage nach dem Wohin ihres Weges stellt, muß sie zur Kenntnis nehmen, daß die Seiten ihres Lebensbuches weiß sind. «So weiß wie das Buch darf ich aber nicht werden», sagt sie, und später: «Die Dinge lösen sich.» In der letzten Szene ist Lotte jedoch bereits ganz blaß, klein, ausgebleicht. Die Gerechte wird sich aus dieser Welt lösen, allmählich, ohne daß man es bemerkt. Hat sie Spuren hinterlassen? Ein großer Anspruch wurde auf ein Minimum reduziert. Lotte, der Mensch mit Gefühlen, Werten, Erwartungen, ist nirgends willkommen in dieser Welt.

Peter Hacks * 1928

Peter Hacks wurde am 21. März 1928 als Sohn eines Juristen in Breslau geboren. Nach dem Gymnasium begann er 1946 in München mit dem Studium der Soziologie, Philosophie, Germanistik und Theaterwissenschaft, das er 1951 mit der Promotion zum Dr. phil. abschloß. Hacks verfaßte eine Reihe von Hörspielen für Kinder, wurde wenige Wochen nach seinem Debüt als Dramatiker im Jahr 1955 von Brecht nach Ostberlin eingeladen und übersiedelte in die DDR. Zunächst arbeitete er für das Berliner Ensemble, wurde dann jedoch Dramaturg am Deutschen Theater in Ostberlin. 1963 mußte er die Position abgeben.

«Einer, der Tendenz und Poesie zusammenzwingen will, einer der wenigen, die mit Formwillen und Formkraft sich gegenüber der starr durchformulierten Doktrin des sozialistischen Realismus zu behaupten versuchen», ist Peter Hacks in der Charakterisierung von Ernst Wendt. In der direkten Nachfolge von Brecht stehend, strebte Hacks die große Perspektive an, eine «sozialistische Klassik», deren Aufgabe es ist, Widersprüche darzustellen. So setzte er sich vehement für die große Form, für den Vers ein, mit dem es allein gelingen könne, «große Widersprüche in den artistischen Griff zu bekommen». Form bedeutet für Hacks Projektion des Vollkommenen in die unvollkommene historische Realität. «Realistische Kunst» ist «interpretierte Darstellung der Wirklichkeit», das fortschrittlich-realistische Theaterstück hat veränderbare Wirklichkeit zu bieten. So versteht sich Hacks, der in seiner hochartifiziellen Sprache feingeschliffenen Witz und drastisch vitale Elemente verbindet, mit seiner Kunst als ein poetischer Vorausläufer seiner Zeit.

Sein erstes Stück, *Eröffnung des indischen Zeitalters* (1955), stellt in Kolumbus einen «sozial relevanten Helden» vor, der im Begriff ist, das «indische Zeitalter», das Zeitalter des Kapitalismus, zu entdecken und damit den Feudalismus abzulösen. In einer Vision sieht er die Ausbeutung der Indianer voraus, sich selbst als Vollstrecker einer ausbeuterischen Herrschaftspolitik. Er muß erkennen, daß er nicht nur ein Zeitalter des wissenschaftlichen Fortschritts, sondern auch der wirtschaftlichen Ausbeutung einleitet, doch er ist bereit, die «Geldzeit», die «Gierzeit» in Kauf zu nehmen für das spätere Zeitalter der Vernunft. Was er zunächst als bösen Traum verdrängen wollte, begreift er schließlich – dem marxistischen Weltbild entsprechend – als notwendiges Opfer für den Aufbruch in menschenwürdigere Zeiten.

Das Volksbuch vom Herzog Ernst oder Der Held und sein Gefolge (1967), bereits 1953 entstanden, basiert auf einer spätmittelalterlichen Historie, deren Held nun von Hacks in einem zynischen Spiel um Macht und Heldentum als Popanz entlarvt wird. Herzog Ernst, der im Heiligen Land wilde Abenteuer besteht, ist Held auf Kosten seines Gefolges, das für seinen Ruhm mit dem Leben bezahlen muß. Je geringer seine Macht, desto geringer auch sein Heldentum. Vor dem endgültigen Niedergang retten ihn immer wieder nur die Privilegien seiner hohen Geburt.

Die Schlacht bei Lobositz (1956) soll den Krieg als «eine Verschwörung der Offiziere gegen die Menschen» entlarven und die «Möglichkeit einer Verschwörung der Menschen gegen die Offiziere» aufzeigen. Die Komödie, die für Pazifismus und die Abschaffung des Krieges durch Desertion plädiert, basiert auf der Lebensgeschichte des «Armen Mannes im Tockenburg» des Schweizers Ulrich Braeker: Überlistet von dem Soldatenwerber Marconi ist Braeker gemeinsam mit seinen Landsleuten Schärer und Bachmann in die Armee Friedrichs des Großen geraten und soll nun an der ersten Schlacht des Siebenjährigen Krieges teilnehmen. Leutnant Marconi hat eine neue Methode ersonnen, die unfreiwilligen und kriegsunlustigen Rekruten von der Desertion abzuhalten: Durch Herstellung «menschlicher Beziehungen» will er den «natürlichen Haß» der Soldaten auf die Offiziere umlenken in einen «unnatürlichen Haß auf den Feind». Er wettet mit seinem Obristen, daß seine drei Schweizer nicht desertieren werden. Doch Schärer und Bachmann ergreifen vor der Schlacht bei Lobositz die Flucht. Als Braeker von Marconi für diese Meldung verprügelt und in die vorderste Schlachtreihe geschickt wird, desertiert auch er. Nicht weil er «seinen» Leutnant durchschaut hat, sondern aus menschlicher Enttäuschung.

Der Müller von Sanssouci (1958), ein «bürgerliches Lustspiel», stellt eine Anekdote um Friedrich den Großen auf den Kopf, um die Rechtsstaatlichkeit in Preußen ad absurdum zu führen: Der König ließ wegen des störenden Lärms eine Mühle stillegen, verlangt nun aber, da er aus politischen Gründen seine Rechtlichkeit beweisen will, eine Klage des Müllers gegen ihn. Angstschlotternd verzichtet der Müller jedoch auf sein bürgerliches Recht, und es muß ihm erst mit bewährtem Drill eingetrichtert werden, scheinbar frei seine Meinung zu sagen. Der König beugt sich vor dem Recht angesichts eines jubelnden Volkes und zieht den Knecht des invaliden Müllers zur Armee ein – womit die Mühle faktisch stillgelegt ist.

Die Sorgen und die Macht (1960), das erste Gegenwartsstück des Autors, sollte die DDR-Realität anno 1956 darstellen, indem es das sozialistische Verhalten zur Arbeit diskutierte: Eine Brikettfabrik erfüllt das staatliche Plansoll mit 160%, stellt aber dabei qualitativ schlechte Briketts her, so daß eine von ihr belieferte Glashütte ihr Plansoll nicht erreichen kann. So verdienen die Brikettarbeiter – dank staatlicher Prämien – gut, die Glasarbeiter schlecht. Die Parteifunktionäre der Betriebe erkennen den Mißstand. In der Brikettfabrik beginnt ein Qualitätswettbewerb, an dem sich der Brikettarbeiter Max Fidorra führend beteiligt, weil er die Glasarbeiterin Hede Stoll liebt. Aber mit steigender Qualität sinken in der Brikettfabrik die Leistungen, die Planerfüllung gerät in Gefahr, die Löhne werden geringer. Die Liebe von Max und Hede schlittert in eine Krise; da ersinnt Max Verbesserungsvorschläge für solche Produktionsmethoden, die Qualität und Quantität gleichermaßen anheben. – Das Stück erregte in der DDR großes Aufsehen und wurde wegen seiner Kritik an den Arbeitern – sie sind in ihrem Handeln erotisch und materiell, nicht aber politisch motiviert – heftig angegriffen. Hacks arbeitete es zweimal um, die dritte Fassung führte 1963 zu seinem Rücktritt als Dramaturg des Deutschen Theaters.

Moritz Tassow (1965) ist eine realistisch-dialektische Komödie, die beschreibt, wie einer, der seiner Zeit vorauseilt, zwar prinzipiell richtig, politisch aber falsch handelt und damit scheitert. Tassow hat das Hitlerregime als angeblich taubstummer Schweinehirt in Mecklenburg überdauert und entpuppt sich nach 1945 als ein völlig normaler, vitaler Mann, der, redegewandtes Sprachrohr eines utopischen Kommunismus, eine Revolution anzettelt. Der Gutsherr wird mit seiner frömmelnden Mätresse davongejagt, das Gut soll nun allen Landarbeitern Raum bieten, ihr eigenes Ich auszuleben. Die Bauern-Kommunarden veranstalten ein großes Freß- und Saufgelage, und der Kommissar für die Bodenreform, Mattukat, läßt sie gewähren. Doch Tassows Kommune scheitert an dem Eigennutz und der Unreife der Mitglieder, die ohne Organisation und die Autorität des Gutsbesitzers alles verschlampen lassen. Mattukat löst die Kommune auf und teilt das Gut in Kleinbetriebe. Tassow kapituliert vor dem Pragmatiker – und wird Schriftsteller, als der er nicht verpflichtet ist, «kapiert zu werden oder Anhänger zu haben». Die komische Parabel vom utopischen und pragmatischen Kommunismus wurde in der DDR wegen ihrer «rüpelhaften Obszönität» heftig attackiert und nach wenigen Vorstellungen abgesetzt. Hacks zog sich wieder in die Historie zurück.

Eine der zahlreichen Bearbeitungen der antiken Vorlage stellt Hacks' geistvolle Adaptierung des *Amphitryon* (1968) dar. Jupiter ist hier der «vollkommene Mensch», der die Welt «stört und fördert», also die Utopie erstrebt, auf die sich die Realität des Menschen zubewegen sollte. Er fordert den zum Durchschnittsmann gewordenen Amphitryon heraus, indem er ihn bei Alkmene aussticht, die das Spiel sofort durchschaut. «Da du mich liebtest, warst du, wie er ist», erklärt sie ihrem eifersüchtigen Ehemann. Hacks konfrontiert den noch entwicklungsfähigen Amphitryon mit dem philosophischen Sosias, der die Ohnmacht seiner Weisheit akzeptiert und dessen Selbstbeschränkung seine weitere Entfaltung hindert. In seiner Grundhaltung entlarvt, wird Sosias als Hundsstern ans Firmament verbannt, ein «Leuchtturm des Nichts und der langen Weile».

Margarete in Aix (1969) konfrontiert Staatsaktion und Künstlerdrama: König René hat seine Tochter Margarete von Anjou an seinen Hof nach Aix geholt, nachdem sie als Witwe Heinrichs VI. aus England verbannt wurde. Während René ganz der Kunst und dem Spiel lebt, sinnt die düstere Margarete auf Rache. Kunst und Staatsraison fechten einen grotesken Kampf aus. Margarete hintergeht den Vater und stirbt vor Zorn, als ihre Rachepläne scheitern. Die Idylle überlebt zwar die Ideologie, doch wird die Provence nach Renés Tod an Frankreich fallen.

Omphale (1970) erzählt die Geschichte der Liebe zwischen der Königin von Lydien, Omphale, und Herkules. Die Komödie führt eine utopische Emanzipation des Menschen vor: den Rollentausch von Mann und Frau.

Adam und Eva (1973) ist wiederum eine Emanzipationskomödie, die die Geschichte vom Sündenfall als Entwicklungsprozeß zum mündigen Menschen interpretiert. Hacks gesteht dem Menschen, der von Gott als eigengesetzlicher Partner geschaffen wurde, den Anspruch auf Weltbewältigung zu. Adam begeht den Sündenfall bewußt und nimmt seine Vertreibung aus dem Paradies an, die ihn allen Widersprüchen des Menschseins aussetzt, aber dafür in Freiheit und Selbstverantwortung entläßt.

Das Jahrmarktsfest zu Plundersweilern (1975) spielt ein Schlüsselstück des jungen Goethe über seinen Darmstädter Freundeskreis als aktuelle Literatursatire weiter: «Der Ur-Jahrmarkt zeigt den lächerlichen Kampf der veramteten Aufklärung mit der vergammelten Empfindsamkeit. Meiner handelt eigentlich von nichts anderem. Er zeigt die Mißverständnisse zwischen den groben Plattköpfen und den feinen», erläuterte Hacks. Eine Reihe bunter Figuren tritt auf und vor einer Jahrmarkt-Schaubude in Aktion. Während oben auf der Bühne die Historie von der schönen Esther am Hof des persischen Kaisers abgehandelt wird, treiben unten die Leute, die den Jahrmarkt bevölkern, ihre Spiele um Liebe und Geld, bedrängt der als Dichter dilettierende Literaturpapst des Städtchens den Theaterdirektor mit Kostproben seiner empfindsamen Poesie, krakeelen zwei Betrunkene gegen den in seinem Kunstideal schwärmenden Prinzipal, übt ein Gendarm Zensur aus ...

Ein Gespräch im Hause Stein über den abwesenden Herrn von Goethe (UA: 1976 in Dresden) ist ein Monodrama über die Beziehung zwischen Frau von Stein und Goethe. In einem vielschichtigen Monolog erläutert Charlotte von Stein ihrem Mann, der zwar ausgestopft auf der Bühne präsent, aber anscheinend schon seit Jahren für sie nicht mehr real vorhanden ist, die Beschaffenheit ihres zehnjährigen Verhältnisses zu Goethe, der seit kurzem ebenfalls abwesend ist, heimlich entschwunden nach Italien. In fünf Versionen tritt in diesen mit witzigen und brillanten Aperçus, Apropos und originalen Goethe-Zitaten gespickten Reflexionen ein Machtkampf zutage, der Kampf um Dominanz zwischen Mann und Frau, der aber im Grunde auch einen Kampf zwischen Künstler und Gesellschaft darstellt. Der Dichter wird aus der Perspektive des «gesunden Menschenverstands» gesehen, keineswegs aber «erkannt», und während Charlotte in einer widersprüchlichen Gefühlsskala die Stadien der wechselseitigen Dominanz zwischen ihr und Goethe reflektiert, steigert sich ihre Gewißheit seiner Unterwerfung, zeichnet sie den Prozeß ihres Sieges. Als sie schließlich Goethes Brief aus Italien öffnet, in dem sie seinen Heiratsantrag vermutet, muß Charlotte feststellen, daß sich der Dichter nicht nur räumlich, sondern auch innerlich weit von ihr entfernt hat. – Hacks ist es in seinem kunstvollen Monolog vollendet gelungen, einen gesellschaftlichen wie zwischenmenschlichen Konflikt in das Psychogramm einer liebenden Frau einzubinden.

Heiner Müller * 1929

Heiner Müller wurde am 9. Januar 1929 in Eppendorf in Sachsen geboren. Er arbeitete zunächst als Angestellter eines Landratsamtes in Mecklenburg, wurde dann Journalist und ging 1958 als Mitarbeiter des Maxim Gorki-Theaters nach Ostberlin. Dort wechselte er bald als Dramaturg an das Berliner Ensemble, später an die Volksbühne. Da Müller seine – zweifellos kommunistisch konsequente – Dramatik zwar auf das gesellschaftliche System der DDR bezog, jedoch dessen Vorstellungen, Forderungen und Ziele rigoros mit der gesellschaftlichen Wirklichkeit konfrontierte, geriet er häufig in Konflikte mit dem Regime. Kulturbehörden und Theater der DDR schreckten vor seinen Werken zurück, viele seiner Stücke wurden erst zehn, ja zwanzig Jahre nach ihrem Entstehen uraufgeführt.

Heiner Müllers in konsequenter Nachfolge Brechts entstandenes, aber über diesen hinausgehendes dramatisches Werk umfaßt drei unterschiedliche Stück-Gruppen: Die frühen «Produktionsstücke», bei denen es um Lernprozesse und die Probleme der sozialistischen Entwicklung in der DDR geht. «Sachverhalte für eine sozialistische Bewußtseinsbildung» werden hier in ihren Spannungen, Konflikten und Widersprüchen dargestellt. Sodann die «Lehrstücke», kurze Dramen, in denen sich Müller mit politischen und philosophischen Fragen auseinandersetzt, mit dem Verhältnis von Kollektiv und Individuum, dem Zielbild und der Alltagsrealität, dem Auftrag und seiner Bewältigung, dem Anspruch der Gruppe über den einzelnen, mit Ideologie und politischer Moral. Auch Müllers Bearbeitungen und Neufassungen antiker Autoren, in denen er Haltungen veranschaulicht, gehören in diese Gruppe und haben einen wesentlichen Beitrag zur marxistischen Antike-Rezeption geleistet. Zur dritten Gruppe zählen schließlich die Auseinandersetzungen mit der deutschen Geschichte. Müller bedient sich dabei einer dramatischen Fragment-Technik, arbeitet mit Brüchen, argumentiert in Zeitsprüngen, wechselt zwischen Bericht und Darstellung. Er findet zu bedrängend neuen und erschreckenden Bildern, Visionen und wüsten Phantasmagorien, in denen entgegen der früheren Glückserwartung als einzige Gegenmacht eine nur noch karge Hoffnung bleibt. «Kein Autor hat wie Heiner Müller das experimentum societatis, das im anderen Teil Deutschlands und im kommunistischen Teil der Welt versucht wurde, so reflektierend begleitet, keiner wie er dessen Schatten aufgenommen, auch die Stalinschen Verbrechen und auch die Gefangenschaft hinter der Mauer nicht verschwiegen», formulierte Günther Rühle. «Er war zuviel Individualität, um nicht immer wieder auf das Recht der Individualität zurückzukommen, zuviel Schmerzensmann inmitten der kalten Täterschaft, zuviel Frager, ob das zu verwirklichende System, das sich Kommunismus nennt, nicht über die Kraft geht.»

Die Korrektur (1958) verfaßte Müller, wie einige seiner frühen Stücke, gemeinsam mit seiner Frau Inge (1925–1966). Das Stück beschreibt in elf Szenen die Problematik des Aufbaus des Sozialismus in der DDR. Bezeichnend für diese Zeit des Übergangs sind die Mißstände in der Industrie, in der nicht nur mit Falschbuchungen die Norm korrigiert wird, sondern auch Schildbürgerstreiche, wie der Bau von Fertighäusern ohne Kanalisation, vorkommen.

Der Lohndrücker (1958), wieder in Gemeinschaftsarbeit entstanden, behandelt ebenfalls Sozialkonflikte und das Thema Produktivität: Der Maurer Balke, der Verbesserungen erfindet und eine ertragreichere Norm einführt, lernt klassenbewußt zu handeln und sieht zuletzt ein, daß man den Sozialismus nicht allein aufbauen kann. Auch hier werden Denkprozesse und die allmähliche Durchsetzung einer neuen Einstellung zur Arbeit geschildert.

Der Bau (1980), bereits 1963 geschrieben, ist eine weitere «Geschichte aus der Produktion» und schildert «die Freisetzung von Produktivität und der Lust der Produktivität». Müller nahm hier Motive des Romans «Spur der Steine» von Erik Neutsch auf: Bei einem Doppelprojekt, dem sich wechselseitig behindernden Bau eines Kraft- und Wasserwerks, hat der Parteisekretär Donath nicht nur gegen Leute wie den Brigadier Barka zu kämpfen, der auf dem Bau nur rasch und viel verdienen will, sondern auch gegen resignierende, verbürgerlichte Ingenieure. Donath erhält wegen Eigenmächtigkeit eine Parteistrafe, erreicht jedoch, daß der Plan auf Grund seiner realitätsbezogenen Einsichten revidiert wird. Mit seinem Einsatz bewirkt er auf seiner Baustelle überdies eine Veränderung der Einstellung zur Arbeit, sich selbst zu ändern ist er aber – wie eine mißlich gelöste private Affäre zeigt – nicht imstande.

Zu den «Produktionsstücken» zählt auch die bunte Bilderfolge *Die Bauern*, die Neufassung der 1964 rasch wieder abgesetzten Komödie *Die Umsiedlerin oder Das Leben auf dem Lande*: An einer Dorfgemeinschaft werden die Probleme der Gründerjahre der DDR mit all ihrem Optimismus, aber auch den Zweifeln, Rückschlägen und Widersprüchen dargestellt. Die meisten Dorfbewohner setzen egoistische Erwartungen in die neue Gesellschaftsordnung; die Strategien der Partei erweisen sich dagegen auf dem Land als wirklichkeitsfremd. Auch in der klassenlosen Gesellschaft gibt es Klassenkonflikte. Müller gelingt es mit farbigen, durchaus komödiantischen Details, die sozialistische Entwicklung der Landwirtschaft seit der Bodenreform von 1945 bis zur Endphase der Kollektivierung mit dem Eintritt in eine landwirtschaftliche Produktionsgenossenschaft 1960 aufzuzeigen. Der mühsame Weg, von dem viele abweichen, wird wirklichkeitsgetreu und humorvoll in all seinen Widersprüchlichkeiten verfolgt.

Die Schwierigkeiten mit seinen Gegenwartsstücken veranlaßten Müller, sich «aktualisierten Neufassungen antiker Autoren» zuzuwenden. *Philoktet* (1968) beschreibt die drei Hauptfiguren als «Clowns und Gladiatoren ihrer Weltanschauung». Vorgeführt werden die

Verhaltensweisen eines amoralischen, listigen Pragmatikers des Krieges (Odysseus), eines Hassenden (Philoktet) und eines Mißbrauchten, durch Unentschlossenheit abhängig Gewordenen (Neoptolemos). Die Götter greifen nicht mehr ein. Zunächst folgt der Autor der Tragödie des Sophokles (siehe S. 17): Odysseus kommt mit Neoptolemos auf die Insel Lemnos, um den zehn Jahre zuvor dort ausgesetzten Philoktet zurückzuholen, den er als Propagandainstrument gegen die erlahmende Kriegslust seiner Soldaten einsetzen will. Philoktet weigert sich, als Werkzeug zu dienen. Sein Haß gegen die Griechen, ja die Menschheit, ekelt Neoptolemos, den eben noch die Leiden dieses Mannes erschütterten, derart an, daß er den im Blutrausch auf Odysseus Zielenden ersticht. Odysseus beschließt, die Tat den Trojanern in die Schuhe zu schieben. Nach anfänglichem Aufbegehren fügt sich Neoptolemos in den zum vaterländischen Nutzen inszenierten Plan. Die Zwecklüge triumphiert in der antiken wie in der heutigen Machtpolitik.

Herakles 5 (1974) ist ein Stück über den Aktivisten, den Neuerer, der die Welt verändert. Es geht um die fünfte Arbeit des Herakles, das Ausmisten des Augias-Stalls. Augias wird enteignet und in den Fluß geworfen. Auch gegen Göttervater Zeus empört sich Herakles. Er gestattet sich, die väterliche Welt zu verändern, rollt den Himmel ein und steckt ihn in die Tasche.

Das in der Folge entstandene, zur «Versuchsreihe der Lehrstücke» zählende Drama *Horatier* (1973) behandelt den Widerspruch, den eine Tat in ihrer Wertung erfahren kann: Ein Mann wird als Held gefeiert, solange seine Tat für ein Kollektiv erfolgt, er wird als Mörder angesehen, sobald er die gleiche Tat aus eigenem Antrieb begeht: Der Kampf um die Herrschaft zwischen Rom und der Stadt Alba soll in einem Zweikampf entschieden werden. Der für Rom antretende Horatier tötet den Kuratier, der allerdings der Bruder seiner Verlobten ist. Als diese um den Erschlagenen klagt, tötet der Horatier auch sie: Ihr Schmerz stellt seine Heldentat in Frage, setzt seinen Sieg ins Unrecht. Während er nun für die erste Tat als Held gefeiert wird, muß er die zweite mit dem Tod büßen.

Das dritte Werk in der Reihe der «Versuche um das Lehrstück» ist das 1970 entstandene Drama *Mauser* (1980). Der Revolutionär A exekutiert im Auftrag des revolutionären Kollektivs «Feinde der Revolution» und schließlich auch den Revolutionär B, der Mitleid mit drei Bauern zeigte und sie, statt sie zu töten, laufen ließ. Aber auch A kommt eines Tages zum Bewußtsein, daß er kein «leeres Blatt» ist, auf das die «Revolution ihre Anweisungen schreibt», und daß die «Feinde», die er tötete, Menschen sind. Er will seinen Erschießungsauftrag zurückgeben, wird abgewiesen und dreht schließlich durch. Das von einem Chor dargestellte revolutionäre Kollektiv erkennt, daß ihn seine Arbeit verbraucht hat, verurteilt ihn zum Tod, verlangt aber überdies noch, daß er seinen Tod bejaht. Ohnmächtig willigt A in seine Selbstexekution ein. Müller deckt in seinem Stück den Bruch, die Schizophrenie der Revolution auf, selbst wenn er ursprünglich ein Lehrstück über die Unterordnung, die revolutionäre Disziplin, über die Einsicht in das höhere Gesetz der Partei schreiben wollte: Das Stück demonstriert zugleich den unerbittlichen Ablauf einer Todes- und Hinrichtungsmaschinerie, mit der das revolutionäre Denken in mörderischer Verkleidung gegen den einzelnen Menschen antritt.

Mauser findet seine Entsprechung in *Hamletmaschine* (1979), einem Werk, in dem die Absage an die Revolution erfolgt. Hamlet artikuliert in dieser wüsten Paraphrase zu Shakespeares Werk seinen Wunsch, endlich zur Maschine zu werden, um den Schmerzen zu entkommen, die sich für das Individuum aus dem Zwang zur Erfüllung unerbittlicher Aufträge ergeben. Er will seine Rolle zurückgeben, der Revolution als Individuum entsagen. Ein letztes Mal schlüpft er in die Maske des Hamlet, geht mit dem Beil los auf die Büsten der Monstren der Revolution, Marx, Lenin, Mao – und erstarrt zu Eis: «Schnee. Eiszeit.» Eiszeit bedeutete für Müller Rückzug in die Individualität. Hamlet steht zwischen den Fronten, zwischen der Über-Aufgabe und seinem Lebensanspruch. Er fühlt sich den Qualen des Auftrags nicht mehr gewachsen, den nur eine Maschine vollziehen könnte.

Das ebenfalls zu den «Lehrstücken» zählende Stück *Zement* (1973) beschreibt das Lernen aus Widersprüchen. Einschübe mit Figuren der antiken Mythologie sollen diese Absicht verstärken. Müller bearbeitete hier den gleichnamigen Roman des sowjetischen Autors Fjodor Gladkow, der in der Frühzeit der Sowjetunion spielt. Es geht um die Einübung des Schlossers Tschumalow in solidarisches Verhalten: Eine durch den Krieg heruntergekommene Zementfabrik soll wieder in Gang gebracht werden, Tschumalow macht sich dies zur Aufgabe. Er lernt zu akzeptieren, daß sich seine Frau emanzipiert, und verzichtet auf Rache an dem Ingenieur, der ihn einst denunzierte, weil der Techniker für den Wiederaufbau des Zementwerks gebraucht wird. Er erkennt, daß auch Ungerechtigkeit, Skrupellosigkeit und Perfidie als Mittel zu dem Zweck geduldet werden müssen, den Sowjetstaat aufzubauen.

Bereits in den fünfziger Jahren hatte Müller begonnen, sich dramatisch mit der deutschen Vergangenheit auseinanderzusetzen, in den siebziger Jahren nahm er diese Stücke wieder auf und gestaltete sie zu großen Phantasmagorien des Schreckens, in denen die Welt als Schlachthaus interpretiert wird. *Die Schlacht* (1975), ein Todesreigen aus den Jahren von 1933 bis 1945, setzt sich aus mehreren Kurzszenen mit makaber ironischen Titeln zusammen: «Die Nacht der langen Messer» beschreibt einen Antifaschisten, der seinen Bruder erschießt, weil dieser in einem Gestapo-Keller unter der Folter zu einem Gehilfe der SA wurde. In «Ich hatt' einen Kameraden» töten drei in einer russischen Schneewüste verirrte Soldaten einen vierten, den Schwächsten, und essen ihn auf, um zu überleben. «Kleinbürgerhochzeit» schildert, wie ein Mann in der letzten Phase des Krieges beabsichtigt, sich mit seiner Familie umzubringen, um die Schande der Niederlage nicht zu erleben. Er erschießt seine sich wehrende Tochter und seine Frau, beschließt aber dann, selbst am Leben zu bleiben: «Der Starke ist am mächtigsten allein», zitiert er Schiller. «Fleischer und Frau» zeigt einen Mann, der zu Kriegsende aus Angst vor den Russen ins Wasser geht. Seine Frau will ihn zunächst retten, doch als die Gefahr besteht, daß er sie mit in den Tod zieht, drückt sie ihn unter Wasser. «Das Laken oder Die unbefleckte Empfängnis» spielt 1945 in einem Berliner Keller. Als die Hausbewohner vorzeitig ein Laken als weiße Fahne hissen und von der SS überrascht werden, denunzieren sie einen desertierten Soldaten, der gehenkt wird. Wenn bald darauf die Russen in den Keller kommen und Brot verteilen, zieht niemand aus der bösen Erfahrung Konsequenzen: Der Kampf aller gegen alle ums Überleben geht weiter.

Germania Tod in Berlin (1978) zeigt in einer mörderischen Bilderfolge, in der sich Angst und Schrecken, aber auch karikaturistischer Witz und groteske Ironie manifestieren, Beispiele von Zerstörung und Selbstzerstörung in Deutschland. Henning Rischbieter nannte das in 13 Szenen kunstvoll komponierte Werk einen «bis zur Lächerlichkeit, zur Grimasse verzweifelten Hinweis auf die blutigen, tödlichen deutschen Überhebungen und Zerschneidungen». Müller führt einen immerwährenden Todeskampf vor, imaginiert die Schlacht um Stalingrad als kannibalische Zerfleischung, zeigt das Ende 1945 im Führerbunker als monströses Schauerdrama, läßt als Clowns Friedrich II. und den Müller von Sanssouci ebenso auftreten wie die Nibelungen oder die realistisch gezeichneten Arbeiter im Berlin von 1918, 1949 und dem 17. Juni 1953. Realität und phantasmagorische Über-Realität durchdringen sich und erreichen Horror-Dimensionen.

Leben Gundlings Friedrich von Preußen Lessings Schlaf Traum Schrei (1979), von Müller als «Greuelmärchen» bezeichnet, ist wiederum eine Bilderfolge von Alpträumen und Schreckvisionen über das deutsche Wesen, die in ihrem historischen Kern jedoch der Wahrheit nahekommen. Der Titel des Stückes verweist bereits auf drei wesentliche Figuren und Ausgangspositionen: Versammelt werden in komplizierter Überlagerung von Bildern und Assoziationen der Historiograph Jakob Paul Grundling (den der «Soldatenkönig» Friedrich Wilhelm I. auf demütigende und rohe Weise zum Hofnarren macht), der von seinem Vater in den Zynismus getriebene Friedrich der Große und Lessing, dem zu seinem 250. Geburtstag eine klassizistische Büste übergestülpt wird, wogegen er sich verzweifelt schreiend, jedoch vergeblich wehrt. An diesen Figuren wird das Verhältnis Machthaber – Intellektueller demonstriert. In dem zerschundenen Intellektuellen Gundling macht der Soldatenkönig die Wissenschaft zum Narren und verhöhnt die Intelligenz; seinen sensiblen, künstlerisch veranlagten Sohn Friedrich erzieht er durch Triebunterdrückung und Todesschrecken zum «Souverän», dessen Intellektualität zwar nicht zerstört, aber in Zynismus pervertiert wird. Schließlich führt Müller die deutsche Intelligenz ins Irrenhaus, wo er einen Professor die Zwangsjacke als ein «Instrument der Dialektik» durch «Einsicht in die Notwendigkeit» zu einer Freiheitsjacke umfunktionieren läßt. Zuletzt wird Lessing, begleitet von Emilia Galotti und Nathan dem Weisen, unter seinem Dichterdenkmal erstickt: die Legende erdrückt den Dichter.

Das österreichische Theater des 20. Jahrhunderts

Das Jahr 1900 bezeichnet keinen Wendepunkt in der österreichischen Dramatik. Der Übergang vom 19. zum 20. Jahrhundert brachte keine abrupten Veränderungen. So blieb der Naturalismus weit über die Jahrhundertwende hinweg wirksam, während sich der Expressionismus bereits ankündigte. Ähnliches gilt für die Neuromantik und den Neoklassizismus. Die Übergänge der verschiedenen Stilrichtungen waren fließend. Obwohl zu Beginn des 20. Jahrhunderts einige neue Namen hinzukamen, blieben die schon Ende des 19. Jahrhunderts erfolgreichen österreichischen Dramatiker weiterhin tonangebend. Die Themen und Formen, die sich im 19. Jahrhundert herausgebildet hatten und der österreichischen Dramatik zu dieser Zeit ihr besonderes Gepräge gaben, bestimmten auch die weitere Entwicklung. Neue originelle Schriftsteller-Persönlichkeiten bereicherten das Spektrum lediglich um einige neue Tönungen. Die gravierenden Einschnitte in die Entwicklung der österreichischen Dramatik des 20. Jahrhunderts brachten der Erste Weltkrieg mit dem Zusammenbruch der Habsburger Monarchie, das Jahr 1938 mit dem Einmarsch der deutschen Truppen in Österreich und die Zeit nach dem Zweiten Weltkrieg.

Mit seinen Bauerndramen aus dem österreichischen Alpenland hatte LUDWIG ANZENGRUBER* der künstlerischen Entwicklung des Volkstheaters im 19. Jahrhundert entscheidende neue Impulse gegeben. Wenig später war der weitaus anspruchslosere Wiener Dramatiker C. KARLWEIS (1850–1901) bemüht, das literarische Niveau des volkstümlichen Wiener Theaters zu heben, indem er in seinen Schwänken und Komödien das Handlungsgeschehen folgerichtiger gestaltete und die Charakterzeichnungen der Personen vertiefte. In diesem Sinne war dann auch RUDOLF HOLZER (1875–1965) mit seinen Schauspielen aus dem Wiener Vorstadtmilieu *Stille Musik* nach Grillparzers Novelle «Der arme Spielmann» und *Das Ende vom Lied* (*Der Himmel voller Geigen*) über den Wiener Volksdichter Ferdinand Sauter sehr erfolgreich. Auch ÖDÖN VON HORVÁTH* ist ohne diese ambitionierte Entwicklung des Wiener Volkstheaters nicht denkbar, wenn auch in seinen Stücken das Volkstümliche intellektuell-ironisch gebrochen ist und vorwiegend als literarisches Stilmittel Bedeutung hat.

In der direkten Nachfolge Anzengrubers zeichneten sich vor allem FRANZ KRANEWITTER, KARL SCHÖNHERR und RICHARD BILLINGER aus, die ebenfalls den milieuverstärkenden Dialekt als gestalterisches Mittel einsetzten und damit überzeugende naturalistische Bühnenwirkungen erzielten.

Auch PHILIPP LANGMANN (1862–1931), dessen Schauspiele *Bartel Turaser,*

Gertrud Antreß und *Herzmarke* besonders von Gerhart Hauptmann beeinflußt sind, gehört zu den österreichischen Dramatikern, die das von Anzengruber begründete naturalistische Volksdrama um neue Akzente bereicherten.

FRANZ KRANEWITTER (1860–1938) verschmolz in vielen seiner Stücke das volkstümliche Element der Tiroler Heimat mit patriotisch-nationalen Aspekten. Das gilt ebenso für seine Tragödie *Michel Gaißmayr*, die eine historische Gestalt aus dem Freiheitskampf der Tiroler Bauern von 1525 in den Mittelpunkt stellt, und das die geschichtliche Überlieferung frei gestaltende Schauspiel *Andre Hofer* über das Schicksal des bekannten Tiroler Freiheitskämpfers wie für die Bauerntragödie *Um Haus und Hof*, in der eine von Ehrgeiz und Habsucht getriebene Armenhäuslerin den Hof und die Familie eines Bauern ruiniert und sich schließlich selbst das Leben nimmt, weil sie sich dem erpresserischen Einfluß ihres verkommenen Bruders nicht entziehen kann.

KARL SCHÖNHERR (1867–1943) schrieb zahlreiche Tiroler Volksdramen wie *Die Bildschnitzer, Sonnwendtag, Karrnerleut'* und die Tiroler Bauernkomödie *Erde*. Am erfolgreichsten war er mit dem Volksdrama *Der Weibsteufel*, das um die Jahrhundertwende in einer Berghütte im Tiroler Grenzgebiet spielt.

Der Weibsteufel (UA: 1915 in Wien). Die drei Personen dieses Stücks sind trotz sorgfältiger, naturalistischer Charakterzeichnung Symbole des elementaren menschlichen Wesenszuges der moralischen Schwäche und Haltlosigkeit aus Habsucht und Triebhaftigkeit. Die Frau ist ein vitales, leidenschaftliches, lebenshungriges Weib, ihr Mann eine schwächliche, armselige Kreatur. Die Armut, in der das ungleiche Paar lebt, ist nur vorgetäuscht. Durch den Erlös von Schmuggelwaren, die er als Hehler in seiner Hütte versteckt hält und nach und nach veräußert, hat der Mann so viel Geld auf die Seite gebracht, daß er in der Kreisstadt ein schönes Haus kaufen kann. Ein junger, kräftiger Bursche, der Grenzjäger, erhält den Auftrag, sich an die Frau heranzumachen, um auf diese Weise herauszubekommen, wo der Mann, den man wegen Hehlerei in Verdacht hat, die geschmuggelte Ware lagert. Der Mann erfährt von diesem Plan und rät seiner Frau, den Burschen so lange abzulenken, bis die Schmuggelware in Sicherheit gebracht ist. Aus dem anfänglichen Spiel der Frau mit dem jungen Burschen wird jedoch bald Ernst. Der Bursche erkennt, daß die Frau an der Seite ihres schwächlichen Mannes unbefriedigt ist, während in der Frau der Wunsch erwacht, mit einem richtigen Mann zu leben. Als der kraftstrotzende junge Bursche den kümmerlichen Mann verspottet, dieser ein Messer zieht, dann aber doch nicht wagt, gegen den Stärkeren vorzugehen, begreift der bis dahin ahnungslose Mann, was sich hinter seinem Rücken ereignet. Die Bitte der Frau, sie freizugeben, lehnt er ab. Da rät die Frau dem Burschen, den lästigen Mann zu töten. Um den Rivalen auszuschalten, erstattet der Mann Anzeige und behauptet, der Bursche habe von der Frau Schmuggelware als Geschenk angenommen. Da sich der Grenzjäger aus der schuldhaften Verstrickung lösen will, legt er ein falsches Geständnis ab und läßt sich strafversetzen. Nun schlägt die Liebe der Frau in Haß um. Sie will beide Männer loswerden und mit einem anderen in das neue Haus ziehen. Bei einem Abschiedstrunk hetzt sie die beiden Männer gegeneinander. Der Grenzjäger ersticht den Mann. Als sie dann ihre Unschuld beteuert und den Burschen als Mörder bloßstellt, tötet er auch die Frau.

Auf der Grundlage des Tiroler Volksdramas versuchte Schönherr, ein naturalistisches Problemdrama mit romantisch-symbolistischen Übersteigerungen zu schaffen, wobei er neben starker landschaftlicher Gebundenheit vor allem historische, soziale und religiöse Aspekte betonte. So behandelt er in *Der Judas von Tirol, Tiroler Bauern von 1809, Volk in Not* und *Die Fahne weht* den Tiroler Freiheitskampf unter Andreas Hofer und in *Glaube und Heimat* die Gewissenskonflikte protestantischer Salzburger Bauern, die wegen der Gegenreformation im 17. Jahrhundert das Land verlassen mußten und den Zwiespalt zwischen der Liebe zur angestammten Heimat und der Treue zum Glauben erlitten.

Um soziale Konflikte, die in den meisten seiner Stücke anklingen, geht es vor allem in Schönherrs Ärzte-Dramen. Wie Arthur Schnitzler, so hatte auch er Medizin studiert und als Arzt praktiziert. *Narrenspiel des Lebens* ist ein aus unmittelbarer persönlicher Erfahrung gewonnenes Bekenntnisstück über die Unzulänglichkeit und Fragwürdigkeit der ärztlichen Kunst, und auch in *Herr Doktor, haben Sie zu essen* (*Der Kampf*), in dem Zwei-Personen-Stück *Es* und in *Der Armendoktor* (*Hungerblockade 1919*) spiegeln sich seine Erlebnisse und Erkenntnisse als Mediziner wider.

Schönherrs Mysterienspiel *Das Königreich* und sein *Passionsspiel* wurzeln in der Religiosität der Tiroler Menschen, die sich in vielen seiner Stücke manifestiert.

RICHARD BILLINGER (1893–1965) war bäuerlicher Herkunft, sollte ursprünglich Priester werden, entschied sich dann aber zum Studium der Philosophie und Germanistik. Seine dichterischen Anfänge wurden von Hugo von Hoffmannsthal und Max Mell gefördert, dann war er vor allem als Dramatiker erfolgreich. In seinen Bühnenwerken verbindet er Vision und Wirklichkeit, urwüchsig-dämonische Sinnenhaftigkeit und religiöse Verzückung, Heidnisch-Magisches und Christliches, Anzengrubers erdgebundene bäuerliche Welt und die Tradition des barocken Mysterienspiels zu einer kraftvollen dramatischen Einheit.

Das Thema der Verwurzelung des Menschen in der Natur dominiert in vielen seiner wirkungsvollen Stücke, wobei jedoch das dörfliche Leben nicht als Idylle, sondern in seinem Zerfallsprozeß gezeigt wird. So wird in *Rosse* der zerstörerische Einbruch der modernen Technik in die Dorfstruktur geschildert. In *Lob des Landes* und *Stille Gäste* ist der Gegensatz zwischen Stadt und Land in Komödienform gebracht, während er sich in *Der Gigant* (1942 verfilmt unter dem Titel «Die goldene Stadt») zur Tragödie entwickelt, in der eine Bauerntochter den Lockungen der Großstadt Prag zum Opfer fällt. Auch in dem Drama *Ein Tag wie alle* geht es um die Stadt-Land-Problematik.

Einige andere Stücke wie *Das Perchtenspiel* und *Melusine* zeigen den Menschen in tragischen Konfliktsituationen mit Naturdämonen. Ebenso ist in den historischen Bühnenwerken Billingers ein Pandämonium schicksalhafter Getriebenheit wirksam, so in *Die Hexe von Passau*, einem Schauspiel über die Bauernrevolte von 1489 gegen den Bischof von Passau, in dem Drama *Der Herzog und die Baderstochter*, das den Agnes-Bernauer-Stoff behandelt, in dem Münchner *Spiel vom Erasmus Grasser*, dem bekannten mittelalterlichen Bildschnitzer, in dem Salzburger Festspiel *Paracelsus*, in dem Schauspiel *Traube in der Kelter* über die Tiroler Herzogin Margarete Maultasch und in dem Drama *Der Plumpsack* über eine Bauernrevolte im Dreißigjährigen Krieg.

Das Augsburger Jahrtausendspiel und die *Bauernpassion* sind dem barocken

Mysterienspiel, das die Dramatik von Richard Billinger in vielfältiger Weise inspiriert hat, eng verwandt. Den nachhaltigsten Erfolg hatte der Dichter mit dem Drama *Rauhnacht*, das in Billingers Heimat, einem Dorf im österreichischen Innviertel, spielt.

Rauhnacht (UA: 1931 in München). Der Bauer Simon Kreuzhalter wollte Priester werden, ging dann aber noch vor der Weihe als Missionar nach Afrika. Dort wurde er von den heidnischen Bräuchen der Neger so fasziniert, daß er seine Aufgabe als Missionar vergaß. In die Heimat zurückgekehrt, lebt er isoliert als grüblerischer Sonderling und wird von den Bauern wegen seiner geheimnisvollen Vergangenheit ängstlich gemieden. Nur die Kramerstochter Kreszenz, die in einem Pensionat in der Stadt erzogen wurde, ist von Simon Kreuzhalters Erzählungen über die kultischen Opferriten und Orgien der Neger beeindruckt, denn es ist die Zeit der vorweihnachtlichen Rauhnächte, in der im heimatlichen Dorf der uralte Glaube an Dämonen und Geister, Teufels- und Hexenspuk wieder lebendig wird. Mit einem wilden triebhaften Mummenschanz reagieren vor allem die jungen Dorfbewohner im Schutze der Rauhnachtmasken all das ab, was sich während des Jahres unter dem Moralgebot der Kirche angestaut hat. Die drei Tage und Nächte dauernden Umtriebe gipfeln in orgiastischer Hemmungslosigkeit beim Feuerschein einer in Brand gesetzten alten Scheune oder Stallung. Die Rauhnacht-Atmosphäre steigert die überreizte Phantasie des jungen Mädchens bis zur Ekstase. Sie verfällt der rauschhaften Sinnlichkeit des alten heidnischen Brauchtums. Simon Kreuzhalter wird von ihrer Besessenheit mitgerissen und gerät in einen wollüstigen Blutrausch. Er schleppt das Mädchen in seine Schlafkammer, vermischt in seinem Wahn afrikanische Opferriten und Rauhnachtbräuche und tötet Kreszenz. Danach läßt er sein Haus in Flammen aufgehen. Zunächst erscheint der Dorfjugend das brennende Haus als Höhepunkt des Rauhnachttreibens, dann aber entdeckt ein Bursche, der Kreszenz liebt, was in dem brennenden Haus geschehen ist. In rasender Wut jagen die Dorfbewohner dem flüchtenden Simon Kreuzhalter nach und hetzen ihn erbarmungslos in den Fluß, wo er im eisigen Wasser den Tod findet.

Auch der österreichisch-ungarische Schriftsteller ÖDÖN VON HORVÁTH * ist in seinem dramatischen Werk dem österreichischen Volkstheater verpflichtet. Allerdings handelt es sich bei ihm nicht um die naturalistische Bauerndramatik Anzengrubers und nicht um die erdgebundene Naturdämonie Schönherrs und Billingers, sondern um Anregungen durch das neuere gesellschafts- und sozialkritisch engagierte Wiener Volkstheater. Der Theaterkritiker Oskar Maurus Fontana meint treffend, daß die Volksstücke von Horváth nicht vom Volk, sondern vom Literarischen her inspiriert sind. Die ergreifende Paradoxie seiner Stücke ergibt sich vor allem daraus, «daß sich Horváth nie ganz entschieden hat, ob er ein echtes Volksstück wollte oder die ironische Parodie der traditionellen Volksstückmache».

Wie das Volksstück, so hat auch das religiöse Spiel in Österreich eine große Tradition. Oft sind beide Formen miteinander verschmolzen. Das religiöse Spiel, das sich an ein breites Publikum wendet, bedarf volkstümlicher Wirkungen. Umgekehrt sind in einem katholischen Land wie Österreich christliche Glaubensinhalte tief verwurzelt und daher integrierter Bestandteil des Volksstücks. Namhafte österreichische Dramatiker bemühten sich schon seit der Jahrhundertwende, dieser Tradition neue Impulse zu geben. Dabei trat zu den vielfältigen Bestrebungen, das mittelalterliche Passionsspiel und das barocke Mysterienspiel nach dem Vorbild von Calderóns «Großem Welttheater» zu erneuern, der Gedanke, der Bühne durch Festspiele, die ein großes Publikum ansprechen, eine künstlerisch-religiöse Massenwirkung zu verschaffen.

Einer der Pioniere dieser Entwicklung war RICHARD KRALIK (1852–1934), dessen *Mysterium vom Leben und Leiden des Heilands* bereits Ende des 19. Jahrhunderts entstand. Vom Naturalismus herkommend und volkstümliche Traditionen aufgreifend, antike sowie germanisch-christliche Überlieferungen neu belebend, wurde er mit seinen Stücken, in denen er häufig wie in *Donaugold* und *Der heilige Gral* auf mittelalterliche Sagen und Legenden zurückgriff, zu einem Vorkämpfer der katholischen Bewegung innerhalb der österreichischen Literatur.

Die religiöse Erneuerung, die mit einer Volkstheater- und Laienspielbewegung verbunden war, erreichte nach dem Ersten Weltkrieg ihre stärkste Wirksamkeit und blieb keineswegs auf Österreich beschränkt, obwohl vor allem Österreichs Dramatiker im religiösen Spiel für den deutschsprachigen Raum Bleibendes schufen.

JOSEPH AUGUST LUX (1871–1947) verband die religiöse mit einer nationalen Erneuerung. Er gründete eine Spielschar, die «Spielleute Gottes», die seine Stücke *Der Spielmann Gottes, Die heilige Elisabeth* und *Das Gauklerspiel von unserer lieben Frau* in Österreich populär machten.

Der neuromantische Dramatiker GEORG TERRAMARE (1889–1948) wurde als Wiederentdecker der mittelalterlichen Wiener Schottenspiele bekannt und verfaßte auch selbst Mysterienspiele wie das *Spiel von der Geburt des Herrn* und *Ein Spiel vom Tode*. MARTINA WIED (1882–1957), deren Werk von der Suche nach einer ethischen Sinngebung der chaotischen Zeit und des menschlichen Lebens bestimmt ist, schuf das Mysterienspiel *Nikodemus*, das eindrucksvolle Chorszenen aufweist.

Höhepunkte dieser Erneuerungsbewegung waren die großen Mysteriendramen *Jedermann** und *Das Salzburger große Welttheater** von HUGO VON HOFMANNSTHAL* und die volkstümlichen christlichen Spiele von MAX MELL*. Hugo von Hofmannsthal, der zu den Initiatoren der 1922 begründeten Salzburger Festspiele gehörte, strebte bewußt das Mysterienspiel im Rahmen einer Festspiel-Idee an, wobei es ihm nicht nur um die Versammlung einer großen Gemeinde an einem dafür besonders prädestinierten Ort ging, sondern nach der Katastrophe des Weltkriegs zugleich auch um die Stärkung des völkerverbindenden Europa-Gedankens, der nach Hofmannsthal «das Fundament unseres geistigen Daseins» und in besonderem Maße der österreichischen Kultur ist.

MAX MELL (1882–1971) verbrachte die meiste Zeit seines Lebens in Wien, wo er Philologie studierte, 1905 promovierte und sich nach dem Ersten Weltkrieg als freier Schriftsteller niederließ. Er ist eine der eigenständigsten Persönlichkeiten der österreichischen Literatur des 20. Jahrhunderts und schuf einige der schönsten Krippen- und Legendenspiele der österreichischen Dramatik: *Das Wiener Kripperl von 1919, Das Apostelspiel, Das Schutzengelspiel, Ein altes deutsches Weihnachtsspiel, Das Nachfolge-Christi-Spiel.*

Das Apostelspiel (UA: 1924 in Graz): Das Waisenkind Magdalen lebt mit seinem Großvater in einer ärmlichen Berghütte. In seiner kindlichen Einfalt und tiefen Frömmigkeit hegt das junge Mädchen einen naiven Wunderglauben. Magdalen ist überzeugt, daß sich die Wunder der Bibel jederzeit wiederholen können und man noch heute den biblischen Gestalten begegnen kann. Es ist ihr sehnlichster Wunsch, daß auch ihr einmal ein solches Wunder widerfahren möge. Da kommen zwei Fremde zu der Hütte und bitten um Essen und Quartier. Der eine ist ein politischer Phantast und militanter Weltverbesserer, der andere sein Gefährte. Sie leben als Bettler und Räuber außerhalb der Gesellschaft und haben die Absicht, den alten Mann und das Mädchen umzubringen und die Hütte auszurauben. Da der arglose Großvater den beiden von der Wundergläubigkeit und Frömmigkeit seiner Enkelin erzählt, beschließen sie, das Vertrauen des Kindes zu gewinnen, indem sie sich als Johannes und Petrus ausgeben. Das überglückliche Kind überschüttet die beiden vermeintlichen Apostel mit Fragen über verschiedene Bibelstellen, die es von den heiligen Männern geklärt wissen möchte. Damit bringt Magdalen die beiden unwissentlich immer mehr in Bedrängnis. Sie ruft in den beiden alles wach, was noch an menschlicher Güte und Barmherzigkeit in ihnen vorhanden ist. Schließlich sind die beiden außerstande, ein Verbrechen zu begehen. Johannes droht seinem Kumpan, ihn umzubringen, wenn er in diesem Haus noch an Raub und Mord denke. Als Magdalen, die von Johannes in die Küche geschickt worden war, mit dem Großvater in die Stube zurückkehrt, sind die Männer verschwunden. Durch die Flucht haben sie sich der entwaffnenden Liebe des Kindes entzogen, während das Mädchen in dem heimlichen Verschwinden der beiden Fremden eine Bestätigung seines Glaubens sieht.

Obwohl Max Mell als Dramatiker das Eindringlichste mit seinen volkstümlichen christlichen Spielen schuf, war sein sich jenseits von Stilrichtungen entwikkelndes Werk eines poetischen Einzelgängers außerordentlich vielseitig, von großer Formenvielfalt und neben starker christlicher Traditionsbindung besonders auch dem klassischen Humanismus und der Kultur und Geschichte Altösterreichs verpflichtet. So schrieb er eine Reihe großer Dramen, die zumeist dichterische Neudeutungen von Stoffen der Weltliteratur mit mythologischen oder historischen Wurzeln sind: die Ödipus-Tragödie *Die Sieben gegen Theben, Das Spiel von den deutschen Ahnen, Der Nibelungen Not* und *Kriemhilds Rache, Jeanne d'Arc, Paracelsus und der Lorbeer.*

Auch einige andere österreichische Dramatiker schrieben Mysterien- und Legendenspiele oder waren zumindest von der Idee der christlichen Erneuerung stark beeinflußt. Das gilt vor allem für JOSEF WENTER (1880–1947) und dessen religiöses Drama über die heilige Elisabeth *Die Landgräfin von Thüringen*; für die religiösen Spiele *Der Sohn des Himmels, Aufruf zur Tafel, Die Tochter des Jairus, Joseph und Maria* von FELIX BRAUN (1895–1973); für die das religiöse Wunder behandelnden Schauspiele *Tobias Wunderlich* und *Sebastianslegende* von HERMANN HEINZ ORTNER (1895–1956); für das *Legendenspiel von den vier Rittern und der Jungfrau* von HANS NÜCHTERN (1896 bis 1962); für die volkstümlichen religiösen Stücke *Das Wächterspiel, Flucht in die Heimat, Die Erlösung, Das Pfingstspiel: Die Erscheinung des Herrn, Ein Spiel von der Geburt des Herrn, Die große Lüge, Die ungetreuen Pächter* von RUDOLF HENZ (* 1897); für die religiösen Dramen und Spiele *Karfreitag, Auferstehung, Der zerrissene Vorhang, Das Mariazeller Muttergottesspiel* von FRIEDRICH SCHREYVOGL (1899–1976); für die Evangelien- und Mysteriendramen *Das Spiel vom Tode, Der Schuldner, Der Säemann, Christkönig-Spiel, Der Namenlose, Kain und Abel* von GEORG RENDL (1903–1972). In diesem Zusammenhang sind auch die volkstümlichen Hirtenspiele *Das ist die stillste Zeit im Jahr* von KARL HEINRICH WAGGERL (1897–1973) zu nennen, die in Salzburg alljährlich zur Adventszeit aufgeführt werden.

Wie in der österreichischen Bühnenliteratur Volksstück und religiöses Spiel häufig eine Einheit bilden, so ist auch das historische Drama nicht streng von der religiösen Dramatik zu trennen. Einmal haben die historischen Stoffe oft einen religiösen Hintergrund, zum anderen wird die religiöse Aussage nicht selten an historischen Situationen und Gestalten exemplifiziert.

So ist es durchaus kein Zufall, daß die meisten der hier genannten Verfasser religiöser Spiele auch historische Dramen geschrieben haben, deren Stoffe vor allem der biblisch-christlichen Geschichte, aber auch dem antiken Mythen- und Sagenbereich entnommen sind.

Das gilt vor allem für die antikisierenden und historischen Dramen *Tantalos, Aktaion* und *Kaiser Karl V.* von FELIX BRAUN; für die historischen Stücke *Canossa, Der deutsche Heinrich, Geschichte und Ende Kaiser Heinrichs IV., Der sechste Heinrich, Kaiserin Maria Theresia, Der Kanzler von Tirol, Die schöne Welserin*, über den Tiroler Freiheitskämpfer des 16. Jahrhunderts *Michel Geismair* und über den Nürnberger Buchhändler und Widerstandskämpfer gegen Napoleon *Johann Philipp Palm* von JOSEF WENTER; für die Dramen *Der Bauernhauptmann (Stefan Fadinger)* über den Führer eines Bauernaufstandes im Dreißigjährigen Krieg, über *Isabella von Spanien* und über den mittelalterlichen Bildschnitzer *Veit Stoß* von HERMANN HEINZ ORTNER; für die historischen Bühnenwerke *Die Flucht des Columbus, Der dunkle Kaiser, Habsburgerlegende (Johann Orth)* und das Demetrius-Drama *Der Gott im Kreml* von FRIEDRICH SCHREYVOGL; für *Elisabeth, Kaiserin von Österreich* und *Paracelsus* von GEORG RENDL; für das Paulus-Drama *Die große Entscheidung*, die Tragödie *Kaiser Joseph II.*, das Drama *Der Büßer* über Papst Gregorius und die Tragödie *Die Schallmauer* über den christlichsozialen Reformator Camilo Torres, der zur gewaltsamen Beseitigung des sozialen Elends in Kolumbien aufgerufen hatte und 1966 von einer Militärpatrouille erschossen wurde, von RUDOLF HENZ.

FRANZ WERFEL (1890–1945) erstrebt in seinem dramatischen Werk eine ganz spezifische Form der Verschmelzung religiöser, historischer und mitunter auch volkstümlicher Aspekte. Das zeigt sich besonders in den historischen Dramen *Juarez und Maximilian, Paulus unter den Juden, Das Reich Gottes in Böhmen* und in dem Bibelspiel *Der Weg der Verheißung*, aber auch in den Erlösungsdramen *Die Mittagsgöttin, Spiegelmensch* und *Schweiger*, in deren Zentrum die Hoffnung auf göttliche Erlösung aus schuldhaften menschlichen Verstrickungen steht.

Werfel begann als Expressionist mit einem betont lyrischen Symbolismus, schrieb dann große Ideendramen menschlicher Verbrüderung, friedlichen Zusammenlebens der Völker, christlicher Nächstenliebe und göttlicher Barmherzigkeit und wandte sich in seinem Spätwerk einem historisierenden und psychologisierenden Realismus zu. Von seinen zahlreichen Stücken, die alle einen leidenschaftlichen bekenntnishaften Charakter haben, war nach dem Zweiten Weltkrieg *Jacobowsky und der Oberst* besonders erfolgreich, das die Abenteuer von drei sehr unterschiedlichen Menschen schildert, die durch das gemeinsame Schicksal der Flucht vor den in Frankreich einmarschierenden deutschen Truppen zusammengeführt werden.

Jacobowsky und der Oberst (UA: 1943 in New York): Während eines deutschen Luftangriffs auf Paris lernen sich der polnische jüdische Emigrant Jacobowsky und der polnische Oberst Stjerbinsky kennen. Jacobowsky ist ein einfacher und bescheidener Mann, der in allen Situationen seine menschliche Güte bewahrt und immer wieder einen Ausweg findet. Der Oberst ist ein großspuriger und engstirniger Draufgänger, der sich mit Geheimdokumenten zur Küste durchschlagen will und von dort mit einem U-Boot nach England gebracht werden soll. Jacobowsky gelingt es, ein Auto aufzutreiben, da er aber nicht selbst fahren kann, überredet er den Oberst zu gemeinsamer Flucht vor den auf Paris vorrückenden deutschen Truppen. Als leichtfertiger Schürzenjäger schlägt der Oberst einen nahe an die deutschen Frontstellungen führenden gefährlichen Umweg ein, um seine französische Freundin Marianne mitzunehmen. Durch dieses Unternehmen wird kostbares Benzin vergeudet, das alte Auto fast ruiniert, und die Flüchtenden fallen den Deutschen beinahe in die Hände. Während der Oberst sich als unwiderstehlicher Liebhaber produziert, beschafft Jacobowsky neues Benzin, um die Flucht fortsetzen zu können. Als endlich das umfangreiche Reisegepäck der kapriziösen Französin samt Kätzchen und Schoßhund im Auto verstaut ist, bleibt für Jacobowsky fast kein Platz mehr. Sehr zum Mißvergnügen des eitlen und keineswegs judenfreundlichen Obersten erweist sich auf der weiteren Flucht Jacobowsky immer wieder als Retter aus allen Notlagen. Das verschafft ihm bei Marianne zunehmende Sympathie. Nach vielen glücklich überstandenen Gefahren trennen sich die Wege der beiden flüchtenden Polen, führen dann aber an der Atlantikküste wieder zusammen. Der Oberst will den von der Gestapo gesuchten Jacobowsky nach England mitnehmen, aber der englische U-Boot-Kapitän lehnt das ab und erklärt, daß er auf seinem Schiff nur für zwei Personen, den Oberst und dessen

Freundin, Platz habe. Schließlich verzichtet die am wenigsten gefährdete Französin zugunsten Jacobowskys auf die Mitreise nach England.

Die österreichische Kultur und Gesellschaft mit ihrem unangefochtenen Zentrum Wien, der bis zum Ersten Weltkrieg weithin ausstrahlende Glanz des österreichischen Kaiserreichs, in dem die Welt vordergründig noch in Ordnung war, die tonangebende aristokratische und großbürgerliche Gesellschaft Wiens, deren kultiviertes Selbstbewußtsein nur noch mit Mühe die immer brüchiger werdenden Konventionen aufrechtzuerhalten vermochte, die dekadente Noblesse des Fin de siècle angesichts der immer brisanter werdenden gesellschaftlich-sozialen innenpolitischen Probleme, die nationalen Spannungen innerhalb des Vielvölkerstaates und die zunehmenden außenpolitischen Konflikte, die dann zur Katastrophe des Ersten Weltkriegs führten, dies alles spiegelt sich in der österreichischen Literatur wider und rief eine literarische Strömung hervor, deren morbide und pessimistische Schönheit ein letztes Mal die heile menschliche Welt zu beschwören versuchte. Mit ästhetisch-elegischen Worten und Gebärden wurde auf der Bühne noch einmal eine stilisierte Ganzheit geschaffen, die in der Realität immer mehr zerbrach. Geistiger und künstlerischer Mittelpunkt dieser Kunstströmung des Wiener Fin de siècle war HUGO VON HOFMANNSTHAL*, der ungekrönte Dichterfürst dieser Epoche. In seinem geistigen und künstlerischen Wollen war Hofmannsthal durchaus keine Einzelerscheinung, sondern vielmehr das Haupt einer weit über Österreich hinaus wirkenden geistigen Strömung, die viele namhafte Künstler in ihren Bann zog, bereits vor Hofmannsthal einsetzte und weit über seinen Tod hinaus nachwirkte.

Zu dem Kreis der Wiener Literaten, die Hugo von Hofmannsthal künstlerisch nahestanden, gehören vor allem dessen persönliche Freunde ARTHUR SCHNITZLER*, HERMANN BAHR*, RICHARD BEER-HOFMANN, STEFAN ZWEIG, FELIX BRAUN und MAX MELL. Die Faszination dieser für das österreichische Geistesleben bedeutsamen Dichterpersönlichkeiten war so stark, daß zahlreiche Talente dieser Epoche in vielfältiger Weise von ihnen inspiriert wurden. Das gilt für den Bereich der österreichischen Dramatik vor allem für TADDÄUS RITTNER, FRITZ RITTER VON HERZMANOWSKY-ORLANDO, ANTON WILDGANS, ALEXANDER LERNET-HOLENIA und KARL VON LEVETZOW, aber auch für FELIX SALTEN (1869–1947), ALFRED POLGAR, HERMANN BROCH und FRIEDRICH SCHREYVOGL sowie für die Prager Schriftsteller MAX BROD und FRANZ WERFEL bis hin zu dem aus diesen Kunsttraditionen erwachsenen Einzelgänger ROBERT MUSIL und der nach 1945 sehr erfolgreichen österreichischen Dichterin INGEBORG BACHMANN (1926–1973).

Die Bühnenwerke von Arthur Schnitzler und Hermann Bahr ergeben insgesamt eine nahezu vollständige und authentische Chronik des Wiener Gesellschaftslebens vom Ausgang des 19. Jahrhunderts bis zum Zusammenbruch des Kaiserreichs.

HERMANN BAHR (1863–1934) studierte Philologie, Jura und Volkswirtschaft. In Berlin kam er mit dem Naturalismus in Berührung, war führend an der von Otto Brahm geleiteten Zeitschrift «Die Freie Bühne» beteiligt, wirkte als Lektor des S. Fischer Verlags und später auch als Regisseur an Max Reinhardts Deutschem Theater. Nach längeren Reisen ließ er sich 1894 als freier Schriftsteller in Wien nieder, lebte zeitweilig in Salzburg, entfaltete eine vielseitige journalistische und literarische Tätigkeit und war 1918/19 Dramaturg am Wiener Burgtheater. 1922 übersiedelte er nach München.

Das in der unmittelbaren Nachfolge der nach französischem Muster geschaffenen biedermeierlichen Gesellschaftskomödien stehende dramatische Werk von Hermann Bahr ist in starkem Maße von Arthur Schnitzlers subtil psychologisierender Gesellschaftsdramatik, aber auch von französischen Vorbildern sowie von Ibsen, Strindberg und Arno Holz beeinflußt. Vom Naturalismus, der Neuromantik und dem Impressionismus bis zum Expressionismus sind in Hermann Bahrs Bühnenwerken viele Stilrichtungen wirksam.

Die Grundthemen seiner zahlreichen dramaturgisch brillant gebauten und psychologisch überzeugend durchdachten Stücke, die sich besonders durch eine elegante Dialogführung auszeichnen, sind die innere Freiheit der Persönlichkeit und die Antinomie der Geschlechter.

Seine Laufbahn als Bühnenschriftsteller begann Hermann Bahr mit Dramen wie *Die neuen Menschen, Die Mutter* und *Das Tschaperl*, deren expressive Grellheiten und Übersteigerungen das Publikum schockierten, obwohl die Kritik die Gedankentiefe und die Charakterzeichnung dieser frühen Beispiele des modernen psychologischen Dramas in der österreichischen Literatur anerkannte.

Uneingeschränkte Zustimmung fand Bahr erst mit seinen Komödien. In *Josephine* gibt Bahr eine Napoleon-Parodie, wobei er dessen kriegerisch-aggressiven Charakter als Kompensation seiner erotischen Erfolglosigkeit interpretiert.

Der Star gestaltet den unüberbrückbaren Gegensatz zwischen Künstlerleben und konventioneller bürgerlicher Welt, deren innere Hohlheit und Verlogenheit in *Wienerinnen* besonders wirkungsvoll ironisiert und in *Ringelspiel* frivol erotisch demaskiert wird.

Die Charakterkomödien *Der Krampus* und *Der Meister* sind ebenfalls Zustandsschilderungen des gesellschaftlichen Lebens dieser Zeit. Besonders mit dem Lustspiel *Das Konzert*, das noch heute viel und mit bemerkenswert anhaltendem Erfolg gespielt wird, wurde Hermann Bahr international bekannt.

Das Konzert (UA: 1909 in Berlin und Dresden): Der alternde Pianist Gustav Heink liebt seine blutjunge verheiratete Schülerin Delfine Jura und will mit ihr ein Wochenende auf seiner Berghütte verbringen. Wie immer in solchen Fällen erklärt er seiner Frau und der bei ihm versammelten Gesellschaft, zu einem Konzert fahren zu müssen. Aus Eifersucht verrät die ebenfalls in den Pianisten verliebte Schülerin Eva Gerndl dem Ehemann von Delfine, daß seine Frau das Wochenende mit Heink verbringt. Dr. Franz Jura glaubt, daß die Information von Heinks Ehefrau Marie stammt, und setzt sich mit ihr in Verbindung, um das weitere Vorgehen zu beraten. Die beiden beschließen, ebenfalls auf die Berghütte zu fahren und dort die Komödie eines Liebespaares zu spielen. Das Zusammentreffen der vier Personen in der Berghütte ergibt eine Fülle amüsanter Situationen, die nur knapp am Ehebruch vorbeiführen. Aus der Vielfalt der psychologisch sehr differenziert gestalteten und geistreich entwickelten Begebenheiten ergibt sich ein heiter-ironisches gesellschaftliches Zustandsbild. Schließlich lösen sich die Verwicklungen, Delfine reist mit ihrem Mann ab, und der Pianist Heink schwört seiner Frau, künftig auf Konzerte dieser Art zu verzichten. Da taucht die von Eifersucht und schlechtem Gewissen getriebene Eva Gerndl auf, und an der Reaktion von Heink wird deutlich, daß seine guten Vorsätze schon wieder ins Wanken geraten.

Das von Hermann Bahr in die österreichische Literatur eingeführte moderne psychologische Drama erfuhr neben den Werken von Schnitzler und Hofmannsthal auch durch RICHARD BEER-HOFMANN (1866–1945) eine Weiterentwicklung. Mit seinen dem Neoklassizismus und der Neuromantik verpflichteten und von außerordentlichem Sprach- und Formenbewußtsein geprägten Bühnenwerken wurde er zu einem Repräsentanten der zionistischen Bewegung. Außer dem biblischen Drama *Jakobs Traum* schrieb er *Die Historie vom König David*, die als Trilogie mit den Teilen *Der junge David, König David* und *Davids Tod* konzipiert, jedoch nicht vollendet wurde.

STEFAN ZWEIG (1861–1942), der mit der Bearbeitung von Ben Jonsons Komödie *Volpone* und dem Libretto zu der Richard Strauss-Oper *Die schweigsame Frau* sehr erfolgreich war, behandelte als Dramatiker auch jüdische Aspekte der biblischen Geschichte und warnte seine Zeitgenossen hellsichtig vor inhumanem und kulturfeindlichem Antisemitismus. Bewegendes Zeugnis dafür ist sein Drama über den Propheten *Jeremias*, das erste Antikriegsdrama der österreichischen Literatur dieser Epoche.

KARL VON LEVETZOW, der aus Mähren stammende Neuklassizist, über dessen Biographie kaum etwas bekannt ist, gestaltete in dem Bühnenwerk *Ruth* ebenfalls ein biblisches Thema und griff in dem Drama *Der Bogen des Philoktet* auf einen antiken Stoff und archaische Formen zurück. Wie Hofmannsthal war er um das Sprachkunstwerk bemüht.

THADDÄUS RITTNER (1873–1921), dessen besonders von Arthur Schnitzler beeinflußte Gesellschaftsstücke seinerzeit sehr erfolgreich waren, gehört zur gleichen Generation wie Hofmannsthal. Der aus Lemberg im damaligen österreichischen Galizien stammende und dann in Wien lebende Neuromantiker schrieb in polnischer und deutscher Sprache psychologische Dramen und Komödien des Fin de siècle wie das Don Juan-Drama *Unterwegs, Wölfe in der Nacht, Garten der Jugend* und *Geister in der Stadt*, die in einem Zwischenbereich von Traum, Phantasie und Wirklichkeit angesiedelt sind.

Eine Sonderstellung nehmen die Komödien *Kaiser Joseph und die Bahnwärterstochter, Zerbinettas Befreiung* und *Sellawie oder Hamlet, der Osterhase* von FRITZ RITTER VON HERZMANOWSKY-ORLANDO (1877-1954) ein, der zurückgezogen auf seinem Schloß Rametz bei Meran lebte und dessen Bühnenwerke erst nach seinem Tode veröffentlicht wurden. Vor allem an Nestroys volkstümlicher gesellschaftskritischer Satire orientiert, spiegeln seine mit hintergründig-skurrilem Humor und von bizarrer Phantasie erfüllten Stücke Wehmut über den erloschenen Glanz des österreichischen Kaiserreichs wider.

ALEXANDER LERNET-HOLENIA (1897–1976), dessen Stücke vorwiegend im altösterreichischen Gesellschafts- und Offiziersleben spielen, läßt in seiner Dramatik trotz Witz, Ironie und schelmischem Spiel die Melancholie über den Untergang der k. u. k. Monarchie unüberhörbar anklingen. Von seinen zahlreichen Bühnenwerken, die formal von Hofmannsthal, Schnitzler und Bahr beeinflußt wurden, sind vor allem seine Komödien und Lustspiele *Österreichische Komödie, Ollapotrida, Parforce, Kavaliere, Lauter Achter und Neuner, Die Frau des Potiphar, Glastüren* und *Spanische Komödie* zu nennen.

ALFRED POLGAR (1873–1955), der Wiener Feuilletonist, Theaterkritiker und Satiriker, brachte die Entwicklung der österreichischen gesellschaftskritischen Komödie zum Abschluß und erreichte die Grenze zum Boulevardstück und zum Kabarett-Sketch. In Zusammenarbeit mit dem österreichischen Kulturkritiker, Feuilletonisten und Dramatiker EGON FRIEDELL (1878–1938) entstand die Satire *Goethe im Examen*. Von Polgars Stücken konnte sich jedoch nur die sozialkritische Komödie *Die Defraudanten* nach dem gleichnamigen Roman von Valentin Katajew halten.

ANTON WILDGANS (1881–1932) begann als Naturalist wie in dem Einakter *In Ewigkeit Amen*, wandte sich dann einem idealistisch überhöhten Realismus zu und öffnete sich in seinem dramatischen Spätwerk *Kain* einem lyrischen Expressionismus, wobei neuromantische und neuklassizistische Einflüsse der Wiener Dramatiker, insbesondere von Hofmannsthal und Schnitzler, aber auch Gerhart Hauptmann, Frank Wedekind, Ibsen und Strindberg wirksam waren. In den von erotischen und sozialen Konflikten bestimmten Bühnenwerken von Wildgans, insbesondere in seinen sogenannten bürgerlichen Dramen *Armut, Liebe* und *Dies irae* führte er den Wiener Kleinbürger in die österreichische Dramatik ein.

HERMANN BROCH (1886–1951), der als Bindeglied zwischen der von Hofmannsthal in der ersten Hälfte unseres Jahrhunderts repräsentierten Geisteshaltung und der Moderne große Bedeutung hat, konnte sich mit seinem dramatischen Schaffen nicht durchsetzen. Ebenso sind die Stücke von MAX BROD (1884–1968), dem Wortführer des damaligen Prager Schriftstellerkreises, heute vergessen, lediglich seine Dramatisierung von Kafkas Roman *Das Schloß* wird gelegentlich aufgeführt.

ROBERT MUSIL (1880–1942), der die Romanform erneuerte und als Erzähler zu den bedeutendsten Repräsentanten der österreichischen Literatur unseres Jahrhunderts gehört, konnte sich ebenfalls nicht auf der Bühne behaupten. Obwohl sein Schauspiel *Die Schwärmer* bis an die Grenzen psychologischer Analyse geht und damit die Entwicklung des modernen psychologischen Dramas konsequent abschließt, hat es ebenso wie seine Posse *Vinzenz und die Freundin bedeutender Männer* mehr literarische und zeitkritische Bedeutung als Theaterwirksamkeit.

Die Protestbewegung des Expressionismus war eine europäische Stilrichtung in Kunst und Literatur, die gegen Ende des 19. Jahrhunderts langsam einsetzte, um die Jahrhundertwende an Boden gewann und bis zum Ende der zwanziger Jahre reichte. Das Programm des Expressionismus setzte an die Stelle des sinnlichen Eindrucks den seelischen Ausdruck und forderte statt ästhetischem Genuß elementares Erleben der Wirklichkeit. Daher waren Grellheiten, Ausdrucksübersteigerung und Entstellungen der Formen und des sprachlichen Ausdrucks, ekstatisch visionäre Bildhaftigkeit und leidenschaftliches Pathos adäquate Stilmittel. In der Dramatik war dies mit der Auflösung der traditionellen dramatischen Formen verbunden; an die Stelle des klassischen dramaturgischen Aufbaus traten kurze ekstatische lyrisch-expressive und mystisch-visionäre Szenen in mehr oder weniger loser Folge, an die Stelle psychologisch gezeichneter Individualitäten personale Prototypen wie beispielsweise der Vater, der Sohn, die Mutter, der Soldat, der Bettler usw. Der Expressionismus hatte seinen Ursprung in der Revolte einer neuen Generation gegen die Welt der Väter mit ihrer immer augenfälliger werdenden brüchigen gesellschaftlichen Scheinordnung und Scheinmoral und zielte auf eine Neuordnung der Welt im Geiste brüderlicher Menschenliebe. Deshalb ist auch der Vater-Sohn-Konflikt eines der zentralen Themen der expressionistischen Literatur.

In der österreichischen Literatur, insbesondere in Lyrik und Drama, ist die Entwicklung des Expressionismus sehr vielseitig; namhafte österreichische Dramatiker wurden zu Repräsentanten des deutschsprachigen Expressionismus oder waren ihm zumindest zeitweise stark verbunden. So stehen zum Beispiel HERMANN BAHR und ANTON WILDGANS in ihrem dramatischen Spätwerk und auch FRANZ WERFEL, der in seinen frühen lyrisch-mystischen Versdramen expressionistische Ausdrucksmittel verwandte, dem Expressionismus sehr nahe.

OSKAR KOKOSCHKA (1886–1980), der bedeutende österreichische Maler, ist ein besonders sinnfälliges Beispiel für die engen Verbindungen zwischen dem Expressionismus der bildenden Kunst und der Literatur. Kokoschka bereitete dem deutschsprachigen expressionistischen Theater den Weg durch seine aus ekstatischer Phantasie ohne formale Gesetzmäßigkeiten entwickelten Bühnenwerke. Das bereits vor dem Ersten Weltkrieg entstandene und später mehrmals umgearbeitete grotesk-ekstatische Schauspiel *Mörder, Hoffnung der Frauen* und die absurde Komödie *Sphinx und Strohmann* (*Hiob*) leben aus parodistischen, desillusionierenden, dynamischen Effekten, die dann zu wesentlichen Stilmitteln des expressionistischen Theaters wurden.

Das Stück *Schauspiel*, das 1917 unter dem Titel *Der brennende Dornbusch* in Dresden uraufgeführt wurde, galt als Programmdrama des Expressionismus, während Kokoschka dann in *Orpheus und Eurydike* ebenso wie als bildender Künstler über den Expressionismus hinauswuchs.

OSKAR MAURUS FONTANA (1898–1969), ein von der Neuromantik ausgehender österreichischer Dramatiker, der sich schließlich zum realistischen Erzähler entwickelte und vor allem als Kritiker und Chronist des Wiener Theaters Bedeutung hat, schrieb einige expressionistische Bühnenwerke und wurde mit seiner 1916 herausgegebenen avantgardistischen Anthologie «Aussaat» zum Förderer und Sammelpunkt des Wiener Expressionismus

HANS MÜLLER (1882–1950), der mit seinem Libretto zu dem Singspiel *Im Weißen Rössl* von Ralph Benatzky nach dem gleichnamigen Lustspiel des österreichischen Schauspielers und Bühnenschriftstellers GUSTAV KADELBURG (1851–1925) und des Berliner Schwankautors OSKAR BLUMENTHAL (1852–1917) international erfolgreich war, hatte mit der kolportagehaften expressionistischen Dirnentragödie *Flamme* in Wien große Publikumsresonanz.

HANS KALTNEKER (1895–1919) war ein herausragendes Talent des österreichischen expressionistischen Theaters. Seine Dramen *Herre Tristrant, Die Opferung* und *Das Bergwerk* sowie die mystisch-religiösen Stücke *Die Schwester* und *Die Heilige* sind eindringliche dichterische Zeugnisse seiner Sehnsucht nach Menschenliebe und Erlösung aus Schuld und Leiden.

FRANZ THEODOR CSOKOR (1885–1969) war der neben Ferdinand Bruckner bedeutendste österreichische Repräsentant des expressionistischen Theaters. Von dem Dichter Kurt Becsi als das «humanistische Gewissen der österreichischen Dramatik» bezeichnet, vertritt Csokor in vielen seiner Stücke einen auf christlicher Grundlage basierenden Pazifismus.

Franz Theodor Csokor nahm nach seinem Studium der Kunstgeschichte am Ersten Weltkrieg teil, war danach viel auf Reisen, wirkte mehrere Jahre als Dramaturg in Petersburg und dann als Dramaturg und Regisseur in Wien. 1938 emigrierte er über Polen und Rumänien nach Jugoslawien und kehrte 1946 nach Wien zurück.

Vor allem von Strindberg beeinflußt, schuf er eine Fülle von Bühnenwerken der verschiedensten Gattungen; Mysterien und Ideendramen, Tragödien, Tragikomödien und Komödien, in denen das realistische Geschehen symbolisch überhöht und oft ins Traumspiel transponiert worden ist. In seinem Spätwerk hat der mit Werfel, Musil und Broch befreundete und gewiß auch vielfach von ihnen angeregte Dichter zunehmend auf straffe Handlungsführung und dramatische Spannung zugunsten geistig-weltanschaulicher Auseinandersetzungen verzichtet.

Der Einfluß Strindbergs und die pazifistische Grundhaltung Csokors kommen in dem Drama in 14 Szenen *Die rote Straße* besonders deutlich zum Ausdruck. Zu seinen frühen expressionistischen Dramen gehören auch *Die Sünde wider den Geist, Der Baum der Erkenntnis* und die *Ballade von der Stadt*, ein besonders eindringliches visionäres Bühnenwerk über den Untergang und die Neugestaltung der Welt am symbolischen Beispiel einer aufblühenden und am Gift des Goldes zugrunde gehenden Stadt.

Csokor, der sich als Verkünder einer neuen Humanität Georg Büchner geistig verwandt fühlte, vollendete dessen Dramenfragment *Woyzeck* und schrieb über Büchner und die revolutionäre Forderung nach Freiheit und Gerechtigkeit das biographische Drama *Gesellschaft der Menschenrechte*.

In seinen späteren Werken wandte sich Csokor allmählich einem neuen Realismus zu und schrieb zahlreiche Stücke, in denen historische Themen, religiöse Probleme und zeitpolitisches Geschehen im Mittelpunkt stehen und oft einander durchdringen. So sind seine historischen Dramen erfüllt von religiösen und symbolischen Bezügen und Gleichnissen für Gegenwartsprobleme wie zum Beispiel in *Der tausendjährige Traum*, einem Stück über Johann von Leiden, den Führer der Wiedertäufer in Münster in Westfalen; in *Gottes General*, einem Drama über Ignatius von Loyola, den Begründer des Jesuitenordens; in *Pilatus*, einem leidenschaftlichen Bekenntnis zur christlichen Lebenshaltung im Geiste des Evangeliums; in *Caesars Witwe*, das ebenfalls die Bindung des Menschen an höhere ethische Werte fordert, und in *Alexander*, das einen geläuterten und der vielen blutigen Eroberungskriege überdrüssigen Feldherrn zeichnet.

Das Drama *Dritter November 1918*, das am Beispiel eines Militärlazaretts in Kärnten den Verfall der österreichisch-ungarischen Armee und der viele Völker umfassenden Monarchie darstellt, sowie das Drama *Besetztes Gebiet* über die Ruhrkämpfe gegen die französische Besetzung und *Der verlorene Sohn*, ein Drama über die Partisanenkämpfe in Jugoslawien während des Zweiten Weltkriegs, wurden später als «Europäische Trilogie» zusammengefaßt.

Der Partisanenkampf und Csokors eigenes Emigrantenschicksal stehen auch im Mittelpunkt des modernen Odysseus-Dramas *Kalypso*.

Engagierte antifaschistische Bühnenwerke aus Csokors letzten Schaffensjahren sind die Dramen *Die Erweckung des Zosimir* und *Das Zeichen an der Wand*, die den Faschismus als extreme moderne Ausprägung einer inhumanen politischen Ideologie und eines totalitären Systems verstehen.

FERDINAND BRUCKNER (1891–1958) ging im Gegensatz zu Csokor, der ganz aus der Wiener Literaturentwicklung erwachsen ist, früh nach Berlin und eroberte sich von dort aus die deutschsprachigen Bühnen. Nach dem Studium von Philosophie, Musik, Medizin und Jura in Wien und Paris, gründete und leitete Bruckner von 1923–1928 das Berliner Renaissance-Theater und errang mit den vor seiner Emigration entstandenen Stükken Sensationserfolge. 1933 verließ er Deutschland und emigrierte über Österreich, die Schweiz und Frankreich nach Amerika. 1951 kehrte er nach Berlin zurück. Sein Tragödien, Tragikomödien, Schauspiele und Komödien umfassendes umfangreiches dramatisches Werk steht im Zeichen der pessimistischen Grundhaltung des Spätexpressionismus zwischen den beiden Weltkriegen und bedient sich anfangs eines grellen Naturalismus, später der Neuen Sachlichkeit. Seine sehr effektvoll, oft sogar reißerisch gebauten Stücke behandeln aktuelle gesellschaftliche, soziale und politische Probleme der Zeit mit einer stark an Freuds Psychoanalyse orientierten Auffassung vom Menschen. Von expressionistischen Zeitstücken gelangte er über historisierende Dramen, in denen er die Geschichtsbetrachtung der idealistischen Heroisierung entkleidet, in seinem Spätwerk zu formenstrengen Versdramen und näherte sich einem expressiven Neoklassizismus.

Zu Bruckners gelungensten frühen Bühnenwerken gehören vor allem *Krankheit der Jugend* über die erotischen Exzesse der haltlosen jungen Nachkriegsgeneration und *Die Verbrecher*, in dem es ebenfalls um die gesellschaftlich-sozialen Erschütterungen nach dem Ersten Weltkrieg geht.

Die Verbrecher (UA: 1928 in Berlin). Das Stück veranschaulicht in einer Fülle von Episoden Schicksale der entwurzelten Großstadtgeneration in den zwanziger Jahren, die durch die gesellschaftlichen Verhältnisse der Nachkriegszeit in eine asoziale Außenseitersituation gedrängt ist. Die eigentlichen Verbrecher sind jedoch nicht die Deklassierten und Verurteilten, sondern diejenigen, die für diese gesellschaftlichen Zustände verantwortlich sind und sich anmaßen, mit ihrer Rechtsauslegung Gerechtigkeit zu üben. Zur Interessenwahrung der herrschenden Gesellschaft handhabt die nicht nach Ursachen, sondern nach Tatbeständen fragende Justiz Rechtsnormen, übt aber keine soziale Gerechtigkeit. – Im ersten Akt wird auf einer Simultanbühne ein Querschnitt durch ein großes Mietshaus gegeben. Die kurzen Szenen sind auf verschiedenen Schauplätzen beziehungsvoll nebeneinander- und gegeneinandergestellt. Der zweite Akt zeigt gleichzeitig verschiedene Räume im Gerichtsgebäude und demonstriert das Vorgehen der Justiz gegen die Verbrechen bzw. deren Verstöße gegen das herrschende Recht, die im ersten Akt begangen wurden, so zum Beispiel Prostitution, Abtreibung und Homosexualität. Im dritten Akt, der wieder in das Mietshaus zurückführt, werden die Auswirkungen der gerichtlichen Maßnahmen auf Angehörige, Freunde und Bekannte der Verurteilten geschildert, die neue Verstöße gegen das Gesetz zur Folge haben und damit einen Teufelskreis auslösen, aus dem es ohne Veränderung der sozialen und gesellschaftlichen Verhältnisse kein Entrinnen gibt.

Anfang der dreißiger Jahre schrieb Bruckner das sexualpathologisch übersteigerte Ehedrama *Die Kreatur* sowie das bald nach seiner Emigration in Zürich uraufgeführte Zeitstück *Die Rassen*, das vor dem Nationalsozialismus und dem Antisemitismus warnt und später mit *Krankheit der Jugend* und *Die Verbrecher* zu dem Zyklus «Jugend zweier Kriege» zusammengefaßt wurde. Das Schauspiel *Timon* ist eine moderne Version des Shakespeare-Dramas *Timon von Athen, Die Marquise von O.* eine Dramatisierung der gleichnamigen Novelle von Heinrich von Kleist.

Elisabeth von England (UA: 1930 in Berlin): Vor dem Hintergrund des englisch-spanischen Krieges am Ende des 16. Jahrhunderts und der Polarität des protestantischen England und des katholischen Spanien, repräsentiert durch die realpolitische Vernunft der Königin Elisabeth von England und die kompromißlose Gläubigkeit König Philipps von Spanien, entrollt sich in einer eindrucksvollen Szenenfolge, bei der die Vorgänge in England und Spanien auf einer Simultanbühne neben- und gegeneinandergestellt werden, eine vom heroischen Pathos befreite antiidealistische Geschichtsdarstellung. Dabei wird die Tragödie der beiden in Haßliebe miteinander verbundenen Herrscher mit den Mitteln psychoanalytischer Durchleuchtung gestaltet. Besonders der Charakter der englischen Königin, die einerseits von der weiblichen Leidenschaft einer alternden Frau und andererseits vom verstandesbetonten Kalkül einer berechnenden Politikerin bestimmt ist, wird außerordentlich vielschichtig interpretiert. Das Stück endet symbolisch mit dem Untergang der spanischen Armada und dem Sieg Elisabeths über ihre äußeren und inneren Feinde. Sie läßt ihren Geliebten, den Grafen Essex, als Verräter und Verschwörer hinrichten, resigniert damit als Frau, triumphiert aber als Herrscherin, während zur gleichen Zeit König Philipp in Spanien stirbt. – Wie schon in dem Schauspiel *Die Verbrecher*, so arbeitet Bruckner auch in dem historischen Drama *Elisabeth von England* mit moderner Montagetechnik und gleichzeitigem Nebeneinander verschiedener Episoden auf einer Simultanbühne. Das Stück war ein Welterfolg.

Während Bruckners Emigrationszeit entstanden u. a. *Napoleon I. (Komödie der Macht)* sowie das als Napoleon-Parodie angelegte Antikriegsstück *Heroische Komödie*, das Schauspiel *Denn seine Zeit ist kurz* über den Widerstandskampf der Norweger gegen die deutsche Besetzung und das Zeitstück *Die Befreiten* über Probleme des demokratischen Neuaufbaus nach der Zerschlagung des Nationalsozialismus.

Bruckners Spätwerk umfaßt die nach antikem Vorbild unter Verwendung von Chören gebauten Verstragödien *Pyrrhus und Andromache, Der Tod einer Puppe* und *Der Kampf mit dem Engel*. In seinem letzten Bühnenwerk *Das irdene Wägelchen* kehrt Bruckner noch einmal zur Simultanbühne zurück. Das Stück ist eine neue Version des auch von Lion Feuchtwanger für die deutsche Bühne bearbeiteten gleichnamigen altindischen Dramas von König Sudraka über die den gesellschaftlichen Kastengeist überwindende Liebe des Brahmanen Tscharudatta zu der Bajadere Vasantasena.

ARNOLT BRONNEN (1895–1959), dessen Familienname eigentlich Bronner war, ging wie Bruckner nach Berlin und zählte dort mit Georg Kaiser, Bertolt Brecht und Bruckner zur literarischen Avantgarde der zwanziger Jahre. Seine expressionistischen Bühnenexperimente über die erotische Rebellion der Jugend und deren triebhafte Ekstasen verursachten Theaterskandale. Zunächst gehörte Bronnen zu den Berliner Literaten, die dem anarchistischen Linksradikalismus nahestanden, dann wandte er sich der extremen Rechten zu, bekleidete während der Zeit des Nationalsozialismus führende Positionen beim Rundfunk und experimentellen Fernsehen und vollzog dann abermals einen politischen Gesinnungswandel. Die letzten Jahre seines Lebens wirkte er als Theaterkritiker in Ostberlin.

Bronnens erste Stücke *Vatermord, Die Geburt der Jugend, Exzesse, Anarchie in Sillian* und *Katalaunische Schlacht* zeigten seine große dramatische Begabung. Wie bei seinem Vater Ferdinand Bronner, der unter dem Namen Franz Adamus schrieb und seinerzeit bei den jungen österreichischen Naturalisten als große Zukunftshoffnung galt, erfüllten sich auch bei Arnolt Bronnen die in ihn gesetzten Erwartungen nicht. Auch seine späteren Stücke waren lediglich Talentnachweise, die nicht über das provozierende Experiment hinauskamen.

KARL KRAUS (1874–1936) war eine der einflußreichsten Persönlichkeiten des österreichischen Geisteslebens in der ersten Hälfte unseres Jahrhunderts. Von den einen wurde er wegen seiner ironisch-satirischen Wortgewalt als Kritiker gefürchtet, von den anderen wegen seiner intellektuellen Kompromißlosigkeit und der ethisch-moralischen Integrität seiner Geisteshaltung, die alles Unechte bekämpfte, in den Himmel gehoben. Seine Wirksamkeit blieb nicht auf Österreich beschränkt, sondern erfaßte die ganze deutschsprachige Literatur. Viele Schriftsteller der verschiedensten Richtungen wurden von ihm angeregt und gefördert, das gilt nicht zuletzt für zahlreiche österreichische und deutsche Expressionisten.

Kraus studierte Jura und Philosophie, versuchte sich als Schauspieler und Journalist und machte sich dann als Literaturkritiker einen Namen, lehnte jedoch alle Angebote einer festen Anstellung ab, um sich seine Unabhängigkeit zu bewahren. 1899 gründete er die Zeitschrift «Die Fackel», die er bis zu seinem Tode herausgab und die zum Forum seiner kunst-, kultur- und zeitkritischen Aktivitäten wurde. Anfangs gehörten August Strindberg, Georg Trakl, Franz Werfel u. a. zu den Mitarbeitern dieser Zeitschrift, später war er deren alleiniger Autor. Sein Hauptanliegen galt der Reinheit der Sprache, die für ihn Ausdruck der Echtheit, Verschwommenheit oder gar Verlogenheit der geistigen Haltung war. Seine dramatischen Arbeiten erschienen erstmals in der Zeitschrift «Die Fackel».

Die Bedeutung von Karl Kraus als Dramatiker gründet sich vor allem auf das satirische Antikriegsdrama *Die letzten Tage der Menschheit* über den Zusammenbruch der vor dem Ersten Weltkrieg herrschenden gesellschaftlichen Verhältnisse. Außerdem schrieb er einige dramatische Satiren von aggressiver Schärfe sowie Bearbeitungen klassischer Bühnenwerke von Aristophanes, Shakespeare und Nestroy und Übersetzungen und textliche Neufassungen einiger Operetten von Jacques Offenbach.

Die letzten Tage der Menschheit (UA: 1964 in Wien). Das Stück ist eigentlich ein Lesedrama und in dieser Form als bedeutendes literarisches Werk bekannt. Bereits Karl Kraus selbst hat öffentliche

Lesungen aus diesem Stück gehalten. Auf der Bühne ist das Werk ohne Bearbeitung bzw. Kürzungen nicht realisierbar, denn das Original umfaßt nahezu 800 Druckseiten, weit über 200 Szenen und erfordert über 500 Mitwirkende. Im Vorwort schreibt Karl Kraus: «Die Aufführung des Dramas, dessen Umfang nach irdischem Zeitmaß etwa zehn Abende umfassen würde, ist einem Marstheater zugedacht. Theatergänger dieser Welt vermöchten ihm nicht standzuhalten.» – Das Stück hat keine von Hauptpersonen getragene durchgehende Handlung, sondern wirft in einer Folge lapidarer Szenen mit rasch wechselnden Schauplätzen Schlaglichter, setzt Akzente, pointiert kabarettistisch, liefert einen grotesken Bilderbogen zeitgeschichtlicher Ereignisse und Zustände, zitiert demaskierend politische Sentenzen, entwirft aus einer Fülle bunter Mosaiksteine ein Zeitbild, das die Hintergründe und Zusammenhänge entlarvt, die politisch, wirtschaftlich, kulturell und gesellschaftlich zum Ersten Weltkrieg führten. In neuerer Zeit ist dieses Werk wieder stärker ins allgemeine Bewußtsein gerückt und findet auch zunehmend auf der Bühne Beachtung. So wurde eine Theaterfassung für die Wiener Festwochen 1980 von einem breiten Publikum mit großer Anteilnahme aufgenommen. – Die Handlung setzt mit den Reaktionen ein, die der politische Mord von Sarajewo an dem österreichischen Thronfolgerpaar in den verschiedensten österreichischen Gesellschaftsschichten auslöste. In den folgenden Akten wird vor allem der Gegensatz zwischen dem grausamen Geschehen an der Front und dem Parasitenleben der Kriegsgewinnler in der Etappe und in der Heimat gezeigt. Während an der Front die Soldaten sterben, prassen ordenslüsterne Offiziere in der Etappe, verfassen pensionierte Hofräte hurrapatriotische Heldengedichte. Der Krieg wird schließlich immer grausamer und entartet auf beiden Seiten der Front zu bestialischer Mordlust. Kaiser Franz Joseph von Österreich und der deutsche Kaiser Wilhelm II., die beide den Durchhaltewillen der notleidenden Bevölkerung und der im Stellungskrieg erstarrten Fronten anheizen, werden als groteske Popanze vorgeführt. Als sich die Katastrophe abzuzeichnen beginnt und in der Heimat der sozialdemokratische Umsturz vorbereitet wird, bringen sich die Kriegsgewinnler in die Schweiz in Sicherheit. Die als seelische und körperliche Krüppel heimkehrenden Soldaten werden mit hohlem Pathos empfangen und gleichgültig in eine zerrüttete Welt entlassen. Im Epilog treffen sich Symbolgestalten, eine männliche und eine weibliche Gasmaske, ein sterbender Soldat und Hyänen mit Menschengesichtern, auf dem Schlachtfeld. Die einen klagen an, die anderen bekennen ihre Unmenschlichkeit und ihre Gier. Der Antichrist übernimmt schließlich die unumschränkte Herrschaft über die Erde, und Gott verkündet angesichts der furchtbaren Apokalypse: «Ich habe es nicht gewollt.»

Zu den Karl Kraus besonders nahestehenden Schriftstellern gehört auch der erst nach dem Zweiten Weltkrieg in seiner literarischen Bedeutung voll anerkannte ELIAS CANETTI, dessen zentrales Thema der gefährdete Mensch in der modernen Welt ist.

ELIAS CANETTI (* 1905) ist der Sohn spanisch-jüdischer Eltern, studierte in Wien Naturwissenschaften, promovierte zum Dr. phil. und ließ sich dann als freischaffender Schriftsteller in Wien nieder. Er war eng mit Hermann Broch befreundet und ist geistig und formal wesentlich von Karl Kraus beeinflußt. Seine Bühnenwerke sind als Lesedramen konzipiert und haben keine Handlung im traditionell-dramaturgischen Sinn. Sein Hauptwerk, der Roman «Die Blendung», und die meisten seiner Dramen entstanden bereits vor dem Zweiten Weltkrieg, wurden aber erst in der Nachkriegszeit bekannt. Der Dichterphilosoph lebt seit seiner Emigration 1938 in London. Sein theaterwirksamstes Stück ist die *Komödie der Eitelkeit*, die bereits 1934 entstand, aber erst drei Jahrzehnte später die Bühne erreichte.

Canetti, Komödie der Eitelkeit
Burgtheater Wien, 1979
Inszenierung: Hans Hollmann
v. l. n. r. Fritz Held: Wolfgang Hübsch
Fritz Schakerl: Helmut Berger
Wenzel Wondrak: Fritz Grieb
François Fant: Michael Wallner

Komödie der Eitelkeit (UA: 1965 in Braunschweig). In einem totalitären Staat, der die Bevölkerung zur absoluten Unterwerfung zwingen und zu entpersönlichten Arbeitsmaschinen umfunktionieren will, wird die Selbstdarstellung des Menschen durch Spiegel, Bilder und Fotos verboten. Dieser Akt der Gewalt führt zum drohenden Verlust der moralischen menschlichen Substanz. Spiegel und Abbilder sind Symbole der Individualität. Da in der Eitelkeit, der Selbstdarstellung und Selbstbespiegelung zugleich die Möglichkeit der Selbstbegegnung und Selbstreflexion impliziert ist, führt das Verbot zur Zerstörung der persönlichen Gegenwart und Vergangenheit, zum Verlust der Selbsterkenntnis und Selbstkontrolle sowie der individuellen Unterscheidbarkeit. Die Folgen sind Korruption, Spitzelwesen, Intrigen und eine unerträgliche Atmosphäre des Mißtrauens und der Angst. Schließlich steigert sich die Sehnsucht nach dem Spiegel, weil er etwas dem Menschen notwendig Zugehöriges ist und durch das Verbot

doppelt begehrenswert erscheint, zu solcher Intensität, daß sie zu einer befreienden Rebellion führt, die im Untergrund in einem geheimen Spiegelkabinett für Bevorrechtete durch die Wiederentdekkung der Individualität ausgelöst wird. Der Verlust des Menschenbildes und damit zugleich auch des Ebenbildes Gottes ist für den Menschen auf die Dauer nicht ertragbar.

Das Jahr 1938 ist für die österreichische Literatur ein einschneidendes Datum. Der Einmarsch der deutschen Truppen in Österreich veranlaßte zahlreiche namhafte Schriftsteller, in die Emigration zu gehen, einige wurden von der Gestapo verhaftet, andere wichen auf unverbindlichere schriftstellerische Arbeiten beim Film u. ä. aus oder zogen sich ganz aus der Öffentlichkeit zurück, nur wenige schlossen sich dem Nationalsozialismus an. Allein von den österreichischen Dramatikern gingen Richard Beer-Hofmann, Felix Braun, Hermann Broch, Max Brod, Ferdinand Bruckner, Elias Canetti, Franz Theodor Csokor, Fritz Hochwälder, Ödön von Horváth, Oskar Kokoschka, Robert Musil, Alfred Polgar, Felix Salten, Georg Terramare, Franz Werfel, Martina Wied und Stefan Zweig in die Emigration. Damit war die kontinuierliche Entwicklung der österreichischen Dramatik abgebrochen. Zwar arbeiteten die Emigranten auch im Ausland weiter, aber sie waren – bis auf die Schweiz – von den deutschsprachigen Bühnen abgeschnitten und hatten nur noch gelegentlich das für sie notwendige lebendige Theaterforum. Die meisten von ihnen kehrten nach dem Zweiten Weltkrieg in die Heimat zurück, doch nur einigen gelang es, unter den veränderten Verhältnissen an ihre alten Erfolge anzuknüpfen.

Besonders FRITZ HOCHWÄLDER, der bereits vor der Emigration auf sich aufmerksam gemacht hatte und dann in Zürich von dem deutschen expressionistischen Dramatiker Georg Kaiser gefördert worden war, gehörte zu den neueren österreichischen Darmatikern dieser Zeit, die in den Jahren nach 1945 die deutschsprachigen Bühnen eroberten und auch international erfolgreich waren. Hochwälders dramatisches Schaffen ist ein wichtiges Bindeglied zwischen der traditionellen österreichischen Dramatik und der heranwachsenden jungen Generation, die dann mit den vielfältigsten Experimenten neue Wege ging.

FRITZ HOCHWÄLDER (*1911) war ursprünglich Tischler und Tapeziermeister. Er emigrierte 1938 nach Zürich, wo er unter Beibehaltung der österreichischen Staatsbürgerschaft noch heute lebt. Seine streng gebauten idealistischen Dramen setzten die österreichische Tradition fort, wobei seine Komödien entscheidend vom Wiener Volkstheater beeinflußt sind.

Den ersten nachhaltigen Erfolg hatte Hochwälder mit dem Schauspiel *Das heilige Experiment**. Außerdem schrieb er u. a. die Dramen *Meier Helmbrecht* nach dem gleichnamigen mittelalterlichen Versroman von Wernher dem Gartenaere, *Der Flüchtling*, ein antifaschistisches Zeitstück nach einer Vorlage seines Freundes Georg Kaiser, *Der öffentliche Ankläger* über die jakobinische Schrekkensherrschaft zur Zeit der Französischen Revolution als historisches Beispiel unmenschlicher totalitärer Staatsgewalt, *Donadieu* nach der Ballade «Die Füße im Feuer» von Conrad Ferdinand Meyer, *Die Herberge*, eine dramatische Legende über menschliche Unzulänglichkeit, Selbstsucht und Schuld, aber auch über Gerechtigkeit und Sühne, das symbolhafte Thesenstück *1003, Der Befehl*, eine zeitkritische Darstellung eines Österreichers, der zur Zeit der deutschen Besetzung die Tochter eines holländischen Widerstandskämpfers umgebracht, dann die Tat verdrängt hat und nach dem Krieg als Kriminalbeamter in eigener Sache ermitteln muß, und *Lazaretti oder Der Säbeltiger*, eine Auseinandersetzung mit der Problematik der Aggression in der Form eines Psychothrillers, sowie die Komödien *Hôtel du commerce* nach der Novelle «Fettklößchen» von Maupassant, *Der Unschuldige*, eine Travestie über Schuld und Sühne, und *Die Himbeerpflücker*, eine zeitkritische Satire in der Form eines Volksstücks über Relikte des Faschismus. Für die Salzburger Festspiele 1959 schuf Hochwälder das Mysterienspiel *Donnerstag*, eine moderne Variante des Jedermann-Themas.

Das heilige Experiment (UA: 1943 in Biel/Schweiz). Im 17. Jahrhundert gründeten die Jesuiten in den von Spanien kolonisierten Gebieten Südamerikas den sogenannten Jesuitenstaat, der nach urchristlich-genossenschaftlichen Prinzipien verwaltet wurde. Da die Zugehörigkeit zu diesem Staat wirtschaftliche Sicherheit gewährte und die Indios vor Sklaverei und Zwangsarbeit bewahrte, unterstellten sie sich gern dem Schutz der Jesuiten und ließen sich zum Christentum bekehren. Dieses «heilige Experiment», ein staatenähnliches Gebilde auf der Grundlage christlicher Nächstenliebe zu schaffen, geriet dann im 18. Jahrhundert zunehmend in Interessenkonflikte mit den Instanzen der weltlichen Macht, insbesondere mit den spanischen Kolonisatoren, die das Land ausbeuteten und sich von den Jesuiten darin behindert sahen. Auch der katholische Bischof des spanischen Kolonisationszentrums Rio de Janeiro wandte sich gegen die Eigeninitiative der Jesuiten. Der Konflikt zwischen thoretischem und praktischem Christentum sowie zwischen geistlicher und weltlicher Macht spitzte sich immer mehr zu. Schließlich schickt die spanische Krone eine von Don Pedro de Miura geführte Untersuchungskommission. Alle gegen die Jesuiten vorgebrachten Anschuldigungen erweisen sich als falsch, dennoch besteht Miura auf der Ausführung des königlichen Dekrets, den Jesuitenstaat aufzulösen. Um sein Lebenswerk zu retten und die missionierten Indios nicht zu enttäuschen, widersetzt sich der Ordensprovinzial Alfonso Fernandez dem Befehl der spanischen Krone. Da überbringt ein Legat des römischen Ordensgenerals die Verfügung, das weltliche Experiment zu beenden. Fernandez beugt sich der Ordensdisziplin, aber Pater Oros, der Führer der Ordnungstruppe des Jesuitenstaates, widersetzt sich mit Waffengewalt der Übergabe der vom Orden missionierten und verwalteten Gebiete an die Spanier. Um Blutvergießen zu vermeiden, will der Provinzial schlichtend eingreifen und wird dabei tödlich verwundet. Durch den Tod entgeht er dem unlösbaren Gewissenskonflikt zwischen Ordensdisziplin und christlich-missionarischer Liebe und Barmherzigkeit.

Zu den Vertretern der neueren österreichischen Dramatik, die nach 1945 alte Traditionen aufzugreifen und weiterzuentwickeln versuchten, gehören neben anderen Autoren der sogenannten Mittleren Generation vor allem FRITZ HABECK, RAIMUND BERGER, RUDOLF BAYR, KURT BECSI, HARALD ZUSANEK und KURT KLINGER.

FRITZ HABECK (* 1916) orientierte sich mit seinen Komödien *Baisers mit Schlag* und *Der Floh und die Jungfrau* an Schnitzler, Bahr und Lernet-Holenia, wandte sich jedoch später von der Dramatik ab und ausschließlich der Prosa zu.

RAIMUND BERGER (1917–1954) starb an den Folgen eines schweren Skiunfalls. Der frühe Tod verhinderte die Ausreifung seiner Begabung, die er vor allem mit den Komödien *Zeitgenossen* (*Die Helden von Albeville*), *Der Schelm von Limburg* (*Jupiter und Jo*) und *Das Reich der Melonen* unter Beweis stellte.

RUDOLF BAYR (* 1919) erwarb sich vor allem als Nachdichter antiker Dramen große Verdienste. Im Auftrag des Wiener Burgtheaters schuf er Nachdichtungen von Sophokles und Aischylos. Auch in seinen eigenen formstrengen Bühnenwerken ist das antike Theater lebendig. Das gilt besonders für seine Versdramen *Königslegende* und *Sappho und Alkaios*, seinem Hauptwerk, in dem er auf der griechischen Insel Lesbos eine religiös-musische Partei mit einer adlig-kriegerischen konfrontiert und damit dem Problem Krieg oder Frieden neue Aspekte abgewinnt, sowie für die Verskomödie *Die Liebe der Andrea* (*Im Hauch von Orangenblüten*).

KURT BECSI (* 1920) steht formal Fritz Hochwälder sehr nahe und zählt zu den modernen christlichen Dramatikern in der Nachfolge von Franz Werfel. 1952 fanden gleich drei seiner Stücke, *Deutsche Passion, Atom vor Christus* und die sexualpathologische Don Carlos-Version *Das spanische Dreieck* große Publikumsresonanz. Aus der Fülle seiner religiös-zeitgeschichtlichen Ideendramen und Problemstücke sind außerdem *Der Mörder Gottes, Der Salzmarsch, Russische Ostern, Faust in Moskau, Party für Propheten, Die Nacht vor Sarajewo* und *Das Reich der verlorenen Sterne* hervorzuheben.

HARALD ZUSANEK (* 1922), der sich nach dem Zweiten Weltkrieg als einer der ersten jungen österreichischen Dramatiker zu Wort meldete, fand mit seinen Bühnenwerken *Schnupfen hat Herr Cicero* und *Warum gräbst du, Centurio*, die sich gegen falschen Heroismus und Untergangsverklärung wenden, schon früh literarische Anerkennung. Seine aus vielfältigen Einflüssen und Anregungen geborenen phantasievollen Stücke, von denen vor allem *Kein Wasser für Michèle, Die Straße nach Cavarcere, Die vierzig Minuten der Henriette Dupont, Bettlerin Europa* und die Tragikomödie *Jean von der Tonne* erfolgreich waren, zeigen eine große Theaterbegabung, die jedoch später in episch-philosophischen Experimenten erstarrte.

KURT KLINGER (* 1928) ist formal den Traditionen der österreichischen Dramatik verpflichtet und unternimmt in seinen Stücken den Versuch, die mythische Grundsituation des Menschen aus moderner Sicht illusionslos neu zu deuten. Seine Hauptthemen sind die Einsamkeit und Kontaktlosigkeit.

In *Odysseus muß wieder reisen* gestaltet er das Schicksal des aus dem Zweiten Weltkrieg heimkehrenden Soldaten nach dem antiken Mythos. Die *Helena des Euripides* ist ein Antikriegsdrama im antiken Gewande. Außerdem wurden *Der goldene Käfig*, ein im alten China spielendes Symbolstück, *Das kleine Weltkabarett*, ein an die Tradition des Moralitätentheaters anknüpfendes zeitkritisches Werk, das in 20 Szenen die menschliche Misere hinter der Konjunkturfassade der fünfziger Jahre aufdeckt, und *La sera*, ein lyrisches Symbolspiel über die Aushöhlung der seelischen Beziehungen zwischen den Geschlechtern in unserer Zeit, wiederholt aufgeführt.

H. C. ARTMANN (* 1921) setzt den Schlußakkord in der österreichischen Dramatik der sogenannten Mittleren Generation, die zwischen Tradition und modernem Experiment steht. Artmanns sprachlich zwischen Alltagsjargon und manieristischer Stilisierung originell jonglierenden Stücke haben noch formale Bezüge zum Barock- und zum Volkstheater, experimentieren aber bereits mit starken Verfremdungseffekten und surrealistischer Überpointierung. Mit seinem Anliegen, die Innovation des Theaters vom Sprachlichen her zu fördern und der Szene durch surrealistische Wirkungen eine neue Dimension und Effizienz zu eröffnen, leistete er bahnbrechende Vorarbeit für die kommende Dramatikergeneration Österreichs. H. C. Artmann schuf imaginäres Theater, dessen moderne, provozierende Phantastik sich nur schwer auf der Bühne realisieren läßt. Von der Vielfalt seiner avantgardistischen Zauberspiele wurde *Kein Pfeffer für Czermak* an mehreren Bühnen aufgeführt.

Das moderne Theater der österreichischen Dramatiker der Gegenwart ist primär experimentelles Theater, das gilt ebenso für die formale Bewältigung wie für die inhaltliche Aussage. Dieses experimentelle Theater erwuchs aus dem Protest gegen das etablierte traditionelle Theater und steht in einem untrennbaren Zusammenhang mit den geistig-politischen Protestbewegungen der jüngeren Generation gegen das gesellschaftliche Establishment. Im Sinne der Überwindung konventioneller Theaterformen und Inhalte definiert es sich selbst als Antitheater, das sich je nach weltanschaulichem Standort und künstlerischem Temperament des Autors sehr unterschiedlich artikuliert.

Eines der wichtigsten Anliegen der experimentellen österreichischen Dramatik der Gegenwart ist die Kritik an der vom traditionellen Theater überlieferten Sprache, die als artifiziell, unecht, unlebendig und unnatürlich, abgenutzt und phrasenhaft empfunden wird. Die stilisierte Sprache wird als Ästhetizismus oder als zum Klischee erstarrtes Ausdrucksmittel des literarisch-dramatischen Establishments abgelehnt. Vor allem aus diesem Grund fordert man ein kritisches Verhältnis zum sprachlichen Ausdruck, wobei Dialekt und Jargon als besonders geeignete Möglichkeit erscheinen, dem Theater neue Lebensnähe und spontan-emotionale Überzeugungskraft zu geben. Die Rezeption des surrealistischen und «Absurden» Theaters nach dem Zweiten Weltkrieg mit seiner aus logischen Zwängen befreiten Metaphernsprache trug entscheidend zu diesen sprachreformatorischen Bemühungen der jungen österreichischen Dramatiker bei.

Zu den Wiederentdeckern des Dialekts für das moderne österreichische Theater gehören neben HERWIG SEEBÖCK (* 1939) vor allem WOLFGANG BAUER und HARALD SOMMER. Beide sind der Grazer literarischen Initiativgruppe «Forum Stadtpark» zuzurechnen, die zur Popularisierung der modernen experimentellen Dramatik vielseitige Aktivitäten entfaltete.

WOLFGANG BAUER (*1941) studierte Theaterwissenschaft, Romanistik, Jura und Philosophie und begann schon früh, Bühnenstücke zu schreiben. Besonders vom «Absurden Theater» Ionescos angeregt, entstanden zahlreiche dramatische Versuche, bis er sich mit dem von ihm als Volksstück bezeichneten Bühnensketsch *Party for Six* (1967) einem das moderne Gruppenverhalten spiegelnden expressiven Realismus zuwandte.

Magic Afternoon (UA: 1968 in Hannover), ein modernes episodisches Sittenbild ohne durchgehende Handlung, wurde Wolfgang Bauers erster großer Bühnenerfolg: Vier junge Menschen zwischen 22 und 30 Jahren, zwei Männer und zwei Frauen, schließen sich zu einer Gruppe zusammen, um auf diese Weise nach modischen Verhaltensklischees «in» zu sein, der Langeweile zu entgehen und die Wertvorstellungen der Gesellschaft zu negieren. Durch ihre resignierende Absonderung und Passivität, an der auch Flucht in den Alkohol- und Drogenrausch und Anfälle von Brutalität nichts ändern, geraten sie erst recht in gesellschaftliche Abhängigkeiten. Einsamkeit, Langeweile, Kontaktarmut, Lebensüberdruß und zwischenmenschliche Beziehungs- und Verständnislosigkeit, selbstgefällige intellektuelle Nabelschau und Leistungsimpotenz sind die bereits hier vorgegebenen Grundthemen von Wolfgang Bauers späteren Stücken.

Change (UA: 1964 in Wien) bringt Bauers Thematik dann auf die Formel der Manipulation und Manipulierbarkeit: Aus Langeweile und menschlicher Beziehungslosigkeit und um die Frustration über das eigene künstlerische Unvermögen zu kompensieren, beschließt der Wiener Kunstmaler Fery, den sich dilettantisch als Maler versuchenden Schlosser Blasi Okopenko aus St. Pölten zum großen Künstler zu manipulieren und auf der Höhe des Erfolgs zu ruinieren, aber Blasi entzieht sich dieser Manipulation durch gesellschaftliche Anpassung, macht auf eigene Faust Karriere und treibt Fery in den Selbstmord.

In dem Stück *Silvester oder Das Massaker im Hotel Sacher* (1971) kommt ein terminbedrängter Erfolgsdramatiker, dem schon lange keine Story mehr eingefallen ist, auf die Idee, seine Freunde zu einer Silvesterparty in das Wiener Hotel Sacher einzuladen, das Happening-Treiben dieser jungen Intellektuellen auf Tonband aufzunehmen und dem Theaterdirektor die Aufzeichnung als sein neues Stück anzubieten.

Film und Frau / Shakespeare the Sadist (1971) ist eine pornographisch-parodistische Variante der Bauerschen Grundthematik von Einsamkeit, Überdruß und Manipulation, in der die Gruppe Langeweile mit Kinobesuchen und Filmenthusiasmus zu vergessen versucht, wobei schließlich filmisches Horrorgeschehen in die Realität übertragen wird.

Gespenster (UA: 1974 in München), ein Stück, in dem die durch ein Jugenderlebnis traumatisierte weibliche Zentralfigur zugrunde gerichtet wird, fand ebenfalls starke Resonanz: Magda gerät in eine Gruppe junger Wiener Intellektueller, die aus innerer Leere auf die Idee verfällt, durch psychischen Rollentausch Abwechslung in den faden Alltag zu bringen. Obwohl das Mädchen von diesem gefährlichen Spiel, dem sie bei ihrer labilen psychischen Beschaffenheit leicht zum Opfer fallen könnte, gewarnt wird, erliegt sie der Suggestion der Gruppe, und die intellektuellen Gespenster treiben sie mitleidlos in den Wahnsinn.

Memory Hotel (UA: 1980 in Graz), Bauers bisher letztes Stück, mit dem er sich erstmals vom Dialekt abwendet, ist ein irreal-phantastisches Spektakel: Das Memory Hotel ist ein Symbol für das hektische Kommen und Gehen von Wahrnehmungen, Gedankensplittern, Erinnerungsfetzen und Träumen. Es imaginiert den paranoiden Zustand eines todkranken Schriftstellers, der seine knapp bemessene Lebenszeit mit Freunden auf Jamaica verbringt. Bei seinen vergeblichen Bemühungen, sich zu konzentrieren, geraten Wunschvorstellungen, Ängste und Bruchstücke von Erinnerungen wirr durcheinander. Selbstmordgedanken und Furcht vor Haien gipfeln in einer surrealistischen Apotheose vom Tod eines modernen Schriftstellers.

HARALD SOMMER (* 1935) gewinnt wie Wolfgang Bauer dem Dialekt originelle Wirkungen ab und kommt damit einem modernen Volkstheater ohne moralisierende Ambitionen sehr nahe. Sein dramatisches Schaffen bezieht theatralische Spannung aus der Verbindung von naturalistischer Genauigkeit und einem extremen szenischen und sprachlichen Irrationalismus.

Mit dem Einakter *D'Leit* gewann Sommer 1969 den ersten Preis eines vom Grazer «Forum Stadtpark» ausgeschriebenen Dramatikerwettbewerbs. Er arbeitete dann die kleinbürgerliche Milieustudie um das Mädchen Sonja, das Mutter eines unehelichen Kindes ist, unter dem Titel *A unhamlich schtorka Obgang* (*Ein unheimlich starker Abgang*) zu einem abendfüllenden Stück aus, das 1970 in Graz uraufgeführt wurde und worin die Hausgehilfin Sonja, deren Triebhaftigkeit und Labilität immer wieder Konflikte heraufbeschwören, aus überstarker Reaktion auf die sie drangsalierende Umwelt zur mehrfachen Mörderin wird. Während der Gerichtsverhandlung, die das selbstgerechte Justizwesen karikiert und bei der es zahlreiche Rückblenden in Sonjas Vorleben gibt, wird die Angeklagte durch höheres Eingreifen der menschlichen Rechtsprechung entzogen.

Der Einakter *Triki-Traki* bezieht seine anklagende Wirkung aus einer kabarettistischen Schlußpointe: Zwei österreichische Kanalarbeiter verspotten mit primitiver Überheblichkeit die Sexualprotzerei ihres italienischen Gastarbeiterkollegen und provozieren einen Streit, bei dem sich ihr aggressiver Ausländerhaß entlädt. Durch ihre Schuld stürzt der Italiener in eine Baugrube, die dann von den beiden Österreichern mit Totengräbergleichgültigkeit als Grab des tödlich Verunglückten zugeschaufelt wird.

Der zusammen mit diesem Stück uraufgeführte Einakter *Die Hure Gerhild* (1971) zeigt ein Kaffeehaus, an dessen Tischen mehrere Personen simultan banale Alltagsgespräche führen. «Einer, der aussieht wie Lino Ventura», bringt das Geschwätz mit einer Maschinenpistole brutal zum Schweigen.

Der Sommer am Neusiedler See (1972) ist ein Zweipersonenstück und demonstriert die Kluft zwischen den Geschlechtern am Beispiel eines alternden Ehepaars, das der Monotonie des bürgerlichen Ehelebens mit Rollentausch-Spielen vergeblich zu entrinnen versucht.

Das Stück mit dem Hammer (1973) und *Ich betone, daß ich nicht das geringste an der Regierung auszusetzen habe* (1973) sind Politstücke, in denen mit Mitteln des «Absurden Theaters» gewaltsame Anpassung und Opportunismus angeprangert werden.

PETER HANDKE (* 1942) gehört ebenfalls zu den avantgardistischen österreichischen Dramatikern, die aus dem Grazer «Forum Stadtpark» hervorgegangen sind. Bei ihm führte der jugendliche Protest gegen das Establishment besonders prononciert zur Opposition gegen Sprachkonventionen. Allerdings verwies ihn seine Sprachskepsis nicht auf den Dialekt, sondern auf beatähnliche hektische Sprachrhythmen und Wortkaskaden, auf simple Fragestellungen und Ausrufe, Wortbanalitäten und Aufschreie, Tautologien und Wortklaubereien, die das

Überlebte und Abgenutzte der Sprache demaskieren.

Peter Handke studierte in Graz Jura, begann Prosa zu schreiben und kam wider Willen zur Dramatik. Nach seinem eigenen Bekenntnis liebte er das Theater nicht, es wurde ihm aber als geeignetste Möglichkeit nahegelegt, vom Schreiben leben zu können. So entstand sein erstes Stück als ein Stück gegen das Theater, als Antitheater im konsequentesten Sinne: «Hier wird dem Theater nicht gegeben, was des Theaters ist.»

Publikumsbeschimpfung (UA: 1966 in Frankfurt am Main), ein Sprechstück, das die Aktion ausschließlich aus der Sprache entwickelt, hat keine Handlung, keine Bühnenbilder, keine Kostüme, keine Requisiten und keine Rollendarsteller. Dennoch wurde Handke mit diesem Antistück über Nacht zu einem der populärsten Exponenten des deutschsprachigen experimentellen Theaters: Vier Sprecher erklären den Theaterbesuchern, was sie an diesem Abend nicht zu erwarten haben. Die verbale Travestie über das Theater mündet zum Schluß in eine rüde Beschimpfung des konservativen Theaterpublikums.

Weissagung (1966) reiht ausschließlich Allgemeinplätze in der Form von Tautologien wie «Das Espenlaub wird zittern wie Espenlaub» oder «Die Pest wird stinken wie die Pest» willkürlich aneinander und will damit ein neues kritisches Verhältnis zur Sprache provozieren.

Handke, Der Ritt über den Bodensee
Schaubühne Berlin, 1971
Inszenierung: Claus Peymann
und Wolfgang Wiens
Heinrich George: Bruno Ganz
Emil Jannings: Otto Sander

In *Selbstbezichtigung* (1966) schildern ein Sprecher und eine Sprecherin Entwicklungszustände eines namenlosen Ich, wobei sich der abstrakte Lebensbericht zur Selbstanklage steigert: «Ich bin nicht geworden, was ich hätte werden sollen.»

Hilferufe (1967) gibt ähnlich dem altbekannten Denkspiel, bei dem ein Wort gesucht wird, verbale Unterstützungen, um zu dem Begriff «Hilfe» zu gelangen.

Kaspar (UA: 1968 in Frankfurt am Main und Oberhausen) ist Handkes erste Abwendung vom reinen Sprechstück. Zwar stehen auch hier Probleme der Sprache und des Sprechens im Mittelpunkt, aber es gibt einen «Helden» und Handlungskeime, wenn auch nur in abstrakter gestischer Form. Kaspar ist eine Figur, die aus Elementen des erst im fortgeschrittenen Alter die Sprache erlernenden historischen Kaspar Hauser und des Puppentheaterkasperls, dessen Lebensäußerungen von einem Puppenspieler abhängig sind, zusammengesetzt ist. Ihre Reaktion auf Sprache und Sprechen machen deutlich, in welch hohem Maße die menschliche Individualität von der Sprache abhängig ist.

Das Mündel will Vormund sein (1969) ist im theatralischen Sinne eine Weiterentwicklung der in *Kaspar* gegebenen gestischen Handlungskeime zur stummen Pantomime mit simplen Handlungsvorgängen, wobei das zunächst vom Vormund gegängelte Mündel sich gewaltsam emanzipiert.

In *Quodlibet* (1970) transponiert Handke sein sprachliches Anliegen ins Gestische. Die Sprachklischees werden durch entsprechende gestische Klischees dekuvriert und total umgekehrt.

Der Ritt über den Bodensee (1970) demonstriert ebenfalls die Abhängigkeit des Menschen von Sprache und Gestik. Sprachkonventionen und leere Posen werden zur Farce.

Die Unvernünftigen sterben aus (UA: 1974 in Zürich) ist Handkes bisher letztes Stück, in dem er erstmals Charaktere gestaltet, deren Denken und Handeln in einem logisch-realistischen Sinnzusammenhang stehen. Die Hauptgestalt dieses gesellschaftskritisch konturierten Stücks ist der Unternehmer Hermann Quitt, der vergeblich aus den Zwängen seiner Rolle auszubrechen und persönliche Freiheit zu erlangen versucht. Dabei erweist sich sein Bestreben, die gesellschaftliche Rolle zu eliminieren, als gleichbedeutend mit Selbstzerstörung.

Im Rahmen der programmatischen literarischen Zielsetzung des Grazer «Forum Stadtpark» sind hier noch der von Wolfgang Bauer beeinflußte FRIEDRICH CHRISTIAN ZAUNER (*1936) und der in seinem Bühnenschaffen von Peter Handkes Aktion der Sprache angeregte ERNST JANDL (*1925) zu nennen, der seit langem als experimenteller Lyriker und Hörspielautor bekannt ist. Auch GERHARD ROTH hat sich in den letzten Jahren als dramatisches Talent profiliert.

GERHARD ROTH (* 1942) studierte einige Zeit Medizin und war dann Organisationsleiter im Rechenzentrum Graz. Seine schriftstellerische Tätigkeit begann er mit Prosaarbeiten und wandte sich später auch der Dramatik zu. Inspiriert von sprachreformatorischen Ambitionen des Grazer «Forum Stadtpark», vor allem von Peter Handkes Demaskierung der Sprache, sucht auch er Zusammenhänge zwischen Sprache und Gesellschaftsstruktur aufzudecken und dadurch eine neue Beziehung zur Sprache und ein neues Humanitätsbewußtsein zu schaffen. Wie Wolfgang Bauer und Friedrich Christian Zauner, so setzt auch er sich in seinen Stücken vorwiegend mit modernen Gruppenbeziehungen auseinander und gestaltet die Brüchigkeit zwischenmenschlicher Kommunikation sowie das Bedürfnis des einerseits isolierten, andererseits von gesellschaftlichen Zwängen abhängigen Menschen nach individueller Freiheit und einem unbelasteten, erfüllten Leben in der Gemeinschaft.

Lichtenberg (UA: 1973 in Graz) ist ein Stück über Probleme der Manipulation und Manipulierbarkeit. Von der Erkenntnis ausgehend, daß vor allem die Sprache ein manipulierbares und manipulierendes Medium ist, benutzt sie ein Professor skrupellos dazu, weniger sprachbegabte Menschen zu manipulieren. Diese Methode endet jedoch für ihn tödlich, denn der ihm zur Behandlung übergebene entwicklungsgestörte Junge, der als Objekt benutzt und bezeichnet wird, erschießt den Professor. An der Leiche des Wissenschaftlers stellt der Kriminalkommissar die Grundfrage des Stücks: «Spielte er mit dem Wahnsinn oder spielte der Wahnsinn mit ihm?» Der Titel des Stücks bezieht sich auf Georg Christoph Lichtenberg, einen naturwissenschaftlich orientierten Philosophen der Aufklärung des 18. Jahrhunderts, der in starker Verfremdung in der Gestalt des Professors den Drang des modernen Menschen symbolisiert, alles naturwissenschaftlich zu systematisieren und damit Natürlichkeit und Freiheit zu zerstören.

Sehnsucht (UA: 1977 in Graz): Die Personen dieses Stücks versuchen in ehelichen und außerehelichen erotisch-sexuellen Beziehungen einen neuen Sinn an Stelle der Isolation und Leere ihres Daseins zu finden. Dabei kristallisiert sich die Erkenntnis heraus, daß Selbstbewußtsein, Stolz, Eitelkeit und gesellschaftliche Rollenzwänge vollkommene Ehrlichkeit und Offenheit zwischen den Partnern verhindern.

Dämmerung (UA: 1978 in Graz): Am Beispiel einer Trauergesellschaft, die sich nach der Beerdigung in einem Biergarten versammelt, während im gleichen Gasthaus eine Hochzeitsgesellschaft feiert, werden die Ichbezogenheit, die zwischenmenschliche Beziehungslosigkeit und das konventionelle Gehabe der bürgerlichen Gesellschaft unserer Zeit bloßgestellt.

PETER TURRINI (* 1944) versuchte sich in mehreren Berufen, bis er sich in Wien als Schriftsteller niederließ. Sein dramatisches Schaffen steht im Zusammenhang mit den Bemühungen der österreichischen Avantgardisten um ein modernes volksnahes Dialekttheater. Allerdings handelt es sich bei Turrini weniger um Experimente im Sinne des Programms der Grazer Literaten als vielmehr um eine Orientierung am Wiener Volkstheater. Turrinis zahlreiche Stücke zeichnen sich durch eine Verbindung von bizarrer Phantasie und symbolisch überhöhtem Realismus aus. Ihr Grundthema ist der Lebensüberdruß und die Pervertiertheit des Menschen in der modernen Gesellschaft. Turrinis erster großer Erfolg war das Stück *Rozznjogd*, in dem ein junger Mann und ein junges Mädchen auf einem von Ratten bevölkerten Müllabladeplatz sich aller äußeren und inneren Attribute der gesellschaftlichen Anpassung entkleiden, vorurteilsfrei vereinigen und in diesem Zustand von Passanten für Ratten gehalten und abgeschossen werden.

Nach einer Fülle von gesellschafts- und zeitkritischen Stücken wie *Sauschlachten*, der von Beaumarchais' Komödie «Ein toller Tag» inspirierten Satire *Der tollste Tag* und *Kindsmord*, das monologische Bekenntnis einer Kindsmörderin im Gerichtssaal, wurde ein Zweipersonenstück, das eine wichtige Etappe auf Turrinis Weg zum modernen Volksstück markiert, zu seinem bisher größten Publikumserfolg:

Josef und Maria (UA: 1980 in Graz): Maria ist Putzfrau in einem großen Kaufhaus, Josef arbeitet bei der Wach- und Schließgesellschaft. Sie ist 65, er 68 Jahre alt. Nachdem das Kaufhaus am Weihnachtsabend geschlossen hat, lernen sich die beiden an ihrer Arbeitsstätte kennen. Josef, der als Altkommunist über die moderne Entwicklung seiner Partei tief enttäuscht ist, trifft bei seinem Rundgang durch das Kaufhaus auf die Putzfrau, die eigentlich das Weihnachtsfest bei ihrem Sohn verbringen möchte, dann aber doch darauf verzichtet, weil sie sich mit dessen Frau nicht verträgt. Die Putzfrau und der Wachmann kommen ins Gespräch. Sie erzählen einander ihre Lebensgeschichte. Dabei ermuntert Maria den aus Prinzip abstinenten Josef zum Trinken. Der Alkohol befreit die beiden von ihren Hemmungen. Wie ein Weihnachtswunder erleben sie in einem Bett aus dem Möbelangebot des Kaufhauses ein spätes gemeinsames Glück, das die Zeit ihrer Einsamkeit beendet.

ELFRIEDE JELINEK (* 1946) vertritt die feministische Bewegung in der experimentellen zeitgenössischen Dramatik Österreichs. Sie studierte Theaterwissenschaft, Kunstgeschichte und Musik in Wien, steht dem Grazer Autorenkreis nahe, wurde zunächst durch Lyrik, Prosa und durch Hörspiele bekannt und wandte sich später mit einem spezifisch weiblichen Thema der Dramatik zu.

Was geschah, nachdem Nora ihren Mann verlassen hatte oder Stützen der Gesellschaft (1979), Elfriede Jelineks erstes Bühnenstück, geht von der Grundsituation in Ibsens Schauspiel *Nora oder Ein Puppenheim* aus und zeigt eine sich emanzipierende Frau, die ihren Mann verläßt, aber in der gesellschaftlichen Realität ihre Vorstellungen von Freiheit und Unabhängigkeit nicht verwirklichen kann. Sie scheitert, weil ihre Umwelt noch immer vom Mann beherrscht wird. Sie erliegt den gesellschaftlichen Gegenkräften des dominierenden männlichen Prinzips, weil ihr Protest auf sich allein gestellt ist und nicht von der Solidarität ihrer Geschlechtsgenossinnen mitgetragen wird.

Auch in *Clara S.* geht es um die Grundproblematik der vom Mann abhängigen und zum Sexualobjekt deklassierten Frau.

THOMAS BERNHARD (* 1931) ist der wohl erfolgreichste österreichische Dramatiker der unmittelbaren Gegenwart. Sein Schaffen kreist um die Isolierung, Vereinsamung, Zerstörung und Selbstzerstörung des Individuums in der modernen Gesellschaft. Bernhards Gestalten sind hoffnungslos krank und leiden an der Unzulänglichkeit des Lebens, die durch den unlösbaren Widerspruch zwischen individuellen Sehnsüchten und modernen Zwängen der spätbürgerlichen Gesellschaftsstruktur bedingt ist.

Thomas Bernhard, in den Niederlanden geboren, stammt aus einer österreichischen Familie, wuchs in Österreich und Oberbayern auf, studierte Musik und schloß seine Ausbildung am Salzburger Mozarteum ab. Nach einigen Prosa- und Lyrikveröffentlichungen hatte er den ersten großen Publikumserfolg mit dem Bühnenstück *Ein Fest für Boris* (1970), in dem alle Personen krank, an den Rollstuhl gefesselt und grausame Symbole zerstörten und selbstzerstörten Lebens sind. In rascher Folge schlossen sich zahlreiche weitere Stücke an.

Der Ignorant und der Wahnsinnige (UA: 1972 in Salzburg) exemplifiziert Bernhards Grundthemen Leere, Selbstentfremdung, Verfall und Tod: Eine berühmte Koloratursängerin, die fortgesetzt Triumphe feiert, wird von der Angst um den Verlust ihrer Stimme zerfressen. Ein Doktor der Anatomie ist von seinem Spezialgebiet, der Leichensezierung, manisch besessen. Der Vater der Sängerin versucht, die zum Selbstzweck gewordene Perfektion der Tochter und den Wahnsinn des Doktors zu ignorieren, indem er sich dem Trunk ergibt.

Die Jagdgesellschaft (UA: 1974 in Wien): Ein General des Zweiten Weltkriegs ist Besitzer eines Jagdschlosses. Er hat bei Stalingrad einen Arm verloren, leidet an grauem Star und ist ohne sein Wissen unheilbar krank. Der ganze Stolz des Generals ist sein Wald, der jedoch, was er ebenfalls nicht weiß, von Borkenkäfern befallen ist und abgeholzt werden muß. Die Gespräche der auf dem Schloß versammelten Jagdgesellschaft drehen sich um Krankheit und Tod. Als der General begreift, daß er zum Sterben verurteilt ist, erschießt er sich.

Die Macht der Gewohnheit (UA: 1974 in Salzburg): Zirkusdirektor Caribaldi ist von dem Wunsch besessen, mit Artisten seines Unternehmens perfekte Musik zu machen und wenigstens ein einziges Mal Schuberts Forellenquintett komplikationslos durchzuspielen. Aber sein Streben bleibt stets unerfüllt, die Probe scheitert an banalen Widrigkeiten.

Der Präsident (UA: 1975 in Wien): Als Repräsentanten absoluter Macht überspielen der Präsident und seine Frau in endlosen Monologen vergeblich ihre innere Einsamkeit und äußere Isolation im Regierungspalast sowie ihre Angst vor der feindlichen Umwelt, der schließlich der scheinbar gegen alle terroristischen Anschläge glückhaft gefeite Präsident doch zum Opfer fällt.

Minetti (UA: 1976 in Stuttgart): Ein alter, seniler Schauspieler, der seit dreißig Jahren nicht mehr aufgetreten ist, wartet in der Silvesternacht in einem schäbigen Hotel auf den Besuch eines Theaterdirektors, der ihm angeblich die Hauptrolle in Shakespeares «König Lear» anvertrauen will. Gegenüber einer uninteressierten älteren Dame und einem jungen Mädchen, das auf den Freund wartet, monologisiert er seine aus Erfahrungen und Einbildungen abstrus zusammengesetzten Vorstellungen von Kunst und Leben. Danach vergiftet er sich auf einer Parkbank. Fallender Schnee hüllt ihn langsam ein.

Immanuel Kant (UA: 1978 in Stuttgart): Der berühmte Philosoph wird zu einer selbstgefälligen Possenfigur verfremdet. Er liebt nur seinen Papagei, der die Erkenntnisse des Gelehrten nachplappert, und ist im übrigen mißtrauisch, bösartig und pedantisch. Zusammen mit seiner dümmlichen Gattin und überspannten Touristen befindet er sich auf einem modernen Luxusdampfer und will die Vernunft nach Amerika bringen, wo ihm eine Operation sein Augenlicht retten soll und wo ihn außerdem die Ehrendoktorwürde erwartet. Bei seiner Ankunft in New York wird er jedoch in ein Irrenhaus gebracht.

Vor dem Ruhestand (UA: 1979 in Stuttgart) ist eine «Komödie von deutscher Seele», die sich mit dem Nationalsozialismus der Alten und Unverbesserlichen und mit neonazistischen Tendenzen in der Bundesrepublik Deutschland auseinandersetzt und Staatsraison, Uniformkult, Machtanbetung und Erfolgsdenken, aber auch Antisemitismus und Spießertum als etwas typisch Deutsches charakterisiert.

Der Weltverbesserer (UA: 1980 in Bochum): Der Titelheld ist glatzköpfig, fast taub und blind, angeblich gelähmt und maßlos eitel. Für seinen vollkommen unverständlichen Traktat über die Verbesserung der Welt, der inzwischen in 38 Sprachen übersetzt vorliegt, wurde ihm in der Paulskirche zu Frankfurt eine Ehrenkette verliehen, obwohl seine Theorie in der sarkastischen Erkenntnis gipfelt, daß die Welt nur verbessert werden kann, indem man sie abschafft. Nun wartet er

Bernhard, Die Macht der Gewohnheit
Salzburger Festspiele 1974
Inszenierung: Dieter Dorn
Zirkusdirektor: Bernhard Minetti
seine Enkelin: Anita Lochner
Spaßmacher: Bruno Dallansky

mit Spannung auf eine Abordnung der Universität, die ihn zum Ehrendoktor ernennen will. Während der Wartezeit,ist er unausgesetzt damit beschäftigt, seine Haushälterin, die zugleich seine Lebensgefährtin ist, zu tyrannisieren.

Als bisher letzte Stücke veröffentlichte Thomas Bernhard *Am Ziel* (1981) und *Über allen Gipfeln ist Ruh* (1982).

Arthur Schnitzler 1862–1931

Arthur Schnitzler wurde am 15. Mai 1862 als Sohn eines Arztes und Universitätsprofessors in Wien geboren. Er studierte Medizin an der Wiener Universität, promovierte 1885 zum Doktor med., begann als Sekundararzt am Wiener Allgemeinen Krankenhaus zu arbeiten und war von 1888–1893 Assistent seines Vaters an der Allgemeinen Poliklinik, die dieser leitete. Bereits 1886 hatte er begonnen, regelmäßig Lyrik und Prosa zu publizieren, ab 1888 schrieb er am *Anatol*-Zyklus. 1895 machte er die Bekanntschaft des Berliner Theatermannes Otto Brahm, der seine dramatischen Werke beratend förderte und viele seiner Stücke in Berlin aufführte. Nach Brahms Tod im Jahr 1912 wandte sich Schnitzler wieder intensiver der Prosa zu. Er starb am 21. Oktober 1931 in Wien.

«Ihr Ergriffensein von den Wahrheiten des Unbewußten, von der Triebnatur des Menschen, Ihre Zersetzung der kulturell-konventionellen Sicherheiten, das Haften Ihrer Gedanken an der Polarität Lieben und Sterben, das alles berührte mich mit einer unheimlichen Vertrautheit», schrieb Sigmund Freud an Arthur Schnitzler, den er jahrelang aus «einer Art Doppelgängerscheu» gemieden hatte. Besser als jeder Zeitgenosse charakterisierte er mit diesen Worten das Bleibende an Schnitzlers Werk. In der Objektivität, mit der der Dichter der Welt, die er zu fassen suchte, gegenüberstand, war er einem anderen Arzt und Diagnostiker seiner Zeit verwandt: Anton Tschechow. Wie Tschechow vermittelte Schnitzler die Wirklichkeit in einem komplexen Gefüge dichterischer Assoziationen und Sinngehalte. Durch den indirekten Dialog, mit Gesagtem und Ungesagtem also, mit dem, was die Menschen einander mitteilen und verschweigen, was sie sich selbst und anderen vormachen, wie sie aneinander vorbeireden, zeigte er ihre Isoliertheit, Entfremdung und Illusionssüchtigkeit, ihre Posen und Stilisierungen, mit denen sie sich der Wahrheit und Realität entziehen, in Rollen flüchten und im Lebensspiel auch ihren Partnern Rollen zuteilen. «Es fließen ineinander Traum und Wachen, / Wahrheit und Lüge. Sicherheit ist nirgends. / Wir wissen nichts von andern, nichts von uns; / Wir spielen immer, wer es weiß, ist klug», sagt der Titelheld in dem Einakter *Paracelsus*. Schnitzler hat sich ein Leben lang weitgehend erfolglos dagegen gewehrt, die letzte Zeile als seine Weltanschauung gedeutet zu sehen. Tatsächlich zieht das Spiel-Motiv durch viele seiner Stücke, jedoch als Maxime der Spielenden, an der die Nicht-Spielenden zugrunde gehen. «Sicherheit ist nirgends» – auch die Spieler wissen nicht immer, wo die Wahrheit aufhört und die Täuschung beginnt, nicht alle durchschauen die eigenen Spiele. Lange vor Pirandello hat Schnitzler das Rollenhafte des menschlichen Daseins geschildert und die Frage nach Schein oder Sein gestellt. Er demonstrierte, wie das Leben als Spiel begriffen wird, das es zu bestehen gilt und an dem sich die einen als Könner, die anderen als Dilettanten beteiligen. Sie alle geraten in dieses Welttheater, das auf keinen Gott mehr bezogen ist; und wer sich an dem Spiel bewußt nicht beteiligen will, bezahlt mit Einsamkeit, Scheitern oder Tod.

Anatol (UA: 1910 in Wien und Berlin), das Werk, mit dem Schnitzlers eigentliche literarische Laufbahn begann, setzt sich aus sieben Einaktern um die Titelfigur zusammen, die in den Jahren 1888–1891 entstanden. Bei der Uraufführung wurden fünf Szenen gespielt, *Agonie* und *Denksteine*, wie in den meisten Inszenierungen seither, weggelassen. «Die Komödie unsrer Seele ... Böser Dinge hübsche Formel», charakterisierte Hugo von Hofmannsthal im 1892 geschriebenen Prolog die Grundtendenz des Zyklus, wobei freilich nicht übersehen werden darf, daß nicht Schnitzler, sondern seine Figuren böse Dinge auf eine hübsche Formel zu bringen versuchen. Obwohl nicht chronologisch konzipiert, ist der Zyklus zuletzt doch in einen inhaltlichen Zusammenhang gefügt, der eine fortschreitende Entwicklung der amourösen Abenteuer Anatols, das heißt seinen «Abstieg», zeigt. Impression und Illusion bedeuten Anatol alles: Er lebt dem Eindruck des Augenblicks, eine andere Wirklichkeit gibt es für ihn nicht. *Die Frage an das Schicksal* (1896) zeigt Antol mit seiner Geliebten Cora, einem «süßen Mädel», über dessen Treue der stürmisch Verliebte in Zweifel ist. Sein Freund Max, der ihn mit seinen realistischen und skeptischen Kommentaren als Korrektiv durch seine Abenteuer begleitet, rät ihm, doch seine Hypnosefähigkeiten an Cora zu erproben. Endlich könnte Anatol Gewißheit erhalten, doch er scheitert, wie er vorgibt, an einer exakten Formulierung der Fragestellung – im Grunde aber aus Scheu vor der Wahrheit. Die Frage bleibt ungefragt. Der Augenblick, sich von seinen Illusionen zu befreien und der Realität zu stellen, geht ungenutzt vorbei. – *Weihnachtseinkäufe* (1898) bringt die verheiratete Frau ins Spiel: Anatol begegnet Gabriele, einer mondänen Dame der Gesellschaft, am Weihnachtsabend bei den letzten eiligen Einkäufen. Wie so oft macht er der vergebens Angebeteten den Hof und wird von ihr zurückgewiesen, erzählt aber auf ihr Drängen von seiner Liebe zu einem «süßen Mädel», das ihn nun draußen in der Vorstadt schon sehnsüchtig erwartet. Gabriele, die sich süffisant über die Vorstadtgeliebten der Herren geäußert hat, gibt Anatol, unvermittelt betroffen, Blumen für das Mädchen mit: von einer Frau, «die vielleicht ebenso lieben kann ... und die den Mut dazu nicht hatte». – In *Episode* (1898) bringt Anatol seine gesammelten Liebesabenteuer in Andenkenform zu Max – zur Aufbewahrung. Dieser glossiert die Aufschriften der Päckchen und Briefe, und Anatol ergeht sich in Reminiszenzen. Bei Stichwort «Episode» gesteht er, daß das Beisammensein mit Bianca zwar von ihm bereits unmittelbar als Episode empfunden worden war, für das Mädchen, eine Zirkusreiterin, aber das große, unvergängliche Erlebnis bedeutete. Gerade Bianca hat sich allerdings an diesem Abend bei Max angesagt – als Anatol ihr nun entgegentritt, erkennt sie ihn nicht. – In *Denksteine* (1916) fordert Anatol von seiner zukünftigen Frau Emilie die Vernichtung ihrer Vergangenheit in Gestalt jener kostbaren Schmuckstücke, die an sie erinnern. Emilie trennt sich von ihrem Schmuck; zwei Steine, die sie verborgen hat, stöbert Anatol jedoch auf: einen wertlosen Rubin und einen schwarzen Diamanten, Andenken an ihre erste Liebe und an das einträglichste Abenteuer. Als sie sich vor allem von dem Diamanten nicht trennen will, kommt es zum Bruch der Beziehung. – *Abschiedssouper* (1893) zeigt Anatol in der Zwickmühle: Er muß der kleinen Balletteuse Annie beibringen, daß er nicht mehr sie, sondern eine andere liebt, und bittet Max, ihm hilfreich beizustehen. Doch Annie kommt ihm zuvor. Sie gesteht, daß sie sich in einen anderen Mann verliebt hat. Beleidigt und eifersüchtig versucht Anatol, sie zu übertrumpfen, indem er ihr mitteilt, daß er sie bereits betrogen habe. Die beiden scheiden in Unfrieden. – In dem bisher nicht aufgeführten Einakter *Agonie* liebt Anatol eine verheiratete Frau, die zwar den Reiz der Beziehung auskostet, jedoch keineswegs bereit ist, irgendwelche Konsequenzen zu ziehen. – *Anatols Hochzeitsmorgen* (1901) beginnt mit dem Erwachen des Titelhelden in den Armen der Schauspielerin Ilona. Er hatte seine letzte Geliebte auf einer Redoute wiedergetroffen und nahm mit ihr Abschied vom Junggesellenleben, ohne daß sie etwas von den Feierlichkeiten des kommenden Tages ahnte. Als sie die Wahrheit durchschaut, droht sie mit Skandal, und Max kann sie nur mühsam mit dem Hinweis beruhigen, daß Anatol für sie ja auch als Ehemann keineswegs verloren sei. – Als Alternativstück für den Abschluß des Zyklus hat Schnitzler *Anatols Größenwahn* (1932) geschrieben: Es zeigt einen gealterten, aber kaum geläuterten Anatol. Der Graumelierte begegnet seiner einstigen Geliebten Bertha und muß erfahren, daß sie ihn immer durchschaut und sich über seine sentimentalen Liebesschwüre ein wenig lustig gemacht hat, zugleich aber auch erkannte, daß er angelogen werden will. – Schnitzler konfrontiert in seinem Zyklus Menschen, die einander nicht viel vorzuwerfen haben. Wo alle spielerisch mit der Lüge leben, hat die Wahrheit keinen Platz. Daher fragt Anatol Cora in der Hypnose lieber nicht nach ihrer Treue, daher kann Ilona eine große Szene machen, an der sie nicht zerbrechen wird, daher scheiden, weil nur ein wenig Wahrheit zutage kommt, Annie und Anatol in Unfrieden, daher können Bertha und Bianca bei Anatol den Eindruck erwekken, er sei für sie ein unvergeßliches Erlebnis. Im Nachlaß Schnitzlers fand sich das Fragment *Süßes Mädel* (1974), in dem Anatol, der zu einem Ball verabredet ist, mit Fritzi, dem süßen Mädel, eine Ballszene spielt. Sie malt sich als «Dame der Gesellschaft» die «große Welt» in ihrer Phantasie aus, er führt sie ihr vor. Die Vorstellung wird zur scheinbaren Wirklichkeit und bedrohlich ernst, als Fritzi verschiedene Wahrheiten über das süße Mädel zu hören bekommt. Sie kann in der «Komödie unserer Seele» nicht mitspielen, ihr Schicksal nicht in die «hübsche Formel böser Dinge» gefaßt werden. Da sie Anatol wahrhaft liebt, würde sie ein Spiel mit der Liebe nicht ertragen. Das Fragment stellt demnach bereits eine Vorstufe zu Schnitzlers erfolgreichstem Drama, *Liebelei*, dar: Fritzi ist mit Christine, deren Liebe tragisch endet, unmittelbar verwandt.

*Liebelei** brachte Schitzler den endgültigen Durchbruch als Dramatiker, wenn in dem Schauspiel zunächst auch mehr die Liebestragödie als die Kritik an der bürgerlichen Gesellschaftsordnung um 1900 gesehen wurde.

Reigen (UA: 1920 in Berlin), ein Zyklus, in dem viele Interpreten Elemente des Totentanzes sehen, entwirft ein breitgefächertes Gesellschaftsbild aus dem Wien der Jahrhundertwende. In zehn Szenen begegnen einander zehn Personen zu einem «Liebesreigen» mit ständigem Partnertausch, wobei innerhalb einer Szene jeweils ein Paar vor und nach der geschlechtlichen Vereinigung gezeigt wird. Die einzelnen Bilder sind so aneinander gebunden, daß die jeweils neue Figur eines Bildes im nächsten mit einem neuen Partner wiederkehrt. Der Reigen beginnt bei der Dirne und geht über den Soldaten, das Dienstmädchen, den jungen Herrn, die junge Ehefrau, den Ehemann, das süße Mädel, den Dichter, die Schauspielerin und den Grafen weiter, der zuletzt wieder bei der Dirne landet und damit den Reigen schließt. So werden die verschiedenen sozialen Milieus durchlaufen, zwar einerseits in der Wiederkehr des ewig Gleichen, andererseits aber in einer sich, der gesellschaftlichen Hierarchie entsprechend, steigernden Kompliziertheit der Rituale. Das Verhalten der einzelnen Figuren zur Sexualität, die Äußerungen ihres Trieblebens sind typisch für ihren Stand und ihre gesellschaftliche Stellung. Schnitzler ist mit dem Werk nicht nur ein Sittenbild, sondern auch das Porträt einer Gesellschaft gelungen, die einerseits starr gegliedert und in Konventionen verhaftet, andererseits schon ohne wahren Zusammenhalt ist. Nichts außer der Sexualität verbindet die Menschen, doch nahezu jeder spielt ein Spiel der Verstellungen, dessen Verlogenheit um so raffinierter und pompöser wird, je höher der Reigen in die gesellschaftliche Hierarchie hinauftanzt. Nur die Dirne und der Graf, beide an entgegengesetzten Rändern der bürgerlichen Gesellschaft, treten mitunter aus der Konvention; der Graf mit einer Geste der spontanen Zuwendung zur Dirne, die Dirne, indem sie sich dem Soldaten zu Beginn umsonst anbietet und sich dem Grafen unverstellt und natürlich gibt. Alle anderen versuchen, ihre erotischen Motive moralisch, ästhetisch oder auch irrational zu verkleiden: Mit überheblich pharisäerhaften Phrasen bemäntelt der Ehemann seine Lüsternheit, mit theatralischer Schamhaftigkeit die Ehefrau ihre Abenteuerlust, mit exaltierter Unlogik die Schauspielerin ihre Verführungsstrategie. Das Stubenmädchen, das vom Soldaten brutal und vom jungen Herrn mit kühler Reverve sexuell ausgebeutet wird, kompensiert seine Enttäuschung mit Diebstahl. Der meisterhafte Dialog enthüllt dieses Spiel indirekt: alle Figuren demonstrieren sozialtypisches Verhalten, zugleich aber auch Individualität mit speziellen, psychologich motivierten Wesenszügen.

Den Versuch, hinter der scheinbaren Sicherheit der Fassade zu einer Schicht der Realität vorzudringen, die als Erkenntnisbasis dienen könnte, setzte Schnitzler mit einer Reihe von Einaktern fort, die oft thematisch in einem Zusammenhang stehen.

Der grüne Kakadu (UA: 1899 in Wien) zählt zu den Spielen über das Spiel, die die Realitätsebenen durcheinanderwirbeln und den Menschen im Spiel wie in seinen Reaktionen auf das Spiel entlarven. Darstellung und Verstellung, Illusion und Wirklichkeit sind hier meisterhaft verwoben. Der Einakter spielt am Tag der Erstürmung der Bastille in einer Pariser Spelunke, in der der Wirt, ein ehemaliger Schauspieldirektor, mit seiner Truppe adeligen Gästen eine Verbrecher- und Revolutionärsherberge vorgaukelt. Die Adeligen delektieren sich dabei an dem Gossenmilieu und den Erniedrigungen, denen sie sich aussetzen, die Komödianten reagieren im Spiel ihre revolutionäre Gesinnung und ihre Verachtung für den Adel ab. Der Star unter den Schauspielern, Henri, stürzt an diesem Abend plötzlich in das Lokal und erzählt, daß er seine Frau mit dem Herzog von Cadignan ertappt und diesen ermordet habe. Er wirkt so überzeugend, daß seine Freunde glauben, es handle sich um Realität. Der Wirt Prospere, der als einziger von dem Verhältnis wußte, rät Henri zur Flucht. Während die Adeligen noch meinen, alles sei Spiel, muß Henri erkennen, daß er tatsächlich betrogen ist. Als der Herzog das Lokal betritt, ersticht er ihn. – Die Meisterschaft des Werkes liegt einerseits darin, daß in der Vielschichtigkeit einer revolutionären Situation die Illusion uneingeschränkter Möglichkeiten geschaffen wird, andererseits in der Virtuosität, mit der jeder Figur ihr Stellenwert in diesem Spiel zugewiesen wird. Die meisten spielen etwas, was sie im Grunde nicht sind, und scheitern, wenn sie zu spielen versuchen, was sie sind. Henri spielt im Leben nicht und verleugnet nie das Rollenhafte seiner Komödiantik. Dennoch beginnt er, etwas zu spielen, dessen Möglichkeit er sich nie eingestehen würde, das er sich, spielend, aber doch vorstellt: die Untreue seiner Frau. Als sich die Wahrheit seines Spiels erweist, vollzieht er die Konsequenz in Wirklichkeit. Die aus Eifersucht begangene Tat gibt er nun aber als revolutionären Akt aus. So veranschaulicht der Dichter das groteske Mißverhältnis zwischen der Realität und dem Selbstverständnis der Menschen und stellt in dem virtuos geführten Spiel mit der Wirklichkeit gleichzeitig die Fähigkeit des Menschen, ihr gerecht zu werden, in Frage.

In dem Versdrama *Der Schleier der Beatrice* (1900) entwarf Schnitzler wie zum Ausklang der historisierenden Makartzeit ein üppiges Gemälde der Renaissance, in dem allerdings Themen der Jahrhundertwende ins Stilkostüm gesteckt werden. So erhält der Traum eine größere Bedeutung zugemessen als die Realität: Ein Traum Beatrices offenbart Möglichkeiten und verhüllte Wünsche, mit denen der Dichter Filippo nicht fertig zu werden glaubt. Beatrice steht zwischen Filippo und dem Herzog, sie schwankt, wie Schnitzler formulierte, «zwischen dem Mann der Tat und dem Mann des Gedankens und müßte diesen beiden Prinzipien in einem Manne vereinigt begegnen, um sich zur Möglichkeit der Treue aufzuschwingen». Filippo, der in weltferner Abgeschiedenheit lebt, gelingt es nicht, seine Kunst mit dem Leben in Einklang zu bringen – er tötet sich.

Beatrice, die sich dem Herzog verband, dann aber mit Filippo sterben wollte, flieht in plötzlichem Grauen vor dem Tod und wird, obwohl ihr der Herzog verzeiht, von ihrem Bruder erstochen.

Der einsame Weg (UA: 1904 in Berlin) ist das erste der großen Gesellschaftsdramen Schnitzlers, die aus dem indirekten Dialog komponiert sind. Aus Gesagtem und Angedeutetem, aus Widersprüchen, Assoziationen und Gedankensprüngen formen sich Charaktere, Seelenlandschaften und aus diesen zuletzt ein Gesellschaftsbild, zeichnen sich Grundmuster menschlicher Verhaltensweisen und gesellschaftlicher Entwicklungen ab. Ihren einsamen Weg durchs Leben gehen in diesem Werk alle Personen, die hier vermeintlich zusammengehören. Die Wege kreuzen sich nur gelegentlich, laufen parallel oder verschlingen sich und streben wieder auseinander. In der Familie Wegrat weiß einer nichts vom anderen, weder der Professor und seine Frau Gabriele noch ihre Kinder Johanna und Felix. Gabriele beendet ihren Weg in der Einsamkeit einer lebenslangen Lüge: Sie hat einst einen Freund ihres Mannes, den Maler Fichtner, geliebt, wurde von ihm verlassen und heiratete Wegrat. Felix ist – ohne daß er selbst oder Wegrat davon wissen – Fichtners Sohn. Alternd versucht nun Fichtner, diesen Sohn an sich zu binden, der sich jedoch zu Wegrat bekennt. Johanna wiederum liebt Herrn von Sala, der von einer tödlichen Krankheit gezeichnet ist. Als Sala sie, seines nahen Endes nicht bewußt, bittet, seine Frau zu werden, geht sie ihm im Tod voraus. Eine Lebenssüchtige, die das Sterben und den Todesgeruch nicht ertragen kann, preßt ihre ganze Lebenskraft und Sehnsucht in den Augenblick zusammen, in dem sie für den Geliebten stirbt. Doch weniger im individuellen Weg der einzelnen Figuren liegt die Bedeutung des Dramas – aus den unbewußten, halbbewußten oder überspielten Tragödien seiner Gestalten formt Schnitzler vielmehr seine Kritik an einer desolaten Gesellschaft. Was wissen diese Menschen von ihren Tragödien? Der Dichter sieht sie verwischt, verdrängt, unterdrückt, im Kompromiß erstickt. In ihrer aus den Fugen geratenenWelt, die ihre Ordnungen und Werte verloren hat, gibt es keinen tragischen Widerspruch. Wo alles zerfällt, auseinanderstrebt, ist mit Wahrheit nichts mehr auszurichten, ist nur noch im Schein Zusammenhalt zu finden. «Glücklich machen ist besser als schuldlos sein», sagt der Doktor, der um Gabrieles Lebenslüge weiß. Es ist ein «Glücklichmachen», ein Sinnstiften durch Lüge, Betrug, durch das lebenslange Aufrechterhalten einer Illusion. Die Menschen klammern sich in leichter Konversation aneinander und stoßen einander gleichzeitig doch weg, ihre Einsamkeit, ihre Sehnsüchte, ihr Grauen verhüllen sie unter dem Mantel liebenswürdiger Umgangsformen. Egoisten wie Sala und Fichtner haben rücksichtslos den Weg der Eigenliebe gewählt, haben Menschen verwendet und weggeworfen. Sie leben sich selbst und dem, was sie als ihre Wahrheit empfinden. Aber die Wirklichkeit zerfällt ihnen. Statt sich ihr zu stellen, sie mitzugestalten, versuchen sie, sie im Augenblick des Erlebens schon in «schöne Erinnerungen» zu verwandeln. Schnitzlers unvergleichliche Kunst ist es, die Tragödien dieser Menschen hinter ihren Masken zu enthüllen, für Sekunden, für jenen Augenblick, in dem sie wahr sind. «Es graut Ihnen vor der Einsamkeit?» fragt Sala den Gesprächspartner – und in seinen Worten liegt nicht nur Erstaunen oder Spott, sondern auch das tiefe Wissen um dieses Grauen als etwas immerfort Gelebtes, Ertragenes.

Zwischenspiel (1905) zeigt ein Experiment mit der Wahrheit: Amadeus und Cäcilie, er Kapellmeister, sie Sängerin, beschließen, ihre Ehe nicht auf Konventionen, sondern auf absoluter gegenseitiger Aufrichtigkeit zu begründen. So gestehen sie sich nun ein, daß sie sich im Lauf der Jahre auseinandergelebt haben. Sie trennen sich auf Zeit. Tatsächlich haben sie sich zwar die «Wahrheit» gesagt, nicht jedoch, welchen Motiven sie entspringt. Denn hinter den Worten von Amadeus verbirgt sich das durchaus banale Bedürfnis nach Abwechslung vor allem im sexuellen Bereich. So vorurteilsfrei sich Amadeus geben will, so sehr ist er in männlichen Konventionen befangen. Als Cäcilie während der Trennung zu einem neuen Selbstbewußtsein findet, versteht Amadeus nicht anders darauf zu reagieren, als diese Freiheit als ungewohnten erotischen Reiz zu konsumieren. Die Leidenschaft einer Nacht verhindert jedoch ein Zusammenfinden der Partner. Cäcilie erkennt, wie sehr Amadeus immer noch von den Verhaltensweisen der patriarchalischen Gesellschaft bestimmt ist. Sie läßt zwar die Möglichkeit einer späteren Wiederannäherung offen, besteht aber auf der Trennung.

Ein dunkler Akkord bestimmt das Drama *Der Ruf des Lebens* (1906): Der Dreiklang Liebe, Mord und Tod tritt unverhüllt zutage. Aus Lebensgier hat der alte Moser vor dreißig Jahren in der Schlacht die Flucht ergriffen und eine Niederlage mitverschuldet, aus Lebensgier tötet nun seine Tochter Marie den Vater, der sie vom Leben aussperrt und am Beisammensein mit dem Geliebten hindern will. Marie liebt einen der «Blauen Kürassiere», jenes Regiments, das geschworen hat, die einstige Feigheit

Schnitzler, Der einsame Weg
Theater in der Josefstadt, Wien, 1980
Inszenierung: Klaus Maria Brandauer
Sala: Walter Schmidinger
Fichtner: Sieghardt Rupp

vor dem Feind durch gemeinsamen Untergang zu sühnen. Das Drama zeigt das Verhalten von Menschen zu einem Leben, das ganz unter dem Gesetz des Todes gesehen und aus dieser Sicht zum alleinigen Götzen erhoben wird. Der ekstatische Lebensgenuß wird als Ruf des Lebens verstanden; zugleich aber werden jene geheimnisvollen Mächte angedeutet, die in den Grenzbereichen des Lebens wirksam werden, jene übermächtigen Kräfte des Unbewußten, die sich als Liebes-, Lebens- und Todestrieb miteinander verbinden.

Eine breitangelegte «dramatische Historie» schrieb Schnitzler mit dem Schauspiel *Der junge Medardus* (1910), das im Grunde eine Tragikomödie des Heroischen darstellt. Dem jungen Medardus geraten alle Taten zu einem anderen Resultat als beabsichtigt: Seine politischen und amourösen Vorsätze verwirren sich, und er, der gegen Napoleon auszog, wird zuletzt unabsichtlich zu dessen Retter: Um den Selbstmord seiner Schwester an dem Haus Valois zu rächen, will Medardus Prinzessin Helene verführen und dann dem Skandal preisgeben. Doch er verliebt sich in sie und tötet sie, als sie sich dem in Schönbrunn residierenden Napoleon hingibt, um ein Attentat auf ihn auszuführen.

Mit seiner «Tragikomödie» *Das weite Land** erreichte Schnitzler einen Höhepunkt seiner Menschen- und Gesellschaftsschilderung, mit der in einem sorgsam komponierten Dialoggeflecht existentielle Fragen aufgeworfen werden.

Die «Charakterkomödie» *Professor Bernhardi** zeigt die gesellschaftlichen Gegebenheiten in Österreich wenige Jahre vor dem Ersten Weltkrieg so präzis auf, daß bereits die Wurzeln kommenden Unheils bloßgelegt werden.

Komödie der Verführung (UA: 1924 in Wien) zählt zu den kompliziertesten, anspruchsvollsten, aber auch interessantesten Werken des Dichters. Eine motivreiche Komposition, kunstvoll verschlungen und gefügt, voll der Bilder und Symbole – der bittere, dichterische Befund einer menschlichen Katastrophe. Schnitzler schrieb – resultierend aus dem Schock des Ersten Weltkriegs – eine Komödie. Rückblickend zeigt er die Konditionierung der Menschen zu diesem Geschehen, zeigt, quer durch die verschiedenen Gesellschaftsschichten, wie eine Komödie der Verführung auch Verführung zum Krieg werden kann. «Ein Krieg würde zweifellos reinigend wirken ... auch ethisch und moralisch sozusagen», sagt da einer. Man nennt ihn «Staatsanwalt», er ist auch ethisch und moralisch ein Schurke. Schnitzler arbeitet mit dem Skalpell. Nahezu jeder Satz ist ein entlarvender schmerzlicher Schnitt durch die Maskierungen menschlicher Existenz. Aus der Erkenntnis eines langen Dichterlebens entfaltet er nochmals ein beherrschendes Thema seiner Dichtung: die Polarität von Liebe und Tod. Zugleich bedeutet dieses Werk aber auch eine Abrechnung mit der Hingabe an Stimmung und sinnliche Empfindung ohne den Willen zu einer Gestaltung. Denn was dem Menschen eben noch scheinbar seine Befreiung, das Erkennen seiner Möglichkeiten, das Ausleben der Individualität gebracht hat, ließ ihn bald darauf orientierungslos im Chaos versinken. Er war nicht zu Selbstverwirklichung gelangt, sondern zu Wirklichkeitsverlust, zu Maskerade und Illusion. Die verfehlte Liebe, das verfehlte Leben fordern gewaltsam den Tod. Man spielt noch mit verlockenden Möglichkeiten und steht schon mitten im Krieg. Drei Frauen stellt der Dichter in ein vielfältiges Geschehen: Aurelie, die Aristokratin, Judith, die Großbürgerliche, Seraphine, die Kleinbürgerliche, drei Frauen auf der Suche nach ihrer Identität. Aurelie und Judith scheitern, Seraphine wird – vielleicht – mit ihrem Kind überleben. – In dieser Komödie von der Verführbarkeit des Menschen werden deutlich Möglichkeiten der Rettung sichtbar sowie das durchaus nicht zwingende Scheitern der Menschen vor diesen Möglichkeiten. Sie scheitern, weil sie sich der Realität verweigern. Wenn der Dichter zuletzt in der Lebensbewältigung der Seraphine eine Hoffnung offenläßt, so relativiert er allerdings diese Hoffnung umgehend mit einer zynischen Schlußpointe: Ein alter abgetakelter Opern-Don-Giovanni (Seraphines Vater) nähert sich der kleinen Gilda – und diese «erwartet ihn lächelnd». Die Verführung geht weiter: Die Alten korrumpieren die Jungen.

Liebelei
Schauspiel in 3 Akten. UA: 1895 in Wien

Der leichtlebige Theodor macht sich Sorgen um seinen Freund Fritz, der – wie er Student und Leutnant der Reserve – in eine leidenschaftliche Affäre mit einer verheirateten Frau verstrickt ist. Er versucht, ihn durch eine Liebschaft mit einem Vorstadtmädel auf andere Gedanken zu bringen und hat seine Geliebte Mizi und deren Freundin Christine zu einem vergnügten Abend in Fritzens Wohnung eingeladen. Für Christine, die Tochter eines Theatermusikers, wird Fritz das große Erlebnis. Sie liebt ihn wahrhaft, weiß zwar, daß sie keine Bindung auf Dauer erwarten darf, forscht aber ängstlich nach den Gefühlen, die ihr der Geliebte entgegenbringt. Fritz empfindet die stille Zärtlichkeit des Mädchens als angenehm, erwidert sie, verbietet sich aber große Worte. In die muntere Gesellschaft des abendlichen Soupers, die vor allem Theodor und Mizi anheizten, platzt der betrogene Ehemann. Er hat Liebesbriefe von Fritz an seine Frau gefunden – ein Duell ist unvermeidbar. Nachdem der Besucher gegangen ist und Fritz seinen Freund informiert hat, beschließen die beiden, den Mädchen nichts von den Vorfällen zu sagen. – Am folgenden Tag will Christine, die allein mit ihrem Vater in der Vorstadt lebt, gerade zum Rendezvous mit Fritz fortgehen, als sie von der Nachbarin, Katharina Binder, aufgehalten wird, die sie mit dem Cousin ihres Mannes verkuppeln will. Dem alten Weiring, Christines Vater, empfiehlt Katharina, etwas mehr auf den Umgang seiner Tochter zu achten. Doch er erklärt ihr, daß er bei Christine nicht den gleichen Fehler machen wolle wie bei seiner kürzlich verstorbenen Schwester, die er gar so gut behütet hatte – «vor allen Gefahren – und vor allem Glück». Bald darauf kehrt Christine verweint zurück: Fritz ist nicht zum Rendezvous gekommen. Mizi versucht, sie zu trösten, doch Christine kann die leichtfertigen Reden ihrer Freundin nicht ertragen. Da steht plötzlich Fritz in der Tür: Er hatte sich verspätet und sucht nun, von Sehnsucht gepackt, Christines Nähe. In einem kostbaren Augenblick empfindet er bei Christine Liebe und Geborgenheit, zieht aber wenig später bereits den Realitätsgehalt seiner Gefühle in Zweifel. – Drei Tage später findet Mizi ihre Freundin zu Hause verzweifelt und verweint, weil sie nichts von Fritz gehört hat. Christine bestürmt Mizi, doch bei Theodor nachzufragen. Verstört kommt der alte Weiring nach Hause, dem Christine ihre Liebe zu Fritz gestanden hat. Er versucht, seine Tochter darauf vorzubereiten, daß sie Fritz vergessen müsse. Seine hilflosen, liebevollen Worte versetzen Christine in schreckliche Angst. Als dann Theodor, schwarz gekleidet, mit Mizi kommt, begreift sie allmählich, daß Fritz tot ist. Sie durchschaut, daß er für eine andere Frau gestorben ist, und glaubt, daß sie ihm nichts bedeutet hat. Christine kann nicht fassen, wie der Geliebte mit einem Lächeln von ihr fortgehen konnte, um sich für eine andere totschießen zu lassen, ohne etwas zu sagen, ohne ein Wort für sie zu hinterlassen. Außer sich stürzt sie hinaus. «Sie kommt nicht wieder», sagt der Vater verzweifelt.

Was in *Anatol* oberflächlich durchgespielt wurde, weil man sich mehr oder weniger an die Regeln des Spiels hielt, wird hier zur Tragödie. Christine weiß zwar, daß sie keine dauerhafte Bindung erwarten darf, aber sie glaubt zumindest an die unmittelbare Echtheit des Gefühls von Fritz. Nicht nur die Erkenntnis, wie wenig sie ihrem Geliebten bedeutet haben muß, treibt sie in den Tod, sondern auch das Entsetzen darüber, daß die anderen ihre Liebe wie ihren Schmerz für vergänglich halten, daß die Möglichkeit der Wiederholbarkeit und damit der Entwertung der Liebe besteht. Über die Tragik einer großen, sich verraten glaubenden Liebe hinaus liegt die eigentliche Tragik des Stückes jedoch darin, daß Fritz nicht Christine über seine Gefühle täuscht, sondern sich selbst. Er hält das Glück, das er bei Christine empfindet, für unmöglich. So verdichtet sich das Werk zur Anklage gegen die bestehende Gesellschaftsordnung der Jahrhundertwende, gegen die Standesschranken der bürgerlichen Klasse, die ihre Angehörigen nicht überschreiten können. Die Glückserlebnisse mit Christine, in denen Fritz die Realität aussperrt, in denen er sich Fragen verbietet und die Geliebte nicht an seinem Leben teilnehmen läßt, mißversteht er daher als Illusion.

Das weite Land

Tragikomödie in 5 Akten. UA: 1911 in Wien, Berlin, Prag und sechs weiteren Städten

Im Garten der Sommervilla des Fabrikanten Hofreiter in Baden bei Wien treffen sich einige Bekannte nach dem Begräbnis des Pianisten Korsakow, der Selbstmord begangen hat: Frau Wahl mit ihrer Tochter Erna, die von Friedrich Hofreiter fasziniert ist, der junge Fähnrich Otto von Aigner und der Freund des Hauses, Dr. Mauer, plaudern mit Genia Hofreiter über die mysteriösen Umstände von Korsakows Tod. Als Mauer Genia andeutet, daß Friedrichs Beziehung zur Frau des Bankiers Natter beendet sei, gesteht sie dem Arzt, wie tief sie die bereits vor Jahren eingetretene Entfremdung von ihrem Mann getroffen habe. Friedrich Hofreiter fällt, als er nach Hause kommt, das sonderbare Benehmen seiner Frau auf, und sie gesteht ihm auf sein Drängen, daß sich sein Freund Korsakow aus unglücklicher Liebe zu ihr erschossen habe. Wie seinem Abschiedsbrief an sie zu entnehmen ist, hat er die Aussichtslosigkeit seines Werbens um sie, die immer noch ihren Mann liebt, erkannt. Einige Tage später ist die Gesellschaft bei Hofreiters erneut versammelt: Erna, der junge Paul Kreindl und Adele Natter spielen mit Hofreiter Tennis, Frau Wahl und Otto von Aigner unterhalten sich mit Genia. Als sich Dr. Mauer, der eine Dolomitenreise plant, verabschieden kommt, entschließt sich Hofreiter, mit ihm zu reisen. Während Adele pikiert glossiert, wie Hofreiter mit Erna kokettiere, bittet Mauer, der Erna liebt, das Mädchen, ihm ehrlich zu sagen, ob er sie auf seiner Dolomitenreise am Völser Weiher – Familie Wahl plant dort einen Aufenthalt – besuchen solle. Erna, die ihm offen bekennt, daß sie sich über ihre Gefühle für ihn nicht im klaren ist, fordert ihn zum Kommen auf. Inzwischen ist auch Ottos Mutter, die berühmte Schauspielerin Anna Meinhold, zu Besuch bekommen. Die Unbedingtheit dieser Frau, die sich vor zwanzig Jahren radikal von ihrem Mann getrennt hatte, beunruhigt Genia, so sehr sie sie auch bewundert. Als Friedrich sich Mauer noch am selben Tag zur Abreise anschließen will, bittet ihn Genia um eine Aussprache. Er gesteht auf ihr Drängen, daß sie ihm mit ihrer Tugend unheimlich geworden sei – er müsse von der ganzen

Affäre Abstand gewinnen. – In der Halle des Hotels am Völser Weiher wartet einige Wochen später Frau Wahl höchst besorgt auf die Rückkehr Ernas, die mit Mauer, Hofreiter, ihrem Bruder Gustav und der Frau des Schriftstellers Rhon eine Bergpartie unternommen hat. Dr. von Aigner, der charmante Besitzer des Hotels, versucht sie zu beruhigen, auch Rhon gibt sich gelassen. Die Gesellschaft kehrt wohlbehalten zurück: Erna hat mit Mauer und Hofreiter den schwierigen Aigner-Turm bezwungen, den sein Namensgeber vor Jahren als erster bestiegen hatte. Aigner gesteht Hofreiter, daß er auf diesen Turm einst als Herausforderung nach der Trennung von seiner Frau geklettert war, die er sehr geliebt und dennoch betrogen hatte. Da der Treubruch trotz des Unbedingtheitsanspruchs der beiden Liebenden geschehen war, hatte Aigner seiner Frau die Affäre gestanden, und sie trennten sich. Friedrich erhält die Mitteilung, daß Dr. Mauer abgereist ist: Er hat ihn und Erna bei einer Umarmung auf der Bergtour beobachtet. Erna gesteht Hofreiter ihre Liebe, und er stellt sie vor die Alternative: entweder sofortiger Abschied oder ein bedingungsloses Ja. Sie bekennt sich zum Ja. Einige Zeit später ist die Gesellschaft aus dem Gebirge wieder bei den Hofreiters in Baden mit den Daheimgebliebenen versammelt. Nur auf Hofreiter wartet man noch vergebens. Zwischen Genia und Otto hat sich inzwischen eine intime Beziehung angebahnt. Als Friedrich, der nach der ersten Nacht mit Erna abgereist ist, zurückkehrt, berichtet er Mauer, daß er nachts den Fähnrich Aigner aus dem Fenster seiner Frau steigen gesehen habe. Er empfindet das allerdings eher als Befreiung: Nun fühle er sich mit Genia wieder auf demselben Stern. Von Natter herausgefordert, provoziert er dennoch ein Duell mit Otto. Am nächsten Morgen erscheint Erna bei Genia, und die beiden Frauen warten angstvoll auf den Ausgang des Zweikampfs. Auch Frau Meinhold gesellt sich zu ihnen. Sie ahnt nichts, löst jedoch mit ihrem vorsichtigen Forschen nach Genias Liebe für ihren Sohn einen verzweifelten Ausbruch Genias aus, der freilich der Lüge dieser Beziehung gilt. Bald darauf kommt Friedrich und plaudert, wenn auch etwas gezwungen, mit Frau Meinhold. Als sie gegangen ist, erklärt er Genia, daß er Otto im Duell erschossen habe. Fassungslos sagt sich Genia von ihm los. Friedrich trennt sich auch von Erna, er will das Land verlassen. Allein beim Anblick seines kleinen Sohnes zeigt er eine Regung von Schmerz.

«Pointillistisch» nannte Otto Brahm schon nach der ersten Lektüre den «neuartigen Stil» dieses Meisterwerks. Er meinte damit die Kunst des Dichters, aus kleinen Facetten und Details ein Seelengemälde zu entwerfen, mit Mosaiksteinen Bilder von Menschen, einer Zeit, des Lebens zusammenzufügen und Ursituationen menschlichen Verhaltens sichtbar zu machen. «So vieles hat Raum in uns», sagte Doktor von Aigner. «Wir versuchen wohl Ordnung in uns zu schaffen so gut es geht, aber diese Ordnung ist doch nur etwas Künstliches ... Das Natürliche ... ist das Chaos.» Die Menschen werden einander unheimlich, versuchen einander einzuordnen, zu etikettieren, denn sie haben ihren Zusammenhalt, ihre inneren Werte und Bindungen verloren. Nur noch gesellschaftliche Spielregeln und Konventionen vereinen, Lebensgenuß soll Orientierungslosigkeit vertuschen. Hofreiter zieht Profit daraus. Ein hemmungsloser Individualist, sieht er die Welt und ihre Menschen nur von seiner Warte aus. Das Leben bedeutet für ihn ein Spiel, das es zu gewinnen gilt, und dementsprechend werden die Spielfiguren von ihm ausgewählt und benützt. Sein Lebensspiel verläuft nach seinen Regeln, zu seinem Vergnügen, zu seiner Selbstbehauptung. Das bestimmt auch seine Beziehung zu Frauen. So gerät Genia in den Teufelskreis, daß sie sich selbst in dem Moment aufgibt, als sie sich an dem Spiel beteiligt, andererseits ihren Mann nur damit wieder erreichen kann. Denn Frauen können nie Partner für ihn sein – sie sind Gegner im Spiel. Wenn Hofreiter Erna zuletzt wegschickt, so vermutlich auch deshalb, weil er in ihrer Jugend einen übermächtigen Gegner sieht und er bereits in Otto die Jugend aus dem Weg räumen mußte, nicht nur den Mann, der ihn gekränkt hatte. «Offenbar ... hat's mir so beliebt», sagt er, nachdem er Otto erschossen hat. Ein grauenvoller Satz, in dem allerdings auch etwas von dem Staunen mitschwingt, mit dem der Mensch mitunter vor den eigenen Handlungen steht. Diesem Spielmacher von eigenen Gnaden im Welttheater wird die Liebe in verschiedenster Gestalt entgegengesetzt: in der Kompromißlosigkeit, an der das Ehepaar Aigner zerbrach, in der verzeihenden Liebe Genias, in der jugendlichen Unbedingtheit Ernas, in der Ehrlichkeit Mauers. Sie alle scheitern. Wie leben? fragen die Menschen. Soll man sich wie Hofreiter das Leben nach seinen Spielregeln einzurichten versuchen? Ist eine Beziehung von der Bedingungslosigkeit, wie sie die Aigners lebten, Utopie? Oder vielleicht nur eine «Art von Affektation», wie Hofreiter meint? Soll man den Kompromiß wagen, Konzessionen machen, ohne sich selbst untreu zu werden? Ist man ein Lebensstümper, ein sentimentaler Dilettant, wenn man in dem Spiel der Hofreiters nicht mitmischt? Von Mauer, der wie die Aigners seinen Unbedingtheitsanspruch mit Einsamkeit bezahlt, kommt eine Antwort: Wenn schon Spiel, dann «ehrlich bis zur Orgie». Er empfindet, daß der Freiheit, die sich hier brüstet, der Glaube an sich selbst fehlt, daß sie lügt – «darum grinst sie ... wo sie lachen will», sagt er. Etwas von einem Totentanz klingt auch hier an.

Professor Bernhardi
Charakterkomödie in 5 Akten
UA: 1912 in Berlin

Vordergründig geht es zunächst um den Konflikt, den Professor Bernhardi auslöst, als er einen Priester den Zutritt zu einer Sterbenden verweigert, die sich in seiner Klinik befindet. Bernhardi ist Jude, und der vordringlich von Berufsinteressen gespeiste Antisemitismus spielt den Vorfall zur Staatsaffäre hoch. Es kommt zu einer gerichtlichen Untersuchung wegen Religionsstörung, und obwohl der Priester im Prozeß für Bernhardi günstig aussagt, wird dieser zu zwei Monaten Gefängnis verurteilt und tritt, ohne Berufung einzulegen, seine Strafe an. Währenddessen schlägt jedoch die Stimmung um, und der Professor wird im Triumphzug vom Gefängnis abgeholt. Unterrichtsminister Flint, ein Studienkollege Bernhardis, der ihn im entscheidenden Augenblick angesichts der antisemitischen Stimmung im Parlament fallen ließ, ist sofort wieder auf seiner Seite. Bernhardi wird rehabilitiert, doch ist er an nichts anderem interessiert, als möglichst bald wieder ungestört seinen Beruf ausüben zu können.

Die grundsätzliche Auseinandersetzung zwischen allgemein menschlichem und gesellschaftlichem Verhalten wird auf verschiedenen Ebenen ausgefochten: Zunächst geht es um die Kluft zwischen dem Pfarrer, dessen Anliegen das Jenseits ist, und dem skeptischen Arzt, dem Zweifler, der an den Sinn und Wert des Sakraments nicht glauben, von der Reue nichts erhoffen kann. Diese Kluft bleibt tief und unüberbrückbar, obwohl die beiden Männer einander die Hände reichen. Schnitzler stellt mit Bernhardi den einzelnen gegen die Gesellschaft, den Menschen, der sich nur der Gerechtigkeit, der Wahrheit, dem Individuum, der eigenen Vernunft, Moral und barmherzigen Menschlichkeit verpflichtet fühlt, gegen jene, die einer «Überzeugung» folgen, die das «Allgemeine» im Auge haben, sei es Kirche, Seelenheil, Gott oder Wohlfahrt, Bildung, Reformen, Ideale. Der Pfarrer ist vor allem der Kirche verantwortlich, Minister Flint ordnet seiner «Idee» (und seiner Karriere) einen «unbeträchtlichen Einzelfall» unter. Schnitzler steht auf der Seite des Individualisten, aber er gibt, selbst wenn er Unmenschlichkeiten aufzeigt, auch den anderen nicht ganz unrecht, indem er fragt, inwieweit sich der einzelne aus den politischen und gesellschaftlichen Zusammenhängen zurückziehen kann und darf. «Vermessen», nennt der Pfarrer seinen Gegenspieler, und frei von Vermessenheit ist Bernhardi nicht. Denn er kümmert sich, wenn er alle politischen Folgen seines Handelns negieren will, nicht darum, ob sein Eintreten für das Recht des einzelnen, für die Rettung des Privaten gesellschaftlich etwas bewirkt oder nicht. Was dem Werk aber heute zusätzlich Brisanz gibt, ist die exakte Skizzierung der Tendenzen, aus denen zwei Katastrophen dieses Jahrhunderts entstanden: der Zerfall des Vielvölkerstaats und der heraufdämmernde Faschismus, die Judenverfolgung. Schnitzler zeigt die Voraussetzungen an einer präzise zusammengestellten Reihe von Typen, die er jedoch durchaus individuell charakterisiert: den wackeren Altliberalen Pflugfelder etwa, einen Freund Bernhardis, in dessen von Humanität geprägten Worten doch schon die Verbrauchtheit der Sprache deutlich wird. Oder den ganz bewußt und mit freundlicher Verbindlichkeit Menschenleben seiner «Idee» opfernden Flint, mit dem sich der Faschismus ebenso ankündigt wie mit dem opportunistischen, militärhörigen, alle bespitzelnden Hochroitzpointner. Wie Schnitzler das Judenproblem in verschiedensten Formen und Gestalten vorstellt – zwischen den Extremen des überall Verfolgung witternden, kämpferischen Löwenstein und des deutsch-national orientierten, zum Katholizismus konvertierten Juden Schreimann –, so präsentiert er auch eine «Typologie der Verfallsprodukte des Liberalismus» (Hartmut Scheible). Gewiß haben daher jene Interpreten nicht unrecht, die meinen, *Professor Bernhardi* könne nur deshalb noch als Komödie gelten, weil der Vorhang rechtzeitig fällt. Tatsächlich ist in dem Werk bereits zweimal von Scheiterhaufen die Rede – die kurze Spanne bürgerlicher Humanität geht ihrem Ende zu, führt geradewegs in die Barbarei.

Hugo von Hofmannsthal 1874–1929

Hugo Laurenz August Hofmann Edler von Hofmannsthal wurde am 1. Februar 1874 als Sohn eines Bankdirektors in Wien geboren. Er besuchte das Akademische Gymnasium in Wien und begann bereits als Sechzehnjähriger unter dem Pseudonym Loris respektive Theophil Morren Lyrik und Essays zu publizieren. So geriet er früh in den Kreis des «Jung Wien» um Hermann Bahr, Schnitzler, Beer-Hofmann und Salten und wurde von diesen als junges Genie bewundert. Er lernte Stefan George kennen, der ihn zur Mitarbeit an seinen «Blättern für die Kunst» gewann. Als er 1892 das Gymnasium nach dem Abitur verließ, war er bereits eine literarische Berühmtheit. Auf Wunsch des Vaters begann er ein juristisches Studium, wechselte dann jedoch zur romanischen Philologie über, promovierte 1898 zum Dr. phil. und legte 1901 an der Universität Wien eine Habilitationsschrift über Victor Hugo vor. Er zog seine Bewerbung dann jedoch zurück, um ganz als Schriftsteller zu leben. Nach einer künstlerischen Krise, die er im

«Chandos-Brief» formulierte, kam es 1906 zum Bruch mit Stefan George. Zu dieser Zeit begann die Zusammenarbeit mit Richard Strauss, für den Hofmannsthal eine Reihe von Libretti verfaßte. 1917 zählte er zu den Initiatoren und Mitbegründern der Salzburger Festspiele, die 1920 eröffnet wurden: Erstmals, wie seither in nahezu ununterbrochener Reihenfolge, zählte Hofmannsthals *Jedermann* auf dem Domplatz zu den Attraktionen des Programms. Hugo von Hofmannsthal starb am 15. Juli 1929, zwei Tage nach dem Selbstmord seines Sohnes, an einem Herzschlag.

So verschiedenartigen Traditionen Hofmannsthal in seinem dichterischen Werk auch folgte – er bearbeitete griechische Tragödien und Calderón, knüpfte an Molière, das barocke Welttheater und das mittelalterliche Mysterienspiel an, schrieb Gesellschaftskomödien und lyrische Dramoletts – ein zentrales Thema schlägt er doch immer wieder an: die Antinomie «der vergehenden Zeit und der Dauer». «Daß alles gleitet und vorüberrinnt» zählt zu den frühen Schrecken seiner Dichtung, die immer wieder die Frage nach etwas Dauerndem, Bleibendem aufwirft. «Zuerst lockte als Ausweg aus der vergänglichen Welt die Flucht in ein Reich des Geistes und der Kunst, in dem alles zugleich magische Gegenwart bleibt» (Rudolf Goldschmit). Bald jedoch verwarf Hofmannsthal die ästhetische Lösung der großen Frage, was auch einen stilistischen Wendepunkt in seinem Schaffen bedeutete: die Abwendung von der lyrischen Sprachmagie und seinem symbolistischen hochentwickelten Chiffrenstil. Nach wie vor in einem Beziehungsgeflecht von Bedeutungen verwoben, sollte die «Tiefe an der Oberfläche versteckt», die Handlungsführung, die Charakteristik der Figuren nicht aus direkten Mitteilungen, sondern indirekt entwickelt werden. Dem Leiden an der Vergänglichkeit, an dem Verlust der Zusammenhänge wollte Hofmannsthal mit einer «konservativen Revolution» begegnen, die, an Traditionen anknüpfend, Werte neu zu beleben und Zusammenhänge zu bewahren respektive wiederherzustellen trachtete. Im Triumph der wechselseitigen Verwandlung durch Liebe, wie er sie im Libretto der *Frau ohne Schatten* gestaltet hatte, fand Hofmannsthal das Symbol der ihn zeitlebens bewegenden Themen: den Weg zu Treue und «Sozialem» zu finden und zu gestalten, die Überzeugung, daß das Leben nur zu leben sei durch gültige Bindungen.

Hofmannsthals erste dramatische Dichtungen sind kurze lyrische Stücke von so erlesener Sprachkunst, daß sie dem jungen Dichter zwar noch nicht am Theater, aber bei einer begeisterten Leserschaft den Ruf eines literarischen Wunderkindes eintrugen. Bereits in den Werken des Siebzehnjährigen klingen die Themen an, die ihn ein Leben lang beschäftigen sollten.

In seinem Erstling, der 1891 veröffentlichten «dramatischen Studie in Versen» *Gestern* (1928), wird der junge Renaissance-Herr Andrea durch die Erfahrung gezwungen, seine anfangs aufgestellte Maxime, nur der Stimmung des Augenblicks leben zu wollen, zu widerrufen und umzukehren: Das Gestern beweist sich als stärker.

Das 1892 entstandene Fragment *Der Tod des Tizian* (1901) reißt den später im «Chandos-Brief» formulierten Konflikt der Kunstkrise auf: Tizians Schüler reflektieren in der Abgeschiedenheit der Villa des Meisters die Existenz des Sterbenden, für den Kunst und Leben noch eine unproblematische Einheit darstellten. Dabei werden sie sich ihres ästhetisierenden, absichtsvollen Kunstwollens bewußt. Die Schönheitswelt wird durch narzißtische Reflexion brüchig, der ästhetische Sonderbereich fragwürdig – die Wirklichkeit des Lebens herrscht in der Vitalität der fernen Stadt. Mit der Darstellung der von Tizians Schülern durchlebten Kunstkrise deutet Hofmannsthal bereits die epochale Krise der europäischen Kunst des ausgehenden 19. Jahrhunderts an: Die Neigung zu einem hermetischen Schönheitskult und zur Bildung abgeschlossener ästhetischer Sonderbereiche erscheint vor dem Hintergrund der Zeitprobleme fragwürdig.

Der Thor und der Tod (UA: 1898 in München), 1894 veröffentlicht, begründete den frühen Ruhm des jungen Hofmannsthal und ließ die lebensphilosophische Skepsis gegenüber dem narzißtischen Ästhetizismus deutlich erkennen. Eine ganze Generation erkannte sich in dem «Thoren» Claudio und seiner Seelenverfassung wieder, in seinen Leiden schien sich die Problematik der eigenen Lebensform zu artikulieren: Claudio, der Frühgereifte, der Ästhet, muß angesichts des Todes erkennen, daß er sein Leben vertan, an «Künstliches» vergeudet hat. Ohne wirkliche Bindungen, ohne substantielle Erfahrungen ist ihm das Leben entglitten, wurde er zum «Ewigspielenden», der nie wahres Glück oder echten Schmerz erfahren hat. Der Tod ruft die Mutter, die Geliebte und den Freund, die an Claudios Gleichgültigkeit zugrunde gegangen sind, aus dem Schattenreich und läßt sie als Zeugen auftreten. Doch für den Weg aus der ästhetischen Lebenshaltung ins wirkliche Leben ist es zu spät: «Erst, da ich sterbe, spür' ich, daß ich bin», sagt Claudio. – Das Spiel vom Ungenügen des Nur-Ästhetischen wird später im *Jedermann* seine Entsprechung im Ungenügen des Nur-Vitalen, Materialistischen finden.

Während das 1897 entstandene «lyrische Drama» *Das kleine Welttheater oder Die Glücklichen* (1929) die Technik des mittelalterlichen Bilderreihendramas mit der des barocken Welttheaters verbindet, zeigt das ebenfalls 1897 entstandene «Zwischenspiel» *Der weiße Fächer* (1927) in einer Abwandlung des Themas der Witwe von Ephesos bereits die Idee der gegenseitigen Verwandlung zweier Menschen durch die Liebe, die im Werk des Dichters oftmals wiederkehrt.

In dem Dramolett *Die Frau am Fenster* (1898), das sein Debüt auf dem Theater war, gestaltete Hofmannsthal wiederum den erhöhten Seelenzustand eines Menschen in seiner Todesstunde, in dem sich Liebestrunkenheit und Todesrausch verbinden: Die ungetreue Madonna Dionara wartet am Fenster auf ihren Geliebten und sinnt schwärmerisch in die Landschaft hinaus. Sie wird von ihrem Mann überrascht und erwürgt – ihr brutales Ende ist jedoch weniger als Strafe im moralischen Sinn zu verstehen, vielmehr als «Rache» des von ihr mißachteten gemeinen, aber realen Lebens an einer imaginierten höheren Existenz.

Um das richtige Verhältnis zur Wirklichkeit geht es auch in dem 1897 entstandenen «lyrischen Drama» *Der Kaiser und die Hexe* (1927). Der junge Kaiser einer orientalischen Märchenwelt ist dem Zauber einer schönen Hexe verfallen; er versucht, sie zu fliehen und beschuldigt sie, ihn in einer unwirklichen Traum- und Kunstwelt gefangenzuhalten. Als Symbol versäumter sozialer Verantwortung zerbricht er seinen goldenen Reif und widersetzt sich standhaft den Verführungskünsten der Hexe, die in einer Sprachmagie zum Ausdruck kommen, mit der alles – gemessen an der Realität des Lebens – in einen unwahren Zusammenhang gebracht wird.

Sprachskepsis und das Thema eines an ein Traumreich verlorenen Lebensgefühls, das der Begegnung mit der Realität nicht standhält, kennzeichnet auch das «dramatische Gedicht» *Die Hochzeit der Sobeide* (1899): Sobeide gesteht ihrem Mann nach der Hochzeit, daß sie ihn nur der drohenden Verarmung ihrer Eltern wegen geheiratet hat und eigentlich einen armen Jüngling liebt. Freigegeben, muß sie jedoch erkennen, daß ihre Liebe nicht erwidert wird und der Geliebte in Wahrheit in Luxus lebt. Sie stirbt in den Armen ihres Mannes in dem Bewußtsein, für eine Illusion die Wirklichkeit der Liebe versäumt zu haben.

Das in diesem Werk, das einen Wendepunkt in Hofmannsthals Schaffen markiert, tragisch eingesetzte Thema der Desillusionierung wird wenig später ins Komische gewendet. So betont das «ernste Stück mit heiterem Ausgang», *Der Abenteurer und die Sängerin* (1899), das auf eine Episode aus Casanovas «Memoiren» zurückgeht, erstmals Lustspielbezüge: Der «Abenteurer», ein gealterter Casanova namens Baron Weidenstamm, erkennt in der Primadonna eine einstige Geliebte wieder und erfährt, daß ihr «jüngerer Bruder» in Wahrheit der gemeinsame Sohn ist. Weidenstamm kann weder mit diesem Sohn, der ihm nachzugeraten scheint, etwas anfangen, noch bewirkt die Begegnung mit der Vergangenheit die geringste Veränderung in ihm. Er reist zu neuen Abenteuern. Vittoria, die einst die Liebe und den Schmerz um den Treulosen in der Kunst ihres Gesanges sublimierte, wird ihr Leben der bewußten Täuschung weiterführen. – Facettenreich hat Hofmannsthal das Venedig des 18. Jahrhunderts auf die Bühne gebracht und alles bunt Stoffliche seiner Quelle in sinnreiche Konfigurationen voll ironischer Heiterkeit verwandelt.

Das Bergwerk zu Falun (UA: 1949 in Konstanz), ein fünfaktiges Drama, das, 1899 geschrieben, zum Teil aus dem Nachlaß veröffentlicht wurde, ist auch formal das letzte von Hofmannsthals Jugenddramen. Die Welt der «magischen Worte», der puren Poesie, war dem Dichter schon immer gefährlich und fragwürdig erschienen, nach diesem Werk, das er nicht eigentlich vollendete, suchte er den Weg ins Leben, in die Verstrickungen, zu den Menschen. Die Handlung versinnbildlicht das Recht des geistigen Menschen auf Einsamkeit und Lösung aller Bindungen, die Vereinigung des künstlerischen Menschen mit der Schönheit: Elis Fröbom, ein schwermütiger, zu Tagträumen neigender junger Seemann, kehrt in sein Heimatdorf zurück. Seine Familie ist gestorben, er hängt nicht mehr am irdischen Leben und wird dadurch bereit für den Anruf unterirdischer Mächte. Der alte Bergmann Torbern, ein Bote der Bergkönigin, läßt ihn in deren zeitenthobenes, unvergängliches Reich im Inneren der Erde versinken. Die schöne Bergkönigin erkennt jedoch, daß Elis noch nicht reif ist für ein Leben bei ihr, weil seine Sinne mit Sehnsucht «nach denen da droben» vollgesogen sind. So muß er noch einmal zu den Menschen zurückkehren. Elis beschließt, als Bergmann nach Falun zu gehen, wo er dem Geheimnis der Erde näher sein kann. Aber er kann auf die Dauer unter den Menschen nicht mehr heimisch werden: Zwar scheint er vorerst die Bergkönigin vergessen zu haben und gewinnt die Liebe der jungen Anna, doch verläßt er sie am Hochzeitsmorgen. – Die innere Erhebung, mit der Elis schließlich der Botschaft der Tiefe gehorcht, wirkt zwiespältig: Einerseits als zwanghafte Bejahung des vom eigenen Inneren gewiesenen außergewöhnlichen Schicksals, andererseits als tiefe menschliche Verschuldung Anna gegenüber. Der Weg des Elis aus der Menschenwelt in den Berg wird zum Gleichnis für die Flucht aus der Zeit ins Überzeitliche, aus der Wirklichkeit in eine dichterische Welt des Geistes. Mit dem mystischen Weg der Introversion des Elis spielt Hofmannsthal eine Möglichkeit des Dichterischen durch, die er als seinen persönlichen Weg jedoch verwirft.

Nach dem im «Chandos-Brief» vollendet zum Ausdruck gebrachten schöpferischen Konflikt wandte sich Hofmannsthal zunächst der antiken Tragödie zu. Es entstanden eine Reihe von Übertragungen und Bearbeitungen.

Elektra (UA: 1903 in Berlin), «frei nach Sophokles», weicht von dem antiken Vorbild deutlich ab. Das Geschehen folgt Sophokles zwar in den Grundzügen, doch tritt alles Faktische der äußeren Handlung hinter der Darstellung der seelischen Vorgänge zurück, Chor und Prolog entfallen. Hofmannsthal behandelt hier Themen und Probleme, die auch in Zukunft sein Werk beherrschen: die Dialektik der Zeit vor allem, das Nachwirken des Vergangenen in die Gegenwart, den Antagonismus von Denken und Tun. Elektra ist zwar Hauptfigur, doch bildet sie mit ihrer Schwester Chrysothemis und der Mutter Klytämnestra Konfigurationen desselben Themas. Die drei Frauen werden durch ihr Verhältnis zur vergehenden Zeit charakterisiert. Chrysothemis fühlt die Zeit verrinnen, sie will der belastenden Erinnerung endlich entkommen, will leben, Kinder haben, ersehnt sich ein «Weiberschicksal». Klytämnestra dagegen lebt haltlos nur der Gegenwart, sie möchte mit der Vergangenheit (und ihrer Untat) nichts mehr zu tun haben. Wo sich alles wandelt, sieht sie auch sich selbst längst als eine andere denn jene Frau, die einst Agamemnon ermordet hat. Nur in den Träumen holt ihre Vergangenheit sie noch ein. Elektra jedoch, starr und maßlos in allen Äußerungen, kann nicht vergessen. Erniedrigt, in selbstgewählter tragischer Einsamkeit, lebt sie nur dem Gedanken an den ungesühnten Mord und für die Rache an ihrer Mutter und deren Geliebten. Sie opfert ihr Dasein als Frau, ihre Individualität, dieser einen Erinnerung, sie hat keine Gegenwart, lebt nur jenem schrecklichen Gestern und dem der Rache geweihten Morgen. In ihrem starren, unwandelbaren Sein ersehnt sie zwar die Tat, ist zu ihr jedoch unfähig. In anderem Zusammenhang notierte Hofmannsthal, was auch für seine *Elektra* gilt: «Wer leben will, der muß über sich selbst hinwegkommen, muß sich verwandeln: er muß vergessen. Und dennoch ist ans Beharren, ans Nichtvergessen, an die Treue alle menschliche Würde geknüpft. Dies ist einer von den abgrundtiefen Widersprüchen, über denen das Dasein aufgebaut ist.» So kann auch Elektra nicht weiterleben, als die Tat vollbracht ist. Wer nicht vergessen, sich nicht wandeln kann, muß sterben. In einem ekstatischen Tanz bricht sie nach einigen Schritten des Triumphes tot zusammen.

Mit der Umarbeitung der *Elektra* zu einem Libretto für Richard Strauss begann 1905/06 eine kongeniale künstlerische Zusammenarbeit, die über ein Vierteljahrhundert – wenn auch nicht ohne Spannungen – bis zum Tod Hofmannsthals währte. Obwohl Experten die Ansicht vertreten, Strauss habe Hofmannsthals geistige Absichten nie völlig verstanden, schrieb der Dichter nach der erfolgreichen Uraufführung der ersten gemeinsamen Oper im Jahr 1909 noch zahlreiche Libretti, in denen immer wieder die für den Dichter so charakteristischen Themen anklingen.

Der Rosenkavalier (1911) sollte «das Wien von 1740, eine ganze Stadt mit ihren Ständen, die sich gegeneinander abheben und miteinander mischen» abbilden, wobei «jede Person zugleich sich selber und ihre soziale Stufe malt»: Die Feldmarschallin, die Hofmannsthals Urerfahrung der Vergänglichkeit zu erleiden hat und nachts mitunter alle Uhren anhält, führt erstmals in Vollkommenheit jenen wienerischen Konversationston der Gelassenheit und des Unterspielens der ernsten Dinge vor – «Leicht muß man sein, / mit leichtem Herzen und leichten Händen / halten und nehmen, halten und lassen ... Die nicht so sind, die straft das Leben»; Octavian, ihr Geliebter, den sie an das hübsche Dutzendmädchen Sophie verliert, dokumentiert den jungen Herrn aus großem Haus in knapper, eleganter Sprechweise; der neureiche, gespreizte Herr von Faninal, dessen Reden im Mund der Tochter Sophie noch etwas gespreizter, aber auch naiver klingen, und die derbe und zugleich pompöse Fallstaff-Figur des Baron Ochs auf Lerchenau, sie alle sind durch die Sprache sowohl psychologisch als auch soziologisch charakterisiert und differenziert.

Wie die *Elektra* behandelt auch das Libretto der *Ariadne auf Naxos* (1912) «ein simples und ungeheures Lebensproblem: das der Treue», klingt wiederum die «heroische Stimme gegen die menschliche». Ariadne, vom Geliebten verlassen, glaubt sich in Bacchus dem Tod hinzugeben, doch der «Verwandler» ist Leben und Tod zugleich, und die beiden erleben die gegenseitige Verwandlung durch die Liebe. Zerbinetta dagegen sieht in Ariadnes Erlebnis das Alltägliche: die Überwindung des Schmerzes um den verlorenen Geliebten durch einen neuen Liebhaber.

Auch *Die Frau ohne Schatten* (1919) ist ein großangelegtes symbolisches Märchen von gegenseitiger Verwandlung, Schuld und Läuterung und der Befreiung zu reinem Menschentum.

Gleichnis ist auch die Oper *Die Ägyptische Helena* (1928), in der es wiederum um Beharren und Verwandlung, um Erinnern und Vergessen geht. Der Dichter beschäftigt sich hier mit der Frage, wie Helena und Menelaos nach den Greueln des Krieges, den er um ihretwillen geführt hat, wieder friedlich miteinander leben konnten.

In *Arabella* (1933), dem letzten Werk der langen Zusammenarbeit mit Strauss, gestaltete Hofmannsthal eine einfache Liebesgeschichte im Wien von 1860, einem Wien mit unverkennbaren Anzeichen des Verfalls und der «fröhlichen Apokalypsen», wie es Hermann Broch formulierte.

Noch vor seinen ersten Libretti hatte Hofmannsthal Thomas Otways Tragödie aus dem 17. Jahrhundert, *Das gerettete Venedig* (1905), bearbeitet und psychologisch vertieft. In dieser Tragödie um Verschwörung und Verrat in Venedig ging es dem Dichter um die kontrapunktische Gegenüberstellung von Figuren, die Gegensätze verkörpern, in analogen Situationen. Durch diese Spiegelungen versuchte er, die komplementäre Zusammengehörigkeit des Gegensetzlichen zu verdeutlichen.

*Cristinas Heimreise** verwirklicht erstmals die angestrebte «theatergemäße» Dramaturgie: einander korrespondierende und kontrastierende Charaktere und eine Handlungsführung, die sich nicht aus direkten Mitteilungen entwikkelt, sondern bereits weitgehend aus indirekten. Die Komödie spielt zu Beginn in Venedig, wiederum bildet eine Episode aus Casanovas «Memoiren» die Grundlage.

Auf eine englische Moralität des 15. Jahrhunderts geht *Jedermann** zurück, der auf dem Umweg des neulateinischen Schuldramas *Hecastus* des Macropedius von Hans Sachs ins Deutsche übertragen worden war. «Das Spiel vom Sterben des reichen Mannes» bildet nun seit der Eröffnung der Salzburger Festspiele im Jahr 1920 auf dem Domplatz der Stadt einen festen Bestandteil des Programms.

Mit seinem Lustspiel *Der Schwierige** schuf Hofmannsthal eine der sublimsten Charakter- und Gesellschaftskomödien der Weltliteratur, die zu den Klassikern der Moderne gezählt wird. Das Werk wurde bereits 1908 konzipiert, doch erst nach dem Ersten Weltkrieg vom Dichter wiederaufgenommen, und schildert nun eine labil und funktionslos gewordene aristokratische Gesellschaft in einer Welt der Mißverständnisse.

Das Salzburger große Welttheater (UA: 1922 in Salzburg) ist eng mit der Festspielidee verknüpft. Mit diesem Moralitätenspiel griff Hofmannsthal in bitteren Nachkriegsjahren voll wirtschaftlicher und politischer Unsicherheit auf das barocke katholische Theater Calderóns zurück. Es war eine bewußt konservative Antwort auf seine Zeit, nicht nur der Form, sondern auch der Mentalität nach, doch hatte die Vorstellung, daß die Wirklichkeit nicht im direkten Zugriff, sondern nur in Bild und Gleichnis zu fassen sei, immer schon Hofmannsthals Überzeugung entsprochen. Das Spiel nahm die katholische Idee des Welttheaters auf: Die Welt ist ein Schauspiel vor Gott, die Menschen erhalten ihre Rollen zugeteilt, in deren Gestaltung sie frei sind, ihr Spiel spiegelt den Lauf der Welt. Auf Befehl des Meisters ruft Frau Welt eine Schar von «unverkörperten Seelen» herbei, die ihre vom Meister bestimmten Rollen erhalten. Der König, der Reiche, der Bauer, die Schönheit und die Weisheit nehmen ihre Schicksalsrollen an, nur der Bettler protestiert vehement. Zuvor schon hatte Frau Welt ihre Skrupel angemeldet, schlechte Rollen zu verteilen, doch der Meister betonte die Relativität solcher Wertungen und erklärte dem Widersacher auf dessen Vorhaltungen über die Vorherbestimmung: «Wahl ist ihnen gegeben zwischen Gut und Böse ...» Alles im Leben sei Spiel, verkündet der Engel, das einzig aus seiner Gottbezogenheit seinen gleichnishaften Sinn erhalte. Die ständige Ordnung, der Platz des einzelnen in der Hierarchie des Ganzen erscheint gottgewollt. Der Widersacher jedoch versucht, den Menschen einzublasen, sie seien von Natur aus gleich, er will sie gegen ihre Rollen rebellisch machen. So empört sich der Bettler gegen die Ungleichheit des Schicksals, gegen Unglück und Elend in der Welt, und er erhebt die Axt gegen die anderen, um «mit eins die ganze Welt zu Fall» zu bringen. Die Weisheit stellt sich ihm opferbereit in den Weg und erfleht vom Himmel Gnade für ihn, dem eine überschwere Rolle auferlegt ist. Da trifft ihn die Erleuchtung. Er beugt sich, anerkennt die soziale Ordnung als von Gott gegeben. Als der Tod die Menschen nach und nach holt, hält der Engel im Namen des Meisters Gericht: Der Bettler, der Eremit geworden war und zuletzt dem Reichen in seinen Todesängsten beigestanden ist, und die Weisheit werden in den Palast des Meisters geladen. König, Schönheit und Bauer bekommen einen Platz vor dem Tor zugewiesen, der Reiche wird verdammt. Doch bittet die Weisheit für ihn, so daß auch für ihn eine Hoffnung bleibt.

*Der Unbestechliche**, für den Komiker Max Pallenberg geschrieben, zählt zu den erfolgreichsten Werken des Dichters, obwohl er selbst es nur für ein nicht ganz ausgereiftes Gelegenheitswerk, «eine leichtere Arbeit», ansah.

Das Trauerspiel *Der Turm** basiert auf Calderóns Schauspiel *Das Leben ist Traum*. Doch hat sich der Dichter von der Vorlage weit entfernt und an dem «höchst merkwürdigen, niemals veraltenden Stoff» Jahre lang gearbeitet, ihn umgedeutet, vertieft und immer wieder geändert. So liegen nun zwei komplett ausgearbeitete Fassungen vor, die im Schlußteil erheblich voneinander abweichen. Während Sigismund in der ersten Fassung als «Zwischenkönig» für eine neue sittliche Ordnung stirbt, zeigt die zweite das bittere Scheitern des Geistes in einer chaotischen Welt.

Cristinas Heimreise
Lustspiel in 5 Akten. UA: 1910 in Berlin

Cristina, ein schönes, reiches Bauernmädchen, das einen Gebirgsgasthof geerbt hat, ist mit ihrem Onkel, einem Pfarrer, und mit ihrer Magd Pasca nach Venedig gekommen, um hier einen Mann zu finden. Doch keiner der Freier sagt ihr zu. Am Morgen ihrer Heimkehr begegnet ihr Florindo, ein charmanter junger Kavalier, der stets in amouröse Abenteuer verstrickt ist. Cristina läßt sich von ihm bezaubern, und auch er ist von ihr so hingerissen, daß er der Heimreisenden folgt. Unterwegs in einem Gasthof improvisiert Florindo für Cristina und ihre Begleiter ein Fest, und sie gibt, nachdem er ihr die Ehe versprochen hat, seinen Verführungskünsten nach. Am nächsten Morgen hat es Florindo allerdings eilig, unter Vorwänden zu verschwinden. Er faßt bereits ein neues Abenteuer ins Auge. Cristina, die sich ganz als seine Frau fühlt, vertraut er einem zufälligen Bekannten und Weggefährten an, den er bittet, ihr beizustehen: Kapitän Tomaso, ein redlicher, wortkarger Seemann, der nach einem abenteuerlichen Leben auf den Meeren heimgekehrt ist und eine Familie gründen will, reist mit Cristina weiter zu ihrem Gebirgsgasthof. Die tief Enttäuschte findet schließlich zu Tomaso, der ihr in wahrer, wenn auch schwerfällig sich äußernder Liebe zugetan ist, und sie erkennt, als Florindo zufällig durchreist, daß es bei diesem keine Bindung auf Dauer geben und daß sie Geborgenheit nur bei Tomaso fühlen kann.

Die Frage, die Hofmannsthal an dem Vorwurf interessierte, zielt wieder auf die Verwandlung, die die Geliebte eines Abenteurers zur glücklichen Ehefrau eines anderen machen kann. Kann das Gestern seine Macht über das Heute verlieren? Bedeutet die Ehe mit Tomaso nichts als Resignation? Der Dichter gibt in der «aus Ernst und Frivolität gemischten Komödie» nicht ohne Ironie eine heiter lebenskluge Antwort. Cristina und der Kapitän sind die beiden «Heimreisenden»: aus der schillernden, wechselvollen Hafenstadt Venedig in die klare Reinheit und Dauerhaftigkeit des Gebirgs. Der so wenig für eine dauerhafte Beziehung geeignete Florindo bleibt immer der gleiche, ist zur Verwandlung nicht fähig, trägt aber zur Verwandlung Cristinas und zu ihrer Erkenntnis der wahren Werte bei. Als Geliebte Florindos hat sie ihn und sich selbst erkannt, durch ihn ist sie reif zur Ehe mit einem anderen geworden. Cristinas Heimreise ist zugleich eine Reise zu sich selbst, vom Mädchen zur Frau.

Jedermann
Spiel vom Sterben des reichen Mannes
UA: 1911 in Berlin

Im Vorspiel beauftragt Gott der Herr den Tod, Jedermann vor seinen Richtstuhl zu bringen, damit er über sein irdisches Leben Rechenschaft ablege. – Jedermann, ein besitzstolzer, genußsüchtiger Prasser, der freimütig die Macht des Geldes als höchste Gewalt verehrt, verschließt sich dem Elend seiner Mitmenschen und den Ermahnungen seiner frommen Mutter. Er fühlt sich in der schmarotzenden Gesellschaft seiner Buhlschaft, seiner Freunde und Vettern geborgen. Als er jedoch bei einem festlichen Bankett die ersten Todeszeichen sieht, muß er seine Isolierung erkennen. Der Tod, der ihm mitten im Festtrubel erscheint, gewährt ihm noch eine Frist, um einen Gefährten für den letzten Weg zu finden, doch niemand will Jedermann beistehen. Die Buhlschaft flieht entsetzt, der Gute Gesell und die beiden Vettern verweigern ihm die Begleitung. Auch der Mammon, der Jedermanns Schatztruhe entsteigt, klärt ihn auf, daß sein Besitzer keineswegs zugleich sein Herr sei, vielmehr er selbst für die irdische Zeitspanne von Jedermanns Seele Besitz ergriffen habe. Das einzige, was Jedermann bleibt, sind seine guten Werke und sein Glaube. Die guten Werke freilich, arg vernachlässigt, sind zu siech und schwach, um Jedermanns Sache wirkungsvoll vertreten zu können. Sie wenden sich an ihre Schwester, den Glauben, die Jedermann ein Leben lang verlachte. Von Reue gepackt, klammert er sich nun an sie, die ihm schließlich den Sinn für die Erlösungstat Christi öffnet. Glaube und Werke und die fürbittende Liebe der Mutter können Jedermann vor dem Zugriff des Teufels retten: Unter den zuversichtlichen Worten des Glaubens steigt er an der Seite seiner Werke ins Grab.

Hofmannsthal kritisiert in seinem Parabelspiel die materialistische, vom Mammon besessene, nur auf vitalen Lebensgenuß ausgerichtete Lebensauffassung. In seiner Todesstunde erkennt Jedermann, daß er sein Leben vergeudet hat; erst im Tod findet er zum wahren Menschsein. Nicht von ungefähr sieht er seine Tischgesellschaft im Totenhemd, sein Aufschrei gilt einem Totentanz mitten im Leben und der Erkenntnis seiner Verirrung. Im Allegorienspiel gibt der Dichter dem seelischen Erlebnis des Menschen Ausdruck, der sich erst im Tod seiner wahren Situation bewußt wird. Hofmannsthal setzte gezielt die Wirkungsmittel des Melodrams ein, die zweifellos zur unverminderten Popularität des Werks beigetragen haben, das alljährlich am Salzburger Domplatz die Tribünen füllt.

Der Schwierige
Lustspiel in 3 Akten
UA: 1921 in München

Hans Karl Graf Bühl erscheinen Worte unzulänglich, um die nicht zu fassenden Kompliziertheiten menschlichen Verhaltens, die Wahrheit des Seienden auszudrücken. So vermeidet er, sich festzulegen, und will sich auch von niemandem festlegen lassen. Kunstvoll schirmt er sich von seiner Umwelt ab – «er gehört nur sich selber», sagt Helene, die ihn kennt wie kein anderer Mensch. Erst vor wenigen Wochen ist er aus dem Krieg heimgekehrt und hat sich seither nicht in der Öffentlichkeit gezeigt. Auch eine Einladung zur Soiree beim Grafen Altenwyl hat er abgelehnt. Seine Schwester Crescence, die mit ihrem Sohn Stani in seinem Haus wohnt, bringt ihn allerdings geschickt dazu, wieder zuzusagen: Sie erwähnt, daß Helene Altenwyl von dem norddeutschen Baron Neuhoff umworben wird, und konstatiert, scheinbar beruhigt, daß den Bruder ja eine Verlobung nicht treffen würde, da er offensichtlich an Helene nicht mehr interessiert sei. Außerdem bittet sie ihn, ihrem Sohn Antoinette Hechingen auszureden und diese wieder mit ihrem Mann zu versöhnen. Doch gerade Hans Karl wird von Antoinette schmerzlich vermißt, wie gleich darauf der Besuch ihrer Kammerzofe deutlich macht, die im Auftrag ihrer Herrin gewisse Briefe zurückerbittet und dabei ausführlich über Antoinettes Kummer referiert. Hans Karl hatte im Feld Hechingen kennen und schätzen gelernt und daher Antoinette einen Abschiedsbrief geschrieben, der sie zutiefst getroffen hat. Noch ehe die erbetenen Briefe gefunden sind, platzt der Neffe Stani herein, der seinem Onkel von seinem Flirt mit Antoinette erzählt und wie oft er, Hans Karl, Gegenstand ihrer Gespräche sei. Stani, der seinen Onkel bewundert und genau studiert, gibt sich als Mann der raschen Entschlüsse, der die Welt im Griff zu haben und zu durchschauen meint. Der etwas aufdringliche und prätentiöse Besuch des Barons Neuhoff erweist sich als Sondierungsgespräch über Hans Karls Beziehungen zu Helene. Empört über die Schmeicheleien und Anbiederungen und – wie sein Onkel – mißgestimmt über Neuhoffs Freundschaft mit Helene, beschließt Stani, sich mit ihr zu verloben. Von dieser Idee begeistert, bittet Crescence ihren Bruder, sich bei Helene und ihrem Vater für Stani einzusetzen. Hans Karl – dem der Gedanke einer Verbindung mit Helene offenbar selbst nicht fremd war – bewundert Stanis Mut und Entschiedenheit und verspricht seine Hilfe. Auf der Soiree versucht Hans Karl inmitten einer geschwätzigen, Mißverständnisse am laufenden Band produzierenden Gesellschaft, Antoinette die Liebe ihres Mannes und den Wert der Ehe zu Bewußtsein zu bringen. Sie hört dabei jedoch nur seine Absicht heraus, Helene zu heiraten. Als er aber Helene ins Gespräch zieht, erfaßt diese bald, daß der Graf ihr adieu sagen, ein Ende machen will, «wo gar nichts war». Unvermittelt gesteht er ihr dann allerdings, daß er sie, als er im Krieg für kurze Zeit verschüttet war, als seine Frau gesehen habe, ein Glück, das er sich verscherzt hätte, «solange noch Zeit war». Von ihren Gefühlen übermannt, verwirrt und von den Menschen um sie her irritiert, gehen sie in einem letzten Adieu auseinander. Hans Karl verläßt das Haus, kehrt aber bald darauf nochmals zurück, gerade in dem Augenblick, als sich Helene entschlossen hat, jede Konvention zu mißachten und ihm nachzulaufen. In einem der zartesten und delikatesten Liebesdialoge der Weltliteratur muß der Schwierige zu seinem Glück gezwungen werden. Helene gesteht ihm ihre Liebe und räumt seine letzten Zweifel, sie könne sich in ihm täuschen, aus dem Weg: «Sie sind, wie Sie sind und ich will kennen, wie Sie sind», sagt sie. Allein gelassen, muß Hans Karl noch einmal die Konfrontation mit der Gesellschaft meistern; wieder steht er im Mittelpunkt von Mißverständnissen. Er gesteht Crescence, daß er sich mit Helene verbunden hat, bittet sie aber, die Verlobung nicht auszuposaunen, und flüchtet. Gerührt und zum Staunen der Gesellschaft umarmt Crescence den Vater der Braut.

Charakterkomödie, poetisches Modell zeitgenössischer Erkenntnisproblematik der fragilen Beziehung zwischen dem Ich und der umgebenden Welt, zugleich auch Komödie der Mißverständnisse und einer abtretenden Gesellschaftsschicht, das alles vereint sich in Hofmannsthals Meisterwerk. «Freilich ist alles Versteckenspiel, freilich läßt es sich mit plumpen Händen nicht fassen», sagt Helene. Treffend verwies Emil Staiger darauf, daß im Grunde vom *Schwierigen* keine Inhaltsangabe zu machen sei, weil damit zu einseitig ausgedrückt werden müßte, was zum wesentlichen Gehalt gehöre: «Ob der Geist des Menschen je imstande sei, ein menschliches Geschehen richtig aufzufassen, alles Einzelne in seinem wahren Zusammenhang zu sehen.» Ausgehend von der Frage: «Wie kommt das einsame Individuum dazu, sich durch Sprache mit der Gestalt zu verknüpfen?» gestaltet Hofmannsthal jenes Lustspiel, das bei jedem gesellschaftlichen Zusammentreffen gespielt wird, wenn auch nur selten bewußt. Die geschichtliche Situation einer abgelebten Gesellschaft ist dabei nur Begleitmusik, die eigentliche Komödie ergibt sich aus den Widersprüchlichkeiten von Mensch und Umwelt, der zwischenmenschlichen Beziehungen, aus dem Fremdsein der Menschen, den Versuchen, einander zu erkennen, und den daraus resultierenden Mißverständnissen. Der Reiz liegt unter anderem darin, daß jede der Figuren ein wenig recht und ein wenig unrecht hat, die eine mehr, die andere weniger. Hier wird eingeordnet, etikettiert, analysiert, man durchschaut alles, zieht die Fäden, hat alles im Griff – nur die Wirklichkeit ist ganz anders. Hinter der komischen Absurdität der Bemühungen, dem Auseinanderklaffen von Ausgesprochenem und Unausgesprochenem steht aber die Angst vor dem Leben, vor dem Chaotischen der Existenz, vor dem man sich mit Worten sorgfältig abschirmt. Ahnungsvoll abschirmt, denn der schöne Schein – «man will doch ein bißl eine schöne Art, ein Versteckenspielen» – ist schon das Eingeständnis eines Spiels. Man versucht, es sich leicht mit den Menschen zu machen. Der Schwierige allerdings macht es sich schwierig. Nicht aus verbohrter Intellektualität, sondern aus Achtung vor dem Menschen und vor der Welt. In eine eigenartig archetypischen

Hofmannsthal, Der Unbestechliche
Theater in der Josefstadt, Wien, 1974
Inszenierung: Ernst Haeusserman
Theodor: Otto Schenk
Baronin: Angela Salloker

Zeitlosigkeit versunken, mißtraut er den Worten, weil er weiß, daß sich mit ihnen nichts fassen läßt, daß jeder, der das Seiende in Worte kleidet, bereits die Wahrheit für sich zurechtlegt. Er stiftet Chaos, weil er Mauern einreißt, indem er sie nicht anerkennt. Auch er hat Angst vor dem Leben, vor der Wirklichkeit – vor dem eigenen Selbst, seinem eigentlichen tieferen Willen, wie Helene sagt –, aber er erkennt sie noch, jenseits der Worte, wie in jenen magischen Augenblicken des Lebens, in denen zwischen zwei Menschen über belanglose Worte hinweg die Brücke der Liebe entsteht. Sie haben die Sprache füreinander noch nicht gefunden, aber ein geheimes Wissen, eine «Notwendigkeit» ist da. Ohne diese «Notwendigkeit» gibt es für Hans Karl im Grunde kein Leben, nicht «draußen» im Krieg, wo sonst nur «tierisches Dahintaumeln» gewesen wäre, nicht in den zwischenmenschlichen Beziehungen. Helene, mit der Hans Karl in einer geheimeren, ihnen beiden nicht ganz bewußten Sphäre längst einig und verbunden ist, führt den Zaudernden in dieses Leben. Sie, die Unbedingte, «Unzerstörbare», behauptet das Wahre, dessen sie gewiß ist, unbeirrt für sich und ihn. So ist die Komödie nicht nur der Schwanengesang einer untergehenden, kraftlosen Welt – «ich bin aus ihr, und ich bin nicht kraftlos», sagt Helene –, sondern auch Signal eines Neubeginns. Helene leitet den Schwierigen auf «nicht den angenehmsten Weg», der aber Leben heißt.

Der Unbestechliche
Lustspiel in 5 Akten. UA: 1923 in Wien

Im Mittelpunkt steht der Diener Theodor, das Gewissen des aristokratischen Hauses, über dessen Geschick er unbestechlich wacht. Die Handlung spielt auf dem Gut einer Baronin in Niederösterreich im Jahr 1912 und zeigt, wie Jaromir, der Sohn der Baronin, unter tatkräftiger Hilfe Theodors den Sinn der Ehe verstehen lernt. Verheiratet und zweifacher Vater, hat Jaromir zur Inspiration für seine Schlüsselroman-Schriftstellerei gleich zwei ehemalige Geliebte auf das Gut bestellt. Theodor, früher in Jaromirs, nun wieder in der Baronin Diensten, kündigt, da er in der Lebensführung des jungen Herrn eine «fortgesetzte Beleidigung meiner Person» sieht. Unter der Bedingung, daß ihm freie Hand gelassen wird, die Ordnung wiederherzustellen und «die Aufsicht über das Ganze» zu übernehmen, zieht er, von der Baronin beschworen, jedoch seine Kündigung wieder zurück. Es gelingt ihm, die beiden unerwünschten Damen hinauszukomplimentieren und Jaromir zu seiner Frau Anne zurückzuführen. So rettet er die Ehe als Abbild des metaphysischen Prinzips gesellschaftlicher Ordnung.

Theodor versteht die Gesellschaft symbolisch als Abbild göttlicher Ordnung, ist also einer, der mit Verstand und List die aus den Fugen geratene Welt wieder einrenkt. Der Diener ist zwar der Stärkere und zugleich Rebell gegen seine Herrschaft, doch nicht, um bestehende Ordnungen zu zerstören, sondern sich auflösende wiederherzustellen. Er handelt damit im Sinne von Hofmannsthals «konservativer Revolution», die darauf zielte, die Ordnungskräfte der Tradition gegen die Auflösungserscheinungen seines Zeitalters zu beleben. Mit Theodor hat Hofmannsthal eine der widersprüchlichsten und hintergründigsten Dienerfiguren der Weltliteratur geschaffen. Er, der nicht ohne Anspielung auf die Bedeutung seines Namens «Theodor zu heißen die Ehre» hat, fühlt sich als Moralhüter und Werkzeug Gottes im Haus seiner Herrschaft. Nicht von ungefähr nennt Jaromir ihn einen Erzengel: «Ich vertrage eben nicht, einen Erzengel zum Diener zu haben, in dem alle paar Monate lang der Machtkitzel erwacht, mir zu zeigen, daß er der Stärkere von uns beiden ist.» Theodors Beziehung zu seiner Herrschaft setzt sich aus Haß und Liebe, Untertänigkeit und Hochmut zusammen, er ist in seinem Anspruch geradezu größenwahnsinnig und zeigt tyrannische, ja sadistische Gelüste. Er liebt wohl im geheimen Anna, die junge Baronin, hat Mitleid mit Jaromirs Geliebter Marie, und seine durchaus erotisch getönte Verachtung mischt sich mit Begierde nach der zweiten Geliebten Melanie, die er recht deutlich in der Kammerfrau Hermine substituiert. Doch mit liebevoller Zartheit behandelt er den Sohn des Hauses, den «kleinen Jaromir», den er mit erlkönighaftem Zauber zu behexen scheint. Seine Sprache ist mit pathetischen Redewendungen, Phrasen, Bildungsklischees durchsetzt, die bereits Horváths subtile Sprachgestaltung vorwegnehmen, zugleich aber von böhmakelnder Wortgewalt, die noch Nestroy im Blut hat. So zieht er im Hintergrund die Fäden, räumt Anna die Nebenbuhlerinnen aus dem Weg und läßt sie, die in Gefahr war, sich selbst zu verlieren, wieder zu der naiven Sicherheit ihres Gefühls zurückfinden. Sie mißversteht alles (obwohl sie die wahre Situation für einen Augenblick richtig erkannt hat), durchschaut nichts (oder will nichts durchschauen) und läßt mit ihrem rührenden Glauben an ihn Jaromir zu sich selbst finden und «dadurch auch ganz zu dir», wie er ihr gesteht. Anna glaubt, daß ihr Gebet die Wendung bewirkt habe, und sieht sich durch göttliches Walten wieder mit ihrem Mann zusammengeführt, was auch Theodors

Selbstverständnis als Werkzeug Gottes entspricht. «Es sind Euer Gnaden die irdischen Dinge sehr gebrechlich», sagt er zu ihr. «Es kann auch eine sehr starke Hand keine Schutzmauer aufbauen um ihre anbefohlenen Schützlinge. Aber ich hoffe, solange ich hier die Aufsicht über das Ganze in Händen halte, wird demgemäß alles in schönster Ordnung sein!»

Der Turm
Trauerspiel in 5 Akten
UA: erste Fassung 1928 in Wien, zweite 1948 in München

Die Handlung folgt zunächst in den Grundzügen Calderóns Schauspiel *Das Leben ist Traum* (siehe S. 47): Basilius, König von Polen, hält seinen Sohn Sigismund seit frühester Kindheit in einem Turm gefangen, da ihm prophezeit wurde, er werde sich einst gegen ihn erheben und ihn töten. Nach Jahren der Gefangenschaft wird Sigismund ins Schloß geholt und probeweise für einen Tag zum König gemacht. Er gebärdet sich so wild, daß man ihn wieder in den Turm zurückschafft und ihm den Vorfall als Traum suggeriert. Bei Calderón wird Sigismund sodann von Aufständischen befreit, zum König gemacht und bewährt sich in Erinnerung an das vermeintliche Traumerlebnis in christlicher Humanität und Tugend. Diesem lehrhaft religiösen Ausgang konnte Hofmannsthal nicht mehr folgen. Ihn beschäftigte die Frage, wie sich Sigismund in einer vom Geist abgefallenen, chaotischen Welt behauptet – «und wie er, daran zweifelte der Dichter von vornherein nicht, an ihr scheitern muß» (Rudolf Goldschmit). Zwei Gegenspieler greifen nun in Sigismunds Leben ein und wollen ihm, eigene Ziele verfolgend, zur Macht verhelfen: der diplomatisch taktierende Julian, als Gouverneur des Turms Sigismunds Aufseher und Lehrer, der für seine Sache den Pöbel mobilisiert, und der Soldat Olivier, ein brutaler, machtgieriger Gefreiter, Exponent des Pöbels. Als Julian erkennt, daß Sigismund zögert, die Wirklichkeit als wirklich anzuerkennen, entschließt er sich zur eigenmächtigen Verwirklichung seiner ehrgeizigen Pläne, wird aber von Rebellen erschossen: «Ich habe das Unterste nach oben gebracht. Aber es hat nichts gefruchtet», sagt er sterbend. Auch der rasch zum König und Feldherrn avancierte Sigismund, der dem geistfeindlichen Chaos der Rebellion durch die Versöhnung von Geist und Politik, durch die ordnungschaffende Tat entgegenzuarbeiten sucht, fällt der «Unterwelt» zum Opfer, dem «Olivierischen in der Welt», das «seine satanische Gewalt durch die Leiber und Sachen» ausübt. Er besiegt und überwindet zwar Olivier, wird aber von einer Zigeunerin, die Oliviers Vertraute ist, ermordet. Auf seinem Sterbelager übergibt er die Herrschaft einem friedliebenden Kinderkönig, der an der Spitze eines unbewaffneten Heers von Kindern heranzieht und ein Friedensreich, eine neue sittliche Ordnung verkündet, für die Sigismund als «Zwischenkönig» starb. – Die Skepsis gegenüber seiner Utopie geistiger Weltgestaltung veranlaßte Hofmannsthal allerdings zu einer Neufassung des Schlußteils: «Dieser letzte Akt hat etwas von einem über dem Abgrund gebauten Schloß», schrieb er an Jakob Burckhardt. Die zweite Fassung stellt daher folgerichtig die Tragödie des Geistes dar, der den Anspruch auf Gestaltung der politischen und sozialen Wirklichkeit aufgibt und sich vor der Diktatur des Ungeistes in die Innerlichkeit zurückzieht. Die Szene mit der Zigeunerin und das Auftreten des Kinderkönigs sind gestrichen, Sigismund, in der ersten Fassung als Feldherr und Staatsmann um die Errichtung eines kommenden Friedensreiches bemüht, zieht sich aus dem Geschehen zurück. Olivier, der eiskalte Praktiker der Macht, erkennt nüchtern, daß Sigismund für seine Zwecke «nicht verwendbar» ist, und läßt ihn erschießen. Oliviers finsterer Triumph beschließt das Drama in der zweiten Fassung.

Hofmannsthal versuchte hinter dem aktionsreichen Historiendrama «ein Höheres, Geistiges, Allgemeines» faßbar zu machen. Er zeigt das bittere Scheitern des Geistes in einer chaotischen Welt. «Gebet Zeugnis, ich war da, wenngleich mich niemand gekannt hat», sind Sigismunds letzte Worte. Seine vieldeutige Gestalt mit den Zügen des Erlösers «ist der Zeit und der Vergänglichkeit äußerlich unterworfen wie alle Menschen, aber in ihrem Inneren ist sie ihr auf geheimnisvolle Weise enthoben» (Goldschmit). Der Geist als der alleinige Sinnträger der Menschheit wird in die Existenz leidvoller Vereinzelung gezwungen, wird nicht erkannt, vermag gegen die brutale Ausübung der Macht nichts zu bewirken. Hofmannsthal kann schließlich die Synthese von Geist und Macht, «daß der Geist Leben werde und das Leben Geist», nicht mehr als konkrete Hoffnung fassen, doch gibt er das Zeugnis für eine Möglichkeit. – Die historischen Ereignisse der Folgezeit ließen das Drama als seherisches Werk erscheinen – bald sollte der Geist vor einer von einem skrupellosen Machtmenschen entfachten Volksbewegung kapitulieren müssen, die zu Krieg und Vernichtung führte, sollte das von Olivier angewandte Vokabular zur gebräuchlichen Sprache werden. So stellten spätere Interpreten den *Turm* neben Grillparzers *Ein Bruderzwist im Hause Habsburg* als Tragödie einer Zeitenwende, in der die rettende Erscheinung des geistgläubigen, gewaltlosen Herrschers gesehen wird, aber nicht in die Wirklichkeit hereingeholt werden kann.

Ödön von Horváth 1901–1938

Edmund (Ödön) Josef von Horváth wurde am 9. Dezember 1901 als Sohn eines ungarischen Diplomaten in Susák, einem Vorort von Fiume (Rijeka), geboren. Nach seinen Schuljahren in Belgrad, Budapest, Preßburg, München und dem Abitur in Wien begann er 1919 an der Universität in München Germanistik und Philosophie zu studieren und schrieb nebenbei für verschiedene Zeitschriften, darunter den «Simplicissimus». Zurückgekehrt von einem längeren Paris-Aufenthalt, beschloß Horváth 1924, nach Berlin zu übersiedeln. In den folgenden Jahren pendelte er zwischen Berlin und Bayern, wo er bei seinen Eltern in Murnau lebte. Nach ersten dramatischen Erfolgen erhielt er 1931 auf Vorschlag von Carl Zuckmayer den begehrten Kleist-Preis. 1933 verließ er nach Hitlers Machtergreifung Deutschland und ging nach Wien. Ende dieses Jahres heiratete er die Sängerin Maria Elsner; die Ehe ging jedoch nach wenigen Wochen in die Brüche und wurde 1934 wieder geschieden. Kurzfristig kehrte Horváth wieder nach Deutschland zurück, wo er sich in Berlin der Filmarbeit widmete, lebte aber dann vorwiegend in Wien und in Henndorf bei Salzburg. Nach Hitlers Einmarsch in Wien im März 1938 verließ er Österreich und begann eine Reise mit vielen Stationen, die seine letzte werden sollte: Nach Aufenthalten in Budapest und Teplitz-Schönau reiste er nach Zürich, Amsterdam und schließlich nach Paris, um mit Robert Siodmak die Verfilmung seines Romans «Jugend ohne Gott» zu besprechen. Am 1. Juni 1938 wurde er auf den Champs-Elysées von einem herabstürzenden Ast getötet.

«Die verwirrten Sätze seiner Personen erschrecken mich, die Modelle der Bösartigkeit, Hilflosigkeit, der Verwirrung in einer bestimmten Gesellschaft werden bei Horváth viel deutlicher. Und ich mag diese irren Sätze bei ihm, die Sprünge und Widersprüche des Bewußtseins zeigen, wie man das sonst nur bei Tschechow oder Shakespeare findet», bekannte Peter Handke 1968. Diese «Sprünge und Widersprüche» sichtbar zu machen, nannte Horváth die «Demaskierung des Bewußtseins». Er folgte seinen Figuren ins Unterbewußtsein und zeigte – in ein kunstvolles poetisches System gefaßt –, wie der Mensch im ständigen Kampf von Bewußtem und Unbewußtem durch die sprachliche Äußerung seine Wahrheit preisgibt: seine individuelle und soziale Wahrheit. Horváth enthüllte den Zustand der Gefühle, die versteckten Motive des Verhaltens seiner Figuren, er enthüllte zugleich aber auch, wie diese Gefühle und Motive von der ökonomischen und politischen Situation abhängig sind. So machte er die Bedingtheiten deutlich, die in der menschlichen Natur wie auch in den jeweiligen Verhältnissen liegen. Es werden die Ängste, Sehnsüchte, Antriebe der Menschen spürbar. Man sieht, wie sie ihren verkitschten Gefühlen nachjagen, ihre Einsichten verdrängen, wie sie nach sozialen Rollen suchen oder sich diese erhalten wollen, wie sie ihre Ambitionen, die oft vage und fehlgeleitet sind, durchzusetzen trachten. Gleichzeitig wird aber auch einsichtig, wie Gefühle und Charakter durch Machtkampf, durch Erziehung, Unwissenheit, Klischees und gesellschaftliche Ambitionen deformiert werden, wie Hilflosigkeit, Verwirrung und das Böse entstehen. Die Demaskierung erfolgt durch Sprache: durch sprachliche Floskeln, verquollene, verkitschte Phrasen, Zitate, Unregelmäßigkeiten, fragmentarischen Satzbau, durch scheinbare Verstöße gegen die Logik, Assoziationen, aus denen sich die Gespräche aufbauen, oder auch aus den Widersprüchen von Aktion und Wort. Die Menschen sind sich ihrer Wahrheit meist gar nicht oder nur halb bewußt. Ihre Sätze zeigen, daß sie oft nicht imstande sind, ihre Situation zu durchschauen, obwohl sie sie vielleicht vage empfinden. Sie durchschauen auch die Denkklischees nicht, mit denen sie sich zu artikulieren, die sie aber auch zu erfüllen versuchen und die daher oft ihre Gefühle überlagern, ja deformieren. Ebenso instinktiv verwenden sie sie jedoch auch als Tarnung. Die Wahrheit, die sich zeigt, ist meist die der verhinderten Persönlichkeit, der Deformierung. In Horváths schönsten und traurigsten Figuren offenbart sich die leidende Kreatur, die nicht zur Freiheit, zum Leben kommen kann, ihre Sehnsucht nach Liebe und die Trauer, daß sie nicht mehr zu finden ist. Die immer neuen Verhinderungen, an denen sich der Mensch blutig stößt, verweisen aber auf den Zustand der Gesellschaft. Vor allem in seinen Volksstücken entwarf Horváth grandiose und visionäre Zeitporträts: Er sah eine Epoche der Schlächter und Totengräber kommen. Sein Werk wurde lange Zeit mißverstanden, die Vielschichtigkeit seiner Dramen nicht erkannt. «Erst nach den Lernprozessen der sechziger Jahre über den sozialen Zusammenhang von Sprechen, Denken, Fühlen, Reagieren mit den Formen der Erziehung, der sozialen Situation, mit der Rollenerwartung», schreibt Günther Rühle, begann man Horváths Werk neu zu sehen. «Erst mit der Debatte über Situationsstruktur und Fehlverhalten ist der Durchblick gelungen, haben die Stücke ihre dichterische Tiefe hinter ihrer einfachen Oberfläche preisgegeben.»

Horváths erste dramatische Entwürfe tragen deutlich politische Akzente, so etwa das Fragment *Der Fall E.*, der das Berufsverbot für eine Lehrerin behandelt, die sich zur KP bekennt. Auf konkrete Ereignisse bezogen sich auch die frühen Stücke *Revolte auf Côte 3018* und *Sladek oder Die Schwarze Armee*. Horváth begann hier seinen Themenbereich zu skizzieren, der für sein gesamtes dramatisches Schaffen Gültigkeit behalten sollte und dessen Figuren nahezu ausschließlich einer Gesellschaftsklasse entstammten: dem Mittelstand. Aus ihm holte er sein Bühnenpersonal der Kleinbürger und Angestellten, aber auch der Deklassierten aus dem Großbürgertum, der verarmten Adeligen und der Aufsteiger aus dem Proletariat.

Nach seinem dramatischen Erstling *Der Mord in der Mohrengasse* (1980), der Geschichte des auf die schiefe Bahn geratenen Wenzel, der einen Mord begeht und sich, zurückgekehrt ins «bürgerliche Wohnzimmer», erhängt, nahm Horváth einen Konflikt beim Bau der Zugspitzbahn zum Anlaß für *Revolte auf Côte 3018* (1927). Er konfrontiert in dem Volksstück zwei Welten: Kapital und Arbeitskraft, und macht ihren Kampf zum Thema des Stücks. Zwischen ihnen steht ein Ingenieur, der die Stellung der «Intelligenz im Produktionsprozeß» charakterisiert. Durch forcierte Bauweise und mangelhafte Sicherungen kommt es zu Auseinandersetzungen und Toten. «Die Leut bekränzn an Ingineur, wie an Preisstier, die Direkter sperrn die Geldsack ind Kass und dem Bauer blüht der Fremdenverkehr», heißt es da. «Aber von die Totn schreibt kaner!» Unmittelbar nach der Uraufführung bearbeitete Horváth das Stück und gab der Neufassung den Titel *Die Bergbahn* (1929).

Als er in Berlin Dokumente zu einem der damaligen Fememorde sichtete, stieß der Dramatiker auf das Thema der 1926 entstandenen Historie *Sladek oder Die Schwarze Armee* (1972), die er 1928 zu *Sladek der schwarze Reichswehrmann* (1929) umarbeitete. Horváth selbst hat Sladek als «Prototyp des Mitläufers» bezeichnet, einen verrannten Jungen, entwurzelt, in seinen privaten wie politischen Ansichten unsicher, doch verführt von den Parolen einer «großen Zeit». Sladek, von Anna, einer Witwe in mittleren Jahren, ausgehalten, gerät in die Gefolgschaft von nationalsozialistischen Hakenkreuzlern. Als Anna spürt, daß sie ihn zu verlieren beginnt, droht sie mit dem Verrat der «Schwarzen Armee». Er erzählt im Wirtshaus von dieser Drohung, worauf Annas Ermordung beschlossen wird. Obwohl sie Sladek freigibt und verspricht, nichts zu verraten, kann Sladek den Mord nicht mehr verhindern. Er wird in der ersten Fassung verurteilt und später begnadigt, in der zweiten stirbt er durch eine Granate der Reichswehr mit den Worten «Ich bitte, mich als Menschen zu betrachten und nicht als Zeit».

Im Mittelpunkt der zwischen 1926 und 1928 entstandenen Komödie *Zur schönen Aussicht* (1969) steht jener Frauentyp, den der Dramatiker mit sorgfältiger Geduld und Anteilnahme in den verschiedensten Varianten in seinem Werk beobachtet hat: das Fräulein. Christine ist allerdings die erste und einzige, der die Emanzipation gelingt. Sie kommt in das abgetakelte Hotel «Zur schönen Aussicht», wo sich ein maskuliner Harem gescheiterter Existenzen um die reiche Ada schart, ein «aufgebügeltes, verdorrtes weibliches Wesen» mit unstillbaren sexuellen Gelüsten. Bei einem Aufenthalt im vergangenen Jahr hat sich Christine in den Hotelbesitzer Strasser verliebt und inzwischen von ihm ein Kind bekommen. Sie will ihn nun heiraten. Da helfen die Herren ihrem Gastgeber Strasser mit einer Komödie aus der Klemme: Sie behaupten, Christine zu kennen, und verleumden sie als Prostituierte. Doch bald darauf prostituieren sie sich selbst, als sie erfahren, daß das Fräulein eine Erbschaft gemacht hat. Christine aber, die um ihrer selbst willen geliebt werden wollte, die in einer Welt der materiellen Interessen und der seelischen Verkommenheit ihren Anspruch auf Liebe erhebt, reist allein ab. Sie ist in diesem

Haus, in dem Geld die Gefühle regiert, gescheitert, doch nicht zerbrochen.

Auch in der Pose *Rund um den Kongreß* (1969), die 1928 vollendet wurde, geht es um ein Fräulein. Es soll wie noch manche seiner Nachfolgerinnen verkauft werden. Der Hintergrund eines «internationalen Kongresses für die internationale Bekämpfung der internationalen Prostitution» bietet Horváth den geeigneten Rahmen, Liebe als Ware darzustellen und eine Frauenfigur zu kreieren, die als Vorstufe zu seinen bedeutendsten Menschengestaltungen gesehen werden kann.

1931 werden die Volksstücke *Italienische Nacht** und *Geschichten aus dem Wiener Wald** uraufgeführt, *Kasimir und Karoline** fertiggestellt. Mit diesen meisterhaften «Volksstücken», in denen aus Beobachtungen des individuellen Beispiels das «Volk» summiert wird, schuf Horváth nicht nur konkret bestimmbare Psychogramme des Kleinbürgers schlechthin, sondern auch beklemmende Zeitporträts aus den Zwischenkriegsjahren.

Glaube Liebe Hoffnung (UA: 1936 in Wien) entstand 1932. «Ein kleiner Totentanz in fünf Bildern» wandelt den Kampf zwischen Individuum und Gesellschaft, Horváths Grundthema, weiter ab. In äußerster Reduktion finden die Stationen eines Leidensweges ihren ungemein geschlossenen dichterischen Ausdruck. Glaube, Liebe und Hoffnung eines Mädchens werden zertrampelt in einem Reigen, der durch die Feigheit, die Engstirnigkeit und Engherzigkeit der Mitmenschen in den Tod führt. Elisabeth will dem Anatomischen Institut ihre Leiche verkaufen, um sich mit dem Geld einen Wandergewerbeschein besorgen zu können. Der Präparator, an den sie dabei gerät, borgt ihr 150 Mark, bringt sie aber dann hinter Gitter. Aus dem Gefängnis entlassen, begegnet sie vor dem Wohlfahrtsamt ihrem «großen Glück» in Gestalt eines «Schupo». Als der junge Polizist, der sie heiraten will, erfährt, daß sie vorbestraft ist, trennt er sich von ihr aus Karrieregründen. Elisabeth stürzt sich aus Hunger und Verzweiflung in einen Fluß. Sie wird gerettet, doch während sich ihr Lebensretter feiern läßt, stirbt sie. Ihre Mörder fühlen keine Schuld an ihrem Schicksal, einer nach dem anderen hat sie todbringend in den Arm genommen, scheinbar arglos, immer im Recht. Der Präparator allerdings bekennt sich offen dazu: «Und wenn ich jemand umbring, dann mach ich das schon mit mir selber aus. Allein mit meinem Gott!» – Peter Palitzsch machte Ende der sechziger Jahre in Stuttgart den Versuch, die Szenenfolge durch Nachlaßmaterial wieder anzureichern, um so die poetischen Signale besser sichtbar werden zu lassen. Vier Jahreszeiten umspannten Elisabeths Liebesgeschichte, die im Frühling beginnt, im Sommer aufblüht, im Herbst welkt und zur Allerheiligenzeit, im November, endet.

1933 entstand die Posse mit Gesang, *Hin und her* (1934), mit der Horváth zeigen wollte, «wie leicht sich durch eine menschliche Geste unmenschliche Gesetze außer Kraft setzen lassen». Sie schildert das Schicksal des Ferdinand Havlicek, der aus einem Staat, in dem er Jahrzehnte gelebt hat, ausgewiesen wird, in dem anderen, in dem er geboren wurde, jedoch mangels gültiger Papiere nicht aufgenommen werden kann und nun auf der Brücke zwischen den beiden Staaten hausen muß.

Die Unbekannte aus der Seine (UA: 1949 in Wien) vollendet Horváth ebenfalls 1933. Wieder wird ein Mädchen in den Tod getrieben, aber es lächelt dabei. Lächelt im Tod. Die Totenmaske der unbekannten Selbstmörderin wird bald darauf im Handel sein, ein Symbol der Kleinbürgersehnsucht, die sich das Geheimnis ins traute Heim zu holen versucht. Eine Unbekannte bemüht sich, dem arbeitslosen Albert, der in zwielichtige Gesellschaft geraten ist, Lebensmut zu geben. Albert, der von seiner Geliebten, der Blumenhändlerin Irene, den Laufpaß in einem Uhrmacherladen, bei dem er den erwachenden Uhrmacher mit einem Wecker erschlägt. Die Unbekannte gibt ihm ein falsches Alibi, Albert weist ihre Liebe aber schließlich zurück und entscheidet sich für die gesicherte Existenz bei der reuigen Blumenhändlerin. Die Unbekannte geht ins Wasser. – Viel Unmenschliches geschieht in dieser Komödie. Überall sieht man Fehlverhalten, Lieblosigkeit und Eiseskälte. Ein Bräutigam gebärdet sich wie eine Trauerweide, ein Leidtragender ist sehr lustig, der blutige Tod eines Uhrmachers wird von seinen Nachbarn sofort in albernen, salbungsvollen Phrasen ausgebeutet, eine Frau läßt ihren abstürzenden Freund im Stich und erlaubt einem anderen, sich bei ihr mit Unterdrückergestus eine bequeme Zukunft zu sichern. In die eigenartig seelen- und leblose Figurenwelt des Stückes, bei der sich alles um Geld, Fassade und ein wenig traurige Sexualität dreht, tritt ein geheimnisvolles junges Mädchen. Manche übersehen sie ganz, manche irritiert sie ein wenig, niemand kümmert sich um sie. Der Mann, dem sie ihre große Liebe schenkt, verwendet sie, jagt sie wieder davon und schickt sie in den Tod. Wer ist sie? Horváth wahrt ihr Geheimnis. Ihre seltsamen Worte, ihre Phantasie, ihr Handeln bleiben Spuren von etwas Außergewöhnlichem, dem die Menschen mit Unverständnis begegnen. Aber wird nicht als außergewöhnlich empfunden, was nur natürlich und menschlich ist? Das macht wohl die «Komödie» aus: Wie das Wahre, die Phantasie und die Liebe, in einer pervertierten Welt zum Ungewöhnlichen werden muß, in den Tod getrieben wird.

Einen «Sündenfall» voll der Kompromisse nannte Horváth seine Komödie *Mit dem Kopf durch die Wand* (1935), die im Filmmilieu, wie es der Dramatiker in Berlin kennengelernt hatte, spielt. – In einer wienerischen Theaterwelt ist die Märchenposse *Himmelwärts* (1937) angesiedelt, in der auf kabarettistische Weise der Karrieretraum einer jungen Sängerin dargestellt wird. Himmel und Hölle werden dafür in Bewegung gesetzt und ein Teufelspakt geschlossen: Die Erde erscheint als Interregnum zwischen Himmel und Hölle.

In den Jahren nach 1933 trat in Horváths Werk eine Verlagerung des Schwergewichtes von den Frauengestalten auf die der Männer ein. Männerfiguren rükken stärker in den Mittelpunkt, auch sie können Opfer sein. 1936 entstanden in rascher Folge *Figaro läßt sich scheiden. Don Juan kommt aus dem Krieg* und *Der jüngste Tag*.

Das Emigrationsschicksal erleidet in Fortsetzung des Themas von Beaumarchais der Titelheld in der Komödie *Figaro läßt sich scheiden* (1937). Dabei wird er zum Spießer. Figaro und Susanne haben das gräfliche Paar in die Emigration begleitet, und hier verwandelt sich der revolutionäre Feuerkopf in einen Kleinbürger, der sich, um überleben zu können, in jeder Hinsicht an seine Umgebung anpaßt. Susanne läuft ihrem Figaro davon, doch nach Jahren kann er sie in der Heimat wieder in die Arme schließen: «Jetzt erst hat die Revolution gesiegt, indem sie es nicht mehr nötig hat, Menschen in den Keller zu sperren, die nichts dafür können, ihre Feinde zu sein», sagt er.

Ins Methaphysische griff Horváth wie auch schon bei der *Unbekannten* in seinem Schauspiel *Don Juan kommt aus dem Krieg* (1952). Sein Don Juan begegnet auf der Suche nach der «großen Liebe» 35 Frauen (zu spielen von neun Schauspielerinnen, da sie «neun Grundtypen von Frauen» repräsentieren), ein großer Verführer, «der immer und immer von den Frauen verführt wird», doch «wirklich geliebt wird er von keiner». Im Spätherbst 1918 kehrt Don Juan in einer verdreckten Uniform vom Krieg heim und sucht seine ehemalige Geliebte. Alle Frauen, die jetzt seinen Weg kreuzen, wollen ihm beweisen, daß sie ihn lieben könnten. Als er endlich zum Haus der wahrhaft Geliebten kommt, muß er erfahren, daß er eine Tote gesucht hat: Sie starb an gebrochenem Herzen, und an ihrem Grab stirbt auch er, zugedeckt vom Schnee. Er stirbt an einer Sehnsucht, die sich als Todessehnsucht erweist. «Der Don Juan sucht immer die Vollkommenheit, also etwas, was es auf Erden nicht gibt. Und die Frauen wollen es ihm, und auch sich selbst, immer wieder beweisen, daß er alles, was er sucht, auf Erden finden kann», bemerkte Horváth zu seinem Schauspiel. «Erst, da sie schaudernd ahnen, daß er nicht das Leben sucht, sondern sich nach dem Tode sehnt, schrekken sie vor ihm zurück.»

Ebenfalls metaphysisch akzentuiert ist das Schauspiel *Der jüngste Tag* (1937), in dem Horváth das Problem der schuldlosen Schuld aufwarf, menschliche Verstrickung und gesellschaftliche Zwänge darzustellen suchte: Der Stationsvorsteher Hudetz vergißt, ein Zugsignal rechtzeitig zu stellen, weil ihn die Wirtstochter Anna geküßt hat. Es kommt zum Zugunglück mit 18 Toten. Hudetz wird freigesprochen, da Anna aussagt, er habe das Signal rechtzeitig gestellt. Nun aber nimmt die Verstrickung von Anna und Hudetz, die beide von ihrer Schuld nicht loskommen, tragische Dimensionen an. Bei einem Zusammentreffen, das er «Verlobung» nennt, tötet er Anna. Hudetz will sich vor einen Zug werfen, kommt aber zur Einsicht, daß er es sich damit zu einfach machen würde. Er stellt sich vor ein höheres Gericht: «Die Hauptsach ist, daß man sich nicht selbst verurteilt oder freispricht.»

Auf einen historischen Stoff griff das Lustspiel *Ein Dorf ohne Männer* (1937) zurück. Es behandelt eine Episode am Hof des ungarischen Königs Matthias Corvinus, der in seinem korrupten Land Ordnung schaffen will und sich weigert, seine braven Soldaten in ein männerloses Dorf mit unsagbar häßlichen Frauen zum Zweck der Fortpflanzung zu entsenden.

Ins Altertum versetzte Horváth sein letztes Werk *Ein Sklavenball*, das er noch zur «Komödie eines Erdbebens» *Pompeji* umarbeitete. Es geht um Menschen, die zwischen Sklaverei und Freiheit keinen Weg finden, denn die erhoffte Freiheit erweist sich als fragwürdig: «Auch die Freiheit nämlich ist nur ein käuflicher Artikel ...»

Italienische Nacht
Volksstück in 7 Bildern
UA: 1931 in Berlin

Im Gasthaus einer süddeutschen Kleinstadt tarockieren, trinken und politisieren der Stadtrat und seine Freunde vom «Republikanischen Schutzverband». Für den Abend ist die alljährliche «Italienische Nacht» der Republikaner im Gasthausgarten vorgesehen. Draußen marschieren zu Militärmusik Nationalsozialisten vorbei, die ihren «deutschen Tag» feiern. Man schreibt das Jahr 1930. Martin, der Wortführer der radikalen Jungsozialisten, macht den kartenspielenden Honoratioren Vorwürfe, daß sie keine politische Schlagkraft mehr hätten und vor allem die Nationalsozialisten unterschätzten. Als er entdeckt, daß der Wirt den Gasthausgarten vor der «Italienischen Nacht» am Nachmittag an die Faschisten für eine Feier vergeben hat, regt sich doch Empörung unter den Republikanern. Der Wirt rechtfertigt sich aber vor seinen Freunden, indem er die Schuld auf die unpolitischen Geschäftsinteressen seiner Frau schiebt. Man zieht sich zum Kartenspiel in eine ruhige Ecke zurück. Während die Faschisten marschieren und einige Leute ihre Uniformen, Fahnen und die Musik bewundern, stellt Martin seinen Freund Karl wegen seiner «rückschrittlichen» Freundin zur Rede und betont, daß Politik und Privatleben nicht zu trennen seien. Er selbst setzt seine Freundin Anna ein, um die Faschisten auszuhorchen. Nur mit Mühe bringt unterdessen der Wirt die sangesfreudigen Faschisten rechtzeitig aus seinem Gasthausgarten. Als dann das republikanische Fest mit Publikumstanz, Rezitation und Kinderballett in Szene geht, schlagen die radikalen jungen Genossen Krach, und Martin beschimpft die Honoratioren, lächerliche Fammlienfeste zu veranstalten, während die Faschisten Nachtübungen mit Kleinkaliber durchführen. Die Jungen werden wegen «unkameradschaftlichen Verhaltens» aus dem Garten verwiesen. Martin gerät mit einem Genossen aus Magdeburg und auch mit Karl in Streit, der sich von seiner Freundin Leni trösten läßt. Inzwischen hat sich das Fest weitgehend aufgelöst, Katerstimmung breitet sich aus, und der Stadtrat tyrannisiert und demütigt wie gewohnt seine Frau Adele, die erstmals aufbegehrt. Als man gerade erwägt, die Jungen zurückzuholen, kommen einige Faschisten, um dem Stadtrat eine demütigende Erklärung abzuverlangen. Adele brüllt den Rädelsführer derart an, daß dieser unter Drohungen den Rückzug antritt. Die eintreffenden Jungsozialisten melden, daß die Gefahr vorbei ist. Der Stadtrat findet beruhigende Worte: «So lange es einen republikanischen Schutzverband gibt, so lange ich die Ehre habe, Vorsitzender der hiesigen Ortsgruppe zu sein, so lange kann die Republik ruhig schlafen!» sagt er. «Gute Nacht!» antwortet Martin.

«1930 – ?» gab Horváth seinem bitteren «Volksstück» als Zeitangabe, hellsichtig für unmittelbar drohende Gefahren, aber auch für das typische kleinbürgerliche Fehlverhalten gegenüber der Bedrohung der Freiheit. Denn er schuf nicht nur ein Zeitstück, in dem er in genauer Beobachtung seiner Umwelt eine exakte Analyse der Gesellschaft von 1930 lieferte, er zeigte auch, wie sich der Faschismus in den Kleinstädten, von den Stammtischen und Gasthausgärten ausbreitet. Das Klima der Bedenkenlosigkeit, der spießerhaften Selbstgenügsamkeit, die sich ihre scheinbare Idylle nicht stören lassen will, wird allein aus den Figuren entwickelt. Aus ihrem Achselzukken, ihren Beschwichtigungsformeln, den wohltönenden Worten, deren Pathos bagatellisiert. Nichts anderes haben diese «Verteidiger der Republik» ihrer Bedrohung entgegenzusetzen als phrasenhafte Vereinsmeierei, Apathie oder aber kurzsichtigen Fanatismus. In diesen Menschen einer Kleinstadt, die nicht verhindern, daß sich bei ihnen der Faschismus einnistet und ausbreitet, spiegelt Horváth auch die politische Situation der späten Weimarer Jahre, die «kleinstädtischen Verhältnisse» der Republik. Der Stadtrat, der die Humanität auf den Lippen trägt und seine Frau erniedrigt und unterdrückt, läßt zwar als Demokrat die junge Generation nicht heran, möchte sich aber schon bei der ersten Konfrontation mit den Faschisten aus dem Staub machen. Karl hängt seine politischen Ambitionen aus Opportunismus an den Nagel. Martin kompensiert seine erotischen Probleme mit Politik. Das apolitische Spießertum hängt seine Fahnen und ökonomischen Interessen in den Wind. Einige knappe Szenen voll der Phrasen von Blut, Ehre, Opferfeuer, voll Militarismus und vulgärem Befehlsjargon charakterisieren, was von den Faschisten zu erwarten ist. Welche Mystifizierungen sie in der Bevölkerung auslösen, zeigt eine jener meisterhaften Sequenzen, in denen das Ungeheuerliche aufflackert: Eine Frau möchte sich eine Uniform beschaffen – zum «Anschaun», sagt sie lächelnd –, doch als ihr Wunsch einem Mädchen unheimlich wird, gerät sie in Rage: «Dumme Gans, dumme! Ihr jungen Leut habt halt keine Illusionen mehr.» Die einzige, die öffentlich gegen die Faschisten aufzubegehren wagt, ist die Frau des Stadtrats. Sie duldet nicht die Erniedrigung des Mannes, der sie seit Jahren erniedrigt.

Geschichten aus dem Wiener Wald
Volksstück in 3 Teilen
UA: 1931 in Berlin

Draußen in der Wachau läßt sich der Tunichtgut Alfred bei Mutter und Großmutter verwöhnen. Er ist mit seinem Freund, dem zwielichtigen «Geschäftsmann» Hierlinger, und mit der nicht mehr jungen Trafikantin Valerie, die sich ihre Beziehung zu Alfred einiges kosten lassen muß, kurz zu Besuch gekommen. «Eine rein menschliche Beziehung wird erst dann echt, wenn man etwas voneinander hat. Alles andere ist Larifari», sagt er zu Valerie. Als er aber in Wien Marianne, der Tochter des Besitzers der Puppenklinik «Zum Zauberkönig», begegnet, kommt es zum Streit mit Valerie, und er trennt sich von ihr. Marianne ist dem Fleischermeister Oskar versprochen, der seinen Laden neben dem Zauberkönig und dem Geschäft von Valerie hat. Äußerlich sanft und liebevoll, zeigt Oskar in den Annäherungen an Marianne eine verdeckte Brutalität. Bei einem gemeinsamen Ausflug in den Wiener Wald verkündet der Zauberkönig die Verlobung seiner Tochter mit Oskar. Valerie schäkert, von Alfred brüskiert, mit dem Zauberkönig und verführt dann dessen Neffen Erich. Alfred macht Marianne den Hof, und als er sie küßt, bricht

Horváth, Geschichten aus dem Wiener Wald
Schaubühne Berlin, 1972
Inszenierung: Klaus Michael Grüber
Oskar: Bruno Ganz, Marianne: Jutta Lampe

elementar ihre Liebessehnsucht auf. Vor allen Leuten bekennt sie sich zu ihm und löst ihre Verlobung mit Oskar. Empört sagt sich der Zauberkönig von seiner Tochter los. – Ein Jahr später ist das große Gefühl in Kleinmut versandet: Alfred, der mit Marianne und dem inzwischen geborenen Kind in einem schäbigen Zimmer lebt, hat dieses Leben bereits satt. Er sucht wieder Kontakt mit dem Hierlinger, der Marianne an eine Baronin vermittelt, die «Ballette», für «elegante Etablissments» zusammenstellt. Der kleine Leopold wird bei der Mutter in der Wachau untergebracht. Wieder einmal bittet Alfred die Großmutter in einem Streitritual um Geld. Die gehässige Alte verlangt dafür, daß er sich von Marianne trennt. In der stillen Gasse vernachlässigt unterdessen der Zauberkönig sein Geschäft, Valerie streitet mit Erich, den sie aushält, weist aber Alfred, der vorsichtig wieder Kontakt aufnehmen möchte, energisch ab. Beim Heurigen lernt man einen betrunkenen Amerikaner kennen. Der «Mister» lädt die ganze Gesellschaft ins «Maxim» ein. In dem Etablissement tritt Marianne nackt in lebenden Bildern auf. Hysterisch provoziert Valerie einen Skandal, das Spektakel wird abgebrochen, der Zauberkönig weist seine Tochter, die verzweifelt eine Aussprache sucht, in unversöhnlicher Härte von sich. – Valerie versucht, Marianne mit ihrem Vater auszusöhnen, Alfred verspricht Oskar, ihm Marianne zu überlassen, dieser wiederum bringt Alfred erneut mit Valerie zusammen. So kommt es zur großen Versöhnung und Wiederherstellung der ursprünglichen Beziehungen. Als alle gemeinsam in der Wachau auftauchen, um den kleinen Leopold zu besuchen, diktiert die Großmutter ihrer Tochter gerade die Nachricht vom Tod des Kindes. Marianne stürzt sich auf die Großmutter und will sie mit ihrer Zither erschlagen, wird aber von Oskar daran gehindert. Nun, da das Kind tot ist, steht nichts mehr zwischen ihnen: «Ich hab dir mal gesagt, Mariann, du wirst meiner Liebe nicht entgehen», erklärt er, ehe er sie wegführt. Im Haus hört man die Großmutter auf der Zither «G'schichten aus dem Wiener Wald» spielen. – Ein Mädchen wird «geschlachtet», nicht physisch, aber in seinen Hoffnungen, Illusionen, seiner Lebenssehnsucht. Systematisch wird Marianne das Leben ausgetrieben. Die Ehe mit dem frommen Sadisten Oskar besiegelt ihren Tod auf Raten. Marianne hat keine Chance in einer verdinglichten Welt, die den Menschen nur als Ware, auf seine Verwertbarkeit hin betrachtet, in einer Männerwelt, die die Frau zum Sexualobjekt, zum Opfer macht. Wo die Liebesfähigkeit zu Ende ist, kommt das Böse an die Macht. Die Schlächter haben Zeit zu warten – und sie siegen. Denn was Oskars «Liebe» bedeutet, darüber läßt Horváth kaum Zweifel: Seine Küsse sind Bisse, die symbolische Attacke, in der er Marianne beim Ausflug «umlegt», ist ein Gewaltakt. Und «Patriarchat, kein Matriarchat! Kopf hoch! Daumen runter! Ave Caesar, morituri te salutant!» lautet die Empfehlung des Zauberkönigs zur Behandlung des Mädchens. Horváth schildert Mariannes Kampf um Leben in einer ungemein subtilen, kunstvollen Komposition. Zwar erscheinen Dialoge und Geschehen durchweg realistisch motiviert, doch sind sie in einem höchst komplizierten poetischen System von Symbolen, Signalen, Assoziationen und zeichenhaften Bezügen zusammengefügt. Herbert Gamper hat auf die Fülle von Sexual- und Todessymbolen hingewiesen, die diesen Kampf der Menschen auf Leben und Tod kennzeichnen: In der Gestalt der Großmutter, die ihre Macht im «Liebeskampf» mit Geld ausspielt, «nimmt die Reduktion von Leben auf Sexualität, Todesdrohung und Todesangst mythische Dimensionen an». Der Mechanismus, dem das Verhalten der meisten Figuren untersteht, tritt in ihr unverhüllt hervor wie in dem blutrünstigen Schlächter Havlitschek die verdeckten Züge Oskars. Sie wird zur Überfigur der Totengräber. Es ist eine erbarmungslose Todesmelodie mit perfide lieblichen Klängen, die Marianne gespielt wird. Sie versucht, sich zu befreien, glaubt in Alfred ihre Möglichkeit zum Leben gefunden zu haben und sieht sich zuletzt doch wieder in der alten Konstellation. Aber für einen Augenblick schien es, als wäre die Welt durch die Intensität des Gefühls zu verändern, Liebe gegen das Böse, Leben gegen Tod zu setzen. Es war Illusion. Und doch hat sich Marianne gegen diese Welt der Schlächter und Totengräber, die Horváth visionär zeichnete, solange sie nur konnte gewehrt. «Ich kann nicht mehr. Jetzt kann ich nicht mehr», sind Mariannes letzten Worte, ehe Oskar sie an sich zieht.

Kasimir und Karoline
Volksstück in 117 Szenen
UA: 1932 in Leipzig

Kasimir und seine Braut Karoline besuchen das Münchner Oktoberfest, obwohl Kasimir über den Verlust seiner Stellung als Chauffeur in dieser Zeit der Wirtschaftskrise sehr deprimiert ist. Als der vielbestaunte Zeppelin vorbeifliegt, geraten die beiden in Streit, und Kasimir läßt Karoline stehen. Sie wird von dem Zuschneider Schürzinger angesprochen, der sich die Situation zunutze macht, und fährt mit ihm Achterbahn. Kasimir trifft den Merkl Franz, einen mehrfach vorbestraften zwielichtigen Burschen. Merkl, der seine Freundin Erna brutal und voll Frauenverachtung behandelt, hetzt Kasi-

Horváth, Kasimir und Karoline
Theater in der Josefstadt, Wien, 1979
Inszenierung: Fritz Zecha
Kasimir: Heinz Marecek
Merkl: Michael A. Schottenberg
Erna: Marianne Nentwich

mir gegen Karoline auf. Es kommt zum Bruch zwischen ihnen, Karoline geht mit Schürzinger davon. Die beiden treffen Kommerzienrat Rauch, den Chef des Zuschneiders, der mit einem Freund aus Erfurt auf amouröse Abenteuer aus ist. Dem Kommerzienrat gefällt Karoline, er lädt sie mit ihrem Begleiter zum Trinken ein. Als sich Kasimir heranpirscht, um sich bei Karoline zu entschuldigen, weist sie ihn endgültig ab und erklärt, sie hätte jetzt höhere Ambitionen. Mit ihren Gönnern zieht sie weiter. Rauch beobachtet ärgerlich die wachsende Zuneigung zwischen Schürzinger und Karoline. Inzwischen versucht der Merkl Franz Kasimir in seine dunklen Geschäfte hineinzuziehen. Vergeblich bemüht sich Erna, das zu verhindern. Schürzinger warnt Karoline vergeblich vor den Absichten des Kommerzienrats, doch auf einen deutlichen Wink von Rauch zieht er sich zurück. Die beiden angeheiterten älteren Herrn geraten in Streit, Rauch trennt sich von Speer und bricht mit Karoline zu einer «Landpartie» in seinem Kabriolett auf. Am Parkplatz begegnen sie Kasimir und Erna, die für Merkl Schmiere stehen. Karoline verabschiedet sich endgültig von Kasimir. Bald darauf hat der Ausflug allerdings in der Sanitätsstation des Oktoberfests sein Ende gefunden, da Rauch im Auto eine Herzattacke erlitt. Auch Speer, der sich zwei leichte Mädchen angelacht hat und in eine Rauferei geraten ist, wurde dort schon verarztet. Der Kommerzienrat beginnt, auf die «Sauweiber» zu schimpfen, und verabschiedet Karoline in rüder Form. Inzwischen wurde der Merkl Franz verhaftet, den Erna nun wegen seiner vielen Vorstrafen verloren gibt. Sie und Kasimir finden zueinander. Als Karoline sich reuig mit Kasimir versöhnen will, weist er sie kalt ab. Da taucht Schürzinger auf, und Karoline läßt sich von ihm willenlos wegführen. Erna und Kasimir singen leise ein melancholisches Liebeslied.

«Und die Liebe höret nimmer auf» hat Horváth seiner «Ballade vom arbeitslosen Chauffeur Kasimir und seiner Braut mit der Ambition» als Motto vorangestellt. Ein zynischer Satz angesichts der Gefühlskälte und Lieblosigkeit in diesem Volksstück, in dem jeder jeden verrät und entwürdigt. Eine gesellschaftliche Situation und ein daraus resultierendes Lebensgefühl der Trostlosigkeit und Lebensgier werden geradezu brutal vermittelt. Am Rummelplatz des Lebens stehen Menschen mit «halt so einer Sehnsucht» hilflos zwischen Achterbahn und Abnormitätenkabinett, Menschen, die vom Höhenflug träumen und sich in Wahrheit an Gemeinplätzen, an Kalendersprüchen und Gefühlsklischees festhalten müssen, um nicht ins Bodenlose zu stürzen. Ihre Sehnsucht greift ziellos in den Raum, sie gilt nicht mehr dem Menschen. Man sieht im anderen keine Hoffnung, sondern nur eine Gelegenheit. «Wenn man bedenkt, wie weit es wir Menschen schon gebracht haben», jubelt der Liliputaner zum Zeppelin hinauf. Die menschliche Abnormität grüßt die technische! Doch zwischen ihnen tummeln sich die seelischen Fehlentwicklungen. Die Menschen blikken zum Luftschiff auf, zu diesem Symbol einer verzweifelten Zeit, und inzwischen stirbt die kleine Liebe zwischen Kasimir und Karoline, wird von ihr fast beiläufig, wie unbewußt und doch mit heimlicher Brutalität erstickt. Horváth formuliert allerdings nicht nur die Zerrüttung und Vernichtung von Gefühlen und Werten in der Zeit der großen Arbeitslosigkeit der dreißiger Jahre, er zeigt auch, wie der «Zukunftsblick» des Menschen, leicht verführbar, an Äußerlichkeiten hängt, nicht mehr in den anderen hineinschaut, nicht mehr den inneren Kontakt aufspürt, sondern die Hülle auf ihre Verwertbarkeit prüft. Die Hoffnung ist nicht der andere, sie gilt dem «rosigeren Blick in die Zukunft». Der erscheint vage genug: Ein kleiner Aufstieg auf der sozialen Leiter, ein wenig mehr ökonomische Sicherheit, heraus aus der bisherigen Misere, doch ohne konkrete Vorstellung, wohin. Der Menschheitstraum vom Fliegen, vom Aufstieg, von der Freiheit wird hier als unmenschlich entlarvt, weil er den Menschen vom Menschen entfernt. Man kehrt zurück «mit gebrochenen Flügeln», hat sich lächerlich gemacht durch die Untauglichkeit der verwendeten Mittel und schuldig, weil sie andere verletzten. «Und das Leben geht weiter, als wäre man nie dabei gewesen», sagte Karoline, die das Gefühl selbst in sich abgetötet hat. Sie wird zum Automaten, den Schürzinger nachsprechen läßt «Es wird immer besser», zuletzt in keine viel rosigere Zukunft abgeschleppt als Marianne in den *Geschichten aus dem Wiener Wald*. Die Erbärmlichkeit des Geschehens und der Menschen zeichnet Horváth in kunstvoller Verschachtelung von Kurzszenen, die oft an die Sequenzen eines Films erinnern. Kontrapunktisch setzt er Musik ein, mit der er jene Gefühlswerte aufbaut, aus denen sich das sehnsuchtsvolle, vage Empfinden seiner Figuren zusammensetzt, ihre triviale, zugleich aber auch anrührend hilflose Gefühlswelt.

Das Schweizer Theater des 20. Jahrhunderts

Den Auftakt zur Schweizer Dramatik dieses Jahrhunderts gab ROBERT WALSER (1878–1956), einer der Stammväter nicht nur der eidgenössischen, sondern der modernen Literatur überhaupt. Seine acht Dramolette stellen kostbare poetische Spielvorlagen dar, die mitunter die Erkenntnisse eines Sigmund Freud vorwegnehmen. Sie sind teils um die Jahrhundertwende, teils um 1920 entstanden, und vor allem die Märchendramolette weisen neuromantische, auf höchst subtile Art psychologisierende Figurenkonstellationen auf. – In *Aschenbrödel* (1967) bekommt das arme Mädchen vom Prinzen ein kostbares Kleid aufgenötigt, das es zunächst gar nicht tragen will. Erst nach und nach gewöhnt sich Aschenbrödel an das festliche Leben, an eine neue Kultur, die ihm auch gewisse Zwänge auferlegt. – Das Dramolett *Dornröschen* (1973) variiert das Märchen von der Prinzessin, die wachgeküßt wird und dadurch das ganze Schloß aus dem Zauberschlaf befreit, so daß mit der Befreiung Dornröschens auch der Gegensatz zwischen Traum und Leben aufgehoben wird, daß der Entschluß der Prinzessin, mit dem fremden Prinzen das Leben zu bewältigen, gleichzeitig die entscheidende Realitätsprüfung darstellt. – *Schneewittchen* (1973) wiederum hebt vor allem den Konflikt zwischen der Königin und ihrer Tochter heraus und zeigt die zerstörerische mütterliche Eifersucht, die bis zur Mordabsicht geht, während Schneewittchen bemüht ist, Harmonie herzustellen. In diesem Streit stehen die Männer, etwa der Liebhaber der Königin und der König, nahezu außerhalb des Geschehens, die Spannungen zwischen den beiden Frauen teilen sich ihnen gar nicht mit. – Von Interpreten wird vor allem der eminente Spielcharakter hervorgehoben, der insbesondere in den Märchenkomödien Walsers den dramatischen Spannungen zwischen Traum und Leben, Phantasie und Realität innewohnt.

In den dreißiger und vierziger Jahren dieses Jahrhunderts, als im deutschen Sprachraum viele Autoren Schreibverbot hatten und emigrieren mußten, entwickelte sich im damaligen Asylland Schweiz ein eigenes Zentrum der neueren Dramatik. Beispielhafte Theaterarbeit gab es vor allem am Schauspielhaus Zürich, wo die wichtigsten Stücke von Bertolt Brecht uraufgeführt wurden. Nicht von ungefähr haben später die beiden bedeutendsten Schweizer Dramatiker, MAX FRISCH* und FRIEDRICH DÜRRENMATT*, in ihrem dramatischen Werken eine mehr oder minder bewußte Abkehr vom Theater Brechts zu formulieren versucht und die entscheidende Auseinandersetzung mit dem Erbe Brechts in den sechziger Jahren eingeleitet.

Im Gefolge der beiden über die Schweiz hinaus weltweit berühmt gewordenen Dramatiker wuchs eine neue Autorengeneration heran. Dazu zählte WALTER MATTHIAS DIGGELMANN (1927–1979), der sich in seinen sozialkritischen Romanen vorwiegend mit den Problemen von Jugendlichen aus zerrütteten Familien beschäftigte und in seinem Stück *Die letzte Adresse* (1976) Drogenprobleme auf die Bühne brachte. – HERBERT MEIER, geboren 1928 in Solothurn, beschäftigt sich in *Stauffer-Bern* (1974) kritisch mit der Welt des Kulturmanagements am Beispiel eines Berner Künstlers.

Der bedeutende Erzähler ADOLF MUSCHG, geboren 1934 in Zollikon, ist auch mit einigen Dramen hervorgetreten. Sein erstes, *Rumpelstilz* (1968), ein «kleinbürgerliches Trauerspiel», erzählt die Geschichte des hypochondrischen Gymnasialdirektors Leu, der, gesellschaftlich in seinen Ambitionen und Hoffnungen gescheitert, auch menschlich Schiffbruch erleidet. Das Jämmerliche, Durchschnittliche, der «Mief», den er den «Geruch gesellschaftlicher Verzweiflung» nennt, charakterisiert viele von Muschgs Arbeiten, und immer ist in ihnen ein fast ärgerliches Mitleid zu spüren, eine stille Trauer um das so quälend Kleine und Lächerliche eines gescheiterten Lebens. – Ein Dramenfragment Goethes erweiterte Muschg zu dem Revolutionsstück *Die Aufgeregten von Goethe* (1970), in dem er sich nicht nur mit Goethes Verwirrung angesichts der bürgerlichen Revolution, sondern mit den Schwierigkeiten der Deutschen auseinandersetzt, politisch mündig zu handeln. – Nicht ohne biographische Parallelen behandelt Muschg in *Kellers Abend* (1975) die Frage nach der Revolution von 1848 und ihren treibenden Kräften, gespiegelt in den Intellektuellen der damaligen Zeit. Am Fall von Gottfried Keller, einem Zeitgenossen, der nicht mithandelt, sondern bestenfalls reagiert, zeigt er den Künstler zwischen Engagement und Anpassung. Muschgs deutliche Kritik an den Intellektuellen, die entweder Gesellschaftsveränderer spielen, spekulieren und taktieren, oder passiv bleiben, ist dabei durchaus auf die heutige Zeit bezogen.

In Prosa wie in Hörspielen und seiner Dramatik jongliert URS WIDMER, geboren 1938 in Basel, virtuos mit Phantastik und Realität, Zitat und gegenwärtigem Ereignis, und stellt sie spielerisch und mit viel Witz in oft absurde und doch erhellende Zusammenhänge. In seinem ersten Stück, *Die lange Nacht der Detektive* (1973) lädt Sherlock Holmes seine großen Kollegen von Maigret bis Miss Marple zu seinem 80. Geburtstag, bei dem der ungebeten erscheinende Jerry Cotton ermordet wird und den greisen Superdetektiven Gelegenheit bietet, ihre Fähigkeiten unter Beweis zu stellen. – *Nepal* (1977) ist ein Clown-Spiel mit Godot-Anklängen, Projektion einer bedrohlichen Außenwelt, vor der sich zwei Männer zurückgezogen haben, um spielend den Traum von Nepal als ferner Möglichkeit einer Freiheit vorzuführen. In *Stan und Ollie in Deutschland* (1979) läßt Widmer die beiden Komiker Stan Laurel und Oliver Hardy aus dem Himmel direkt in die deutsche Wirklichkeit fallen, der sie mit Staunen, aber auch zunehmender Panik begegnen.

Zu den zahlreichen Autoren, die an der Entwicklung von Dialektstücken beteiligt sind, zählen ROLAND MERZ, geboren 1946, der in seinem *Strinckett oder S'goht nu well's ging* kritisch die Ausdrucksmöglichkeiten des heimischen Dialekts am Beispiel einer Ehekrise durchleuchtet, und HANSJÖRG SCHNEIDER. Der 1938 in Aarau geborene Germanist, der als Stipendiat am Basler Theater arbeitete, hat bereits eine Reihe von Stücken herausgebracht: In *S'Sennentuntschi* (1972) wird die Alpensage von der Sennenpuppe als Projektion des Unterbewußtseins von Männern gedeutet, die von einem unersättlichen weiblichen Dämon ausgehöhlt und zerstört werden. Einer Milieustudie vor der Kulisse des Ersten Weltkriegs *Dr'Erfender oder Schpäck und Bohne* (1973) folgten *Brod und Wein* (1973) und *Der Brand von Uster* (1975).

Max Frisch *1911

Max Frisch wurde am 15. Mai 1911 in Zürich als Sohn eines Architekten geboren. Nach einem 1933 abgebrochenen Germanistikstudium arbeitete er als Journalist und unternahm ausgedehnte Reisen. 1936–1940 studierte er in Zürich Architektur und eröffnete 1944 ein eigenes Büro. Neben ersten dramatischen Versuchen schrieb er Essays und Erzählungen, machte sich damit rasch als Schriftsteller einen Namen und gab als ungemein erfolgreicher Dramatiker und Romancier («Stiller» 1954, «Homo Faber» 1957) seinen Architektenberuf auf. 1976 erhielt er den Friedenspreis des deutschen Buchhandels für seine «Beharrlichkeit beim Bekämpfen von Machtmißbrauch und ideologischer Demagogie».

Ein wesentliches Thema hat Max Frisch immer wieder variiert, eine Angst zu bannen versucht: Die Angst vor der Fixierbarkeit des Menschen. So sieht er in der Einschränkung der Entfaltungsmöglichkeiten, in der Festlegung auf eine bestimmte Rolle eine tödliche Bedrohung. Die Auseinandersetzung mit dem Tod, die sich folgerichtig durch alle seine Werke zieht, ist zuletzt in dem lange zurückgehaltenen *Triptychon* konkret handlungsbestimmend geworden. Handlungsbestimmend aber in einen dialektischen Sinn: Indem Frisch die absolute, nicht revidierbare Stagnation in seinen Bildern vom Tod beschreibt, plädiert er für Erwartung und Hoffnung im Diesseits, für die vielen Möglichkeiten zum Revoltieren, Umdenken, Revidieren als Schutz vor frühzeitiger Erstarrung. Diese Einsichten bestimmen, wenn auch skeptisch geäußert, sein gesamtes Schaffen. «Kein anderer Autor des Gegenwartstheaters verbindet in seinem Werk ... die Einsichten in die Unbelehrbarkeit der Menschen durch Kunst mit der unüberhörbaren moralischen und gesellschaftlichen Verpflichtung, es immer wieder zu versuchen», schreibt Hellmuth Karasek und: «Bei Dürrenmatt ist eine Geschichte dann zu Ende erzählt, wenn sie ihre schlimmstmögliche Wendung genommen hat. Bei Frisch ... wenn sie wieder von vorn beginnt.» Bereits in seinem ersten, 1944 geschriebenen Stück, der Romanze *Santa Cruz* (1946), nimmt Frisch sein Thema, die Flucht vor der endgültigen Festlegung, auf. Dieses Traumspiel um ein Dreiecksverhältnis zeigt Menschen im Spannungsfeld zwischen zwei Lebensmöglichkeiten, deren real gelebte von der anderen als geträumte Sehnsucht begleitet wird. Allerdings läßt sich die Wirklichkeit gegen die Möglichkeit nicht austauschen. Zuletzt erfahren alle, daß sie kein anderes Leben als das bisher gelebte führen können – und dennoch bleibt die Sehnsucht in Träumen lebendig.

«Versuch eines Requiems» nannte Frisch sein Stück *Nun singen sie wieder* (1945), in dem er sich mit dem Faschismus, dem Krieg und seinen Folgen auseinandersetzt. Dem aus verschiedenen Perspektiven gesehenen Kriegsgeschehen wird die Welt der Toten gegenübergestellt – die Toten werden nicht gehört. Der Gesang, den Geiseln bei ihrer Erschießung durch deutsche Soldaten anstimmten, klingt als Mahnung durch das ganze Stück, das den Weg in die Schuld an einzelnen Figuren exemplarisch beschreibt. Der Gesang wird auch zur Klage, daß die Toten umsonst gestorben sind, ohne mit ihrem Tod etwas zu bewirken: «Sie machen aus unserem Tod, was ihnen gefällt, was ihnen nützt.»

Die Ohnmacht des Intellektuellen in einer Zeit, da «die Sintflut» (mittels der Atombombe) «herstellbar» geworden ist, spiegelt die Farce *Die chinesische Mauer* (1946). Die Berufung und Gefährdung des Menschen in der Verführung zur Macht wird in die Form einer kabarettistischen Parodie, eines Desillusionsspiels gefaßt: Der «Heutige», in die Zeit des Baus der Chinesischen Mauer gestellt, aber von einem Maskenreigen historischer und dramatischer Figuren (dem europäischen Bildungsbewußtsein) begleitet, muß erkennen, daß Wissen vor Ohnmacht nicht schützt und auch das öffentliche Bekennen der Wahrheit am Lauf der Dinge nichts ändern kann. Sein flammender Appell, das alte Denken, das auf Macht, Gewalt und Unterdrükkung aufgebaut ist, aufzugeben, erhält zwar eine literarische Auszeichnung, bleibt aber ungehört. Zuletzt finden sich der ohnmächtige «Heutige» und die Prinzessin, die geschändete Menschenwürde, in Liebe: Als sie ihn tröstet: «du hast gesagt, was du zu sagen hast» und er resignierend sagt «und nichts erreicht», antwortet sie «dennoch mußt du es sagen».

Das Problem der Schuld diskutiert *Als der Krieg zu Ende war* (1949) am menschlichen Einzelfall. Bereits hier werden, wie später exemplarisch in *Andorra**, das Vorurteil und die Klischees angeprangert, in die «der Deutsche, der Jude, der Russe» gepreßt werden und dagegen «die Geschichte einer Ausnahme» gesetzt.

Mehrmals umgeschrieben hat Frisch seinen *Graf Öderland* (1. Fassung 1951, 3. Fassung 1961), eine «Moritat», die den Ausbruch aus einer Rolle, aus einer Ordnung erzählt. Am Beginn steht eine motivlose Tat: Ein Bankkassierer, ein Leben lang Muster der Verläßlichkeit und Ehrbarkeit, hat in einem jähen Blutrausch einen ihm Unbekannten mit der Axt erschlagen. Für den Staatsanwalt, die Hauptfigur des Dramas, wird die Bluttat zum schicksalhaften Aufruf. Er greift, wie der sagenhafte Graf Öderland, selber zur Axt, zieht mordend durch die Welt, wird damit ungewollt zum Führer einer Bewegung und kommt an die Macht – ein Geschehen, das die 3. Fassung als Traum des Staatsanwalts ausweist. Die Gefährdung durch die lauernde Chaotik der Seele wird freilich auch in den geträumten Sehnsüchten deutlich: Der Griff zur Axt als Bedrohung, die in jedem wohlbehüteten Dasein schlummert.

Als einen Menschen, der in die Rolle des Don Juan gezwungen wird, schildert Frisch die Titelfigur seiner Komödie *Don Juan oder Die Liebe zur Geometrie* (1953): Ein junger Mann, auf der Suche nach sich selbst, liebt nicht die Frauen, sondern die Geometrie. Er will nur das Rationale, «Männliche», als Prinzip anerkennen. Besessen von der Liebe zum Absoluten, versucht er, dem Kreatürlichen zu entgehen. Nun soll er aber auf Wunsch seines Vaters verheiratet werden. Um sich die Freiheit zu erhalten, flieht er in der Nacht vor der Hochzeit, begegnet im Park einer Unbekannten, verführt sie und wird von diesem Augenblick an in einen Strudel der Liebesabenteuer gezogen. Bestürzt, daß auch er der Sinnlichkeit unterworfen ist, rettet er sich in die Verführerpose, fordert in trotzigem Aufbegehren den Himmel heraus und wird zu Don Juan. Zwölf Jahre später versucht er dieser Rolle durch eine selbstinszenierte Höllenfahrt zu entkommen, um sich hinfort in Ruhe und Abgeschiedenheit seiner geliebten Geometrie widmen zu können. Doch seine Hybris, ohne Du auskommen zu wollen, wird bestraft. Die Herzogin von Ronda gewährt dem inzwischen zur Legende gewordenen Don Juan Asyl, macht ihn jedoch auch zum Ehemann und Vater. Seine Flucht, mit der er der Ehe entkommen wollte, endet dort, wo sie ihren Ausgang nahm: in Ehe und Vaterschaft – der unbedingte Anspruch mündet in die Einsicht des Unabänderlichen.

Dem «Versuch einen Intellektuellen schwankfähig zu machen», dem Einakter *Die große Wut des Philipp Hotz* (1958), folgten Frischs größte Theatererfolge, die beiden Parabeln *Biedermann und die Brandstifter** und *Andorra**. Mit *Biografie* (1968) stellte sich eine Wende in Frischs Schaffen ein, das nun einen ausgeprägt privaten Charakter annimmt: Der Verhaltensforscher Kürmann erhält die Möglichkeit, mit dem eigenen Verhalten zu experimentieren und sein Leben in Form einer Theaterprobe, die repetierbar und nur vorläufig abrollt, zu wiederholen. Dabei erweist sich im Verwerfen der verschiedenen Varianten, daß er, von kleinen Details abgesehen, unfähig ist, seine Biographie zu verändern.

Einen «Abschied von der Biographie» nannte Frisch schließlich das nach einer mehrjährigen Pause seines dramatischen Schaffens entstandene *Triptychon* (UA: 1979 in französischer, 1981 in deutscher Sprache). Grundthema dieses dreiteiligen Werkes ist der Tod. Eine Bilderfolge konfrontiert die Lebenden mit den Toten. Um das Hadesbild des Mittelteils, das Totsein als endgültige Verurteilung zu Repetition des gelebten Lebens darstellt, gruppiert Frisch die Konfrontation Lebender mit Toten: Das erste Bild zeigt eine Trauergemeinde nach dem Begräbnis des Matthis Proll, die Verlegenheit der Gesellschaft vor dem Faktum Tod und das Aufbegehren der Ehefrau, die auf den Toten verzweifelt einredet; das dritte führt einen Mann mit seiner längst verstorbenen Geliebten zusammen, auf jener Parkbank, auf der sie sich vor Jahren getrennt haben. Doch wiederum erweisen sich das nochmalige Aufrollen der Geschichte ihrer gescheiterten Liebe, das Reflektieren der Vergangenheit, die Rechtfertigungen als völlig sinnlos: Die Toten denken nicht um. Frisch formuliert mit seinem *Triptychon* eine Bejahung der Existenz als einzigem Zeitraum, in dem etwas Neues entstehen, sich etwas verwandeln, in dem der Mensch umdenken kann.

Biedermann und die Brandstifter
Ein Lehrstück ohne Lehre
UA: 1958 in Zürich

Ein Chor von Feuerwehrleuten wacht vor dem Haus des Haarwasserfabrikanten Gottlieb Biedermann. Biedermann empört sich, Zeitung lesend, über die Nachrichten von Brandstiftern, die sich, als Hausierer getarnt, in Dachböden einnisten und dann die Häuser anzünden. Da meldet das Dienstmädchen Anna einen Hausierer, der sich nicht abweisen läßt: Schmitz bittet nachdrücklich um ein Dach über dem Kopf, und Biedermann kann nicht umhin, ihn zu bewirten. Wieder meldet Anna Besuch: Es ist Knechtling, ein Angestellter Biedermanns, der eine Gewinnbeteiligung an dem von ihm erfundenen Haarwasser wollte und deshalb entlassen wurde. Biedermann läßt ihn durch Anna abweisen. Dann führt er

Schmitz zu seinem Nachtquartier auf den Dachboden. Am nächsten Morgen versucht er, den ungebetenen Gast durch seine Frau hinauswerfen zu lassen. Beim ausgiebigen Frühstück versteht es Schmitz allerdings, Frau Biedermann mit der Geschichte seiner bitteren Kindheit zu rühren und in Verlegenheit zu bringen. Es klingelt. Willy, ein Kumpan von Schmitz, trifft ein. In der Dämmerung des nächsten Morgens stapeln Schmitz und Willy Eisenring, ein ehemaliger Kellner und stets im Frack, Fässer auf dem Dachboden. Empört will Biedermann Einhalt gebieten, doch als ein Polizist eintrifft, um den Selbstmord Knechtlings zu melden, gibt Biedermann die beiden Eindringlinge als seine Angestellten aus und behauptet, obwohl er bereits ein Etikett mit der Aufschrift ‹Benzin› entdeckt hat, in den Fässern sei Haarwasser. Die beiden Männer werden immer aktiver. Biedermann, bereits in Panik, sieht keinen anderen Ausweg, als sich mit ihnen zu verbrüdern, und läßt ein Festmahl vorbereiten. Unversehens wird er zum Handlanger, sieht den Vorbereitungen verstört zu, hält die Zündschnur und versucht, gequält lachend, Humor zu beweisen. Inzwischen ist ein dritter Kumpan aufgetaucht, ein Dr. phil., der von Eisenring zur Wache eingeteilt wird und nach einer Gelegenheit sucht, mit Biedermann unter vier Augen zu sprechen. Bei den Vorbereitungen zum Festessen treibt Biedermann schließlich die Verbrüderung bis zur völligen, entwürdigenden Selbstaufgabe. Schließlich drückt er den beiden, die sich bereits offen als Brandstifter deklariert und die günstige Lage von Biedermanns Haus zwischen Gasometern betont haben, noch Zündhölzer in die Hand. Als der Dr. phil. hereinstürzt und eine Proklamation verliest, in der er sich von der Brandstiftung distanziert, geht sie bereits im Lärm von Sirenen, Sturmglocken und Feuergeprassel unter.

Ein nach der Züricher Uraufführung entstandenes Nachspiel, das aber meist gestrichen wird, zeigt das Ehepaar Biedermann in der Hölle, wo ihnen die Brandstifter als Teufel begegnen. Sie, die Teufel, sind verbittert, daß man ihnen immer nur die kleinen Sünder schickt, die uniformierten Verbrecher aber amnestiert. So rufen sie einen Streik aus, schwingen sich auf ihre Fahrräder und kehren zur Erde zurück, um ihr Vernichtungswerk fortzusetzen. Streichhölzer haben sie keine – «man wird sie uns schenken ...»

«Nimmer verdient, / Schicksal zu heißen, bloß weil er geschehen: / Der Blödsinn, / Der nimmerzulöschende einst», singt der Chor der Feuerwehrleute, die antike Tragödie zitierend, zu Beginn – «Was nämlich jeder voraussieht / Lange genug, / Dennoch geschieht es am End: /Blödsinn, / Der nimmerzulöschende jetzt, / Schicksal genannt» zum Schluß. Wie immer man diese brillante Parabel deutet, ob man in den Brandstiftern Faschisten, Kommunisten, Terroristen sieht oder die Handlanger atomarer Vernichtung: der Blödsinn, die Dummheit werden zum Schicksal dieser Welt. Ein «Lehrstück ohne Lehre», weil sich Dummheit einfach nicht belehren läßt. Biedermann geht sehenden Auges in seinen Untergang. Er verausgabt sich in seinen Geschäften, sorgt skrupellos für seine gesicherte materielle Existenz und hat der Bedrohung nichts als Ausflüchte entgegenzusetzen. Werner Weber hat auf die «verdorbene Sprache» von Biedermann und seiner Frau verwiesen, die deshalb so hilflos sind, «weil, was sie sagen, nicht gemeint ist; und weil, was sie meinen, nicht gesagt ist. Ihre Sprache dient nicht der Darstellung, sondern der Verstellung.» In der Gestalt des Dr. phil. hat Frisch eine weitere Variante seiner ohnmächtigen Intellektuellen gestaltet.

Andorra
Stück in 12 Bildern. UA: 1961 in Zürich

In Andorra befürchtet die Bevölkerung, daß der Nachbarstaat der «Schwarzen» einen Angriff auf ihr Land vorhabe. Die Lehrerstochter Barblin bangt um ihren heimlichen Verlobten Andri, den ihr Vater vor Jahren zu sich genommen hat, um ihn als «Judenkind» vor der Verfolgung durch die «Schwarzen» zu retten. Auch der Lehrer macht sich Sorgen. Er bemerkt, daß in Andorra Vorurteile gegen Andri herrschen, obwohl alle ungemein stolz auf ihre Toleranz sind. Im Gasthaus wird Andri von dem Soldaten Peider angerempelt, der Barblin nachstellt und von ihr abgewiesen wurde. Andri gesteht Barblin, wie sehr ihn die Andorraner immer wieder fühlen lassen, daß er «anders» sei. Als Andri den Lehrer bittet, ihm Barblin zur Frau zu geben, wehrt dieser erschrocken ab. Andri ist entschlossen, Barblin auch gegen den Willen des Vaters zu heiraten. Er will zu ihr in die Kammer, rüttelt an der verschlossenen Tür, da tritt Peider heraus ... Andri zieht sich immer mehr in sich zurück. Inzwischen verdichten sich in Andorra die Gerüchte über eine bevorstehende Invasion der «Schwarzen». Die Erregung wächst, als sich eine Dame aus dem Nachbarland im Gasthaus einquartiert. Man hält sie für eine Spionin. Die Señora wird Zeugin eines Streits zwischen Andri und Peider, bei dem Andri brutal zusammengeschlagen wird. Sie nimmt sich des Verletzten an und bittet ihn, sie zu seinem Vater zu führen. In einem Gespräch zwischen ihr und dem Lehrer kommt die Wahrheit an den Tag: Andri ist ihr gemeinsamer Sohn. Der Lehrer hatte die Geliebte seinerzeit – weil ein Andorraner keine Ausländerin zur Frau nimmt – sitzengelassen und eine Einheimische geheiratet, den Sohn aber zu sich genommen und selbst das verhängnisvolle Gerücht vom «Judenkind» verbreitet. Nun soll der Pfarrer den Jungen über den wahren Sachverhalt aufklären. Aber Andri glaubt die Wahrheit nicht, er ist überzeugt, ein Jude zu sein, und bekennt sich zu allen «jüdischen Eigenschaften», die die anderen stets an ihm entdecken wollten. Verstört bringt der Lehrer die Nachricht, daß die Señora durch einen Steinwurf getötet wurde. Man beschuldigt Andri der Tat. Der Tod der Señora liefert den «Schwarzen» einen Vorwand, in Andorra einzumarschieren. Die Andorraner lassen sich entwaffnen, vergeblich bekennt sich der Lehrer nun zu seinem Sohn – Andri wird abgeführt. Rasch hißt die Bevölkerung schwarze Fahnen und unterwirft sich widerstandslos einer «Judenschau» auf dem Marktplatz, bei der die Andorraner mit verhülltem Kopf und bloßen Füßen vorbeidefilieren müssen. Als Andri an der Reihe ist, ertönt ein dreifacher Pfiff. Er wird abgeschleppt. – Der Spuk ist vorbei. Barblin weißelt das Pflaster des Platzes, um wieder ein «weißes Andorra» herzustellen. Andri wurde erschossen, der Lehrer hat sich erhängt. Das Mädchen hat den Verstand verloren. Den Bürgern von Andorra ist sie ein «öffentliches Ärgernis»; sie verlangen, von ihr in Ruhe gelassen zu werden. «Einmal muß man ja auch vergessen können ...»

«Das Andorra dieses Stücks hat nichts zu tun mit dem wirklichen Kleinstaat dieses Namens, gemeint ist auch nicht ein anderer wirklicher Kleinstaat; Andorra ist der Name für ein Modell», schrieb Frisch in der Vorbemerkung zu seinem Stück. Ein Modell von großer szenischer Eindringlichkeit ist ihm gelungen: das Modell der tödlichen Bedrohung durch das Vorurteil. Einem Menschen wird verwehrt, er selbst zu sein, er wird zu dem gemacht, was die anderen in ihm sehen wollen – und damit zerstört. Die Schuld der Andorraner liegt in ihrer Unbelehrbarkeit und Stumpfsinnigkeit gegenüber einem schrecklichen Vorurteil. Frisch zeigt, wie grauenvoll sich Klischeevorstellungen auswirken, ohne überprüft oder gar angezweifelt zu werden. Nicht die Vernunft, nicht die Wahrheit, keine Argumente kommen dagegen an. In kurzen Einblendungen zwischen den einzelnen Szenen treten die Andorraner in den Zeugenstand eines imaginären Gerichts und beteuern, das alles so nicht gewollt zu haben. Keiner fühlt sich schuldig. So fatal unreflektiert wie das Vorurteil bleibt letztlich auch die Schuld.

Friedrich Dürrenmatt * 1921

Friedrich Dürrenmatt wurde am 5. Januar 1921 als Sohn eines protestantischen Pfarrers in Konolfingen bei Bern geboren. Er studierte an den Universitäten Bern und Zürich Philosophie und Literatur, begann aber bald Kriminalromane, Hörspiele und vor allem Dramen zu schreiben. Dürrenmatt verfaßte eine Reihe von theoretischen Schriften zum Theater, führte Regie und wurde 1968 an der Seite Werner Düggelins Mitdirektor des Basler Theaters, für das er Shakespeare- und Strindberg-Bearbeitungen von großer Originalität schuf. Seit 1969 Miteigentümer der liberalen Wochenzeitung «Zürcher Sonntagsjournal», schrieb er für dieses Blatt kulturkritische Beiträge. 1969 schied er aus der Basler Direktion wieder aus. 1970 ging er als freier künstlerischer Berater von Intendant Harry Buckwitz ans Schauspielhaus Zürich, wo er auch öfters inszenierte. Ab der Mitte der siebziger Jahre wandte er sich verstärkt der Prosa zu.

Wie für Frisch wurde auch für Dürrenmatt die Auseinandersetzung mit Brecht zum Ausgangspunkt für die Entwicklung eigener Theaterformen. Für ihn ist die Welt allerdings eine unveränderbare, «ein Ungeheures», ein «Rätsel an Unheil, das hingenommen werden muß, vor dem es jedoch kein Kapitulieren geben darf». Er erklärt, daß dieser undurchschaubaren, unter dem Druck einer komplizierten abstrakten Macht stehenden Welt nur mit der Komödie beizukommen sei: «Humor schafft Abstand, wer Abstand hat, verzweifelt nicht – Man sperrt sich ja in seine Phantasie ein, um die Welt auszuhalten.» Dieses Einsperren in die Phantasie vollzieht Dürrenmatt in grotesk-komödiantischen Gedankenspielen, bei denen eine Geschichte zu ihrer «schlimmst-möglichen Wendung» geführt wird. «Die schlimmst-mögliche Wendung ist nicht voraussehbar. Sie tritt durch Zufall ein. Die Kunst des Dramatikers besteht darin, in einer Handlung den Zufall möglichst wirkungsvoll einzusetzen.» Indem er Kunst im technologischen Zeitalter als Rettung des Subjektiven begreift, baut Dürrenmatt mit seinen bitteren Komödien Alternativen zur Wirklichkeit. Nicht zuletzt die Mobilisierung grotesk-überspitzter Theaterphantasie macht den Ruhm dieses mit seinem Werk in der ganzen Welt beheimateten Schweizer Dramatikers aus.

Nach seinen ersten Stücken, dem Wiedertäuferdrama *Es steht geschrieben* (1947) und dem Mysterium aus dem Dreißigjährigen Krieg *Der Blinde* (1948), brachte die «ungeschichtliche historische Komödie» *Romulus der Große* (1949) den ersten großen Erfolg. In diesem grotesken Schwank um den Untergang des römischen Weltreichs entschließt sich Romulus zur passiven Resistenz. Er hat erkannt, daß Rom zu einem unmoralischen Unterdrückerstaat geworden ist, züchtet friedlich Hühner in seiner Villa in Campanien und tut nichts, um das einfallende Germanenheer unter Odoaker zu stoppen. Er wartet auf Roms Untergang. Doch Odoaker erscheint nicht, um Romulus zu töten, sondern sich ihm zu unterwerfen. Ein unheroischer Hühnerzüchter wie Romulus, will er verhindern, daß die Germanen «endgültig ein Volk der Helden» werden, Romulus lehnt Odoakers Unterwerfungsersuchen ab und geht, um seinen Opfertod gebracht, in Pension. Odoaker aber wartet ahnungsvoll darauf, von seinem Neffen Theoderich umgebracht zu werden, der ein ebenso blutiges, ebenso vergängliches Weltreich wie das römische errichten wird.

Die Ehe des Herrn Mississippi (UA: 1952 in München) ist eine Komödie der Ideologien, in der der Autor Personen zu Versuchszwecken zusammenbringt, um festzustellen, «was sich beim Zusammenprall bestimmter Ideen mit Menschen ereignet, die diese Ideen wirklich ernst nehmen» und «ob der Geist ... imstande sei, eine Welt zu ändern» oder «ob die Welt als Stoff unverbesserlich sei». Kriminalstück verbindet sich dabei mit politischer Satire, Kolportage mit Grand-Guignol, stilistisch werden Wedekind, Pirandello und Brecht zitiert: Um die begehrenswerte Anastasia, zugleich Frau Welt und Hure Babylon, die, amoralisch und verlogen, nur dem Augenblick lebt, buhlen vier Männer: Staatsanwalt Mississippi, ein Fanatiker der Gerechtigkeit, der das Gesetz Mosis in seiner unerbittlichen Strenge wiedereinführen will, der kommunistische Revolutionär Saint-Claude, Armenarzt Graf Übelohe-Zabernsee, ein Utopist der Wahrheit und Nächstenliebe, und der Justizminister Diego, ein zynischer, opportunistischer Machtpolitiker. Mississippi überführt Anastasia des Giftmords an ihrem Gatten und bittet sie um ihre Hand, um durch eine «fürchterliche Ehe» zu sühnen, daß er einst seine ungetreue Frau «hingerichtet» hat. Während Anastasia auch in ihrer Ehe von Arm zu Arm gleitet, bringt Saint-Claude Mississippi, der sich an seiner Revolution nicht beteiligen will, zu Fall. Er enthüllt ihre gemeinsame Vergangenheit und Herkunft: die zwei «letzten großen Moralisten» sind Söhne von Dirnen, die als Strichjungen ein Bordell betrieben. Zuletzt vergiften einander die beiden Ehepartner, und Saint-Claude wird von der Partei liquidiert, weil er die Idee vor die Taktik stellt. Auch Übelohe scheitert, ein lächerlicher, ewig Besiegter, der «das Abenteuer der Liebe» auf sich nahm und «durch die Liebe zum Narren geworden ist». Unberührt steigt Diego aus dem Geschehen. Ihm gehört die Zukunft. Er hebt die Dialektik von absolutem Anspruch und träger Wirklichkeit auf, indem er erklärt, daß man an die Welt keinen absoluten Maßstab anlegen dürfte: «Die Gerechtigkeit ist ... ein Abkommen.»

Ein Spiel um Gnade und Gerechtigkeit ist die «fragmentarische Komödie» *Ein Engel kommt nach Babylon* (1953). Im Mittelpunkt steht Nebukadnezar, König von Babylon, mit seinen Bemühungen um einen idealen Staat. Ein Engel bringt als «Gnade des Himmels» das Mädchen Kurrubi nach Babylon, das dem Geringsten der Menschen bestimmt ist. Er übergibt die schöne Kurrubi dem König, den er für den Geringsten hält, weil er soeben in einem Wettbetteln gegen den Bettler Akki (den Nebukadnezar damit zu seinen sozialen Reformen bekehren wollte) unterlegen ist. Doch Kurrubi kann Nebukadnezar nur als Bettler lieben. Der König ist aber nicht bereit, für sie auf die Macht zu verzichten. So erhält der Bettler Akki das Mädchen. Nebukadnezar aber empört sich gegen die Ungerechtigkeit Gottes, der dem König die Gnade versagt, und beschließt den Turmbau zu Babel als Herausforderung.

Dürrenmatts Meisterwerk, *Der Besuch der alten Dame**, folgte die zwiespältig aufgenommene «Oper einer Privatbank» *Frank der Fünfte* (1959), die mit Songs sentimentalisierte Groteske einer Gangsterbank, die nie ein ehrliches Geschäft abgewickelt hat, die betrügt und mordet, nun aber im Niedergang ist, weil sich das Gangstertum alten Stils überlebt hat. Frank V., Schurke mit Gartenlaubenträumen und Neigung zu Mörike und Goethe, wird im Tresor von seinem Sohn erstickt, der als Frank VI. in einer «eisigen Welt» der «brutalen Ehrlichkeit» die Herrschaft übernimmt.

Mit seiner Komödie *Die Physiker** erzielte Dürrenmatt wieder einen weit über den deutschsprachigen Raum hinausreichenden Erfolg. – 1962 arbeitete er das als Hörspiel entstandene Werk *Herkules und der Stall des Augias* (1963) zu einer Komödie um: Eine Mythentravestie um ein Bauernvolk, das allmählich im Mist erstickt, weil eine entfesselte Bürokratie Herkules das Ausmisten unmöglich macht.

Der Meteor (UA: 1966 in Zürich) ist ein komödiantisches Sterbestück, in dem es um das Leben, genauer gesagt um eine Lebenshaltung geht. Es beginnt mit dem Skandal, daß der Nobelpreisträger Schwitter, der soeben im Spital verstorben ist, wieder aufersteht und sich in die kleine Atelierwohnung begibt, in der er einst als junges Genie seine Karriere begann, um dort, unbehelligt von Ärzten und Apparaten, feierlich und in Ruhe, wieder zu sterben. Doch so sehr er sich auch bemüht, er stirbt nicht. Statt dessen vernichtet er, rücksichtslos auf seinen Tod konzentriert, wie ein herabstürzender Meteor, alle, die ihm «in sein Sterben geraten». Der Auferstandene, der nicht an seine Auferstehung glaubt, versinnbildlicht dem Dichter die heutige Gesellschaft. Sie klammert sich an das Leben als einziges Gut, setzt in der Verzweiflung über den Tod, den sie für unüberwindlich hält, das Sterben als das Absolute und macht es zur Geisteshaltung. In paradoxer Umkehrung zeigt Dürrenmatt, wie in Schwitter, dem Mann, der sterben will und nicht sterben kann, Lebensangst aufsteigt: Zum Leben verurteilt, gerät er in eine Position radikaler Lebensverneinung.

Die Komödie *Die Wiedertäufer* (1967) stellt eine Neufassung von Dürrenmatts erstem Stück, *Es steht geschrieben*, dar und hat entsprechend seiner eigenen Dramaturgie «die schlimmstmögliche Wendung» genommen. Aus dem König der Wiedertäufer, Bockelson, der seine Machtgier in einer Schreckensherrschaft stillt, ist ein Schmierenkomödiant geworden, für den die Herrschaft der Wiedertäufer, diese religiös begründete Völlerei und Hurerei, nur eine Inszenierung ist – bei der er sich allerdings seinen privaten Weltuntergang inszeniert, der Vernichtung über die Stadt bringt. Bockelsons Gegenspieler, der reiche Bürgermeister Knipperdollinck, der gottsuchend seine Habe verteilt, hat damit allerdings weitgehend seine antithetische Position verloren. Der jenseitssüchtige Asket, dem nun nicht mehr der diesseitsfreudige Ekstatiker gegenübersteht, wandert vereinsamt als stiller Gottsucher durch die Welt, erleidet vereinsamt sein Martyrium. Zum eigentlichen Gegenspieler Bockelsons ist der greise Bischof geworden, der nach Bockelsons Triumph die Schöpfung verflucht.

Porträt eines Planeten (1970) gibt, aus einer Vielzahl von Miniaturszenen zusammengesetzt, wertfrei ein Bild der Welt vom Matriarchat bis zur Zerstörung der Erde durch eine Supernova. Es ist ein kaleidoskopartiges Welt-Modell-Spiel mit einfachsten Theatermitteln: einer leeren Bühne, acht Schauspielern und nur wenigen Kostümen und Requisiten.

In *Der Mitmacher* (1973) ist die «Welt» die Metropole eines Großstaates, in dem das Prinzip der totalen Käuflichkeit und totalen Korruption herrscht. Im Verlauf eines gnadenlosen, fünfteiligen Massakers tilgt Doc, der Mitmacher, ein Biochemiker, der durch Zufall mit dem Gangster Boss zusammenkommt, alle Spuren seiner Identität und taucht, dem nackten Überleben zuliebe, in hoffnungsloser Mitmacherei unter.

Das lange Sterben Francos bildet recht unverhüllt den Ausgangspunkt der Komödie *Die Frist* (1977), eines grotesken Totentanzes der Macht. In einer fiktiven Diktatur liegt der greise Generalissimus im Sterben, Regierungschef und Kardinal setzen die Ärzte unter Druck und erzwingen eine Verzögerung des Todes um 10 Wochen, um die Nachfolge ohne Bürgerkrieg zu regeln. Im Mittelpunkt steht «Exzellenz», ein eiskalter Rechner der Macht, der alle Gegner ausschaltet, ehe er selbst von einem Stärkeren, dem Autor, abserviert wird. Eingebettet ist das Geschehen in einen Chor der «Unsterblichen»: Lemurenhafte Gestalten in vermoderten Gewändern von Infantinnen der Goya-Zeit, die haßtreifend den Tod der Männerwelt verkünden, ehe sie in einer höhnischen Parodie auf den Schluß von *Faust II* selbst zugrunde gehen.

Der Besuch der alten Dame
Tragische Komödie in 3 Akten
UA: 1956 in Zürich

In Güllen herrscht ungetrübte Vorfreude: Claire Zachanassian, die reichste Frau der Welt, kehrt zu Besuch in ihr Heimatstädtchen zurück, das sie vor 45 Jahren als armes Mädchen namens Kläri Wäscher verlassen hatte. Nun hoffen die Güllener, daß sie die völlig heruntergekommene und verarmte Heimatgemeinde sanieren wird und zählen dabei auch auf den Krämer Alfred Ill, mit dem Claire einst eine leidenschaftliche Liebe verband. Mit bombastischem Gefolge hält Claire Einzug in Güllen. In die verlogene Feierlichkeit des Festbanketts im «Goldenen Apostel» platzt die Milliardärin mit einem schockierenden Angebot: Sie will Güllen eine Milliarde schenken und sich dafür Gerechtigkeit kaufen. Ihr Butler Boby gibt sich als jener Richter zu erkennen, der vor 45 Jahren Kläris Vaterschaftsklage gegen Ill abgewiesen hat. Nun fordert Claire eine Revision des Urteils und Ills Tod: «Gerechtigkeit für eine Milliarde.» In würdiger Entrüstung weist der Bürgermeister «im Namen der Menschlichkeit» ihre Forderung zurück. «Ich warte», sagt Claire. Trotz Ablehnung der Forderung nimmt nun aber Güllen einen seltsamen Aufschwung. Die verarmten Bürger statten sich neu aus, leisten sich ungewohnten Luxus und machen Schulden. Auch Ill gewährt bereitwillig Kredit, stolz auf die Güllener Solidarität. Allmählich aber begreift er, was gespielt wird. Angst beschleicht ihn und steigert sich zur Panik. Der Pfarrer rät zur Flucht: «Flieh, wir sind schwach ...» Auf dem prächtig renovierten Bahnhof wünschen die Güllener Ill «gute Reise», doch sie bilden um ihn eine Mauer, und er ist außerstande, den wartenden Zug zu besteigen. Der Lehrer bittet Claire, der Stadt auch ohne Mord zu helfen. Sie bekennt, daß sie in mühsamer Kleinarbeit Güllen nach und nach ruinieren ließ, und bleibt hart: «Die Welt machte mich zur Hure, jetzt mache ich sie zu einem Bordell.» Nun aber überwindet Ill seine Angst, er gibt den Kampf auf. Als ihn der Bürgermeister zum Selbstmord überreden will, lehnt er jedoch ab: Er will sich dem Urteil der Gemeindeversammlung unterwerfen. Noch einmal trifft er mit Claire zusammen und nimmt Abschied von einem vertanen Leben. Im Stadtsaal wird vor versammelter Presse über Claires Stiftung abgestimmt – für die Eingeweihten über Ills Schicksal. Die Stiftung wird einstimmig angenommen: «Nicht des Geldes, sondern der Gerechtigkeit wegen.» Der Pfarrer führt Ill in eine aus Güllenern gebildete Gasse – als sie sich wieder öffnet, liegt Ill leblos am Boden. «Herzschlag», stellt der Arzt fest. Claire überreicht dem Bürgermeister den Scheck.

Zwei gegenläufige Entwicklungen verflicht Dürrenmatt in dieser Parabel von der totalen Käuflichkeit der Welt, von

Dürrenmatt, Der Besuch der alten Dame
Burgtheater Wien, 1970
Inszenierung: Gerhard Klingenberg
Claire Zachanassian: Alma Seidler
Alfred Ill: Ewald Balser

Rache und Schuld: Die Korrumpierung von Menschen durch Geld, ihren Abfall von der Moral und Menschlichkeit und die Entwicklung des sittlichen Bewußtseins in einem einzelnen. So wird Alfred Ill zum Antipoden der Güllener, er überwindet seine Angst, ein Schuldiger, der seine Schuld erkennt und bereit ist, zu sühnen. Je kleiner und erbärmlicher seine Umgebung wird, desto größer wird dieser anfangs so kleine und erbärmliche Mann. Mit Claire Zachanassian bricht das Verhängnis über Güllen herein und läßt die Versuchung langsam wachsen – bis sie zur Kollektivschuld wird. Manche wehren sich noch verzweifelt gegen die eigene Verführbarkeit, «flieh», rät der Pfarrer, «Ich fühle, wie ich langsam zum Mörder werde», sagt der Lehrer, der am längsten von allen Widerstand leistet, dann aber sogar die moralische Rechtfertigung der Untat formuliert. Claire fordert Gerechtigkeit – und übt Rache am einstigen Geliebten und an der verachteten Welt, die sie in die totale Korruption zwingt.

Der Physiker
Komödie in 2 Akten. UA: 1962 in Zürich

Im Nervensanatorium von Frl. Dr. Mathilde von Zahnd ist ein Mord geschehen: Der Patient Ernesti, ein Physiker, der sich für Einstein hält, hat seine Pflegerin erdrosselt. Für den die Untersuchung leitenden Inspektor ist es der zweite derartige Fall, denn vor drei Monaten hat der Patient Beutler, der sich als Newton ausgibt, ebenfalls seine Krankenschwester ermordet. Der dritte in der Klinik internierte Physiker, Möbius, erhält den Besuch seiner früheren Frau, die sich von Möbius mit ihren drei Buben verabschieden will, bevor sie ihrem neuen Ehemann ins Ausland folgt. Möbius registriert die Mitteilungen seiner Familie ohne rechte Anteilnahme, ihn beschäftigen die Erscheinungen des Königs Salomo, der ihm die Geheimnisse der Natur offenbart. Doch als ihm seine Söhne zum Abschied ein Flötenständchen bringen, gerät er außer sich und jagt seine Familie unter fürchterlichen Flüchen davon. Schwester Monika sagt Möbius auf den Kopf zu, daß er den Wahnsinnigen nur spiele. Sie liebt ihn und möchte mit ihm die Klinik verlassen. Möbius erwidert ihre Gefühle, doch schließt er eine Gemeinsamkeit außerhalb dieser Mauern für sie aus. Als Monika auf seine Bitten und Drohungen, ihn zu verlassen, nicht hört, erdrosselt er sie. Der Inspektor rückt erneut an. Beim Abendessen eröffnet Newton seinem Kollegen Möbius, daß er, ein bekannter, keineswegs verrückter Physiker, vom Geheimdienst seines Landes auf ihn angesetzt sei. Auch Einstein gibt sich, ebenfalls ein bedeutender Physiker, nun als Vertreter eines «ziemlich anderen» Geheimdienstes zu erkennen. Beide waren zufällig auf die Dissertation von Möbius gestoßen, erkannten sie als das genialste Werk der neueren Physik und machten sich auf die Spuren des Verfassers. In Erfüllung ihrer Mission mußten sie ihre Pflegerinnen umbringen, die von ihrem Geheimnis ahnten. Beide versuchen nun, Möbius, der sich vor zwölf Jahren in

Dürrenmatt, Die Physiker
Theater des Westens, Berlin, 1973
Inszenierung: Friedrich Dürrenmatt
v. l. n. r. Möbius: Charles Regnier
Ernesti: Walter Fein
Fräulein Dr. v. Zahnd: Ruth Hellberg

Erkenntnis der katastrophalen möglichen Folgen seiner revolutionierenden Gedanken ins Irrenhaus zurückgezogen und hier seine Entdeckungen weiterentwickelt hat, für das von ihnen vertretene politische System zu gewinnen. Als die beiden zum Revolver greifen, erklärt Möbius, daß er alle Papier verbrannt habe und nicht bereit sei, einem von ihnen zu folgen. Er weist den beiden Wissenschaflern nach, daß sie als Physiker stets Gefangene und Diener der Machtpolitik sein werden und überzeugt sie davon, daß sie sich, um die Menschheit vor der Vernichtung zu bewahren, für immer aus dieser Welt zurückziehen müßten. Da betritt die Ärztin das Zimmer und erklärt alle drei Männer zu ihren Gefangenen. Sie hat seit Jahren die Aufzeichnungen von Möbius fotokopiert und zur Auswertung weitergegeben. Auch ihr, so erklärt sie, sei König Salomo erschienen, und sie übernehme nun in seinem Auftrag die Macht. Die Welt ist in die Hände einer verrückten, buckligen Irrenärztin gefallen. Die drei Physiker ziehen sich hinter ihre Masken zurück, sie werden endgültig zu Einstein, Newton und Salomo.

In Dürrenmatts Parabelstück geht es um die Verantwortung des Wissenschaftlers in der modernen Technologie. Möbius opfert sich, um den Fortschritt der Physik zu verhindern – «Wir müssen unser Wissen zurücknehmen ... Entweder bleiben wir im Irrenhaus oder die Welt wird eines» – doch ist es ein sinnloses Opfer. Denn: «Was einmal gedacht wurde, läßt sich nicht zurücknehmen.» Dürrenmatt erlaubt seinen Physikern, den klassisch tragischen Konflikt zwischen Pflicht und Neigung auszutragen und heroisch zu bestehen, indem sie sich zum Selbstopfer durchringen. Er führt aber unmittelbar darauf die Absurdität und Irrelevanz ihrer Entscheidung drastisch vor Augen: In den Händen der irren Irrenärztin wird das, was sie mit ihrem Opfer verhindern wollte, wahnwitzig realisiert. Ungemein raffiniert setzt Dürrenmatt die szenischen Mittel ein: Von der mehrfachen Maskierung über die virtuose Steigerung der Überraschungseffekte bis zur tatsächlich schlimmst-möglichen Wendung wird die aussichtslose Situation des Wissenschaftlers in unserer Zeit pessimistisch enthüllt. «Was alle angeht, können nur alle lösen. Jeder Versuch des einzelnen, für sich zu lösen, was alle angeht, muß scheitern», notierte Dürrenmatt zu seinem Stück.

Das osteuropäische Theater des 20. Jahrhunderts

Die geschichtlichen Ereignisse und politischen Umwälzungen dieses Jahrhunderts haben dazu geführt, daß von den dreißiger Jahren an die wechselseitige Beeinflussung und der Austausch der Dramatik zwischen Ost- und Westeuropa stagnierte. Das nationale Drama Osteuropas wirkte nur noch selten über die Grenzen hinaus. Der wachsenden Ausrichtung auf die sowjetische Kulturpolitik und den sozialistischen Realismus wurde vielfach mit speziell verschlüsselten Dramenformen, mit Grotesken und Satiren begegnet, die in ihrer Symbolsprache im Westen nicht in vollem Umfang verstanden werden konnten. Liberalisierungen und Restriktionen in der Kulturpolitik machten sich auf dem Theater wie in der Dramatik jeweils sofort bemerkbar. Nur wenigen Autoren des Ostblocks gelang es, sich international respektive im deutschen Sprachraum durchzusetzen, ohne die Heimat zu verlassen.

POLEN

Die zeitgenössische Dramatik in Polen fußt auf recht unterschiedlichen Traditionen: Wurden nach dem Zweiten Weltkrieg Aufführungen der großen Dramen der nationalen Romantik von ADAM MICKIEWICZ (1798–1855), JULIUSZ SŁOWACKI (1809–1849) und ZYGMUNT KRASIŃSKI (1812–1859) zu Manifestationen patriotischer Erschütterung, dic natürlich ihren Nachhall fanden, so gibt es andererseits kaum einen zeitgenössischen polnischen Dramatiker, der sich nicht auf den Ahnvater der heutigen Moderne, WITKACY, beruft.

STANISŁAW IGNACY WITKIEWICZ (1885–1936), der sich Witkacy nannte, beeinflußte als Maler, Kunsttheoretiker und Dramatiker seine Zeitgenossen wie seine Nachfahren durch ungewöhnliche Perspektiven, in denen er das Theater des Absurden vorweggenommen hat. Angeregt von Jarry und vor allem auch von Wedekind wollte er in seinen phantastisch-grotesken Bühnenstücken wie etwa *Das Wasserhuhn* (1922) die Theorie der «reinen Form» realisieren, eine dramaturgische Konzeption, die den Verzicht auf ein realistisches, psychologisch begründbares Geschehen postuliert. Durch einen «metaphysischen Schock» sollte das Krisenbewußtsein der europäischen Intelligenz sinnfällig gemacht werden, die in einer übertechnisierten und mechanisierten Gesellschaft eine Bedrohung der individuellen geistigen Substanz sah.

Das zu Beginn der dreißiger Jahre entstandene satirische «Lehrstück» *Die Schuster* (1957) gab ein Abbild der gesellschaftlichen Zustände der Zwischenkriegszeit und zugleich – von der Theorie der «reinen Form» recht entfernt – die ironische Prognose ihrer Revolution: In bestimmten Phasen wandelt sich eine abgelebte, feudale, dann bürgerlich-kapitalistische und schließlich faschistische Gesellschaft in den proletarisch-sozialistischen Massenstaat. Der Verfall einer individualistisch geprägten Kultur und das Aufkommen materialistischer Gesellschaftsformen, in denen das Indivuduum durch den Terror einer nivellierenden Mechanisierung liquidiert wird, bildeten immer wiederkehrende Themen des Dramatikers.

WITOLD GOMBROWICZ* berief sich sowohl auf Witkiewicz, dessen Theorie der «reinen Form» er jedoch nicht folgte, als auch auf den Meister der polnischen Literatur, Mickiewicz, dessen Werk für ihn eine ständige Herausforderung darstellte. Gombrowicz' phantastische, von großen dichterischen Visionen geprägten Dramen wurden erst relativ spät für das Theater entdeckt, lösten jedoch dann eine intensive Auseinandersetzung in Westeuropa wie auch in Polen aus.

Nachhaltig von Gombrowicz beeinflußt wurde SŁAVOMIR MROŻEK*, dessen berühmtestes Stück, *Tango**, nach eigener Aussage «eine Art Verlängerung und Umkehr» der *Trauung* von Gombrowicz werden sollte. Stärker als bei der früheren Dramatiker-Generation formte sich bei Mrożek der sozialkritische Akzent zur politischen Satire, womit sich wiederum Verbindungen zu Witkiewicz zeigen.

LEON KRUCZKOWSKI (1900–1962) verarbeitete dagegen realistisch – und weitgehend konventionell in der Form – Kriegsvergangenheit, Nationalsozialismus und aktuelles Zeitgeschehen. Das Schauspiel *Die Deutschen* (1950) versuchte, die psychologischen Ursachen, die dem Nationalsozialismus zum Durchbruch und zur Befürwortung oder Duldung durch die Mehrheit des deutschen Volkes verhalfen, an der Familie Sonnenbruch exemplarisch aufzudecken, einer Familie, die die typischen Erscheinungsformen von der sich selbst belügenden Passivität, über die unreflektierte Begeisterung und das Mitläufertum bis zum verbrecherischen Eigennutz in sich vereint.

Der erste Tag der Freiheit (1959) beschreibt das Ende der blutigen Kriegswirren an sechs polnischen Kriegsgefangenen, die aus ihrem Lager befreit wurden. Der Traum von einer nun anbrechenden neuen Menschlichkeit ist für sie bald ausgeträumt. In das Geschick der drei Töchter eines deutschen Arztes hineingezogen, müssen sie erkennen, daß Haß und Revanchismus auch unter ihnen aufbricht.

ROMAN BRANDSTAETTER (* 1906) schrieb mit *Das Wunder im Theater* (1963) und *Der Tag des Zornes* (1965) Dramen der Läuterung und Erlösung. Großes Aufsehen hatte sein Drama *Das Schweigen* (1957) erregt, in dem er als einer der ersten mit dem Stalinismus abrechnete. Beschrieben wird die Situation der Intellektuellen im Warschau von 1951: Gesinnungszwang, Flucht in den Alkoholismus, Denunziantentum in der eigenen Familie treiben einen Schriftsteller in den Selbstmord.

TADEUSZ ROZEWICZ (* 1921) hatte als Lyriker, eine neue Richtung begründend, zunächst die «Entpoetisierung der Wirklichkeit» gefordert. Sein Einakter, *Die Kartothek* (1960) reduziert die Figuren auf den spontanen Augenblickseindruck. Der «Held», Verwaltungsdirektor eines Operettentheaters, döst im Bett vor sich hin. Erinnerungen und Erwartungen, Bewußtes und Unbewußtes vermengen sich mit realen Situationen, eine traumhafte Bilderfolge zieht vorbei. Aus genormten Situationen formt sich das Abbild eines Daseins, an dessen Bedeutungslosigkeit der Mann verzweifelt.

Im Bereich der wirklichkeitsfernen Ästhetik ist *Die Laokoon-Gruppe* (1962) angesiedelt: Aus Rom zurückgekehrt, schwärmt der Vater, andächtig unterstützt vom ab und zu einnickenden Großvater, von der in sich geschlossenen, harmonischen Schönheit der Laokoon-Gruppe, ohne zu erkennen, daß seinem Sohn unter den abgebrauchten, wirklichkeitsfernen Phrasen der Sinn des Lebens verlorengeht.

Die Zeugen oder Unsere kleine Stabilisierung (1962) enthüllt Stabilisierung als Kennwort für den Stillstand in einer mechanisierten, in Zweckgebundenheit erstarrten Welt, in der die Menschen nicht mehr leben, sondern nur mehr Zeugen des Lebens sind. Ihre Handlungen wie ihre Gespräche erweisen sich als monotone Alltagsrituale, kein Geschehen kann sie unmittelbar betroffen machen, sie reagieren nicht, greifen nicht ein, sondern ergehen sich in Betrachtungen und im rein ästhetischen Reflektieren. Auch wenn sie das Gefühl der Bedrohung nicht loswerden, die Gefährdung ihrer kleinen Stabilisierung fürchten, in der sie sich mit lebenslangen Kompromissen und Entwürdigungen eingerichtet haben, ist doch niemand bereit, etwas zu ändern.

Eine alte Frau brütet (1969) ist eine vieldeutige Parabel über den Zustand der heutigen Welt und die Gefahren, die ihr drohen. Eine unersättliche alte Frau steht im Mittelpunkt der zuerst in einem Bahnhofscafé, dann auf einer Schutthalde angesiedelten Handlung. Die Alte frißt, was sie nur erreichen kann, und will einen Sohn gebären, der die Welt erretten sollte. Sie ist jedoch unfruchtbar.

Weiße Hochzeit (1975) zeigt in realistischen Szenen und Traumsequenzen das verzweifelte Bemühen zweier unschuldiger junger Menschen, etwas über die Wirklichkeit zu erfahren: Bianka und Benjamin sollen miteinander verheiratet werden, empfinden jedoch beide eine unbestimmte Angst vor einer unbekannten Realität, die von ihrer Umgebung nur mit mehr oder weniger geheimnisvollen bis obszönen Anspielungen umschrieben wird, während man sich mit sinnlos geschäftigem Eifer um die Hochzeitsvorbereitungen bemüht. Bianka versucht, sich mit einem Buch über das Liebesleben der Tiere und durch Liebesgedichte zu informieren und wird von schrecklichen Träumen geplagt, in denen sich sexuelle Klischeevorstellungen mit tatsächlich gemachten Beobachtungen und aufgeschnappten Bemerkungen vermischen. Benjamin dagegen deklamiert hilflos schwülstige Liebeslyrik. Das Fiasko in der Hochzeitsnacht kann nicht ausbleiben: die beiden feiern mit dem Austausch von Traumpoesie eine «weiße Hochzeit», die Ehe wird nicht vollzogen. – Różewicz ist damit eine eindrucksvolle Parabel für Verzerrung und Poetisierung der Realität, für absurde Geschäftigkeit und Wirklichkeitsflucht und die daraus resultierenden Fehlreaktionen gelungen.

IRENEUSZ IREDYŃSKI (*1939) baute in seinen Stücken *Leb wohl, Judas* (1968) und *Die dritte Brust* (1973) geschickt psychologische Spannungen auf. Aus der Unfähigkeit seiner Figuren, über eine rein private Problematik hinauszukommen, wächst pathologisches Fehlverhalten und wird zur Triebkraft im politischen Bereich.

Witold Gombrowicz 1904–1969

Witold Gombrowicz wurde am 4. August 1904 auf dem väterlichen Gut Maloszyce bei Warschau geboren. Einer polnisch-litauischen Adelsfamilie entstammend, erhielt er zunächst Unterricht von Hauslehrern und Gouvernanten und besuchte erst ab 1916 ein katholisches Gymnasium in Warschau. Er studierte Jura und Philosophie in Warschau und Paris, wurde 1928 Referendar am Gericht in der polnischen Hauptstadt und begann zu schreiben, vorerst vor allem Prosa. 1937 erschien sein Roman «Ferdydurke». Auf einer Schiffsreise überraschte ihn 1939 der Ausbruch des Zweiten Weltkriegs in Argentinien, wo er dann über zwanzig Jahre lebte. 1963 kam Gombrowicz auf Einladung der Ford-Stiftung für ein Jahr nach Berlin und siedelte sich dann in Vence in Südfrankreich an. Er starb am 24. Juli 1969 in Vence.

Philosophische Ideen, innere Vorstellungen, sprachliche Bilder und traumartige Visionen prägen die Dramatik von Witold Gombrowicz. Sein vieldeutiges, nicht immer leicht zu entschlüsselndes Werk lebt von gewaltigen inneren Spannungen, von dem Konflikt zwischen Inhalt und Form. Ähnlich wie Pirandello sieht Gombrowicz den Menschen in eine Spielsituation mit Rollen und Masken gestellt, in der er sich selbst formt und geformt wird. «Ich habe eine Art Mythologie des Seins oberhalb des Menschen gesehen. Nachdem Gott zerstört ist, bleibt immer noch eine höhere Welt, die anonyme Bewegungskraft, die das Zwischenmenschliche mächtig macht: die Form», schrieb er. Die Form stellt für ihn eine Herausforderung dar, bedeutet aber auch den schmerzlichen Ausdruck der Spaltung zwischen Natur und Kultur. Der Mensch ist ein Netz von Kräften und Spannungen, die ihren Ursprung in den anderen haben, das Ich eine von außen geformte Maske, die in Konflikt mit dem Bewußtsein eines «unvergleichlichen Ich» gerät. Der Mensch flieht von Maske zu Maske, eine endgültige Demaskierung, die «zur Kenntlichkeit verändert», kann es nicht geben.

Yvonne, Prinzessin von Burgund (UA: 1957 in Krakau), das erste Stück des Dichters, entstand bereits 1934: Prinz Philipp verlobt sich zum Entsetzen des Hofes mit der häßlichen, dumpfen und einfältigen Yvonne, weil ihn der verheerende Anblick des Mädchens herausgefordert hat. Er will als freier Geist nicht dem natürlichen Abscheu gehorchen, den ihre widerwärtige Erscheinung in ihm weckt. Yvonne wird allerdings mit ihrem abstoßenden Wesen, ihrer Schweigsamkeit, Teilnahmslosigkeit und Unbeholfenheit zur permanenten Herausforderung für ihre Umgebung. Verborgene Mängel und Sünden kommen durch sie wieder ins Bewußtsein, ihre natürlichen Defekte lösen gefährliche Gedankenverbindungen zu den eigenen Unvollkommenheiten aus, erscheinen als Anspielungen auf eigene sorgsam verborgene Schwächen und die der anderen. Ein ungesundes Lachen breitet sich aus. Allmählich kann der Prinz dieses Lachen nicht mehr ertragen; er fühlt sich selbst ausgelacht, und als er bemerkt, daß sich Yvonne überdies noch in ihn verliebt hat, beschließt er, sie zu töten. Auch der König, die Königin und der Kammerherr des Königs versuchen – jeder auf eigene Faust – Yvonne zu ermorden. Doch keiner bringt die Tat über sich. Da kommt dem Kammerherrn der rettende Einfall: Man läßt Yvonne – unter suggestiver Nachhilfe – beim Hochzeitsbankett an einer Fischgräte ersticken. Damit ist nicht nur die störende Yvonne beseitigt, sondern auch der rebellische, das Königspaar und den Hof provozierende Geist des Prinzen gebrochen. Seine Rebellion war hochgegriffen, aber von kurzer

Dauer: Er hatte sich gegen das Naturgesetz empört, das die Schönheit bevorzugt, rebellierte also nicht nur gegen die Konvention, sondern auch gegen die Natur. Es genügte ihm nicht, Natur gegen die Konvention zu setzen, er wollte vielmehr Konvention und Natur überwinden – und scheiterte kläglich. Yvonnes Ermordung und seine Domestizierung beantworten sein Experiment. – Gombrowicz hat das in Yvonne besonders kraß dargestellte Thema des Außenseiters, der seine Umgebung herausfordert, der durch sein Anderssein die Konventionen der Mehrheit in Frage stellt, wiederholt abgewandelt.

Sein zweites Drama, *Die Trauung**, hat der Dichter selbst für sein bedeutendstes gehalten, und die Komplexität dieses Stückes hat ihn immer wieder zu Reflexionen herausgefordert. Es ist ein Traumspiel in der Nachfolge Strindbergs, in dem sich der Träumende – der zugleich als Analytiker und Regisseur seines Traumes wirkt – bemüht, die Wirklichkeit aufzuheben und die verlorene Vergangenheit wiederzugewinnen.

Operette (UA: 1969 in L'Aquila), Gombrowicz' drittes Stück, kam erst wenige Monate nach seinem Tod auf die Bühne. Auch hier steht eine Außenseiterin im Mittelpunkt, die ihre Umwelt herausfordert: Albertinchen, die mit ihrem Schrei nach Nacktheit, das heißt nach unverhüllter Wahrheit, nach Natur ohne kunstvolle Verkleidung, Empörung auslöst. Gombrowicz bevölkert das Schloß Himalaj mit sämtlichen Klischees der Operettenwelt: Prinz und Prinzessin als Feudalherren, ihr Sohn, Graf Charme, der Herzensbrecher vom Dienst, der mit Baron Firulet um den Rekord an Liebschaften rivalisiert, sind von einem servilen und schmarotzenden Hofstaat umgeben, in dem der Modeschöpfer Fior den Ton angibt. Fior ist in dieser talmiglitzernden Welt von höchster Bedeutung, denn er verkündet den neuesten Modetrend, und die Realisierung der jeweilige Mode bedeutet gesellschaftliches Vorrecht, Ansehen, Selbstbestätigung. Daher empört Albertinchens Aufruf zur Nacktheit besonders, würden doch damit alle Klassenunterschiede aufgehoben. Als schnell verkommende Modenschau ziehen die Spitzen der Gesellschaft der Vorkriegszeit vorbei, schon macht sich eine neue Maskerade bemerkbar, es kommen allmählich die Requisiten der Faschisten zum Vorschein. Die Autorität der Mode ersetzt jede andere. Nachdem Graf Charme und Baron Firulet vergeblich um Albertinchen geworben haben und der Kammerdiener Josef, verkleidet als Herrenreiter Hufnagel, eine große Revolution angezettelt hat, werden alle von Fior entworfenen Figuren vom «Wind der Geschichte» gespenstisch durcheinandergewirbelt. Albertinchen, die der Bekleidung entflieht, ist verschwunden. Zwei Spitzbuben bringen einen Sarg, in den alle ihre verstorbenen Hoffnungen legen, da entsteigt Albertinchen dem Sarg: nackt, in der Schönheit der unverformten Jugend. Doch das letzte Wort haben die beiden Spitzbuben, die sich als Autoren der Sargkomödie bekennen. – Was Gombrowicz hier – mit Anklängen an *Die letzten Tage der Menschheit* von Karl Kraus – in Konflikt setzt, ist der «monumentale Operetten-Idiotismus, Hand in Hand gehend mit dem monumentalen Geschichts-Pathos und die Maske der Operette, unter der mit lächerlichem Schmerz das verzerrte Antlitz der Menschennatur blutet». Ein tragischer Inhalt wird operettenhaft vergewaltigt und verfälscht, wie die Geschichte aus der Vergewaltigung und Verfälschung von Hoffnungen besteht.

Eine Familiengeschichte mit stark autobiographischen Bezügen gibt den Auftakt in dem Fragment *Geschichte, eine Operette* (1977), das erst Jahre nach dem Tod des Dichters in seinem Nachlaß entdeckt wurde. Ort der Handlung ist zunächst der Salon des Vaterhauses, wo der junge Witold barfuß vor der versammelten Familie antreten muß, um sich einer generellen Gewissensprüfung zu unterziehen. Vater, Mutter, Schwester und zwei Brüder erforschen zunächst, ob Witold auch all jene Eigenschaften besitzt, die sie als positive Qualitäten sich selber zuschreiben. Sie lassen sich beim Prüfungskandidaten nicht finden. Erst nachdem auch Eltern und Geschwister Schuhe und Strümpfe und damit die Hemmungen abgelegt haben, zeigen sie sich wie sie wirklich sind und prüfen nun Witold auf ihre tatsächlichen Eigenschaften hin. Diese Prüfung besteht er glänzend, denn er hat all diese Eigenschaften im Blut und erhält ein «Unreifezeugnis», das ihn zum Militärdienst befähigt. Die Familie verwandelt sich zum Militärtribunal, das Witold, nachdem er den Militärdienst verweigern will, als Deserteur verurteilt. Auf der Flucht gerät er an den russischen Zarenhof und später in den Palast von Kaiser Wilhelm II., kurz vor der Mobilmachung zum Ersten Weltkrieg, wo es Witold als diplomatischem Gesandten nicht gelingt, seine pazifistische Gesinnung durchzusetzen. Schließlich landet er in einem polnischen Literatencafé. Dort stellen die Dichter gerade fest, daß ihre Worte nichts gegen die kriegerische Wirklichkeit ausrichten können: «Was wir sagen, ist alles ärmlich und barfüßig.» Zur Dichterrunde stößt General Pilsudski, dem Witold empfiehlt, ebenfalls ein Barfüßer zu werden. Pilsudski überträgt Witold die diplomatische Mission, Hitler einen Nichtangriffspakt vorzuschlagen. Hier bricht das Fragment ab.

Die Trauung
Schauspiel
UA: 1964 in Paris

Henrik, ein Pole, geht durch eine trostlose Landschaft im verwüsteten Frankreich. Er hat schreckliche Kriegserlebnisse hinter sich. Ein Traum versetzt ihn in seine Heimat Maloszyce, wo inzwischen das väterliche Schloß zur Kneipe herabgesunken ist, die Eltern zu Gastwirten und die Verlobte zur Dirne wurden. Diesen seltsamen Traum erzählt er seinem Freund Wladzio, der als polnischer Soldat in Frankreich an seiner Seite ist. Die Handlungsorte verschwimmen ineinander, wieder taucht Polen auf. Der Vater, der an den einstigen guten Sitten festhalten will, besteht darauf, daß Henrik seine Braut Mania, die vergewaltigt wurde, heiratet. Alle Erfahrungen Henriks werden seltsam ambivalent: Die Worte enthüllen Schönheit wie auch Abscheuliches, ähnlich mehrdeutig agieren auch die Menschen. Die Vermittlerfigur zwischen den verschiedenen Ebenen – der reinen Werte von Henriks Erinnerungen und der brutalen Umgebung der schmutzigen Kneipe – ist ein Säufer. Er verhält sich aggressiv gegenüber dem Vater, versucht Henriks Braut zu bedrängen; die beabsichtigte Trauung erscheint vorerst gefährdet. Doch dann beginnt man mit pompösen Hofzeremonien und feierlichen Ritualen die Unantastbarkeit der königlichen Familie wiederaufzubauen: Der Sohn krönt den Vater, als König ist dieser nun befähigt, majestätischen Glanz zurückzurufen, und er verleiht Mania rückwirkend die Jungfräulichkeit. Doch immer wieder wird diese von Ritualen mühsam konstruierte und gestützte Würde bedroht: Vom Säufer, von teils unterwürfigen, teils respektlosen Höflingen, von einer Revolte im Palast. Henrik wittert Verrat und fühlt sich verunsichert, doch der Verrat ist die Wirklichkeit, die in das Reich des Zeremoniells einbricht. Zwei Welten versuchen einander zu bekämpfen, eine künstlich aufgebaute höfische Welt voller Illusionen, die beansprucht, die Realität zu sein, und eine brutale Gegenwelt voll Haß und kriegerischer Auseinandersetzung, «voll schrecklicher Hinterhalte und unberechenbarer Dynamik, eine Welt ohne Gott», deren Drahtzieher der Säufer ist. Henrik stürzt den Vater, als er am Hof die «alten Formen» wie Zerrbilder ihrer selbst weiterleben sieht, und macht sich auf Anraten des Säufers zum König. Seine Selbstvergottung erstarrt jedoch ihrerseits zur Form, die Henrik vergeblich mit Inhalt zu füllen versucht. Der Säufer macht ihn total von sich abhängig: Er erhöht Henrik nur, um ihn desto sicherer vernichten zu können. Mühelos gelingt es ihm, Henriks Eifersucht auf Wladzio und Mania zu lenken. Henrik nötigt den Freund zum Selbstmord. Als die Trauung, Symbol der Erlösung, vollzogen werden soll, liegt Wladzios Leiche zwischen den Festgästen, der Hochzeitsmarsch verwandelt sich in einen Trauermarsch, entsetzt weicht Henrik zurück. Die Hochzeitsgesellschaft formiert sich zum Beerdigungszug. In grüblerischen Reflexionen sucht Henrik – ein anderer Hamlet – nach den Gründen für seine Schuld. Er kann den Tod des Freundes ebensowenig verstehen wie seinerzeit die von ihm verübten Kriegsverbrechen. Er erkennt sich nicht in seinen Taten, will sie aber büßen und befiehlt seine eigene Verhaftung.

«Das Drama ist nur ein künstlerischer Versuch, zu der Wirklichkeit vorzudringen, die von der Zukunft verdunkelt ist. Es ist ein Traum von der Epoche, der die Qualen unserer Zeitgenossen ausdrückt, aber auch ein Traum, der, der Epoche vorauseilend, zu erraten versucht», notierte Gombrowicz zu seiner *Trauung* im Tagebuch. Er räumte ein, daß er Probleme aufgegriffen habe, «die vielleicht noch nicht genug klar sind». Dabei verwies er auf die «Unmöglichkeit der Vermittlung des Seins», «die unaufhörliche Deformierung, die wir erleiden» und erklärte, in dem Stück ginge es «um unseren Konflikt mit der Form selber». Traumspiel und Zeremoniell verbinden sich in dem Drama. Der Szenenablauf wird durch die Vorstellungskraft Henriks in Bewegung gesetzt: Er bemüht sich, die trostlose Wirklichkeit aufzuheben und das unversehrte Ideal, die verlorene Vergangenheit, wiederzugewinnen. Es ist sein Traum, seine Innenwelt, die die Außenwelt umformt. Die Personen entspringen seiner Phantasie, sind Ausdruck seiner Stimmungen. Andererseits muß sich Henrik aber auch seinen Partnern anpassen, sie diktieren seinen Stil: «Es ist eine wechselseitige Deformierung.» In Henriks Traumwelt bricht daher immer wieder die Realität korrigierend ein. Er will zurück in eine unzerstörte Welt, die Traumzensur seiner Realität zeigt aber, daß die Welt nicht mehr unzerstört ist. So verkehrt sich Henriks Wunschtraum in Alpträume, deren Refrain das Scheitern ist.

Sławomir Mrożek * 1930

Sławomir Mrożek wurde am 26. Juni 1930 in Borżecin als Sohn eines Postbeamten geboren. Er studierte in Krakau einige Semester Architektur, Malerei und Orientalistik. Ab 1951 arbeitete er als Journalist und Karikaturist für verschiedene polnische Zeitungen. Sein erster Satirenband, «Der Elefant», erschien 1957 und machte ihn in Polen sofort populär. Mit seinen Dramen wurde Mrożek Anfang der sechziger Jahre international bekannt. Er unternahm viele Reisen und verlegte 1963 seinen Wohnsitz nach Italien, besuchte Polen jedoch noch häufig. Seit 1968 lebt Mrożek in Paris, wollte sich jedoch nicht als Emigrant verstanden wissen, obwohl nach seinem Protest gegen die militärische Okkupation der Tschechoslowakei seine Dramen in Polen nicht mehr gespielt und seine

Bücher aus den Bibliotheken entfernt wurden. 1973 kam es jedoch zur Aufhebung des Boykotts, seine Stücke wurden wieder in die Spielpläne aufgenommen, und es erschienen neue Editionen seiner Werke.

«Ein Theaterstück, so wie ich es sehe, sollte den Zuschauern ein direkt faßliches, sinnliches Vergnügen bereiten und zugleich das Metaphorische spüren lassen», erklärte Mrożek und er hat dieses Programm mit großer Virtuosität, verblüffenden Assoziationen, Einfallsreichtum und einer raffinierten Dialogkunst erfüllt. Er abstrahierte gesellschaftlich gegebene Realität und setzte die Abstraktion mit seinen bizarren Einfällen, die einer verspielten Phantasiewelt anzugehören scheinen, in eine neue, stilisierte Wirklichkeit um. Seine politischen Satiren, die die Spannung von Individuum und Gesellschaft ins Zentrum stellen, verspotten Ideologien, jede Art von festgelegtem System oder stereotypen Denkweisen, machen zugleich aber auch die Mechanismen und die Ausweglosigkeit, in die sich das Individuum verstrickt sieht, deutlich. Aus scheinbar absurden Familienspielen, die stets gesellschaftliche Konstellationen repräsentieren, wachsen Menschheitsprobleme.

Die Polizei (UA: 1958 in Warschau), ein «Drama aus dem Gendarmenmilieu», zeigt bereits Mrożeks Meisterschaft, die Mittel des «Absurden Theaters» für die politische Satire einzusetzen: Der einzige Häftling eines Polizeistaates, ein wegen eines Attentatsversuchs verurteilter Anarchist, gibt seine oppositionelle Haltung auf und wird zum Lobredner des Systems. Notgedrungen muß man ihn aus dem Gefängnis entlassen. Der Polizeiapparat, bisher die mächtigste Institution und wichtigste Stütze des Regimes, scheint überflüssig geworden. So muß er, um seine Existenzberechtigung zu beweisen, heimlich zur Provokation greifen. Doch so sehr sich ein Polizeisergeant, der in diesem Auftrag unterwegs ist, auch bemüht, nirgends regt sich Widerstand. Daher muß nun der Sergeant auf Befehl des Polizeipräsidenten selbst zur Tat schreiten: Er beleidigt den Staat, ein Attentat wird vorgetäuscht. Zum Verhör des im Gefängnis mit Girlanden empfangenen Delinquenten erscheint der General mit seinem Adjutanten, dem früheren Anarchisten und nunmehrigen Experten «für die Abwehr umstürzlerischer Tätigkeit». Dieser empfiehlt, den Verhafteten, als Beweis für seine Gefährlichkeit, jene Bombe auf den General werfen zu lassen, die einst bei seinem Attentatsversuch den Dienst versagte. Das Experiment findet statt, eine gewaltige Explosion erfolgt. Sofort verhaftet der Polizeipräsident den Adjutanten wegen Anstiftung zum Attentat, der Adjutant den Präsidenten wegen Zulassung des Attentats und der General alle beide, wird jedoch seinerseits vom Präsidenten wegen leichtfertiger Vorschubleistung festgenommen. Während die wechselseitig Verhafteten um ihre Kompetenzen streiten, wird der künstlich aufgebaute Verschwörer zum echten Aufrührer und schreit lauthals: «Es lebe die Freiheit!» Ein Polizeistaat wird an Hand der eigenen inneren Logik ad absurdum geführt.

Das Martyrium des Piotr O'Hey (UA: 1959 in Krakau) beschreibt, wie ein Kleinbürger auf Grund einer Fiktion, der er sich anpaßt, in die schonungslose Maschinerie von Bürokratie, Wissenschaft, Kunst, Politik und Wohlfahrtswesen gezogen wird. Die Einrichtungen, die zu seinem Schutz und Nutzen geschaffen wurden, bereiten ihm den Untergang. Zugleich entsteht ein Gleichnis von der allmählichen Ausbreitung der Unterdrückung: Eines Tages erscheint in O'Heys Wohnung ein Staatsbeamter und teilt ihm auf schonende Weise mit, daß sich in seinem Badezimmer ein Tiger eingenistet habe. Nach langen Debatten gibt O'Hey, um in Ruhe gelassen zu werden, die Existenz des Tigers zu. Doch nun folgt dem Beamten ein Steuereinnehmer, um eine Tigersteuer zu erheben, ihn löst ein Wissenschaftler zur Beobachtung des Phänomens ab, und schließlich erscheint der Leiter eines Unternehmens für Freizeitgestaltung, der die Wohnung zur Zirkusmanege erklärt. Schulführungen werden durch die Wohnung geschleust, und aus den sibirischen Wäldern kommt ein «Alter Jäger» angereist. Die politische Bedeutung des Tieres wächst, ein Vertreter des Auswärtigen Amts trifft ein, um einen Maharadscha zur Tigerjagd anzukündigen. Unter Hörnerklang und Hundegebell wird eine prächtige Jagd veranstaltet. Doch bald wird die Verärgerung des Maharadschas gemeldet, da vom Tiger keine Spur zu sehen ist. O'Hey soll sich auf vielfaches Geheiß in die Badewanne legen, um den Tiger aus den Leitungsrohren zu locken. Zuletzt fügt er sich: «Ich verlasse euch, um den Forderungen der Staatsraison, den Ansprüchen des modernen Wissens, den Verlokkungen der Musen, den Befehlen der Obrigkeit Genüge zu tun – und um ihrer Herrschaft zu entrinnen.» Wenig später fallen im Badezimmer Schüsse. Leise verlassen die Vertreter des öffentlichen Lebens die Wohnung.

Auf hoher See (1961) stellt eine Satire auf den Fortschritt der menschlichen Gesellschaftsordnungen und ihre aktuelle Wirklichkeit dar: Drei Schiffbrüchige, der Dicke, der Mittlere und der Schmächtige, haben sich auf ein Floß gerettet. Der Dicke formuliert ihr Problem: Nachdem die letzte Konserve verschwunden ist, müsse nun einer von ihnen verspeist werden. Es ist offenkundig, daß der Schmächtige als Wehrlosester das Opfer sein wird. Der Dicke setzt allerdings vorerst die Rituale der Beschönigung in Gang, die seit jeher als Deckmantel für das Recht des Stärkeren und den Mißbrauch der Macht angewendet werden. Nach einigen fehlgeschlagenen Tricks beschließt man allgemeine, geheime und freie Wahlen. Der Schmächtige bittet um einen Wahlkampf, fällt jedoch mit seiner Rede um Gerechtigkeit jämmerlich durch. Der Mittlere preist sich dagegen als vorzüglichen Küchenmeister an, und der Dicke betont kurzweg seine Unverdaulichkeit. In der Urne finden sich dann aber vier Stimmzettel, so daß die Wahl für ungültig erklärt werden muß. Da die Demokratie versagt hat, versucht der Dicke, mit der «historischen Gerechtigkeit» ihrer Abstammung zu argumentieren, wird aber von einem eintreffenden Zeugen widerlegt. Schließlich geht er dazu über, das Opfer von der unerläßlichen Einsicht in das Notwendige zu überzeugen und für den erhabenen Gedanken der Selbstaufopferung zu gewinnen. Als er zu massiver Brutalität übergeht, entdeckt der Schmächtige die Ideale, die ihm bisher fehlten, und schwärmt von der «wahren Freiheit» sich zu fügen und ein Opfer für die Gemeinschaft zu bringen. – Voll Spott verwies Mrożek in seinem Stück auf die «große Entdeckung», daß die «Freiheit die Einsicht in die Notwendigkeit, das heißt in den Zwang ist».

Karol (1961) behandelt die Reaktion des Individuums auf die Bedrohung seiner Existenz durch sinnlosen Terror: Der Großvater sucht mit seinem grobschlächtigen Enkel nach einem gewissen Karol, den er zur Strecke bringen will. Da er schon so lange nach ihm Ausschau gehalten hat, ohne ihn zu entdecken, kommen die beiden zu einem Augenarzt, der im Verlauf seiner Untersuchung in den Verdacht gerät, der gesuchte Karol zu sein. Schon legt der Großvater das Gewehr auf ihn an, da gesteht der Arzt, Karol zu kennen, und kündigt sein baldiges Kommen an. So wird der nächste Patient vom Großvater mit einem Schuß erledigt. Die beiden versprechen wiederzukommen. Bald darauf meldet sich telefonisch ein neuer Patient. Sein Name ist Karol. Der

Augenarzt bestellt ihn für den nächsten Tag und verständigt den Großvater. – Nicht der Protest gegen die sture, ungeistige Macht ist für das Verhalten des einzelnen typisch, sondern – wie Mrożek an der Figur des gebildeten, dank seiner «Wissensbrille» sehenden Augenarztes zeigt – die Unterwerfung und schmachvolle Anbiederung.

Striptease (1961) konfrontiert die «innere Freiheit», die in Passivität verharrt, mit einer Freiheitshoffnung, die auf Handeln setzt. Die an Beckett erinnernde Parabel erscheint wie eine konkrete Dramatisierung von Martin Heideggers Philosophie des «Geworfenseins» und «Zuhandenseins»: Zwei Herren werden von unsichtbarer Hand unsanft auf die leere Bühne gestoßen. Sie beginnen, sich Rechenschaft über das Vorgefallene zu geben und ihr Verhalten in dem kahlen, ungewissen Raum zu überlegen. Der eine, ein Amateurphilosoph, entscheidet sich zur Passivität und Wahrung seiner «inneren Freiheit»: Er fügt sich in die Situation, um nicht zum Gefangenen seines Tuns zu werden. Der andere, der Aktive, will etwas zur Befreiung unternehmen, verausgabt aber seine Kräfte in vergeblichen Versuchen. Als er mit seinem Schuh gegen die Wand hämmert, erscheint eine Riesenhand, die ihm die Schuhe und seinen Gürtel abfordert. Wenig später verlangt die Hand die gleichen Kleidungsstücke vom Passiven, was dieser als höchst ungerecht empfindet. Als sich der Aktive die Zeit zu vertreiben sucht, fordert die Hand Hose und Jacke, zuerst vom Aktiven, dann wiederum auch vom Passiven. Während die beiden streiten, ob Nichtstun oder Handeln ihre Lage verschlechtert, werden sie von einer roten Hand aneinandergekettet. Nun beschließen sie, um Verzeihung zu bitten, erhalten aber Papiermützen aufgesetzt und werden schließlich von einer Hand davongeschleppt. – Beide Freiheitsbegriffe scheitern vor der Gewalt. Die beiden Männer müssen erfahren, daß ihre persönlichen Entscheidungen angesichts der Automatik und Unabänderlichkeit des Eingreifens der unbekannten Macht irrelevant sind.

*Tango**, Mrożeks berühmtestes Theaterstück, spielt in einer als absolute Freiheit, als Überwindung aller gesellschaftlichen, moralischen, philosophischen und ästhetischen Normen verstandenen Neuzeit.

Noch einmal von vorn (1968) kleidet ein politisches Thema in die Form einer französischen erotischen Komödie, «weil das Absurren eines Mechanismus diese eigenartige Situation in grotesker Weise noch spürbarer und klarer macht»: Das als Frau verkleidete Gespenst eines früheren Diktators mahnt einen Mann, der soeben dabei ist, seine Schwiegertochter zu verführen, an die einst *ihm* geschworene Liebe. Der junge Ehemann, gerade noch in Sorge um seine Frau, verliebt sich Hals über Kopf in das Gespenst des vaterländischen Führers. Zwischen Vater und Führer entbrennt ein Kampf um die Gefolgschaft des Sohnes. Diese gerät immer mehr in den Sog der Ideologie des Führers – bis seine Frau mit dem Geständnis, ein Kind zu erwarten, für den Rückzug ins Private sorgt. Das Gespenst wartet auf die nächste Generation.

Emigranten (1974) konfrontiert zwei Auswanderer, einen Proletarier und einen Intellektuellen, in einem nächtlichen Dialog in ihrer elenden Kellerwohnung. Der eine, früher Bauer, hat seine Heimat verlassen, um das große Geld zu machen, der andere hingegen aus politischen Gründen, um der Unterdrückung zu entgehen. Der Intellektuelle versucht, dem Proletarier seine Hoffnungen zu zerstören, ihm zu beweisen, daß er sein Leben vergeudet, wenn er die Tyrannei der Armut gegen die Tyrannei der Raffgier vertauscht. Doch er bekommt die Realität nicht zu fassen, er kann in seinem Gegenüber kein politisches Bewußtsein wekken. «Ich werde ein Lump bleiben, solange du ein Ochse bist», sagt er verzweifelt. Indem er den Proletarier aus der Sklaverei zu sich selbst führen will, unternimmt er den Versuch, auch sich zu konstruieren. Doch er scheitert. Beide Männer bleiben heimatlos.

Tango
Schauspiel in 3 Akten
UA: 1965 in Warschau

Die Freiheit des Individuums in der Gegenwart ist von der älteren Generation durchgesetzt worden: Papa Stomil und Mama Eleonore haben alle geistigen und moralischen Maßstäbe außer Kurs gesetzt und leben stolz die absolute Ungebundenheit in der Anarchie der Lebensformen aus. Der Tango, den sie als revolutionäre Neuerung einführten, galt einst als Zeichen ungehemmter Zügellosigkeit. Oma Eugenia und Onkel Eugen haben sich dem «moralischen Zwang zur Unmoral» angeschlossen. Papa schlurft im Schlafanzug durch das total verlotterte Haus und sinnt nach ungeheuren avantgardistischen Experimenten, Mama vergnügt sich hemmungslos mit einem jungen Liebhaber, dem ordinären Edek, der Oma und Onkel zum Pokerspiel verleitet. Auch die achtzehnjährige Kusine Ala, die zu Besuch gekommen ist, gibt sich als Naturkind, das keine moralischen Hemmungen kennt. Was bleibt dem Sohn Artur für sein jugendliches Rebellentum da anderes übrig, als gegen die Unordnung, die Anarchie der Welt seiner Eltern zu protestieren und eine neue Ordnung zu postulieren! Er empfindet sein Elternhaus als ein «Bordell», in dem «nichts mehr funktioniert, weil alles erlaubt ist» und in dem «nichts mehr möglich ist, weil eben alles möglich ist». Artur fordert die Rückkehr zu gesellschaftlichen Übereinkünften. Er hält die Aufstellung eines Wertsystems für unentbehrlich: «Ohne entsprechende Normen wird es uns nie gelingen, eine harmonische Einheit zu schaffen und diejenigen Elemente, die man ... als Gut und Böse bezeichnet in das erforderliche Gleichgewicht zu bringen.» Zunächst möchte Artur, um den illegalen Verhältnissen ein Ende zu machen, Ala in einer pompösen Zeremonie heiraten. Als ihn die Familie nicht entsprechend ernst nimmt, greift er zum Revolver, beendet die uneingeschränkte Freiheit durch Gewaltandrohung und setzt für den nächsten Tag die Trauung an. Am anderen Morgen ist die verwilderte Wohnung in penible Ordnung gebracht, die Familie präsentiert sich in Schleppkleid und Gehrock, Ala im weißen Hochzeitskleid,und Edek ist als Butler in die Küche verbannt. Nur Artur erscheint in ramponiertem Zustand. Er hat erkannt, daß die Welt nicht durch die Form erlöst werden kann: «Die alte Form schafft keine Wirklichkeit. Ich habe mich geirrt.» Er will aber nicht aufgeben: «Wir brauchen keine Formen mehr, sondern eine lebendige Idee.» Gemeinsam mit der Familie werden nun die Ideen durchgegangen: Gott, Sport, Experiment, die Suche nach dem Neuen, Fortschritt. Während man noch diskutiert, stirbt Oma. Ihr Tod schenkt Artur die erlösende Eingebung: Macht über Leben und Tod ist die Voraussetzung zur Veränderung der Welt. Edek, der Artur schon als Butler eifrig bei der Erfüllung der Konventionen half, stellt sich nun auch als Blutscherge zur Verfügung. Doch Artur ist es nicht vergönnt, seine Idee in die Tat umzusetzen. Als er erfährt, daß Ala ihn mit Edek betrogen hat, kommt es zum Streit, und er wird von Edek erschlagen. Dieser übernimmt das System seines theoretischen Wegbereiters auf seine Weise, indem er sich die Familie mit brutaler Gewalt unterwirft. Edek ist der neue Machthaber, und Onkel Eugen weigert sich nicht, mit ihm einen Tango zu tanzen – das Bündnis zwi-

Mrozek, Tango
Theater in der Josefstadt, Wien, 1967
Inszenierung: Hermann Kutscher
Eugenia: Lotte Lang, Eleonore: Ursula Schult
Stomil: Erik Frey

schen anpasserischem Bürgertum und dem neuen Barbaren steigt im Tangoschritt über Arturs Leiche.

Das Stück ist eine virtuose intellektuelle Weiterführung der *Trauung* von Gombrowicz (siehe S. 559), nicht in phantastisch-traumhafter, sondern in satirisch-pointierter Form. Auch Artur bemüht sich, wie Henrik (und Hamlet), eine aus den Fugen geratene Welt wieder einzurenken, eine ihm trostlos erscheinende Wirklichkeit aufzuheben und die verlorene Vergangenheit mit ihren Werten wiederzugewinnen. Die Notwendigkeit einer politischen Ordnung gegen die natürliche Anarchie des Individuums erscheint ihm gegeben. Auch Artur muß aber erkennen, daß die alte Form keine Wirklichkeit schaffen kann, und sucht nach neuen Inhalten, nach der Idee. Doch die Idee kehrt sich gegen ihn selbst. Henriks Trauung verwandelte sich in einen Trauerzug für den Freund, an dessen Tod er mitschuldig wurde, Arturs Trauung wird durch seinen eigenen Tod verhindert. Seine Idee bereitet nun den Weg für Edek, den brutalen, ungeistigen Machthaber.

TSCHECHOSLOWAKEI

Bereits im 19. Jahrhundert hatten JOSEF TYL (1808–1856) mit *Fidlovačka* (1834) und JAN CHALUPKA (1791–1871) mit *Krähwinkel* (1830) tschechische respektive slowakische Nationalkomödien geschaffen, die erstmals zur Besinnung auf kulturelle Eigenständigkeit anregten. Nach der Ausrufung der tschechoslowakischen Republik im Jahre 1918 wurde die nationale Dramatik betont in den Vordergrund gerückt.

KAREL ČAPEK (1890–1938) stellte sich bewußt in den Dienst der jungen tschechoslowakischen Demokratie, wandte sich in seinen Werken allerdings auch – thematisch, nicht aber formal den deutschen Expressionisten verwandt – gegen Militarismus, Übertechnisierung und Utopismus. Dem erkenntniskritischen Pessimismus Pirandellos nahestehend, betonte er die Relativität aller Wahrheit und verurteilte alle fixen Zukunftsvorstellungen als Teilwahrheiten, deren forcierte Realisierung zur Katastrophe führen muß.

In *RUR* (1921), der Abkürzung für die Firma «Rossum's Universal Robots», schließen sich die auf biochemischem Weg hergestellten Roboter dieser Firma zunächst in einer revolutionären Massenbewegung zusammen und beginnen dann, die Menschen umzubringen, womit sie allerdings auch ihren eigenen Untergang heraufbeschwören. Das «Utopistische Kollektivdrama» ist ein Sinnbild der kollektiven Unmenschlichkeit in einer mit der beschleunigten Technisierung rapide wachsenden Massengesellschaft und warnt davor, die Technik zur verselbständigten, unkontrollierbaren Macht über den Menschen werden zu lassen.

Gemeinsam mit seinem Bruder Josef schrieb Karel Čapek die Komödie *Aus dem Leben der Insekten* (1922), eine gesellschaftskritische Revue, in der die negativen menschlichen Eigenschaften durch Insekten verkörpert werden, die sich im Namen hoher Ideale bekämpfen. Drei in sich geschlossene Akte – «Schmetterlinge», «Beutemacher» und «Ameisen» – werden von einem menschlichen Beobachter und Kommentator, dem «Landstreicher», verbunden, der die verlorengegangene Humanität deutlich macht.

Die Komödie *Die Sache Makropulos* (1922) stellt die Frage nach dem Verhältnis von Endlichkeit und Glück: Die Sängerin Emilia Marty verblüfft ihre Umgebung durch die Gleichgültigkeit, mit der sie fremdem und eigenem Leid gegenübersteht, zugleich aber auch mit ihrem unheimlichen Wissen über Ereignisse der Vergangenheit. Es stellt sich heraus, daß sie bereits 1585 als Elina Makropulos geboren wurde und durch eine Erfindung ihres Vaters, die «Sache Makropulos», eine dreihundertjährige Jugend geschenkt erhielt. Nun ist sie gekommen, um ihr Leben mit Hilfe der in einem Nachlaß liegenden Formel wieder zu verlängern. Die Erben, die in einen uralten Erbschaftsprozeß verstrickt sind, beschließen jedoch die Vernichtung der «Sache Makropulos». Auch Elina entscheidet sich für die Sterblichkeit und willigt ein. Sie alle kommen zu dem Schluß, daß die Verlängerung menschlichen Lebens nur Unheil bringen würde, da das Leben ohne die Einmaligkeit jedes Augenblicks Sinn und Wert einbüßt.

Die Weiße Krankheit (1937) artikuliert einen Protest gegen den Faschismus in Europa. Barbarei, Kriegslust und Diktatur werden mit Humanismus und Friedenswillen beantwortet: Die Menschheit ist von einer ansteckenden Krankheit bedroht: Sie beginnt mit einem marmorkalten Fleck am Körper und führt zum Zerfall. Ein Armenarzt entdeckt ein wirksames Mittel gegen die Krankheit, will sein Wissen jedoch erst preisgeben, wenn sich alle Staaten zur Abrüstung verpflichten. Der von der Krankheit befallene Diktator, der soeben mit großem Propagandaaufwand zur «Erweiterung des Lebensraumes» seines Volkes einen Nachbarstaat überfallen hat, geht auf die Bedingungen ein und will den Angriff stoppen. Doch der Arzt wird auf dem Weg zum Diktator vom aufgeputschten Pöbel erschlagen, weil er sich weigert, den Überfall zu bejubeln.

FRANTIŠEK LANGER (1888–1965) setzte sich in seinen Dramen im Milieu der Großstadtperipherie mit der Problematik von Schuld und Sühne auseinander, schrieb aber auch sehr wirkungsvolle Komödien wie etwa *Ein Kamel geht durch das Nadelöhr* (1923) oder die Satire auf therapiesüchtige Patienten und ärztliche Scharlatane *Grand Hotel Nevada* (1927). Ein Meister in der Schilderung der kleinen Leute mit ihren Sentimentalitäten, ihrer Lust an Banalitäten und Sensationen, geht es ihm nicht primär um soziale Analyse, sondern um das Sichtbarmachen des menschlichen Kerns in den kleinen Schwindlern, Dieben und Prostituierten, deren Schicksalsweg er beschreibt.

In *Peripherie* (1925) verprügelt der Bartänzer Franci aus Eifersucht einen reichen Kunden seiner Geliebten Anna, einer Prostituierten, und tötet ihn dabei unabsichtlich. Die Tat wird vertuscht, doch Franci quält sein Gewissen. Niemand will jedoch seinen Selbstbezichtigungen glauben. Aus Liebe provoziert Anna den Geliebten, sie umzubringen, da sie keine gemeinsame Zukunft im Schatten seiner Schuldgefühle sieht. In der deutschen Fassung Langers wird Franci von einem alten Richter unter freiem Himmel zur Liebe zu Anna «verurteilt».

In der Komödie *Die Bekehrung des Ferdi Pistora* (1929) wird der kleine Dieb und Einbrecher Pistora zum Helden, als er zwei Kinder aus den Flammen eines Hauses rettet, in das er soeben einbrechen wollte. Er beschließt daraufhin, sein Leben zu ändern und seine Umwelt vor moralischem Verderben zu retten, was ihm kläglich mißlingt.

Versuchte man während der deutschen Besatzungszeit trotz Zensur vom Theater aus das Nationalgefühl zu stärken, so dominierte nach der Errichtung der Volksdemokratie bald die entsprechende Thesendramatik und das Arbeiterstück. Da jede aktuelle Gesellschaftskritik unterbunden wurde, erfolgte zunächst der Rückzug ins Private. In den sechziger Jahren machte sich jedoch eine Liberalisierung bemerkbar: Die mit Mitteln des «Absurden Theaters» verklausulierte Gesellschaftssatire setzte sich mehr und mehr durch, und mit dem «Prager Frühling» wurde 1968 eine Demokratisierung eingeleitet, an deren Vorbereitung die Bühnen mitgewirkt hatten. Die Besetzung der Tschechoslowakei durch Sowjettruppen und Verbündete des Warschauer Paktes bereitete dem Freiraum der Künstler ein jähes Ende. Viele Schriftsteller erhielten Berufsverbot, ihre Werke wurden weder publiziert, noch aufgeführt. Zu Aufführungen im westlichen Ausland erhielten die Dramatiker der ČSSR keine Ausreisegenehmigung. Einigen Unterzeichnern der

«Charta 77», die sich für die Wahrung der Menschenrechte in der CSSR einsetzte, wurde der Prozeß gemacht, mehrjährige Freiheitsstrafen wurden ausgesprochen.

VÁCLAV HAVEL (* 1936), Galionsfigur der tschechischen Intellektuellen und als Wortführer der «Charta 77» zunächst zu 14 Monaten Haft auf Bewährung, 1979 zu insgesamt sechs Jahren Haft verurteilt, hat auch als Dramatiker der «Welt der Hintertür» eine Absage erteilt und in der Figur des Schriftstellers Ferdinand Vanek den unheldisch wirkenden, mitleidvollen Helden seiner Zeit geschaffen. Zunächst bediente sich Havel für seine politischen Satiren der Groteskformen des «Absurden Theaters», fand dann jedoch zu einem Realismus, der in der scheinbaren Normalität das Abnormale, Absurde und Unmenschliche eines repressiven Systems auf beklemmende Weise sichtbar zu machen vermag.

Das Gartenfest (UA: 1963 in Prag), Havels erstes Stück, zeigt die Entwürdigung des Menschen zur Marionette durch die zur Phrase entwürdigte Sprache: Hugo Pludek, ein hoffnungsvoller junger Mann, nimmt auf Anregung seines Vaters an einem Gartenfest teil, um in Gesellschaft einflußreicher Parteibonzen seine Karriere anzukurbeln. Das Fest, bei dem das «Amt für Auflösung» und das «Amt für Eröffnungswesen» feiern, ist von geheimem Mißtrauen getragen, da sich jeder Eröffner von einem Auflöser in seiner Existenz bedroht fühlt. Verständigung ist kaum möglich, da die zu einem Konglomerat beliebiger Leerformeln verkommene Sprache jede Wahrheit austauschbar macht und auch den privaten Dialog verfremdet. Die in sinnlosen Funktionen beschäftigten Menschen richten ihr Handeln jedoch nach den Regeln dieser sinnentleerten, phrasenhaften Sprache. Hugo hat diese Situation schnell erfaßt. Sein kunstvoller Sprachopportunismus wird zum Motor des Geschehens. In kürzester Zeit handhabt er die herrschende Diktion ungleich virtuoser als die anderen und verfährt so geschickt in der Manipulation der Sprachbrocken, daß er schließlich zum Leiter der Zentralkommission bestellt wird, die ein «Amt für Eröffnung und Auflösung» einrichten soll. Das neue System der progressiven Eröffnungs-Auflösungs-Eröffnung, das Hugo einführt, ist für alle undurchschaubar und wird daher überschwenglich gelobt. Seiner Familie hat sich Hugo allerdings bereits so entfremdet, daß er sie nur noch in der dritten Person anspricht. Als er vom Gartenfest nach Hause zurückkommt, hat er seine Identität verloren. – Die brillante zeitkritische Satire, die im Spiel mit Sprachschablonen und Wiederholungen deutlich von Ionesco ausgeht, zeigt nicht nur die Entmenschlichung des Menschen durch ein «System», sondern auch, wie Sprachklischees zugleich Ursache und Folge der Selbstentleerung, des Selbstverlusts des Menschen werden.

Die Benachrichtigung (1965) stützt sich auf ein Fachchinesisch, auf «Sprachregelungen», deren Beherrschung zugleich Macht heißt. Das Stück stellt eine Variation zum Thema Selbstzweck der Bürokratie und Manipulierbarkeit durch das Wort dar: Amtsvorsteher Josef Groß findet eines Morgens eine Benachrichtigung auf seinem Schreibtisch, die in einer ihm unbekannten Sprache abgefaßt ist. Sein Stellvertreter Balasch hat heimlich «Ptydepe» als künstliche Amtssprache eingeführt, die Beamten darin ausbilden lassen und den Direktor damit zum Außenseiter gemacht. Groß sinkt, da er die Benachrichtigung nicht entziffern kann und sie ihm niemand übersetzen darf, in der Verwaltungshierarchie rasch nach unten ab. Er scheitert in allen Versuchen, sich die Sprache anzueignen und sich damit wieder in die Gemeinschaft einzufügen. Da übersetzt ihm eine Sekretärin heimlich die Benachrichtigung: Sie rehabilitiert ihn und verwirft «Ptydepe» als einen schädlichen Versuch. Groß kann sich nun als Vorkämpfer von Recht, Vernunft und Menschlichkeit feiern lassen, opfert einen kleinen Mitläufer als Sündenbock und auch die Sekretärin, die wegen der verbotenen Übersetzung entlassen wird. Allerdings beginnt man unmittelbar darauf, an einer neuen Kunstsprache zu arbeiten.

Die Retter (1974), eine Politsatire, setzt sich mit dem Verhältnis von Demokratie und Diktatur auseinander. Die «Retter», die einst unter dem Regime des Diktators Olah gelitten haben, fürchten um die eben erst etablierte Demokratie, die ihnen auf zu schwachen Beinen zu stehen scheint. So planen sie, einander mißtrauend und uneins, einen Umsturz, um einem Umsturz zuvorzukommen, wenden antidemokratische Mittel zur Rettung der Demokratie an. In dem ausbrechenden Chaos erscheint schließlich der Diktator als der einzige Mann, der Ruhe und Ordnung wiederherstellen könnte: Olah wird zurückgerufen. Alle Maßnahmen zur Rettung der Demokratie haben sich dialektisch in ihr Gegenteil gewendet was die «Retter» verhindern wollten, führen sie gerade durch ihre Rettungsaktionen herbei. Die eigentlichen Feinde der Demokratie wurden ihre «Retter».

Die Einakter *Audienz*, *Vernissage* und *Protest* stellen den Schriftsteller Ferdinand Vanek in den Mittelpunkt, Prototyp des nonkonformistischen Intellektuellen, der in zahlreichen biographischen Details, vor allem aber auch in seiner Haltung, mit Havel übereinstimmt. Ein Mensch, der nicht versucht, aus dem «Dilemma des Lebens schmerzlos herauszukommen», der für seine Wahrheit, seine Lebensvorstellungen existentiell haftet, ist Vanek zugleich «Personifikation jener Kräfte im Menschen, die ihn immer wieder zwingen, sich selbst zu suchen, sich frei und auf seine Weise in der Welt zu definieren, nicht mit seinem Herzen Handel zu treiben und sein Gewissen nicht zu hintergehen».

Audienz (1976) zeigt die Konfrontation Vaneks mit einem versoffenen Brauereidirektor, bei dem der Schriftsteller Arbeit gefunden hat. Im Bierdunst versinkend, mit jähen aggressiven Ausbrüchen, versucht der Brauereidirektor, Vanek zu überreden, doch selbst die Spitzelberichte zur eigenen Person abzufassen, die die Geheimpolizei wöchentlich vom Direktor verlangt.

In *Vernissage* (1976) bemüht sich das Ehepaar Stanek, einst gleichgesinnte Freunde Vaneks, ihm seine unkonventionelle, auf innerer Freiheit beharrende Lebensweise zu vergraulen. Die Staneks haben sich arrangiert, führen nun ein angepaßtes, nach allen Regeln des Konsumverhaltens ausgerichtetes Leben mit Antiquitäten, Delikatessen und Sexspielen und versuchen, Vanek für ihre zur hohlen Äußerlichkeit pervertierten Werte zu interessieren, ja ihn mit diesen zu beeindrucken. Sowohl den Staneks als auch dem Brauereidirektor in *Audienz* gegenüber beweist sich Vanek als der eigentlich Freie. Nicht äußerlich – da scheint seine Existenz gefährdet, sein Lebensraum desolat, eingeengt und auf die bescheidensten Ansprüche reduziert. Doch innerlich hat er sich seinen Freiraum bewahrt. Auf sich selbst zurückgezogen, ist er zwar weitgehend isoliert, aber anscheinend unantastbar, unzerstörbar, von einer Unabhängigkeit, die die anderen verstört. Die bloße Anwesenheit dessen, der sich seine Freiheit bewahrt hat, reizt und beunruhigt sie. Sie fürchten ihn, weil er sie allein durch sein Schweigen, durch die stumme Verweigerung der Zustimmung dazu bringen könnte, selbst ihren Verrat an der Freiheit, ihre Selbstaufgabe, ihre miese Mitmacherei zu entlarven. Hinter ihrem Wortschwall verbirgt sich auch Verzweiflung. Nicht er, der Isolierte, Unterdrückte, ist der arme Teufel, sondern die anderen, die Mitmacher.

In *Protest* (1979) wendet sich der systemkonforme, erfolgreiche Schriftsteller Stanek an Vanek, um ihn zu einem Protest für einen verhafteten jungen Musiker zu animieren, von dem seine Tochter ein Kind erwartet. Als Vanek einen bereits abgefaßten und von einigen bekannten Persönlichkeiten unterzeichneten Protest aus der Tasche holt, entzieht sich Stanek in einer ausladenden, pathetischen Suada der Unterschrift. – Noch deutlicher als in den beiden vorhergehenden Einaktern sind in Vanek und Stanek zwei Möglichkeiten der Bewältigung und Gestaltung sozialen Lebens gezeichnet: Stanek hat sein Gewissen hintergangen. Er arrangiert sich, paßt sich an, fügt sich ein, will sich nicht exponieren, nicht engagieren, hält den Mund und tut nach Möglichkeit nichts, was ihm schaden könnte. Ein Mensch, der angenehm und materiell ordentlich ausstaffiert leben möchte. Moralische Verantwortung schiebt er auf «Geeignetere» ab. An Vanek wendet er sich als einen «Kundendienst in Sachen Moral» und tröstet sich mit dem Gedanken, daß diese «Profis in Sachen Solidarität» ohnehin nichts mehr zu verlieren haben. Im Redeschwall der Selbstverteidigung erstickt er – allerdings nur mühsam und aggressiv reagierend – die Erkenntnis, daß er wie Vanek hätte handeln können und daß ihn der von ihm gewählte Weg um seine Würde und Selbstachtung gebracht hat.

PAVEL KOHOUT (* 1928) erlebte mit dem Rückzug auf private Thematik seinen ersten internationalen Erfolg: *So eine Liebe* (1957) wurde im gesamten Ostblock, aber auch als eines der ersten tschechischen Stücke nach dem Krieg in Westeuropa gespielt. In einer imaginären Gerichtsverhandlung wird von einem «Herrn im Talar» der Selbstmord der Studentin Lida aufgerollt. Sie hat sich aus unglücklicher Liebe vor einen Zug geworfen, doch in einer assoziativen Folge von Rückblenden bringt der «Herr im Talar» einer Reihe von Menschen ihre Mitschuld an der Verzweiflungstat zu Bewußtsein.

Reise um die Erde in achtzig Tagen (1962) verfremdet Jules Vernes gleichnamigen Roman in ironischen Brechungen zur Zeitsatire. Der Wettlauf um die Zeit bestimmt auch die Ästhetik des Spiels: Acht Schauspieler haben 120 Rollen in 45 Bildern darzustellen, durch die der Jules Verne des Stückes den von ihm selbst dargestellten Helden Phileas Fogg im Gespräch mit Weltraumfahrer Gargarin führt.

August August, August (UA: 1967 in Prag), Kohouts erfolgreichstes Stück, führt in den Zirkus als Ort des Welt-Theaters. August August, von Beruf August, will seinen Lebenstraum im Zirkus des Direktors Holzknecht, dem Herrn über die Wirklichkeit, wahr machen und die Lippizaner in der Manege vorführen, was zu den Privilegien des Direktors zählt. Die Sehnsucht Augusts überwindet alle Hindernisse, seiner Phantasie gelingt es, die immer neuen Bedingungen, die der Direktor zur Verwirklichung seines Traumes stellt, zu erfüllen. Doch statt der Lippizaner läßt der Direktor zuletzt die Tiger in die Manege, die August zerreißen.

«Ich sah nicht voraus, daß es ein Jahr später eine Allegorie auf das Schicksal meines Landes werden würde», sagte Kohout später zu seinem Spiel über die Kraft der menschlichen Phantasie und die unverwüstliche Sehnsucht, seinen Traum durchzusetzen. Das Ideal wird von denen, die die Macht haben, zerstört und mit ihm der Mensch, der zwar den

Mut, aber nicht die Macht zur Verwirklichung seines Traumes hat.

Armer Mörder (1973) und *Roulette* (1975) sind Dramatisierungen von Novellen Leonid Andrejews: Die erste ein virtuoses Spiel zwischen Wahn und Realität, in dem ein berühmter Schauspieler seine Lebensgeschichte im Irrenhaus in einer Theatervorstellung zu rekonstruieren versucht, die zweite eine Auseinandersetzung zwischen Ideal, Realität und Macht, in der sich ein gescheiterter Revolutionär, der in ein Bordell gerät, verstrickt.

Drei Einakter faßte Kohout zu der Trilogie *Das Leben im stillen Haus* zusammen, Schlüsselstücke der politischen Situation in Prag: *Brand im Souterrain* (1974) zeigt, wie ein junges Paar unversehens in Schuld verwickelt wird, als ein Feuerwehrtrupp in seine Wohnung einbricht, um einen nicht existierenden Brand zu löschen; *Krieg im dritten Stock* (1971) behandelt einen befohlenen Ersatzkrieg zwischen einem Herrn aus Prag und einem Herrn aus Saarbrücken um die Ehefrau des anderen, den beide nicht überlegen; *Pech unterm Dach* (1974) beschreibt, wie ein junger Mann unter der permanenten Verdächtigung, ein Mörder zu sein, von einem Machtapparat tatsächlich in den Mord getrieben wird.

Kohout, dem nach einem behördlich genehmigten Arbeitsurlaub in Wien 1979 die Wiedereinreise in die ČSSR verweigert wurde, hat die von Václav Havel kreierte Figur des prototypischen tschechischen Intellektuellen, Vanek, in dem Einakter *Attest* (1979) in den Mittelpunkt gestellt. Vanek ist hier mit seinem «böh-

Kohout, August, August, August
Akademietheater Wien, 1969
Inszenierung: Jaroslav Dudek
August: Josef Meinrad, Lulu: Inge Konradi

mischen Schnapphund», einem ängstlichen Tier, das durch Gelächter total aus der Fassung zu bringen ist, in ein skurril bevölkertes Amt geraten, um ein Attest für seinen Hund zu erhalten – was nach der Entdeckung, daß er *der* Vanek ist, natürlich auf Schwierigkeiten stößt.

Maria kämpft mit den Engeln (UA: 1981 in Wien) behandelt das Schicksal einer Prager Schauspielerin, die seit Jahren Berufsverbot hat. Kohout zeigt einen Machtapparat als pervertierte «Engelordnung», in der das Leben des einzelnen von Schutzengeln des Körpers und des Geistes und von Geheimengeln in ungeahnter Perfektion erfaßt und «beschützt» wird. Rilkes Vers «Wer, wenn ich schriee, hörte mich denn aus der Engel Ordnungen» erhält bei Kohout eine höhnische Antwort: Kein Schrei bleibt ungehört, ja, auch ungerufen wachen die «Schutzengel» als sanfte oder strenge Aufpasser, und zum Funktionieren ihrer «Ordnung» tragen Opportunismus, Feigheit und Denunziantentum der Menschen bei. Die Schauspielerin Maria und ihr Mann Josef, die sich innerhalb des Systems ihre Freiheit bewahren wollen, werden unterdrückt, bespitzelt und isoliert. Als Maria versucht, in ihrer Wohnung vor einigen Freunden das Einpersonenstück eines verfemten Autors aufzuführen, wird ihr zunächst von den «Schutzengeln des Körpers» ihre Rente gestrichen, dann erhält sie von den «Schutzengeln des Geistes» das Angebot, wieder am Theater spielen zu dürfen, und ein «Geheimengel» gibt ihr den Rat, ihr Neuengagement nicht zu gefährden. Zu der dennoch gewagten Vorstellung erscheint niemand: Die einen wagen es nicht, und die Getreuesten wurden vorsichtshalber festgenommen.

Ob Maria dennoch bestehen kann, ob sie kapitulieren oder dem Lockruf der Todesengel folgen wird, bleibt offen. Das Stück endet mit der Frage: «Wer soll das aushalten?»

Eine Reihe namhafter tschechischer Dramatiker wurde nach 1968 durch Schreib- und Publizierverbot zum Verstummen gebracht:

MILAN KUNDERA (* 1929) war vor allem mit *Die Schlüsselbesitzer* (1962) erfolgreich gewesen. Das Stück ist ein Angriff auf den Konformismus, «auf jede stupide Anpassung, die die geistige Stütze eines jeden Faschismus» darstellt. Es spielt zur Zeit der deutschen Okkupation: Der frühere Architekturstudent Georg, der mit seiner oberflächlichen Frau Alena und den Schwiegereltern in einem muffigen Kleinbürgerdasein zusammenlebt, gerät in einen Strudel der Gewalt. Als ihn eine einstige Kampfgefährtin aus einer Widerstandsgruppe um Hilfe auf der Flucht vor der Gestapo bittet, erschlägt er einen Gestapospitzel, seinen Hausmeister, bringt damit aber seine Familie in Gefahr. Diese, als «Schlüsselbesitzer» Sinnbild für alle, die sich selbstgerecht in ihrem Spießerdasein abkapseln und mit dem Unrecht paktieren, wollen die Bedrohung nicht erkennen. Georg läßt sie zuletzt im Stich, erkauft jedoch seine Freiheit mit dem Tod dreier Menschen. In Visionen wird sein kleinbürgerlicher Lebensraum immer wieder mit der Vergangenheit in der Widerstandsgruppe konfrontiert, wobei das Auseinanderfallen von Realität und humanem Ideal ebenso sichtbar wird wie das Bedürfnis der Menschen nach einer Lebensordnung, sei sie auch noch so nichtig.

IVAN KLIMA (* 1931) schrieb mit dem von Kafkas Roman inspirierten Schauspiel *Ein Schloß* (1964) eine Parabel über die politisch Privilegierten: Auf einem vom Staat verwalteten Schloß treiben auserwählte Intellektuelle einen Selbstkult, der sie zu einer abgeschlossenen Kaste macht. Jeder Eindringling, der ihre Fassade der Selbstgerechtigkeit und des Selbstbetrugs gefährdet, wird getötet. So auch der junge Josef Kan, der Leben und neue Ideen ins Schloß bringen will.

Parabeln von Machtmißbrauch, Unterdrückung und Entwürdigung in einem totalitären Staat gestaltete Klima in zwei Einaktern: *Konditorei Miriam* (1969) schildert genossenschaftlich organisierte und vom Staat gebilligte «Förderungsmaßnahmen» für die Jugend: Junge Paare werden mit alten Leuten zusammengebracht, die von ihnen im Verlauf eines trauten Beisammenseins vergiftet werden, worauf die Jungen die Wohnung der Alten erhalten. – *Ein Bräutigam für Marcella* (1969) zeigt die vergeblichen Versuche eines jungen Mannes, einem Dressurakt zu entkommen, mit dem er zum Bräutigam der ihm kaum bekannten Marcella und zum Vater des zu erwartenden Kindes gemacht werden soll.

Spiele (1975) beschreibt, wie bei einer Party in Spielsituationen plötzlich die Vergangenheit, Sehnsüchte, Ängste und Zwänge der einzelnen Gäste wirksam werden – statt heiterer Scharaden beginnt die Gesellschaft Verhör, Schauprozeß und Hinrichtung zu spielen.

JOSEF TOPOL (* 1935) wurde vor allem mit seinem Drama *Fastnachtsende* (1963) bekannt: In einem böhmischen Dorf, das durch die Kollektivierung in Unruhe geraten ist, wird Fasching gefeiert. Die Masken wollen dem Großbauern Král (König), der sich weigert, seinen Besitz in der Landwirtschaftlichen Produktionsgenossenschaft aufgehen zu lassen, einen Streich spielen. Sie tragen seinen schwachsinnigen Sohn Heinrich, als Leichnam verkleidet, zu Grabe. Heinrich, vom Vater wütend zur Rede gestellt, will sich für die Demütigung rächen. Er hat gegen eine der Masken, einen Husaren, einen tiefen Groll gefaßt und fällt sie mit einem Messer an. Das Kostüm trägt jedoch – nach einem Maskenwechsel – inzwischen der Geliebte seiner Schwester. Bei dem Handgemenge verletzt sich Heinrich durch einen unglücklichen Zufall tödlich. Als «bourgeoiser Klassenfeind» wird der Freund der Schwester nun des vorsätzlichen Mordes bezichtigt, doch der Genossenschaftsvorsitzende ordnet eine unparteiische Untersuchung an – in dem Bewußtsein, daß das gesamte Dorf an Heinrichs Tod Schuld trägt.

Eine Liebesgeschichte, die jedoch auch als Reflex gesellschaftlicher Realität und existentieller Zweifel zu verstehen ist, erzählt das «Spiel in drei Situationen» *Die Katze auf dem Gleis* (1966): Zwei Großstadtkinder, der Möbelpacker Wenzel und die Kellnerin Evi, warten bei ihrem gewohnten Wochenendausflug auf einer einsamen Bahnstation auf den Zug und beginnen von ihrer Liebe zu sprechen. Sie sehen keine gemeinsame Zukunft vor sich, obwohl sie wissen, daß sie nicht voneinander loskommen, und fürchten auch, daß ihre Liebe nicht von Dauer sein könnte. So beschließen sie, gemeinsam zu sterben und setzen sich engumschlungen auf das Bahngleis. Es bleibt offen, ob sie den Tod finden oder schließlich doch den Mut aufbringen weiterzuleben.

UNGARN

Den bedeutendsten ungarischen Beitrag zur Weltliteratur des 19. Jahrhunderts hatte IMRE MADÁCH (1823–1864) mit seiner großen dramaturgischen Dichtung *Die Tragödie des Menschen* (1883) geleistet. Das Werk, dem in der ungarischen Literatur ein ähnlicher Rang zukommt wie Goethes *Faust* in der deutschen, behandelt den Kampf zwischen dem göttlichen und dem satanischen Prinzip: Luzifer, von Gott verbannt, weil er sich gegen das Schöpfungswerk auflehnte, fordert den Herrn zum Kampf um Adams Seele heraus. Er führt Adam die Zukunft vor. Die Geschichte der Menschheit und der Untergang der Welt werden visionär heraufbeschworen. Als «Regisseur» arrangiert Luzifer die jeweiligen Konstellationen; Adam ist der rastlos Strebende, der erkennen muß, daß jedes Menschheitsideal zum Scheitern verurteilt ist. Eva, Sinnbild des unbesiegbaren Lebensinstinkts, rettet den Mann aus der intellektuellen Bindungslosigkeit. Die Konzeption der mit illusionslosem Realismus gestalteten Tragödie geht weit über eine vom Moralischen bestimmte Deutung des menschlichen Schicksals hinaus. Die Dichtung veranschaulicht die These, daß der bis zum höchsten Grad individueller Freiheit gelangende Mensch notwendigerweise mit dem Kollektiv in Konflikt gerät und sich schließlich in die naturgegebenen Grenzen schicken muß.

Zu Beginn des 20. Jahrhunderts trat die ungarische Unterhaltungskomödie ihren Siegeszug über die internationalen Bühnen an.

FERENC MOLNÁR (1878–1952) feierte bereits mit seinem ersten Lustspiel *Der Teufel* (1907), der Affäre um einen «Hausfreund», einen großen Erfolg. Weltweit bekannt wurde er mit einem Bühnenstück, das er eine «Vorstadtlegende» nannte:

Liliom (UA: 1909 in Budapest) schildert, dem Untertitel entsprechend, «eines Galgenvogels Leben und Tod». Der «Hutschenschleuderer» und Frauenheld Liliom, in mehrfacher Hinsicht im Dienst der Karusselbesitzerin Muskat stehend, verliebt sich in das Dienstmädchen Julie. Von der eifersüchtigen Frau Muskat entlassen, heiratet er Julie, findet aber keine Arbeit mehr. Unzufrieden mit sich und an seiner Untätigkeit leidend, wird Liliom selbst gegenüber Julie gewalttätig und verbirgt seinen Kummer und die eigene Verletzlichkeit hinter Schlägen. Als Julie ein Kind erwartet, läßt er sich von einem Ganoven zu einem Überfall verleiten. Der Anschlag scheitert, Liliom wird erwischt und ersticht sich. Im Himmel wird erkannt, daß sich Liliom aus Liebe umgebracht hat, und nach 16 Jahren bekommt er die Erlaubnis, für einen Tag auf die Erde zurückzukehren. Vor seiner Familie gibt sich Liliom als Freund des Verstorbenen aus und erzählt seiner Tochter Luise die bittere Wahrheit über ihren Vater. Empört über diese «Verzerrungen», wirft ihn Julie hinaus. Als auch Luise einen Stern, den er für sie vom Himmel gestohlen hat, zurückweist, schlägt ihr Liliom wütend auf die Hand. Doch das Mädchen spürt den Schlag so wenig wie einst ihre Mutter die Prügel. Der Unverbesserliche wird von himmlischen Detektiven an den Ort der Reinigung zurückgeführt.

Molnárs eminentes Theatertalent, das sich in köstlichen szenischen Situationen und brillant pointierten Dialogen, aber auch dichterischen Einfällen erweist, führte zahlreiche seiner über vierzig Stücke zu dauerhaften internationalen Erfolgen: so die Komödie *Der Leibgardist* (1910), in der ein Ehemann, als Leibgardist verkleidet, die Treue seiner Frau zu prüfen versucht, *Das Märchen vom Wolf* (1912), das eine eifersüchtig bewachte Ehefrau im Traum in amouröse Abenteuer geraten läßt, *Der Schwan* (1920), eine Satire auf die Hocharistokratie, sodann das neuromantische Spiel um ein Budapester Serviermädel, *Der gläserne Pantoffel* (1924).

In der «Anekdote» *Spiel im Schloß* (1926) belauscht ein Komponist gemeinsam mit anderen seine Braut bei einer Liebesszene. Ein Lustspielautor verfaßt rasch ein Stück um diese Szene herum, so daß die belauschte Wirklichkeit als Theaterprobe ausgegeben werden kann.

Die Fee (1930) erzählt die Geschichte einer Platzanweiserin, die mit ihrer Absicht, nur Gutes zu tun, heillose Verwirrung stiftet.

JULIUS HÁY (1900–1975), der sowohl ungarisch als auch deutsch schrieb, setzte sich als marxistisch engagierter Autor immer wieder mit der korrumpierenden Wirkung der Macht auseinander. Er selbst bezeichnete sich als «induktiven» Dramatiker, der nicht von vorgefaßten Meinungen ausgehe, sondern aus eigener Erfahrung zu umfassenden Resultaten komme.

Bereits in seinem Hussitendrama *Gott, Kaiser und Bauer* (1932) entlarvte er die zynisch-heuchlerischen Praktiken, aber auch die Ausweglosigkeit des Kampfes um die Macht.

Haben (1945), Hays bekanntestes und erfolgreichstes Drama, ging von einer realen Begebenheit aus: 41 Bäuerinnen des Theißwinkels, der engeren Heimat des Autors, hatten ihre Ehemänner, wohlhabende Bauern, aus Habsucht vergiftet. Háy stellt in der Gier nach Geld und nach der Macht des «Haben» die makaberen Vorgänge im Dorf als typisch kapitalistische Verhaltensweisen dar. Er zeigt mit der wirklichkeitsnahen Schilderung des bäuerlichen Lebens in einem ungarischen Dorf, wie die Macht des «Kapitals», das Hab und Gut, zum dämonischen Fetisch werden kann: «Wer das Haben beherrscht, beherrscht damit zugleich auch die Welt.»

Die Komödie *Das Pferd* (1964) behandelt satirisch die Entwürdigung des Menschen durch die Tyrannei, aber auch seine opportunistische Selbstentwürdigung: Der römische Kaiser Caligula ernennt aus einer Laune heraus einen prächtigen Hengst zum Konsul, und sofort unterwerfen sich nicht nur alle kritiklos dem Aberwitz der Macht, sondern es bricht auch eine wahre Pferdemanie mit allen Anzeichen der Vertierung aus.

Gaspar Varros Recht (1965) schildert das Schicksal des Schweinehirten Gaspar Varro, der in das Räderwerk eines von skrupellosen Karrieristen und feigen Opportunisten getragenen Machtapparats gerät. Obwohl allein die korrupte Planwirtschaft auf der Kolchose die Schuld trägt, daß die Schweine reihenweise an Futtermangel sterben, wird Gaspar Varro angeklagt und auch verurteilt: Die oberste Vorgesetzte der Kolchose will Karriere machen und kann daher Gerechtigkeit nicht brauchen.

Anders als ihre Dramatikerkollegen in Polen und in der ČSSR, die sich unter dem kommunistischen Regime zur Verklausulierung ihrer Kritik der Mittel des «Absurden Theaters» und der Satire bedienten, zogen sich die ungarischen Autoren häufig auf historische Themen zurück oder setzten sich auch grundsätzlich mit den Ereignissen der nationalen Vergangenheit auseinander.

LÁSZLÓ NÉMETH (1901–1975), einer der bedeutendsten ungarischen Erzähler und Dramatiker seiner Zeit, beschäftigt sich in mehreren historischen Dramen mit der Verantwortung der Intellektuellen angesichts sozialer Ungerechtigkeit und verlogener Wertordnungen. Bereits in dem 1947 geschriebenen, psychologisch differenzierten Drama *Széchenyi* (1957), das die Umstände des Selbstmords eines ungarischen Politikers analysiert, wird die sinnlose persönliche Tragödie mit der Verlockung, zum Märtyrer zu werden, in Relation gesetzt.

Galilei (1965) behandelt – unter dem Eindruck der in Ungarn inszenierten Schauprozesse – den Zusammenprall des wahrheitssuchenden Individuums mit der Staatsraison einer totalitären Macht. Die Handlung ist auf wenige Tage zusammengedrängt: Galilei lebt bereits seit einigen Monaten bei den Nicolinis; nun, nachdem die Kardinäle die geeignete juridische Formel und die zweckdienliche ideologische Bemäntelung gefunden haben, wird der Prozeß gegen ihn eröffnet. Es kommt jedoch nicht zu der von Galilei erhofften wissenschaftlichen Auseinandersetzung mit den Kardinälen. Diese sind nicht an der Wahrheitsfindung, sondern ausschließlich an der Statuierung eines Exempels interessiert. Die Wahrheit und die Freiheit des Denkens werden politischem Kalkül unterstellt – Galilei ist nur eine Schachfigur in der Machtpolitik der Kardinäle. Der Forscher steht vor der Entscheidung, sich entweder in eine Rolle zurückzuziehen, die mit seiner schöpferischen Persönlichkeit nicht übereinstimmt, oder die Identität der Person zu wahren und zum Märtyrer der Idee zu werden.

Nach historischen Dramen über Petőfi und Josef II schrieb Németh mit *Die Reise* (1962) ein Gegenwartsdrama, das für die «Tauwetterperiode» in Ungarn charakteristisch ist: Zeitprobleme werden hier offen zur Diskussion gestellt: Karadi, der aus politischen Gründen einst seinen Posten als Lehrer verloren hatte, darf nun mit einer Lehrerdelegation die UdSSR besuchen. Nach seiner Rückkehr wird er von allen Seiten um seine Eindrücke befragt. In der Zeitung der Provinzstadt erscheint ein manipuliertes Interview mit ihm. So gerät Karadi in das Kreuzfeuer der Meinungen. Während seine Frau fürchtet, man werde ihn einsperren, kritisiert seine Tochter die «beinahe linientreuen» Äußerungen des Vaters, und ein ehemaliger Schüler sieht bereits in dem Umstand, daß Karadi die Reise angetreten hat, einen «Verrat», den er ihm nicht zugestehen will.

Auch in dem Drama *Der Verräter* (1966) projiziert die Umwelt eine bestimmte Rolle auf einen Menschen. Es geht um die Frage, ob der Oberbefehlshaber des ungarischen Freiheitskampfes von 1848/49, Arthur Görgey, ein Verräter sei oder nicht. Der Einsicht, daß der Zusammenbruch des Freiheitskampfes einen «Verräter» brauchte, steht der Gedanke gegenüber, daß Görgey mit seinen realpolitischen Erwägungen – er hat nicht zuletzt, um seine Soldaten zu retten, die Waffen niedergelegt – die Ideale der Nation nicht verwirklichen konnte.

Register

Autorenregister

Werkregister

Kursiv gesetzte Seitenzahlen verweisen auf Szenenfotos. Eingeklammerte Titel sind nicht gebräuchlich, werden aber gelegentlich alternativ verwendet.

Bildnachweis

Buhs/Remmler, Berlin; Clausen, Hamburg; Eggert, Frankfurt; Eichhorn, Bochum; Greek Art Theatre, Athen; Hecke, München; IBA, Oberengstringen; Laskus, Bremen; Meyer-Veden, Seevetal; Gemeinde Oberammergau; Odry, Köln; Peitsch, Hamburg; Rabanus, München; Saeger, Berlin; Scheidler, Hamburg; Stadttheater Ingolstadt; Steinmetz, Gräfelfing; Tüllmann, Frankfurt; Ullstein Bilderdienst, Berlin; Vierow, Berlin; Walz, Berlin; Winkler-Betzendahl, Stuttgart; weitere Aufnahmen sind aus dem Bildarchiv «Presse Haus», Wien (darunter mit Fotogr.-Vermerk: Anrather, Blaha, Castagne, Hausmann, Hofmeister, Horowitz, Hosch, Kainerstorfer, Schikola, «Bühne 64».

Im rororo Schauspielführer wurden zitiert

Canaris, Volker: Theaterkritiker, Lektor, Dramaturg, seit 1979/80 Mitglied des Schauspieldirektoriums der Bühnen der Stadt Köln. «Peter Zadek. Der Theatermann und Filmemacher», Hanser Verlag, München
Esslin, Martin: Regisseur, Publizist, seit 1961 Leiter der Hörspielabteilung der BBC, Verfasser zahlreicher Essays. «Das Theater des Absurden», Rowohlt Verlag, Reinbek
Gamper, Herbert: Literaturwissenschaftler, Dramaturg, seit 1976 Privatdozent an der Universität Zürich
Hensel, Georg: Theaterkritiker der Frankfurter Allgemeinen Zeitung. «Spielplan. Schauspielführer von der Antike bis zur Gegenwart», Propyläen Verlag, Berlin
Heinrichs, Benjamin: Theaterkritiker der Wochenzeitschrift «Die Zeit». Mitarbeiter der Zeitschrift «Theater heute»
Iden, Peter: Theater und Kunstkritiker der Frankfurter Rundschau. «Die Schaubühne am Halleschen Ufer 1970–1979», Hanser Verlag, München
Jenny, Urs: Theaterkritiker, Dramaturg. «Friedrich Dürrenmatt». Dramatiker des Welttheaters, Erhard Friedrich Verlag, Seelze
Jhering, Herbert: Theaterkritiker. «Bert Brecht hat das dichterische Antlitz Deutschlands verändert. Gesammelte Kritiken zum Theater Brechts», Kindler Verlag, München
Kaiser, Joachim: Theater- und Musikkritiker der Süddeutschen Zeitung
Karasek, Hellmuth: Theaterkritiker, Kulturressortleiter der Wochenzeitschrift «Der Spiegel». «Carl Sternheim», «Bertolt Brecht», «Max Frisch». Dramatiker des Welttheaters, Erhard Friedrich Verlag, Seelze
Kesting, Marianne: Theaterkritikerin. «Das epische Theater. Zur Struktur des modernen Dramas», Kohlhammer Verlag, Stuttgart
Kindlers Literatur Lexikon: 25 Bände, Deutscher Taschenbuch Verlag, München
Kott, Jan: Literaturwissenschaftler. «Shakespeare heute», Piper Verlag, München
Mattaei, Renate: Literaturwissenschaftlerin. «Pirandello». Dramatiker des Welttheaters, Erhard Friedrich Verlag, Seelze
Melchinger, Siegfried: Theaterkritiker, Dramaturg, bis 1972 Mitherausgeber der Zeitschrift «Theater heute», bis 1973 Professor für Theorie des Theaters in Stuttgart. «Die Welt als Tragödie» (2 Bände), C.H. Beck'sche Verlagsbuchhandlung, München, «Drama zwischen Shaw und Brecht», «Tschechow». Dramatiker des Welttheaters, Erhard Friedrich Verlag, Seelze
Rischbieter, Henning: Herausgeber der Zeitschrift «Theater heute», Theaterkritiker, Professor für Theaterwissenschaft. «Schiller», «Gorki». Dramatiker des Welttheaters, Erhard Friedrich Verlag, Seelze
Rühle, Günther: Theaterkritiker der Frankfurter Allgemeinen Zeitung. Mitarbeiter der Zeitschrift «Theater heute». «Zeit und Theater» (3 Bände), Propyläen Verlag, Berlin. «Theater in unserer Zeit», Suhrkamp Verlag, Frankfurt/Main
Wendt, Ernst: Theaterkritiker, Dramaturg, Regisseur. «Ionesco». Dramatiker des Welttheaters, Erhard Friedrich Verlag, Seelze
Völker, Klaus: Theaterkritiker, Dramaturg. «Wedekind», «O'Casey». Dramatiker des Welttheaters, Erhard Friedrich Verlag, Seelze

Theater im 20. Jahrhundert

Manfred Brauneck

Programmschriften, Stilperioden, Reformmodelle

rororo handbuch 6290

Dokumentiert, analysiert und kommentiert werden die wichtigsten theaterästhetischen Programmschriften, Stilperioden und Reformmodelle von der Jahrhundertwende bis zu den 80er Jahren – von Max Reinhardt bis Jerzy Grotowski, von den Theaterexperimenten des Bauhauses bis zur amerikanischen Theatersubkultur. Der einleitenden Skizze einer Theorie des Theaters folgen die fünf Kapitel:

- «Theater der Zukunft»: Stilbühne und Theaterreform um 1900
- Revolte – Erneuerung – Experiment
- Politisches Theater – Episches Theater – Dokumentartheater
- Das Schauspieler-Theater
- Theater der Erfahrung – Freies Theater

Der Band schließt mit einer

- Chronik des Theaters im 20. Jahrhundert: Daten und Ereignisse.

Damit liegt für jeden Theaterinteressenten ein unentbehrliches Handbuch vor, das über die Entwicklung der Theatermoderne umfassend informiert.

handbuch rororo

2047/1

2024/1

rororo
Film
lexikon
Filme A-J
1
handbuch rororo
Filmbeispiele, Genres, Länder, Institutionen, Technik, Theorie

rororo
Film
lexikon
6
handbuch rororo
Regisseure, Schauspieler, Kameraleute, Produzenten, Autoren

Geschichte griffbereit

Grundkurs und Nachschlagewerk für Studenten, Praktiker, Geschichtsinteressierte zum Verstehen und Behalten welthistorischer Prozesse.
Von Imanuel Geiss.

---

1 Daten
der Weltgeschichte
Die chronologische Dimension der Geschichte
(6235)

2 Personen
der Weltgeschichte
Die biographische Dimension der Geschichte
(6236)

---

3 Schauplätze
Die geographische Dimension der Weltgeschichte
(6237)

4 Begriffe
Die sachsystematische Dimension der Weltgeschichte
(6238)

---

5 Staaten
Die nationale Dimension der Weltgeschichte
(6239)

6 Epochen
der Weltgeschichte
Die universale Dimension der Geschichte
(6240)

---

handbuch rororo

957/1